특허받은
한자 암기박사

초판 6쇄 | 2024년 8월 10일

지은이 | 박건호
발행인 | 김태웅
책임편집 | 길혜진, 이서인
디자인 | 남은혜, 김지혜
마케팅 총괄 | 김철영
온라인 마케팅 | 김은진
제　작 | 현대순

발행처 | (주)동양북스
등　록 | 제2014-000055호
주　소 | 서울시 마포구 동교로22길 14 (04030)
구입문의 | 전화 (02)337-1737　팩스 (02)334-6624
내용문의 | 전화 (02)337-1762　dybooks2@gmail.com

ISBN 979-11-5768-269-0 13710

ⓒ 2017, 공앤박주식회사 All rights reserved.

▶ 본 책은 저작권법에 의해 보호를 받는 저작물이므로 무단 전재와 복제를 금합니다.
▶ 잘못된 책은 구입처에서 교환해 드립니다.
▶ 도서출판 동양북스에서는 소중한 원고, 새로운 기획을 기다리고 있습니다.

http://www.dongyangbooks.com

특허받은 漢字(한자) 암기박사

박건호 지음
공앤박 한자연구소 소장

동양북스

머리말

　필자가 일본에서 어학연수를 할 당시 가장 힘들었던 것이 '한자쓰기'였다. 필자는 정식으로 한자를 배우지는 않았지만 어린 시절부터 한자학습을 조금이나마 하였기에 읽는 데는 큰 문제가 없었지만 막상 쓰려고 하면 여간 문제가 아니었다. 또 학원에서 일본어를 가르칠 때나 일본 회사에 취직하여 보고서를 쓸 때마다 한자(漢字)를 쓰는 건 큰일이었다.
　그때까지만 해도 한자(漢字)는 그림글자이므로 무조건 외워야 한다는 고정관념 때문에 한자를 공부해야겠다는 생각은 좀처럼 하지 못했다. 그러다 막상 업무상 한자로 글을 써야 하는 상황이 되자 어떻게 하면 한자를 쉽게 쓰고 읽을 수 있을까를 고민하기 시작했다.

　흔히 한자(漢字)는 그림글자이기 때문에 무조건 통째로 외워야 한다고 생각한다. 그러나 외국어를 배울 때 알파벳과 같은 기본글자들을 익히고 본 학습에 들어가듯 한자 역시 하나의 외국어(外國語)이므로 기본글자들을 먼저 익히고 나서 한자를 외우면 훨씬 쉽게 한자를 익힐 수 있다.
　그렇더라도 그 기본글자가 수백 개나 된다면 이 또한 우리의 의지를 꺾어버리게 될 것이다. 그런데 그림글자만의 장점은 기본글자만 외우고 익히면 심지어 모르는 글자라도 대충의 의미를 이해할 수 있다는 것이다.

　따라서 가장 먼저 할 일은 한자의 알파벳에 해당하는 부수자와 기본자에 대한 그림 값을 정확하게 이해하는 것이다. 그 다음으로 한자를 무조건 외우려고 할 것이 아니라 기본글자들이 둘, 셋 합쳐지면서 새로이 만들어지는 글자들의 뜻이 어떻게 생겨나고 발전되는지를 관찰하면서 학습해야 한다. 그러면 억지로 한자(漢字)를 외우지 않더라도 자연스레 한자를 익히게 될 것이고 또한 분해하고 조립하는 과정을 이 책의 퍼즐 부분을 통하여 연습하고 익히다 보면 한자학습이 재미있어지고 응용력이나 추리력, 상상력이 자극되어 한자학습뿐 아니라 타 학습이나 학문에도 크게 도움을 줄 것으로 확신한다.

  물론 한자학습은 중국어를 배우는 기초과정도 되겠지만 우리글인 한글을 잘하기 위해 해야 하는 한글 심화학습이기도 하다. 우리말을 잘할 때 즉 모국어 이해가 온전하면 할수록 타 언어나 학문이 훨씬 더 쉬워지게 된다. 그렇다. 한자공부는 학문의 기초를 닦는 것이라고도 얘기할 수 있다.

  그렇다면 한자는 꼭 배워야 하는가? 그렇다. 우리말을 더 잘하기 위해서는 반드시 배워야 하는 기초학문임을 다시 한 번 강조하며 비록 험난하고 지루한 과정이 될 수도 있겠지만 포기하지 말고 특허받은 분해조립식 한자 학습법의 취지를 살린 한자암기박사를 통해 꼭 한자(漢字)를 정복하여 여러분의 인생이 더 풍요로워지기를 기대한다.

분해조립식 한자 창안자

박건호

구성과 특징

이 책의 본문이 어떻게 구성되어 있는지 파악하여 최대의 학습 효과를 거둬보자. 이 책의 본문은 크게 퍼즐 부분과 해설 부분으로 나눌 수 있다.

퍼즐 부분
퍼즐 순서에 따라 중심 한자와 이어지는 한자 사이의 연관성을 생각하며 학습한다면 한자 학습이 훨씬 쉽고 즐거울 것이다.

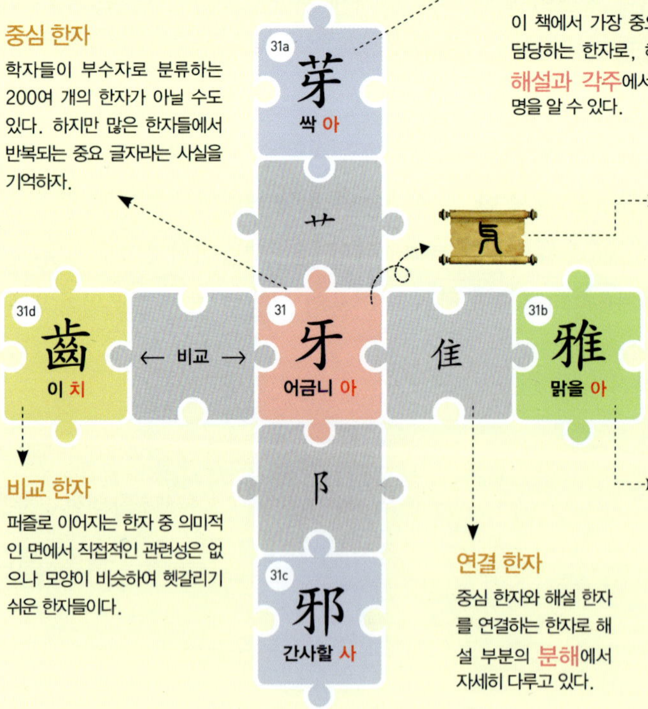

중심 한자
학자들이 부수자로 분류하는 200여 개의 한자가 아닐 수도 있다. 하지만 많은 한자들에서 반복되는 중요 글자라는 사실을 기억하자.

기본 한자
이 책에서 가장 중요한 부분을 담당하는 한자로, 해설 부분의 해설과 각주에서 자세한 설명을 알 수 있다.

옛 글자
현재의 한자 모양에 대한 이해를 돕기 위해 갑골문자, 금문 또는 전문 등 고대의 글자 모양을 나타낸 것이다. 옛 글자를 보면 오늘날 사용되는 한자가 왜 그런 뜻을 가지게 되었는지 알 수 있다.

비교 한자
퍼즐로 이어지는 한자 중 의미적인 면에서 직접적인 관련성은 없으나 모양이 비슷하여 헷갈리기 쉬운 한자들이다.

연결 한자
중심 한자와 해설 한자를 연결하는 한자로 해설 부분의 분해에서 자세히 다루고 있다.

중복 한자
이미 제시된 한자는 반복 학습 차원에서 지면이 허락하는 한 중복 제시하였다. 중심 한자와 연결 한자의 위치가 어떻게 달라졌는지 살펴보자.

퍼즐:
- 31a 芽 (싹 아)
- 31d 齒 (이 치) ← 비교 → 31 牙 (어금니 아) — 佳 — 31b 雅 (맑을 아)
- 阝
- 31c 邪 (간사할 사)

해설 부분

한자의 생성 배경과 글자 조합을 생각하며 학습하면 한자의 의미도 훨씬 쉽게 기억할 수 있을 것이다.

▶ **고유번호**
각 한자들에 고유번호가 부여되어 있다. 기억이 나지 않는 한자를 쉽고 빠르게 찾아가는 데 많은 도움이 될 것이다. 중복 한자의 경우, 기본 글자로 제시된 경우에는 고유번호를 새로이 부여하였고, 그 외에는 앞서 제시된 한자의 번호를 고유번호로 하였다. 또한 중복 한자는 지면이 허락하는 한 학습 편의를 위해 설명을 실었으나 그 외에는 중복 설명은 생략하였다.

▶ **총획 및 부수와 급수**
한자의 총획수와 기본 부수자, 그리고 해당 한자의 급수 표시를 해 두었다.

▶ **쓰기 순서**
한자를 올바르게 쓸 수 있도록 획순에 맞춰 상세하게 표시하였다. 순서대로 쓰도록 노력한다면 한자를 균형 잡히게 쓸 수 있을 것이다. 이 책을 읽고 글자의 조합 원리를 유념하면서 연습하면 더욱 쉽게 기억할 수 있을 것이다.

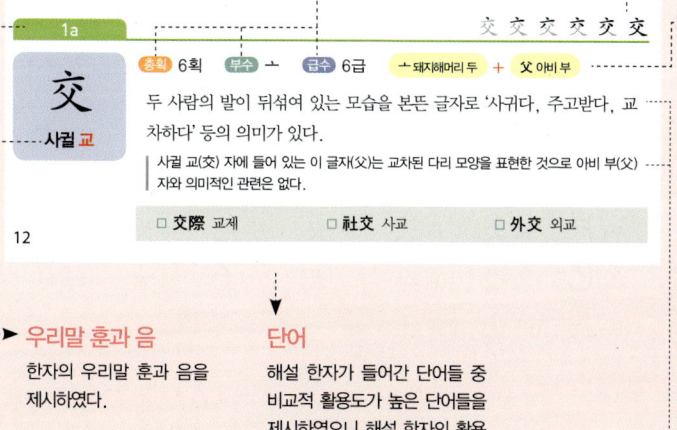

▶ **분해**
해설 한자가 어떤 글자들로 조합된 것인지를 보여준다. 특히 조립 한자의 발음이 해설 한자에 어떠한 영향을 미치는지 유의해서 보자. 한자들의 음은 조립 한자의 소릿값이 반영된 형성문자가 많기 때문이다. 또한 각각의 조립 한자들의 모양이 현재의 해설 한자와 비교하여 조금 달라도 의문을 갖지 말고, 어떠한 배경에서 조립되었는지를 생각하자. 한자는 오랜 세월에 걸쳐 조형미를 갖추면서 조금씩 변하여 왔기 때문이다.

▶ **우리말 훈과 음**
한자의 우리말 훈과 음을 제시하였다.

▶ **단어**
해설 한자가 들어간 단어들 중 비교적 활용도가 높은 단어들을 제시하였으니 해설 한자의 활용에 많은 도움이 될 것이다.

▶ **해설과 각주**
이 책에서 가장 중요한 부분으로 한자의 성립 배경에 대해 설명하고 있다. 수록된 옛 글자의 모양을 살펴보는 것도 한자 이해에 도움이 될 것이다.

목차

머리말 p.4
구성과 특징 p.6

색인 p.822

사람 p.10

신체 p.12

머리	1 一	2 亥	3 亡	4 享	5 首	6 頁
얼굴	7 耳	8 目	9 直	10 見	11 艮	12 臣	13 監	14 口
	15 可	16 各	17 亼	18 今	19 古	20 商	21 召	22 曰
	23 曾	24 音	25 言	26 舌	27 欠	28 食	29 甘	30 辛
	31 牙	32 自	33 而					
몸	34 身	35 己	36 心	37 凸	38 歹	39 肉	40 肖	41 自
손	42 手	43 又	44 叔	45 反	46 ナ	47 彐	48 史	49 帚
	50 隶	51 支	52 攵	53 爪	54 爰	55 臼	56 廾	57 共
	58 寸	59 專	60 勹	61 勿				
발	62 足	63 止	64 正	65 步	66 疋	67 走	68 癶	69 舛
	70 夂	71 复	72 彳	73 辶	74 立	75 竝	76 入	

 사람 p.226

人	77 人	78 僉	79 余	80 儿	81 兄	82 兀	83 允	84 充
	85 兔	86 鬼	87 芇	88 匕	89 皀	90 卩	91 卯	92 令
	93 尸	94 大	95 天	96 央	97 尢	98 旡		
신분	99 巳	100 巴	101 厶	102 去	103 子	104 女	105 母	106 少
	107 長	108 士	109 王					

삶 p.330

 전쟁 p.332

무기	110 弓	111 矢	112 至	113 弋	114 戈	115 我	116 戔	117 戌
	118 矛	119 殳	120 刀	121 刃	122 斤	123 干	124 幸	
운송 수단	125 車	126 合						
의식	127 示	128 卜	129 兆	130 口	131 回	132 囟		

* 한자 앞 번호는 한자 고유번호임.

필수품 p.420

의	133 衣	134 袁	135 巾	136 白	137 青	138 黃	139 黑	140 文
	141 聿	142 糸	143 幺	144 玄				
식	145 禾	146 米	147 麥	148 豆	149 壴	150 皿	151 酉	152 畐
	153 缶	154 罒/网	155 丨	156 臼	157 斗	158 用	159 甫	
	160 襾	161 几	162 鼎	163 鬲	164 匚	165 凵		
주	166 宀	167 穴	168 冖	169 广	170 庚	171 良	172 高	173 京
	174 戶	175 門	176 厂	177 卜	178 冂	179 向	180 舟	

농업 p.556

농경지	181 土	182 堇	183 垂	184 圭	185 田	186 由	187 里	188 火
	189 炎	190 关						
농기구	191 方	192 攸	193 力	194 耒				

자연 p.598

동물 p.600

육상동물	195 羊	196 犬	197 豕	198 牛	199 馬	200 鹿	201 虍	202 龍
	203 皮	204 韋	205 彡	206 毛	207 肉	208 采	209 角	210 与
어조류	211 隹	212 雈	213 薑	214 鳥	215 羽	216 非	217 乙	218 也
	219 九	220 虫	221 魚	222 貝	223 責			

산천초목 p.685

산	224 谷	225 石	226 金	227 工				
천	228 水	229 川	230 气	231 雨	232 氷			
초	233 屮	234 卉	235 不	236 艸	237 丰	238 音	239 屯	240 生
목	241 木	242 朱	243 東	244 束	245 柬	246 爿	247 广	248 竹
	249 冊							

천체 p.755

| 일월성신 | 250 日 | 251 昜 | 252 莫 | 253 倝 | 254 月 | 255 夕 | 256 辰 | 257 氏 |

기타 p.783

부호	258 乍	259 乃	260 丶	261 丸	262 丨	263 小		
숫자	264 一	265 且	266 丁	267 二	268 于	269 八	270 公	271 其
	272 十							

신체 (1~76)

고대 중국인들이 누구나 알 수 있는 객관적이고 간단한 묘사를 하는 데에는 글자를 사용하는 주체인 사람 자신을 묘사하는 것이 가장 쉬웠을 것이다. 따라서 머리부터 발끝까지 신체의 주요 부분이 기본 한자로 사용된다.

1. **머리**에는 문자적인 머리라는 의미도 있지만 지도자라는 상징적인 의미도 있다.
2. **얼굴**에는 '귀, 눈, 코, 입' 등의 기관이 있다.
3. 희로애락과 같은 사람의 감정을 표현하기 위해서는 **몸**의 어느 부분이 사용되었을까?
4. 신체에서 가장 많이 사용되는 부분은 어디일까? 사람이 동물과 구분되는 가장 큰 특징은 **손**의 사용이므로 손을 의미하는 기본 한자가 가장 많다.
5. 신체에서 손 다음으로 많이 사용되는 기관은 **발**로 이 역시 많은 기본 한자들이 있다.

사람 (77~98)

한자 자체가 사람을 의미하는 한자들이 있는데, 이 한자에는 '사람'이라는 의미 그대로 쓰이는 한자가 있는가 하면, 사람의 모습이지만 다른 의미로 쓰이는 한자들도 있다.

1. 人자처럼 '사람'이라는 의미를 가지고 있는 한자들이 다른 한자와 결합될 때 어떻게 의미에 기여하는지 살펴보자.
2. 두 팔과 다리를 크게 벌리고 서 있는 사람의 모습인 大자와 비슷한 글자로는 어떤 한자들이 있는지 알아보자.
3. '서 있는 사람, 쪼그리고 앉아 있는 사람, 무릎 꿇은 사람' 등 원래 **사람 모양**을 본떠 만든 글자이지만 다른 의미로 쓰이는 글자들에는 어떤 한자들이 있을까?

신분 (99~109)

인간은 사회적 동물이므로, 사람이 소속되어 있는 사회는 어떤 기본 한자들을 생성시켰는지 살펴본다.

1. 어머니 뱃속의 태아에서부터 노인에 이르기까지의 **태생적 신분**과 왕부터 신하에 이르기까지의 **계급적 신분**과 관련된 기본 한자들에 대해서 알아본다.

사람 | 신체 | 머리

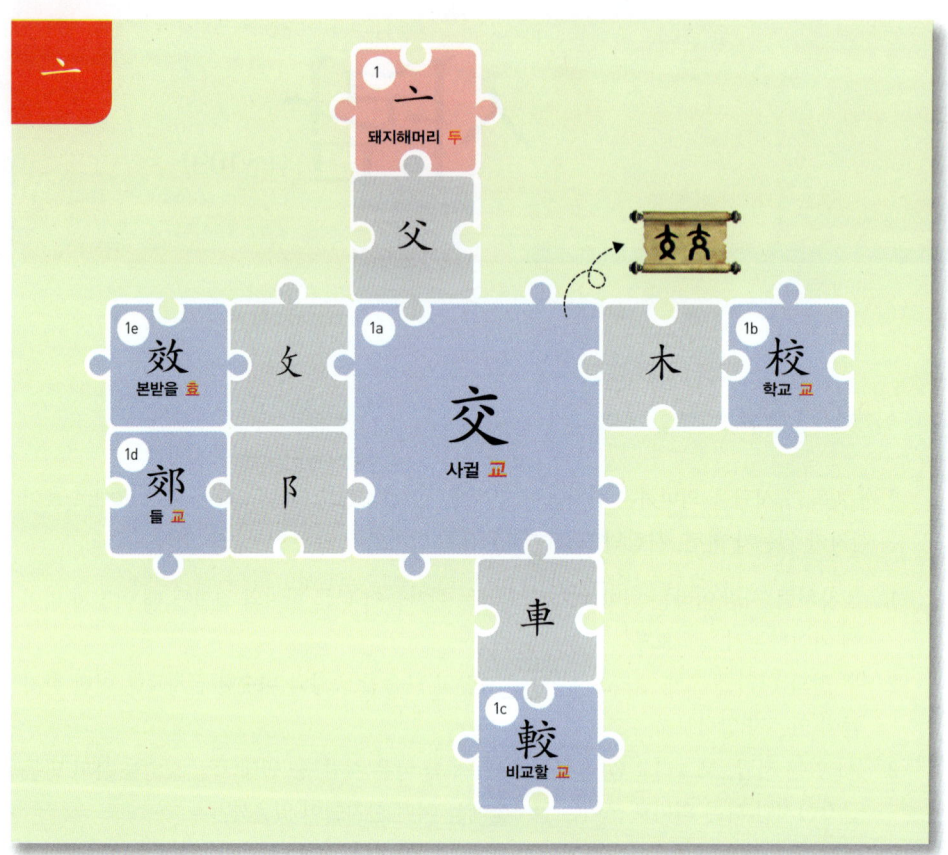

1

亠 돼지해머리 두

총획 2획　부수 亠　급수 6급

대상의 가장 윗부분을 가리키는 글자로, 사람이면 '머리', 건물이면 '지붕과 같은 꼭대기'를 뜻한다.

두(亠) 자가 돼지 해(亥) 자의 머리 부분(亠)과 같은 글자이기 때문에 '돼지해머리'라는 훈을 갖게 되었다.

1a

交 사귈 교

총획 6획　부수 亠　급수 6급　　亠 돼지해머리 두 + 父 아비 부

두 사람의 발이 뒤섞여 있는 모습을 본뜬 글자로 '사귀다, 주고받다, 교차하다' 등의 의미가 있다.

사귈 교(交) 자에 들어 있는 이 글자(父)는 교차된 다리 모양을 표현한 것으로 아비 부(父) 자와 의미적인 관련은 없다.

□ 交際 교제　　□ 社交 사교　　□ 外交 외교

1b

校校校校校校校校校校

校
학교 교

- 총획 10획
- 부수 木
- 급수 8급

交 사귈교 + 木 나무목

옛날 나무(木)로 만든 학교에서 친구를 사귀며(交) 함께 놀며 공부하던 모습을 그대로 담은 글자이다.

□ 校歌 교가   □ 校庭 교정   □ 學校 학교

1c

較較較較較較較較較較

較
비교할 교

- 총획 13획
- 부수 車
- 급수 3급

交 사귈교 + 車 수레 거/차

다양한 수레(車)가 뒤섞여(交) 있으면 서로 견주거나 비교해 볼 수 있다.

사귈 교(交) 자는 사람의 다리나 몸통이 서로 섞여 있는 모습이므로 '섞이다, 묶다' 등으로 풀이할 수 있다.

□ 較正 교정   □ 比較 비교   □ 日較差 일교차

1d

郊郊郊郊郊郊郊郊郊

郊
들 교

- 총획 9획
- 부수 阝
- 급수 3급

交 사귈교 + 阝 언덕 부

마을(邑=阝)에서 가장 먼 곳을 가리키기 위해 만들어진 글자이다. 사귈 교(交) 자가 발음 역할을 하고 있다.

□ 郊外 교외   □ 近郊 근교

1e

效效效效效效效效效

效
본받을 효

- 총획 10획
- 부수 攵
- 급수 5급

交 사귈교 + 攵 칠복

매를 들어서라도(攴→攵) 좋은 것을 본받게 한다는 뜻과 사귈 교(交) 자의 음을 가진 글자이다. '본받다, 보람, 효과'의 의미를 갖고 있다.

사귈 교(交) 자는 사람의 다리나 몸통이 서로 섞여 있는 모습이므로 '섞이다, 묶다' 등으로 풀이할 수 있다.

□ 效果 효과   □ 效力 효력   □ 無效 무효

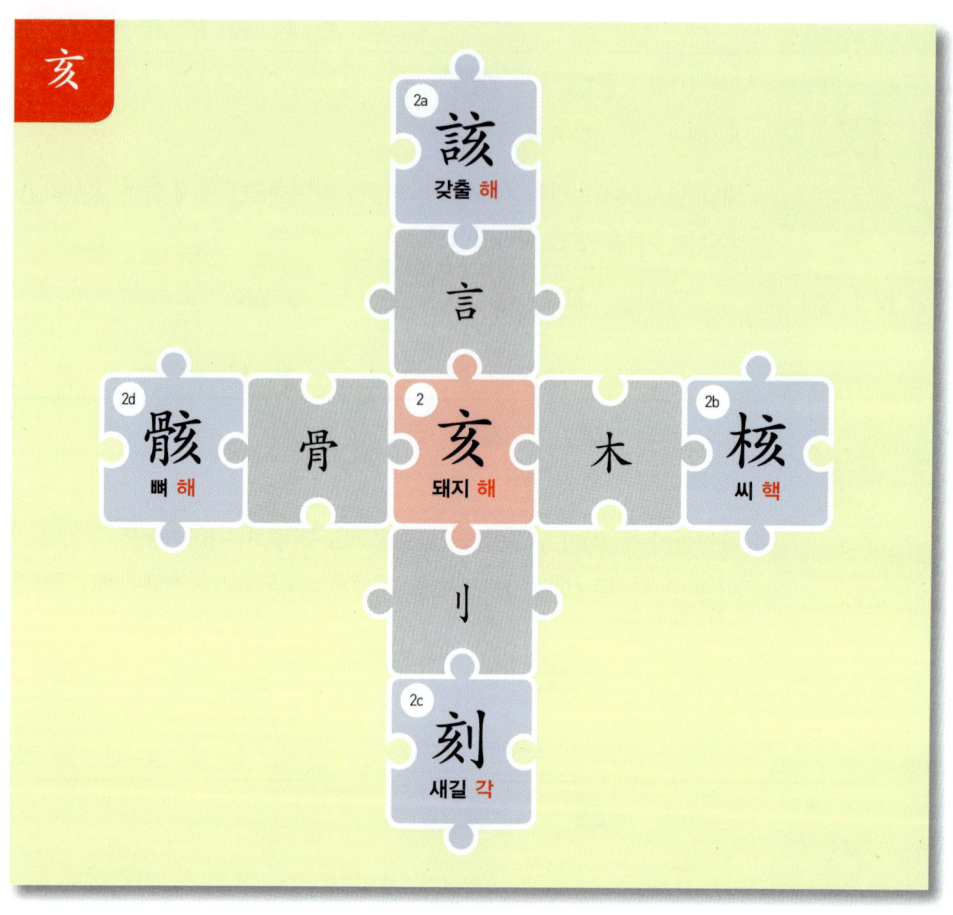

亥 돼지 해

- 총획 6획
- 부수 亠
- 급수 3급

동물의 뼈 모양을 본떴으나 돼지 시(豕)와 모양이 비슷해서 '돼지'의 뜻을 갖게 된 글자이다.

☐ 己亥 기해

사람 | 신체 | 머리

2a

該該該該該該該該該該該該該

該
갖출 해

총획 13획　부수 言　급수 3급

亥 돼지해 ＋ 言 말씀언

뼈(亥) 있는 말(言)이란 꼭 알맞은 말, 바른 말을 뜻하므로 '마땅하다, 갖추다' 등의 의미를 가진다.

☐ 該當 해당　　☐ 該博 해박

2b

核核核核核核核核核核

核
씨 핵

총획 10획　부수 木　급수 4급

亥 돼지해 ＋ 木 나무목

나무(木)의 뼈대(亥), 즉 '나무의 씨'를 가리키는 말로 어떤 것에 있어서 가장 중요한 부분을 의미한다.

☐ 核心 핵심　　☐ 核武器 핵무기　　☐ 核彈頭 핵탄두

2c

刻刻刻刻刻刻刻刻

刻
새길 각

총획 8획　부수 刂　급수 4급

亥 돼지해 ＋ 刂 칼도

옛사람들은 글이나 그림을 뼈(亥)에다 칼(刀)로 새겼다.

☐ 刻骨難忘 각골난망　　☐ 深刻 심각　　☐ 卽刻 즉각

2d

骸骸骸骸骸骸骸骸骸骸骸骸骸

骸
뼈 해

총획 16획　부수 骨　급수 1급

亥 돼지해 ＋ 骨 뼈골

'뼈대/뼈'의 의미를 가진 글자(亥)가 '돼지'의 뜻으로 쓰이자 뼈 골(骨) 자를 더하여 '뼈'의 의미를 갖도록 만들어진 글자이다.

☐ 骸骨 해골　　☐ 遺骸 유해　　☐ 殘骸 잔해

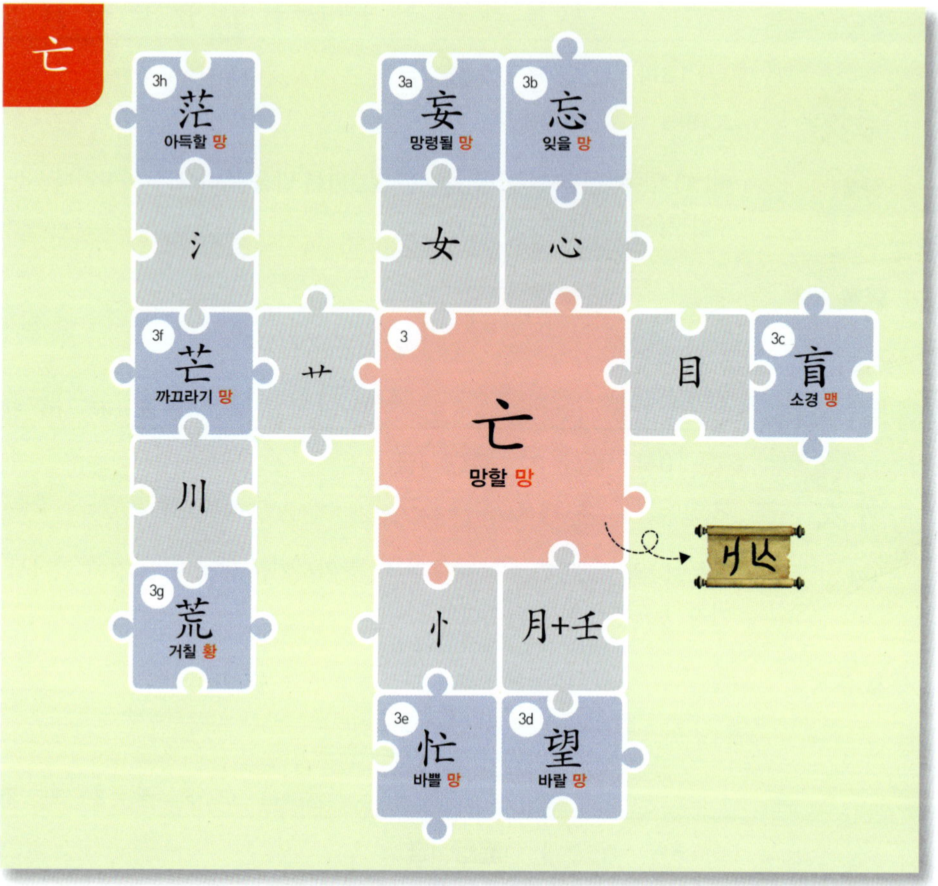

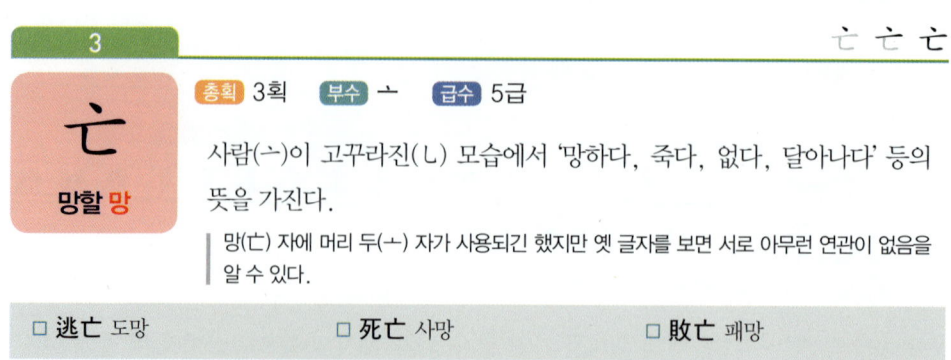

3

3

亡 亡 亡

亡
망할 망

총획 3획 부수 亠 급수 5급

사람(𠃋)이 고꾸라진(乚) 모습에서 '망하다, 죽다, 없다, 달아나다' 등의 뜻을 가진다.

> 망(亡) 자에 머리 두(亠) 자가 사용되긴 했지만 옛 글자를 보면 서로 아무런 연관이 없음을 알 수 있다.

□ 逃亡 도망	□ 死亡 사망	□ 敗亡 패망

사람 | 신체 | 머리

3a

妄妄妄妄妄妄

망령될 망

- 총획 6획
- 부수 女
- 급수 3급

亡 망할 망 + 女 여자 여

여자(女) 등 다른 무언가 때문에 일을 망쳤을 때(亡)의 허망함을 의미한다.

☐ 妄想 망상 ☐ 妄言 망언 ☐ 虛妄 허망

3b

忘忘忘忘忘忘忘

잊을 망

- 총획 7획
- 부수 心
- 급수 3급

亡 망할 망 + 心 마음 심

망친(亡) 일은 마음(心) 속에 담아두지 말고 잊어버려야 한다.

☐ 忘却 망각 ☐ 健忘症 건망증 ☐ 勿忘草 물망초

3c

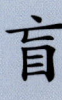

盲盲盲盲盲盲盲

소경 맹

- 총획 8획
- 부수 目
- 급수 3급

亡 망할 망 + 目 눈 목

눈(目)의 시력이 죽어(亡) 앞이 보이지 않는 모습이다.

☐ 盲信 맹신 ☐ 盲人 맹인 ☐ 文盲 문맹

3d

望望望望望望望望望

바랄 망

- 총획 11획
- 부수 月
- 급수 5급

亡 망할 망 + 月 달 월 + 壬 북방 임

죽음(亡)을 앞두고 고향을 그리워하며 까치발(壬→王)을 한 채 보름달(月)을 바라보는 모습에서 '바라보다, 바라다, 희망하다' 등의 뜻을 가진다.

☐ 觀望 관망 ☐ 所望 소망 ☐ 希望 희망

3e

忙忙忙忙忙忙

忙
바쁠 **망**

- 총획 6획
- 부수 忄
- 급수 3급

亡 망할 망 + 忄 마음 심

잊기(亡) 위해 마음(忄=心)에 여유가 없이 바삐 움직인다.

☐ 忙中閑 망중한 ☐ 多忙 다망 ☐ 慌忙 황망

3f

芒芒芒芒芒芒芒

芒
까끄라기 **망**

- 총획 7획
- 부수 艹
- 급수 1급

亡 망할 망 + 艹 풀 초

풀(艹=草)이 죽어(亡) 까끌까끌해진 모습이다.

3g

荒荒荒荒荒荒荒荒荒荒

荒
거칠 **황**

- 총획 10획
- 부수 艹
- 급수 3급

芒 까끄라기 망 + 川 내 천

물(川)이 없어 풀(艹) 한 포기도 살 수 없는(亡) 황폐함을 의미한다.

☐ 荒唐 황당 ☐ 荒蕪地 황무지 ☐ 救荒作物 구황작물

3h

茫茫茫茫茫茫茫茫茫茫

茫
아득할 **망**

- 총획 10획
- 부수 艹
- 급수 3급

芒 까끄라기 망 + 氵 물 수

초원(艹)이나 바다(氵=水)처럼 그 끝(亡)이 아득하게 보인다.

☐ 茫茫大海 망망대해 ☐ 茫然自失 망연자실

사람 | 신체 | 머리

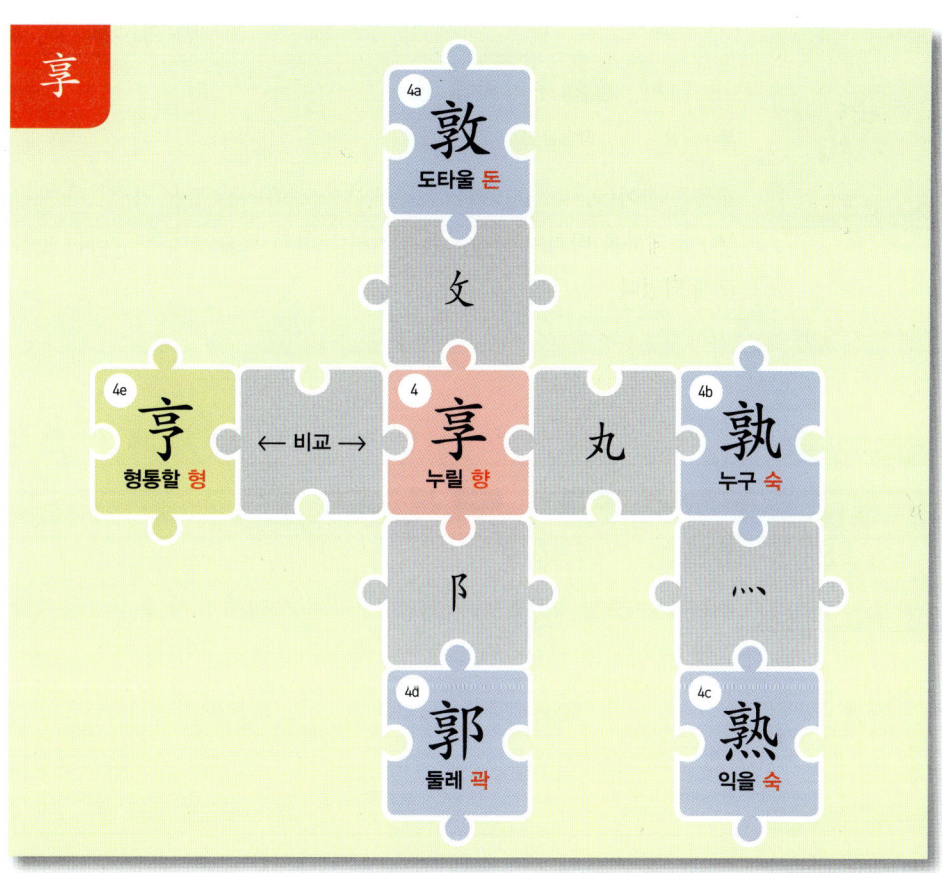

4
享
누릴 향

총획 8획　**부수** 亠　**급수** 3급

후손(子)들이 제단(高)에서 조상을 기리며 그 덕을 누리는 모습이다.

□ 享年 향년　　□ 享樂 향락　　□ 享壽 향수

4a
敦
도타울 돈

총획 12획　**부수** 攵　**급수** 3급　　享 누릴 향 + 攵 칠 복

제단(享)을 짓기 위해 터를 다지는(攵) 모습이다.

칠 복(攵) 자는 손에 몽둥이나 막대를 들고 있는 모습이므로 '초석이 놓일 자리에 돌을 쌓거나 쌓아 올린 흙을 무거운 돌이나 연장 등으로 두들겨 단단하게 하는 모습에서 복(攵) 자를 '다지다'로 풀이가 가능하다.

□ 敦篤 돈독　　□ 敦化門 돈화문

4b 孰 누구 숙

| 총획 | 11획 | 부수 | 子 | 급수 | 3급 |

享 누릴 향 + 丸 둥글 환

제물을 잡아(丸=丮) 요리하는 모습에서 '익히다'라는 뜻을 가졌으나 제단(享)에 제물을 바치며 자신이 누구인지 고하던 모습에서 '누구'라는 뜻을 갖게 되었다.

☐ 誰怨孰尤 수원숙우(누구를 원망하고 탓할 수가 없다)

4c 熟 익을 숙

| 총획 | 15획 | 부수 | 灬 | 급수 | 3급 |

孰 누구 숙 + 灬 불 화

'익히다'는 뜻을 가졌던 글자(孰)가 '누구'로 쓰이게 되자 불 화(灬) 자를 더해 '익히다, 숙련되다'라는 본래의 뜻을 되살린 글자이다.

☐ 熟達 숙달   ☐ 完熟 완숙   ☐ 深思熟考 심사숙고

4d 郭 둘레 곽

| 총획 | 11획 | 부수 | 阝 | 급수 | 3급 |

享 누릴 향 + 阝 언덕 부

마을(邑=阝)을 지키는 높은 담(享)의 모습을 본뜬 글자이다.
누릴 향(享) 자는 제단이나 사당의 모습을 본뜬 글자이므로 '조상신, 종묘사직' 등으로 또한 집을 두른 담장의 모습과 비슷한 꼴이라 하여 '담'으로 풀이하였다.

☐ 城郭 성곽

4e 亨 형통할 형

| 총획 | 7획 | 부수 | 亠 | 급수 | 3급 |

제단(高) 쌓기를 마친(了) 모습을 나타낸 글자이다.

☐ 亨國 형국   ☐ 萬事亨通 만사형통

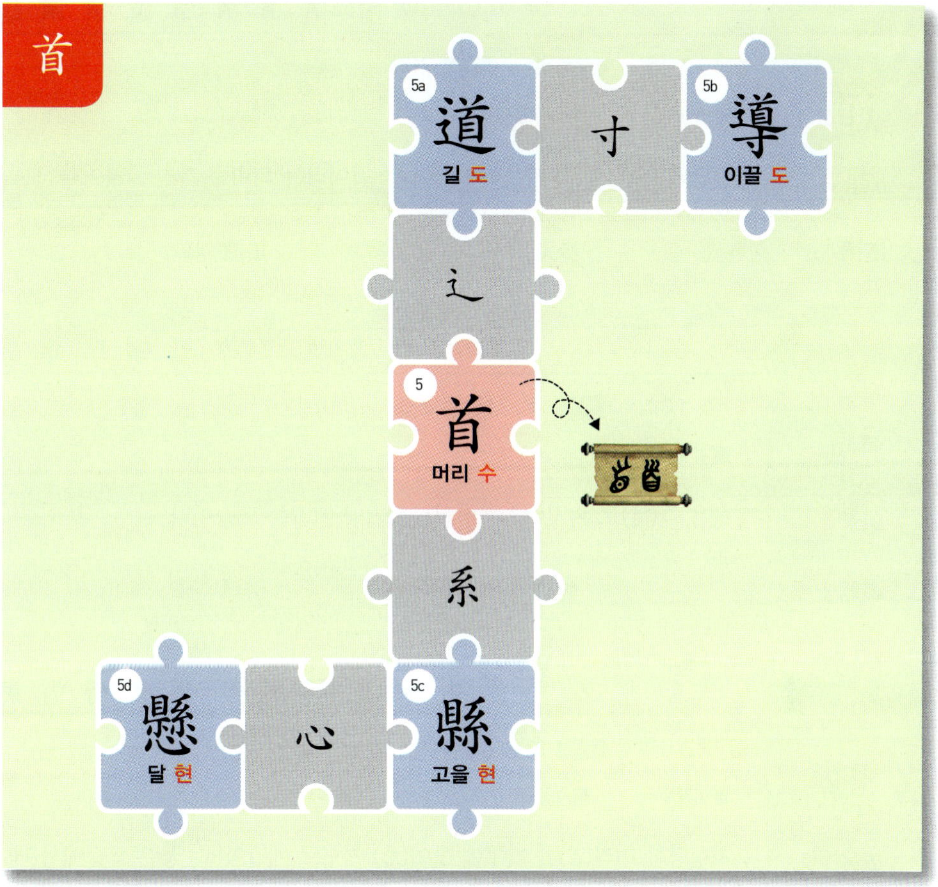

사람 | 신체 | 머리

首

| 5a 道 길 도 | 寸 | 5b 導 이끌 도 |

之

5 首 머리 수

系

| 5d 懸 달 현 | 心 | 5c 縣 고을 현 |

5

5

首 머리 수

首首首首首首首首首

총획 9획　**부수** 首　**급수** 5급

머리카락(巛)과 얼굴을 본뜬 글자(自)를 합쳐 '머리'만을 뜻하도록 만들어진 글자이다.

□ 首都 수도　　□ 首相 수상　　□ 元首 원수

5a

道 길 도

道道道道道道道道道道道道道

- 총획 13획
- 부수 辶
- 급수 7급

首 머리 수 + 辶 쉬엄쉬엄 갈 착

집단의 머리(首)가 가는(辶) 곳이 곧 길이라는 의미를 가진 글자이다.

- 道德 도덕
- 步道 보도
- 正道 정도

5b

導 이끌 도

導導導導導導導導導導導導導導導導

- 총획 16획
- 부수 寸
- 급수 4급

道 길 도 + 寸 마디 촌

옳은 길(道)로 손짓(寸)하며 인도하거나 이끄는 모습이다.

- 導船士 도선사
- 先導 선도
- 引導 인도

5c

縣 고을 현

縣縣縣縣縣縣縣縣縣縣縣縣縣縣縣縣

- 총획 16획
- 부수 糸
- 급수 3급

首 머리 수 + 系 이을 계

처형당한 머리(首)를 나무에 묶어(系) 거꾸로 매달아(県) 놓은 모습에서 '매달다'는 뜻을 가지며 또한 그렇게 할 수 있는 권력자가 다스리는 '고을, 마을'의 뜻도 가진다.

- 縣監 현감
- 縣令 현령
- 郡縣 군현

5d

懸 달 현

懸懸懸懸懸懸懸懸懸懸懸懸懸懸懸懸懸懸懸懸

- 총획 20획
- 부수 心
- 급수 3급

縣 고을 현 + 心 마음 심

'매달다'의 뜻을 갖는 현(縣) 자가 '고을'의 의미로 널리 사용되자 심장을 뜻하는 마음 심(心) 자를 더해 '매달다, 달다, 걸다, 늘어뜨리다'는 뜻을 강조한 글자이다.

- 懸案 현안
- 懸賞金 현상금
- 懸垂幕 현수막

사람 | 신체 | 머리

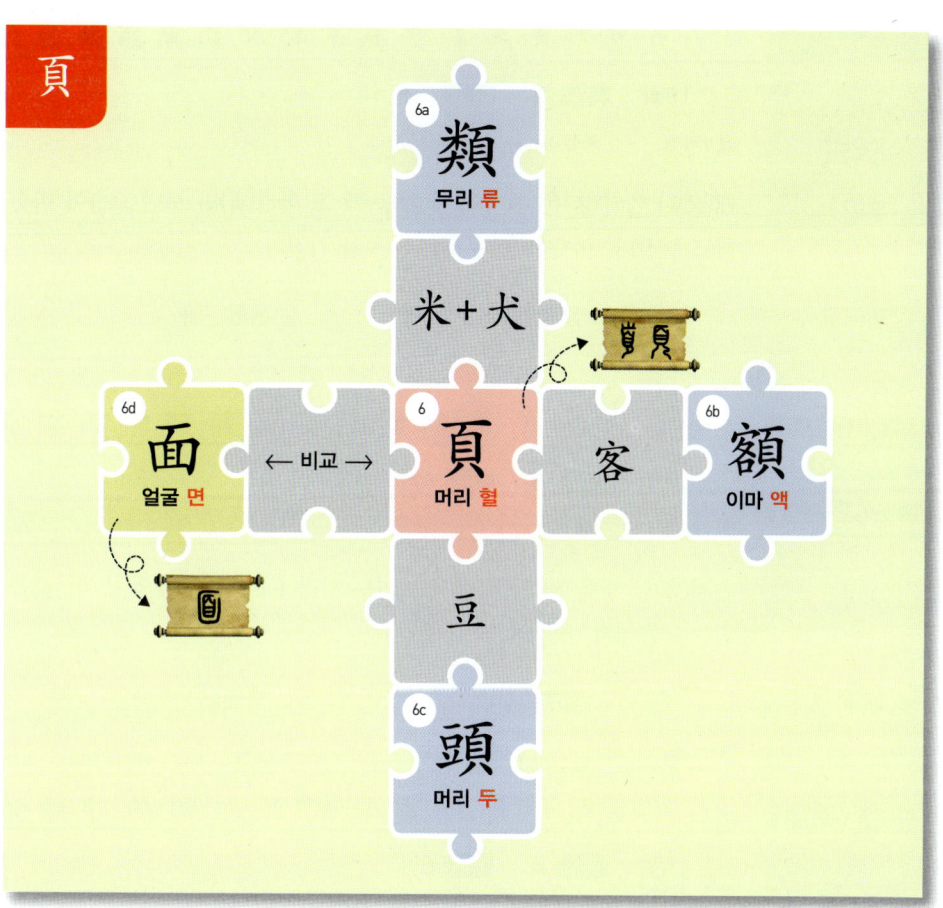

6

頁
머리 혈

총획 9획 부수 頁 급수 특급

사람(八=儿)의 몸통(自)위에 있는 머리(一)를 강조하여 우두머리의 개념으로 많이 쓰인다.

6a 類 무리 류

類 類 類 類 類 類 類 類 類 類 類 類 類 類 類

총획 19획 부수 頁 급수 3급

頁 머리 혈 + 米 쌀 미 + 犬 개 견

개(犬)나 쌀알(米)은 무리 지어 있을 때 그 머리(頁)만 보면 모습이 비슷하므로 '같다, 비슷하다, 무리'라는 뜻을 가진다.

☐ 類似品 유사품   ☐ 類類相從 유유상종   ☐ 種類 종류

6b 額 이마 액

額 額 額 額 額 額 額 額 額 額 額 額 額 額 額

총획 18획 부수 頁 급수 4급

頁 머리 혈 + 客 손 객

손님(客)을 맞을 때 가장 먼저 보이는 머리(頁)에서 '이마'의 뜻이, 값을 받는 모습에서 '수량'의 뜻이 나왔다.

☐ 額字 액자   ☐ 額數 액수   ☐ 定額制 정액제

6c 頭 머리 두

頭 頭 頭 頭 頭 頭 頭 頭 頭 頭 頭 頭 頭 頭

총획 16획 부수 頁 급수 6급

頁 머리 혈 + 豆 콩 두

'머리'를 뜻하는 혈(頁) 자가 단독으로 쓰이지 못하자 머리 모양을 나타내는 두(豆) 자를 더해 '머리'의 뜻으로 사용되게 만들었다.

☐ 頭腦 두뇌   ☐ 頭目 두목   ☐ 白頭山 백두산

6d 面 얼굴 면

面 面 面 面 面 面 面 面

총획 9획 부수 面 급수 7급

얼굴의 눈, 코, 입을 간략한 선으로 표현한 모습이다.

☐ 面積 면적   ☐ 額面 액면   ☐ 裏面 이면

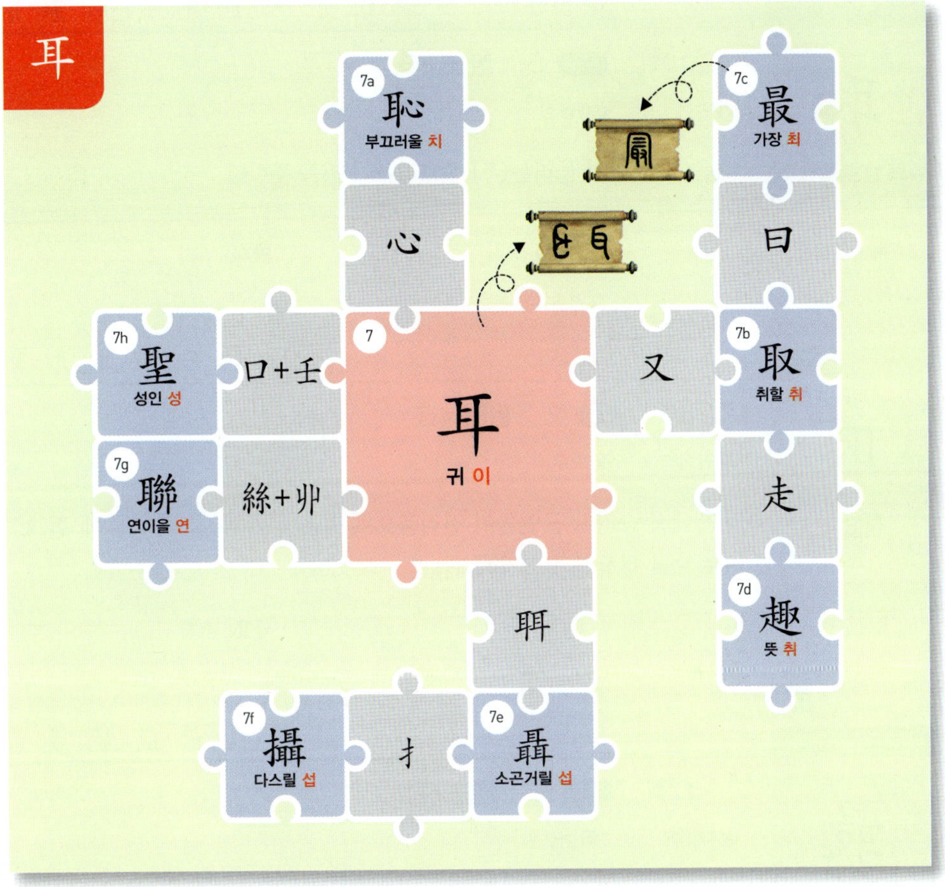

사람 | 신체 | 얼굴

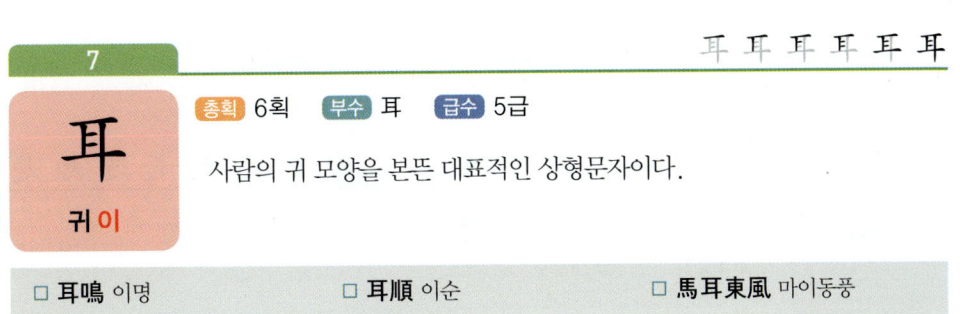

7
耳 귀 이

총획 6획 부수 耳 급수 5급

사람의 귀 모양을 본뜬 대표적인 상형문자이다.

□ 耳鳴 이명   □ 耳順 이순   □ 馬耳東風 마이동풍

7a

恥 부끄러울 치

恥 恥 恥 恥 恥 恥 恥 恥 恥

- 총획 10획
- 부수 心
- 급수 3급

耳 귀 이 + 心 마음 심

마음(心)에까지 들리는(耳) 부끄러운 소리를 뜻한다.

- ☐ 恥辱 치욕
- ☐ 羞恥 수치
- ☐ 廉恥 염치

7b

取 취할 취

取 取 取 取 取 取 取 取

- 총획 8획
- 부수 又
- 급수 4급

耳 귀 이 + 又 또 우

전쟁에서 승리한 군인들이 전리품으로 적군의 귀(耳)를 잘라 손에 쥔(又) 모습으로 형상화한 글자이다.

- ☐ 取得 취득
- ☐ 喝取 갈취
- ☐ 受取 수취

7c

最 가장 최

最 最 最 最 最 最 最 最 最 最

- 총획 12획
- 부수 曰
- 급수 5급

取 취할 취 + 曰 가로 왈

적장의 모자(冃→曰), 즉 목을 취한(取) 것은 최고의 성과를 의미한다.
∣ 모자 모(冒) 자의 윗부분과 가장 최(最) 자의 윗부분이 같은 글자이다.

- ☐ 最高 최고
- ☐ 最近 최근
- ☐ 最初 최초

7d

趣 뜻 취

趣 趣 趣 趣 趣 趣 趣 趣 趣 趣 趣

- 총획 15획
- 부수 走
- 급수 4급

取 취할 취 + 走 달릴 주

승리를 취한(取) 후 고향으로 달려가(走)는 모습에서 '달리다, 향하다'라는 의미가, 또 원하는 바를 이뤄 '뜻, 취미, 취향'의 의미가 생겼다.

- ☐ 趣味 취미
- ☐ 趣旨 취지
- ☐ 趣向 취향

사람 | 신체 | 얼굴

7e

聶 소곤거릴 섭

총획 18획 부수 耳 급수 확장한자

耳 귀 이 + 聑 편안할 접

귀(耳)를 세 개 그려놓았다는 것은 모든 소리 즉 소곤거리는 소리까지 듣겠다는 뜻이다.

7f

攝 다스릴 섭

총획 21획 부수 扌 급수 3급

聶 소곤거릴 섭 + 扌 손 수

세 개의 귀(聶)를 잡아당긴다(扌)는 것은 모든 게 자기 손아귀 안에 있다는 것을 의미한다.

□ 攝取 섭취   □ 攝理 섭리   □ 攝政 섭정

7g

聯 연이을 연

총획 17획 부수 耳 급수 4급

耳 귀 이 + 絲 실 사 + 丱 쌍상투 관

전리품(耳)을 엮어(絲+丱) 놓은 모습이다.

□ 聯立 연립   □ 國際聯合 국제연합   □ 聯立政府 연립정부

7h

聖 성인 성

총획 13획 부수 耳 급수 4급

耳 귀 이 + 口 입 구 + 壬 북방 임

까치발(壬)까지 해가며 귀(耳) 기울여 그 말(口)을 경청할 만큼 위대한 사람을 뜻한다.

□ 聖經 성경   □ 聖人 성인   □ 聖母 성모

目(1)

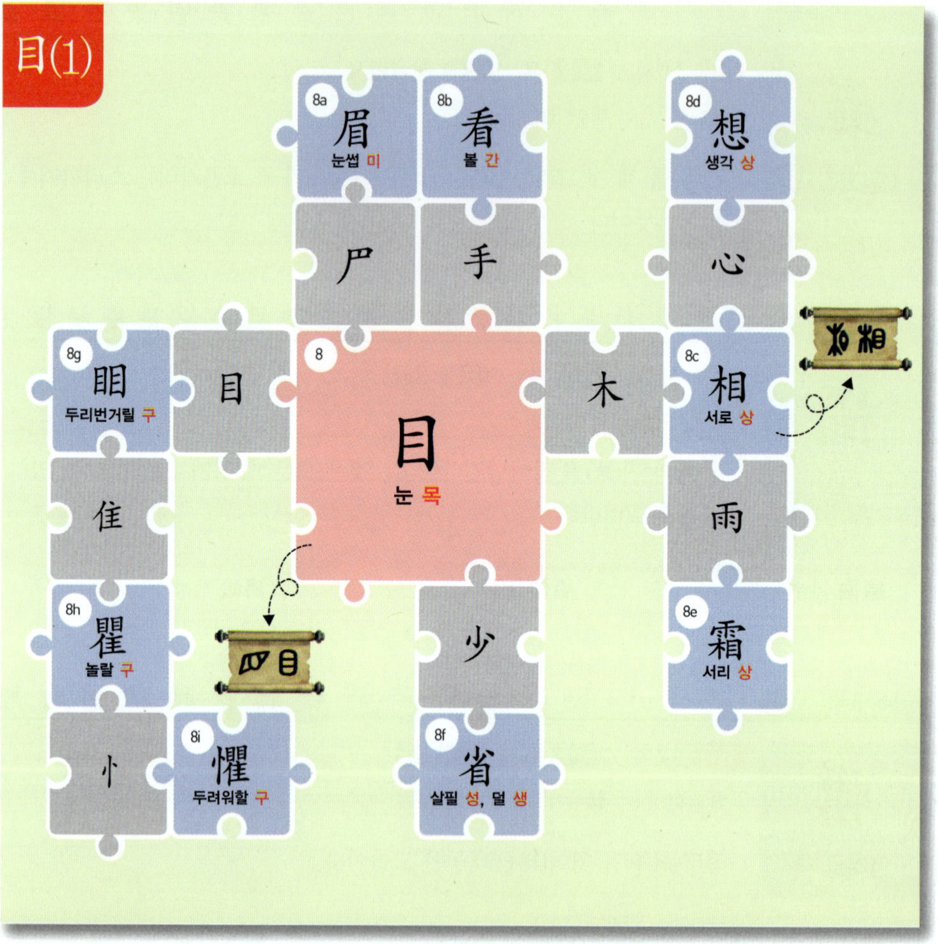

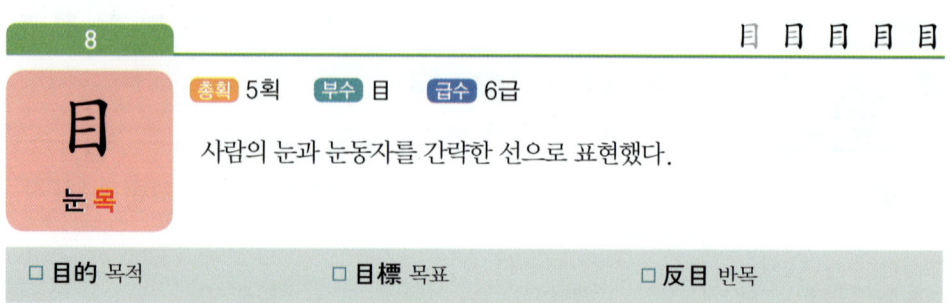

8a 眉 눈썹 미
8b 看 볼 간
8d 想 생각 상
尸
手
心
8g 瞿 두리번거릴 구
目
8 目 눈 목
木
8c 相 서로 상
隹
雨
8h 瞿 놀랄 구
少
8e 霜 서리 상
忄
8i 懼 두려워할 구
8f 省 살필 성, 덜 생

8

目 目 目 目 目

目 눈 목

총획 5획 부수 目 급수 6급

사람의 눈과 눈동자를 간략한 선으로 표현했다.

□ **目的** 목적 □ **目標** 목표 □ **反目** 반목

사람 | 신체 | 얼굴

8a

眉
눈썹 미

- 총획 9획
- 부수 目
- 급수 3급

目 눈 목 + 尸 눈썹

눈(目) 위에 달린 눈썹(尸)을 강조한 글자이다.

□ 眉間 미간   □ 白眉 백미   □ 焦眉 초미

8b

看
볼 간

- 총획 9획
- 부수 目
- 급수 4급

目 눈 목 + 手 손 수

눈(目) 위에 손(手)을 대고 멀리 보는 모습이다.

□ 看過 간과   □ 看病 간병   □ 看破 간파

8c

相
서로 상

- 총획 9획
- 부수 目
- 급수 5급

目 눈 목 + 木 나무 목

나무(木)의 움이 서로를 바라보고(目) 있다.

□ 相關 상관   □ 相談 상담   □ 相互 상호

8d

想
생각 상

- 총획 13획
- 부수 心
- 급수 4급

相 서로 상 + 心 마음 심

서로(相)를 향하는 마음(心), 즉 생각을 의미한다.

□ 想念 상념   □ 相扶相助 상부상조   □ 想像 상상

8e

霜 서리 상

霜霜霜霜霜霜霜霜霜霜霜霜霜霜霜

총획 17획　부수 雨　급수 3급　相 서로 상 + 雨 비 우

서로(相) 붙어 얼어붙은 비(雨), '서리'를 뜻한다.

- □ 雪上加霜 설상가상　　□ 風霜 풍상

8f

省 살필 성, 덜 생

省省省省省省省省省

총획 9획　부수 目　급수 3급　目 눈 목 + 少 적을 소

작은(少) 것까지 보는(目) 모습에서 '살피다', 사소히(少) 여기는(目) 모습에서 '덜다'의 뜻이 생겼다.

- □ 省察 성찰　　□ 反省 반성　　□ 省略 생략

8g

眲 두리번거릴 구

眲眲眲眲眲眲眲眲眲

총획 10획　부수 目　급수 확장한자　目 눈 목 + 目 눈 목

눈(目) 한 쌍이 주변을 두리번거리는 모습이다.

8h

瞿 놀랄 구

瞿瞿瞿瞿瞿瞿瞿瞿瞿瞿瞿瞿瞿瞿

총획 18획　부수 目　급수 특급　眲 두리번거릴 구 + 隹 새 추

새(隹)가 놀라서 주변을 살펴보는(眲) 모습이다.

8i

懼 두려워할 구

懼懼懼懼懼懼懼懼懼懼懼懼懼懼懼

총획 21획　부수 忄　급수 3급　瞿 놀랄 구 + 忄 마음 심

놀랄 구(瞿) 자가 단독으로 사용되지 못하자 마음 심(忄)을 더해 두려움을 강조한 글자이다.

- □ 悚懼 송구　　□ 疑懼心 의구심

사람 | 신체 | 얼굴

目(2)

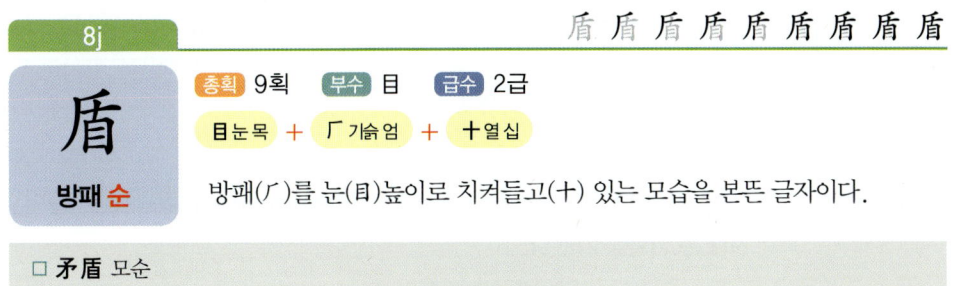

8j

盾 방패 순

- 총획 9획
- 부수 目
- 급수 2급

目 눈 목 + 厂 기슭 엄 + 十 열 십

방패(厂)를 눈(目)높이로 치켜들고(十) 있는 모습을 본뜬 글자이다.

盾 盾 盾 盾 盾 盾 盾 盾 盾

☐ 矛盾 모순

8k

循循循循循循循循循循

循 돌 순

- 총획 12획
- 부수 彳
- 급수 3급

盾 방패 순 + 彳 조금 걸을 척

방패(盾)를 들고 이리저리 돌아다니는(彳) 모습이다.

☐ 循行 순행　　☐ 循環 순환

8l

曼曼曼曼曼曼曼曼曼曼

曼 길게 끌 만

- 총획 11획
- 부수 日
- 급수 특급

目 눈 목 + 日 가로 왈 + 又 또 우

눈(目→罒)을 가린 두건이나 모자(月→日)와 양손(又)을 강조한 모습으로 치장에 시간이 오래 걸리는 데서 '길게 끌다'는 뜻이 있다.

8m

慢慢慢慢慢慢慢慢慢慢慢

慢 게으를 만

- 총획 14획
- 부수 忄
- 급수 3급

曼 길게 끌 만 + 忄 마음 심

질질 끄는(曼) 게으른 마음(忄)을 본뜬 글자이다.

☐ 倨慢 거만　　☐ 自慢 자만　　☐ 怠慢 태만

8n

漫漫漫漫漫漫漫漫漫漫漫

漫 흩어질 만

- 총획 14획
- 부수 氵
- 급수 3급

曼 길게 끌 만 + 氵 물 수

오랜 시간(曼) 땀(氵)을 흘려 치장이 흐트러진 모습에서 '질펀하다, 흩어지다'는 의미를 가진다.

☐ 漫評 만평　　☐ 漫畵 만화　　☐ 浪漫 낭만

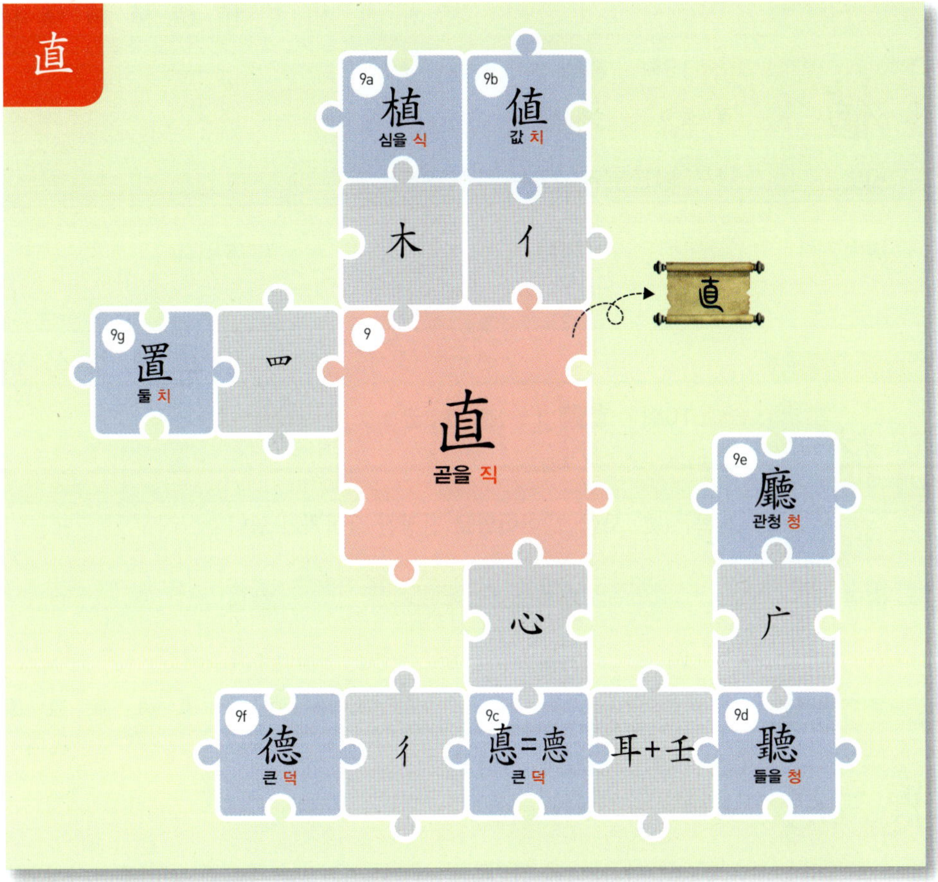

9

直 直 直 直 直 直 直 直

直 곧을 직

총획 8획 부수 目 급수 7급

사물(ㄴ)을 똑바로(十) 바라보는(目) 모습이다.

- □ **直角** 직각
- □ **直線** 직선
- □ **直選** 직선

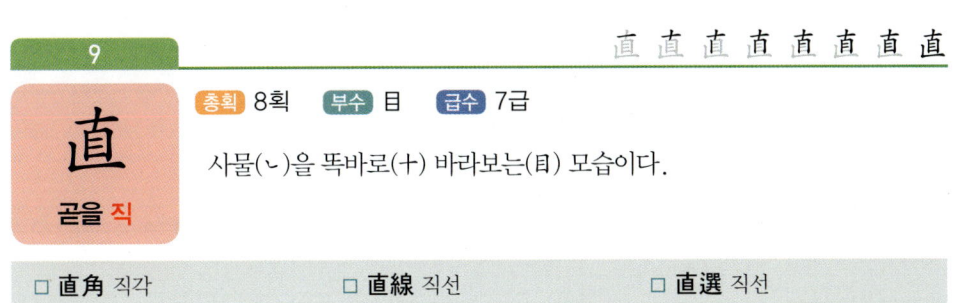

9a

植 심을 식

植植植植植植植植植植植植

- 총획 12획
- 부수 木
- 급수 7급

直 곧을 직 + 木 나무 목

나무(木)를 곧게(直) 심는 모습이다.

- □ 植木 식목
- □ 植樹 식수
- □ 移植 이식

9b

値 값 치

値値値値値値値値値値

- 총획 10획
- 부수 亻
- 급수 3급

直 곧을 직 + 亻 사람 인

올곧은(直) 사람(亻)이야말로 진정한 값어치가 있다.

- □ 價値 가치
- □ 期待値 기대치
- □ 數値 수치

9c

悳=惪 큰 덕

悳悳悳悳悳悳悳悳悳悳

- 총획 12획
- 부수 心
- 급수 2급

直 곧을 직 + 心 마음 심

바른(直) 마음(心)을 가리킨다. 눈 목(目) 자를 옆으로 눕힌(目→罒) 글자도 의미는 같다.

9d

聽 들을 청

聽聽聽聽聽聽聽聽聽聽聽聽聽聽聽聽聽聽

- 총획 22획
- 부수 耳
- 급수 4급

悳 큰 덕 + 耳 귀 이 + 壬 북방 임

덕(悳) 있는 사람이 다른 사람의 말을 까치발(壬)까지 하며 귀(耳) 기울이는 모습이다.

- □ 聽講 청강
- □ 聽衆 청중
- □ 視聽 시청

사람 | 신체 | 얼굴

9e

廳廳廳廳廳廳廳廳廳廳廳廳廳廳廳廳廳廳

廳
관청 **청**

- 총획 25획
- 부수 广
- 급수 4급

聽 들을 청 + 广 집 엄

남의 이야기를 경청(聽)해야 할 관리들이 머무는 큰 집(广), 즉 관청을 뜻한다.

☐ 廳舍 청사   ☐ 官廳 관청   ☐ 市廳 시청

9f

德德德德德德德德德德德德德德德

德
큰 **덕**

- 총획 15획
- 부수 彳
- 급수 5급

悳 큰 덕 + 彳 조금 걸을 척

덕(悳)을 가진 사람이 가는 길(彳) 또한 '덕'의 의미를 가진다.

☐ 德目 덕목   ☐ 道德 도덕   ☐ 美德 미덕

9g

置置置置置置置置置置置置

置
둘 **치**

- 총획 13획
- 부수 罒
- 급수 4급

直 곧을 직 + 罒 그물 망

올곧은(直) 사람에겐 귀중품을 맡길(罒) 수 있으므로 '맡기다, 맡겨 두다, 두다'의 뜻을 가진다.

짐이나 농작물 등을 담아 두는 용기인 그물(罒)이므로 그물 망(罒) 자를 '맡기다'로 의역하였다.

☐ 放置 방치   ☐ 設置 설치   ☐ 裝置 장치

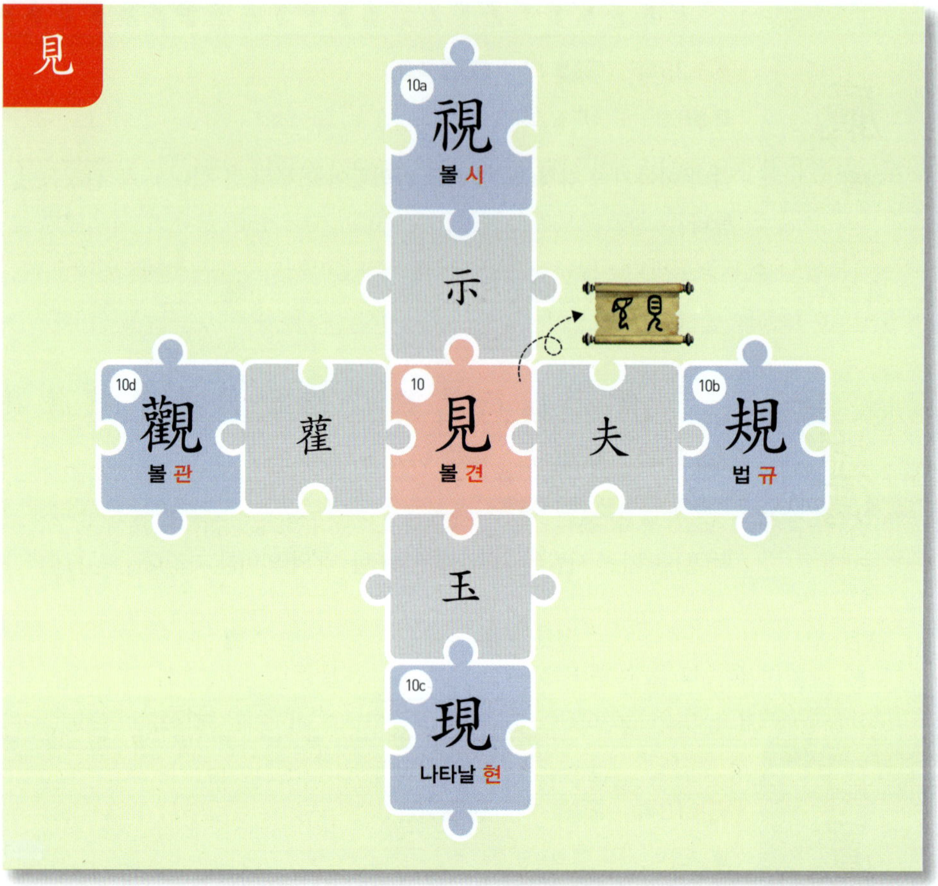

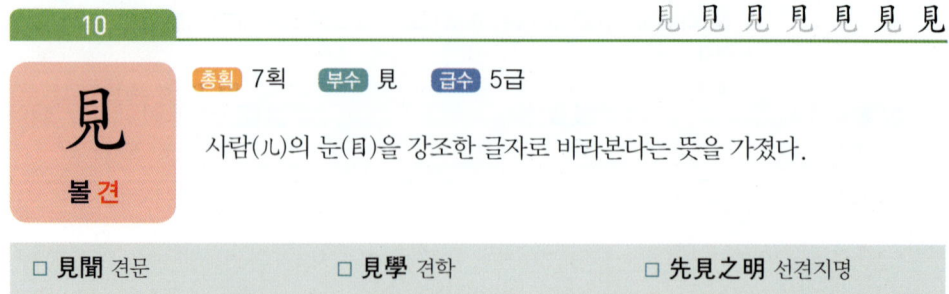

見
볼 견

| 총획 | 7획 | 부수 | 見 | 급수 | 5급 |

사람(儿)의 눈(目)을 강조한 글자로 바라본다는 뜻을 가졌다.

□ 見聞 견문   □ 見學 견학   □ 先見之明 선견지명

사람 | 신체 | 얼굴

10a 視 볼 시

- 총획 12획
- 부수 見
- 급수 4급

見 볼 견 + 示 제단 시

제사상(示=礻)을 살펴보는(見) 모습을 본뜬 글자이다.

- □ 視覺 시각
- □ 視力 시력
- □ 視線 시선

10b 規 법 규

- 총획 11획
- 부수 見
- 급수 5급

見 볼 견 + 夫 지아비 부

과거에는 지아비(夫)가 보고(見) 결정한 것이 곧 법이었다.

- □ 規範 규범
- □ 規定 규정
- □ 社規 사규

10c 現 나타날 현

- 총획 11획
- 부수 王
- 급수 6급

見 볼 견 + 玉 구슬 옥

옥(玉→王)의 빛깔을 유심히 살펴보는(見) 모습에서 빛 등이 '나타나다'는 뜻이 있다.

- □ 現金 현금
- □ 現在 현재
- □ 表現 표현

10d 觀 볼 관

- 총획 25획
- 부수 見
- 급수 5급

見 볼 견 + 雚 황새 관

목을 길게 빼고 주위를 둘러보는(見) 황새(雚)의 모습을 본뜬 글자이다.

- □ 觀客 관객
- □ 觀覽 관람
- □ 袖手傍觀 수수방관

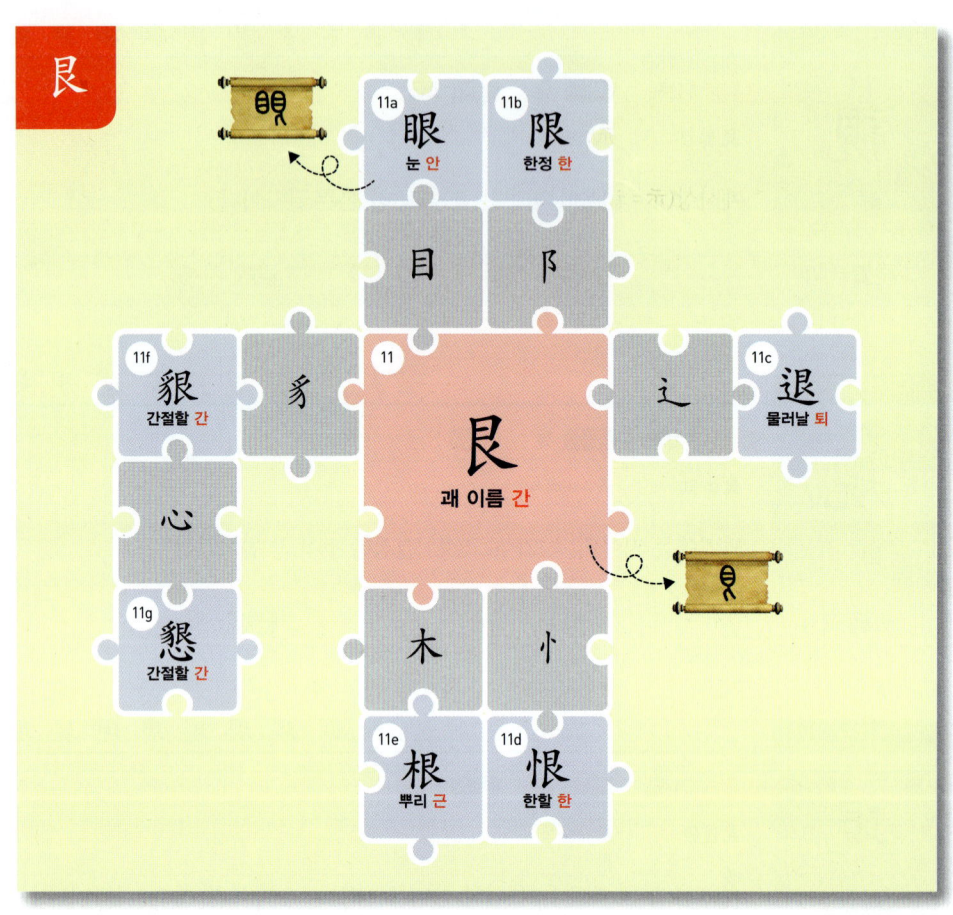

11

艮 괘 이름 간

총획 6획　**부수** 艮　**급수** 2급

뒤에 있는 사물을 응시하는 모습에서 '뒤돌아보다, 어긋나다'의 뜻이 있으나 불리기는 괘 이름/그칠/한정할/어려울/머무를 간(艮)으로 불린다.

사람 | 신체 | 얼굴

11a

眼 眼 眼 眼 眼 眼 眼 眼 眼 眼

眼
눈 **안**

- 총획 11획
- 부수 目
- 급수 4급

艮 괘이름 간 + 目 눈 목

뒤돌아보는(艮) 눈(目)에서 '눈'을 뜻하는 글자이다.

- □ 眼鏡 안경
- □ 千里眼 천리안
- □ 血眼 혈안

11b

限 限 限 限 限 限 限 限 限

限
한정 **한**

- 총획 9획
- 부수 阝
- 급수 4급

艮 괘이름 간 + 阝 언덕 부

뒤를 돌아봐도(艮) 장벽(阝)으로 막혀 있어 한계에 도달한 모습을 나타낸다.

- □ 限界 한계
- □ 限度 한도
- □ 無制限 무제한

11c

退 退 退 退 退 退 退 退 退

退
물러날 **퇴**

- 총획 10획
- 부수 辶
- 급수 4급

艮 괘이름 간 + 辶 쉬엄쉬엄 갈 착

뒤를 돌아보면서도(艮) 어쩔 수 없이 가는(辶) 모습에서 '물러나다'는 뜻이 있다.

- □ 退學 퇴학
- □ 早退 조퇴
- □ 脫退 탈퇴

11d

恨 恨 恨 恨 恨 恨 恨 恨

恨
한할 **한**

- 총획 9획
- 부수 忄
- 급수 4급

艮 괘이름 간 + 忄 마음 심

물러날(艮) 때의 억울한 심정(忄)을 나타낸다.

- □ 恨歎 한탄
- □ 怨恨 원한
- □ 痛恨 통한

11e

根 根 根 根 根 根 根 根 根 根

根 뿌리 근

- 총획 10획
- 부수 木
- 급수 6급

艮 괘 이름 간 + 木 나무 목

되돌아보며(艮) 보살펴야 할 나무(木)의 중요한 부위, 즉 '뿌리'를 의미한다.

☐ 根本 근본 　　☐ 根性 근성 　　☐ 根源 근원

11f

豤 豤 豤 豤 豤 豤 豤 豤 豤 豤 豤 豤

豤 간절할 간

- 총획 13획
- 부수 豸
- 급수 확장한자

艮 괘 이름 간 + 豸 벌레 치

먹을 것을 찾아 주변을 돌아보거나(艮) 땅을 파헤치는 짐승(豸)의 간절한 모습을 본뜬 글자이다.

발 없는 벌레 치(豸) 자는 개 견(犭) 자처럼 고양이도 되는 짐승들을 묘사할 때 의미요소로 사용된다.

11g

懇 懇 懇 懇 懇 懇 懇 懇 懇 懇 懇 懇

懇 간절할 간

- 총획 17획
- 부수 心
- 급수 3급

豤 간절할 간 + 心 마음 심

간(豤) 자가 단독 사용이 없자 '마음 심(心)' 자를 넣어 의미를 강조한 글자이다.

☐ 懇請 간청 　　☐ 懇願 간원 　　☐ 懇切 간절

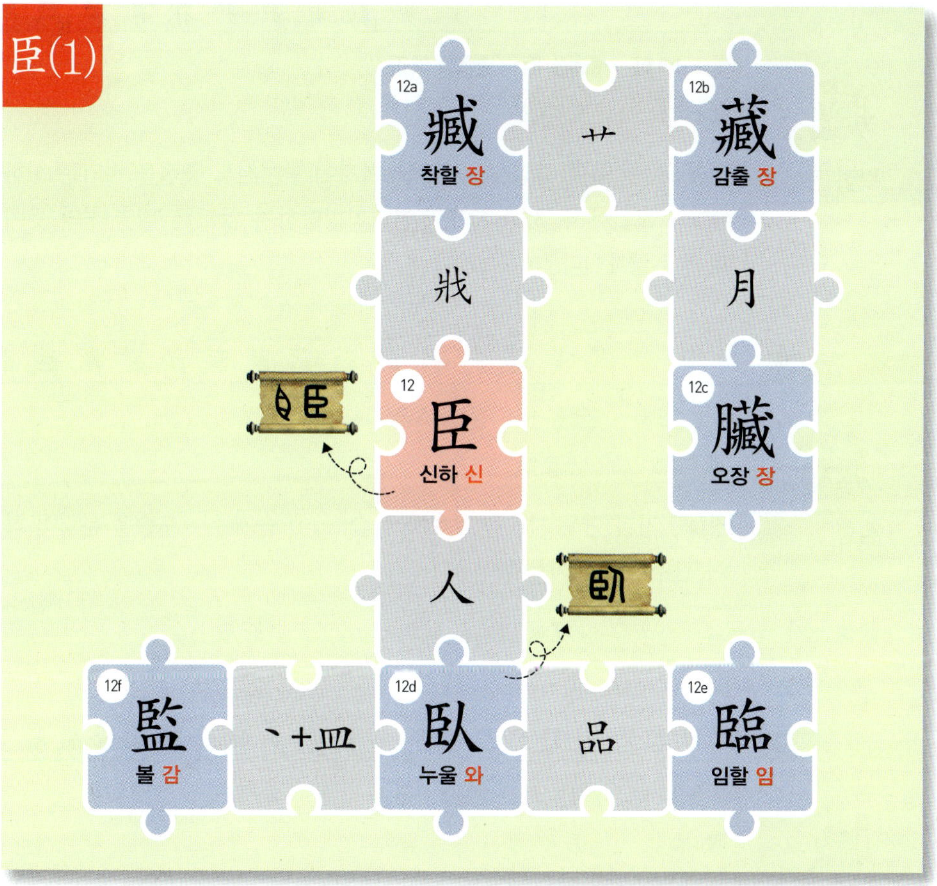

사람 | 신체 | 얼굴

臣(1)

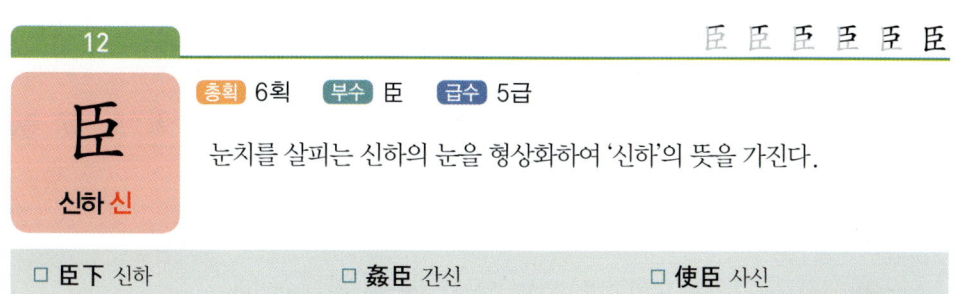

	臧 착할 장 (12a)	艹	藏 감출 장 (12b)
	戕		月
	臣 신하 신 (12)		臟 오장 장 (12c)
	人		
監 볼 감 (12f)	ヽ+皿	臥 누울 와 (12d)	品	臨 임할 임 (12e)

12

臣 신하 신

총획 6획　부수 臣　급수 5급

눈치를 살피는 신하의 눈을 형상화하여 '신하'의 뜻을 가진다.

臣臣臣臣臣臣

□ 臣下 신하　　□ 姦臣 간신　　□ 使臣 사신

12a

臧 착할 **장**

- 총획 14획
- 부수 臣
- 급수 특급
- 臣 신하 신 + 戕 죽일 장

형틀(爿)에 묶여 죽임(戕)을 당할 처지에 놓여서도 충절을 지키는 신하(臣)의 모습에서 '착하다'의 뜻이, 처형당하지 않도록 '감추다'의 뜻이 파생된 글자이다.

12b

藏 감출 **장**

- 총획 18획
- 부수 艹
- 급수 3급
- 臧 착할 장 + 艹 풀 초

장(臧) 자가 단독 사용을 못하자 풀숲(艹)에 숨겨주는 모습을 분명히 하여 '감추다'의 의미를 회복했다.

☐ 藏書 장서   ☐ 埋藏 매장   ☐ 貯藏 저장

12c

臟 오장 **장**

- 총획 22획
- 부수 月
- 급수 3급
- 藏 감출 장 + 月 육달 월

감춰져 있는(藏) 신체(月=肉)기관을 가리킨다.

☐ 臟器 장기   ☐ 腎臟 신장   ☐ 心臟 심장

12d

臥 누울 **와**

- 총획 8획
- 부수 臣
- 급수 3급
- 臣 신하 신 + 人 사람 인

고개를 숙이고(臣) 있는 포로나 죄수(人)의 모습이다.

☐ 臥龍 와룡   ☐ 臥病 와병   ☐ 臥薪嘗膽 와신상담

사람 | 신체 | 얼굴

12e 臨 臨 臨 臨 臨 臨 臨 臨 臨 臨 臨 臨 臨 臨 臨 臨 臨

臨
임할 **임**

- 총획 17획 부수 臣 급수 3급
- 臥 누울 와 + 品 물건 품

물건(品) 위로 몸을 굽히는(臥) 모습을 본뜬 글자이다.

☐ 臨迫 임박   ☐ 臨時 임시   ☐ 君臨 군림

12f 監 監 監 監 監 監 監 監 監 監 監 監 監 監

監
볼 **감**

- 총획 14획 부수 皿 급수 4급
- 臥 누울 와 + 丶 점 주 + 皿 그릇 명

대야(皿)에 비친 얼굴(丶)을 고개 숙여(臥) 살펴보는 모습에서 '보다'의 뜻이 생겨났다.

☐ 監督 감독   ☐ 監視 감시   ☐ 監修 감수

臣(2)

```
          緊
        긴할 긴
          
          糸
          
臣    又   臤   土   堅
신하 신     굳을 간     굳을 견
          
          貝
          
          賢
        어질 현
```

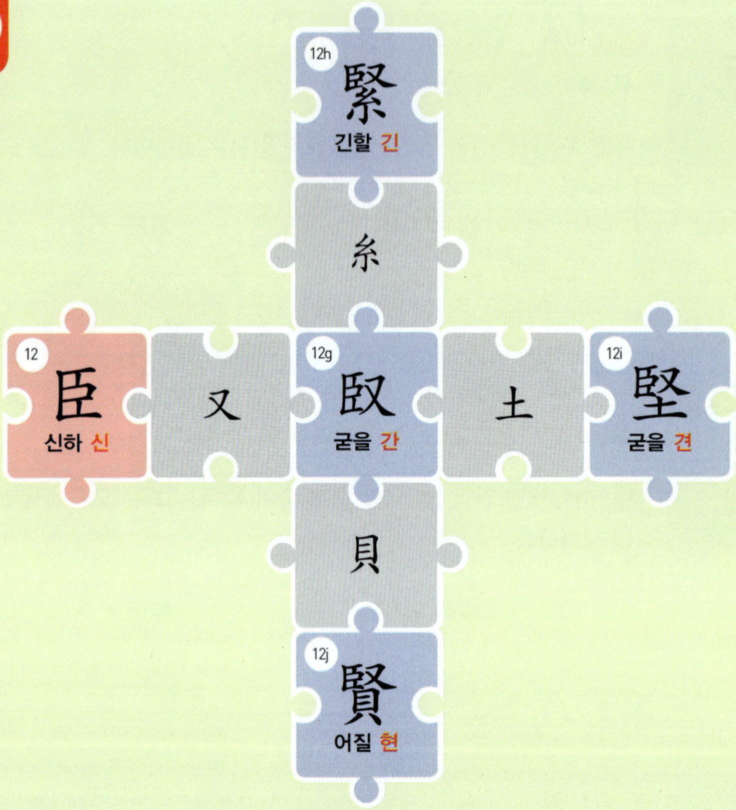

12g

臤 굳을 간

총획 8획　**부수** 臣　**급수** 확장한자

臣 신하 신 ＋ 又 또 우

포로(臣)의 목덜미를 움켜쥐자(又) 몸이 '굳는' 모습을 본뜬 글자이다.

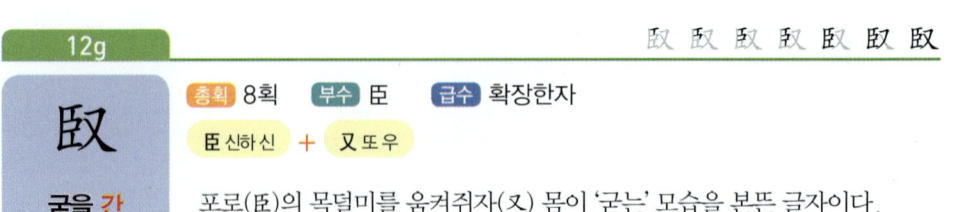

사람 | 신체 | 얼굴

12h

緊 緊 緊 緊 緊 緊 緊 緊 緊 緊 緊 緊 緊 緊

緊
긴할 긴

- 총획 14획
- 부수 糸
- 급수 3급

臤 굳을 간 + 糸 가는실 멱

팽팽해진(臤) 실(糸)의 모습을 본뜬 글자이다.

굳을 간(臤) 자가 몸이 오그라드는 모습을 본뜬 글자이므로 '굳어지다, 팽팽해지다' 등으로 풀이하였다.

☐ 緊張 긴장   ☐ 緊急 긴급   ☐ 緊迫 긴박

12i

堅 堅 堅 堅 堅 堅 堅 堅 堅 堅 堅

堅
굳을 견

- 총획 11획
- 부수 土
- 급수 4급

臤 굳을 간 + 土 흙 토

땅(土)이 굳어지는(臤) 모습에서 단단히 '굳다'의 뜻이 있다.

☐ 堅固 견고   ☐ 堅果類 견과류   ☐ 堅實 견실

12j

賢 賢 賢 賢 賢 賢 賢 賢 賢 賢 賢 賢 賢 賢 賢

賢
어질 현

- 총획 15획
- 부수 貝
- 급수 4급

臤 굳을 간 + 貝 조개 패

재물(貝)로 포로(臤)를 구하려는 '어진' 심정을 뜻한다.

☐ 賢明 현명   ☐ 賢母良妻 현모양처   ☐ 賢者 현자

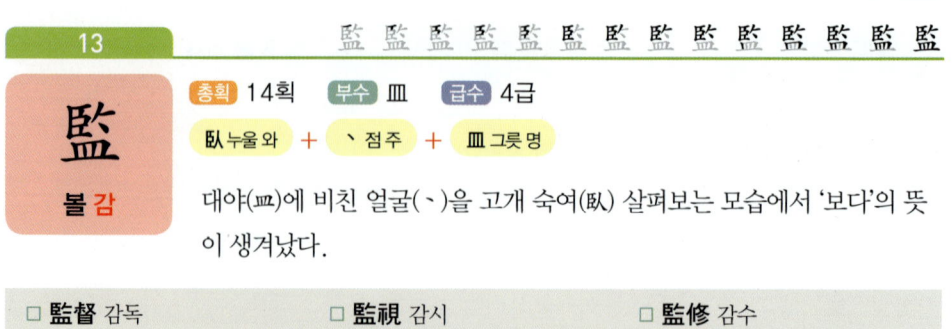

監

13

13

監 監 監 監 監 監 監 監 監 監 監 監 監 監

監

볼 감

총획 14획 부수 皿 급수 4급

臥 누울 와 + 丶 점주 + 皿 그릇 명

대야(皿)에 비친 얼굴(丶)을 고개 숙여(臥) 살펴보는 모습에서 '보다'의 뜻이 생겨났다.

□ **監督** 감독 □ **監視** 감시 □ **監修** 감수

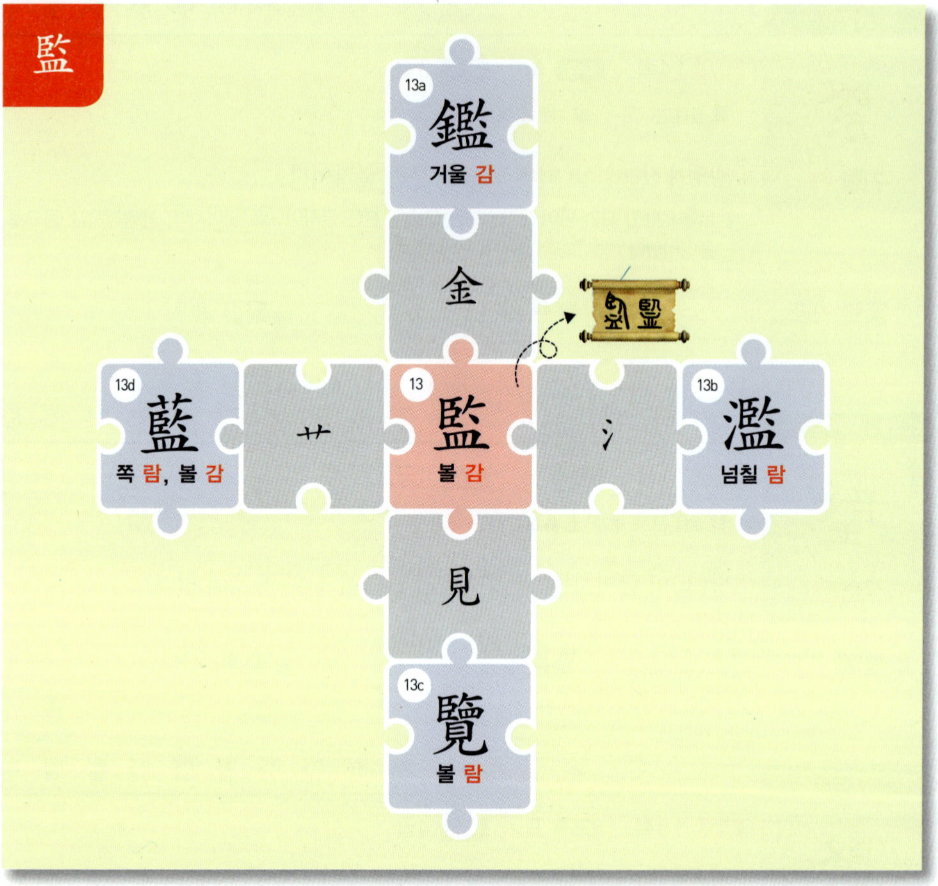

사람 | 신체 | 얼굴

13a

鑑鑑鑑鑑鑑鑑鑑鑑鑑鑑鑑鑑鑑鑑鑑鑑

鑑
거울 감

총획 22획　부수 金　급수 3급

監 볼감 ＋ 金 쇠금

고대에 청동기(金)의 매끈한 면에 얼굴을 비춰본(監) 데서 '거울'의 뜻을 갖게 되었다.

☐ 鑑別 감별　　☐ 鑑定 감정　　☐ 圖鑑 도감

13b

濫濫濫濫濫濫濫濫濫濫濫濫濫濫濫濫濫

濫
넘칠 람

총획 17획　부수 氵　급수 3급

監 볼감 ＋ 氵 물수

대야(監)에 담긴 물(氵)이 흘러넘치는 모습이다.

☐ 濫發 남발　　☐ 濫伐 남벌　　☐ 氾濫 범람

13c

覽覽覽覽覽覽覽覽覽覽覽覽覽覽覽覽覽

覽
볼 람

총획 21획　부수 見　급수 4급

監 볼감 ＋ 見 볼견

자세하게 살펴보기(監)도 하고 대충 둘러보기(見)도 하는 것을 가리킨다.

☐ 觀覽 관람　　☐ 博覽會 박람회　　☐ 閱覽 열람

13d

藍藍藍藍藍藍藍藍藍藍藍藍藍藍藍藍藍

藍
쪽 람, 볼 감

총획 18획　부수 艹　급수 3급

監 볼감 ＋ 艹 풀초

푸른 물감의 재료로 쓰이는 쪽을 나타내기 위해 풀 초(艹)를 의미 요소로, 볼 감(監)을 발음으로 하였다.

☐ 青出於藍 청출어람

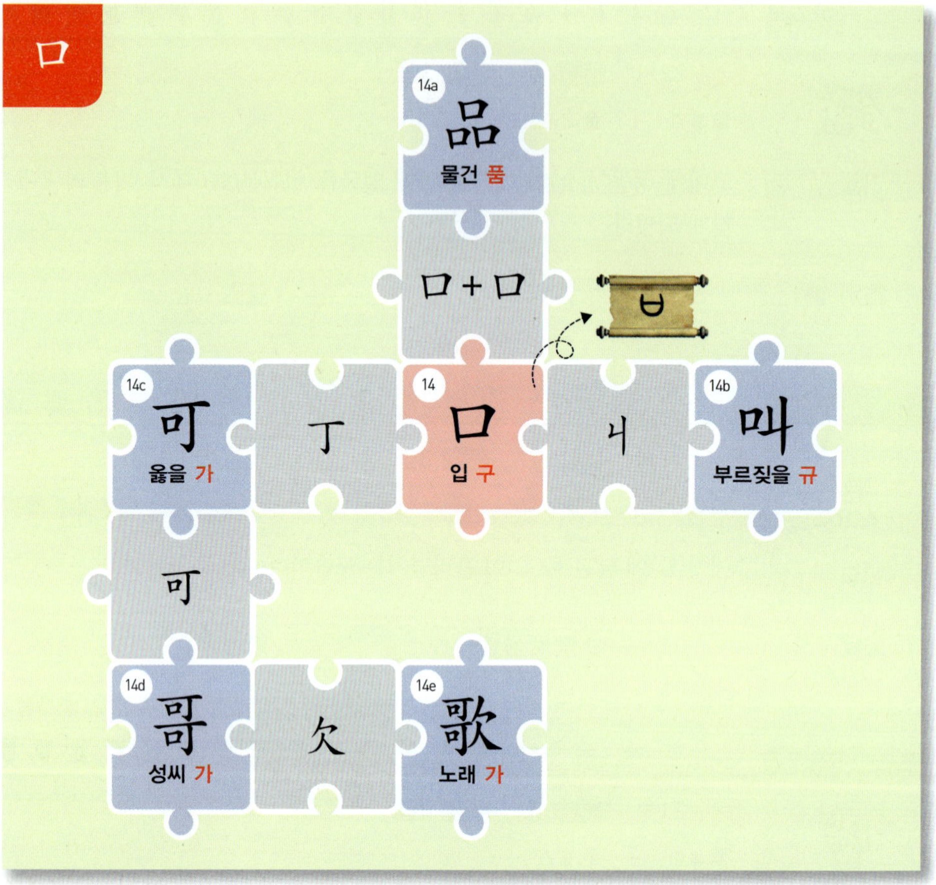

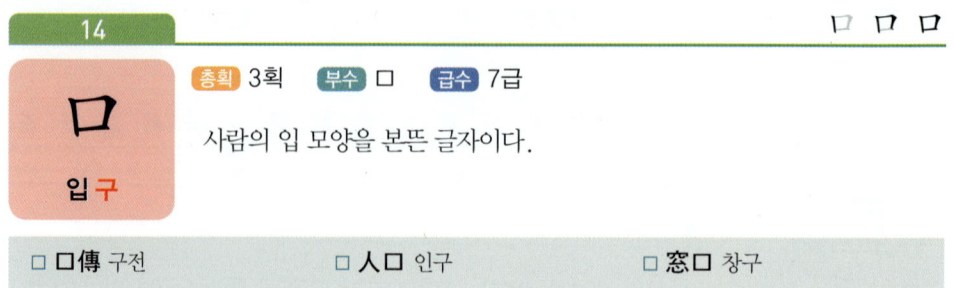

14

14	口 口 口

口 입 구

총획 3획 부수 口 급수 7급

사람의 입 모양을 본뜬 글자이다.

□ **口傳** 구전 □ **人口** 인구 □ **窓口** 창구

사람 | 신체 | 얼굴

14a

品 물건 품

品品品品品品品品

총획 9획　부수 口　급수 5급　口 입구 + 口 입구 + 口 입구

여럿이 모여 한마디씩(口) 물건에 대해 이야기하는 모습이다.

□ 品詞 품사　　□ 品質 품질　　□ 商品 상품

14b

叫 부르짖을 규

叫叫叫叫叫

총획 5획　부수 口　급수 3급　口 입구 + 丩 얽힐 구

넝쿨(丩)처럼 뒤섞여 들리는 부르짖는 소리(口)를 나타낸다.

□ 絕叫 절규　　□ 阿鼻叫喚 아비규환

14c

可 옳을 가

可可可可可

총획 5획　부수 口　급수 5급　口 입구 + 丁 고무래 정

입(口)을 크게(丁) 벌리고 말하는 당당한 모습을 본뜬 글자로 '옳다, 할 수 있다'를 뜻한다.

□ 可能 가능　　□ 許可 허가　　□ 不可 불가

14d

哥 성씨 가

哥哥哥哥哥哥哥哥

총획 10획　부수 口　급수 1급　可 옳을 가 + 可 옳을 가

가(可) 자를 위 아래로 겹쳐 만든 글자로 입을 크게 벌리고 노래하는 모습을 나타냈으나 한국에서는 성씨 뒤에 붙이는 말로 쓰인다.

14e

歌 노래 가

歌歌歌歌歌歌歌歌歌歌歌歌

총획 14획　부수 欠　급수 7급　哥 성씨 가 + 欠 하품 흠

가(哥) 자가 노래하다는 의미로 쓰이지 않자 하품 흠(欠) 자를 더해 그 의미를 강조한 글자이다.

□ 歌手 가수　　□ 歌舞 가무　　□ 高聲放歌 고성방가

可

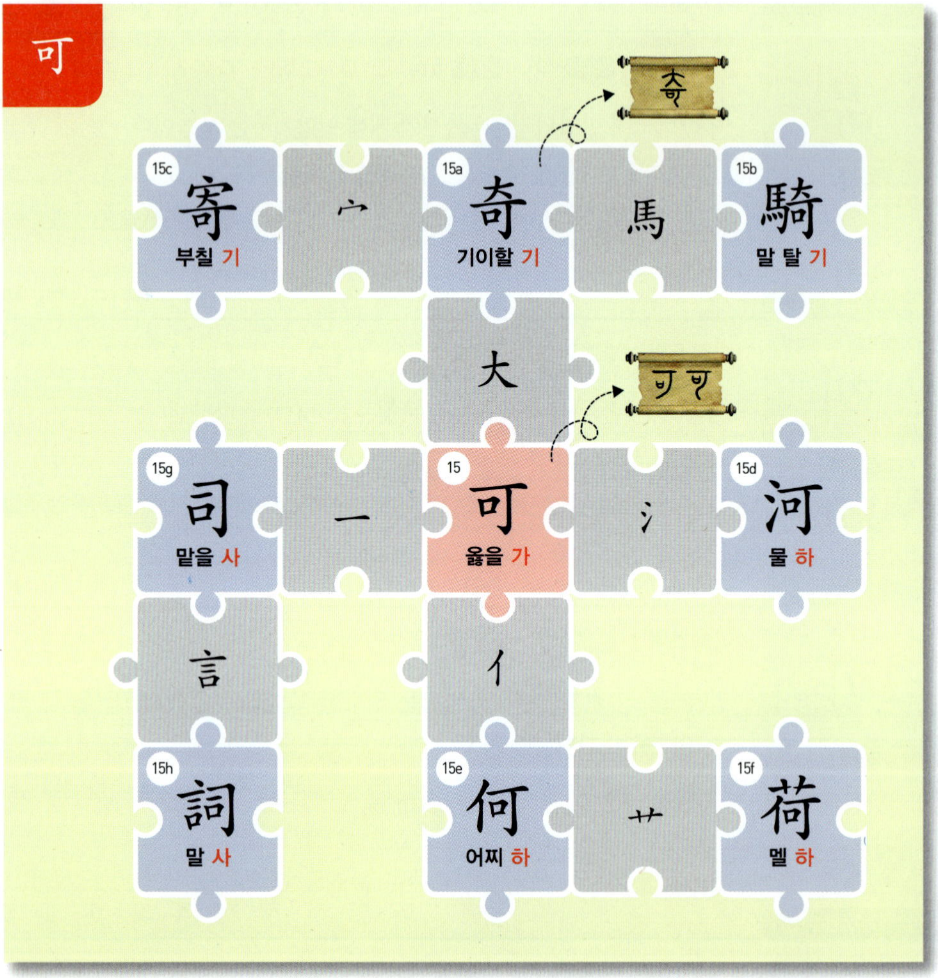

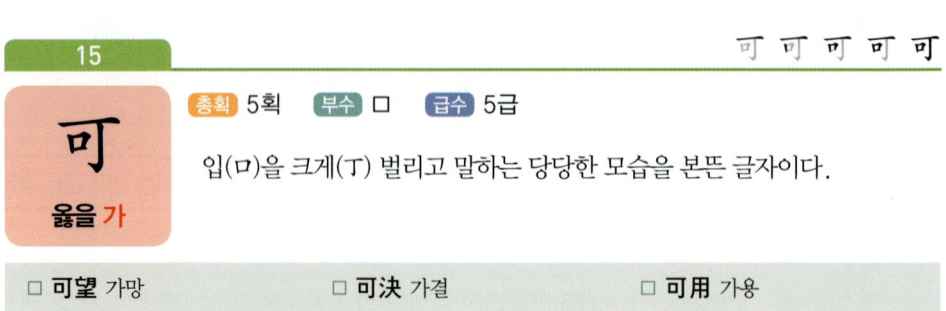

可可可可可

15

可
옳을 가

총획 5획　부수 口　급수 5급

입(口)을 크게(丁) 벌리고 말하는 당당한 모습을 본뜬 글자이다.

□ 可望 가망　　□ 可決 가결　　□ 可用 가용

사람 | 신체 | 얼굴

15a

奇奇奇奇奇奇奇奇

奇
기이할 기

- 총획 8획
- 부수 大
- 급수 3급

可 옳을 가 + 大 큰 대

남들과 다른 일을 할 수 있는(可) 사람(大)을 나타낸다.

갑골문은 없고 전문만 남아있는 글자로 큰 대(大) 자와 옳을 가(可) 자를 위(大)아래(可)로 배치해 놓은 모양이다.

☐ 奇蹟 기적　　☐ 奇妙 기묘　　☐ 奇想天外 기상천외

15b

騎騎騎騎騎騎騎騎騎騎騎騎騎騎騎騎

騎
말 탈 기

- 총획 18획
- 부수 馬
- 급수 3급

奇 기이할 기 + 馬 말 마

말(馬)을 탄 군인들이 전쟁터로 가는 길에 기이한(奇) 경험을 하는 모습을 본뜬 글자이다.

☐ 騎手 기수　　☐ 騎兵隊 기병대　　☐ 騎馬 기마

15c

寄寄寄寄寄寄寄寄寄寄寄

寄
부칠 기

- 총획 11획
- 부수 宀
- 급수 4급

奇 기이할 기 + 宀 집 면

특수한 능력(奇)이 있는 기관(宀)에 일을 맡기며 의지하는 모습을 나타낸다.

☐ 寄託 기탁　　☐ 寄與 기여　　☐ 寄贈 기증

15d

河河河河河河河河

河
물 하

- 총획 8획
- 부수 氵
- 급수 5급

可 옳을 가 + 氵 물 수

물 수(氵) 자에 옳을 가(可)의 소리를 빌려 하천을 뜻하는 글자이다.

☐ 河川 하천　　☐ 河口 하구　　☐ 氷河 빙하

15e

何何何何何何何

何
어찌 **하**

- 총획 7획
- 부수 亻
- 급수 3급

可 옳을 가 + 亻 사람 인

보따리를 어깨에 매단(可) 사람(亻)을 본뜬 글자였으나 방랑하는 사연을 모르니 '어찌, 어느, 왜'의 뜻도 가진다.

| 갑골문은 어깨에 긴 창(可→戈) 또는 짐을 메고 있는 사람(亻)의 모습이다.

- 何等 하등
- 何必 하필
- 幾何學 기하학

15f

荷荷荷荷荷荷荷荷荷荷

荷
멜 **하**

- 총획 11획
- 부수 艹
- 급수 3급

何 어찌 하 + 艹 풀 초

멜 하(何)가 어찌 하(何)로 뜻이 바뀌자, 풀 초(艹) 자를 더해 꽃이나 나무 등을 나르는 모습을 강조하여 '메다, 짊어지다'라는 원뜻을 되살렸다.

- 荷重 하중
- 入荷 입하
- 手荷物 수하물

15g

司司司司司

司
맡을 **사**

- 총획 5획
- 부수 口
- 급수 3급

可 옳을 가 + 一 한 일

명령(口)을 전달하는 막중한 임무를 맡은 신하의 모습을 본뜬 글자이다.

- 司法 사법
- 司會 사회
- 司令官 사령관

15h

詞詞詞詞詞詞詞詞詞詞

詞
말 **사**

- 총획 12획
- 부수 言
- 급수 3급

司 맡을 사 + 言 말씀 언

맡아서(司) 전달해야 할 중요한 말(言)을 가리킨다.

- 歌詞 가사
- 動詞 동사
- 品詞 품사

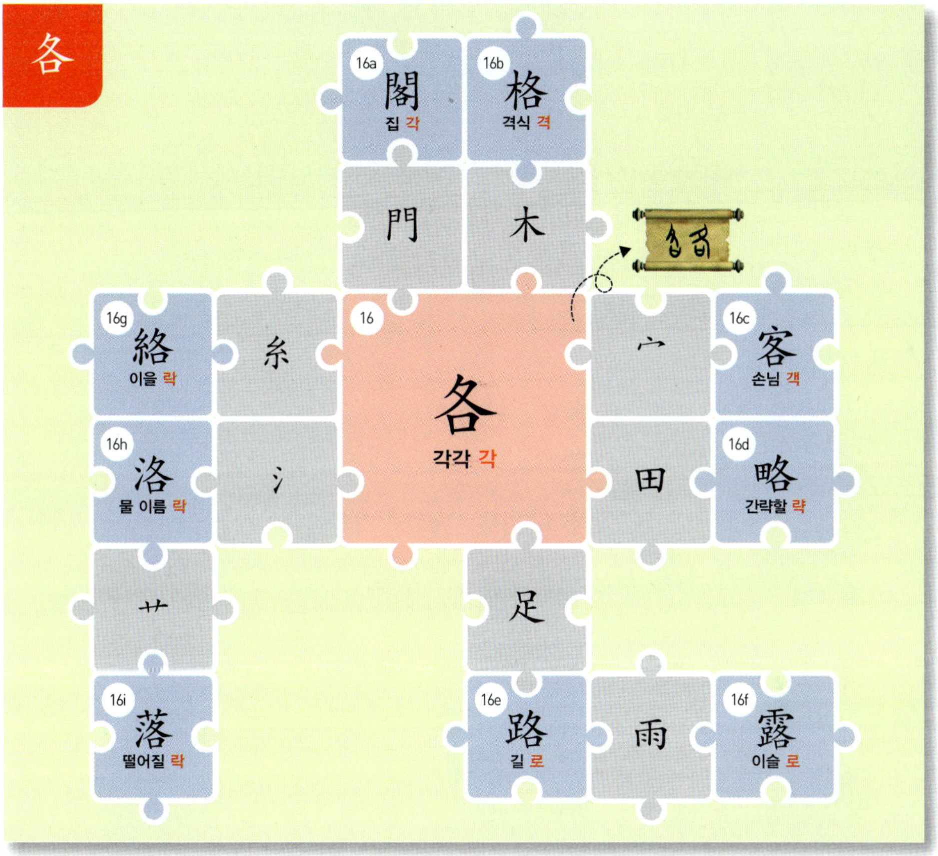

사람 | 신체 | 얼굴

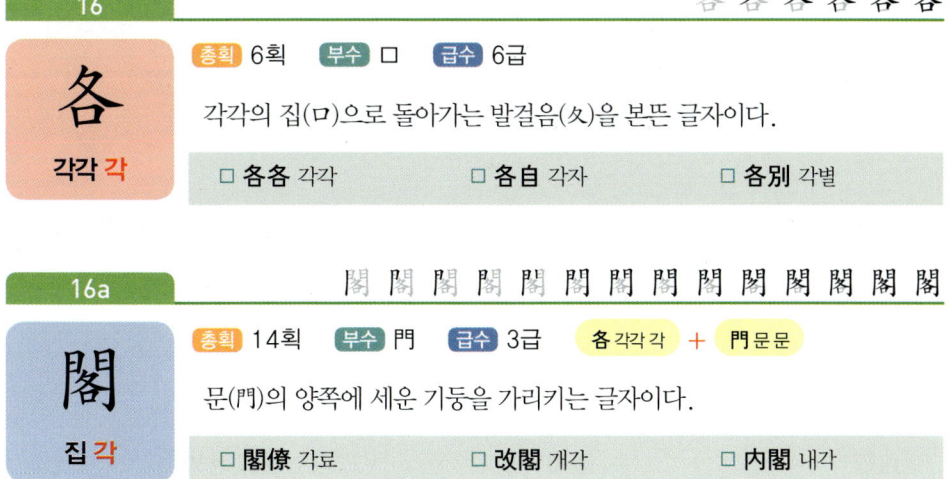

| 16 | 各 各 各 各 各 各 |

各 각각 **각**

총획 6획　부수 口　급수 6급

각각의 집(口)으로 돌아가는 발걸음(夊)을 본뜬 글자이다.

- 各各 각각
- 各自 각자
- 各別 각별

| 16a | 閣 閣 閣 閣 閣 閣 閣 閣 閣 閣 閣 閣 |

閣 집 **각**

총획 14획　부수 門　급수 3급　各 각각 각 ＋ 門 문 문

문(門)의 양쪽에 세운 기둥을 가리키는 글자이다.

- 閣僚 각료
- 改閣 개각
- 內閣 내각

53

16b

格格格格格格格格格

格
격식 **격**

- 총획 10획
- 부수 木
- 급수 5급

各 각각 각 + 木 나무 목

나무(木)마다 각각(各)에 알맞은 쓰임새가 있다는 데서 '격식'을 뜻한다.

- □ 格式 격식
- □ 品格 품격
- □ 人格 인격

16c

客客客客客客客客客

客
손님 **객**

- 총획 9획
- 부수 宀
- 급수 3급

各 각각 각 + 宀 집 면

집(宀) 안에 각각(各) 머무는 사람을 가리킨다.

- □ 客室 객실
- □ 旅客 여객
- □ 主客顚倒 주객전도

16d

略略略略略略略略略

略
간략할 **략**

- 총획 11획
- 부수 田
- 급수 5급

各 각각 각 + 田 밭 전

각각(各)의 밭(田)을 크고 반듯하게 정리하는 모습에서 '줄이다, 간략하다'는 뜻이 있다. 밭에 병사를 빗대어 '다스리다, 빼앗다'는 뜻도 있다.

> 전쟁을 벌이는 이유가 상대방의 땅을 빼앗기 위함이므로 정복 전쟁을 배경으로 만들어졌을 가능성도 있다.

- □ 略圖 약도
- □ 省略 생략
- □ 戰略 전략

16e

路路路路路路路路路路路

路
길 **로**

- 총획 13획
- 부수 足
- 급수 6급

各 각각 각 + 足 발 족

각각(各)의 장소를 오가는(足) 길을 의미한다.

- □ 路線 노선
- □ 道路 도로
- □ 線路 선로

16f 露 이슬 로

露露露露露露露露露露露露露露露露露露

- 총획 21획
- 부수 雨
- 급수 3급

路 길 로 + 雨 비 우

길(路)을 촉촉이 적시는 비(雨)를 가리킨다.

□ 露宿 노숙 □ 露出 노출 □ 暴露 폭로

16g 絡 이을 락

絡絡絡絡絡絡絡絡絡絡絡絡

- 총획 12획
- 부수 糸
- 급수 3급

各 각각 각 + 糸 가는 실 멱

각각(各)이 연결(糸)되어 있는 모습이다.

| 실(糸)의 특징은 이어 주거나 묶어 주거나 하는 것이므로 여기에서 '연결하다'로 해석하였다.

□ 連絡 연락 □ 脈絡 맥락 □ 籠絡 농락

16h 물 이름 락

洛洛洛洛洛洛洛洛洛

- 총획 9획
- 부수 氵
- 급수 2급

各 각각 각 + 氵 물 수

물(氵)줄기가 각각(各) 나뉘는 폭포를 뜻했으나 '물 이름, 강 이름'으로 쓰인다.

16i 落 떨어질 락

落落落落落落落落落落落落落

- 총획 13획
- 부수 艹
- 급수 5급

洛 물 이름 락 + 艹 풀 초

락(洛) 자가 다른 뜻으로 쓰이자 낙엽(艹)의 뜻을 더해 '떨어지다'는 의미를 강조한 글자이다.

□ 落榜 낙방 □ 轉落 전락 □ 秋風落葉 추풍낙엽

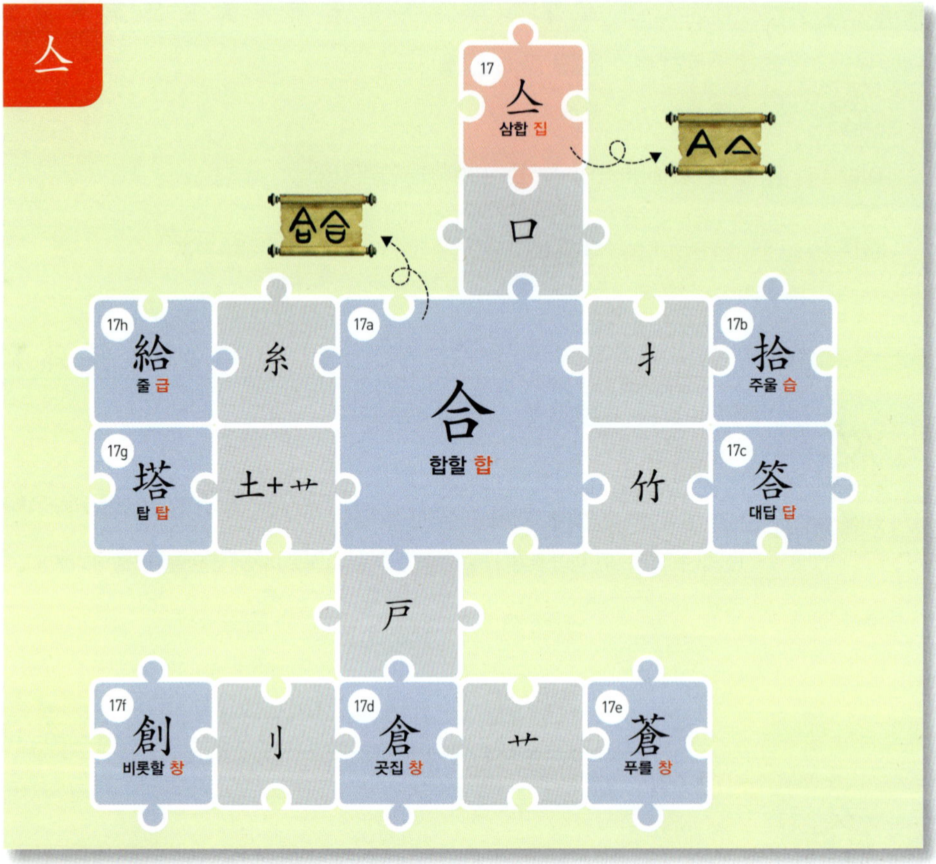

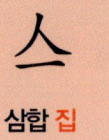

17

亼 亼 亼

亼
삼합 집

총획 3획　부수 人　급수 확장한자

밥그릇을 덮기 위해 모아지는 형태로 만들어진 뚜껑의 모습이다.

17a

合 合 合 合 合 合

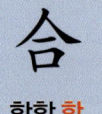

合
합할 합

총획 6획　부수 口　급수 6급　亼 삼합 집 + 口 입 구

밥그릇(口)에 딱 맞는 뚜껑(亼)의 모습을 본뜬 글자이다.

> 언어(口)가 맞는 이들이 모여(亼) 사는 모습이라 하여 '들어맞다, 일치하다, 전체'의 뜻을 갖기도 한다.

□ **合格** 합격　□ **合計** 합계　□ **聯合** 연합

사람 | 신체 | 얼굴

17b

주울 **습**

- 총획 9획
- 부수 扌
- 급수 3급
- 合 합할 합 + 扌 손 수

이삭 등을 손(扌)으로 모아(合) 담는 모습에서 '줍다'의 뜻이 있다.

☐ 拾得 습득   ☐ 收拾 수습

17c

대답 **답**

- 총획 12획
- 부수 竹
- 급수 6급
- 合 합할 합 + 竹 대 죽

대나무(竹)에 기록해 나눠 가졌던 것을 다시 맞춰(合) 답을 찾는다는 의미이다.

☐ 答禮 답례   ☐ 答辯 답변   ☐ 對答 대답

17d

곳집 **창**

- 총획 10획
- 부수 人
- 급수 3급
- 合 합할 합 + 尸 지게 호

지붕(亼)과 문(尸)이 있는 장소(口)라는 것을 강조해 '창고, 곳집'의 뜻을 가진다.

> 곳집 창(倉) 자의 윗부분의 글자꼴이 사람 인(人) 자와 비슷하여 여기에서 다루고 있을 뿐, 의미상으로는 사람 인(人) 자와 서로 아무런 관련이 없는 글자이다.

☐ 倉庫 창고   ☐ 穀倉 곡창   ☐ 營倉 영창

17e

蒼
푸를 **창**

- 총획 14획
- 부수 艹
- 급수 3급
- 倉 곳집 창 + 艹 풀 초

창고(倉)를 뒤덮은 풀(艹)처럼 빛이 푸르다.

☐ 蒼空 창공   ☐ 蒼海 창해   ☐ 鬱蒼 울창

17f

創創創創創創創創創創創

創
비롯할 **창**

- 총획 12획
- 부수 刂
- 급수 4급

倉 곳집창 + 刂 칼도

형틀(倉)을 칼로 해체해(刂=刀) 새로운 무언가를 만드는 모습에서 '비롯하다, 시작하다, 만들다'의 뜻이 생겨났다.

| 곳집 창(倉) 자를 형틀로 해석하기도 한다.

- ☐ 創造 창조
- ☐ 創意 창의
- ☐ 獨創性 독창성

17g

塔塔塔塔塔塔塔塔塔塔塔塔塔

塔
탑 **탑**

- 총획 13획
- 부수 土
- 급수 3급

合 합할합 + 土 흙토 + 艹 풀초

풀(艹)과 흙(土)을 합친(合) 벽돌로 쌓은 '탑'을 의미한다.

- ☐ 多寶塔 다보탑
- ☐ 象牙塔 상아탑
- ☐ 金字塔 금자탑

17h

給給給給給給給給給給給

給
줄 **급**

- 총획 12획
- 부수 糸
- 급수 5급

合 합할합 + 糸 가는실멱

실(糸)로 묶어 합쳐 놓은(合) 물자를 보내주는 모습을 본뜬 글자이다.

- ☐ 給油 급유
- ☐ 月給 월급
- ☐ 補給 보급

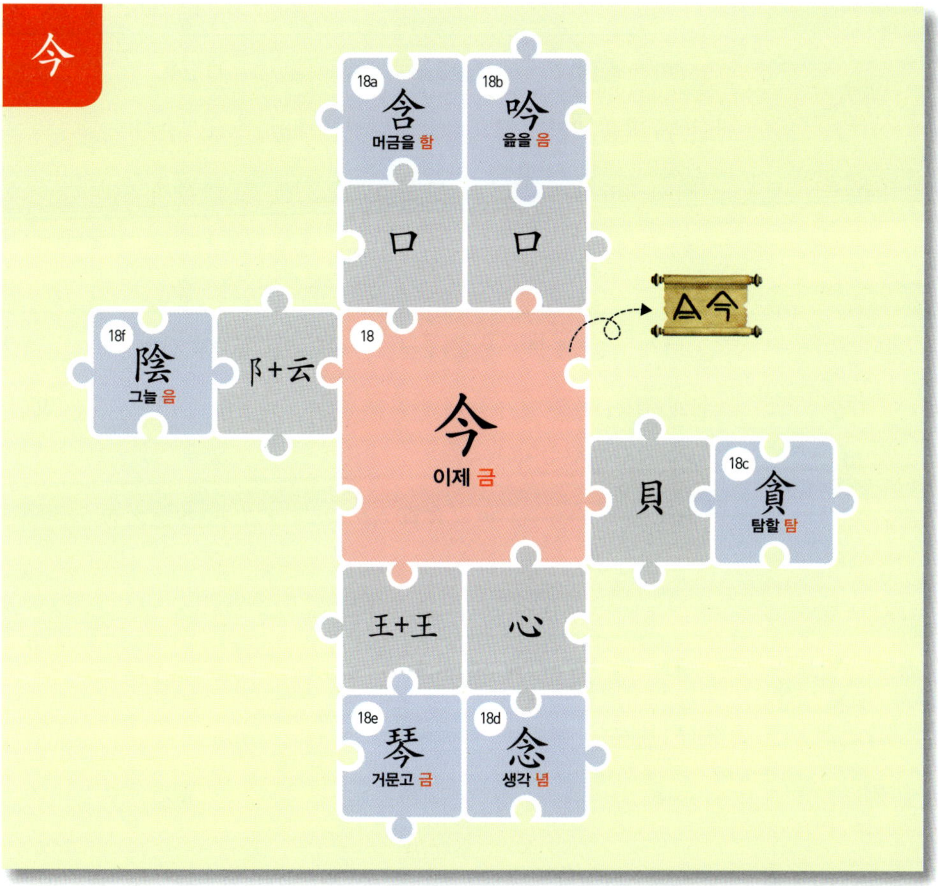

사람 | 신체 | 얼굴

今

18a 含 머금을 함	18b 吟 읊을 음
口	口

| 18f 陰 그늘 음 | 阝+云 | **18 今 이제 금** | | 貝 | 18c 貪 탐할 탐 |

王+王	心
18e 琴 거문고 금	18d 念 생각 념

스今

18

今 이제 금

총획 4획 | 부수 人 | 급수 6급

세월이 쌓여(스=슦→今) '지금'에 이르러 비로소 말(口→ㄱ)이 통하게 되었다.

- 今日 금일
- 今始初聞 금시초문
- 東西古今 동서고금

18a

머금을 함

총획 7획 | 부수 口 | 급수 3급 | 今 이제금 + 口 입구

말을 입(口)안에서만 우물우물(今) 대는 모양이다.

 含垢 함구
 含蓄 함축
 包含 포함

18b

吟 읊을 음

- 총획 7획 | 부수 口 | 급수 3급
- 今 이제금 + 口 입구

쌓인(今) 말을 하지 못하고 한숨과 탄식만 내뱉는(口) 모습이다.

- 吟味 음미
- 吟遊詩人 음유시인
- 呻吟 신음

18c

貪 탐할 탐

- 총획 11획 | 부수 貝 | 급수 2급
- 今 이제금 + 貝 조개 패

손쉽게 재물(貝)을 얻기 위해 현란한 말(今)로 남을 속인다는 것은 욕심 때문에 생기는 현상이다.

- 貪慾 탐욕
- 食貪 식탐
- 小貪大失 소탐대실

18d

念 생각 념

- 총획 8획 | 부수 心 | 급수 5급
- 今 이제금 + 心 마음 심

여러 마음(心)이 모인(今) 모습이다.

- 念慮 염려
- 念頭 염두
- 留念 유념

18e

琴 거문고 금

- 총획 12획 | 부수 王 | 급수 3급
- 今 이제금 + 王 임금왕 + 王 임금왕

현악기의 줄(玉→王)을 강조한 글자이다. 금(今) 자를 발음으로 쓴다.

현이 특징인 거문고를 보는 위치에 따라 옥(玉) 자처럼 보이기도 한다. 따라서 옥(玉) 자가 '거문고'라는 악기를 나타내는 데 이용된 것이다.

- 琴瑟 금슬
- 心琴 심금
- 伽倻琴 가야금

18f

陰 그늘 음

- 총획 11획 | 부수 阝 | 급수 4급
- 今 이제금 + 阝 언덕부 + 云 이를운

언덕(阝) 위로 높이 떠오른 태양이 구름(云)에 가려 그늘이 생기니 이제(今)는 더 이상 덥지가 않다.

- 陰地 음지
- 陰陽 음양
- 光陰 광음

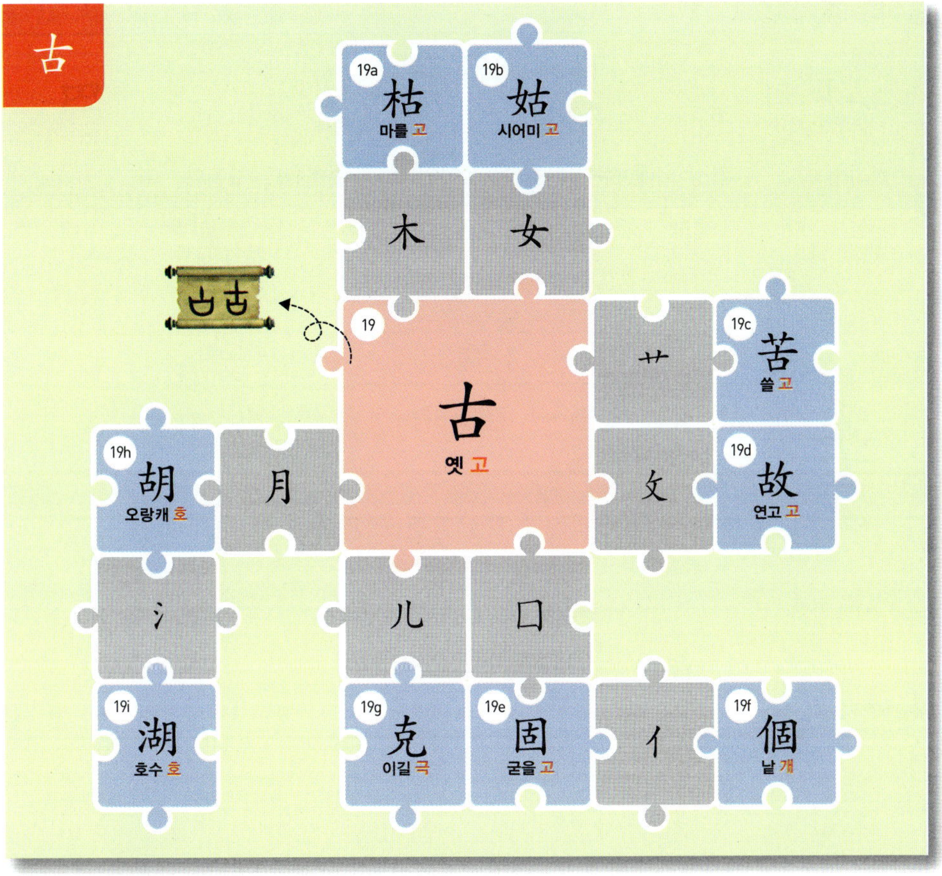

사람 | 신체 | 얼굴

古

19a 枯 마를고	19b 姑 시어미고
木	女

古古

19 古 옛고		19c 苦 쓸고
19h 胡 오랑캐호	月	艹		19d 故 연고고
氵	儿	口		
19i 湖 호수호	19g 克 이길극	19e 固 굳을고	亻	19f 個 낱개

19

19

古 옛고

총획 5획　**부수** 口　**급수** 5급

항아리(口)에 무거운 돌을 올려놓고(十) 오랜 시간 숙성시키는 모습을 본뜬 글자이다.

古古古古古

□ 古今 고금　　□ 古書 고서　　■ 萬古不變 만고불변

19a

枯 마를고

총획 9획　**부수** 木　**급수** 3급　　古옛고 + 木나무목

오래(古)되어 말라비틀어진 나무(木)를 가리킨다.

□ 枯木 고목　　□ 枯渴 고갈　　□ 枯死 고사

19b

姑 姑 姑 姑 姑 姑 姑 姑

姑
시어미 고

총획 8획　부수 女　급수 3급

古 옛고 ＋ 女 여자 여

가장 오래(古) 집안을 돌본 여인(女)을 뜻하는 글자이다.

□ 姑婦 고부　　□ 姑母 고모　　□ 姑從四寸 고종사촌

19c

苦 苦 苦 苦 苦 苦 苦 苦 苦

苦
쓸 고

총획 9획　부수 ⺾　급수 6급

古 옛고 ＋ ⺾ 풀초

한약제로 사용하는 오래(古)된 풀(⺾)은 쓰다.

□ 苦痛 고통　　□ 苦衷 고충　　□ 苦盡甘來 고진감래

19d

故 故 故 故 故 故 故 故

故
연고 고

총획 9획　부수 攵　급수 5급

古 옛고 ＋ 攵 칠복

오래도록(古) 치고 때리면(攵) 고장의 이유가 된다.

□ 故人 고인　　□ 故障 고장　　□ 緣故 연고

19e

固 固 固 固 固 固 固 固

固
굳을 고

총획 8획　부수 囗　급수 5급

古 옛고 ＋ 囗 에워쌀 위

무엇이든 오래(古) 가둬(囗) 두면 굳어버린다.

□ 固體 고체　　□ 固着 고착　　□ 頑固 완고

사람 | 신체 | 얼굴

19f

個 낱 **개**

- 총획 10획
- 부수 亻
- 급수 4급

固 굳을 고 + 亻 사람 인

사람(亻)마다 굳어진(固) 특성이 있다는 데서 '낱낱, 하나'의 뜻이 나왔다.

- ☐ 個別 개별
- ☐ 個性 개성
- ☐ 個人 개인

19g

克 이길 **극**

- 총획 7획
- 부수 儿
- 급수 3급

古 옛 고 + 儿 어진사람 인

오랫동안(古) 버티는 사람(儿)의 모습을 본뜬 글자이다.

- ☐ 克己 극기
- ☐ 克服 극복
- ☐ 克明 극명

19h

胡 오랑캐 **호**

- 총획 9획
- 부수 月
- 급수 3급

古 옛 고 + 月 육달 월

턱밑 주름진 살을 오래(古)된 살(月)이라 하여 신체에서 나이를 가늠할 수 있는 부위인 '턱밑 살'이 본뜻이며 '되, 오랑캐, 수염' 등의 뜻은 추가 되었다.

19i

湖 호수 **호**

- 총획 12획
- 부수 氵
- 급수 5급

胡 오랑캐 호 + 氵 물 수

오래(古) 가둬 둔 물(氵)을 뜻한다.

- ☐ 湖水 호수
- ☐ 湖畔 호반
- ☐ 江湖 강호

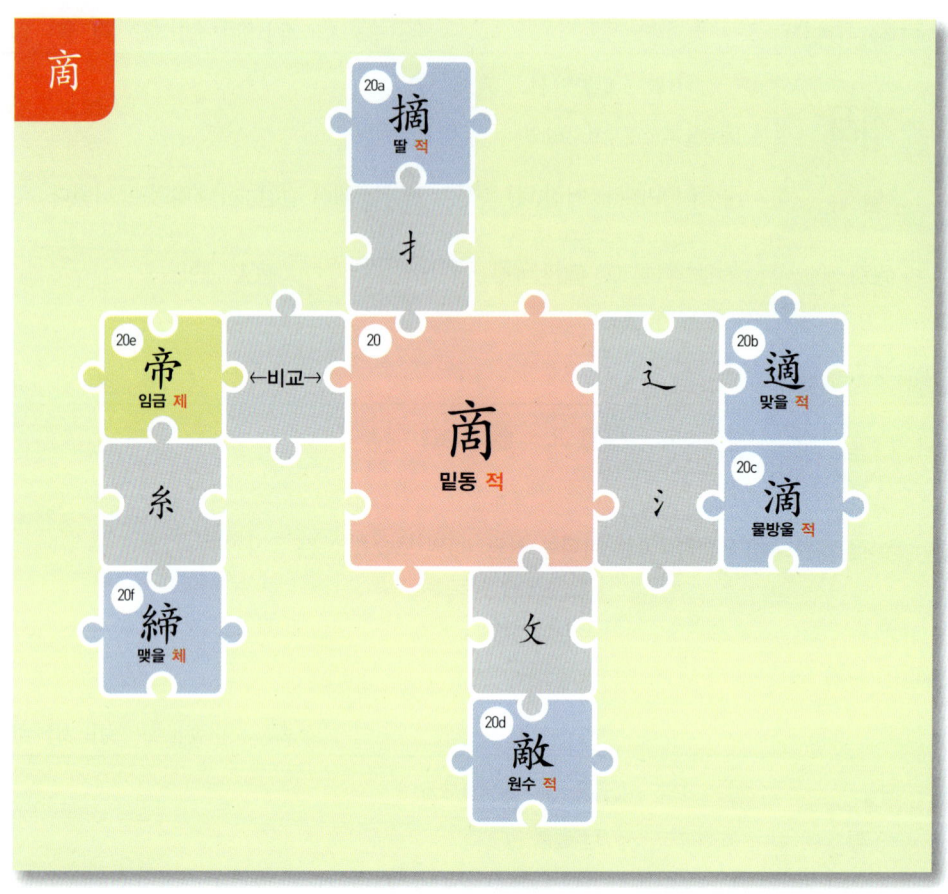

20 商 밑동 적

총획 11획　**부수** 口　**급수** 확장한자

제단(帝)에서 천제를 올릴 자격이 되는 사람(口)을 본뜬 글자로 '밑동, 뿌리, 근본'을 뜻하게 되었다.

20a 摘 딸 적

총획 14획　**부수** 扌　**급수** 3급　　商 밑동 적 ＋ 扌 손 수

뿌리(商)까지 철저하게 찾아내어(扌) 제거하려는 모습을 나타낸다.

- 摘發 적발
- 摘示 적시
- 指摘 지적

사람 | 신체 | 얼굴

20b

適 맞을 적

適適適適適適適適適適適適適

총획 15획 부수 辶 급수 4급 啇 밑동 적 + 辶 쉬엄쉬엄 갈 착

정통 뿌리(啇)를 따라가는(辶) 것이 마땅하다는 사상을 가진 글자이다.

□ 適當 적당   □ 適格 적격   □ 適合 적합

20c

滴 물방울 적

滴滴滴滴滴滴滴滴滴滴滴滴

총획 14획 부수 氵 급수 3급 啇 밑동 적 + 氵 물 수

물(氵)방울이 마침내 단단한 바위의 밑동(啇)까지 뚫어버렸다.

□ 硯滴 연적   □ 點滴 점적

20d

敵 원수 적

敵敵敵敵敵敵敵敵敵敵敵敵

총획 15획 부수 攵 급수 5급 啇 밑동 적 + 攵 칠 복

뿌리(啇)까지 쳐서(攵) 없애야 할 대상을 뜻한다.

□ 敵意 적의   □ 敵陣 적진   □ 對敵 대적

20e

帝 임금 제

帝帝帝帝帝帝帝帝帝

총획 9획 부수 巾 급수 4급

나무기둥을 엮어 만든 제단의 하부를 본뜬 글자이다. 제(祭)를 주관하던 임금을 뜻하게 되었다.

□ 帝王 제왕   □ 帝國 제국   □ 皇帝 황제

20f

締 맺을 체

締締締締締締締締締締締締

총획 15획 부수 糸 급수 2급 帝 임금 제 + 糸 가는 실 멱

평화조약을 맺는(糸) 것은 왕(帝)이 하는 일이다.

실(糸)의 특징에서 실 사(糸) 자는 길고, 가늘고 이어져 있고, 묶어주거나 연결해주고 등등으로 의미가 확장된다. 따라서 여기서는 '맺다'로 해석하였다.

□ 締結 체결   □ 締約國 체약국

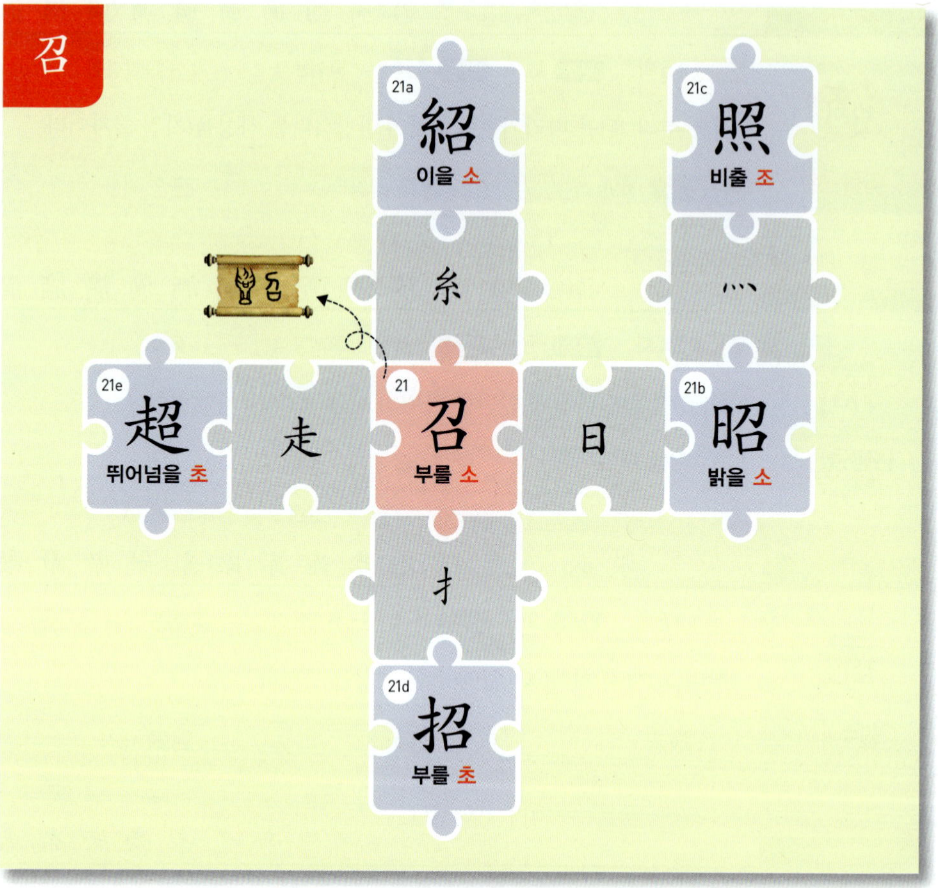

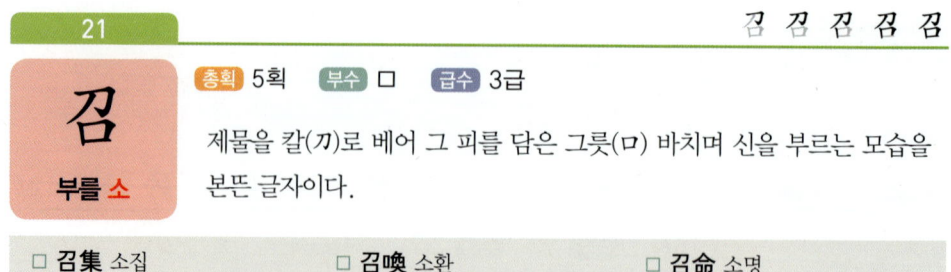

21

召 召 召 召 召

召 부를 소	총획 5획 부수 口 급수 3급 제물을 칼(刀)로 베어 그 피를 담은 그릇(口) 바치며 신을 부르는 모습을 본뜬 글자이다.

□ **召集** 소집 □ **召喚** 소환 □ **召命** 소명

사람 | 신체 | 얼굴

21a

紹 이을 소

총획 11획 　부수 糸 　급수 2급 　召 부를 소 + 糸 가는 실 멱

양쪽을 불러(召)내 실(糸)로 묶듯이 하나가 되도록 연결시켜 주다.

이성을 소개(紹介)해 준다는 것은 둘을 불러(召) 부부나 연인이 될 수 있도록 엮어(糸) 주는 것을 말한다. 그러므로 이을 소(紹) 자는 원래는 인간과 신을 이어 주거나 연결해 주는 데서 만들어진 글자임을 알 수 있다.

- 紹介 소개
- 紹介業 소개업

21b

昭 밝을 소

총획 9획 　부수 日 　급수 3급 　召 부를 소 + 日 해 일

해(日)를 불러내(召) 주위를 밝히는 모습이다.

- 昭詳 소상
- 昭明 소명
- 昭陽江 소양강

21c

照 비출 조

총획 13획 　부수 灬 　급수 3급 　昭 밝을 소 + 灬 불 화

어둠을 밝히기(昭) 위해 횃불(灬)을 높이 들어 올린 모습이다.

- 照明 조명
- 照明彈 조명탄
- 對照 대조

21d

招 부를 초

총획 8획 　부수 扌 　급수 4급 　召 부를 소 + 扌 손 수

손짓(扌)으로 사람을 오라고 부르는(召) 모습이다.

- 招待 초대
- 招請 초청
- 招聘 초빙

21e

超 뛰어넘을 초

총획 12획 　부수 走 　급수 3급 　召 부를 소 + 走 달릴 주

현실을 뛰어넘어 신을 부르기(召) 위해 춤추며 뛰는(走) 무당의 모습을 묘사한 글자이다.

- 超越 초월
- 超過 초과
- 超能力 초능력

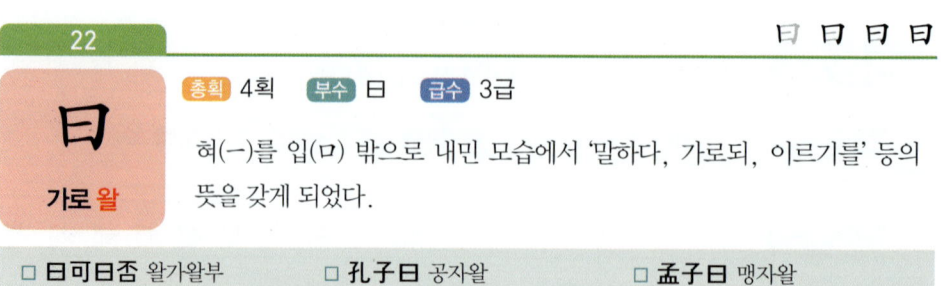

22

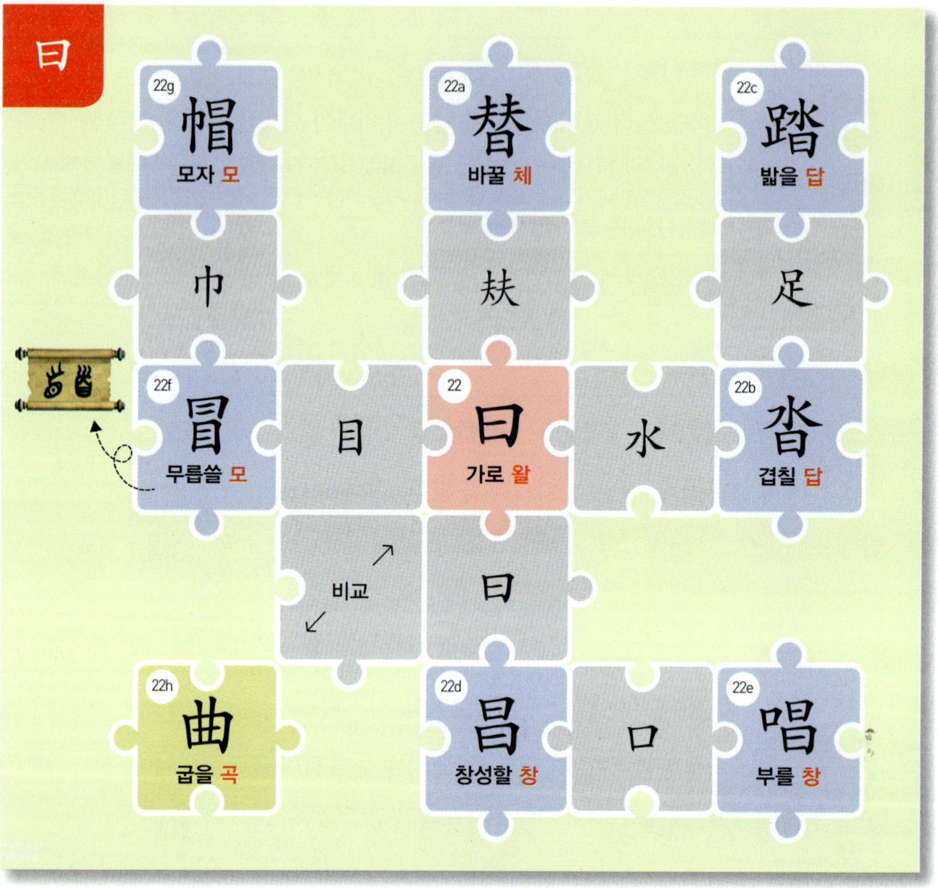

22

曰 曰 曰 曰

曰
가로 왈

총획 4획 부수 曰 급수 3급

혀(一)를 입(口) 밖으로 내민 모습에서 '말하다, 가로되, 이르기를' 등의 뜻을 갖게 되었다.

- □ **曰可曰否** 왈가왈부
- □ **孔子曰** 공자왈
- □ **孟子曰** 맹자왈

사람 | 신체 | 얼굴

22a

替替替替替替替替替替替替

替 바꿀 **체**

- 총획 12획
- 부수 曰
- 급수 3급
- 曰 가로 왈 + 夫夫 함께 갈 반

병사들(夫夫)이 요란한 소리(曰)를 내며 교대하는 장면이다.

□ 交替 교체　　□ 代替 대체　　□ 移替 이체

22b

沓沓沓沓沓沓沓沓

沓 겹칠 **답**

- 총획 8획
- 부수 水
- 급수 특급
- 曰 가로 왈 + 水 물 수

흘러나오는 물(水)처럼 술술 말하는(曰) 모습에서 '겹치다'의 뜻이 파생되었다.

22c

踏踏踏踏踏踏踏踏踏踏踏踏

踏 밟을 **답**

- 총획 15획
- 부수 足
- 급수 3급
- 沓 겹칠 답 + 足 발 족

보리밭을 여러 번에 겹쳐(沓) 밟는(足) 모습이다.

□ 踏査 답사　　□ 踏步 답보　　□ 踏襲 답습

22d

昌昌昌昌昌昌昌昌

昌 창성할 **창**

- 총획 8획
- 부수 日
- 급수 3급
- 日 가로 왈 + 日 해 일

일출의 장면에서 '아름답다, 창성하다, 번성하다' 등의 뜻을 갖게 되었다.

고(古)문자는 해(日)와 가로 왈(曰) 자를 합쳐 놓은 꼴로, 절로 노래가 나올 정도로 기분 좋은 상태를 묘사한다.

□ 昌德宮 창덕궁　　□ 繁昌 번창　　□ 平昌 평창

22e

唱 唱 唱 唱 唱 唱 唱 唱 唱 唱

唱 부를 창

- 총획 11획
- 부수 口
- 급수 5급

昌 창성할 창 + 口 입구

사업이 번창(昌)해 자연스레 콧노래를 흥얼거리는(口) 모습을 형상화하였다.

□ 唱法 창법   □ 合唱 합창   □ 復唱 복창

22f

冒 冒 冒 冒 冒 冒 冒 冒 冒

冒 무릅쓸 모

- 총획 9획
- 부수 冂
- 급수 3급

日 가로 왈 + 目 눈목

안 보일(目) 정도로 모자(冃)를 푹 눌러써 위험을 느끼지 못하고 무모한 행동을 하는 데서 '무릅쓰다'의 뜻이 파생되었다.

□ 冒險 모험   □ 冒瀆 모독   □ 冒頭 모두

22g

帽 帽 帽 帽 帽 帽 帽 帽 帽 帽

帽 모자 모

- 총획 12획
- 부수 巾
- 급수 2급

冒 무릅쓸 모 + 巾 수건 건

冒가 '무릅쓰다'의 뜻으로 더 많이 쓰이자, 헝겊을 뜻하는 수건 건(巾)을 더해 의미를 되살렸다.

□ 帽子 모자   □ 脫帽 탈모   □ 冠帽 관모

22h

曲 曲 曲 曲 曲 曲

曲 굽을 곡

- 총획 6획
- 부수 曰
- 급수 5급

대나무를 구부려서 만든 그릇이나 기구의 모습을 본뜬 글자이다.

□ 曲線 곡선   □ 屈曲 굴곡   □ 歪曲 왜곡

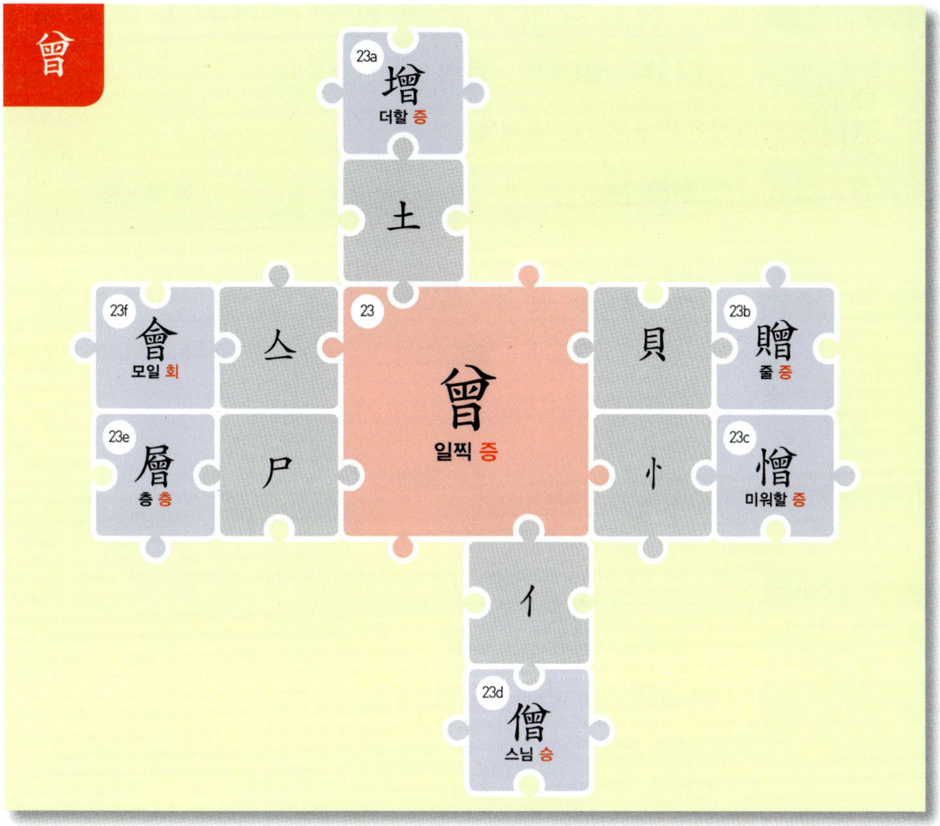

사람 | 신체 | 얼굴

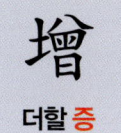

23

曾 일찍 증

총획 12획 | 부수 日 | 급수 3급

떡시루(日)와 뚜껑을 포개(日) 놓은 틈새로 김이 빠져나가는 모습(八)에서 '이미, 일찍' 등의 뜻이 있다.

- □ 曾孫 증손
- □ 曾祖父 증조부
- □ 未曾有 미증유

23a

增 더할 증

총획 15획 | 부수 土 | 급수 3급 | 曾 일찍증 + 土 흙토

떡시루(曾)의 틈새를 진흙(土)으로 채워 열기를 더욱 세차게 만드는 모습이다.

- □ 增加 증가
- □ 急增 급증
- □ 割增 할증

71

23b

贈 贈 贈 贈 贈 贈 贈 贈 贈 贈 贈 贈 贈

贈 줄 증

- 총획 19획
- 부수 貝
- 급수 3급
- 曾 일찍 증 + 貝 조개 패

타인의 재산(貝)을 불러(曾)주다.

- 贈與 증여
- 贈呈 증정
- 寄贈 기증

23c

憎 憎 憎 憎 憎 憎 憎 憎 憎 憎 憎 憎 憎

憎 미워할 증

- 총획 15획
- 부수 忄
- 급수 3급
- 曾 일찍 증 + 忄 마음 심

오랜 시간 쌓인(曾) 미워하는 감정(忄)을 의미한다.

- 憎惡 증오
- 愛憎 애증
- 可憎 가증

23d

僧 僧 僧 僧 僧 僧 僧 僧 僧 僧 僧 僧

僧 스님 승

- 총획 14획
- 부수 亻
- 급수 3급
- 曾 일찍 증 + 亻 사람 인

일찍이(曾) 집을 떠나 산이나 절로 들어간 사람(亻)을 뜻한다.

- 僧侶 승려
- 僧舞 승무
- 高僧 고승

23e

層 層 層 層 層 層 層 層 層 層 層 層

層 층 층

- 총획 15획
- 부수 尸
- 급수 4급
- 曾 일찍 증 + 尸 주검 시

겹겹이(曾) 쌓아올린 집(尸)을 본뜬 글자이다.

- 層階 층계
- 複層 복층
- 上層 상층

23f

會 會 會 會 會 會 會 會 會 會

會 모일 회

- 총획 13획
- 부수 曰
- 급수 6급
- 曾 일찍 증 + 亼 삼합 집

여러 식재료를 모아(亼) 시루(曾)에 넣고 요리하는 모습이다.

- 會談 회담
- 會合 회합
- 會議 회의

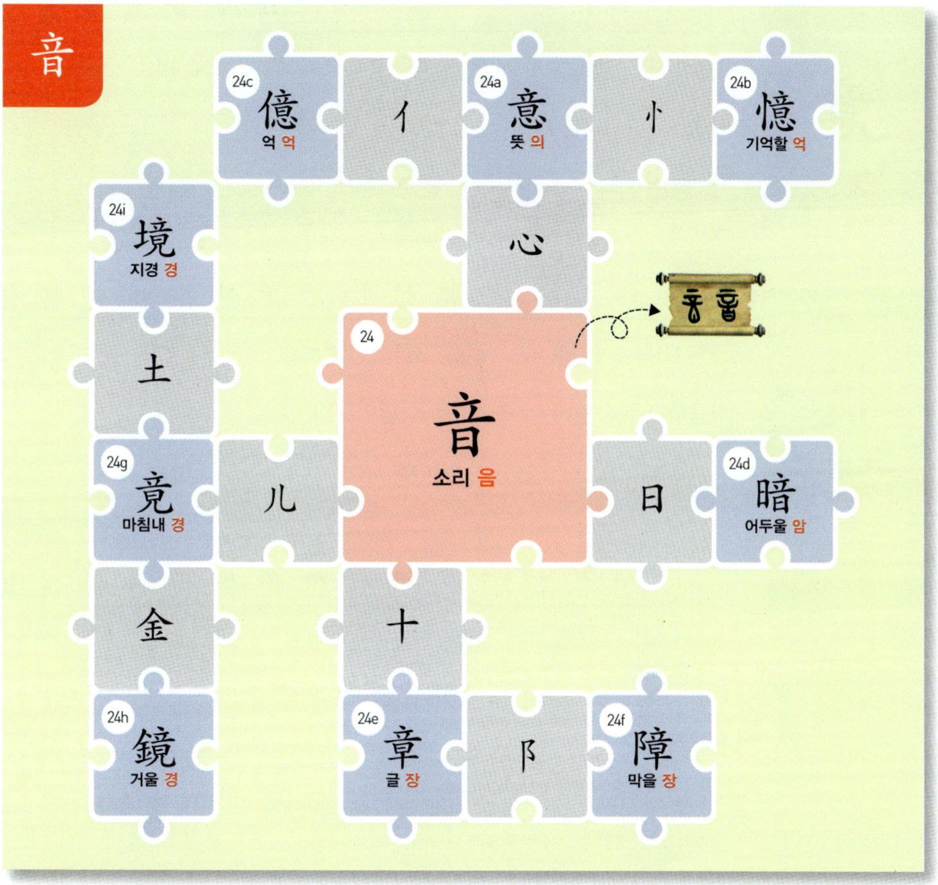

사람 | 신체 | 얼굴

音

24c 億 억 억	亻	24a 意 뜻 의	小	24b 憶 기억할 억
24i 境 지경 경		心		
	土	24 音 소리 음		
24g 竟 마침내 경	儿		日	24d 暗 어두울 암
	金	十		
24h 鏡 거울 경		24e 章 글 장	阝	24f 障 막을 장

24

24

音
소리 음

총획 9획　**부수** 音　**급수** 6급

입(口→日)에서 소리가 나가는(立) 모습을 본뜬 글자이다.

소리 음(音) 자에 들어 있는 립(立) 자의 모양이 설 립(立) 자와 글꼴이 같지만 음(音) 자의 옛 그림을 보면 아무 관련이 없음을 알 수 있다. 또한 이 글자는 나팔과 같은 입김을 불어 소리를 내는 악기의 모습으로도 여겨진다.

☐ **音樂** 음악　　☐ **騷音** 소음　　☐ **雜音** 잡음

24a

意意意意意意意意意意意

意 뜻 의

- 총획 13획
- 부수 心
- 급수 6급
- 音 소리 음 + 心 마음 심

마음(心)의 소리(音), 즉 '뜻, 생각'을 뜻하게 되었다.

- □ 意志 의지
- □ 意思 의사
- □ 故意 고의

24b

憶憶憶憶憶憶憶憶憶憶憶憶

憶 기억할 억

- 총획 16획
- 부수 心
- 급수 3급
- 意 뜻 의 + 忄 마음 심

마음(忄) 깊숙한 곳에 생각(意)을 담아두다.

- □ 憶測 억측
- □ 記憶 기억
- □ 追憶 추억

24c

億億億億億億億億億億億

億 억 억

- 총획 15획
- 부수 亻
- 급수 5급
- 意 뜻 의 + 亻 사람 인

사람(亻)의 속마음(意)은 알기가 힘들다 하여 아주 큰 수인 '억, 많은 수'를 뜻한다.

- □ 億劫 억겁
- □ 億萬長者 억만장자
- □ 十億 십억

24d

暗暗暗暗暗暗暗暗暗暗暗

暗 어두울 암

- 총획 13획
- 부수 日
- 급수 4급
- 音 소리 음 + 日 해 일

해(日)가 없어 소리(音)로 분간해야 하는 어두움을 나타낸다.

- □ 暗黑 암흑
- □ 暗示 암시
- □ 明暗 명암

24e

章章章章章章章章章

章 글 장

- 총획 11획
- 부수 立
- 급수 6급
- 音 소리 음 + 十 열 십

소리(音)를 모아(十) 글로 옮겨 놓은 모습이다.

- □ 文章 문장
- □ 樂章 악장
- □ 圖章 도장

사람 | 신체 | 얼굴

24f

障障障障障障障障障障

障
막을 장

- 총획 14획
- 부수 阝
- 급수 4급

章 글 장 + 阝 언덕 부

고발장(章)은 높은 언덕(阝)처럼 사람의 앞길을 가로막는 장애물(阝)이 된다.

| 글 장(章) 자를 나쁜 평가나 불리한 내용을 담고 있는 고발장으로 해석하였다.

- □ 障碍 장애
- □ 障壁 장벽
- □ 故障 고장

24g

竟竟竟竟竟竟竟竟竟

竟
마침내 경

- 총획 11획
- 부수 立
- 급수 3급

音 소리 음 + 儿 어진사람 인

악기(音)와 사람(儿)이 연주를 끝마친 모습에서 '마침내, 결국, 드디어, 끝, 다하다' 등의 뜻이 있다.

| 이 글자는 소리 음(音) 자와 사람 인(儿)의 합자이지 설 립(立) 자와는 아무 관련이 없는 글자이다.

- □ 畢竟 필경

24h

鏡鏡鏡鏡鏡鏡鏡鏡鏡鏡鏡鏡鏡鏡

鏡
거울 경

- 총획 19획
- 부수 金
- 급수 4급

竟 마침내 경 + 金 쇠 금

청동기(金)거울을 본뜬 글자로 경(竟) 자를 발음으로 쓴다.

- □ 眼鏡 안경
- □ 明鏡 명경
- □ 望遠鏡 망원경

24i

境境境境境境境境境境

境
지경 경

- 총획 14획
- 부수 土
- 급수 4급

竟 마침내 경 + 土 흙 토

서로의 땅(土)이 맞닿는(竟) 곳을 가리킨다.

- □ 境界 경계
- □ 地境 지경
- □ 國境 국경

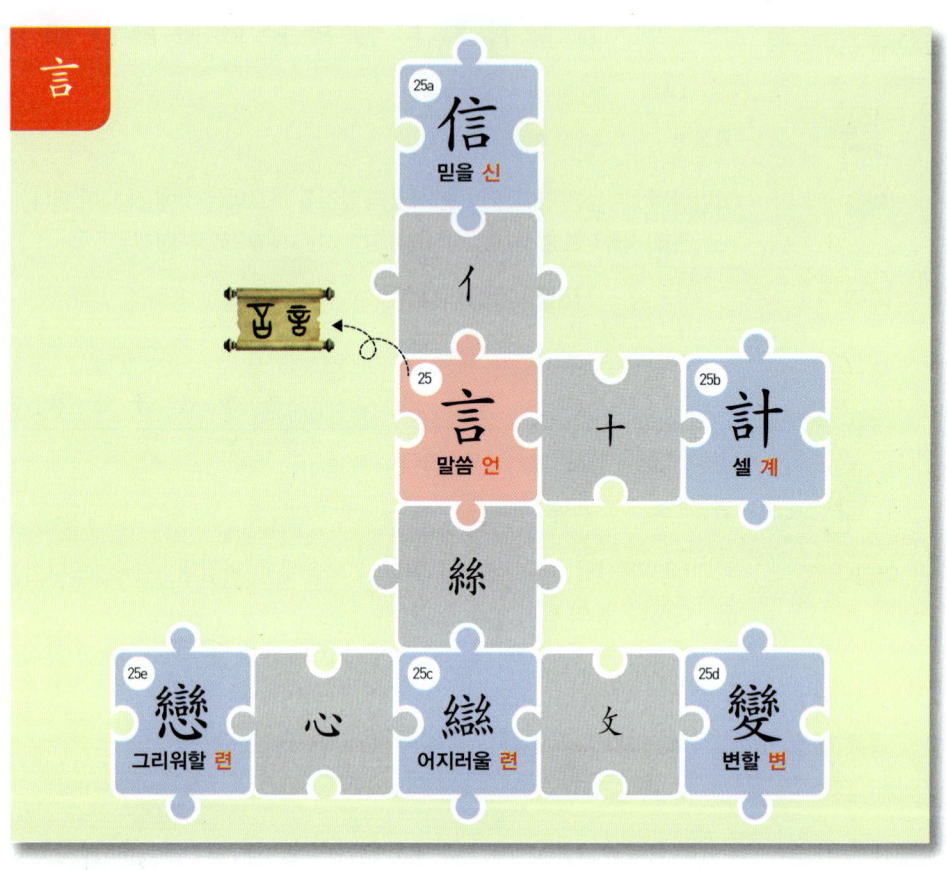

25				言言言言言言言

言 말씀 언	**총획** 7획　**부수** 言　**급수** 6급 사람의 입(口)에서 나가는 말을 본뜬 글자로 보인다. ▍나팔과 같은 불어서 소리를 내는 악기의 모습으로도 여겨진다. □ 言行 언행　　□ 言語 언어　　□ 發言 발언

25a				信信信信信信信信

信 믿을 신	**총획** 9획　**부수** 亻　**급수** 6급　言 말씀 언 + 亻 사람 인 사람(亻)이 내뱉은 말(言)은 반드시 지켜야 하는 약속이므로 '믿다'를 뜻한다. □ 信賴 신뢰　　□ 信念 신념　　□ 確信 확신

사람 | 신체 | 얼굴

25b 計 셀 계

計 計 計 計 計 計 計 計 計

총획 9획 **부수** 言 **급수** 6급 言 말씀 언 + 十 열 십

일(一)에서 열(十)까지 센다(言)는 것에서 '헤아리다, 재다, 세다'라는 뜻이 있다.

□ 計略 계략 □ 計算 계산 □ 三十六計 삼십육계

25c 䜌 어지러울 련

䜌 䜌 䜌 䜌 䜌 䜌 䜌 䜌 䜌 䜌 䜌 䜌 䜌 䜌

총획 19획 **부수** 言 **급수** 확장한자 言 말씀 언 + 絲 실 사

장식하기 위해 악기(言)에 주렁주렁 매단 술(絲)이 어지럽다.

25d 變 변할 변

變 變 變 變 變 變 變 變 變 變 變 變 變 變 變 變

총획 23획 **부수** 言 **급수** 5급 䜌 어지러울 련 + 攵 칠 복

새 임금이 즉위하는 날 관악기(䜌)를 불고 북을 쳐(攵) 세상이 바뀌었음을 알리는 모습이다.

불꽃/조화로울 섭(燮) 자와 혼동하기 쉬운 글자이다. 변(變) 자는 말씀 언(言)의 양쪽이 실 사(糸) 자이고 글자의 아랫부분이 칠 복(攵) 자인 반면 섭(燮) 자는 언(言) 자의 양쪽이 불 화(火) 자이고 글자의 아래는 손 우(又) 자이다.

□ 變更 변경 □ 變身 변신 □ 急變 급변

25e 戀 그리워할 련

戀 戀 戀 戀 戀 戀 戀 戀 戀 戀 戀 戀 戀 戀 戀 戀

총획 23획 **부수** 心 **급수** 3급 䜌 어지러울 련 + 心 마음 심

상황이 바뀌어도(變) 일편단심 민들레처럼 흠모하는 마음(心)을 나타낸 글자이다.

□ 戀慕 연모 □ 戀人 연인 □ 失戀 실연

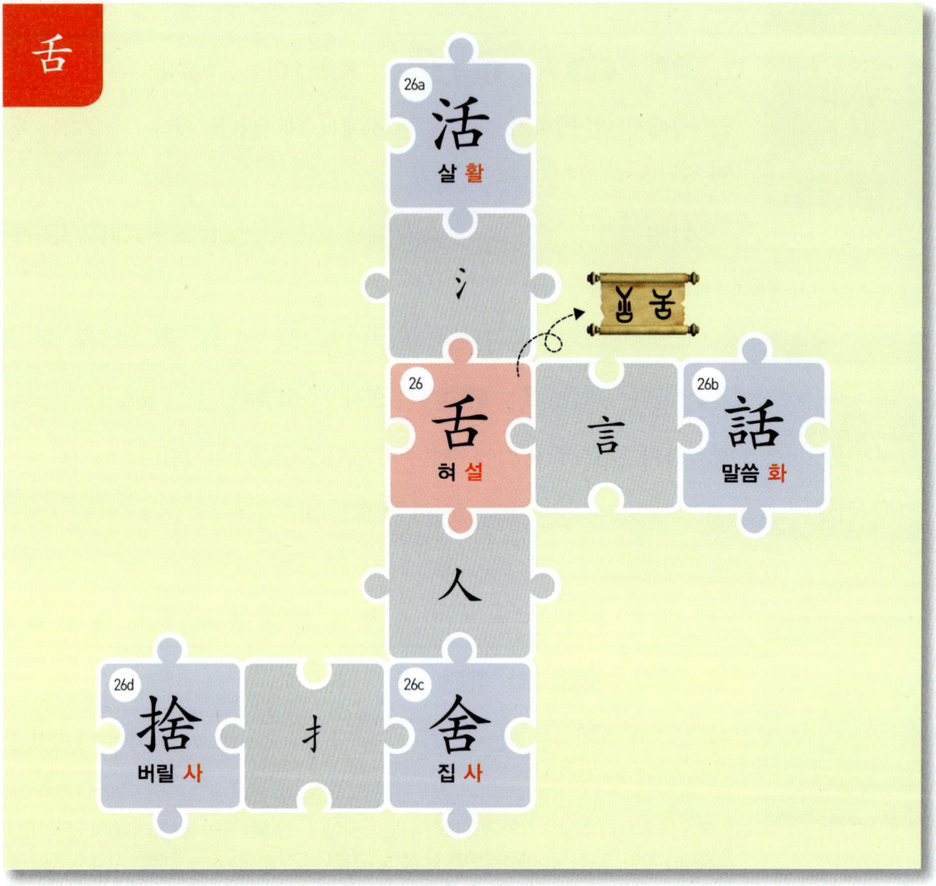

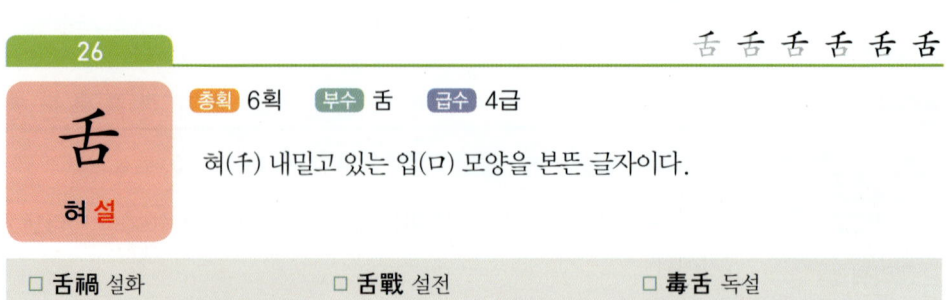

| 26 |

舌 혀 설

총획 6획 부수 舌 급수 4급

혀(千) 내밀고 있는 입(口) 모양을 본뜬 글자이다.

舌舌舌舌舌舌

□ 舌禍 설화   □ 舌戰 설전   □ 毒舌 독설

사람 | 신체 | 얼굴

26a

活活活活活活活活活

活
살 활

총획 9획　부수 氵　급수 7급
舌 혀 설 + 氵 물 수

다 죽어가던 사람의 혀(舌)에 물기(氵)가 돈다는 건 살아난다는 조짐이다.

☐ 活氣 활기　　☐ 活力 활력　　☐ 生活 생활

26b

話話話話話話話話話話

話
말씀 화

총획 13획　부수 言　급수 7급
舌 혀 설 + 言 말씀 언

혀(舌)를 놀린다(言)는 것은 다시 말해 '말하는 것'을 의미한다.

☐ 話題 화제　　☐ 話頭 화두　　☐ 對話 대화

26c

舍舍舍舍舍舍舍舍

舍
집 사

총획 8획　부수 舌　급수 4급
舌 혀 설 + 人 사람 인

지붕(人)과 골격(千)과 집터(口)만을 강조한 글자이다.

집 사(舍) 자를 혀 설(舌) 편에서 다루는 것은 글자의 모양이 비슷하여 혀 설(舌)이 부수자가 되었기 때문이다.

☐ 舍宅 사택　　☐ 寄宿舍 기숙사　　☐ 官舍 관사

26d

捨捨捨捨捨捨捨捨捨捨

捨
버릴 사

총획 11획　부수 扌　급수 3급
舍 집 사 + 扌 손 수

부정한 집(舍)을 헐어 없애 버리는(扌) 모습이다. 집을 헐어 나눈다는 뜻에서 '베풀다, 바치다'의 뜻도 있다.

손 수(扌) 자를 '헐어 없애다'로 해석한 것은 손으로 집을 부수거나 부정한 물건을 내다버리는 행동을 하기 때문에 그렇게 해석하였다.

☐ 四捨五入 사사오입　　☐ 取捨選擇 취사선택　　☐ 投捨 투사

欠(1)

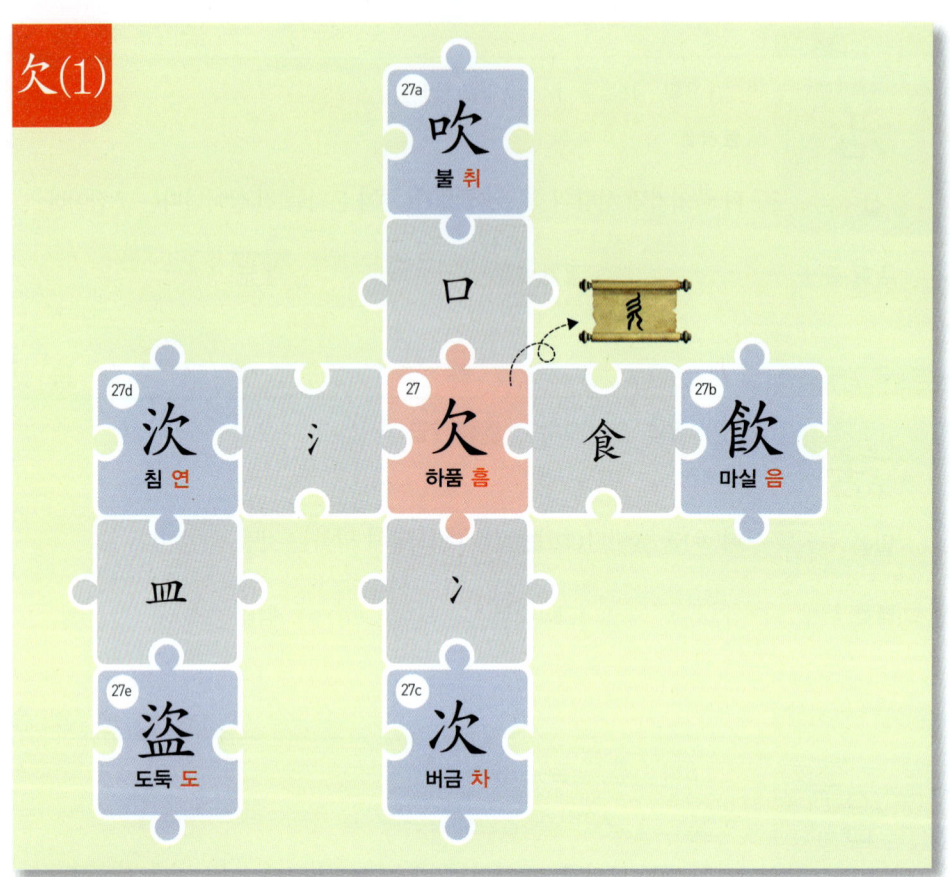

27

欠 하품 흠

총획 4획　부수 欠　급수 1급

크게 입을 벌리고 하품하는 모양을 본뜬 글자이다.

欠欠欠欠

27a

吹 불 취

총획 7획　부수 口　급수 3급　　欠 하품 흠 ＋ 口 입구

피리와 같은 악기를 연주할 때 입을 벌리고(欠) 숨을 내쉬는(口) 모습에서 '불다'의 뜻을 갖게 되었다.

吹吹吹吹吹吹吹

□ 吹奏樂 취주악　　□ 鼓吹 고취

사람 | 신체 | 얼굴

27b 飮 마실 음

- 총획 13획
- 부수 食
- 급수 6급

欠 하품 흠 + 食 밥 식

하품(欠)하듯 입을 크게 벌리고 먹는(食) 모습이다.

- □ 飮料 음료
- □ 飮酒 음주
- □ 食飮全廢 식음전폐

27c 次 버금 차

- 총획 6획
- 부수 欠
- 급수 4급

欠 하품 흠 + 冫 얼음 빙

하품(欠)할 때 다음 사람에게 침(冫) 튀기는 모습이다.

- □ 次席 차석
- □ 次例 차례
- □ 再次 재차

27d 次 침 연

- 총획 7획
- 부수 氵
- 급수 확장한자

欠 하품 흠 + 氵 물 수

하품할 때(欠) 입 밖으로 튀어나오는 침(氵)을 본뜬 글자이다.

27e 盜 도둑 도

- 총획 12획
- 부수 皿
- 급수 4급

次 침 연 + 皿 그릇 명

귀한 청동제 그릇(皿)을 보고 군침(次) 흘리는 모습을 본뜬 글자이다.

- □ 盜難 도난
- □ 盜用 도용
- □ 盜賊 도적

欠(2)

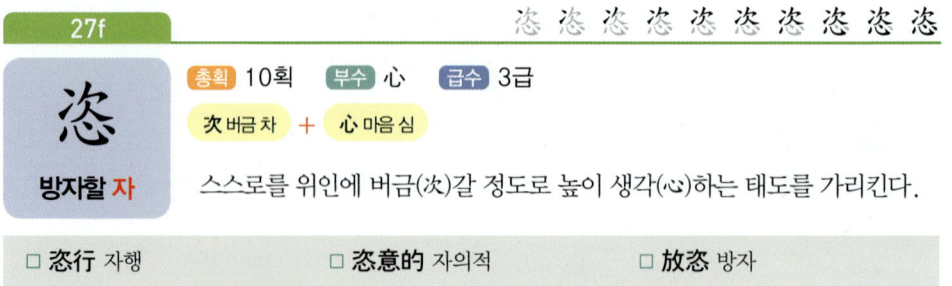

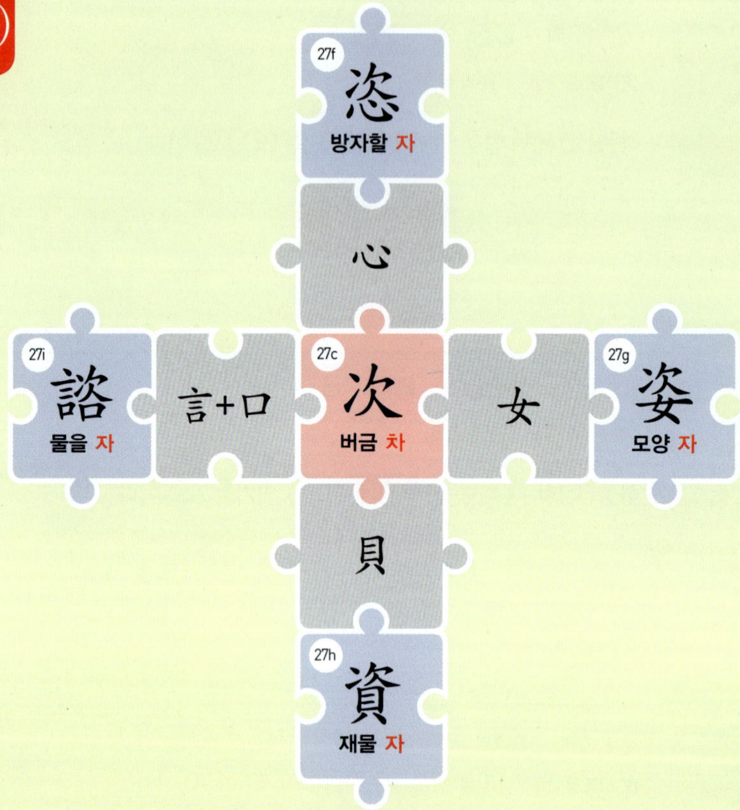 27f	
恣	총획 10획　부수 心　급수 3급
방자할 자	次 버금 차 ＋ 心 마음 심
	스스로를 위인에 버금(次)갈 정도로 높이 생각(心)하는 태도를 가리킨다.

□ 恣行 자행　　□ 恣意的 자의적　　□ 放恣 방자

사람 | 신체 | 얼굴

27g

姿 모양 자

姿姿姿姿姿姿姿姿姿

- 총획 9획
- 부수 女
- 급수 4급

次 버금 차 + 女 여자 여

예쁜 얼굴에 버금(次)갈 정도로 여자(女)를 돋보이게 하는 것은 '모양 또는 맵시'이다.

☐ 姿態 자태 ☐ 姿勢 자세

27h

資 재물 자

資資資資資資資資資資資資

- 총획 13획
- 부수 貝
- 급수 4급

次 버금 차 + 貝 조개 패

목숨 다음으로(次) 중요한 것은 돈(貝)이라고 보는 관점이다.

☐ 資産 자산 ☐ 資本 자본 ☐ 投資 투자

27i

諮 물을 자

諮諮諮諮諮諮諮諮諮諮諮諮

- 총획 16획
- 부수 言
- 급수 2급

次 버금 차 + 言 말씀 언 + 口 입 구

다음(次) 사람에게 입(口)을 열어 물어보는 모습의 글자가 물을 자(咨)이나 단독으로 사용되지 못하자 말씀 언(言)을 추가하여 본 의미를 되살린 글자이다.

☐ 諮問 자문

28

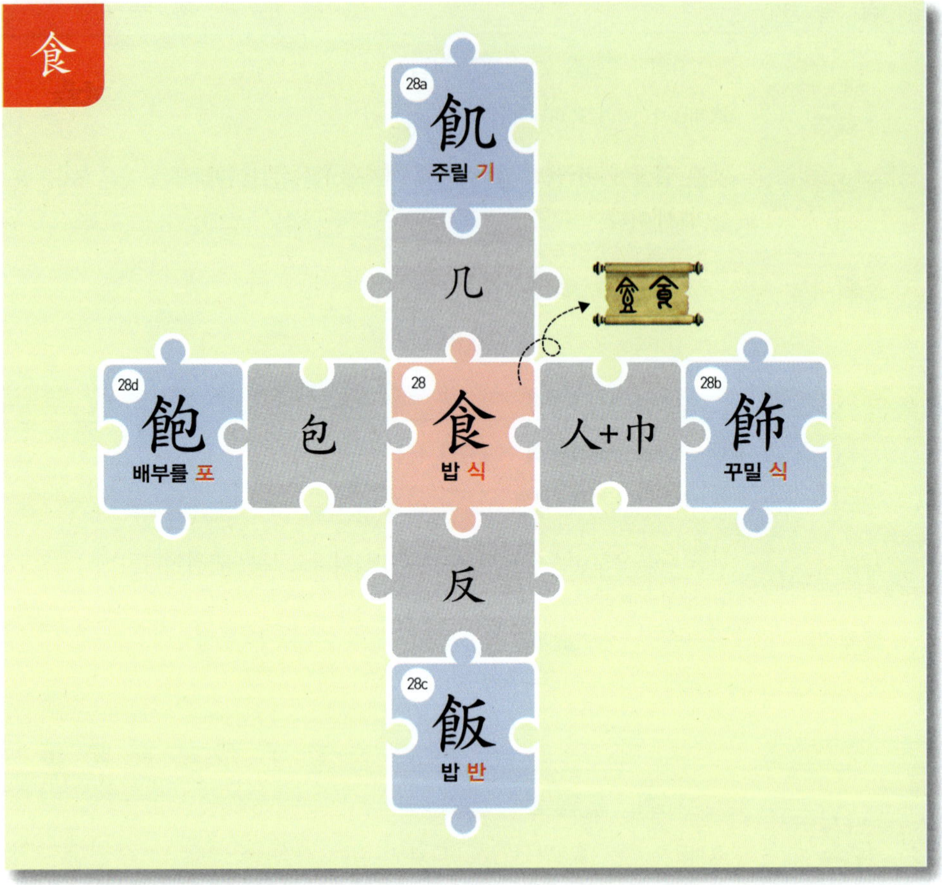

28

食 食 食 食 食 食 食 食 食

食

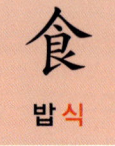

밥 식

총획 9획　부수 食　급수 7급

밥이 담긴 그릇(艮)과 밥뚜껑(亼)을 합쳐서 만들어 '음식이나 먹는 일'과 관련된 글자가 되었다.

| 식(食) 자에 들어 있는 이 글자(艮)는 모양은 같지만 어긋날 간(艮) 자가 아니다.

□ **食事** 식사	□ **食糧** 식량	□ **飮食** 음식

사람 | 신체 | 얼굴

28a

飢 주릴 기

- 총획 11획
- 부수 食
- 급수 3급

食 밥 식 + 几 몇 기, 안석 궤

먹을 것(食)이 부족한 상황을 묘사하기 위해 몇 기(几)를 발음으로 쓴 글자이다.

- □ 飢餓 기아
- □ 飢饉 기근
- □ 虛飢 허기

28b

飾 꾸밀 식

- 총획 14획
- 부수 食
- 급수 3급

食 밥 식 + 人 사람 인 + 巾 수건 건

식탁(食)을 화려한 천(巾)으로 꾸미고 있는(人) 모습에서 '꾸미다, 장식하다, 치장하다' 등의 뜻을 갖게 되었다.

- □ 裝飾 장식
- □ 假飾 가식
- □ 虛禮虛飾 허례허식

28c

飯 밥 반

- 총획 13획
- 부수 食
- 급수 3급

食 밥 식 + 反 돌이킬 반

날 것의 곡식을 불로 익혀 즉 돌이켜(反) 먹을(食) 수 있게 만드니 '밥'을 뜻하는 글자가 되었다.

- □ 飯酒 반주
- □ 飯饌 반찬
- □ 茶飯事 다반사

28d

飽 배부를 포

- 총획 14획
- 부수 食
- 급수 3급

食 밥 식 + 包 쌀 포

너무 먹어(食) 임신한(包) 것처럼 배가 부풀어 오른 모습이다.

- □ 飽食 포식
- □ 飽滿 포만
- □ 飽和 포화

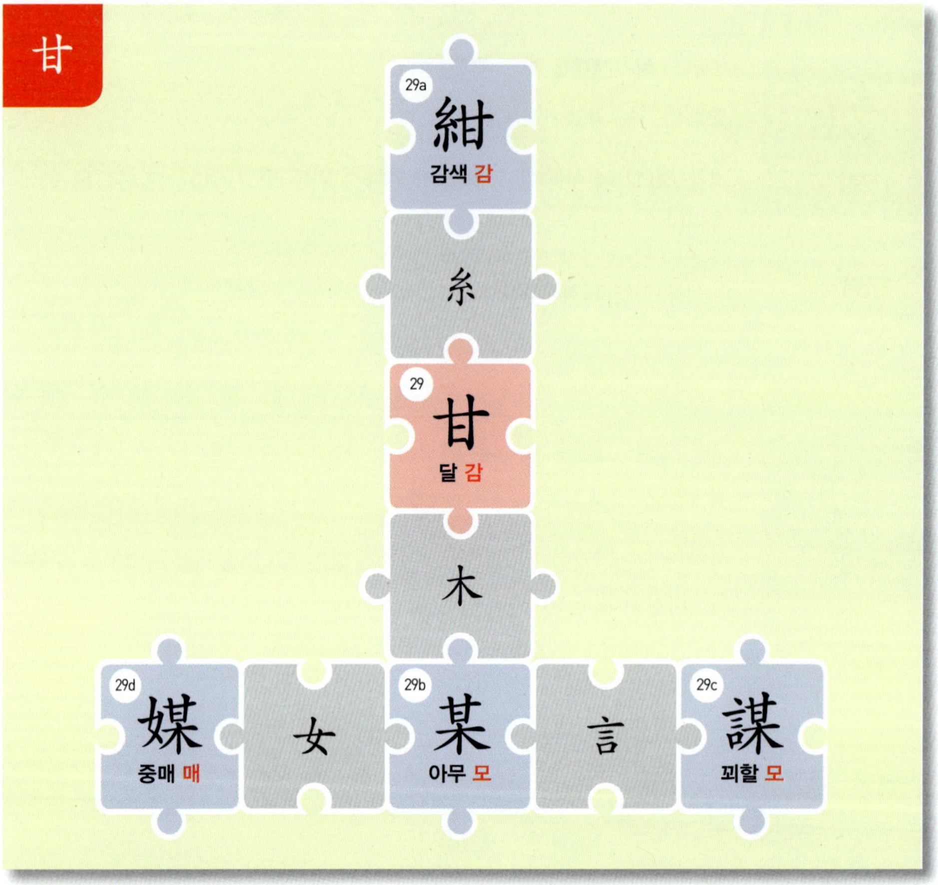

甘

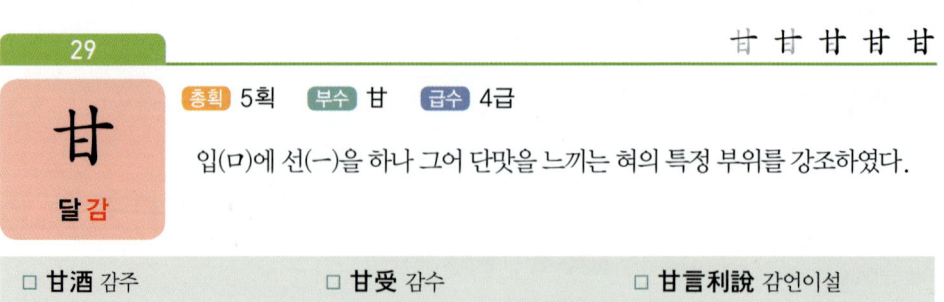

| 총획 | 5획 | 부수 | 甘 | 급수 | 4급 |

甘 甘 甘 甘 甘

甘 달 감

입(口)에 선(一)을 하나 그어 단맛을 느끼는 혀의 특정 부위를 강조하였다.

□ 甘酒 감주   □ 甘受 감수   □ 甘言利說 감언이설

사람 | 신체 | 얼굴

29a

紺 紺 紺 紺 紺 紺 紺 紺 紺

紺
감색 **감**

- 총획 11획
- 부수 糸
- 급수 1급

甘 달 감 + 糸 가는실 멱

실(糸)이나 천을 감색(紺色)으로 물들인 모습이다. '색깔'과 관련된 글자로 실 사(糸) 자를 썼다.

색깔과 관련된 글자에는 실 사(糸)자가 의미요소로 사용되는 경우가 많다. 실(糸)을 물들여서 다양한 색을 갖는 천을 만들어냈기 때문일 것이다.

☐ 紺色 감색　　　☐ 紺靑色 감청색

29b

某 某 某 某 某 某 某 某 某

某
아무 **모**

- 총획 9획
- 부수 木
- 급수 3급

甘 달 감 + 木 나무 목

단(甘)맛이 특징인 어떤 과일나무(木)를 가리켰으나 현재에는 아무 모(某)로 쓰인다.

☐ 某年 모년　　　☐ 某月 모월　　　☐ 某處 모처

29c

謀 謀 謀 謀 謀 謀 謀 謀 謀 謀 謀 謀 謀 謀

謀
꾀할 **모**

- 총획 16획
- 부수 言
- 급수 3급

某 아무 모 + 言 말씀 언

자신이나 모두의 유익을 위해 달콤한(某) 말(言)을 하는 모습이다.

☐ 謀略 모략　　　☐ 無謀 무모　　　☐ 圖謀 도모

29d

媒 媒 媒 媒 媒 媒 媒 媒 媒

媒
중매 **매**

- 총획 12획
- 부수 女
- 급수 3급

某 아무 모 + 女 여자 여

달콤한(某) 말로 남녀를 엮어 주는 일을 하는 중매쟁이 여자(女)를 본뜬 글자이다.

☐ 媒體 매체　　　☐ 媒介 매개　　　☐ 觸媒劑 촉매제

29

辛(1)

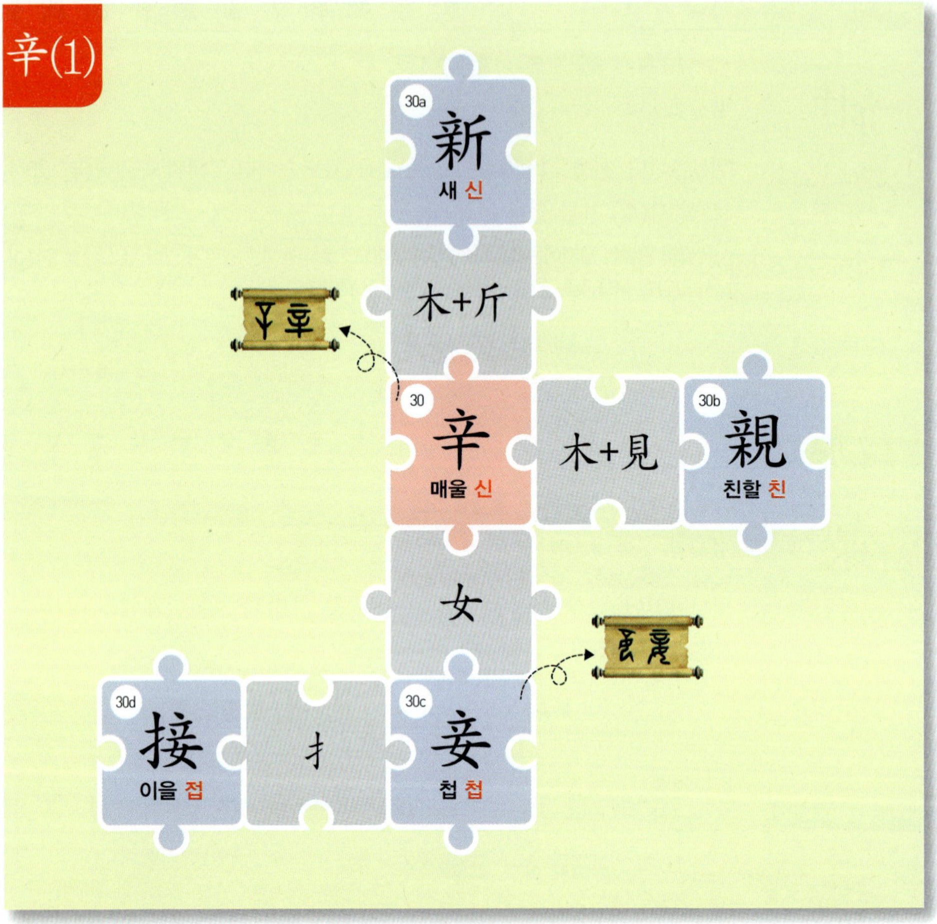

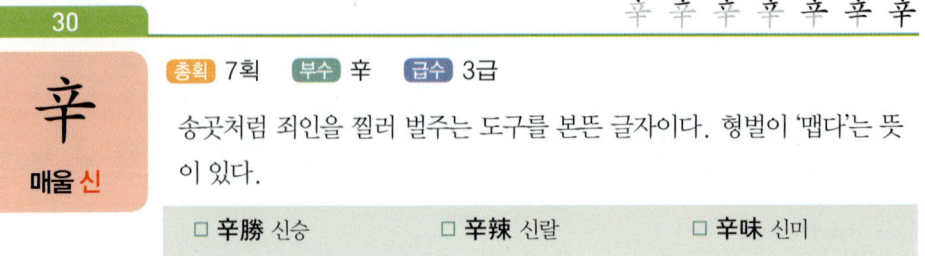

30
辛 매울 신

辛 辛 辛 辛 辛 辛 辛

총획 7획　**부수** 辛　**급수** 3급

송곳처럼 죄인을 찔러 벌주는 도구를 본뜬 글자이다. 형벌이 '맵다'는 뜻이 있다.

☐ 辛勝 신승　　☐ 辛辣 신랄　　☐ 辛味 신미

사람 | 신체 | 얼굴

30a 新 새 신

- 총획 13획　부수 斤　급수 6급
- 辛 매울 신 ＋ 木 나무 목 ＋ 斤 도끼 근

나무(木)도 가지치기(斤)를 해줘야 새 가지가 자란다는 것을 의미한다.
신(辛→新)을 발음으로 한다.

☐ 新學期 신학기　☐ 新年 신년　☐ 新兵 신병

30b 親 친할 친

- 총획 16획　부수 見　급수 6급
- 辛 매울 신 ＋ 木 나무 목 ＋ 見 볼 견

나무(木)가 잘 자라도록 돌보듯이 곁에서 자녀가 잘 자라도록 돌보는 (見) 것은 부모가 하는 일이다 하여 '친하다'는 뜻이 생겨났다.

☐ 親戚 친척　☐ 親舊 친구　☐ 兩親 양친

30c 妾 첩 첩

- 총획 8획　부수 女　급수 3급
- 辛 매울 신 ＋ 女 여자 여

여성(女)에게 형벌(辛→新)을 가해 종으로 삼았던 것을 뜻한다.

☐ 臣妾 신첩　☐ 愛妾 애첩

30d 接 이을 접

- 총획 11획　부수 扌　급수 4급
- 妾 첩 첩 ＋ 扌 손 수

첩(妾)을 만지거나 잡는(扌) 모습에서 '잇다, 사귀다, 접하다'를 뜻하게 되었다.

| 첩(妾)으로 취한다(扌)는 것은 자식을 보기 위함이기도 하여 '잇다'의 뜻도 파생되었을 것이다.

☐ 接觸 접촉　☐ 接待 접대　☐ 密接 밀접

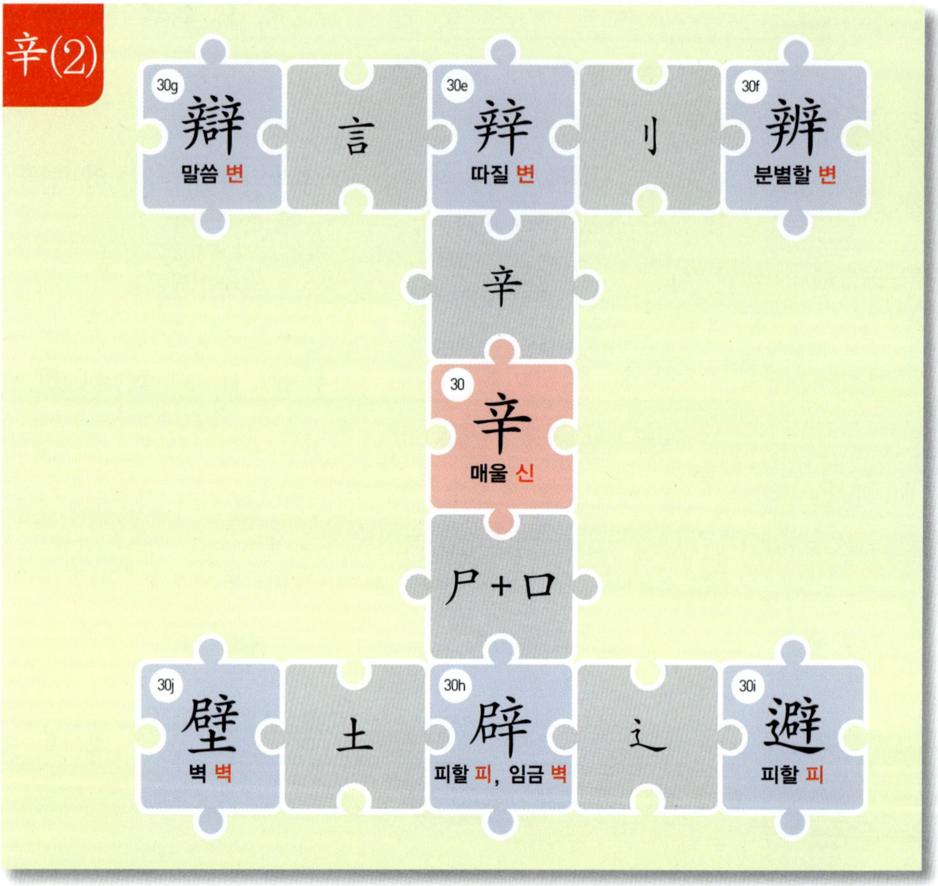

辛(2)

30e 辡 따질 변

총획 14획 | 부수 辛 | 급수 확장한자

辛 매울 신 + 辛 매울 신

원고(辛)와 피고(辛)가 서로의 잘잘못을 따지는 모습이다.

30f 辨 분별할 변

총획 16획 | 부수 辛 | 급수 3급

辡 따질변 + 刂 칼도

죄인(辡)의 죄를 낱낱이 쪼개(刂) 사실을 분별해 내려 하는 것을 말한다.

☐ 辨明 변명　　☐ 辨別力 변별력　　☐ 辨論 변론

사람 | 신체 | 얼굴

30g

辯辯辯辯辯辯辯辯辯辯辯辯辯辯

辯
말씀 **변**

- 총획 21획
- 부수 辛
- 급수 4급

辡 따질 변 + 言 말씀 언

두 죄인(辡) 사이에서 말(言)을 잘해야 하는 변호사를 뜻하는 글자이다.

| 신(辛) 자가 묵형을 가하는 도구이므로 '죄인, 죄수, 형벌' 등의 의미로도 해석이 된다.

☐ 辯護士 변호사   ☐ 答辯 답변   ☐ 雄辯 웅변

30h

辟辟辟辟辟辟辟辟辟辟辟辟

辟
피할**피**, 임금**벽**

- 총획 13획
- 부수 辛
- 급수 특급

辛 매울 신 + 尸 주검 시 + 口 입 구

형벌(辛)을 가하거나 사형(尸)을 명(口)할 수 있는 임금을 뜻하며 형벌을 '피하다'의 뜻도 있다.

30i

避避避避避避避避避避避避避避

避
피할**피**

- 총획 17획
- 부수 辶
- 급수 4급

辟 피할 피, 임금 벽 + 辶 쉬엄쉬엄 갈 착

피(辟) 자에 착(辶) 자를 추가하여 형벌을 면하려고 멀리 달아나(辶) 도망치는(辟) 모습임을 강조하여 뜻을 되살렸다.

☐ 避身 피신   ☐ 避難 피난   ☐ 逃避 도피

30j

壁壁壁壁壁壁壁壁壁壁壁壁壁壁

壁
벽**벽**

- 총획 16획
- 부수 土
- 급수 4급

辟 피할 피, 임금 벽 + 土 흙 토

죄수들을 가둬둔 흙(土)벽돌로 만든 감옥을 본뜬 글자이다.

| 옛날의 성들은 흙(土)으로 쌓은 토성(土城)이 많았다.

☐ 壁畵 벽화   ☐ 城壁 성벽   ☐ 防壁 방벽

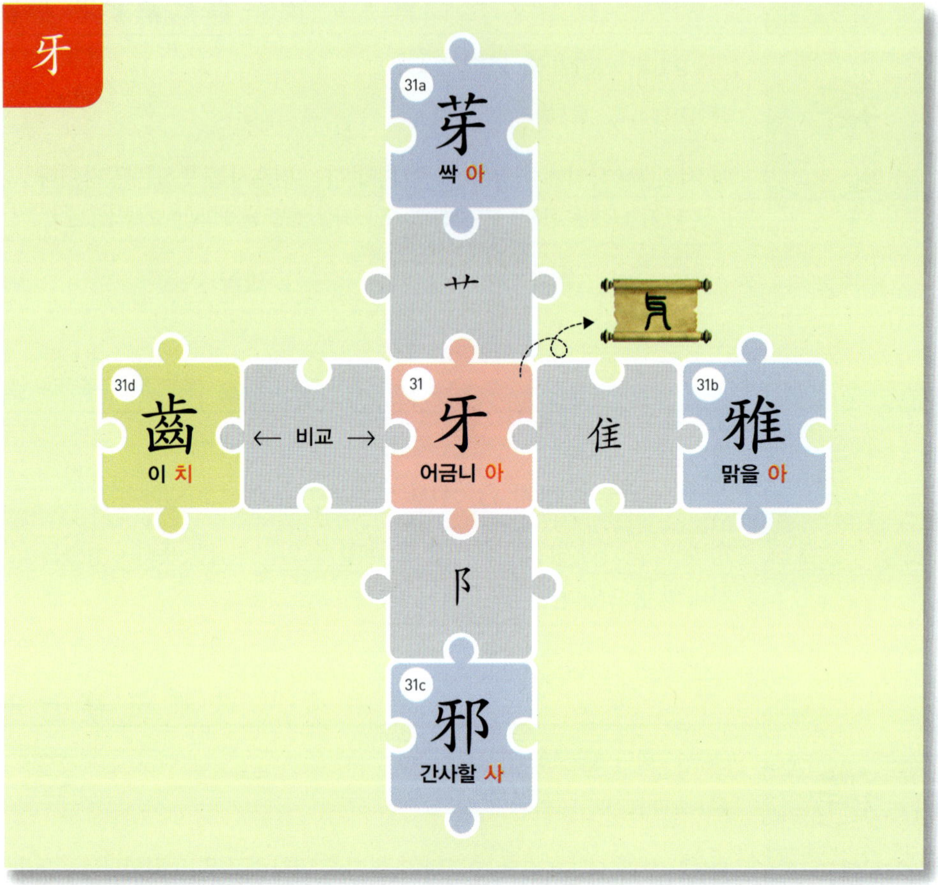

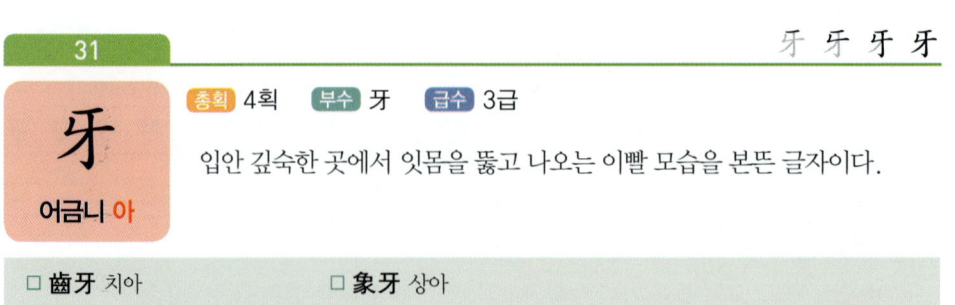

| 31 | | | 牙牙牙牙 |

牙
어금니 **아**

총획 4획　부수 牙　급수 3급

입안 깊숙한 곳에서 잇몸을 뚫고 나오는 이빨 모습을 본뜬 글자이다.

□ 齒牙 치아　　　□ 象牙 상아

사람 | 신체 | 얼굴

31a

芽芽芽芽芽芽芽芽

芽
싹 아

- 총획 8획
- 부수 艹
- 급수 3급

牙 어금니 아 + 艹 풀 초

대지를 뚫고(牙) 나오는 새싹(艹)의 모습을 어금니(牙)에 빗대었다.

□ 發芽 발아   □ 麥芽 맥아   □ 萌芽 맹아

31b

雅雅雅雅雅雅雅雅雅雅

雅
맑을 아

- 총획 12획
- 부수 隹
- 급수 3급

牙 어금니 아 + 隹 새 추

어금니(牙)를 부딪치듯 부리로 내는 새(隹)소리가 너무도 맑고 청아하다.

□ 雅量 아량   □ 淸雅 청아   □ 優雅 우아

31c

邪邪邪邪邪邪邪

邪
간사할 사

- 총획 7획
- 부수 阝
- 급수 3급

牙 어금니 아 + 阝 언덕 부

마을(阝=邑)에 숨어(牙) 지내며 나쁜 짓을 일삼는 음흉한 사람을 연상하여 만들었다.

어금니 아(牙) 자가 가장 깊숙한 곳에 있는 이빨이므로 '숨어 지내다, 숨다, 몰래' 등으로 풀이할 수 있다.

□ 邪惡 사악   □ 邪慝 사특   □ 奸邪 간사

31d

齒齒齒齒齒齒齒齒齒齒齒齒齒

齒
이 치

- 총획 15획
- 부수 齒
- 급수 4급

옥수수 알처럼 가지런한 앞니의 모습을 본뜬 글자이다.

□ 齒牙 치아   □ 齒藥 치약   □ 齒科 치과

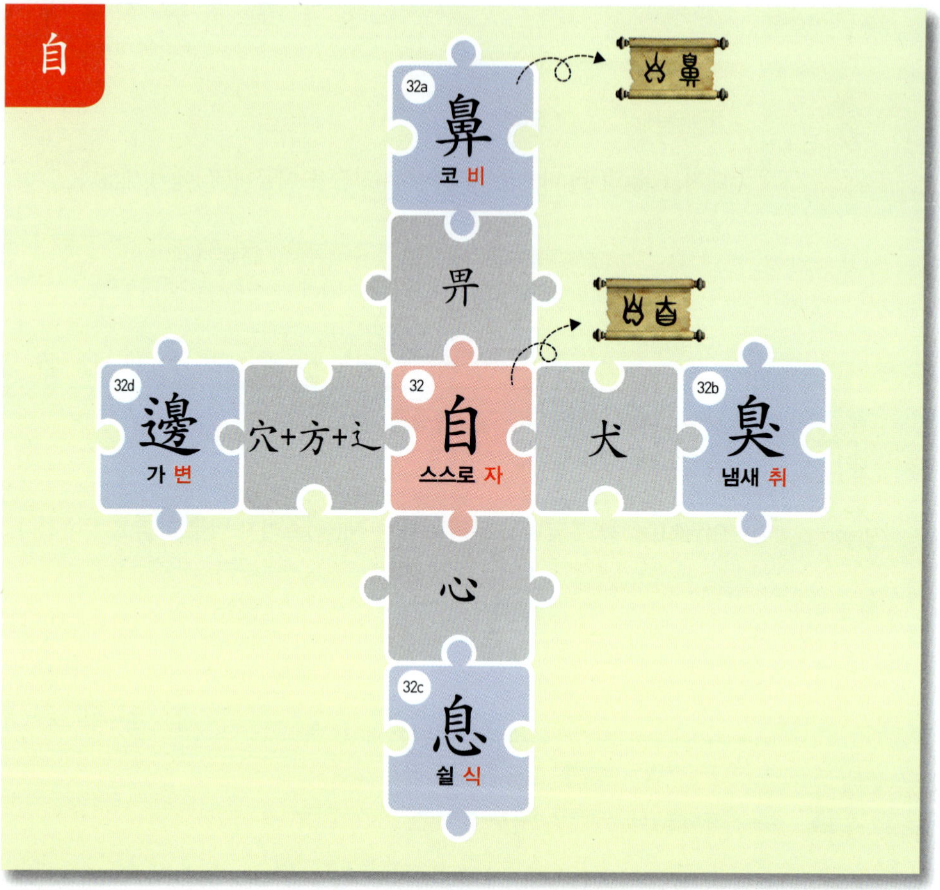

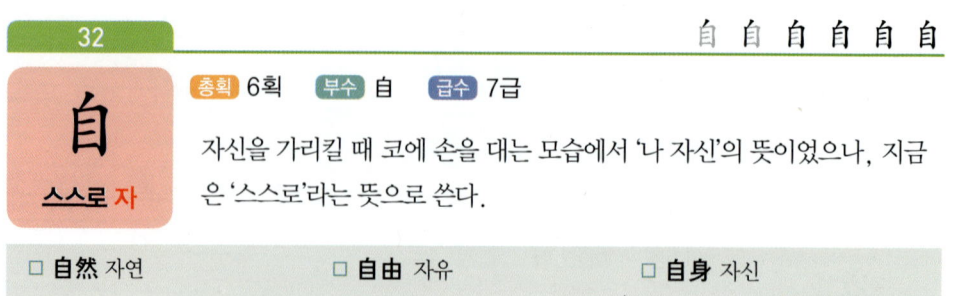

32

自 自 自 自 自 自

自
스스로 자

총획 6획 부수 自 급수 7급

자신을 가리킬 때 코에 손을 대는 모습에서 '나 자신'의 뜻이었으나, 지금은 '스스로'라는 뜻으로 쓴다.

- □ **自然** 자연
- □ **自由** 자유
- □ **自身** 자신

사람 | 신체 | 얼굴

32a

코 **비**

鼻鼻鼻鼻鼻鼻鼻鼻鼻鼻鼻鼻鼻鼻

총획 14획 부수 鼻 급수 5급

自 스스로 자 + 畀 줄 비

코 자(自) 자가 '스스로'란 뜻으로 쓰이자 비(畀)를 더하여 본래의 의미를 되살렸다.

☐ 鼻炎 비염   ☐ 鼻音 비음   ☐ 耳鼻咽喉科 이비인후과

32b

냄새 **취**

臭臭臭臭臭臭臭臭臭

총획 10획 부수 自 급수 3급

自 스스로 자 + 犬 개 견

냄새를 잘 맡는 개(犬)와 코(自)를 합쳐 '냄새'의 뜻을 만들어냈다.

☐ 惡臭 악취   ☐ 口臭 구취   ☐ 無臭 무취

32c

쉴 **식**

息息息息息息息息息息

총획 10획 부수 心 급수 4급

自 스스로 자 + 心 마음 심

코(自)와 허파(心)로 가쁘게 숨을 몰아쉬는 모습이다.

마음 심(心)을 허파로 오인하였거나, 숨을 심하게 몰아쉴 때 심장이 헐떡거리는 모습에서 마음 심(心)을 함께 사용했을 수도 있다.

☐ 休息 휴식   ☐ 安息 안식   ☐ 子息 자식

32d

가 **변**

邊邊邊邊邊邊邊邊邊邊邊邊邊

총획 19획 부수 辶 급수 4급

自 스스로 자 + 穴 구멍 혈 + 方 모 방 + 辶 쉬엄쉬엄 갈 착

모서리(方) 구멍(穴)에 코(自)를 쑤셔 넣으며 주로 갓길로 가는(辶) 개의 특성을 반영한 글자이다.

☐ 邊方 변방   ☐ 周邊 주변   ☐ 江邊 강변

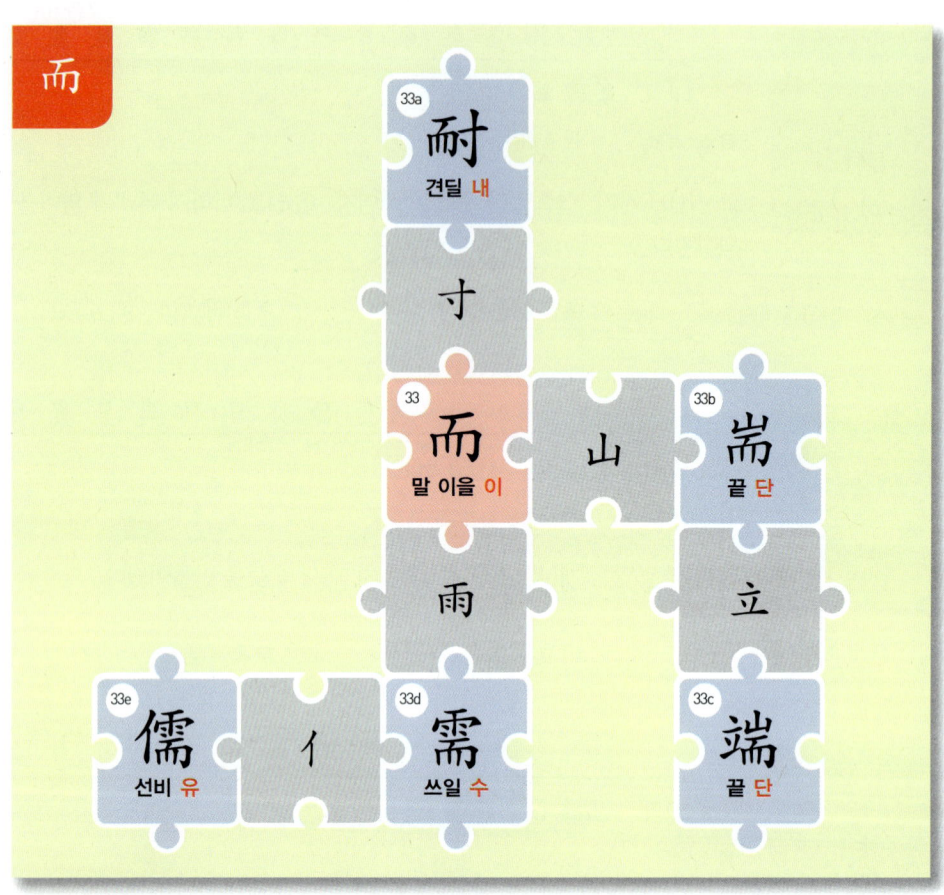

33

而 말 이을 이

총획 6획　부수 而　급수 3급

수염(而) 사이로 말이 쉴 새 없이 나오는 모습에서 '말 잇다'의 뜻이 생겨났다.

☐ 而立 이립　　☐ 似而非 사이비　　☐ 形而上學 형이상학

33a

耐 견딜 내

총획 9획　부수 而　급수 3급　　而 말이을이 ＋ 寸 마디촌

사람의 수염(而)을 잡아당기는(寸) 모습이다. 그 고통을 '견디다'의 뜻이 있다.

☐ 耐久性 내구성　　☐ 忍耐 인내　　☐ 堪耐 감내

사람 | 신체 | 얼굴

33b

耑
끝 단

총획 9획　**부수** 而　**급수** 확장한자

而 말이을 이　+　山 산 산

땅(而)을 뚫고 올라온 초목(山→屮)의 모습을 본뜬 글자이다.

> 끝 단(耑) 자에 들어 있는 글자가 말 이을 이(而) 자와 글자 꼴이 같아 말 이을 이(而) 자 편에서 다루고 있을 뿐 서로 아무런 연관이 없는 글자이다.

33c

端
끝 단

총획 14획　**부수** 立　**급수** 4급

耑 끝 단　+　立 설 립

싹(耑)이 자라 똑바로 서게(立) 되는 모습에서 '바르다, 곧다'의 뜻이 나왔으며, 성장의 '끝'이란 뜻도 가진다.

□ 端正 단정　　□ 端末機 단말기　　□ 末端 말단

33d

需
쓰일 수

총획 14획　**부수** 雨　**급수** 3급

而 말이을 이　+　雨 비 우

수염(而) 난 선비들이 비(雨)를 '구하다'는 뜻이 있다. 선비들도 때로는 '쓸모'가 있다하여 '쓰이다'의 뜻도 파생되었다.

□ 需要 수요　　□ 特需 특수　　□ 內需 내수

33e

儒
선비 유

총획 16획　**부수** 亻　**급수** 4급

需 쓰일 수　+　亻 사람 인

수(需) 자가 선비의 뜻으로 쓰이지 않자 사람(亻)을 뜻하는 글자를 추가하여 뜻을 회복한 글자이다.

□ 儒生 유생　　□ 儒教 유교　　□ 儒林 유림

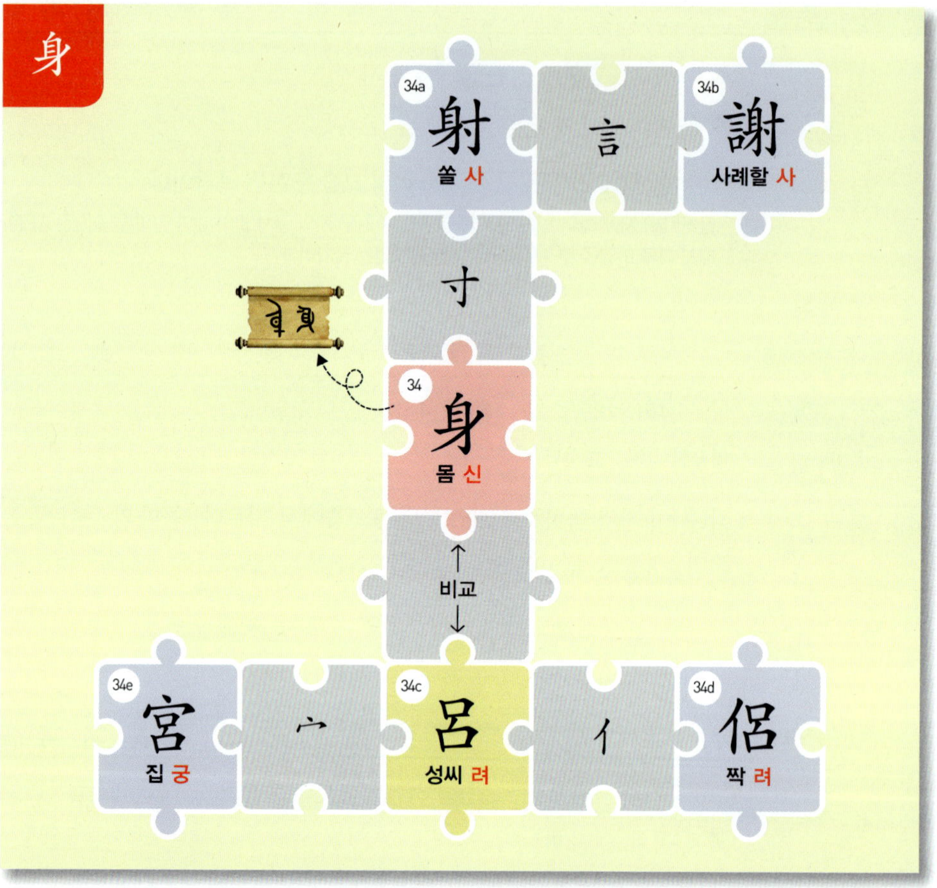

사람 | 신체 | 몸

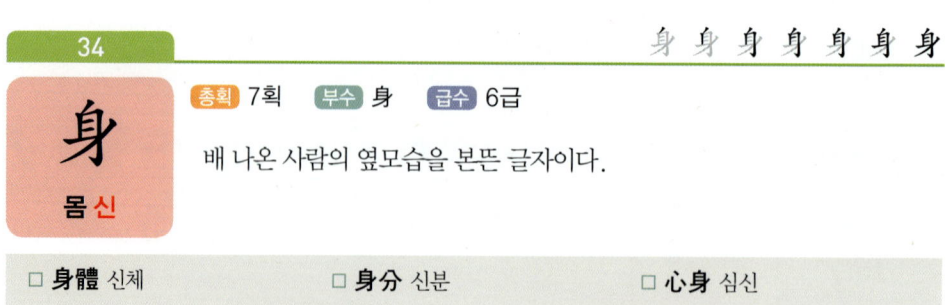

34

身
몸 신

총획 7획　부수 身　급수 6급

배 나온 사람의 옆모습을 본뜬 글자이다.

□ 身體 신체　　□ 身分 신분　　□ 心身 심신

34a

射 射 射 射 射 射 射 射 射

射
쏠 사

- 총획 10획
- 부수 寸
- 급수 4급
- 身 몸 신 + 寸 마디 촌

몸(身)을 옆으로 돌려 활을 당기는(寸) 모습이다.

- □ 射擊 사격
- □ 射臺 사대
- □ 速射 속사

34b

謝 謝 謝 謝 謝 謝 謝 謝 謝 謝 謝 謝 謝 謝 謝

謝
사례할 사

- 총획 17획
- 부수 言
- 급수 4급
- 射 쏠 사 + 言 말씀 언

적중(射)시켜야만 효과가 있는 말(言)을 의미한다.

> 감사나 사죄의 말은 적절한 시기가 있는 법. 따라서 적중(射) 시켜야 하는 말(言)로 풀이하였다.

- □ 謝罪 사죄
- □ 謝禮 사례
- □ 感謝 감사

34c

呂 呂 呂 呂 呂 呂 呂

呂
성씨 려

- 총획 7획
- 부수 口
- 급수 2급

등뼈(呂)가 한 줄로 이어져(ヽ) 있는 모양을 본뜬 모습이다.

> 등뼈 려(呂)의 부수자는 입 구(口)지만, 의미상 사람의 몸과 관련이 있어 '신체 쪽에서' 다루었다.

34d

侶 侶 侶 侶 侶 侶 侶 侶

侶
짝 려

- 총획 9획
- 부수 亻
- 급수 1급
- 呂 성씨 려 + 亻 사람 인

서로의 등(呂)을 맞대고 자는 사람(亻)이라 하여 '짝'의 뜻을 갖게 되었다.

- □ 僧侶 승려
- □ 伴侶者 반려자

34e

宮 宮 宮 宮 宮 宮 宮 宮 宮 宮

宮
집 궁

- 총획 10획
- 부수 宀
- 급수 4급
- 呂 성씨려 + 宀 집면

담들과 방들이 등뼈(呂)처럼 끝없이 이어져있는 큰 집(宀)을 가리킨다.

- □ 宮闕 궁궐
- □ 尙宮 상궁
- □ 景福宮 경복궁

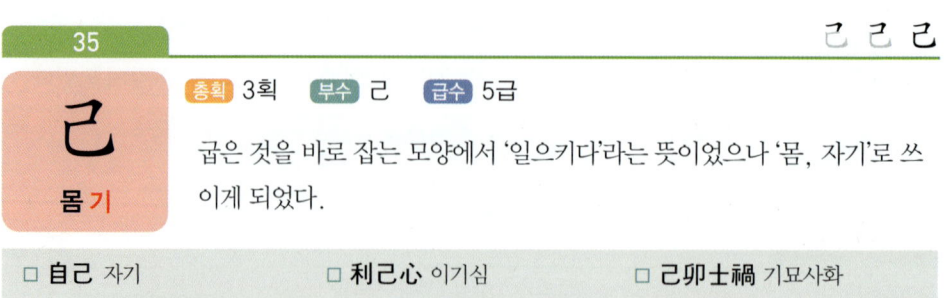

己

35

35

己 己 己

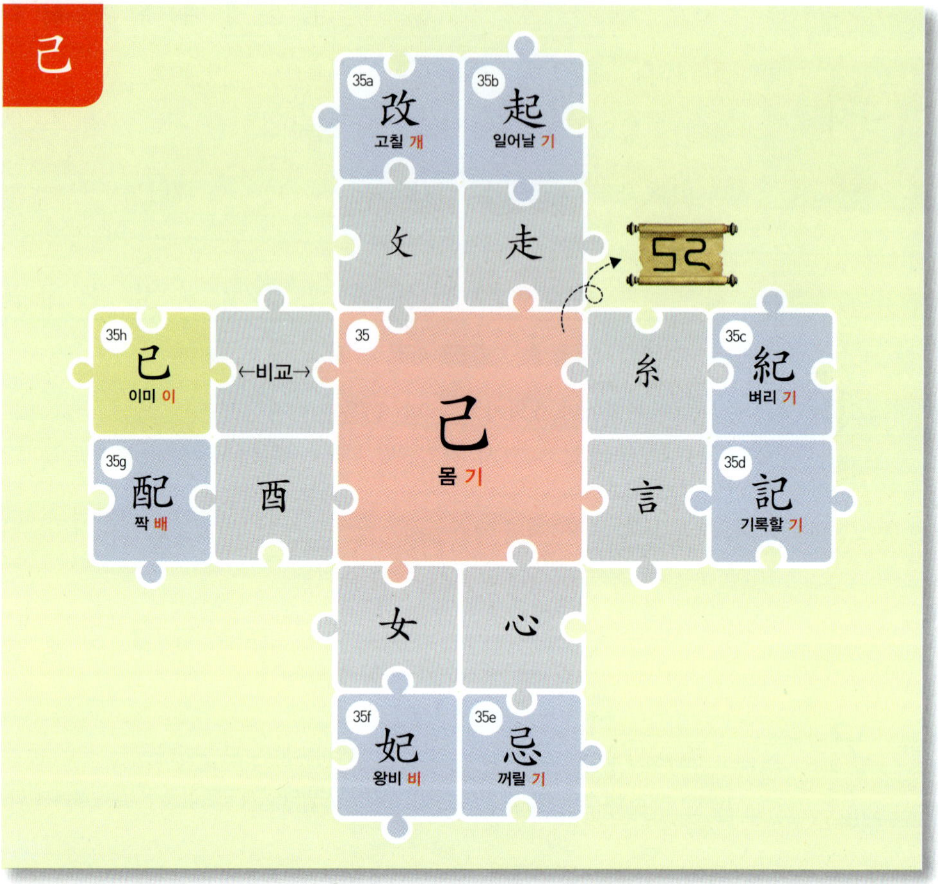

己
몸 기

총획 3획 부수 己 급수 5급

굽은 것을 바로 잡는 모양에서 '일으키다'라는 뜻이었으나 '몸, 자기'로 쓰이게 되었다.

□ **自己** 자기 □ **利己心** 이기심 □ **己卯士禍** 기묘사화

사람 | 신체 | 몸

35a

改改改改改改改

改 고칠 개

- 총획 7획
- 부수 攵
- 급수 5급

己 몸 기 + 攵 칠 복

자기(己)를 때려(攵) 고치다.

- ☐ 改善 개선
- ☐ 改革 개혁
- ☐ 改定 개정

35b

起起起起起起起起起

起 일어날 기

- 총획 10획
- 부수 走
- 급수 3급

己 몸 기 + 走 달릴 주

달리기(走) 위해서 웅크렸던 몸(己)을 일으켜 세우는 모습을 본뜬 글자다.

- ☐ 起床 기상
- ☐ 奮起 분기
- ☐ 發起人 발기인

35c

紀紀紀紀紀紀紀紀

紀 벼리 기

- 총획 9획
- 부수 糸
- 급수 4급

己 몸 기 + 糸 가는 실 멱

몸(己)통에 해당하는 굵고 튼튼한 밧줄(糸)을 가리킨다.

| 벼리란 그물의 위쪽 코를 꿰어 놓은 테두리의 튼튼하고 굵은 줄을 뜻한다.

- ☐ 紀元 기원
- ☐ 西紀 서기
- ☐ 世紀 세기

35d

記記記記記記記記記

記 기록할 기

- 총획 10획
- 부수 言
- 급수 7급

己 몸 기 + 言 말씀 언

말(言)을 받아 적는 모습에서 '기록하다'의 뜻을 갖게 되었다.

- ☐ 記錄 기록
- ☐ 記憶 기억
- ☐ 日記 일기

35e

忌 忌 忌 忌 忌 忌 忌

忌
꺼릴 기

- 총획 7획 부수 心 급수 3급
- 己 몸 기 + 心 마음 심

몸(己)과 마음(心)에서 멀리하다.

- 忌日 기일
- 忌祭祀 기제사
- 禁忌 금기

35f

妃 妃 妃 妃 妃 妃

妃
왕비 비

- 총획 6획 부수 女 급수 3급
- 己 몸 기 + 女 여자 여

태아(己)를 쳐다보는 여자(女)로 본뜻은 '왕비'였으나 '아내'의 뜻도 있다.

- 妃嬪 비빈
- 王妃 왕비
- 楊貴妃 양귀비

35g

配 配 配 配 配 配 配 配 配

配
짝 배

- 총획 10획 부수 酉 급수 4급
- 己 몸 기 + 酉 닭 유

한 잔 술(酉)을 서로 나눠 마시고 한 몸(己)이 되다.

- 配達 배달
- 配慮 배려
- 配分 배분

35h

已 已 已

已
이미 이

- 총획 3획 부수 己 급수 3급

기(己) 자와 모양은 비슷하지만, 왼쪽 끝이 조금 더 올라온 글자이다.

- 已往之事 이왕지사
- 不得已 부득이

사람 | 신체 | **몸**

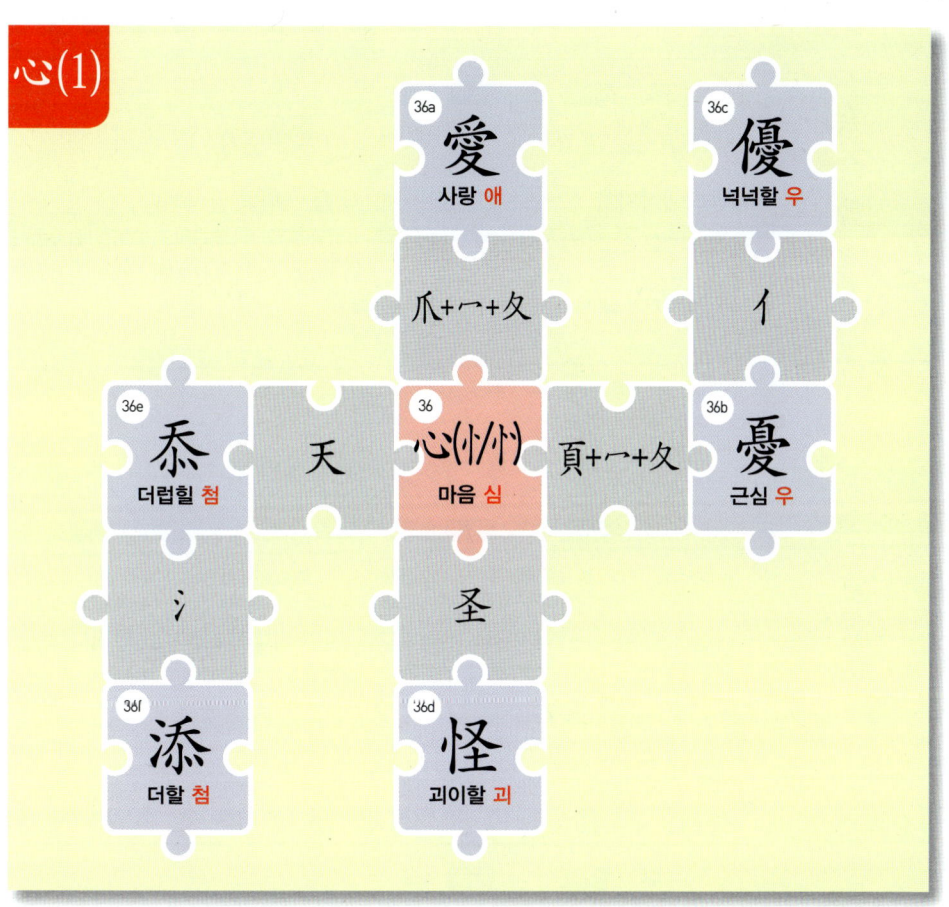

36			
	총획 4획	부수 心	급수 7급

心心心心

心
마음 심

사람이나 동물의 실제 심장 모습을 본떠 만든 글자이다.

마음은 '감정, 동기, 애정, 태도' 등의 바탕이라 한다. 따라서 심장(心)은 마음을 상징하는 글자이므로 '마음'과 연관되는 글자에는 반드시 의미(心) 요소로 들어간다. 예를 들어 미워하고 싫어하고 좋아하고와 같은 감정이 관련된 글자에는 반드시 마음 심(心) 자가 들어가 있다고 보면 된다.

☐ 心臟 심장　　　☐ 心身 심신　　　☐ 中心 중심

36a

愛 愛 愛 愛 愛 愛 愛 愛 愛 愛 愛 愛

愛 사랑 애

- 총획 13획 부수 心 급수 6급
- 心 마음 심 + 爪 손톱 조 + 冖 덮을 멱 + 夂 뒤져올 치

차마 헤어지기(冖→止+夂) 싫은 마음(心)을 표현한 글자이다.

옛 그림은 손 조(爫) 자가 원래 발(止/夂)을 가리키는 글자임을 보여준다. 따라서 발(止+夂) 두 개가 다른 방향으로 나 있다는 것은 서로 헤어질 시간이 되었지만 사랑의 감정 때문에 헤어지기 싫은 마음을 나타낸 것으로 보인다.

- □ 愛情 애정
- □ 愛人 애인
- □ 戀愛 연애

36b

憂 憂 憂 憂 憂 憂 憂 憂 憂 憂 憂 憂

憂 근심 우

- 총획 15획 부수 心 급수 3급
- 心 마음 심 + 頁 머리 혈 + 冖 덮을 멱 + 夂 뒤져올 치

걱정으로 머리(頁)와 마음(心)이 무거워지면 발걸음(夂)이 느려진다.

- □ 憂慮 우려
- □ 憂鬱 우울
- □ 内憂外患 내우외환

36c

優 優 優 優 優 優 優 優 優 優 優 優 優

優 넉넉할 우

- 총획 17획 부수 亻 급수 4급
- 憂 근심 우 + 亻 사람 인

우울(憂鬱)한 사람을 위로해 주는 사람(亻)의 넉넉한 심성을 뜻한다.

- □ 優越 우월
- □ 優等賞 우등상
- □ 優柔不斷 우유부단

36d

怪 怪 怪 怪 怪 怪 怪 怪

怪 괴이할 괴

- 총획 8획 부수 忄 급수 3급
- 忄 마음 심 + 圣 힘쓸 골

생각(忄)만으로도 힘이 나는(圣) 모습에서 '괴이하다, 기이하다'의 뜻이 파생되었다.

- □ 怪力 괴력
- □ 怪物 괴물
- □ 奇怪 기괴

사람 | 신체 | 몸

36e

忝忝忝忝忝忝忝忝

忝
더럽힐 첨

총획 8획   부수 忄   급수 특급

忄 마음심 + 天 하늘천

하늘(天=天) 보기가 부끄러울 만큼 마음(忄)이 더럽혀지다.

36f

添添添添添添添添添添添

添
더할 첨

총획 11획   부수 氵   급수 3급

忝 더럽힐첨 + 氵 물수

더럽혀진(忝) 것을 정화하기 위해 깨끗한 물(氵)을 더하다.

☐ 添加 첨가   ☐ 添言 첨언   ☐ 添附 첨부

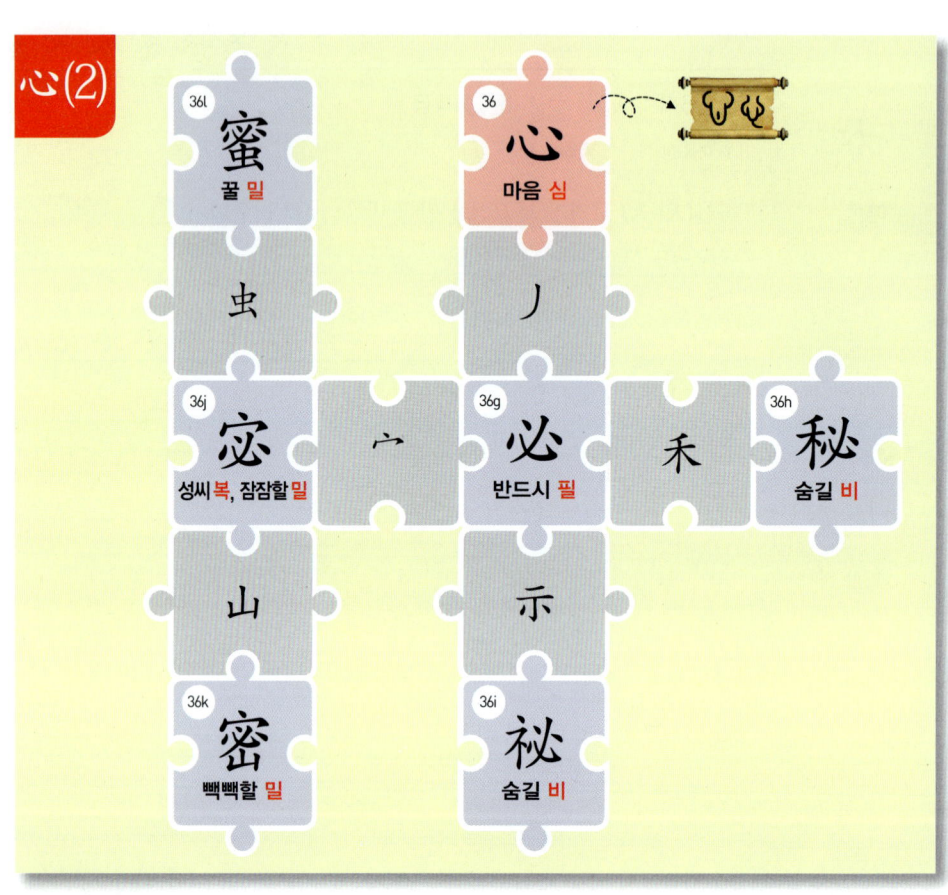

36g

必 반드시 필

- 총획 5획
- 부수 心
- 급수 5급
- 心 마음 심 + 丿 삐침 별

가슴 속에 비수(丿)를 품고 사생결단을 다짐하는 모습이다.

□ 必然 필연　　□ 必須 필수　　□ 必要 필요

36h

秘 숨길 비

- 총획 10획
- 부수 禾
- 급수 특급
- 必 반드시 필 + 禾 벼 화

비(祕)의 속자이다. 천기(禾→示)는 반드시(必) 지켜져야 하므로 잘 숨겨야 한다.

│ 제단을 본뜬 보일 시(示) 자가 숨겨야 할 신의 계시 등을 뜻하므로 '천기'로 해석하였다.

□ 秘密 비밀　　□ 秘話 비화　　□ 極秘 극비

사람 | 신체 | 몸

36i

숨길 비

총획 9획 | 부수 示 | 급수 4급
必 반드시 필 + 示 보일 시

숨길 비(祕)의 본 글자인데 비(秘) 자가 더 많이 사용된다.

☐ 祕密裏 비밀리   ☐ 祕資金 비자금   ☐ 祕書 비서

36j

성씨 복, 잠잠할 밀

총획 8획 | 부수 宀 | 급수 특급
必 반드시 필 + 宀 집 면

집안(宀)에 무기를 두어 몰래(必) 들어오려는 악귀나 잡귀를 막았다.
정절을 지키기 위해 반드시 가슴(心) 깊숙한 곳에 비수를 숨기고(丿) 잠잠히 집(宀) 안에만 있어야 하는 과부의 모습으로 보기도 한다.

36k

빽빽할 밀

총획 11획 | 부수 宀 | 급수 4급
宓 성씨 복, 잠잠할 밀 + 山 산 산

밀(宓) 자가 정화의식의 의미로 쓰이지 않자 향(山→火)을 피우는 모습을 강조해 본뜻을 되찾았다. 향에서 나는 연기에서 '빽빽하다, 숨기다, 몰래' 등의 뜻도 가진다.

☐ 密林 밀림   ☐ 密談 밀담   ☐ 過密 과밀

36l

꿀 밀

총획 14획 | 부수 虫 | 급수 3급
宓 성씨 복, 잠잠할 밀 + 虫 벌레 충

벌(虫)이 자기 집(宀)인 벌통을 꿀로 빽빽이(宓) 채워 놓은 모습이다

☐ 蜜語 밀어   ☐ 蜜柑 밀감   ☐ 蜜月 밀월

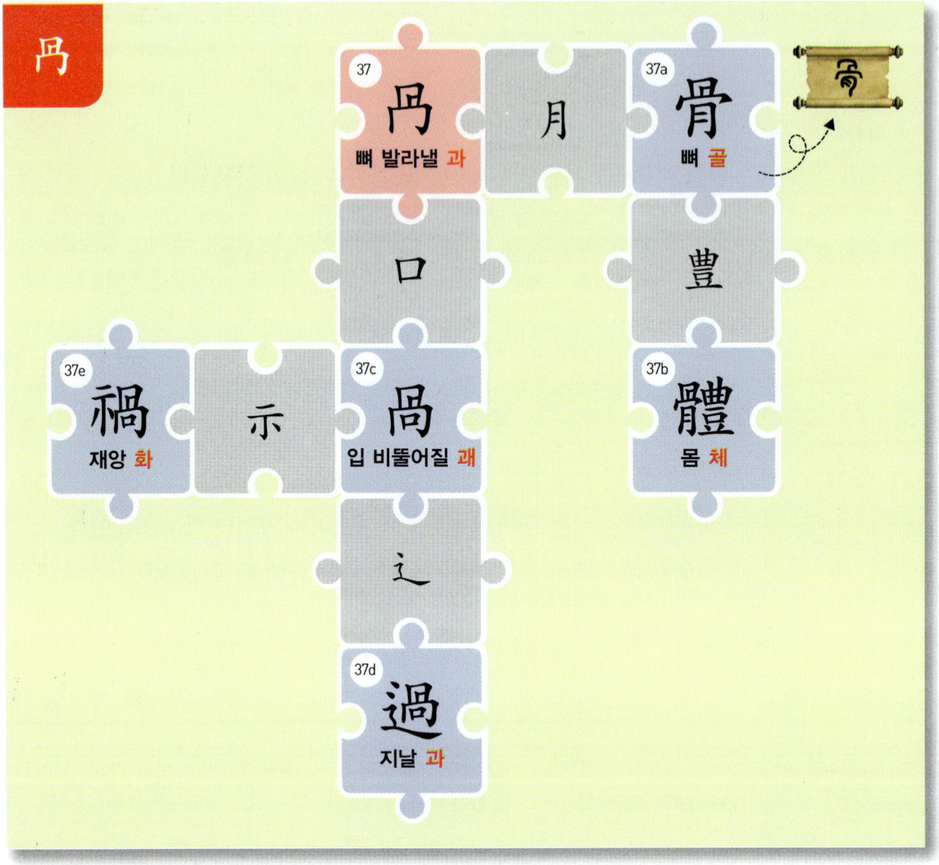

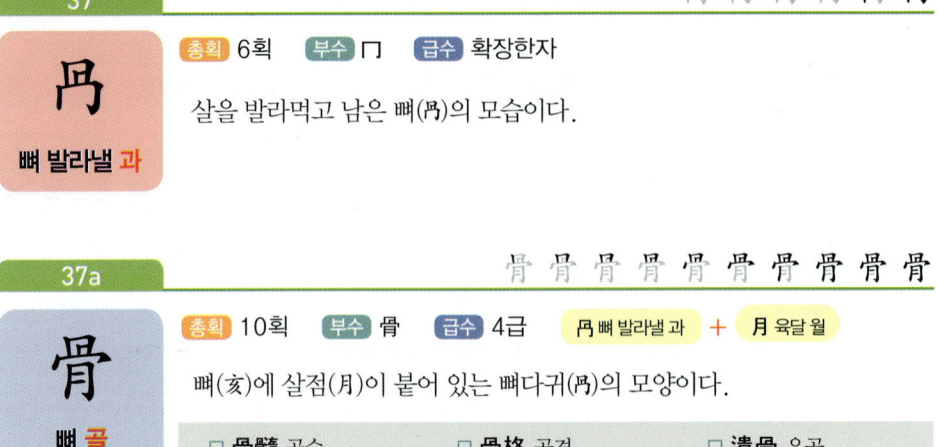

37

冎 冎 冎 冎 冎 冎

冎
뼈 발라낼 과

총획 6획 부수 冂 급수 확장한자

살을 발라먹고 남은 뼈(冎)의 모습이다.

37a

骨 骨 骨 骨 骨 骨 骨 骨 骨 骨

骨
뼈 골

총획 10획 부수 骨 급수 4급 冎 뼈 발라낼 과 + 月 육달 월

뼈(亥)에 살점(月)이 붙어 있는 뼈다귀(冎)의 모양이다.

□ **骨髓** 골수 □ **骨格** 골격 □ **遺骨** 유골

사람 | 신체 | 몸

37b

體體體體體體體體體體體體體體體體體

體
몸 체

- 총획 23획
- 부수 骨
- 급수 6급

骨 뼈 골 + 豊 풍년 풍

앙상한 뼈(骨)와 풍성한(豊) 살집을 합쳐 '몸'을 뜻하는 글자이다.

- □ 體軀 체구
- □ 體形 체형
- □ 身體 신체

37c

咼咼咼咼咼咼咼咼咼

咼
입 비뚤어질 괘

- 총획 9획
- 부수 口
- 급수 확장한자

冎 뼈 발라낼 과 + 口 입 구

뼈(冎)에 붙은 살점을 뜯어 먹는 입(口)의 모양을 본뜬 글자이다.

37d

過過過過過過過過過過過過

過
지날 과

- 총획 13획
- 부수 辶
- 급수 5급

咼 입 비뚤어질 괘 + 辶 쉬엄쉬엄 갈 착

뼈(咼) 사이로 바람이 스쳐 지나가는(辶) 모습에서 '지나다'의 뜻이 있다.

- □ 過剩 과잉
- □ 過食 과식
- □ 通過 통과

37e

禍禍禍禍禍禍禍禍禍禍

禍
재앙 화

- 총획 14획
- 부수 示
- 급수 3급

咼 입 비뚤어질 괘 + 示 보일 시

신(礻=示)의 저주를 받아 뼈(咼)만 남은 모습이다.

- □ 禍根 화근
- □ 慘禍 참화
- □ 吉凶禍福 길흉화복

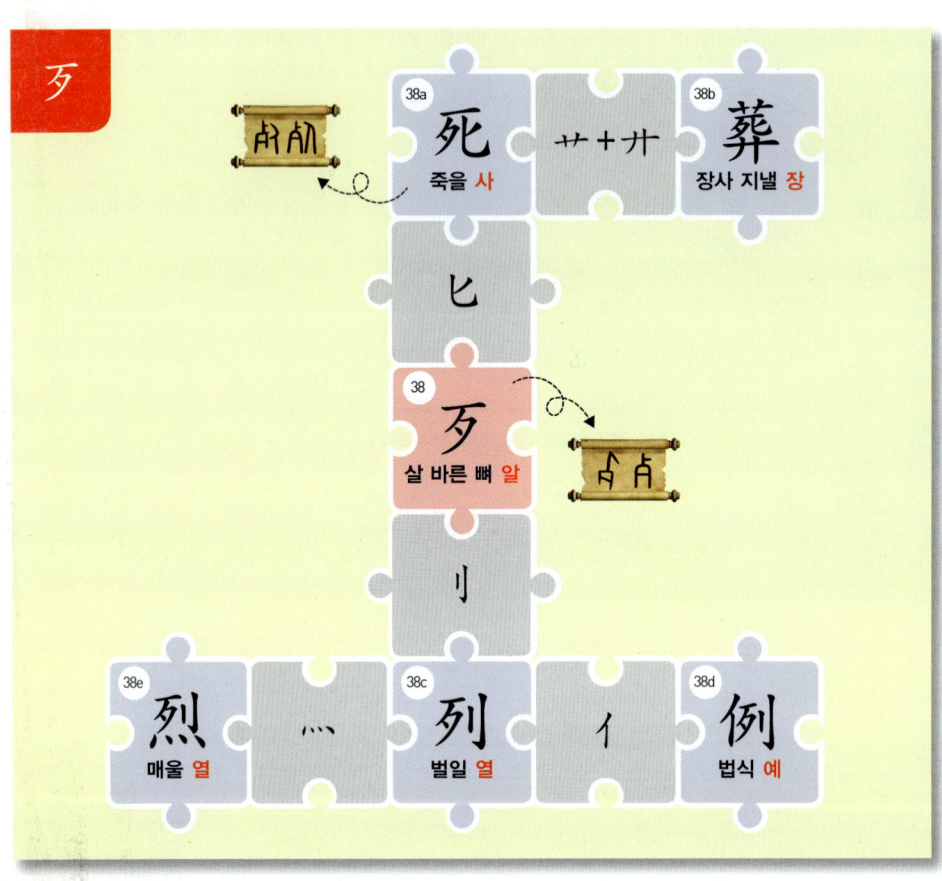

38

歹 살 바른 뼈 **알**

총획 4획　부수 歹　급수 특급

뼈만 남은 앙상한 모습을 본뜬 글자이다.

알(歹/歺) 자의 갑골문은 살점이 거의 붙어 있지 않은 부러지거나 꺾인 뼈다귀(뼈) 모습임을 알려준다. 따라서 '죽음, 재앙' 등과 연관 지어 해석하는 경우도 많다.

38a

死 죽을 **사**

총획 6획　부수 歹　급수 6급　歹 살 바른 뼈 알 + 匕 비수 비

뼈(歹)만 앙상하게 남은 사람(匕)의 모습에서 '죽다'의 뜻이 파생되었다.

갑골문은 뼈 알(歹)과 사람 인(人)의 합자였으나 훗날 사람 인(人) 자가 꼬부라지거나 무릎을 꿇고 앉아 있는 사람을 뜻하는 비수/사람 비(匕) 자로 바뀌었다.

☐ 死亡 사망　　☐ 死活 사활　　☐ 卽死 즉사

사람 | 신체 | 몸

38b

葬 葬 葬 葬 葬 葬 葬 葬 葬 葬 葬 葬

葬
장사 지낼 **장**

- 총획 13획
- 부수 艹
- 급수 3급

死 죽을 사 + 艹 풀초 + 廾 받들 공

죽은(死) 자를 숲(茻) 속에 묻는 장면이다.

☐ **葬事** 장사　　☐ **火葬** 화장　　☐ **殉葬** 순장

38c

列 列 列 列 列 列

列
벌일 **열**

- 총획 6획
- 부수 刂
- 급수 4급

歹 살 바른 뼈 알 + 刂 칼도

동물의 뼈(歹)를 발라내(刂) 가지런히 벌려 놓는 모습에서 '벌리다, 줄' 등의 뜻이 파생되었다.

| 잡은 동물을 칼로 뼈에 붙은 살점을 도려내기도 하고 살과 뼈를 발라내기도 하므로 여기서 칼 도(刂) 자를 '발라내다'로 풀이하였다.

☐ **列車** 열차　　☐ **列擧** 열거　　☐ **一列** 일렬

38d

例 例 例 例 例 例 例 例

例
법식 **예**

- 총획 8획
- 부수 亻
- 급수 6급

列 벌일 열 + 亻 사람 인

죽은 사람(亻)들의 시체를 늘어놓고(列) 법식에 맞게 염하는 모습이다.

☐ **例外** 예외　　☐ **類例** 유례　　☐ **先例** 선례

38e

烈 烈 烈 烈 烈 烈 烈 烈 烈

烈
매울 **열**

- 총획 10획
- 부수 灬
- 급수 4급

列 벌일 열 + 灬 불 화

발라낸(列) 뼈를 세찬 불(灬)에 태워 없애 버리는 모습이다.

☐ **烈火** 열화　　☐ **熾烈** 치열　　☐ **先烈** 선열

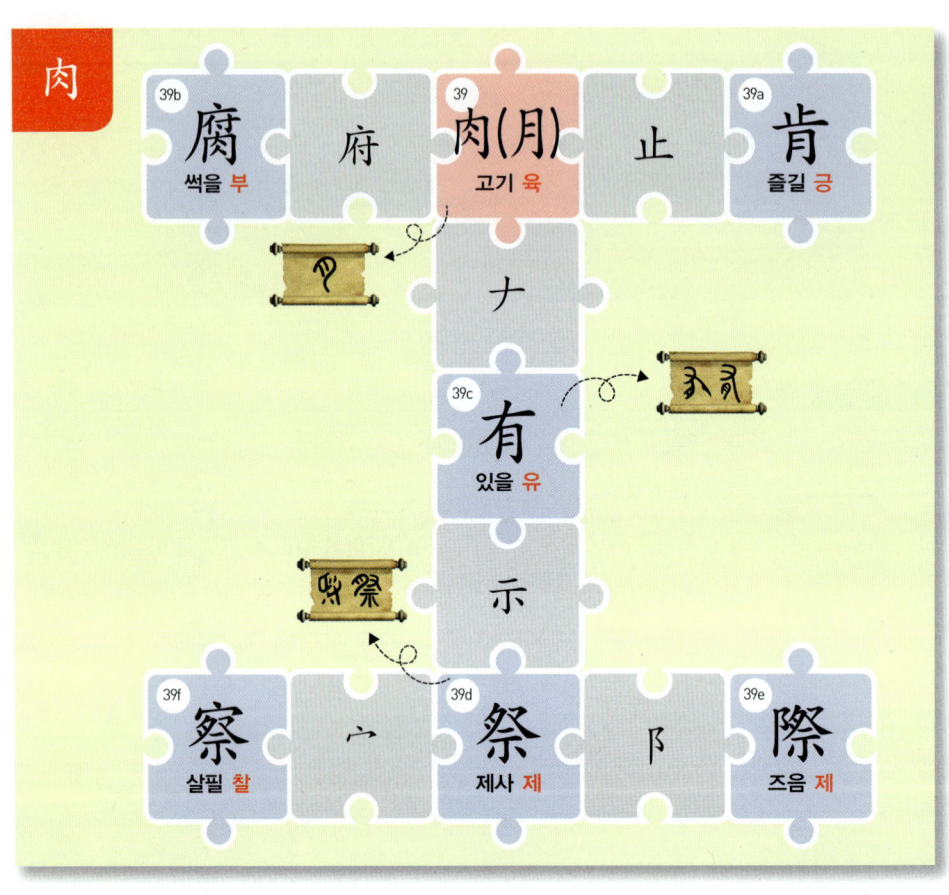

39			
肉 고기 육	총획 6획　부수 肉　급수 4급		
	갈비뼈의 모습을 본떠 '짐승의 고기나 살 그리고 사람의 신체' 등을 뜻하는 글자이다. 다른 한자와 결합할 때는 육달 월(月=肉)의 형태가 된다.		
	□ 肉食 육식	□ 肉身 육신	□ 血肉 혈육

39a		
肯 즐길 긍	총획 8획　부수 月　급수 3급　月 육달월 + 止 그칠지	
	뼈에 붙은 푸짐한 살점(月=肉)을 즐기다.	
	□ 肯定 긍정	□ 首肯 수긍

사람 | 신체 | 몸

39b

腐腐腐腐腐腐腐腐腐腐腐

腐 썩을 부

- 총획 14획
- 부수 肉
- 급수 3급
- 肉 고기 육 + 府 마을 부

오가는 뇌물(肉)로 인해 관청(府)이 부패하는 모습을 고기가 썩어가는 것에 빗대었다.

- ☐ 腐敗 부패
- ☐ 腐蝕 부식
- ☐ 豆腐 두부

39c

有有有有有有

有 있을 유

- 총획 6획
- 부수 月
- 급수 7급
- 月 육달월 + 󰀀 손 우

고기(月→肉)를 손(󰀀=又)에 들고 있는 모습이다.

- ☐ 有無 유무
- ☐ 有形 유형
- ☐ 所有 소유

39d

祭祭祭祭祭祭祭祭祭祭

祭 제사 제

- 총획 11획
- 부수 示
- 급수 4급
- 有 있을 유 + 示 보일 시

손(󰀀=又)에 든 고기(有)를 제사상(示)에 바치는 모습이다.

- ☐ 祭祀 제사
- ☐ 祝祭 축제
- ☐ 祈雨祭 기우제

39e

際際際際際際際際際際際

際 즈음 제

- 총획 14획
- 부수 阝
- 급수 4급
- 祭 제사 제 + 阝 언덕 부

제사(祭)를 통해 신과 인간 사이의 막힌 담(阝)을 헐어낸다 하여 '사귀다'는 뜻이 있다. 서로 가까워지는 것이므로 '즈음, 가'의 뜻도 가진다.

- ☐ 交際 교제
- ☐ 國際 국제
- ☐ 實際 실제

39f

察察察察察察察察察察察

察 살필 찰

- 총획 14획
- 부수 宀
- 급수 4급
- 祭 제사 제 + 宀 집 면

제단(宀)에 차려진 제사상(祭)을 꼼꼼히 보는 모습에서 '살피다'의 뜻이 있다.

> 흔히 제사는 사당이나 종갓집에서 지내므로 집을 상징하는 면(宀) 자를 제단으로 풀이하였다. 사당도 사람이 살지는 않지만 집의 형태를 하고 있기 때문이다.

- ☐ 觀察 관찰
- ☐ 査察 사찰
- ☐ 警察 경찰

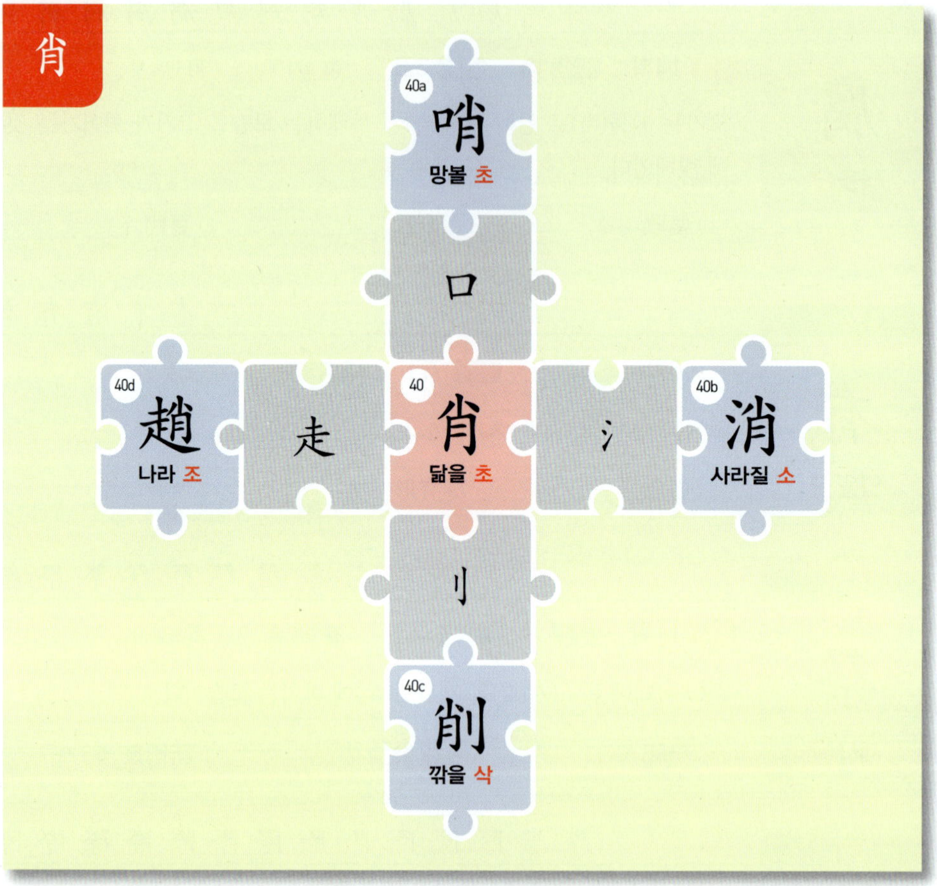

肖
40a
哨
망볼 초
口
40d
趙
나라 조
走
40
肖
닮을 초
氵
40b
消
사라질 소
刂
40c
削
깎을 삭

40

40

肖 肖 肖 肖 肖 肖 肖

肖
닮을 초

총획 7획　부수 月　급수 3급

小 작을 소 + 月 육달 월

작은(小) 몸집(月=肉)의 아기 얼굴이 부모를 닮다.

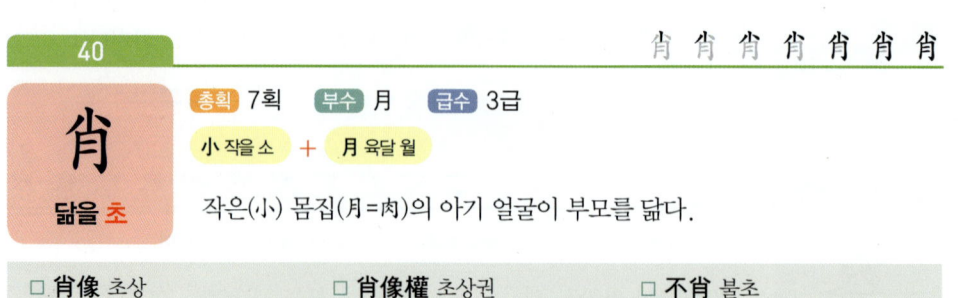

□ **肖像** 초상　□ **肖像權** 초상권　□ **不肖** 불초

사람 | 신체 | 몸

40a

哨 망볼 초

- 총획 10획
- 부수 口
- 급수 2급

肖 닮을 초 + 口 입 구

옹알이(口)밖에 할 수 없는 아기(肖)를 보살피는 모습에서 '망보다'의 뜻이 나왔다.

- □ 哨所 초소
- □ 哨戒艇 초계정
- □ 步哨 보초

40b

消 사라질 소

- 총획 10획
- 부수 氵
- 급수 6급

肖 닮을 초 + 氵 물 수

아기(肖)를 보호하던 양수(氵)가 터지며 없어지는 모습에서 '사라지다'의 뜻이 있다.

- □ 消滅 소멸
- □ 抹消 말소
- □ 無消息 무소식

40c

削 깎을 삭

- 총획 9획
- 부수 刂
- 급수 3급

肖 닮을 초 + 刂 칼 도

아기(肖)의 머리카락을 깎아(刂) 주는 모습이다.

- □ 削髮 삭발
- □ 削減 삭감
- □ 削除 삭제

40d

趙 나라 조

- 총획 14획
- 부수 走
- 급수 2급

肖 닮을 초 + 走 달릴 주

아기(肖)가 점점 자라 마침내 뛰어다니게(走) 된 모습에서 만들어진 글자지만, '나라 이름/성씨'의 뜻으로 쓰인다.

自

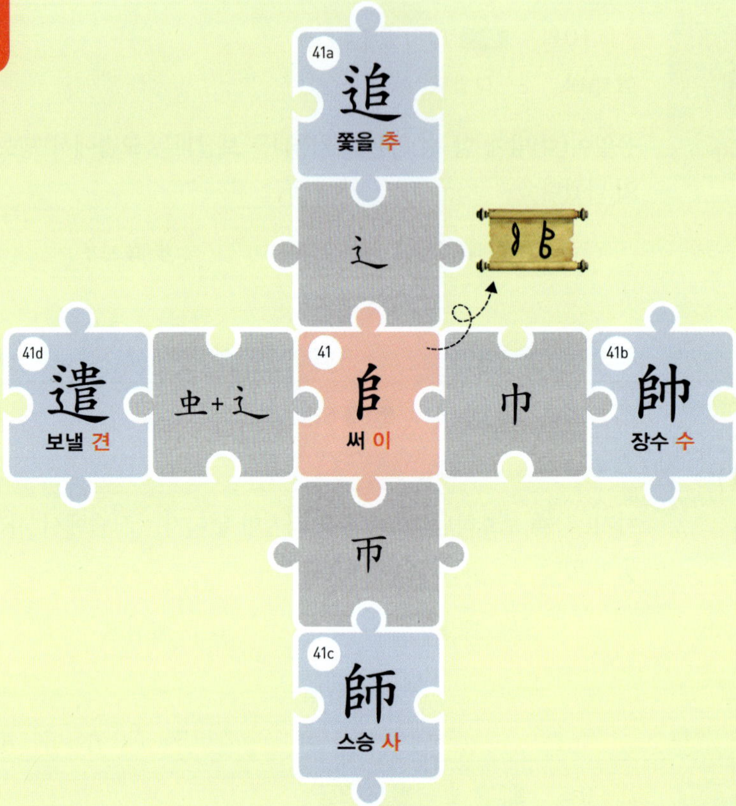

41a
追
쫓을 추
辶
41d
遣
보낼 견
虫+辶
41
自
써 이
巾
41b
帥
장수 수
帀
41c
師
스승 사

41

自 自 自 自 自 自

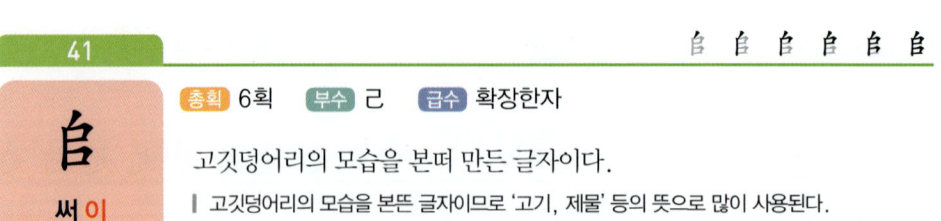

自

써 이

총획 6획 부수 己 급수 확장한자

고깃덩어리의 모습을 본떠 만든 글자이다.

| 고깃덩어리의 모습을 본뜬 글자이므로 '고기, 제물' 등의 뜻으로 많이 사용된다.

사람 | 신체 | 몸

41a

쫓을 **추**

追追追追追追追追追

총획 10획 부수 辶 급수 3급

𠂤 써 이 + 辶 쉬엄쉬엄 갈 착

승리를 기원하기 위한 제물(𠂤)을 든 장군의 뒤를 따라가는(辶) 모습이다.

- 追從 추종
- 追求 추구
- 追慕 추모

41b

장수 **수**

帥帥帥帥帥帥帥帥

총획 9획 부수 巾 급수 3급

𠂤 써 이 + 巾 수건 건

제물(𠂤)을 천(巾)에 싸서 보관하던 장수의 모습을 본뜬 글자이다.

- 將帥 장수
- 總帥 총수
- 統帥權 통수권

41c

스승 **사**

師師師師師師師師

총획 10획 부수 巾 급수 4급

𠂤 써 이 + 帀 두를 잡

전쟁터에서 고기(𠂤)를 칼(帀→刀의 변형)로 잘라 나눠주는 윗사람을 뜻하던 글자에서 '스승'으로 의미가 확대되었다.

- 師弟 사제
- 恩師 은사
- 敎師 교사

41d

遣遣遣遣遣遣遣遣遣遣遣遣遣

보낼 **견**

총획 14획 부수 辶 급수 3급

𠂤 써 이 + 虫(㕙의 변형) + 辶 쉬엄쉬엄 갈 착

고기(𠂤→呂)를 각 부대별로 들려(㕙의 변형→虫) 보내는(辶) 장면에서 '보내다'의 뜻이 나왔다.

- 派遣 파견
- 先遣 선견
- 遣唐使 견당사

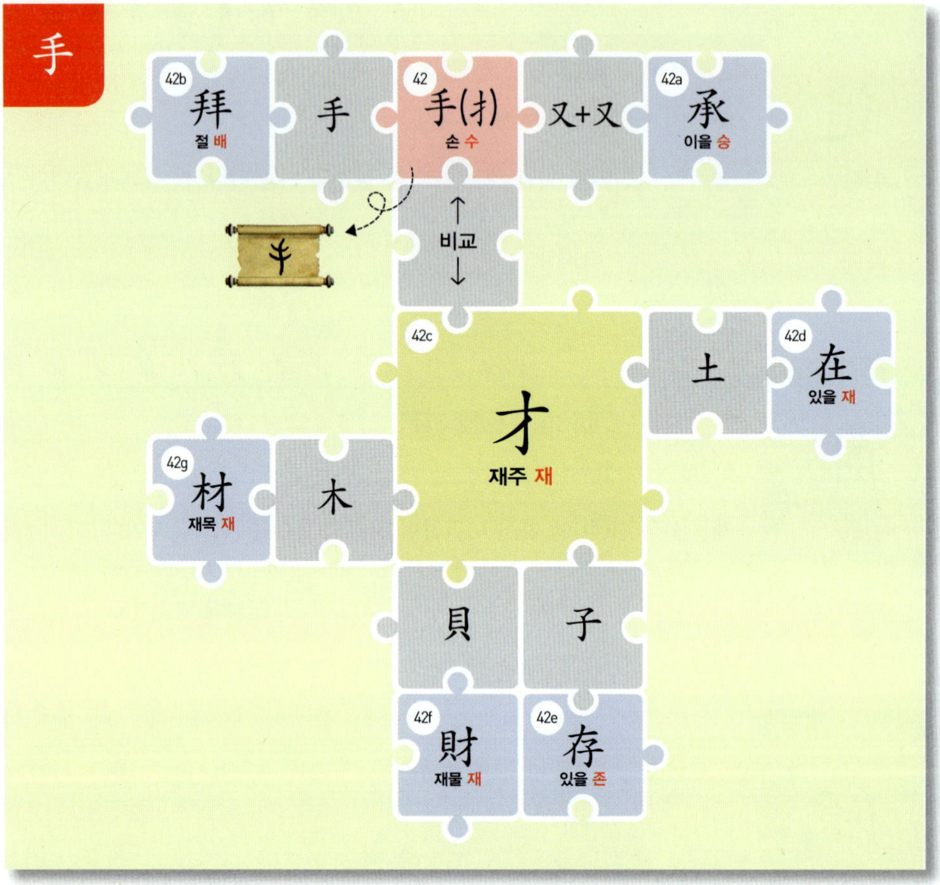

사람 | 신체 | 손

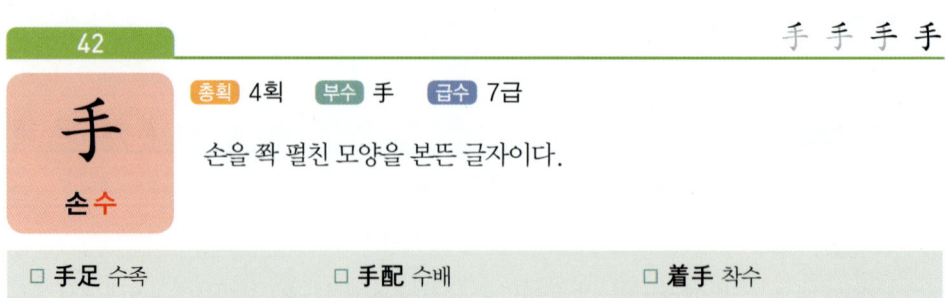

42		
手 손수	총획 4획 부수 手 급수 7급	手手手手
	손을 쫙 펼친 모양을 본뜬 글자이다.	

□ 手足 수족   □ 手配 수배   □ 着手 착수

42a

이을 승

| 총획 8획 | 부수 手 | 급수 4급 |

手 손수 + 又 또우 + 又 또우

귀중한 것(厶)을 두 손(又+又)으로 떠받드는 모습이다.

☐ 承繼 승계　　☐ 繼承 계승　　☐ 起承轉結 기승전결

42b

절 배

| 총획 9획 | 부수 手 | 급수 4급 |

手 손수 + 手 손수

양손(手)을 가지런히 하고 공손하게 절하는 모습이다.

☐ 參拜 참배　　☐ 崇拜 숭배　　☐ 歲拜 세배

42c

재주 재

| 총획 3획 | 부수 才 | 급수 6급 |

十 열십 + 丿 삐침별

신성한 장소에 특별한 표시(丿)를 한 나무 막대기(十)를 세워둔 모습에서 '재주'의 뜻이 생겼다.

재주 재(才) 자와 손 수(扌) 자는 아무 관련이 없는 글자지만, 꼴이 비슷하여 손 수(扌) 편에서 다루게 되었다.

☐ 才能 재능　　☐ 天才 천재　　☐ 英才 영재

42d

있을 재

| 총획 6획 | 부수 土 | 급수 6급 |

才 재주 재 + 土 흙토

신성한 장소를 뜻하는 재(才) 자와, 신을 상징하는 사(士→土) 자를 합하여 '신이 여기에 있다'는 뜻을 강조한 글자이다.

☐ 在職 재직　　☐ 存在 존재　　☐ 不在 부재

42e

存 있을 존

- 총획 6획
- 부수 子
- 급수 4급

才 재주 재 + 子 아들 자

신성한 곳(才)에서 신에게 빌어 아이(子)가 세상에 존재하게 된 것을 뜻한다.

☐ 存在 존재   ☐ 生存 생존   ☐ 依存 의존

42f

財 재물 재

- 총획 10획
- 부수 貝
- 급수 5급

才 재주 재 + 貝 조개 패

재물을 뜻하는 조개 패(貝) 자와 발음으로 쓰인 재주 재(才)를 합한 글자이다.

☐ 財産 재산   ☐ 財物 재물   ☐ 財閥 재벌

42g

材 재목 재

- 총획 7획
- 부수 木
- 급수 3급

才 재주 재 + 木 나무 목

쓸 만한 재목(木)으로 자라난 것을 가리킨다. 재주 재(才)를 발음으로 쓴다.

☐ 材木 재목   ☐ 人材 인재   ☐ 木材 목재

사람 | 신체 | 손

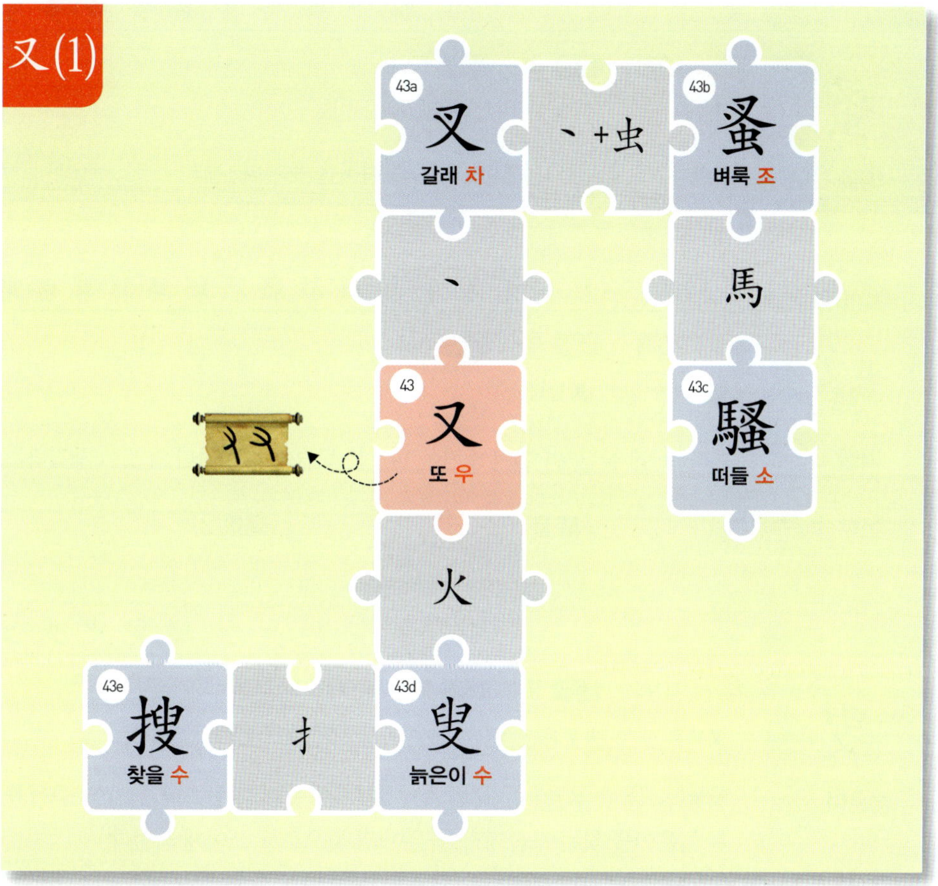

又(1)

43a		43b
叉 갈래 차	丶+虫	蚤 벼룩 조
	丶	馬
	43 又 또 우	43c 騷 떠들 소
	火	
43e 搜 찾을 수	扌	43d 叟 늙은이 수

---

43 又 又

又 또 우	총획 2획　부수 又　급수 3급
	'사람의 손'을 뜻하는 글자이다. 주로 오른손잡이가 많다는 데서 '또, 오른손'이란 뜻이 있다.
	□ 日新又日新 일신우일신

43a 又 又 又

갈래 차

	총획 3획　부수 又　급수 1급　又또우 + 丶점주
	양손(又)가락을 겹쳐 깍지 낀(丶) 모습이다.
	□ 交叉 교차　　□ 交叉路 교차로

43b

蚤 벼룩 조

- 총획 10획
- 부수 虫
- 급수 특급

叉 갈래 차 + 丶 점주 + 虫 벌레 충

몸을 긁게(叉) 만드는 벌레(虫), 즉 벼룩을 뜻한다.

43c

騷 떠들 소

- 총획 20획
- 부수 馬
- 급수 3급

蚤 벼룩 조 + 馬 말 마

벼룩(蚤)에 물린 말(馬)이 소란을 피우는 모습에서 '떠들다'의 뜻이 생겼다.

- ☐ 騷動 소동
- ☐ 騷音 소음
- ☐ 騷亂 소란

43d

叟 늙은이 수

- 총획 10획
- 부수 又
- 급수 특급

又 또 우 + 火 불 화

횃불(火)을 손(又)에 든 모습에서 '찾다'는 뜻이 나왔으나 집안에 숨어있는 늙은이를 찾는 모습에서 '늙은이'의 뜻으로도 쓰이게 되었다.

43e

搜 찾을 수

- 총획 13획
- 부수 扌
- 급수 3급

叟 늙은이 수 + 扌 손 수

손에 횃불(叟)을 든 모습이지만 '늙은이'의 뜻이 되자 손 수(扌) 자를 더해 횃불을 든 모습을 강조해 '찾다'라는 원뜻을 회복하였다.

- ☐ 搜索 수색
- ☐ 搜査 수사
- ☐ 搜所聞 수소문

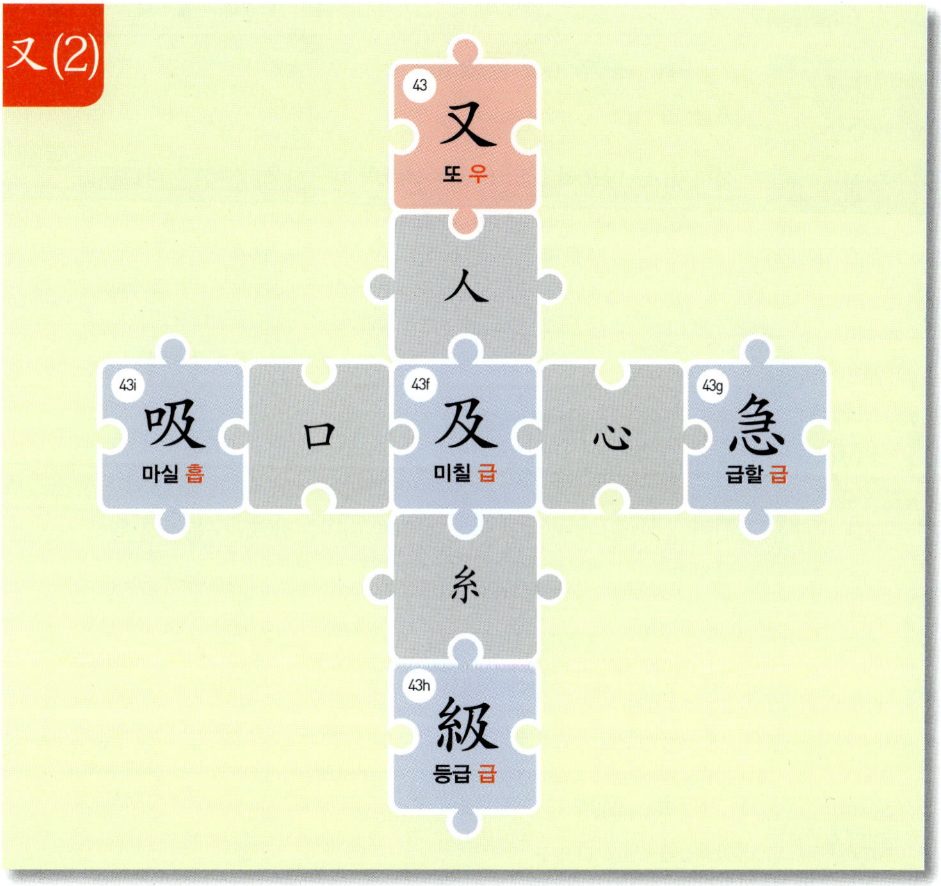

사람 | 신체 | 손

又(2)

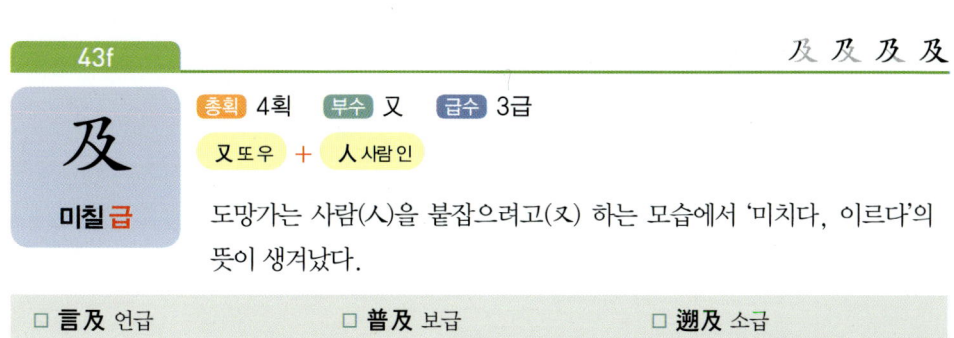

43	又 또 우
43i	吸 마실 흡
	口
43f	及 미칠 급
	心
43g	急 급할 급
	糸
43h	級 등급 급
	人

43f

及 及 及 及

及 미칠 급

- 총획 4획
- 부수 又
- 급수 3급

又 또우 + 人 사람인

도망가는 사람(人)을 붙잡으려고(又) 하는 모습에서 '미치다, 이르다'의 뜻이 생겨났다.

□ 言及 언급 □ 普及 보급 □ 遡及 소급

43g

急 急 急 急 急 急 急 急 急

急
급할 급

- 총획 9획
- 부수 心
- 급수 6급

及 미칠급 + 心 마음심

잡히지(及) 않으려고 달아나는 사람의 다급한 심정(心)을 나타낸다.

- ☐ 急流 급류
- ☐ 危急 위급
- ☐ 特急 특급

43h

級 級 級 級 級 級 級 級 級

級
등급 급

- 총획 10획
- 부수 糸
- 급수 6급

及 미칠급 + 糸 가는실멱

천이나 실(糸)의 품질이 어느 정도에 미치는지(及) 구분하기 위해 사용한 글자다.

- ☐ 級數 급수
- ☐ 等級 등급
- ☐ 階級 계급

43i

吸 吸 吸 吸 吸 吸 吸

吸
마실 흡

- 총획 7획
- 부수 口
- 급수 4급

及 미칠급 + 口 입구

누군가 쫓아와(及) 호흡(口)이 가빠져 숨을 들이마시는 모습이다.

- ☐ 吸煙 흡연
- ☐ 吸收 흡수
- ☐ 呼吸 호흡

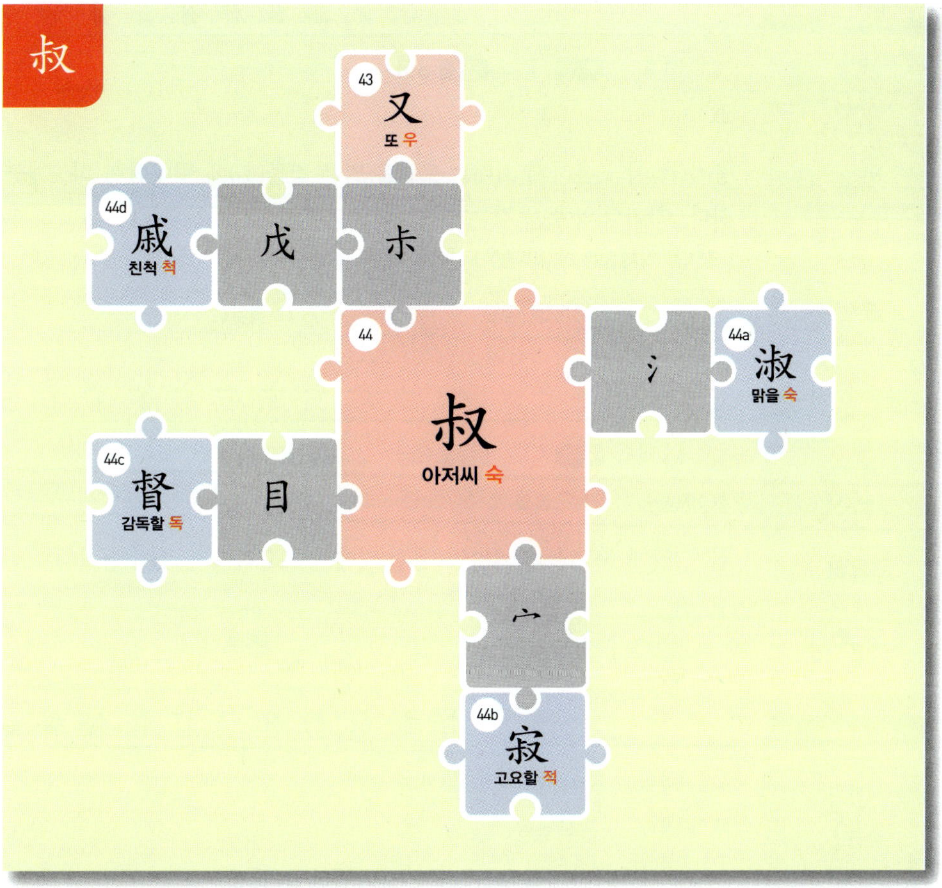

사람 | 신체 | 손

叔

43 又 또 우

44d 戚 친척 척   戊   朩

44 叔 아저씨 숙   氵   44a 淑 맑을 숙

44c 督 감독할 독   目

宀

44b 寂 고요할 적

44

叔
아저씨 숙

총획 8획　부수 又　급수 4급

又 또 우 ＋ 朩 아저씨 숙

줄을 메고 있는 모습을 본뜬 글자로 가장 어린 '막내 삼촌'이 줄을 메기 때문에 '아저씨'라는 뜻이, 콩(朩)줄기를 뽑는 손(又)의 모양을 더해 '콩'의 뜻도 추가되었다.

아저씨(叔)의 뜻으로 사용되면서 장가 못 간 노총각이 집 안에서 조용히 지낸다 하여 '고요하고 조용하다' 등의 뜻으로도 의미가 확대되었다.

□ 叔母 숙모　　□ 外叔 외숙　　□ 堂叔 당숙

44a

淑 淑 淑 淑 淑 淑 淑 淑 淑 淑 淑

淑
맑을 숙

- 총획 11획
- 부수 氵
- 급수 3급

叔 아저씨 숙 + 氵 물 수

총각(叔)이 조용하게 지내는 모습을 맑은 강물(氵)에 빗대어 '맑다, 깨끗하다, 착하다'의 뜻을 갖는다.

▎장가를 가지 않은 아저씨(叔)라 하여 총각으로 풀이하였다.

□ 淑女 숙녀   □ 淑媛 숙원   □ 貞淑 정숙

44b

寂 寂 寂 寂 寂 寂 寂 寂 寂 寂 寂

寂
고요할 적

- 총획 11획
- 부수 宀
- 급수 3급

叔 아저씨 숙 + 宀 집 면

집(宀)안에 총각(叔)만 있어 조용한 것에서 '고요하다'의 뜻이 생겼다.

□ 寂寞 적막   □ 寂寂 적적   □ 閑寂 한적

44c

督 督 督 督 督 督 督 督 督 督 督 督

督
감독할 독

- 총획 13획
- 부수 目
- 급수 4급

叔 아저씨 숙 + 目 눈 목

콩(叔)의 여문 상태를 눈(目)으로 확인하는 모습이다.

감독(監督)이나 부모들이 선수나 자식들을 살펴보다가 못마땅한 곳이 있으면 꾸짖는 모습에서 '꾸짖다'의 뜻이 파생되었으며 여기에서 독촉(督促)이라는 단어도 생겨났다.

□ 督促 독촉   □ 監督 감독   □ 基督敎 기독교

44d

戚 戚 戚 戚 戚 戚 戚 戚 戚 戚 戚

戚
친척 척

- 총획 11획
- 부수 戈
- 급수 3급

尗 아저씨 숙 + 戊 도끼 무

부족 간의 다툼에서 도끼(戊)를 든 같은 편 군인들은 다 한 집안 아저씨(叔→尗)에 해당하는 친척들이었다.

옛날의 전쟁은 씨족 간이나 부족 간의 전쟁이 많았으므로 일단 같은 편 군대는 거의 다 일가 친척들로 구성되어 있었을 것이다. 이런 배경에서 척(戚) 자에 '친척, 겨레'의 뜻이 파생되었다.

□ 親戚 친척   □ 姻戚 인척   □ 外戚 외척

사람 | 신체 | 손

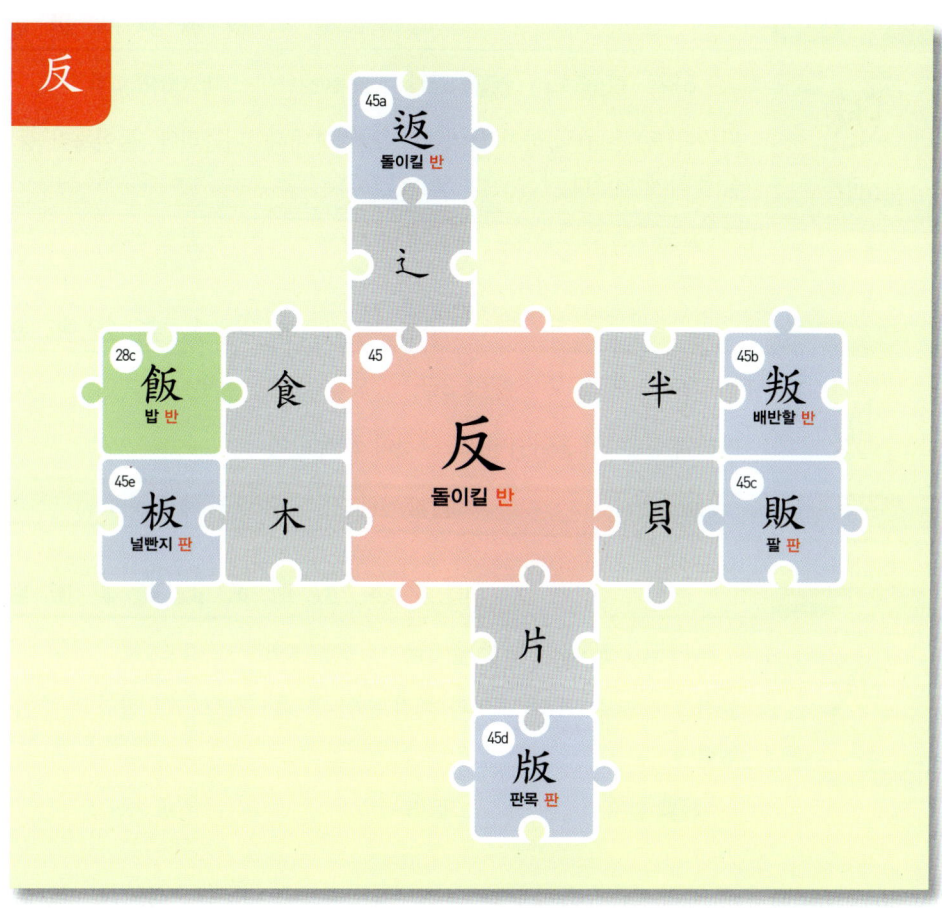

45

反
돌이킬 반

- 총획 4획
- 부수 又
- 급수 6급

장애물(厂)을 손(又)으로 막으며 상황을 바꿔보려고 하는 모습에서 '돌이키다, 돌아오다, 뒤집다'의 뜻이 있다.

기슭이나 벼랑 엄(厂) 자는 사람에게 다가오는 엄청난 재앙을 의미할 수 있다. 이러한 재앙을 손으로 버티면서 맞서고 있는 장면에서 기슭이나 벼랑 엄(厂) 자를 '장애물'로 풀이하였다.

□ 反對 반대   □ 贊反 찬반   □ 條件反射 조건반사

45a

返 返 返 返 返 返 返 返

返 돌이킬 반

- 총획 8획
- 부수 辶
- 급수 3급
- 反 돌이킬 반 + 辶 쉬엄쉬엄 갈 착

되돌아(反) 온다(辶)하여 '돌이키다, 돌려보내다, 되돌리다, 돌아오다' 등을 뜻하게 되었다.

☐ 返還 반환   ☐ 返送 반송   ☐ 返戾 반려

45b

叛 叛 叛 叛 叛 叛 叛 叛

叛 배반할 반

- 총획 9획
- 부수 又
- 급수 3급
- 反 돌이킬 반 + 半 반 반

마음의 반(半)이 돌아서면(反) 그것이 곧 배반이다.

☐ 叛軍 반군   ☐ 背叛 배반   ☐ 離叛 이반

45c

販 販 販 販 販 販 販 販 販

販 팔 판

- 총획 11획
- 부수 貝
- 급수 3급
- 反 돌이킬 반 + 貝 조개 패

물건을 팔면 돈(貝)의 주인과 물건 주인이 뒤바뀌므로(反) '팔다'의 뜻이 생겼다.

☐ 販賣 판매   ☐ 販路 판로   ☐ 街販 가판

45d

版 版 版 版 版 版 版 版

版 판목 판

- 총획 8획
- 부수 片
- 급수 3급
- 反 돌이킬 반 + 片 조각 편

나무판자(片)를 평평한 쪽으로 뒤집어(反) 그 위에 글자를 새기는 모습에서 '널, 책, 판목'의 뜻이 있다.

☐ 版畫 판화   ☐ 出版 출판   ☐ 絕版 절판

45e

板 板 板 板 板 板 板 板

板 널빤지 판

- 총획 8획
- 부수 木
- 급수 5급
- 反 돌이킬 반 + 木 나무 목

널빤지(版)를 뜻하는 글자가 책의 의미로 널리 사용되자 나무 목(木) 자를 더해 '널, 널빤지'의 뜻을 되살렸다.

| 판(版) 자와 판(板) 자는 같은 자로 본다.

☐ 看板 간판   ☐ 字板 자판   ☐ 揭示板 게시판

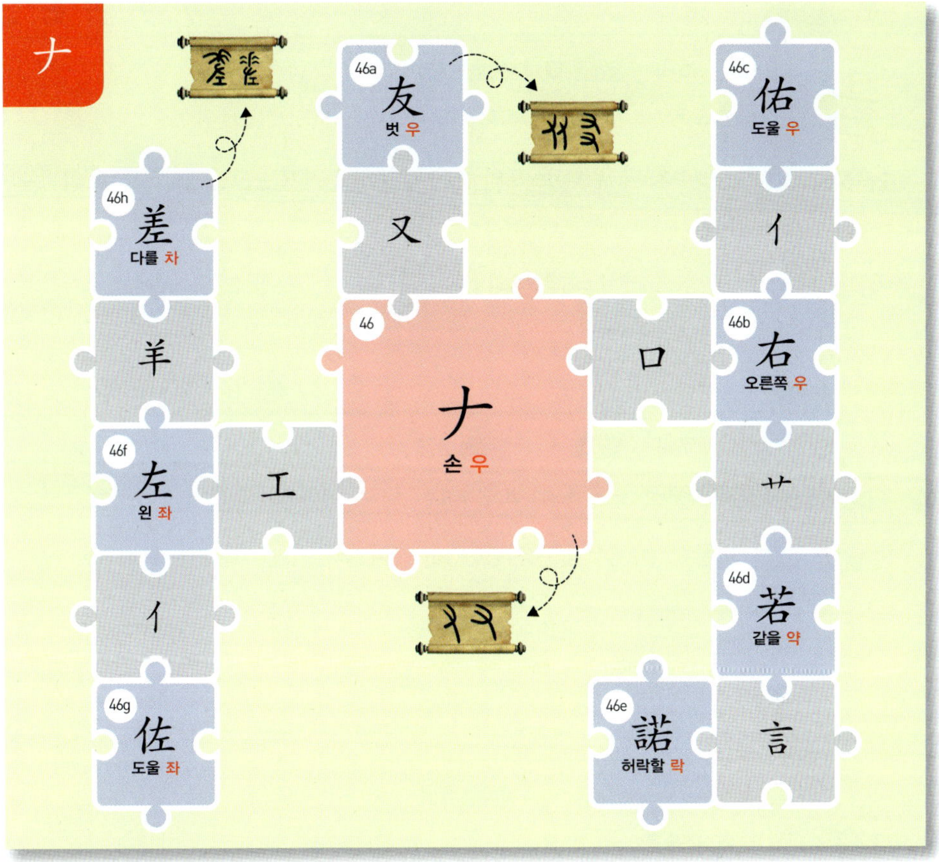

사람 | 신체 | 손

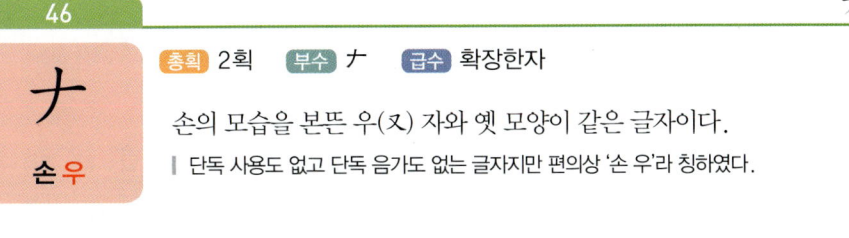

46

ナ
손 우

총획 2획　부수 ナ　급수 확장한자

손의 모습을 본뜬 우(又) 자와 옛 모양이 같은 글자이다.
| 단독 사용도 없고 단독 음가도 없는 글자지만 편의상 '손 우'라 칭하였다.

46a

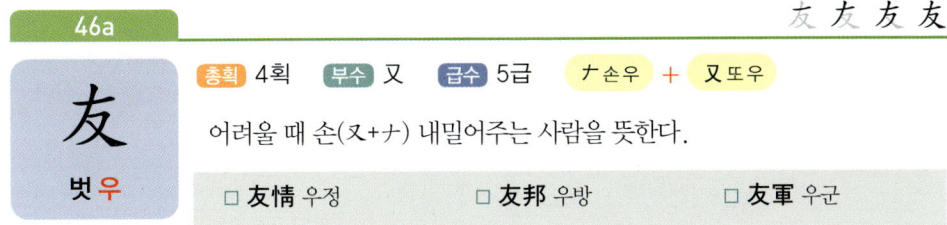

友
벗 우

총획 4획　부수 又　급수 5급　ナ 손우 + 又 또우

어려울 때 손(又+ナ) 내밀어주는 사람을 뜻한다.

☐ 友情 우정　　☐ 友邦 우방　　☐ 友軍 우군

46b

右 右 右 右 右

右
오른쪽 **우**

- 총획 5획
- 부수 口
- 급수 7급

ナ 손우 + 口 입구

손(ナ=又)과 말(口)로 도와 좋은 방향으로 이끄는 모습에서 '오른쪽'의 뜻이 있다.

□ 右側 우측 □ 右翼 우익 □ 座右銘 좌우명

46c

佑 佑 佑 佑 佑 佑

佑
도울 **우**

- 총획 7획
- 부수 亻
- 급수 2급

右 오른쪽우 + 亻 사람인

바른편(右)에서 돕는 사람(亻)을 가리킨다.

□ 保佑 보우 □ 天佑神助 천우신조

46d

若 若 若 若 若 若 若 若

若
같을 **약**

- 총획 9획
- 부수 艹
- 급수 3급

右 오른쪽우 + 艹 풀초

두 손(艹→廾)을 들고 기도하는 무당(右→女)의 말(口)이 곧 신의 말과 같다하여 '같다, 만일, 너' 등의 뜻이 되었다.

□ 若干 약간 □ 萬若 만약 □ 明若觀火 명약관화

46e

諾 諾 諾 諾 諾 諾 諾 諾 諾 諾 諾 諾

諾
허락할 **락**

- 총획 16획
- 부수 言
- 급수 3급

若 같을약 + 言 말씀언

두 손으로 받들어(艹→廾) 말하는(言) 여인(右→女)에게 마침내 '허락하다, 대답하다'는 뜻이다.

□ 承諾 승낙 □ 許諾 허락 □ 受諾 수락

사람 | 신체 | 손

46f

左 左 左 左 左

左
왼 좌

- 총획 5획
- 부수 工
- 급수 7급
- 𠂇 손우 + 工 장인공

제사 도구(工)를 손(𠂇=又)에 들고 수발을 드는 아랫사람의 모습에서 오른쪽보다 부정적인 취급을 받는 '왼쪽'의 뜻이 있다.

□ 左側 좌측   □ 左傾 좌경   □ 左翼 좌익

46g

佐 佐 佐 佐 佐 佐 佐

佐
도울 좌

- 총획 7획
- 부수 亻
- 급수 3급
- 左 왼좌 + 亻 사람인

왼쪽(左)에 서서 그림자처럼 일을 돕는 사람(亻)을 가리킨다.

□ 輔佐 보좌

46h

差 差 差 差 差 差 差 差 差

差
다를 차

- 총획 10획
- 부수 工
- 급수 4급
- 左 왼좌 + 羊 양양

왼손(左)으로 농작물(羊→禾)을 잡고 오른손에 든 낫으로 추수하는 모습이다. 농작물의 길이에 차이가 난다 하여 '다르다, 어긋나다'의 뜻이 있다.

□ 差異 차이   □ 誤差 오차   □ 千差萬別 천차만별

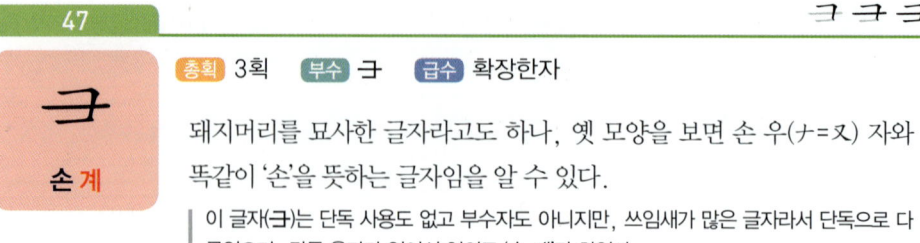

ㅋ

47

彐 彐 彐

彐

손 계

총획 3획 부수 彐 급수 확장한자

돼지머리를 묘사한 글자라고도 하나, 옛 모양을 보면 손 우(ナ=又) 자와 똑같이 '손'을 뜻하는 글자임을 알 수 있다.

이 글자(彐)는 단독 사용도 없고 부수자도 아니지만, 쓰임새가 많은 글자라서 단독으로 다루었으며, 단독 음가가 없어서 임의로 '손 계'라 하였다.

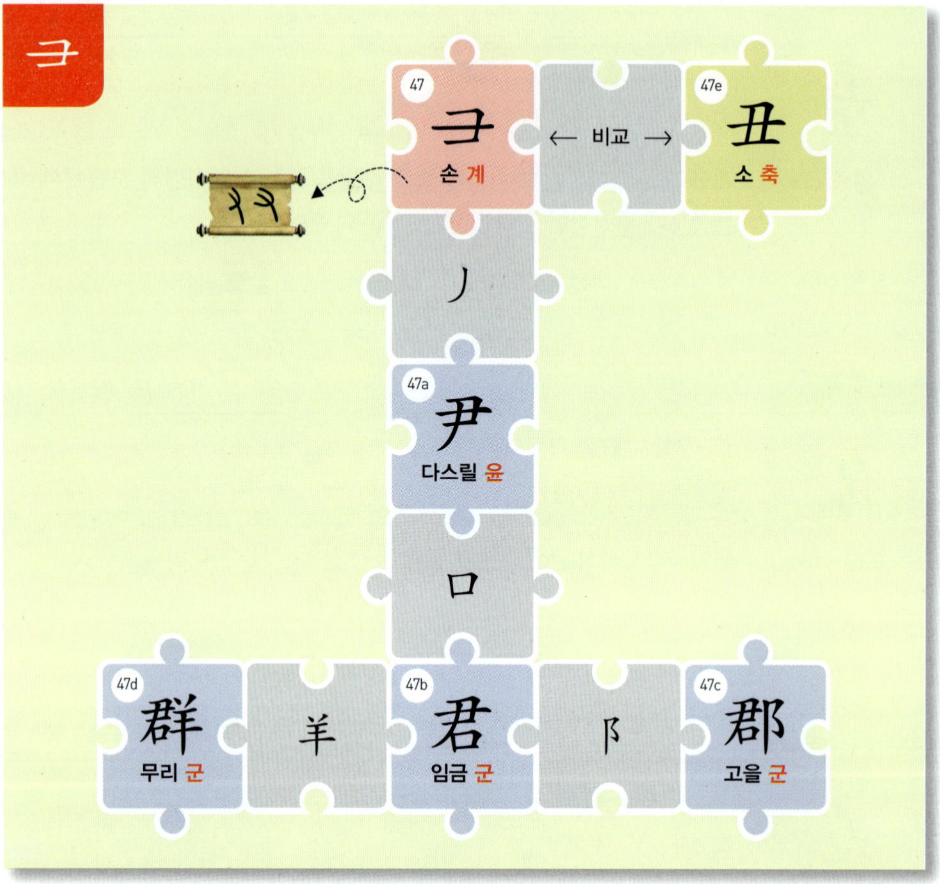

사람 | 신체 | 손

47a

尹 尹 尹 尹

尹 다스릴 윤

- 총획 4획
- 부수 尸
- 급수 3급
- ⺕ 손 계 + 丿 삐침 별

붓(丿)을 잡고 있는 손(⺕)의 모습으로 '다스리는 계급'을 나타내었다. '성씨'의 뜻은 나중에 생겼다.

47b

君 君 君 君 君 君 君

君 임금 군

- 총획 7획
- 부수 口
- 급수 4급
- 尹 다스릴 윤 + 口 입 구

다스리는 사람(尹), 즉 명령(口)하는 위치에 있는 사람 중에서도 임금을 가리킨다.

- ☐ 君臨 군림
- ☐ 主君 주군
- ☐ 暴君 폭군

47c

郡 郡 郡 郡 郡 郡 郡 郡 郡 郡

郡 고을 군

- 총획 10획
- 부수 阝
- 급수 6급
- 君 임금 군 + 阝 언덕 부

임금(君)을 뜻하는 글자에 고을 읍(阝=邑) 자를 더하여 다스림을 받는 마을을 뜻한다.

- ☐ 郡民 군민
- ☐ 郡守 군수
- ☐ 郡廳 군청

47d

群 群 群 群 群 群 群 群 群 群 群 群 群

群 무리 군

- 총획 13획
- 부수 羊
- 급수 4급
- 君 임금 군 + 羊 양 양

임금(君)의 통치를 받는 수많은 백성들을 양(羊)떼에 빗대었다.

- ☐ 群衆 군중
- ☐ 症候群 증후군
- ☐ 學群 학군

47e

丑 丑 丑 丑

丑 둘째 지지/소 축

- 총획 4획
- 부수 一
- 급수 3급

손(⺕=ヌ)으로 잡은 다음 힘을 주는 모습의 글자로 '그 다음, 두 번째'의 뜻을 갖게 되었고 12지(支) 중에서 '제2위' 즉 '소'의 뜻도 생겼다.

- ☐ 丑時 축시
- ☐ 乙丑甲子 을축갑자

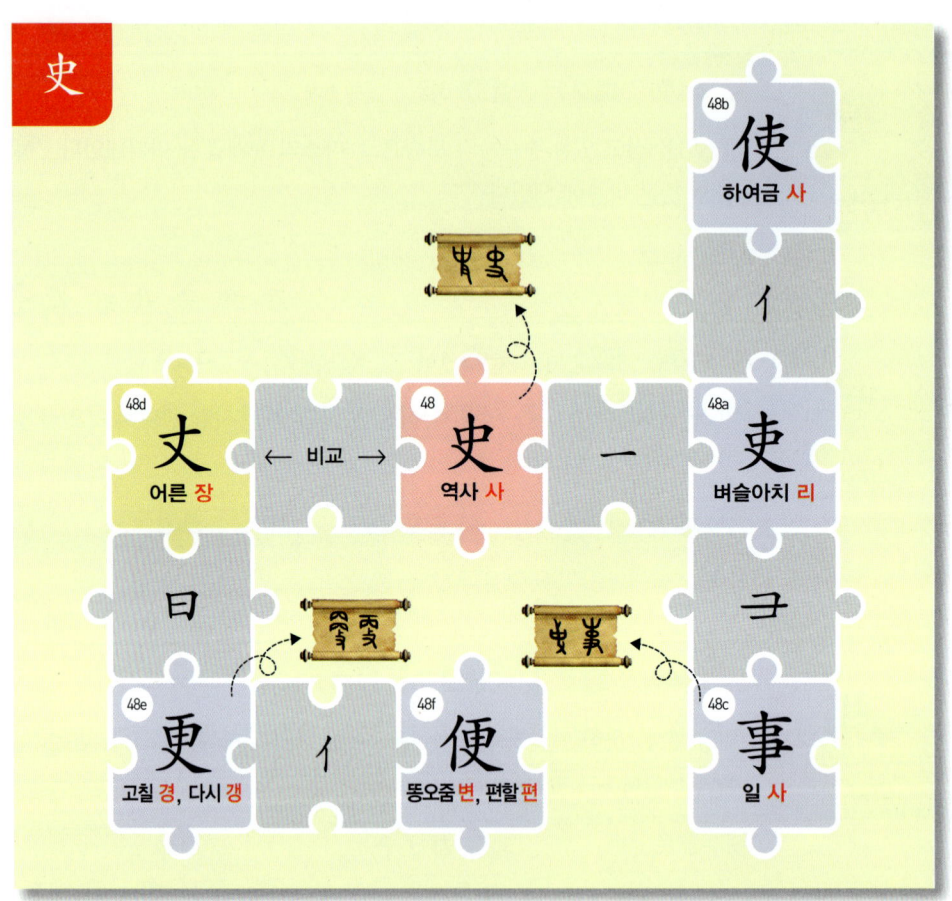

48

史 역사 사

- 총획 5획
- 부수 口
- 급수 5급

史史史史史

붓(丿)을 잡고(口→크) 역사를 기록하는 모습을 본뜬 글자이다.

48a

吏 벼슬아치 리

- 총획 6획
- 부수 口
- 급수 3급
- 史 역사사 + 一 한일

吏吏吏吏吏吏

장식용(一) 붓을(史) 가질 수 있는 신분 높은 관리의 모습이다.

- □ 官吏 관리
- □ 淸白吏 청백리
- □ 貪官汚吏 탐관오리

사람 | 신체 | 손

48b

使 하여금 사

使使使使使使

총획 8획　부수 亻　급수 6급　吏 벼슬아치 리 ＋ 亻 사람 인

관리(吏)가 아랫사람(亻)으로 하여금 일을 하도록 시키는 모습이다.

☐ 使用 사용　　☐ 大使 대사　　☐ 行使 행사

48c

事 일 사

事事事事事事事

총획 8획　부수 亅　급수 7급　吏 벼슬아치 리 ＋ 彐 손 계

붓(史)이나 곡괭이를 들고(彐=又) 있는 모습에서 '일'을 뜻하는 글자가 되었다.

☐ 事實 사실　　☐ 事件 사건　　☐ 事例 사례

48d

丈 어른 장

丈丈丈

총획 3획　부수 一　급수 3급

지팡이(一)를 짚고(乂=又) 있는 노인의 모습이다. 막대로 길이를 잰다하여 '길이'의 뜻도 있다.

☐ 億丈 억장　　☐ 大丈夫 대장부　　☐ 女丈夫 여장부

48e

更 고칠 경, 다시 갱

更更更更更更更

총획 7획　부수 曰　급수 4급　丈 어른 장 ＋ 曰 가로 왈

종(曰→丙)을 막대(丈→攵)로 두들겨 시간을 알려주는 모습에서 '다시', 시간에 맞춰 '고치다'는 뜻이 생겼다.

☐ 更迭 경질　　☐ 變更 변경　　☐ 更新 갱신

48f

便 똥오줌 변, 편할 편

便便便便便便便便

총획 9획　부수 亻　급수 7급　更 고칠 경, 다시 갱 ＋ 亻 사람 인

나쁜 버릇을 고치면(更) 주위 사람(亻)이 편해진다. 사람이 버려야 할 나쁜 것이란 뜻에서 똥오줌의 뜻도 갖게 되었다.

☐ 便器 변기　　☐ 便安 편안　　☐ 不便 불편

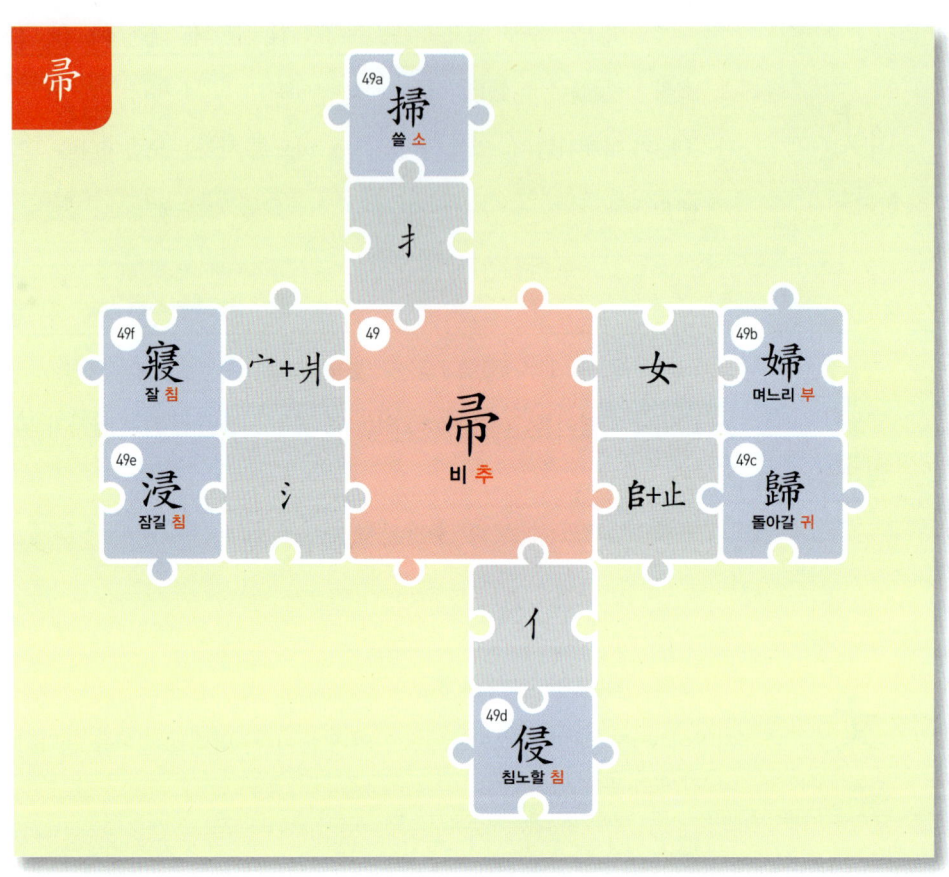

49

帚
비 추

| 총획 8획 | 부수 巾 | 급수 확장한자 |

빗자루나 걸레(巾)를 손(⺕)에 들고 있는 모습이다.

49a

掃
쓸 소

| 총획 11획 | 부수 扌 | 급수 3급 | 帚비추 + 扌손수 |

비 추(帚) 자가 단독으로 사용되지 않자 손 수(扌) 자를 더해 빗자루(帚)를 든 모습을 강조한 글자로 '쓸다'의 뜻을 갖게 되었다.

□ 淸掃 청소

사람 | 신체 | 손

49b

며느리 부

婦婦婦婦婦婦婦婦婦婦

- 총획 11획
- 부수 女
- 급수 4급

帚 비추 + 女 여자 여

빗자루(帚)를 들고 집안을 돌보는 여인(女)이란 며느리를 가리킨다.

- □ 夫婦 부부
- □ 姑婦 고부
- □ 姪婦 질부

49c

돌아갈 귀

歸歸歸歸歸歸歸歸歸歸歸歸歸歸歸

- 총획 18획
- 부수 止
- 급수 4급

帚 비추 + 𠂤=肉 고깃덩어리 + 止 발 지

성묘를 가서(止) 묫자리를 정리(帚)한 다음 제물(𠂤=肉)을 올려 놓고 예를 다하는 모습을 묘사한 글자다.

며느리(帚)가 제사(𠂤→日)를 지내러 해마다 기일에 맞춰 친정으로 돌아가는(止) 모습을 본 뜬 글자라는 설도 있다.

- □ 歸農 귀농
- □ 復歸 복귀
- □ 回歸 회귀

49d

侵
침노할 침

侵侵侵侵侵侵侵侵

- 총획 9획
- 부수 亻
- 급수 4급

帚 비추 + 亻사람 인

집에 침입한 도둑(亻)을 빗자루(帚)로 쫓아내는 모습에서 '침노하다, 범하다'의 뜻이 있다.

- □ 侵犯 침범
- □ 侵略 침략
- □ 侵害 침해

49e

잠길 침

浸浸浸浸浸浸浸浸浸浸

- 총획 10획
- 부수 氵
- 급수 3급

帚 비추 + 氵물 수

대야의 물(氵)에 걸레(帚)를 담가 빨고 있는 모습이다.

- □ 浸水 침수
- □ 浸透 침투
- □ 浸蝕 침식

49

49f

寢寢寢寢寢寢寢寢寢寢寢寢寢寢

寢
잘 **침**

- 총획 14획
- 부수 宀
- 급수 4급

帚 비 추 + 宀 집 면 + 爿 나뭇조각 장

집(宀)에서 잠자리(爿)를 청소(帚)하는 모습이다.

나뭇조각 장(爿) 자는 통나무를 반으로 쪼개 놓은 모습을 본뜬 글자로, 평평한 면에 글을 쓰거나 침상처럼 그 위에 사람이 누워 자거나 하는 모습에서 나뭇조각 장(爿) 자를 '잠자리'로 해석하였다.

☐ 寢臺 침대   ☐ 寢牀 침상   ☐ 就寢 취침

사람 | 신체 | 손

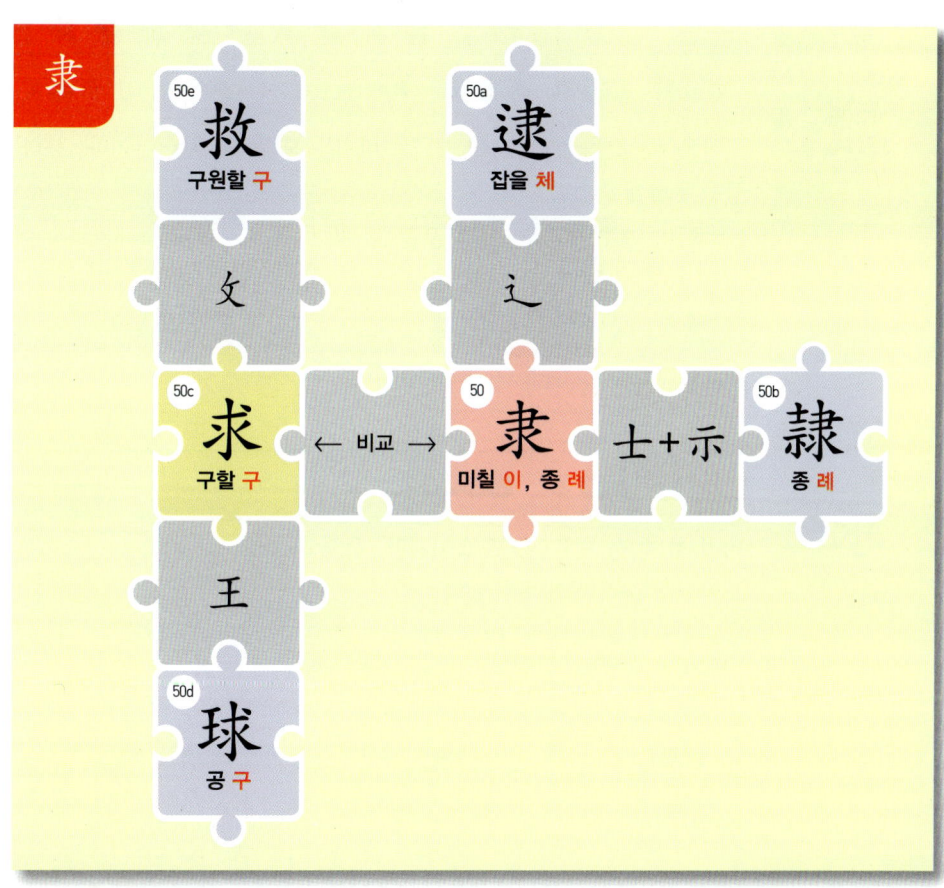

50
隶 미칠 이, 종 례

총획 8획　부수 隶　급수 5급

달아나는 꼬리(㐬=毛)를 잡아채는(⺕) 모습에서 '미치다, 잡다'의 뜻이며 잡아 부렸다는 것에서 '종'의 뜻도 가진다.

50a
逮 잡을 체

총획 12획　부수 辶　급수 3급　　隶 미칠 이, 종 례 + 辶 쉬엄쉬엄 갈 착

'잡다'는 뜻을 가진 글자(隶)가 단독 사용을 하지 못하자, 갈 착(辶) 자를 더해 뒤쫓아가서(辶) 잡아채는(隶) 모습임을 강조한 글자이다.

☐ 逮捕 체포

50b

隸 隸 隸 隸 隸 隸 隸 隸 隸 隸 隸 隸 隸 隸

隸 종 례

- **총획** 16획 **부수** 隶 **급수** 3급   隶 미칠 이, 종 례 + 士 선비 사 + 示 보일 시

잡아온(隶) 것을 제단(示)에 제물로 바치는 모습에서 '종, 부리다, 붙다' 등을 뜻하게 되었다.

원 글자는 예(隸) 자의 선비 사(士) 자 자리에 나무 목(木) 자가 들어간 글자[능금나무 내(柰)+잡을 이(隶)]였으나 쓰이지 않게 되고 위의 예(隸) 자가 널리 쓰이게 되었다.

- □ 隸屬 예속
- □ 隸下 예하
- □ 奴隸 노예

50c

求 求 求 求 求 求 求

求 구할 구

- **총획** 7획 **부수** 氺 **급수** 4급

마치 물(氺)을 찾는(寸) 모습이지만, 동물의 꼬랑지나 가죽을 잡으려는 모양에서 '구하다'의 뜻이 있다.

갑골문은 털 달린 가죽 옷 모양을 하고 있고, 금문은 미칠/잡을 이(隶) 자와 모양이 거의 비슷하여, 두 글자 모두 도망가는 동물을 따라가 꼬랑지나 뒷덜미를 잡아챈 모습으로 바뀌었다.

- □ 求職 구직
- □ 求人 구인
- □ 請求 청구

50d

球 球 球 球 球 球 球 球 球 球

球 공 구

- **총획** 11획 **부수** 王 **급수** 6급   求 구할 구 + 王 임금 왕

둥근 사물을 뜻하는 옥(玉→王)에 구(求)를 발음으로 사용한 글자이다.

- □ 氣球 기구
- □ 排球 배구
- □ 野球 야구

50e

救 救 救 救 救 救 救 救 救 救

救 구원할 구

- **총획** 11획 **부수** 攵 **급수** 5급   求 구할 구 + 攵 칠 복

적을 공격(攵)하여 아군을 구해(求)내는 모습이다.

- □ 救出 구출
- □ 救命 구명
- □ 救助 구조

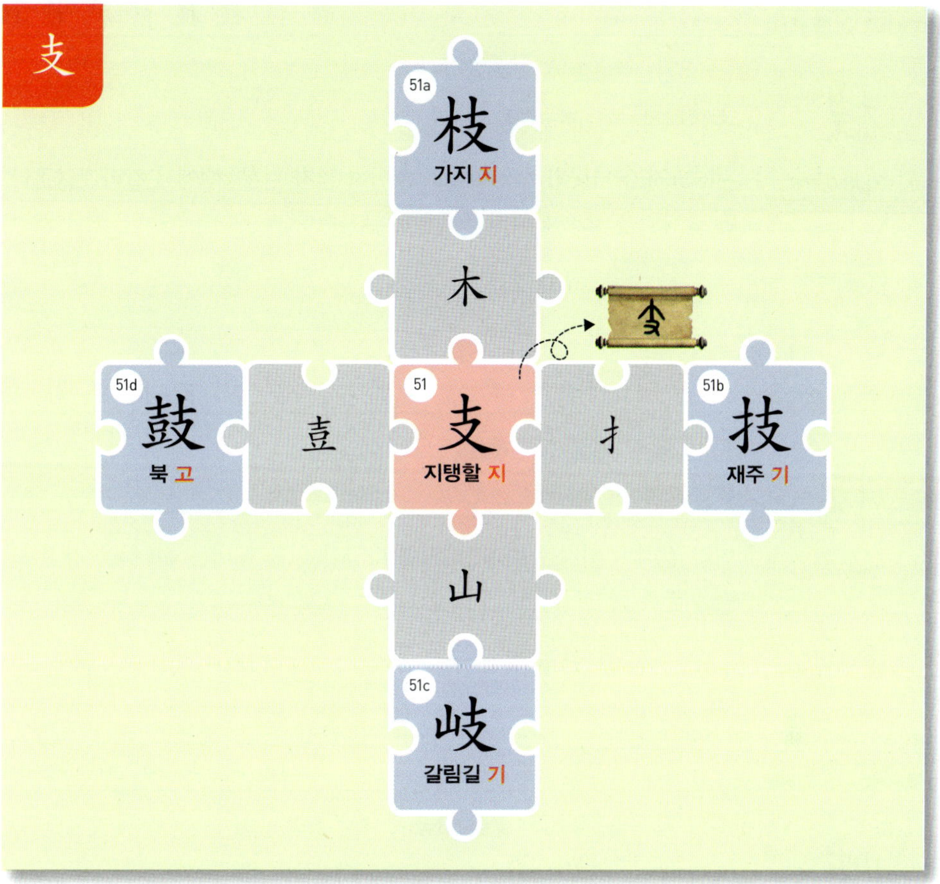

사람 | 신체 | 손

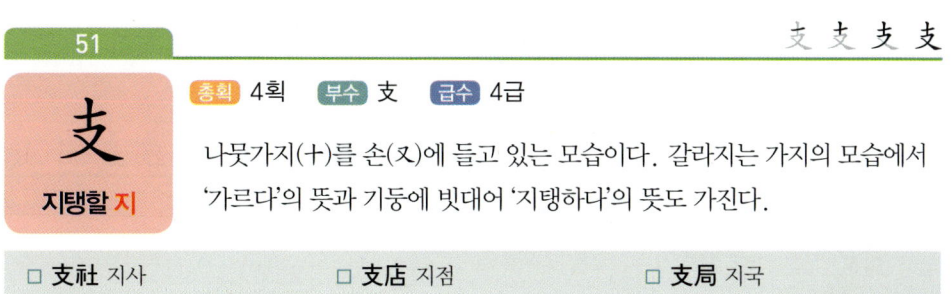

51

支
지탱할 지

총획 4획 부수 支 급수 4급

나뭇가지(十)를 손(又)에 들고 있는 모습이다. 갈라지는 가지의 모습에서 '가르다'의 뜻과 기둥에 빗대어 '지탱하다'의 뜻도 가진다.

☐ 支社 지사   ☐ 支店 지점   ☐ 支局 지국

51a

枝 枝 枝 枝 枝 枝 枝 枝

枝
가지 **지**

- 총획 8획
- 부수 木
- 급수 3급

支 지탱할 지 + 木 나무 목

지(支) 자가 나뭇가지의 의미로 쓰이지 않자 나무(木)에서 갈라져(支) 나온 줄기임을 강조해 의미를 되살린 글자이다.

- □ 枝葉的 지엽적
- □ 金枝玉葉 금지옥엽

51b

技 技 技 技 技 技 技

技
재주 **기**

- 총획 7획
- 부수 扌
- 급수 5급

支 지탱할 지 + 扌 손 수

여러 갈래로 퍼지는 가지(支)처럼 다양한 일을 해내는 손(扌)을 가진 모습을 본뜬 글자이다.

- □ 技術 기술
- □ 技能 기능
- □ 特技 특기

51c

岐 岐 岐 岐 岐 岐 岐

岐
갈림길 **기**

- 총획 7획
- 부수 山
- 급수 3급

支 지탱할 지 + 山 산 산

갈라진(支) 산(山)길을 가리킨다.

- □ 岐路 기로
- □ 分岐點 분기점

51d

鼓 鼓 鼓 鼓 鼓 鼓 鼓 鼓 鼓 鼓

鼓
북 **고**

- 총획 13획
- 부수 鼓
- 급수 3급

支 지탱할 지 + 壴 악기 이름 주

나무막대(支)로 두들겨서 소리를 내는 악기(壴)를 가리킨다.

- □ 鼓吹 고취
- □ 鼓動 고동
- □ 鼓舞 고무

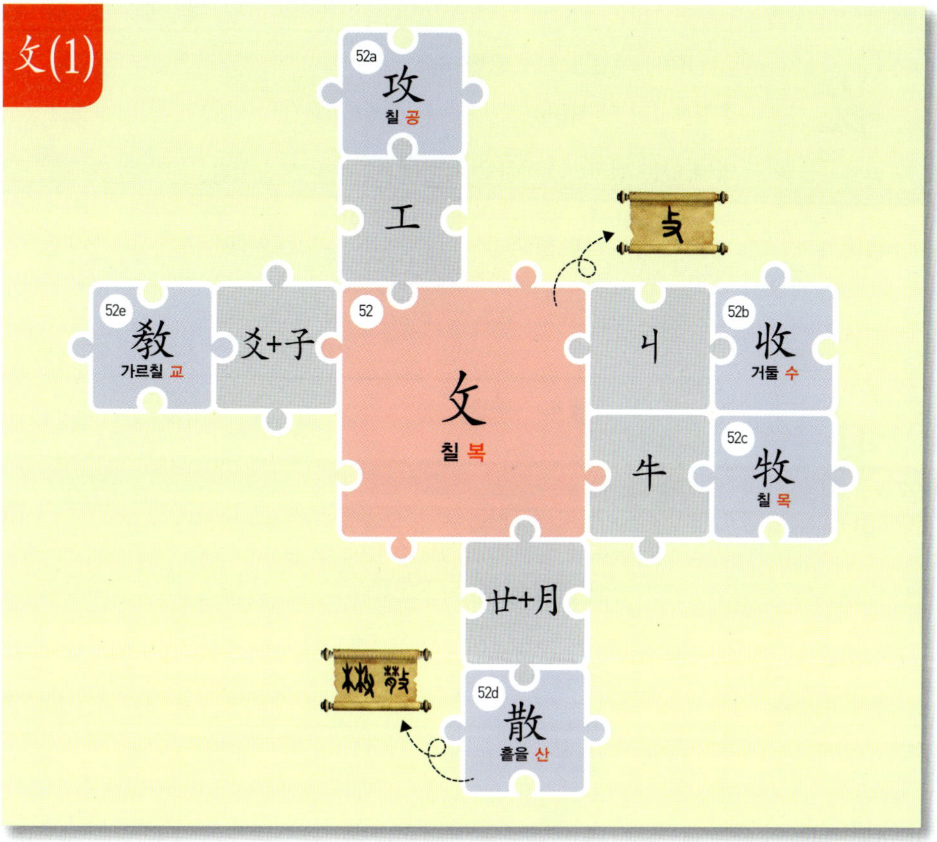

사람 | 신체 | 손

攵(1)

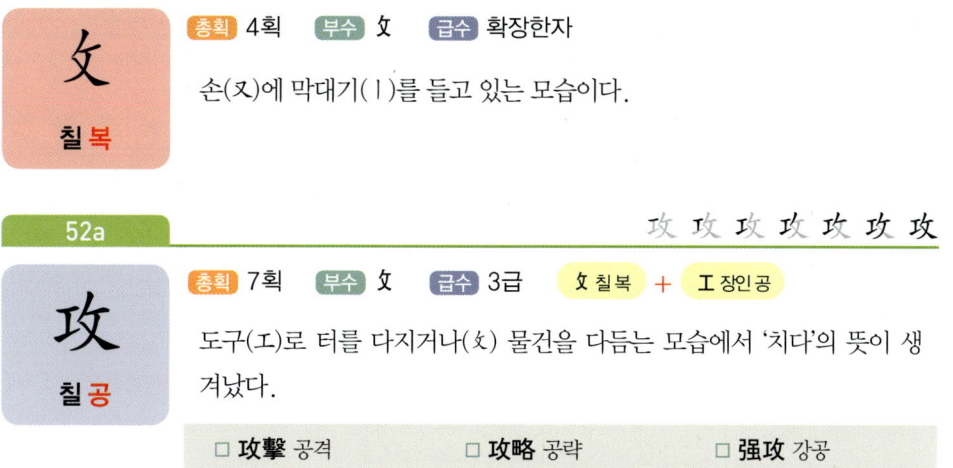

52
攵
칠복

총획 4획　**부수** 攵　**급수** 확장한자

손(又)에 막대기(丨)를 들고 있는 모습이다.

52a
攻
칠공

총획 7획　**부수** 攵　**급수** 3급　　攵 칠복 ＋ 工 장인공

도구(工)로 터를 다지거나(攵) 물건을 다듬는 모습에서 '치다'의 뜻이 생겨났다.

□ 攻擊 공격　　□ 攻略 공략　　□ 强攻 강공

143

52b

收收收收收收

收 거둘 **수**

- 총획 6획
- 부수 攵
- 급수 4급

攵 칠복 + 丩 얽힐구

엉켜 있는 넝쿨(丩) 작물을 쳐서(攵) 거두는 모습이다.

- □ 收穫 수확
- □ 收拾 수습
- □ 未收 미수

52c

牧牧牧牧牧牧牧牧

牧 칠 **목**

- 총획 8획
- 부수 牛
- 급수 4급

攵 칠복 + 牛 소우

막대기(攵)를 들고 소(牛)를 치는 모습을 본뜬 글자이다.

- □ 牧場 목장
- □ 牧歌的 목가적
- □ 放牧 방목

52d

散散散散散散散散散散散

散 흩을 **산**

- 총획 12획
- 부수 攵
- 급수 4급

攵 칠복 + 廿 스물입 + 月 달월

나무(廿+月→林)에 몽둥이(攵)를 휘둘러 열매를 떨어뜨리는 모습에서 '흩어지다'의 뜻이 생겼다.

- □ 解散 해산
- □ 霧散 무산
- □ 離合集散 이합집산

52e

教教教教教教教教教教

教 가르칠 **교**

- 총획 11획
- 부수 攵
- 급수 8급

攵 칠복 + 爻 사귈효 + 子 아들자

회초리(攵)를 들고 아이(子)에게 직접 줄을 꼬아(爻) 보도록 가르치는 모습이다.

- □ 教育 교육
- □ 教師 교사
- □ 教訓 교훈

사람 | 신체 | 손

攵(2)

| 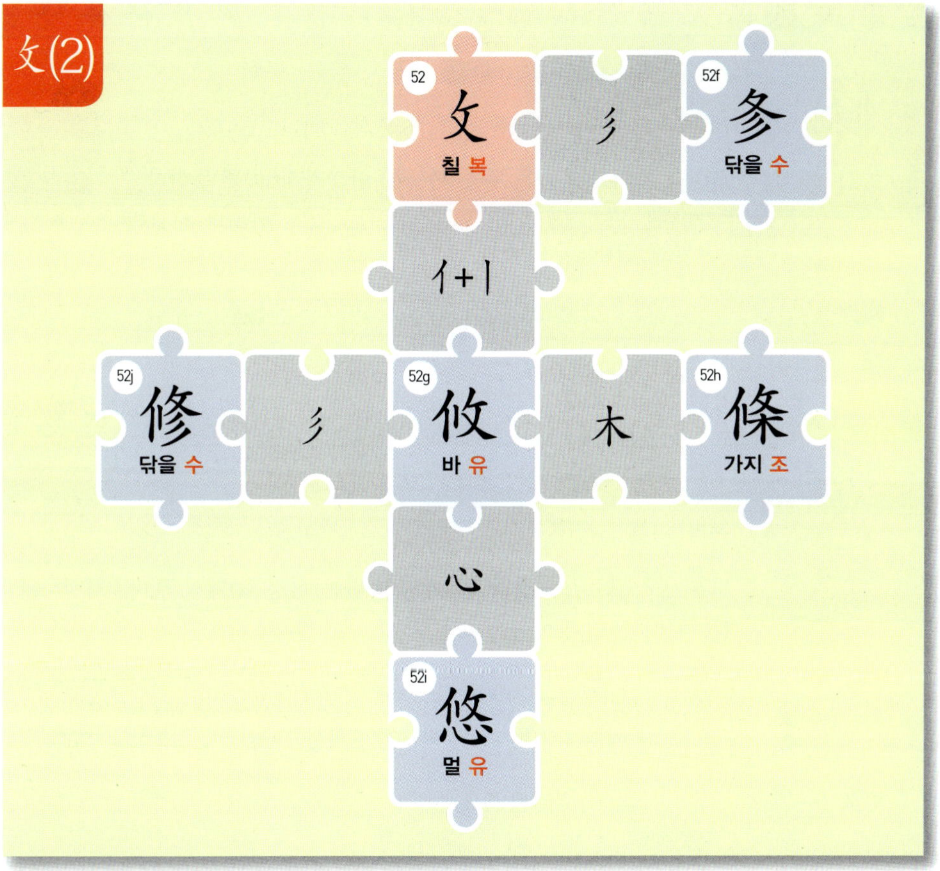 52 攵 칠복 | 彡 | 52f 彡 닦을 수 |
| 亻+丨 |
| 52j 修 닦을 수 | 彡 | 52g 攸 바 유 | 木 | 52h 條 가지 조 |
| 心 |
| 52i 悠 멀 유 |

52f 攸

攸
닦을 수

- 총획 7획
- 부수 彡
- 급수 확장한자

攵 칠복 + 彡 터럭 삼

스스로에게 매질(攵)을 가해 도를 닦아 더욱 빛나는(彡) 사람이 된다.

52g 攸

攸 攸 攸 攸 攸 攸 攸

攸
바 유

- 총획 7획
- 부수 攵
- 급수 특급

攵 칠복 + 사람 인 + 뚫을 곤

대나무(彡→丨)로 등을 두들겨(攵) 졸고 있는 사람들을 깨우는 절의 모습을 본뜬 글자이다.

52h

條條條條條條條條條條

條
가지 **조**

총획 11획 부수 木 급수 4급

攸바유 + 木나무목

정신을 차리도록 등을 두들기는(攸) 나뭇가지(木)를 뜻한다.

갑골문은 나뭇가지(木)를 꺾고 있는 손(爪→攵)만 그려 놓았으며, 현 글자는 전문(篆文)에서 발전한 글자이다.

☐ 條件 조건 　　☐ 條項 조항 　　☐ 條約 조약

52i

悠悠悠悠悠悠悠悠悠悠

悠
멀 **유**

총획 11획 부수 心 급수 3급

攸바유 + 心마음심

도를 닦기(攸) 위해 절(攸)로 떠나야 하는 심경(心)에서 '멀다, 걱정하다, 한가하다' 등의 뜻이 생겼다.

도를 닦는 사람(攸)의 마음(心)은 이미 속세를 떠났기에 속세와 '멀다, 아득하다'의 뜻이, 그리고 속세의 온갖 잡념들을 다 떨쳐버리고 오로지 산속에서 도를 닦다 보니(攸) 마음(心)의 평안을 누린다 하여 '한가하다, 여유롭다' 등의 뜻이 파생되었을 것으로도 해석한다.

☐ 悠久 유구 　　☐ 悠悠自適 유유자적

52j

修修修修修修修修修修

修
닦을 **수**

총획 10획 부수 亻 급수 4급

攸바유 + 彡터럭삼

세상을 밝히는(彡) 사람이 되기 위해 정신을 집중하여 도(攸)를 닦는 모습이다.

터럭 삼(彡) 자는 장식과 관련이 있으므로 '훌륭하다, 빛나다' 등으로 해석한다. 열심히 도를 닦아 훌륭한 사람이 되었다는 것은 세상에 빛을 비추는 사람이 되었다는 뜻이고, 그것은 곧 화려한 장식(彡)으로 치장한 것만큼 두드러져 보이는 사람이 되었다는 뜻이다.

☐ 修行 수행 　　☐ 修身齊家 수신제가 　　☐ 履修 이수

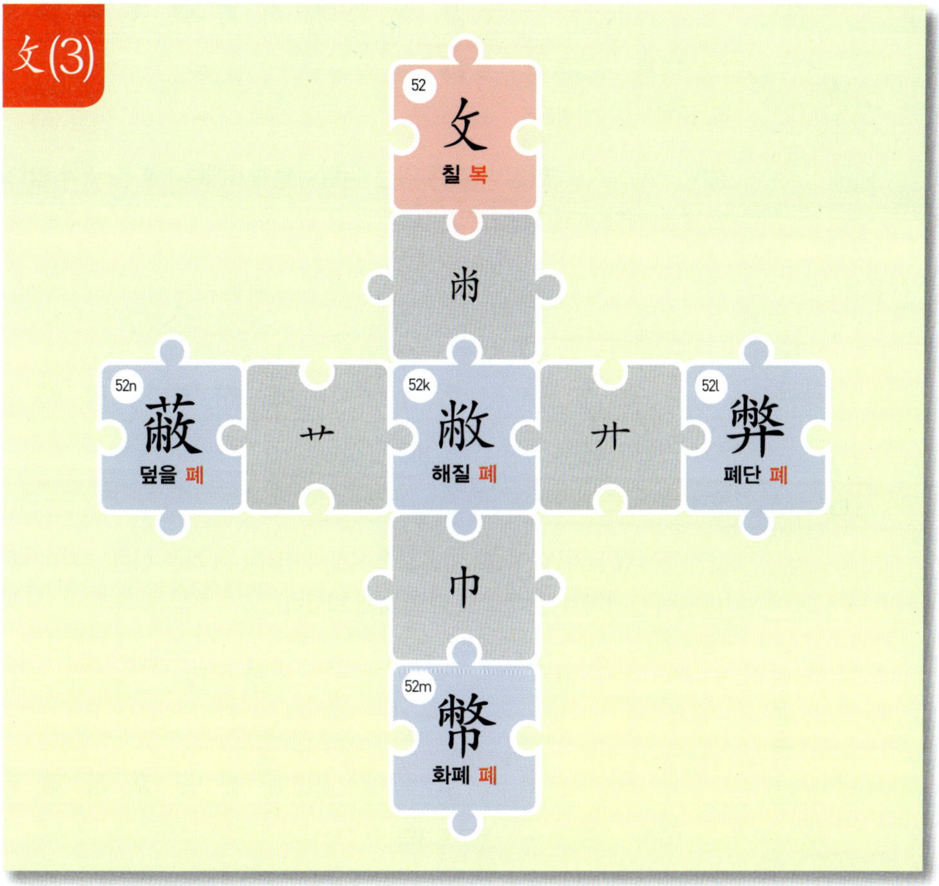

사람 | 신체 | 손

攵(3)

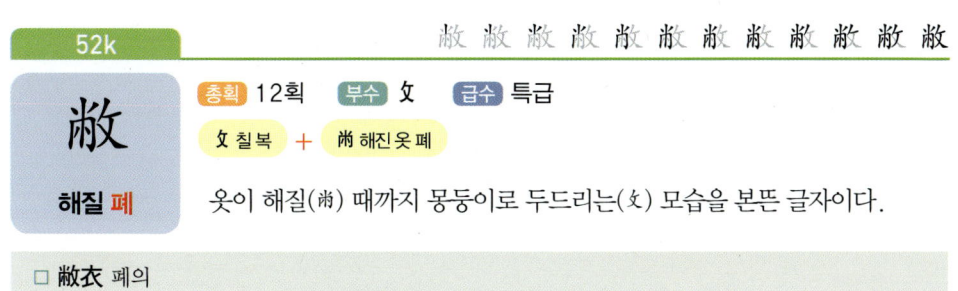

52k

敝
해질 폐

총획 12획　부수 攵　급수 특급

攵 칠 복　+　尚 해진 옷 폐

옷이 해질(尚) 때까지 몽둥이로 두드리는(攵) 모습을 본뜬 글자이다.

□ 敝衣 폐의

52l

弊 폐단 **폐**

총획 15획 | 부수 廾 | 급수 3급

敝 해질 폐 + 廾 받들 공

개(犬→廾)보다 못한 막돼먹은 자는 너덜너덜해지게(敝) 혼을 내지 않으면 결국 폐단이 된다.

□ 弊害 폐해　　□ 弊端 폐단　　□ 民弊 민폐

52m

幣 화폐 **폐**

총획 15획 | 부수 巾 | 급수 3급

敝 해질 폐 + 巾 수건 건

천을 뜻하던 글자(敝)가 '해지다'로 쓰이자 수건 건(巾) 자를 더한 글자로 '종이 돈'이 등장하자 '화폐'의 뜻도 가지게 되었다.

□ 幣帛 폐백　　□ 貨幣 화폐　　□ 僞幣 위폐

52n

蔽 덮을 **폐**

총획 16획 | 부수 艹 | 급수 3급

敝 해질 폐 + 艹 풀 초

너덜거리는(敝) 것을 풀(艹)로 덮어 숨기는 모습을 본떴다.

□ 隱蔽 은폐　　□ 掩蔽 엄폐

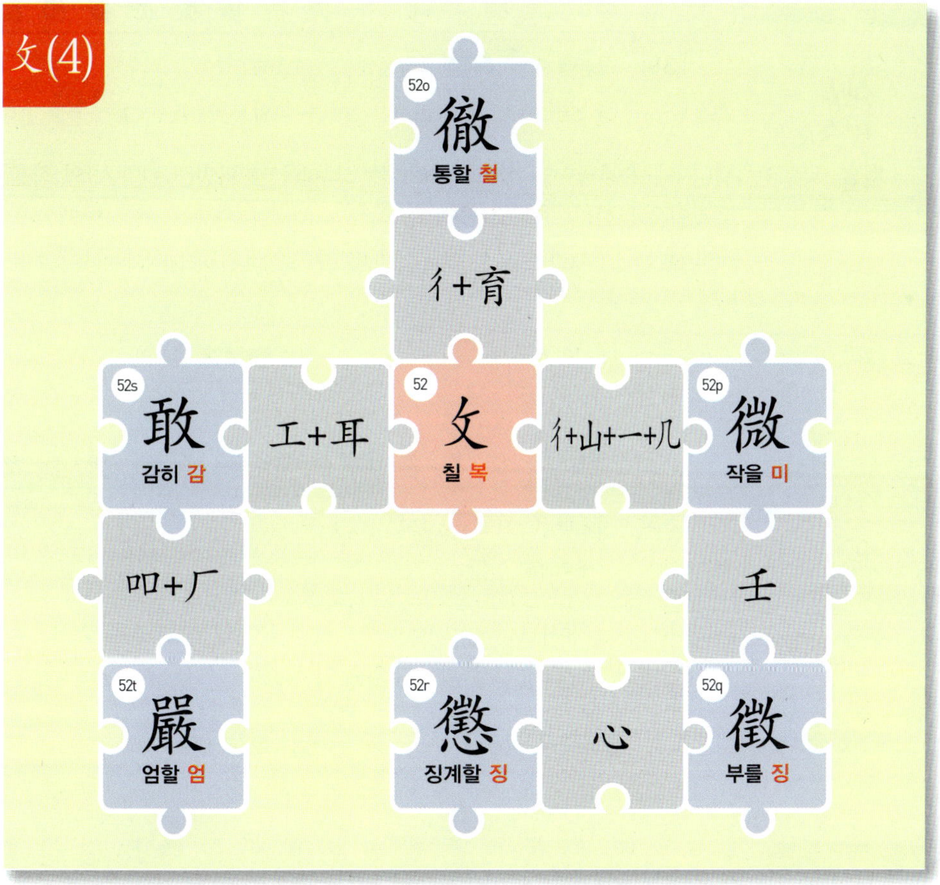

사람 | 신체 | 손

攵(4)

- 52o 徹 통할 철
- 彳+育
- 52s 敢 감히 감
- 工+耳
- 52 攵 칠 복
- 彳+山+一+几
- 52p 微 작을 미
- 叩+厂
- 壬
- 52t 嚴 엄할 엄
- 52r 懲 징계할 징
- 心
- 52q 徵 부를 징

52

52o 徹 통할 철

총획 15획 | 부수 彳 | 급수 3급

攵 칠복 + 彳 조금 걸을 척 + 育 기를 육

바른 길(彳)을 가도록 철저하게(攵) 돌보는(育) 부모의 모습을 반영한 글자이다. 그런 마음을 자식이 알아주는 것에서 '통하다'의 뜻이 있다.

☐ 徹底 철저   ☐ 貫徹 관철   ☐ 透徹 투철

52p

微 微微微微微微微微微微微

작을 미

- 총획 13획
- 부수 彳
- 급수 3급

攵 칠복 + 彳 조금 걸을 척 + 山 산산 + 一 한일 + 几 안석 궤

길(彳)에서 지팡이를 잡고(攵) 헤매는(止=山+一) 노인(几=儿=人)의 작은 움직임을 뜻한다.

전문(篆文)의 그림(山+一)은 발 지(止)의 변형으로도 보이며 긴 머리카락의 변형으로도 보인다.

- ☐ 微微 미미
- ☐ 微笑 미소
- ☐ 顯微鏡 현미경

52q

徵 徵徵徵徵徵徵徵徵徵徵徵徵

부를 징

- 총획 15획
- 부수 彳
- 급수 3급

微 작을 미 + 壬 북방 임

노인(山+一)을 까치발(王=壬) 하고 부르는 모습에서 '부르다'의 뜻이, 노인을 안내해주는 모습에서 '거두다'의 뜻이 생겼다.

- ☐ 徵收 징수
- ☐ 徵兵 징병
- ☐ 象徵 상징

52r

懲 懲懲懲懲懲懲懲懲懲懲懲懲懲

징계할 징

- 총획 19획
- 부수 心
- 급수 3급

徵 부를 징 + 心 마음 심

마음(心)에 대고 소리쳐(徵) 벌하는 것이다.

- ☐ 懲戒 징계
- ☐ 懲役 징역
- ☐ 懲罰 징벌

사람 | 신체 | 손

52s

감히 **감**

- 총획 12획
- 부수 攵
- 급수 4급

攵 칠복 + 工 장인공 + 耳 귀이

좋지 않은 점괘(卜)를 빼앗아 양손(⺘+攵)으로 구부리며 점쟁이의 말을 무시하고 대드는 모습이다.

> 옛 그림을 보면 감(敢) 자에 들어 있는 장인 공(工) 자의 원 글자는 손톱/손 조(⺘) 자임을 알 수 있다. 따라서 두 손(⺘+攵)으로 서로 뺏고 당기고 하는 모습을 본뜬 글자임을 알려준다.

☐ 敢行 감행　　☐ 勇敢 용감　　☐ 果敢 과감

52t

엄할 **엄**

- 총획 20획
- 부수 口
- 급수 4급

敢 감히 감 + 吅 부르짖을 훤 + 厂 기슭 엄

강제로 빼앗으려는(敢) 사람에게 호통(吅)을 치는 무당의 모습에서 나온 글자이다.

☐ 嚴格 엄격　　☐ 嚴斷 엄단　　☐ 峻嚴 준엄

爪(1)

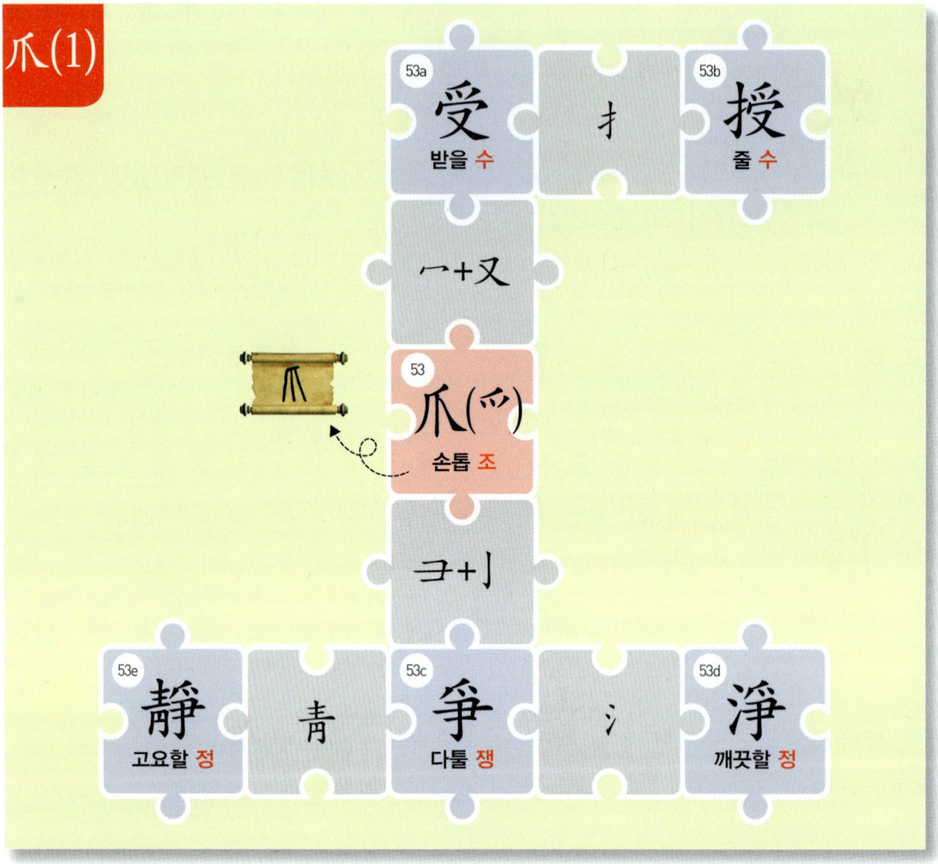

53a
受
받을 수
扌
53b
授
줄 수
冖+又
爪
53
爪(爫)
손톱 조
彐+亅
53e
靜
고요할 정
靑
53c
爭
다툴 쟁
氵
53d
淨
깨끗할 정

53

53

爪 爪 爪 爪

爪
손톱 조

총획 4획　부수 爪　급수 1급

위에서 아래를 향하고 있는 손의 모양을 본뜬 글자이다.

'손톱 조'라고 불리지만 '손톱, 발톱'의 뜻으로 쓰이는 글자는 거의 없고 거의 모두 '손'의 의미로 사용되는 글자이므로 '손 조'라고 생각하자.

53a

受 受 受 受 受 受 受 受

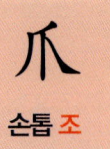

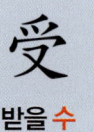

受
받을 수

총획 8획　부수 又　급수 4급　爪 손톱 조 + 冖 덮을 멱 + 又 또 우

보자기(冖)에 쌓인 무엇인가를 두 손(爪+又)으로 들고 주고받는 모습에서 '받다'의 뜻이 되었다.

□ **受業** 수업　□ **受講** 수강　□ **受信** 수신

사람 | 신체 | 손

53b

줄 수

授授授授授授授授授

- 총획 11획
- 부수 扌
- 급수 3급

受 받을 수 + 扌 손 수

수(受) 자가 '받다'의 뜻으로 사용되자 손(扌)을 더해 '주다'의 뜻을 만들었다.

- ☐ 授與 수여
- ☐ 授受 수수
- ☐ 敎授 교수

53c

다툴 쟁

爭爭爭爭爭爭爭爭

- 총획 8획
- 부수 爫
- 급수 5급

爫 손톱 조 + 彐 손 계 + 亅 갈고리 궐

막대(亅)를 서로(爫+彐) 빼앗으려고 다투는 모습이다.

- ☐ 爭取 쟁취
- ☐ 鬪爭 투쟁
- ☐ 戰爭 전쟁

53d

깨끗할 정

淨淨淨淨淨淨淨淨淨

- 총획 11획
- 부수 氵
- 급수 3급

爭 다툴 쟁 + 氵 물 수

다툼(爭)이 끝나 잠잠해진 강물(氵)은 깨끗하다.

- ☐ 淨水器 정수기
- ☐ 淸淨 청정
- ☐ 自淨 자정

53e

고요할 정

靜靜靜靜靜靜靜靜靜靜靜

- 총획 16획
- 부수 靑
- 급수 4급

爭 다툴 쟁 + 靑 푸를 청

폭풍(爭)이 지나간 뒤의 파란(靑) 하늘의 고요함을 가리킨다.

- ☐ 靜寂 정적
- ☐ 安靜 안정
- ☐ 冷靜 냉정

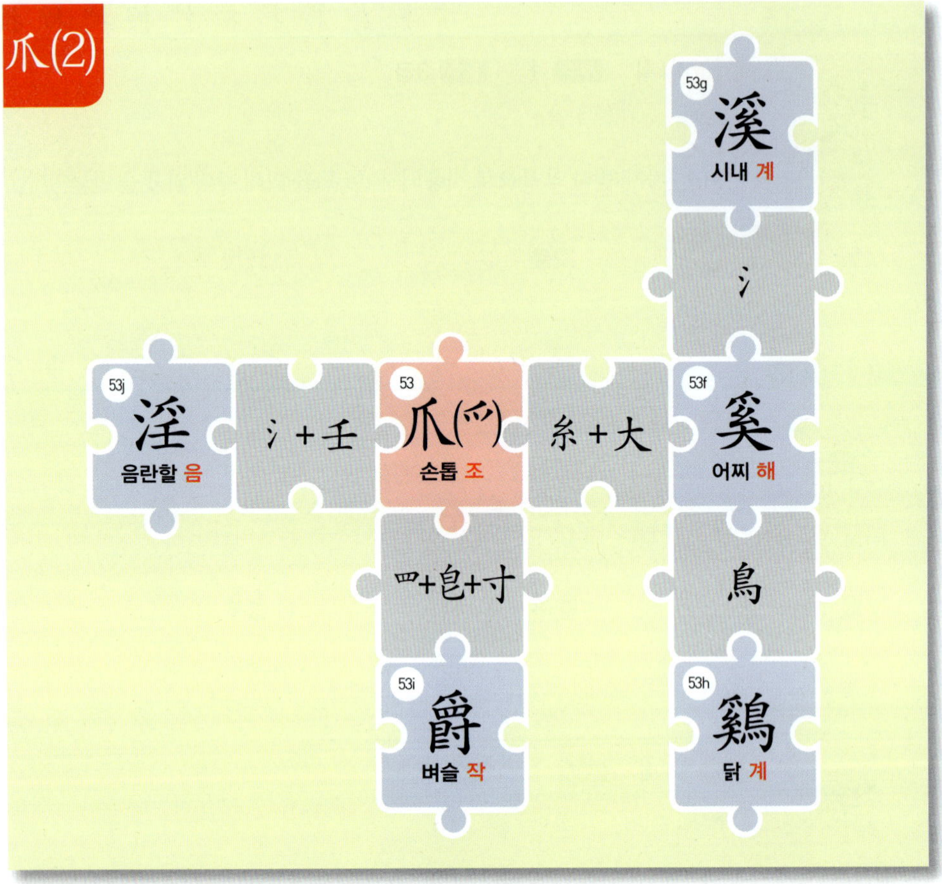

爪(2)

- 53g 溪 시내 계
- 氵
- 53j 淫 음란할 음
- 氵+壬
- 53 爪(爫) 손톱 조
- 糸+大
- 53f 奚 어찌 해
- 鳥
- 爫+㿝+寸
- 53i 爵 벼슬 작
- 53h 鷄 닭 계

53f

奚 어찌 해

- 총획 10획
- 부수 大
- 급수 3급

爪 손톱 조 + 糸 가는 실 멱 + 大 큰 대

밧줄(糸)로 포로(大)를 묶어 한 줄로 끌고(爫) 오는 모습이다.

밧줄을 끄는 일은 손이 하는 일이므로 손 조(爫) 자가 들어가 있으며 '끌다'로 해석하였다.

사람 | 신체 | 손

53g

溪 溪 溪 溪 溪 溪 溪 溪 溪 溪 溪 溪 溪

溪 시내 계

- 총획 13획
- 부수 氵
- 급수 3급

奚 어찌 해 + 氵 물 수

일렬로 끌려오는 포로들(奚)처럼 계곡물(氵)이 한 줄기로 흐르는 모습이다.

□ 溪谷 계곡   □ 碧溪水 벽계수   □ 清溪川 청계천

53h

鷄 鷄 鷄 鷄 鷄 鷄 鷄 鷄 鷄 鷄 鷄 鷄 鷄 鷄 鷄 鷄 鷄 鷄

鷄 닭 계

- 총획 21획
- 부수 鳥
- 급수 4급

奚 어찌 해 + 鳥 새 조

포로들(奚)처럼 갇혀 사는 새(鳥)를 가리킨다.

□ 鷄卵 계란   □ 養鷄 양계   □ 肉鷄 육계

53i

爵 爵 爵 爵 爵 爵 爵 爵 爵 爵 爵 爵 爵 爵 爵 爵

爵 벼슬 작

- 총획 18획
- 부수 爫
- 급수 3급

爫 손톱 조 + 罒 그물 망 + 皀 고소할 급 + 寸 마디 촌

두 사람(爫+寸)이 술(皀)을 잔(罒)에 받아 마시는 모습이다. 장원급제한 사람에게 따라주던 술을 연상해 '벼슬'의 뜻도 생겼다.

| 갑골문과 금문은 참새 부리 모양을 하고 있는 술잔의 모습이다.
| 전문은 고소할 급(皀) 자의 원 글자가 술 이름/울창주 창(鬯) 자였음을 보여준다.

□ 爵位 작위   □ 公爵 공작   □ 伯爵 백작

53j

淫 淫 淫 淫 淫 淫 淫 淫 淫 淫 淫

淫 음란할 음

- 총획 11획
- 부수 氵
- 급수 3급

爫 손톱 조 + 氵 물 수 + 壬 북방 임

물(氵)이 과하게 넘쳐 도를 넘은 모습에서 음란하다는 뜻으로 발전하였다.

□ 淫蕩 음탕   □ 淫亂 음란   □ 淫談悖說 음담패설

爪(3)

| 53m 乳 젖유 | ㄴ | 53k 孚 미쁠부 | 氵 | 53l 浮 뜰부 |

子

| 53 爪(爫) 손톱조 | 女 | 53n 妥 온당할타 |

象

| 53p 僞 거짓위 | 亻 | 53o 爲 할위 |

53k

미쁠 **부**

孚孚孚孚孚孚孚

| 총획 7획 | 부수 子 | 급수 특급 |

爪 손톱조 + 子 아들자

아이(子)를 양팔(爪=爫)로 안고서 흐뭇한 표정으로 바라보는 모습을 본뜬 글자이다.

53l

뜰 **부**

浮浮浮浮浮浮浮浮浮

| 총획 10획 | 부수 氵 | 급수 3급 | 孚 미쁠부 + 氵 물수 |

아기(子)를 받쳐(爫)들고 씻기(氵)는 장면이다.

☐ 浮揚 부양　　☐ 浮上 부상　　☐ 浮刻 부각

53m

乳 젖 유

乳乳乳乳乳乳乳乳

- 총획 8획
- 부수 乙
- 급수 4급

孚 미쁠 부 + ㄴ 숨을 은

어머니 품에 안긴(孚) 아이(子)가 어머니의 젖가슴(ㄴ)에서 젖을 빠는 모습이다. 구멍 공(孔) 자에 손톱 조(爫)로 본다면 어머니의 젖가슴(孔)을 붙잡고(爫) 젖을 빠는 모습으로도 해석이 가능하다.

｜갑골문은 양팔로 아이를 감싸고 젖먹이는 모습이다.

- □ 牛乳 우유
- □ 煉乳 연유
- □ 哺乳類 포유류

53n

妥 온당할 타

妥妥妥妥妥妥妥

- 총획 7획
- 부수 女
- 급수 3급

爫 손톱 조 + 女 여자 여

여자아이(女)의 머리도 쓰다듬어(爫) 남녀를 차별하지 않는 것이 온당하다는 뜻이다.

- □ 妥當 타당
- □ 妥協 타협
- □ 妥結 타결

53o

爲 할 위

爲爲爲爲爲爲爲爲爲爲爲爲

- 총획 12획
- 부수 爫
- 급수 4급

爫 손톱 조 + 象 코끼리 상

손(爫)으로 먹이를 주며 코끼리(象)를 조련하는(爪=爫) 모습에서 '다스리다, 하다'의 뜻이 생겼다.

- □ 爲主 위주
- □ 行爲 행위
- □ 無作爲 무작위

53p

僞 거짓 위

僞僞僞僞僞僞僞僞僞僞

- 총획 14획
- 부수 亻
- 급수 3급

爲 할 위 + 亻 사람 인

조련당한(爲) 사람(亻)의 행동이나 말은 '거짓'이라는 뜻이다.

- □ 僞證 위증
- □ 僞善 위선
- □ 虛僞 허위

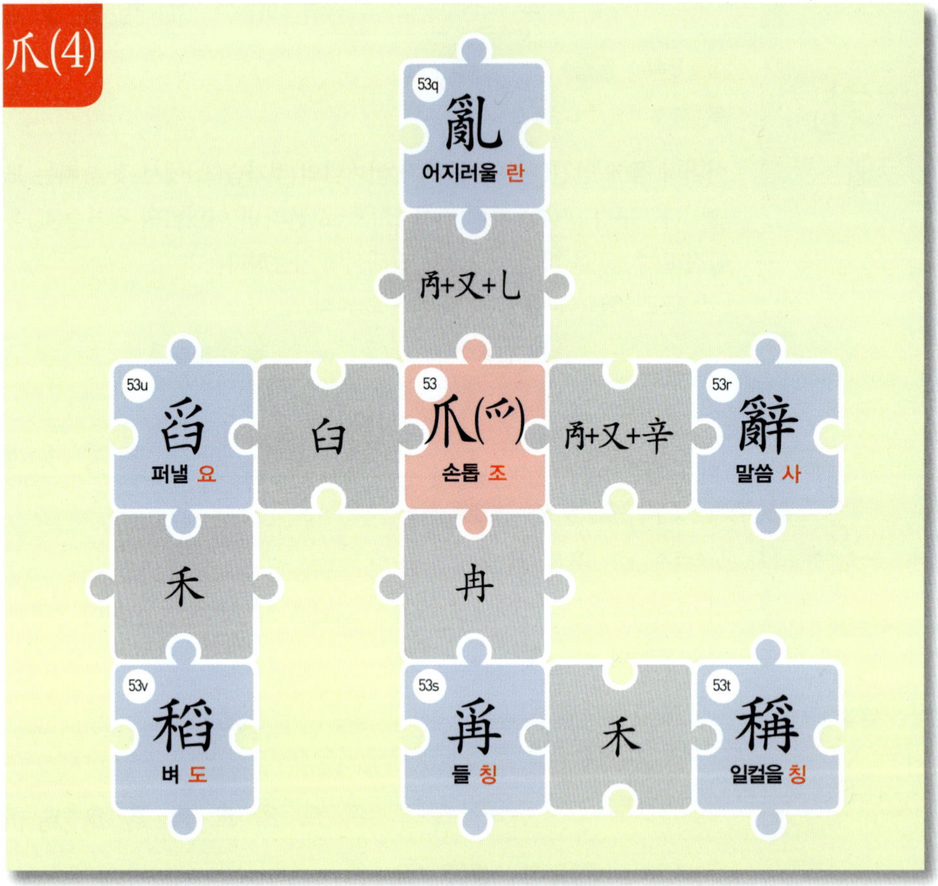

爪 (4)

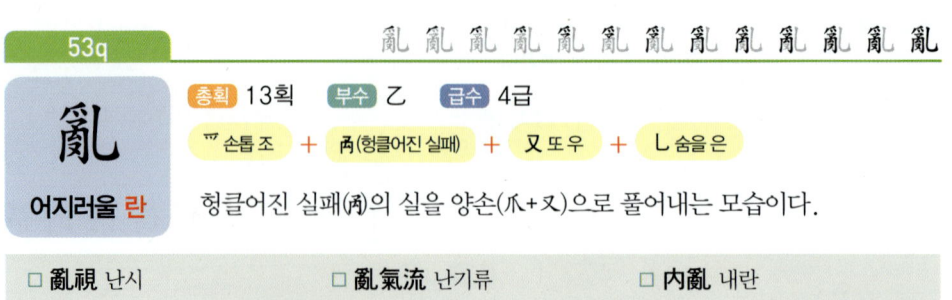

53q			
亂 어지러울 란	총획 13획　부수 乙　급수 4급		
	⽖ 손톱 조 ＋ 𤔔(헝클어진 실패) ＋ 又 또 우 ＋ 乚 숨을 은		
	헝클어진 실패(𤔔)의 실을 양손(爪+又)으로 풀어내는 모습이다.		
□ 亂視 난시		□ 亂氣流 난기류	□ 內亂 내란

158

사람 | 신체 | 손

53r

辭 辭 辭 辭 辭 辭 辭 辭 辭 辭 辭 辭 辭

辭
말씀 사

총획 19획　**부수** 辛　**급수** 4급

爫 손톱 조　＋　𤔔 (헝클어진 실패)　＋　又 또 우　＋　辛 매울 신

양손(爫+又)으로 뜨개바늘(辛)을 잡고 옷 뜨는 모습에서 단어와 문장을 정리한 '말씀'이란 뜻이 나왔다.

☐ 辭典 사전　　☐ 讚辭 찬사　　☐ 美辭麗句 미사여구

53s

爯 爯 爯 爯 爯 爯 爯 爯

爯
들 칭

총획 9획　**부수** 爪　**급수** 확장한자　爫 손톱 조　＋　冉 나아갈 염

무게를 달기 위해 저울의 중앙(冉)을 들어올린(爫) 모습이다.

53t

稱 稱 稱 稱 稱 稱 稱 稱 稱 稱

稱
일컬을 칭

총획 14획　**부수** 禾　**급수** 4급　爯 들 칭　＋　禾 벼 화

곡식(禾)의 무게를 달아보는(爯) 모습에서 '저울'의 뜻이 나왔으며, '일컫다, 칭찬하다' 등의 뜻도 생겼다.

> 저울에 달 듯 사람의 가치를 재어 보니 '아주 뛰어난 사람이다, 과대 포장된 사람이다' 등등의 말을 하게 되어 '일컫다'의 뜻이 생겨났으며, 생각보다 더 괜찮거나 훌륭한 사람임을 알게 되었다 하여 '칭찬하다'의 뜻으로도 발전하였다.

☐ 稱讚 칭찬　　☐ 名稱 명칭　　☐ 對稱 대칭

53u

舀 舀 舀 舀 舀 舀 舀 舀 舀 舀

舀
퍼낼 요

총획 10획　**부수** 臼　**급수** 확장한자　爫 손톱 조　＋　臼 절구 구

절구(臼)에 빻은 곡식을 손(爫)으로 퍼내는 장면을 본뜬 글자이다.

53v

稻 稻 稻 稻 稻 稻 稻 稻 稻 稻 稻

稻
벼 도

총획 15획　**부수** 禾　**급수** 3급　舀 퍼낼 요　＋　禾 벼 화

절구에 빻는 곡식의 대표가 벼이므로 벼 화(禾) 자를 더한 글자이다.

☐ 稻熱病 도열병　　☐ 稻米 도미　　☐ 立稻 입도

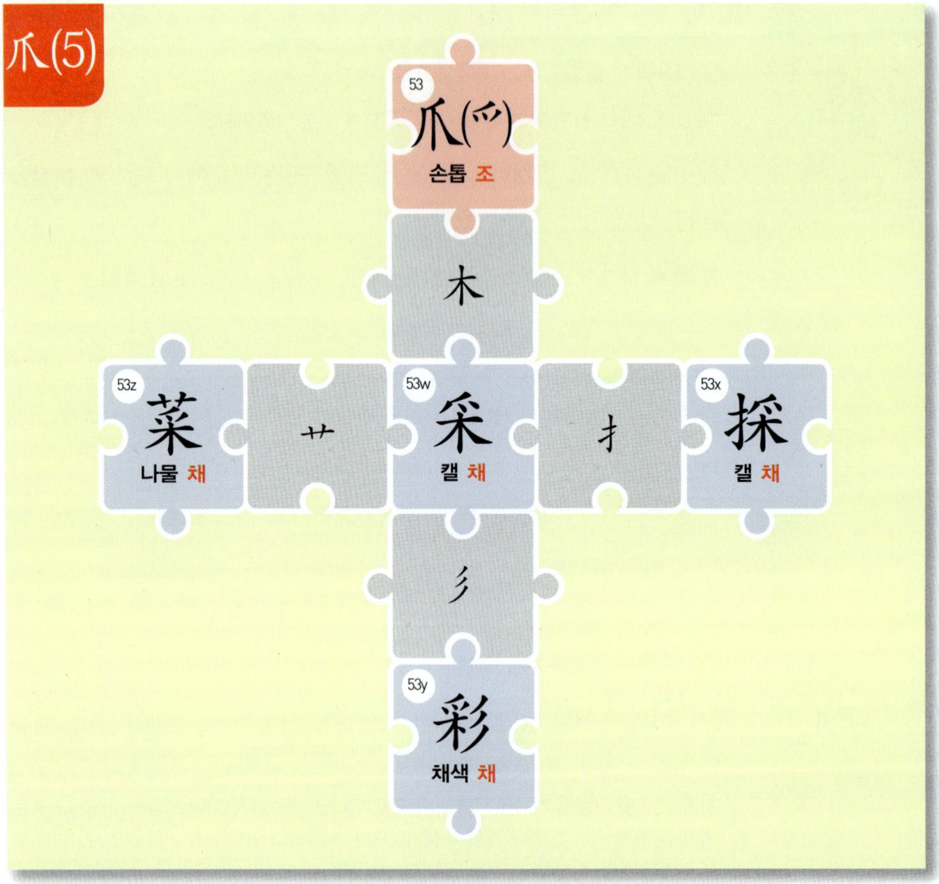

爪(5)

53 爪(爫) 손톱 조

53z 菜 나물 채 ― 艹 ― 53w 采 캘 채 ― 扌 ― 53x 採 캘 채

木

彡

53y 彩 채색 채

53w

采 캘 채

총획 8획　부수 采　급수 5급

爫 손톱 조 ＋ 木 나무 목

나무(木)의 열매를 따는(爪=爫) 모습에서 '캐다'를 뜻하게 되었다.

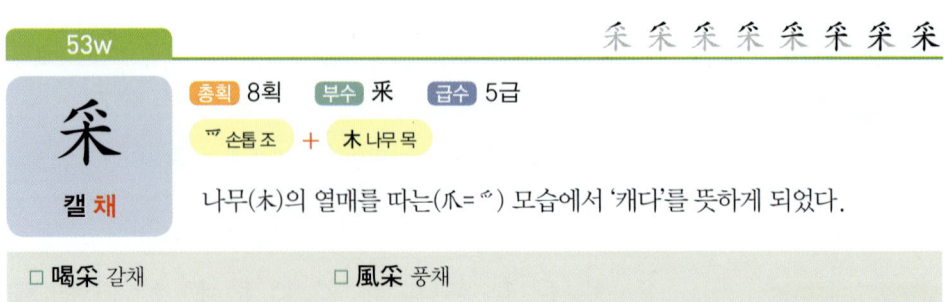

□ 喝采 갈채　　□ 風采 풍채

사람 | 신체 | 손

53x

採 採 採 採 採 採 採 採 採 採 採

캘채

총획 11획 부수 扌 급수 3급

采 캘채 + 扌 손수

채취한다(采)는 뜻을 강조하기 위해 손 수(扌) 자를 더해 '캐다, 고르다, 가려내다, 선택하다'의 의미를 가진다.

☐ 採用 채용   ☐ 採擇 채택   ☐ 採集 채집

53y

彩 彩 彩 彩 彩 彩 彩 彩 彩 彩 彩

채색채

총획 11획 부수 彡 급수 3급

采 캘채 + 彡 터럭삼

풀잎을 따서(采) 만든 물감(彡)으로 그림을 그려 아름답게 장식(彡)하는 모습이다.

☐ 彩色 채색   ☐ 彩度 채도   ☐ 水彩畫 수채화

53z

菜 菜 菜 菜 菜 菜 菜 菜 菜 菜 菜

나물채

총획 12획 부수 艹 급수 3급

采 캘채 + 艹 풀초

손(⺥)으로 캐는(采) 풀(艹)을 뜻하는 글자로 '나물'을 가리킨다.

☐ 菜蔬 채소   ☐ 菜食 채식   ☐ 花菜 화채

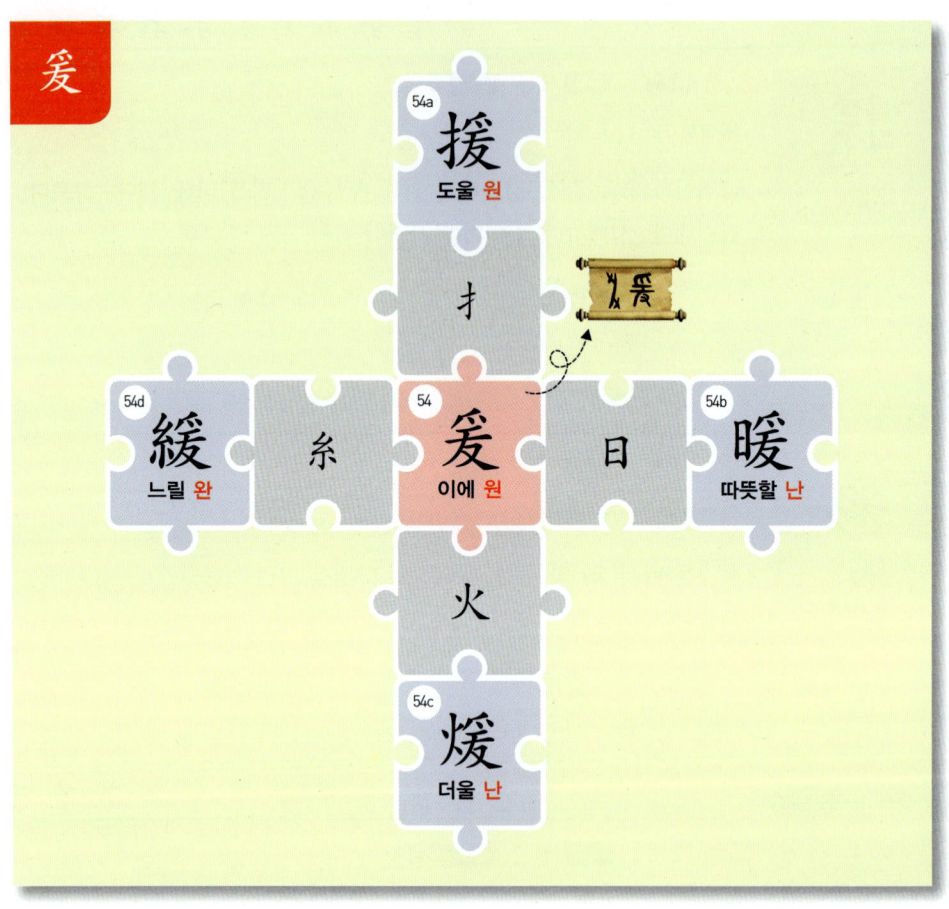

54

爰
이에 원

총획 9획　**부수** 爪　**급수** 특급

막대기(丿)를 던져 물(一)에 빠진 사람을 건져주는(爫+又) 모습이다.

사람 | 신체 | 손

54a

援 도울 원

총획 12획 | 부수 扌 | 급수 3급

爰 이에 원 + 扌 손 수

원(爰) 자가 '이에'의 뜻으로 쓰이자 손(扌)을 더해 끌어당기는 모습을 강조한 글자이다.

☐ 援助 원조   ☐ 支援 지원   ☐ 聲援 성원

54b

暖 따뜻할 난

총획 13획 | 부수 日 | 급수 4급

爰 이에 원 + 日 해 일

해(日)를 끌어당겨(爰) 따뜻해지다.

☐ 暖房 난방   ☐ 暖流 난류   ☐ 溫暖 온난

54c

煖 더울 난

총획 13획 | 부수 火 | 급수 1급

爰 이에 원 + 火 불 화

불(火)을 끌어당겨(爰) 몸을 덥히다.

☐ 煖爐 난로   ☐ 煖房 난방

54d

緩 느릴 완

총획 15획 | 부수 糸 | 급수 3급

爰 이에 원 + 糸 가는실 멱

밧줄(糸)을 던져 구하는(爰) 모습이다. 밧줄의 성질에서 '느리다, 느슨하다'의 뜻이 생겼다.

☐ 緩急 완급   ☐ 緩和 완화   ☐ 弛緩 이완

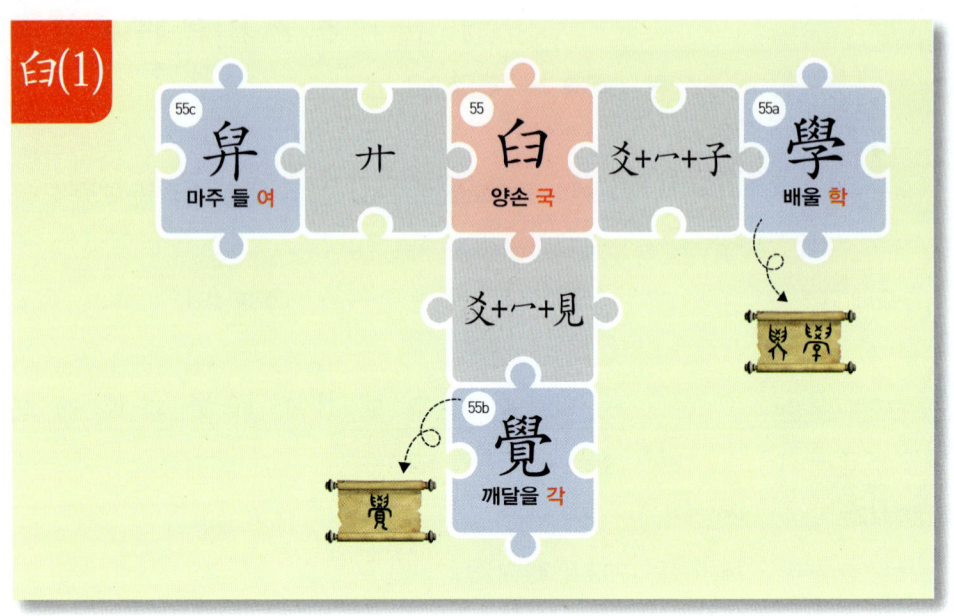

55

臼 양손 국

- 총획 6획
- 부수 臼
- 급수 1급

양손(爪가 두 개)으로 무언가를 잡으려 하는 모습의 글자이다.

55a

學 배울 학

- 총획 16획
- 부수 子
- 급수 8급

臼 양손 국 + 爻 사귈 효 + 冖 덮을 멱 + 子 아들 자

양손(臼)으로 새끼줄(爻)을 꼬아 지붕(冖)잇기를 하는 모습(臼)을 보고 배우는 아이(子)의 모습이다.

☐ 學校 학교　　☐ 學費 학비　　☐ 學院 학원

사람 | 신체 | 손

55b

覺 覺 覺 覺 覺 覺 覺 覺 覺 覺 覺 覺 覺 覺 覺 覺 覺

覺
깨달을 **각**

- 총획 20획
- 부수 見
- 급수 4급

臼 양손 국 + 爻 사귈 효 + 冖 덮을 멱 + 見 볼 견

지붕(冖) 잇기 하는 모습(𦥯)을 보면서(見) 무언가를 깨달은 모습이다.

☐ 覺醒 각성　　☐ 覺悟 각오　　☐ 錯覺 착각

55c

舁 舁 舁 舁 舁 舁 舁 舁

舁
마주 들 **여**

- 총획 9획
- 부수 臼
- 급수 확장한자

臼 절구 구 + 廾 받들 공

양손(臼→臼)으로 마주 들고(廾) 있는 모습이다.
| 부수는 절구 구(臼)에 속한다.

臼(2)

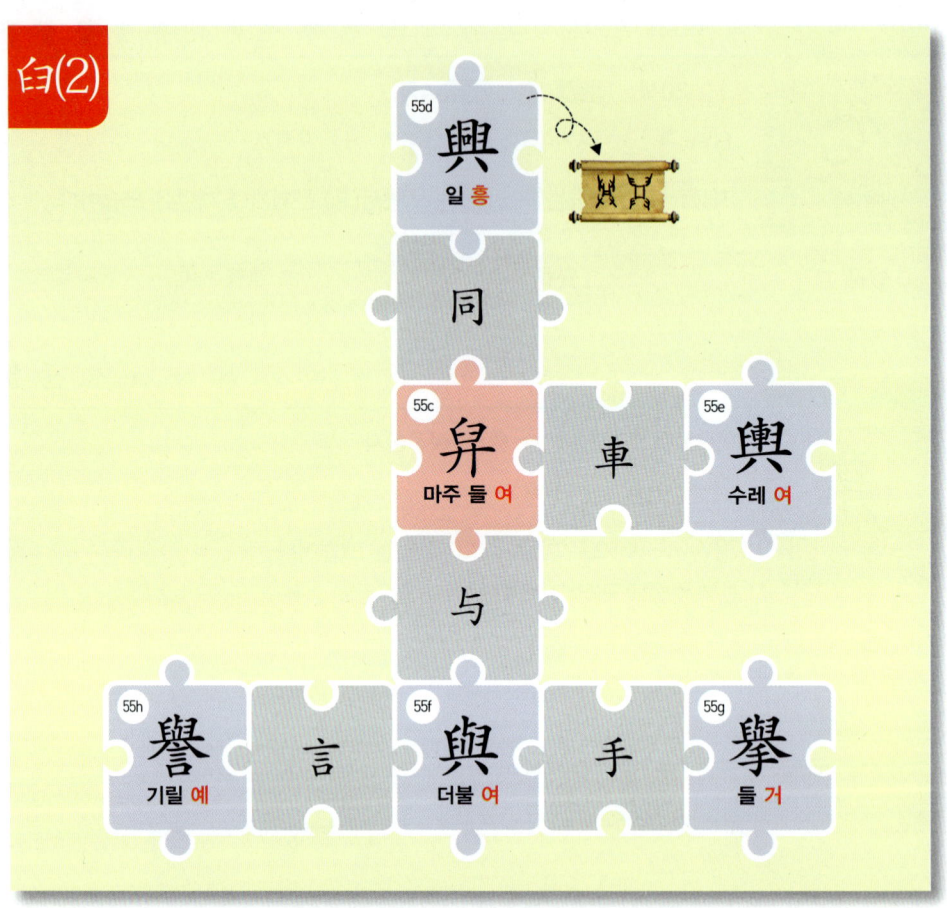

55d
興 일흥

총획 16획 부수 臼 급수 4급

舁 마주 들 여 + 同 한가지 동

어떤 물건(同)을 마주 들고(舁) 흥겹게 나르는 모습에서 '흥겹다, 일으키다, 일' 등의 뜻이 생겼다.

사당에서 꺼내온 상여(同)처럼 생긴 제단을 여러 사람이 들쳐 메고(舁) 축제일에 흥겨워하는 모습에서 만들어진 글자로도 추정된다.

양손 국(臼)과 절구 구(臼) 자는 엄연히 다르지만, 글자꼴이 비슷하여 혼돈을 일으켜 여(舁)/여(舁)/흥(興) 자는 절구 구(臼) 자가 부수자로 사용되고 있다.

☐ 興奮 흥분　　☐ 興行 흥행　　☐ 感興 감흥

사람 | 신체 | 손

55e

輿 輿 輿 輿 輿 輿 輿 輿 輿 輿 輿 輿 輿

수레 여

- 총획 17획
- 부수 車
- 급수 3급

舁 마주 들 여 + 車 수레 거/차

수레(車)나 가마를 두 사람이 서로 마주 들고(舁) 있는 모습이다.

□ 輿論 여론　　□ 喪輿 상여　　□ 動機附輿 동기부여

55f

與 與 與 與 與 與 與 與 與 與 與

與
더불 여

- 총획 14획
- 부수 臼
- 급수 4급

舁 마주 들 여 + 与 줄 여

마주 들 여(舁) 자가 단독 사용을 못하자 서로 주고받는 것을 뜻하는 글자(与)를 더하여 '주다, 더불어, 같이하다' 등의 뜻을 되살렸다.

□ 與否 여부　　□ 授與 수여　　□ 參與 참여

55g

擧 擧 擧 擧 擧 擧 擧 擧 擧 擧 擧 擧 擧

들 거

- 총획 18획
- 부수 手
- 급수 5급

與 더불 여 + 手 손 수

줄/더불 여(與) 자에 손 수(手) 자를 더하니 '손을 높이 들어 올리다'의 뜻을 갖는 글자가 되었다.

□ 擧手 거수　　□ 選擧 선거　□ 列擧 열거

55h

譽 譽 譽 譽 譽 譽 譽 譽 譽 譽 譽 譽 譽 譽

기릴 예

- 총획 21획
- 부수 言
- 급수 3급

與 더불 여 + 言 말씀 언

말(言)로 사람을 높이 들어(與)올리는 것을 가리킨다.

□ 名譽 명예　　□ 榮譽 영예　　□ 不名譽 불명예

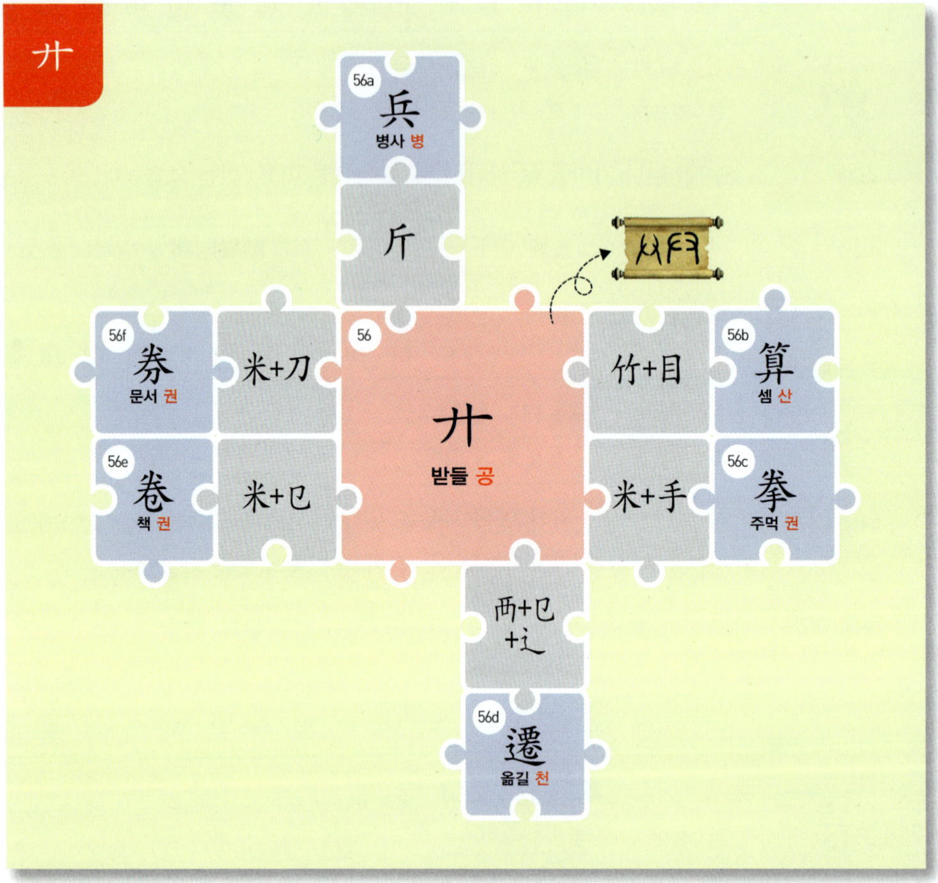

56

56

廾 廾 廾

廾
받들 공

총획 3획 부수 廾 급수 확장한자

무언가를 떠받든 것처럼 양손(又+又)을 위로 쳐들고 있는 모습이다.

56a

兵 兵 兵 兵 兵 兵 兵

兵
병사 병

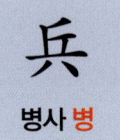

총획 7획 부수 八 급수 5급 廾 받들 공 + 斤 도끼 근

군인들이 양손(廾)으로 도끼(斤→斤)를 들고 있는 모습이다.

| 도끼는 전쟁 무기이므로 그러한 무기를 들고 있는 사람들이란 '군인'들 외에는 없었을 것이다.

□ **兵役** 병역 □ **將兵** 장병 □ **派兵** 파병

사람 | 신체 | 손

56b

算 算 算 算 算 算 算 算 算 算 算 算

算
셈 산

- 총획 14획
- 부수 竹
- 급수 7급

卄 받들공 + 竹 대죽 + 目 눈목

대나무(竹)로 만든 주산(珠算)알(目)을 양손(卄)으로 튕기며 계산하는 장면이다.

> 주산 알의 모양이 눈동자의 모습과 비슷하므로 눈동자를 본떠 만든 눈 목(目) 자를 이용하여 글자를 만들었다.

☐ 算數 산수   ☐ 計算 계산   ☐ 豫算 예산

56c

拳 拳 拳 拳 拳 拳 拳 拳 拳

拳
주먹 권

- 총획 10획
- 부수 手
- 급수 3급

卄 받들공 + 米 쌀미 + 手 손수

손(手)을 말아(米+卄→쏘) 주먹 쥔 모습이다.

☐ 拳銃 권총   ☐ 拳鬪 권투   ☐ 跆拳道 태권도

56d

遷 遷 遷 遷 遷 遷 遷 遷 遷 遷 遷 遷

遷
옮길 천

- 총획 15획
- 부수 辶
- 급수 3급

卄 받들공 + 襾 덮을 아 + 卩 병부절 + 辶 쉬엄쉬엄 갈착

노인(卩)을 양손(卄)으로 들어올려(襾→卄의 변형) 수레에 싣고 가는(辶) 모습을 본뜬 글자이다.

> 시신(卩)을 들어(卄) 올려(襾→卄의 변형) 수레에 싣고 가는(辶) 장면으로 보기도 한다.

☐ 遷都 천도   ☐ 左遷 좌천   ☐ 變遷 변천

56e

卷 책 권

- 총획 8획
- 부수 㔾
- 급수 4급

廾 받들공 + 米 쌀미 + 㔾 병부절

둘둘 말아(米+廾→失) 책을 만들고 있는 사람(㔾)들의 모습에서 '책, 말다'의 뜻이 파생되었다.

> 문서 권(券) 자와 책/말 권(卷) 자의 조자 원리는 비슷하다. 단지 칼 도(刀) 자와 사람 절(㔾) 자의 차이인데 죽간 등에 글을 새기는(刀) 모습을 강조한 글자가 문서 권(券) 자라면 그 문서를 둘둘 말아 책으로 만드는 행위나 그러한 일을 하는 사람(㔾)을 강조한 글자가 책/말 권(卷) 자이다.

☐ 卷末 권말 ☐ 壓卷 압권 ☐ 席卷 석권

56f

券 문서 권

- 총획 8획
- 부수 刀
- 급수 4급

廾 받들공 + 米 쌀미 + 刀 칼도

칼(刀)로 글이나 그림을 새긴 다음 김밥(米+廾→失)처럼 둘둘 말아 두는 모습에서 '문서'의 뜻으로 굳어졌다.

☐ 債券 채권 ☐ 證券 증권 ☐ 福券 복권

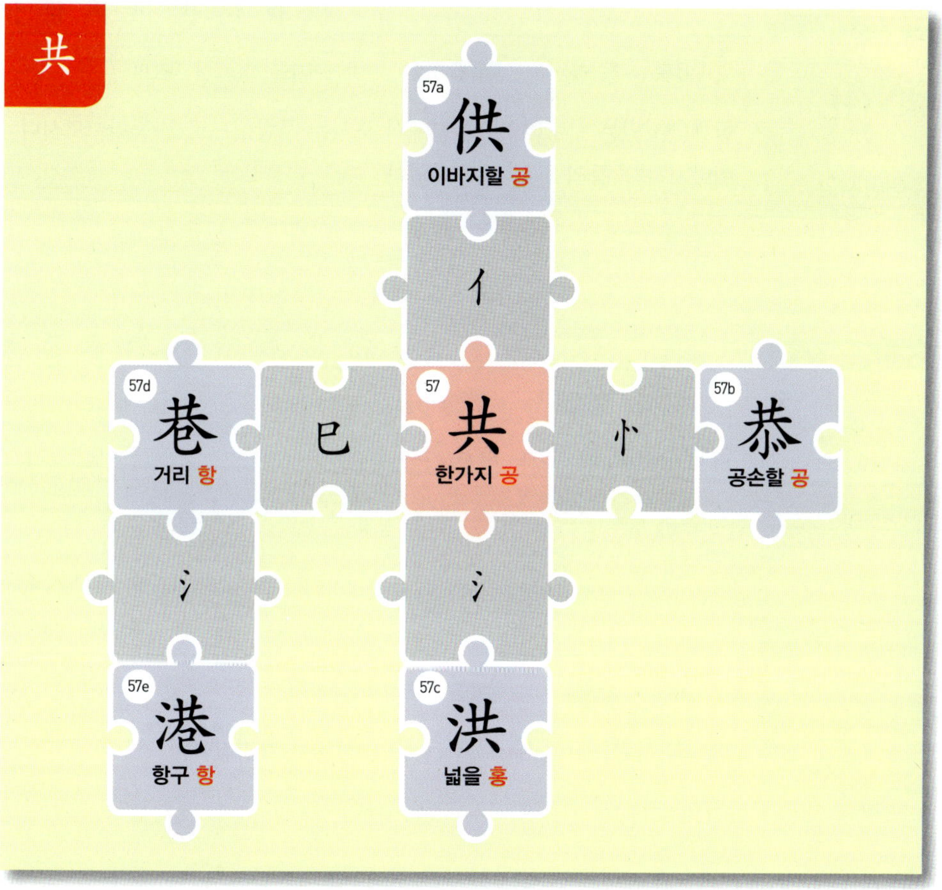

사람 | 신체 | 손

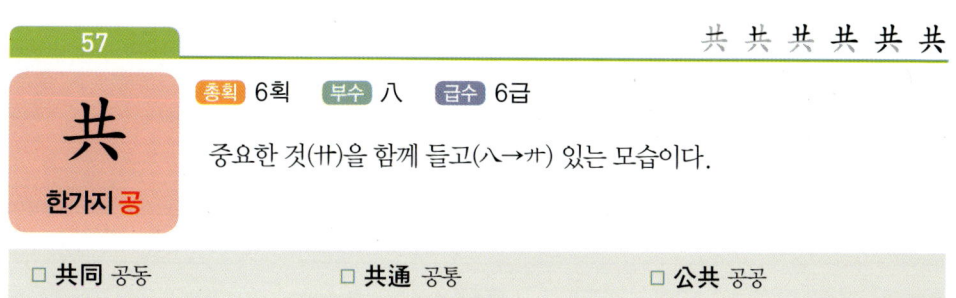

57a	供 이바지할 공
57d	巷 거리 항
57	共 한가지 공
57b	恭 공손할 공
57e	港 항구 항
57c	洪 넓을 홍

57

共 共 共 共 共 共

共
한가지 공

총획 6획 부수 八 급수 6급

중요한 것(卄)을 함께 들고(八→卄) 있는 모습이다.

☐ 共同 공동   ☐ 共通 공통   ☐ 公共 공공

171

57a

供 이바지할 공

供供供供供供供

| 총획 8획 | 부수 亻 | 급수 3급 | 共 한가지 공 + 亻 사람 인 |

함께(共) 있는 사람(亻), 즉 곁에서 모시는 사람이므로 '받들다, 모시다, 이바지하다' 등의 뜻을 갖게 되었다.

- □ 供給 공급
- □ 供養 공양
- □ 提供 제공

57b

恭 공손할 공

恭恭恭恭恭恭恭恭

| 총획 10획 | 부수 忄 | 급수 3급 | 共 한가지 공 + 忄=心 마음 심 |

타인과 함께(共)하려는 마음(心=忄)을 가리킨다.

- □ 恭遜 공손
- □ 恭敬 공경
- □ 恭待 공대

57c

洪 넓을 홍

洪洪洪洪洪洪洪洪洪

| 총획 9획 | 부수 氵 | 급수 3급 | 共 한가지 공 + 氵 물 수 |

다수의 사람들이 함께(共) 겪는 물(氵)난리를 가리킨다.

- □ 洪水 홍수
- □ 洪魚 홍어
- □ 洪吉童 홍길동

57d

巷 거리 항

巷巷巷巷巷巷巷巷巷

| 총획 9획 | 부수 己 | 급수 3급 | 共 한가지 공 + 巳 뱀 사 |

사람(巳)들이 함께(共) 모여 있는 거리다.

- □ 巷間 항간

57e

港 항구 항

港港港港港港港港港港

| 총획 12획 | 부수 氵 | 급수 4급 | 巷 거리 항 + 氵 물 수 |

물(氵)이 함께 모여 있는 거리(巷)란 '항구'를 뜻한다.

- □ 港口 항구
- □ 港灣 항만
- □ 空港 공항

사람 | 신체 | 손

寸(1)

- 58a 村 마을 촌
- 木
- 58f 得 얻을 득
- 彳+旦
- 58 寸 마디 촌
- 言
- 58b 討 칠 토
- 58e 對 대할 대
- 坴
- 寸
- 58c 守 지킬 수
- 크+工+口
- 58d 尋 찾을 심

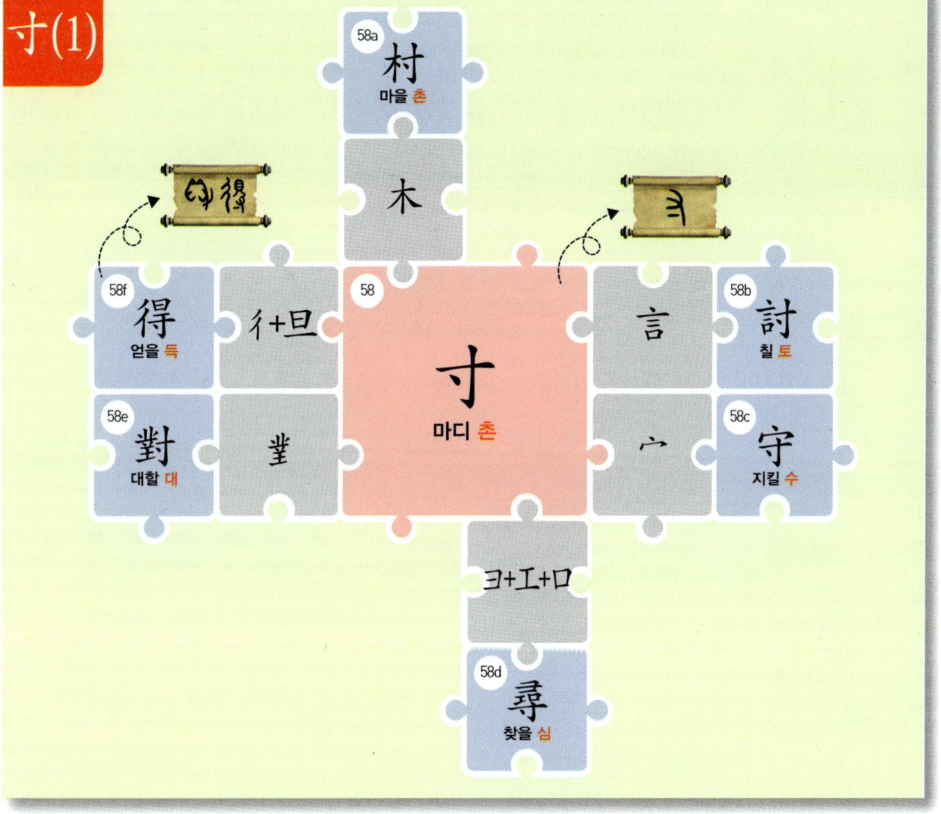

58

58 寸 마디 촌

寸 寸 寸

- 총획 3획
- 부수 寸
- 급수 8급

기본적으로는 '손'을 뜻하는 글자이나 '손바닥의 길이'로 거리를 재는 모습에서 '마디'의 뜻이 있다.

- 寸數 촌수
- 寸志 촌지
- 三寸 삼촌

58a 村 마을 촌

村 村 村 村 村 村 村

- 총획 7획
- 부수 木
- 급수 7급
- 寸 마디 촌 + 木 나무 목

마을 주변에 일정한 간격(寸)으로 나무(木) 울타리를 세워 놓는 모습이다.

촌(寸) 자에 한마디라는 뜻도 있으므로 일정 간격으로 나무를 심어 울타리를 만드는 모습에서 촌(寸) 자를 간격으로 해석하였다.

- 村落 촌락
- 農村 농촌
- 漁村 어촌

173

58b 討 칠 토

- 총획 10획
- 부수 言
- 급수 4급
- 寸 마디촌 + 言 말씀언

서로 한마디(寸)씩 말(言)을 주고받으며 맞받아치는 모습이다.

- □ 討論 토론
- □ 檢討 검토
- □ 聲討 성토

58c 守 지킬 수

- 총획 6획
- 부수 宀
- 급수 4급
- 寸 마디촌 + 宀 집면

집(宀)을 지키는(寸) 모습이다.

- □ 守成 수성
- □ 保守 보수
- □ 遵守 준수

58d 尋 찾을 심

- 총획 12획
- 부수 寸
- 급수 3급
- 寸 마디촌 + 彐 손계 + 工 장인공 + 口 입구

양손(彐+工=左, 寸+口=右)으로 무엇인가를 열심히 찾는 모습이다.

- □ 尋問 심문
- □ 尋訪 심방
- □ 推尋 추심

58e 對 대할 대

- 총획 14획
- 부수 寸
- 급수 6급
- 寸 마디촌 + 丵 (촛대)

어두운 밤 촛대(丵)를 들고(寸) 손님을 마주 대하는 모습이다.

어두운 밤에 손님이 찾아오면 촛불이나 횃불을 들고 나가 상대방을 확인하거나 비추면서 서로 말을 주고받는 장면을 연상하면 이 글자의 배경이 이해가 될 것이다.

- □ 對答 대답
- □ 對敵 대적
- □ 反對 반대

58f 得 얻을 득

- 총획 11획
- 부수 彳
- 급수 4급
- 寸 마디촌 + 彳 조금걸을척 + 旦 아침단

길(彳)에서 재물(旦→貝)을 주워(寸) 얻는 모습이다.

- □ 拾得 습득
- □ 利得 이득
- □ 所得 소득

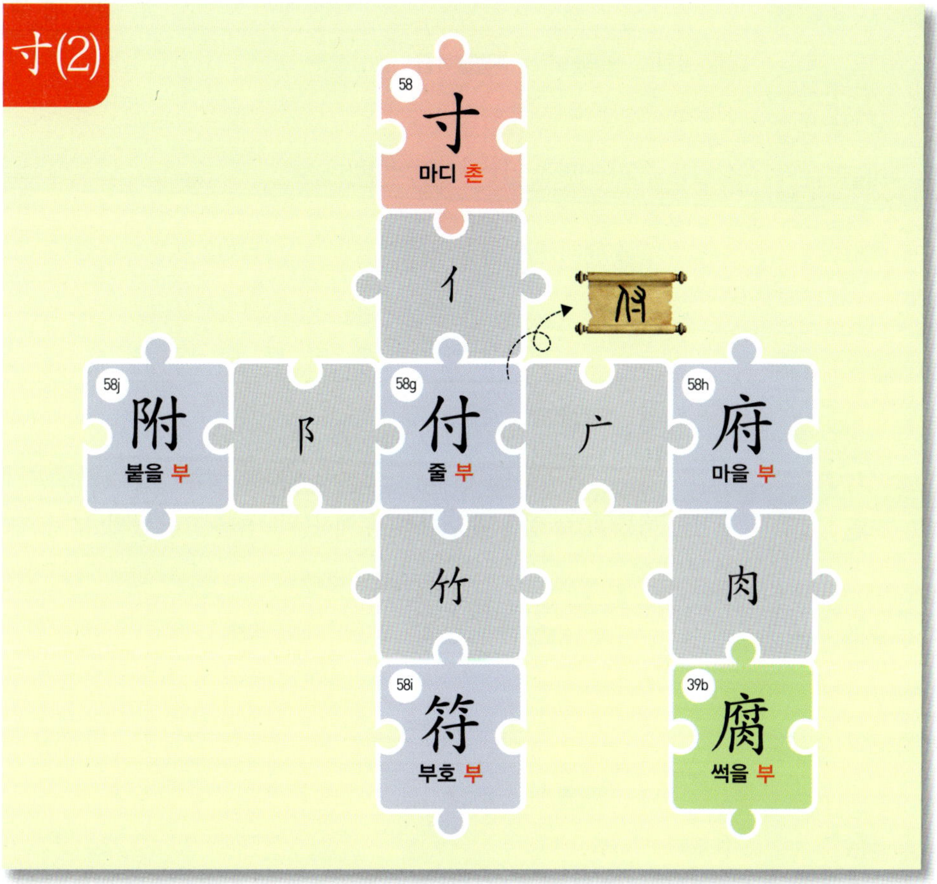

사람 | 신체 | 손

寸(2)

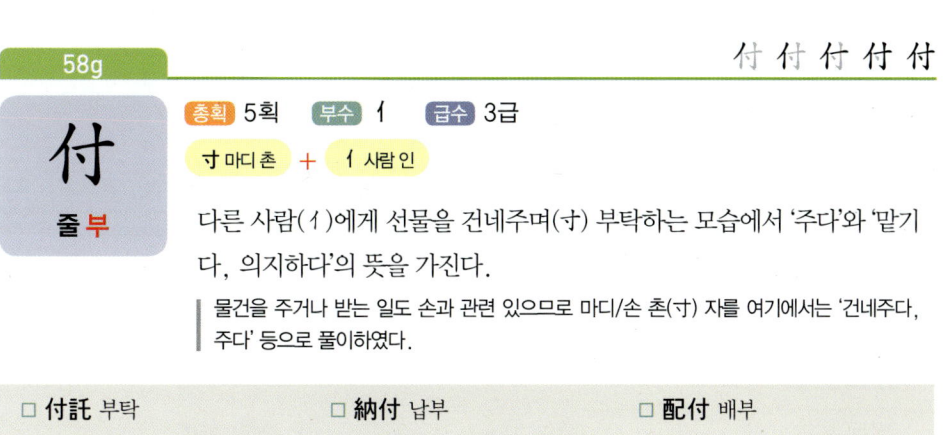

付 付 付 付 付

58g

付
줄 부

총획 5획　부수 亻　급수 3급

寸 마디 촌 ＋ 亻 사람 인

다른 사람(亻)에게 선물을 건네주며(寸) 부탁하는 모습에서 '주다'와 '맡기다, 의지하다'의 뜻을 가진다.

> 물건을 주거나 받는 일도 손과 관련 있으므로 마디/손 촌(寸) 자를 여기에서는 '건네주다, 주다' 등으로 풀이하였다.

□ 付託 부탁　　　□ 納付 납부　　　□ 配付 배부

58h

府 府 府 府 府 府 府 府

府 마을 부

- 총획 8획
- 부수 广
- 급수 4급
- 付 줄부 + 广 집엄

상벌을 주고(付)받는 기관(广)을 의미한다.

- ☐ 政府 정부
- ☐ 司法府 사법부
- ☐ 行政府 행정부

39b

腐 腐 腐 腐 腐 腐 腐 腐 腐 腐 腐

腐 썩을 부

- 총획 14획
- 부수 肉
- 급수 3급
- 府 마을부 + 肉 고기육

오가는 뇌물(肉)로 인해 관청(府)이 부패하는 모습을 고기가 썩어가는 것에 빗대었다.

- ☐ 腐敗 부패
- ☐ 腐蝕 부식
- ☐ 豆腐 두부

58i

符 符 符 符 符 符 符 符 符 符

符 부호 부

- 총획 11획
- 부수 竹
- 급수 3급
- 付 줄부 + 竹 대죽

나눠 가진 계약서(竹)가 권리의 '증거'라는 데서 후일 '부호, 부적'의 뜻도 생겼다.

- ☐ 符號 부호
- ☐ 符籍 부적
- ☐ 終止符 종지부

58j

附 附 附 附 附 附 附

附 붙을 부

- 총획 8획
- 부수 阝
- 급수 3급
- 付 줄부 + 阝 언덕부

비빌 언덕(阝)이라고 생각해 뇌물을 주며(付) 달라붙다.

- ☐ 附近 부근
- ☐ 寄附 기부
- ☐ 添附 첨부

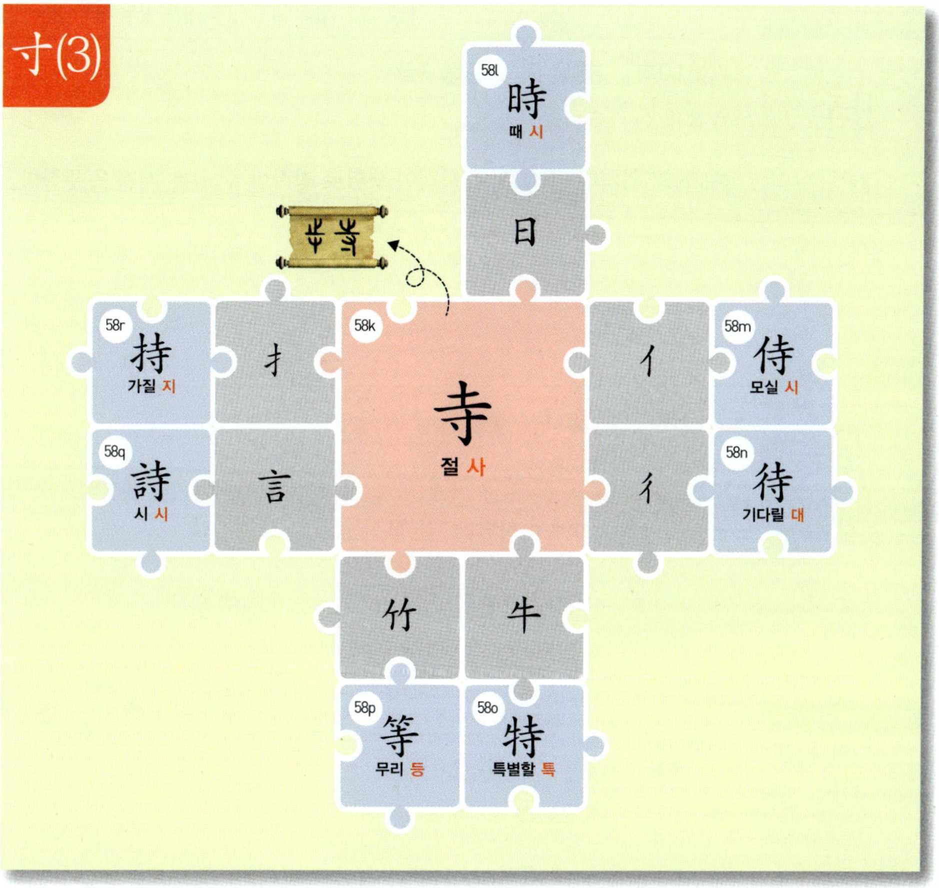

사람 | 신체 | 손

寸(3)

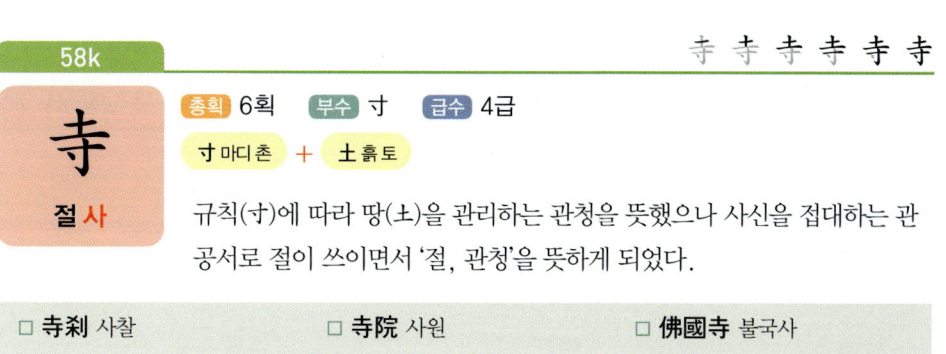

| 58l 時 때 시 |
| 日 |

| 58r 持 가질 지 | 扌 | 58k 寺 절 사 | 亻 | 58m 侍 모실 시 |
| 58q 詩 시 시 | 言 | | 彳 | 58n 待 기다릴 대 |

| 竹 | 牛 |
| 58p 等 무리 등 | 58o 特 특별할 특 |

58

58k

寺 寺 寺 寺 寺 寺

寺
절 사

- 총획 6획
- 부수 寸
- 급수 4급

寸 마디촌 + 土 흙토

규칙(寸)에 따라 땅(土)을 관리하는 관청을 뜻했으나 사신을 접대하는 관공서로 절이 쓰이면서 '절, 관청'을 뜻하게 되었다.

□ 寺刹 사찰　　□ 寺院 사원　　□ 佛國寺 불국사

58l

時 時 時 時 時 時 時 時 時

時
때 시

- 총획 10획
- 부수 日
- 급수 7급

寺 절 사 + 日 해 일

해(日)의 위치나 절(寺)의 규칙적인 생활로 짐작할 수 있는 '시간'을 뜻한다.

□ 時間 시간　　□ 時差 시차　　□ 定時 정시

58m

侍 侍 侍 侍 侍 侍 侍

侍
모실 시

- 총획 8획
- 부수 亻
- 급수 3급

寺 절 사 + 亻 사람 인

관청이나 절(寺)에서 사람(亻)을 모시는 것을 가리킨다.

□ 侍女 시녀　　□ 侍從 시종　　□ 內侍 내시

58n

待 待 待 待 待 待 待 待

待
기다릴 대

- 총획 9획
- 부수 彳
- 급수 6급

寺 절 사 + 彳 조금 걸을 척

관청이나 절(寺)에 가서(彳) 높은 사람을 기다리는 모습이다.

□ 待期 대기　　□ 待望 대망　　□ 期待 기대

58o

特 特 特 特 特 特 特 特 特

特
특별할 특

- 총획 10획
- 부수 牛
- 급수 3급

寺 절 사 + 牛 소 우

절(寺)에서 소(牛)를 잡는 것은 신께 바치는 제물이라는 특별한 이유가 있다.

□ 特別 특별　　□ 特許 특허　　□ 特惠 특혜

사람 | 신체 | 손

58p

等等等等等等等等等等等

무리 등

총획 12획　부수 竹　급수 6급

寺 절 사 ＋ 竹 대 죽

절(寺)의 죽(竹)간을 정리해 둔 모습에서 '가지런하다'의 뜻이 나왔으며, 죽간을 쌓아둔 모습에서 '등급, 무리' 등의 뜻이 생겼다.

☐ 等數 등수　　☐ 平等 평등　　☐ 八等身 팔등신

58q

詩詩詩詩詩詩詩詩詩詩詩詩詩

시 시

총획 13획　부수 言　급수 4급

寺 절 사 ＋ 言 말씀 언

절(寺)에서 쓰는 짧고 심오한 말(言)들을 가리킨다.

☐ 詩人 시인　　☐ 詩想 시상　　☐ 詩篇 시편

58r

持持持持持持持持持

가질 지

총획 9획　부수 扌　급수 4급

寺 절 사 ＋ 扌 손 수

땅을 소유하는 관청이란 글자(寺)에 손(扌)을 더해 잡아 쥐어 '가지다'는 뜻을 강조하였다.

☐ 持參 지참　　☐ 持續 지속　　☐ 矜持 긍지

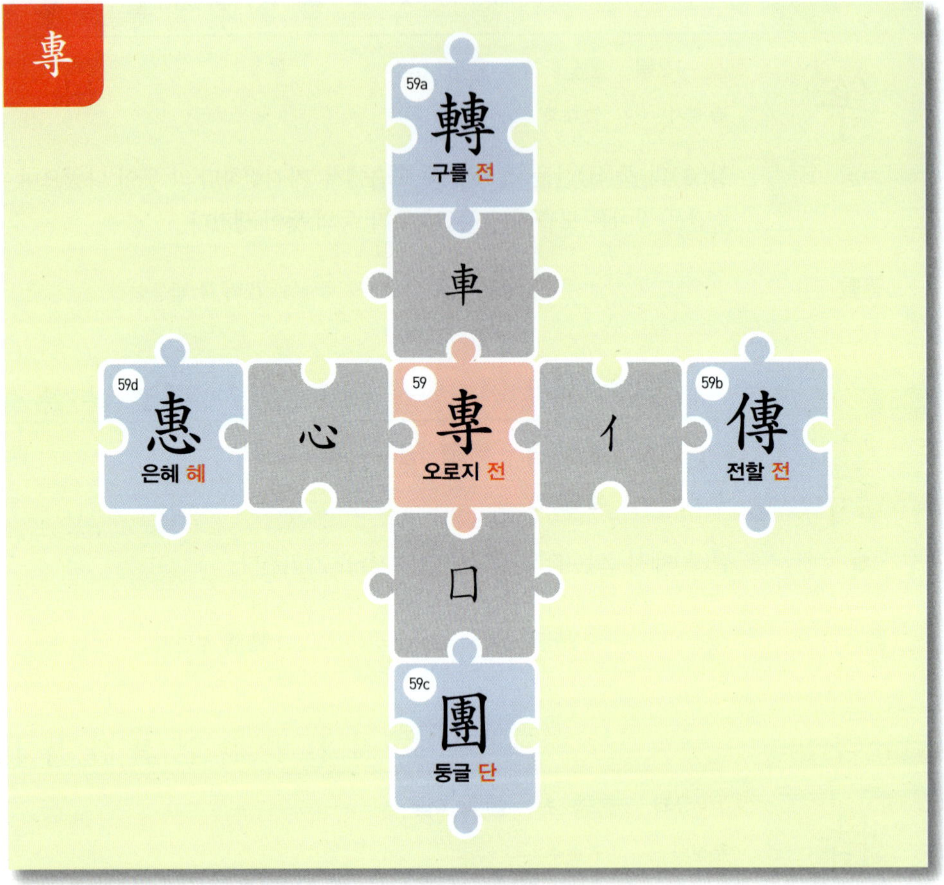

專

	轉 구를 전	
	車	
惠 은혜 혜	心	專 오로지 전	亻	傳 전할 전
	口	
	團 둥글 단	

專 오로지 전

총획 11획　**부수** 寸　**급수** 4급

집중하여 실패(叀)에 실을 감는(寸) 모습을 본뜬 글자이다.

촌(寸) 자는 손을 본뜬 글자이므로 손이 하는 일과 관련하여 사용된다. 물레를 돌리는 일도 손이 하는 일이므로 '돌리다'로, 실패에 실을 감는 일도 손이 하는 일이므로 '감다'로 해석하였다.

사람 | 신체 | 손

59a

轉 轉 轉 轉 轉 轉 轉 轉 轉 轉 轉 轉 轉 轉

구를 **전**

총획 18획　**부수** 車　**급수** 4급
專 오로지 전　+　**車** 수레 거/차

둥근 실패(專)나 수레(車)바퀴가 구르는 모습이다.

☐ **轉換** 전환　☐ **運轉** 운전　☐ **回轉** 회전

59b

傳 傳 傳 傳 傳 傳 傳 傳 傳 傳

傳
전할 **전**

총획 13획　**부수** 亻　**급수** 5급
專 오로지 전　+　**亻** 사람 인

사람(亻)이나 사람에 의해 무언가를 굴려(專) 보내는 모습에서 '전하다'의 뜻이 있다.

☐ **傳達** 전달　☐ **傳染** 전염　☐ **遺傳** 유전

59c

團 團 團 團 團 團 團 團 團 團 團 團 團

둥글 **단**

총획 14획　**부수** 囗　**급수** 5급
專 오로지 전　+　**囗** 에워쌀 위

'둥글다'의 뜻을 갖는 전(專) 자가 '오로지'의 뜻으로 쓰이자 둥근 모양을 본뜬 글자인 에울 위(囗) 자를 더해 '둥글다'는 뜻을 강조한 글자이다.

☐ **團體** 단체　☐ **團束** 단속　☐ **集團** 집단

59d

惠 惠 惠 惠 惠 惠 惠 惠 惠 惠

은혜 **혜**

총획 12획　**부수** 心　**급수** 4급
專 오로지 전　+　**心** 마음 심

변치(專) 않는 감사의 마음(心)을 가리킨다.

☐ **惠澤** 혜택　☐ **恩惠** 은혜　☐ **受惠者** 수혜자

勹(1)

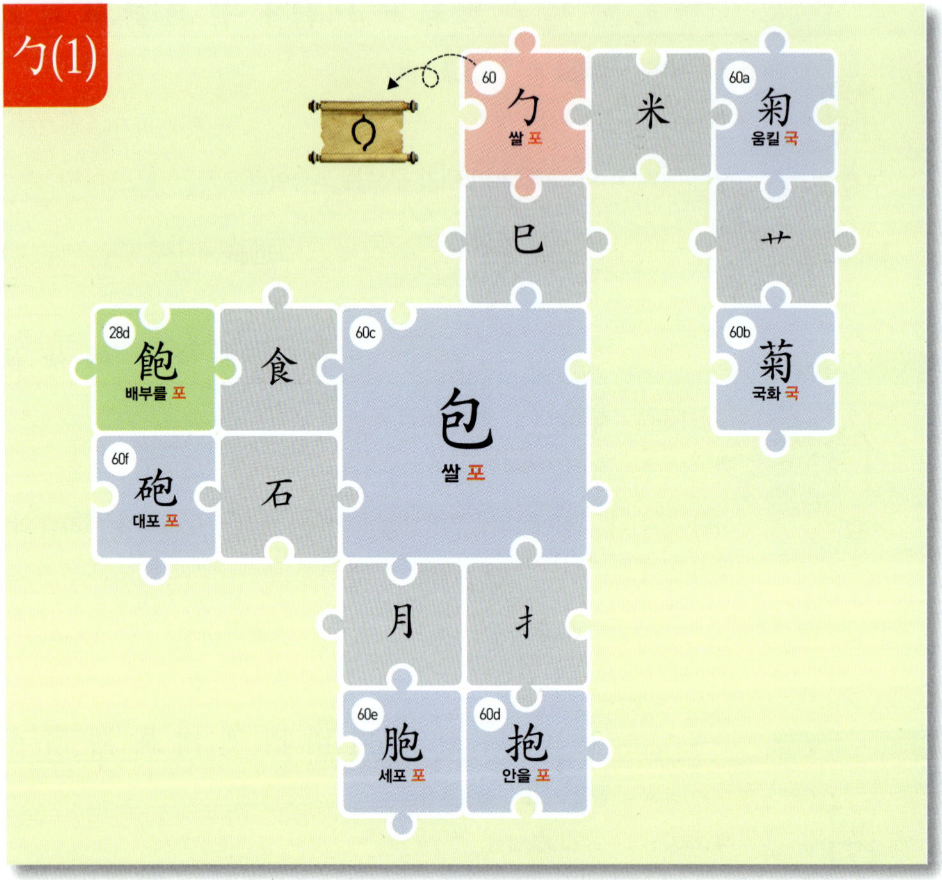

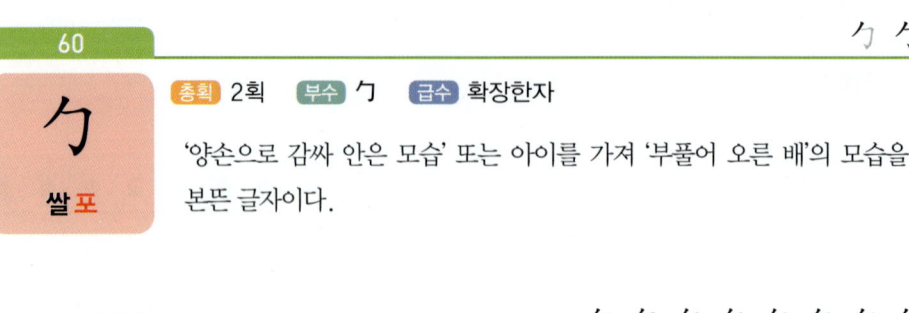

60

勹 쌀**포**

- 총획 2획
- 부수 勹
- 급수 확장한자

'양손으로 감싸 안은 모습' 또는 아이를 가져 '부풀어 오른 배'의 모습을 본뜬 글자이다.

60a

匊 움킬**국**

- 총획 8획
- 부수 勹
- 급수 특급
- 勹쌀포 + 米쌀미

쌀(米)을 움켜쥐고(勹) 있는 모습을 본뜬 글자이다.

사람 | 신체 | 손

60b 菊 국화 국

菊 菊 菊 菊 菊 菊 菊 菊 菊 菊 菊

- 총획 12획
- 부수 艹
- 급수 3급
- 菊 움킬 국 + 艹 풀 초

쌀(米)을 움켜쥐고(勹) 있는 것처럼 생긴 꽃(艹), 국화를 가리킨다.

- ☐ 菊花 국화
- ☐ 水菊 수국
- ☐ 小菊 소국

60c 包 쌀 포

包 包 包 包 包

- 총획 5획
- 부수 勹
- 급수 4급
- 勹 쌀 포 + 巳 뱀 사

태아를 뜻하는 사(巳) 자를 더해 아이(巳)를 감싸 안고(勹) 있는 모습을 강조하여 '싸다'의 뜻을 되살렸으며 물건을 감싸 안은 '꾸러미'의 뜻으로도 쓰였다.

- ☐ 包裝 포장
- ☐ 包括 포괄
- ☐ 小包 소포

60d 抱 안을 포

抱 抱 抱 抱 抱 抱 抱 抱

- 총획 8획
- 부수 扌
- 급수 3급
- 包 쌀 포 + 扌 손 수

포(包) 자가 '싸다, 꾸러미'로 뜻이 굳어지자 손 수(扌) 자를 더해 아이를 안고(包) 있는 모습을 강조한 글자이다.

- ☐ 抱負 포부
- ☐ 抱擁 포옹
- ☐ 懷抱 회포

60e 胞 세포 포

胞 胞 胞 胞 胞 胞 胞 胞

- 총획 9획
- 부수 月
- 급수 4급
- 包 쌀 포 + 月 육달 월

어머니의 배(月)로 감싸고(包) 있는 아직 태어나지 않은 아기(巳)를 가리킨다.

- ☐ 胞子 포자
- ☐ 僑胞 교포
- ☐ 細胞 세포

60f 砲 대포 포

砲 砲 砲 砲 砲 砲 砲 砲 砲

- 총획 10획
- 부수 石
- 급수 4급
- 包 쌀 포 + 石 돌 석

대포알(石)을 감싸고(包) 있는 무기를 본뜬 글자이다.

- ☐ 砲門 포문
- ☐ 發砲 발포
- ☐ 大砲 대포

ク(2)

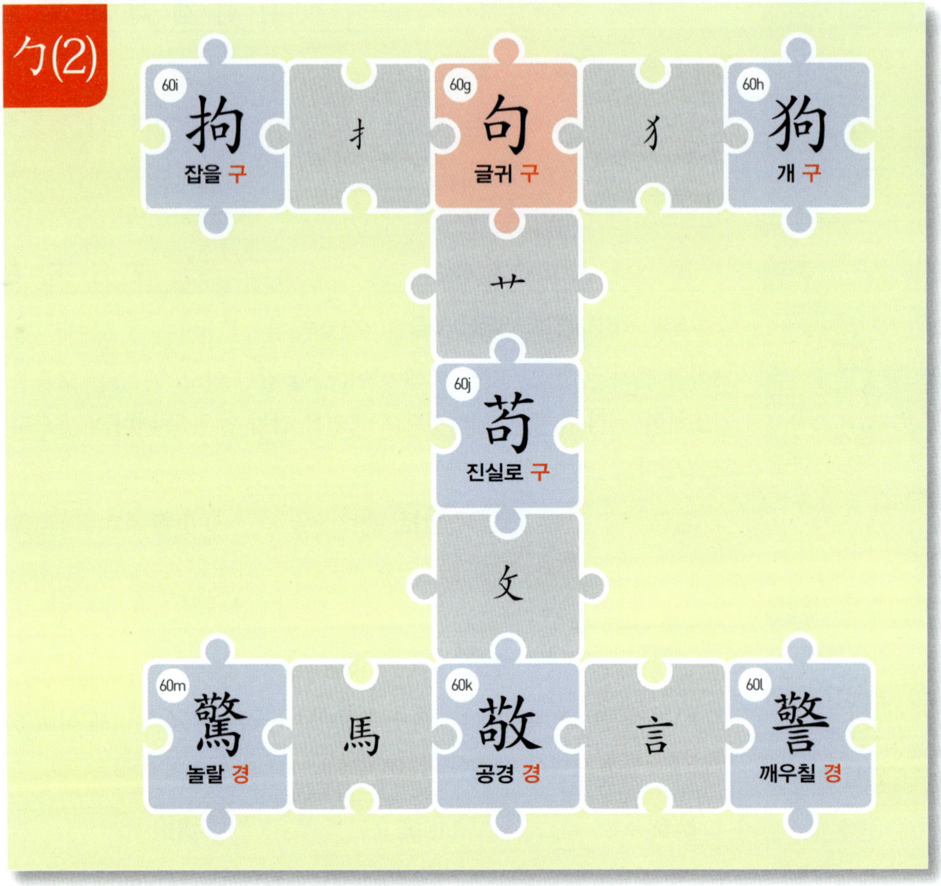

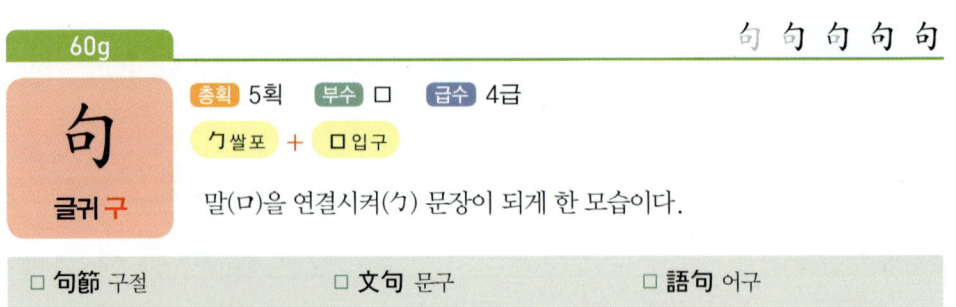

60g

句
글귀 **구**

句 句 句 句 句

총획 5획 부수 口 급수 4급

ク쌀포 + 口입구

말(口)을 연결시켜(ク) 문장이 되게 한 모습이다.

□ 句節 구절   □ 文句 문구   □ 語句 어구

사람 | 신체 | 손

60h

狗 개 구

- 총획 8획
- 부수 犭
- 급수 3급

句 글귀 구 + 犭 큰개견

올가미(句) 줄에 매어 놓은 개(犭)의 모습을 본뜬 글자이다.

- □ 黃狗 황구
- □ 兎死狗烹 토사구팽
- □ 堂狗風月 당구풍월

60i

拘 잡을 구

- 총획 8획
- 부수 扌
- 급수 3급

句 글귀 구 + 扌 손 수

갈고리(句)를 걸듯 손(扌)으로 상대방을 붙잡는 모습이다.

- □ 拘束 구속
- □ 拘留 구류
- □ 拘禁 구금

60j

苟 진실로 구

- 총획 9획
- 부수 艹
- 급수 3급

句 글귀 구 + 艹 풀 초

뒤섞여 올라오는 풀(艹) 또는 장식한 머리 모양을 본뜬 글자로 글귀 구(句)를 발음으로 쓴다.

- □ 苟且 구차

60k

敬 敬 敬 敬 敬 敬 敬 敬 敬 敬 敬 敬

敬
공경 **경**

- 총획 13획
- 부수 攵
- 급수 5급

苟 진실로 구 + 攵 칠 복

정성을 다해 왕비의 머리(苟)를 손질하도록 채찍질(攵)하는 모습에서 '공경하다'의 뜻이 생겼다.

> 진실로 구(苟) 자가 뒤섞이며 올라오는 풀의 모습을 본뜬 글자이므로 여기서는 '헝클어진 머리카락'을 의미하는 글자로 해석하였고, 전문(篆文)으로 판단키는 어려우나 진실로/구차할 구(苟) 자가 장식을 많이 하는 귀부인들의 머리 모양을 본뜬 글자로도 여겨져서 '왕비의 머리'로 해석하였다.

- ☐ 敬畏 경외
- ☐ 尊敬 존경
- ☐ 恭敬 공경

60l

警 警 警 警 警 警 警 警 警 警 警 警 警 警 警 警

警
깨우칠 **경**

- 총획 20획
- 부수 言
- 급수 4급

敬 공경 경 + 言 말씀 언

상대방을 공경(敬)하도록 말(言)로 타이르는 모습이다.

- ☐ 警告 경고
- ☐ 警察 경찰
- ☐ 警報 경보

60m

驚 驚 驚 驚 驚 驚 驚 驚 驚 驚 驚 驚 驚 驚 驚 驚 驚

驚
놀랄 **경**

- 총획 23획
- 부수 馬
- 급수 4급

敬 공경 경 + 馬 말 마

갑작스런 채찍질(敬)에 놀라 뛰어오르는 말(馬)의 모습을 본뜬 글자이다.

- ☐ 驚天 경천
- ☐ 驚歎 경탄
- ☐ 驚異的 경이적

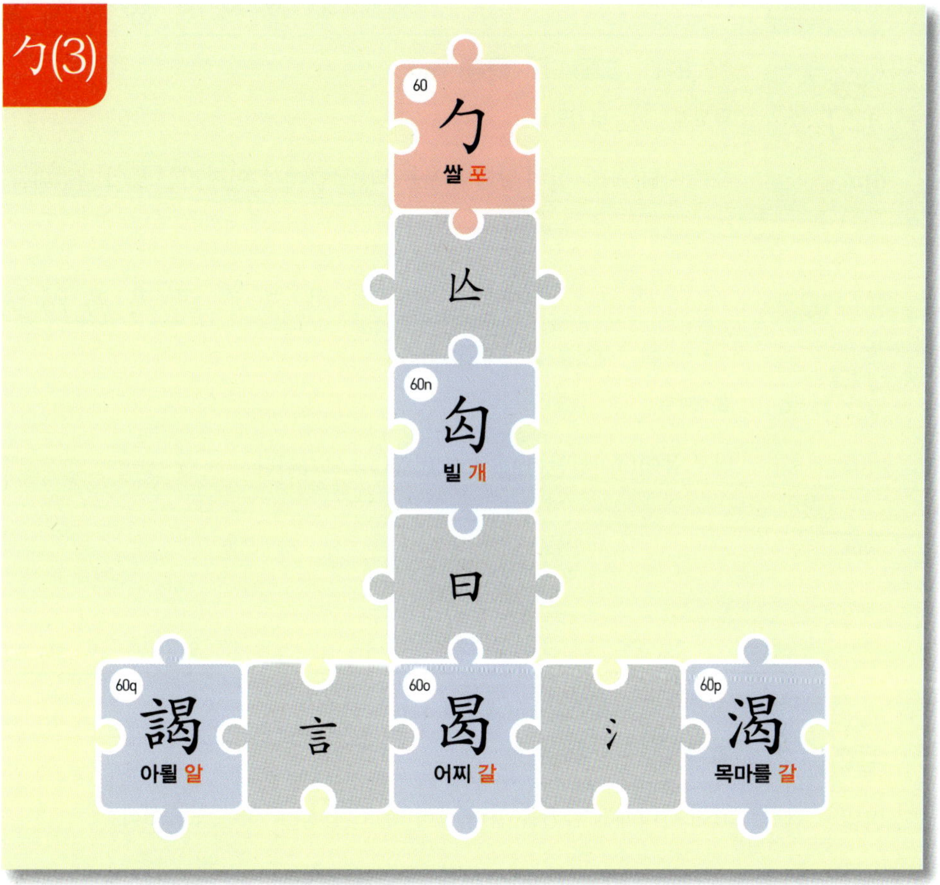

사람 | 신체 | 손

ク(3)

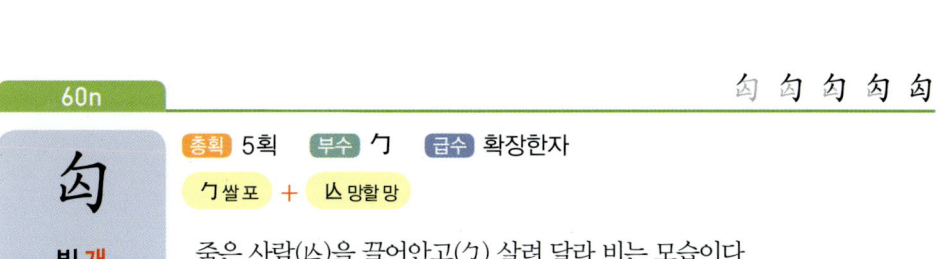

60n
匃 빌 개

총획 5획   부수 ク   급수 확장한자

ク 쌀 포 + 凵 망할 망

죽은 사람(凵)을 끌어안고(ク) 살려 달라 비는 모습이다.

60o

曷 曷 曷 曷 曷 曷 曷 曷 曷

曷
어찌 갈

| 총획 9획 | 부수 曰 | 급수 특급 |

匃 빌 개 + 曰 가로 왈

죽은 사람(匃)을 살려 달라며 우는(曰) 모습에서 '어찌'라는 뜻이 생겼다.

60p

渴 渴 渴 渴 渴 渴 渴 渴 渴 渴 渴 渴

渴
목마를 갈

| 총획 12획 | 부수 氵 | 급수 3급 |

曷 어찌 갈 + 氵 물 수

너무 울어(曷) 입안이 다 말라 버린(氵) 모습이다.

- □ 渴症 갈증
- □ 渴望 갈망
- □ 枯渴 고갈

60q

謁 謁 謁 謁 謁 謁 謁 謁 謁 謁 謁 謁 謁

謁
아뢸 알

| 총획 16획 | 부수 言 | 급수 3급 |

曷 어찌 갈 + 言 말씀 언

고위 관리에게 남편을 살려 달라(曷)고 간청(言)하는 모습이다.

- □ 謁見 알현
- □ 拜謁 배알

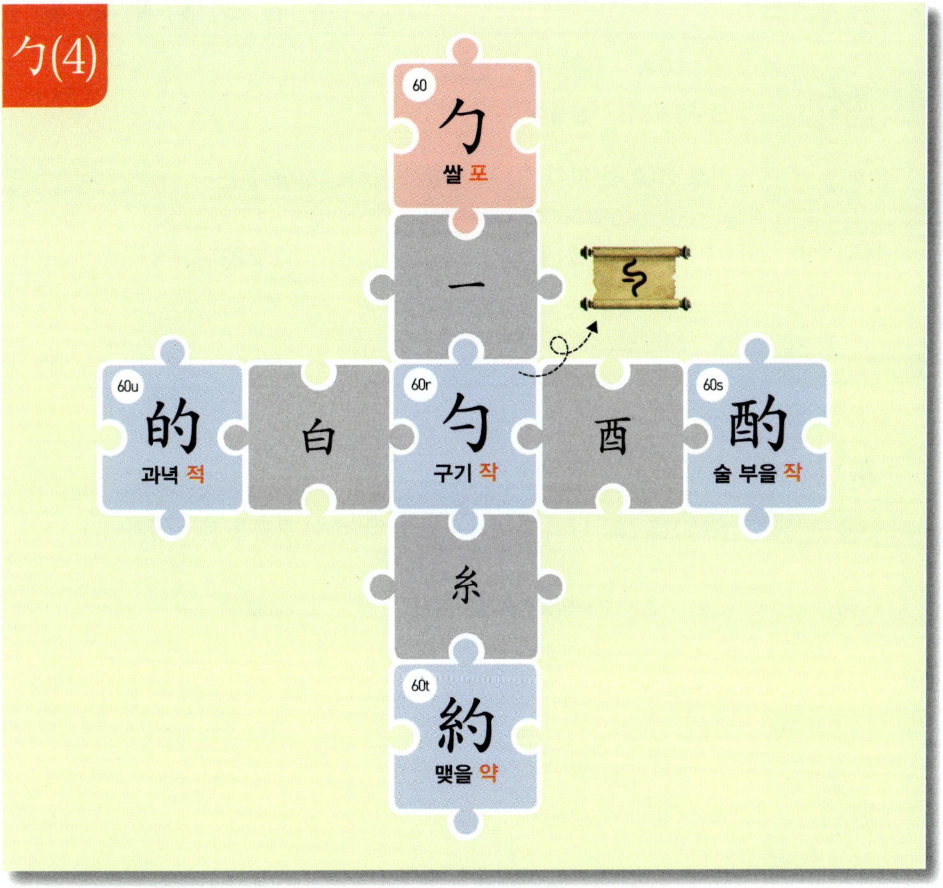

사람 | 신체 | 손

勹(4)

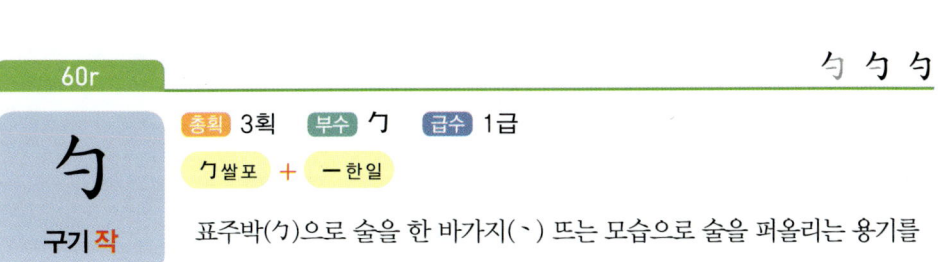

- 60 勹 쌀**포**
- 60u 的 과녁**적**
- 白
- 60r 勺 구기**작**
- 酉
- 60s 酌 술 부을**작**
- 糸
- 60t 約 맺을**약**

60

勺 勺 勺

60r

勺
구기**작**

- 총획 3획 부수 勹 급수 1급
- 勹쌀포 + 一한일

표주박(勹)으로 술을 한 바가지(`)뜨는 모습으로 술을 퍼올리는 용기를 뜻한다.

60s

酌 酌 酌 酌 酌 酌 酌 酌 酌 酌

酌
술 부을 **작**

- 총획 10획
- 부수 酉
- 급수 3급

勺 구기 작 + 酉 닭 유

서로 술(酉)을 따라(勺) 주며 함께 마시는 모습이다.

- □ 酬酌 수작
- □ 對酌 대작
- □ 無酌定 무작정

60t

約 約 約 約 約 約 約 約 約

約
맺을 **약**

- 총획 9획
- 부수 糸
- 급수 5급

勺 구기 작 + 糸 가는실 멱

술(勺)을 서로 나눠 마시며 약속을 맺던(糸) 모습을 본뜬 글자이다.

- □ 約婚 약혼
- □ 契約 계약
- □ 條約 조약

60u

的 的 的 的 的 的 的 的

的
과녁 **적**

- 총획 8획
- 부수 白
- 급수 5급

勺 구기 작 + 白 흰 백

한 국자(勺) 퍼낸 자리(白)가 마치 과녁과 같다.

- □ 的中 적중
- □ 標的 표적
- □ 目的 목적

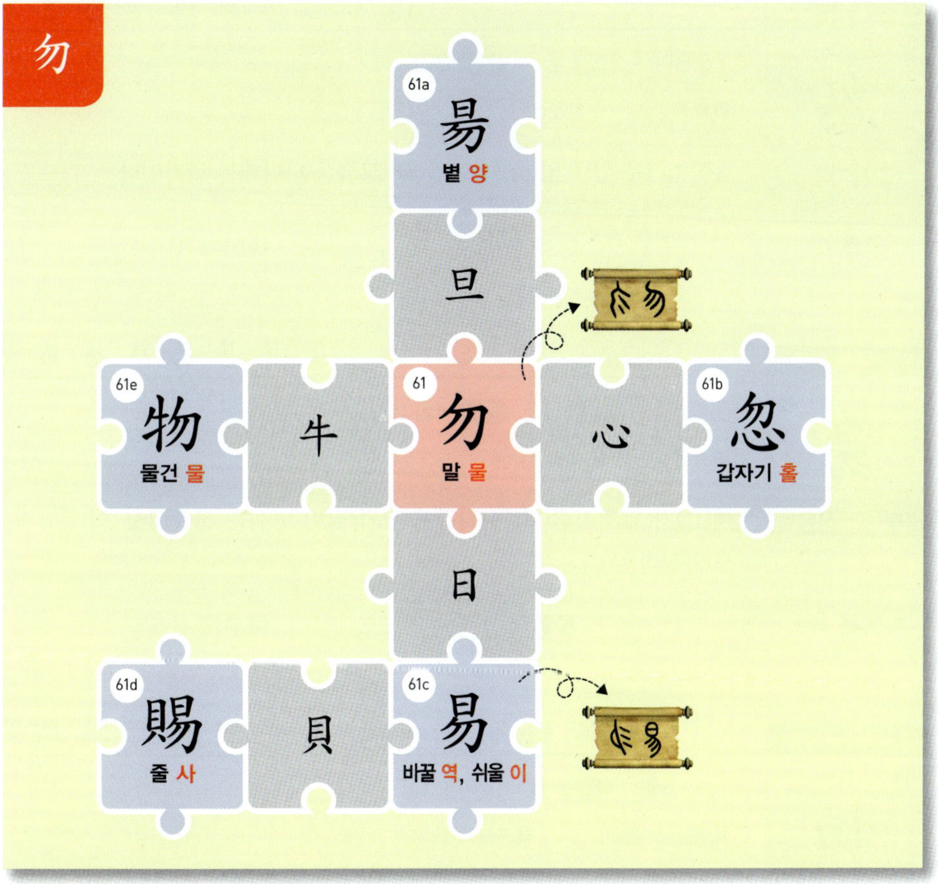

勿
61a
昜
별 양
旦
61e
物
물건 물
牛
61
勿
말 물
心
61b
忽
갑자기 홀
日
61d
賜
줄 사
貝
61c
易
바꿀 역, 쉬울 이

61

61

勿 勿 勿 勿

勿
말 **물**

총획 4획 부수 勹 급수 3급

도살된 짐승의 핏자국 혹은 깃발의 모양 또는 아지랑이를 본뜬 글자로 곧 사라지고 마는 것을 뜻한다.

□ **勿論** 물론 □ **勿忘草** 물망초

61a

昜 昜 昜 昜 昜 昜 昜 昜 昜

昜
별 **양**

총획 9획 부수 日 급수 특급

勿 말 물 + 旦 아침 단

햇볕(旦)이 쏟아지자 아지랑이(勿)가 피어오르는 모습이다.

61b

忽忽忽忽忽忽忽忽

忽
갑자기 홀

- 총획 8획
- 부수 心
- 급수 3급
- 勿 말 물 + 心 마음 심

갑작스러운 일로 넋(心)이 나간(勿) 모습을 나타내는 글자이다.

- ☐ 忽然 홀연
- ☐ 忽待 홀대
- ☐ 疏忽 소홀

61c

易易易易易易易易

易
바꿀 역, 쉬울 이

- 총획 8획
- 부수 日
- 급수 4급
- 勿 말 물 + 日 해 일

해(日)가 없어지면(勿) 순식간에 낮과 밤이 바뀌는 모습에서 '쉽다'의 뜻도 가진다.

- ☐ 交易 교역
- ☐ 容易 용이
- ☐ 難易度 난이도

61d

賜賜賜賜賜賜賜賜賜賜賜賜

賜
줄 사

- 총획 15획
- 부수 貝
- 급수 3급
- 易 바꿀 역, 쉬울 이 + 貝 조개 패

공을 세운 신하에게 상(貝)을 내려주는 일은 쉬운(易) 일이다.

- ☐ 賜藥 사약
- ☐ 下賜 하사
- ☐ 膳賜 선사

61e

物物物物物物物

物
물건 물

- 총획 8획
- 부수 牛
- 급수 7급
- 勿 말 물 + 牛 소 우

제물로 소(牛)를 잡는(勿) 모습이다.

- ☐ 物質 물질
- ☐ 萬物 만물
- ☐ 事物 사물

사람 | 신체 | 발

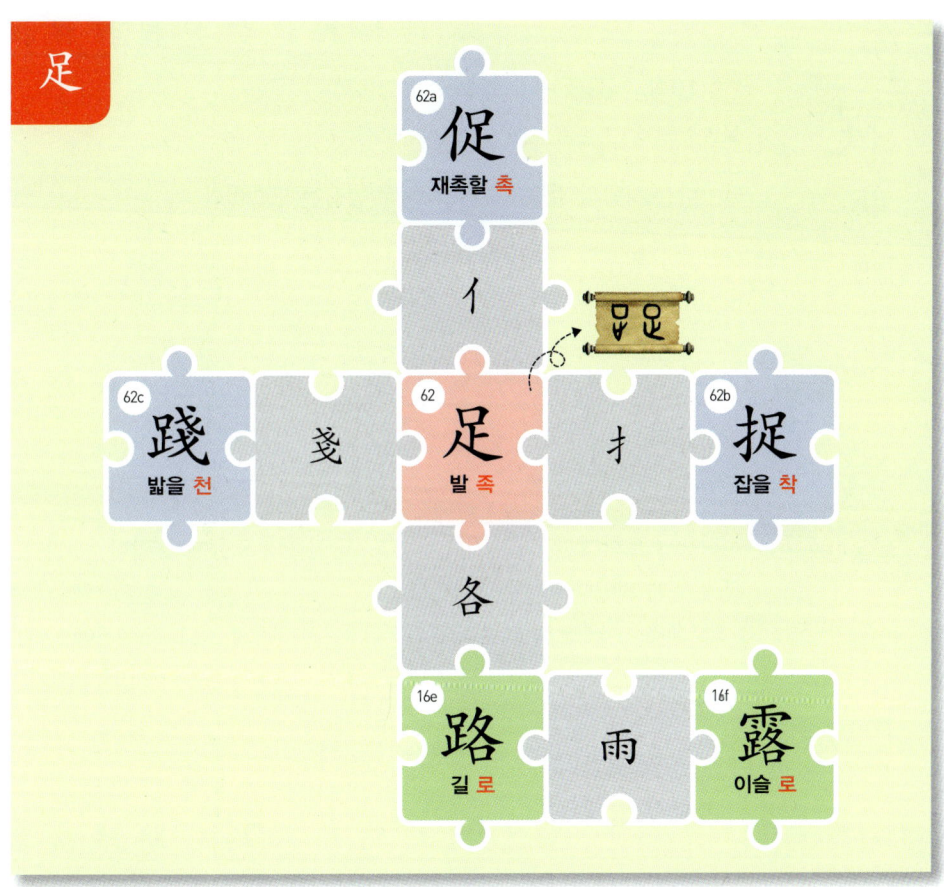

62

足 발 족

- 총획 7획　부수 足　급수 7급
- 종아리와 발을 형상화한 글자이다.
- 손과 관련된 기본 글자도 많듯이 발과 관련된 글자도 많이 있다. 비록 글자의 모양은 다르지만 발과 관련된 기본 글자들은 모두 다 '발'로 생각하고 발이 하는 일과 연관시키도록 하자.
  - □ 不足 부족　　□ 手足 수족　　□ 滿足 만족

62a

促 재촉할 촉

- 총획 9획　부수 亻　급수 3급　足 발족 + 亻 사람인
- 빨리 가라고(足) 사람(亻)의 등을 떠미는 모습이다.
- 발(足)은 걷거나 뛰거나 하는 데 필요한 신체기관이므로 여기선 '가다'로 풀이하였다.
  - □ 促求 촉구　　□ 促進 촉진　　□ 督促 독촉

62b

捉 잡을 착

- 총획 10획
- 부수 扌
- 급수 3급
- 足 발족 + 扌 손수

달아나는 사람의 발(足)을 손(扌)으로 붙잡는 모습이다.

☐ 捕捉 포착

62c

踐 밟을 천

- 총획 15획
- 부수 足
- 급수 3급
- 足 발족 + 戔 나머지 잔

적진을 초토화(戔)시키며 지나가는(足) 군인들의 모습에서 '밟다, 짓밟다'를 뜻하게 되었다.

해칠 잔(戔) 자가 전쟁 무기인 창(戈)을 포개(戔) 놓은 글자이므로 전쟁과 관련된 용어인 '무참하다, 전쟁터, 갈취하다, 초토화' 등으로 해석하였다.

☐ 實踐 실천

16e

路 길 로

- 총획 13획
- 부수 足
- 급수 6급
- 足 발족 + 各 각각 각

각각(各)의 장소를 오가는(足) 길을 의미한다.

☐ 路線 노선   ☐ 道路 도로   ☐ 線路 선로

16f

露 이슬 로

- 총획 20획
- 부수 雨
- 급수 3급
- 路 길로 + 雨 비우

길(路)을 촉촉이 적시는 비(雨)를 가리킨다.

☐ 露宿 노숙   ☐ 露出 노출   ☐ 暴露 폭로

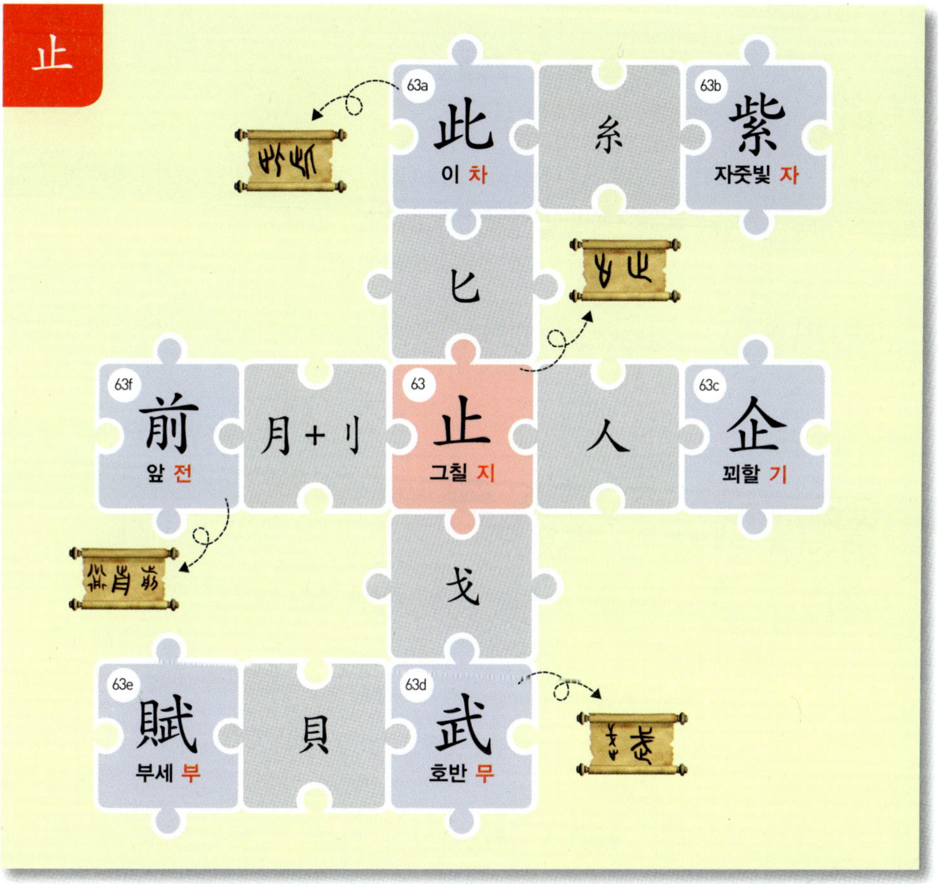

사람 | 신체 | 발

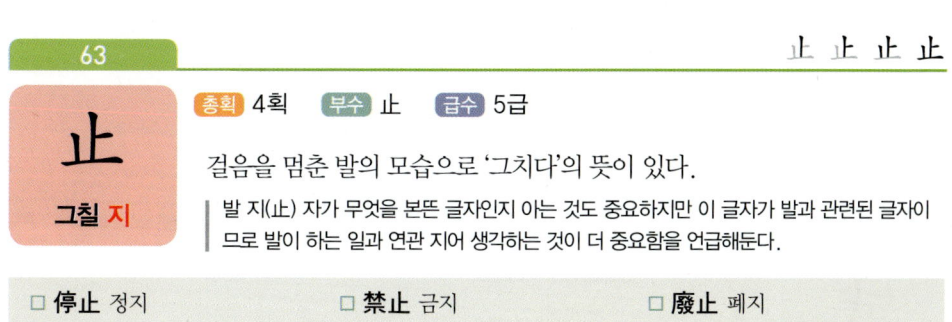

止 止 止 止

止
그칠 지

- 총획 4획
- 부수 止
- 급수 5급

걸음을 멈춘 발의 모습으로 '그치다'의 뜻이 있다.

발 지(止) 자가 무엇을 본뜬 글자인지 아는 것도 중요하지만 이 글자가 발과 관련된 글자이므로 발이 하는 일과 연관 지어 생각하는 것이 더 중요함을 언급해둔다.

☐ 停止 정지   ☐ 禁止 금지   ☐ 廢止 폐지

63a

此 이 **차**

- 총획 6획　부수 止　급수 3급
- 止 그칠 지 ＋ 匕 비수 비

짧은 거리만 움직이는(止) 노인(匕)의 모습에서 '이, 여기, 이쪽'처럼 가까운 곳을 지칭하는 대명사가 되었다.

▎비수 비(匕) 자는 구부정한 사람을 본뜬 글자이므로 비수 비(匕)를 '노인'으로 풀이하였다.

- □ 此日彼日 차일피일
- □ 彼此一般 피차일반

63b

紫 자줏빛 **자**

- 총획 12획　부수 糸　급수 3급
- 此 이 차 ＋ 糸 가는실 멱

실(糸)이나 옷감을 물들여 색을 나타낸 모습이다.

- □ 紫外線 자외선
- □ 紫朱色 자주색
- □ 紫水晶 자수정

63c

企 꾀할 **기**

- 총획 6획　부수 人　급수 3급
- 止 그칠 지 ＋ 人 사람 인

계획을 실행으로 옮기기 위해 발(止)걸음을 내딛는 사람(人)의 모습에서 '꾀하다, 도모하다, 바라다'의 뜻이 생겼다.

- □ 企業 기업
- □ 企圖 기도
- □ 企劃 기획

63d

武 호반 **무**

- 총획 8획　부수 止　급수 4급
- 止 그칠 지 ＋ 戈 창 과

창(戈)을 들고 행군(止)하는 당당한 병사(戈)들을 가리킨다.

- □ 武士 무사
- □ 武裝 무장
- □ 文武 문무

사람 | 신체 | 발

63e

賦 賦 賦 賦 賦 賦 賦 賦 賦 賦 賦 賦 賦 賦 賦

賦
부세 **부**

- 총획 15획
- 부수 貝
- 급수 3급

武 호반 무 + 貝 조개 패

돈(貝) 대신 노동력을 강제(武)로 걷어가는 제도를 가리킨다.

> 병역 의무나 세금 등은 국가의 의무이지만, 일종의 강제적인 것이므로 군인을 뜻하는 굳셀 무(武) 자를 '강제'로 해석하였다.

□ 賦課 부과 □ 割賦 할부 □ 天賦的 천부적

63f

前 前 前 前 前 前 前 前

前
앞 **전**

- 총획 9획
- 부수 刂
- 급수 7급

止 그칠 지 + 月 달 월 + 刂 칼 도

쟁반(月)에 담긴 물로 발(⺌=止)을 씻는 등 제단 '앞'에서 몸을 정리(刂)하는 모습을 본뜬 글자이다.

□ 前後 전후 □ 以前 이전 □ 午前 오전

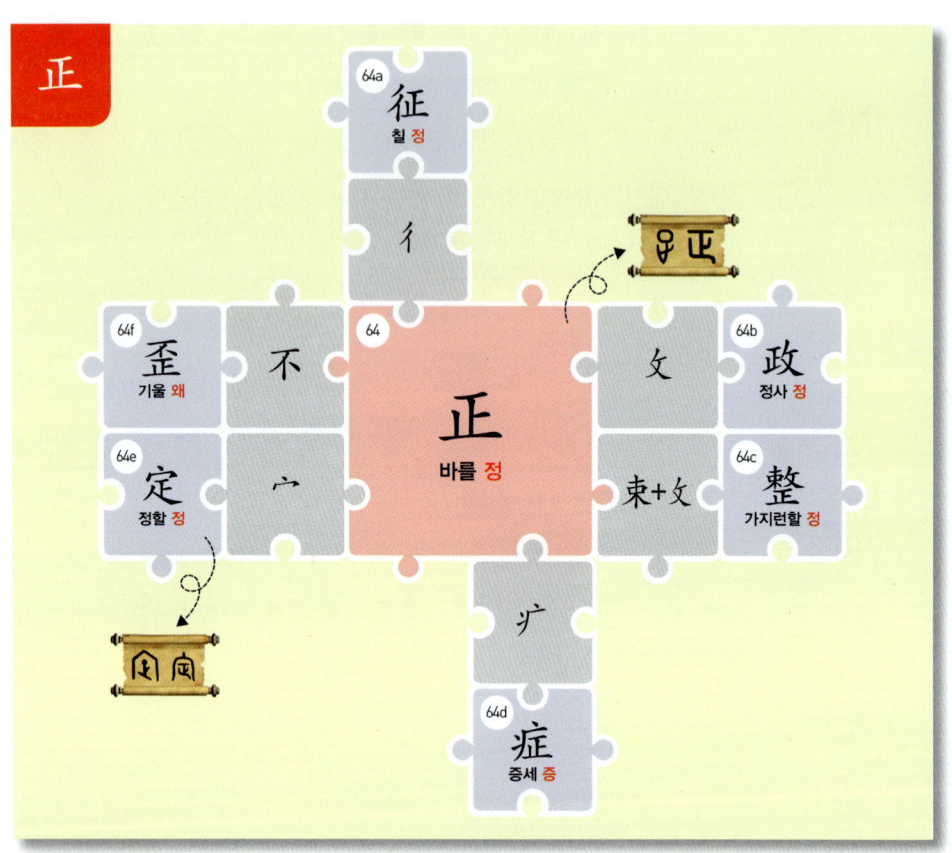

正 正 正 正 正

64

正 바를 정

총획 5획 | 부수 止 | 급수 7급

성(口 → 一)을 정복하러 가는(止) 모습에서 적을 물리치는 것이 '옳다, 바르다'의 뜻이 있다.

- 正道 정도
- 正面 정면
- 修正 수정

征 征 征 征 征 征 征

64a

征 칠 정

총획 8획 | 부수 彳 | 급수 3급 | 正 바를 정 + 彳 조금 걸을 척

적을 치는 것을 뜻하던 글자(正)가 '바르다'의 뜻으로 변하자 걸을 척(彳)을 더해 '치러 가다, 치다'의 뜻을 강조한 글자이다.

- 征服 정복
- 征伐 정벌
- 遠征 원정

사람 | 신체 | 발

64b 政 정사 정

政 政 政 政 政 政 政 政

- 총획 9획
- 부수 攵
- 급수 4급
- 正 바를 정 + 攵 칠 복

올바른(正) 길을 가도록 채찍질(攵)하는 일을 말한다.

- □ 政治 정치
- □ 政府 정부
- □ 政策 정책

64c 整 가지런할 정

整 整 整 整 整 整 整 整 整 整 整 整 整 整 整 整

- 총획 16획
- 부수 攵
- 급수 4급
- 正 바를 정 + 束 묶을 속 + 攵 칠 복

나무를 묶어(束)두고 끝을 쳐내(攵) 바르게(正) 다듬는 모습이다.

- □ 整理 정리
- □ 整備 정비
- □ 調整 조정

64d 症 증세 증

症 症 症 症 症 症 症 症 症 症

- 총획 10획
- 부수 疒
- 급수 3급
- 正 바를 정 + 疒 병들어 기댈 녁

병(疒)든 환자(疒)의 몸 상태가 바르지(正) 않다.

- □ 症勢 증세
- □ 症狀 증상
- □ 後遺症 후유증

64e 定 정할 정

定 定 定 定 定 定 定 定

- 총획 8획
- 부수 宀
- 급수 6급
- 正 바를 정 + 宀 집 면

전쟁(正)에서 아버지가 돌아와 집안(宀)이 안정(安定)을 되찾는 모습에서 '정하다, 편안하다'의 뜻이 있다.

정할 정(定) 자의 아랫부분이 발 소(疋) 자처럼 생겼으나 같은 꼴이 아님을 유의하기 바란다.

- □ 定價 정가
- □ 決定 결정
- □ 豫定 예정

64f 歪 기울 왜

歪 歪 歪 歪 歪 歪 歪 歪 歪

- 총획 9획
- 부수 止
- 급수 2급
- 正 바를 정 + 不 아니 불

올바르지(正) 않은(不) 생각이나 행동으로 마음이 기우는 것을 뜻한다.

- □ 歪曲 왜곡

199

步

65

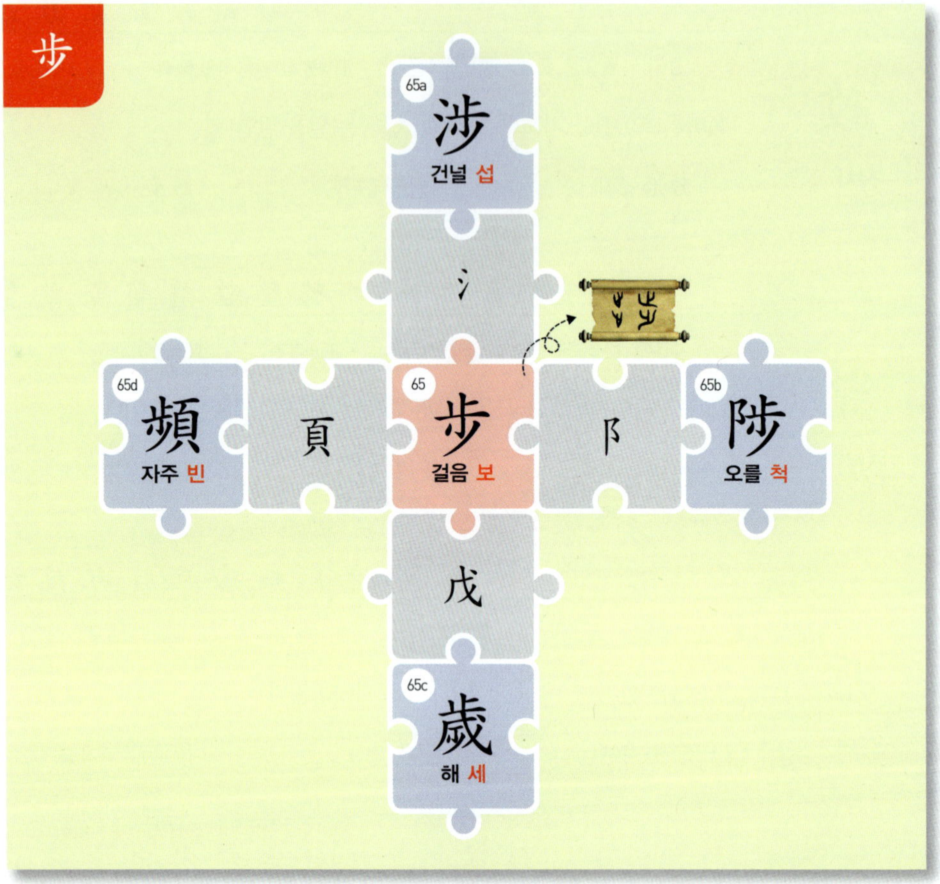

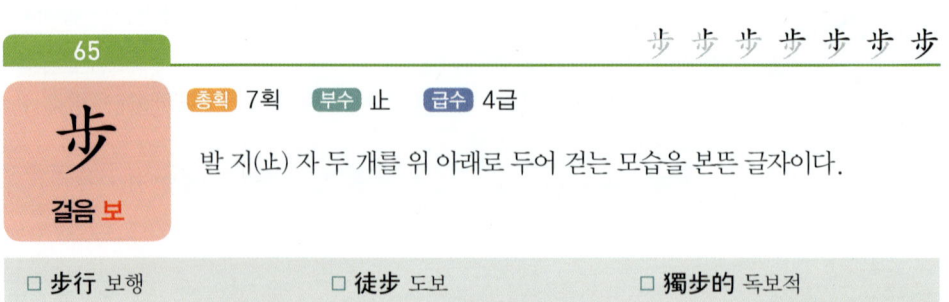

步 걸음 보	**총획** 7획　**부수** 止　**급수** 4급
	발 지(止) 자 두 개를 위 아래로 두어 걷는 모습을 본뜬 글자이다.

□ 步行 보행　　□ 徒步 도보　　□ 獨步的 독보적

65a

涉 건널 섭

- 총획 10획
- 부수 氵
- 급수 3급

步 걸음 보 + 氵 물 수

얕은 물(氵)을 걸어서(步) 건너는 모습이다.

- □ 涉外 섭외
- □ 干涉 간섭
- □ 交涉 교섭

65b

陟 오를 척

- 총획 10획
- 부수 阝
- 급수 2급

步 걸음 보 + 阝 언덕 부

언덕(阝)을 걸어서(步) 올라가고 있는 모습이다.

- □ 進陟 진척
- □ 三陟 삼척

65c

歲 해 세

- 총획 13획
- 부수 止
- 급수 5급

步 걸음 보 + 戊 천간 무

수확철마다 도끼(戊)로 제물을 죽여 바치는 모습을 본뜬 글자로 순환하는(步) 한 해를 뜻한다.

- □ 歲月 세월
- □ 萬歲 만세
- □ 年歲 연세

65d

頻 자주 빈

- 총획 16획
- 부수 頁
- 급수 3급

步 걸음 보 + 頁 머리 혈

머릿속(頁)에 다른 생각들이 돌아다니는(步) 횟수가 잦다.

- □ 頻繁 빈번
- □ 頻發 빈발
- □ 頻度 빈도

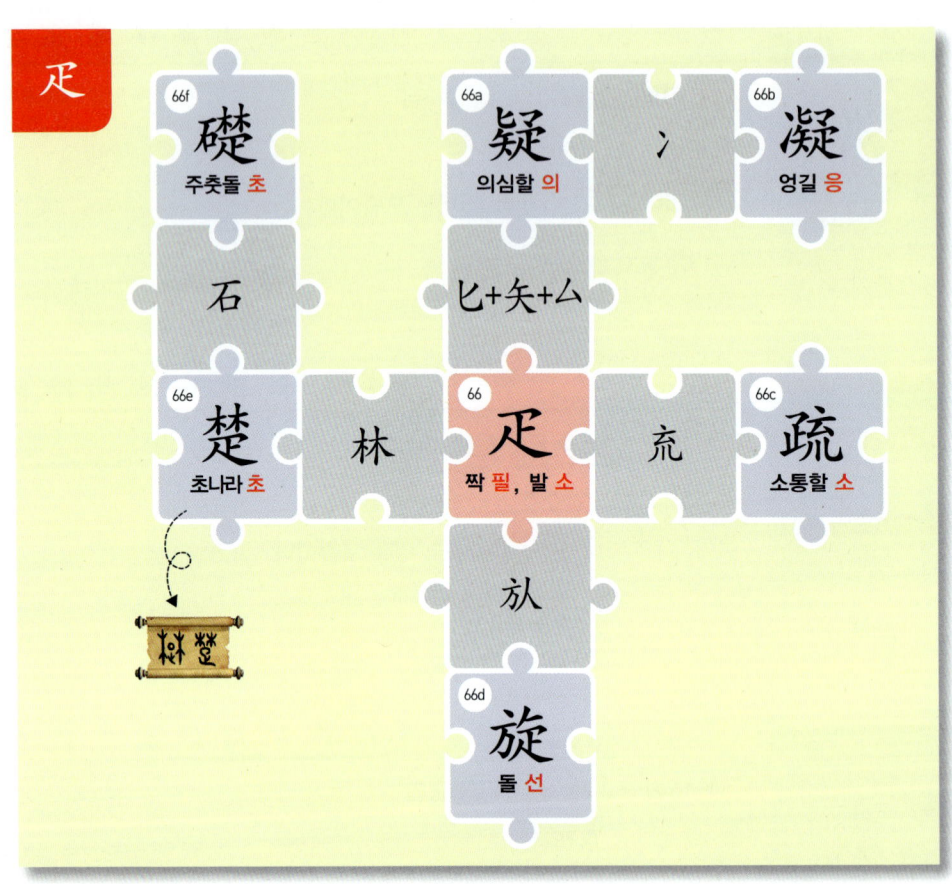

66

疋 짝필, 발소

- 총획 5획
- 부수 疋
- 급수 1급

발의 모습을 본뜬 글자이다. 발이 한 쌍이라는 데서 '짝, 배우자'의 뜻도 있다.

66a

疑 의심할 의

- 총획 14획
- 부수 疋
- 급수 4급

疋 짝필, 발소 + 匕 비수비 + 矢 화살시 + 厶 사사사

지팡이(匕+矢)를 짚고 어디로 갈지(疋) 갈등하는 노인(厶)의 모습에서 '의심하다'는 뜻이 생겼다.

- □ 疑訝 의아
- □ 疑心 의심
- □ 嫌疑 혐의

사람 | 신체 | 발

66b

凝 凝 凝 凝 凝 凝 凝 凝 凝 凝 凝 凝 凝 凝

凝
엉길 **응**

- 총획 16획
- 부수 冫
- 급수 3급
- 疑 의심할 의 + 冫 얼음 빙

노인이 한곳에 멍하니(疑) 서서 얼음(冫)처럼 굳어 있는 모습에서 '엉기다' 의 뜻이 나왔다.

☐ 凝固 응고   ☐ 凝縮 응축   ☐ 凝集力 응집력

66c

疏 疏 疏 疏 疏 疏 疏 疏 疏 疏 疏 疏

疏
소통할 **소**

- 총획 12획
- 부수 疋
- 급수 3급
- 疋 짝필 발 소 + 㐬 깃발 류

댐의 물이 터져 흐르는(㐬)듯 '막힌 것을 트는' 모습에서 '소통하다'의 뜻이 있다. 발 소(疋=疋)를 발음으로 한다.

☐ 疏通 소통   ☐ 疏忽 소홀   ☐ 生疏 생소

66d

旋 旋 旋 旋 旋 旋 旋 旋 旋 旋

旋
돌 **선**

- 총획 11획
- 부수 方
- 급수 3급
- 疋 짝필 발 소 + 㫃 나부낄 언

깃발(㫃) 아래 발(疋)을 넣어 군인들이 성 주위를 맴돌고 있는 모습이다.

☐ 旋回 선회   ☐ 旋律 선율   ☐ 周旋 주선

66e

楚 楚 楚 楚 楚 楚 楚 楚 楚 楚 楚 楚

楚
초나라 **초**

- 총획 13획
- 부수 木
- 급수 2급
- 疋 짝필 발 소 + 林 수풀 림

금지된 숲(林) 속으로 들어온(疋) 사람을 회초리로 징벌하는 모습에서 훗날 '초나라'를 뜻하게 되었다.

☐ 四面楚歌 사면초가   ☐ 苦楚 고초   ☐ 淸楚 청초

66f

礎 礎 礎 礎 礎 礎 礎 礎 礎 礎 礎 礎 礎 礎

礎
주춧돌 **초**

- 총획 18획
- 부수 石
- 급수 3급
- 楚 초나라/회초리 초 + 石 돌 석

기둥을 받치던 주춧돌(石)을 가리키기 위해 초(楚)를 발음으로 쓴 글자이다.

☐ 礎石 초석   ☐ 基礎 기초   ☐ 柱礎 주초

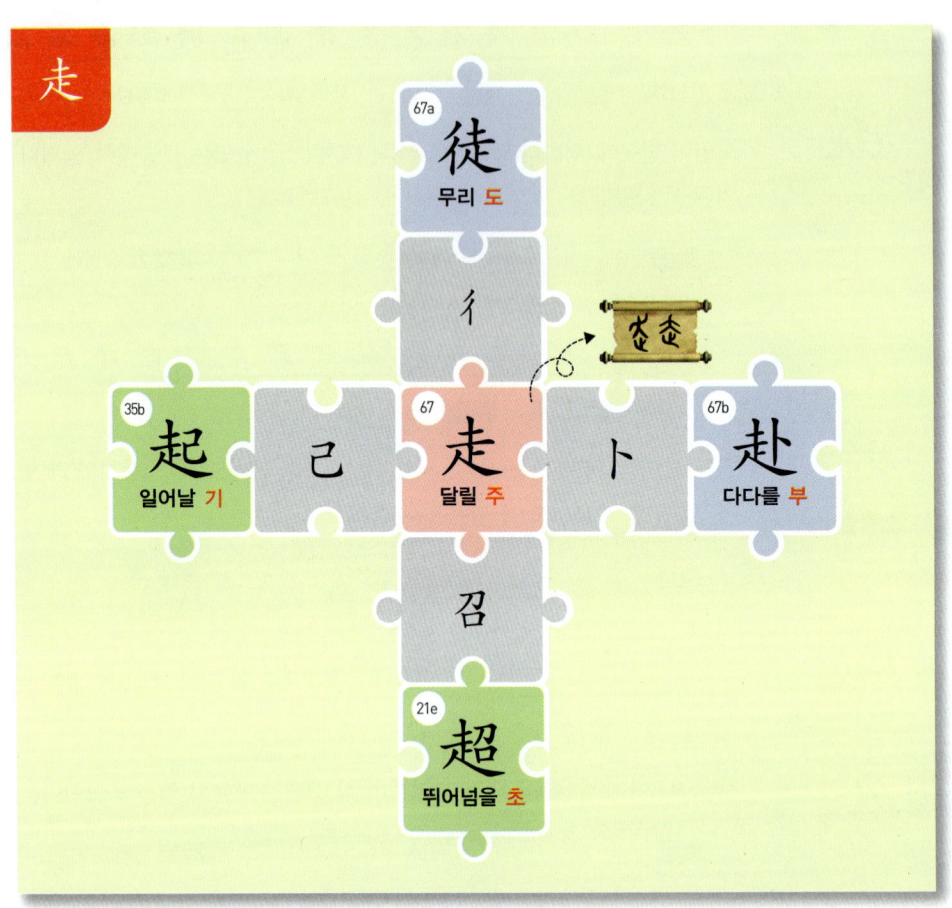

67

走 달릴 주

총획 7획　부수 走　급수 4급

팔을 힘차게 휘저으며(土→大) 뛰어가는(止) 모습을 본뜬 글자이다.

□ 走行 주행　　□ 完走 완주　　□ 逃走 도주

사람 | 신체 | 발

67a

徒 무리 도

총획 10획 | 부수 彳 | 급수 4급

走 달릴 주 + 彳 조금 걸을 척

같은 길(彳)을 함께 달려가는(走) 무리를 뜻한다.

- □ 信徒 신도
- □ 暴徒 폭도
- □ 教徒 교도

67b

赴 다다를 부

총획 9획 | 부수 走 | 급수 3급

走 달릴 주 + 卜 점 복

좋은 점괘(卜)를 서둘러 알리기 위해 달려가는(走) 모습이다.

- □ 赴任 부임
- □ 赴告 부고

21e

超 뛰어넘을 초

총획 12획 | 부수 走 | 급수 3급

走 달릴 주 + 召 부를 소

현실을 뛰어넘어 신을 부르기(召) 위해 춤추며 뛰는(走) 무당의 모습을 묘사한 글자이다.

- □ 超越 초월
- □ 超過 초과
- □ 超能力 초능력

35b

起 일어날 기

총획 10획 | 부수 走 | 급수 3급

走 달릴 주 + 己 몸 기

달리기(走) 위해서 웅크렸던 몸(己)을 일으켜 세우는 모습을 본뜬 글자다.

- □ 起床 기상
- □ 奮起 분기
- □ 發起人 발기인

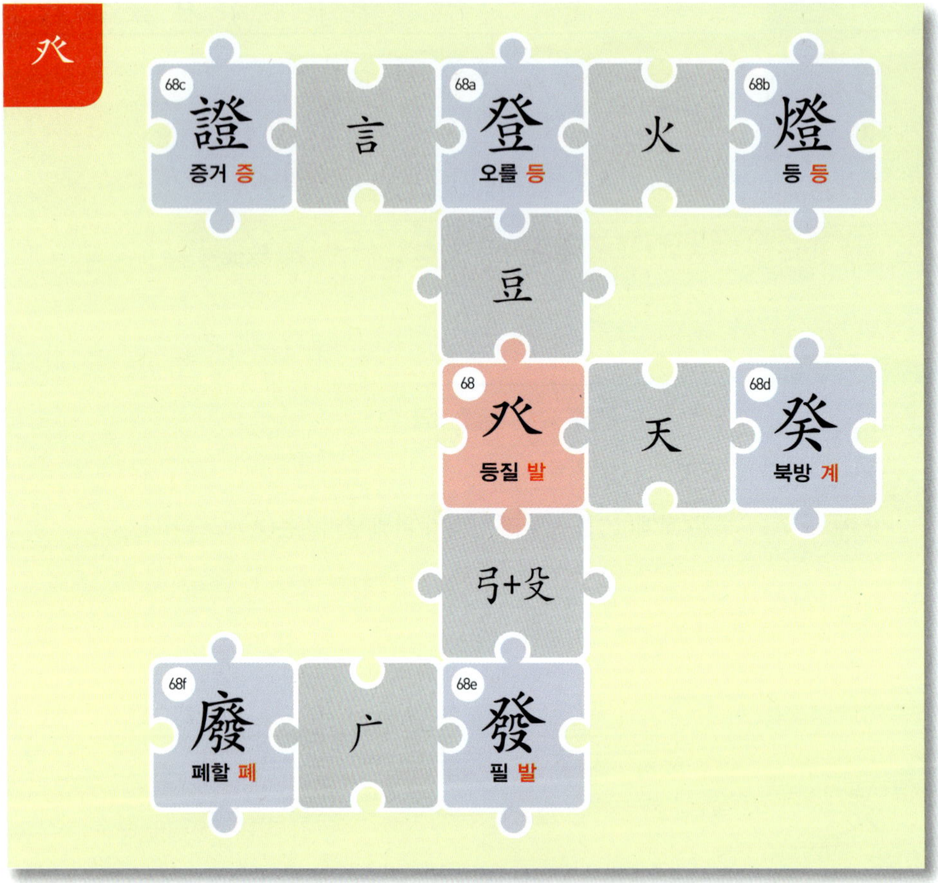
癶
68c
證
증거 증
言
68a
登
오를 등
火
68b
燈
등 등
豆
68
癶
등질 발
天
68d
癸
북방 계
弓+殳
68f
廢
폐할 폐
广
68e
發
필 발

68

癶 癶 癶 癶 癶

癶

등질 **발**

총획 5획 부수 癶 급수 확장한자

두 발을 벌리고 서 있는 모습에서 '피다, 등지다'의 뜻을 갖는다.

68a

登 登 登 登 登 登 登 登 登 登 登 登

登

오를 **등**

총획 12획 부수 癶 급수 7급 癶 등질 발 + 豆 콩 두

제단(豆)에 올라가는(癶) 모습에서 '오르다, 높이다'를 뜻하게 되었다.

□ **登山** 등산 □ **登校** 등교 □ **登記** 등기

사람 | 신체 | 발

68b 燈 등 등

- 총획 16획
- 부수 火
- 급수 4급
- 登 오를 등 + 火 불 화

높이(登) 걸려 있는 횃불(火)이란 의미에서 '등불, 등, 등잔'을 뜻하게 되었다.

- □ 燈盞 등잔
- □ 點燈 점등
- □ 信號燈 신호등

68c 證 증거 증

- 총획 19획
- 부수 言
- 급수 4급
- 登 오를 등 + 言 말씀 언

모든 사람이 볼 수 있도록 등불(登)처럼 높이 올려져 있는 말(言)을 뜻한다.

- □ 證人 증인
- □ 證據 증거
- □ 物證 물증

68d 癸 북방 계

- 총획 9획
- 부수 癶
- 급수 3급
- 癶 등질 발 + 天 하늘 천

막대를 교차시켜 길흉을 점치는 도구였을 것으로 생각되지만, 지금은 '열째 천간, 북방'의 뜻으로 쓰인다.

68e 發 필 발

- 총획 12획
- 부수 癶
- 급수 6급
- 癶 등질 발 + 弓 활 궁 + 殳 몽둥이 수

활(弓)과 창(殳)을 쏘기 위해 양발을 벌린(癶) 자세에서 '피다, 쏘다'의 뜻이 나왔으며, 손에서 발사되는 모습에서 '떠나다, 일어나다'의 뜻도 가진다.

- □ 發射 발사
- □ 發火 발화
- □ 出發 출발

68f 廢 폐할 폐

- 총획 15획
- 부수 广
- 급수 3급
- 發 필 발 + 广 집 엄

빗발같이 쏟아지는 공격(發)에 무너져 내린 성(广)을 본뜬 글자다.

엄(广) 자는 '집 혹은 큰 집'을 본뜬 글자이므로 '성'으로, 쏠 발(發) 자는 발(癶)을 벌리고 활(弓)을 쏘고 창(殳)을 던지던 모습을 본뜬 글자이므로 '공격'으로 풀이하였다.

- □ 廢校 폐교
- □ 廢棄 폐기
- □ 老廢物 노폐물

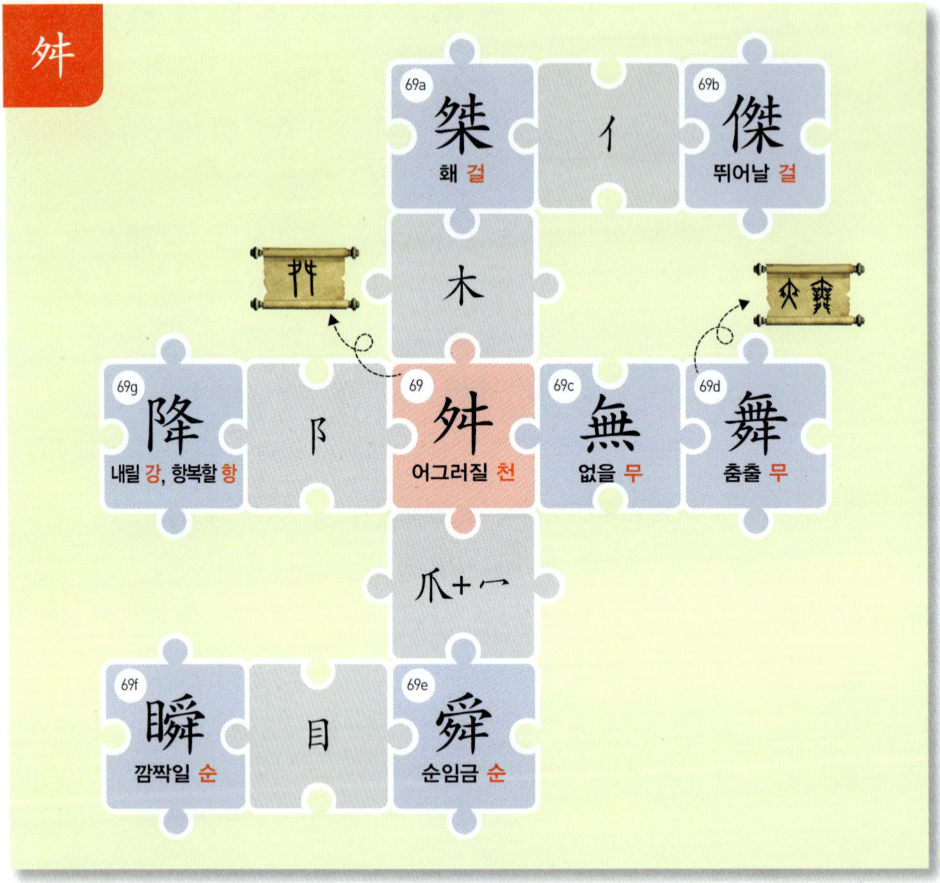

舛

```
        桀         亻         傑
       해 걸                  뛰어날 걸

                  木

   降    阝    舛    無    舞
  내릴 강,     어그러질 천  없을 무   춤출 무
  항복할 항

                 爪+一

   瞬    目    舜
  깜짝일 순        순임금 순
```

69			

舛舛舛舛舛舛

舛
어그러질 **천**

- 총획 6획　부수 舛　급수 특급
- 양발(夂)을 좌우로 벌린 모습에서 만들어진 글자이다.

| 69a |

桀桀桀桀桀桀桀桀

桀
해 **걸**

- 총획 10획　부수 木　급수 2급
- 舛 어그러질 천 + 木 나무 목
- 양발(舛)로 설 수 있게 높이 걸어 놓은 나무(木) 막대를 가리킨다.

사람 | 신체 | 발

69b

傑 傑 傑 傑 傑 傑 傑 傑 傑 傑

傑
뛰어날 걸

- 총획 12획
- 부수 亻
- 급수 4급

桀 해 걸 + 亻 사람 인

횃대(桀) 위에 올라가 우뚝 솟아 있는 사람(亻)을 의미한다.

☐ 豪傑 호걸   ☐ 俊傑 준걸   ☐ 女傑 여걸

69c

無 無 無 無 無 無 無 無 無 無 無

無
없을 무

- 총획 12획
- 부수 灬
- 급수 5급

무아지경에 빠져 발(灬)이 안 보일 정도로 현란하게 춤추는 모습에서 정신이 '없다'를 뜻하게 되었다.

없을 무(無) 자 아래의 점(灬) 네 개는 불 화(灬=火) 자와 모양이 같지만 현란하게 움직이고 있는 발을 의미하는 부호이다. 말 마(馬) 자의 경우와 비슷하다고 보면 된다.

☐ 無念 무념   ☐ 無想 무상   ☐ 有無 유무

69d

舞 舞 舞 舞 舞 舞 舞 舞 舞 舞 舞 舞

舞
춤출 무

- 총획 14획
- 부수 舛
- 급수 4급

舛 어그러질 천 + 無 없을 무

'춤추는 모습'의 글자(無)가 '없다'의 뜻으로 쓰이자, 발을 교차(舛)하며 춤추는 모습을 강조해 원뜻을 되살렸다.

☐ 舞踊 무용   ☐ 鼓舞 고무   ☐ 亂舞 난무

69e

舜 舜 舜 舜 舜 舜 舜 舜 舜 舜

순임금 순

- 총획 12획
- 부수 舛
- 급수 2급

舛 어그러질 천 + 爪 손톱 조 + 冖 덮을 멱

나무를 휘감고 올라가는(舛) 식물(爪)을 본뜬 글자이나 '무궁화, 순임금'의 뜻으로 쓰인다.

천(舛) 자가 올라가고 내려가는 일을 하는 발을 본뜬 글자이므로 천(舛) 자를 '휘감고 올라가다'로 풀이하였다.

69f

瞬 瞬 瞬 瞬 瞬 瞬 瞬 瞬 瞬 瞬 瞬 瞬 瞬 瞬

瞬 깜짝일 순

- 총획 17획
- 부수 目
- 급수 3급
- 舜 순임금 순 + 目 눈 목

눈(目) 깜짝하는 사이에 나무를 휘감고(舜) 자라는 식물의 모습에서 '눈 깜짝이다, 잠깐'의 뜻을 가진다.

☐ 瞬間 순간   ☐ 瞬息間 순식간   ☐ 一瞬 일순

69g

降 降 降 降 降 降 降 降 降

降 내릴 강, 항복할 항

- 총획 9획
- 부수 阝
- 급수 5급
- 夅 어그러질 천 + 阝 언덕 부

언덕(阝)을 내려오는(夅) 모습에서 '내리다'의 뜻을, 적에게 무릎 꿇은 것을 내려오는 모습에 빗대어 '항복하다'의 뜻도 가진다.

│ 항(降) 자의 오른편은 천(夅) 자의 두 발을 위 아래로 위치 조정만 한 것으로 같은 글자다.

☐ 降雨 강우   ☐ 降等 강등   ☐ 降伏 항복

사람 | 신체 | 발

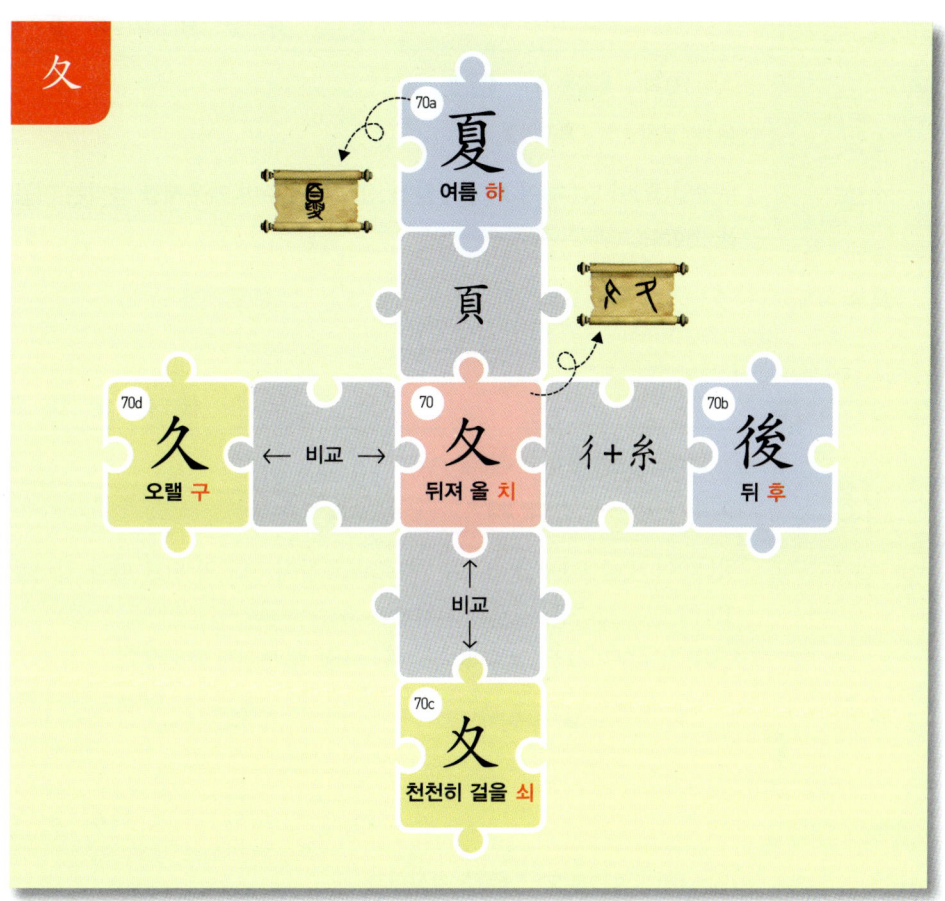

夊
뒤져올 치

총획 3획 **부수** 夊 **급수** 확장한자

누군가 발(止)을 잡아당겨 뒤로 넘어지려는 모습을 본뜬 글자이다.

| 치(夊) 자와 쇠(夊) 자가 모양이 다르긴 하지만 거의 비슷하여 최근에는 구분 없이 사용되거나 치(夊) 자로 통일되는 경향이 있다.

70a

夏 夏 夏 夏 夏 夏 夏 夏 夏 夏

夏 여름 하

- 총획 10획
- 부수 夂
- 급수 7급

夂 뒤져올 치 + 頁 머리 혈

무속인(頁)이 발(夂)이 보이지 않을 정도로 춤추며 기우제를 올리는 여름을 뜻한다.

☐ 夏季 하계 ☐ 立夏 입하 ☐ 春夏秋冬 춘하추동

70b

後 後 後 後 後 後 後 後 後

後 뒤 후

- 총획 9획
- 부수 彳
- 급수 7급

夂 뒤져올 치 + 彳 조금 걸을 척 + 糸 가는 실 멱

발(夂)이 밧줄(糸)에 묶여 있는 채로 포로들이 서로의 뒤를 따라 걸어가고(彳) 있는 모습을 본뜬 글자이다.

▎걸을 척(彳) 자가 길과 발을 의미하므로 척(彳) 자를 '걸어가다'로 풀이하였다.

☐ 後方 후방 ☐ 後半 후반 ☐ 以後 이후

70c

夂 夂 夂

천천히 걸을 쇠

- 총획 3획
- 부수 夂
- 급수 확장한자

치(夂) 자와 모양과 의미가 비슷한 글자이다.

70d

久 久 久

久 오랠 구

- 총획 3획
- 부수 丿
- 급수 3급

사람(久=人)을 뒤에서 잡아채(丿) 쉽게 나아가지 못하게 방해하는 모습이다.

▎이 구(久) 자는 글자 모양이 비슷하여 혼돈을 줄이기 위해 포함시켰다.

☐ 永久 영구 ☐ 耐久性 내구성 ☐ 悠久 유구

사람 | 신체 | 발

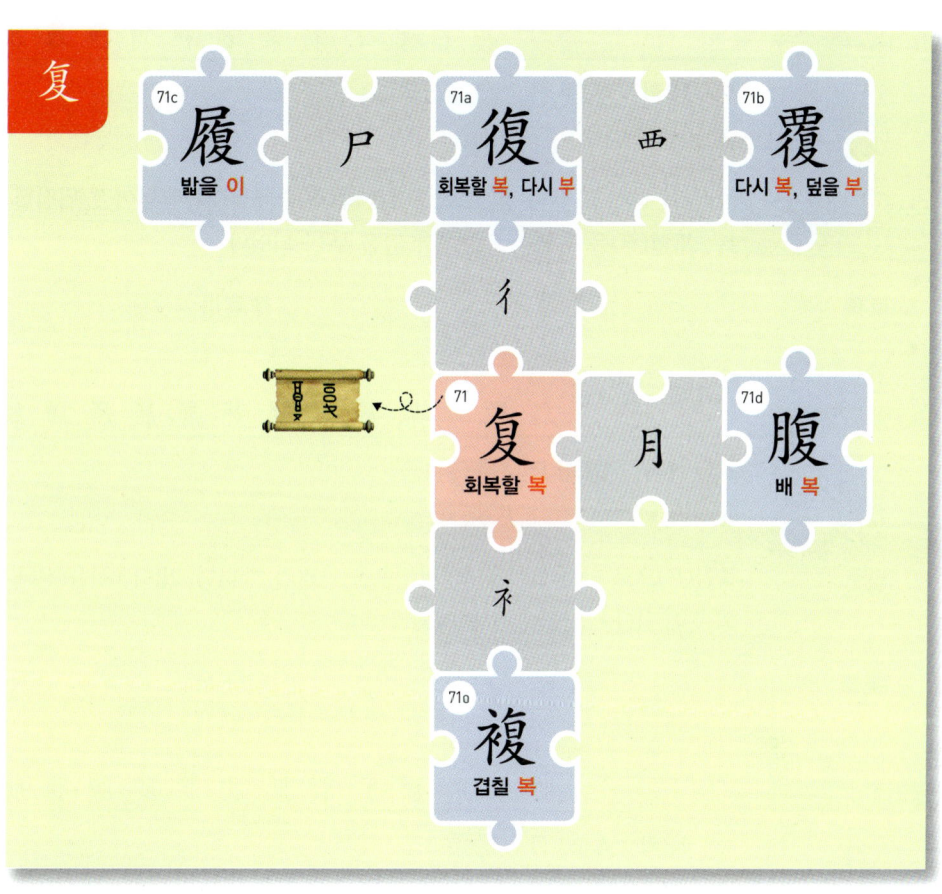

71

复 회복할 복

- 총획 9획
- 부수 夂
- 급수 확장한자

풀무가 부풀었다가 바람을 빼자 모양이 되돌아오는 모습을 본뜬 글자다.

일본의 유명 갑골문 학자인 시라카와(白川 靜)씨는 회복할 복(复) 자를 용량을 측정하는 기구를 거꾸로 해 둔 모양에서 재차의 의미를 갖게 되었다고 설명한다.

곡식을 넣어두는 곡식 통으로 보는 설도 많다.

71a

復 회복할 복, 다시 부

- 총획 12획
- 부수 彳
- 급수 4급

复 회복할 복 + 彳 조금 걸을 척

통(复)에 곡식을 채우러 가는(彳) 모습에서 '회복하다, 돌아오다', 채운 곡식을 퍼다 먹는 모습에서 '다시'의 뜻이 있다.

- □ 復歸 복귀
- □ 回復 회복
- □ 復活 부활

213

71b

覆覆覆覆覆覆覆覆覆覆覆覆覆覆覆

覆
다시**복**, 덮을**부**

- 총획 18획
- 부수 襾
- 급수 3급

復 회복할복, 다시부 + 襾 덮을 아

굴러가는 통(复)의 뚜껑(襾)이 뒤집히는 모습에서 '다시/넘어질/뒤집힐 복', 뚜껑(襾)을 씌우는 모습에서 '덮을 부'가 되었다.

- □ 反覆 반복
- □ 飜覆 번복
- □ 覆蓋川 복개천

71c

履履履履履履履履履履履履

履
밟을**이**

- 총획 15획
- 부수 尸
- 급수 4급

復 회복할복, 다시부 + 尸 주검 시

죽음(尸)으로 다시 돌아온(復) 발걸음을 가리켜 '행하다, 밟다, 신을 신다'의 뜻이 있다.

- □ 履歷 이력
- □ 履修 이수
- □ 履行 이행

71d

腹腹腹腹腹腹腹腹腹腹腹

腹
배**복**

- 총획 13획
- 부수 月
- 급수 3급

复 회복할복 + 月 육달월

풀무(复)처럼 부풀어 올랐다가 다시 줄어드는 신체기관(月)을 가리킨다.

- □ 腹心 복심
- □ 腹案 복안
- □ 割腹 할복

71e

複複複複複複複複複複複

複
겹칠**복**

- 총획 14획
- 부수 衤
- 급수 4급

复 회복할복 + 衤 옷의

몸이 부푼(复) 것처럼 보일 정도로 옷(衤)을 겹쳐 입은 모습이다.

- □ 複雜 복잡
- □ 複利 복리
- □ 重複 중복

사람 | 신체 | 발

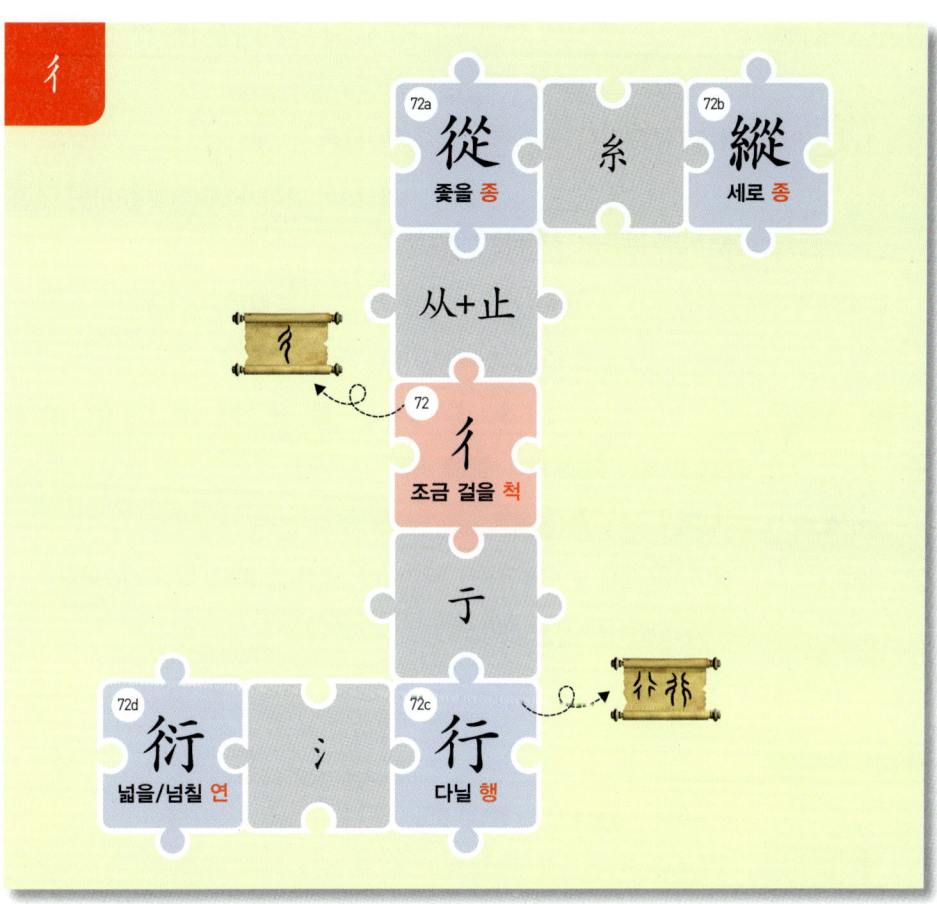

72

彳

총획 3획　**부수** 彳　**급수** 확장한자

조금 걸을 척

사거리를 뜻하는 갈 행(行) 자의 왼편만을 취한 글자로 '걷다'와 '길'을 의미한다.

행(行) 자나 척(彳) 자는 모두 사거리를 본뜬 글자로 '사거리와 길'이 본뜻이지만 길이란 사람이 다니는 곳이므로 '가다, 걷다' 등의 뜻이 훗날 자연스럽게 더해졌음을 알 수 있다.

215

72a

從從從從從從從從從從

從
좇을 종

- 총획 11획　부수 彳　급수 4급
- 彳 조금 걸을 척 ＋ 从 좇을 종 ＋ 止 발 지

앞사람(人)이 가는 길(彳)을 뒷사람(人)이 쫓아가는(止) 모습이다. 좇을 종(从)을 발음으로 한다.

- □ 從量制 종량제
- □ 順從 순종
- □ 服從 복종

72b

縱縱縱縱縱縱縱縱縱縱縱縱縱

縱
세로 종

- 총획 17획　부수 糸　급수 3급
- 從 좇을 종 ＋ 糸 가는 실 멱

실(糸)을 길게 늘어 놓은(從) 모습이다. 좇을 종(從)을 발음으로 한다.

- □ 縱斷 종단
- □ 縱隊 종대
- □ 操縱 조종

72c

行行行行行行

行
갈 행

- 총획 6획　부수 行　급수 6급
- 彳 조금 걸을 척 ＋ 亍 자축거릴 촉

사거리를 오고가는 모습에서 '가다, 다니다'의 뜻이 있다.

- □ 行方 행방
- □ 行軍 행군
- □ 進行 진행

72d

衍衍衍衍衍衍衍衍衍

衍
넓을/넘칠 연

- 총획 9획　부수 行　급수 2급
- 行 다닐 행 ＋ 氵 물 수

홍수가 발생해 거리(行)에 물(氵)이 흘러넘치는 모습이다.

- □ 敷衍說明 부연설명

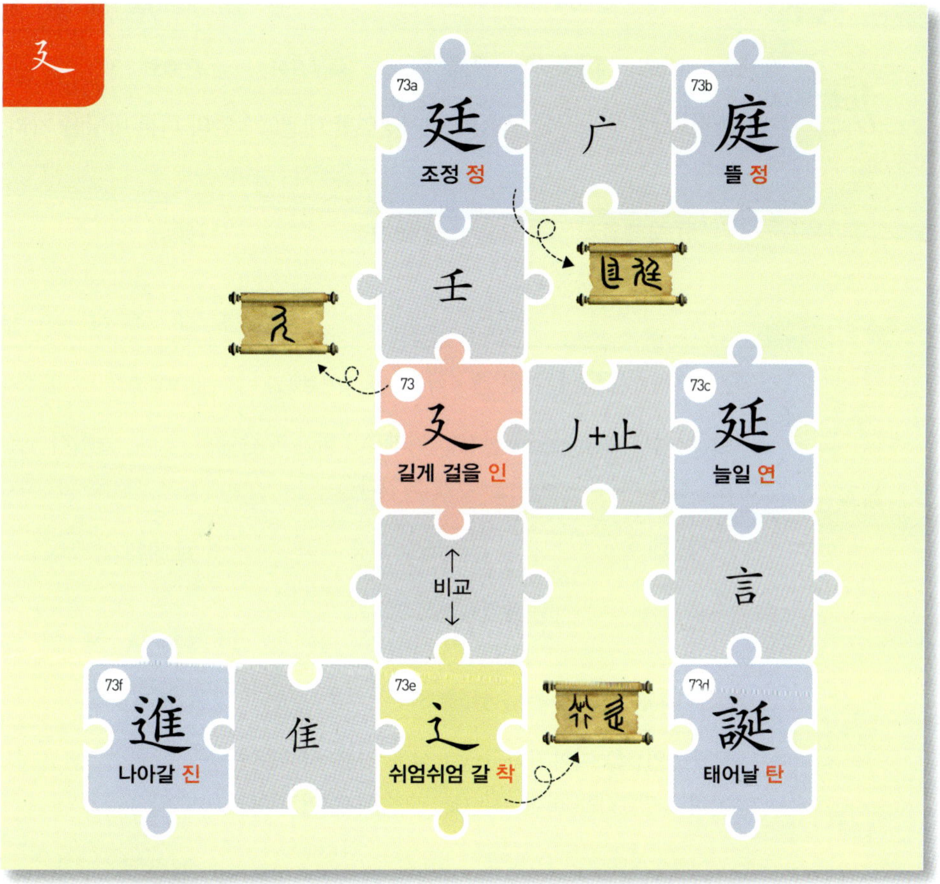

사람 | 신체 | 발

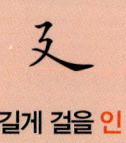

73

73

廴 길게 걸을 **인**

- 총획 3획 부수 廴 급수 확장한자

발을 길게 벌리거나 뒤로 뺀 모습에서 '늘이다, 늘어서 있다, 천천히 걷다' 등의 뜻이 있다.

73a

廷 조정 **정**

- 총획 7획 부수 廴 급수 3급 廴 길게 걸을 인 + 壬 북방 임

국사를 논하기 위해 까치발(壬)을 하고 임금 앞으로 걸어가는(廴) 신하들의 모습이다.

☐ 朝廷 조정   ☐ 法廷 법정   ☐ 開廷 개정

217

73b 庭 뜰 정

庭 庭 庭 庭 庭 庭 庭 庭 庭

- 총획 10획
- 부수 广
- 급수 6급
- 廷 조정 정 + 广 집 엄

조정(廷)처럼 나무와 꽃들이 질서정연한 대궐(广) 안의 너른 마당을 가리킨다.

- ☐ 庭園 정원
- ☐ 家庭 가정
- ☐ 親庭 친정

73c 延 늘일 연

延 延 延 延 延 延 延

- 총획 7획
- 부수 廴
- 급수 4급
- 廴 길게 걸을 인 + 丿 삐침 별 + 止 발 지

길(止)을 가로막아(丿) 천천히 가게(廴) 하는 모습에서 '늘다, 늘이다, 끌다, 길게 하다' 등의 뜻을 갖게 되었다.

- ☐ 延期 연기
- ☐ 延長 연장
- ☐ 延滯料 연체료

73d 誕 태어날 탄

誕 誕 誕 誕 誕 誕 誕 誕 誕 誕 誕

- 총획 14획
- 부수 言
- 급수 3급
- 延 늘일 연 + 言 말씀 언

오랫동안(延) 이야기하고(言) 싶은 기쁜 일, 즉 탄생을 뜻한다. 남을 속이려고 말(言)을 질질 끄는(延) 모습에서 '거짓'의 의미도 생겼다.

- ☐ 誕生 탄생
- ☐ 誕辰 탄신
- ☐ 聖誕節 성탄절

73e 辶 쉬엄쉬엄 갈 착

辶 辶 辶

- 총획 3획
- 부수 辶
- 급수 확장한자

걸을 척(彳) 자와 발 지(止) 자를 합쳐 '길, 걷다'의 뜻을 가진 글자이다.

73f 進 나아갈 진

進 進 進 進 進 進 進 進 進 進

- 총획 12획
- 부수 辶
- 급수 4급
- 辶 쉬엄쉬엄 갈 착 + 隹 새 추

새(隹)가 항상 앞으로 날아가는(辶) 모습을 본뜬 글자이다.

- ☐ 進行 진행
- ☐ 昇進 승진
- ☐ 累進稅 누진세

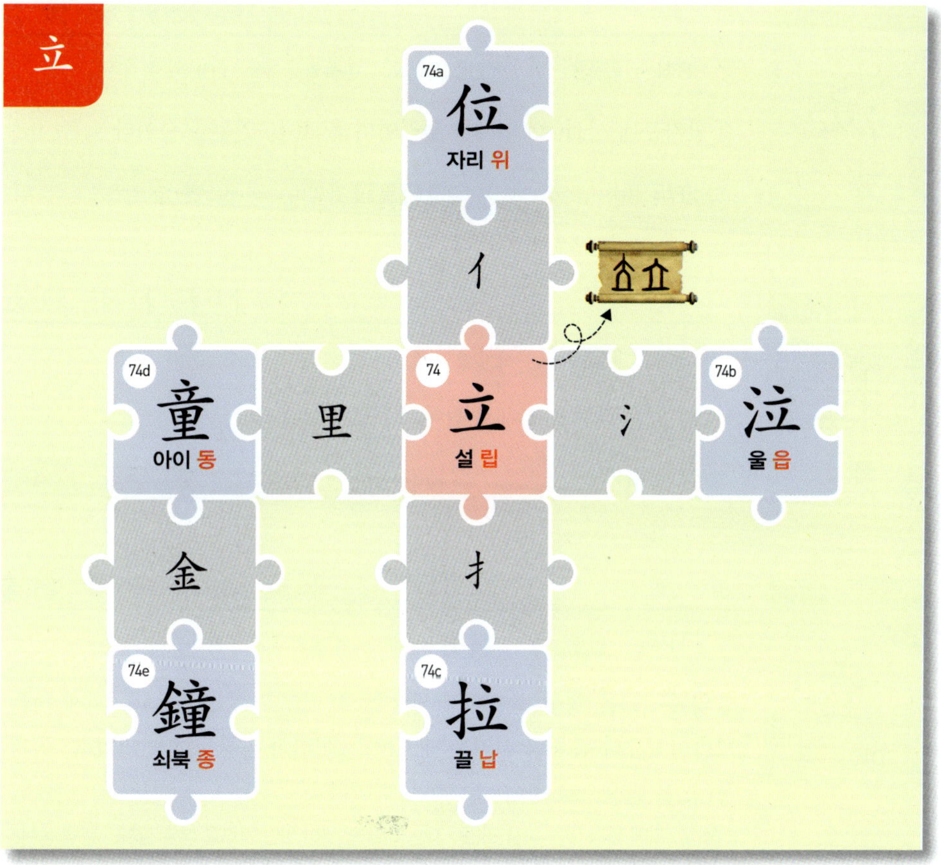

74

74

立 立 立 立 立

立 설 립

총획 5획 부수 立 급수 7급

두 발로 땅(一)을 디디고 서 있는 장정(大)의 모습을 나타낸다.

- □ **立場** 입장
- □ **設立** 설립
- □ **對立** 대립

74a

位 位 位 位 位 位 位

位 자리 위

총획 7획 부수 亻 급수 5급 立 설 립 + 亻 사람 인

서열을 구분할 수 있는 위치를 사람(亻)이 서(立) 있는 자리에 빗대었다.

- □ **位置** 위치
- □ **地位** 지위
- □ **單位** 단위

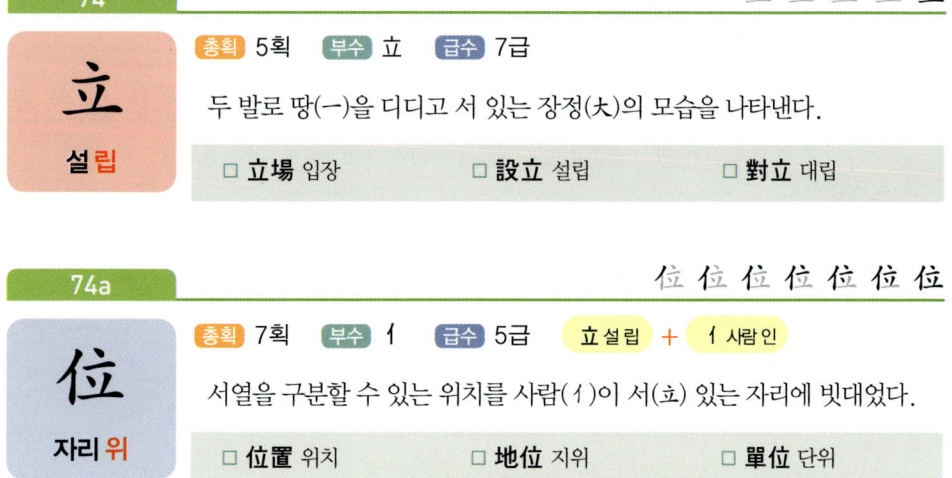

74b

泣泣泣泣泣泣泣

泣
울 **읍**

- 총획 8획
- 부수 氵
- 급수 3급
- 立 설립 + 氵물수

길 한가운데 서서(立) 어깨를 들썩이며 울고(氵) 있는 모습이다.

- □ 泣訴 읍소
- □ 泣斬馬謖 읍참마속
- □ 感泣 감읍

74c

拉拉拉拉拉拉拉

拉
끌 **납**

- 총획 8획
- 부수 扌
- 급수 2급
- 立 설립 + 扌손수

서(立) 있는 사람을 강제로 잡아(扌) 끄는 모습이다.

- □ 拉致 납치
- □ 拉北 납북
- □ 被拉 피랍

74d

童童童童童童童童童童童

童
아이 **동**

- 총획 12획
- 부수 立
- 급수 6급
- 立 설립 + 里 마을리

종의 눈(目)을 형구(辛→후의 생략형)로 찌르고 짐(里→東)을 지게 하는 모습이었으나 종처럼 시키는 대로 하는 어린아이를 뜻하게 되었다. 동녘 동(東)을 발음으로 한다.

동(童) 자에 들어 있는 마을 리(里) 자는 '마을'의 뜻이 아닌 자루를 본뜬 글자인 동녘 동(東) 자가 원 글자이다.

- □ 童心 동심
- □ 童顔 동안
- □ 兒童 아동

74e

鐘鐘鐘鐘鐘鐘鐘鐘鐘鐘鐘鐘鐘鐘

鐘
쇠북 **종**

- 총획 20획
- 부수 金
- 급수 특급
- 童 아이동 + 金 쇠금

때리면(童) 소리가 나는 금속(金)으로 만든 북을 가리킨다.

무거울 중(重) 자가 들어간 종(鍾) 자는 4급 글자이고 아이 동(童) 자가 들어간 종(鐘)은 특급 글자이다.

아이 동(童) 자가 포로의 눈을 찌르는 모습을 본뜬 글자이므로 포로들을 때리고 밀고 찌르고 하며 함부로 대하는 모습에서 동(童) 자를 '때리다'로 풀이하였다.

- □ 鐘閣 종각
- □ 警鐘 경종
- □ 打鐘 타종

사람 | 신체 | 발

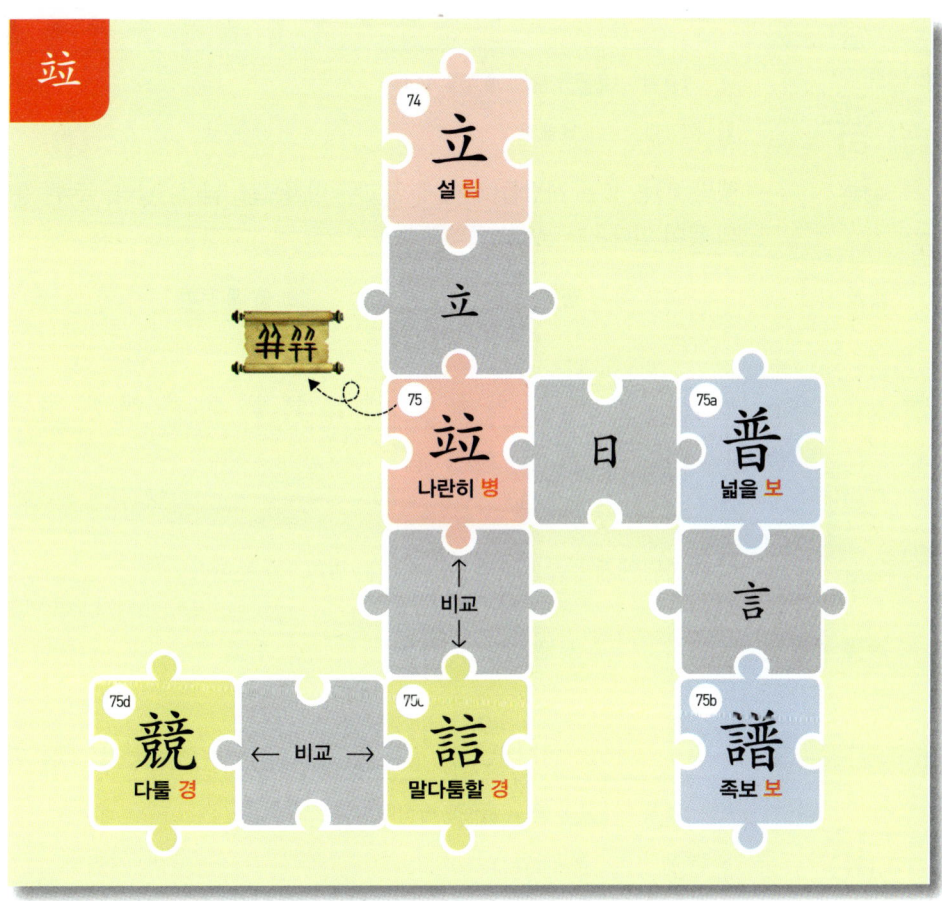

75

竝	총획 10획	부수 立	급수 3급
나란히 병			

나란히 서(立) 있는 모습을 본뜬 글자로 '나란히, 모두, 아우르다'의 뜻을 갖는다. 타 글자와 합칠 때는 이 형태(竝)를 취한다.

아우를/어울릴 병(并) 자는 밧줄로 두 사람(人)을 묶어 놓은 모습이고, 나란히/아우를 병(竝) 자는 설 립(立) 자 두 개를 겹쳐 놓은 모습으로 같은 글자가 아니다.

☐ 竝列 병렬   ☐ 竝行 병행   ☐ 合竝 합병

221

75a

普普普普普普普普普普普

普
넓을 보

- 총획 12획
- 부수 日
- 급수 4급

竝 나란히 병 + 日 해 일

햇빛(日)은 모든 사람들(竝)에게 골고루 비치므로 '넓다, 널리, 두루' 등의 뜻이 있다.

- 普及 보급
- 普通 보통
- 普遍 보편

75b

譜譜譜譜譜譜譜譜譜譜譜譜譜譜譜譜

譜
족보 보

- 총획 19획
- 부수 言
- 급수 3급

普 넓을 보 + 言 말씀 언

여러 사람에게 두루(普) 영향을 미치는 말(言)을 뜻한다.

- 族譜 족보
- 樂譜 악보
- 系譜 계보

75c

誩誩誩誩誩誩誩誩誩誩誩誩

誩
말다툼할 경

- 총획 14획
- 부수 言
- 급수 확장한자

言 말씀 언 + 言 말씀 언

말씀 언(言) 자를 두 개 겹쳐 두 사람이 서로 격렬하게 말(言)다툼하는 모습을 나타내려 했으나 단독 사용은 없는 글자이다.

75d

競競競競競競競競競競競競競競競競

競
다툴 경

- 총획 20획
- 부수 立
- 급수 5급

말다툼할 경(誩) 자가 단독 사용을 하지 않자 사람 인(儿)을 더해 두 사람(儿)이 심하게 다투는 모습을 강조한 글자이다.

- 競爭 경쟁
- 競技 경기
- 競賣 경매

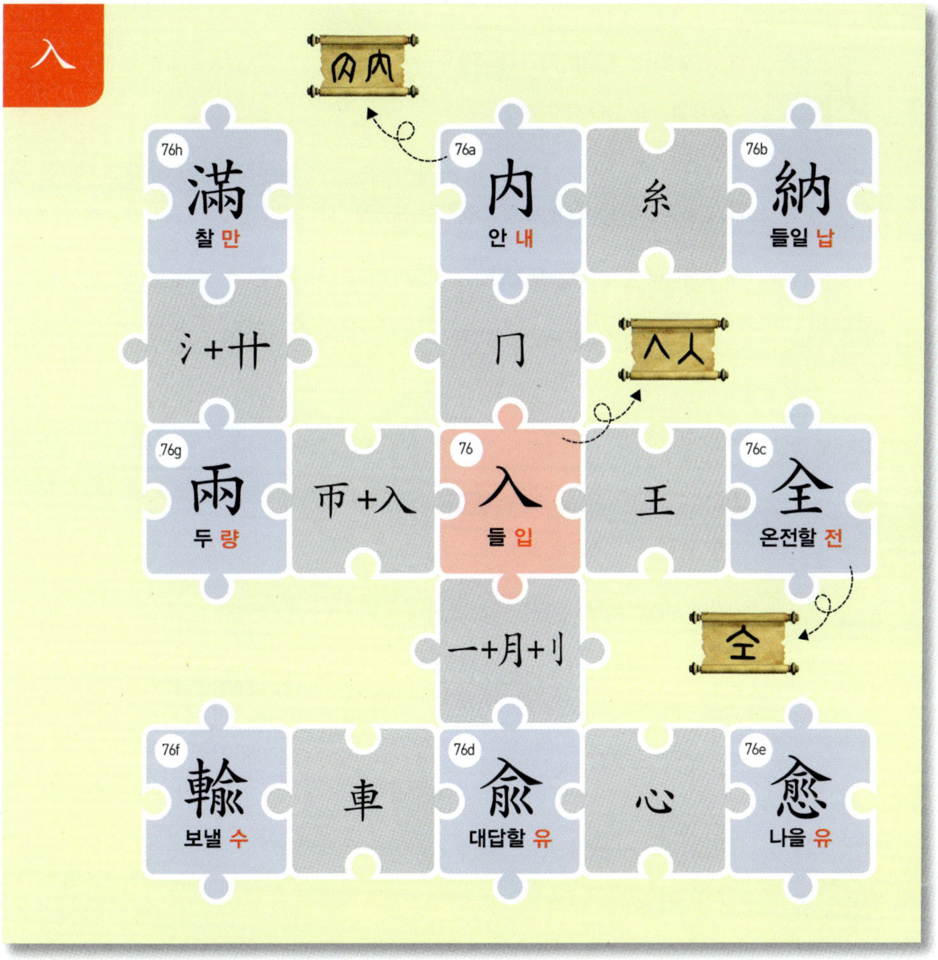

사람 | 신체 | 발

入

76h 滿 찰 만		76a 內 안 내	糸	76b 納 들일 납
	氵+廿	冂	∧人	
76g 兩 두 량	帀+入	76 入 들 입	王	76c 全 온전할 전
		一+月+刂		仝
76f 輸 보낼 수	車	76d 俞 대답할 유	心	76e 愈 나을 유

入　入

76

入
들입

총획 2획　**부수** 入　**급수** 7급

건물로 들어가는 출입구를 본떠 만들었다.

☐ 入口 입구　　☐ 入場 입장　　☐ 買入 매입

76a

内 内 内 内

内 안 내

- 총획 4획
- 부수 入
- 급수 7급

入 들 입 + 冂 멀 경

문(冂)으로 들어가는(入) 모습에서 '속, 안, 내부'의 뜻이 있다.

갑골문은 집(冂) 안에 사람(人)이 있는 모습을 그려 놓았다. 인(人) 자가 훗날 들 입(入)으로 바뀌었다.

일본이나 중국에서는 들 입(入) 자의 꼴이 아니라 사람 인(人)의 꼴(内)로 쓰인다.

- 内面 내면
- 内外 내외
- 室内 실내

76b

納 納 納 納 納 納 納 納 納 納

納 들일 납

- 총획 10획
- 부수 糸
- 급수 4급

内 안 내 + 糸 가는실 멱

귀한 비단(糸)을 세금으로 들여(内) 바치는 모습이다.

- 納稅 납세
- 納得 납득
- 返納 반납

76c

全 全 全 全 全 全

全 온전할 전

- 총획 6획
- 부수 入
- 급수 7급

入 들 입 + 王 임금 왕

잘 맞는 그릇의 뚜껑(入)과 그릇(王)의 모습이다.

- 全勝 전승
- 全國 전국
- 完全 완전

76d

俞 俞 俞 俞 俞 俞 俞 俞 俞

俞 대답할 유

- 총획 9획
- 부수 入
- 급수 2급

入 들 입 + 一 한 일 + 月 육달 월 + 刂 칼 도

배(月=舟)가 나아가듯 병이 낫는 모습이다. 앞으로 나아가도록 명령받은 군인들의 호응에서 '대답하다'의 뜻도 파생되었다. '성씨'의 뜻으로도 쓰인다.

사람 | 신체 | 발

76e

愈 愈 愈 愈 愈 愈 愈 愈 愈 愈 愈

愈
나을 **유**

- 총획 13획
- 부수 心
- 급수 3급

俞 나을/대답할 유 + 心 마음 심

낫는다는 글자(俞)에 마음 심(心)을 더해 몸과 마음이 점점 좋아짐을 나타낸다.

76f

輸 輸 輸 輸 輸 輸 輸 輸 輸 輸 輸 輸 輸

輸
보낼 **수**

- 총획 16획
- 부수 車
- 급수 3급

俞 나을/대답할 유 + 車 수레 거/차

배(俞)와 수레(車)로 물자를 보내거나 나르는 모습이다.

| 유(俞) 자가 전진하는 배를 뜻하기도 하므로 해상 운송 수단인 '배'로 풀이하였다.

☐ 輸送 수송   ☐ 輸出 수출   ☐ 密輸 밀수

76g

兩 兩 兩 兩 兩 兩 兩 兩

兩
두 **량**

- 총획 8획
- 부수 入
- 급수 4급

入 들 입 + 帀 두를 잡 + 入 들 입

두 마리의 소에 씌운(帀) 멍에(入)를 본뜬 글자이다.

☐ 兩國 양국   ☐ 兩側 양측   ☐ 兩者擇一 양자택일

76h

滿 滿 滿 滿 滿 滿 滿 滿 滿 滿 滿 滿 滿

滿
찰 **만**

- 총획 14획
- 부수 氵
- 급수 4급

兩 두 량 + 氵 물 수 + 廿 스물 입

끌고(廿) 가는 수레(兩)에 물(氵)이 가득 차 있다.

☐ 滿期 만기   ☐ 充滿 충만   ☐ 未滿 미만

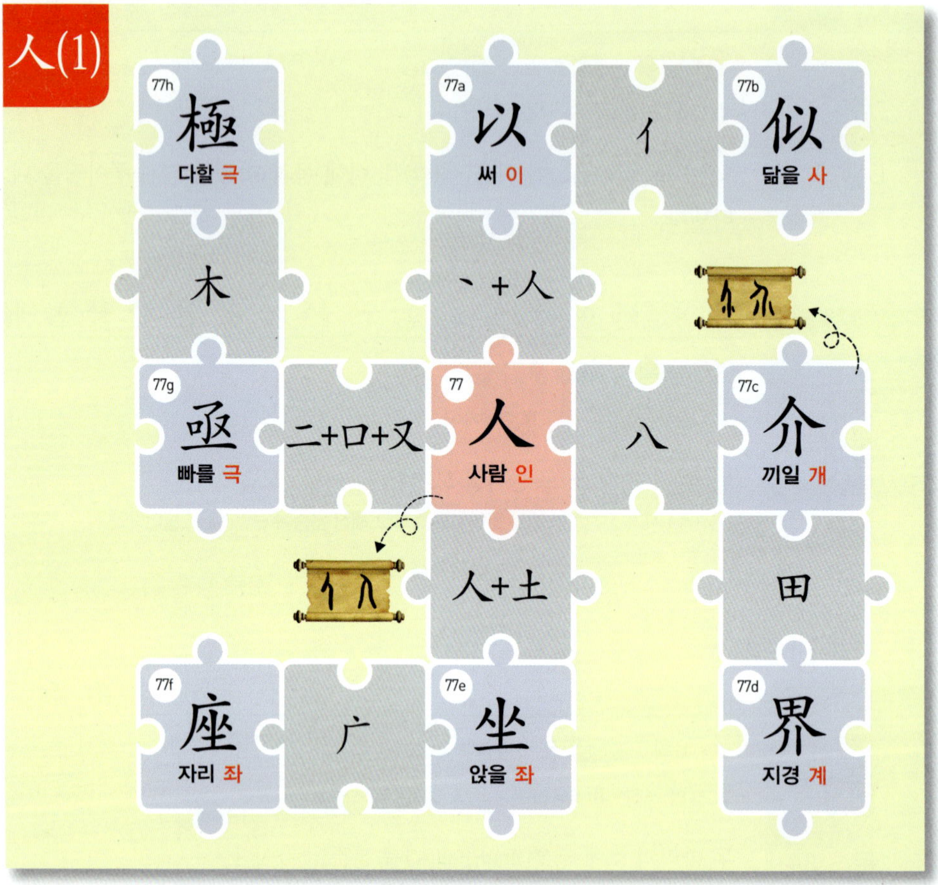

사람 | 사람 | 人

人(1)

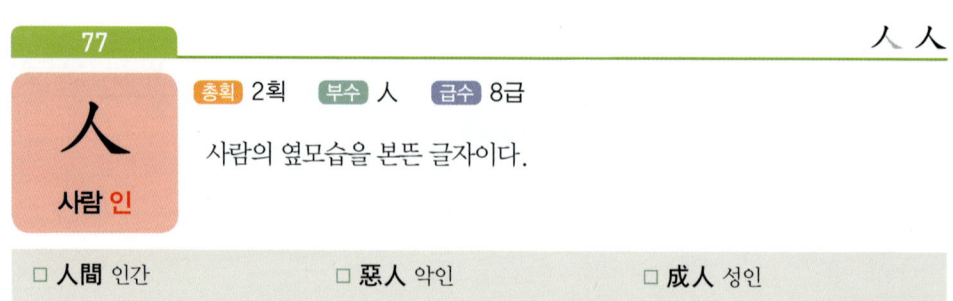

極 다할 극 (77h)	以 써 이 (77a)	亻	似 닮을 사 (77b)
木	丶+人		仌
嘔 빠를 극 (77g)	二+口+又	人 사람 인 (77)	八	介 끼일 개 (77c)
	亻人	人+土		田
座 자리 좌 (77f)	广	坐 앉을 좌 (77e)	界 지경 계 (77d)

77　　　　　　　　　　　　　　　　　　　　　　　　　　人 人

人
사람 인

총획 2획　부수 人　급수 8급

사람의 옆모습을 본뜬 글자이다.

☐ 人間 인간　　　☐ 惡人 악인　　　☐ 成人 성인

77a

以以以以以

써 이

총획 5획 부수 人 급수 5급

人 사람 인 + 丶 점주 + 人 사람 인

쟁기나 태아의 모습을 본뜬 글자로 '~으로써, ~로부터'와 같은 전치사로 사용되게 되었다.

□ 以内 이내   □ 以來 이래   □ 以心傳心 이심전심

77b

似似似似似似似

닮을 사

총획 7획 부수 亻 급수 3급

以 써 이 + 亻 사람 인

써 이(以) 자에 사람 인(亻)을 더해 부모와 닮은 아기의 모습을 강조한 글자다.

□ 似而非 사이비   □ 恰似 흡사   □ 類似品 유사품

77c

介介介介

끼일 개

총획 4획 부수 人 급수 3급

人 사람 인 + 八 여덟 팔

사람(人) 사이(八)에 끼어든 모습이다.

□ 介入 개입   □ 仲介 중개   □ 媒介 매개

77d

界界界界界界界界界

지경 계

총획 9획 부수 田 급수 6급

介 끼일 개 + 田 밭 전

농경지(田) 사이에 끼어(介) 있는 '땅의 경계'를 뜻한다.

□ 境界 경계   □ 學界 학계   □ 限界 한계

77e

坐 坐 坐 坐 坐 坐 坐

坐
앉을 **좌**

총획 7획　부수 土　급수 3급

人 사람인　＋　人 사람인　＋　土 흙토

땅(土)바닥에 앉아 있는 사람들(人+人)의 모습이다.

□ 坐不安席 좌불안석　　□ 跏趺坐 가부좌　　□ 緣坐制 연좌제

77f

座 座 座 座 座 座 座 座 座

座
자리 **좌**

총획 10획　부수 广　급수 4급

坐 앉을좌　＋　广 집엄

함께 앉아(坐) 토의하는 궁정(广) 회의실을 본뜬 글자다.

□ 座席 좌석　　□ 座談會 좌담회　　□ 口座 구좌(계좌)

77g

亟 亟 亟 亟 亟 亟 亟

亟
빠를 **극**

총획 8획　부수 二　급수 특급

人 사람인　＋　二 두이　＋　口 입구　＋　又 또우

빨리 고백을 받아내기 위해 막힌 곳(二)에 사람(人)을 가둬 놓고 소리치거나(口) 손(又)으로 억압하며 고문하는 모습이다.

77h

極 極 極 極 極 極 極 極 極 極

極
다할 **극**

총획 13획　부수 木　급수 4급

亟 빠를극　＋　木 나무목

나무(木) 형틀에 가둬 놓고 고문(亟)하며 자백을 받아내는 모습에서 '지극하다, 다하다'의 뜻이 생겨났다.

□ 極甚 극심　　□ 兩極 양극　　□ 太極旗 태극기

사람 | 사람 | 人

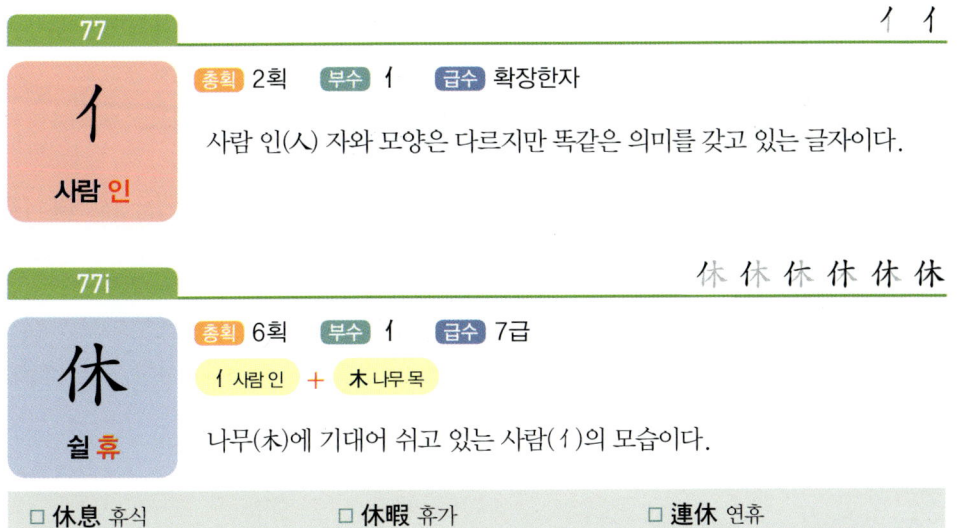

人(2)

- 77i 休 쉴 휴
- 木
- 25a 信 믿을 신
- 言
- 77 人(亻) 사람 인
- 山
- 77j 仙 신선 선
- 77l 化 될 화
- 匕
- 二
- 77k 仁 어질 인

亻亻

77
亻 사람 인

총획 2획 | 부수 亻 | 급수 확장한자

사람 인(人) 자와 모양은 다르지만 똑같은 의미를 갖고 있는 글자이다.

休休休休休休

77i
休 쉴 휴

총획 6획 | 부수 亻 | 급수 7급

亻 사람 인 + 木 나무 목

나무(木)에 기대어 쉬고 있는 사람(亻)의 모습이다.

☐ 休息 휴식　　☐ 休暇 휴가　　☐ 連休 연휴

229

77j

仙 仙 仙 仙 仙

仙
신선 **선**

- 총획 5획
- 부수 亻
- 급수 5급

亻 사람인 + 山 산산

산(山)에 사는 사람(亻)을 일컬어 신선이라 한다.

□ 仙女 선녀   □ 仙境 선경   □ 神仙 신선

77k

仁 仁 仁 仁

仁
어질 **인**

- 총획 4획
- 부수 亻
- 급수 4급

亻 사람인 + 二 두이

사람(亻)이 기대거나 앉을 수 있도록 만든 기구(二)에서 '인자하다, 자애롭다, 불쌍히 여기다'의 뜻이 생겨났다.

□ 仁義禮智 인의예지   □ 仁者無敵 인자무적   □ 殺身成仁 살신성인

77l

化 化 化 化

化
될 **화**

- 총획 4획
- 부수 匕
- 급수 5급

亻 사람인 + 匕 비수비

건강한 사람(亻)도 언젠가는 노인(匕)이 된다는 것을 나타낸 글자이다.

□ 化粧 화장   □ 變化 변화   □ 惡化 악화

25a

信 信 信 信 信 信 信 信

信
믿을 **신**

- 총획 9획
- 부수 亻
- 급수 6급

亻 사람인 + 言 말씀언

사람(亻)이 내뱉은 말(言)은 반드시 지켜야 하는 약속이므로 '믿다'를 뜻한다.

□ 信賴 신뢰   □ 信念 신념   □ 確信 확신

사람 | 사람 | 人

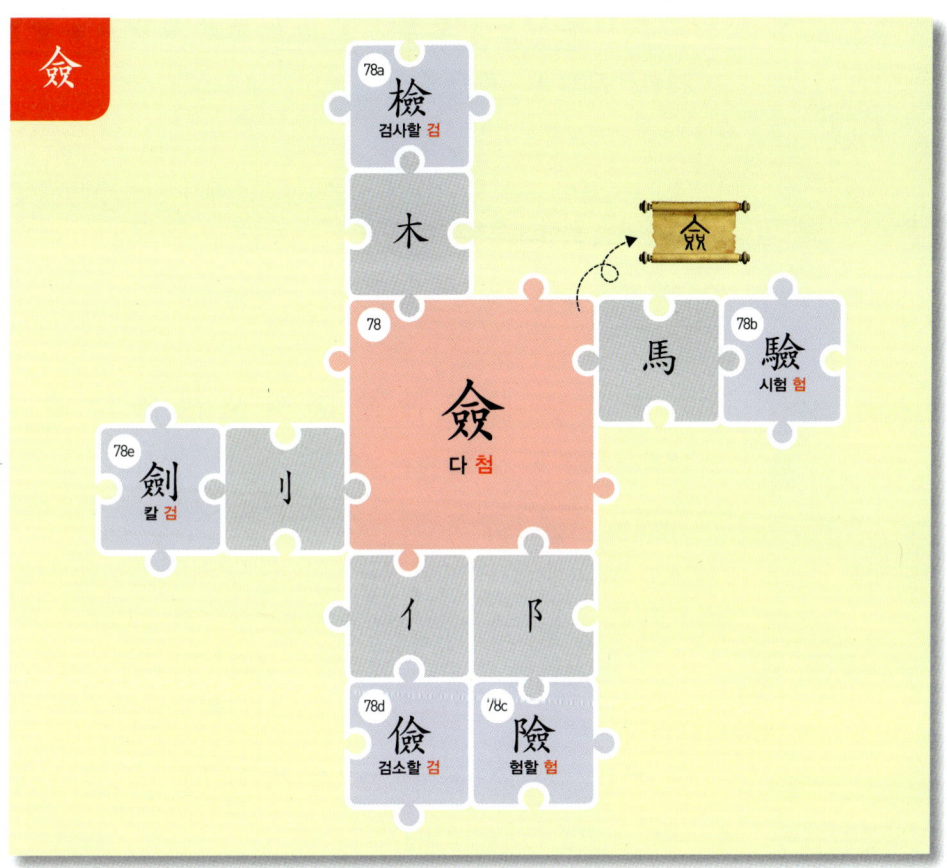

78	
僉 다 첨	총획 13획　부수 人　급수 1급
	여러 사람(人人)이 모여서(스) 모두 한마디(口口)씩 하는 모습이다.

78a	
檢 검사할 검	총획 17획　부수 木　급수 4급　僉 다 첨 + 木 나무 목
	재목(木)으로 사용할 나무를 고르기 위해 여러(僉) 사람들이 살펴보는 모습이다.
	□ 檢證 검증　　□ 檢討 검토　　□ 檢察 검찰

231

78b

驗 시험 험

驗驗驗驗驗驗驗驗驗驗驗驗驗驗驗驗驗驗

- 총획 23획
- 부수 馬
- 급수 4급

僉 다첨 + 馬 말 마

여러(僉) 사람들이 좋은 종마(馬)를 선별하는 모습에서 '시험하다, 증험하다'를 뜻하게 되었다.

☐ 試驗 시험　　☐ 經驗 경험　　☐ 效驗 효험

78c

險 험할 험

險險險險險險險險險險險險險險險

- 총획 16획
- 부수 阝
- 급수 4급

僉 다첨 + 阝 언덕 부

모든(僉) 사람을 가로막는 언덕(阝)같은 장애물은 험난하고 위험하다는 것을 뜻한다.

☐ 險難 험난　　☐ 險路 험로　　☐ 保險 보험

78d

儉 검소할 검

儉儉儉儉儉儉儉儉儉儉儉儉

- 총획 15획
- 부수 亻
- 급수 4급

僉 다첨 + 亻 사람 인

흉년이 들어 모든(僉) 사람(亻)이 물건을 아끼는 모습을 뜻한다.

☐ 儉素 검소　　☐ 儉約 검약　　☐ 勤儉 근검

78e

劍 칼 검

劍劍劍劍劍劍劍劍劍劍劍劍

- 총획 15획
- 부수 刂
- 급수 3급

僉 다첨 + 刂 칼 도

군인들이 모두(僉) 칼(刂)을 들고 있는 모습이다.

☐ 劍道 검도　　☐ 劍術 검술　　☐ 劍客 검객

사람 | 사람 | 人

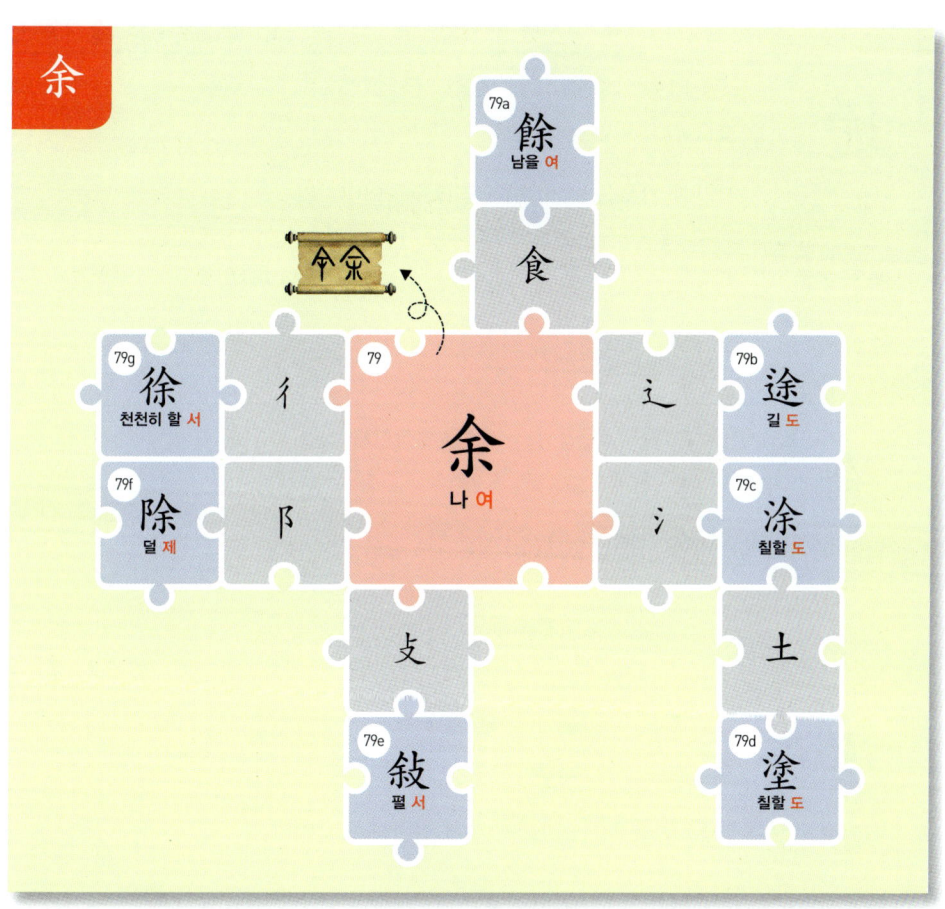

79

余 나 여

총획 7획　부수 人　급수 3급

余 余 余 余 余 余 余

정화의식에서 쓰이던 송곳(針)의 모양을 본뜬 글자이다.

79a

餘 남을 여

餘 餘 餘 餘 餘 餘 餘 餘 餘 餘 餘 餘 餘

총획 16획　부수 食　급수 4급　余 나여 + 食 밥식

의식을 마치고 남은(余) 음식(食)을 가리킨다.

☐ 餘分 여분　　☐ 餘白 여백　　☐ 餘暇 여가

79b

途途途途途途途途途途

途 길도

- 총획 11획
- 부수 辶
- 급수 3급

余 나여 + 辶 쉬엄쉬엄 갈 착

사악한 기운을 제거(余)한 길(辶)을 의미한다.

□ 途中 도중　　□ 別途 별도　　□ 用途 용도

79c

涂涂涂涂涂涂涂涂涂

칠할 도

- 총획 10획
- 부수 氵
- 급수 확장한자

余 나여 + 氵 물수

사악한 기운을 없앤(余) 물(氵)로 길을 칠하다.

79d

塗塗塗塗塗塗塗塗塗塗

칠할 도

- 총획 13획
- 부수 土
- 급수 3급

涂 칠할도 + 土 흙토

진흙(土)을 도랑(涂)물에 개어 칠하는 모습이다.

□ 塗料 도료　　□ 塗褙 도배　　□ 糊塗 호도

79e

敍敍敍敍敍敍敍敍敍敍

敍 펼서

- 총획 11획
- 부수 攴
- 급수 3급

余 나여 + 攴 칠복

쟁기(攴→力)로 땅을 찔러(余) 고르게 펴는 모습이다.

□ 敍述 서술　　□ 敍情詩 서정시　　□ 敍事詩 서사시

사람 | 사람 | 人

79f

除 除 除 除 除 除 除 除

除
덜 **제**

- 총획 10획
- 부수 阝
- 급수 4급

余 나 여 + 阝 언덕 부

언덕(阝)을 파서(余) 흙과 돌을 덜어내는 모습이다.

☐ 除去 제거　　☐ 除外 제외　　☐ 免除 면제

79g

徐 徐 徐 徐 徐 徐 徐 徐

徐
천천히 할 **서**

- 총획 10획
- 부수 彳
- 급수 2급

余 나 여 + 彳 조금 걸을 척

시간이 걸리더라도 장애물을 제거하면서(余) 길(彳)을 가는 모습이다.

여(余) 자는 손잡이 달린 바늘 또는 송곳(針) 모양으로 사악한 기운을 제거할 때 대상물을 찌르는 역할을 하는 도구이므로 '제거하다'로 풀이하였다.

☐ 徐行 서행　　☐ 徐徐 서서(히)　　☐ 徐羅伐 서라벌

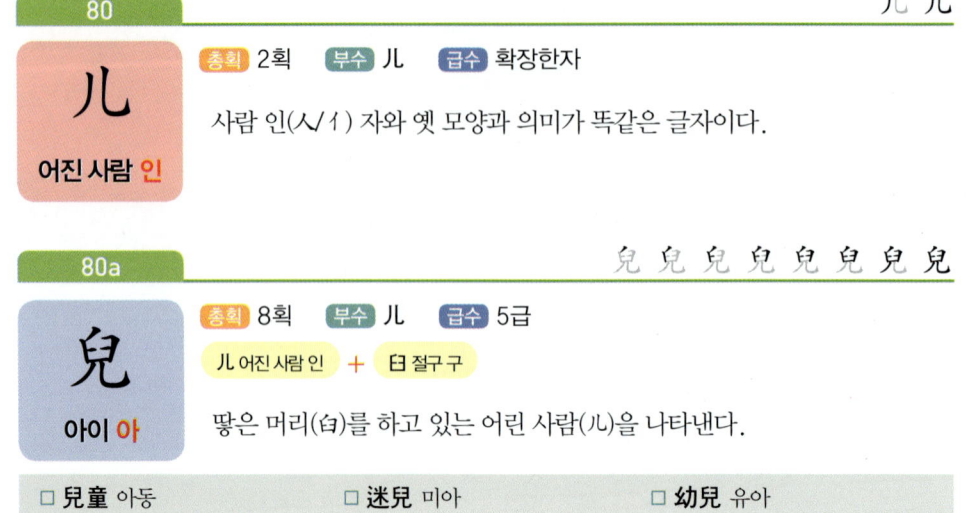

80

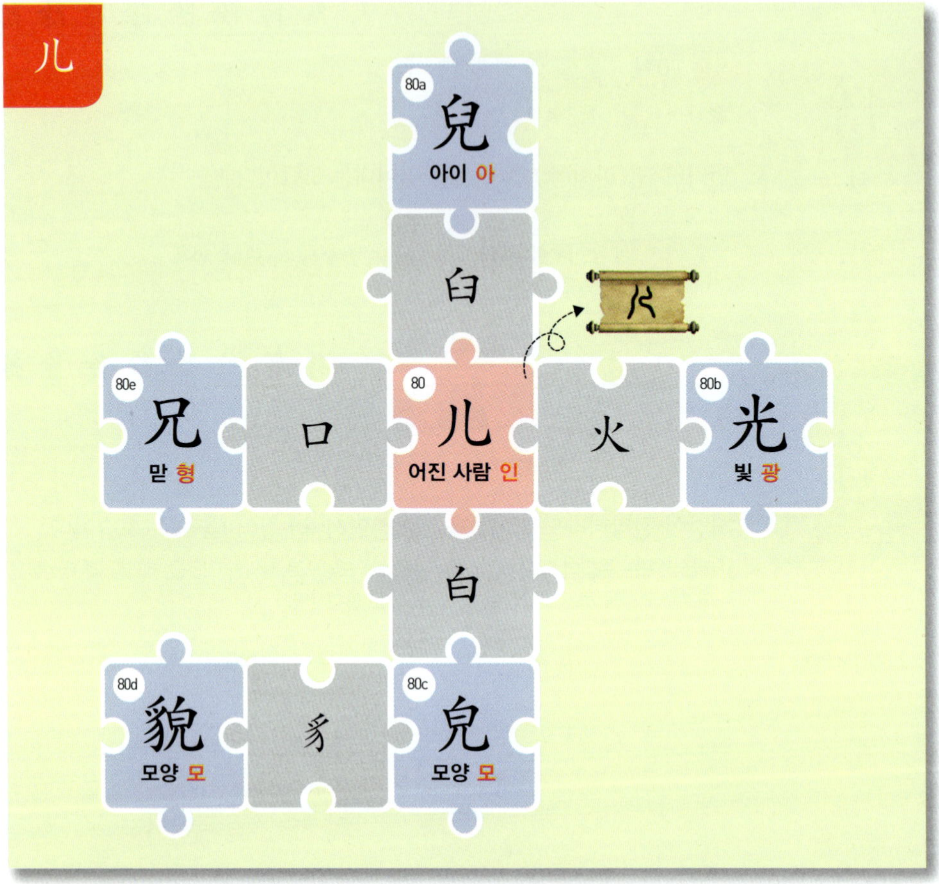

儿 어진 사람 인

- 총획 2획
- 부수 儿
- 급수 확장한자

사람 인(人/亻) 자와 옛 모양과 의미가 똑같은 글자이다.

80a

兒 아이 아

兒 兒 兒 兒 兒 兒 兒 兒

- 총획 8획
- 부수 儿
- 급수 5급

儿 어진 사람 인 + 臼 절구 구

땋은 머리(臼)를 하고 있는 어린 사람(儿)을 나타낸다.

- ☐ 兒童 아동
- ☐ 迷兒 미아
- ☐ 幼兒 유아

80b 光 빛 광

- 총획 6획
- 부수 儿
- 급수 6급

儿 어진사람인 + 火 불화

횃불(火)을 높이 들고 있는 사람(儿)의 모습이다.

□ 光彩 광채　　□ 光明 광명　　□ 榮光 영광

80c 皃 모양 모

- 총획 7획
- 부수 白
- 급수 확장한자

儿 어진사람인 + 白 흰백

사람(儿)의 몸통 위에 빛나는(白) 얼굴만 강조한 글자이다.

80d 貌 모양 모

- 총획 14획
- 부수 豸
- 급수 3급

皃 모양모 + 豸 벌레치

모양을 뜻하는 글자(皃)가 단독으로 쓰이지 않자 짐승을 본뜬 글자인 치(豸) 자를 더해 뜻을 되찾았다.

□ 外貌 외모　　□ 面貌 면모　　□ 全貌 전모

80e 兄 맏 형

- 총획 5획
- 부수 儿
- 급수 8급

儿 어진사람인 + 口 입구

입(口)이 강조된 사람(儿)을 뜻한다. 제사를 지낼 때 제일 앞에서 비는 것은 '맏이인 형'이 담당했다.

□ 兄弟 형제　　□ 兄夫 형부　　□ 妹兄 매형

兄

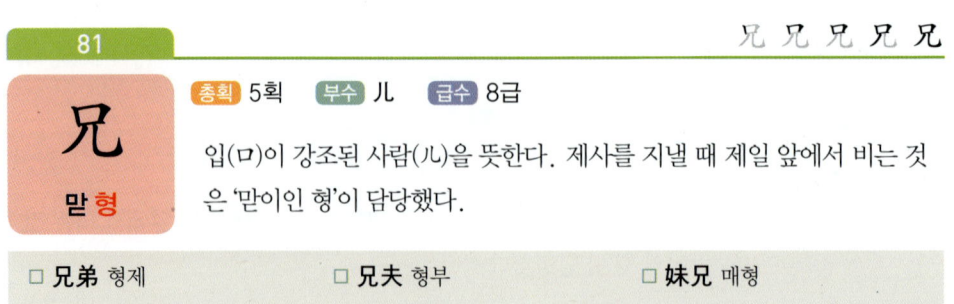

| 81 | 兄兄兄兄兄 |

兄 맏 형

총획 5획　**부수** 儿　**급수** 8급

입(口)이 강조된 사람(儿)을 뜻한다. 제사를 지낼 때 제일 앞에서 비는 것은 '맏이인 형'이 담당했다.

☐ 兄弟 형제　　☐ 兄夫 형부　　☐ 妹兄 매형

사람 | 사람 | 人

81a

況況況況況況況況

총획 8획 **부수** 氵 **급수** 4급

兄 맏 형 + 氵 물 수

상황 황

비(氵)오기를 빌며(兄) 바깥을 살피는 모습이다.

□ 狀況 상황 □ 好況 호황 □ 不況 불황

81b

兌兌兌兌兌兌兌

총획 7획 **부수** 儿 **급수** 2급

兄 맏 형 + 八 여덟 팔

바꿀 태

맏이(兄)가 신께 빌어 축복(八)을 받아 상황을 바꾸다.

| 여덟 팔(八) 자처럼 생긴 글자는 하늘에서 신의 축복이 내려오는 모습을 상징하므로 '축복'으로 해석하였다.

81c

悅悅悅悅悅悅悅悅悅悅

총획 10획 **부수** 忄 **급수** 3급

兌 바꿀 태 + 忄 마음 심

기쁠 열

상황이 바뀌자(兌) 마음(忄)이 즐거워진 것을 표현하였다.

□ 悅愛 열애 □ 悅樂 열락 □ 喜悅 희열

81d

說說說說說說說說說說說說說說

총획 14획 **부수** 言 **급수** 5급

兌 바꿀 태 + 言 말씀 언

말씀 설, 달랠 세, 기쁠 열

설교는 남을 기쁘게(兌) 해 달래주는 말(言)을 뜻하니 '말씀 설(說)'이요, 선거 유세는 민심을 달래줘야 하므로 '달랠 세(說)'요, 그렇게 할 때 모두가 기뻐하니 '기쁠 열(說)'이다.

□ 說敎 설교 □ 遊說 유세 □ 不亦說乎 불역열호

81e

脫 脫 脫 脫 脫 脫 脫 脫 脫 脫 脫

脫
벗을 **탈**

- 총획 11획
- 부수 月
- 급수 4급

兌 바꿀 태 + 月 육달 월

기쁨(兌)을 위해 육신(月)을 벗어던지다.

☐ 脫出 탈출   ☐ 脫稅 탈세   ☐ 逸脫 일탈

81f

閱 閱 閱 閱 閱 閱 閱 閱 閱 閱 閱 閱 閱

閱
볼 **열**

- 총획 15획
- 부수 門
- 급수 3급

兌 바꿀 태 + 門 문 문

나라가 바뀌는(兌) 국경의 관문(門)에서 사람들을 철저히 검사하는 모습이다.

☐ 閱覽 열람   ☐ 檢閱 검열   ☐ 校閱 교열

81g

銳 銳 銳 銳 銳 銳 銳 銳 銳 銳 銳 銳

銳
날카로울 **예**

- 총획 15획
- 부수 金
- 급수 3급

兌 바꿀 태 + 金 쇠 금

금속(金)을 갈아 날이 날카롭게 바뀌는(兌) 모습을 나타낸다.

☐ 銳利 예리   ☐ 銳敏 예민   ☐ 尖銳 첨예

81h

稅 稅 稅 稅 稅 稅 稅 稅 稅 稅 稅

稅
세금 **세**

- 총획 12획
- 부수 禾
- 급수 4급

兌 바꿀 태 + 禾 벼 화

기쁜(兌) 마음으로 신께 곡식(禾)을 바치던 모습에서 '세금'의 뜻이 되었다.

☐ 稅金 세금   ☐ 脫稅 탈세   ☐ 免稅 면세

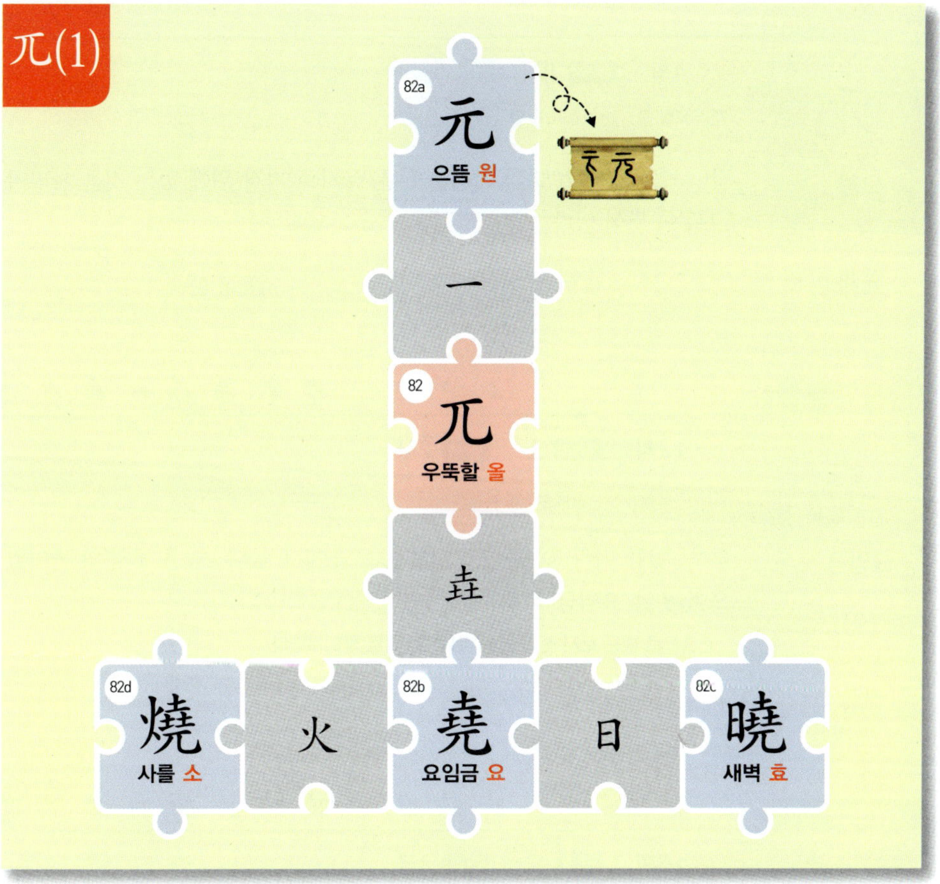

사람 | 사람 | 人

兀(1)

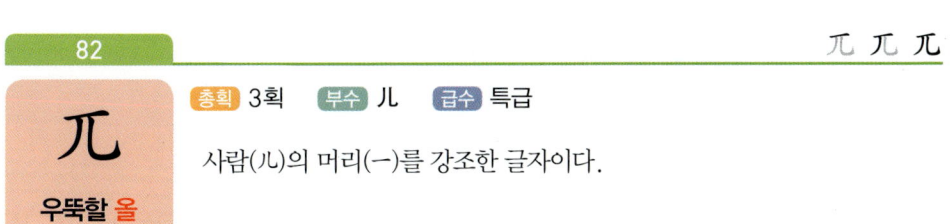

82

兀
우뚝할 올

총획 3획　부수 儿　급수 특급

사람(儿)의 머리(一)를 강조한 글자이다.

兀 兀 兀

82a

元 元 元 元

元
으뜸 원

- 총획 4획
- 부수 儿
- 급수 5급
- 兀 우뚝할 올 + 一 한일

갓(二)을 쓴 사람(儿)의 머리를 본뜬 글자로 가장 위에 있는 것을 가리켜 '으뜸'의 뜻이 있다.

□ 元祖 원조   □ 元老 원로   □ 還元 환원

82b

堯 堯 堯 堯 堯 堯 堯 堯 堯 堯 堯

堯
요임금 요

- 총획 12획
- 부수 土
- 급수 2급
- 兀 우뚝할 올 + 垚 요임금 요

토우(垚)를 머리(兀)에 이고 나르는 모습에서 '높다, 높은 모양'의 뜻이었으며 훗날 '요임금'의 뜻으로 쓰였다.

▎진흙으로 빚은 토지 신의 형상(垚)을 '토우'로 풀이하였다.

□ 堯舜 요순

82c

曉 曉 曉 曉 曉 曉 曉 曉 曉 曉 曉 曉 曉

曉
새벽 효

- 총획 16획
- 부수 日
- 급수 3급
- 堯 요임금 요 + 日 해일

토우(堯)를 굽는 가마에서 새어나온 불빛이 밤하늘에서 새어나오는 새벽 별빛(日) 같다 하여 만들어진 글자이다.

□ 曉星 효성   □ 元曉 원효

82d

燒 燒 燒 燒 燒 燒 燒 燒 燒 燒 燒 燒 燒

燒
사를 소

- 총획 16획
- 부수 火
- 급수 3급
- 堯 요임금 요 + 火 불화

토우(堯)에 불(火)을 붙여 굽는 데서 '사르다, 태우다'의 뜻이 있다.

□ 燒酒 소주   □ 燒却 소각   □ 燒失 소실

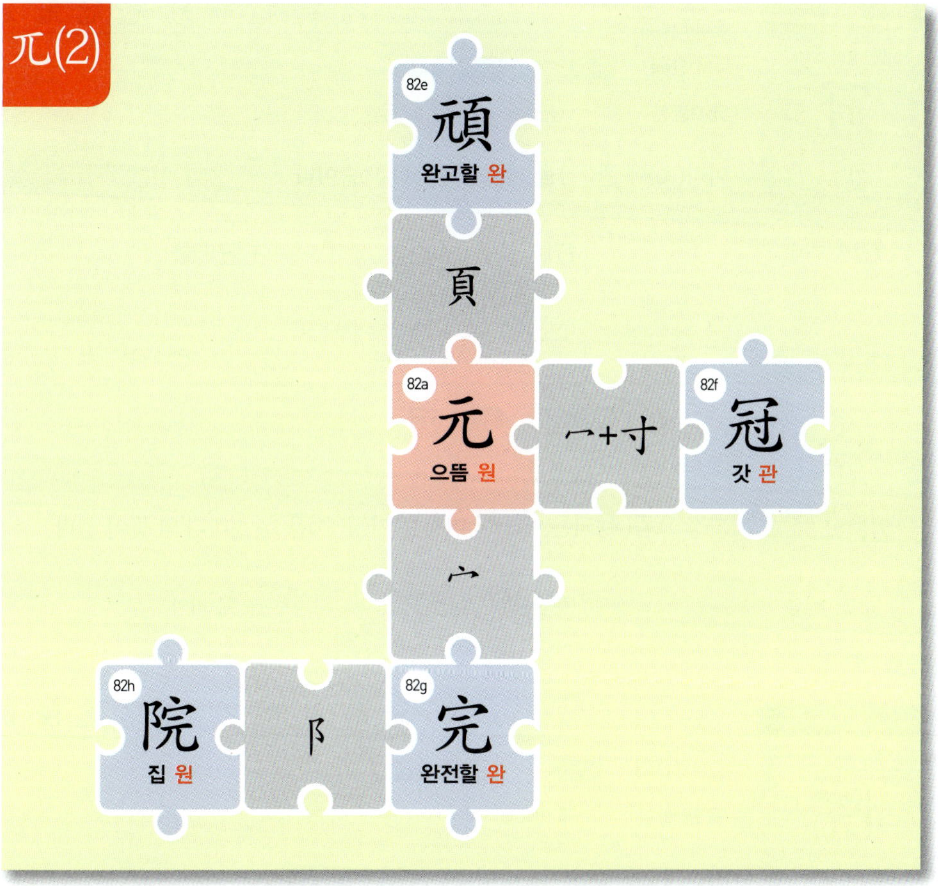

사람 | 사람 | 人

元(2)

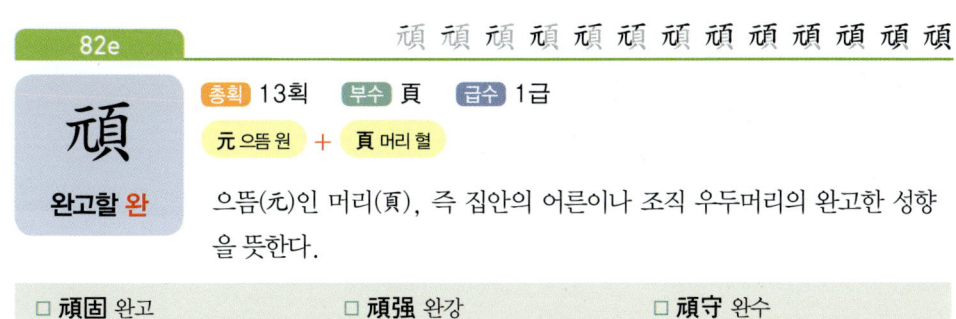

82e

頑 완고할 완

- 총획 13획
- 부수 頁
- 급수 1급

元 으뜸 원 + 頁 머리 혈

으뜸(元)인 머리(頁), 즉 집안의 어른이나 조직 우두머리의 완고한 성향을 뜻한다.

□ 頑固 완고   □ 頑強 완강   □ 頑守 완수

243

82f

冠冠冠冠冠冠冠冠冠

冠
갓 관

- 총획 9획 | 부수 冖 | 급수 3급
- 元 으뜸 원 + 冖 덮을 멱 + 寸 마디 촌

머리(元)에 관(冖)을 씌워 주는(寸) 모습이다.

☐ 冠禮 관례　　☐ 冠詞 관사　　☐ 王冠 왕관

82g

完完完完完完完

完
완전할 완

- 총획 7획 | 부수 宀 | 급수 5급
- 元 으뜸 원 + 宀 집 면

가장 으뜸(元)되는 어른이 머무는 가정(宀)은 '완전하다'의 뜻이 있다.

☐ 完成 완성　　☐ 完全 완전　　☐ 未完 미완

82h

院院院院院院院院院院

院
집 원

- 총획 10획 | 부수 阝 | 급수 5급
- 完 완전할 완 + 阝 언덕 부

가정(完)을 둘러싼 울타리(阝), 집을 가리킨다.

언덕 부(阝) 자는 언덕을 본뜬 글자이므로 사람들이 세운 '둑이나 담'을 나타내는 데도 사용된다.

☐ 學院 학원　　☐ 寺院 사원　　☐ 病院 병원

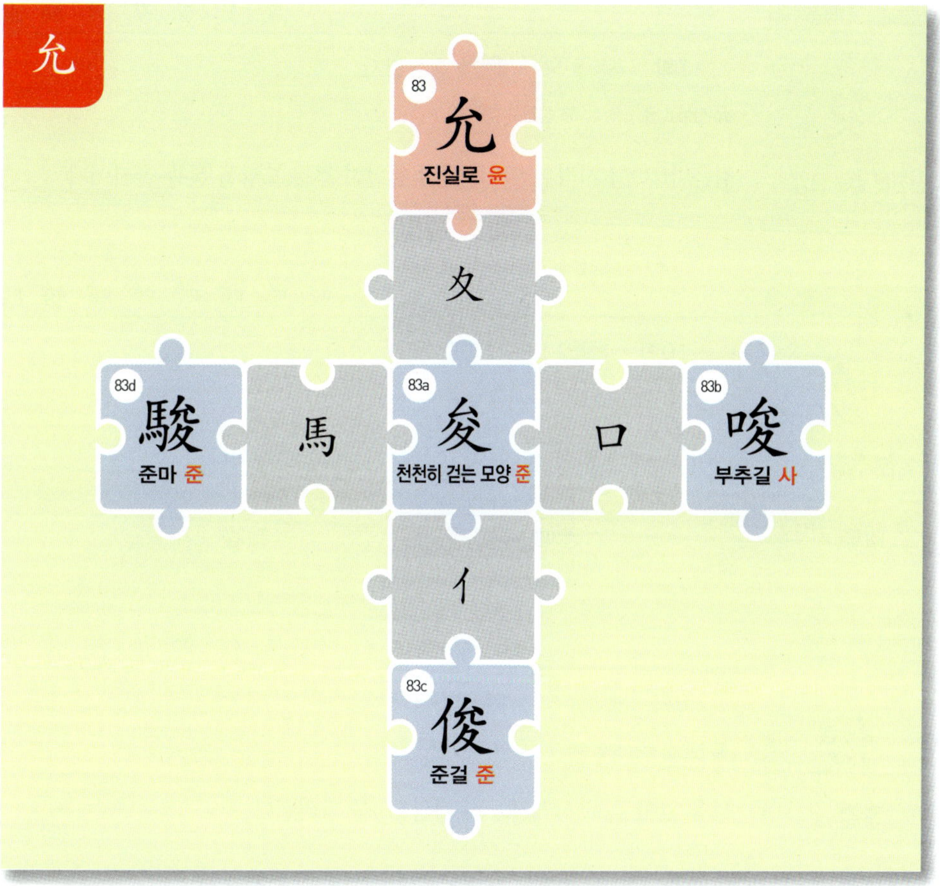

사람 | 사람 | 人

允

```
        ⑧³ 允
           진실로 윤
            夊
⑧³ᵈ 駿  馬  ⑧³ᵃ 夋  口  ⑧³ᵇ 唆
준마 준      천천히 걷는 모양 준    부추길 사
            亻
        ⑧³ᶜ 俊
           준걸 준
```

83

允 진실로 윤

총획 4획 부수 儿 급수 2급

아기(厶)처럼 순수한 사람(儿)은 진실함을 뜻한다. 진실한 부탁을 '승낙하다, 허락하다'는 뜻도 가진다. 가끔 '맏이나 아들'의 뜻으로도 사용된다.

▎윤(允) 자는 태아(厶)와 사람(儿)을 합친 글자로 '갓 태어난 아기'를 본뜬 글자이다.

☐ 允許 윤허

83a

夋
천천히 걷는 모양 **준**

총획 7획 | 부수 夂 | 급수 확장한자

允 진실로 윤 + 夂 천천히 걸을 쇠

걸음마(夂)를 시작한 아이(允)의 천천히 걷는 모양을 본뜬 글자이다.

83b

唆
부추길 **사**

총획 10획 | 부수 口 | 급수 2급

夋 천천히 걷는 모양 준 + 口 입 구

아이(允)에게 걸어(夂) 보라고 부추기는(口) 모습이다.

- 唆嗾 사주
- 示唆 시사
- 敎唆 교사

83c

俊
준걸 **준**

총획 9획 | 부수 亻 | 급수 3급

夋 천천히 걷는 모양 준 + 亻사람 인

도움 없이 홀로 서게(夋) 된 사람(亻)을 가리킨다.

- 俊傑 준걸
- 俊秀 준수
- 俊才 준재

83d

駿
준마 **준**

총획 17획 | 부수 馬 | 급수 2급

夋 천천히 걷는 모양 준 + 馬 말 마

다른 말보다 뛰어난(夋) 말(馬)을 가리킨다.

- 駿馬 준마
- 駿足 준족

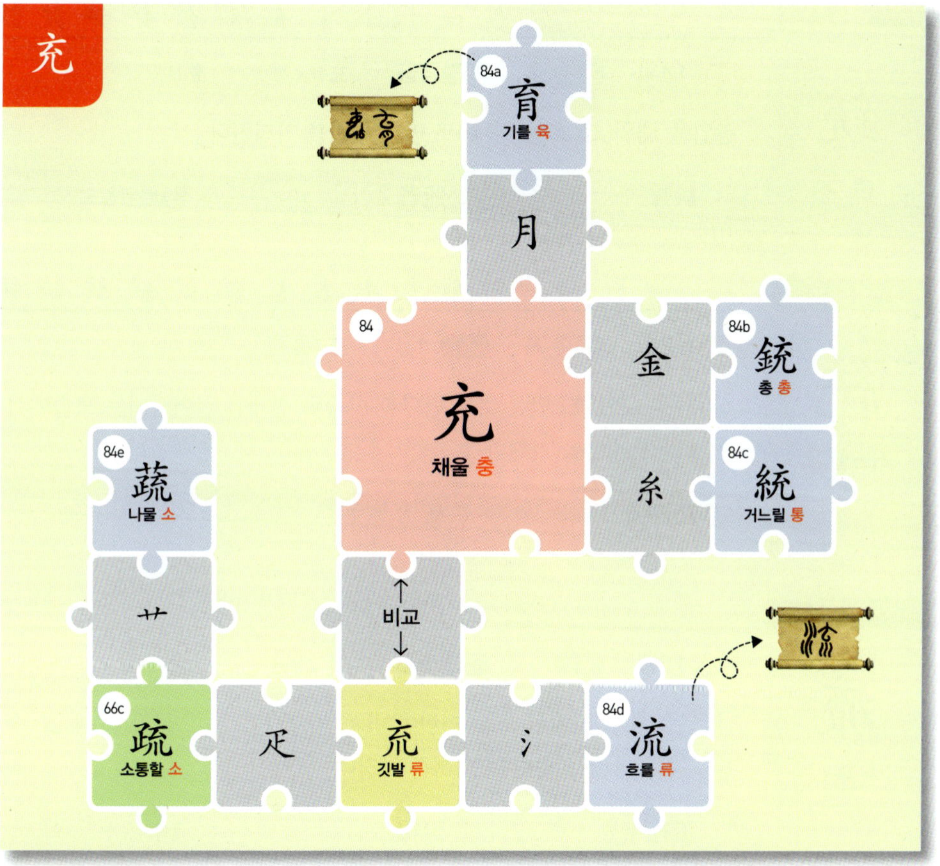

84

84

充 充 充 充 充 充

充 채울 충

총획 6획 부수 儿 급수 5급

마치 몸통에 살이 채워진 것처럼 통통해진(𠫓) 어린아이(儿)의 모습이다.

> 이 글자(亠+厶=𠫓)의 전문(篆文)은 태아를 거꾸로 해 놓은 모습으로 위 글자는 어린아이를 안고 있거나 업고 있는 모습을 본뜬 글자로 추정된다. 따라서 '통통하다, 살이 올랐다, 어린이'로 풀이하였다.

□ **充實** 충실 □ **充分** 충분 □ **補充** 보충

84a

育 育 育 育 育 育 育 育

育 기를 육

총획 8획 부수 月 급수 7급 充 채울 충 + 月 육달 월

아이(亠+厶)를 토실토실(𠫓)하게 살집(月)이 오르도록 기르다.

□ **育兒** 육아 □ **育成** 육성 □ **教育** 교육

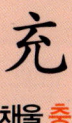

84b

銃
총 **총**

- 총획 14획　부수 金　급수 4급　　充 채울 충 ＋ 金 쇠 금

총알을 채워(充) 쏘는 쇠(金)로 만든 무기를 가리킨다.

- □ 銃聲 총성　　□ 銃器 총기　　□ 拳銃 권총

84c

統
거느릴 **통**

- 총획 12획　부수 糸　급수 4급　　充 채울 충 ＋ 糸 가는 실 멱

실(糸)을 채워(充) 만든 굵고 단단한 밧줄로 전체를 끌어당기는 모습에서 '거느리다'의 뜻을 가진다.

- □ 統制 통제　　□ 統治 통치　　□ 大統領 대통령

84d

流
흐를 **류**

- 총획 10획　부수 氵　급수 5급　　㐬 깃발 류 ＋ 氵 물 수

흐르는 냇물(川)에서 노는 어린아이(㐬)의 모습을 본뜬 글자(㐬)에 물 수(氵) 자를 더해 '흐르다'는 의미를 가진다.

- □ 流行 유행　　□ 流暢 유창　　□ 流水 유수

66c

疏
소통할 **소**

- 총획 12획　부수 疋　급수 3급　　㐬 깃발 류 ＋ 疋 짝 필 발 소

댐의 물이 터져 흐르는(㐬)듯 '막힌 것을 트는' 모습에서 '소통하다'의 뜻이 있다. 발 소(疋=足)를 발음으로 한다.

- □ 疏通 소통　　□ 疏忽 소홀　　□ 生疏 생소

84e

蔬
나물 **소**

- 총획 16획　부수 艹　급수 3급　　疏 소통할 소 ＋ 艹 풀 초

풀 초(艹)는 '나물과 푸성귀'를 뜻하며 소(疏)는 발음으로 쓰는 글자이다.

- □ 蔬飯 소반　　□ 菜蔬 채소

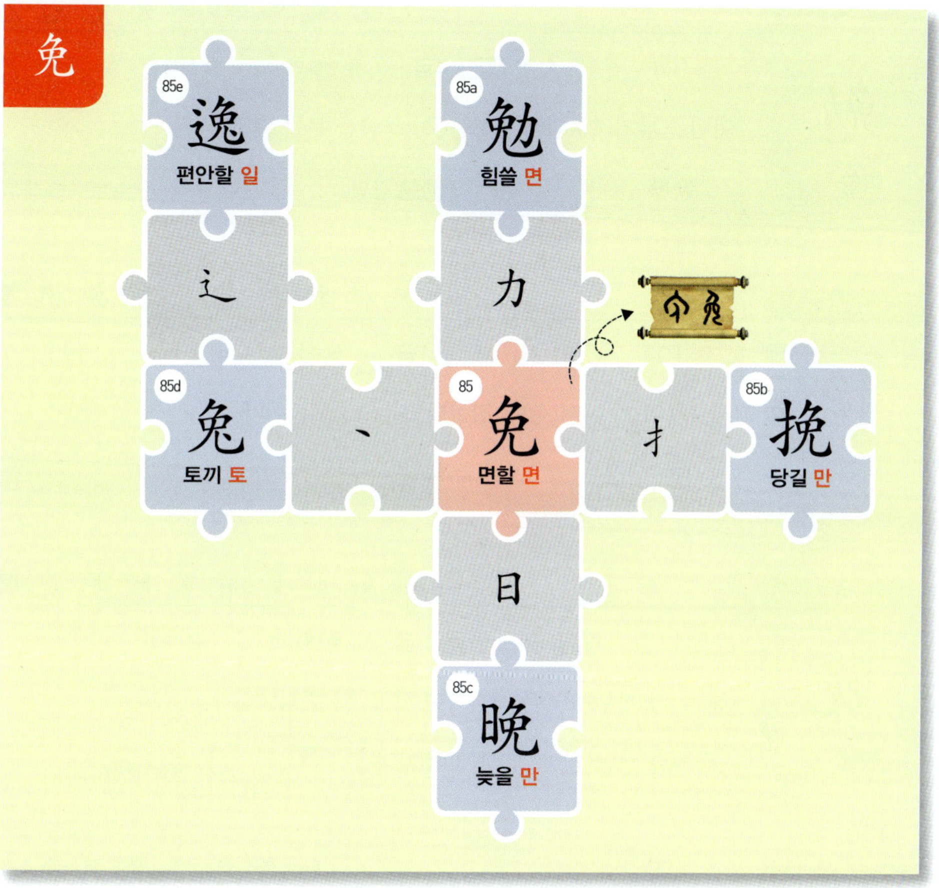

사람 | 사람 | 人

免

- 85e 逸 편안할 일
- 之
- 85d 兔 토끼 토
- 丶
- 85a 勉 힘쓸 면
- 力
- 85 免 면할 면
- 日
- 85c 晚 늦을 만
- 扌
- 85b 挽 당길 만

85

免 면할 면

총획 7획 부수 儿 급수 3급

산모(⺈)의 배에서 아이(儿)가 빠져나오는 모습으로 출산의 고통과 사회적 책임을 면하게 된 데서 '면하다'의 뜻을 띠게 되었다.

免 免 免 免 免 免 免

☐ 免除 면제   ☐ 赦免 사면   ☐ 放免 방면

85a 勉 힘쓸 면

勉 勉 勉 勉 勉 勉 勉 勉 勉

- 총획 9획
- 부수 力
- 급수 4급
- 免 면할 면 + 力 힘 력

아이를 낳기(免) 위해 애쓰는(力) 모습을 본뜬 글자이다.

- □ 勉學 면학
- □ 勤勉 근면

85b 挽 당길 만

挽 挽 挽 挽 挽 挽 挽 挽 挽

- 총획 10획
- 부수 扌
- 급수 1급
- 免 면할 면 + 扌 손 수

산모를 도와 아이(免)를 잡아당기는(扌) 모습이다.

- □ 挽回 만회
- □ 挽留 만류

85c 晩 늦을 만

晩 晩 晩 晩 晩 晩 晩 晩 晩

- 총획 11획
- 부수 日
- 급수 3급
- 免 면할 면 + 日 해 일

해(日)가 저무는 늦은 시간까지 산고(免)에 시달리다.

- □ 晩年 만년
- □ 晩婚 만혼
- □ 晩秋 만추

85d 兎 토끼 토

兎 兎 兎 兎 兎 兎 兎 兎

- 총획 8획
- 부수 儿
- 급수 3급
- 免 면할 면 + 丶 점 주

꼬리(丶)가 강조된 토끼(免)의 모습이다.

- □ 兎死狗烹 토사구팽

85e 逸 편안할 일

逸 逸 逸 逸 逸 逸 逸 逸 逸 逸 逸

- 총획 12획
- 부수 辶
- 급수 3급
- 兎 토끼 토 + 辶 쉬엄쉬엄 갈 착

재빨리 달아나는(辶) 토끼(兎)의 모습에서 '달아나다, 숨다'이며, 굴에 숨어 안심하는 모습에서 '편안하다'의 뜻도 가진다.

- □ 逸話 일화
- □ 逸脫 일탈
- □ 安逸 안일

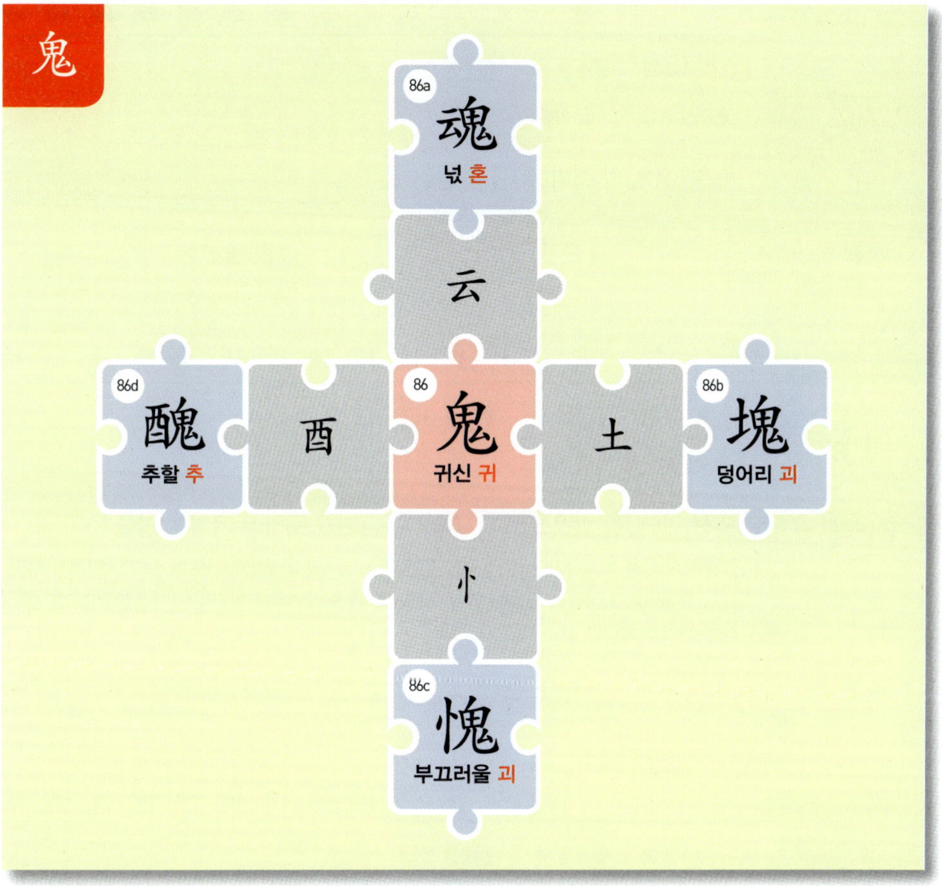

鬼
86a
魂
넋 혼
云
86d
醜
추할 추
酉
86
鬼
귀신 귀
土
86b
塊
덩어리 괴
忄
86c
愧
부끄러울 괴

86

86

鬼 鬼 鬼 鬼 鬼 鬼 鬼 鬼 鬼 鬼

鬼
귀신 귀

총획 10획 부수 鬼 급수 3급

탈(甶)을 쓰고 귀신을 쫓아내는 사람(儿)의 모습을 본뜬 글자이다.

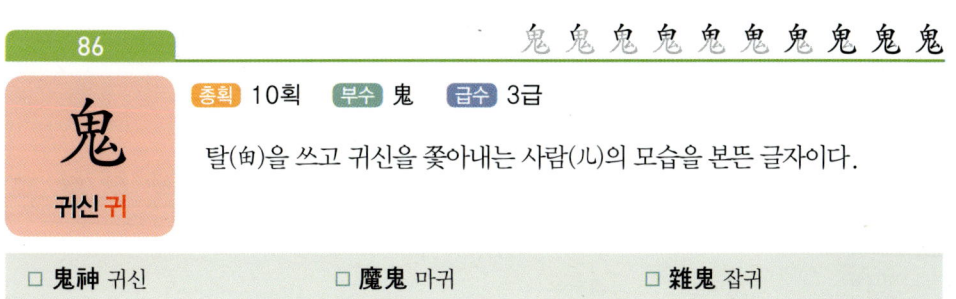

□ **鬼神** 귀신	□ **魔鬼** 마귀	□ **雜鬼** 잡귀

86a

魂魂魂魂魂魂魂魂魂魂魂魂

魂
넋 **혼**

- 총획 14획
- 부수 鬼
- 급수 3급

鬼 귀신 귀 + 云 이를 운

죽은 자(鬼)의 소리(云)를 가리킨다.

☐ 魂靈 혼령　　☐ 靈魂 영혼　　☐ 鬪魂 투혼

86b

塊塊塊塊塊塊塊塊塊塊塊

塊
덩어리 **괴**

- 총획 13획
- 부수 土
- 급수 3급

鬼 귀신 귀 + 土 흙 토

귀신 귀(鬼)를 발음으로 해 흙(土)무더기를 뜻하는 글자를 만들었다.

흔히 귀신을 목격하거나 만난 곳이 무덤이나 그 주변이 많았다. 또한 잔디가 벗겨진 무덤은 흙덩이에 불과하기 때문에 귀신 귀(鬼)와 흙 토(土) 자를 합친 글자가 '덩어리나 흙덩이'로 의미가 발전한 것은 자연스런 것이다.

☐ 塊炭 괴탄(석탄)　　☐ 金塊 금괴

86c

愧愧愧愧愧愧愧愧愧愧愧愧

愧
부끄러울 **괴**

- 총획 13획
- 부수 忄
- 급수 3급

鬼 귀신 귀 + 忄 마음 심

귀신(鬼)처럼 행동해 부끄러운 마음(忄)을 가리킨다.

☐ 自愧 자괴　　☐ 慙愧 참괴

86d

醜醜醜醜醜醜醜醜醜醜醜醜

醜
추할 **추**

- 총획 17획
- 부수 酉
- 급수 3급

鬼 귀신 귀 + 酉 닭 유

술(酉)에 취한 모습이 귀신(鬼)처럼 추하다.

☐ 醜態 추태　　☐ 醜聞 추문　　☐ 醜行 추행

사람 | 사람 | 人

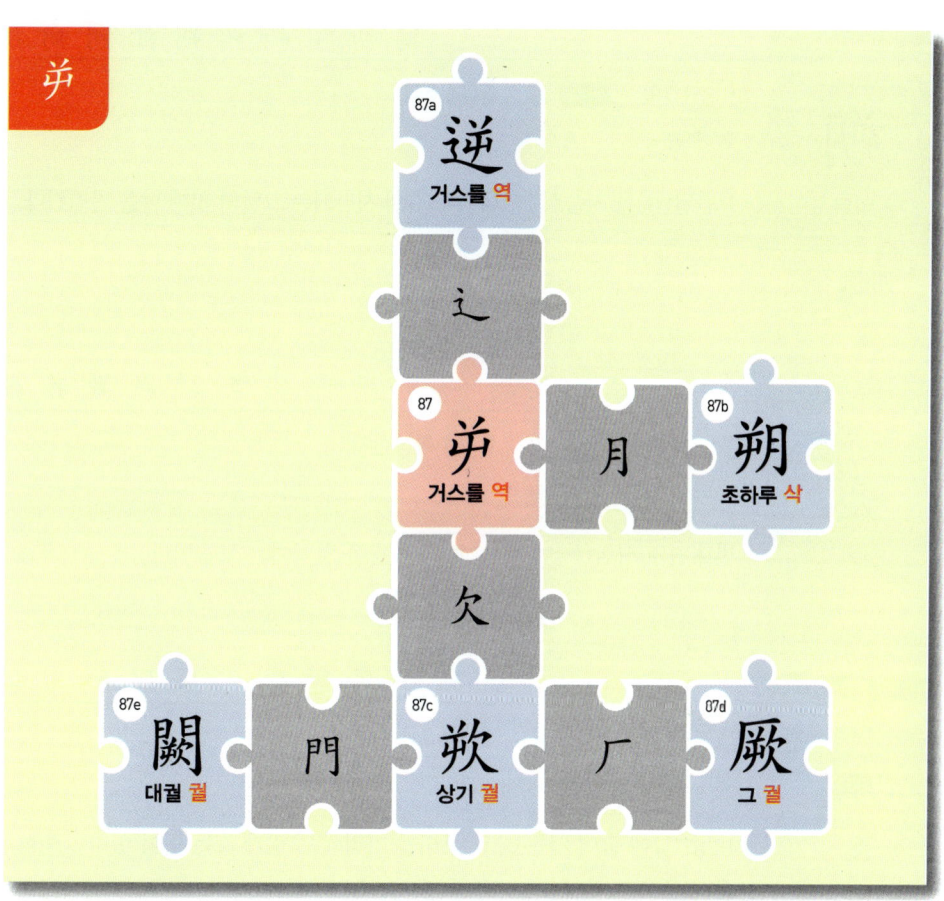

87

屰 거스를 역

총획 6획　**부수** 屮　**급수** 확장한자

반대편에서 오는 사람을 묘사해 '거꾸로, 거스르다'의 뜻이 있다.

87a

逆 거스를 역

총획 10획　**부수** 辶　**급수** 4급　　屰 거스를 역　＋　辶 쉬엄쉬엄 갈 착

거스를 역(屰) 자에 갈 착(辶)을 더해 진행 방향을 거슬러(屰) 감을 강조한 글자이다.

☐ 逆風 역풍　　☐ 逆潮 역조　　☐ 拒逆 거역

87b

朔 초하루 삭

朔 朔 朔 朔 朔 朔 朔 朔 朔

- 총획 10획
- 부수 月
- 급수 3급

屰 거스를 역 + 月 달 월

보름달(月)을 거슬러(屰) 돌아와 다시 시작되는 그달의 첫째 날을 가리킨다.

☐ 朔風 삭풍   ☐ 滿朔 만삭

87c

欮 상기 궐

欮 欮 欮 欮 欮 欮 欮 欮 欮 欮

- 총획 10획
- 부수 欠
- 급수 확장한자

屰 거스를 역 + 欠 하품 흠

반대편의 사람(屰)이 하품(欠)하듯 숨을 헐떡이는 모습이다.

87d

厥 그 궐

厥 厥 厥 厥 厥 厥 厥 厥 厥 厥 厥

- 총획 12획
- 부수 厂
- 급수 3급

欮 상기 궐 + 厂 기슭 엄

벼랑(厂)에 숨어 사는 도적 무리를 가리켜 '오랑캐'라는 뜻이 있다. 궐(欮)을 발음으로 한다.

☐ 突厥 돌궐

87e

闕 대궐 궐

闕 闕 闕 闕 闕 闕 闕 闕 闕 闕 闕 闕 闕 闕 闕

- 총획 18획
- 부수 門
- 급수 2급

欮 상기 궐 + 門 문 문

돌아다니는 게 숨찰(欮) 정도로 대문(門) 안이 넓은 집을 가리킨다.

☐ 闕位 궐위   ☐ 宮闕 궁궐   ☐ 補闕 보궐

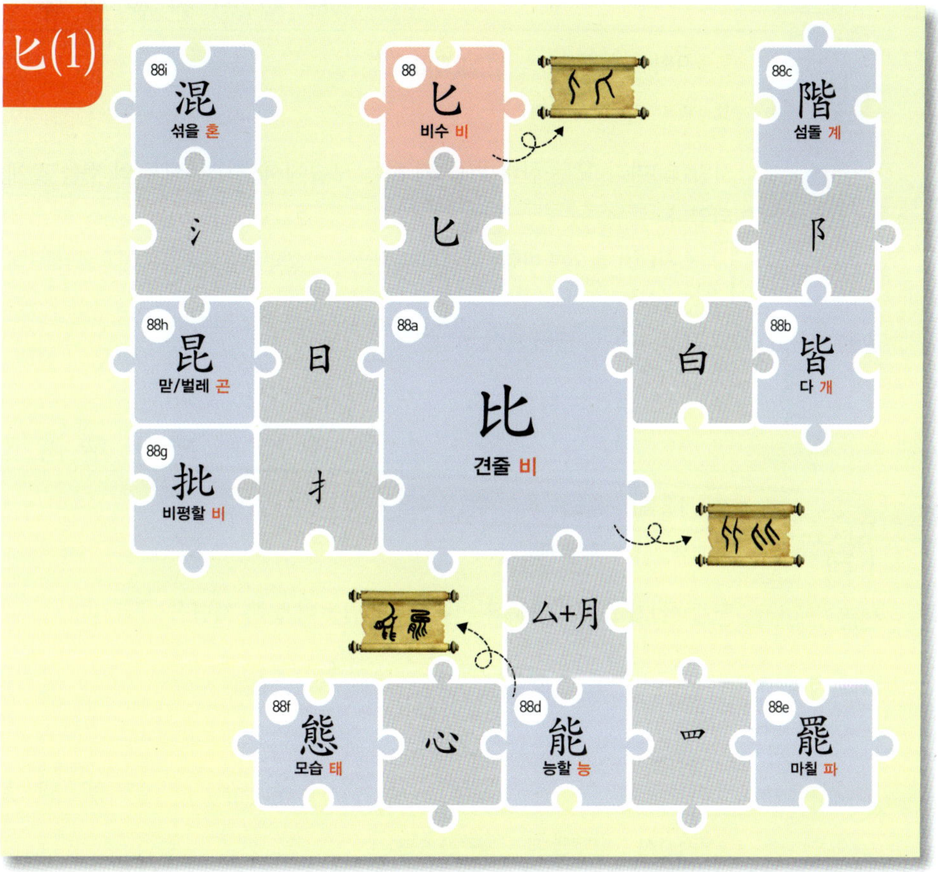

사람 | 사람 | 人

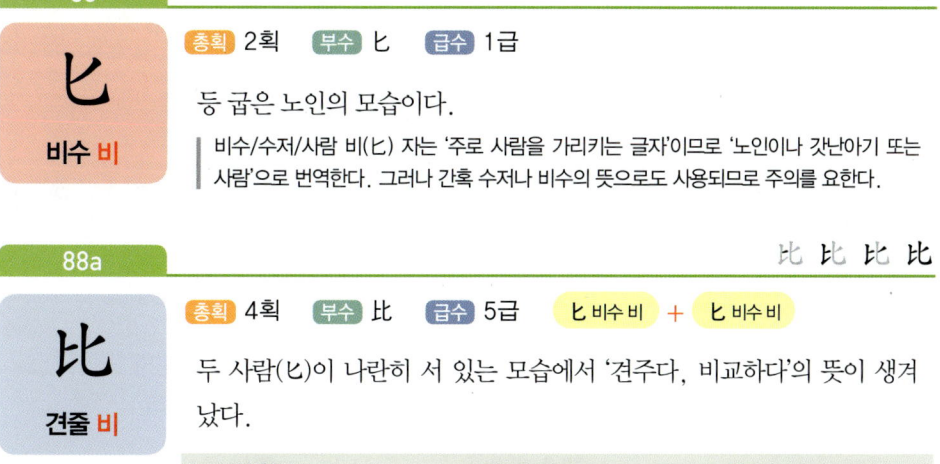

88

匕
비수 비

총획 2획　부수 匕　급수 1급

등 굽은 노인의 모습이다.

비수/수저/사람 비(匕) 자는 '주로 사람을 가리키는 글자'이므로 '노인이나 갓난아기 또는 사람'으로 번역한다. 그러나 간혹 수저나 비수의 뜻으로도 사용되므로 주의를 요한다.

88a

比
견줄 비

총획 4획　부수 比　급수 5급　匕 비수 비 + 匕 비수 비

두 사람(匕)이 나란히 서 있는 모습에서 '견주다, 비교하다'의 뜻이 생겨났다.

☐ **比較** 비교　　☐ **比重** 비중　　☐ **對比** 대비

255

88b 皆 다 개

- 총획 9획
- 부수 白
- 급수 3급

比 견줄 비 + 白 흰 백

사람(比)마다 모두 한마디(曰)씩 하는 모습에서 '전부, 모두'의 뜻을 갖게 되었다.

모든 사람(比)을 고루 비추는 태양(白)의 모습에서 다/모두 개(皆)가 되었다고 풀이하기도 한다.

- □ 皆勤 개근
- □ 皆既日蝕 개기일식

88c 階 섬돌 계

- 총획 12획
- 부수 阝
- 급수 4급

皆 다 개 + 阝 언덕 부

모두(皆)가 오르내리도록 언덕(阝)에 만들어 놓은 계단을 가리킨다.

- □ 階段 계단
- □ 階層 계층
- □ 段階 단계

88d 能 능할 능

- 총획 10획
- 부수 月
- 급수 5급

比 견줄 비 + 厶 사사 사 + 月 육달 월

곰(厶+月)이 앞다리(匕)로 능히 걸어가는 모습이다.

- □ 能力 능력
- □ 能率 능률
- □ 可能 가능

88e 罷 마칠 파

- 총획 15획
- 부수 罒
- 급수 3급

能 능할 능 + 罒 그물 망

그물(罒)에 걸린 무력한 곰(能)의 모습에서 '쉬다, 마치다'의 뜻이, 곰을 풀어주는 모습에서는 '방면하다, 놓아주다'의 뜻이 생겨났다.

- □ 罷業 파업
- □ 罷免 파면
- □ 罷場 파장

사람 | 사람 | 人

88f

態
모습 태

態態態態態態態態態態態態

- 총획 14획
- 부수 心
- 급수 4급

能 능할능 + 心 마음심

능히(能) 해낼 수 있다는 생각(心)이 드러나는 '모습, 모양, 태도'를 뜻한다.

> 사람의 됨됨이(心)나 태도나 인격 등이 실제 그 사람의 모습이 어떤지를 알려준다. 따라서 마음 심(心) 자가 들어가 '모습이나 모양' 등의 뜻이 파생된 것이다.

☐ 態度 태도   ☐ 狀態 상태   ☐ 姿態 자태

88g

批
비평할 비

批 批 批 批 批 批 批

- 총획 7획
- 부수 扌
- 급수 4급

比 견줄비 + 扌 손수

비교(比)해 보고 마음에 들지 않는 하나를 내쳐버리는(扌) 모습이다.

☐ 批評 비평   ☐ 批判 비판   ☐ 批准 비준

88h

昆
맏/벌레 곤

昆 昆 昆 昆 昆 昆 昆 昆

- 총획 8획
- 부수 日
- 급수 1급

比 견줄비 + 日 해일

큰 머리(日) 하나에 발(比)이 여럿인 곤충(昆蟲)을 본뜬 글자이다.

> 여기서 비(比) 자는 사람의 뜻이 아니라, 발에 해당하는 곤충의 많은 '지느러미'를 본뜬 글자이다.

☐ 昆蟲 곤충

88i

混
섞을 혼

混 混 混 混 混 混 混 混 混 混

- 총획 11획
- 부수 氵
- 급수 4급

昆 맏/벌레곤 + 氵 물수

벌레(昆)가 섞여 우글거리는 시궁창 물(氵)을 본떠 만든 글자이다.

☐ 混濁 혼탁   ☐ 混雜 혼잡   ☐ 混同 혼동

匕(2)

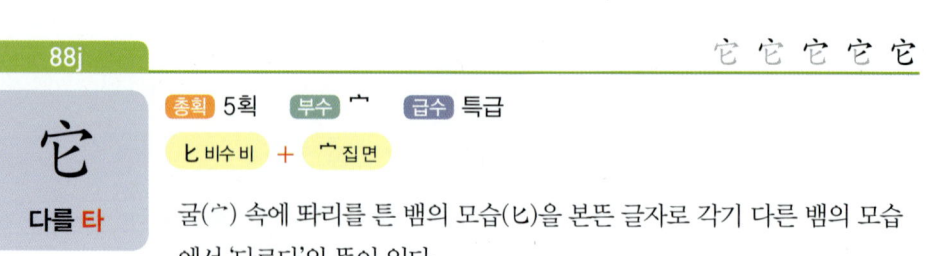

88j

它 다를 타

它 它 它 它 它

- 총획 5획
- 부수 宀
- 급수 특급

匕 비수 비 + 宀 집 면

굴(宀) 속에 똬리를 튼 뱀의 모습(匕)을 본뜬 글자로 각기 다른 뱀의 모습에서 '다르다'의 뜻이 있다.

사람 | 사람 | 人

88k

蛇 蛇 蛇 蛇 蛇 蛇 蛇 蛇 蛇 蛇 蛇

蛇
긴 뱀 **사**

- 총획 11획
- 부수 虫
- 급수 3급

它 다를 타 + 虫 벌레 충

뱀의 뜻을 가진 글자(它)가 단독으로 쓰이지 않자 벌레 충(虫) 자를 더하여 '뱀'의 의미를 강조했다.

☐ 蛇足 사족　　☐ 毒蛇 독사　　☐ 龍頭蛇尾 용두사미

88l

頃 頃 頃 頃 頃 頃 頃 頃 頃 頃 頃

頃
이랑 **경**

- 총획 11획
- 부수 頁
- 급수 3급

匕 비수 비 + 頁 머리 혈

머리(頁)가 한쪽으로 기우는(匕) 모습이다.

☐ 頃刻 경각　　☐ 食頃 식경　　☐ 萬頃蒼波 만경창파

88m

傾 傾 傾 傾 傾 傾 傾 傾 傾 傾 傾

傾
기울 **경**

- 총획 13획
- 부수 亻
- 급수 4급

頃 이랑 경 + 亻 사람 인

'기울다'의 뜻을 갖는 글자가 '잠깐/이랑 경(頃)'으로 쓰이자 사람 인(亻) 자를 더해 '기울다'의 뜻을 강조했다.

☐ 傾斜 경사　　☐ 傾向 경향　　☐ 左傾 좌경

88n

化 化 化 化

化
될 **화**

- 총획 4획
- 부수 匕
- 급수 5급

匕 비수 비 + 亻 사람 인

건강한 사람(亻)도 언젠가는 노인(匕)이 된다는 것을 나타낸 글자이다.

☐ 化粧 화장　　☐ 變化 변화　　☐ 惡化 악화

88o

貨 貨 貨 貨 貨 貨 貨 貨 貨 貨 貨

貨
재물 **화**

- 총획 11획
- 부수 貝
- 급수 4급

化 될 화 + 貝 조개 패

돈(貝)이 되는(化) 물건을 가리킨다.

☐ 貨物 화물   ☐ 貨幣 화폐   ☐ 金銀寶貨 금은보화

88p

靴 靴 靴 靴 靴 靴 靴 靴 靴 靴 靴 靴

靴
신 **화**

- 총획 13획
- 부수 革
- 급수 2급

化 될 화 + 革 가죽 혁

가죽(革)을 가공하여(化) 구두를 만드는 모습을 나타낸 글자이다.

☐ 製靴 제화   ☐ 運動靴 운동화   ☐ 軍靴 군화

88q

花 花 花 花 花 花 花 花

花
꽃 **화**

- 총획 8획
- 부수 ⺾
- 급수 7급

化 될 화 + ⺾ 풀 초

풀(⺾)처럼 보이던 것이 꽃으로 변화(化)되는 모습을 나타낸다.

☐ 花草 화초   ☐ 菊花 국화   ☐ 錦上添花 금상첨화

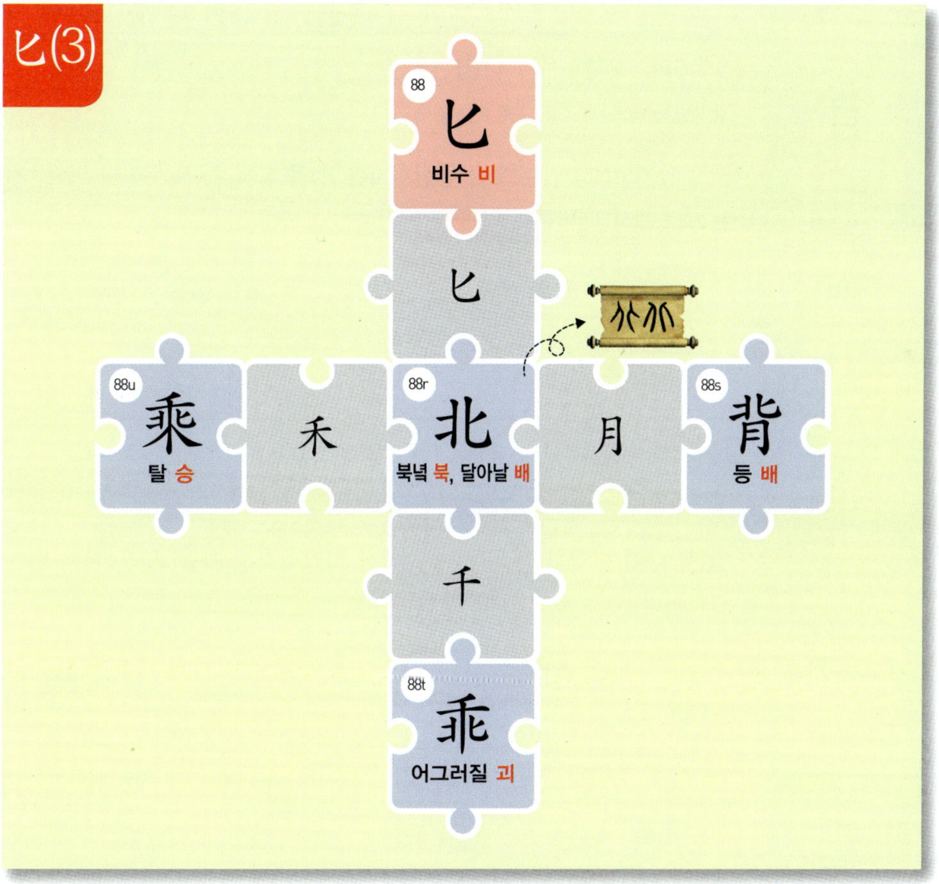

사람 | 사람 | 人

匕(3)

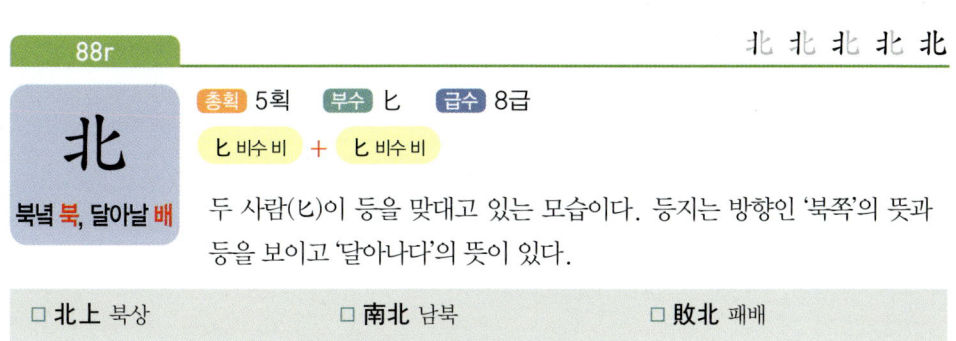

88r

北 북녘 북, 달아날 배

北 北 北 北 北

총획 5획　부수 匕　급수 8급

匕 비수 비 + 匕 비수 비

두 사람(匕)이 등을 맞대고 있는 모습이다. 등지는 방향인 '북쪽'의 뜻과 등을 보이고 '달아나다'의 뜻이 있다.

□ 北上 북상　　□ 南北 남북　　□ 敗北 패배

88s

背背背背背背背背背

背
등 **배**

- 총획 9획
- 부수 月
- 급수 4급
- 北 북녘 북, 달아날 배 + 月 육달 월

서로 등지고(北) 있는 모습과 신체기관(月)을 합쳐 '등'을 뜻한다. 등을 지는 모습에서 '배반하다'의 뜻도 가진다.

□ 背後 배후   □ 背景 배경   □ 背信 배신

88t

乖乖乖乖乖乖乖乖

乖
어그러질 **괴**

- 총획 8획
- 부수 丿
- 급수 1급
- 北 북녘 북, 달아날 배 + 千 일천 천

발판(八)이 어긋나 나무(禾→木)에서 미끄러지는 사람(北)을 본떠 만든 글자이다.

□ 乖離 괴리   □ 乖愎 괴팍

88u

乘乘乘乘乘乘乘乘乘乘

乘
탈 **승**

- 총획 10획
- 부수 丿
- 급수 3급
- 北 북녘 북, 달아날 배 + 禾 벼 화

나뭇(禾→木)가지를 밟고 나무에 오르는 사람(北)을 본뜬 글자이다.

□ 乘客 승객   □ 乘車 승차   □ 搭乘 탑승

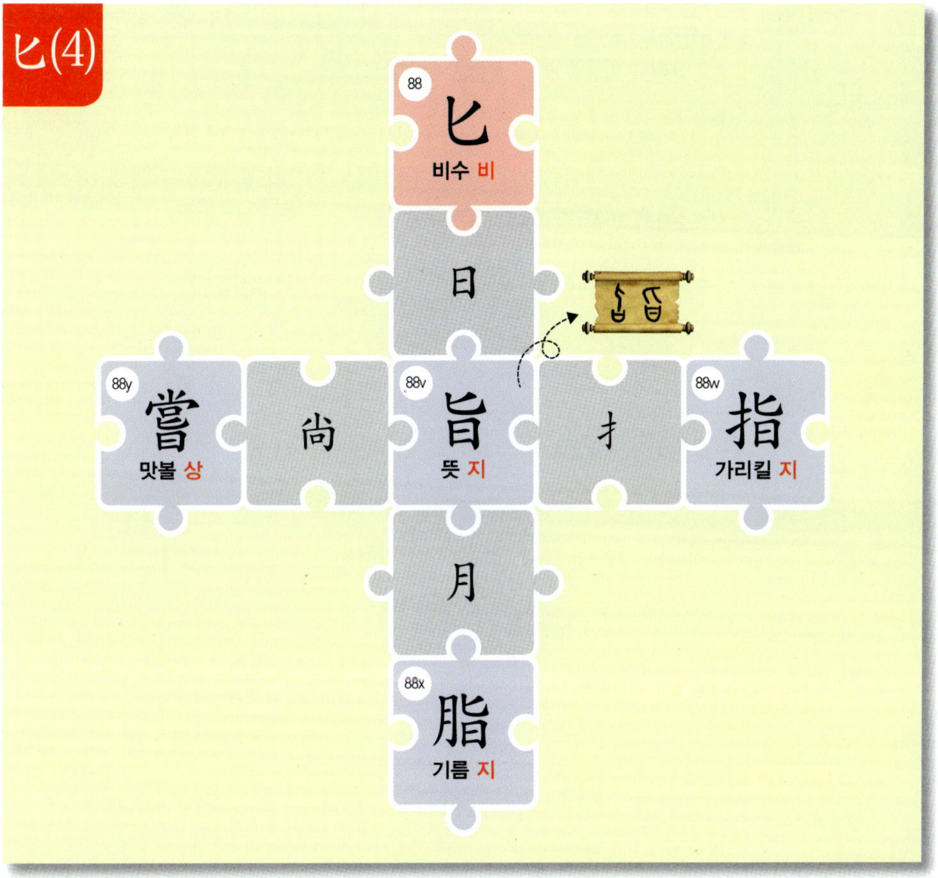

사람 | 사람 | 人

匕(4)

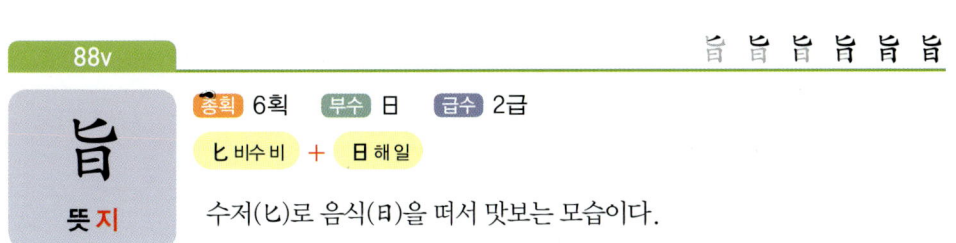

- 88 匕 비수 비
- 88y 嘗 맛볼 상
- 尚
- 88v 旨 뜻 지
- 扌
- 88w 指 가리킬 지
- 日
- 月
- 88x 脂 기름 지

88v

旨 뜻 지

- 총획 6획
- 부수 日
- 급수 2급

匕 비수비 + 日 해일

수저(匕)로 음식(日)을 떠서 맛보는 모습이다.

88w

指 指 指 指 指 指 指 指

指
가리킬 지

- 총획 9획
- 부수 扌
- 급수 4급
- 旨 뜻 지 + 扌 손 수

음식을 맛보거나(旨) 사물을 가리키는 손가락을 뜻하기 위해 손 수(扌) 자를 써서 만든 글자이다.

- □ 指示 지시
- □ 指導 지도
- □ 藥指 약지

88x

脂 脂 脂 脂 脂 脂 脂 脂

脂
기름 지

- 총획 10획
- 부수 月
- 급수 2급
- 旨 뜻 지 + 月 육달 월

고기(月) 가운데 가장 맛있는(旨) 기름진 부위를 가리킨다.

- □ 脂肪 지방
- □ 牛脂 우지
- □ 樹脂 수지

88y

嘗 嘗 嘗 嘗 嘗 嘗 嘗 嘗 嘗 嘗 嘗

嘗
맛볼 상

- 총획 14획
- 부수 口
- 급수 3급
- 旨 뜻 지 + 尙 오히려 상

신께 바치기(尙) 전에 음식을 맛보는(旨) 모습이다.

- □ 嘗味 상미
- □ 臥薪嘗膽 와신상담

사람 | 사람 | 人

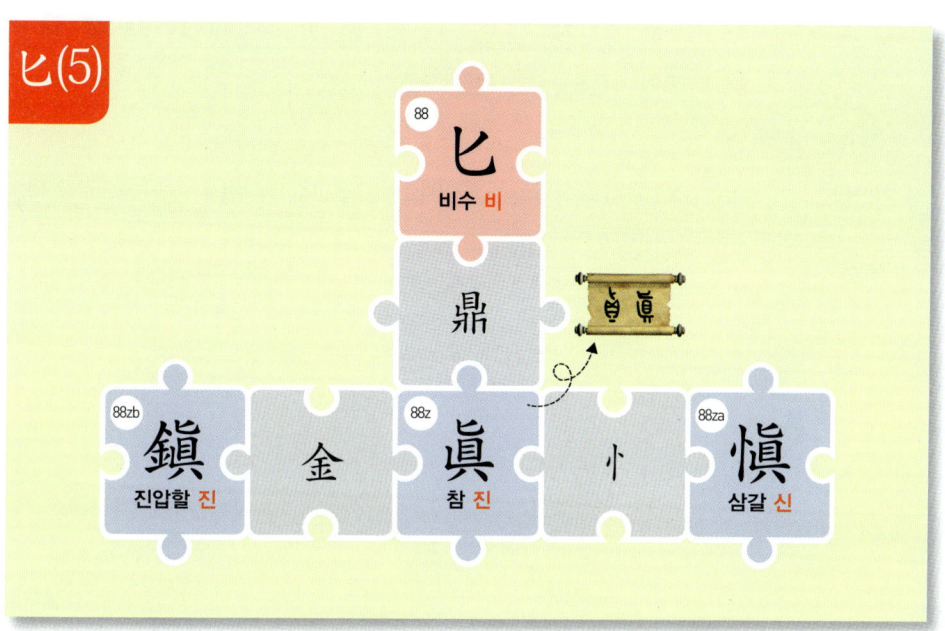

88z

眞
참 진

- 총획 10획
- 부수 目
- 급수 4급

匕 비수 비 + 鼎 솥 정

솥(鼎)에 든 음식을 수저(匕)로 맛보며 제대로 만들어졌는지 확인하는 모습이다.

- □ 眞理 진리
- □ 眞實 진실
- □ 眞價 진가

88za

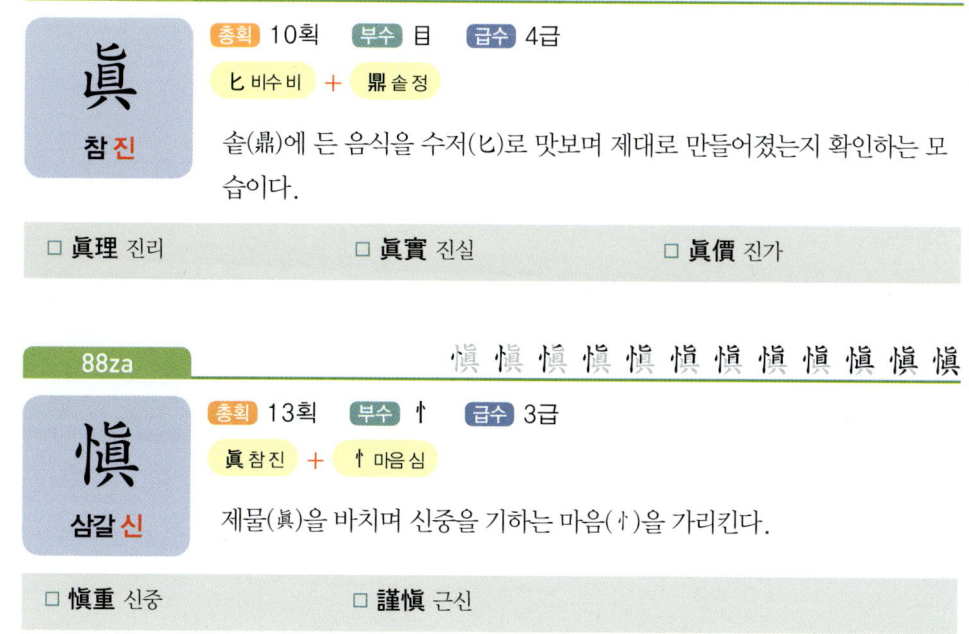

愼
삼갈 신

- 총획 13획
- 부수 忄
- 급수 3급

眞 참 진 + 忄 마음 심

제물(眞)을 바치며 신중을 기하는 마음(忄)을 가리킨다.

- □ 愼重 신중
- □ 謹愼 근신

88zb

鎭 鎭 鎭 鎭 鎭 鎭 鎭 鎭 鎭 鎭 鎭 鎭 鎭 鎭 鎭 鎭

鎭
진압할 진

총획 18획　**부수** 金　**급수** 3급

眞 참 진 ＋ 金 쇠 금

금속(金) 무기로 사람들을 쫓아내는 장면이다. 참 진(眞)을 발음으로 쓴다.

☐ **鎭壓** 진압　　☐ **鎭火** 진화　　☐ **鎭痛劑** 진통제

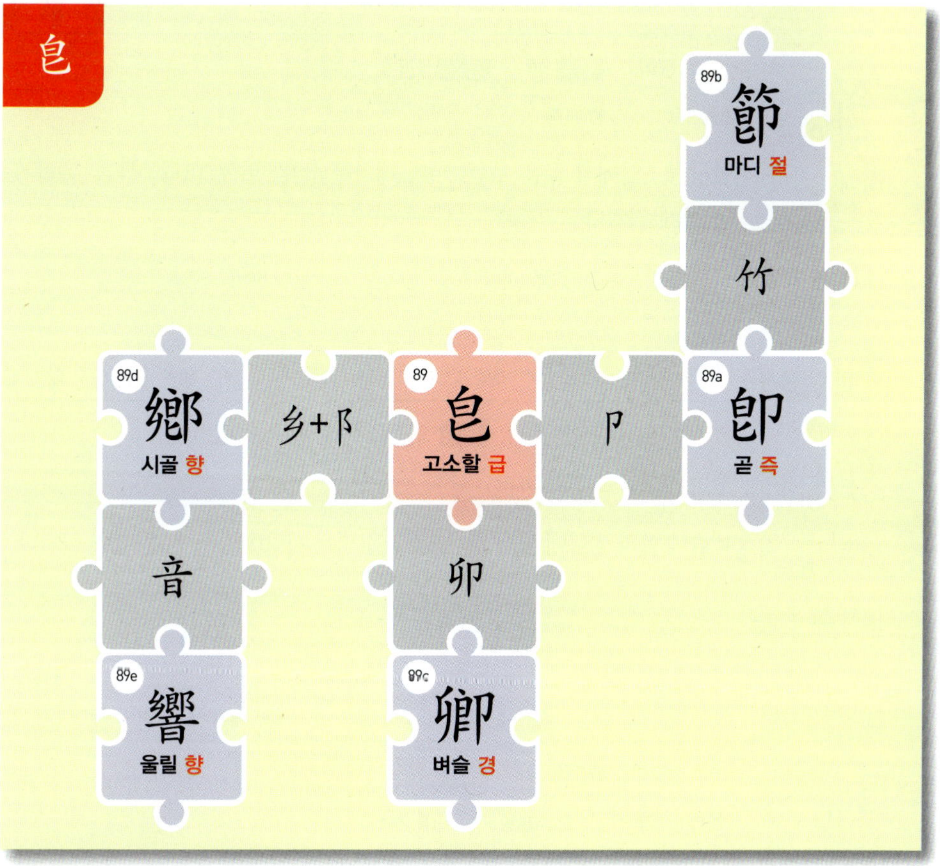
皀
89b
節
마디 절
竹
89d
鄉
시골 향
乡+阝
89
皀
고소할 급
卩
89a
卽
곧 즉
音
卯
89e
響
울릴 향
89c
卿
벼슬 경

89

皀 皀 皀 皀 皀 皀 皀

皀 고소할 급

총획 7획 부수 白 급수 확장한자

匕 비수 비 + 白 흰 백

밥그릇(匕)에 고봉으로 담긴 밥(白)을 본뜬 글자이다.

89a

卽 卽 卽 卽 卽 卽 卽 卽 卽

卽 곧 즉

총획 9획 부수 卩 급수 3급

皀 고소할 급 + 卩 병부 절

무릎 꿇고(卩) 앉아 허겁지겁 밥(皀)을 먹는 모습이다.

- □ **卽刻** 즉각
- □ **卽時** 즉시
- □ **卽答** 즉답

89b

節 節 節 節 節 節 節 節 節 節 節 節 節 節 節

節
마디 절

- 총획 15획
- 부수 竹
- 급수 5급

卽 곧 즉 + 竹 대 죽

밥상(皀) 앞에서 꿇은 무릎(卩)과 대나무(竹)를 합쳐 '마디, 관절' 등의 뜻을 갖게 되었다.

☐ 節槪 절개   ☐ 季節 계절   ☐ 關節 관절

89c

卿 卿 卿 卿 卿 卿 卿 卿 卿 卿

卿
벼슬 경

- 총획 12획
- 부수 卩
- 급수 3급

皀 고소할 급 + 卯 토끼 묘

벼슬에 올라 임금이 하사한 음식(皀)을 먹는 사람(卯=彡+卩)을 본뜬 글자다.

☐ 樞機卿 추기경

89d

鄕 鄕 鄕 鄕 鄕 鄕 鄕 鄕 鄕 鄕 鄕

鄕
시골 향

- 총획 13획
- 부수 阝
- 급수 4급

皀 고소할 급 + 彡 시골 향 + 阝 언덕 부

고향으로 돌아온 것을 축하하며 함께(彡+阝) 잔치(皀)를 벌이는 모습이다.

| 향(鄕) 자의 양쪽에 있는 글자(彡+阝)는 갑골문을 보면 다 사람(人)임을 알려주며, 따라서 오른쪽(阝) 글자도 사람 절(卩)의 변형으로 고을 읍(邑)과는 관련이 없음을 알 수 있다.

☐ 故鄕 고향   ☐ 同鄕 동향   ☐ 望鄕 망향

89e

響 響 響 響 響 響 響 響 響 響 響 響 響 響 響 響

響
울릴 향

- 총획 22획
- 부수 音
- 급수 3급

鄕 시골 향 + 音 소리 음

소리 음(音) 자를 더하여 잔치(鄕)에 악기 소리가 울려 퍼지는 모습을 나타낸다.

| 고향 향(鄕) 자는 잔치를, 소리 음(音) 자는 음주가무 중에서도 노래를 의미한다.

☐ 音響 음향   ☐ 反響 반향   ☐ 交響曲 교향곡

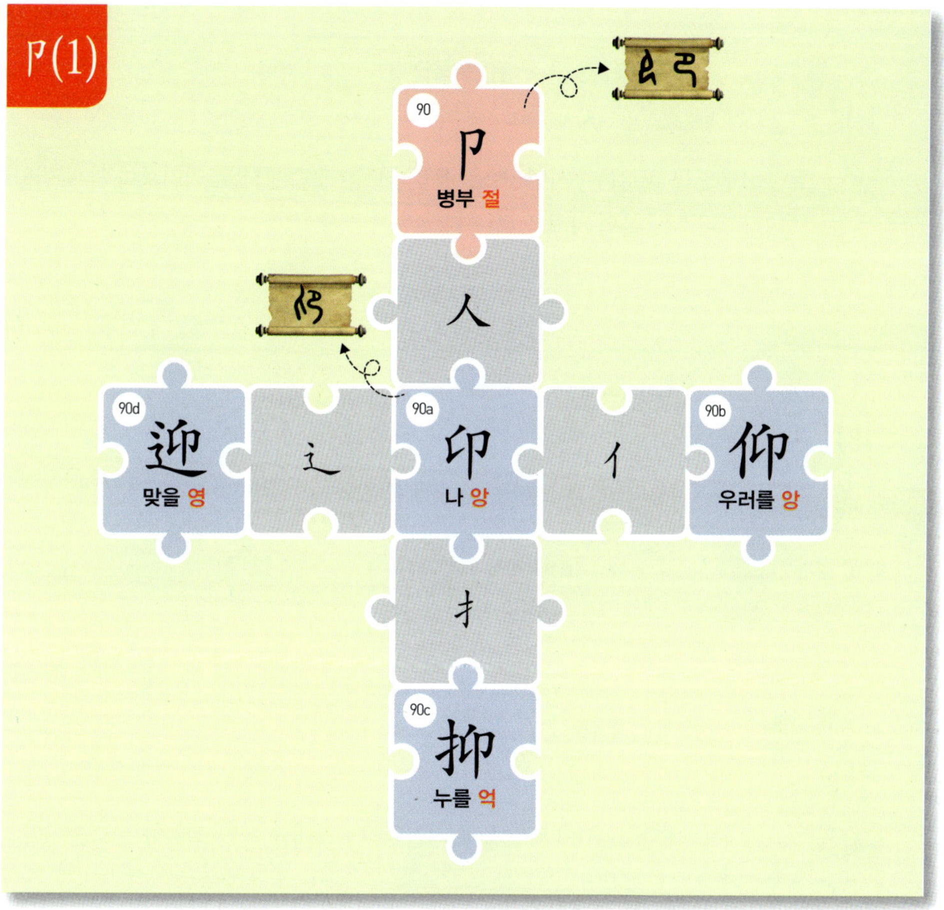

사람 | 사람 | 人

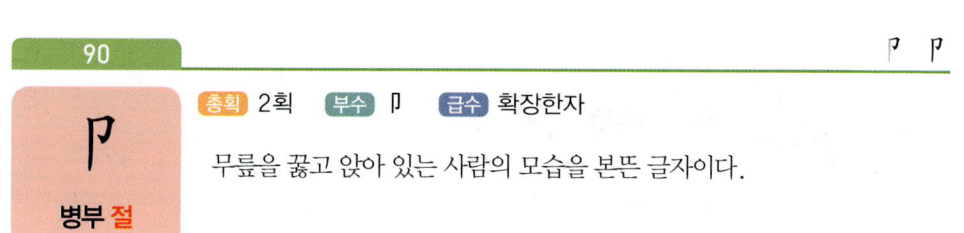

90

| 총획 | 2획 | 부수 | 卩 | 급수 | 확장한자 |

卩
병부 절

무릎을 꿇고 앉아 있는 사람의 모습을 본뜬 글자이다.

90a

印 印 印 印

卬 나 **앙**

- 총획 4획　부수 卩　급수 특급
- 卩 병부절 ＋ 人 사람인

무릎을 꿇고(卩) 사람(亻)을 올려다보는 모습에서 '우러러보다'의 뜻이었으나 '나, 본인'의 뜻으로 쓴다.

90b

仰 仰 仰 仰 仰

仰 우러를 **앙**

- 총획 6획　부수 亻　급수 3급
- 卬 나앙 ＋ 亻 사람인

우러러보다(卬)를 뜻하는 글자에 사람(亻)을 더해 의미를 강조했다.

- □ 仰望 앙망
- □ 信仰 신앙
- □ 推仰 추앙

90c

抑 抑 抑 抑 抑 抑 抑

누를 **억**

- 총획 7획　부수 扌　급수 3급
- 卬 나앙 ＋ 扌 손수

위를 쳐다보는(卬) 사람을 내리눌러(扌) 고개를 숙이도록 하는 모습이다.

- □ 抑制 억제
- □ 抑壓 억압
- □ 抑留 억류

90d

迎 迎 迎 迎 迎 迎 迎

迎 맞을 **영**

- 총획 8획　부수 辶　급수 4급
- 卬 나앙 ＋ 辶 쉬엄쉬엄갈착

우러러볼 만한(卬) 존경하는 사람이 찾아오자 얼른 나가서(辶) 반갑게 맞이하는 모습을 나타낸다.

- □ 迎入 영입
- □ 歡迎 환영
- □ 送舊迎新 송구영신

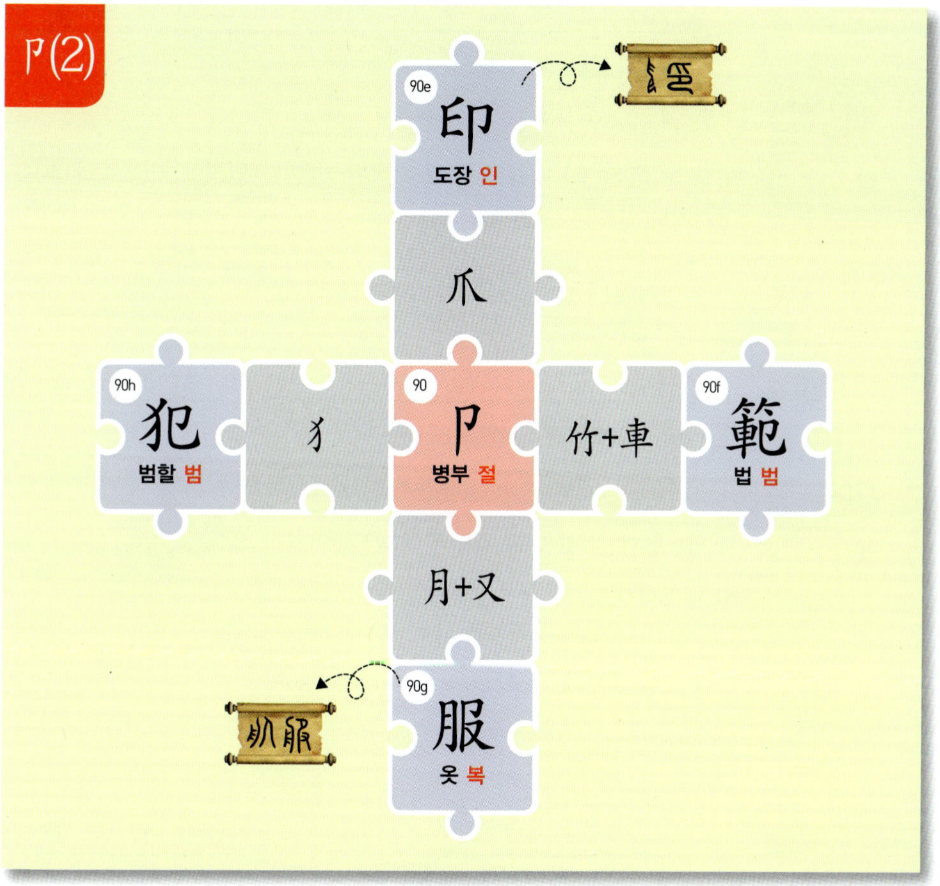

사람 | 사람 | 人

卩(2)

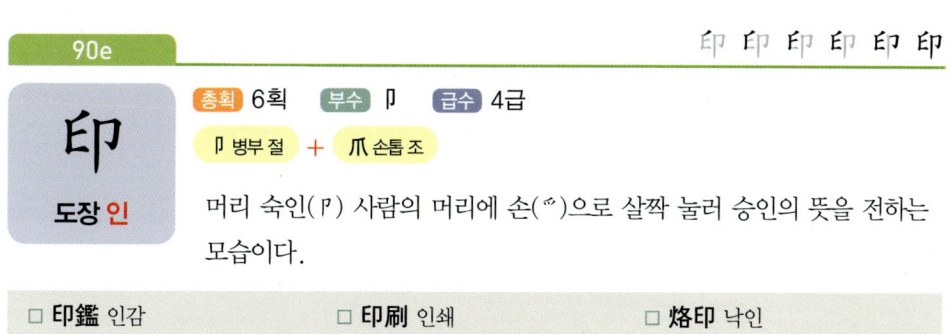

印 도장 인 | 爪 | 卩 병부 절 | 竹+車 | 範 법 범
犯 범할 범 | 犭 | | 月+又 | 服 옷 복

90

90e

印 도장 인

印 印 印 印 印 印

총획 6획 | 부수 卩 | 급수 4급

卩 병부 절 + 爪 손톱 조

머리 숙인(卩) 사람의 머리에 손(爫)으로 살짝 눌러 승인의 뜻을 전하는 모습이다.

□ 印鑑 인감   □ 印刷 인쇄   □ 烙印 낙인

271

90f 範 법 범

範範範範範範範範範範範範範範

- 총획 15획
- 부수 竹
- 급수 4급

卩 병부절 + 竹 대죽 + 車 수레 거/차

무릎 꿇고(卩=㔾) 대나무(竹)에 기록된 '법'이나 법칙에 따라 수레(車)를 고치거나 만드는 모습이다.

- □ 範圍 범위
- □ 模範 모범
- □ 示範 시범

90g 服 옷 복

服服服服服服服服

- 총획 8획
- 부수 月
- 급수 6급

卩 병부절 + 月 육달월 + 又 또우

배(月=舟)에 강제(又)로 무릎 꿇려(卩) 태워지던 죄수들이 입던 옷에서 나온 글자이다.

복(服) 자에 쓰인 월(月) 자의 옛 그림은 '배 혹은 그릇'의 모습을 하고 있어서 '배'의 뜻으로 풀이하였다.

- □ 服從 복종
- □ 服裝 복장
- □ 屈服 굴복

90h 犯 범할 범

犯犯犯犯犯

- 총획 5획
- 부수 犭
- 급수 4급

卩 병부절 + 犭 큰개견

개(犭)가 사람을(卩) 해치는 모습에서 후일 해쳐 '범하다'로 쓰이게 되었다.

- □ 犯罪 범죄
- □ 犯則金 범칙금
- □ 主犯 주범

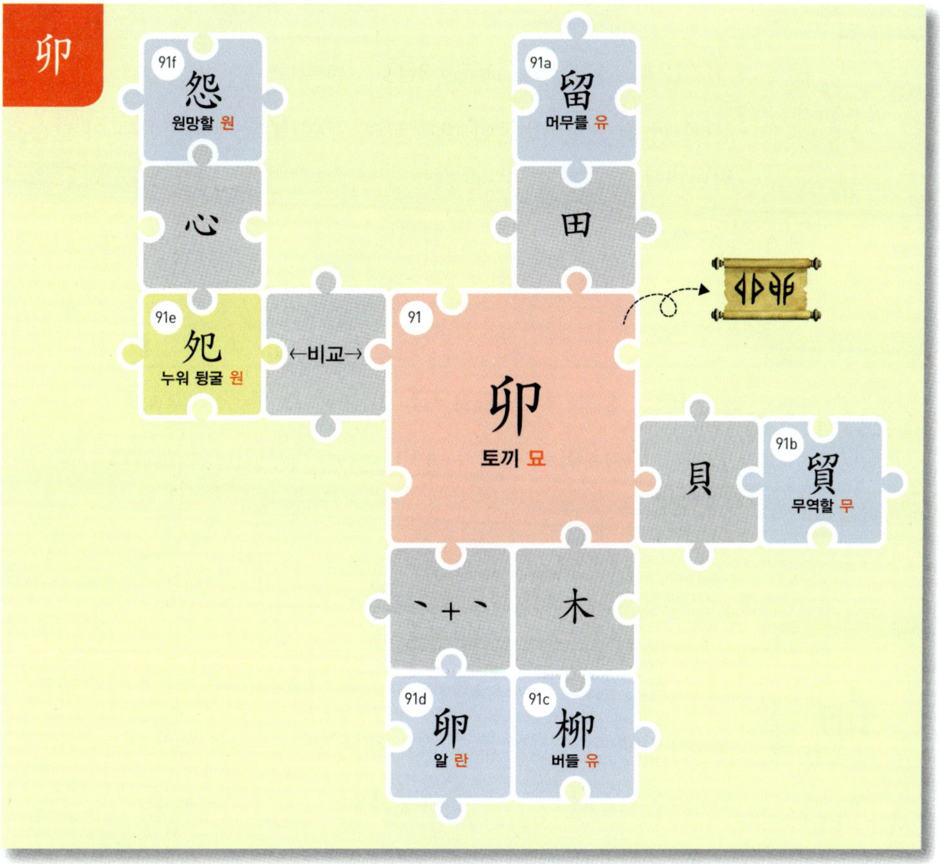

91

卯 卯 卯 卯 卯

卯 토끼 묘

총획 5획 부수 卩 급수 3급

물웅덩이의 모습을 본뜬 글자로 '토끼나 넷째지지'의 뜻으로 쓰인다.

91a

留 留 留 留 留 留 留 留 留 留

留 머무를 유

총획 10획 부수 田 급수 4급

卯 토끼 묘 + 田 밭 전

밭(田) 중간에 있는 작은 웅덩이(卯)에 물이 고여 있는 모습이다.

□ 留學 유학 □ 留任 유임 □ 保留 보류

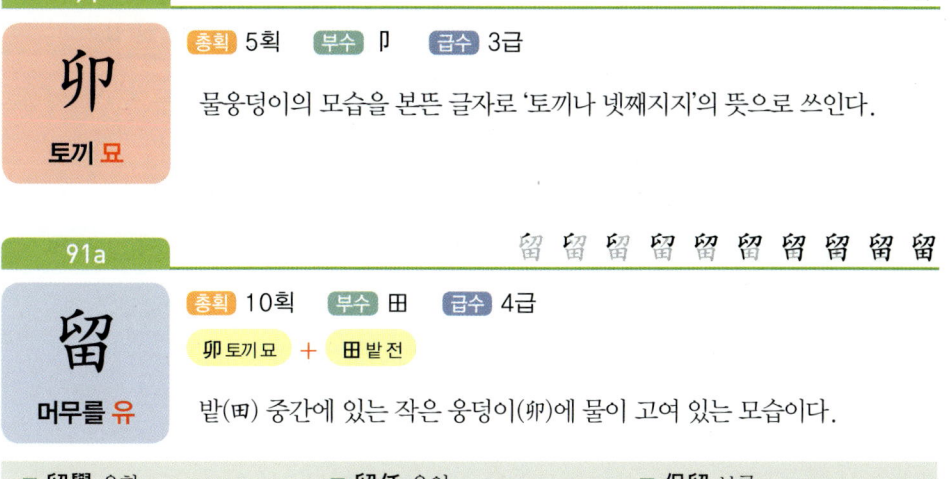

91b

貿 무역할 무

- 총획 12획 부수 貝 급수 3급 卯 토끼 묘 + 貝 조개 패

돈(貝)이 오가는, 즉 돈이 머무는(卯) 무역(貿易)이 활발한 곳의 모습을 나타낸다.

- 貿易 무역
- 貿易風 무역풍
- 貿易收支 무역수지

91c

柳 버들 유

- 총획 9획 부수 木 급수 4급 卯 토끼 묘 + 木 나무 목

물웅덩이(卯)처럼 늘 물기가 넘쳐나는(卯) 나무(木)를 가리킨다.

- 花柳 화류

91d

卯 알 란

- 총획 7획 부수 卩 급수 4급 卯 토끼 묘 + 丶 점 주 + 丶 점 주

물웅덩이(卯)에서 흔히 볼 수 있는 개구리 알(丶丶)을 본뜬 글자이다.

- 卵子 난자
- 卵巢 난소
- 鷄卵 계란

91e

夗 누워 뒹굴 원

- 총획 5획 부수 夕 급수 확장한자 夕 저녁 석 + 卩 병부 절

아침부터 저녁(夕)까지 나뒹구는 사람(卩)의 모습을 본뜬 글자이다.

91f

怨 원망할 원

- 총획 9획 부수 心 급수 4급 夗 누워 뒹굴 원 + 心 마음 심

울며 나뒹굴(夗) 정도로 가슴(心)에 사무친 것을 가리킨다.

- 怨恨 원한
- 怨望 원망
- 舊怨 구원

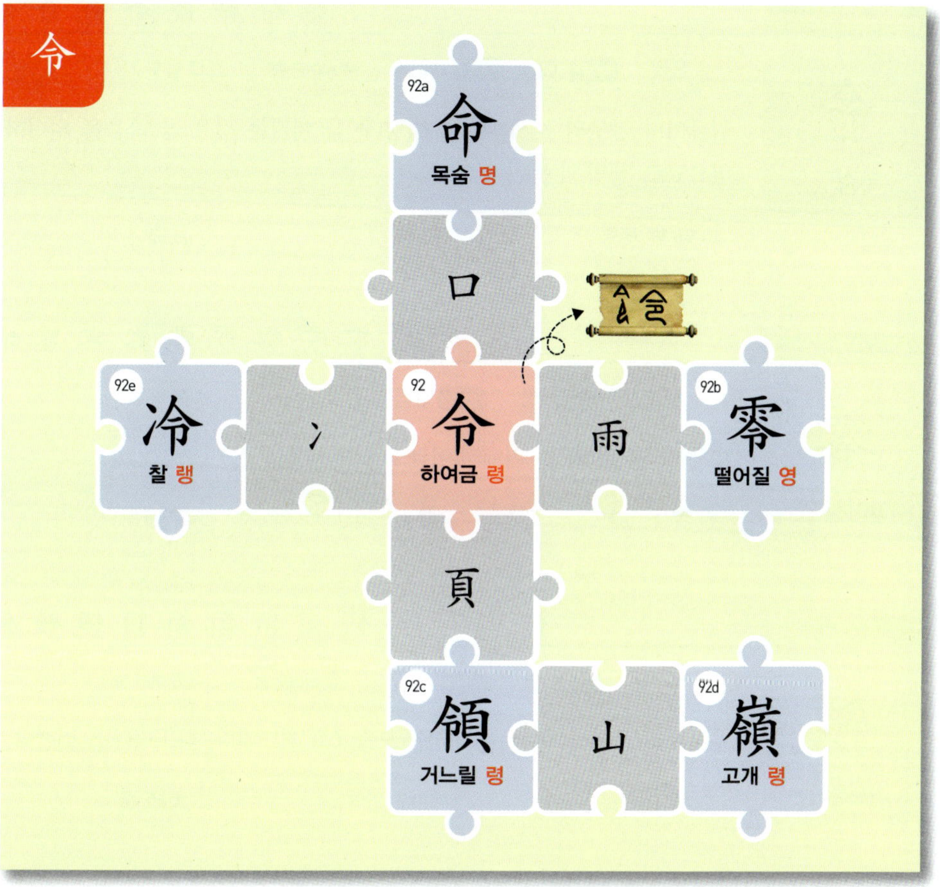

사람 | 사람 | 人

令

| 92a 命 목숨 명 |
| 口 |
| 92e 冷 찰 랭 | 冫 | 92 令 하여금 령 | 雨 | 92b 零 떨어질 영 |
| 頁 |
| 92c 領 거느릴 령 | 山 | 92d 嶺 고개 령 |

92

令 令 令 令 令

92

令
하여금 령

총획 5획　**부수** 人　**급수** 5급

관청(亼)에서 무릎 꿇고(卩) 명령(命令)을 듣는 모습을 본뜬 글자이다.

☐ 令狀 영장　　☐ 命令 명령　　☐ 法令 법령

275

92a

命命命命命命命命

命
목숨 명

| 총획 8획 | 부수 口 | 급수 7급 | 令 하여금령 + 口 입구 |

임금이나 상부의 지시(口) 즉 명령(令)을 어기는 것은 곧 죽음을 의미하였으므로 '생명'의 뜻이 있다.

- 命令 명령
- 生命 생명
- 嚴命 엄명

92b

零零零零零零零零零零零

零
떨어질 영

| 총획 13획 | 부수 雨 | 급수 3급 | 令 하여금령 + 雨 비우 |

명령(令)과 비(雨)는 위에서 아래로 떨어진다.

- 零下 영하
- 零上 영상
- 零細民 영세민

92c

領領領領領領領領領領領領

領
거느릴 령

| 총획 14획 | 부수 頁 | 급수 5급 | 令 하여금령 + 頁 머리혈 |

우두머리(頁)가 명령(令)을 내리는 모습에서 '거느리다, 다스리다'를 뜻한다.

- 領土 영토
- 領域 영역
- 大統領 대통령

92d

嶺嶺嶺嶺嶺嶺嶺嶺嶺嶺嶺嶺嶺

嶺
고개 령

| 총획 17획 | 부수 山 | 급수 3급 | 領 거느릴령 + 山 산산 |

산(山)에서 가장 높은(領) 고개를 가리킨다.

- 嶺東 영동
- 大關嶺 대관령
- 分水嶺 분수령

92e

冷冷冷冷冷冷冷

冷
찰 랭

| 총획 7획 | 부수 冫 | 급수 5급 | 令 하여금령 + 冫 얼음빙 |

얼음(冫)처럼 차가운 명령(令)을 뜻한다.

- 冷凍 냉동
- 冷藏庫 냉장고
- 急冷 급랭

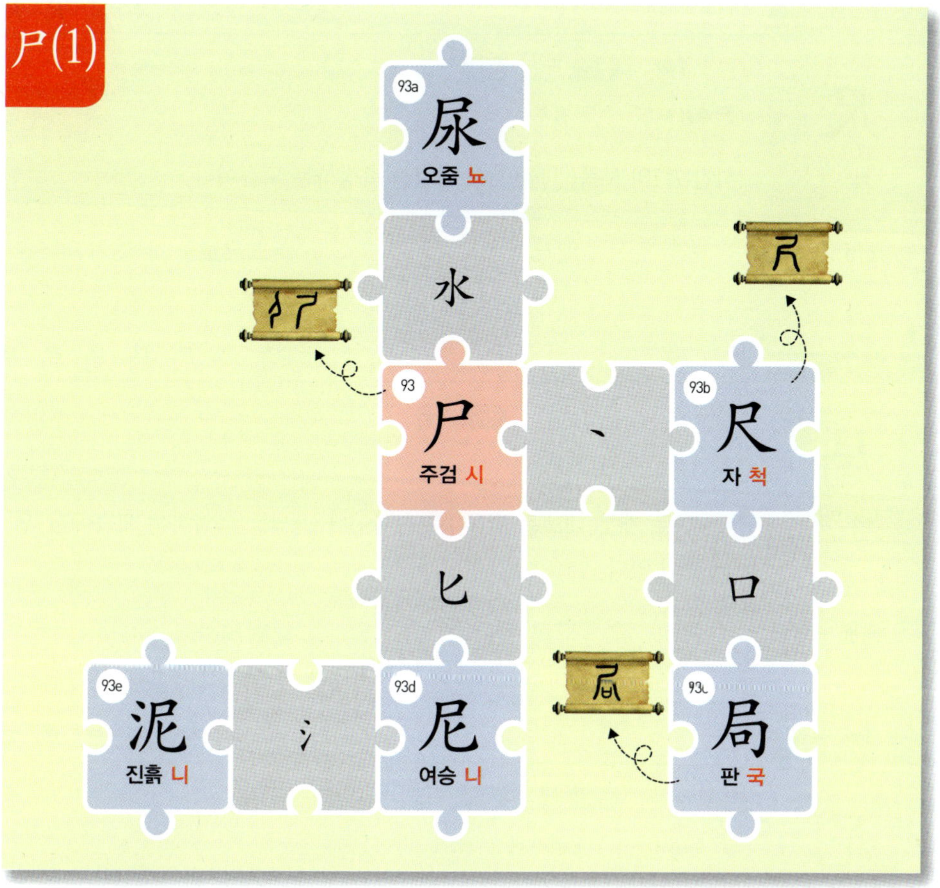

사람 | 사람 | 人

尸(1)

- 93a 尿 오줌 뇨
- 水
- 93 尸 주검 시
- 丶
- 93b 尺 자 척
- 匕
- 口
- 93e 泥 진흙 니
- 氵
- 93d 尼 여승 니
-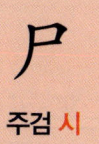
- 93c 局 판 국

93

尸 尸 尸

93

尸 주검 시

총획 3획 | 부수 尸 | 급수 특급

관 속에 들어 있는 송장의 모습을 본뜬 글자이다.

많은 짐승과 사람들이 죽기 전에 고향을 향하여 죽거나, 고향으로 돌아와 죽는 습성 때문인지 '집'의 의미로도 자주 사용된다.

93a

尿 尿 尿 尿 尿 尿 尿

尿 오줌 뇨

총획 7획 | 부수 尸 | 급수 2급 | 尸 주검 시 + 水 물 수

엉거주춤(尸)한 자세로 소변(水)을 보는 모습을 본떴다.

☐ 尿道 요도 ☐ 糞尿 분뇨 ☐ 放尿 방뇨

277

93b 尺 자척

尺 尺 尺 尺

- 총획 4획
- 부수 尸
- 급수 3급

尸 주검시 + 丶 점주

사람(尸)의 보폭(丶)을 재서 거리를 측정하는 모습이다.

☐ 尺度 척도   ☐ 咫尺 지척   ☐ 三尺童子 삼척동자

93c 局 판국

局 局 局 局 局 局 局

- 총획 7획
- 부수 尸
- 급수 5급

尺 자척 + 口 입구

자(尺)로 재듯 내뱉는 말(口)로 상황이나 판세를 파악하는 모습에서 '판'의 뜻이 있다.

☐ 局面 국면   ☐ 形局 형국   ☐ 對局 대국

93d 尼 여승니

尼 尼 尼 尼 尼

- 총획 5획
- 부수 尸
- 급수 2급

尸 주검시 + 匕 비수비

죽은(尸) 사람(匕)처럼 도를 닦는 사람인 '중'을 가리킨다. 특히 여승을 의미하는 글자이다.

☐ 比丘尼 비구니   ☐ 釋迦牟尼 석가모니   ☐ 摩尼山 마니산

93e 泥 진흙니

泥 泥 泥 泥 泥 泥 泥 泥

- 총획 8획
- 부수 氵
- 급수 3급

尼 여승니 + 氵 물수

절에 붙어 지내는 중(尼)들처럼 들러붙는 물(氵)기 어린 흙을 뜻한다.

☐ 泥田鬪狗 이전투구

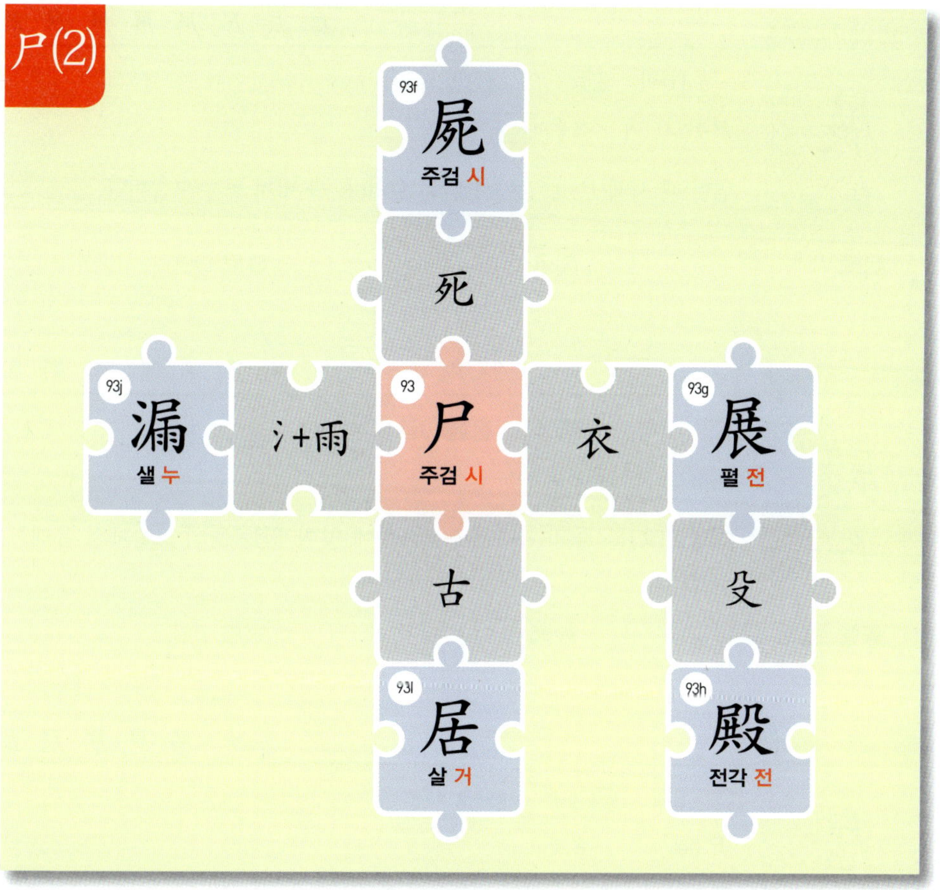

사람 | 사람 | 人

尸(2)

- 93f 屍 주검 시
- 死
- 93j 漏 샐 누
- 氵+雨
- 93 尸 주검 시
- 衣
- 93g 展 펼 전
- 古
- 殳
- 93l 居 살 거
- 93h 殿 전각 전

93f

屍 주검 시

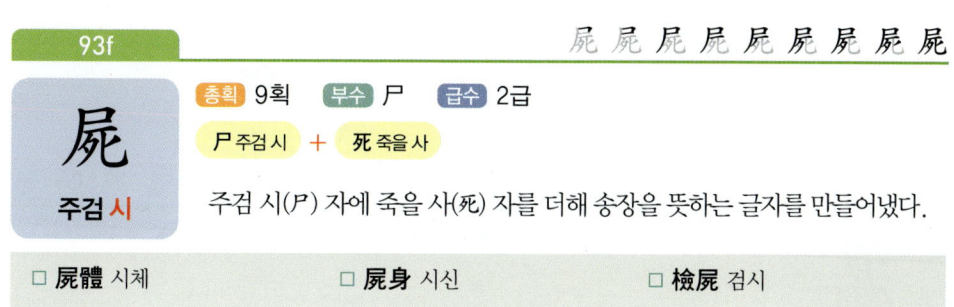

- 총획 9획
- 부수 尸
- 급수 2급

尸 주검 시 + 死 죽을 사

주검 시(尸) 자에 죽을 사(死) 자를 더해 송장을 뜻하는 글자를 만들어냈다.

☐ 屍體 시체   ☐ 屍身 시신   ☐ 檢屍 검시

93g

展 펼 전

- 총획 10획
- 부수 尸
- 급수 5급

尸 주검 시 + 衣 옷 의

염할 때 시체(尸)를 감싸기 위해 수의(衣)를 펼쳐 놓은 모습이다.

☐ 展開 전개   ☐ 展示 전시   ☐ 發展 발전

93h

殿 전각 전

- 총획 13획
- 부수 殳
- 급수 3급

展 펼 전 + 殳 몽둥이 수

지팡이(殳)를 들고 화려한(展) 보좌에 앉아 있는 왕의 모습에서 유래한 글자이다.

☐ 殿堂 전당   ☐ 殿閣 전각   ☐ 宮殿 궁전

93i

居 살 거

- 총획 8획
- 부수 尸
- 급수 4급

尸 주검 시 + 古 옛 고

사람(尸)이 태어나 가장 오랫동안(古) 살아가는 곳을 가리킨다.

시체(尸)가 될 때까지 오랫동안(古) 머무는 곳이란 '태어난 집'이라 하여 주로 '집'의 의미로 많이 사용된다.

☐ 居室 거실   ☐ 居住地 거주지   ☐ 住居 주거

93j

漏 샐 누

- 총획 14획
- 부수 氵
- 급수 3급

尸 주검 시 + 氵 물 수 + 雨 비 우

오래된 집(尸) 천정에서 빗(雨)물(氵)이 새는 모습이다.

☐ 漏電 누전   ☐ 漏水 누수   ☐ 漏落 누락

사람 | 사람 | 人

大(1)

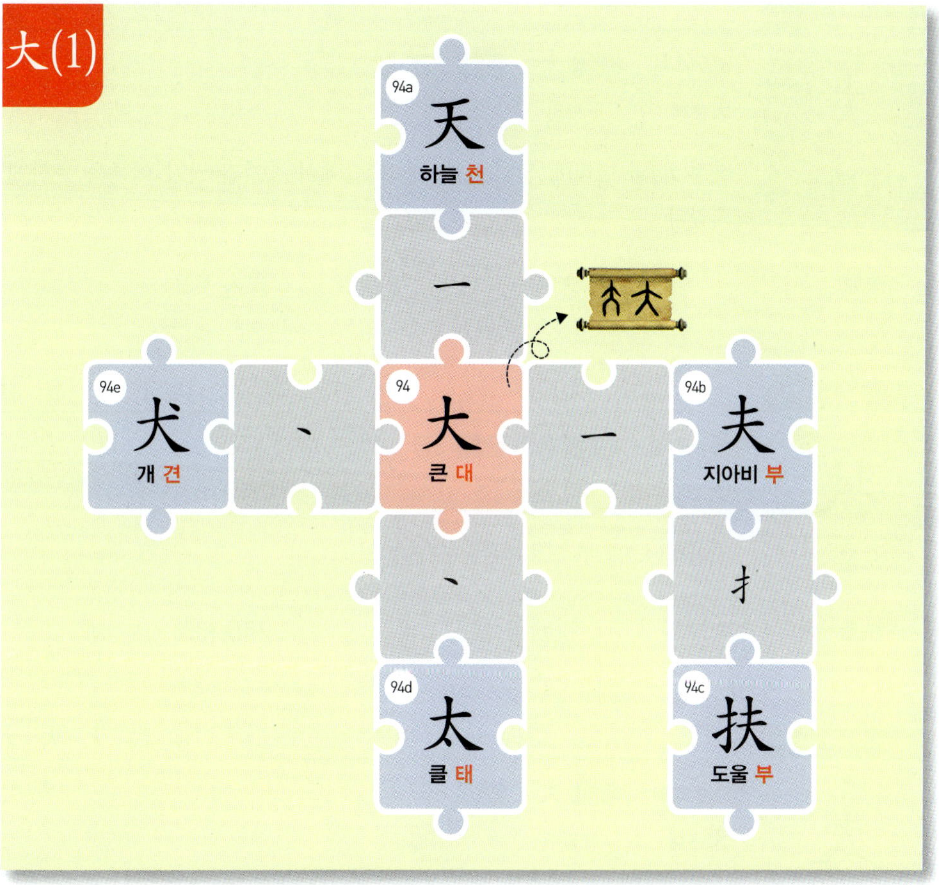

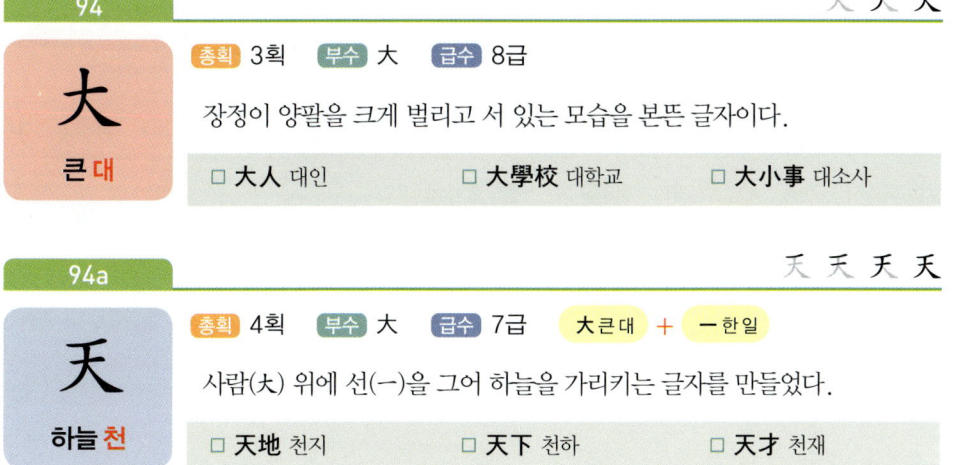

94a	天 하늘 천
94e	犬 개 견
94	大 큰 대
94b	夫 지아비 부
94d	太 클 태
94c	扶 도울 부

94

大 큰 대

- 총획 3획　부수 大　급수 8급
- 장정이 양팔을 크게 벌리고 서 있는 모습을 본뜬 글자이다.
  - □ 大人 대인
  - □ 大學校 대학교
  - □ 大小事 대소사

94a

天 하늘 천

- 총획 4획　부수 大　급수 7급　大큰대 + 一한일
- 사람(大) 위에 선(一)을 그어 하늘을 가리키는 글자를 만들었다.
  - □ 天地 천지
  - □ 天下 천하
  - □ 天才 천재

281

94b

지아비 부

- 총획 4획 | 부수 大 | 급수 7급
- 大 큰대 + 一 한일

夫 夫 夫 夫

장정(大)의 머리에 상투(一)를 튼 모습에서 장가간 남자 어른을 뜻하게 되었다.

- ☐ 夫婦 부부
- ☐ 夫君 부군
- ☐ 夫人 부인

94c

도울 부

- 총획 7획 | 부수 扌 | 급수 3급
- 夫 지아비부 + 扌 손수

扶 扶 扶 扶 扶 扶 扶

지아비(夫)를 부축(扌)하는 모습이다.

- ☐ 扶養 부양
- ☐ 扶助 부조
- ☐ 相扶相助 상부상조

94d

클 태

- 총획 4획 | 부수 大 | 급수 6급
- 大 큰대 + 丶 점주

太 太 太 太

큰 대(大)의 아랫부분에 점(丶) 하나를 찍어 아주 큰 것을 뜻한다.

- ☐ 太陽 태양
- ☐ 太平洋 태평양
- ☐ 明太 명태

94e

개 견

- 총획 4획 | 부수 犬 | 급수 4급
- 大 큰대 + 丶 점주

犬 犬 犬 犬

큰 대(大)의 윗부분에 점(丶) 하나를 찍어 아주 큰 것을 뜻한다.

- ☐ 忠犬 충견
- ☐ 愛犬 애견
- ☐ 猛犬 맹견

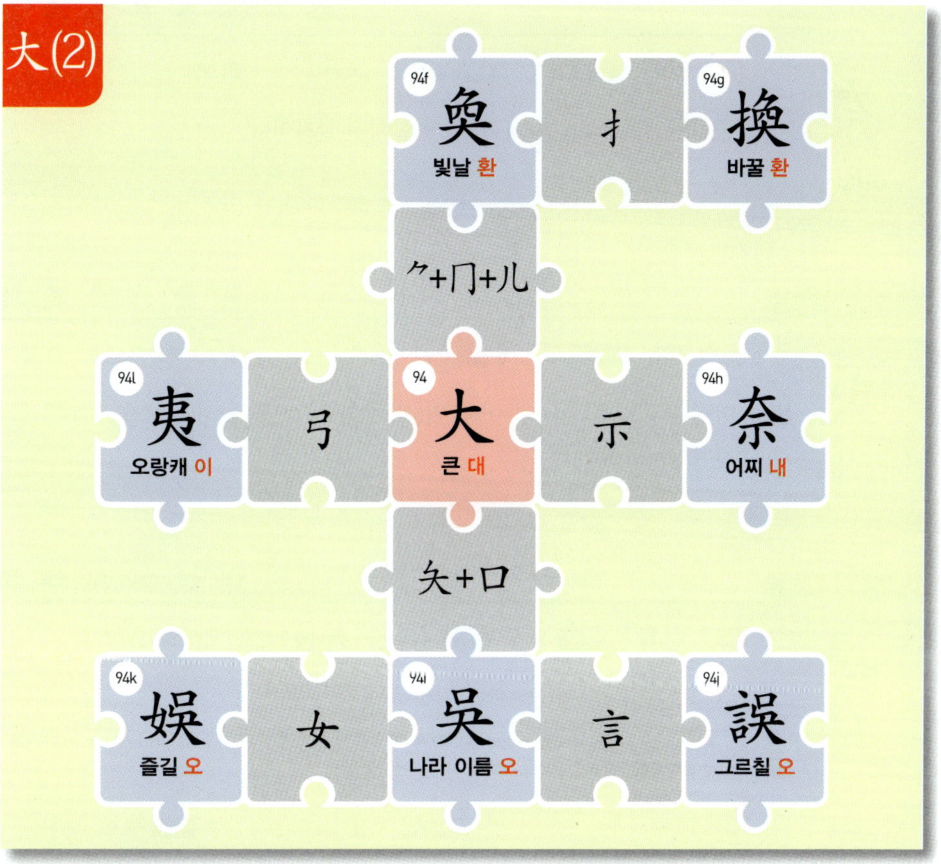

사람 | 사람 | 人

大(2)

| 94f 奐 빛날 환 | 扌 | 94g 換 바꿀 환 |

⺍+冂+儿

| 94l 夷 오랑캐 이 | 弓 | 94 大 큰 대 | 示 | 94h 奈 어찌 내 |

矢+口

| 94k 娛 즐길 오 | 女 | 94l 吳 나라 이름 오 | 言 | 94i 誤 그르칠 오 |

94

94f

奐 奐 奐 奐 奐 奐 奐 奐 奐

奐
빛날 환

- 총획 9획
- 부수 大
- 급수 특급

大 큰 대 + ⺍ (사람) + 冂 멀 경 + 儿 어진 사람 인

산모(⺍)의 자궁이 상징하는 어둠 속(冂)에서 환한 세상으로 나오는 태아(儿)를 두 손(卄→大)으로 받아내는 장면이다.

94g

換 換 換 換 換 換 換 換 換 換

換
바꿀 환

- 총획 12획
- 부수 扌
- 급수 3급

奐 빛날 환 + 扌 손 수

산파가 아이를 받아서(奐) 산모나 가족에게 건네주는(扌) 모습이다.

- ☐ 換錢 환전
- ☐ 換乘 환승
- ☐ 交換 교환

283

94h

奈 어찌 내

奈奈奈奈奈奈奈奈

- 총획 8획
- 부수 大
- 급수 3급
- 大 큰대 + 示 보일 시

큰 대(大) 자와 보일 시(示) 자가 합쳐진 글자이다.

94i

吳 나라 이름 오

吳吳吳吳吳吳吳

- 총획 7획
- 부수 口
- 급수 2급
- 大 큰대 + 夨 머리 기울 열 + 口 입구

머리를 비스듬히 하여 어깨 위(夨)에 물건(口)을 둘러멘 모습을 본뜬 글자이다.

94j

誤 그르칠 오

誤誤誤誤誤誤誤誤誤誤誤誤

- 총획 14획
- 부수 言
- 급수 4급
- 吳 나라 이름 오 + 言 말씀 언

말(言)을 비딱하게(吳) 하면 일을 그르치게 된다.
오(吳) 자가 원래 물건을 어깨에 둘러메기 위해 머리를 비스듬하게 한 모습이므로 나라이름 오(吳) 자를 '비스듬하게, 삐딱하게' 등으로 풀이하였다.

- □ 誤解 오해
- □ 誤審 오심
- □ 錯誤 착오

94k

娛 즐길 오

娛娛娛娛娛娛娛娛娛

- 총획 10획
- 부수 女
- 급수 3급
- 吳 나라 이름 오 + 女 여자 여

여자(女)를 어깨 위(吳)에 태우고 놀며 즐기는 모습이다.

- □ 娛樂 오락
- □ 娛樂室 오락실

94l

夷 오랑캐 이

夷夷夷夷夷夷

- 총획 6획
- 부수 大
- 급수 3급
- 大 큰대 + 弓 활궁

활(弓)을 잘 쏘는 사람(大)들의 부족을 가리킨다.

- □ 夷以制夷 이이제이
- □ 東夷 동이

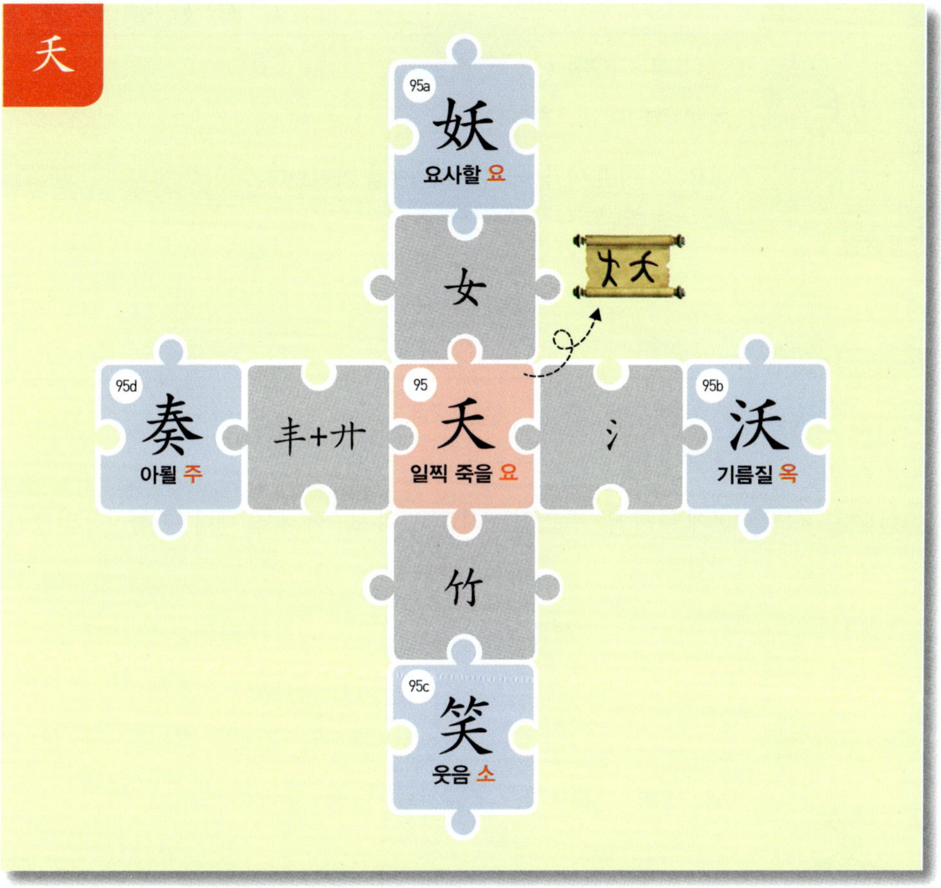

夭
95a
妖
요사할 요
女
95d
奏
아뢸 주
丰+廾
95
夭
일찍 죽을 요
氵
95b
沃
기름질 옥
竹
95c
笑
웃음 소

95

夭 夭 夭

夭

일찍 죽을 요

총획 4획 부수 大 급수 1급

젊은이(大)가 목(丿)을 흔들며 뛰어가는 모습에서 '어리다, 어린아이'의 뜻을 갖게 되었으나 훗날 '일찍 죽다'의 뜻으로도 의미가 확대되었다.

- □ **夭折** 요절
- □ **桃夭時節** 도요시절

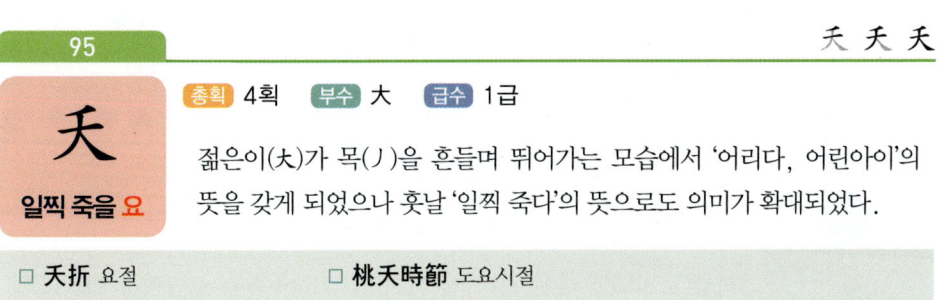

95a

妖 요사할 요

- 총획 7획
- 부수 女
- 급수 2급
- 夭 일찍죽을 요 + 女 여자 여

젊고(夭) 어린 여자(女)의 아리따움을 가리킨다.

- □ 妖艷 요염
- □ 妖術 요술
- □ 妖妄 요망

95b

沃 기름질 옥

- 총획 7획
- 부수 氵
- 급수 2급
- 夭 일찍죽을 요 + 氵 물 수

논에 물(氵)을 주고 있는 사람(夭)의 모습에서 '물 대다, 기름지다'의 뜻을 가진다.

- □ 沃土 옥토
- □ 肥沃 비옥
- □ 門前沃畓 문전옥답

95c

笑 웃음 소

- 총획 10획
- 부수 竹
- 급수 4급
- 夭 일찍죽을 요 + 竹 대 죽

대나무(竹) 줄기가 흔들리듯이 머리(夭)를 좌우로 흔들며 웃는 모습이다.

- □ 微笑 미소
- □ 冷笑 냉소
- □ 破顔大笑 파안대소

95d

奏 아뢸 주

- 총획 9획
- 부수 大
- 급수 3급
- 夭 일찍죽을 요 + 丰 예쁠 봉 + 廾 받들 공

하늘(天→夭)에 좋은 것(丰)을 바치며(廾) 간청하는 모습에서 '아뢰다'의 뜻이 있다.

- □ 演奏 연주
- □ 合奏 합주
- □ 間奏 간주

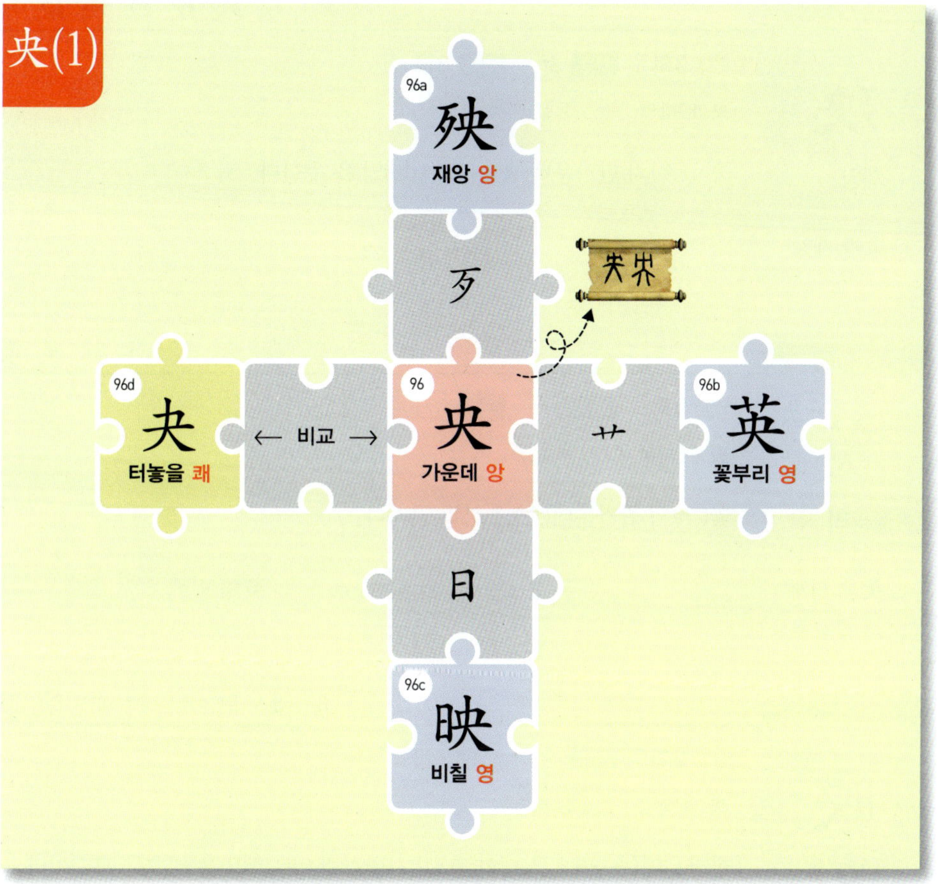

사람 | 사람 | 人

央(1)

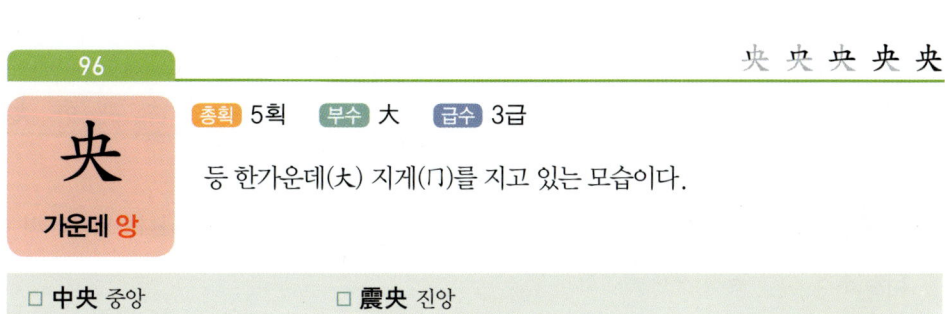

96a 殃 재앙 앙
歹
96d 夬 터놓을 쾌 ← 비교 → 96 央 가운데 앙 ~ 96b 英 꽃부리 영
日
96c 映 비칠 영

96

央 가운데 앙

- 총획 5획
- 부수 大
- 급수 3급

등 한가운데(大) 지게(冂)를 지고 있는 모습이다.

□ 中央 중앙   □ 震央 진앙

287

96a

殃 殃 殃 殃 殃 殃 殃 殃

殃
재앙 **앙**

- 총획 9획 부수 歹 급수 3급
- 央 가운데 앙 + 歹 살 바른 뼈 알

죽음(歹)의 한가운데(央)에 있는 '재앙'을 뜻한다.

☐ 災殃 재앙

96b

英 英 英 英 英 英 英 英 英

英
꽃부리 **영**

- 총획 9획 부수 艹 급수 6급
- 央 가운데 앙 + 艹 풀 초

꽃(艹)의 한가운데(央)를 본뜬 글자다.

☐ 英才 영재   ☐ 英雄 영웅   ☐ 英語 영어

96c

映 映 映 映 映 映 映 映

映
비칠 **영**

- 총획 9획 부수 日 급수 4급
- 央 가운데 앙 + 日 해 일

한가운데(央) 떠오른 태양(日)이 사방팔방으로 햇빛을 비추는 모습이다.

☐ 映畫 영화   ☐ 反映 반영   ☐ 放映 방영

96d

夬 夬 夬 夬

夬
터놓을 **쾌**

- 총획 4획 부수 大 급수 특급

활시위를 놓듯 '손에서 떠나다, 손에서 빠지다, 멀리 떠나다, 트이다'의 뜻이 있는 글자다.

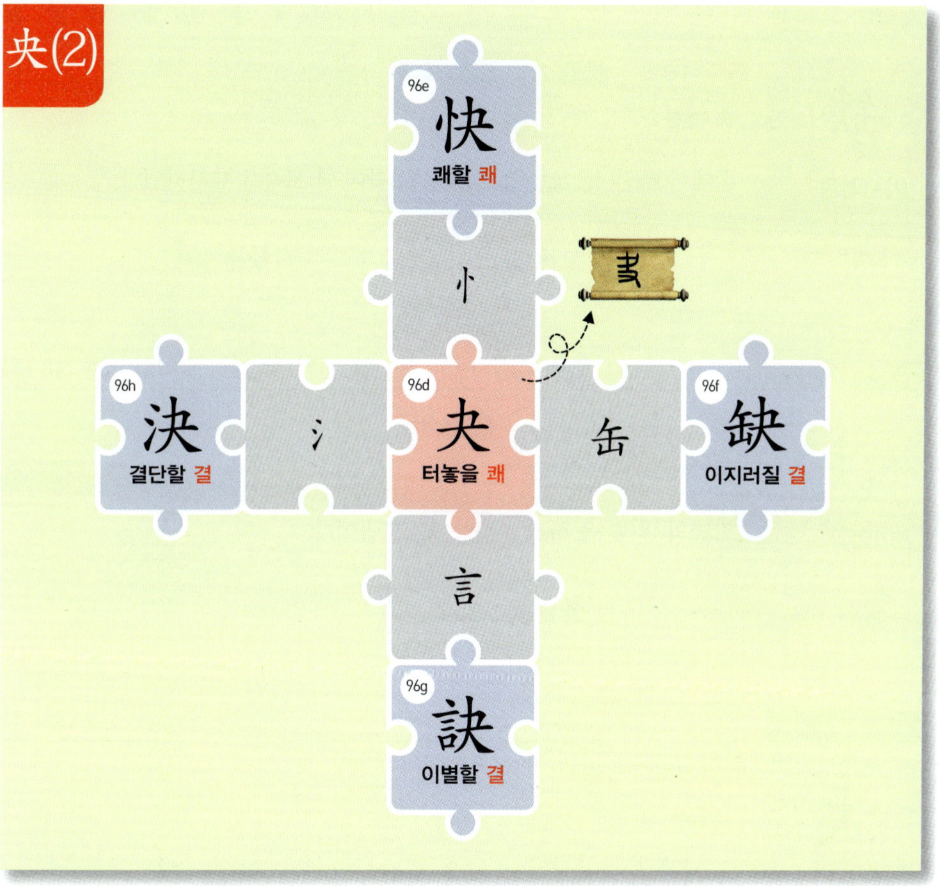

사람|사람|人

夬(2)

- 96e 快 쾌할 쾌
- 忄
- 96h 決 결단할 결
- 氵
- 96d 夬 터놓을 쾌
- 缶
- 96f 缺 이지러질 결
- 言
- 96g 訣 이별할 결

96

96e

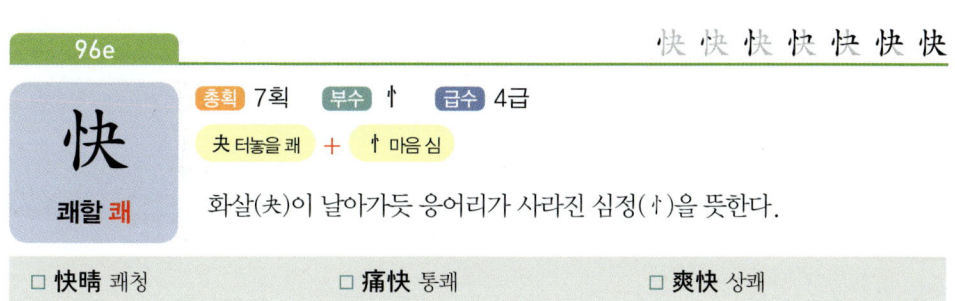

快 쾌할 쾌

- 총획 7획
- 부수 忄
- 급수 4급

夬 터놓을 쾌 + 忄 마음 심

화살(夬)이 날아가듯 응어리가 사라진 심정(忄)을 뜻한다.

☐ 快晴 쾌청　　☐ 痛快 통쾌　　☐ 爽快 상쾌

96f

缺 이지러질 **결**

총획 10획 | 부수 缶 | 급수 4급

夬 터놓을 쾌 + 缶 장군 부

손에서 빠진(夬) 그릇(缶)이 산산조각이 난 모습을 묘사하였다.

- □ 缺點 결점
- □ 缺席 결석
- □ 缺格 결격

96g

訣 이별할 **결**

총획 11획 | 부수 言 | 급수 3급

夬 터놓을 쾌 + 言 말씀 언

작별의 말(言)을 하고 떠나는(夬) 모습이다.

- □ 訣別 결별
- □ 永訣式 영결식

96h

決 결단할 **결**

총획 7획 | 부수 氵 | 급수 5급

夬 터놓을 쾌 + 氵 물 수

물꼬(氵)가 트였다(夬)는 것은 '결정이 났음'을 의미한다.

- □ 決定 결정
- □ 決算 결산
- □ 解決 해결

사람 | 사람 | 人

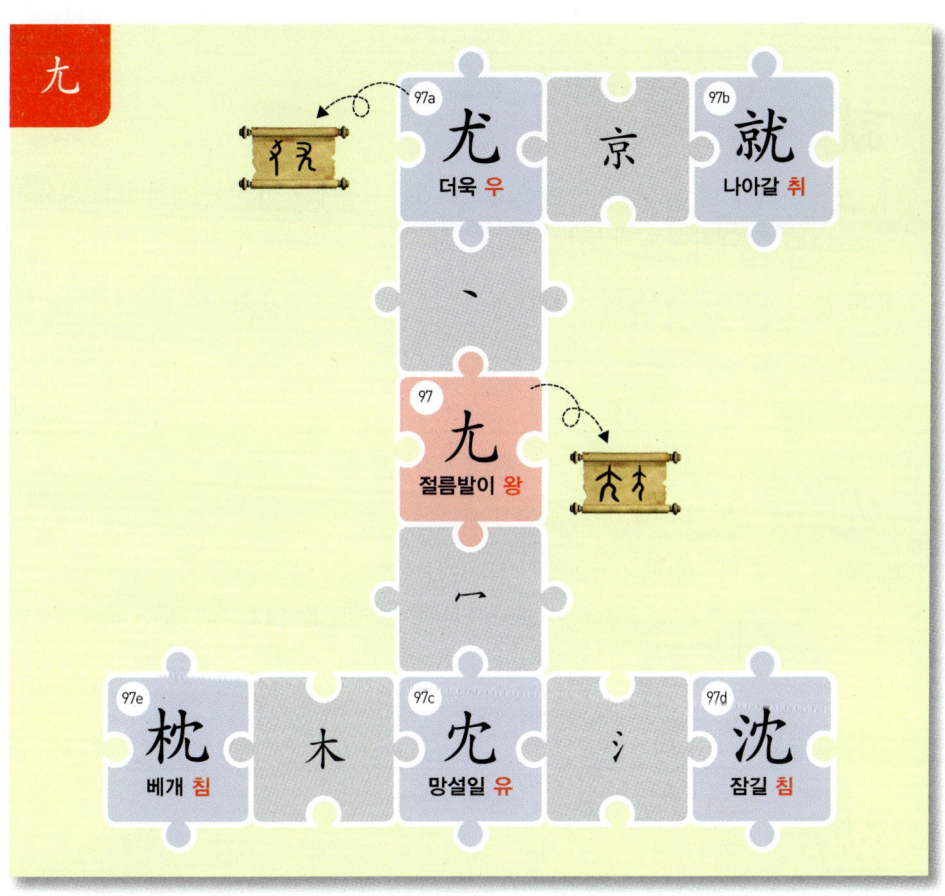

97	
尢	총획 3획 　부수 尢 　급수 확장한자
절름발이 왕	다리 한쪽이 짧은 절름발이의 모습을 본뜬 글자이다.

尢 尢 尢

97a	
尤	총획 4획 　부수 尢 　급수 3급
더욱 우	尢 절름발이 왕 ＋ 丶 점주
	절름발이(尢)가 지팡이(丶)를 잡고 걸어가는 것은 보통 일이 아닌 데서 '더욱'의 뜻이 있다.

尤 尤 尤 尤

97b

就就就就就就就就就就就

就
나아갈 취

총획 12획 부수 尤 급수 4급

尤 더욱 우 + 京 서울 경

보다 좋은(尤) 곳(京)으로 나아가는 모습에서 '이루다, 성취하다, 완성하다'의 뜻도 가진다.

□ 就業 취업　　□ 成就 성취　　□ 去就 거취

97c

尢 尢 尢 尢

尢
망설일 유

총획 4획 부수 冖 급수 확장한자

尢 절름발이 왕 + 冖 덮을 멱

허우적대는(冖) 사람(儿)을 묘사하였다.

이 글자는 덮을 멱(冖) 편에 있어야 하지만, 절름발이 왕(尢) 자와 글꼴이 비슷하여 비교 차원에서 여기에 두었다.

97d

沈 沈 沈 沈 沈 沈 沈

沈
잠길 침

총획 7획 부수 氵 급수 3급

尢 망설일 유 + 氵 물 수

물(氵)에 빠져 허우적대는(尢) 모습이다.

□ 沈沒 침몰　　□ 沈默 침묵　　□ 沈滯 침체

97e

枕 枕 枕 枕 枕 枕 枕 枕

枕
베개 침

총획 8획 부수 木 급수 3급

尢 망설일 유 + 木 나무 목

목침(木)을 베고 누워(尢) 있는 모습이다.

□ 木枕 목침

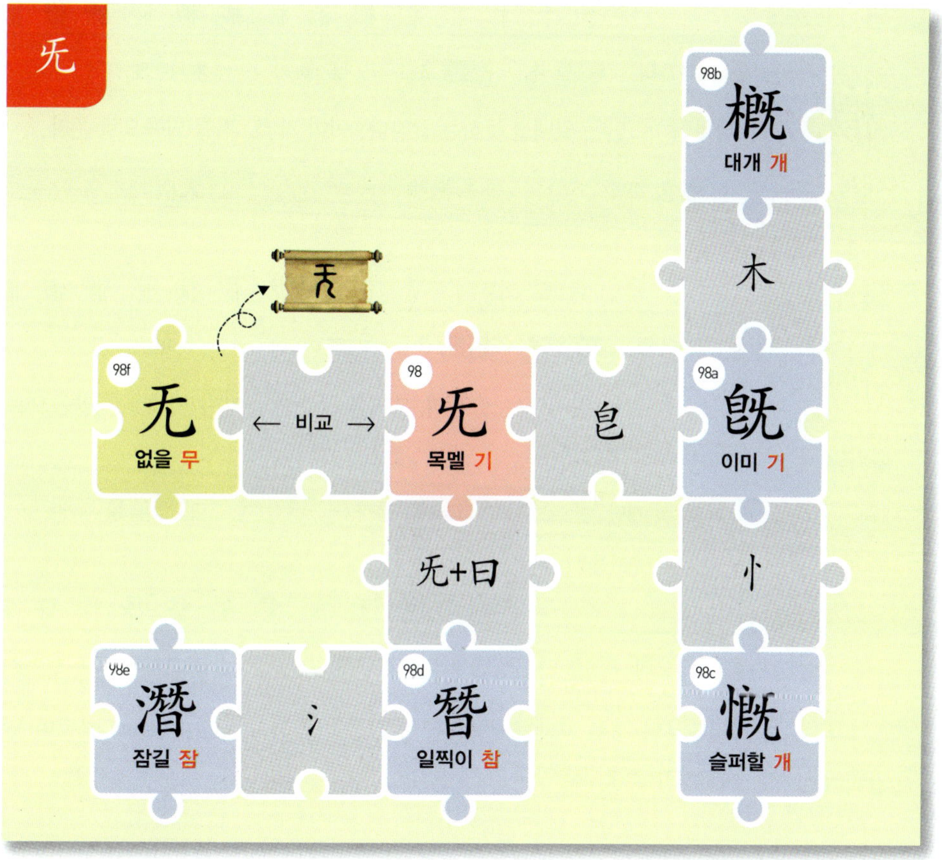

사람 | 사람 | 人

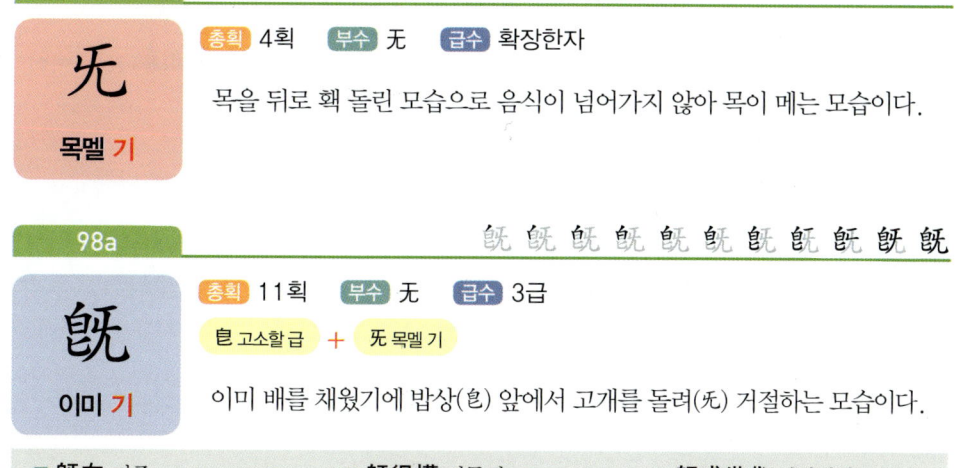

98		
旡		
목멜 기		

총획 4획　부수 旡　급수 확장한자

목을 뒤로 홱 돌린 모습으로 음식이 넘어가지 않아 목이 메는 모습이다.

98a		
既		
이미 기		

총획 11획　부수 旡　급수 3급

皂 고소할 급 ＋ 旡 목멜 기

이미 배를 채웠기에 밥상(皂) 앞에서 고개를 돌려(旡) 거절하는 모습이다.

□ 既存 기존　　□ 既得權 기득권　　□ 既成世代 기성세대

293

98b 槪 대개 개

槪 槪 槪 槪 槪 槪 槪 槪 槪 槪 槪 槪

총획 15획　**부수** 木　**급수** 3급　　旣 이미 기 ＋ 木 나무 목

나무(木)로 만든 밀대를 뜻하는 글자다. 이미 기(旣) 자를 발음으로 쓴다.

- 槪念 개념
- 槪論 개론
- 大槪 대개

98c 慨 슬퍼할 개

慨 慨 慨 慨 慨 慨 慨 慨 慨 慨 慨

총획 14획　**부수** 忄　**급수** 3급　　旣 이미 기 ＋ 忄 마음 심

마음(忄)에서 일어나는 슬픔과 분노를 뜻한다. 이미 기(旣)를 발음으로 쓴다.

- 慨嘆 개탄
- 憤慨 분개
- 感慨無量 감개무량

98d 朁 일찍이 참

朁 朁 朁 朁 朁 朁 朁 朁 朁 朁

총획 12획　**부수** 日　**급수** 확장한자　　旡 목멜 기 ＋ 旡 목멜 기 ＋ 日 가로 왈

일찍부터 서로 고개를 돌려(旡) 얼굴을 마주하고 재잘대며(日) 떠들며 노는 아이들의 모습이다.

98e 潛 잠길 잠

潛 潛 潛 潛 潛 潛 潛 潛 潛 潛 潛

총획 15획　**부수** 氵　**급수** 3급　　朁 일찍이 참 ＋ 氵 물 수

물(氵=水)속에 들어갔다 나오기를 반복하며 서로 재잘대며(朁) 노는 아이들의 모습이다.

- 潛水 잠수

98f 旡 없을 무

旡 旡 旡 旡

총획 4획　**부수** 旡　**급수** 특급

없을 무(無)의 옛 모양으로 뜻도 같다.

- 旡妄 무망

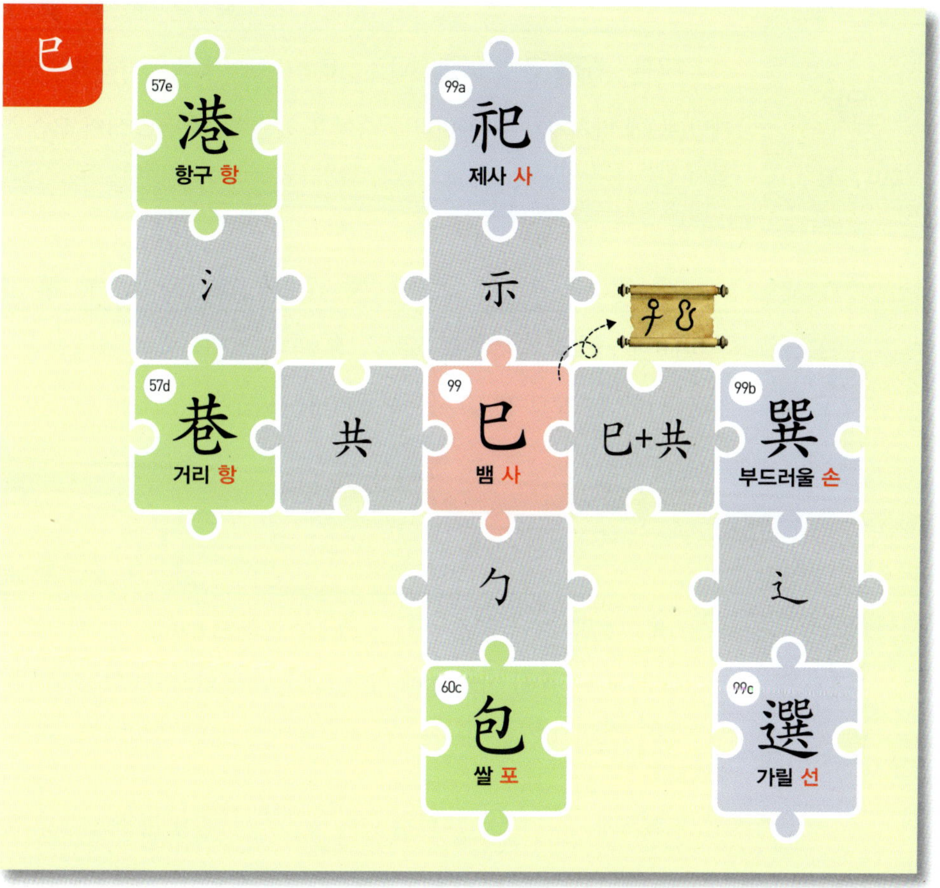

사람 | 사람 | 신분

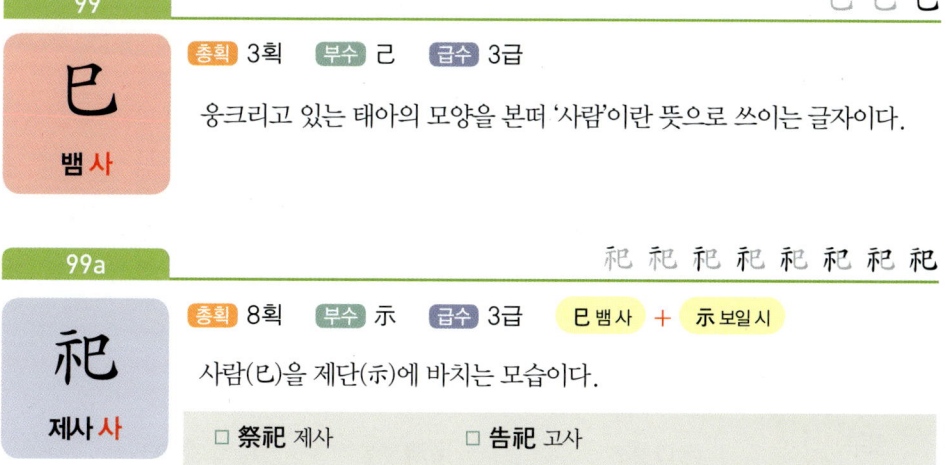

99			
巳 뱀 사	총획 3획	부수 己	급수 3급
	웅크리고 있는 태아의 모양을 본떠 '사람'이란 뜻으로 쓰이는 글자이다.		

99a					
祀 제사 사	총획 8획	부수 示	급수 3급	巳 뱀사 + 示 보일시	
	사람(巳)을 제단(示)에 바치는 모습이다.				
	□ 祭祀 제사		□ 告祀 고사		

99b

巽 부드러울 손

- 총획 12획
- 부수 己
- 급수 특급
- 巳뱀사 + 巳뱀사 + 共한가지공

제단(共)에 바쳐지기 위해 머리를 숙이고 있는 두 사람(巳巳)의 모습을 본떠 만든 글자이다.

99c

選 가릴 선

- 총획 16획
- 부수 辶
- 급수 5급
- 巽부드러울 손 + 辶쉬엄쉬엄 갈 착

제물(巽)이나 볼모로 갈(辶) 사람을 가려내는 모습이다.

- □ 選拔 선발
- □ 選擧 선거
- □ 競選 경선

60c

包 쌀 포

- 총획 5획
- 부수 勹
- 급수 4급
- 勹쌀 포 + 巳뱀사

태아를 뜻하는 사(巳) 자를 더해 아이(巳)를 감싸 안고(勹) 있는 모습을 강조하여 '싸다'의 뜻을 되살렸으며 물건을 감싸 안은 '꾸러미'의 뜻으로도 쓰였다.

- □ 包裝 포장
- □ 包括 포괄
- □ 小包 소포

57d

巷 거리 항

- 총획 9획
- 부수 己
- 급수 3급
- 共한가지공 + 巳뱀사

사람(巳)들이 함께(共) 모여 있는 거리다.

- □ 巷間 항간

57e

港 항구 항

- 총획 12획
- 부수 氵
- 급수 4급
- 巷거리 항 + 氵물 수

물(氵)이 함께 모여 있는 거리(巷)란 '항구'를 뜻한다.

- □ 港口 항구
- □ 港灣 항만
- □ 空港 공항

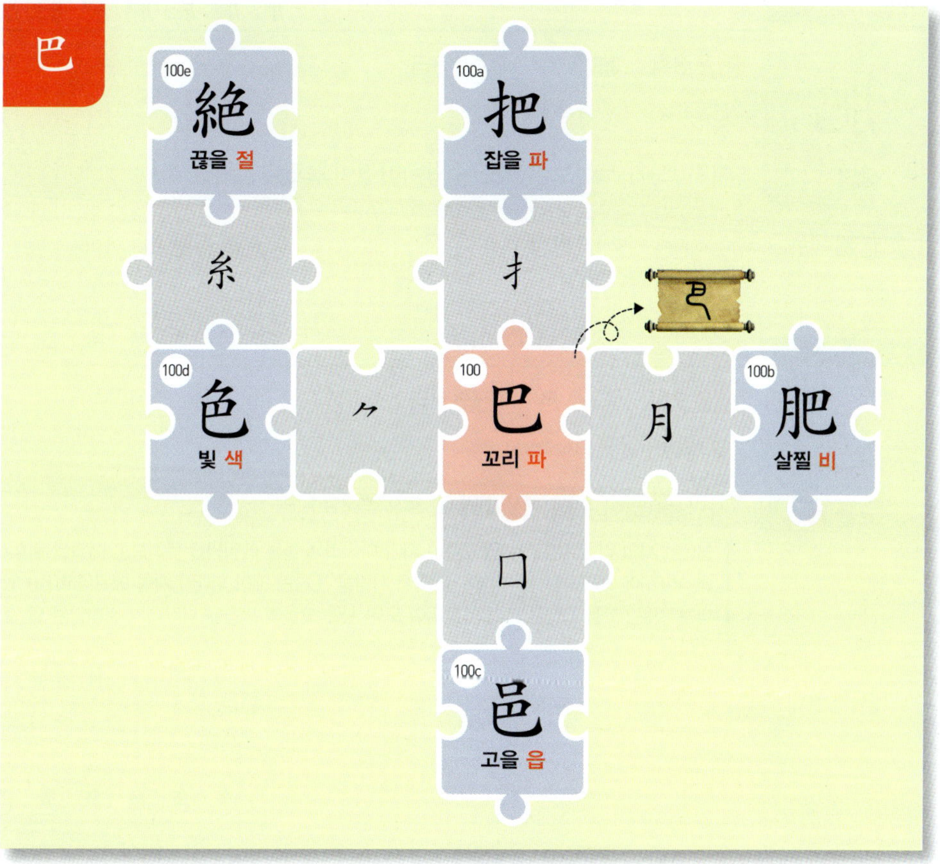

사람 | 사람 | 신분

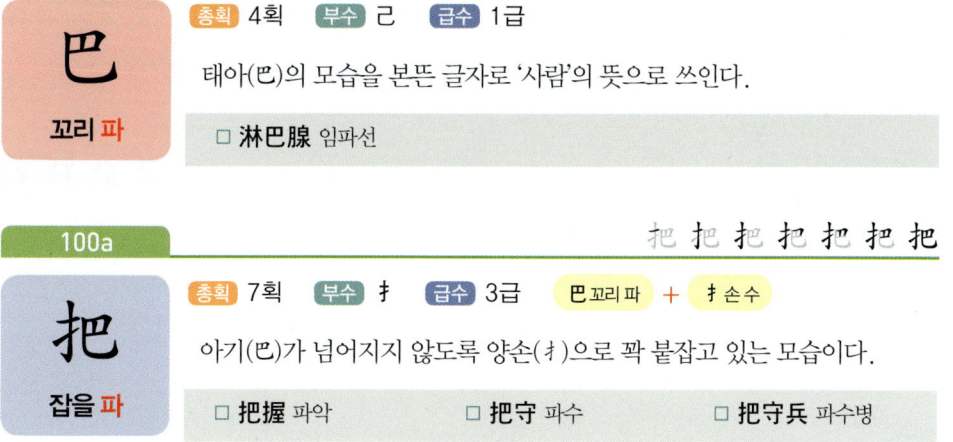

100			
巴 꼬리 파	총획 4획　부수 己　급수 1급		
	태아(巴)의 모습을 본뜬 글자로 '사람'의 뜻으로 쓰인다.		
	□ 淋巴腺 임파선		

巴 巴 巴 巴

100a			
把 잡을 파	총획 7획　부수 扌　급수 3급　　巴꼬리파 + 扌손수		
	아기(巴)가 넘어지지 않도록 양손(扌)으로 꽉 붙잡고 있는 모습이다.		
	□ 把握 파악	□ 把守 파수	□ 把守兵 파수병

把 把 把 把 把 把 把

100b 肥 肥 肥 肥 肥 肥 肥 肥

肥
살찔 비

- 총획 8획　부수 月　급수 3급
- 巴 꼬리 파　+　月 육달 월

아기(巴)가 토실토실하게 살(月=肉)집이 올랐다.

- □ 肥滿 비만
- □ 肥料 비료
- □ 天高馬肥 천고마비

100c 邑 邑 邑 邑 邑 邑 邑

邑
고을 읍

- 총획 7획　부수 邑　급수 7급
- 巴 꼬리 파　+　口 에워쌀 위

사람들(巴)이 모여(口) 사는 고을을 뜻한다.

읍(邑) 자의 입 글자(口)는 입 구(口) 자가 아니라 사물을 에워쌈을 뜻하므로 에워쌀 위/나라 국(口)에 해당하는 글자이다. 따라서 사람을 뜻하는 태아 파(巴) 자를 에워싸고(口) 있다는 것은, 고을 읍(邑) 자가 사람들이 모여 사는 고을의 모습을 나타내기 위함임을 알 수 있다.

- □ 邑內 읍내
- □ 邑長 읍장
- □ 都邑 도읍

100d 色 色 色 色 色 色

色
빛 색

- 총획 6획　부수 色　급수 7급
- 巴 꼬리 파　+　⺈ (사람)

서로 좋아하는 두 사람(⺈=人+巴)이 만나게 되자 얼굴빛이 붉어지는 모습이다.

- □ 色彩 색채
- □ 特色 특색
- □ 染色 염색

100e 絶 絶 絶 絶 絶 絶 絶 絶 絶 絶

絶
끊을 절

- 총획 12획　부수 糸　급수 4급
- 色 빛 색　+　糸 가는 실 멱

실(糸)을 칼(刀)로 마디마디(巴=민) 끊어내다.

- □ 絶頂 절정
- □ 絶叫 절규
- □ 斷絶 단절

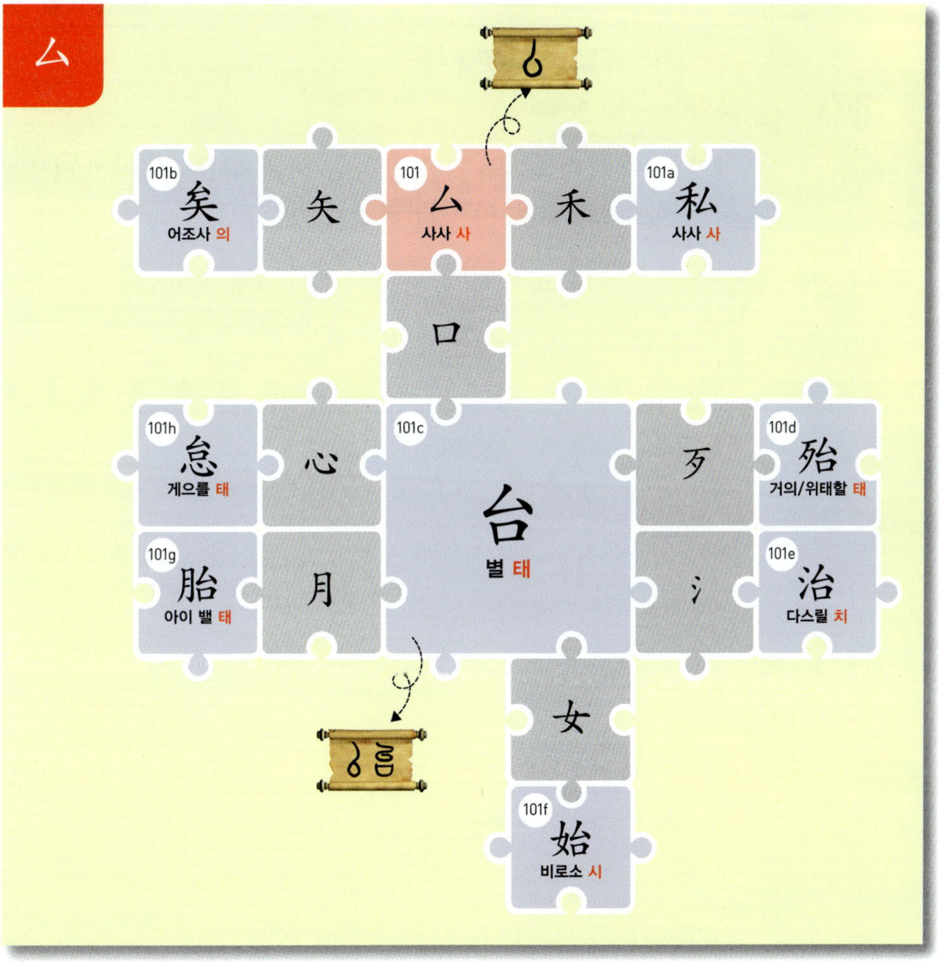

사람 | 사람 | 신분

| 101 |

| ㅅ | 총획 2획 | 부수 ㅅ | 급수 확장한자

사사 사

갓난아기의 모습을 본뜬 글자이다.

101a

私 私 私 私 私 私 私

私
사사 **사**

- 총획 7획
- 부수 禾
- 급수 4급
- ㅿ 사사 사 + 禾 벼 화

개인이 수확한 곡식(禾)을 자신의 아이(ㅿ)에게 먹이는 모습에서 '사사롭다, 사적이다, 개인의, 이기적인'의 뜻이 있다.

□ 私心 사심   □ 私立 사립   □ 公私 공사

101b

矣 矣 矣 矣 矣 矣 矣

矣
어조사 **의**

- 총획 7획
- 부수 矢
- 급수 3급
- ㅿ 사사 사 + 矢 화살 시

아이(ㅿ)처럼 작은 것을 화살(矢)에 매단 모습의 글자로 보나 지금은 어조사로만 쓴다.

□ 汝矣島 여의도

101c

台 台 台 台 台

台
별 **태**

- 총획 5획
- 부수 口
- 급수 2급
- ㅿ 사사 사 + 口 입 구

아기(ㅿ)가 옹알이(口)하는 모습을 본뜬 글자이다.

101d

殆 殆 殆 殆 殆 殆 殆 殆

殆
거의/위태할 **태**

- 총획 9획
- 부수 歹
- 급수 2급
- 台 별 태 + 歹 살 바른 뼈 알

아기(台)가 뼈(歹)만 앙상해 죽을 것처럼 위태로운 상태를 뜻한다.

□ 殆半 태반   □ 危殆 위태

사람 | 사람 | 신분

101e

治 다스릴 **치**

총획 8획 | 부수 氵 | 급수 4급

台 별태 + 氵 물수

가장 힘들다는 물(氵)과 자녀(台)를 다스리는 모습에서 나온 글자이다.

- 治療 치료
- 統治 통치
- 政治 정치

101f

始 비로소 **시**

총획 8획 | 부수 女 | 급수 6급

台 별태 + 女 여자여

어머니(女)의 뱃속에서 아기(台)의 삶이 비로소 시작된다.

- 始作 시작
- 始球 시구
- 創始 창시

101g

胎 아이 밸 **태**

총획 9획 | 부수 月 | 급수 2급

台 별태 + 月 육달월

뱃속(月)에 아기(台)를 품고 있는 모습이다.

- 胎兒 태아
- 胎敎 태교
- 孕胎 잉태

101h

게으를 **태**

총획 9획 | 부수 心 | 급수 3급

台 별태 + 心 마음심

아무것도 못하는 아기(台)처럼 구는 마음가짐(心)을 가리킨다.

- 怠慢 태만
- 懶怠 나태
- 過怠料 과태료

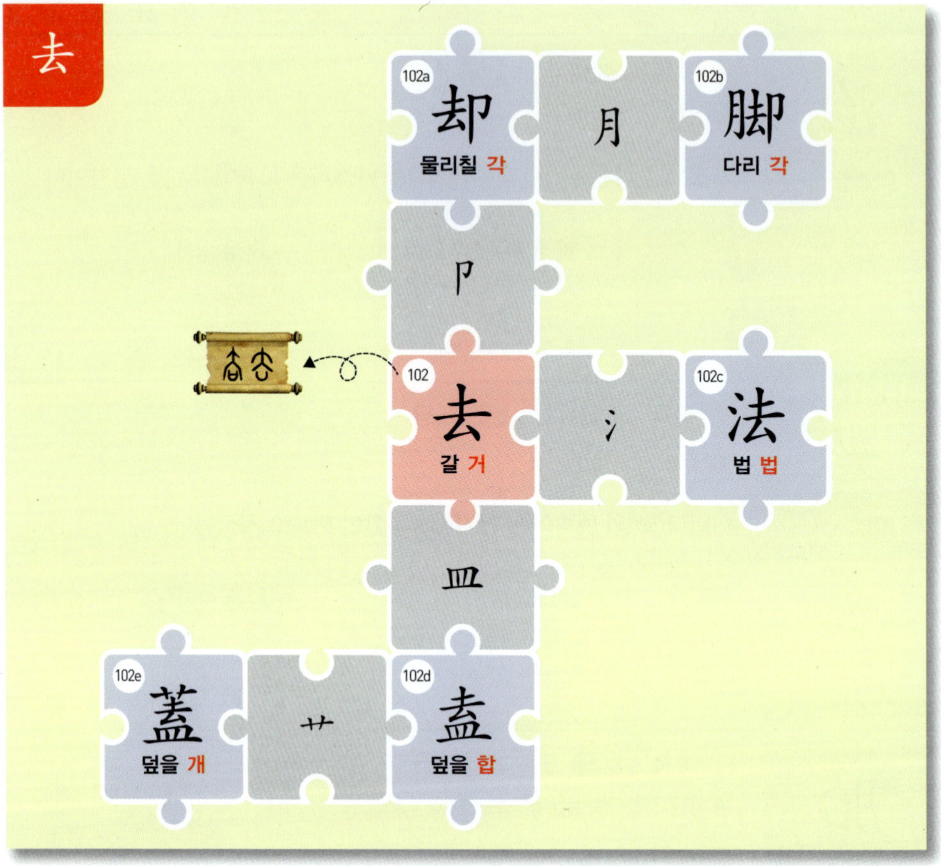

去

	102a 却 물리칠 각	月	102b 脚 다리 각
	卩		
	102 去 갈 거	氵	102c 法 법 법
	皿		
102e 蓋 덮을 개	艹	102d 盍 덮을 합	

102

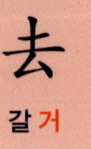
갈 거

去 去 去 去 去

총획 5획 **부수** 厶 **급수** 5급

사람(土→大)이 통(厶→凵) 위에 올라가 변을 보는 모습이다. 사라져 없어진다는 성질에서 '가다, 버리다, 없애다, 지나간 세월' 등을 뜻한다.

□ 去來 거래   □ 撤去 철거   □ 過去 과거

102a

물리칠 각

却 却 却 却 却 却 却

총획 7획 **부수** 卩 **급수** 3급   去갈거 + 卩병부절

무릎 꿇려서(卩) 물러나게(去) 하는 모습이다.

□ 却下 각하   □ 燒却 소각   □ 棄却 기각

사람 | 사람 | 신분

102b

脚 다리 각

脚脚脚脚脚脚脚脚脚脚

- 총획 11획
- 부수 月
- 급수 3급

却 물리칠 각 + 月 육달 월

가거나 물러나는(去) 일에 신체를 뜻하는 달 월(月=肉)을 더해 '다리'를 뜻한다.

달 월(月=肉)을 의미요소로 하는 이유는 달 월(月) 자가 '달'을 뜻하기도 하지만 대부분의 경우에 신체를 뜻하는 글자로 사용되기 때문이다. 옛 그림의 모습은 분명 다르지만 현대에 와서 달을 뜻하는 글자나 고기를 뜻하는 글자나 모두 월(月) 자의 꼴을 하고 있어 생기는 현상이다.

- □ 脚本 각본
- □ 立脚 입각
- □ 橋脚 교각

102c

法 법법

法法法法法法法法

- 총획 8획
- 부수 氵
- 급수 5급

去 갈 거 + 氵 물 수

물(氵)이 위에서 아래로 흐르는(去) 자연의 이치에서 '법'의 뜻이 생겨났다.

법(法) 자의 옛 글자는 영물로 여겨지던 해태 치(廌) 자와 물 수(水) 그리고 갈 거(去)로 이루어져 있다. 법으로 따져 보는 말은 옳고 그름을 가려 보는 말인데 바로 해태(廌)라는 동물이 사악한 기운을 막아주기도 하고 선악을 가릴 줄 아는 영물이니 히어 옳고 그름을 판단하는 글자를 만드는 데 이용했음을 알 수 있다.

- □ 法治 법치
- □ 違法 위법
- □ 方法 방법

102d

덮을 합

盍盍盍盍盍盍盍盍盍

- 총획 10획
- 부수 皿
- 급수 특급

去 갈 거 + 皿 그릇 명

음식(皿)의 온기가 빠져나가지(去) 못하게 뚜껑을 덮어 놓은 모습이다.

102e

蓋 덮을 개

蓋蓋蓋蓋蓋蓋蓋蓋蓋蓋蓋

- 총획 14획
- 부수 艹
- 급수 3급

盍 덮을 합 + 艹 풀 초

덮을 합(盍) 자에 풀 초(艹) 자를 더해 '덮다'의 의미를 강조한 글자이다.

- □ 覆蓋 복개
- □ 無蓋車 무개차
- □ 頭蓋骨 두개골

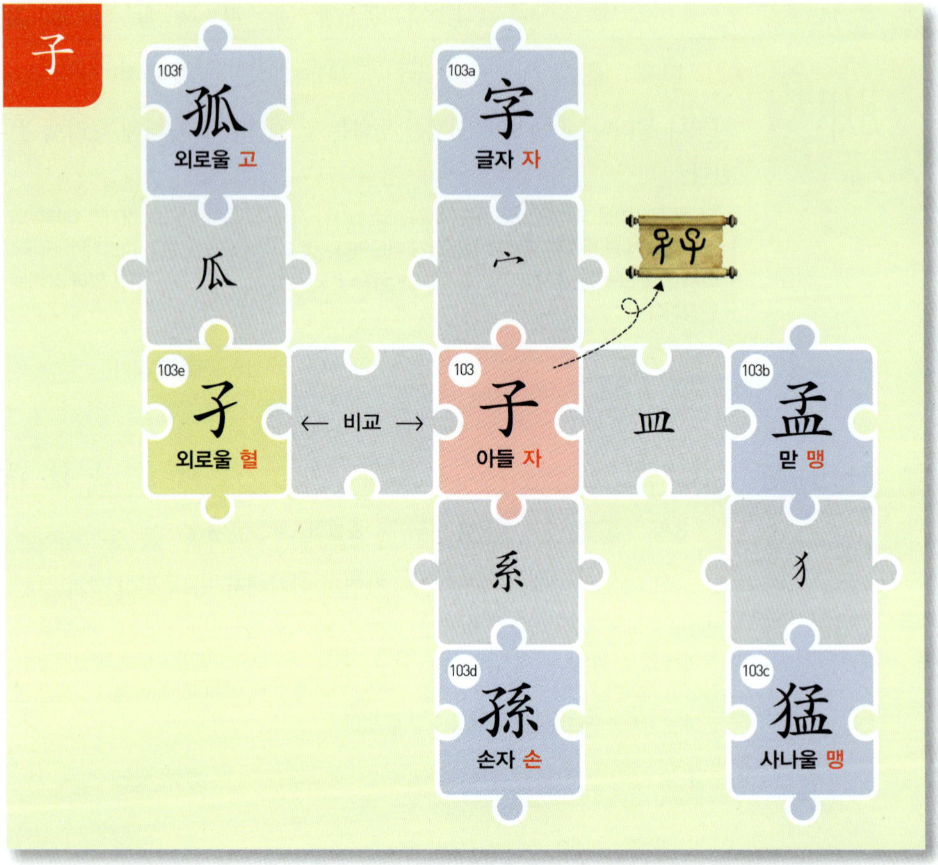

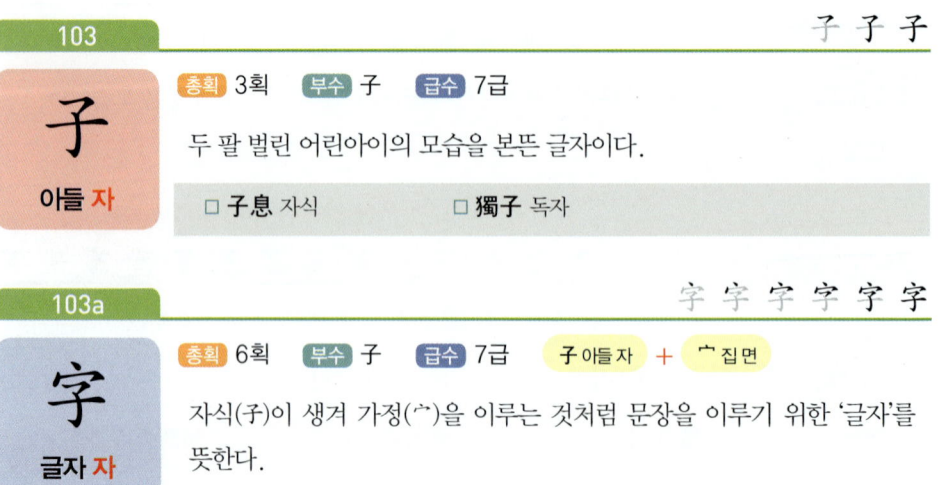

103				子 子 子
子 아들 자	총획 3획 부수 子 급수 7급			
	두 팔 벌린 어린아이의 모습을 본뜬 글자이다.			
	☐ 子息 자식		☐ 獨子 독자	

字 字 字 字 字 字

103a				
字 글자 자	총획 6획 부수 子 급수 7급 子 아들자 + 宀 집면			
	자식(子)이 생겨 가정(宀)을 이루는 것처럼 문장을 이루기 위한 '글자'를 뜻한다.			
	☐ 字幕 자막	☐ 字意 자의		☐ 文字 문자

사람 | 사람 | 신분

103b

맏 맹

孟孟孟孟孟孟孟孟

- 총획 8획
- 부수 子
- 급수 3급
- 子 아들 자 + 皿 그릇 명

맏이(子)를 바치는(皿) 터무니없는 일을 가리켜 '맹랑하다'의 뜻이 있다.

- □ 孟子 맹자
- □ 虛無孟浪 허무맹랑

103c

사나울 맹

猛猛猛猛猛猛猛猛猛猛

- 총획 11획
- 부수 犭
- 급수 3급
- 孟 맏 맹 + 犭 큰개 견

제물(孟)로 바쳐지기 위해 끌려가는 개(犬)의 사나움을 뜻한다.

- □ 猛獸 맹수
- □ 猛犬 맹견
- □ 勇猛 용맹

103d

손자 손

孫孫孫孫孫孫孫孫孫

- 총획 10획
- 부수 子
- 급수 6급
- 子 아들 자 + 系 맬 계

대를 이어(系) 주는 아들(子)을 가리킨다.

- □ 孫子 손자
- □ 曾孫 증손
- □ 後孫 후손

103e

외로울 혈

子子子

- 총획 3획
- 부수 子
- 급수 특급

한 팔이 보이지 않는 모양의 글자이다.

- □ 子子單身 혈혈단신

103f

외로울 고

孤孤孤孤孤孤孤孤

- 총획 8획
- 부수 子
- 급수 4급
- 子 외로울 혈 + 瓜 오이 과

줄기에 달랑 하나 매달린 오이(瓜)처럼 버려지거나 홀로 남겨진 아이(子)의 모습을 가리킨다.

- □ 孤兒 고아
- □ 孤獨 고독
- □ 孤島 고도

女(1)

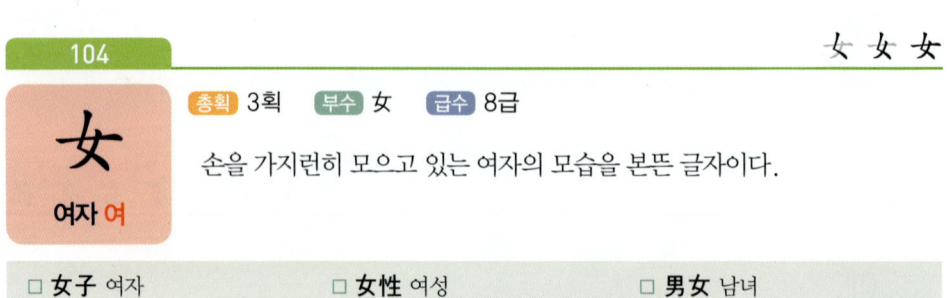

104

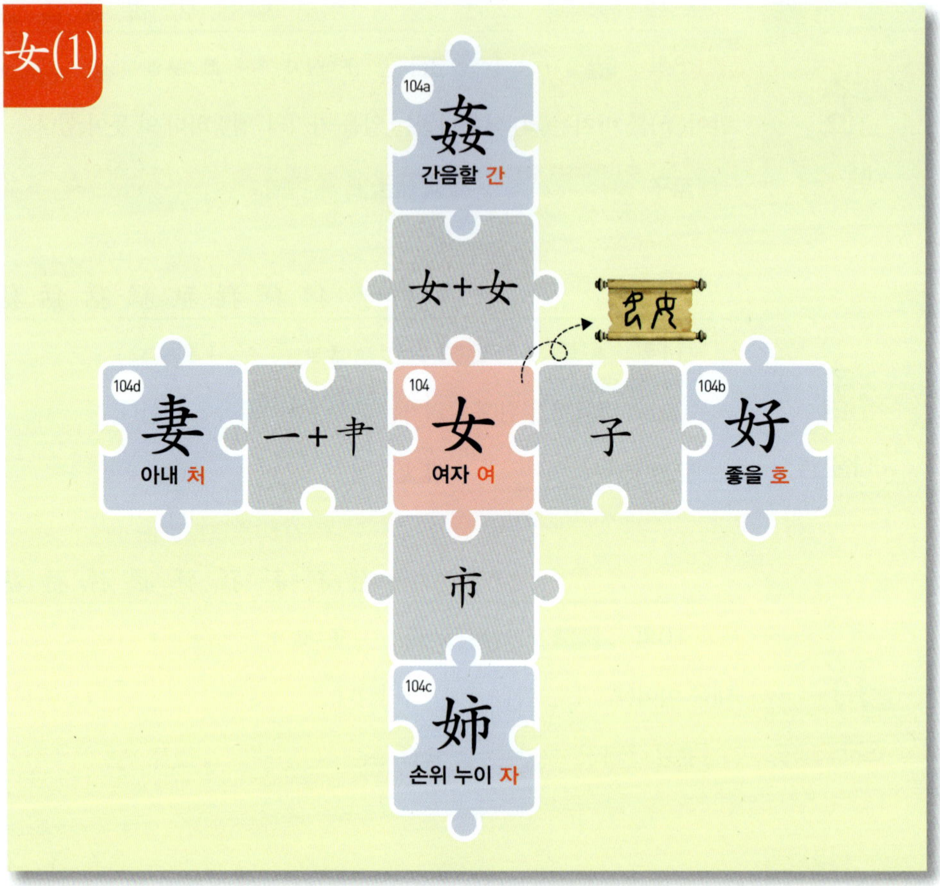

104

女 女 女

女
여자 여

총획 3획　부수 女　급수 8급

손을 가지런히 모으고 있는 여자의 모습을 본뜬 글자이다.

□ **女子** 여자　□ **女性** 여성　□ **男女** 남녀

사람 | 사람 | 신분

104a

姦 姦 姦 姦 姦 姦 姦 姦 姦

姦
간음할 **간**

- 총획 9획
- 부수 女
- 급수 3급

女 여자 여 + 女 여자 여 + 女 여자 여

배우자가 아닌 다른 여자들(女女女)과 관계를 갖는 것을 가리킨다.

□ 姦淫 간음   □ 姦通 간통   □ 强姦 강간

104b

好 好 好 好 好 好

好
좋을 **호**

- 총획 6획
- 부수 女
- 급수 4급

女 여자 여 + 子 아들 자

어머니(女)가 아이(子)를 바라보며 흐뭇해하는 모습이다.

□ 好感 호감   □ 好意 호의   □ 同好會 동호회

104c

姊 姊 姊 姊 姊 姊 姊 姊

姊
손위 누이 **자**

- 총획 8획
- 부수 女
- 급수 4급

女 여자 여 + 市 저자 시

어려운(朿→市) 위치에 있는 여자(女)를 가리켜 손위 누이의 뜻이 있다.

전문의 그림은 씨방(대지)을 뚫고 올라오는 한 포기 식물(市=屮)의 모습처럼 보인다. 따라서 먼저 싹이 튼 식물처럼 자식 중에서 먼저 태어난 여자(女) 자식의 의미에서 '손위 누이'의 뜻을 갖게 된 것으로도 보인다.

□ 姊妹 자매   □ 姊兄 자형   □ 姊夫 자부

104d

妻 妻 妻 妻 妻 妻 妻 妻

妻
아내 **처**

- 총획 8획
- 부수 女
- 급수 3급

女 여자 여 + 一 한 일 + 屮 (머리에 비녀를 꽂은 모양)

비녀(一)를 꼽고(屮) 있는 아내(女)의 모습을 본뜬 글자이다.

□ 妻家 처가   □ 惡妻 악처   □ 一夫一妻 일부일처

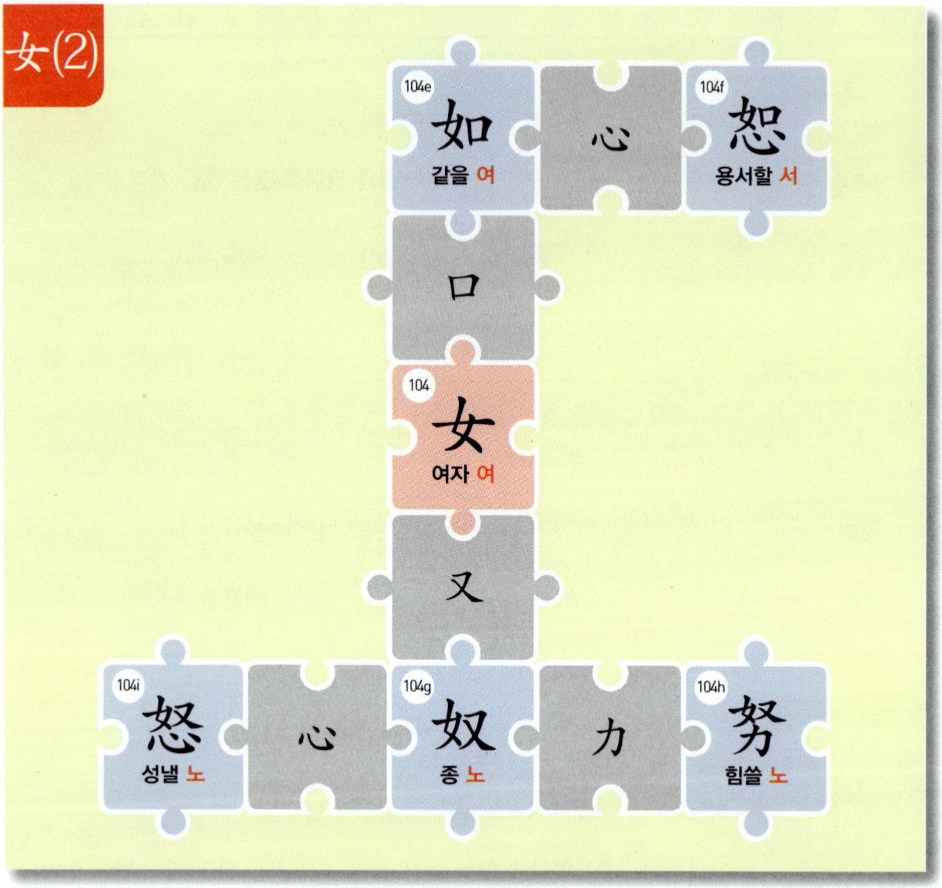

女(2)

104

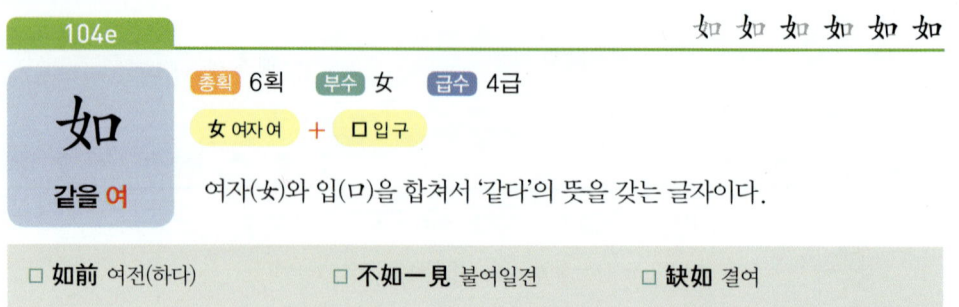

104e		
如 같을 여	총획 6획　부수 女　급수 4급	
	女 여자 여　＋　口 입구	
	여자(女)와 입(口)을 합쳐서 '같다'의 뜻을 갖는 글자이다.	

如 如 如 如 如 如

☐ **如前** 여전(하다)　　☐ **不如一見** 불여일견　　☐ **缺如** 결여

사람 | 사람 | 신분

104f

恕 용서할 서

- 총획 10획
- 부수 心
- 급수 3급

如 같을 여 + 心 마음 심

상대방과 같은(如) 마음(心)이 생겨 용서하다.

☐ 容恕 용서

104g

奴 종 노

- 총획 5획
- 부수 女
- 급수 3급

女 여자 여 + 又 또 우

종처럼 잡혀 있는(又) 여자(女)의 모습이다.

☐ 奴隷 노예   ☐ 奴婢 노비   ☐ 賣國奴 매국노

104h

努 힘쓸 노

- 총획 7획
- 부수 力
- 급수 4급

奴 종 노 + 力 힘 력

종(奴)들이 밭에서 쟁기질하며 힘(力)쓰는 모습이다.

☐ 努力 노력

104i

怒 성낼 노

- 총획 9획
- 부수 心
- 급수 4급

奴 종 노 + 心 마음 심

노예(奴)처럼 부려질 때의 불쾌한 기분(心)을 가리킨다.

☐ 怒發大發 노발대발   ☐ 大怒 대노   ☐ 憤怒 분노

女(3)

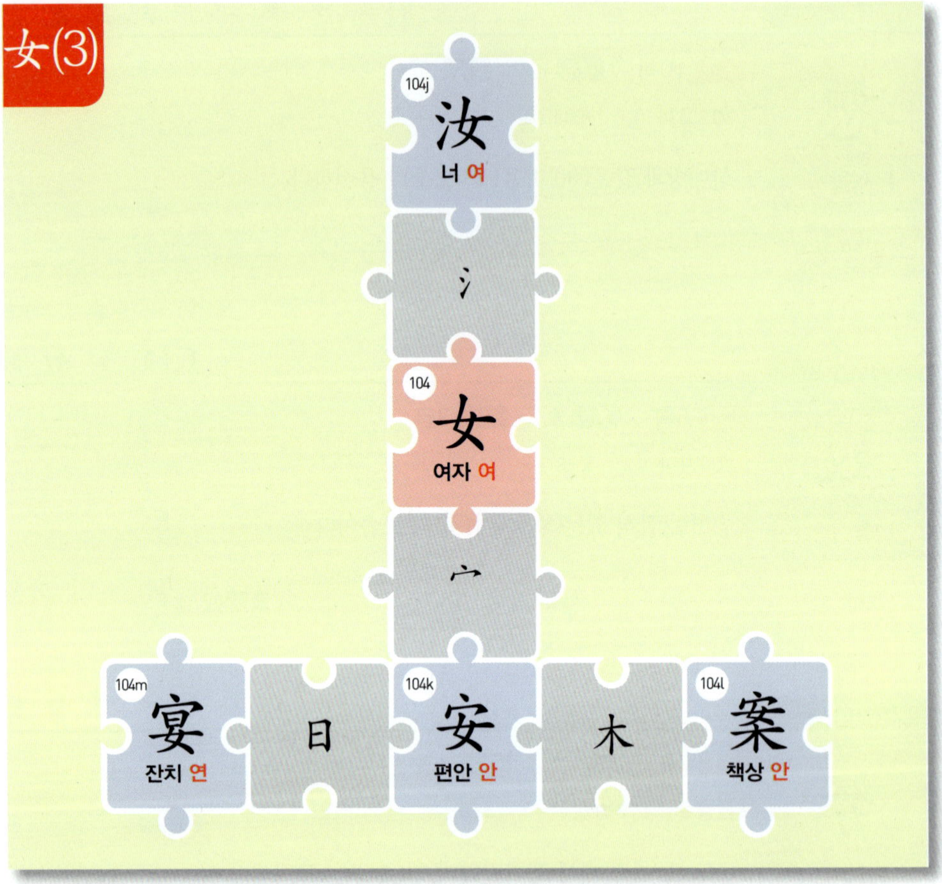

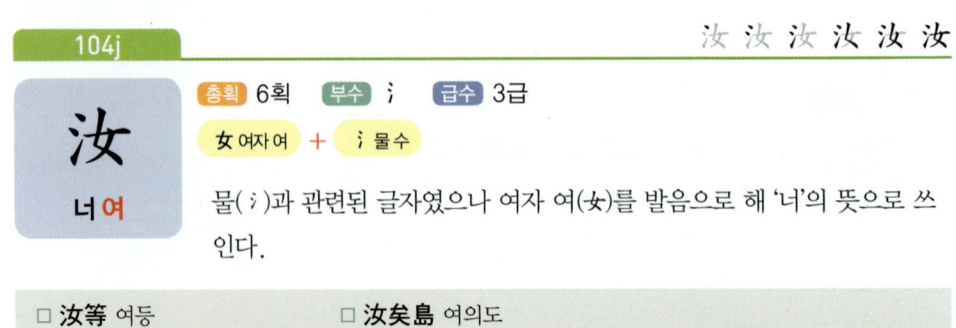

104j

汝 너여

| 총획 | 6획 | 부수 | 氵 | 급수 | 3급 |

女 여자 여 + 氵 물 수

물(氵)과 관련된 글자였으나 여자 여(女)를 발음으로 해 '너'의 뜻으로 쓰인다.

汝汝汝汝汝汝

☐ 汝等 여등 ☐ 汝矣島 여의도

사람 | 사람 | 신분

104k

安 安 安 安 安 安

편안 **안**

총획 6획　부수 宀　급수 7급

女 여자 여 ＋ 宀 집 면

여자(女)는 집(宀) 안에 있어야 비로소 안전하고 편안하다는 발상에서 비롯된 글자이다.

☐ 安全 안전　　☐ 安樂死 안락사　　☐ 便安 편안

104l

案 案 案 案 案 案 案 案 案 案

책상 **안**

총획 10획　부수 木　급수 5급

安 편안 안 ＋ 木 나무 목

편안히(安) 생각할 수 있도록 해 주는 나무(木) 책상을 가리킨다.

☐ 案件 안건　　☐ 案內 안내　　☐ 答案 답안

104m

宴 宴 宴 宴 宴 宴 宴 宴 宴 宴

잔치 **연**

총획 10획　부수 宀　급수 3급

安 편안 안 ＋ 日 해 일

결혼할 여자(女)를 집(宀)으로 데리고 오는 날(日)에 열리는 '잔치'를 뜻한다.

☐ 宴會 연회　　☐ 饗宴 향연　　☐ 披露宴 피로연

女(4)

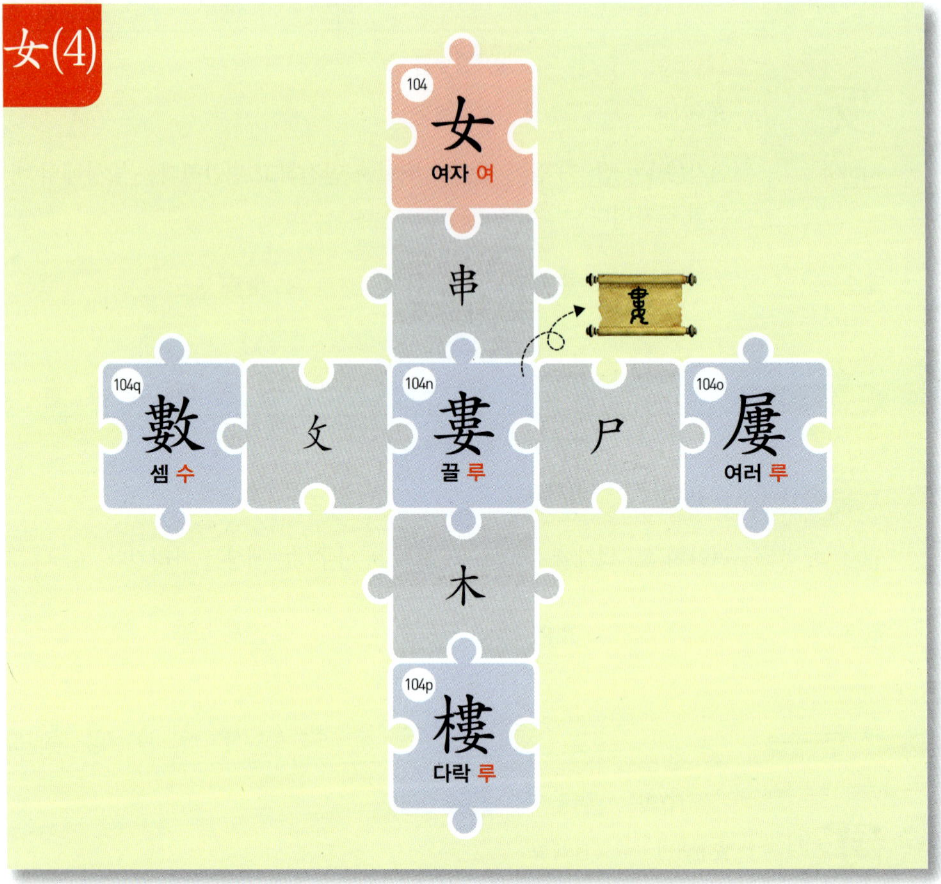

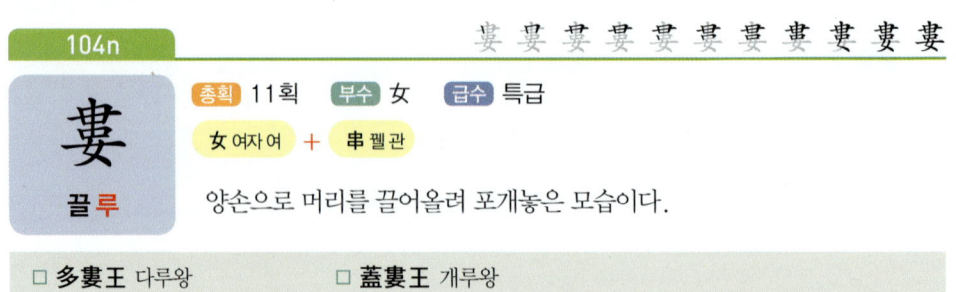

104n	총획 11획　부수 女　급수 특급
婁 끌 루	女 여자 여 + 串 꿸 관 양손으로 머리를 끌어올려 포개놓은 모습이다.

□ 多婁王 다루왕　　□ 蓋婁王 개루왕

104o 屢 여러 루

- 총획 14획
- 부수 尸
- 급수 3급

婁끌루 + 尸주검시

포개진 여인의 머리를 본뜬 글자(婁)에 집(尸)을 겹쳐 '여러, 자루' 등을 뜻한다.

- □ 屢屢 누누(히)
- □ 屢次 누차

104p 樓 다락 루

- 총획 15획
- 부수 木
- 급수 3급

婁끌루 + 木나무목

건물(木)의 꼭대기에 포개져(婁) 있는 다락을 가리킨다.

- □ 樓閣 누각
- □ 望樓 망루
- □ 蜃氣樓 신기루

104q 數 셈 수

- 총획 15획
- 부수 攵
- 급수 7급

婁끌루 + 攵칠복

머리(婁→米) 위에 많은 물건을 이고 옮기는 여자(女)들의 모습을 본뜬 글자이다.

감독관이 매(攵)를 들고 여자들이 몇 자루를 이고(婁) 나르는지 '하나, 둘' 세어 가며 확인하는 모습에서 '세다, 헤아리다'의 뜻이 파생되었다.

- □ 數學 수학
- □ 數值 수치
- □ 多數 다수

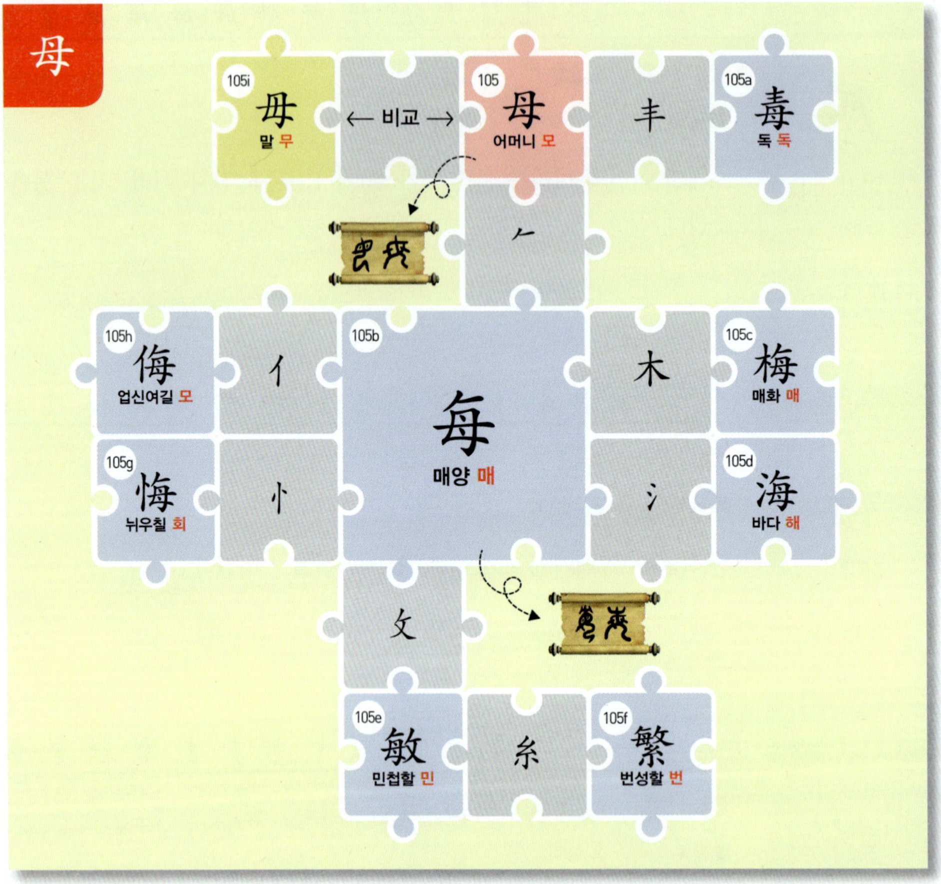

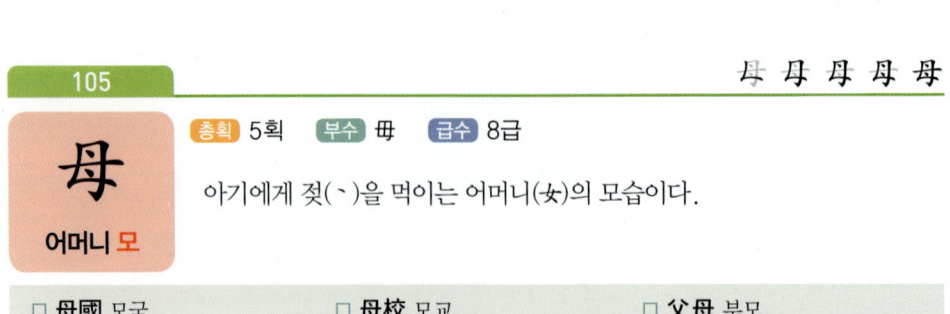

105

母
어머니 모

총획 5획　부수 母　급수 8급

아기에게 젖(丶)을 먹이는 어머니(女)의 모습이다.

母 母 母 母 母

☐ 母國 모국　　☐ 母校 모교　　☐ 父母 부모

사람 | 사람 | 신분

105a

毒 毒 毒 毒 毒 毒 毒 毒 毒

독 독

총획 9획 부수 母 급수 4급   母 어머니 모 + 丰 예쁠 봉

산모(母)에겐 약초(丰)가 독이 될 수도 있다.

| 예쁠 봉(丰) 자는 초목이 우거진 모습을 본뜬 글자로 '풀, 약초'로 풀이하였다.

□ 毒藥 독약   □ 毒舌 독설   □ 解毒 해독

105b

每 每 每 每 每 每 每

매양 매

총획 7획 부수 母 급수 7급   母 어머니 모 + ⺈ 사람 인

항상 비녀(⺈)를 꽂고 있는 어머니(母)의 모습이다.

□ 每日 매일   □ 每週 매주   □ 每年 매년

105c

梅 梅 梅 梅 梅 梅 梅 梅 梅 梅

매화 매

총획 11획 부수 木 급수 3급   每 매양 매 + 木 나무 목

머리(⺈)를 단장한(每) 것처럼 꽃으로 뒤덮인 매화나무(木)를 가리킨다.

□ 梅花 매화   □ 梅實 매실   □ 雪中梅 설중매

105d

海 海 海 海 海 海 海 海 海

바다 해

총획 10획 부수 氵 급수 7급   每 매양 매 + 氵 물 수

늘(每) 한결같은 수위(氵)를 유지하는 바다를 뜻한다.

□ 海岸 해안   □ 海風 해풍   □ 海水浴 해수욕

105e

敏 敏 敏 敏 敏 敏 敏 敏 敏

민첩할 민

총획 11획 부수 攵 급수 3급   每 매양 매 + 攵 칠 복

종을 때려가며(攵) 머리(每) 단장을 서두르게 하는 모습에서 '재빠르다, 민첩하다'를 뜻하게 되었다.

□ 敏捷 민첩   □ 敏感 민감   □ 銳敏 예민

105f

繁 繁 繁 繁 繁 繁 繁 繁 繁 繁 繁 繁 繁 繁 繁

繁
번성할 **번**

- 총획 17획　부수 糸　급수 3급　敏 민첩할 민　+　糸 가는실 멱

머리(敏)에 장식을 주렁주렁 매달고(糸) 가는 성대한 잔치의 모습에서 '번성하다'의 뜻이 있다.

- □ 繁華街 번화가　　□ 繁殖 번식　　□ 頻繁 빈번

105g

悔 悔 悔 悔 悔 悔 悔 悔 悔 悔

悔
뉘우칠 **회**

- 총획 10획　부수 忄　급수 3급　每 매양 매　+　忄 마음 심

잘못이 늘(每) 마음(忄)에 걸려 뉘우치는 모습이다.

- □ 悔恨 회한　　□ 後悔 후회　　□ 懺悔 참회

105h

侮 侮 侮 侮 侮 侮 侮 侮 侮

侮
업신여길 **모**

- 총획 9획　부수 亻　급수 3급　每 매양 매　+　亻 사람 인

한결같이(每) 발전하지 않는 사람(亻)을 업신여기는 것을 뜻한다.

- □ 侮辱 모욕　　□ 侮蔑 모멸　　□ 受侮 수모

105i

毋 毋 毋 毋

毋
말 **무**

- 총획 4획　부수 毋　급수 1급

함부로 만지지 말아야 할 여성(女)의 신체 부위를 가슴가리개(一)를 통해 강조한 글자이다.

- □ 毋論 무론(물론)　　□ 毋望之人 무망지인

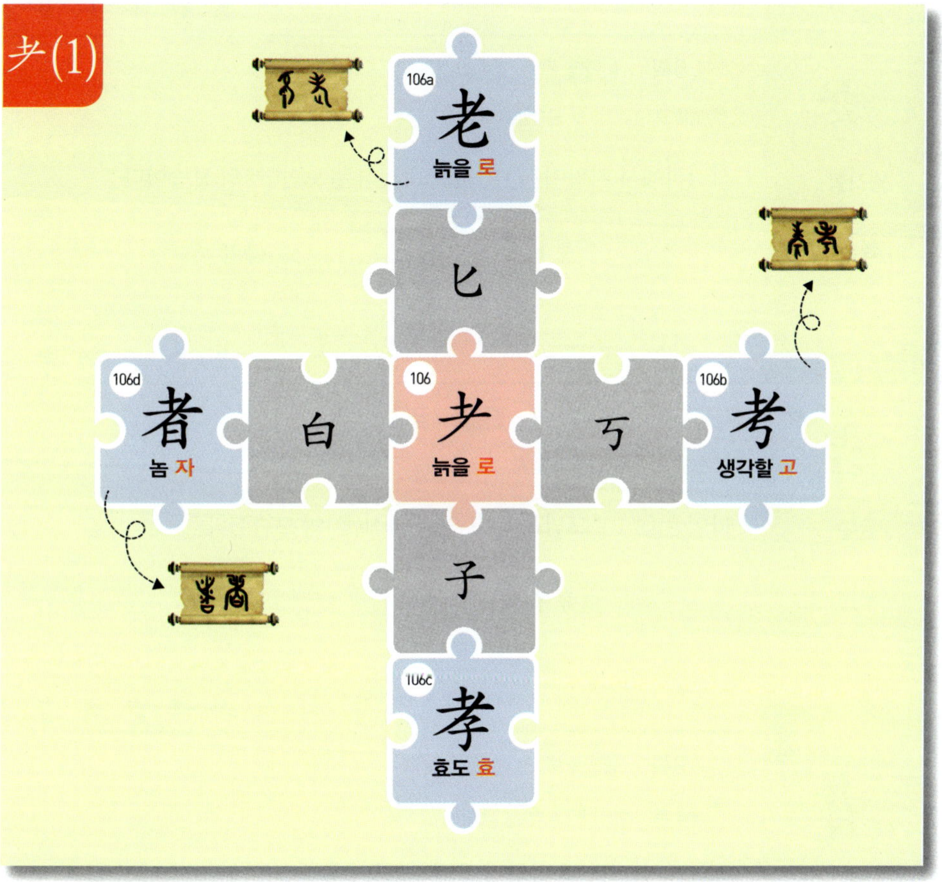

사람 | 사람 | 신분

耂(1)

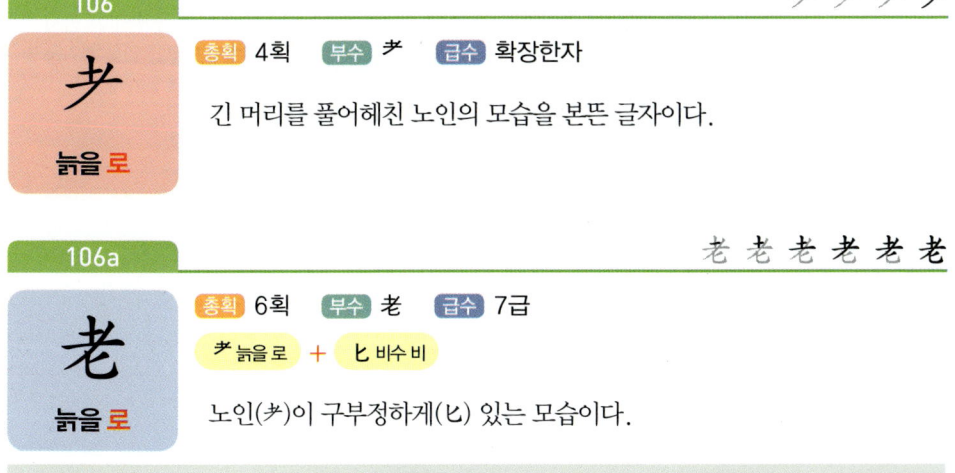

106	
耂 늙을 로	총획 4획　부수 耂　급수 확장한자 긴 머리를 풀어헤친 노인의 모습을 본뜬 글자이다.

耂 耂 耂 耂

106a	
老 늙을 로	총획 6획　부수 老　급수 7급 耂 늙을로 + 匕 비수비 노인(耂)이 구부정하게(匕) 있는 모습이다.

老 老 老 老 老 老

□ 老人 노인　　□ 老總角 노총각　　□ 老處女 노처녀

317

106b

考 생각할 고

- 총획 6획
- 부수 耂
- 급수 5급

耂 늙을로 + 丂 공교할교

사거리에서 지팡이(丂)를 짚고 고민하는 노인(耂)의 모습이다.

- □ 考察 고찰
- □ 思考 사고
- □ 備考 비고

106c

孝 효도 효

- 총획 7획
- 부수 子
- 급수 7급

耂 늙을로 + 子 아들자

나이 든(耂) 부모님을 업고 있는 자식(子)의 모습이다.

- □ 孝道 효도
- □ 孝子 효자
- □ 不孝 불효

106d

者 놈 자

- 총획 9획
- 부수 耂
- 급수 6급

耂 늙을로 + 白 흰백

제물을 삶거나 요리하기 위해 아궁이에 불을 때는 모습에서 삶고 있는 고기나 사냥감 혹은 잡혀 온 포로의 뜻을 갖게 되었다.

놈 자(者) 자의 윗부분과 늙을 로(耂) 자의 꼴은 똑같지만 서로 아무 관련이 없다. 단지 현재의 글자꼴만 같을 뿐이다. 따라서 편의상 늙을 로(耂) 자 편에서 다루고 있을 뿐임을 밝혀둔다.

- □ 或者 혹자
- □ 記者 기자
- □ 患者 환자

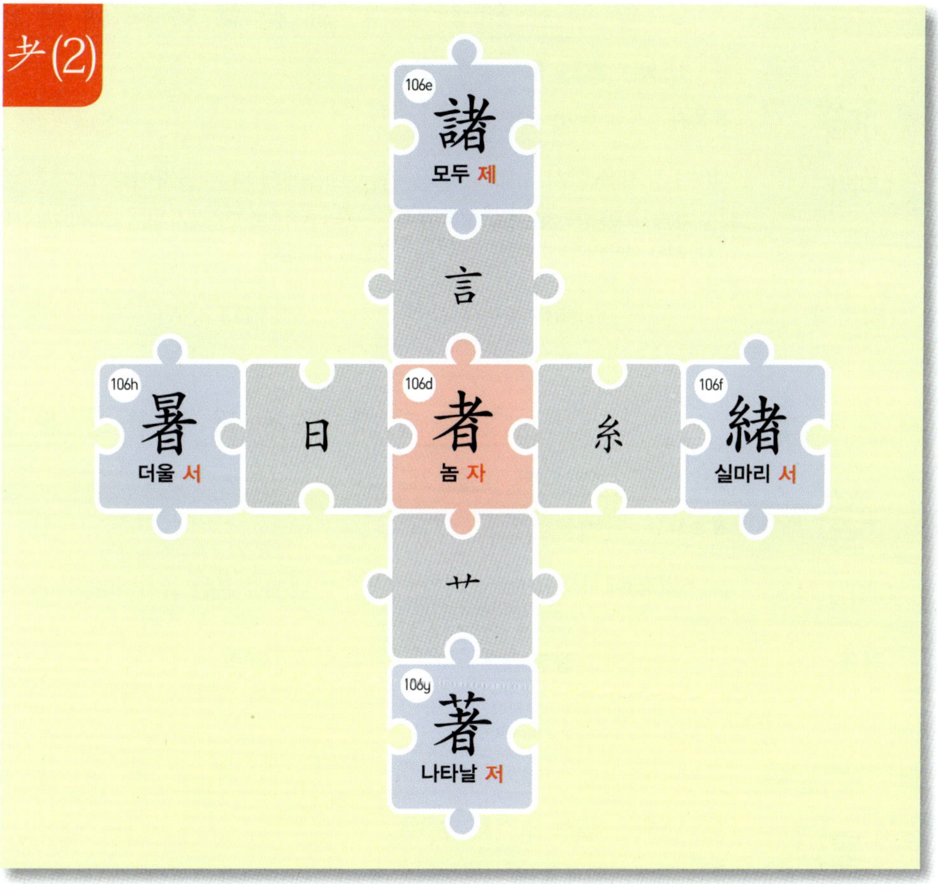

사람 | 사람 | 신분

耂(2)

| 106e 諸 모두 제 |
| 106h 暑 더울 서 | 日 | 106d 者 놈 자 | 糸 | 106f 緒 실마리 서 |
| 艹 |
| 106y 著 나타날 저 |

106

106e 諸 모두 제

총획 16획 **부수** 言 **급수** 3급

者 놈 자 + 言 말씀 언

모두에게 잔치(者)에 초대하는 말(言)을 전하는 모습이다.

| 놈 자(者) 자가 요리하는 모습에서 따온 글자이므로 '잔치, 제사, 제물' 등으로 풀이하였다.

□ 諸島 제도   □ 諸君 제군   □ 諸般 제반

319

106f

緒 緒 緒 緒 緒 緒 緒 緒 緒 緒 緒 緒

緒 실마리 서

- 총획 15획
- 부수 糸
- 급수 3급

者 놈자 + 糸 가는실멱

실(糸) 뭉치를 단서로 범인(者)을 쫓는 모습에서 나온 글자이다.

놈 자(者) 자가 요리하는 모습 또는 잡혀 온 포로나 짐승의 모습에서 따온 글자이므로 '잔치, 제사, 제물' 외에도 '범인, 죄수' 등의 뜻으로 해석한다.

☐ 端緒 단서　　☐ 頭緒 두서　　☐ 情緒 정서

106g

著 著 著 著 著 著 著 著 著 著 著 著

著 나타날 저

- 총획 13획
- 부수 艹
- 급수 3급

者 놈자 + 艹 풀초

솥단지(者)에서 올라오는 김(艹)이나 음식 냄새를 본뜬 글자이다.

☐ 著書 저서　　☐ 著者 저자　　☐ 顯著 현저

106h

暑 暑 暑 暑 暑 暑 暑 暑 暑 暑 暑 暑

暑 더울 서

- 총획 13획
- 부수 日
- 급수 3급

者 놈자 + 日 해일

뜨거운 태양(日) 아래서 음식을 삶거나 찌고(者) 있는 모습이다.

☐ 避暑 피서　　☐ 酷暑 혹서　　☐ 處暑 처서

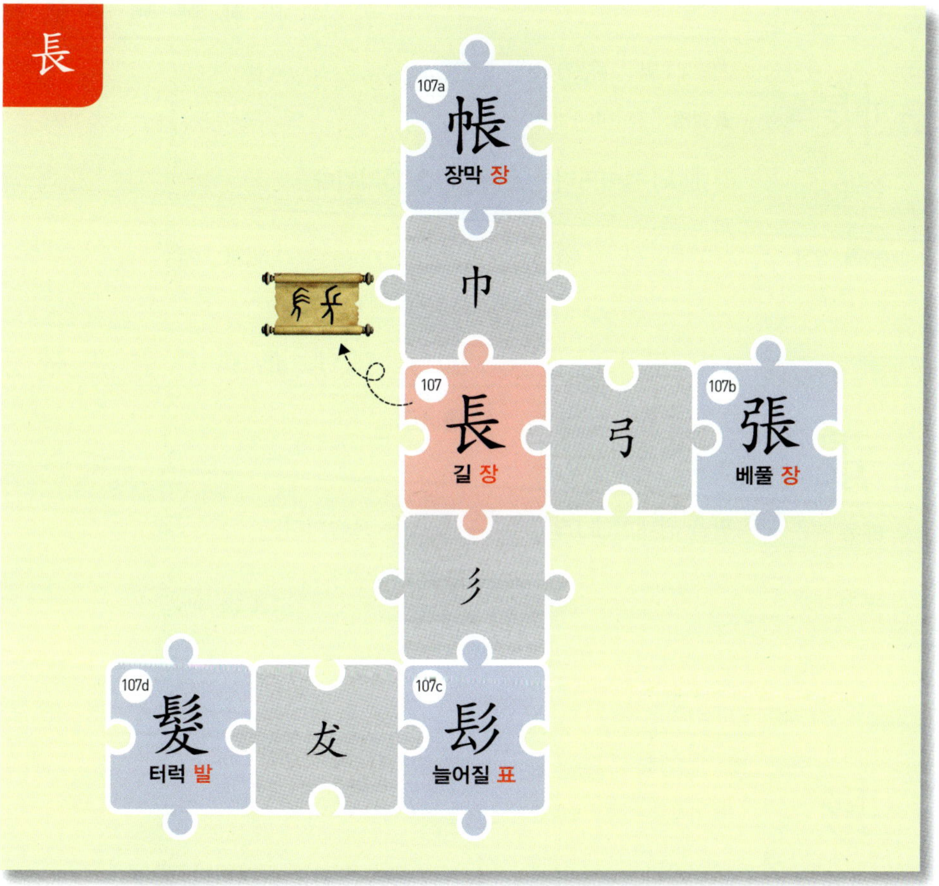

사람 | 사람 | 신분

長

| 107a 帳 장막 장 |
| 巾 |
| 107 長 길 장 | 弓 | 107b 張 베풀 장 |
| 彡 |
| 107d 髮 터럭 발 | 犮 | 107c 髟 늘어질 표 |

107

長 길 장

- 총획 8획
- 부수 長
- 급수 8급

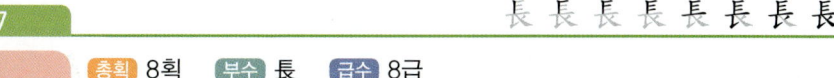

머리카락을 길게 풀어헤친 노인의 모습을 본뜬 글자이다.

長(장) 자는 '길다'가 본뜻이지만 머리가 긴 노인의 모습을 본뜬 글자이므로 '노인'의 뜻으로도 사용되며, '길다'와 연관이 있는 '최대한, 부풀다, 크다' 등의 뜻으로도 사용된다.

☐ 長壽 장수 ☐ 長身 장신 ☐ 長年 장년

107a

帳 帳 帳 帳 帳 帳 帳 帳 帳 帳 帳

帳
장막 **장**

- 총획 11획
- 부수 巾
- 급수 4급
- 長 길 장 + 巾 수건 건

길게(長) 늘어뜨려 놓은 천(巾)을 가리킨다.

- ☐ 帳幕 장막
- ☐ 帳簿 장부
- ☐ 記帳 기장

107b

張 張 張 張 張 張 張 張 張 張 張

張
베풀 **장**

- 총획 11획
- 부수 弓
- 급수 4급
- 長 길 장 + 弓 활 궁

팔을 최대한(長) 벌려 활(弓)을 쏘는 모습이다.

- ☐ 張力 장력
- ☐ 誇張 과장
- ☐ 主張 주장

107c

髟 髟 髟 髟 髟 髟 髟 髟 髟 髟

髟
늘어질 **표**

- 총획 10획
- 부수 髟
- 급수 확장한자
- 長 길 장 + 彡 터럭 삼

머리카락(彡)이 길게(長) 늘어진 모습을 본뜬 글자이다.

107d

髮 髮 髮 髮 髮 髮 髮 髮 髮 髮 髮 髮

髮
터럭 **발**

- 총획 15획
- 부수 髟
- 급수 4급
- 髟 늘어질 표 + 犮 달릴 발

긴 털(髟)을 휘날리며 꽁지(丿)가 빠져라 달아나는(犮) 개(犬)를 본뜬 모습이다.

- ☐ 理髮 이발
- ☐ 毛髮 모발
- ☐ 假髮 가발

사람 | 사람 | 신분

士(1)

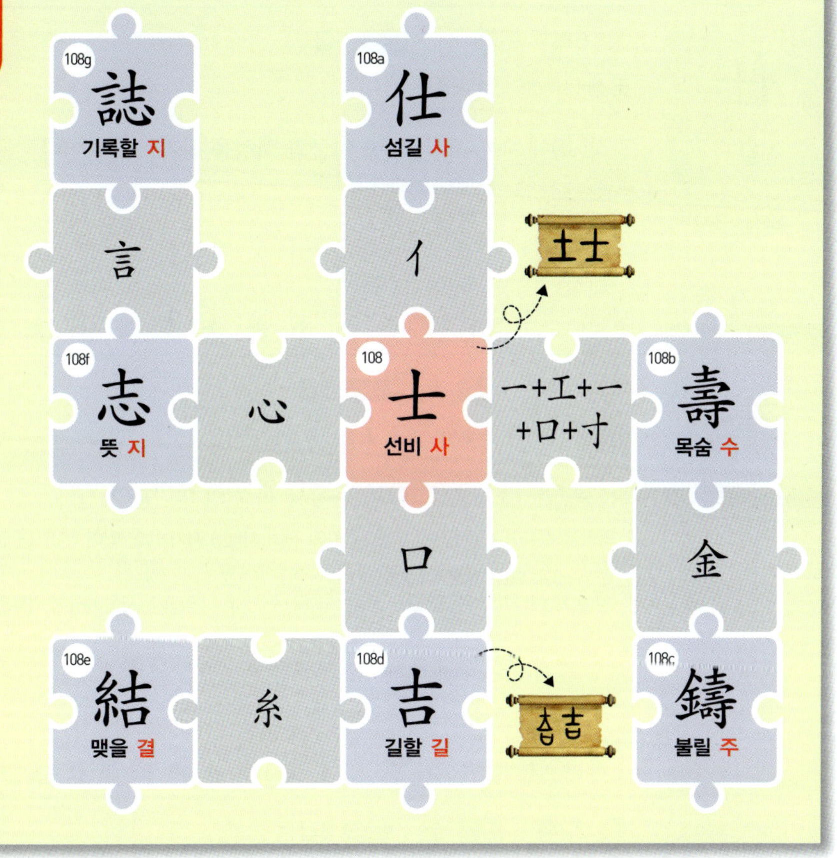

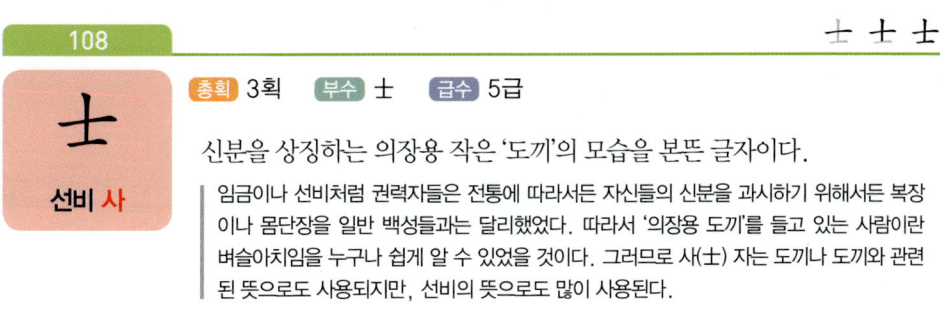

- 108g 誌 기록할 지
- 言
- 108a 仕 섬길 사
- 亻
- 108 士 선비 사
- 一+工+一+口+寸
- 108b 壽 목숨 수
- 108f 志 뜻 지
- 心
- 口
- 金
- 108e 結 맺을 결
- 糸
- 108d 吉 길할 길
- 108c 鑄 불릴 주

108

士 선비 사

士 士 士

총획 3획　**부수** 士　**급수** 5급

신분을 상징하는 의장용 작은 '도끼'의 모습을 본뜬 글자이다.

임금이나 선비처럼 권력자들은 전통에 따라서든 자신들의 신분을 과시하기 위해서든 복장이나 몸단장을 일반 백성들과는 달리했었다. 따라서 '의장용 도끼'를 들고 있는 사람이란 벼슬아치임을 누구나 쉽게 알 수 있었을 것이다. 그러므로 사(士) 자는 도끼나 도끼와 관련된 뜻으로도 사용되지만, 선비의 뜻으로도 많이 사용된다.

□ 士農工商 사농공상　　□ 紳士 신사　　□ 武士 무사

108a

仕 仕 仕 仕 仕

仕
섬길 **사**

- 총획 5획
- 부수 亻
- 급수 5급

士 선비 사 + 亻 사람 인

관직(士)에 오른 사람(亻)이 임금과 백성을 섬기는 모습이다.

□ 給仕 급사   □ 奉仕 봉사

108b

壽 壽 壽 壽 壽 壽 壽 壽 壽 壽 壽 壽

壽
목숨 **수**

- 총획 14획
- 부수 士
- 급수 3급

士 선비 사 + 一 한 일 + 工 장인 공 + 一 한 일 + 口 입 구 + 寸 마디 촌

늙도록(老→士) 장수한다는 뜻에서 '목숨'의 의미를 가진다.

| 의미상으로는 아무 관련이 없지만 글자에 선비 사(士) 자가 들어 있어 선비 사(士) 편에서 다루고 있는 것뿐이다.
| '사(士)일(一)이와 공(工)일(一)이는 구(口)촌(寸)이다'라고 파자풀이하여 외우면 좋다.

□ 壽命 수명   □ 萬壽無疆 만수무강   □ 天壽 천수

108c

鑄 鑄 鑄 鑄 鑄 鑄 鑄 鑄 鑄 鑄 鑄 鑄 鑄 鑄 鑄 鑄

鑄
불릴 **주**

- 총획 22획
- 부수 金
- 급수 3급

壽 목숨 수 + 金 쇠 금

쇠(金)를 불려 물건을 만드는 모습을 본뜬 글자이다.

□ 鑄造 주조   □ 鑄貨 주화   □ 鑄物 주물

108d

吉 吉 吉 吉 吉 吉

吉
길할 **길**

- 총획 6획
- 부수 口
- 급수 5급

士 선비 사 + 口 입 구

전쟁이 없어 받침대(口) 위에 놓인 도끼(士)가 썩을 정도로 평화로우니 길함을 뜻한다.

□ 吉日 길일   □ 吉凶禍福 길흉화복   □ 立春大吉 입춘대길

사람 | 사람 | 신분

108e

맺을 **결**

結結結結結結結結結結

- 총획 12획
- 부수 糸
- 급수 5급

吉 길할 길 + 糸 가는실 멱

전쟁(吉)을 끝내고 평화협정 맺는(糸) 것을 본뜬 글자이다.

실(糸)의 특징 중에 '이어주고 묶어주는' 역할이 있으므로 실 사(糸) 자를 '맺다'로 풀이하였다. 또, 길할 길(吉) 자가 받침대 위에 놓여 있는 도끼를 본뜬 글자이고, 도끼는 전쟁 무기이므로 '전쟁'으로 풀이하였다.

- ☐ 結束 결속
- ☐ 締結 체결
- ☐ 團結 단결

108f

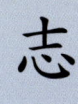
뜻 **지**

志志志志志志志

- 총획 7획
- 부수 心
- 급수 4급

士 선비 사 + 心 마음 심

마음(心)이 향하는(止→士) 곳이라 하여 '뜻'의 의미를 가진다.

- ☐ 志向 지향
- ☐ 志願 지원
- ☐ 意志 의지

108g

기록할 **지**

誌誌誌誌誌誌誌誌誌誌誌

- 총획 14획
- 부수 言
- 급수 4급

志 뜻 지 + 言 말씀 언

뜻(志) 깊은 말(言)을 기록하다.

- ☐ 誌上 지상
- ☐ 誌面 지면
- ☐ 雜誌 잡지

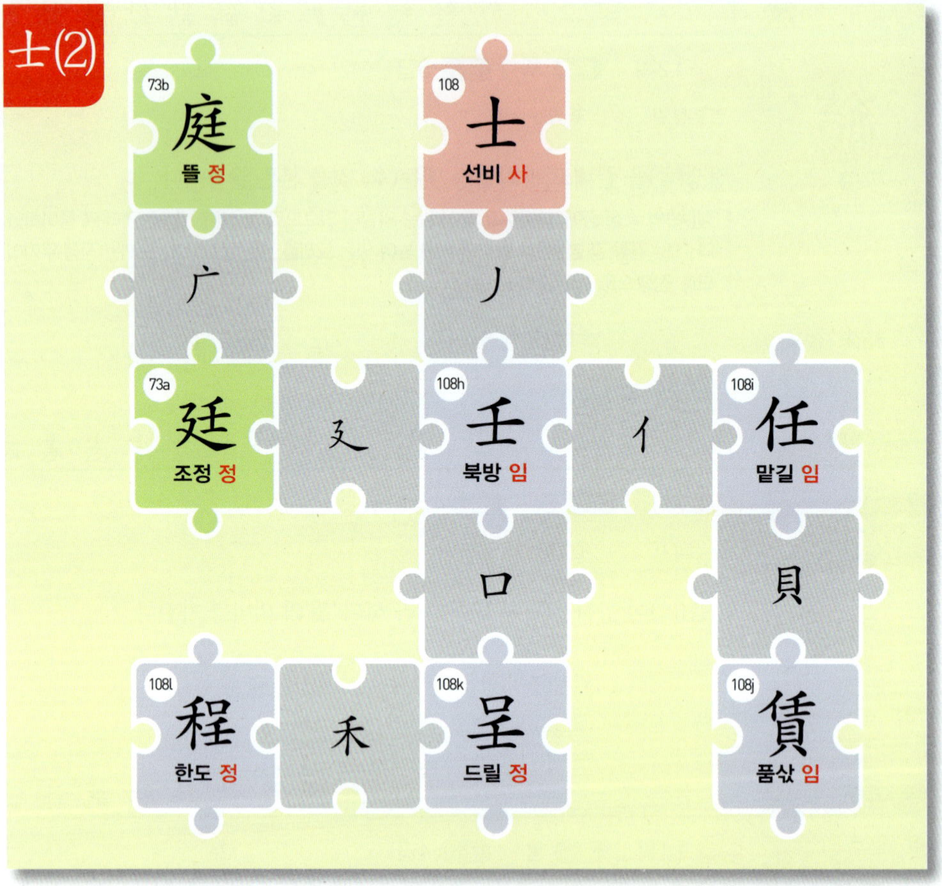

士(2)

108

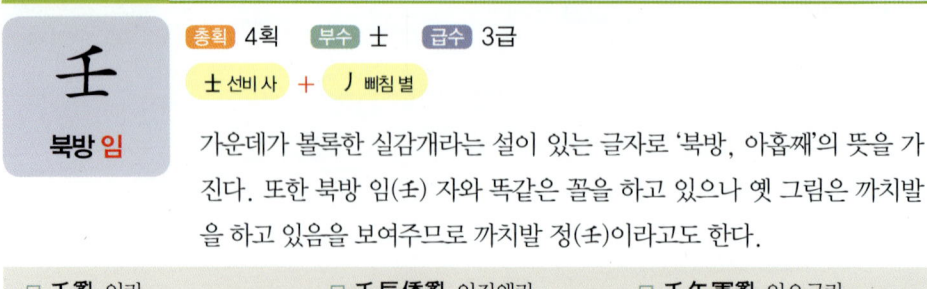

108h

壬 壬 壬 壬

壬
북방 임

- 총획 4획
- 부수 士
- 급수 3급

士 선비 사 + ノ 삐침 별

가운데가 볼록한 실감개라는 설이 있는 글자로 '북방, 아홉째'의 뜻을 가진다. 또한 북방 임(壬) 자와 똑같은 꼴을 하고 있으나 옛 그림은 까치발을 하고 있음을 보여주므로 까치발 정(壬)이라고도 한다.

□ 壬亂 임란   □ 壬辰倭亂 임진왜란   □ 壬午軍亂 임오군란

사람 | 사람 | 신분

108i

任任任任任任

任
맡길 **임**

- 총획 6획
- 부수 亻
- 급수 5급
- 壬 북방 임 + 亻 사람 인

사람(亻)이 공구(壬)를 들고 맡겨진 일을 하는 모습이다.

- □ 任務 임무
- □ 所任 소임
- □ 責任 책임

108j

賃賃賃賃賃賃賃賃賃賃賃

賃
품삯 **임**

- 총획 13획
- 부수 貝
- 급수 3급
- 任 맡길 임 + 貝 조개 패

맡겨진(任) 일을 하고 받는 돈(貝)을 가리킨다.

- □ 賃金 임금
- □ 賃借人 임차인
- □ 運賃 운임

108k

呈呈呈呈呈呈呈

呈
드릴 **정**

- 총획 7획
- 부수 口
- 급수 2급
- 壬 북방 임 + 口 입 구

까치발(壬)을 하고 신께 감사의 말(口)을 드리는 장면이다.

- □ 贈呈 증정
- □ 拜呈 배정
- □ 謹呈 근정

108l

程程程程程程程程程程程

程
한도 **정**

- 총획 12획
- 부수 禾
- 급수 4급
- 呈 드릴 정 + 禾 벼 화

세금으로 바치던(呈) 곡식(禾)을 자루에 퍼 담아 분류하는 모습에서 만들어진 글자이다.

- □ 程度 정도
- □ 過程 과정
- □ 日程 일정

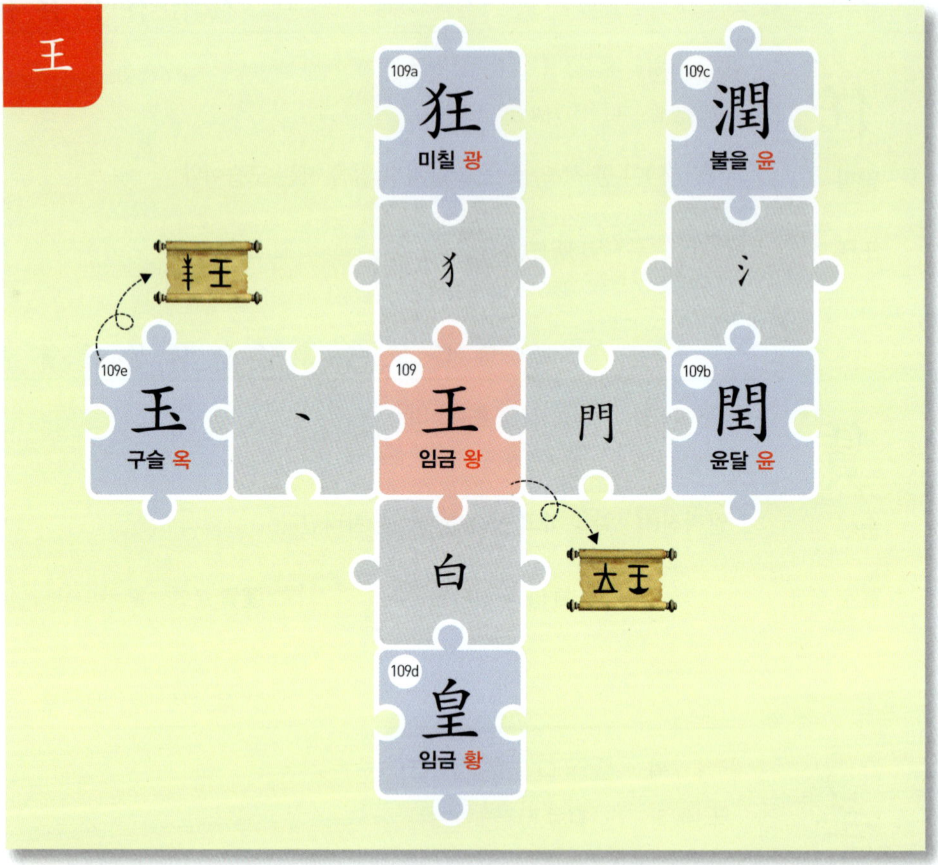

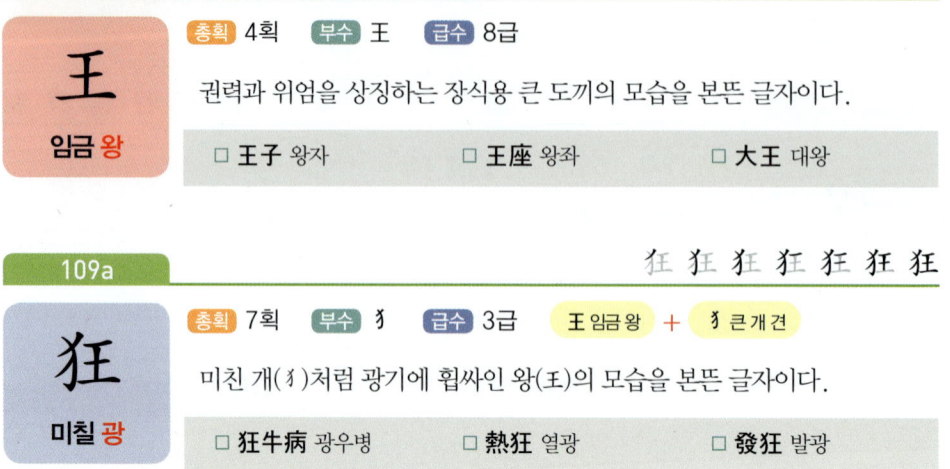

109				玉 玉 玉 王
王 임금 왕	총획 4획	부수 王	급수 8급	
	권력과 위엄을 상징하는 장식용 큰 도끼의 모습을 본뜬 글자이다.			
	□ 王子 왕자	□ 王座 왕좌	□ 大王 대왕	

109a				狂 狂 狂 狂 狂 狂 狂
狂 미칠 광	총획 7획	부수 犭	급수 3급	王 임금 왕 + 犭 큰 개 견
	미친 개(犭)처럼 광기에 휩싸인 왕(王)의 모습을 본뜬 글자이다.			
	□ 狂牛病 광우병	□ 熱狂 열광	□ 發狂 발광	

109b 閏 윤달 윤

- 총획 12획
- 부수 門
- 급수 3급
- 王 임금 왕 + 門 문 문

왕(王)이 궁(門) 앞에서 백성들에게 선을 베풀 만큼 좋은 계절, 좋은 달로 여기던 윤달을 뜻한다.

윤달에는 송장을 거꾸로 세워도 탈이 없다는 속담이 있을 정도로 탈이 없는 좋은 달로 보았기에 산소를 이장하거나 이사, 결혼과 같은 중요한 대소사를 특히 윤달에 많이 치렀다.

- ☐ 閏年 윤년
- ☐ 閏月 윤월

109c 潤 불을 윤

- 총획 15획
- 부수 氵
- 급수 3급
- 閏 윤달 윤 + 氵 물 수

'윤택하다'의 뜻을 갖는 글자가 윤달로만 쓰이자 물 수(氵) 자를 더하여 풍족함을 강조했다.

- ☐ 潤澤 윤택
- ☐ 潤滑油 윤활유

109d 皇 임금 황

- 총획 9획
- 부수 白
- 급수 3급
- 王 임금 왕 + 白 흰 백

화려한 관(白)을 쓴 왕(王)의 모습을 나타낸다.

- ☐ 皇帝 황제
- ☐ 皇后 황후
- ☐ 皇室 황실

109e 玉 구슬 옥

- 총획 5획
- 부수 玉
- 급수 4급
- 王 임금 왕 + 丶 점 주

옛 글자가 임금 왕(王) 자와 비슷해 혼돈을 가져오자 점 주(丶) 자를 더하여 구슬(王)을 서로 엮은(丶) 모습을 강조해 차이를 둔 글자이다.

- ☐ 玉石 옥석
- ☐ 玉篇 옥편
- ☐ 珠玉 주옥

전쟁 (110~132)

고대인들의 삶에 가장 강력한 영향을 주었던 것은 생존이 걸린 전쟁이었을 것이다.

1. 전쟁을 수행하기 위해서 필요한 것 중 하나는 **무기**이다. 활, 창, 도끼, 칼, 방패를 본떠 만든 기본 한자에 대해서 알아보자.
2. 원활한 물자 지원 없이 전쟁에서 이길 수는 없다. **운송 수단**인 수레와 배를 의미하는 기본 한자들이 어떻게 발전해 나가는지 살펴보자.
3. 고대에는 전쟁에 나갈 때에는 반드시 신에게 **의식**을 올렸다. 제단에서 제사를 드리는 행위와 점을 치는 행위를 나타내는 기본 한자들이 흥미를 더할 것이다.

삶 (110~194)

필수품 (133~180)

동서고금을 막론하고 사람이 삶을 살아가는데 가장 필수적인 세 가지 요소는 '의·식·주'이다.

1. 필수품인 옷을 만들기 위해서는 천이 있어야 하고, 천을 만들기 위해서는 실이 필요한 이런 일련의 과정이 기본 한자에 나타나 있다. 또 천을 염색해 옷을 지어 입었으므로 색을 나디내는 글자들도 살펴보게 될 것이다.
2. 밥그릇에 덮개가 덮힌 모습의 食자부터 주식인 쌀, 쌀을 도정하기 전의 벼, 중국음식에 많이 사용되는 콩에 이르기까지 음식과 관련된 기본 한자를 알 수 있다.
3. 집의 형태에 따라 생성된 한자, 문의 모양에 따라 만들어진 한자, 경사진 절벽에 굴을 파고 살았던 것에 기인한 언덕과 관련된 한자 등 사람들의 주거 형태와 관련된 한자에 대해 생각해 보자.

농업 (181~194)

농업은 생존에 가장 기본적으로 필요한 식량을 생산하는 직업으로, 인류의 발전 과정에서 떼놓을 수 없는 관계를 형성해 왔다.

1. 농업의 바탕이라 할 수 있는 농경지와 그와 관련된 흙과 밭, 그리고 고대에는 산림이나 초원을 불태워 농경지로 만들었으므로 불과 관련된 글자도 여기에서 다룬다.
2. 농사를 짓기 위해서는 밭을 가는 쟁기와 같은 농기구가 필요하였다.
3. 농산물을 수확하면 그것을 담는 용기가 필요하다. 술병, 계량용기, 그물, 망태기, 덮개 등과 관련된 다양한 기본 한자들을 학습할 수 있다.

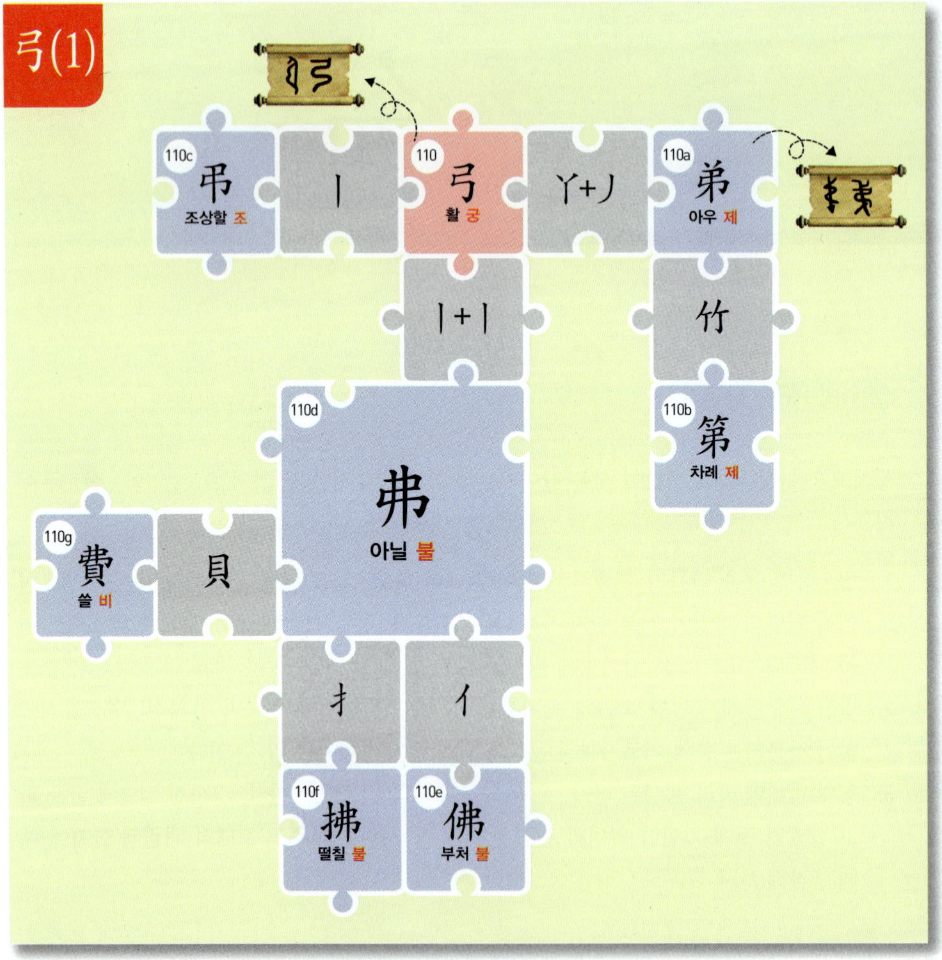

삶 | 전쟁 | 무기

弓(1)

| 110c 弔 조상할 조 | ㅣ | 110 弓 활 궁 | Y+丿 | 110a 弟 아우 제 |

| | | ㅣ+ㅣ | | 竹 |
| | | | | 110b 第 차례 제 |

110g 費 쓸 비 | 貝 | 110d 弗 아닐 불 |

| 扌 | 亻 |
| 110f 拂 떨칠 불 | 110e 佛 부처 불 |

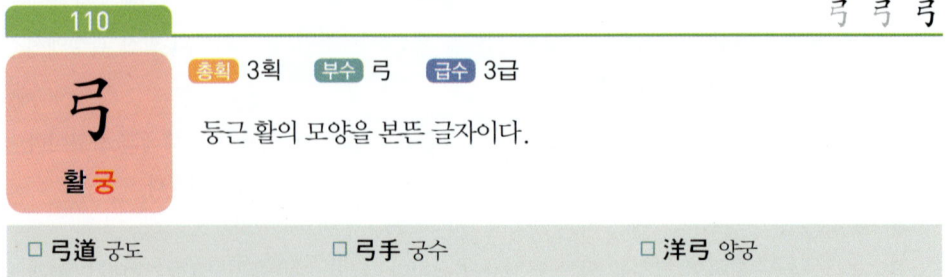

110 弓 활 궁

총획 3획 **부수** 弓 **급수** 3급

弓 弓 弓

둥근 활의 모양을 본뜬 글자이다.

□ 弓道 궁도   □ 弓手 궁수   □ 洋弓 양궁

110a

弟 弟 弟 弟 弟 弟 弟

弟 아우 제

| 총획 7획 | 부수 弓 | 급수 8급 |

弓 활궁 + Y 가닥 아 + ノ 삐침 별

활(弓)줄을 몸(Y)에다 칭칭(ノ) 감고 노는 어린 아이들의 모습에서 '아우'의 뜻으로 발전했다.

- 兄弟 형제
- 弟子 제자
- 師弟 사제

110b

第 第 第 第 第 第 第 第 第 第

第 차례 제

| 총획 11획 | 부수 竹 | 급수 8급 |

弟 아우 제 + 竹 대 죽

대나무(竹)를 순서대로 엮어(弟) 책을 만드는 모습에서 '차례'의 뜻이 생겨났다.

- 第一 제일
- 落第 낙제
- 及第 급제

110c

弔 弔 弔 弔

弔 조상할 조

| 총획 4획 | 부수 弓 | 급수 3급 |

弓 활궁 + ㅣ 뚫을 곤

화살(弓)처럼 혼이 사람(ㅣ)의 몸에서 빠져나가는 모습에서 '죽음'을 뜻하게 되었다.

- 弔問 조문
- 弔意 조의
- 謹弔 근조

110d

弗 弗 弗 弗 弗

弗 아닐 불

| 총획 5획 | 부수 弓 | 급수 2급 |

弓 활궁 + ㅣ 뚫을 곤 + ㅣ 뚫을 곤

물건(ㅣㅣ)을 꽁꽁 묶어(弓) 쓸 수 없게 해 놓은 모습을 본뜬 글자이다.

- 美弗 미불(달러)
- 弗素 불소

110e

佛 佛 佛 佛 佛 佛

佛 부처 불

- 총획 7획
- 부수 亻
- 급수 4급
- 弗 아닐 불 + 亻 사람 인

사람(亻)의 얼굴을 하고 있지만 사람이 아닌(弗) 부처가 된 모습이다.

- ☐ 佛敎 불교
- ☐ 佛經 불경
- ☐ 成佛 성불

110f

拂 拂 拂 拂 拂 拂 拂 拂

拂 떨칠 불

- 총획 8획
- 부수 扌
- 급수 3급
- 弗 아닐 불 + 扌 손 수

묶어(弗) 놓은 것을 손(扌)으로 떼어내는 모습이다.

- ☐ 支拂 지불
- ☐ 滯拂 체불
- ☐ 換拂 환불

110g

費 費 費 費 費 費 費 費 費 費

費 쓸 비

- 총획 12획
- 부수 貝
- 급수 5급
- 弗 아닐 불 + 貝 조개 패

재물(貝)을 묶어두었다(弗)는 것은 허튼 데 사용치 말고 귀하게 사용하라는 뜻이다.

- ☐ 費用 비용
- ☐ 消費 소비
- ☐ 浪費 낭비

110

弓(2)

110h
弘
클 홍
厶
107b
張
베풀 장
長
110
弓
활 궁
丨
110i
引
끌 인
身
110k
窮
다할/궁할 궁
穴
110j
躬
몸 궁

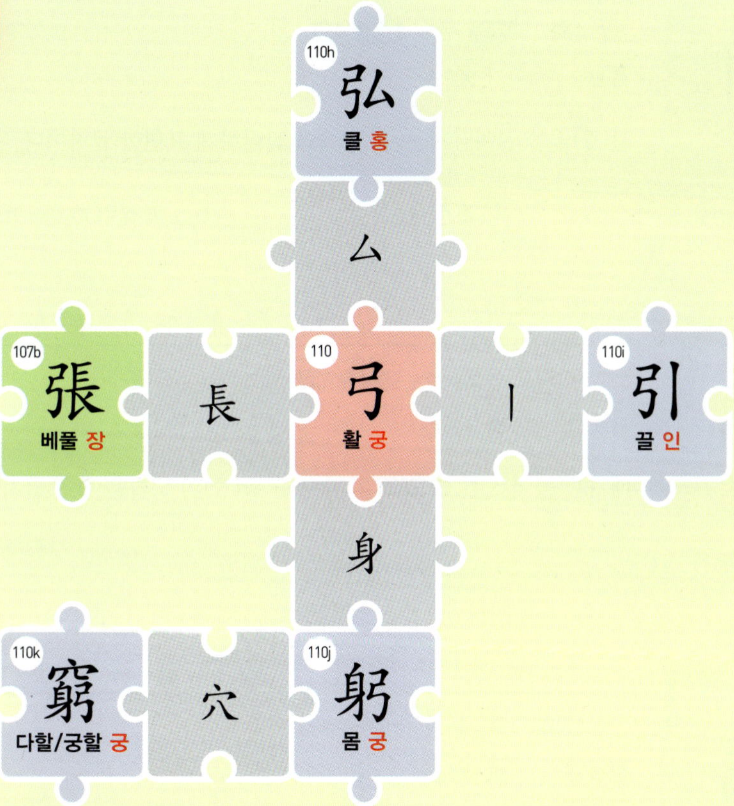

110

110h

弘 弘 弘 弘 弘

弘
클 홍

총획 5획 부수 弓 급수 3급

弓 활궁 + 厶 사사 사

활(弓)줄을 당겼을 때 생기는 양팔 사이의 넓고 큰 공간(厶)을 가리킨다.

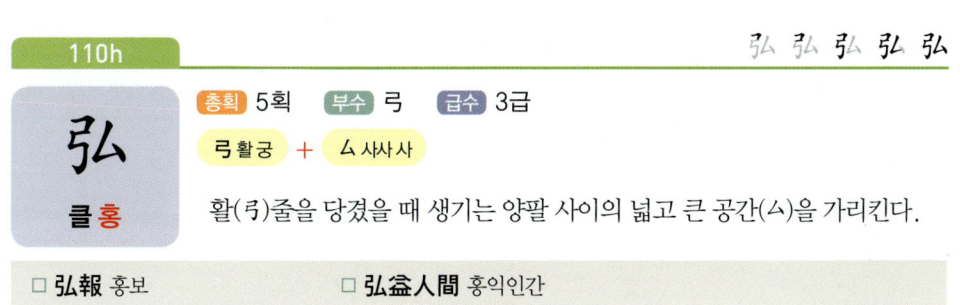

□ **弘報** 홍보 □ **弘益人間** 홍익인간

110i 引 끌 인

引 引 引 引

- 총획 4획
- 부수 弓
- 급수 4급
- 弓 활궁 + ㅣ 뚫을곤

활(弓)줄을 끌어당기는(ㅣ) 모습을 간략하게 표현한 글자이다.

- □ 引上 인상
- □ 牽引 견인
- □ 萬有引力 만유인력

110j 躬 몸 궁

躬 躬 躬 躬 躬 躬 躬 躬 躬 躬

- 총획 10획
- 부수 身
- 급수 1급
- 弓 활궁 + 身 몸 신

배가 부풀어 오른 옆모습(身)과 둥근 활(弓)의 모습을 합친 글자이다.

- □ 實踐躬行 실천궁행

110k 窮 다할/궁할 궁

窮 窮 窮 窮 窮 窮 窮 窮 窮 窮 窮 窮 窮 窮 窮

- 총획 15획
- 부수 穴
- 급수 4급
- 躬 몸궁 + 穴 구멍 혈

굴(穴) 속으로 들어가기 위해 몸(躬)을 잔뜩 굽힌 옹색한 모습이다.

- □ 窮塞 궁색
- □ 窮理 궁리
- □ 貧窮 빈궁

107b 張 베풀 장

張 張 張 張 張 張 張 張 張 張 張

- 총획 11획
- 부수 弓
- 급수 4급
- 弓 활궁 + 長 길 장

팔을 최대한(長) 벌려 활(弓)을 쏘는 모습이다.

- □ 張力 장력
- □ 誇張 과장
- □ 主張 주장

삶 | 전쟁 | 무기

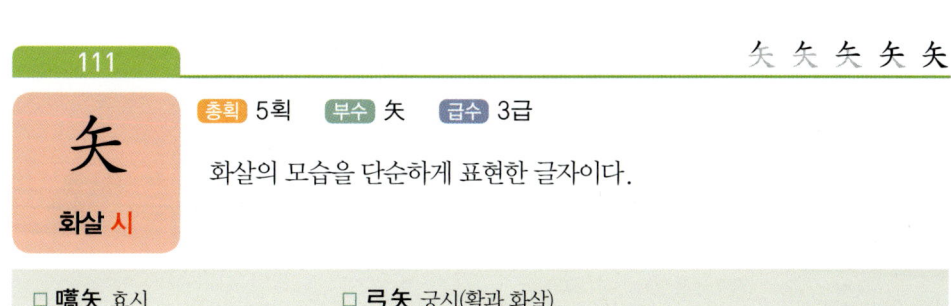

111

矢
화살 시

총획 5획　부수 矢　급수 3급

화살의 모습을 단순하게 표현한 글자이다.

□ 嚆矢 효시　　□ 弓矢 궁시(활과 화살)

111a

失 失 失 失 失

失
잃을 **실**

- 총획 5획
- 부수 大
- 급수 6급
- 矢 화살 시 + 丶 점주

손(手)에서 물건(丶)이 빠져나가 없어지는 모습에서 '잃다'의 뜻이 생겼다.

▎화살 시(矢) 자와 글자꼴이 비슷하여 여기에서 다루고 있을 뿐 의미와는 아무런 상관이 없다.

- ☐ 失足 실족
- ☐ 失望 실망
- ☐ 喪失 상실

111b

秩 秩 秩 秩 秩 秩 秩 秩 秩

秩
차례 **질**

- 총획 10획
- 부수 禾
- 급수 3급
- 失 잃을 실 + 禾 벼 화

곡식(禾)을 던져(失) 차곡차곡 쌓아두는 모습에서 '차례'의 뜻이 있다.

- ☐ 秩序 질서
- ☐ 無秩序 무질서

111c

短 短 短 短 短 短 短 短 短 短 短

短
짧을 **단**

- 총획 12획
- 부수 矢
- 급수 6급
- 矢 화살 시 + 豆 콩 두

화살(矢)의 길이와 제단(豆)의 길이는 둘 다 '짧다'는 것을 가리킨다.

- ☐ 短身 단신
- ☐ 短距離 단거리
- ☐ 短點 단점

101b

矣 矣 矣 矣 矣 矣 矣

矣
어조사 **의**

- 총획 7획
- 부수 矢
- 급수 3급
- 矢 화살 시 + 厶 사사 사

아이(厶)처럼 작은 것을 화살(矢)에 매단 모습의 글자로 보나 지금은 어조사로만 쓴다.

- ☐ 汝矣島 여의도

삶 | 전쟁 | 무기

111d

知 知 知 知 知 知 知 知

知
알 **지**

- 총획 8획
- 부수 矢
- 급수 5급

矢 화살 시 ＋ 口 입구

말(口)이 화살(矢)처럼 빨리 날아가 널리 알려지다.

☐ 知識 지식 ☐ 知彼知己 지피지기 ☐ 認知 인지

111e

智 智 智 智 智 智 智 智 智 智

智
슬기 **지**

- 총획 12획
- 부수 日
- 급수 4급

知 알 지 ＋ 日 해 일

하늘(日)의 뜻을 아는(知) 것을 가리킨다.

☐ 智慧 지혜 ☐ 智異山 지리산 ☐ 機智 기지

111f

侯 侯 侯 侯 侯 侯 侯 侯 侯

侯
제후 **후**

- 총획 9획
- 부수 亻
- 급수 3급

矢 화살 시 ＋ 亻 사람 인 ＋ 厂 우러러볼 첨

언덕(亻→厂) 위에서 활(矢)을 조준하는 모습이었으나 '제후, 임금, 과녁'의 뜻으로 쓰인다.

☐ 諸侯 제후

111g

候 候 候 候 候 候 候 候 候

候
기후 **후**

- 총획 10획
- 부수 亻
- 급수 4급

侯 제후 후 ＋ 丨 뚫을 곤

후(侯) 자가 '제후, 임금, 과녁'의 뜻으로 쓰이자 사람 인(亻→丨)을 추가하여 앞을 살핀다는 뜻을 강조해 '기후'를 가리킨다.

☐ 候補 후보 ☐ 氣候 기후 ☐ 徵候 징후

112

至 이를 지

총획 6획　부수 至　급수 4급

至 至 至 至 至 至

날아와 땅(一)에 거꾸로 꽂힌 화살(矢)의 모습이다.

풍수지리에 따라 '신성시되는 화살(矢)을 쏴 이른(至) 곳'에 성(城)이나 건물을 짓고 단(壇)을 쌓아올린 당시의 풍습을 반영하는 글자이다.

□ 至急 지급　　　□ 至誠感天 지성감천　　　□ 至極 지극

삶 | 전쟁 | 무기

112a

到 이를 도

- 총획 8획 부수 刂 급수 5급
- 至 이를 지 + 刂 칼 도

날아간 화살이 신성한 곳에 이른(至) 모습이다. 칼 도(刂) 자를 발음으로 쓴다.

□ 到着 도착   □ 到達 도달   □ 殺到 쇄도

112b

倒 넘어질 도

- 총획 10획 부수 亻 급수 3급
- 到 이를 도 + 亻 사람 인

사람(亻)이 땅바닥에 이른(到) 모습에서 '넘어지다'의 뜻이 있다.

□ 倒置 도치   □ 打倒 타도   □ 壓倒 압도

112c

致 이를 치

- 총획 10획 부수 至 급수 5급
- 至 이를 지 + 夂 칠 복

화살이 이른(至) 곳에 무기(夂)를 든 병사들을 보내는 모습에서 '보내다, 이르다'의 뜻이 나왔으며, 땅을 차지한 모습에서 '이루다'의 뜻도 파생되었다.

□ 理致 이치   □ 一致 일치   □ 送致 송치

112d

姪 조카 질

- 총획 9획 부수 女 급수 3급
- 至 이를 지 + 女 여자 여

여자(女) 조카를 가리키는 글자로 이를 지(至)를 발음으로 쓴다.

□ 姪女 질녀   □ 姪婦 질부   □ 長姪 장질

112e

臺 臺 臺 臺 臺 臺 臺 臺 臺 臺 臺 臺 臺

臺
대 **대**

- 총획 14획
- 부수 至
- 급수 3급

至 이를 지 + 吉 길할 길 + 冖 덮을 멱

화살이 이른(至) 곳에 평화(吉)를 위해 세운 망대(冖)나 제단을 본떠 만든 글자이다.

- ☐ 土臺 토대
- ☐ 舞臺 무대
- ☐ 展望臺 전망대

112f

屋 屋 屋 屋 屋 屋 屋 屋 屋

집**옥**

- 총획 9획
- 부수 尸
- 급수 5급

至 이를 지 + 尸 주검 시

화살이 도착한(至) 곳에 지은 신성한 건물(尸)을 뜻한다.

신성한 화살이 이른(至) 곳에 시신(尸)을 매장하던 풍습으로도 여겨진다. 집(尸)처럼 커다란 무덤에 시신을 안치하던 모습에서 점차 집의 뜻으로 발전했을 것이다.

- ☐ 屋上 옥상
- ☐ 家屋 가옥
- ☐ 韓屋 한옥

112g

室 室 室 室 室 室 室 室 室

室
집**실**

- 총획 9획
- 부수 宀
- 급수 8급

至 이를 지 + 宀 집 면

화살이 날아와 꽂힌(至) 곳에 지은 집(宀)을 가리킨다.

- ☐ 室內 실내
- ☐ 敎室 교실
- ☐ 寢室 침실

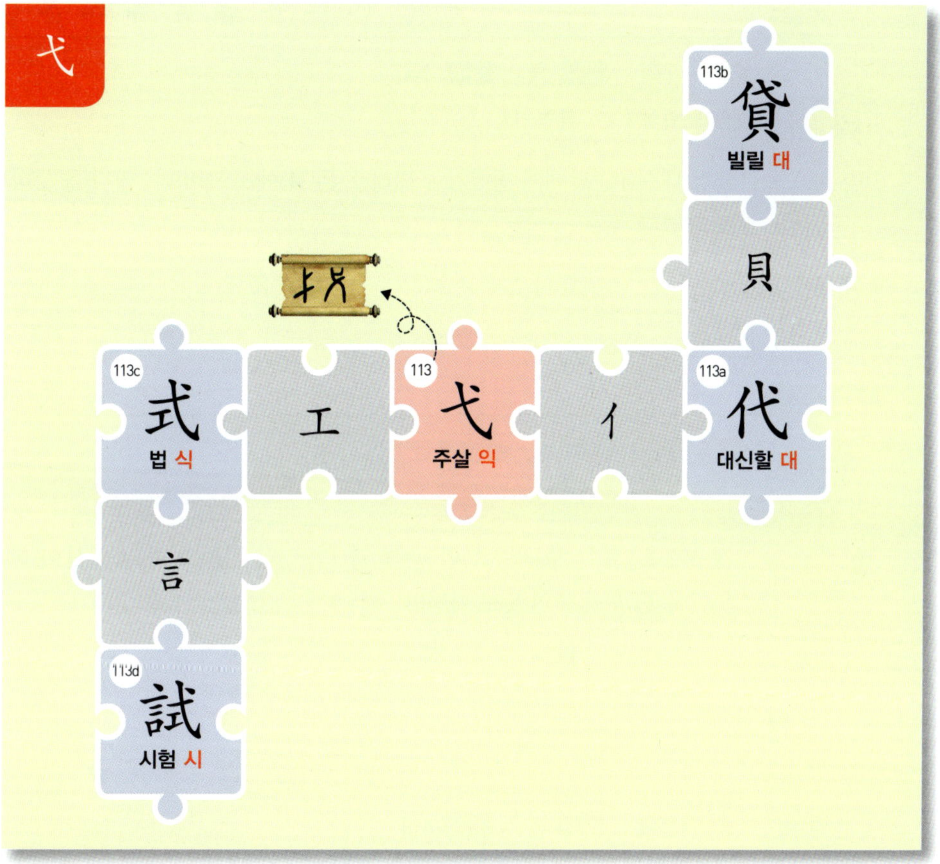

삶 | 전쟁 | 무기

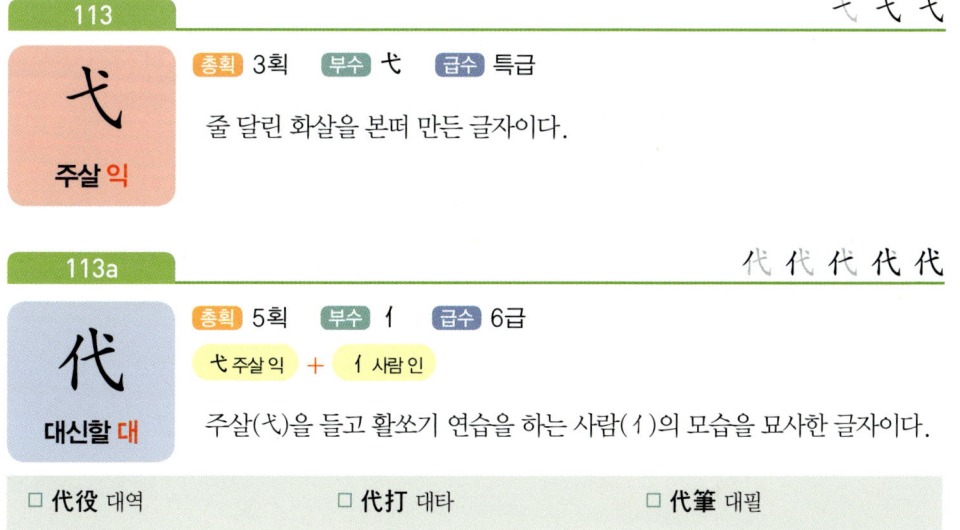

113

弋 주살 익

- 총획 3획
- 부수 弋
- 급수 특급

줄 달린 화살을 본떠 만든 글자이다.

113a

代 대신할 대

- 총획 5획
- 부수 亻
- 급수 6급

弋 주살 익 + 亻 사람 인

주살(弋)을 들고 활쏘기 연습을 하는 사람(亻)의 모습을 묘사한 글자이다.

☐ 代役 대역   ☐ 代打 대타   ☐ 代筆 대필

343

113b

貸貸貸貸貸貸貸貸貸貸貸

貸
빌릴 대

- 총획 12획
- 부수 貝
- 급수 3급

代 대신할 대 + 貝 조개 패

물건 대신(代) 남에게 빌렸거나 빌려준 돈(貝)에서 '빌리다, 꾸다'를 뜻하게 되었다.

☐ 貸與 대여 　☐ 貸付 대부 　☐ 賃貸 임대

113c

式式式式式式

式
법 식

- 총획 6획
- 부수 弋
- 급수 6급

弋 주살 익 + 工 장인 공

제구(祭具) 또는 주구(呪具)인 공(工)과 익(弋)을 가지고 하는 '의식'이 본뜻이며 '법과 제도'의 뜻도 가진다.

☐ 公式 공식 　☐ 格式 격식 　☐ 儀式 의식

113d

試試試試試試試試試試試

試
시험 시

- 총획 13획
- 부수 言
- 급수 4급

式 법 식 + 言 말씀 언

말(言)하는 방식(式)으로 사람의 됨됨이를 시험하다.

☐ 試驗 시험 　☐ 試乘 시승 　☐ 試圖 시도

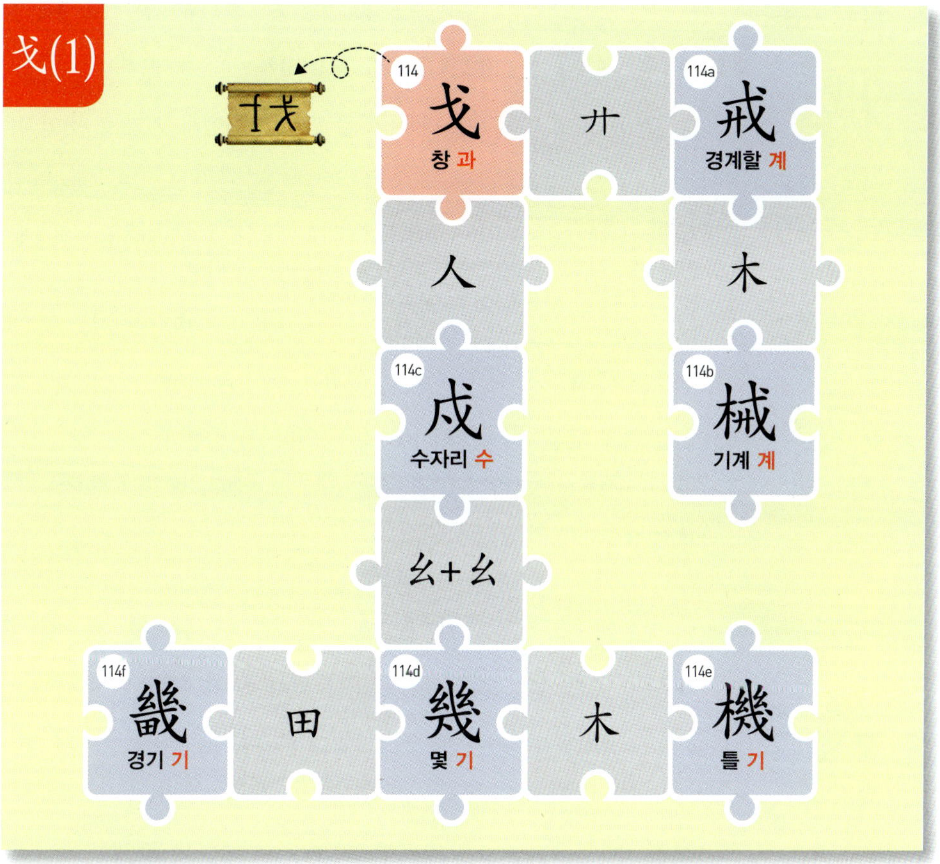

삶 | 전쟁 | 무기

戈(1)

114 戈 창과		114a 戒 경계할 계
人		木
114c 戍 수자리 수		114b 械 기계 계
幺+幺		
114f 畿 경기 기	田	114d 幾 몇 기	木	114e 機 틀 기

114

114

창 과

戈 戈 戈 戈

총획 4획 **부수** 戈 **급수** 2급

낫처럼 생긴 무기인 창의 모양을 본뜬 글자이다.

114a

경계할 계

戒 戒 戒 戒 戒 戒

총획 7획 **부수** 戈 **급수** 4급   戈 창과 + 廾 받들 공

보초가 양손(廾)에 창(戈)을 들고 경계하는 모습이다.

□ 警戒 경계   □ 懲戒 징계   □ 訓戒 훈계

114b

械 기계 계

- 총획 11획
- 부수 木
- 급수 3급
- 戒 경계할 계 + 木 나무 목

적을 경계(戒)하며 묶어두던 나무(木)로 만든 형틀에서 '기계'로 뜻이 확대된 글자이다.

- □ 機械 기계
- □ 農機械 농기계
- □ 精密機械 정밀기계

114c

戍 수자리 수

- 총획 6획
- 부수 戈
- 급수 1급
- 戈 창 과 + 人 사람 인

창(戈)을 들고 국경이나 대궐을 지키는 군인(人)을 뜻한다.

'수자리'란 변방을 지키는 일을 뜻하므로 따라서 현대어로 고치면 '지킬 수(戍)'가 된다.

- □ 衛戍令 위수령

114d

幾 몇 기

- 총획 12획
- 부수 幺
- 급수 3급
- 戍 수자리 수 + 幺 작을 요 + 幺 작을 요

변방의 병사(戍)들이 작은(幺) 움직임에도 반응을 보이는 모습에서 '몇, 얼마'의 뜻을 가진다.

- □ 幾百 기백
- □ 幾何學 기하학
- □ 幾何級數 기하급수

114e

機 틀 기

- 총획 16획
- 부수 木
- 급수 4급
- 幾 몇 기 + 木 나무 목

미세한(幾) 실 다발을 짜는 기계인 나무(木)로 만든 베틀의 모습을 본뜬 글자이다.

- □ 機械 기계
- □ 飛行機 비행기
- □ 契機 계기

114f

畿 경기 기

- 총획 15획
- 부수 田
- 급수 3급
- 幾 몇 기 + 田 밭 전

특별히 지켜야(幾) 할 수도를 중심으로 한 들판(田)을 가리키는 글자이다.

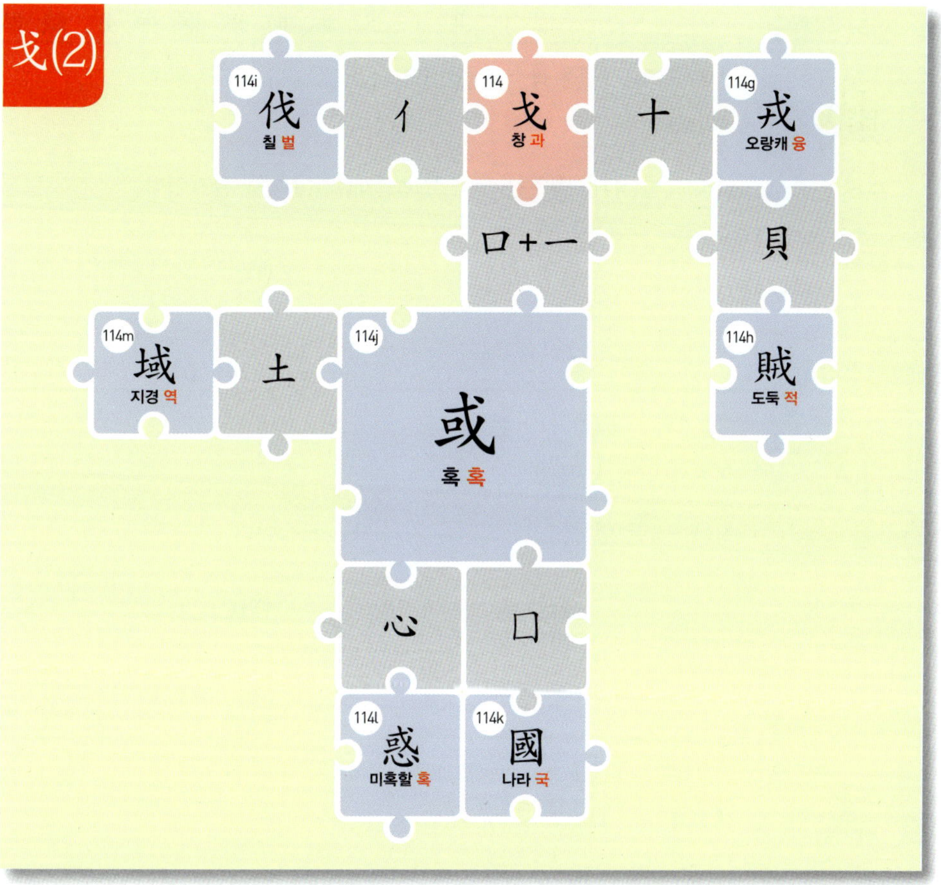

삶 | 전쟁 | 무기

戈(2)

- 114i 伐 칠 벌
- イ
- 114 戈 창 과
- 十
- 114g 戎 오랑캐 융
- 口+一
- 貝
- 114m 域 지경 역
- 土
- 114j 或 혹 혹
- 114h 賊 도둑 적
- 心
- 口
- 114l 惑 미혹할 혹
- 114k 國 나라 국

114

114g

오랑캐 융

戎 戎 戎 戎 戎 戎

총획 6획 　 부수 戈 　 급수 1급

戈 창과 ＋ 十 열십

갑옷(十)을 입고 창(戈)을 든 모습에서 '오랑캐'를 뜻하는 글자이다.

갑골문은 살이 몇 개 달린 창의 모습처럼 보이며, 전문(篆文)에 와서는 열 십(十) 자를 갑(甲) 자로 표시했다. 따라서 갑(甲) 자는 거북의 등딱지나 갑옷을 본뜬 글자로 여겨지므로 열 십(十) 자를 '갑옷'으로 풀이하였다.

114h

賊 賊 賊 賊 賊 賊 賊 賊 賊 賊 賊 賊 賊

賊 도둑 적

- 총획 13획 부수 貝 급수 4급
- 戎 오랑캐 융 + 貝 조개 패

남의 재물(貝)을 빼앗는 도둑을 오랑캐(戎)에 빗댄 글자이다.

- □ 盜賊 도적
- □ 海賊 해적
- □ 賊反荷杖 적반하장

114i

伐 伐 伐 伐 伐 伐

伐 칠 벌

- 총획 6획 부수 亻 급수 4급
- 戈 창 과 + 亻 사람 인

창(戈)을 든 병사(亻)가 적진을 치러 가는 모습이다.

- □ 伐木 벌목
- □ 征伐 정벌
- □ 盜伐 도벌

114j

或 或 或 或 或 或 或 或

或 혹 혹

- 총획 8획 부수 戈 급수 4급
- 戈 창 과 + 口 입 구 + 一 한 일

창(戈)을 들고 백성(口)과 국경(一)을 지키는 모습에서 '나라'를 뜻했으나 '혹, 혹은, 혹시'로 쓰인다.

- □ 或是 혹시
- □ 或者 혹자
- □ 間或 간혹

114k

國 國 國 國 國 國 國 國 國 國

國 나라 국

- 총획 11획 부수 囗 급수 8급
- 或 혹 혹 + 囗 에워쌀 위

'혹 혹(或)' 자에 나라의 경계나 국경을 뜻하는 글자(囗)를 더해 '나라'의 뜻을 강조한 글자이다.

- □ 國家 국가
- □ 國民 국민
- □ 亡國 망국

114l

미혹할 혹

惑

- 총획 12획
- 부수 心
- 급수 3급
- 或 혹 혹 + 心 마음 심

혹시(或) 하는 마음(心)에 속아 넘어가는 모습이다.

□ 迷惑 미혹　　□ 不惑 불혹　　□ 疑惑 의혹

114m

지경 역

域

- 총획 11획
- 부수 土
- 급수 4급
- 或 혹 혹 + 土 흙 토

나라(或)의 경계를 이루는 땅(土)을 가리킨다.

| 혹 혹(或) 자는 원래 '나라'를 의미하는 글자였으므로 '나라'로 풀이하였다.

□ 域外 역외　　□ 區域 구역　　□ 領域 영역

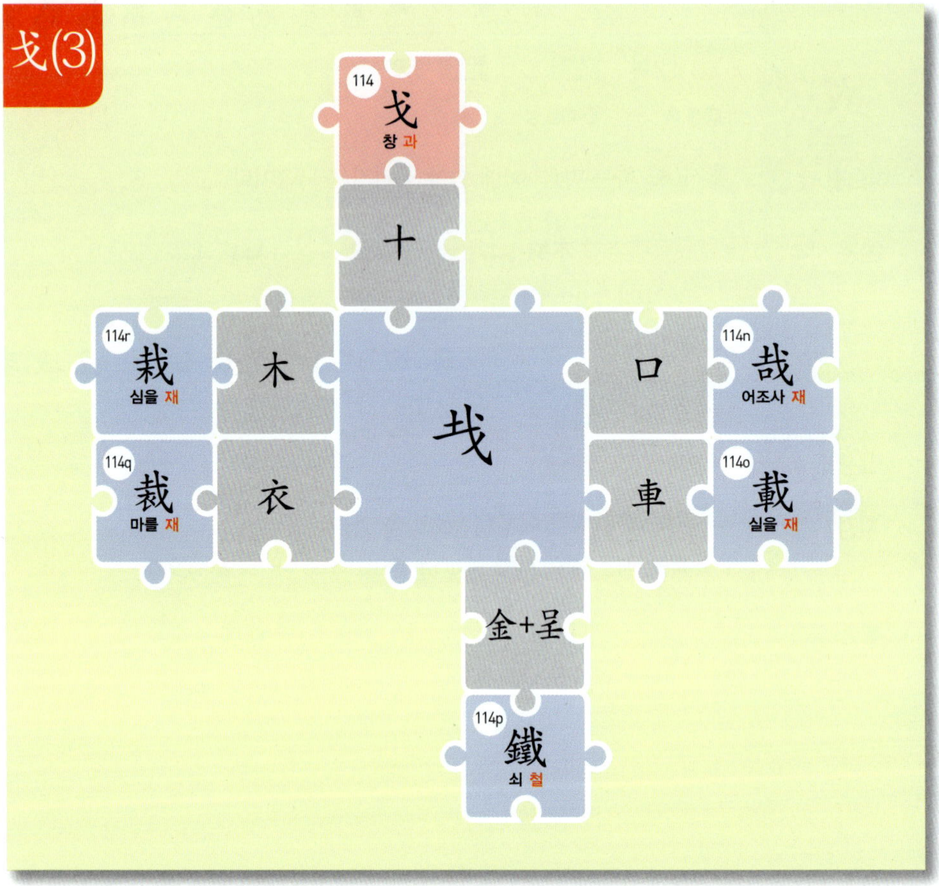

戈(3)

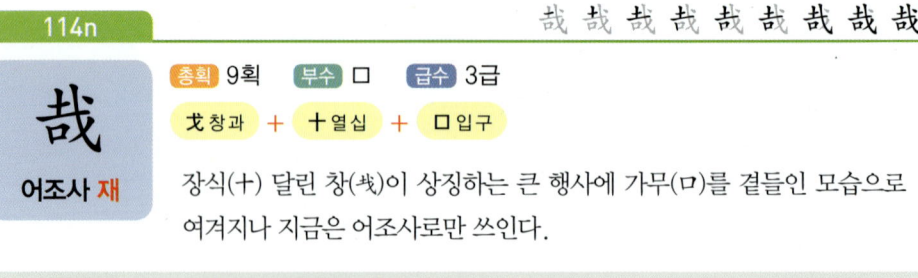

114n

哉
어조사 재

총획 9획　**부수** 口　**급수** 3급

戈창과 + 十열십 + 口입구

장식(十) 달린 창(戈)이 상징하는 큰 행사에 가무(口)를 곁들인 모습으로 여겨지나 지금은 어조사로만 쓰인다.

□ **快哉** 쾌재

삶 | 전쟁 | 무기

114o 載 실을 재

載載載載載載載載載載載載載

- 총획 13획
- 부수 車
- 급수 3급

戈 창과 + 十 열십 + 車 수레 거/차

나무를 잘라(𢦏) 수레(車)에 싣는 모습에서 '싣다'의 뜻이, '글을 싣다'는 표현에서 '기록하다'의 뜻도 가진다.

☐ 積載 적재   ☐ 記載 기재   ☐ 揭載 게재

114p 鐵 쇠 철

鐵鐵鐵鐵鐵鐵鐵鐵鐵鐵鐵鐵鐵鐵鐵鐵鐵

- 총획 21획
- 부수 金
- 급수 5급

戈 창과 + 十 열십 + 金 쇠금 + 呈 드릴정

쇠(金) 장식(十)이 달린 창(戈)을 바치던(呈) 모습을 본뜬 글자에서 금속(金)을 나타내는 글자로 바뀌었다.

☐ 鐵道 철도   ☐ 鐵橋 철교   ☐ 鋼鐵 강철

114q 裁 마를 재

裁裁裁裁裁裁裁裁裁裁裁裁

- 총획 12획
- 부수 衣
- 급수 3급

戈 창과 + 十 열십 + 衣 옷의

천을 잘라(𢦏) 옷(衣)을 만드는 모습에서 '마르다, 자르다'의 뜻이 있다.

☐ 裁判 재판   ☐ 裁斷 재단   ☐ 仲裁 중재

114r 栽 심을 재

栽栽栽栽栽栽栽栽栽栽

- 총획 10획
- 부수 木
- 급수 3급

戈 창과 + 十 열십 + 木 나무목

재(𢦏) 자의 입 구(口) 자 자리에 나무 목(木)이 들어간 글자로 '나무(木) 심음'을 뜻한다.

☐ 栽培 재배   ☐ 植栽 식재   ☐ 盆栽 분재

戈(4)

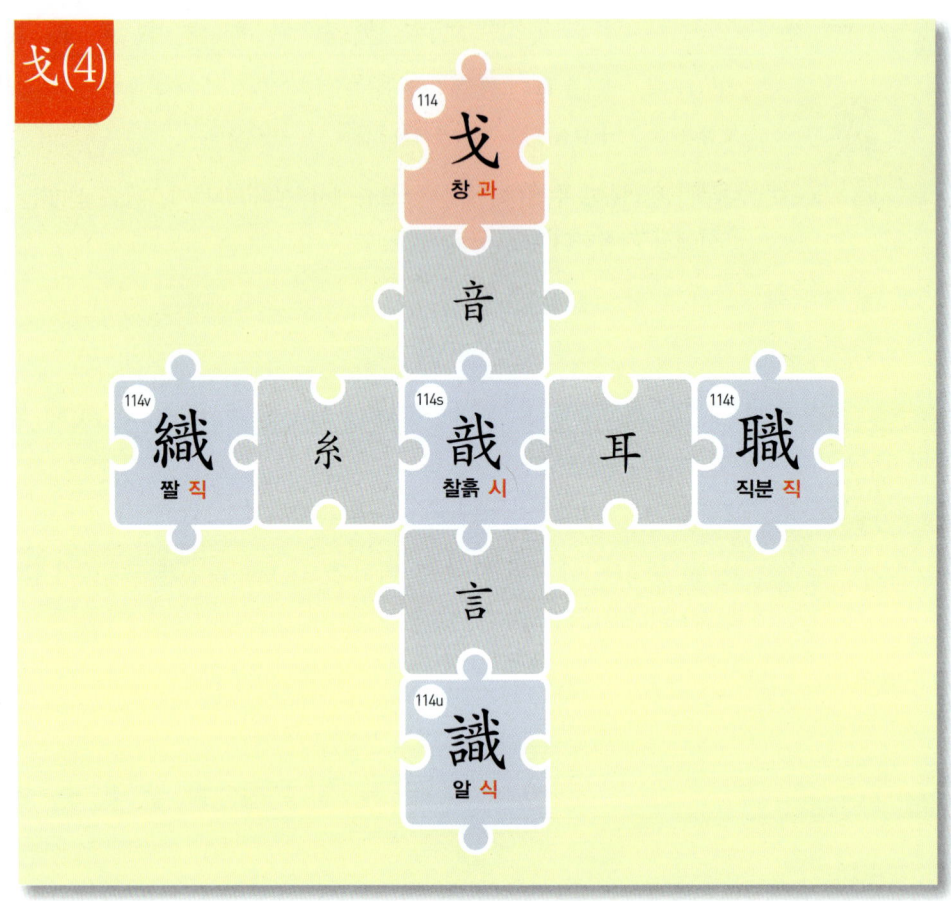

114s

戠 찰흙 시

- 총획 12획
- 부수 戈
- 급수 확장한자

戈창과 + 音소리음

창(戈)처럼 뾰족한 것으로 정보(音)를 점토판에 새겨(戈) 기록하던 모습에서 '찰흙 또는 점토판'의 뜻이 있다.

삶 | 전쟁 | 무기

114t

職 職 職 職 職 職 職 職 職 職 職 職 職 職 職

직분 **직**

- 총획 18획
- 부수 耳
- 급수 4급

戠 찰흙 시 + 耳 귀 이

점토판(戠)에 적힌 직무 내용을 알아들어야(耳) 자기 직분을 다할 수 있다.

| 찰흙 시(戠) 자는 기록을 한 다음 불에 구워서 보관하던 점토판을 의미한다.

☐ 職場 직장 ☐ 職務 직무 ☐ 兼職 겸직

114u

識 識 識 識 識 識 識 識 識 識 識 識 識 識 識

알 **식**

- 총획 19획
- 부수 言
- 급수 5급

戠 찰흙 시 + 言 말씀 언

점토판(戠)의 내용을 말(言)로 설명해 알려주는 모습이다.

☐ 識見 식견 ☐ 識別 식별 ☐ 認識 인식

114v

織 織 織 織 織 織 織 織 織 織 織 織 織 織 織

짤 **직**

- 총획 18획
- 부수 糸
- 급수 4급

戠 찰흙 시 + 糸 가는 실 멱

점토판(戠)에 적힌 지시 사항대로 실(糸)을 가지고 천을 짜는 모습이다.

☐ 織物 직물 ☐ 組織 조직 ☐ 毛織 모직

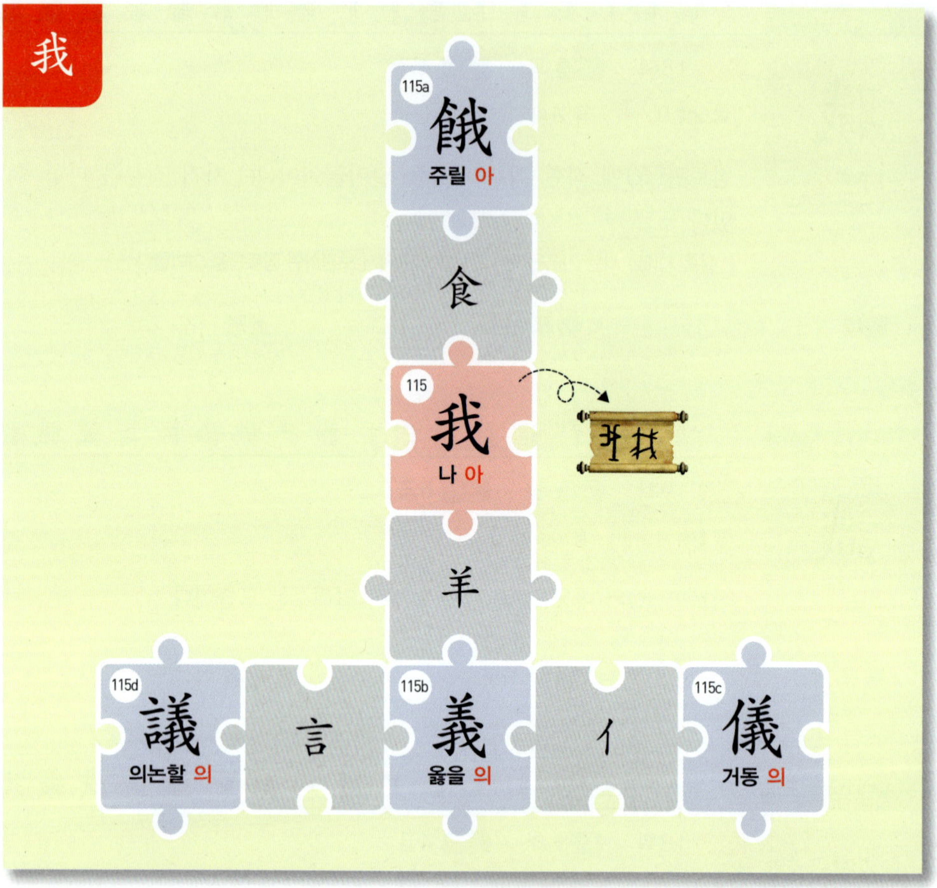

我

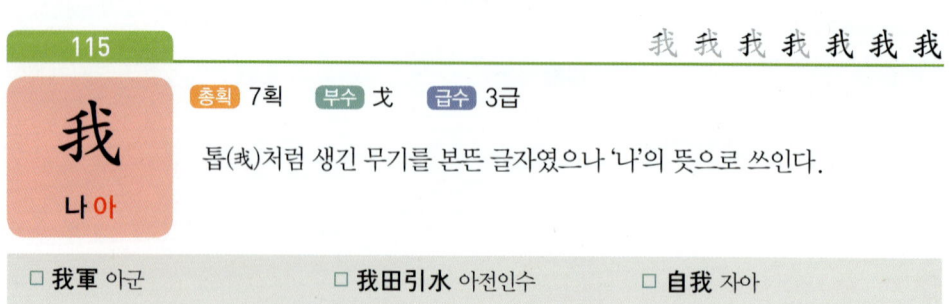

| 115a | 餓 주릴 아 |
| 食 |
| 115 我 나 아 |
| 羊 |
| 115d 議 의논할 의 | 言 | 115b 義 옳을 의 | 亻 | 115c 儀 거동 의 |

115

我 我 我 我 我 我 我

我
나 아

총획 7획　부수 戈　급수 3급

톱(戎)처럼 생긴 무기를 본뜬 글자였으나 '나'의 뜻으로 쓴다.

☐ 我軍 아군　　☐ 我田引水 아전인수　　☐ 自我 자아

삶 | 전쟁 | 무기

115a

餓 주릴 아

- 총획 16획
- 부수 食
- 급수 3급

我 나 아 + 食 밥 식

굶주림에 무엇이든 먹으려고(食) 톱날(我)같은 이를 세우는 모습에서 '주리다'의 뜻이 있다.

- □ 餓死 아사
- □ 饑餓 기아

115b

義 옳을 의

- 총획 13획
- 부수 羊
- 급수 4급

我 나 아 + 羊 양 양

톱(我)으로 양(羊)을 썰어 제단에 바치는 것은 마땅히 '옳은' 일이라는 뜻을 가진 글자이다.

- □ 義務 의무
- □ 正義 정의
- □ 大義名分 대의명분

115c

儀 거동 의

- 총획 15획
- 부수 亻
- 급수 4급

義 옳을 의 + 亻 사람 인

제물(義)을 바치는 사람(亻)의 움직임에서 '거동'의 뜻이, 절차나 방식에 따라 행하는 모습에서 '법도, 법식, 본보기' 등의 뜻도 가진다.

- □ 儀式 의식
- □ 禮儀 예의
- □ 祝儀金 축의금

115d

議 의논할 의

- 총획 20획
- 부수 言
- 급수 4급

義 옳을 의 + 言 말씀 언

옳고(義) 그름을 따져(言) 의논하다.

- □ 議論 의논
- □ 國會議員 국회의원
- □ 協議 협의

355

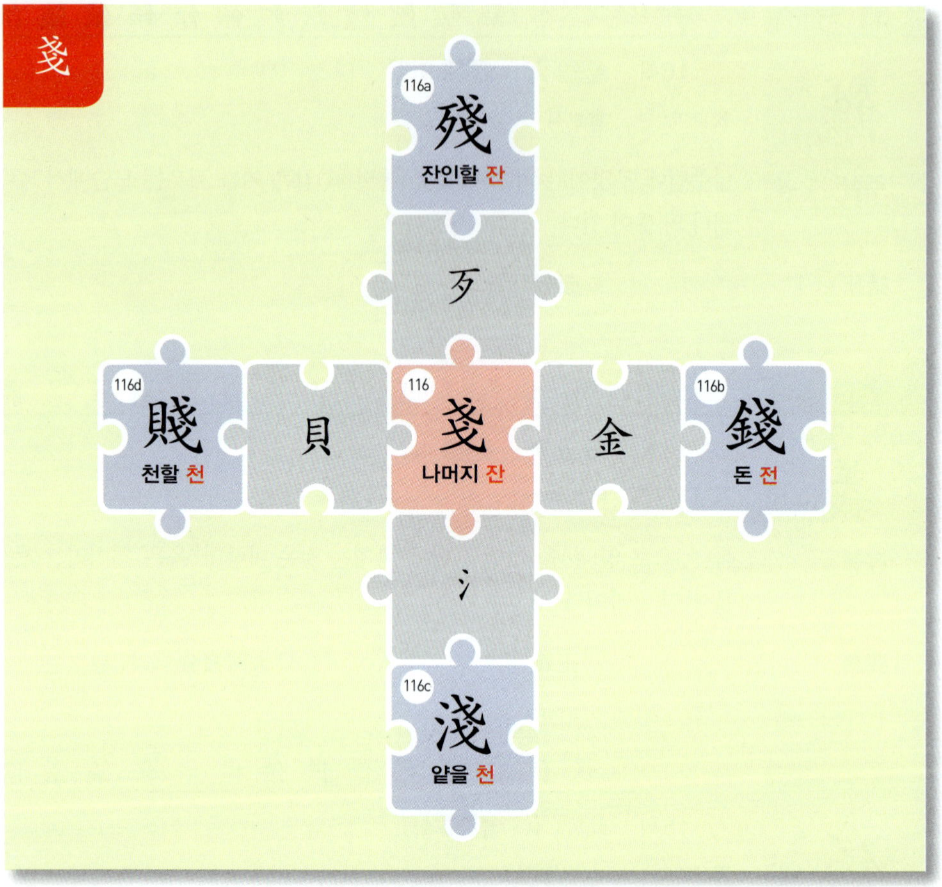

戔

```
        殘
      잔인할 잔
        歹
賤   貝   戔   金   錢
천할 천      나머지 잔      돈 전
        氵
        淺
       얕을 천
```

116a 殘 잔인할 잔
116d 賤 천할 천
116 戔 나머지 잔
116b 錢 돈 전
116c 淺 얕을 천

116

나머지 잔

총획 8획 **부수** 戈 **급수** 확장한자

戔 戔 戔 戔 戔 戔 戔 戔

서로 창(戈)을 겨누고 싸우는 모습에서 '해치다'가 원뜻이며 전쟁이 그치면 창을 겹겹이 창고에 쌓아두게 되므로 '나머지'의 뜻도 생겨났다. 아무리 창을 많이 쌓아두어도 부피가 크거나 장소를 많이 차지하지 않으므로 '적다, 얇다'의 의미로도 많이 사용된다.

| 창을 서로 겨누고 싸우는 꼴이므로 '전쟁'과 관련된 뜻으로 의미 부여를 하는 경우도 많다.

삶 | 전쟁 | 무기

116a

殘 殘 殘 殘 殘 殘 殘 殘 殘 殘 殘 殘

잔인할 잔

- 총획 12획
- 부수 歹
- 급수 4급

戔 나머지 잔 + 歹 살 바른 뼈 알

전쟁(戔)에서 사람을 죽이는(歹) 모습이 잔인하다.

□ 殘忍 잔인　　□ 殘酷 잔혹　　□ 殘留 잔류

116b

錢 錢 錢 錢 錢 錢 錢 錢 錢 錢 錢 錢 錢 錢 錢 錢

돈 전

- 총획 16획
- 부수 金
- 급수 4급

戔 나머지 잔 + 金 쇠 금

쇠(金)를 녹여 얇게(戔) 만든 금속 주화를 뜻한다.

□ 銅錢 동전　　□ 金錢 금전　　□ 換錢 환전

116c

淺 淺 淺 淺 淺 淺 淺 淺 淺 淺 淺

얕을 천

- 총획 11획
- 부수 氵
- 급수 3급

戔 나머지 잔 + 氵 물 수

물(氵)이 적어(戔) 얕다.

□ 淺薄 천박　　□ 日淺 일천　　□ 鄙淺 비천

116d

賤 賤 賤 賤 賤 賤 賤 賤 賤 賤 賤 賤 賤

천할 천

- 총획 15획
- 부수 貝
- 급수 3급

戔 나머지 잔 + 貝 조개 패

전쟁(戔)에서 재물(貝)을 빼앗는 것처럼 천한 행동을 가리킨다.

□ 賤視 천시　　□ 賤待 천대　　□ 貴賤 귀천

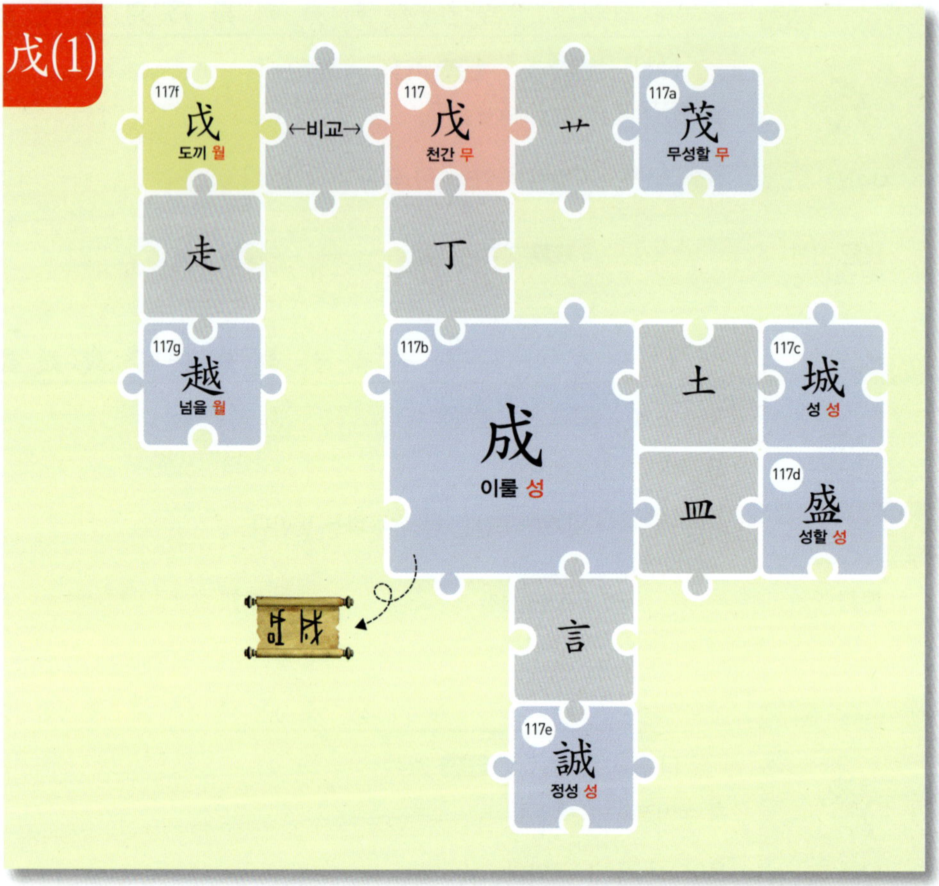

戊(1)

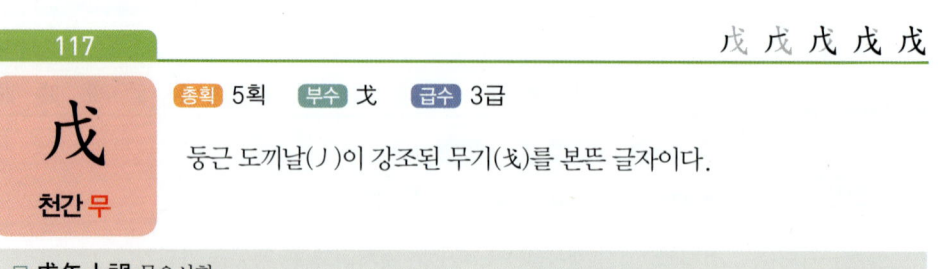

| 117f 戉 도끼 월 | ←비교→ | 117 戊 천간 무 | 艹 | 117a 茂 무성할 무 |

走 — 丁

117g 越 넘을 월

117b 成 이룰 성 — 土 — 117c 城 성 성
117d 盛 성할 성

117e 誠 정성 성 — 言

117

戊 戊 戊 戊 戊

戊 천간 무

총획 5획　부수 戈　급수 3급

둥근 도끼날(丿)이 강조된 무기(戈)를 본뜬 글자이다.

☐ 戊午士禍 무오사화

358

삶 | 전쟁 | 무기

117a

茂 茂 茂 茂 茂 茂 茂 茂 茂

茂
무성할 무

- 총획 9획
- 부수 艹
- 급수 3급

戊 천간 무 + 艹 풀 초

많은 군사들이 공격 무기인 도끼(戊)를 들고 적진으로 쳐들어가는 모습이 마치 멀리서 볼 때 우거지거나 무성한 수풀(艹)같다 하여 '무성하다'를 뜻하게 되었다.

☐ 茂盛 무성　　☐ 茂林 무림

117b

成 成 成 成 成 成 成

成
이룰 성

- 총획 7획
- 부수 戈
- 급수 6급

戊 천간 무 + 丁 고무래 정

도끼(戊)로 적군의 목(丁→丨)을 쳐 승리를 이뤄낸다.

☐ 成就 성취　　☐ 成功 성공　　☐ 達成 달성

117c

城 城 城 城 城 城 城 城 城

城
성 성

- 총획 10획
- 부수 土
- 급수 4급

成 이룰 성 + 土 흙 토

적의 공격(成)을 방어하기 위해 흙(土)으로 쌓은 성을 가리킨다.

☐ 城郭 성곽　　☐ 城壁 성벽　　☐ 土城 토성

117d

盛 盛 盛 盛 盛 盛 盛 盛 盛 盛

盛
성할 성

- 총획 12획
- 부수 皿
- 급수 4급

成 이룰 성 + 皿 그릇 명

승리(成)하여 돌아온 군인들에게 음식(皿)을 대접하며 잔치를 벌이는 모습이다.

| 음식을 그릇(皿)에 담아 내놓기 때문에 그릇 명(皿)을 여기서 '음식'으로 해석하였다.

☐ 盛況 성황　　☐ 極盛 극성　　☐ 旺盛 왕성

117e

誠 誠 誠 誠 誠 誠 誠 誠 誠 誠 誠 誠 誠

誠
정성 **성**

- 총획 14획
- 부수 言
- 급수 4급

成 이룰 성 + 言 말씀 언

목적을 이루고자(成) 하는 말(言)에서 '정성'을 뜻한다.

☐ 精誠 정성 ☐ 忠誠 충성 ☐ 至誠感天 지성감천

117f

戌 戌 戌 戌 戌

戌
도끼 **월**

- 총획 5획
- 부수 戈
- 급수 확장한자

도끼 무(戊)와 비슷한 모양을 한 글자로 의미도 거의 같다.

117g

越 越 越 越 越 越 越 越 越 越 越

越
넘을 **월**

- 총획 12획
- 부수 走
- 급수 3급

戌 도끼 월 + 走 달릴 주

도끼(戌)를 들고 담을 뛰어(走)넘는 군인들의 모습이다.

☐ 越班 월반 ☐ 越境 월경 ☐ 超越 초월

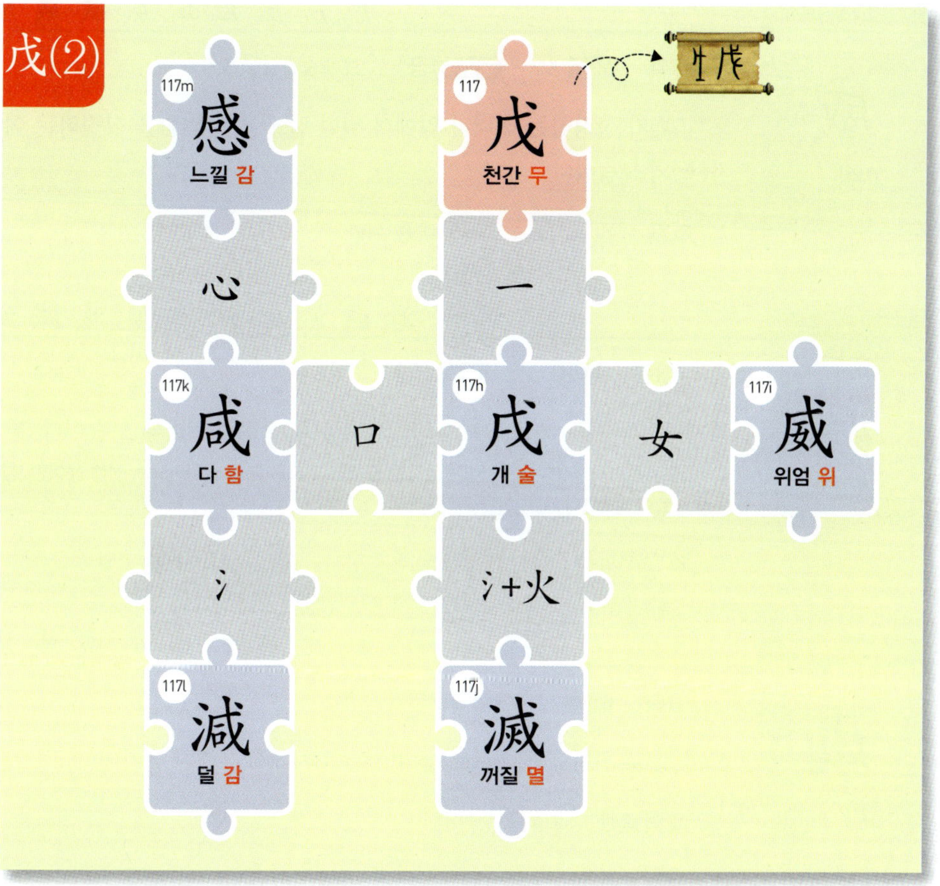

戌(2)

117m 感 느낄 감		117 戊 천간 무		
心		一		
117k 咸 다 함	口	117h 戌 개 술	女	117i 威 위엄 위
氵		氵+火		
117j 減 덜 감		117l 滅 꺼질 멸		

117h

戌 戌 戌 戌 戌 戌

戌
개 술

- 총획 6획
- 부수 戈
- 급수 3급

戊 천간 무 + 一 한 일

도끼 무(戊) 자에 도끼날(一)을 강조하여 '무시무시한 무기'라는 뜻을 가졌으나 '개, 열한째 지지'로 쓰인다.

타 글자와 함께 쓰일 때는 개/열한째 지지 술(戌) 자가 '도끼'를 뜻함을 분명히 알 수 있으며, 육십갑자에서만 '개'의 뜻으로 사용된다.

☐ 戊戌 무술　　☐ 庚戌國恥 경술국치

117i 威 위엄 위

- 총획 9획
- 부수 女
- 급수 4급
- 戌 개 술 + 女 여자 여

도끼(戌)가 상징하는 권력자 앞에서 벌벌 떨고 있는 약함을 상징하는 여자(女)의 모습이다.

- □ 威脅 위협
- □ 威嚴 위엄
- □ 威力 위력

117j 滅 꺼질 멸

- 총획 13획
- 부수 氵
- 급수 3급
- 戌 개 술 + 氵 물 수 + 火 불 화

화재(火)와 수해(氵)로, 그리고 적의 침공(戌)으로 초토화된 모습이다.

| 개/열한째 지지 술(戌) 자는 날이 강조된 도끼의 모습을 본뜬 글자이므로 전쟁 용어인 '침공'으로 해석하였다.

- □ 滅亡 멸망
- □ 全滅 전멸
- □ 不滅 불멸

117k 咸 다 함

- 총획 9획
- 부수 口
- 급수 3급
- 戌 개 술 + 口 입 구

도끼(戌)로 처형당하는 포로의 비명소리(口)에서 유래한 글자이다.

- □ 咸興差使 함흥차사

117l 減 덜 감

- 총획 12획
- 부수 氵
- 급수 4급
- 咸 다 함 + 氵 물 수

물(氵)을 다(咸) 덜어내 줄어드는 모습을 가리킨다.

- □ 減少 감소
- □ 減員 감원
- □ 削減 삭감

117m 感 느낄 감

- 총획 13획
- 부수 心
- 급수 6급
- 咸 다 함 + 心 마음 심

처형(咸)을 앞둔 포로가 느끼는 감정(心)을 가리킨다.

| 다 함(咸) 자가 도끼에 목 베임을 당한 모습을 본뜬 글자로도 여겨지므로 '처형, 형벌' 등으로 해석하였다.

- □ 感動 감동
- □ 感情 감정
- □ 交感 교감

삶 | 전쟁 | 무기

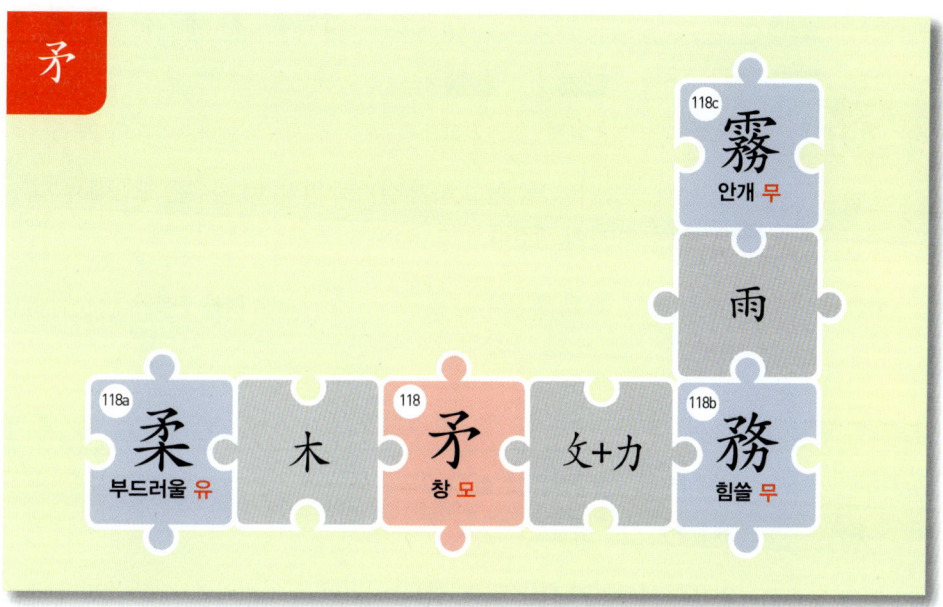

118

창 모

총획 5획 부수 矛 급수 3급

끝이 뾰족하여 찌를 수 있는 창의 모습을 본뜬 글자이다.

창과 연관 있는 '싸움이나 전쟁' 등의 의미로도 의미 확장이 되므로 유의해서 살펴보길 바란다.

□ 矛盾 모순

118a

부드러울 유

총획 9획 부수 木 급수 3급

矛 창모 + 木 나무목

나무(木)로 만든 연습용 창(矛)에서 '부드럽다'의 뜻을 가져왔다.

□ 柔順 유순   □ 柔道 유도   □ 外柔內剛 외유내강

118b

務務務務務務務務務務務

務
힘쓸 무

총획 11획　부수 力　급수 4급

矛창모 ＋ 攵칠복 ＋ 力힘력

창(矛)과 몽둥이(攵)를 들고 죽기 살기로 힘써(力) 싸우는 모습에서 '힘쓰다, 일' 등의 뜻이 생겼다.

□ 業務 업무　　　□ 勤務 근무　　　□ 公務員 공무원

118c

霧霧霧霧霧霧霧霧霧霧霧霧霧霧霧霧

霧
안개 무

총획 19획　부수 雨　급수 3급

務힘쓸무 ＋ 雨비우

앞으로 나아가기 힘들게(務) 만드는 비(雨)를 가리켜 '안개'를 뜻한다.

□ 霧散 무산　　　□ 五里霧中 오리무중

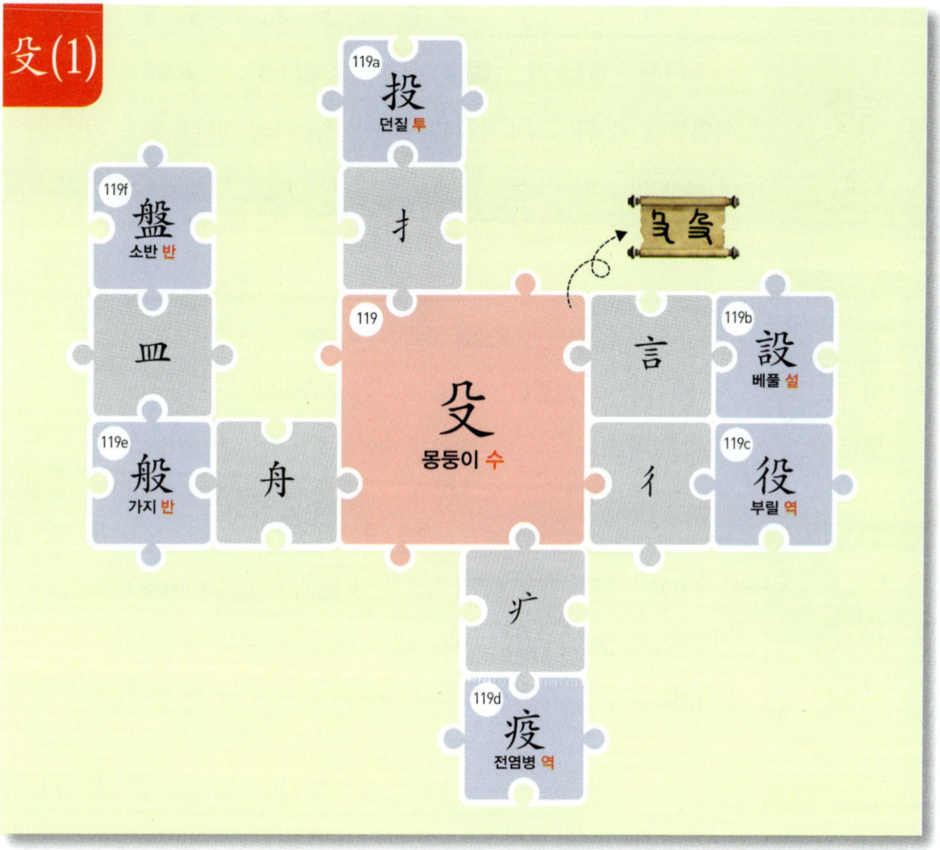

삶 | 전쟁 | 무기

殳(1)

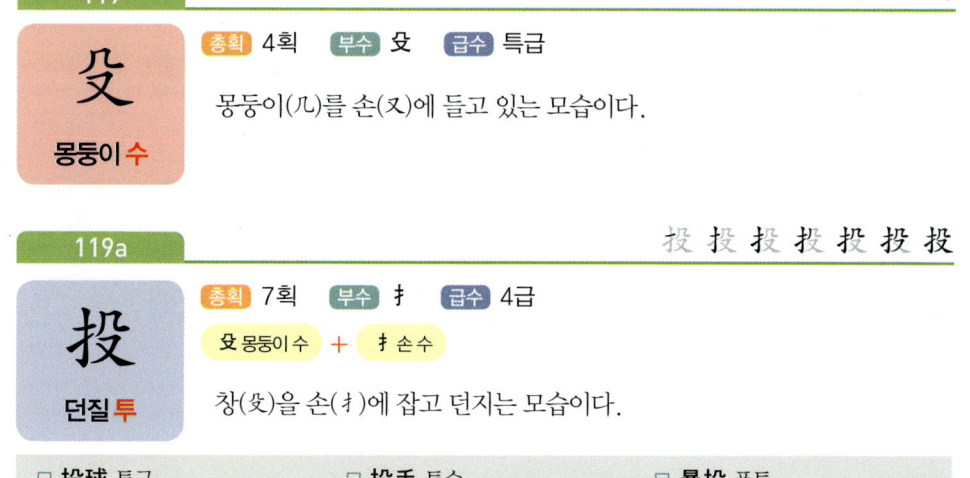

| 119 | 殳殳殳殳 |

殳 몽둥이 수

총획 4획　부수 殳　급수 특급

몽둥이(几)를 손(又)에 들고 있는 모습이다.

| 119a | 投投投投投投投 |

投 던질 투

총획 7획　부수 扌　급수 4급

殳 몽둥이 수 + 扌 손 수

창(殳)을 손(扌)에 잡고 던지는 모습이다.

□ 投球 투구　　□ 投手 투수　　□ 暴投 폭투

365

119b

設 設 設 設 設 設 設 設 設 設 設

設 베풀 설

- 총획 11획
- 부수 言
- 급수 4급
- 殳 몽둥이 수 + 言 말씀 언

지휘봉(殳)을 휘두르며 작업 지시(言)를 하는 모습이다.

- □ 設立 설립
- □ 設計 설계
- □ 施設 시설

119c

役 役 役 役 役 役 役

役 부릴 역

- 총획 7획
- 부수 彳
- 급수 3급
- 殳 몽둥이 수 + 彳 조금 걸을 척

지휘봉(殳)으로 사람(亻→彳)을 부리는 모습이다.

- □ 役割 역할
- □ 代役 대역
- □ 懲役 징역

119d

疫 疫 疫 疫 疫 疫 疫 疫 疫

疫 전염병 역

- 총획 9획
- 부수 疒
- 급수 3급
- 殳 몽둥이 수 + 疒 병들어 기댈 녁

전쟁(殳)을 통해 전해지는 병(疒)을 뜻하는 글자이다.

- □ 疫病 역병
- □ 檢疫 검역
- □ 免疫 면역

119e

般 般 般 般 般 般 般 般 般

般 가지 반

- 총획 10획
- 부수 舟
- 급수 3급
- 殳 몽둥이 수 + 舟 배 주

노(殳)를 저어 배(舟)로 왕래하는 모습에서 '돌다'의 뜻이 있으며 한 번에 한 종류의 길만 갈 수 있으므로 '가지'의 뜻이 생겼다.

창 수(殳) 자는 몽둥이를 들고 있는 모습을 본뜬 글자로 기본적으로는 '창'을 뜻하지만 그 외에 긴 창과 비슷한 장대나 배 젓는 노 등의 뜻으로도 사용되므로 여기서는 배 젓는 '노'라고 해석하였다.

- □ 一般 일반
- □ 全般 전반
- □ 萬般 만반

119f

盤 盤 盤 盤 盤 盤 盤 盤 盤 盤 盤

盤 소반 반

- 총획 15획
- 부수 皿
- 급수 3급
- 般 가지 반 + 皿 그릇 명

음식을 담아 돌리는(般) 그릇(皿)을 가리킨다.

일반 반(般) 자가 돌아다니는 배를 본뜬 글자로 음식 담은 쟁반을 손님들에게 돌리는 모습이므로 '돌리다'로 풀이하였다.

- □ 錚盤 쟁반
- □ 地盤 지반
- □ 基盤 기반

삶 | 전쟁 | 무기

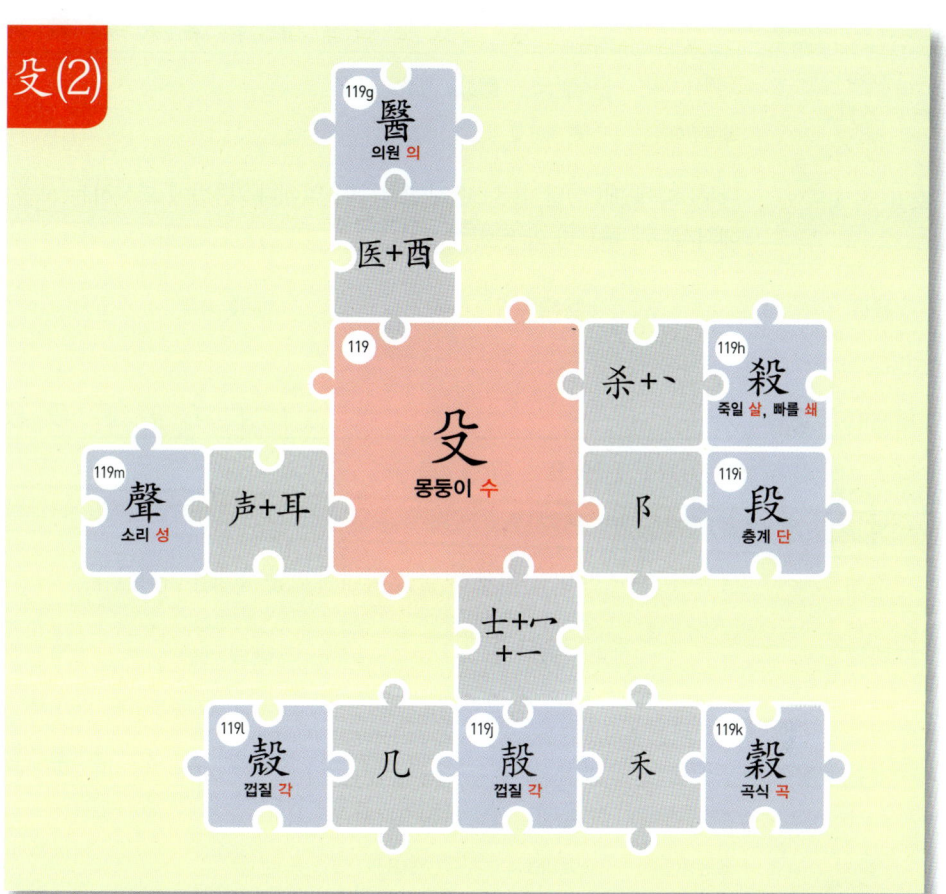

| 119g | 醫醫醫醫醫醫醫醫醫醫醫醫醫醫醫 |

醫
의원 의

- 총획 18획
- 부수 酉
- 급수 6급

殳 몽둥이 수 + 医 동개 예 + 酉 닭 유

화살(矢)과 창(殳)의 등장은 전쟁을 의미하고 전쟁터에서 화살을 맞아 또는 창에 찔려 부상당한(殹) 병사의 상처에 술(酉)을 부어 소독하고 치료하는 장면임을 강조한 글자이다.

□ 醫師 의사   □ 醫術 의술   □ 醫療 의료

119

119h

殺 殺 殺 殺 殺 殺 殺 殺 殺 殺 殺

殺
죽일 **살**, 빠를 **쇄**

- 총획 11획
- 부수 殳
- 급수 4급
- 殳 몽둥이 수 + 朮 죽일 살 + 丶 점 주

나무(木)에 매(丶)달아(朮) 때려(殳) 죽여 없애다. 단번에 도살하는 모습에서 '몹시, 빠르다'의 뜻도 가진다.

- □ 殺菌 살균
- □ 黙殺 묵살
- □ 惱殺 뇌쇄

119i

段 段 段 段 段 段 段 段 段

段
층계 **단**

- 총획 9획
- 부수 殳
- 급수 4급
- 殳 몽둥이 수 + 阝 언덕 부

몽둥이(殳)로 언덕(阝)의 흙과 돌을 파내어 만든 층계를 가리킨다.

- □ 段階 단계
- □ 手段 수단
- □ 階段 계단

119j

殼 殼 殼 殼 殼 殼 殼 殼 殼

殼
껍질 **각**

- 총획 10획
- 부수 殳
- 급수 확장한자
- 殳 몽둥이 수 + 士 벼슬 사 + 冖 덮을 멱 + 一 한 일

전문(篆文)을 보면 알곡이 들어 있는 곡식 껍질을 두들겨(殳) 탈곡하거나 밤과 같은 껍질 있는 견과류들을 두들겨 껍질을 분리시키는 모습이다.

119k

穀 穀 穀 穀 穀 穀 穀 穀 穀 穀 穀 穀 穀

穀
곡식 **곡**

- 총획 15획
- 부수 木
- 급수 4급
- 殼 껍질 각 + 禾 벼 화

벼(禾)와 같은 곡식의 껍질(几)을 벗기기 위해 절굿공이로 내리치는(殼) 모습이다.

- □ 穀雨 곡우
- □ 脫穀 탈곡
- □ 米穀商 미곡상

삶 | 전쟁 | 무기

119l 殼 껍질 각

殼殼殼殼殼殼殼殼殼殼殼殼

- 총획 12획
- 부수 殳
- 급수 1급

殼 껍질 각 + 几 안석 궤

몽둥이(殳)로 내리쳐(殼) 곡식의 껍질(几)을 벗겨내는 모습을 본뜬 글자이다.

□ 地殼變動 지각 변동   □ 貝殼 패각   □ 甲殼類 갑각류

119m 聲 소리 성

聲聲聲聲聲聲聲聲聲聲聲聲聲聲

- 총획 17획
- 부수 耳
- 급수 4급

殳 몽둥이 수 + 声 소리 성 + 耳 귀 이

소리 성(殸) 자에 듣는 귀(耳)를 더해 '소리'의 뜻을 강조한 글자이다.

□ 聲量 성량   □ 音聲 음성   □ 美聲 미성

刀(1)

120

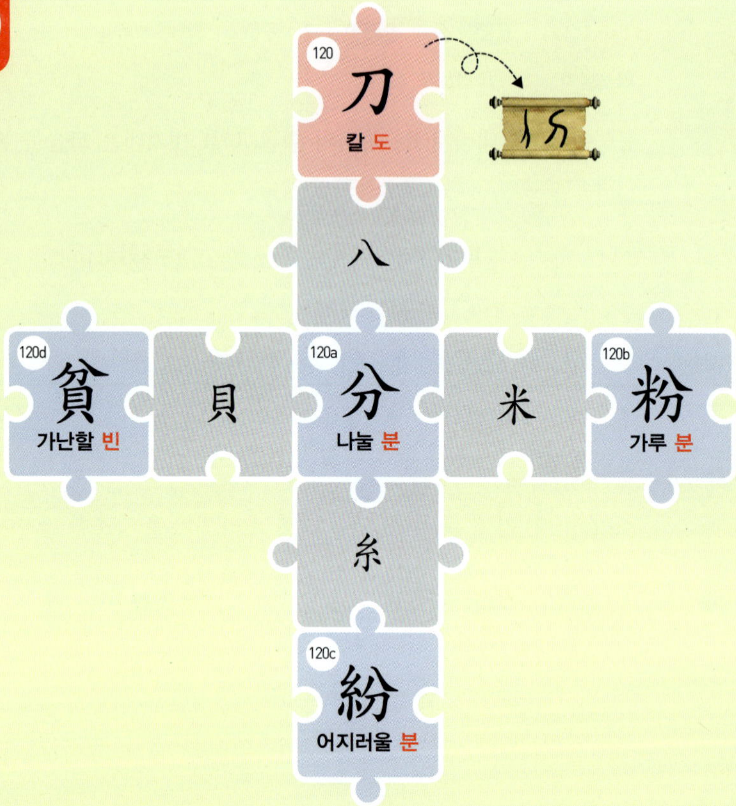

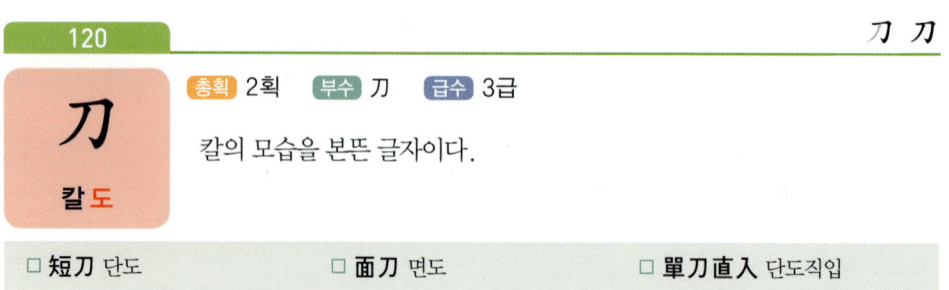

刀 刀

刀
칼 **도**

총획 2획 부수 刀 급수 3급

칼의 모습을 본뜬 글자이다.

□ **短刀** 단도	□ **面刀** 면도	□ **單刀直入** 단도직입

| 삶 | 전쟁 | 무기

120a

分 分 分 分

나눌 분

- 총획 4획
- 부수 刀
- 급수 6급

刀 칼 도 + 八 여덟 팔

칼(刀)로 사물을 반(八)으로 나누는 모습이다.

☐ 分割 분할   ☐ 分析 분석   ☐ 分家 분가

120b

粉 粉 粉 粉 粉 粉 粉 粉 粉 粉

가루 분

- 총획 10획
- 부수 米
- 급수 4급

分 나눌 분 + 米 쌀 미

곡물(米)을 잘게 나눠(分) 가루가 된 모습이다.

☐ 粉食 분식   ☐ 粉碎機 분쇄기   ☐ 粉飾會計 분식 회계

120c

紛 紛 紛 紛 紛 紛 紛 紛 紛

어지러울 분

- 총획 10획
- 부수 糸
- 급수 3급

分 나눌 분 + 糸 가는실 멱

천을 가르자(分) 실(糸)이 어지럽게 흩날리는 모습이다.

☐ 紛亂 분란   ☐ 紛糾 분규   ☐ 紛爭 분쟁

120d

貧 貧 貧 貧 貧 貧 貧 貧 貧 貧

가난할 빈

- 총획 11획
- 부수 貝
- 급수 4급

分 나눌 분 + 貝 조개 패

재산(貝)이 나눠졌다는(分) 것은 곧 '가난'을 가리킨다.

☐ 貧困 빈곤   ☐ 貧民 빈민   ☐ 安貧樂道 안빈낙도

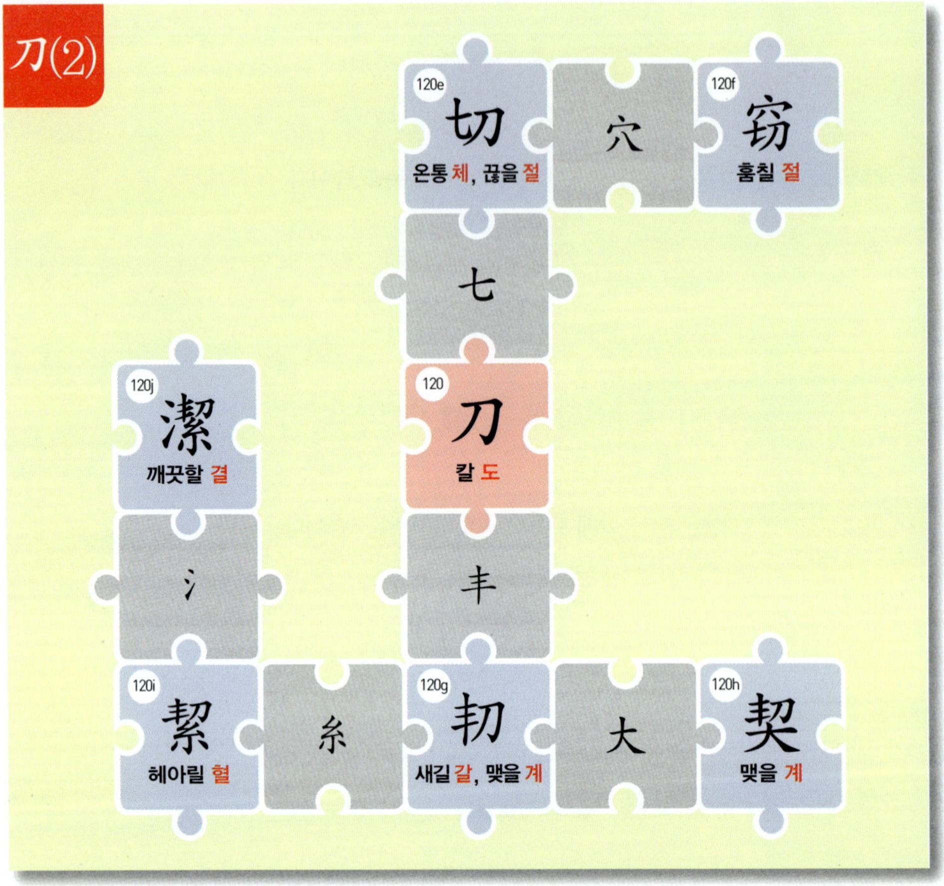

刀(2)

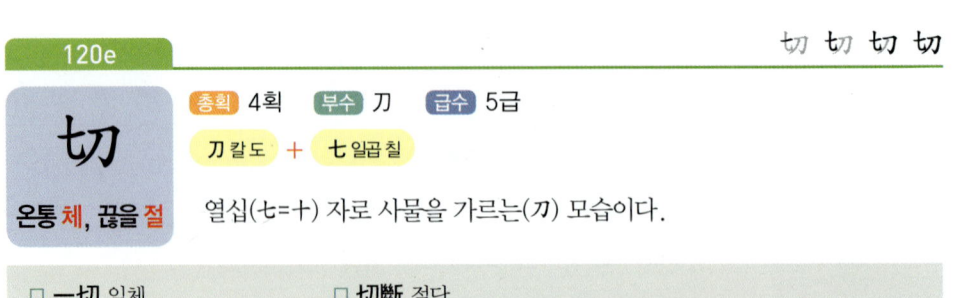

120e

切
온통 체, 끊을 절

切 切 切 切

- 총획 4획
- 부수 刀
- 급수 5급

刀 칼 도 + 七 일곱 칠

열십(七=十) 자로 사물을 가르는(刀) 모습이다.

□ 一切 일체   □ 切斷 절단

삶 | 전쟁 | 무기

120f 窃 훔칠 절

총획 9획 · 부수 穴 · 급수 확장한자 · 切 온통 체, 끊을 절 + 穴 구멍 혈

훔칠 절(竊)의 속자(俗字)로 창고(穴)의 자물통을 끊고(切) 곡식이나 귀중품을 훔쳐가는 모습이다.

120g 刧 새길 갈, 맺을 계

총획 6획 · 부수 刀 · 급수 확장한자 · 刀 칼 도 + 丰 예쁠 봉

칼(刀)로 계약 내용(丰)을 목판에 새긴 모습이다.

120h 契 맺을 계

총획 9획 · 부수 大 · 급수 3급 · 刧 새길 갈, 맺을 계 + 大 큰 대

서판(大→木)에 계약 내용을 새기는(刧) 모습을 본떠 '새기다'의 뜻이 나왔으며 계약 내용이므로 '맺다'의 뜻도 가진다.

□ 契約 계약   □ 契機 계기

120i 絜 헤아릴 혈

총획 12획 · 부수 糸 · 급수 특급 · 刧 새길 갈, 맺을 계 + 糸 가는 실 멱

내용을 새긴(刧) 문서나 계약서를 끈(糸)으로 묶어 헤아리다.

120j 潔 깨끗할 결

총획 15획 · 부수 氵 · 급수 4급 · 絜 헤아릴 혈 + 氵 물 수

계약(刧)을 맺기(糸)에 앞서 몸을 씻는(氵) 모습에서 '깨끗하다'의 뜻이 있다.

헤아릴 혈(絜) 자에 '깨끗하다'의 뜻도 있으나 그 뜻으로 단독 사용을 하지 못하자 '물 수(氵)' 자를 더하여 원뜻을 회복한 글자가 결(潔) 자라고도 한다.

□ 潔白 결백   □ 不潔 불결   □ 淸潔 청결

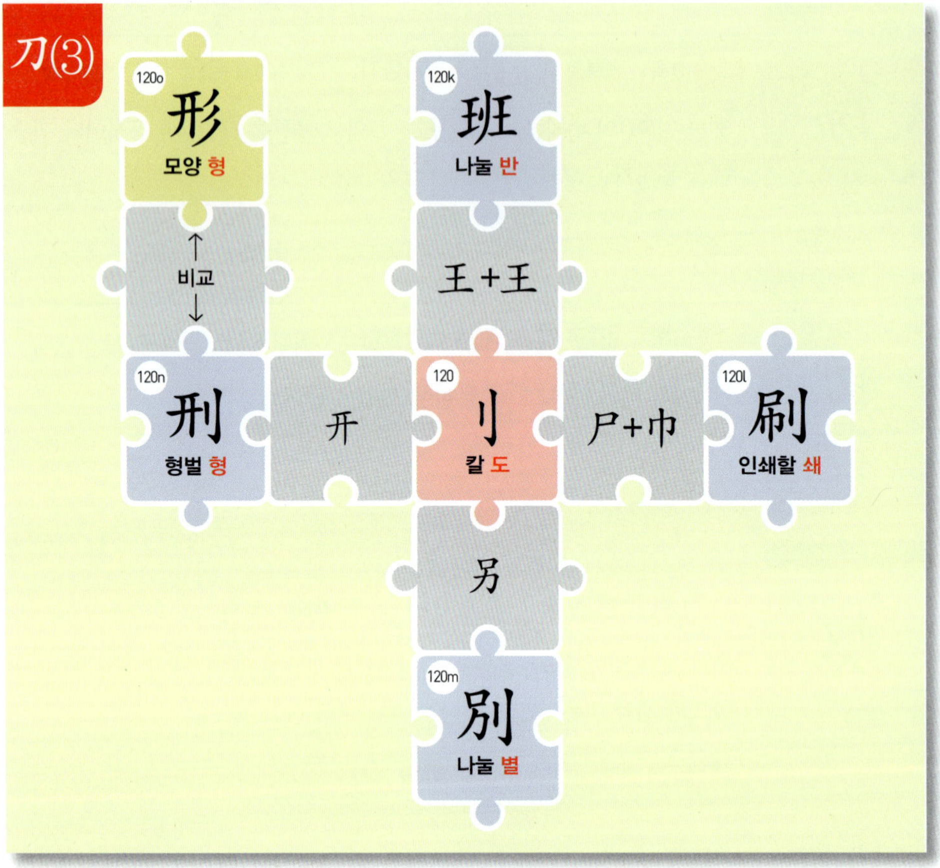

刀(3)

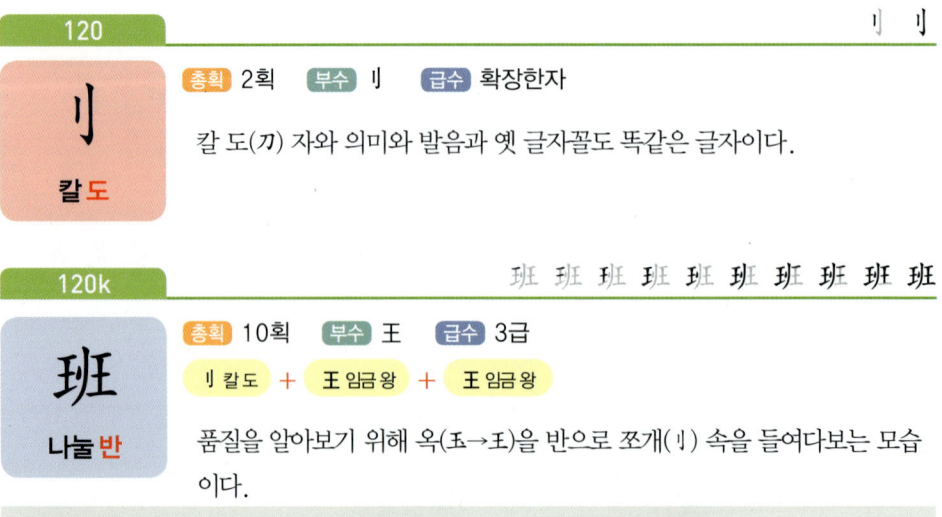

120				刂 刂

刂
칼 도

총획 2획 부수 刂 급수 확장한자

칼 도(刀) 자와 의미와 발음과 옛 글자꼴도 똑같은 글자이다.

120k				班 班 班 班 班 班 班 班

班
나눌 반

총획 10획 부수 王 급수 3급

刂 칼 도 + 王 임금 왕 + 王 임금 왕

품질을 알아보기 위해 옥(玉→王)을 반으로 쪼개(刂) 속을 들여다보는 모습이다.

□ 班次 반차   □ 班長 반장   □ 兩班 양반

120l

刷 刷 刷 刷 刷 刷 刷 刷

刷 인쇄할 **쇄**

- 총획 8획
- 부수 刂
- 급수 3급

刂 칼도 + 尸 주검시 + 巾 수건건

신체(尸)에 칼(刂)로 문신을 새길 때 흐르는 잉크나 핏방울을 헝겊(巾)으로 닦아내는 모습이다.

☐ 刷新 쇄신 ☐ 印刷 인쇄 ☐ 假刷 가쇄

120m

別 別 別 別 別 別 別

別 나눌 **별**

- 총획 7획
- 부수 刂
- 급수 6급

刂 칼도 + 另 헤어질 령

칼(刂)로 뼈의 살을 발라내는(另) 모습이다.

☐ 別途 별도 ☐ 分別 분별 ☐ 離別 이별

120n

刑 刑 刑 刑 刑 刑

刑 형벌 **형**

- 총획 6획
- 부수 刂
- 급수 4급

刂 칼도 + 开 열 개

칼(刂)을 들고 지키는 감옥(开)에 수감된 죄수의 모습을 가리킨다.

☐ 刑罰 형벌 ☐ 刑期 형기 ☐ 極刑 극형

120o

形 形 形 形 形 形 形

形 모양 **형**

- 총획 7획
- 부수 彡
- 급수 6급

开 열 개 + 彡 터럭 삼

가마(开)에 형형색색의 술을 늘어뜨려 화려하게 장식한(彡) 겉모양을 가리킨다.

☐ 形言 형언 ☐ 形便 형편 ☐ 有形 유형

刃

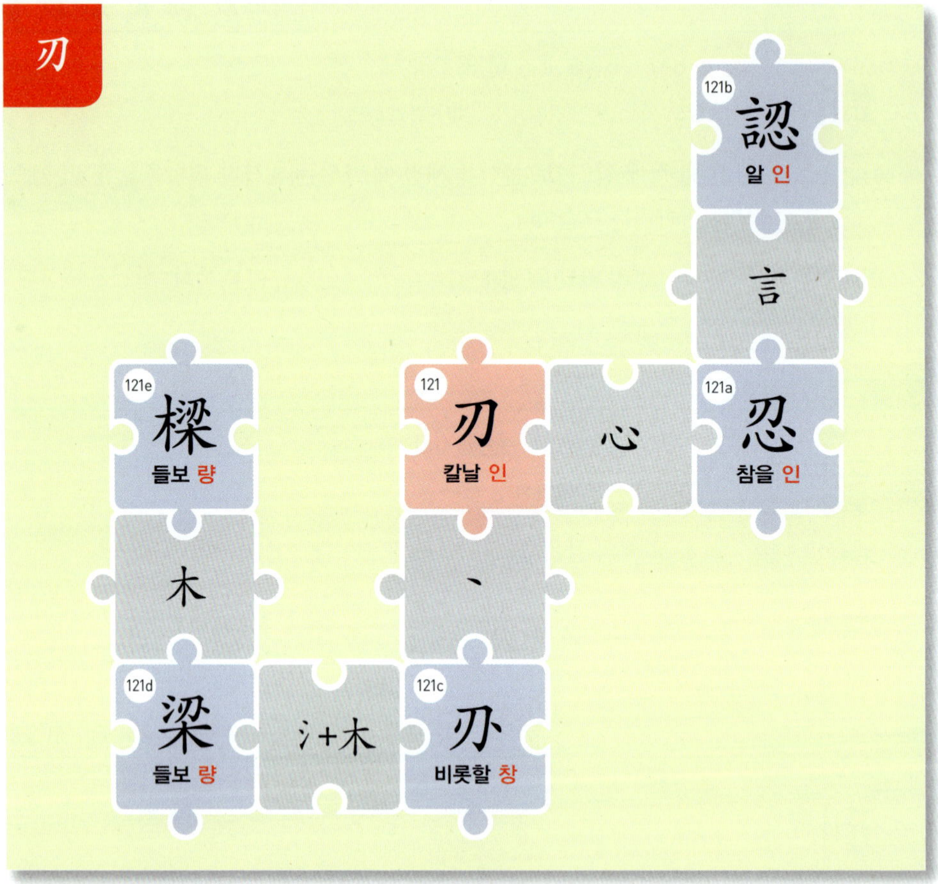

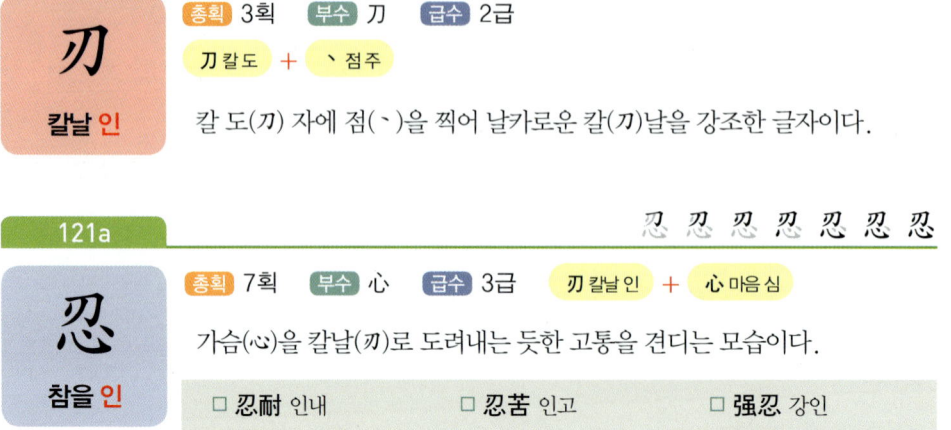

121

刃
칼날 인

- 총획 3획
- 부수 刀
- 급수 2급

刀 칼도 + 丶 점주

刀 刀 刃

칼 도(刀) 자에 점(丶)을 찍어 날카로운 칼(刃)날을 강조한 글자이다.

121a

忍
참을 인

- 총획 7획
- 부수 心
- 급수 3급

刃 칼날인 + 心 마음심

忍 忍 忍 忍 忍 忍 忍

가슴(心)을 칼날(刃)로 도려내는 듯한 고통을 견디는 모습이다.

- ☐ 忍耐 인내
- ☐ 忍苦 인고
- ☐ 强忍 강인

삶 | 전쟁 | 무기

121b 認 알 인

- 총획 14획
- 부수 言
- 급수 4급

忍 참을 인 + 言 말씀 언

말(言)로 설명해 알게 되는 것을 가리키며 참을 인(忍) 자를 발음으로 쓴다.

- □ 認定 인정
- □ 認識 인식
- □ 承認 승인

121c 刅 비롯할 창

- 총획 4획
- 부수 刀
- 급수 확장한자

刃 칼날 인 + 丶 점주

칼(刀)로 나무를 깎거나 홈(丶)을 내 물건을 만들기 시작하는 모습에서 '비롯하다, 시작하다'의 뜻을 가진다.

121d 梁 들보 량

- 총획 11획
- 부수 木
- 급수 3급

刅 비롯할 창 + 氵 물 수 + 木 나무 목

물(氵) 위에 놓기 위해 다듬은(刅) 나무(木) 다리의 모습이다.

- □ 上梁式 상량식
- □ 橋梁 교량

121e 樑 들보 량

- 총획 15획
- 부수 木
- 급수 2급

梁 들보 량 + 木 나무 목

들보 량(梁)이 교량(橋梁)의 뜻으로도 사용되자 나무 목(木)을 더해 '들보'만을 뜻하는 글자를 만들었다.

- □ 大樑 대량
- □ 上樑 상량
- □ 棟樑 동량

斤(1)

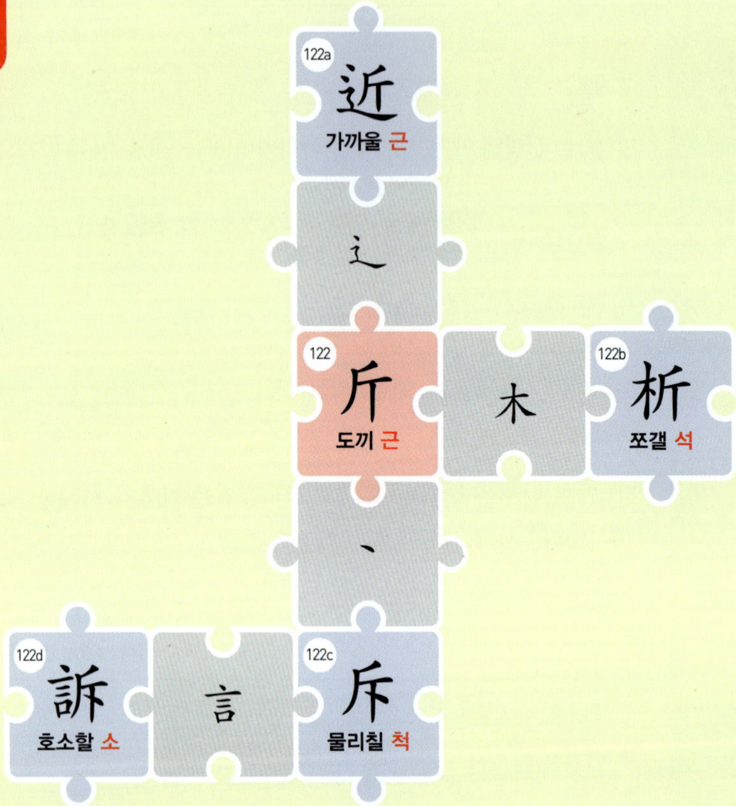

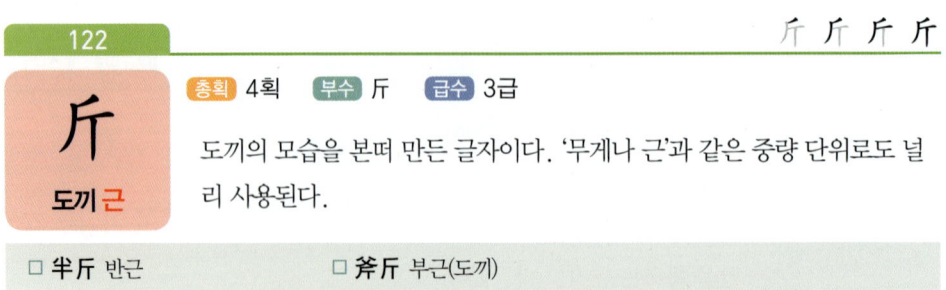

- 122a 近 가까울 근
- 122 斤 도끼 근
- 之
- 木
- 122b 析 쪼갤 석
- 、
- 122d 訴 호소할 소
- 言
- 122c 斥 물리칠 척

122

斤 도끼 근

총획 4획 부수 斤 급수 3급

斤 斤 斤 斤

도끼의 모습을 본떠 만든 글자이다. '무게나 근'과 같은 중량 단위로도 널리 사용된다.

- 半斤 반근
- 斧斤 부근(도끼)

122a

가까울 근

- 총획 8획
- 부수 辶
- 급수 6급

斤 도끼 근 + 辶 쉬엄쉬엄 갈 착

사냥(斤)하러 주로 가는(辶) 가까운 거리를 가리킨다.

- □ 近視 근시
- □ 近處 근처
- □ 遠近法 원근법

122b

쪼갤 석

- 총획 8획
- 부수 木
- 급수 3급

斤 도끼 근 + 木 나무 목

도끼(斤)로 장작(木)을 패 쪼개는 모습이다.

- □ 分析 분석
- □ 解析 해석
- □ 透析 투석

122c

물리칠 척

- 총획 5획
- 부수 斤
- 급수 3급

斤 도끼 근 + 丶 점 주

도끼(斤)로 내리쳐(丶) 물리치거나 장작을 패는 모습이다.

옛 그림이 없어 정확한 파악은 어렵지만, 전문(篆文)의 그림만으로 봐서는 건물(广)과 사람을 정면에서 바라본 글자인 대(大) 자를 뒤집어 놓은 꼴(屰-거스를 역)로 사람을 대궐에서 쫓아내는 장면임을 알려준다.

- □ 斥候 척후
- □ 排斥 배척

122d

호소할 소

- 총획 12획
- 부수 言
- 급수 3급

斥 물리칠 척 + 言 말씀 언

자신의 억울함을 물리치기(斥) 위해 말(言)로 호소하는 장면이다.

물리칠 척(斥) 자가 쫓겨나는 장면이라면 자신의 억울함을 호소(言)하거나 하소연하는 장면에서 호소할/하소연할 소(訴) 자가 만들어졌을 가능성도 있다.

- □ 訴訟 소송
- □ 呼訴 호소
- □ 勝訴 승소

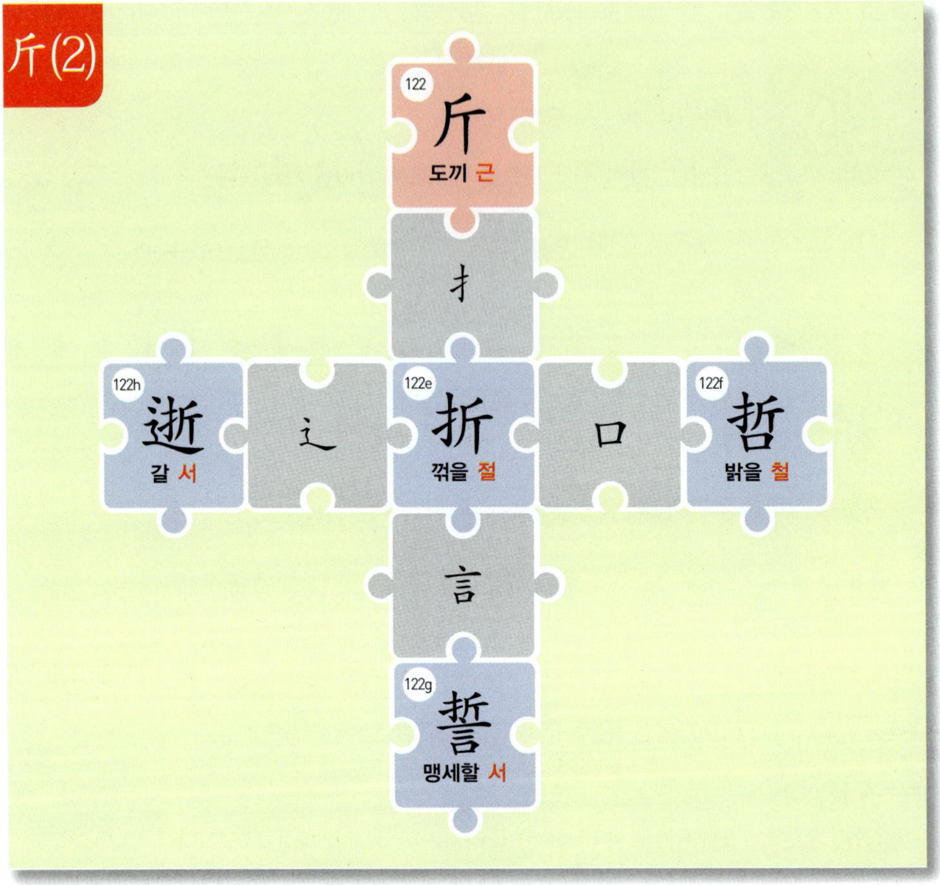

斤(2)

- 122 斤 도끼 근
- 扌
- 122h 逝 갈 서
- 辶
- 122e 折 꺾을 절
- 口
- 122f 哲 밝을 철
- 言
- 122g 誓 맹세할 서

122e

折 꺾을 절

折折折折折折折

- 총획 7획
- 부수 扌
- 급수 4급

斤 도끼 근 + 扌 손 수

손(扌)에 도끼(斤)를 들고 나무를 내리쳐 꺾는 모습이다.

☐ 挫折 좌절　　☐ 骨折 골절　　☐ 屈折 굴절

122f

哲 밝을 철

- 총획 10획
- 부수 口
- 급수 3급

折 꺾을 절 + 口 입 구

말(口)로 상대방을 꺾으(折)려면 사리에 밝아야 한다.

- □ 哲學 철학
- □ 明哲 명철

122g

誓 맹세할 서

- 총획 14획
- 부수 言
- 급수 3급

折 꺾을 절 + 言 말씀 언

제물을 잡아(折) 바치며 서약(言)하는 모습에서 '맹세하다'의 뜻이 있다.

- □ 誓約 서약
- □ 盟誓 맹서
- □ 宣誓 선서

122h

逝 갈 서

- 총획 11획
- 부수 辶
- 급수 3급

折 꺾을 절 + 辶 쉬엄쉬엄 갈 착

권력에서 꺾인(折) 사람이 나가는(辶) 모습이다.

- □ 逝去 서거

干(1)

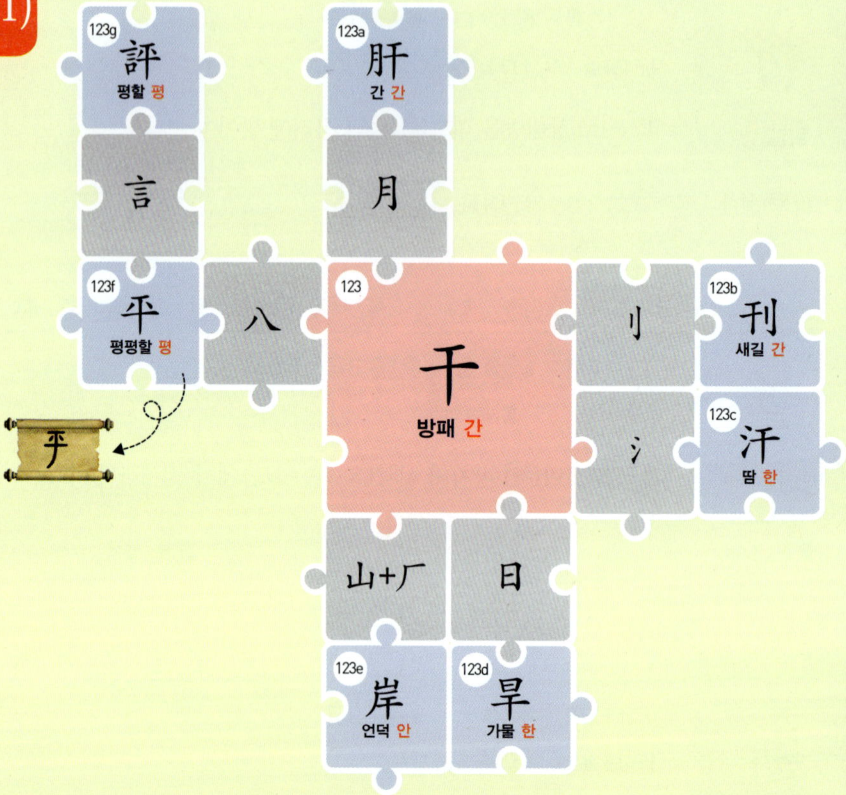

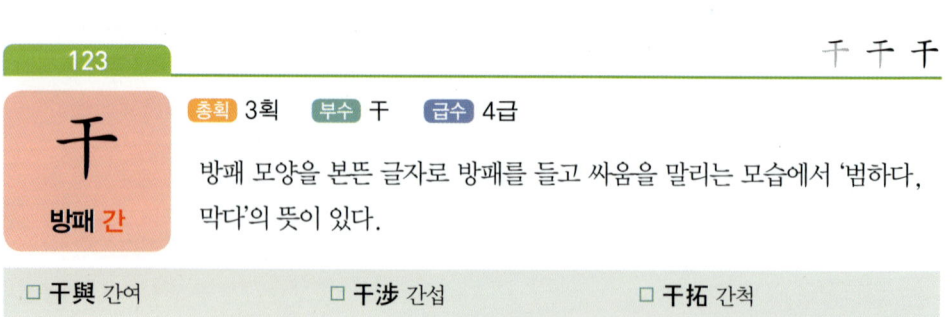

干 干 干

123
干 방패 간

총획 3획　**부수** 干　**급수** 4급

방패 모양을 본뜬 글자로 방패를 들고 싸움을 말리는 모습에서 '범하다, 막다'의 뜻이 있다.

☐ 干與 간여　　☐ 干涉 간섭　　☐ 干拓 간척

삶 | 전쟁 | 무기

123a

肝肝肝肝肝肝肝

肝
간 간

- 총획 7획
- 부수 月
- 급수 3급

干 방패 간 + 月 육달 월

신체(月=肉)에서 방패(干)와 같은 역할을 하는 기관을 가리킨다.

□ 肝膽 간담　　□ 肝炎 간염　　□ 肝臟 간장(간)

123b

刊刊刊刊刊

刊
새길 간

- 총획 5획
- 부수 刂
- 급수 3급

干 방패 간 + 刂 칼 도

방패(干)처럼 넓적한 판에 칼(刂)로 글을 새겨 넣는 모습이다.

□ 刊行 간행　　□ 發刊 발간　　□ 創刊號 창간호

123c

汗汗汗汗汗汗

汗
땀 한

- 총획 6획
- 부수 氵
- 급수 3급

干 방패 간 + 氵 물 수

신체를 보호(干)해 주는 액체(氵)인 '땀'을 뜻한다.

□ 汗蒸幕 한증막　　□ 發汗 발한　　□ 多汗症 다한증

123d

旱旱旱旱旱旱旱

旱
가물 한

- 총획 7획
- 부수 日
- 급수 3급

干 방패 간 + 日 해 일

태양(日)을 가려야(干) 할 만큼 뜨거운 '가뭄'을 뜻한다.

□ 旱魃 한발

123e

岸 岸 岸 岸 岸 岸 岸 岸

岸
언덕 **안**

- 총획 8획
- 부수 山
- 급수 3급
- 干 방패 간 + 山 산 산 + 厂 기슭 엄

방패(干)의 역할을 하는 바닷가의 산(山) 기슭(厂)을 가리킨다.

☐ 沿岸 연안　　☐ 海岸 해안　　☐ 接岸 접안

123f

平 平 平 平 平

平
평평할 **평**

- 총획 5획
- 부수 干
- 급수 7급
- 干 방패 간 + 八 여덟 팔

넓적한 방패(干)처럼 물 위를 평평하게 덮고 있는 수초(八)의 모습이다.

☐ 平和 평화　　☐ 平等 평등　　☐ 公平 공평

123g

評 評 評 評 評 評 評 評 評 評 評 評

評
평할 **평**

- 총획 12획
- 부수 言
- 급수 4급
- 平 평평할 평 + 言 말씀 언

공평하게(平) 말(言)하는 것을 가리킨다.

☐ 評價 평가　　☐ 論評 논평　　☐ 批評 비평

삶 | 전쟁 | 무기

干(2)

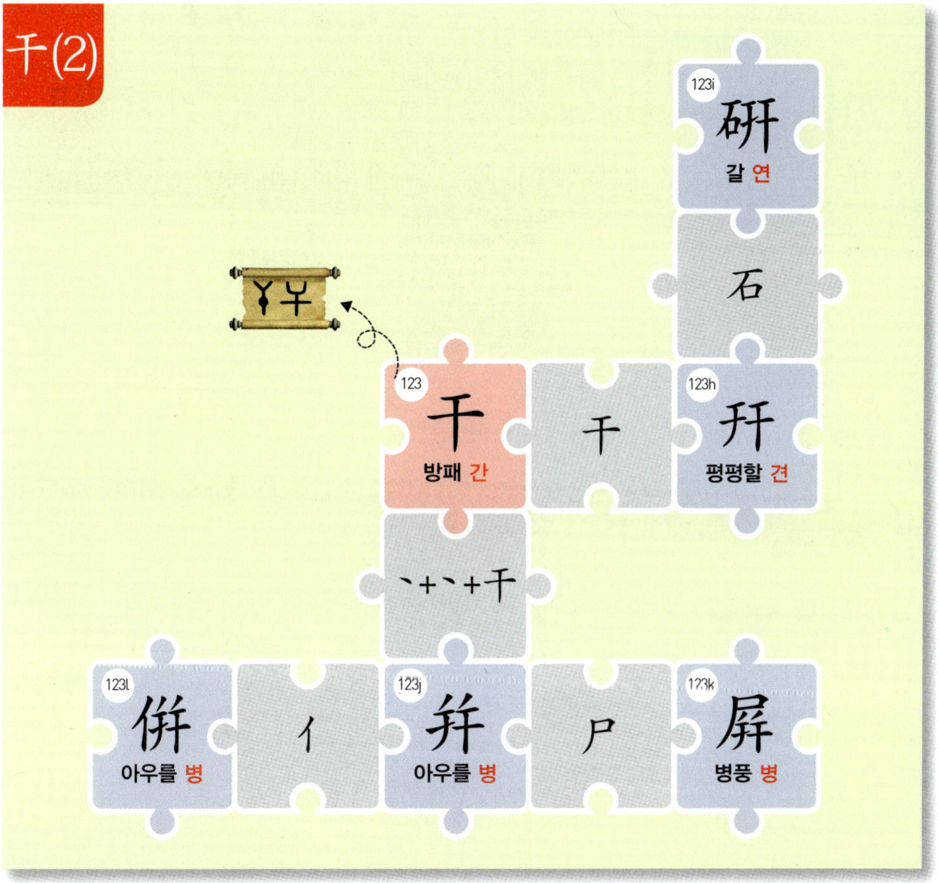

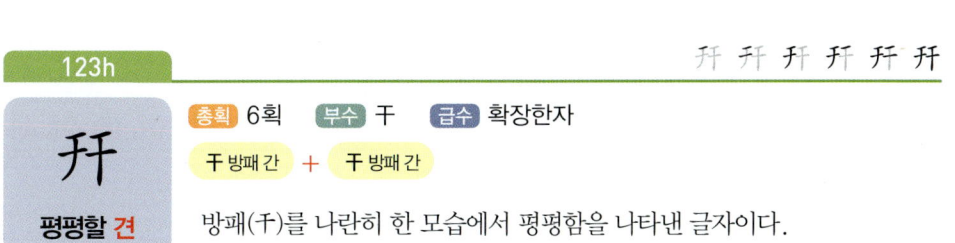

123h 幵 평평할 견

총획 6획 부수 干 급수 확장한자

干 방패 간 + 干 방패 간

방패(干)를 나란히 한 모습에서 평평함을 나타낸 글자이다.

幵 幵 幵 幵 幵 幵

123i

研 갈 연

| 총획 | 11획 | 부수 | 石 | 급수 | 4급 |

开 평평할 견 + 石 돌 석

돌(石)을 평평하게(开) 가는 모습에서 '갈다, 연구하다'의 뜻이 있다.

- 研磨 연마
- 研究 연구
- 研修 연수

123j

幷 아우를 병

| 총획 | 8획 | 부수 | 干 | 급수 | 특급 |

현재의 글자로만 봐서는 평평할 견(开) 자에 점 주(丶) 자를 더한 글자처럼 보이지만 밧줄(一)로 두 사람(从)의 발목을 묶어 한 줄로 이어놓은 모습이다.

- 輻輳幷臻 폭주병진

123k

屛 병풍 병

| 총획 | 11획 | 부수 | 尸 | 급수 | 3급 |

幷 아우를 병 + 尸 주검 시

시체(尸)를 가리기 위해 이어(幷) 붙인 족자를 가리킨다.

- 屛風 병풍

123l

倂 아우를 병

| 총획 | 10획 | 부수 | 亻 | 급수 | 2급 |

幷 아우를 병 + 亻 사람 인

병(幷) 자에 사람 인(亻) 자를 더해 '아우르다'는 뜻을 분명히 한 글자이다.

- 倂記 병기
- 倂殺 병살
- 合倂 합병

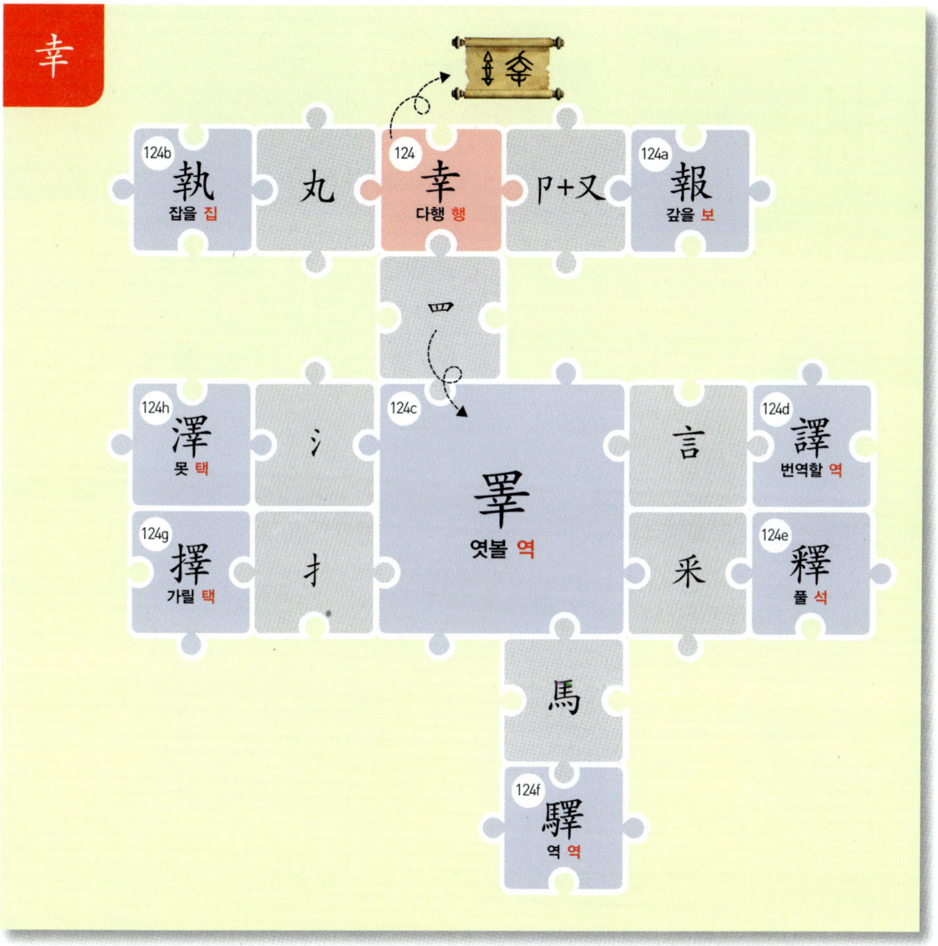

124

124

幸 幸 幸 幸 幸 幸 幸 幸

幸
다행 행

총획 8획　부수 干　급수 6급

수갑에 해당하는 형구의 모습을 본뜬 글자이다. 수갑을 찬 죄수들은 가벼운 형을 받고 풀려나는 것을 '다행'으로 여겼다.

□ **幸福** 행복　□ **幸運** 행운　□ **多幸** 다행

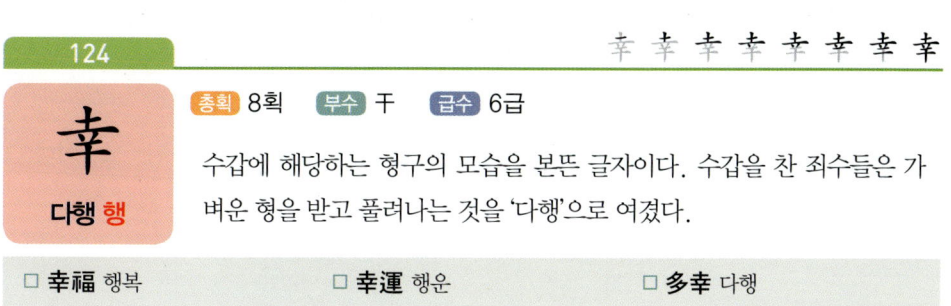

124a

報報報報報報報報報報報

報
갚을 **보**

- 총획 12획
- 부수 土
- 급수 4급

幸 다행 행 + 卩 병부 절 + 又 또 우

포로(幸)를 굴복(卩+又)시켜 앙갚음을 하다.

- ☐ 報道 보도
- ☐ 報告 보고
- ☐ 情報 정보

124b

執執執執執執執執執執執

執
잡을 **집**

- 총획 11획
- 부수 土
- 급수 3급

幸 다행 행 + 丸 둥글 환

손발에 수갑(幸)이 채워진(丸→丮) 모습이다.

- ☐ 執行 집행
- ☐ 執權 집권
- ☐ 固執 고집

124c

睪睪睪睪睪睪睪睪睪睪睪

睪
엿볼 **역**

- 총획 13획
- 부수 目
- 급수 확장한자

幸 다행 행 + 罒 그물 망

수갑(幸)을 찬 죄인을 감시(罒→目)하는 모습이다.

124d

譯譯譯譯譯譯譯譯譯譯譯譯譯

譯
번역할 **역**

- 총획 20획
- 부수 言
- 급수 3급

睪 엿볼 역 + 言 말씀 언

감시(罒→目)하는 죄수(幸)의 말(言)을 전해주거나 통역해주는 모습이다.

- ☐ 通譯 통역
- ☐ 飜譯 번역
- ☐ 內譯 내역

삶 | 전쟁 | 무기

124e

釋釋釋釋釋釋釋釋釋釋釋釋釋釋釋釋

풀 **석**

총획 20획 부수 釆 급수 3급

睪 엿볼 역 + 釆 분별할 변

몰래 지켜보며(罒→目) 죄의 유무를 분별해(釆) 죄가 없는 죄수(幸)는 풀어주다.

□ 釋放 석방   □ 解釋 해석   □ 註釋 주석

124f

驛驛驛驛驛驛驛驛驛驛驛驛驛驛驛驛驛

역 **역**

총획 23획 부수 馬 급수 3급

睪 엿볼 역 + 馬 말 마

과거 교통편이었던 말(馬)이 머물고 죄수(睪)들을 감금하던 장소를 본뜬 글자로 '역, 정거장' 등의 뜻을 가진다.

□ 驛前 역전   □ 驛舍 역사   □ 簡易驛 간이역

124g

擇擇擇擇擇擇擇擇擇擇擇擇擇擇

가릴 **택**

총획 16획 부수 扌 급수 4급

睪 엿볼 역 + 扌 손 수

포로들(睪)을 살펴 종으로 쓰기 적당한 사람을 골라(扌)내는 모습이다.

□ 擇一 택일   □ 揀擇 간택   □ 選擇 선택

124h

澤澤澤澤澤澤澤澤澤澤澤澤澤澤

못 **택**

총획 16획 부수 氵 급수 3급

睪 엿볼 역 + 氵 물 수

포로들(睪)이 흘리는 눈물(氵)이 못을 이룬다 하여 '못, 저수지'의 뜻을 가진다.

□ 潤澤 윤택   □ 惠澤 혜택   □ 光澤 광택

삶 | 전쟁 | 운송수단

車(1)

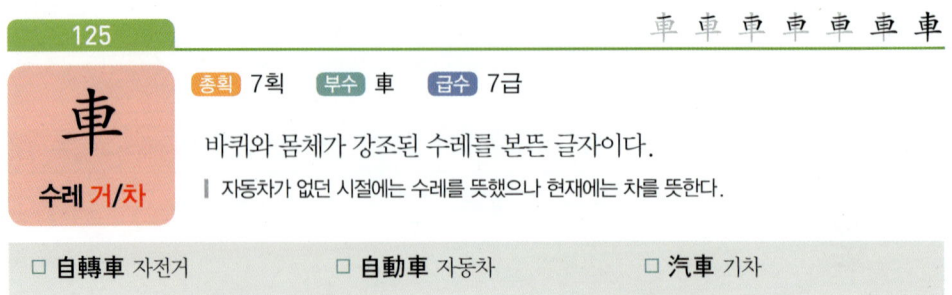

- 125a 軒 집 헌
- 干
- 125 車 수레 거/차
- 欠
- 125b 軟 연할 연
- 之
- 125d 蓮 연꽃 연
- 艹
- 125c 連 잇닿을 련

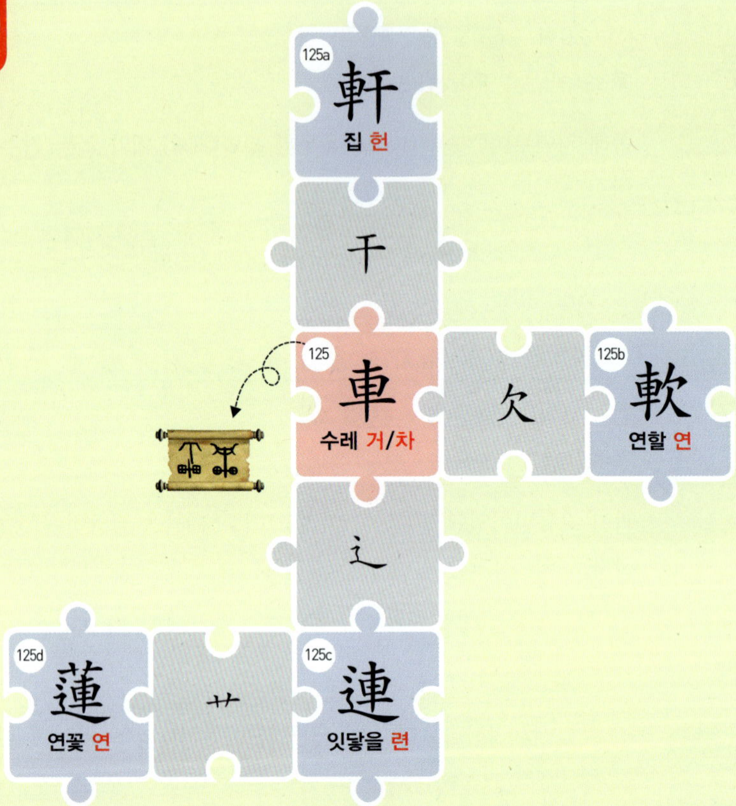

125

車 수레 거/차

총획 7획 | 부수 車 | 급수 7급

車 車 車 車 車 車 車

바퀴와 몸체가 강조된 수레를 본뜬 글자이다.
│ 자동차가 없던 시절에는 수레를 뜻했으나 현재에는 차를 뜻한다.

- □ **自轉車** 자전거
- □ **自動車** 자동차
- □ **汽車** 기차

125a

軒 軒 軒 軒 軒 軒 軒 軒 軒

軒
집 헌

- 총획 10획
- 부수 車
- 급수 3급

車 수레 거/차 + 干 방패 간

수레(車)의 굽은 부분(干)처럼 굽어 있는 지붕의 처마를 가리킨다.

- □ 東軒 동헌
- □ 烏竹軒 오죽헌

125b

軟 軟 軟 軟 軟 軟 軟 軟 軟 軟

軟
연할 연

- 총획 11획
- 부수 車
- 급수 3급

車 수레 거/차 + 欠 하품 흠

수레(車)가 부드럽게(耎→欠) 굴러가는 모습을 나타낸다.

- □ 軟弱 연약
- □ 軟着陸 연착륙
- □ 柔軟 유연

125c

連 連 連 連 連 連 連 連 連 連

連
잇닿을 련

- 총획 11획
- 부수 辶
- 급수 4급

車 수레 거/차 + 辶 쉬엄쉬엄 갈 착

연이어 달려가는(辶) 수레(車)들의 모습을 본뜬 글자이다.

- □ 連結 연결
- □ 連累 연루
- □ 連絡 연락

125d

蓮 蓮 蓮 蓮 蓮 蓮 蓮 蓮 蓮 蓮 蓮

蓮
연꽃 연

- 총획 15획
- 부수 艹
- 급수 3급

連 잇닿을 련 + 艹 풀 초

강이나 호수를 덮어버릴 정도로 잇닿아(連) 피는 꽃(艹)인 연꽃을 가리킨다.

- □ 蓮花 연화
- □ 蓮根 연근
- □ 木蓮 목련

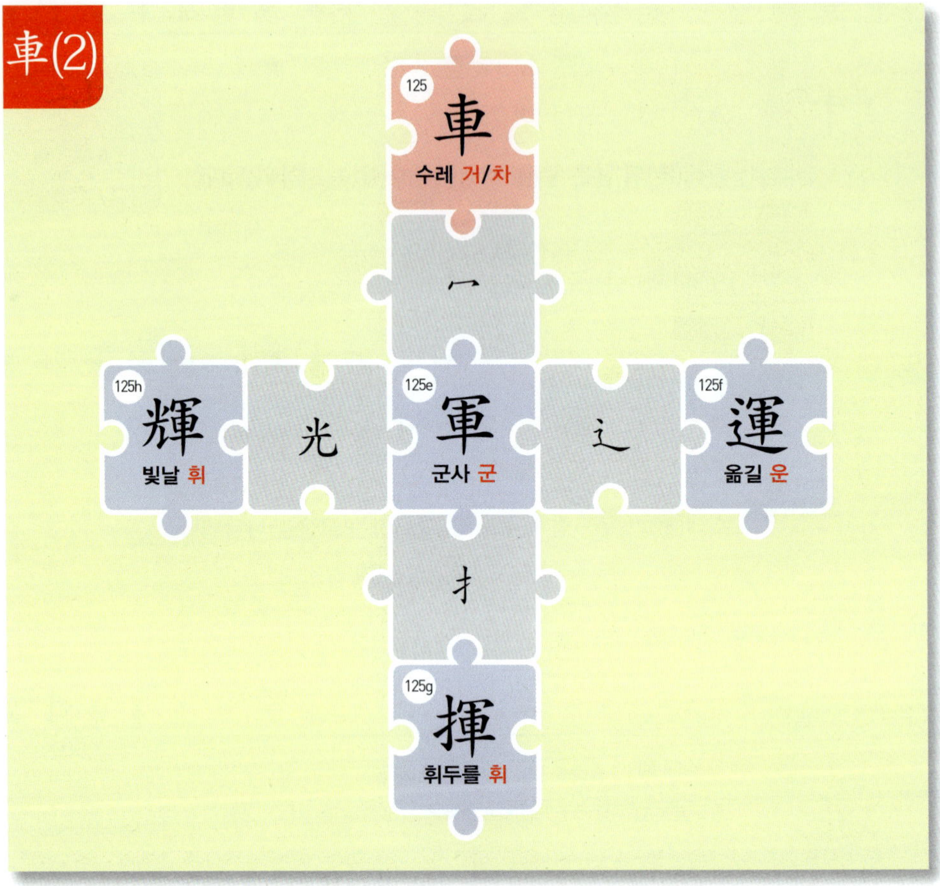

車(2)

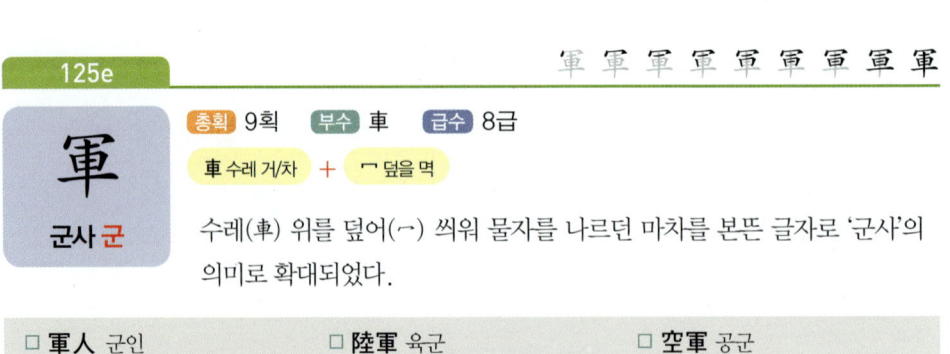

125e

軍 군사 군

- 총획 9획
- 부수 車
- 급수 8급

車 수레 거/차 + 冖 덮을 멱

수레(車) 위를 덮어(冖) 씌워 물자를 나르던 마차를 본뜬 글자로 '군사'의 의미로 확대되었다.

- ☐ 軍人 군인
- ☐ 陸軍 육군
- ☐ 空軍 공군

삶 | 전쟁 | 운송수단

125f

運
옮길 **운**

- 총획 13획
- 부수 辶
- 급수 6급

軍 군사 군 + 辶 쉬엄쉬엄 갈 착

군사와 군수품을 수레(車)로 실어나르는(辶) 모습이다.

☐ 運動 운동 ☐ 運命 운명 ☐ 幸運 행운

125g

揮
휘두를 **휘**

- 총획 12획
- 부수 扌
- 급수 4급

軍 군사 군 + 扌 손 수

군사(軍)들을 지휘(扌)하는 모습에서 '휘두르다'의 뜻이, 지휘에 따라 흩어지는 모습에서 '흩어지다, 날다'의 뜻을 가진다.

☐ 揮發性 휘발성 ☐ 指揮 지휘 ☐ 發揮 발휘

125h

輝
빛날 **휘**

- 총획 15획
- 부수 車
- 급수 3급

軍 군사 군 + 光 빛 광

군사(軍)들이 밤늦도록 불(火)을 밝히고 전투를 벌이는 모습이다.

☐ 輝煌燦爛 휘황찬란

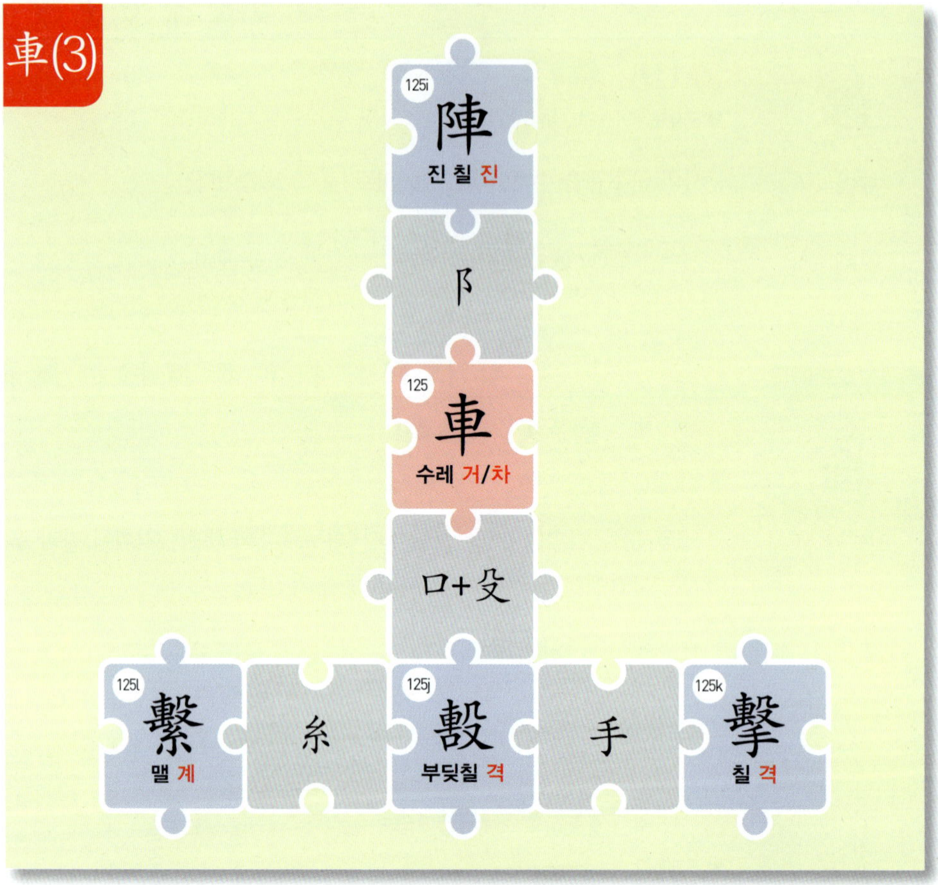

車(3)

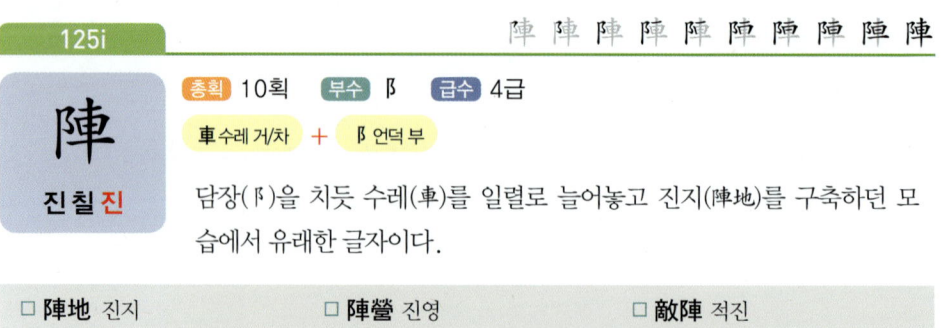

125i	
陣 진칠**진**	총획 **10획** 부수 **阝** 급수 **4급** 車 수레 거/차 + 阝 언덕 부 담장(阝)을 치듯 수레(車)를 일렬로 늘어놓고 진지(陣地)를 구축하던 모습에서 유래한 글자이다.

陣陣陣陣陣陣陣陣陣陣

□ 陣地 진지   □ 陣營 진영   □ 敵陣 적진

삶 | 전쟁 | 운송수단

125j

㲉㲉㲉㲉㲉㲉㲉㲉㲉㲉㲉㲉㲉㲉

㲉
부딪칠 **격**

- 총획 14획
- 부수 殳
- 급수 확장한자

車 수레 거/차 + 口 입 구 + 殳 몽둥이 수

창살(冂=口) 달린 바퀴를 가진 병거(車)끼리 서로 부딪치며 결투(殳)를 벌이는 모습이다.

125k

擊擊擊擊擊擊擊擊擊擊擊擊擊擊

擊
칠 **격**

- 총획 17획
- 부수 手
- 급수 4급

㲉 부딪칠 격 + 手 손 수

병거(兵車)가 서로 부딪쳐(㲉)가며 싸우듯이 손(手)으로 상대방을 치고 때리며 싸우는 모습이다.

- ☐ 擊破 격파
- ☐ 擊沈 격침
- ☐ 攻擊 공격

125l

繫繫繫繫繫繫繫繫繫繫繫繫繫繫

繫
맬 **계**

- 총획 19획
- 부수 糸
- 급수 3급

㲉 부딪칠 격 + 糸 가는실 멱

창살(冂=口)을 밧줄(糸)로 수레(車)바퀴에 매달고 있는 모습이다.

- ☐ 繫留 계류
- ☐ 連繫 연계

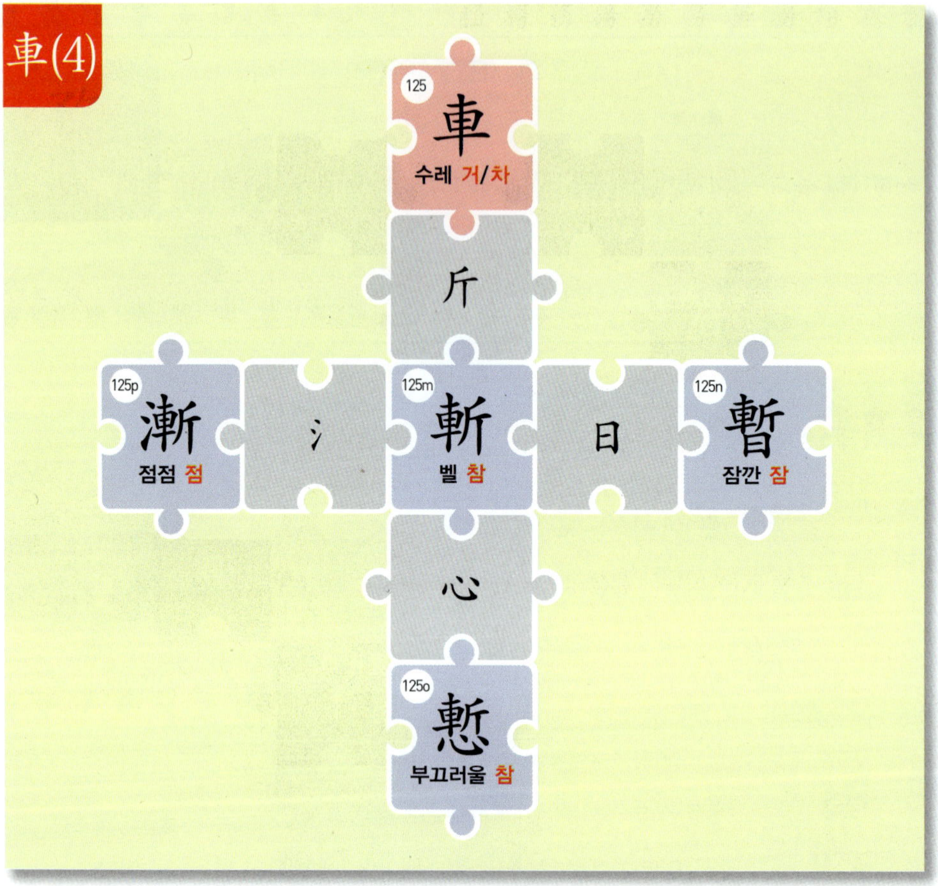

車(4)
125
車
수레 거/차
斤
125p
漸
점점 점
氵
125m
斬
벨 참
日
125n
暫
잠깐 잠
心
125o
慙
부끄러울 참

125

125m

斬 斬 斬 斬 斬 斬 斬 斬 斬 斬 斬

斬
벨 **참**

총획 11획 부수 斤 급수 2급

車 수레 거/차 + 斤 도끼 근

수레(車)에 죄수를 매달아 도끼(斤)로 자르듯 사지를 찢어 죽이는 모습이다.

- □ **斬首** 참수
- □ **斬刑** 참형
- □ **剖棺斬屍** 부관참시

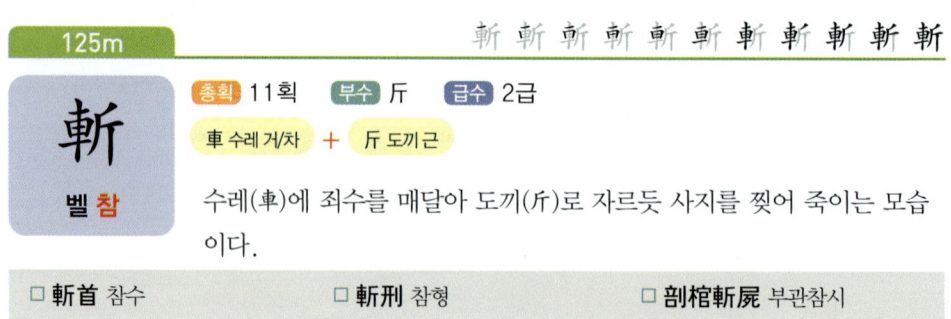

125n

暫暫暫暫暫暫暫暫暫暫暫暫暫

잠깐 잠

- 총획 15획 부수 日 급수 3급
- 斬 벨 참 + 日 해 일

대낮(日)에 순식간에 공격(斬)을 당한 모습이다.

| 벨 참(斬) 자가 죄수를 처형하는 장면과 관련이 있으므로 여기에서 '공격'으로 해석하였다.

- □ 暫時 잠시
- □ 暫間 잠간(잠깐)

125o

慙慙慙慙慙慙慙慙慙慙慙慙慙

부끄러울 참

- 총획 15획 부수 心 급수 3급
- 斬 벨 참 + 心 마음 심

마음(心)이 찢기도록(斬) 부끄러움을 뜻한다.

- □ 慙愧 참괴
- □ 慙悔 참회

125p

漸漸漸漸漸漸漸漸漸漸漸漸漸

점점 점

- 총획 14획 부수 氵 급수 3급
- 斬 벨 참 + 氵 물 수

베어서(斬) 흐르는(氵) 피가 점점 번져가는 모습이다.

- □ 漸漸 점점
- □ 漸入佳境 점입가경

車(5)

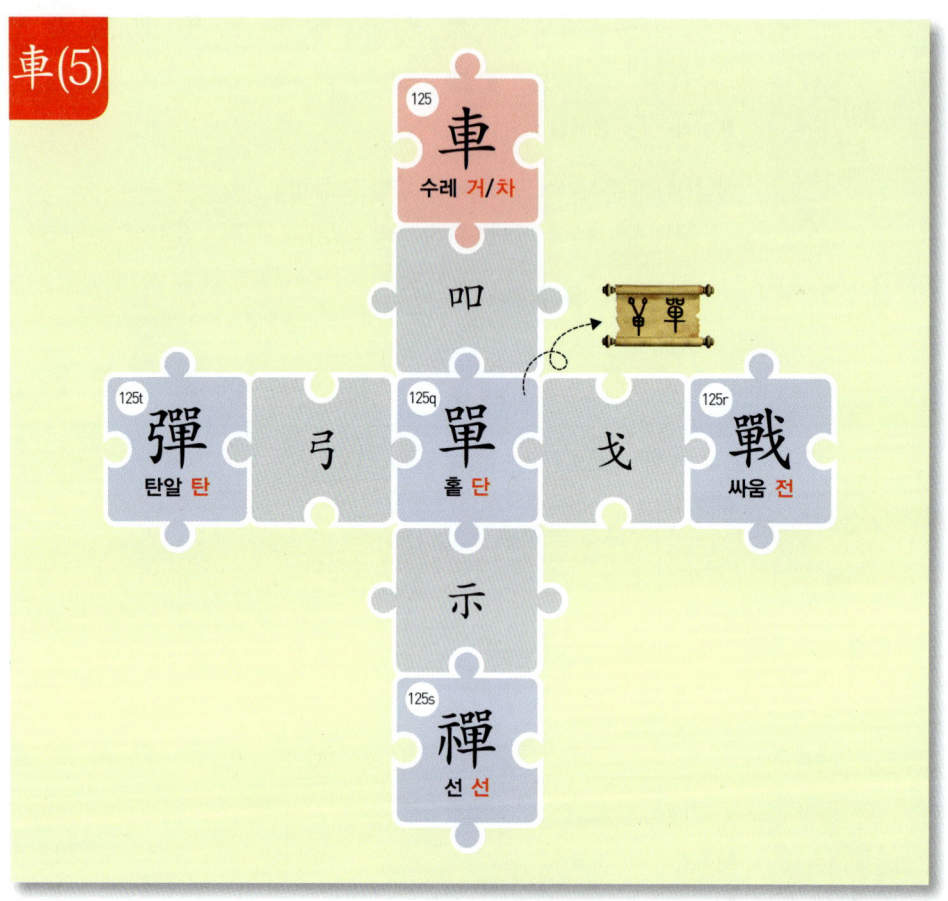

125q

單單單單單單單單單單單單

單
홑 단

- 총획 12획
- 부수 口
- 급수 4급

車 수레 거/차 + 吅 부르짖을 훤

방패(干)의 모습을 본뜬 글자로 각자 무기를 들고 사냥을 하는 모습에서 '혼자, 단독'의 뜻을 갖게 되었다.

홑 단(單) 자의 아랫부분이 수레 거(車)와 모양이 비슷하여 수레 거(車) 편에서 다룰 뿐 상호 연관성은 없다.

□ 單獨 단독   □ 單身 단신   □ 單語 단어

삶 | 전쟁 | 운송수단

125r

싸움 **전**

戰戰戰戰戰戰戰戰戰戰戰戰

- 총획 16획
- 부수 戈
- 급수 6급

單 홑단 + 戈 창과

방패(單)와 창(戈)을 들고 있는 모습에서 싸움이나 전쟁을 의미한다.

☐ 戰爭 전쟁　　☐ 善戰 선전　　☐ 對戰 대전

125s

선 **선**

禪禪禪禪禪禪禪禪禪禪禪禪

- 총획 17획
- 부수 示
- 급수 3급

單 홑단 + 示 보일시

신(示) 앞에 나아가 홀로(單) 도를 닦는 모습이다.

☐ 禪房 선방　　☐ 參禪 참선　　☐ 坐禪 좌선

125t

탄알 **탄**

彈彈彈彈彈彈彈彈彈彈彈彈

- 총획 15획
- 부수 弓
- 급수 4급

單 홑단 + 弓 활궁

활(弓)줄을 퉁기면 날아가는 화살처럼 날아가는 총알이나 대포알을 뜻하는 글자이다.

☐ 彈劾 탄핵　　☐ 彈丸 탄환　　☐ 爆彈 폭탄

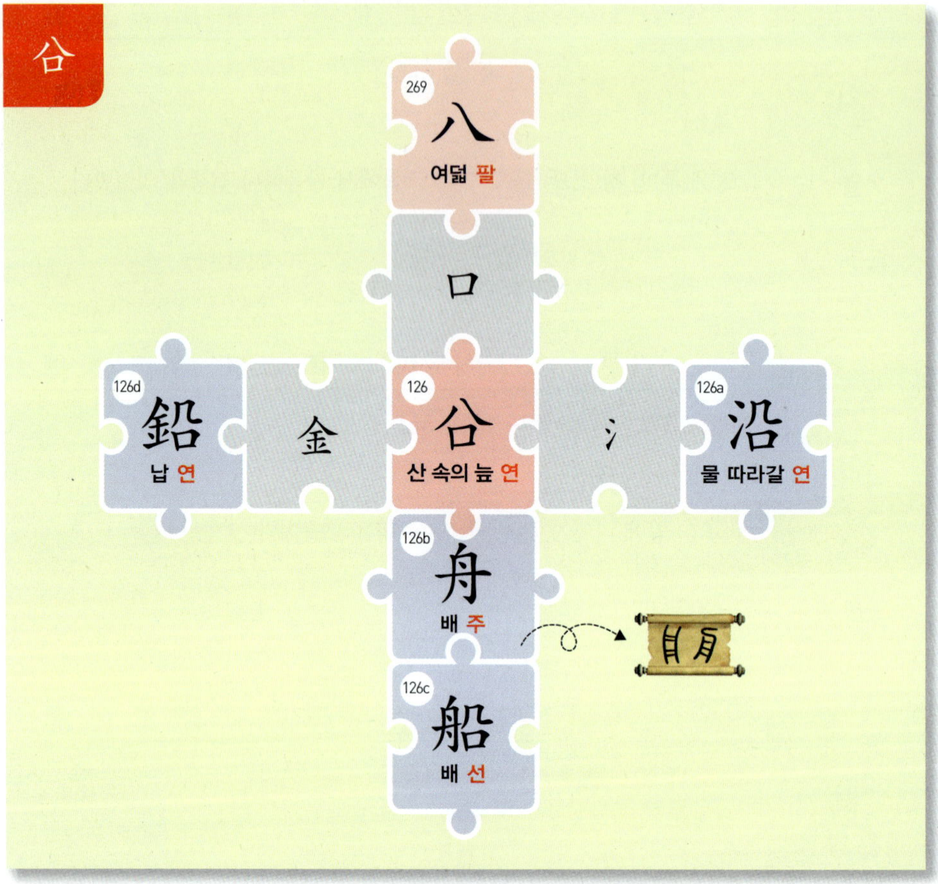

㕣

269	八 여덟 팔
126d 鉛 납 연	金	126 㕣 산 속의 늪 연	氵	126a 沿 물 따라갈 연
		126b 舟 배 주		
		126c 船 배 선		

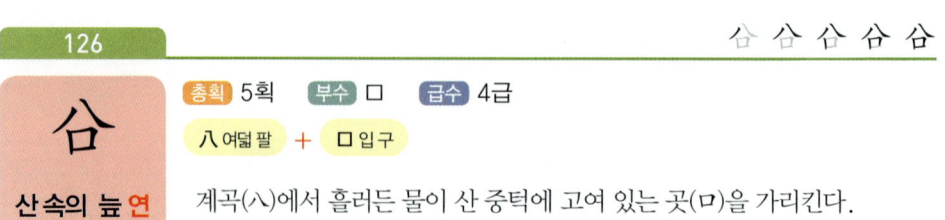

| 126 | 㕣 㕣 㕣 㕣 㕣 |

㕣 산 속의 늪 연

- 총획 5획 부수 口 급수 4급
- 八 여덟 팔 + 口 입 구

계곡(八)에서 흘러든 물이 산 중턱에 고여 있는 곳(口)을 가리킨다.

삶 | 전쟁 | 운송수단

126a

沿沿沿沿沿沿沿沿

沿
물 따라갈 **연**

- 총획 8획
- 부수 氵
- 급수 3급

㕣 산 속의 늪 연 + 氵 물 수

산 속에 있는 늪(㕣)의 물(氵)가, 즉 호수나 늪의 가장자리를 따라 돌아다니는 모습이며, 또한 그렇게 고여 있던 물(氵)이 또 다른 계곡을 만들어 아래로 강을 이뤄 내려가는 모습이다.

- □ 沿岸 연안
- □ 沿海 연해
- □ 沿革 연혁

126b

舟 舟 舟 舟 舟 舟

舟
배 **주**

- 총획 6획
- 부수 舟
- 급수 3급

통나무 속을 파내어 만든 작은 거룻배의 모습을 본뜬 글자이다.

- □ 方舟 방주
- □ 一葉片舟 일엽편주

126c

船船船船船船船船船船

船
배 **선**

- 총획 11획
- 부수 舟
- 급수 5급

㕣 산 속의 늪 연 + 舟 배 주

나무를 파내어 만든 배(舟)가 물의 흐름을 따라 흘러가는(沿→㕣) 모습이다.

- □ 船舶 선박
- □ 漁船 어선
- □ 商船 상선

126d

鉛鉛鉛鉛鉛鉛鉛鉛鉛鉛

鉛
납 **연**

- 총획 13획
- 부수 金
- 급수 4급

㕣 산 속의 늪 연 + 金 쇠 금

금속(金)의 일종인 '납'을 뜻하는 글자로 산 속의 늪 연(㕣)을 발음으로 한다.

- □ 鉛筆 연필
- □ 無鉛 무연
- □ 亞鉛 아연

示(1)

127a
宗
마루 종
山
127b
崇
높을 숭
宀
127e
社
모일 사
土
127
示
보일 시
斤
127c
祈
빌 기
兄
127d
祝
빌 축

127

127

示 示 示 示 示

示
보일 시

총획 5획 부수 示 급수 5급

제물이 놓여 있는 제단의 모습을 본뜬 글자이다.

□ 示範 시범	□ 表示 표시	□ 指示 지시

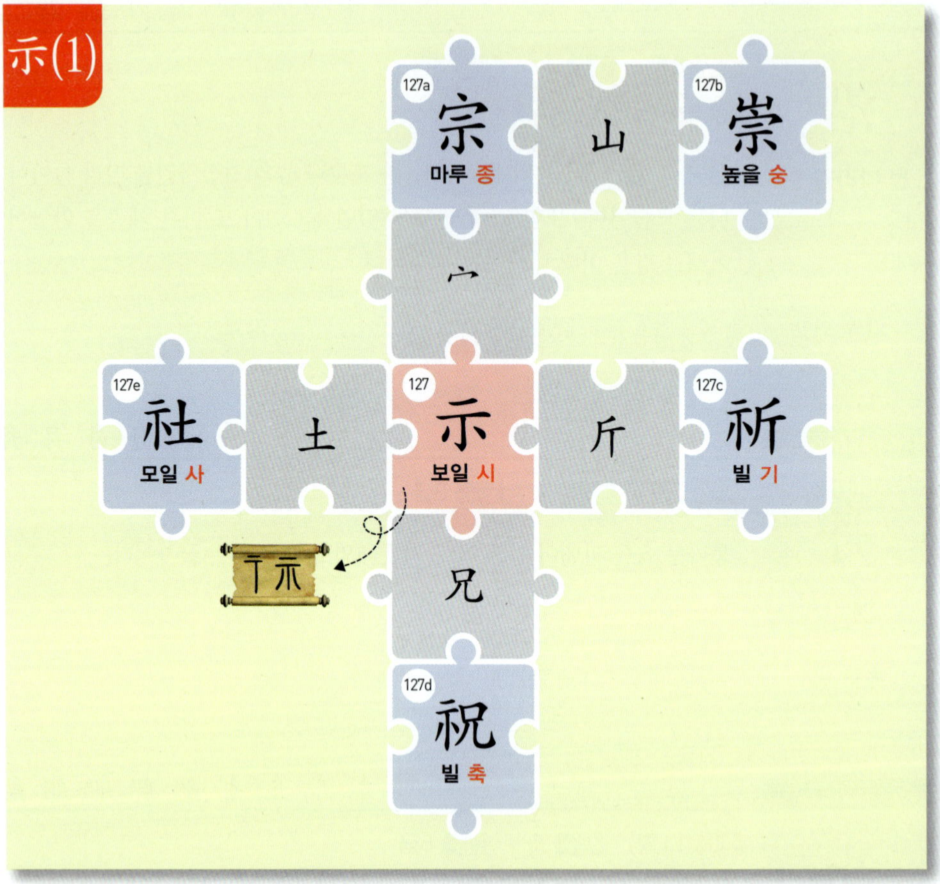

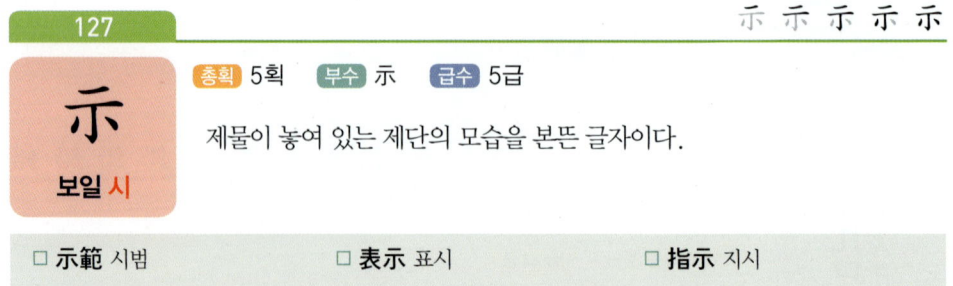

127a

宗 마루 종

宗宗宗宗宗宗宗宗

- 총획 8획
- 부수 宀
- 급수 4급
- 示 보일 시 + 宀 집 면

제단(示)을 모시거나 제사를 맡아 지내는 집(宀)을 가리킨다.

- ☐ 宗家 종가
- ☐ 宗敎 종교
- ☐ 宗派 종파

127b

崇 높을 숭

崇崇崇崇崇崇崇崇崇崇崇

- 총획 11획
- 부수 山
- 급수 4급
- 宗 마루 종 + 山 산 산

산(山)처럼 높이(宗) 떠받드는 것을 가리킨다.

- ☐ 崇拜 숭배
- ☐ 崇尙 숭상
- ☐ 崇禮門 숭례문

127c

祈 빌 기

祈祈祈祈祈祈祈祈祈

- 총획 9획
- 부수 示
- 급수 3급
- 示 보일 시 + 斤 도끼 근

출정(斤)에 앞서 신(示)에게 승리를 기원하는 제사를 올리는 모습이다.

> 근(斤) 자는 '도끼'를 본뜬 글자이며, 도끼는 전쟁 무기이므로 여기서 근(斤) 자를 '출정'으로 풀이하였다.

- ☐ 祈禱 기도
- ☐ 祈願 기원
- ☐ 祈雨祭 기우제

127d

祝 빌 축

祝祝祝祝祝祝祝祝祝祝

- 총획 10획
- 부수 示
- 급수 5급
- 示 보일 시 + 兄 맏 형

우두머리(兄)가 제단(示) 앞에서 복을 비는 모습이다.

- ☐ 祝賀 축하
- ☐ 祝辭 축사
- ☐ 祝歌 축가

127e

社 모일 사

社社社社社社社社

- 총획 8획
- 부수 示
- 급수 6급
- 示 보일 시 + 土 흙 토

토지(土)의 신에게 제사(示)를 지내기 위해 모인 모습을 나타낸다.

- ☐ 社會 사회
- ☐ 社業 사업
- ☐ 會社 회사

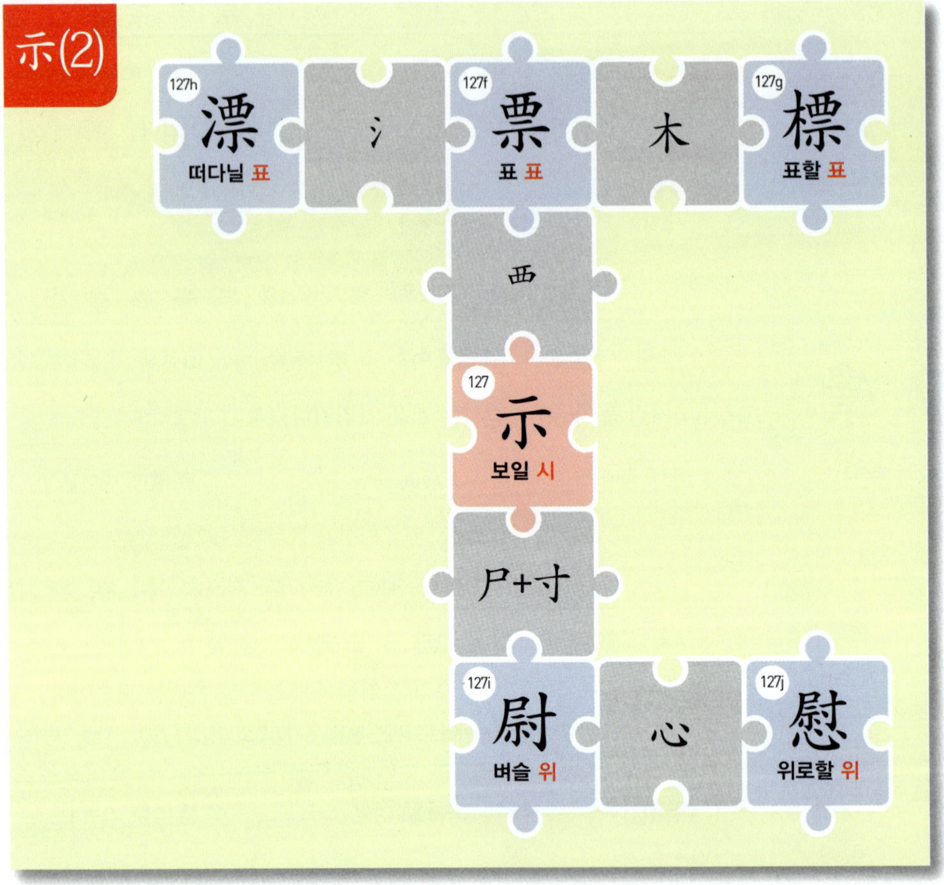

示(2)

127

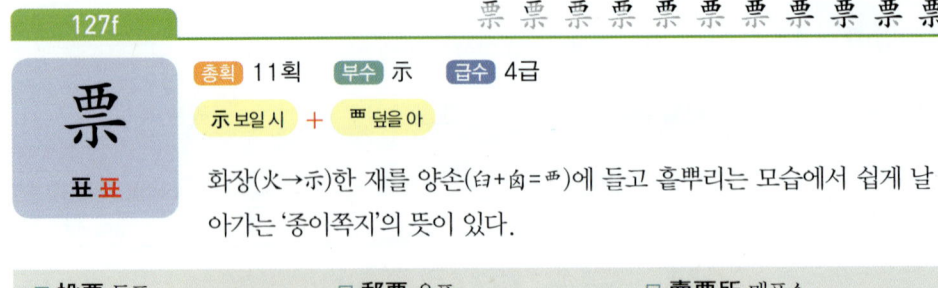

127f
票 표표

총획 11획　부수 示　급수 4급

示 보일시 ＋ 覀 덮을 아

화장(火→示)한 재를 양손(臼+囟=覀)에 들고 흩뿌리는 모습에서 쉽게 날아가는 '종이쪽지'의 뜻이 있다.

□ 投票 투표　　□ 郵票 우표　　□ 賣票所 매표소

삶 | 전쟁 | 의식

127g

標 標 標 標 標 標 標 標 標 標 標 標 標

標 표할 표

- 총획 15획
- 부수 木
- 급수 4급

票 표 표 + 木 나무 목

나뭇(木)가지 끝에 천 조각(票)을 매달아 표시하던 모습이다.

- □ 標示 표시
- □ 目標 목표
- □ 里程標 이정표

127h

漂 漂 漂 漂 漂 漂 漂 漂 漂 漂 漂 漂

漂 떠다닐 표

- 총획 14획
- 부수 氵
- 급수 3급

票 표 표 + 氵 물 수

재가 강물(氵)에 둥둥 떠다니는(票) 모습을 본뜬 글자이다.

- □ 漂流 표류
- □ 漂白 표백
- □ 浮漂 부표

127i

尉 尉 尉 尉 尉 尉 尉 尉 尉 尉 尉

尉 벼슬 위

- 총획 11획
- 부수 寸
- 급수 2급

示 보일 시 + 尸 주검 시 + 寸 마디 촌

인두(火→示)를 손(寸)으로 잡고 옷(尸)을 다림질하는 모습에서 '위로하다'의 뜻이 있었으나 '벼슬'의 뜻으로 쓰인다.

- □ 少尉 소위
- □ 中尉 중위
- □ 大尉 대위

127j

慰 慰 慰 慰 慰 慰 慰 慰 慰 慰 慰 慰

위로할 위

- 총획 15획
- 부수 心
- 급수 4급

尉 벼슬 위 + 心 마음 심

'위로하다'의 뜻을 갖는 글자가 벼슬 위(尉) 자로 쓰이자, 마음 심(心) 자를 더해 위로한다는 뜻을 강조했다.

- □ 慰勞 위로
- □ 慰問 위문
- □ 安慰 안위

卜(1)

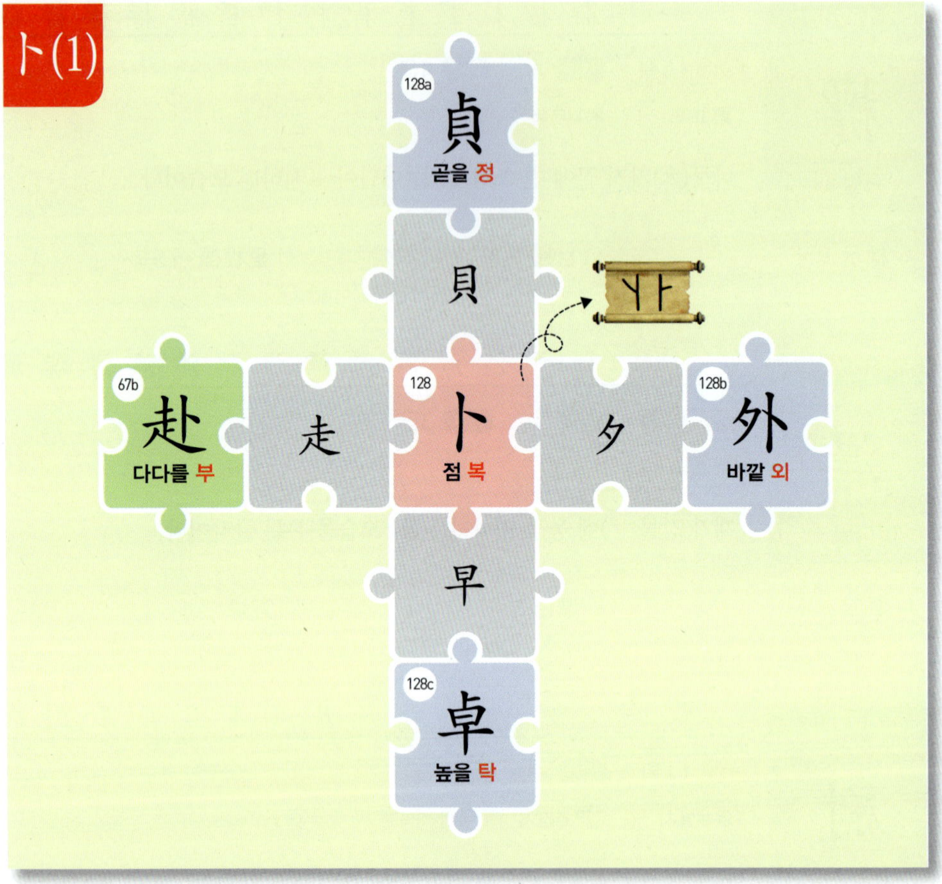

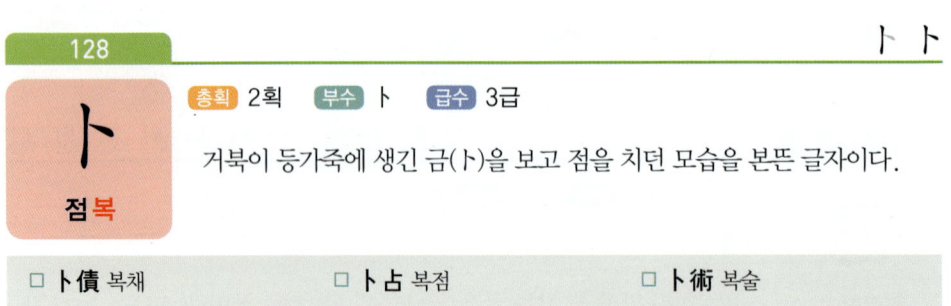

128

卜 卜

卜
점 **복**

총획 2획 부수 卜 급수 3급

거북이 등가죽에 생긴 금(卜)을 보고 점을 치던 모습을 본뜬 글자이다.

□ **卜債** 복채 □ **卜占** 복점 □ **卜術** 복술

삶 | 전쟁 | 의식

128a

貞 貞 貞 貞 貞 貞 貞 貞

곧을 **정**

- 총획 9획
- 부수 貝
- 급수 3급
- 卜 점복 + 貝 조개 패

돈(貝)과 상관없이 점(卜)괘를 올바르게 알려주는 모습에서 '곧다'의 뜻이 있다.

- ☐ **貞陵** 정릉
- ☐ **貞節** 정절
- ☐ **忠貞** 충정

128b

外 外 外 外 外

바깥 **외**

- 총획 5획
- 부수 夕
- 급수 8급
- 卜 점복 + 夕 저녁 석

저녁(夕)에 점(卜)을 보는 것은 관례 '밖'의 일이다.

- ☐ **外國** 외국
- ☐ **外部** 외부
- ☐ **列外** 열외

128c

卓 卓 卓 卓 卓 卓 卓 卓

卓
높을 **탁**

- 총획 8획
- 부수 十
- 급수 5급
- 卜 점복 + 早 이를 조

깃발(卜)을 높이 들고(早) 있는 지도자의 모습에서 '높다'를 뜻한다.

- ☐ **卓越** 탁월
- ☐ **卓子** 탁자
- ☐ **卓上空論** 탁상공론

67b

赴 赴 赴 赴 赴 赴 赴 赴 赴

赴
다다를 **부**

- 총획 9획
- 부수 走
- 급수 3급
- 卜 점복 + 走 달릴 주

좋은 점괘(卜)를 서둘러 알리기 위해 달려가는(走) 모습이다.

- ☐ **赴任** 부임
- ☐ **赴告** 부고

卜(2)

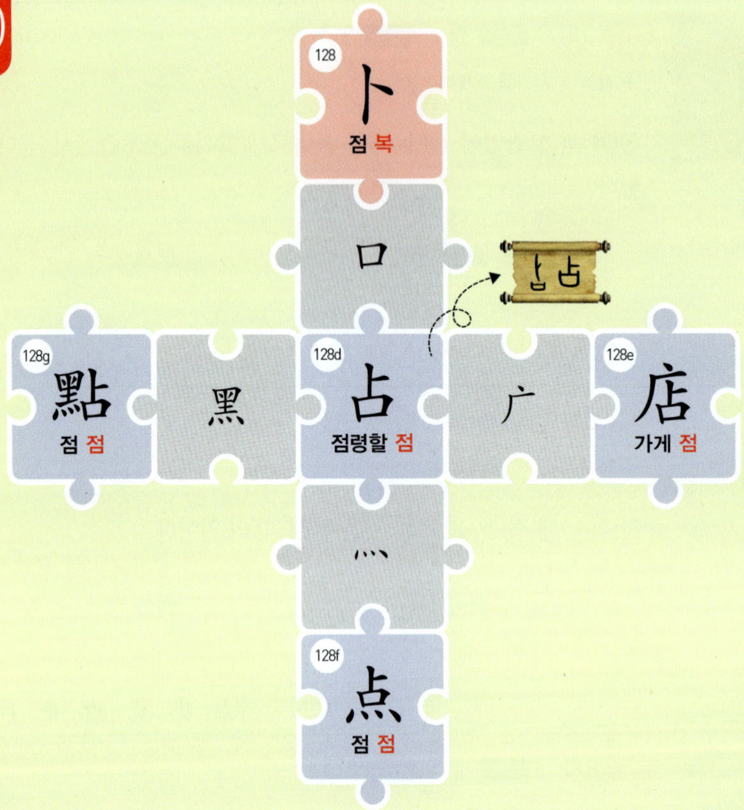

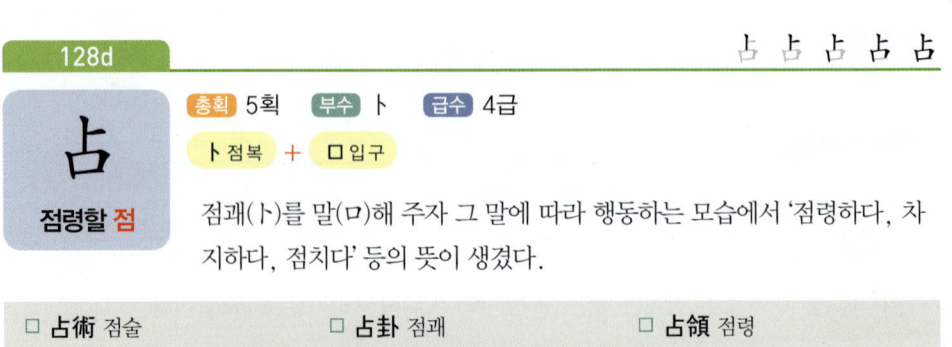

128d

占 점령할 점

- 총획 5획
- 부수 卜
- 급수 4급

卜 점복 + 口 입구

점괘(卜)를 말(口)해 주자 그 말에 따라 행동하는 모습에서 '점령하다, 차지하다, 점치다' 등의 뜻이 생겼다.

- □ 占術 점술
- □ 占卦 점괘
- □ 占領 점령

삶 | 전쟁 | 의식

128e

店 店 店 店 店 店 店

가게 점

- 총획 8획
- 부수 广
- 급수 5급
- 占 점령할 점 + 广 집엄

점(占)을 치고 돈을 받던 곳(广)의 모습에서 '가게'를 뜻한다.

☐ 店鋪 점포　　☐ 商店 상점　　☐ 書店 서점

128f

点 点 点 点 点 点 点 点 点

점 점

- 총획 9획
- 부수 灬
- 급수 특급
- 占 점령할 점 + 灬 불화

점 점(點) 자의 글자 자체가 복잡하므로 간략하게 만든 글자로 점(點) 자의 속자(俗字) 또는 간체자이다.

☐ 点主 점주

128g

點 點 點 點 點 點 點 點 點 點 點 點 點

점 점

- 총획 17획
- 부수 黑
- 급수 4급
- 占 점령할 점 + 黑 검을 흑

검은(黑) 점이 묻은 모습에서 '점, 흠' 등의 뜻을 갖게 되었으며, 점 점(占) 자를 발음으로 쓴다.

☐ 點檢 점검　　☐ 焦點 초점　　☐ 時點 시점

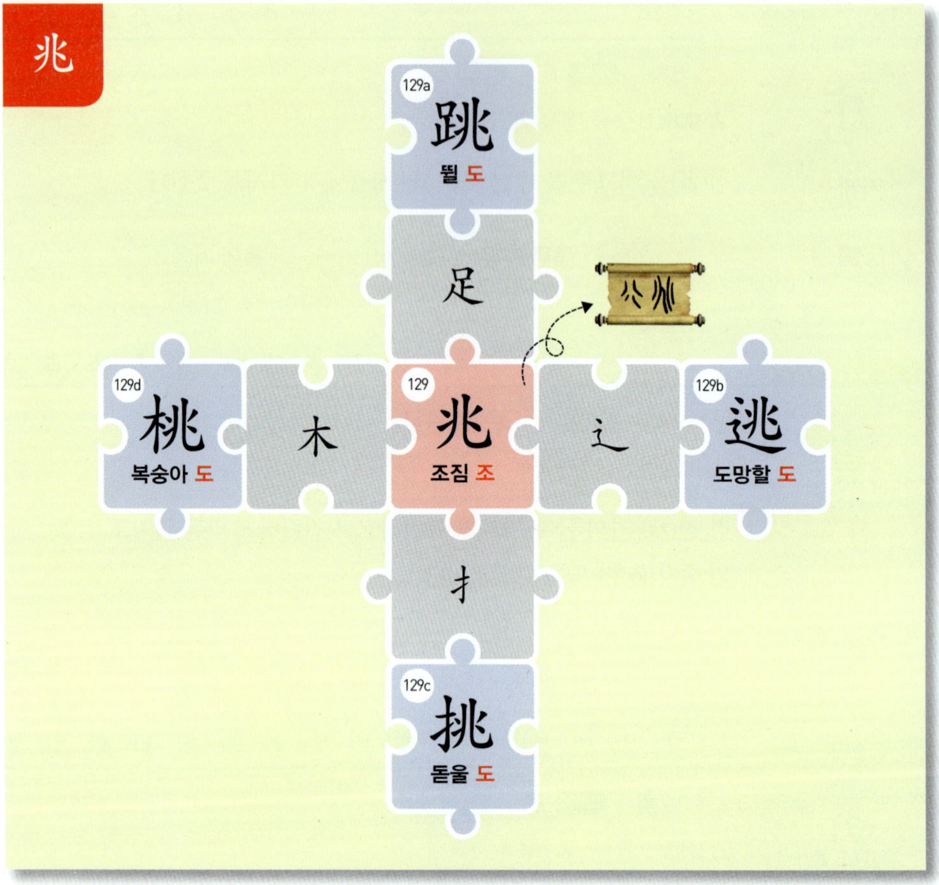

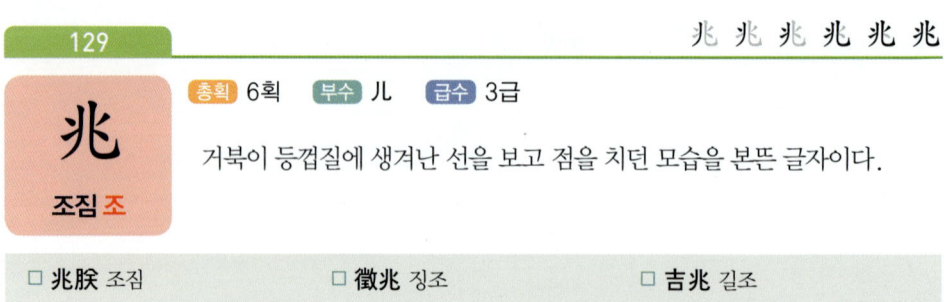

129

兆
조짐 조

총획 6획　**부수** 儿　**급수** 3급

兆 兆 兆 兆 兆 兆

거북이 등껍질에 생겨난 선을 보고 점을 치던 모습을 본뜬 글자이다.

☐ 兆朕 조짐　　☐ 徵兆 징조　　☐ 吉兆 길조

삶 | 전쟁 | 의식

129a

跳 跳 跳 跳 跳 跳 跳 跳 跳 跳 跳 跳 跳

跳
뛸 도

- 총획 13획
- 부수 足
- 급수 3급

兆 조짐 조 + 足 발 족

조짐(兆)이 좋다는 말에 펄쩍펄쩍 뛰며(足) 기뻐하는 모습이다.

- □ 跳躍 도약
- □ 高跳 고도

129b

逃 逃 逃 逃 逃 逃 逃 逃 逃 逃

逃
도망할 도

- 총획 10획
- 부수 辶
- 급수 6급

兆 조짐 조 + 辶 쉬엄쉬엄 갈 착

조짐(兆)이 좋지 않아 달아나는(辶) 모습이다.

- □ 逃亡 도망
- □ 逃避 도피
- □ 逃走 도주

129c

挑 挑 挑 挑 挑 挑 挑 挑 挑

挑
돋울 도

- 총획 9획
- 부수 扌
- 급수 3급

兆 조짐 조 + 扌 손 수

나쁜 점괘(兆)가 화를 돋워 강제로(扌) 빼앗아 찢고 대드는 모습이다.

- □ 挑發 도발
- □ 挑戰 도전

129d

桃 桃 桃 桃 桃 桃 桃 桃 桃 桃

桃
복숭아 도

- 총획 10획
- 부수 木
- 급수 3급

兆 조짐 조 + 木 나무 목

조짐(兆)이 좋다고 여겨지는 나무(木)를 가리킨다.

- □ 桃花 도화
- □ 桃園結義 도원결의
- □ 武陵桃源 무릉도원

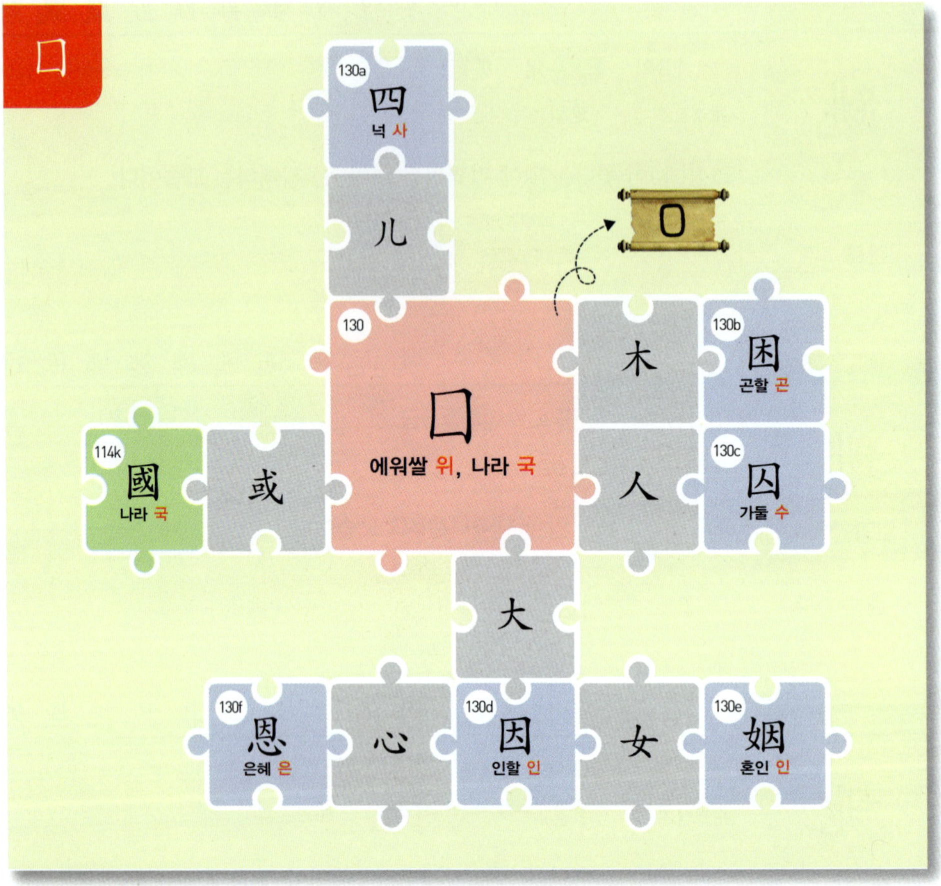

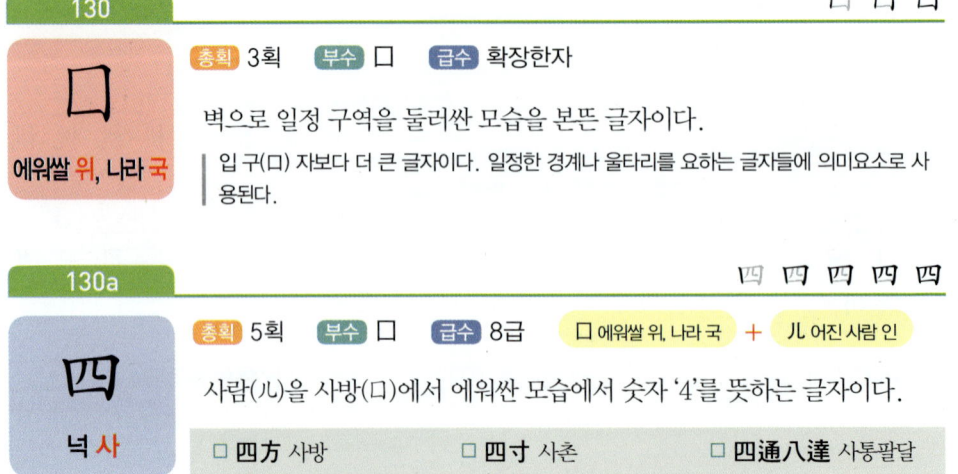

130

130

囗 囗 囗

囗 에워쌀 위, 나라 국

총획 3획 부수 囗 급수 확장한자

벽으로 일정 구역을 둘러싼 모습을 본뜬 글자이다.

> 입 구(口) 자보다 더 큰 글자이다. 일정한 경계나 울타리를 요하는 글자들에 의미요소로 사용된다.

130a

四 四 四 四 四

四 넉 사

총획 5획 부수 囗 급수 8급 囗 에워쌀 위, 나라 국 + 儿 어진 사람 인

사람(儿)을 사방(囗)에서 에워싼 모습에서 숫자 '4'를 뜻하는 글자이다.

□ **四方** 사방 □ **四寸** 사촌 □ **四通八達** 사통팔달

삶 | 전쟁 | 의식

130b

困 곤할 곤

困 困 困 困 困 困 困

총획 7획 　부수 口 　급수 4급 　口 에워쌀 위, 나라 국 + 木 나무 목

나무(木)가 틀(口)에 갇혀 자라지 못하는 난처한 상황을 뜻한다.

☐ 困難 곤란 　　☐ 困境 곤경 　　☐ 貧困 빈곤

130c

囚 가둘 수

囚 囚 囚 囚 囚

총획 5획 　부수 口 　급수 3급 　口 에워쌀 위, 나라 국 + 人 사람 인

죄수(人)를 감옥(口)에 가둔 모습이다.

☐ 囚人 수인 　　☐ 罪囚 죄수

130d

因 인할 인

因 因 因 因 因 因

총획 6획 　부수 口 　급수 5급 　口 에워쌀 위, 나라 국 + 大 큰 대

자리(口)에 누운 사람(大)의 모습에서 누워 있는 '원인, 이유'를 가리키며 '인하다, 말미암다' 등의 뜻도 가진다.

| 사람이 누워 있는 이부자리의 모양처럼 네모난 사물을 큰 입구 몸(口) 자로 정리하였다.

☐ 原因 원인 　　☐ 要因 요인 　　☐ 敗因 패인

130e

姻 혼인 인

姻 姻 姻 姻 姻 姻 姻 姻

총획 9획 　부수 女 　급수 3급 　因 인할 인 + 女 여자 여

혼인을 하여 아내(女)와 함께 누울(因) 수 있게 되다.

☐ 姻戚 인척 　　☐ 婚姻 혼인

130f

恩 은혜 은

恩 恩 恩 恩 恩 恩 恩 恩 恩 恩

총획 10획 　부수 心 　급수 4급 　因 인할 인 + 心 마음 심

어떤 사람에 대한 생각이 마음(心)에서 떠나지 않는 이유(因)는 '은혜'를 입었기 때문이다.

☐ 恩惠 은혜 　　☐ 恩德 은덕 　　☐ 報恩 보은

130

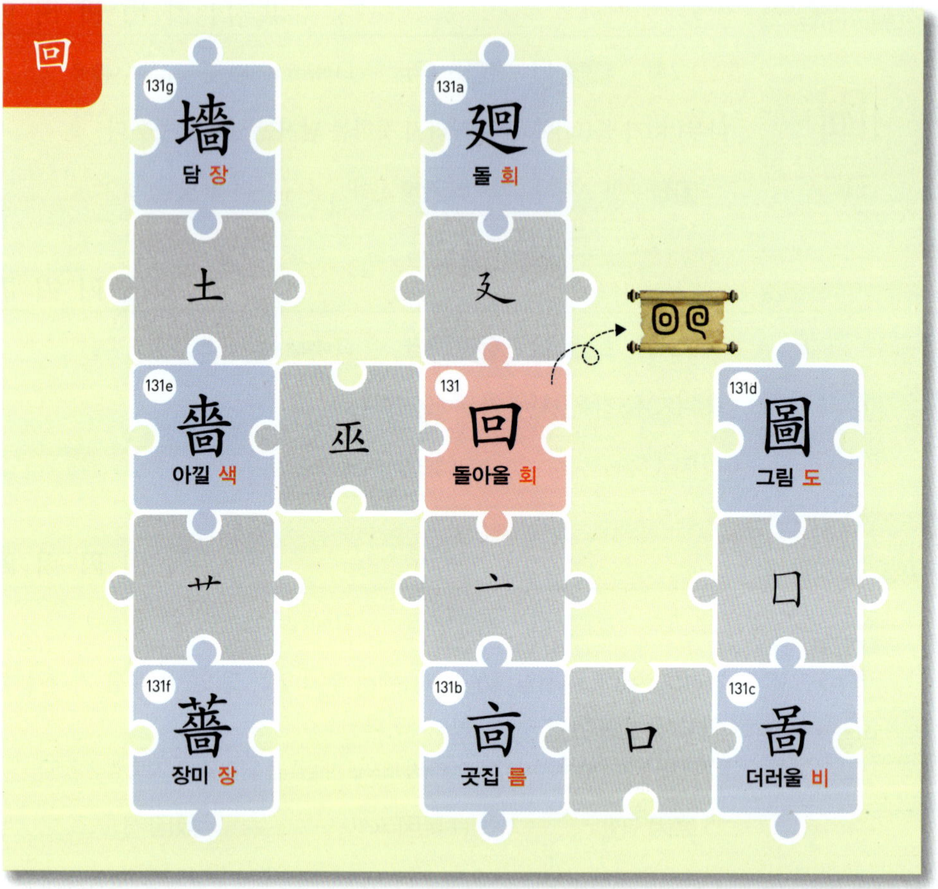

回

131g 墻 담 장		131a 廻 돌 회			
土		廴			
131e 嗇 아낄 색	巫	131 回 돌아올 회		131d 圖 그림 도	
卄		囗		口	
131f 薔 장미 장		131b 向 곳집 름	口	131c 啚 더러울 비	

131

回 回 回 回 回 回

回
돌아올 회

총획 6획 부수 口 급수 4급

물이 소용돌이치는 모습을 본뜬 글자이다.

☐ 回轉 회전   ☐ 回收 회수   ☐ 回復 회복

삶 | 전쟁 | **의식**

131a

廻廻廻廻廻廻廻廻廻

돌 회

- 총획 9획
- 부수 廴
- 급수 2급

回 돌아올 회 + 廴 길게 걸을 인

미로(廴)를 헤매다 제자리로 돌아오는(回) 모습을 본뜬 글자이다.

길게 걸을 인(廴) 자는 발을 길게 늘여서 걷거나 벌린 모습을 본떠서 '길, 천천히 걷다' 등의 의미를 갖는 글자이다. 따라서 여기에서는 길과 관련 있는 '미로'로 풀이하였다.

☐ 巡廻 순회　　☐ 迂廻 우회　　☐ 上廻 상회

131b

向向向向向向向向

곳집 름

- 총획 8획
- 부수 亠
- 급수 확장한자

回 돌아올 회 + 亠 돼지해머리 두

곡식을 쌓고(回) 뚜껑(亠)을 덮어 놓은 창고의 모습이다.

옛 그림을 보면 곡식을 차곡차곡 쌓아 놓은 모습을 돌아올/돌 회(回) 자로 정리한 모습이므로 '쌓아 놓다'로 풀이하였다. 따라서 모양만 같을 뿐 돌아올/돌 회(回) 자와는 아무런 관련이 없다.

131c

啚啚啚啚啚啚啚啚啚啚

더러울 비

- 총획 11획
- 부수 口
- 급수 확장한자

向 곳집 름 + 口 입 구

곡식을 가져가지 못하게 곳집(向) 위에 무거운 돌(口)로 짓눌러 놓아 '인색하다'는 본뜻에서 '더럽다'의 뜻이 생겼다.

131d

圖圖圖圖圖圖圖圖圖圖圖圖圖圖

그림 도

- 총획 14획
- 부수 囗
- 급수 6급

啚 더러울 비 + 囗 에워쌀 위, 나라 국

창고(啚)를 짓기 위한 설계도면(囗)의 모습을 본뜬 글자이다.

☐ 圖面 도면　　☐ 圖案 도안　　☐ 試圖 시도

131e

嗇 嗇 嗇 嗇 嗇 嗇 嗇 嗇 嗇 嗇 嗇 嗇 嗇

嗇
아낄 **색**

- 총획 13획 부수 口 급수 1급
- 回 돌아올 회 + 巫 무당 무

곡식(巫)을 창고(回)에 '저장하다, 모아두다'는 뜻에서 '아끼다'로 의미가 확대되었다.

□ 吝嗇 인색

131f

薔 薔 薔 薔 薔 薔 薔 薔 薔 薔 薔 薔 薔 薔 薔 薔

薔
장미 **장**

- 총획 17획 부수 艹 급수 1급
- 嗇 아낄 색 + 艹 풀 초

창고(嗇) 주위에 가시가 있는 장미꽃(艹)을 심어둔 모습이다.

□ 薔薇 장미

131g

墻 墻 墻 墻 墻 墻 墻 墻 墻 墻 墻 墻 墻

墻
담 **장**

- 총획 16획 부수 土 급수 3급
- 嗇 아낄 색 + 土 흙 토

창고(嗇)에 흙(土)벽돌로 담을 둘러친 모습이다.

□ 墻壁 장벽

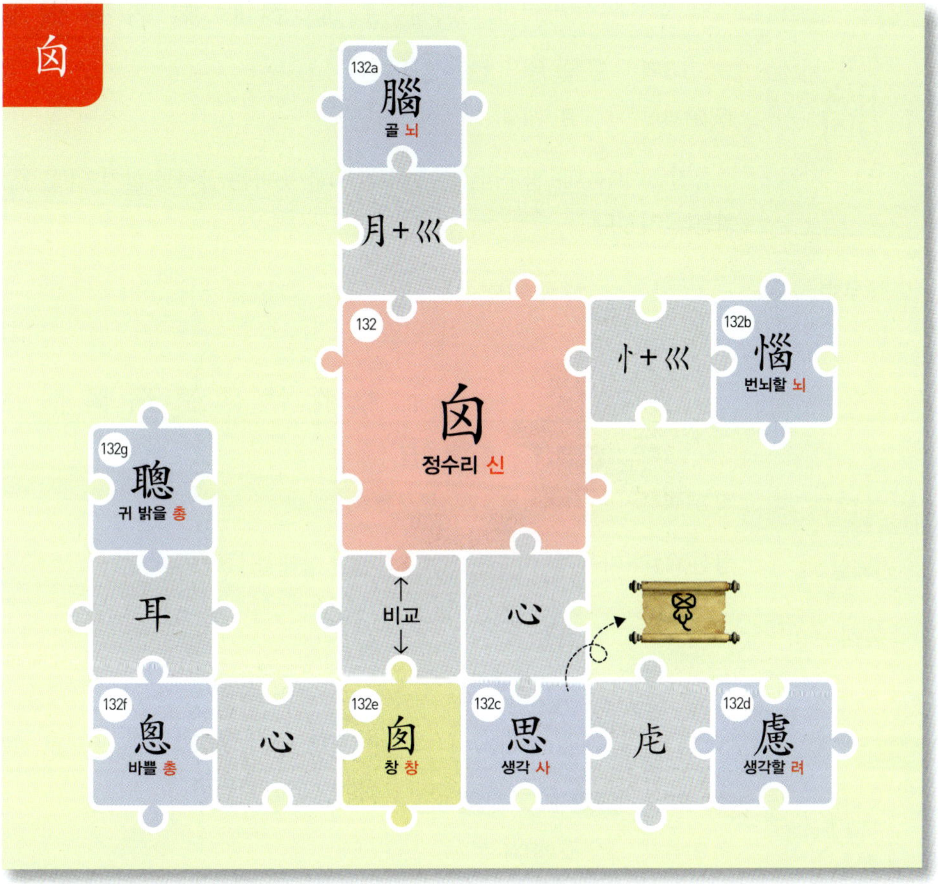

132

132

囟

정수리 신

囟 囟 囟 囟 囟 囟

총획 6획 부수 口 급수 확장한자

머리 한가운데 있는 정수리를 본뜬 글자이다.

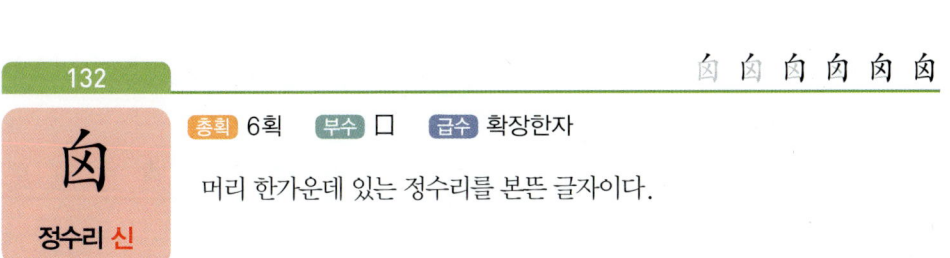

132a

腦 腦 腦 腦 腦 腦 腦 腦 腦 腦 腦

腦
골 뇌

총획 13획　부수 月　급수 3급

囟 정수리 신　+　月 육달월　+　巛 내천

주름진 모양(巛)과 정수리(囟)에 신체(月)를 뜻하는 글자를 합쳐 '골'을 뜻하는 글자이다.

☐ 腦卒中 뇌졸중　　☐ 腦死 뇌사　　☐ 頭腦 두뇌

132b

惱 惱 惱 惱 惱 惱 惱 惱 惱 惱

惱
번뇌할 뇌

총획 12획　부수 忄　급수 3급

囟 정수리 신　+　忄 마음 심　+　巛 내천

정신(囟)과 마음(忄)이 괴롭고(巛) 복잡한 상태를 나타낸다.

☐ 苦惱 고뇌　　☐ 煩惱 번뇌

132c

思 思 思 思 思 思 思 思

思
생각 사

총획 9획　부수 心　급수 5급

囟 정수리 신　+　心 마음 심

'생각'이란 마음(心)과 정신(田=囟)의 상호협동으로 일어나는 것이다.

☐ 思考 사고　　☐ 思想 사상　　☐ 意思 의사

132d

慮 慮 慮 慮 慮 慮 慮 慮 慮 慮

慮
생각할 려

총획 15획　부수 忄　급수 4급

思 생각 사　+　虍 호피 무늬 호

호랑이(虍)에게 잡혀간 사람이 빠져나갈 궁리(思)를 하는 모습이다.

☐ 思慮 사려　　☐ 考慮 고려　　☐ 念慮 염려

132e

창창

囪 囪 囪 囪 囪 囪 囪

`총획` 7획　`부수` 囗　`급수` 확장한자

창문 혹은 굴뚝의 모습을 본뜬 글자이다.

132f

바쁠 총

恖 恖 恖 恖 恖 恖 恖 恖 恖 恖

`총획` 11획　`부수` 心　`급수` 특급

囪 창 창　＋　心 마음 심

가고 싶은 마음(心)은 굴뚝(囪) 같으나 바빠서 갈 수 없는 모습을 나타낸다.

☐ 恖恖 총총(걸음)　　☐ 恖急 총급

132g

귀 밝을 총

聰 聰 聰 聰 聰 聰 聰 聰 聰 聰 聰 聰 聰 聰

`총획` 17획　`부수` 耳　`급수` 3급

恖 바쁠 총　＋　耳 귀 이

귀(耳)를 바쁘게(恖) 움직이는 모습을 본떠 '귀 밝다'의 뜻을 가진다.

☐ 聰明 총명　　☐ 聰氣 총기

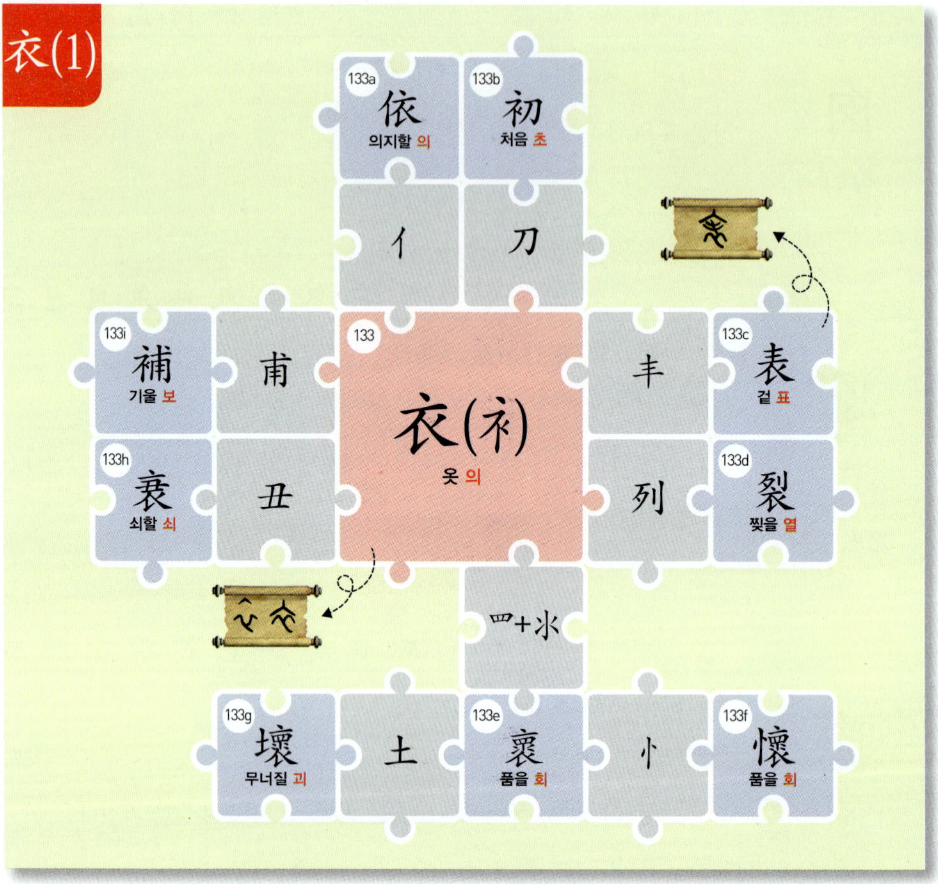

삶 | 필수품(의식주) | 의

衣(1)

133a 依 의지할 의	133b 初 처음 초
亻	刀

133i 補 기울 보 — 甫
133 衣(衤) 옷 의
丰 — 133c 表 겉 표
133h 衰 쇠할 쇠 — 丑
列 — 133d 裂 찢을 열

四+氺

133g 壞 무너질 괴 — 土 — 133e 襄 품을 회 — 忄 — 133f 懷 품을 회

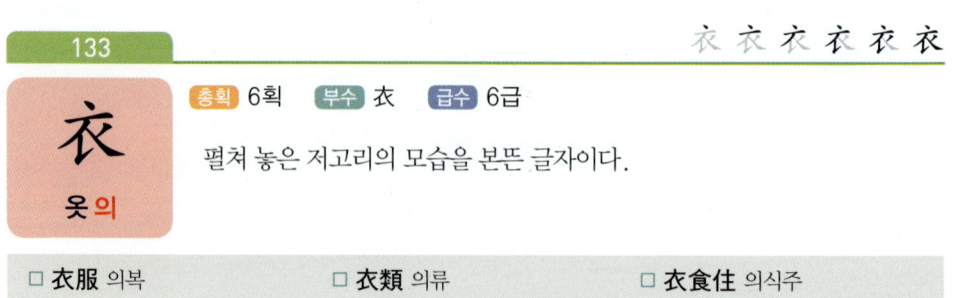

133

衣 옷의

총획 6획　부수 衣　급수 6급

펼쳐 놓은 저고리의 모습을 본뜬 글자이다.

□ 衣服 의복　　□ 衣類 의류　　□ 衣食住 의식주

133a

依 의지할 의

依依依依依依依依

- 총획 8획
- 부수 亻
- 급수 4급
- 衣 옷 의 + 亻 사람 인

사람(亻)이 옷(衣) 안에 들어가 있는 모습이다.

- ☐ 依支 의지
- ☐ 依存 의존
- ☐ 依賴 의뢰

133b

初 처음 초

初初初初初初初

- 총획 7획
- 부수 刀
- 급수 5급
- 衤 옷 의 + 刀 칼 도

칼(刀)로 천을 자르는 것은 옷(衣)을 만드는 가장 '처음' 단계이다.

- ☐ 初期 초기
- ☐ 初代 초대
- ☐ 始初 시초

133c

表 겉 표

表表表表表表表表

- 총획 8획
- 부수 衣
- 급수 6급
- 衣 옷 의 + 丰 예쁠 봉

털(丰)이 남아 있는 바깥 부위임을 강조한 글자로 '겉, 표면' 등의 뜻이 있다.

- ☐ 表裏 표리
- ☐ 代表 대표
- ☐ 發表 발표

133d

裂 찢을 열

裂裂裂裂裂裂裂裂裂裂裂裂

- 총획 12획
- 부수 衣
- 급수 3급
- 衣 옷 의 + 列 벌일 열

뼈를 발라내(列)듯이 옷(衣)을 갈기갈기 찢어발기는 모습이다.

- ☐ 決裂 결렬
- ☐ 龜裂 균열
- ☐ 破裂 파열

133e

褱 품을 회

褱褱褱褱褱褱褱褱褱褱褱褱

- 총획 16획
- 부수 衣
- 급수 확장한자
- 衣 옷 의 + 罒 그물 망 + 氺 물 수

눈물{(罒=目)+(氺=水)}을 옷(衣)으로 훔치며 슬픔을 가슴에 품다.

133f

懷懷懷懷懷懷懷懷懷懷懷懷懷懷

懷
품을 **회**

- 총획 19획
- 부수 忄
- 급수 3급

褱 품을 회 + 忄 마음 심

가슴(忄)으로 눈물(褱)을 삼킨다는 것을 강조한 글자이다.

☐ 懷抱 회포　　☐ 懷疑 회의　　☐ 感懷 감회

133g

壞壞壞壞壞壞壞壞壞壞壞壞壞壞

壞
무너질 **괴**

- 총획 19획
- 부수 土
- 급수 3급

褱 품을 회 + 土 흙 토

흙(土)이 갈라져 허물어지는(褱) 모습을 본뜬 글자이다.

품을 회(褱) 자는 슬픔으로 가슴이 무너져 내리는 모습이므로 '허물어지다, 무너지다'로 풀이하였다.

☐ 壞死 괴사　　☐ 壞滅 괴멸　　☐ 崩壞 붕괴

133h

衰衰衰衰衰衰衰衰衰衰

衰
쇠할 **쇠**

- 총획 10획
- 부수 衣
- 급수 3급

衣 옷 의 + 丑 소 축

짚으로 엮은(丑) 남루한 옷(衣)을 가리켰으나 '쇠약하다, 쇠하다'의 뜻으로 쓰인다.

☐ 衰弱 쇠약　　☐ 衰頹 쇠퇴　　☐ 衰落 쇠락

133i

補補補補補補補補補補

補
기울 **보**

- 총획 12획
- 부수 衤
- 급수 3급

衤 옷 의 + 甫 클 보

큰(甫) 천을 덧대어 해진 옷(衤)을 기우는 모습이다.

☐ 補修 보수　　☐ 補完 보완　　☐ 候補 후보

삶 | 필수품(의식주) | 의

衣(2)

- 133 衣 옷 의
- 叩
- 133j 喪 잃을 상
- 口
- 133k 哀 슬플 애
- 衰
- 133n 讓 사양할 양
- 言
- 133l 襄 도울 양
- 土
- 133m 壤 흙덩이 양

133j

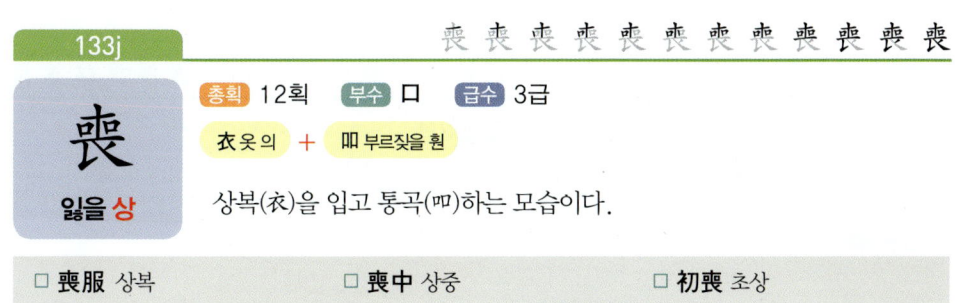

喪 잃을 상

- 총획 12획
- 부수 口
- 급수 3급

衣 옷 의 + 叩 부르짖을 훤

상복(衣)을 입고 통곡(叩)하는 모습이다.

□ 喪服 상복　　□ 喪中 상중　　□ 初喪 초상

133k

哀 哀 哀 哀 哀 哀 哀 哀 哀

哀 슬플 애

- 총획 9획
- 부수 口
- 급수 3급

衣 옷 의 + 口 입 구

상복(衣)을 입고 곡(口)하는 모습을 본뜬 글자이다.

- □ 哀悼 애도
- □ 哀痛 애통
- □ 悲哀 비애

133l

襄 襄 襄 襄 襄 襄 襄 襄 襄 襄 襄 襄 襄 襄 襄

襄 도울 양

- 총획 17획
- 부수 衣
- 급수 2급

哀 슬플 애 + 哀 슬플 애

함께 슬퍼(哀)하며 돕는 초상집의 모습을 본뜬 글자이다.

133m

壤 壤 壤 壤 壤 壤 壤 壤 壤 壤 壤 壤 壤 壤 壤

壤 흙덩이 양

- 총획 20획
- 부수 土
- 급수 3급

襄 도울 양 + 土 흙 토

초상집(襄)으로부터 관을 내어다 매장한 후 흙더미(土)를 쌓아 올려 무덤을 만드는 모습이다.

- □ 土壤 토양
- □ 天壤之差 천양지차

133n

讓 讓 讓 讓 讓 讓 讓 讓 讓 讓 讓 讓 讓 讓 讓 讓 讓

讓 사양할 양

- 총획 24획
- 부수 言
- 급수 3급

襄 도울 양 + 言 말씀 언

사양하는 말(言)로 남을 돕는(襄) 것을 뜻한다.

- □ 讓步 양보
- □ 讓位 양위
- □ 謙讓 겸양

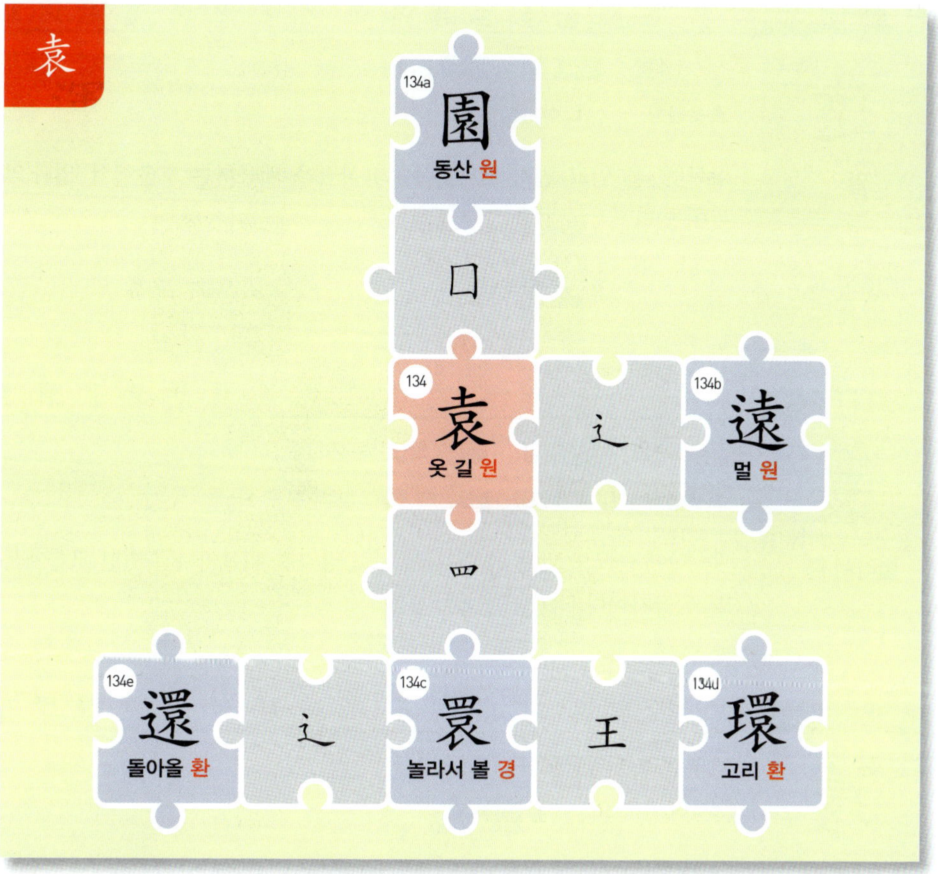

삶 | 필수품(의식주) | 의

134a	園 동산 원
	口
134	袁 옷 길 원	之	134b 遠 멀 원
	四
134e 還 돌아올 환	之	134c 睘 놀라서 볼 경	王	134d 環 고리 환

134

袁袁袁袁袁袁袁袁袁袁

袁 옷 길 원

총획 10획　**부수** 衣　**급수** 2급

상복(袁)의 긴 장식(一)을 본뜬 글자로 '옷이 길다'의 뜻을 갖게 되었다. 성씨는 훗날 추가되었다.

134a

園園園園園園園園園園

園 동산 원

총획 13획　**부수** 口　**급수** 6급　　袁 옷 길/성씨 원　+　口 에워쌀 위, 나라 국

상복(袁)을 입고 상을 치른 묫자리(口)의 모습에서 '동산'의 뜻이 있다.

□ 公園 공원　　　□ 樂園 낙원　　　□ 庭園 정원

134b

遠 遠 遠 遠 遠 遠 遠 遠 遠 遠 遠 遠

遠
멀 원

- 총획 14획
- 부수 辶
- 급수 6급

袁 옷길 원 + 辶 쉬엄쉬엄 갈 착

상복(袁)을 입고 멀리 떠나가는(辶) 사람을 배웅하는 모습에서 '멀다'의 뜻이 있다.

☐ 遠近 원근 ☐ 永遠 영원 ☐ 望遠鏡 망원경

134c

睘 睘 睘 睘 睘 睘 睘 睘 睘 睘 睘 睘 睘

睘
놀라서 볼 경

- 총획 13획
- 부수 目
- 급수 특급

袁 옷길 원 + ⺲(←目) 그물 망

옷(衣)에 옥으로 만든 단추(口)를 넣고 망자가 되살아나길 빌던 모습에서 본뜬 글자이다.

134d

環 環 環 環 環 環 環 環 環 環 環 環 環

環
고리 환

- 총획 17획
- 부수 王
- 급수 4급

睘 놀라서 볼 경 + 王 임금 왕

옥(玉)구슬이나 옥으로 만든 단추(睘)의 둥근 모습을 가리킨다.

☐ 環境 환경 ☐ 環太平洋 환태평양 ☐ 循環 순환

134e

還 還 還 還 還 還 還 還 還 還 還 還 還

還
돌아올 환

- 총획 17획
- 부수 辶
- 급수 3급

睘 놀라서 볼 경 + 辶 쉬엄쉬엄 갈 착

되돌림을 뜻하는 글자(睘)와 가다는 뜻을 가진 글자(辶)를 합쳐 '돌아오다'를 뜻한다.

☐ 返還 반환 ☐ 送還 송환 ☐ 償還 상환

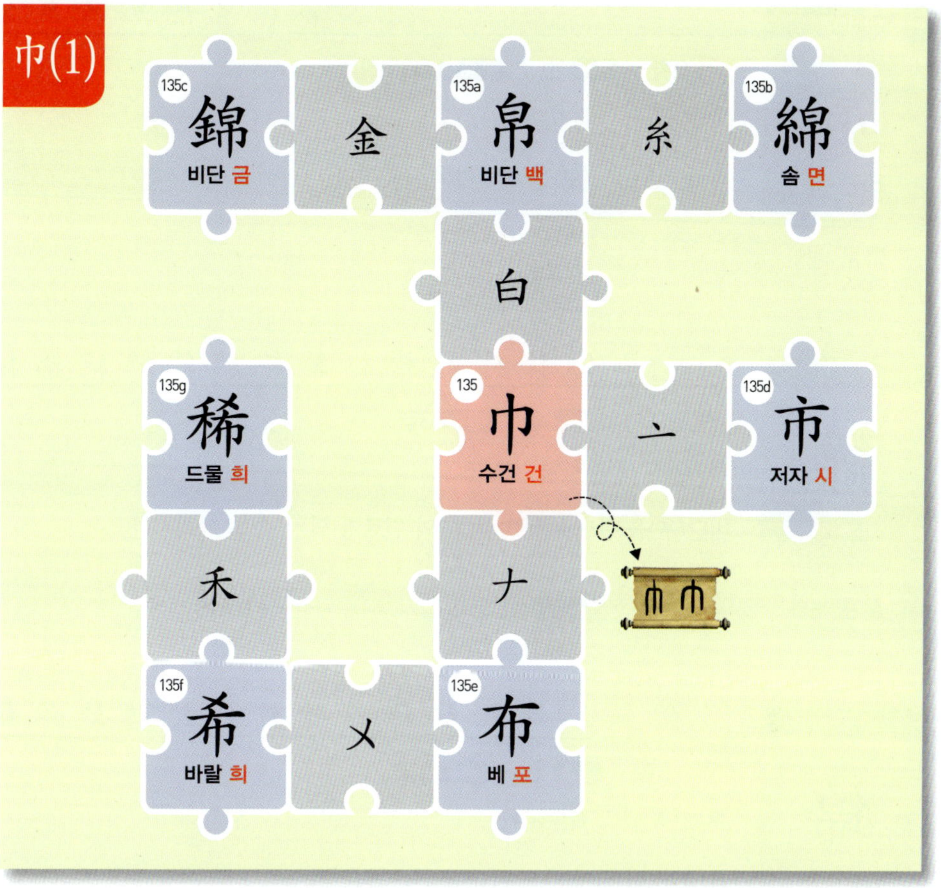

삶 | 필수품(의식주) | 의

巾(1)

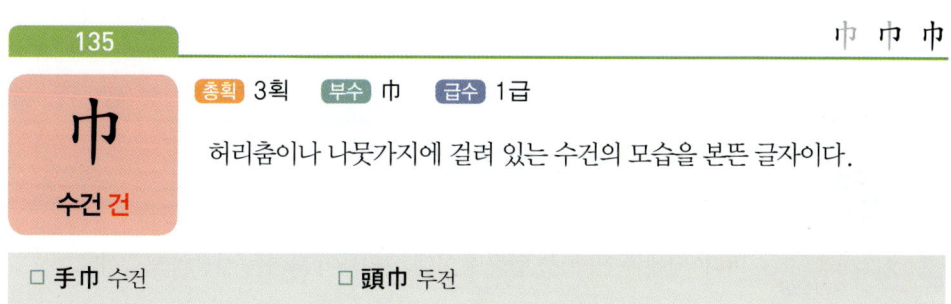

| 135 | | | | 巾 巾 巾 |

巾
수건 건

총획 3획 부수 巾 급수 1급

허리춤이나 나뭇가지에 걸려 있는 수건의 모습을 본뜬 글자이다.

☐ 手巾 수건   ☐ 頭巾 두건

135a

帛 帛 帛 帛 帛 帛 帛 帛

帛
비단 **백**

- 총획 8획
- 부수 巾
- 급수 1급

巾 수건 건 + 白 흰 백

흰(白) 비단 천(巾)을 가리키는 글자이다.

□ 幣帛 폐백

135b

綿 綿 綿 綿 綿 綿 綿 綿 綿 綿 綿 綿

綿
솜 **면**

- 총획 14획
- 부수 糸
- 급수 3급

帛 비단 백 + 糸 가는 실 멱

비단(帛)을 만드는 무명실(糸)의 원료가 되는 '솜'을 가리킨다.

□ 綿密 면밀   □ 綿棒 면봉   □ 綿織物 면직물

135c

錦 錦 錦 錦 錦 錦 錦 錦 錦 錦 錦 錦 錦

錦
비단 **금**

- 총획 16획
- 부수 金
- 급수 3급

帛 비단 백 + 金 쇠 금

금(金)처럼 빛이 나는 비단(帛)을 가리킨다.

□ 錦上添花 금상첨화   □ 錦繡江山 금수강산   □ 錦衣還鄉 금의환향

135d

市 市 市 市 市

市
저자 **시**

- 총획 5획
- 부수 巾
- 급수 7급

巾 수건 건 + 亠 돼지해머리 두

머리(亠)에 두건(巾)을 질끈 동여맨 상인들이 모이는 시장의 모습이다.

□ 市場 시장   □ 市民 시민   □ 門前成市 문전성시

135e

布 布 布 布 布

베 포

- 총획 5획
- 부수 巾
- 급수 4급

巾 수건 건 + 𠂉 손 우

올이 성긴 천(巾)인 '베'를 짜는(𠂉) 모습이다. 천을 펼쳐서 짐을 푸는 모습에서 '펴다'의 뜻도 가진다.

☐ 布袋 포대   ☐ 布教 포교   ☐ 宣布 선포

135f

希 希 希 希 希 希 希

바랄 희

- 총획 7획
- 부수 巾
- 급수 4급

布 베 포 + ✕ 다섯 오

성긴(爻) 천(巾) 사이로 바라보면 밖이 아주 밝고 환하게 보이는 모습이다. 우리 모두가 바라는 희망을 이런 식으로 묘사하였다.

☐ 希望 희망

135g

稀 稀 稀 稀 稀 稀 稀 稀 稀 稀 稀 稀

드물 희

- 총획 12획
- 부수 禾
- 급수 3급

希 바랄 희 + 禾 벼 화

틈새가 벌어진 천(希)처럼 벼(禾)가 듬성듬성 자란 모습이다.

☐ 稀罕 희한   ☐ 稀貴 희귀   ☐ 稀少價值 희소가치

巾(2)

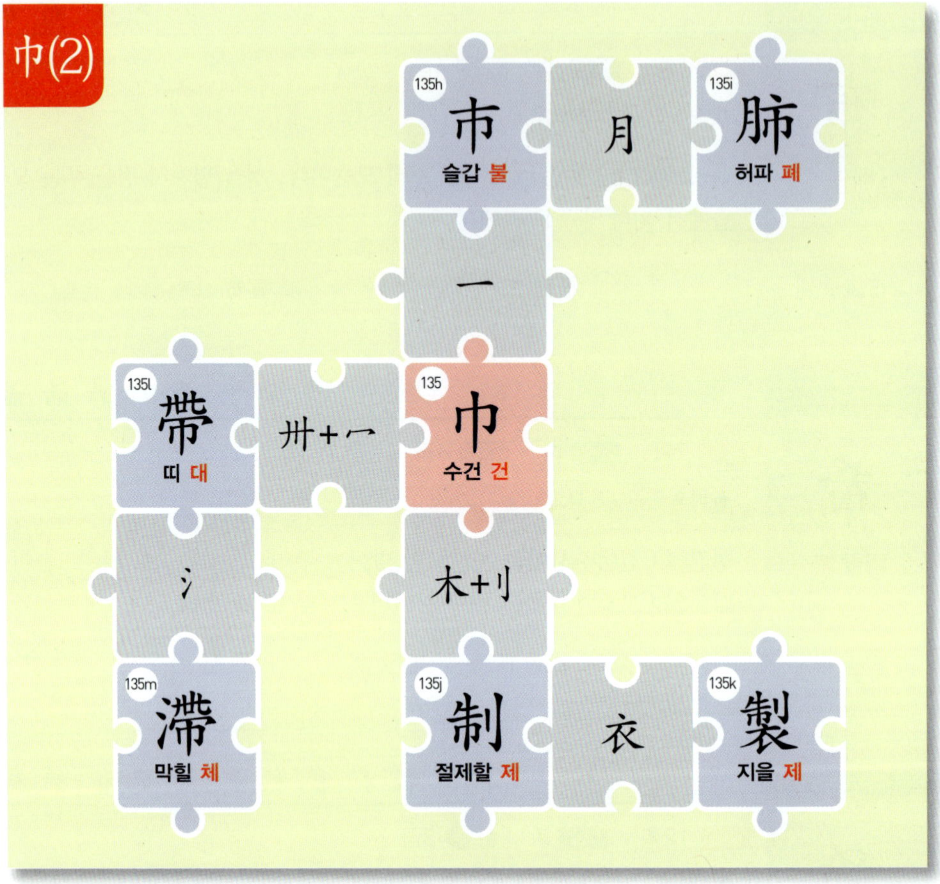

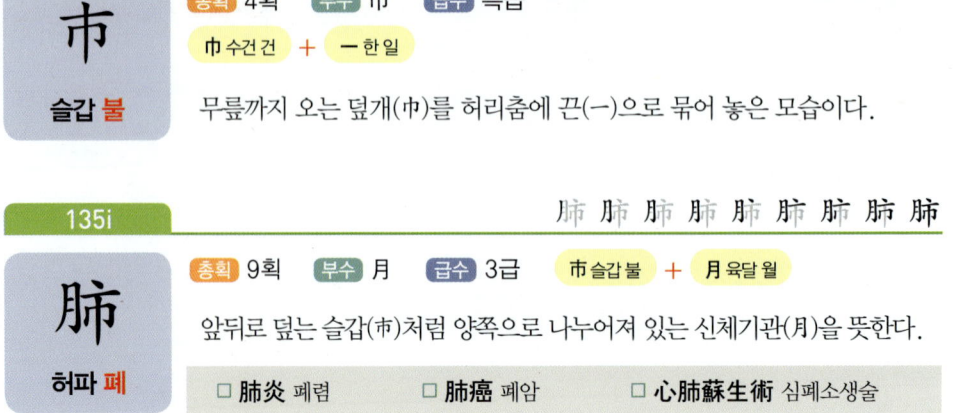

| 135h | | | | | | 市 市 市 市 |

市
슬갑 불

- 총획 4획　부수 巾　급수 특급
- 巾 수건 건 ＋ 一 한 일

무릎까지 오는 덮개(巾)를 허리춤에 끈(一)으로 묶어 놓은 모습이다.

| 135i | | | | | | 肺 肺 肺 肺 肺 肺 肺 肺 |

肺
허파 폐

- 총획 9획　부수 月　급수 3급　市 슬갑 불 ＋ 月 육달 월

앞뒤로 덮는 슬갑(市)처럼 양쪽으로 나누어져 있는 신체기관(月)을 뜻한다.

- □ 肺炎 폐렴
- □ 肺癌 폐암
- □ 心肺蘇生術 심폐소생술

삶 | 필수품(의식주) | 의

135j

절제할 제

制 制 制 制 制 制 制 制

- 총획 8획　부수 刂　급수 4급
- 巾 수건 건 + 木 나무 목 + 刂 칼 도

재목(木)과 옷감(巾)을 규정대로 자르는(刂) 모습에서 '규정, 법도, 절제하다' 등의 뜻이 있다.

☐ 制度 제도　　☐ 無制限 무제한　　☐ 規制 규제

135k

지을 제

製 製 製 製 製 製 製 製 製 製 製

- 총획 14획　부수 衣　급수 4급
- 制 절제할 제 + 衣 옷 의

제(制) 자에 옷 의(衣) 자를 더해 옷감이나 재목을 마름질(制)하는 모습임을 분명히 한 글자이다.

☐ 製品 제품　　☐ 製作 제작　　☐ 手製 수제

135l

띠 대

帶 帶 帶 帶 帶 帶 帶 帶 帶 帶

- 총획 11획　부수 巾　급수 4급
- 巾 수건 건 + 卅 서른 삽 + 冖 덮을 멱

천(巾)을 겹쳐 두껍게 만든 허리띠(卅)를 가리킨다.

☐ 革帶 혁대　　☐ 携帶 휴대　　☐ 一帶 일대

135m

막힐 체

滯 滯 滯 滯 滯 滯 滯 滯 滯 滯 滯

- 총획 14획　부수 氵　급수 3급
- 帶 띠 대 + 氵 물 수

허리띠(帶)로 조이듯 물(氵)길을 묶어(帶) 흐름을 방해하는 모습이다.

☐ 滯留 체류　　☐ 遲滯 지체　　☐ 延滯 연체

白(1)

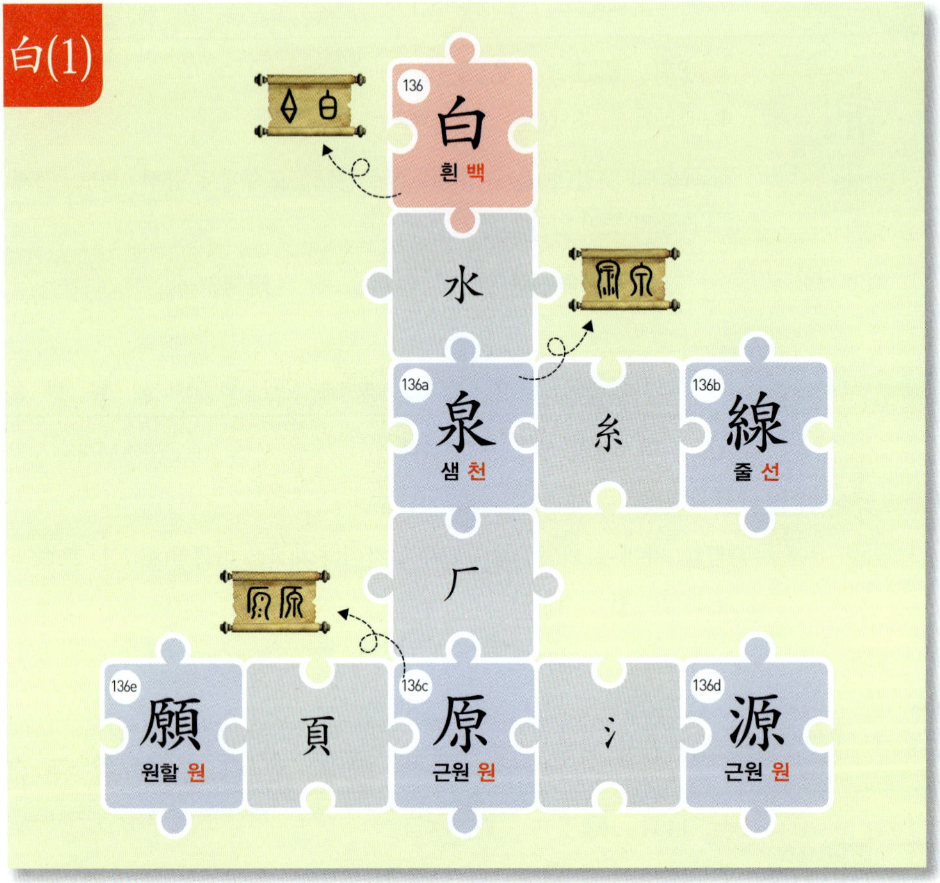

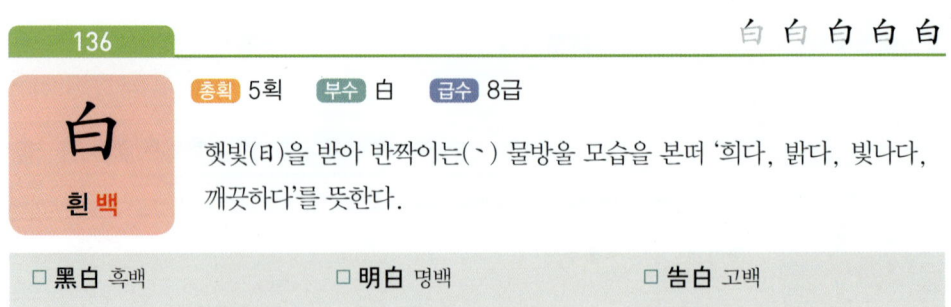

136	
白 훈**백**	총획 5획 부수 白 급수 8급

白 白 白 白 白

햇빛(日)을 받아 반짝이는(丶) 물방울 모습을 본떠 '희다, 밝다, 빛나다, 깨끗하다'를 뜻한다.

□ 黑白 흑백   □ 明白 명백   □ 告白 고백

136a

泉 泉 泉 泉 泉 泉 泉 泉 泉

泉 샘 천

- 총획 9획
- 부수 水
- 급수 4급
- 白 흰 백 + 水 물 수

샘물(水)이 햇빛을 받아 반짝이는(白) 모습이다.

- □ 溫泉 온천
- □ 鑛泉水 광천수
- □ 硫黃泉 유황천

136b

線 線 線 線 線 線 線 線 線 線 線 線

線 줄 선

- 총획 15획
- 부수 糸
- 급수 6급
- 泉 샘 천 + 糸 가는실 멱

끊이지 않고 이어져(糸) 흐르는 샘물(泉)의 모습에서 '선, 줄'을 뜻한다.

- □ 線路 선로
- □ 直線 직선
- □ 無線 무선

136c

原 原 原 原 原 原 原 原 原

原 근원 원

- 총획 10획
- 부수 厂
- 급수 5급
- 泉 샘 천 + 厂 기슭 엄

산기슭(厂)에서 솟아나는 샘물(泉)이 강의 근원이 된다.

- □ 原罪 원죄
- □ 原則 원칙
- □ 平原 평원

136d

源 源 源 源 源 源 源 源 源 源 源 源

源 근원 원

- 총획 13획
- 부수 氵
- 급수 4급
- 原 근원 원 + 氵 물 수

물 수(氵)를 더해 '근원'의 의미를 분명히 하였다.

- □ 資源 자원
- □ 根源 근원
- □ 水源 수원

136e

願 願 願 願 願 願 願 願 願 願 願 願 願 願

願 원할 원

- 총획 19획
- 부수 頁
- 급수 5급
- 原 근원 원 + 頁 머리 혈

머리(頁) 속에서 가장 먼저(原) '원하는' 것이 떠오르다.

- □ 願書 원서
- □ 所願 소원
- □ 民願 민원

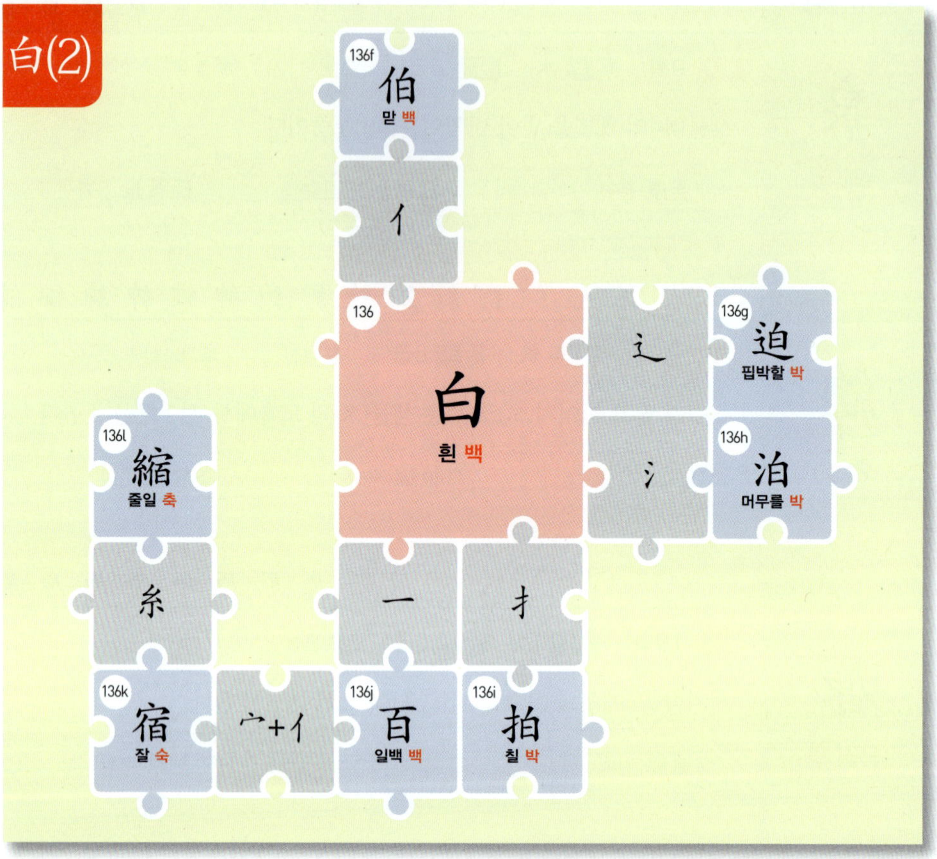

白(2)

136f 伯 맏 백
亻
136 白 흰 백
136g 迫 핍박할 박
辶
氵
136h 泊 머무를 박
136l 縮 줄일 축
糸
一
扌
136k 宿 잘 숙
宀+亻
136j 百 일백 백
136i 拍 칠 박

136f

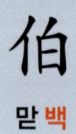
伯
맏 백

伯 伯 伯 伯 伯 伯 伯

총획 7획　**부수** 亻　**급수** 3급　白 흰 백 ＋ 亻 사람 인

집안에서 가장 빛나는(白) 사람(亻)이라는 의미에서 '우두머리'를 뜻한다.

- 伯父 백부
- 伯勞 백로

136g

迫
핍박할 박

迫 迫 迫 迫 迫 迫 迫 迫

총획 9획　**부수** 辶　**급수** 3급　白 흰 백 ＋ 辶 쉬엄쉬엄 갈 착

바짝(白) 다가서서(辶) 괴롭히는 모양을 나타낸 글자로 '핍박하다'의 뜻이 있다.

흰 백(白) 자는 사이가 공백이라 아무것도 없어 서로 가깝다는 뜻에서 '가까이, 바짝'으로 풀이하였다.

- 迫害 박해
- 脅迫 협박
- 壓迫 압박

136h

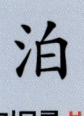
泊 머무를 박

- 총획 8획
- 부수 氵
- 급수 3급
- 白 흰 백 + 氵 물 수

흰(白) 물결(氵)을 일으키며 항구에 정박하는 배의 모습에서 '머무르다'의 뜻이 있다.

- 碇泊 정박
- 宿泊 숙박
- 船泊 선박

136i

拍 칠 박

- 총획 8획
- 부수 扌
- 급수 4급
- 白 흰 백 + 扌 손 수

손(扌)바닥을 마주쳐 소리(白)를 내는 모습이다.

- 拍手 박수
- 拍子 박자
- 拍車 박차

136j

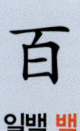
百 일백 백

- 총획 6획
- 부수 白
- 급수 7급
- 白 흰 백 + 一 한 일

일백이라는 큰 수를 만들기 위해 숫자 일(一) 자와 흰 백(白) 자를 합친 글자이다.

- 百年 백년
- 百姓 백성
- 百貨店 백화점

136k

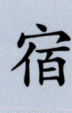
宿 잘 숙

- 총획 11획
- 부수 宀
- 급수 5급
- 百 일백 백 + 宀 집 면 + 亻 사람 인

집(宀)안에 자리(百)를 펴고 누워 있는 사람(亻)의 모습을 본뜬 글자이다.

- 宿泊 숙박
- 宿題 숙제
- 宿所 숙소

136l

縮 줄일 축

- 총획 17획
- 부수 糸
- 급수 4급
- 宿 잘 숙 + 糸 가는실 멱

잠자는(宿) 것처럼 오랜 시간 실(糸)을 두면 수축되는 모습에서 '줄이다'의 뜻이 있다.

- 縮小 축소
- 萎縮 위축
- 收縮 수축

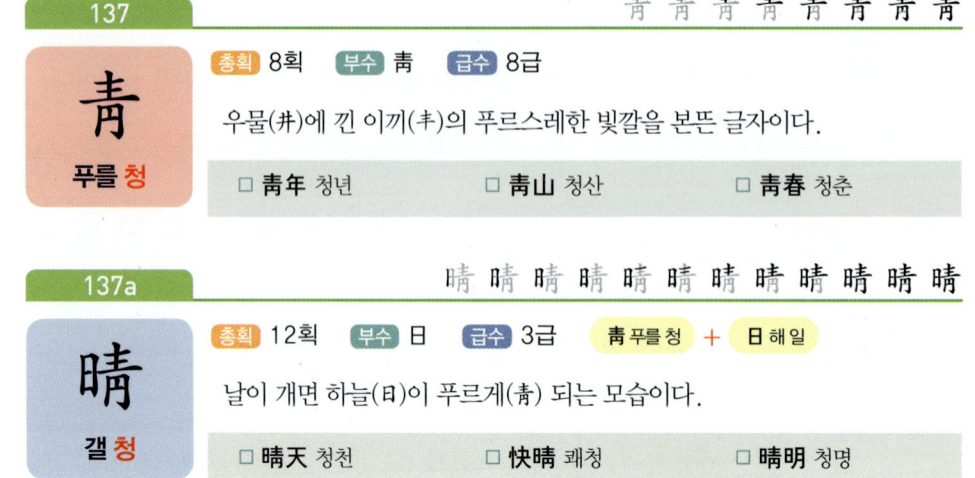

137	青 青 青 青 青 青 青 青

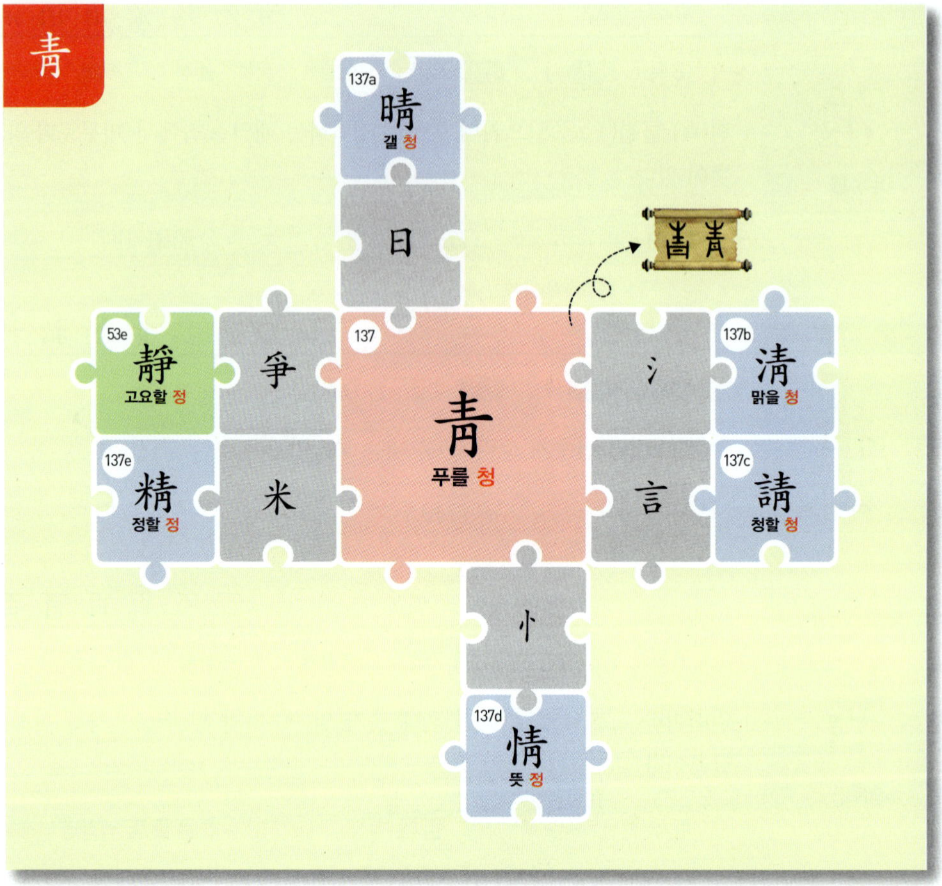

青
푸를 청

총획 8획　**부수** 青　**급수** 8급

우물(井)에 낀 이끼(丰)의 푸르스레한 빛깔을 본뜬 글자이다.

- 青年 청년　　□ 青山 청산　　□ 青春 청춘

137a	晴 晴 晴 晴 晴 晴 晴 晴 晴

晴
갤 청

총획 12획　**부수** 日　**급수** 3급　　青 푸를청 + 日 해일

날이 개면 하늘(日)이 푸르게(青) 되는 모습이다.

- 晴天 청천　　□ 快晴 쾌청　　□ 晴明 청명

삶 | 필수품(의식주) | 의

137b 清 맑을 청

- 총획 11획
- 부수 氵
- 급수 6급
- 青 푸를 청 + 氵 물 수

물(氵)이 푸르게(青) 보일 정도로 맑다.

- 清酒 청주
- 清潔 청결
- 清掃 청소

137c 請 청할 청

- 총획 15획
- 부수 言
- 급수 4급
- 青 푸를 청 + 言 말씀 언

입이 파래(青)질 때까지 말(言)을 멈추지 않고 간청하다.

- 請求 청구
- 請願 청원
- 懇請 간청

137d 情 뜻 정

- 총획 11획
- 부수 忄
- 급수 5급
- 青 푸를 청 + 忄 마음 심

순수한(青) 마음(忄)에서 우러나오는 '뜻'을 가리킨다.

- 人情 인정
- 表情 표정
- 多情 다정

137e 精 정할 정

- 총획 14획
- 부수 米
- 급수 4급
- 青 푸를 청 + 米 쌀 미

곡식(米)을 깨끗하게(青) 손질한 모습이다.

- 精神 정신
- 精進 정진
- 搗精 도정

53e 靜 고요할 정

- 총획 16획
- 부수 青
- 급수 4급
- 青 푸를 청 + 爭 다툴 쟁

다툼을 뜻하는 쟁(爭) 자가 상징하는 태풍이 지나가고 하늘과 바다가 더 없이 푸르러(青)지는 등 사방천지가 맑고 깨끗하고 고요해졌음을 뜻하는 글자이다.

- 靜寂 정적
- 靜肅 정숙
- 鎭靜 진정

黃

138a 橫 가로 횡		138c 擴 넓힐 확
木		扌
138 黃 누를 황	广	138b 廣 넓을 광
↑비교↓		金
138f 演 펼 연	氵	138e 寅 범 인	138d 鑛 쇳돌 광

138
黃 누를 황
黃黃黃黃黃黃黃黃黃黃黃黃

총획 12획　**부수** 黃　**급수** 6급

화살(矢)에 매달아 놓은 누런 장식이나 날아가는 불화살의 불빛 모양에서 '누렇다'는 뜻이 있다.

□ 黃色 황색　　□ 黃金 황금　　□ 黃砂 황사

138a
橫 가로 횡
橫橫橫橫橫橫橫橫橫橫橫橫

총획 16획　**부수** 木　**급수** 3급　　黃 누를 황 ＋ 木 나무 목

불화살(黃)이 가로로 날아가듯 문빗장(木)을 가로질러 놓은 모습에서 본뜬 글자이다.

□ 橫斷 횡단　　□ 橫隊 횡대　　□ 專橫 전횡

138b 廣 넓을 광

廣 廣 廣 廣 廣 廣 廣 廣 廣 廣 廣 廣 廣

- 총획 15획
- 부수 广
- 급수 5급
- 黃 누를 황 + 广 집 엄

황토(黃) 마당이 넓게 펼쳐진 대궐(广)의 모습이다.

큰 집/집 엄(广) 자는 집 면(宀) 자와 같이 '집'과 관련된 글자이나, 집 엄(广) 자는 대궐이나 궁궐, 차고처럼 보다 큰 집을 가리키는 데 주로 사용되므로 '대궐'로 해석했다.

- ☐ 廣場 광장
- ☐ 廣野 광야
- ☐ 廣告 광고

138c 擴 넓힐 확

擴 擴 擴 擴 擴 擴 擴 擴 擴 擴 擴 擴 擴

- 총획 18획
- 부수 扌
- 급수 3급
- 廣 넓을 광 + 扌 손 수

마당이나 집을 더 넓게(廣) 확장(扌)하는 모습이다.

집을 넓히거나 수리할 때 주로 손을 사용하여 그렇게 한다 하여 손 수(扌) 자를 '확장하다'로 해석하였다.

- ☐ 擴張 확장
- ☐ 擴大 확대
- ☐ 擴充 확충

138d 鑛 쇳돌 광

鑛 鑛 鑛 鑛 鑛 鑛 鑛 鑛 鑛 鑛 鑛 鑛 鑛 鑛 鑛 鑛

- 총획 23획
- 부수 金
- 급수 4급
- 廣 넓을 광 + 金 쇠 금

너른(廣) 광산에서 캐낸 금속(金)을 뜻하는 글자이다.

- ☐ 鑛山 광산
- ☐ 鑛物 광물
- ☐ 金鑛 금광

138e 寅 범 인

寅 寅 寅 寅 寅 寅 寅 寅 寅 寅

- 총획 11획
- 부수 宀
- 급수 3급

누를 황(黃)과 비슷한 글자꼴로 '범, 셋째 지지'로 쓰인다.

- ☐ 寅時 인시
- ☐ 丙寅 병인

138f 演 펼 연

演 演 演 演 演 演 演 演 演 演 演 演

- 총획 14획
- 부수 氵
- 급수 4급
- 寅 범 인 + 氵 물 수

사방으로 날아가는 화살(寅)처럼 넓게 퍼지는 물(氵)의 모습에서 '펴다, 늘이다, 멀리 흐르다'의 뜻이 있다.

- ☐ 演技 연기
- ☐ 演說 연설
- ☐ 講演 강연

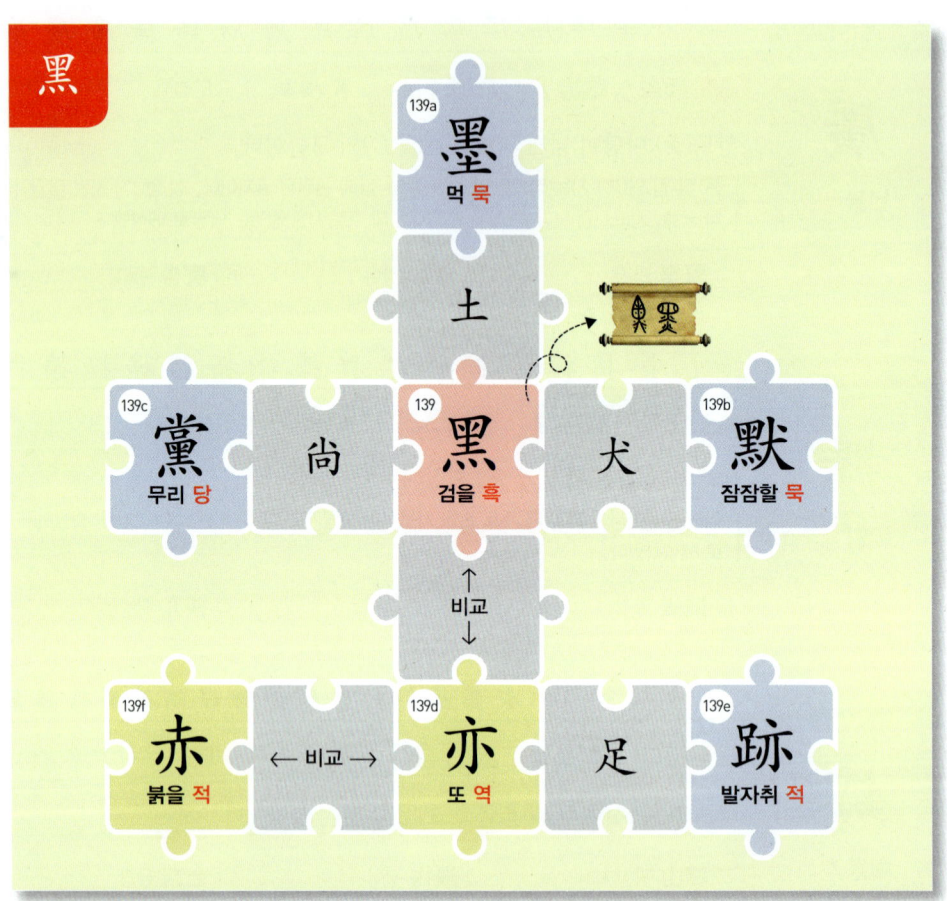

139

黑 검을 흑

黑黑黑黑黑黑黑黑黑黑黑黑

총획 12획 부수 黑 급수 5급

불(灬)을 지피자 굴뚝으로 검은 연기가 빠져나가는 모습이다.

- 黑色 흑색
- 黑白 흑백
- 黑髮 흑발

139a

墨 먹 묵

墨墨墨墨墨墨墨墨墨墨墨墨墨墨

총획 15획 부수 土 급수 3급   黑검을흑 + 土흙토

검은 그을음(黑)을 흙(土)에 섞어 만든 '먹'을 가리킨다.

- 墨畫 묵화
- 白墨 백묵
- 近墨者黑 근묵자흑

삶 | 필수품(의식주) | 의

139b

默默默默默默默默默默默默默默默

默
잠잠할 묵

- 총획 16획
- 부수 黑
- 급수 3급
- 黑 검을 흑 + 犬 개 견

짖지 않는 개(犬)의 모습에서 속을 알 수 없는 흑(黑)심을 품은 것처럼 '잠잠하다'의 뜻이 있다.

- □ 默念 묵념
- □ 默過 묵과
- □ 寡默 과묵

139c

黨黨黨黨黨黨黨黨黨黨黨黨黨黨黨黨黨

黨
무리 당

- 총획 20획
- 부수 黑
- 급수 4급
- 黑 검을 흑 + 尙 오히려 상

오히려(尙) 못된(黑) 행동을 일삼는 무리를 가리킨다.

- □ 黨派 당파
- □ 惡黨 악당
- □ 政黨 정당

139d

亦亦亦亦亦亦

亦
또 역

- 총획 6획
- 부수 亠
- 급수 3급

양팔을 크게(大) 벌렸을 때 드러나는 '겨드랑이'를 뜻하는 글자였으나 '또'의 뜻으로 쓰인다.

- □ 亦是 역시

139e

跡跡跡跡跡跡跡跡跡跡跡跡

跡
발자취 적

- 총획 13획
- 부수 足
- 급수 3급
- 亦 또 역 + 足 발 족

거듭(亦) 쌓인 발자국(足)을 가리킨다.

- □ 足跡 족적
- □ 潛跡 잠적
- □ 遺跡 유적

139f

赤赤赤赤赤赤赤

赤
붉을 적

- 총획 7획
- 부수 赤
- 급수 5급

사람(土=大)을 화형(火)시키는 모습에서 '붉다'를 뜻한다.

- □ 赤色 적색
- □ 赤十字 적십자
- □ 赤裸裸 적나라

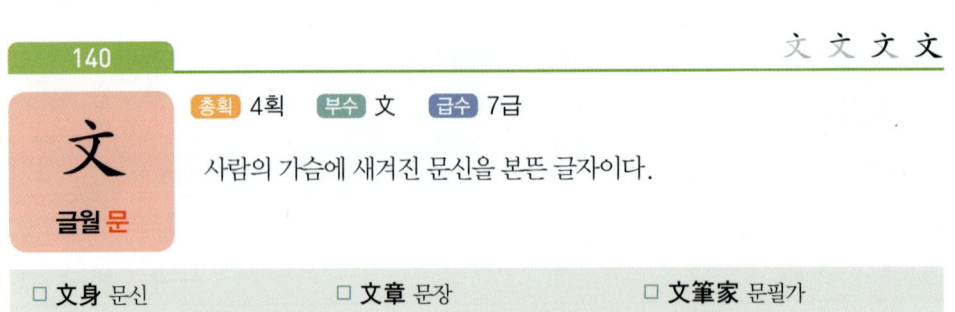

140

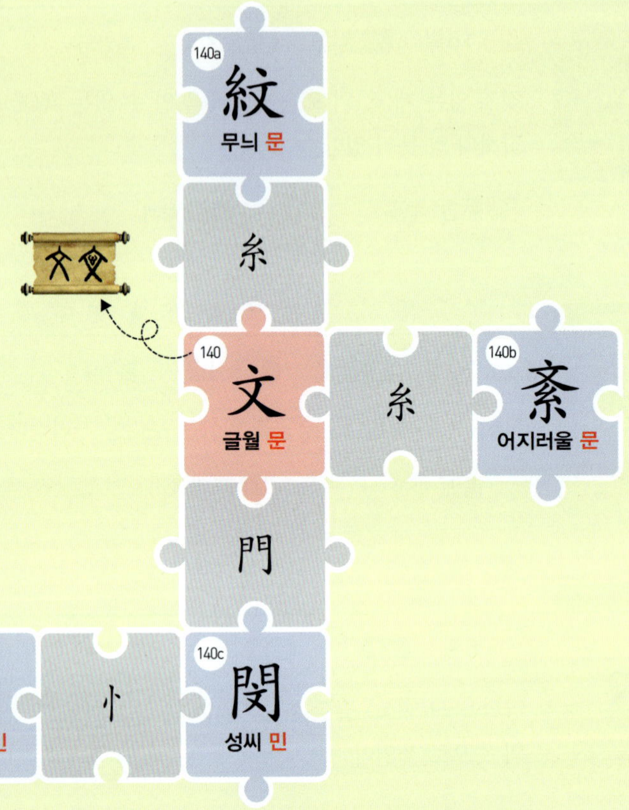

文 글월 문

총획 4획 　부수 文 　급수 7급

사람의 가슴에 새겨진 문신을 본뜬 글자이다.

文 文 文 文

☐ **文身** 문신 　　☐ **文章** 문장 　　☐ **文筆家** 문필가

140a

紋 무늬 문

- 총획 10획
- 부수 糸
- 급수 3급
- 文 글월 문 + 糸 가는실 멱

문(文) 자가 '글'의 뜻으로 쓰이자 실 사(糸) 자를 더해 수놓듯 옷에 새겨진 '무늬'의 뜻을 강조했다.

- □ 紋樣 문양
- □ 波紋 파문
- □ 指紋 지문

140b

紊 어지러울 문

- 총획 10획
- 부수 糸
- 급수 2급
- 文 글월 문 + 糸 가는실 멱

밑단이 터져 실(糸)이 너풀대는 모습에서 혼란스러움을 뜻하는 글자이다.

- □ 紊亂 문란

140c

閔 성씨 민

- 총획 12획
- 부수 門
- 급수 2급
- 文 글월 문 + 門 문 문

관가(門)에서 묵형(文)당한 이를 위로하는 모습이다. 훗날 '성씨'로 쓰이게 되었다.

> 문 문(門) 자는 대궐처럼 큰 궁궐이나 대궐의 큰 문을 본뜬 글자이므로 '대궐, 궁궐, 관가' 등으로 해석했다.
> 문(文) 자는 몸에 새긴 문신을 본뜬 글자이므로 죄인의 살갗에 먹줄로 죄명을 써 넣던 형벌인 '묵형'으로 풀이하였다.

140d

憫 민망할 민

- 총획 15획
- 부수 忄
- 급수 3급
- 閔 성씨 민 + 忄 마음 심

고문(閔)당하는 사람을 가엾게 여기는 마음(忄)을 가리킨다.

- □ 憫憫 민망
- □ 憐憫 연민

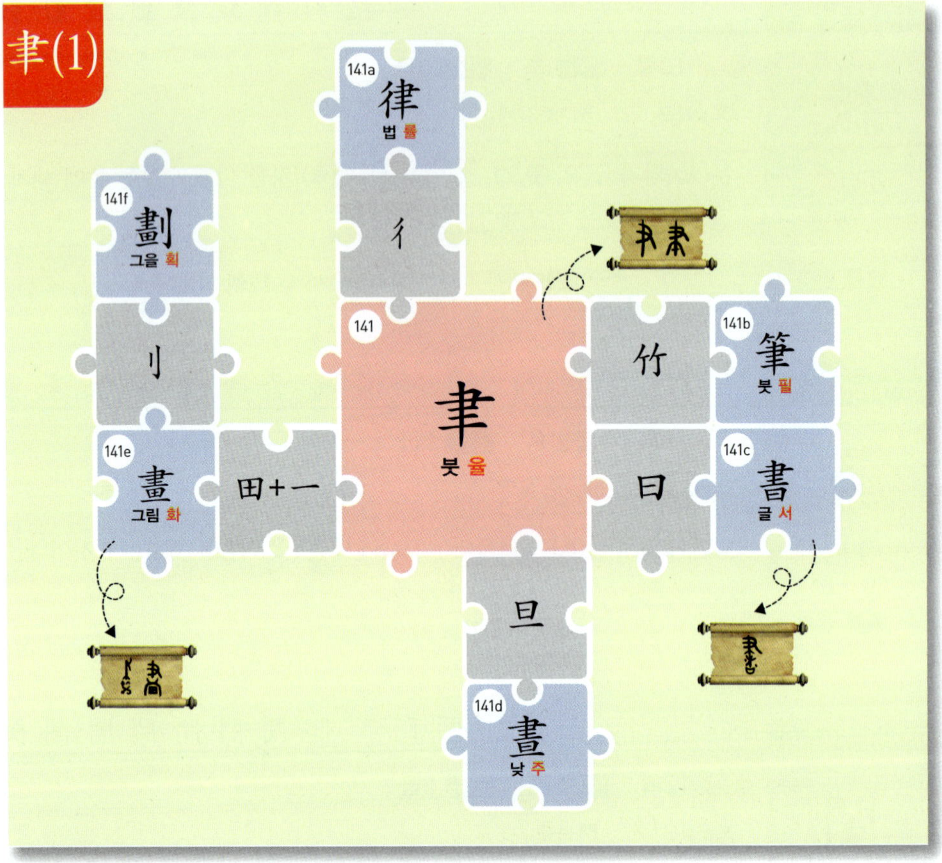

聿(1)

141

| 총획 | 6획 | 부수 | 聿 | 급수 | 특급 |

聿
붓 율

손(⺕)에 붓을 들고 있는 모습을 본뜬 글자이다.

141a

| 총획 | 9획 | 부수 | 彳 | 급수 | 4급 |

聿 붓 율 + 彳 조금 걸을 척

律
법 률

새 법률을 적은(聿) 방을 길(彳)목에 붙여 놓은 모습이다.

□ 律師 율사   □ 規律 규율   □ 法律 법률

444

삶 | 필수품(의식주) | 의

141b

筆 筆 筆 筆 筆 筆 筆 筆 筆 筆 筆 筆

붓 **필**

총획 12획 **부수** 竹 **급수** 5급 聿 붓 율 + 竹 대 죽

대나무(竹)로 만든 대롱에 털을 끼워 넣어서 만든 붓(聿)을 본뜬 글자이다.

- 筆談 필담
- 筆跡 필적
- 名筆 명필

141c

書 書 書 書 書 書 書 書 書 書

書
글 **서**

총획 10획 **부수** 曰 **급수** 6급 聿 붓 율 + 曰 가로 왈

나무판(曰) 위에 붓(聿)으로 글을 쓰는 모습이다.

- 書籍 서적
- 書類 서류
- 落書 낙서

141d

晝 晝 晝 晝 晝 晝 晝 晝 晝 晝

낮 **주**

총획 11획 **부수** 日 **급수** 6급 聿 붓 율 + 旦 아침 단

해가 떠 있어서(旦) 글(書)을 쓰고 읽을 수 있는 시간대를 가리킨다.

- 晝間 주간
- 晝耕夜讀 주경야독
- 白晝 백주(대낮)

141e

畫 畫 畫 畫 畫 畫 畫 畫 畫 畫 畫

畫
그림 **화**

총획 12획 **부수** 田 **급수** 6급 聿 붓 율 + 田 밭 전 + 一 한 일

붓(聿)으로 도화지(一) 위에 그림(田)을 그리는 모습을 본뜬 글자이다.

- 畫家 화가
- 畫幅 화폭
- 映畫 영화

141f

劃 劃 劃 劃 劃 劃 劃 劃 劃 劃 劃 劃

그을 **획**

총획 14획 **부수** 刂 **급수** 3급 畫 그림 화 + 刂 칼 도

밑그림(畫)을 따라 칼(刂)로 선을 긋거나 홈을 파는 모습을 본뜬 글자이다.

- 劃期的 획기적
- 劃策 획책
- 企劃 기획

141

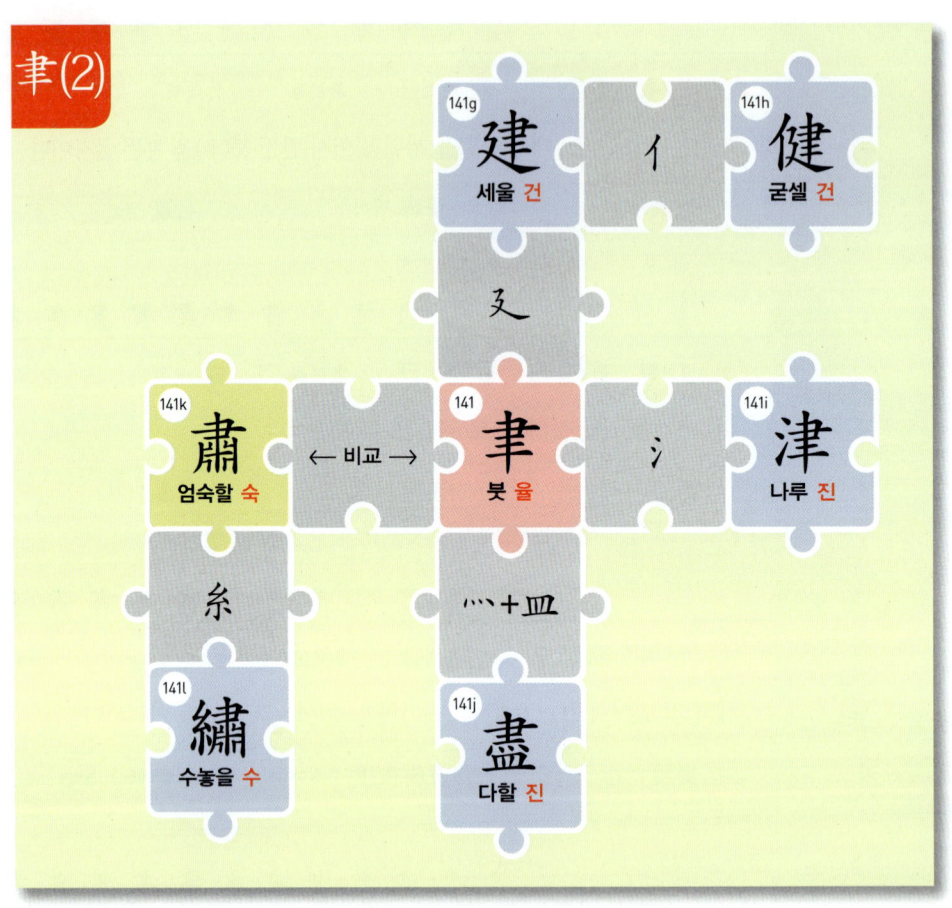

141g

建 세울 건

- 총획 9획
- 부수 廴
- 급수 5급

聿 붓 율 + 廴 길게 걸을 인

왕릉이나 능에 이르는 길(廴), 큰 건물 등을 설계(聿)하고 건축하는 모습이다.

建建建建建建建建建

☐ 建築 건축   ☐ 建物 건물   ☐ 建設 건설

141h

健 굳셀 건

健健健健健健健健健

- 총획 11획
- 부수 亻
- 급수 5급
- 建 세울 건 + 亻 사람 인

건물(建)처럼 심성이 단단한 사람(亻)의 모습에서 '굳세다'의 뜻이 있다.

- □ 健康 건강
- □ 健鬪 건투
- □ 保健 보건

141i

津 나루 진

津津津津津津津津津

- 총획 9획
- 부수 氵
- 급수 2급
- 聿 붓 율 + 氵 물 수

붓(聿)에 좌우로 먹물(氵)을 묻히듯이 강(氵)을 오가는 배가 다니는 일정한 장소를 가리킨다.

- □ 津口 진구(나루터)
- □ 津液 진액
- □ 羅津 나진

141j

盡 다할 진

盡盡盡盡盡盡盡盡盡盡盡

- 총획 14획
- 부수 皿
- 급수 4급
- 聿 붓 율 + 灬 불 화 + 皿 그릇 명

수세미를 손(聿)에 잡고 놋그릇(皿)을 정성껏(灬) 닦아 힘이 '다하다'는 의미를 가진다.

- □ 盡力 진력
- □ 未盡 미진
- □ 無窮無盡 무궁무진

141k

肅 엄숙할 숙

肅肅肅肅肅肅肅肅肅肅

- 총획 13획
- 부수 聿
- 급수 4급

옷감에 진지하게 수를 놓고(聿) 있는 모습을 본뜬 글자이다.

- □ 肅然 숙연
- □ 嚴肅 엄숙
- □ 靜肅 정숙

141l

繡 수놓을 수

繡繡繡繡繡繡繡繡繡繡繡繡繡

- 총획 19획
- 부수 糸
- 급수 1급
- 肅 엄숙할 숙 + 糸 가는 실 멱

엄숙할 숙(肅) 자에 실 사(糸) 자를 더해 실로 수를 놓고 있음을 분명히 한 글자이다.

- □ 刺繡 자수
- □ 十字繡 십자수

糸(1)

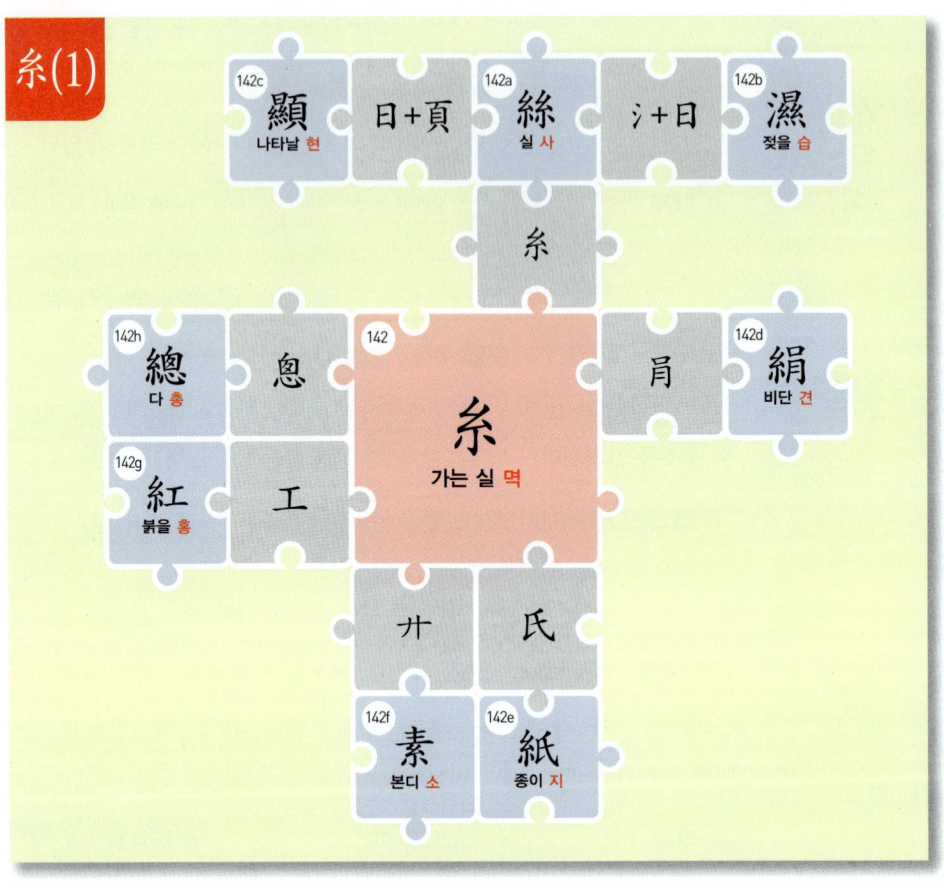

---

142   糸 糸 糸 糸 糸 糸

糸	총획 6획 부수 糸 급수 특급
가는실 **멱**	한 가닥 실타래의 모습을 본뜬 글자이다.

142a   絲 絲 絲 絲 絲 絲 絲 絲 絲 絲

絲	총획 12획 부수 糸 급수 4급
실 **사**	糸 가는실멱 + 糸 가는실멱 여러 가닥의 실(糸)을 꼬아 만든 실타래의 모습이다.

☐ 一絲不亂 일사불란   ☐ 螺絲 나사   ☐ 絹絲 견사

삶 | 필수품(의식주) | 의

142b

濕 濕 濕 濕 濕 濕 濕 濕 濕 濕 濕 濕 濕 濕 濕 濕

濕
젖을 **습**

- 총획 17획
- 부수 氵
- 급수 3급

絲 실 사 + 氵 물 수 + 日 해 일

실(絲)의 끝을 구분(日)하기 위해 물(氵)에 적셔 두던 모습이다.

☐ 濕氣 습기　　☐ 濕地 습지　　☐ 濕度 습도

142c

顯 顯 顯 顯 顯 顯 顯 顯 顯 顯 顯 顯 顯 顯 顯 顯 顯 顯

顯
나타날 **현**

- 총획 23획
- 부수 頁
- 급수 4급

絲 실 사 + 日 해 일 + 頁 머리 혈

밝은(日) 곳에서 실(絲)의 머리(頁), 즉 실마리가 보이는 모습에서 '나타나다'의 뜻을 가진다.

☐ 顯著 현저　　☐ 顯微鏡 현미경　　☐ 顯忠日 현충일

142d

絹 絹 絹 絹 絹 絹 絹 絹 絹 絹 絹

絹
비단 **견**

- 총획 13획
- 부수 糸
- 급수 3급

糸 가는실 멱 + 肙 장구벌레 연

누에고치(肙)에서 뽑은 실(糸)로 만든 천을 가리킨다.

☐ 絹織物 견직물　　☐ 人絹 인견　　☐ 生絹 생견

142e

紙 紙 紙 紙 紙 紙 紙 紙 紙 紙

紙
종이 **지**

- 총획 10획
- 부수 糸
- 급수 7급

糸 가는실 멱 + 氏 각시 씨

비단 천(糸)에 글씨를 쓰던 모습에서 '종이'를 뜻한다.

☐ 紙幣 지폐　　☐ 紙面 지면　　☐ 休紙 휴지

142f

素 본디 소

- 총획 10획
- 부수 糸
- 급수 4급

糸 가는실 멱 + 廾 받들 공

염색을 위해 양손(廾)으로 실(糸)타래를 들고 있는 모습으로 아직 아무 염색도 하지 않은 실(糸)타래의 흰색을 가리켜 '희다, 본디, 바탕'을 뜻하게 되었다.

☐ 素質 소질   ☐ 素材 소재   ☐ 要素 요소

142g

紅 붉을 홍

- 총획 9획
- 부수 糸
- 급수 4급

糸 가는실 멱 + 工 장인 공

실(糸)이나 천에 색을 물들이던 모습을 본뜬 글자로 '붉다'를 뜻한다.

☐ 紅柿 홍시   ☐ 滿山紅葉 만산홍엽   ☐ 眞紅 진홍

142h

總 다 총

- 총획 17획
- 부수 糸
- 급수 4급

糸 가는실 멱 + 悤 바쁠 총

나름대로 바쁘거나(悤) 똑똑한 사람들을 모두 한곳, 혹은 하나로 묶는(糸) 모습에서 '다, 모두, 합하다, 거느리다' 등의 뜻이 파생되었다.

☐ 總力 총력   ☐ 總長 총장   ☐ 總理 총리

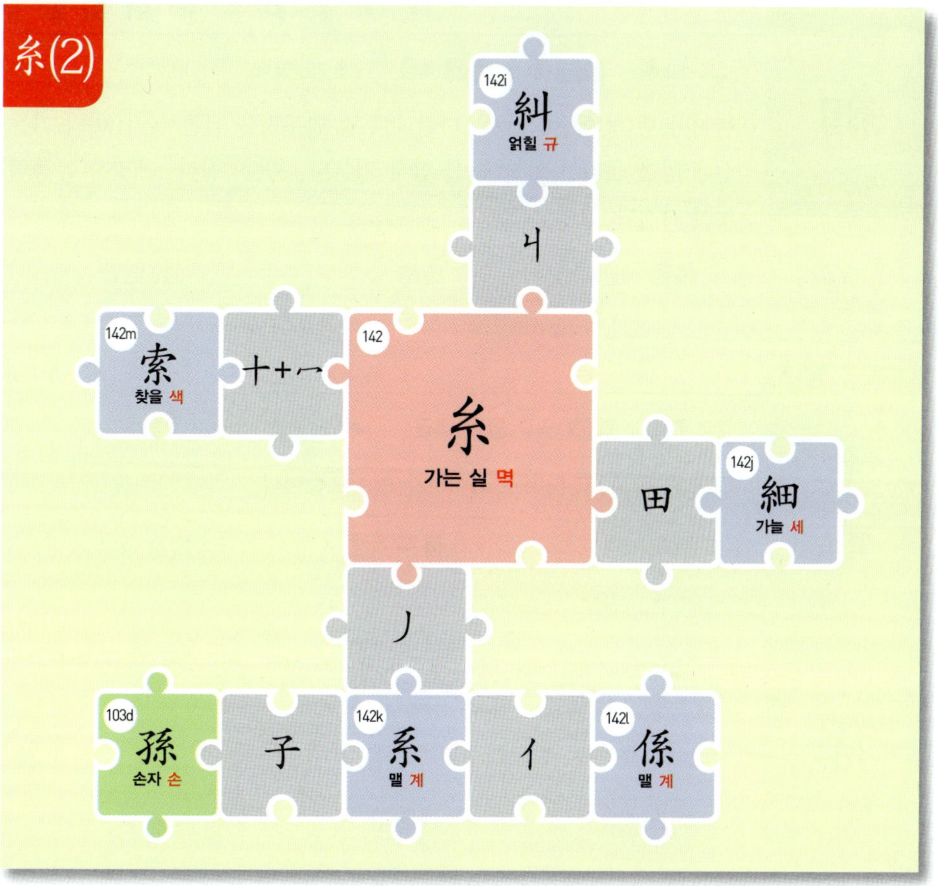

삶 | 필수품(의식주) | 의

糸(2)

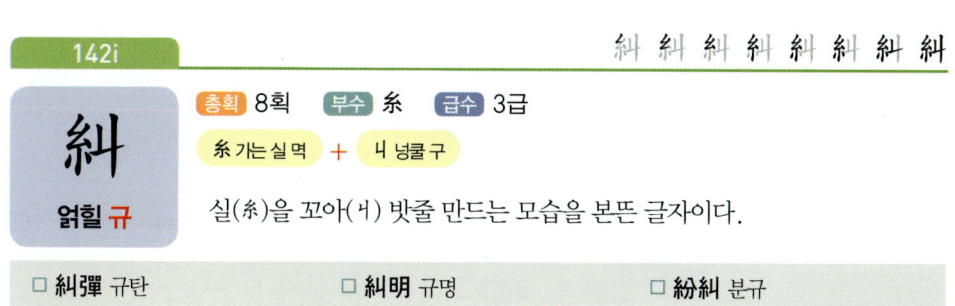

142i

糾 얽힐 규

- 총획 8획
- 부수 糸
- 급수 3급

糸 가는 실 멱 + 丩 넝쿨 구

실(糸)을 꼬아(丩) 밧줄 만드는 모습을 본뜬 글자이다.

☐ 糾彈 규탄   ☐ 糾明 규명   ☐ 紛糾 분규

142j 細 가늘 세

細細細細細細細細

- 총획 11획
- 부수 糸
- 급수 4급
- 糸 가는실 멱 + 田 밭 전

논이나 밭(田)에 비해 가느다란 논두렁 밭두렁을 본뜬 글자(田)와 가는 실 모양을 뜻하는 글자(糸)를 합쳐 '가늘다, 좁다, 잘다, 세밀하다' 등의 뜻을 가진다.

- □ 細密 세밀
- □ 細胞 세포
- □ 毛細血管 모세혈관

142k 系 맬 계

系系系系系系系

- 총획 7획
- 부수 糸
- 급수 4급
- 糸 가는실 멱 + 丿 삐침 별

끈(糸)을 가지고 하나로 묶어 매는(丿) 모습이다.

- □ 系統 계통
- □ 直系 직계
- □ 體系 체계

142l 係 맬 계

係係係係係係係係

- 총획 9획
- 부수 亻
- 급수 4급
- 系 맬 계 + 亻 사람 인

사람(亻) 사이를 이어(系)주는 모습을 뜻한다.

- □ 係長 계장
- □ 關係 관계

103d 孫 손자 손

孫孫孫孫孫孫孫孫

- 총획 10획
- 부수 子
- 급수 6급
- 系 맬 계 + 子 아들 자

대를 이어(系) 주는 아들(子)을 가리킨다.

- □ 孫子 손자
- □ 曾孫 증손
- □ 後孫 후손

142m 索 찾을 색

索索索索索索索索

- 총획 10획
- 부수 糸
- 급수 3급
- 糸 가는실 멱 + 十 열 십 + 冖 덮을 멱

소나 말을 부리기(十) 위해 굴레(冖)에 잡아매는 줄(糸)을 가리킨다. 꼼짝하지 못하게 묶어 범인을 '찾다'의 뜻도 가진다.

- □ 索引 색인
- □ 索出 색출
- □ 檢索 검색

삶 | 필수품(의식주) | 의

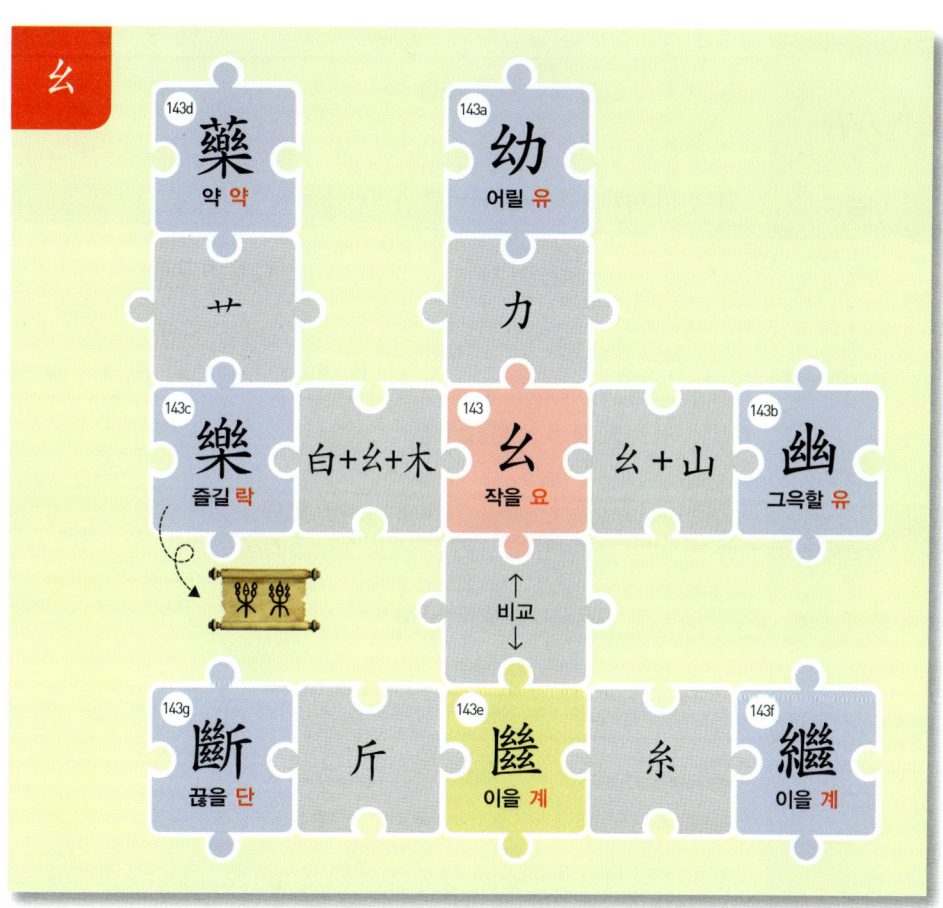

| 총획 | 3획 | 부수 | 幺 | 급수 | 확장한자 |

幺
작을 요

가늘고 약한 한 가닥 실(糸)의 모습으로 아주 작고 적음을 강조한 글자이다.

143a

幼 幼 幼 幼 幼

幼 어릴 유

- 총획 5획 부수 幺 급수 3급
- 幺 작을요 + 力 힘력

힘(力)이 미약한(幺) 어린아이를 가리킨다.

- 幼兒 유아
- 幼稚園 유치원
- 幼年期 유년기

143b

幽 幽 幽 幽 幽 幽 幽

幽 그윽할 유

- 총획 9획 부수 幺 급수 3급
- 幺 작을요 + 幺 작을요 + 山 산산

호롱불(山→火)의 불꽃이 꺼질 듯 희미한(幺) 모습이다.

- 幽靈 유령
- 深山幽谷 심산유곡

143c

樂 樂 樂 樂 樂 樂 樂 樂 樂 樂

樂 즐길 락

- 총획 15획 부수 木 급수 3급
- 幺 작을요 + 白 흰백 + 幺 작을요 + 木 나무목

손잡이(木) 달린 방울(白)과 장식 달린(幺) 악기의 모습에서 '풍류 악(樂)'의 뜻, 악기를 연주하며 즐겁게 지내니 '즐길 락(樂)'의 뜻이, 흥겨운 음악을 좋아한다 하여 '좋아할 요(樂)'의 뜻을 가진다.

- 樂園 낙원
- 音樂 음악
- 樂山樂水 요산요수

143d

藥 藥 藥 藥 藥 藥 藥 藥 藥 藥 藥 藥 藥 藥

藥 약 약

- 총획 19획 부수 艹 급수 6급
- 樂 즐길락 + 艹 풀초

사람을 즐겁게(樂) 해 주는 풀(艹)이란 병을 낫게 해 주는 약초이다.

- 藥草 약초
- 藥局 약국
- 良藥 양약

143e

이을 계

- 총획 14획
- 부수 幺
- 급수 확장한자

가는 실(幺)들이 이어져 있는 모습이다.

143f

繼
이을 계

- 총획 20획
- 부수 糸
- 급수 4급

䋣 이을 계 + 糸 가는 실 멱

계(䋣) 자에 실 사(糸) 자를 더해 하나로 이어진 실의 모습을 강조한 글자이다.

- 繼承 계승
- 繼走 계주

143g

斷
끊을 단

- 총획 18획
- 부수 斤
- 급수 4급

䋣 이을 계 + 斤 도끼 근

긴 실(糸)을 절단(斤)하여 조각(䋣)내는 모습이다.

- 斷切 단절
- 斷水 단수
- 禁斷 금단

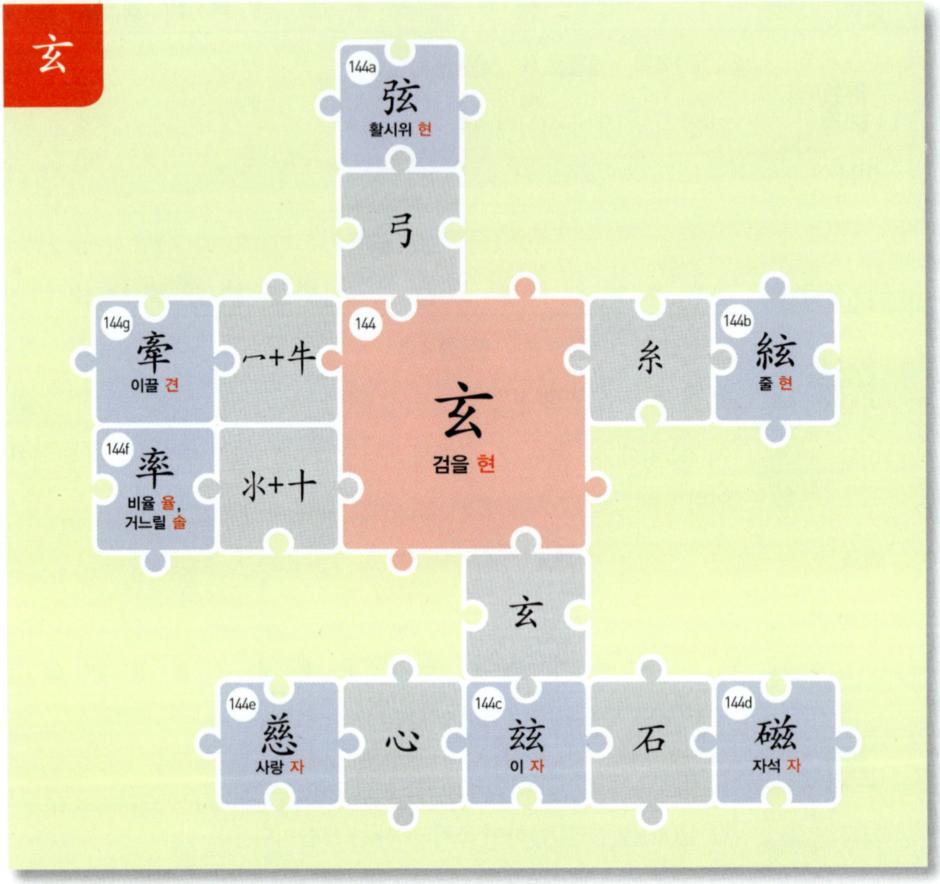

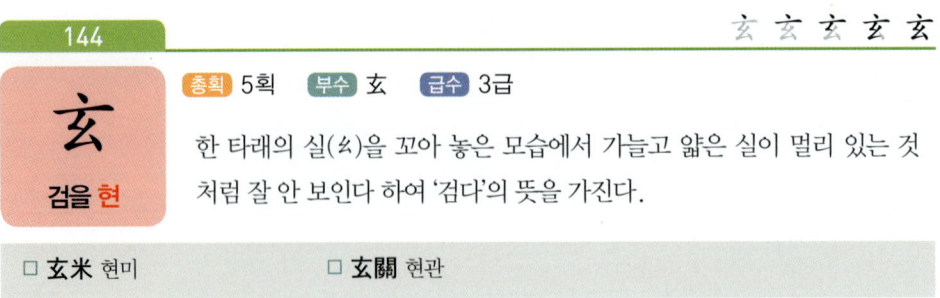

144

玄 玄 玄 玄 玄

玄
검을 현

총획 5획 부수 玄 급수 3급

한 타래의 실(幺)을 꼬아 놓은 모습에서 가늘고 얇은 실이 멀리 있는 것 처럼 잘 안 보인다 하여 '검다'의 뜻을 가진다.

□ **玄米** 현미 □ **玄關** 현관

삶 | 필수품(의식주) | 의

144a

弦 弦 弦 弦 弦 弦 弦 弦

弦 활시위 **현**

- 총획 8획
- 부수 弓
- 급수 2급

玄 검을 현 + 弓 활 궁

활(弓)에 맨 실(玄)인 활시위를 가리킨다. 활을 쏘고 나면 시위가 떨면서 잘 안 보이는 현상, 즉 희미하게 보이는 모습에서 검을 현(玄) 자를 시위를 뜻하는 글자에 이용하였다.

□ 弦樂 현악   □ 上弦 상현   □ 下弦 하현

144b

絃 絃 絃 絃 絃 絃 絃 絃 絃

絃 줄 **현**

- 총획 11획
- 부수 糸
- 급수 3급

玄 검을 현 + 糸 가는실 멱

악기 줄(糸)이 흔들리며 눈에 어른거리는(玄) 모습을 본뜬 글자이다.

□ 絃樂器 현악기   □ 管絃樂 관현악

144c

玆 玆 玆 玆 玆 玆 玆 玆

玆 이 **자**

- 총획 10획
- 부수 玄
- 급수 3급

玄 검을 현 + 玄 검을 현

검을 현(玄) 자에 검을 현(玄) 자를 또 더해 '검다'의 뜻을 회복한 글자이다.

144d

磁 磁 磁 磁 磁 磁 磁 磁 磁 磁 磁

磁 자석 **자**

- 총획 14획
- 부수 石
- 급수 2급

玆 이 자 + 石 돌 석

달라붙어(玆) 크기가 커지는 돌(石)을 가리켜 '자석'을 뜻한다.

□ 磁石 자석   □ 磁性 자성   □ 電磁波 전자파

144

144e

사랑 자

慈 慈 慈 慈 慈 慈 慈 慈 慈 慈 慈

총획 13획 부수 心 급수 3급

茲 이자 + 心 마음심

속 깊은(茲) 마음(心)을 가리켜 '사랑'을 뜻한다.

검은(茲) 마음(心)이란 '모르는 속'을 의미하므로 검을 자(茲) 자를 '속 깊다'로 해석하였다.

□ 慈悲 자비   □ 慈愛 자애   □ 大慈大悲 대자대비

144f

비율 율, 거느릴 솔

率 率 率 率 率 率 率 率 率 率 率

총획 11획 부수 玄 급수 3급

玄 검을현 + 氺 물수 + 十 열십

실(玄)을 적당한 정도로 돌려(十) 짜서(氺) 튼튼한 밧줄을 만드는 모습에서 '비율'의 뜻이 있다.

□ 比率 비율   □ 效率 효율   □ 率先 솔선

144g

이끌 견

牽 牽 牽 牽 牽 牽 牽 牽 牽 牽 牽

총획 11획 부수 牛 급수 3급

玄 검을현 + 冖 덮을멱 + 牛 소우

소(牛) 고삐(冖)를 잡고 끌고(玄) 가는 모습이다.

검을 현(玄) 자가 실을 비틀어 꼬아 놓은 실타래처럼 생겼으므로 고삐에 묶어 소를 잡아당기는 밧줄에 해당한다.

□ 牽引 견인   □ 牽制球 견제구   □ 牽牛星 견우성

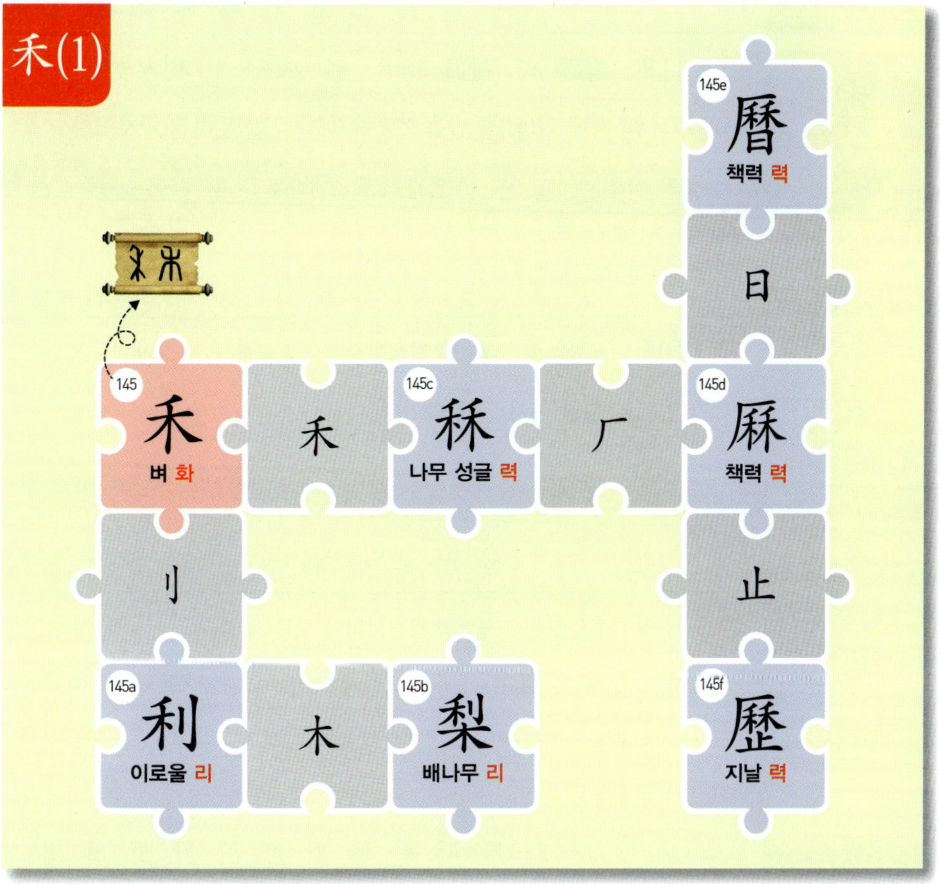

삶 | 필수품(의식주) | 식

禾(1)

- 145: 禾 벼 화
- 145a: 利 이로울 리
- 145b: 梨 배나무 리
- 145c: 秝 나무 성글 력
- 145d: 厤 책력 력
- 145e: 曆 책력 력
- 145f: 歷 지날 력

145

禾 禾 禾 禾 禾

禾 벼 **화**

- **총획** 5획　**부수** 禾　**급수** 3급

익으면 고개(丿)를 숙이는 나무(木)를 뜻하는 글자로 벼뿐만 아니라 곡식을 뜻하기도 한다.

145a

利 利 利 利 利 利 利

利 이로울 **리**

- **총획** 7획　**부수** 刂　**급수** 6급　禾벼화 + 刂칼도

벼(禾)를 베어(刂) 수확하는 것은 모두에게 이로운 일이다.

- □ 利得 이득
- □ 複利 복리
- □ 銳利 예리

145b 梨 배나무 리

梨 梨 梨 梨 梨 梨 梨 梨 梨 梨

- 총획 11획
- 부수 木
- 급수 3급
- 利 이로울 리 + 木 나무 목

나무 목(木) 자에 리(利)를 발음으로 해 '배나무'를 뜻하는 글자이다.

- □ 梨花 이화
- □ 烏飛梨落 오비이락

145c 秝 나무 성글 력

秝 秝 秝 秝 秝 秝 秝 秝 秝 秝

- 총획 10획
- 부수 禾
- 급수 확장한자
- 禾 벼 화 + 禾 벼 화

벼가 익어 추수할 때가 된 모습이다.

145d 厤 책력 력

厤 厤 厤 厤 厤 厤 厤 厤 厤 厤 厤

- 총획 12획
- 부수 厂
- 급수 확장한자
- 秝 나무 성글 력 + 厂 기슭 엄

수확한 곡식(秝)을 창고(厂)에 가지런히 들여놓는 모습이다.

145e 曆 책력 력

曆 曆 曆 曆 曆 曆 曆 曆 曆 曆 曆 曆 曆

- 총획 16획
- 부수 日
- 급수 3급
- 厤 책력 력 + 日 해 일

절기(日)에 맞추어 농사(厤)와 관련된 기록을 남겨 놓은 책을 가리킨다.

- □ 曆法 역법
- □ 册曆 책력

145f 歷 지날 력

歷 歷 歷 歷 歷 歷 歷 歷 歷 歷 歷 歷

- 총획 16획
- 부수 止
- 급수 5급
- 厤 책력 력 + 止 그칠 지

수확할 때(厤)까지 지나온(止) 날들을 일컫는다.

- □ 履歷 이력
- □ 經歷 경력
- □ 來歷 내력

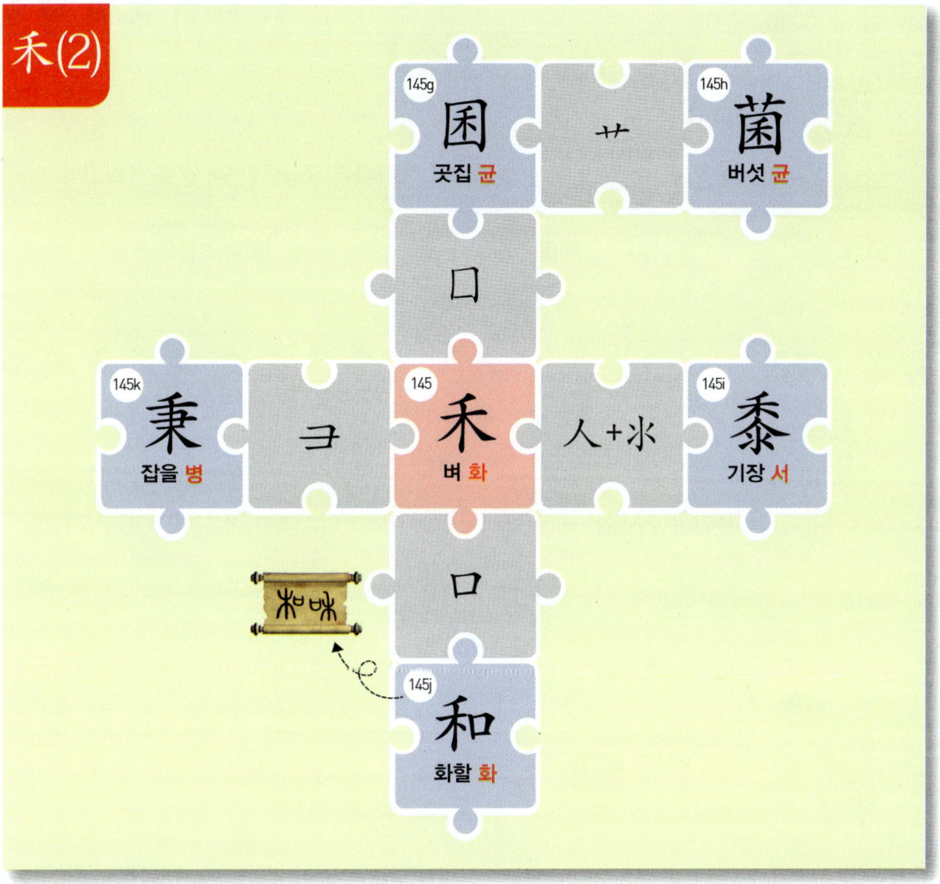

삶 | 필수품(의식주) | 식

禾(2)

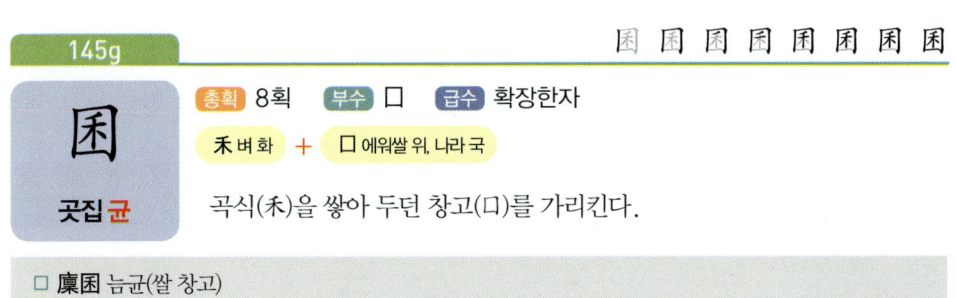

- 145g 囷 곳집 균
- 145h 菌 버섯 균
- 145 禾 벼 화
- 145i 黍 기장 서
- 145k 秉 잡을 병
- 145j 和 화할 화

145g

囷 囷 囷 囷 囷 囷 囷 囷

囷 곳집 균

- 총획 8획
- 부수 囗
- 급수 확장한자

禾 벼 화 + 囗 에워쌀 위, 나라 국

곡식(禾)을 쌓아 두던 창고(囗)를 가리킨다.

□ 廩囷 늠균(쌀 창고)

145h

菌 菌 菌 菌 菌 菌 菌 菌 菌 菌 菌 菌

菌
버섯 균

- 총획 12획
- 부수 艹
- 급수 3급

囷 곳집균 + 艹 풀초

창고(囷)에 쌓아 놓은 볏단에서 돋아나는 풀(艹)인 '버섯'을 가리킨다.

☐ 菌類 균류　　☐ 病菌 병균　　☐ 種菌 종균

145i

黍 黍 黍 黍 黍 黍 黍 黍 黍 黍 黍 黍

黍
기장 서

- 총획 12획
- 부수 黍
- 급수 1급

禾 벼화 + 人 사람인 + 氺 물수

물기(氺)가 많은 벼(禾) 또는 보통 벼보다 알갱이가 적은 벼(禾)를 가리킨다.

☐ 黍稷 서직(기장과 피)

145j

和 和 和 和 和 和 和 和

和
화할 화

- 총획 8획
- 부수 口
- 급수 6급

禾 벼화 + 口 입구

악기(龠→禾) 소리(口)가 서로 조화를 이루는 모습에서 '화하다'의 뜻을 가진다.

| 원 글자는 피리 약(龠→口) 자와 벼 화(禾) 자가 합쳐진 글자이다.

☐ 和合 화합　　☐ 和解 화해　　☐ 不和 불화

145k

秉 秉 秉 秉 秉 秉 秉 秉

秉
잡을 병

- 총획 8획
- 부수 禾
- 급수 2급

禾 벼화 + 彐 손계

추수를 위해 손(彐)으로 벼(禾)를 잡고 있는 모습이다.

☐ 秉燭 병촉

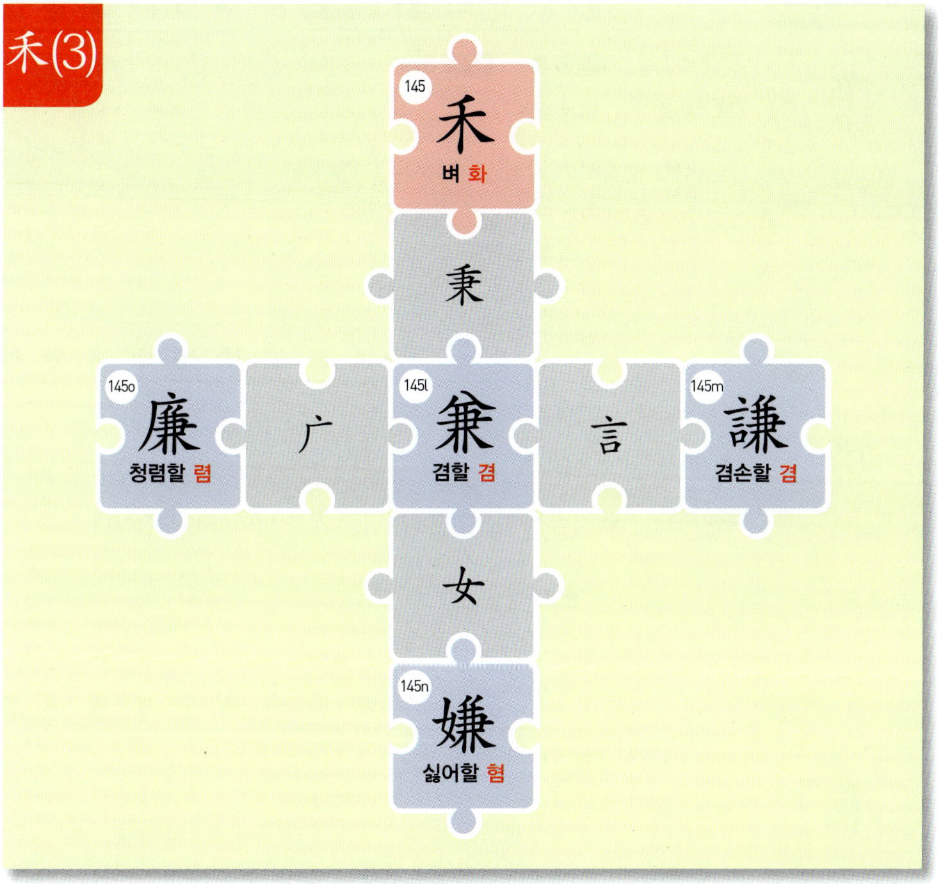

삶 | 필수품(의식주) | 식

禾(3)

```
        145
         禾
         벼 화
         
         秉
         
145o          145l         145m
 廉   广   兼   言   謙
청렴할 렴    겸할 겸      겸손할 겸
         
         女
         
        145n
         嫌
         싫어할 혐
```

145l

兼 겸할 겸

- 총획 10획
- 부수 八
- 급수 3급

禾 벼 화 + 秉 잡을 병

한 움큼의 벼(禾)를 한꺼번에 잡고(秉) 추수하는 모습이다.

□ 兼任 겸임   □ 兼職 겸직   □ 兼事 겸사

145m

謙 겸손할 겸

- 총획 17획
- 부수 言
- 급수 3급

兼 겸할 겸 + 言 말씀 언

거듭(兼) 생각하고 나서 말(言)하는 모습이다.

□ 謙遜 겸손　　□ 謙虛 겸허　　□ 謙讓 겸양

145n

嫌 싫어할 혐

- 총획 13획
- 부수 女
- 급수 3급

兼 겸할 겸 + 女 여자 여

여자(女)가 두 사람을 겸(兼)하여 만나는 것을 싫어하는 모습이다.

□ 嫌惡 혐오　　□ 嫌疑 혐의

145o

廉 청렴할 렴

- 총획 13획
- 부수 广
- 급수 3급

兼 겸할 겸 + 广 집 엄

높은 벼슬아치(广)가 소박한(兼) 살림살이를 가진 모습에서 '청렴하다'의 뜻이 있다.

□ 廉恥 염치　　□ 淸廉 청렴　　□ 低廉 저렴

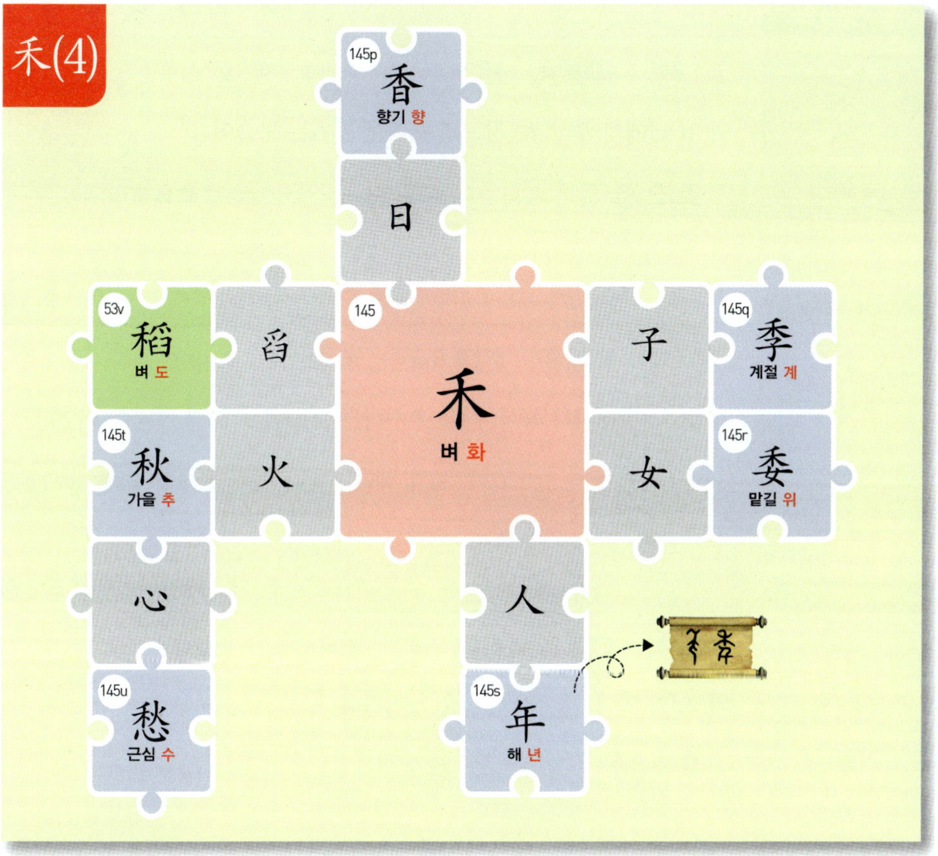

禾(4)

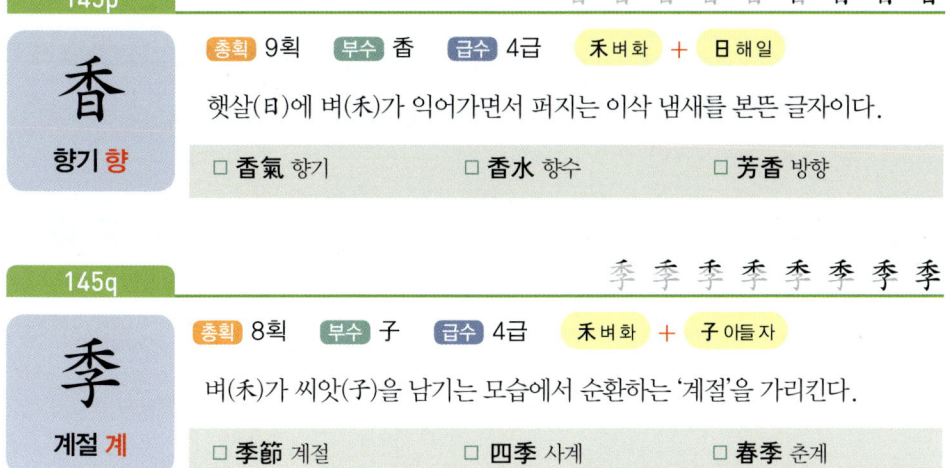

145p 香 향기 향

| 총획 9획 | 부수 香 | 급수 4급 | 禾 벼화 + 日 해일 |

햇살(日)에 벼(禾)가 익어가면서 퍼지는 이삭 냄새를 본뜬 글자이다.

- 香氣 향기
- 香水 향수
- 芳香 방향

145q 季 계절 계

| 총획 8획 | 부수 子 | 급수 4급 | 禾 벼화 + 子 아들자 |

벼(禾)가 씨앗(子)을 남기는 모습에서 순환하는 '계절'을 가리킨다.

- 季節 계절
- 四季 사계
- 春季 춘계

145r

맡길 위

委 委 委 委 委 委 委 委

총획 8획 · 부수 女 · 급수 4급 · 禾 벼 화 + 女 여자 여

여자(女)에게 곡식(禾) 창고의 관리를 맡기는 모습이다.

- 委任 위임
- 委囑 위촉
- 委員會 위원회

145s

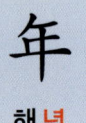

해 년

年 年 年 年 年 年

총획 6획 · 부수 干 · 급수 8급 · 禾 벼 화 + 人 사람 인

사람(亻)이 해마다 곡식(禾)을 추수하는 모습에서 '해'를 뜻하게 되었다.

- 年度 연도
- 每年 매년
- 今年 금년

145t

가을 추

秋 秋 秋 秋 秋 秋 秋 秋 秋

총획 9획 · 부수 禾 · 급수 7급 · 禾 벼 화 + 火 불 화

벼(禾)가 익어가는(火) 계절을 가리킨다.

- 秋收 추수
- 秋夕 추석
- 晚秋 만추

145u

근심 수

愁 愁 愁 愁 愁 愁 愁 愁 愁 愁 愁

총획 13획 · 부수 心 · 급수 3급 · 秋 가을 추 + 心 마음 심

가을(秋)이 되면 겨울을 준비할 생각(心)에 근심하는 모습을 본뜬 글자이다.

- 愁心 수심
- 鄕愁病 향수병
- 憂愁 우수

53v

稻 稻 稻 稻 稻 稻 稻 稻 稻 稻 稻

벼 도

총획 15획 · 부수 禾 · 급수 3급 · 禾 벼 화 + 舀 퍼낼 요

절구에 빻는 곡식의 대표가 벼이므로 벼 화(禾) 자를 더한 글자이다.

- 稻熱病 도열병
- 稻米 도미
- 立稻 입도

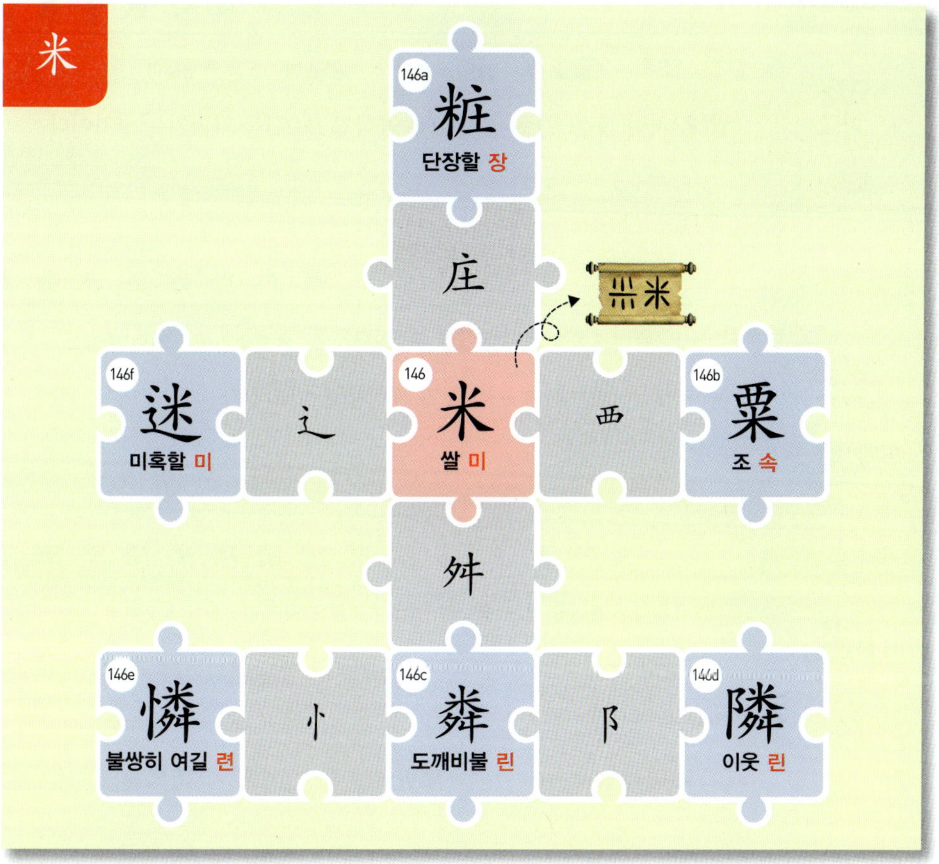

삶 | 필수품(의식주) | 식

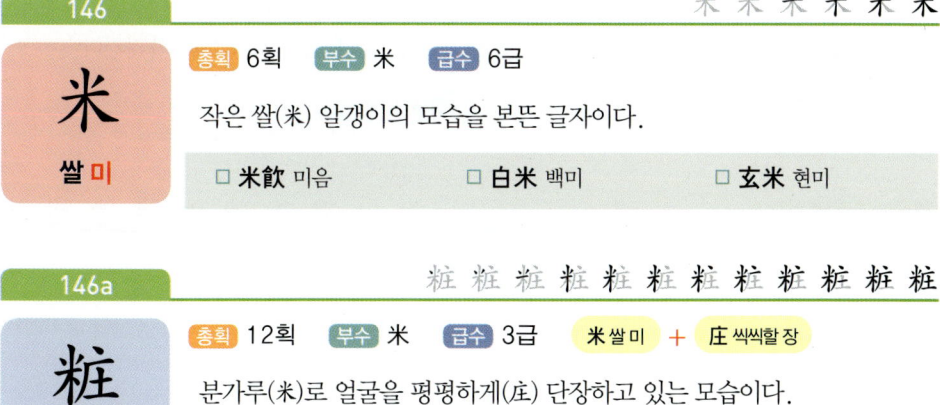

146				米 米 米 米 米 米
米 쌀 미	총획 6획 부수 米 급수 6급			
	작은 쌀(米) 알갱이의 모습을 본뜬 글자이다.			
	□ 米飮 미음	□ 白米 백미		□ 玄米 현미

146a				粧 粧 粧 粧 粧 粧 粧 粧 粧 粧 粧 粧
粧 단장할 장	총획 12획 부수 米 급수 3급	米 쌀 미 + 庄 씩씩할 장		
	분가루(米)로 얼굴을 평평하게(庄) 단장하고 있는 모습이다.			
	□ 粧飾 장식	□ 丹粧 단장		□ 化粧 화장

146b

粟 조 속

粟粟粟粟粟粟粟粟粟粟粟粟

- 총획 12획
- 부수 米
- 급수 3급
- 米 쌀미 + 襾 덮을 아

쌀(米)처럼 껍질(襾)로 쌓여 있는 곡식인 조(粟)를 가리키는 글자이다.

146c

舛 도깨비불 린

舛舛舛舛舛舛舛舛舛舛舛舛

- 총획 12획
- 부수 米
- 급수 확장한자
- 米 쌀미 + 舛 어그러질 천

돌아다니는(舛) 불(米→火)로 '도깨비불'을 가리킨다.

146d

隣 이웃 린

隣隣隣隣隣隣隣隣隣隣隣隣

- 총획 15획
- 부수 阝
- 급수 3급
- 舛 도깨비불린 + 阝 언덕 부

밤에 횃불(米→火)을 들고 돌아다닐(舛) 수 있는 울타리(阝=阜) 안쪽의 동네를 가리킨다.

- □ 隣接 인접
- □ 隣近 인근
- □ 近隣施設 근린시설

146e

憐 불쌍히 여길 련

憐憐憐憐憐憐憐憐憐憐憐憐

- 총획 15획
- 부수 忄
- 급수 3급
- 舛 도깨비불린 + 忄 마음 심

무덤가의 도깨비불(舛)을 보고 갖는 안타까운 마음(忄)을 가리킨다.

- □ 可憐 가련
- □ 同病相憐 동병상련

146f

迷 미혹할 미

迷迷迷迷迷迷迷迷迷迷

- 총획 10획
- 부수 辶
- 급수 3급
- 米 쌀미 + 辶 쉬엄쉬엄 갈 착

오랫동안 밥(米)을 굶어 어디로 가야(辶) 할지조차 모르고 정신이 혼미한 모습이다.

- □ 迷路 미로
- □ 迷惑 미혹
- □ 昏迷 혼미

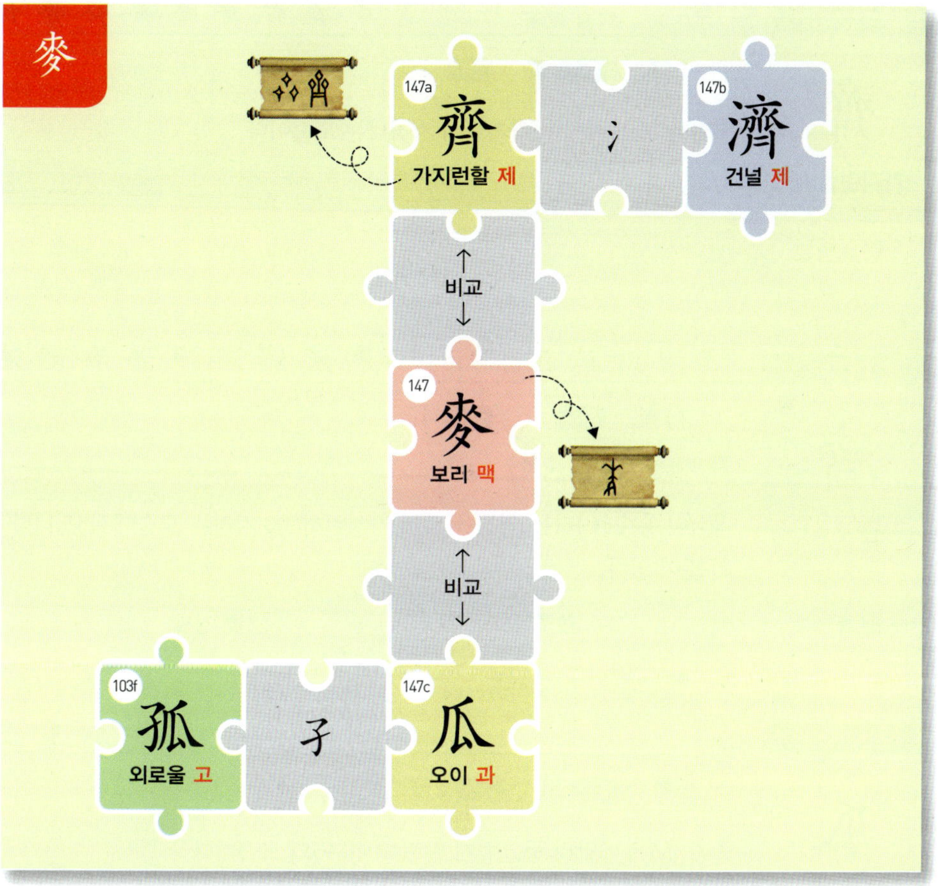

삶 | 필수품(의식주) | 식

麥

| 147a 齊 가지런할 제 | | 147b 濟 건널 제 |

↑비교↓

147 麥 보리 맥

↑비교↓

| 103f 孤 외로울 고 | 子 | 147c 瓜 오이 과 |

147

麥 보리 맥

총획 11획 **부수** 麥 **급수** 3급

보리를 뜻하던 글자(來)가 올 래(來) 자로 쓰이자 발을 본뜬 글자(夂)를 더해 '보리'의 뜻을 되살린 글자이다.

☐ 麥酒 맥주 　　☐ 麥芽 맥아 　　☐ 麥飯石 맥반석

469

147a

齊 齊 齊 齊 齊 齊 齊 齊 齊 齊 齊 齊

齊 가지런할 제

- 총획 14획
- 부수 齊
- 급수 3급

밀이나 보리 이삭이 가지런히 자라나는 모습이다.

□ 修身齊家 수신제가

147b

濟 濟 濟 濟 濟 濟 濟 濟 濟 濟 濟 濟 濟 濟

濟 건널 제

- 총획 17획
- 부수 氵
- 급수 4급

齊 가지런할 제 + 氵 물 수

곡식이 홍수(氵)라는 역경을 넘어 가지런히(齊) 자라는 모습에서 '건너다'의 뜻이 있다.

□ 經濟 경제   □ 救濟 구제   □ 決濟 결제

147c

瓜 瓜 瓜 瓜 瓜

瓜 오이 과

- 총획 5획
- 부수 瓜
- 급수 2급

줄기(爪)에 매달려 둥그렇게 말린 오이(厶)의 모습이다.

□ 黃瓜 황과(노각)

103f

孤 孤 孤 孤 孤 孤 孤

孤 외로울 고

- 총획 8획
- 부수 子
- 급수 4급

子 외로울 혈 + 瓜 오이 과

줄기에 달랑 하나 매달린 오이(瓜)처럼 버려지거나 홀로 남겨진 아이(子)의 모습을 가리킨다.

□ 孤兒 고아   □ 孤獨 고독   □ 孤島 고도

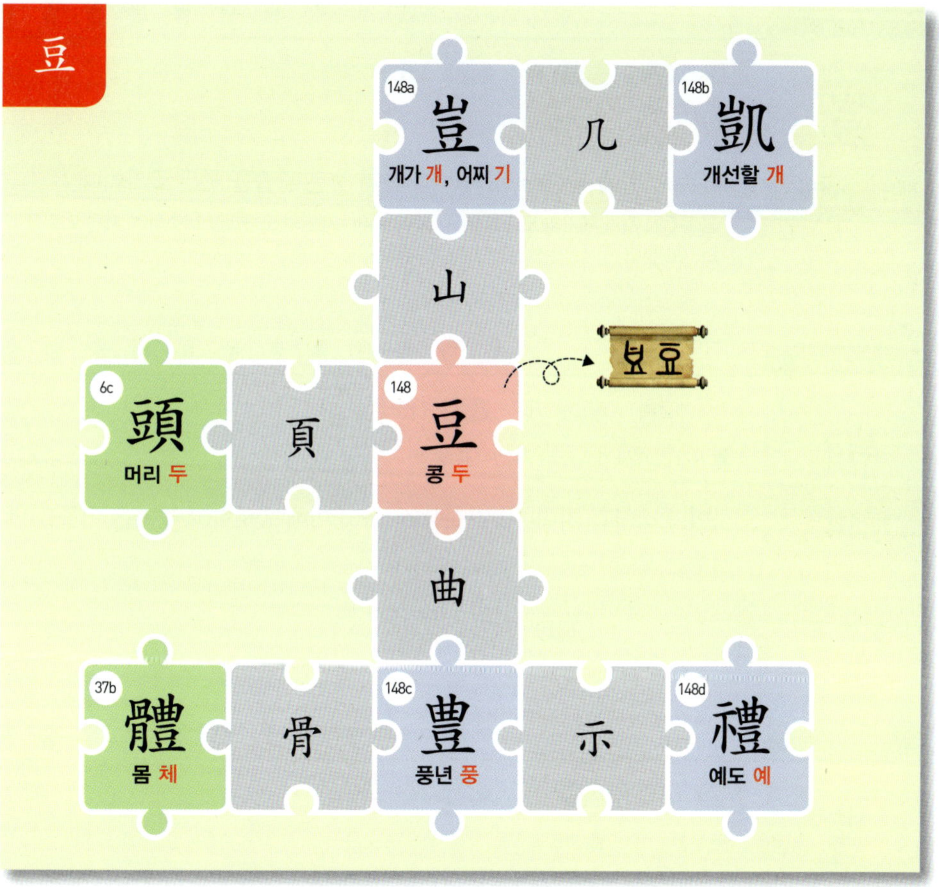

삶 | 필수품(의식주) | 식

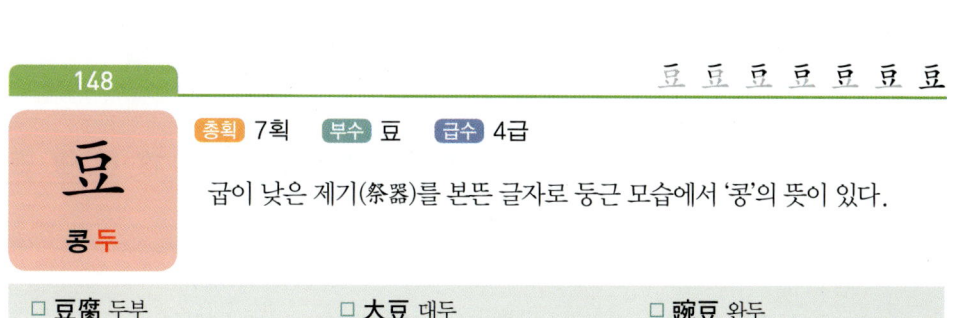

148

豆
콩 **두**

| 총획 | 7획 | 부수 | 豆 | 급수 | 4급 |

굽이 낮은 제기(祭器)를 본뜬 글자로 둥근 모습에서 '콩'의 뜻이 있다.

豆 豆 豆 豆 豆 豆 豆

☐ 豆腐 두부   ☐ 大豆 대두   ☐ 豌豆 완두

148a

豈 豈 豈 豈 豈 豈 豈 豈 豈 豈

豈 개가 개, 어찌 기

- 총획 10획
- 부수 豆
- 급수 3급

豆 콩 두 + 山 산 산

제단(豆) 위에 북이나 장구(山)를 올려 놓은 모습을 본뜬 글자이다.

콩 두(豆) 자가 제기의 모습을 본뜬 글자이지만, 제단의 모습과도 비슷하여 '제단'으로 풀이 하기도 한다.

148b

凱 凱 凱 凱 凱 凱 凱 凱 凱 凱

凱 개선할 개

- 총획 12획
- 부수 几
- 급수 1급

豈 개가 개, 어찌 기 + 几 안석 궤

북이나 장구를 치며(豈) 잔칫상(几)을 준비해 승리하고 돌아온 이들을 반겨주는 모습이다.

- □ 凱旋 개선
- □ 凱歌 개가

148c

豐 豐 豐 豐 豐 豐 豐 豐 豐 豐

豐 풍년 풍

- 총획 13획
- 부수 豆
- 급수 4급

豆 콩 두 + 曲 굽을 곡

제기(豆)에 가득(曲) 담긴 곡식과 과일을 본뜬 글자이다.

- □ 豐年 풍년
- □ 豐富 풍부
- □ 豐盛 풍성

148d

禮 禮 禮 禮 禮 禮 禮 禮 禮 禮 禮 禮

禮 예도 예

- 총획 18획
- 부수 示
- 급수 6급

豐 풍년 풍 + 示 보일 시

조상(示)에게 제물을 가득(豐) 바쳐 '예'를 표하는 모습이다.

- □ 禮度 예도
- □ 禮節 예절
- □ 無禮 무례

삶 | 필수품(의식주) | 식

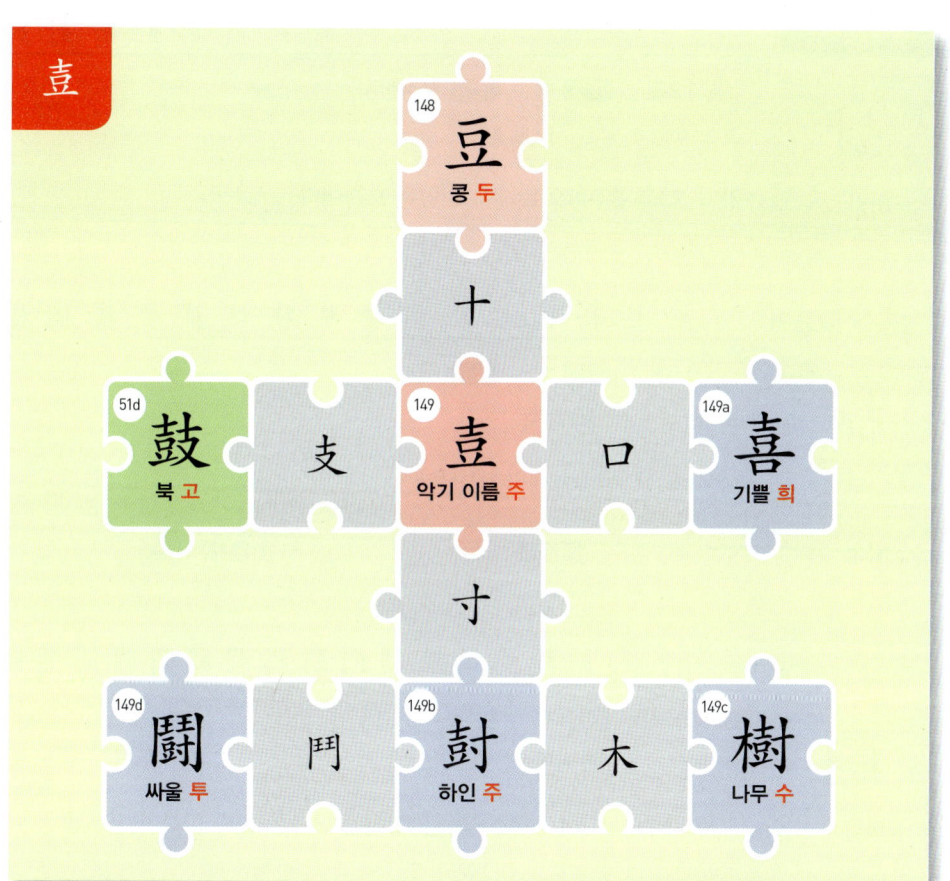

149

壴 악기 이름 **주**

- 총획 9획
- 부수 士
- 급수 확장한자

제단(豆) 위에 악기(十)를 올려 놓은 모습이다.

149a

喜 기쁠 **희**

- 총획 12획
- 부수 口
- 급수 4급

壴 악기 이름 주 + 口 입구

악기(壴) 연주에 맞춰 노래(口)하는 기쁜 마음을 가리킨다.

- 喜喜樂樂 희희낙낙
- 喜悅 희열
- 歡喜 환희

149b

尌 하인 주

- 총획 12획
- 부수 寸
- 급수 확장한자

壴 악기 이름 주 + 寸 마디 촌

악기(壴)를 손(寸)으로 세우고 있는 모습이다.

149c

樹 나무 수

- 총획 16획
- 부수 木
- 급수 6급

尌 하인 주 + 木 나무 목

나무(木)를 똑바로 세워(尌) 심다.

- ☐ 樹木 수목
- ☐ 果樹園 과수원
- ☐ 街路樹 가로수

149d

鬭 싸울 투

- 총획 20획
- 부수 鬥
- 급수 4급

尌 하인 주 + 鬥 싸울 두

서로 마주 보고 서서(尌) 주먹질(鬥)하는 모습을 본뜬 글자이다.

- ☐ 鬪爭 투쟁
- ☐ 鬪魂 투혼
- ☐ 戰鬪 전투

51d

鼓 북 고

- 총획 13획
- 부수 鼓
- 급수 3급

壴 악기 이름 주 + 支 지탱할 지

나무막대(支)로 두들겨서 소리를 내는 악기(壴)를 가리킨다.

- ☐ 鼓吹 고취
- ☐ 鼓動 고동
- ☐ 鼓舞 고무

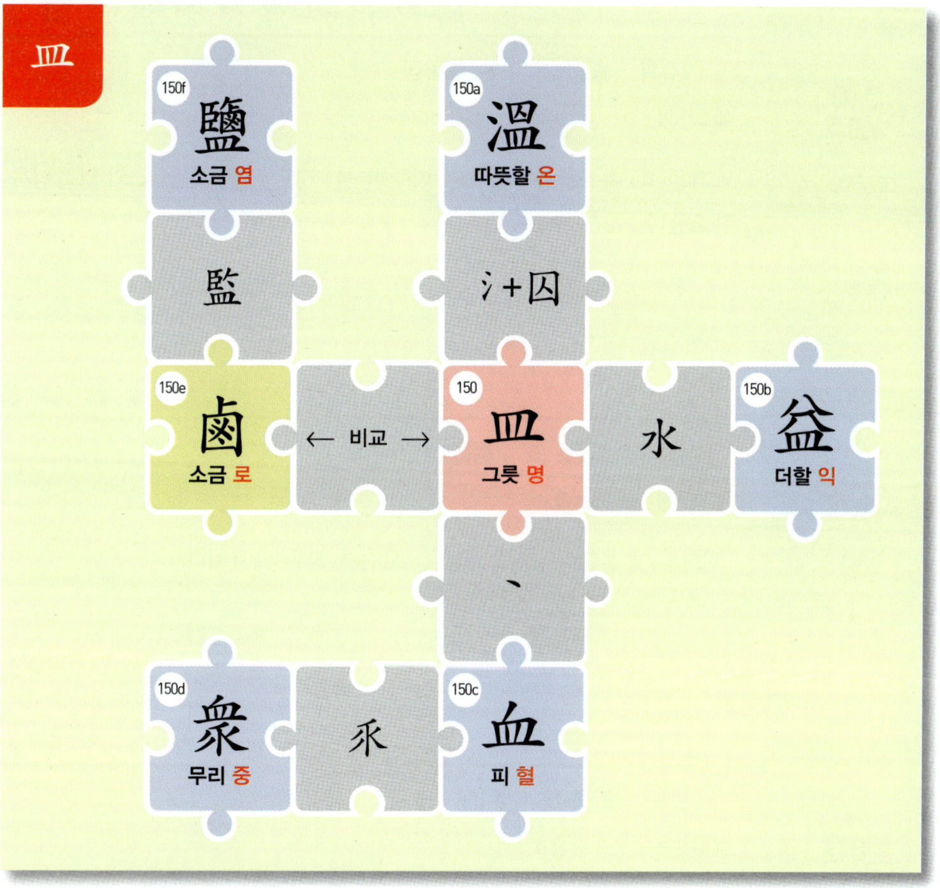

삶 | 필수품(의식주) | 식

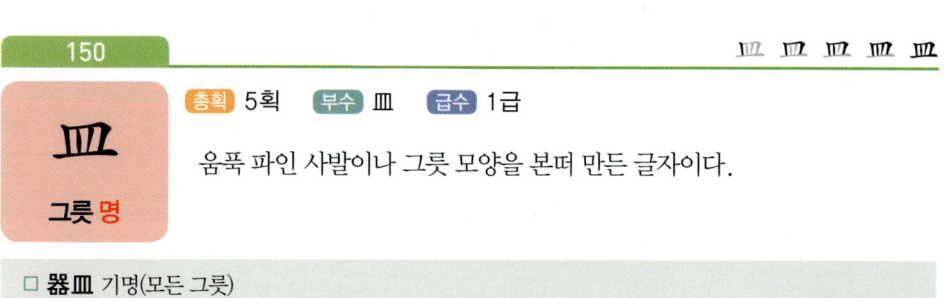

150			
皿 그릇 명	총획 5획 부수 皿 급수 1급		
	움푹 파인 사발이나 그릇 모양을 본떠 만든 글자이다.		

□ 器皿 기명(모든 그릇)

150a

溫 溫 溫 溫 溫 溫 溫 溫 溫 溫 溫 溫 溫

溫 따뜻할 온

총획 13획 | 부수 氵 | 급수 6급
皿 그릇 명 + 氵 물 수 + 囚 가둘 수

뜨거운(日) 욕조(皿)에 들어가 따뜻한 물(氵)로 씻는 사람(人)의 모습임을 강조했다.

- 溫泉 온천
- 溫水 온수
- 常溫 상온

150b

益 益 益 益 益 益 益 益 益 益

益 더할 익

총획 10획 | 부수 皿 | 급수 4급
皿 그릇 명 + 水 물 수

그릇(皿)에 물(水)을 거듭 채우는 모습을 본뜬 글자이다.

- 利益 이익
- 損益 손익
- 多多益善 다다익선

150c

血 血 血 血 血 血

血 피 혈

총획 6획 | 부수 皿 | 급수 4급
皿 그릇 명 + 、 점 주

제물의 피(、)를 그릇(皿)에 담아 둔 모습이다.

- 血肉 혈육
- 血液型 혈액형
- 心血 심혈

150d

衆 衆 衆 衆 衆 衆 衆 衆 衆 衆 衆

衆 무리 중

총획 12획 | 부수 血 | 급수 4급
血 피 혈 + 乑 나란히 설 음

여러 사람들(乑)이 쳐다보는(目→血) 모습에서 '무리'를 뜻하는 글자이다.

- 衆口難防 중구난방
- 聽衆 청중
- 大衆 대중

삶 | 필수품(의식주) | 식

150e

鹵 소금 로

총획 11획 부수 鹵 급수 특급

소금의 결정체를 본뜬 글자이다.

□ 鹵獲 노획

150f

鹽 소금 염

총획 24획 부수 鹵 급수 3급

鹵 소금 로 + 監 볼 감

소금 로(鹵) 자에 볼 감(監) 자를 더해 사물이 비칠 정도로 투명한 소금 호수의 모습을 연상시켰다.

□ 鹽田 염전   □ 無鹽食 무염식   □ 天日鹽 천일염

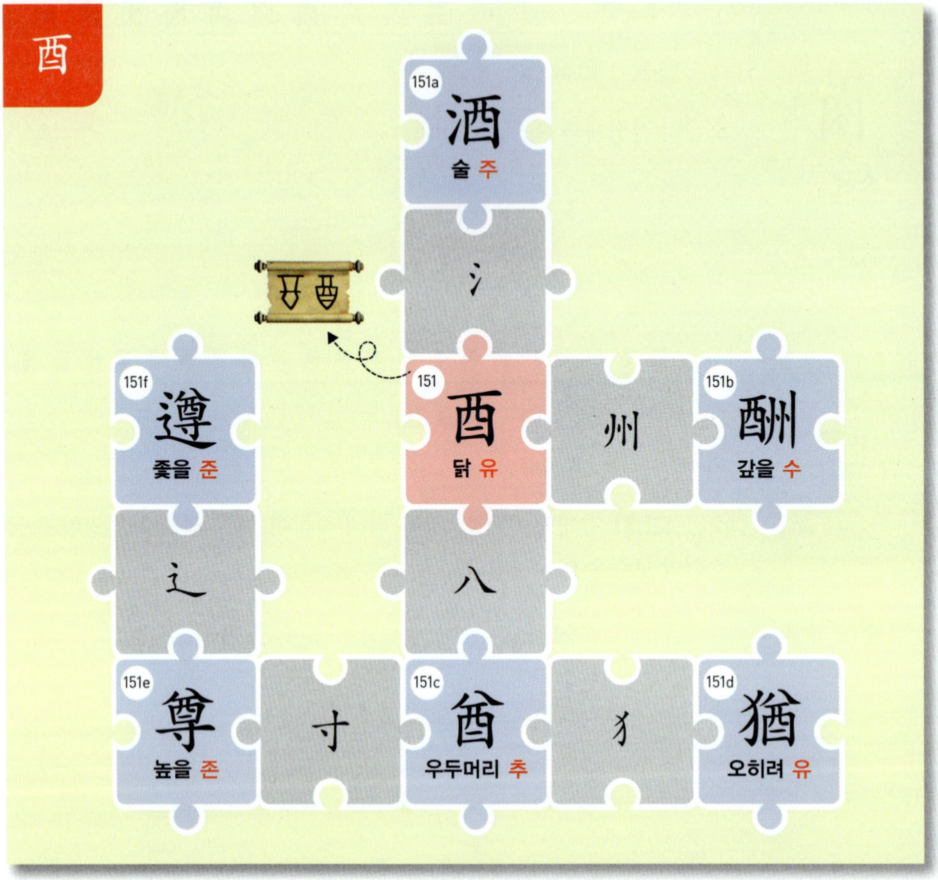

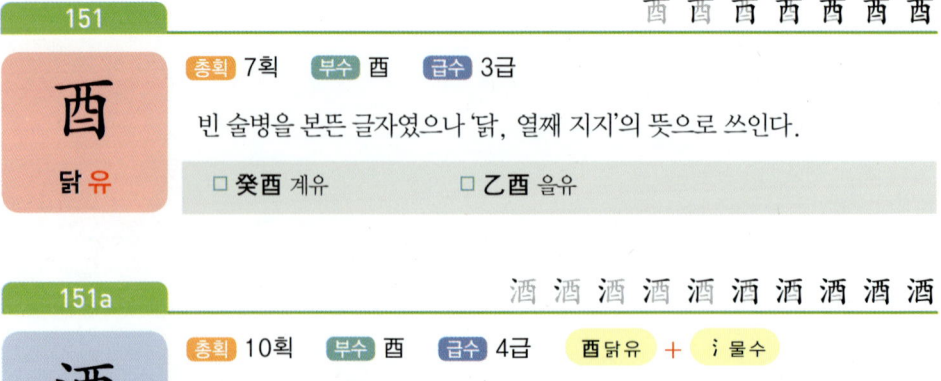

151	酉酉酉酉酉酉酉
酉 닭 유	총획 7획　부수 酉　급수 3급 빈 술병을 본뜬 글자였으나 '닭, 열째 지지'의 뜻으로 쓰인다. □ 癸酉 계유　　□ 乙酉 을유

151a	酒酒酒酒酒酒酒酒酒酒
酒 술 주	총획 10획　부수 酉　급수 4급　酉닭유 + 氵물수 술병(酉)에 채워진 물(氵)인 '술'을 가리킨다. □ 酒邪 주사　　□ 燒酒 소주　　□ 麥酒 맥주

삶 | 필수품(의식주) | 식

151b

갚을 **수**

酬酬酬酬酬酬酬酬酬酬酬酬

- 총획 13획
- 부수 酉
- 급수 1급
- 酉 닭 유 + 州 고을 주

한 고을(州) 사람들끼리 술잔(酉)을 주고받는 모습이다.

- □ 酬酌 수작
- □ 應酬 응수
- □ 報酬 보수

151c

우두머리 **추**

酋酋酋酋酋酋酋酋酋

- 총획 9획
- 부수 酉
- 급수 1급
- 酉 닭 유 + 八 여덟 팔

술(酉) 익는 모습(八)을 본뜬 글자로 술(酉)을 주관하는 우두머리를 가리킨다.

- □ 酋長 추장

151d

오히려 **유**

猶猶猶猶猶猶猶猶猶猶

- 총획 12획
- 부수 犭
- 급수 3급
- 酋 우두머리 추 + 犭 큰개 견

오히려 개(犭)보다 못한 술(酉) 취한 사람의 모습을 본뜬 글자이다.

- □ 執行猶豫 집행유예
- □ 過猶不及 과유불급

151e

높을 **존**

尊尊尊尊尊尊尊尊尊尊尊

- 총획 12획
- 부수 寸
- 급수 4급
- 酋 우두머리 추 + 寸 마디 촌

우두머리(酋)가 조상에게 공손히 술을 바치는(寸) 모습이다.

- □ 尊敬 존경
- □ 尊重 존중
- □ 唯我獨尊 유아독존

151f

遵
좇을 **준**

遵遵遵遵遵遵遵遵遵遵遵遵

- 총획 16획
- 부수 辶
- 급수 3급
- 尊 높을 존 + 辶 쉬엄쉬엄 갈 착

높은(尊) 자를 따라가는(辶) 모습이다.

- □ 遵守 준수
- □ 遵法 준법

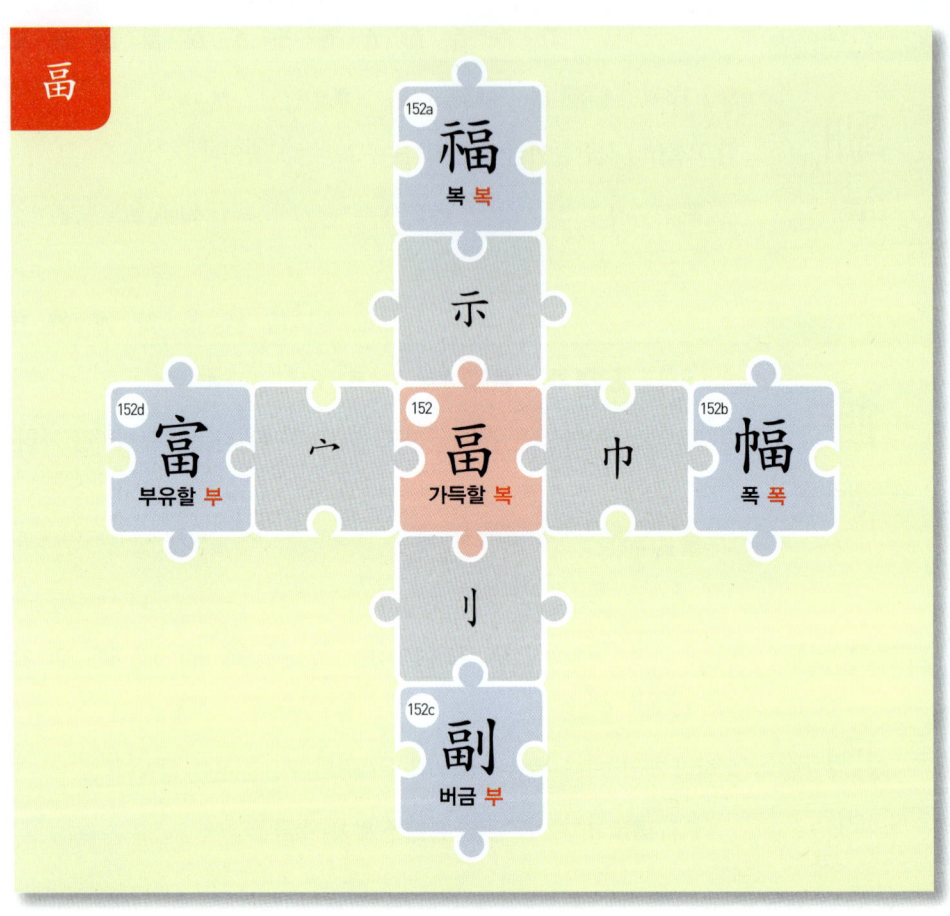

152

畐
가득할 복

총획 9획 **부수** 田 **급수** 확장한자

술병(酉)에 술이 가득 들어 있는 모습을 본뜬 글자이다.

삶 | 필수품(의식주) | 식

152a

福福福福福福福福福福福福

福
복 **복**

- 총획 14획
- 부수 示
- 급수 5급
- 畐 가득할 복 + 示 보일 시

제단(礻=示)에 술(畐)을 따르며 복을 비는 모습이다.

□ 幸福 행복　　□ 祝福 축복　　□ 冥福 명복

152b

幅幅幅幅幅幅幅幅幅幅幅幅

幅
폭 **폭**

- 총획 12획
- 부수 巾
- 급수 3급
- 畐 가득할 복 + 巾 수건 건

천(巾)으로 술을 걸러내는 모습을 본뜬 글자이나 천(巾)의 길이나 너비를 재는 단위로 쓰인다.

□ 廣幅 광폭　　□ 步幅 보폭　　□ 大幅 대폭

152c

副副副副副副副副副副副

副
버금 **부**

- 총획 11획
- 부수 刂
- 급수 4급
- 畐 가득할 복 + 刂 칼 도

상징적으로 술병(畐)을 반으로 잘라(刂) 여분의 술병을 준비하는 모습이다.

□ 副詞 부사　　□ 副業 부업　　□ 副社長 부사장

152d

富富富富富富富富富富富富

富
부유할 **부**

- 총획 12획
- 부수 宀
- 급수 4급
- 畐 가득할 복 + 宀 집 면

술 단지(畐)를 많이 가지고 있는 집(宀)의 모습에서 '부유하다'를 뜻한다.

□ 富者 부자　　□ 富裕層 부유층　　□ 貧富 빈부

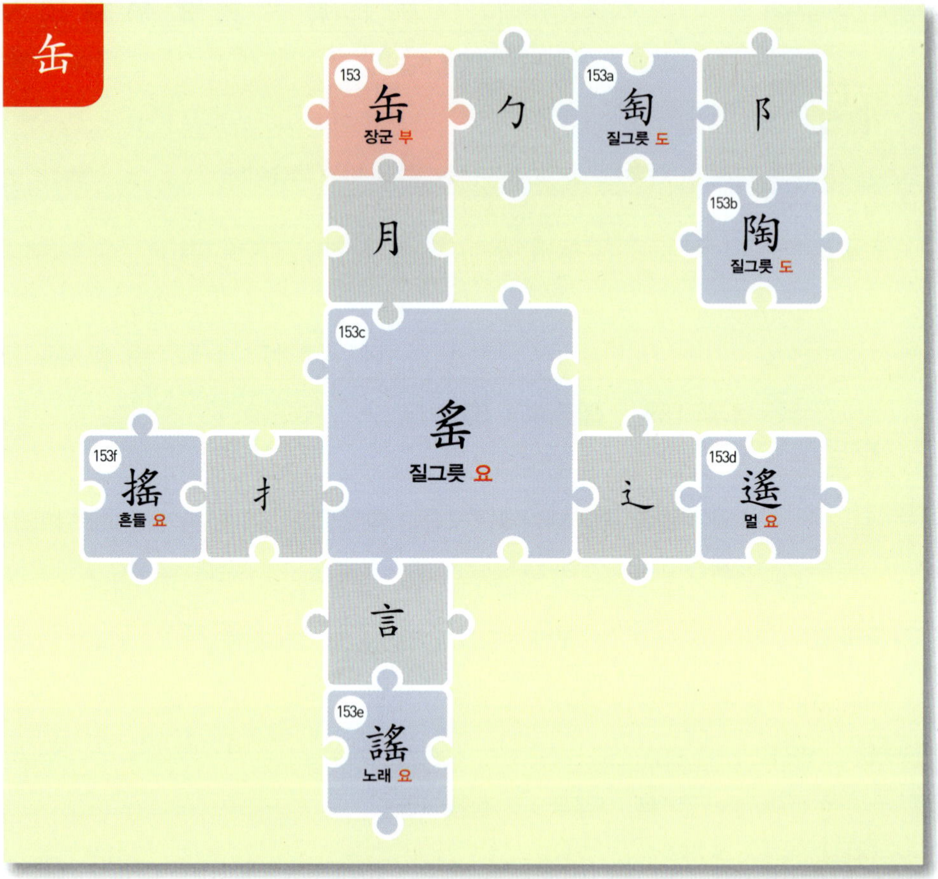

缶

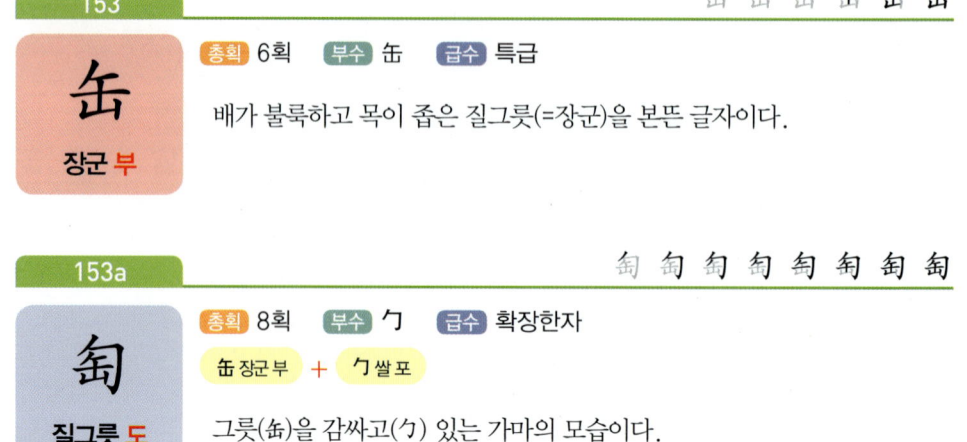

153

缶 장군 부

총획 6획 · 부수 缶 · 급수 특급

배가 불룩하고 목이 좁은 질그릇(=장군)을 본뜬 글자이다.

缶 缶 缶 缶 缶 缶

153a

匋 질그릇 도

총획 8획 · 부수 勹 · 급수 확장한자

缶 장군부 + 勹 쌀포

그릇(缶)을 감싸고(勹) 있는 가마의 모습이다.

匋 匋 匋 匋 匋 匋 匋

삶 | 필수품(의식주) | 식

153b

陶 陶 陶 陶 陶 陶 陶 陶 陶 陶 陶

陶 질그릇 도

- 총획 11획
- 부수 阝
- 급수 3급
- 匋 질그릇 도 + 阝 언덕 부

언덕(阝)처럼 생긴 가마(勹) 안에 그릇(匋)을 넣고 굽는 모습이다.

- ☐ 陶藝 도예
- ☐ 陶工 도공
- ☐ 陶瓷器 도자기

153c

䍃 䍃 䍃 䍃 䍃 䍃 䍃 䍃 䍃 䍃

䍃 질그릇 요

- 총획 10획
- 부수 缶
- 급수 확장한자
- 缶 장군 부 + 月 육달 월

육포(月=肉) 등을 보관하던 그릇(缶)을 가리킨다.

153d

遙 遙 遙 遙 遙 遙 遙 遙 遙 遙 遙 遙

遙 멀 요

- 총획 14획
- 부수 辶
- 급수 3급
- 䍃 질그릇 요 + 辶 쉬엄쉬엄 갈 착

오래 보관이 가능한 육포(䍃)를 가지고 가야 하는(辶) 먼 길을 가리킨다.

- ☐ 遙遠 요원

153e

謠 謠 謠 謠 謠 謠 謠 謠 謠 謠 謠 謠 謠

謠 노래 요

- 총획 17획
- 부수 言
- 급수 4급
- 䍃 질그릇 요 + 言 말씀 언

그릇(䍃)을 두드리며 노래를 흥얼거리는(言) 모습이다.

- ☐ 童謠 동요
- ☐ 歌謠 가요
- ☐ 民謠 민요

153f

搖 搖 搖 搖 搖 搖 搖 搖 搖 搖 搖

搖 흔들 요

- 총획 13획
- 부수 扌
- 급수 3급
- 䍃 질그릇 요 + 扌 손 수

그릇(䍃)을 손으로 쳐서(扌) 흔들리는 모습을 나타낸다.

- ☐ 搖動 요동
- ☐ 搖籃 요람
- ☐ 動搖 동요

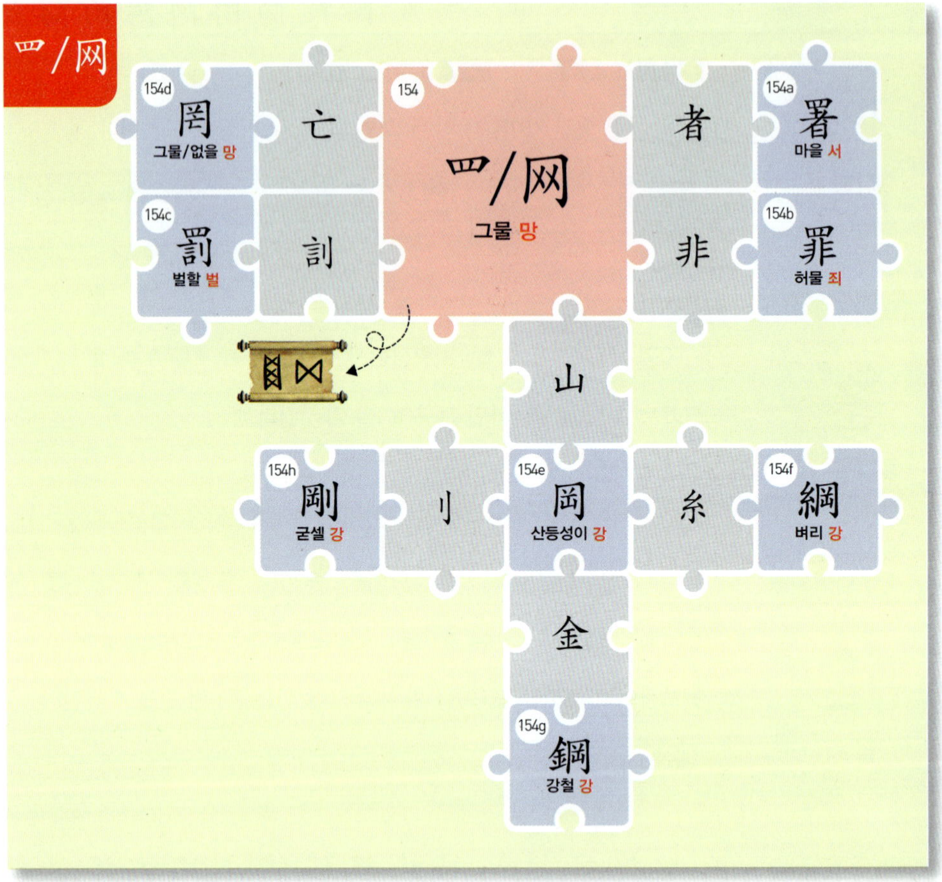

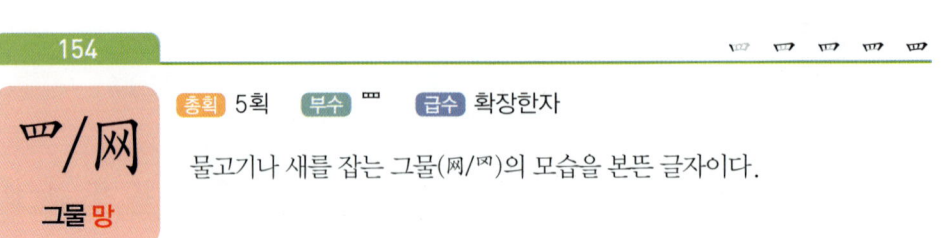

154

| 총획 | 5획 | 부수 | 罒 | 급수 | 확장한자 |

罒/网 그물 망

물고기나 새를 잡는 그물(网/罒)의 모습을 본뜬 글자이다.

삶 | 필수품(의식주) | 식

154a

署署署署署署署署署署署署署

署
마을 서

- 총획 14획
- 부수 罒
- 급수 3급

罒 그물 망 + 者 놈 자

죄인(者)을 구금(罒)하는 모습에서 '관청'의 뜻을 가진다.

- □ 署名 서명
- □ 部署 부서
- □ 警察署 경찰서

154b

罪罪罪罪罪罪罪罪罪罪罪罪罪

罪
허물 죄

- 총획 13획
- 부수 罒
- 급수 5급

罒 그물 망 + 非 아닐 비

그릇된(非) 일로 감옥(罒)에 간 모습에서 '죄, 허물'을 뜻한다.

- □ 罪目 죄목
- □ 罪質 죄질
- □ 犯罪 범죄

154c

罰罰罰罰罰罰罰罰罰罰罰罰罰

罰
벌할 벌

- 총획 14획
- 부수 罒
- 급수 4급

罒 그물 망 + 訓 소리 현

감옥(罒)의 죄인을 크게 꾸짖어(訓) 죄를 뉘우치게 하는 모습에서 '벌하다'의 뜻이 있다.

- □ 罰金 벌금
- □ 處罰 처벌
- □ 嚴罰 엄벌

154d

罔罔罔罔罔罔罔罔

罔
그물/없을 망

- 총획 8획
- 부수 网
- 급수 3급

网 그물 망 + 亡 망할 망

그물(网)로 고기를 잡는 모습으로 잡은 고기는 죽기(亡) 마련이므로 '없다'의 뜻도 가진다.

- □ 罔極 망극
- □ 奇怪罔測 기괴망측

154e

岡 岡 岡 岡 岡 岡 岡 岡

岡
산등성이 **강**

- 총획 8획
- 부수 山
- 급수 2급

网 그물 망 + 山 산 산

그물(网)처럼 튼튼한 산(山)등성이를 가리킨다.

- ☐ 岡陵 강릉
- ☐ 岡阜 강부(언덕)

154f

綱 綱 綱 綱 綱 綱 綱 綱 綱 綱 綱

綱
벼리 **강**

- 총획 14획
- 부수 糸
- 급수 3급

岡 산등성이 강 + 糸 가는 실 멱

단단한(岡) 그물의 테두리 밧줄(糸)을 뜻하는 글자이다.

- ☐ 綱領 강령
- ☐ 紀綱 기강
- ☐ 要綱 요강

154g

鋼 鋼 鋼 鋼 鋼 鋼 鋼 鋼 鋼 鋼 鋼 鋼

鋼
강철 **강**

- 총획 16획
- 부수 金
- 급수 3급

岡 산등성이 강 + 金 쇠 금

단단한(岡) 금속(金)을 뜻한다.

- ☐ 鋼鐵 강철
- ☐ 鋼板 강판
- ☐ 鐵鋼 철강

154h

剛 剛 剛 剛 剛 剛 剛 剛 剛

剛
굳셀 **강**

- 총획 10획
- 부수 刂
- 급수 3급

岡 산등성이 강 + 刂 칼 도

칼(刂)로 내리쳐도 끊어지지 않는 단단함(岡)을 뜻하는 글자이다.

- ☐ 剛健 강건
- ☐ 剛斷 강단
- ☐ 外柔內剛 외유내강

삶 | 필수품(의식주) | 식

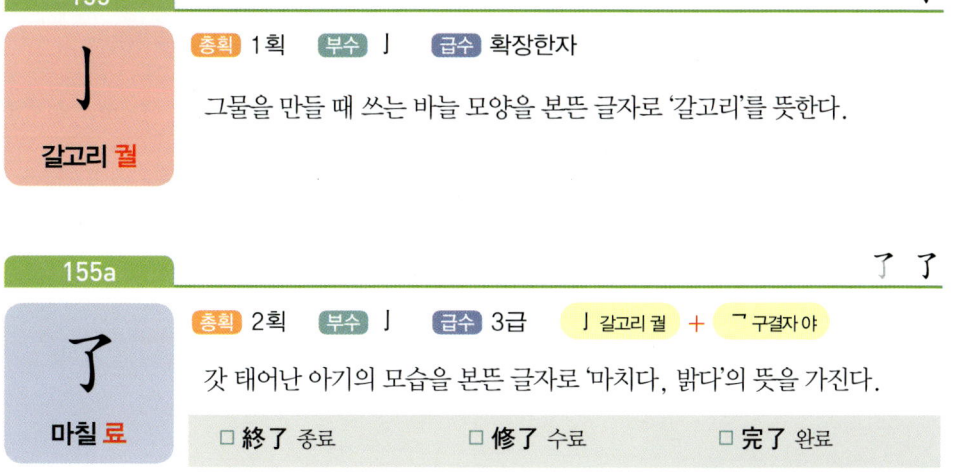

155

亅 갈고리 궐

총획 1획　부수 亅　급수 확장한자

그물을 만들 때 쓰는 바늘 모양을 본뜬 글자로 '갈고리'를 뜻한다.

155a

了 마칠 료

총획 2획　부수 亅　급수 3급　亅 갈고리 궐 + 一 구결자 야

갓 태어난 아기의 모습을 본뜬 글자로 '마치다, 밝다'의 뜻을 가진다.

□ 終了 종료　　□ 修了 수료　　□ 完了 완료

155b

予 나 여

- 총획 4획
- 부수 亅
- 급수 3급

了 마칠 료 + 丶 점 주 + ㄱ 구결자 야

직물을 짤 때 날줄 사이를 지나다니는 씨실이 담긴 통의 모습을 본뜬 글자이다.

155c

預 맡길 예

- 총획 13획
- 부수 頁
- 급수 2급

予 나 여 + 頁 머리 혈

앞날을 대비하여 귀중품이나 곡식 등을 미리 맡겨두는 일은 머리(頁)가 하는 일이다.

- □ 預金 예금
- □ 預置 예치
- □ 預託 예탁

155d

豫 미리 예

- 총획 16획
- 부수 豕
- 급수 4급

予 나 여 + 象 코끼리 상

코끼리(象)와 같은 동물들이 위험을 미리 알아차리고 몸을 피하는 모습을 나타낸 글자이다.

- □ 豫言 예언
- □ 豫報 예보
- □ 豫測 예측

4e

亨 형통할 형

- 총획 7획
- 부수 亠
- 급수 3급

了 마칠 료 + 高 높을 고

높은 성(高) 쌓기를 마친(了) 모습이다.

- □ 亨國 형국
- □ 萬事亨通 만사형통

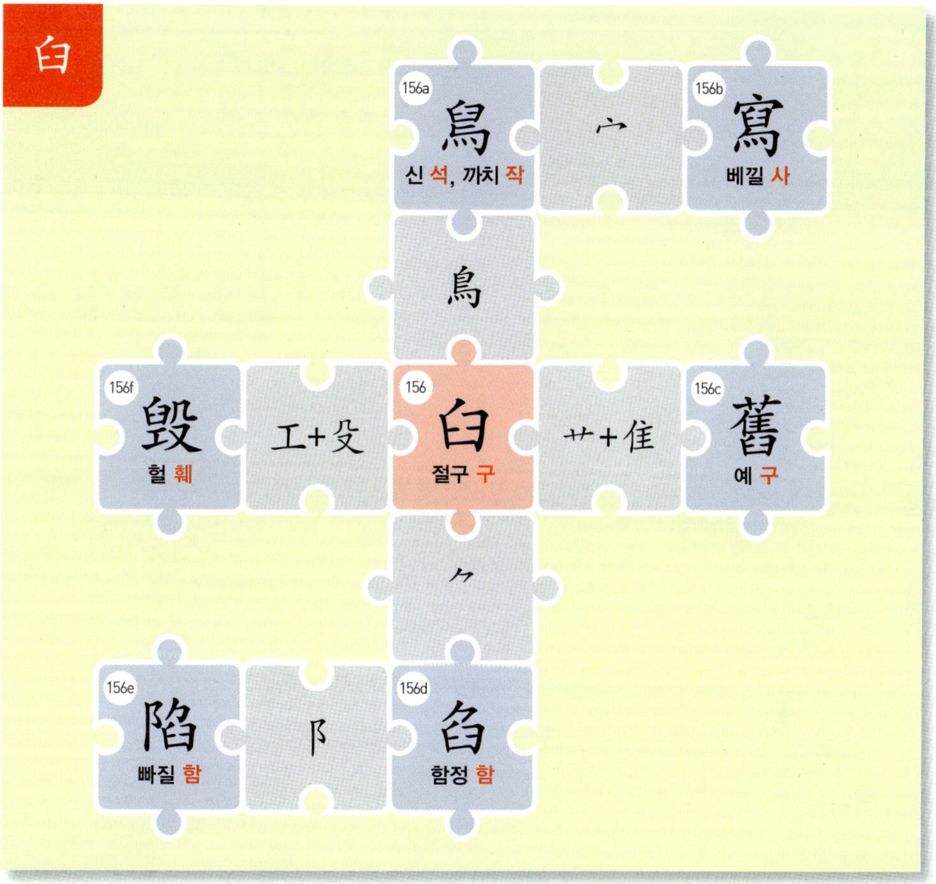

삶 | 필수품(의식주) | 식

156		
臼 절구 구	총획 6획　부수 臼　급수 1급	
	까치집이나 속을 파낸 절구의 모습을 본뜬 글자이다.	

156a		
舃 신 석, 까치 작	총획 12획　부수 臼　급수 확장한자	
	臼 절구 구 ＋ 鳥 새 조	
	하나같이 절구(臼) 모양의 집을 짓는 새(鳥)를 가리키는 글자이다.	

156b

寫寫寫寫寫寫寫寫寫寫寫寫寫寫寫

寫 베낄 사

- 총획 15획
- 부수 宀
- 급수 5급
- 舄 신석, 까치 작 + 宀 집 면

까치(舄)집(宀)이 서로 베낀 것처럼 모두 같은 모양임을 가리킨다.

- □ 寫眞 사진
- □ 描寫 묘사
- □ 複寫 복사

156c

舊舊舊舊舊舊舊舊舊舊舊舊舊舊舊

舊 예 구

- 총획 18획
- 부수 臼
- 급수 5급
- 臼 절구 구 + 艹 풀 초 + 隹 새 추

풀(艹)이나 나뭇가지로 만든 새(隹)의 둥지(臼)를 본뜬 글자로, 새로 만들어도 늘 오래된 집처럼 보여 '오래, 옛'을 뜻하게 되었다.

- □ 舊式 구식
- □ 舊態 구태
- □ 親舊 친구

156d

臽臽臽臽臽臽臽臽

臽 함정 함

- 총획 8획
- 부수 臼
- 급수 확장한자
- 臼 절구 구 + 𠂉 사람 인

사람(𠂉→人)이 구덩이(臼)에 빠진 모습을 본뜬 글자이다.

156e

陷陷陷陷陷陷陷陷陷陷陷

陷 빠질 함

- 총획 11획
- 부수 阝
- 급수 3급
- 臽 함정 함 + 阝 언덕 부

함정 함(臽) 자에 언덕(阝)을 더해 구멍에 빠진다는 뜻을 강조한 글자이다.

- □ 陷穽 함정
- □ 缺陷 결함
- □ 謀陷 모함

156f

毀毀毀毀毀毀毀毀毀毀毀

毀 헐 훼

- 총획 13획
- 부수 殳
- 급수 3급
- 臼 절구 구 + 工 장인 공 + 殳 몽둥이 수

도구(工)로 몽둥이질(殳)을 해 새집(臼)을 헐어버리는 모습이다.

- □ 毀損 훼손
- □ 毀謗 훼방
- □ 貶毀 폄훼

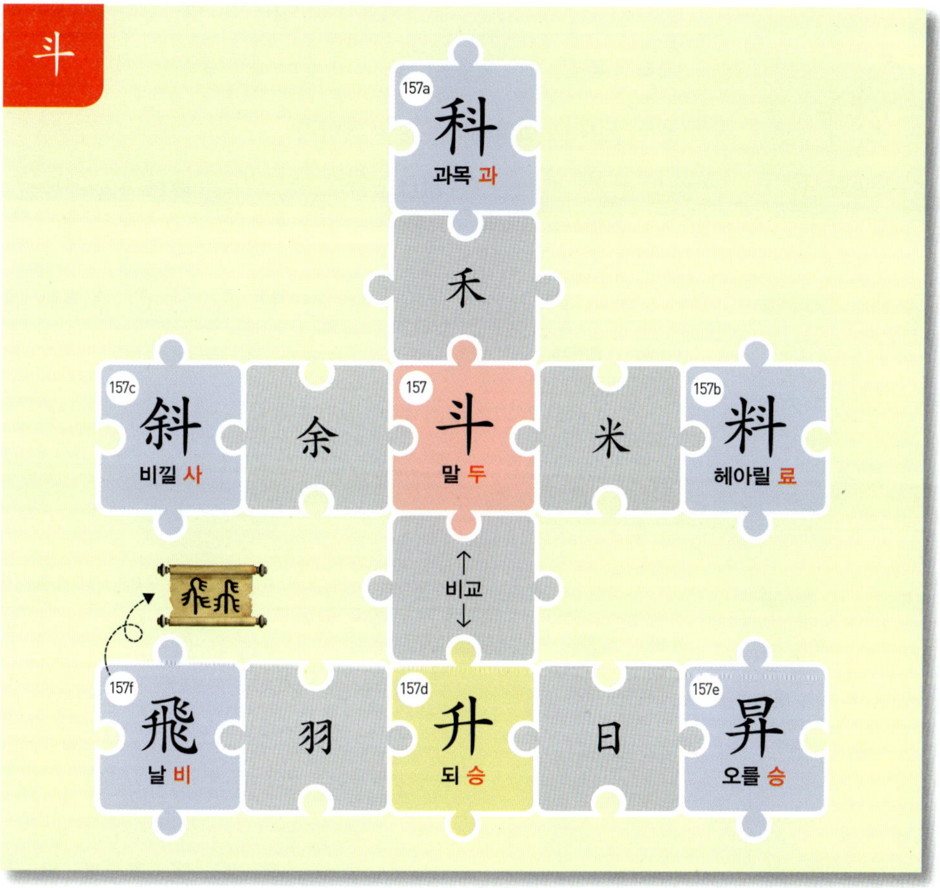

삶 | 필수품(의식주) | 식

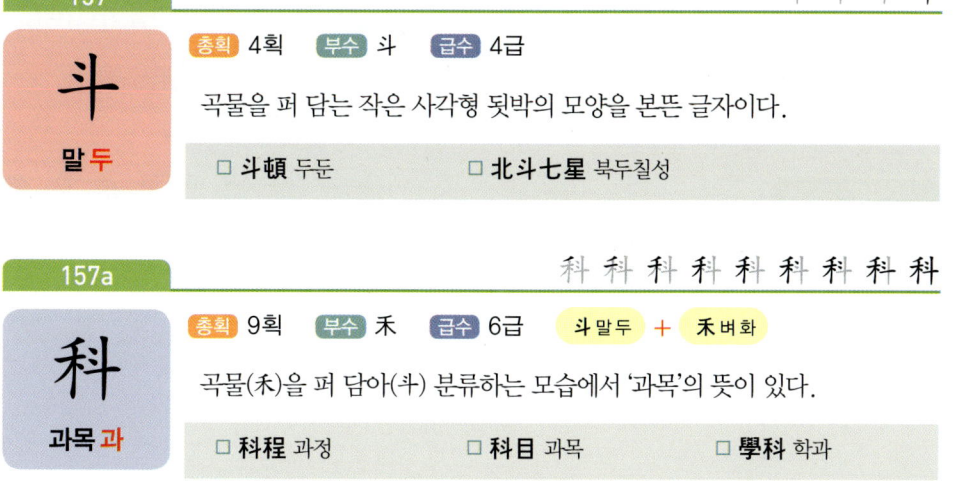

157				斗斗斗斗
斗 말두	총획 4획 부수 斗 급수 4급			
	곡물을 퍼 담는 작은 사각형 됫박의 모양을 본뜬 글자이다.			
	□ 斗頓 두둔		□ 北斗七星 북두칠성	

157a				科科科科科科科科科
科 과목과	총획 9획 부수 禾 급수 6급 斗말두 + 禾벼화			
	곡물(禾)을 퍼 담아(斗) 분류하는 모습에서 '과목'의 뜻이 있다.			
	□ 科程 과정	□ 科目 과목	□ 學科 학과	

491

157b

料 헤아릴 료

- 총획 10획　부수 斗　급수 5급　斗 말두 + 米 쌀미
- 곡물(米)을 되로 퍼 담아(斗) 그 양을 헤아리다.
  - □ 料金 요금
  - □ 料理 요리
  - □ 資料 자료

157c

斜 비낄 사

- 총획 11획　부수 斗　급수 3급　斗 말두 + 余 나/남을 여
- 됫박(斗) 위의 곡물을 비스듬히 쓸어내어 조금 남겨(余) 두는 모습이다.
  - □ 斜視 사시
  - □ 斜陽産業 사양산업
  - □ 傾斜 경사

157d

升 되 승

- 총획 4획　부수 十　급수 2급
- 되(斗)로 곡식을 퍼 올리는 모습이다.
  - □ 斗升 두승(마되)

157e

昇 오를 승

- 총획 8획　부수 日　급수 3급　升 되승 + 日 해일
- 되(斗)로 곡식을 퍼 올리듯이 해(日)가 점점 위로 떠오르는 것을 가리킨다.
  - □ 昇進 승진
  - □ 昇降機 승강기
  - □ 上昇 상승

157f

飛 날 비

- 총획 9획　부수 飛　급수 4급　升 되승 + 羽 깃우
- 새가 날개(羽)를 퍼덕이며 하늘로 날아오르는(升) 모습을 본뜬 글자이다.
  - □ 飛翔 비상
  - □ 飛躍 비약
  - □ 雄飛 웅비

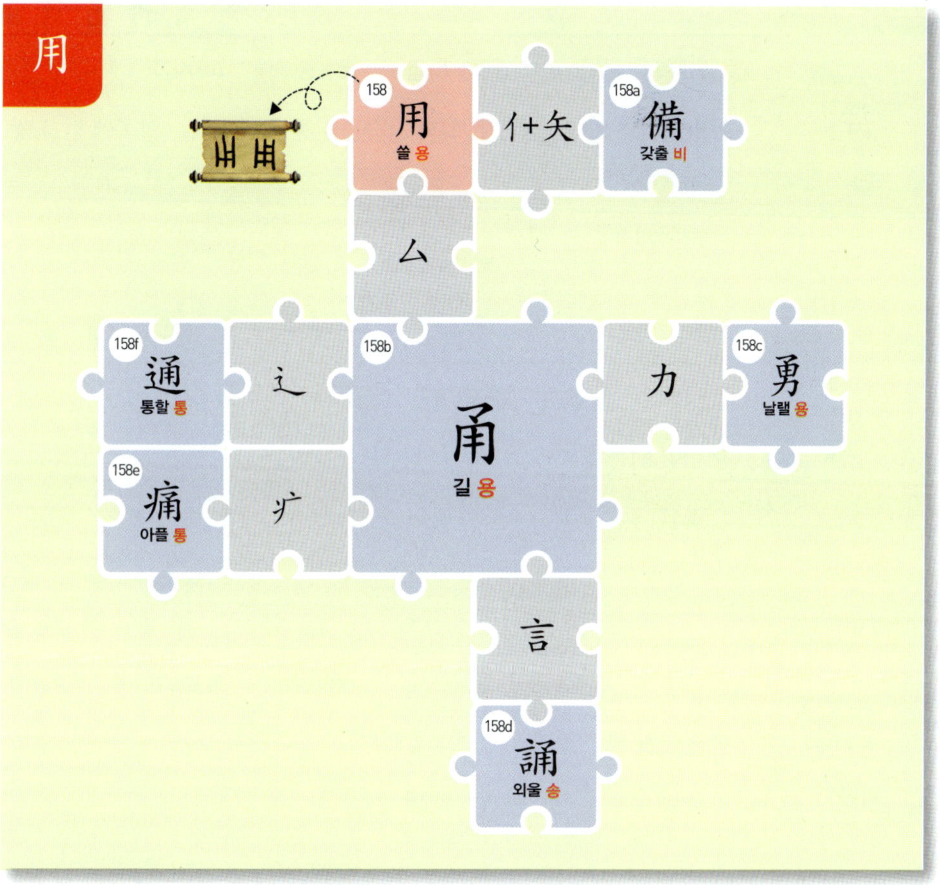

삶 | 필수품(의식주) | 식

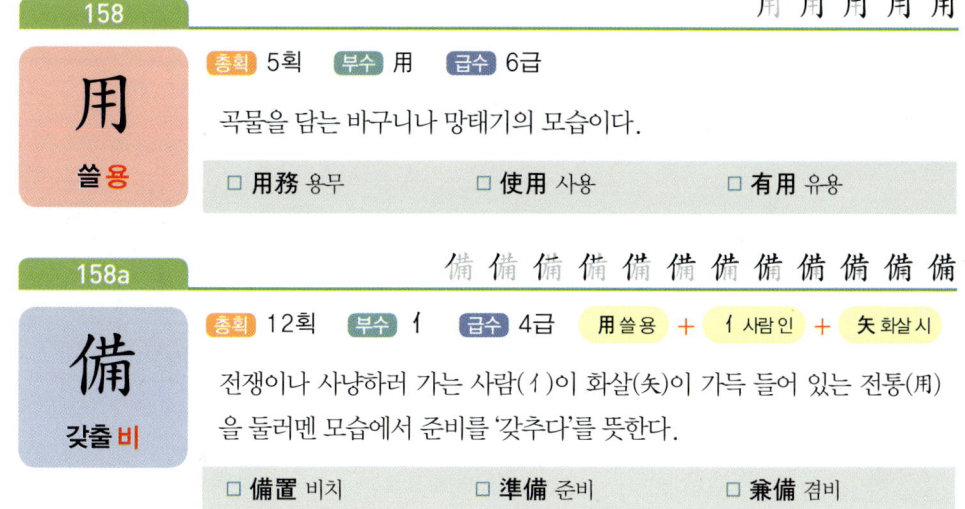

158

| 158 | 用 用 用 用 用 |

用 쓸 용

총획 5획　부수 用　급수 6급

곡물을 담는 바구니나 망태기의 모습이다.

□ 用務 용무　　□ 使用 사용　　□ 有用 유용

| 158a | 備 備 備 備 備 備 備 備 備 |

備 갖출 비

총획 12획　부수 亻　급수 4급　用 쓸 용 + 亻 사람 인 + 矢 화살 시

전쟁이나 사냥하러 가는 사람(亻)이 화살(矢)이 가득 들어 있는 전통(用)을 둘러멘 모습에서 준비를 '갖추다'를 뜻한다.

□ 備置 비치　　□ 準備 준비　　□ 兼備 겸비

493

158b 甬 길 용

- 총획 7획　부수 用　급수 특급　用 쓸 용 + 厶 사사 사

손잡이(厶)가 달린 망태기(用)의 모습을 본뜬 글자로 '길, 양쪽에 담을 쌓은 길'을 뜻한다.

- □ 甬筒 용통

158c 勇 날랠 용

- 총획 9획　부수 力　급수 6급　甬 길 용 + 力 힘 력

망태기(甬)를 힘차게(力) 들쳐 매는 모습을 본뜬 글자이다.

- □ 勇猛 용맹　□ 勇氣 용기　□ 勇敢 용감

158d 誦 외울 송

- 총획 14획　부수 言　급수 3급　甬 길 용 + 言 말씀 언

계속 중얼(言)거리며 외우는 모습이다.

- □ 暗誦 암송　□ 朗誦 낭송

158e 痛 아플 통

- 총획 12획　부수 疒　급수 4급　甬 길 용 + 疒 병들어 기댈 녁

몸을 꿰뚫는(甬) 것 같은 병(疒)의 아픔을 가리킨다.

│ 길 용(甬)이 들어가는 것은 속이 빈 것, 꿰뚫는 것을 나타낸다.

- □ 痛症 통증　□ 痛快 통쾌　□ 憤痛 분통

158f 通 통할 통

- 총획 11획　부수 辶　급수 6급　甬 길 용 + 辶 쉬엄쉬엄 갈 착

바구니(甬) 사이로 물과 바람이 쉽게 지나다니는(辶) 모습이다.

- □ 通過 통과　□ 通信 통신　□ 貫通 관통

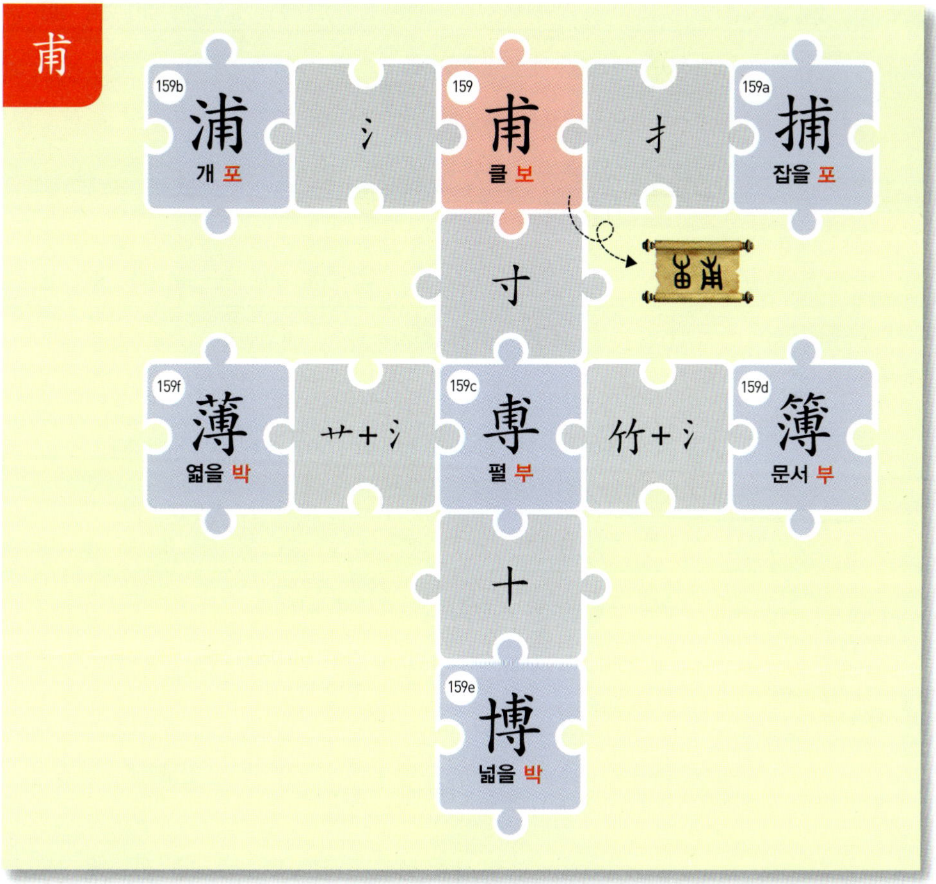

삶 | 필수품(의식주) | 식

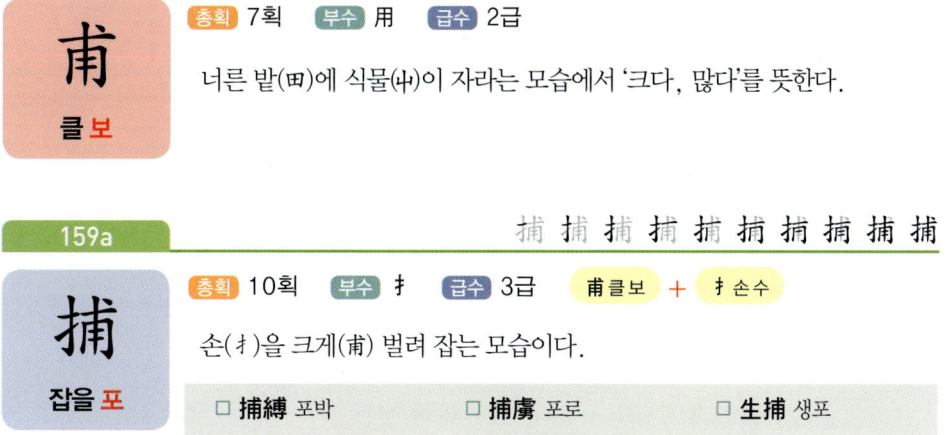

| 159 | 甫 甫 甫 甫 甫 甫 甫 |

甫 클 보

총획 7획 부수 用 급수 2급

너른 밭(田)에 식물(屮)이 자라는 모습에서 '크다, 많다'를 뜻한다.

| 159a | 捕 捕 捕 捕 捕 捕 捕 捕 捕 |

捕 잡을 포

총획 10획 부수 扌 급수 3급 甫 클보 + 扌 손수

손(扌)을 크게(甫) 벌려 잡는 모습이다.

□ **捕縛** 포박   □ **捕虜** 포로   □ **生捕** 생포

495

159b

浦 개 **포**

- 총획 10획
- 부수 氵
- 급수 3급
- 甫 클 보 + 氵 물 수

배가 드나드는 넓은(甫) 물가(氵)를 가리킨다.

□ 浦口 포구　　□ 浦項 포항　　□ 麻浦 마포

159c

尃 펼 **부**

- 총획 10획
- 부수 寸
- 급수 확장한자
- 甫 클 보 + 寸 마디 촌

밭(甫)에 씨를 뿌리는(寸) 모습을 본뜬 글자이다.

▎씨를 뿌리는 일은 손이 하는 일이므로 마디 촌(寸) 자를 '뿌리다'로 풀이하였다.

159d

簿 문서 **부**

- 총획 19획
- 부수 竹
- 급수 3급
- 尃 펼 부 + 竹 대 죽 + 氵 물 수

물(氵)에 불린 대나무(竹)를 펼쳐(尃) 말린 죽간에 기록을 남기는 모습에서 '문서'를 뜻한다.

□ 帳簿 장부　　□ 名簿 명부　　□ 出納簿 출납부

159e

博 넓을 **박**

- 총획 12획
- 부수 十
- 급수 4급
- 尃 펼 부 + 十 열 십

많은 수를 뜻하는 글자(十)와 넓게 펼쳐진 모습을 나타낸 글자(尃)를 합쳐 '넓다'를 뜻한다.

□ 博士 박사　　□ 博物館 박물관　　□ 該博 해박

159f

薄 엷을 **박**

- 총획 17획
- 부수 艹
- 급수 3급
- 尃 펼 부 + 艹 풀 초 + 氵 물 수

수면(氵) 위에 펼쳐져(尃) 있는 얕은 풀(艹)의 모습에서 '엷다, 얇다'의 뜻이 있다.

□ 薄俸 박봉　　□ 輕薄 경박　　□ 淺薄 천박

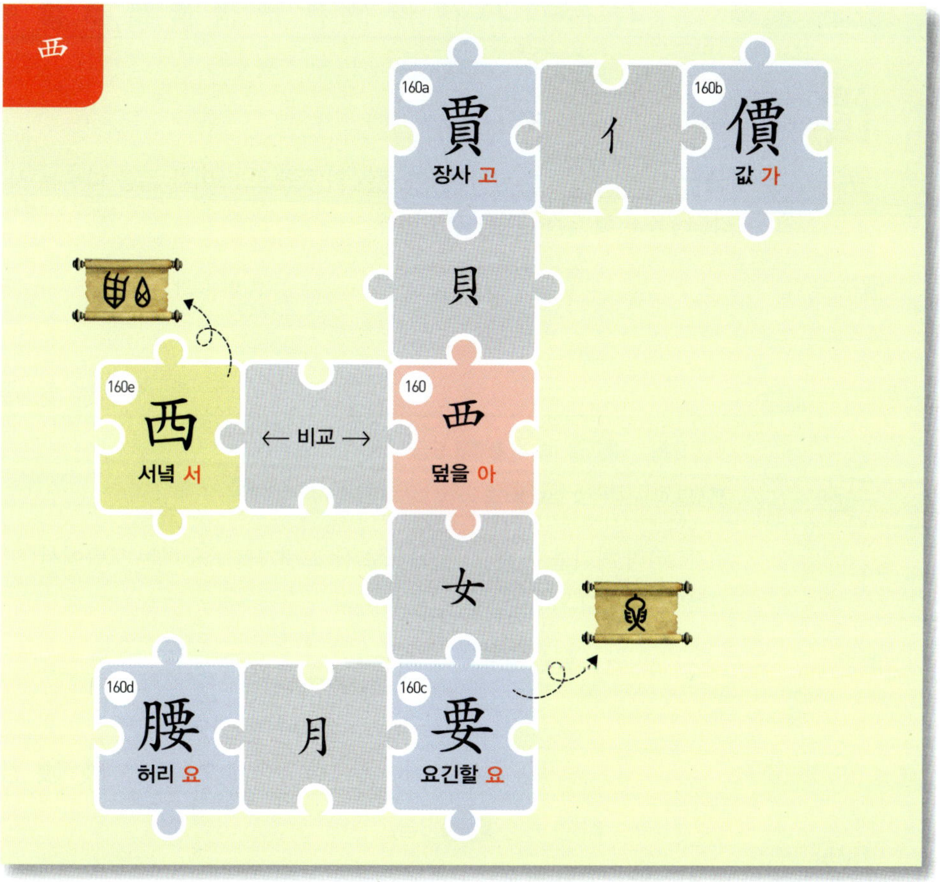

삶 | 필수품(의식주) | 식

160

西 덮을 **아**

총획 6획　**부수** 襾　**급수** 확장한자

음식이나 물건을 덮어둔 보자기나 덮개의 모습을 본뜬 글자이다.

160a

賈 장사 **고**

총획 13획　**부수** 貝　**급수** 2급

襾 덮을 아 ＋ 貝 조개 패

물건 값(貝)을 돈 통에 넣어두던(襾=襾) 모습에서 '장사'의 뜻으로 발전되었다.

160b

價價價價價價價價價價

價
값 가

- 총획 15획
- 부수 亻
- 급수 5급

賈 장사 고 + 亻 사람 인

'물건 값'에 해당하는 글자(賈)가 장사의 뜻으로 쓰이자 돈을 다루는 사람(亻)을 더해 '값'의 뜻을 강조했다.

☐ 價格 가격   ☐ 價值 가치   ☐ 代價 대가

160c

要要要要要要要要要

要
요긴할 요

- 총획 9획
- 부수 襾
- 급수 5급

襾 덮을 아 + 女 여자 여

여자(女)의 허리를 두 손(襾→臼)으로 잡고 뭔가를 요구하는 모습에서 '요긴하다, 바라다'의 뜻이 있다.

☐ 要求 요구   ☐ 要點 요점   ☐ 重要 중요

160d

腰腰腰腰腰腰腰腰腰

腰
허리 요

- 총획 13획
- 부수 月
- 급수 3급

要 요긴할 요 + 月 육달 월

허리를 뜻하는 글자(要)가 '요긴하다'의 뜻으로 쓰이자 신체를 뜻하는 달 월(月=肉) 자를 더해 '허리'의 의미를 강조했다.

☐ 腰痛 요통   ☐ 腰帶 요대

160e

西西西西西西

西
서녘 서

- 총획 6획
- 부수 襾
- 급수 8급

새의 둥지와 비슷한 모습으로 해가 지는 방향인 서쪽을 가리킨다.

☐ 西洋 서양   ☐ 西海 서해   ☐ 東西 동서

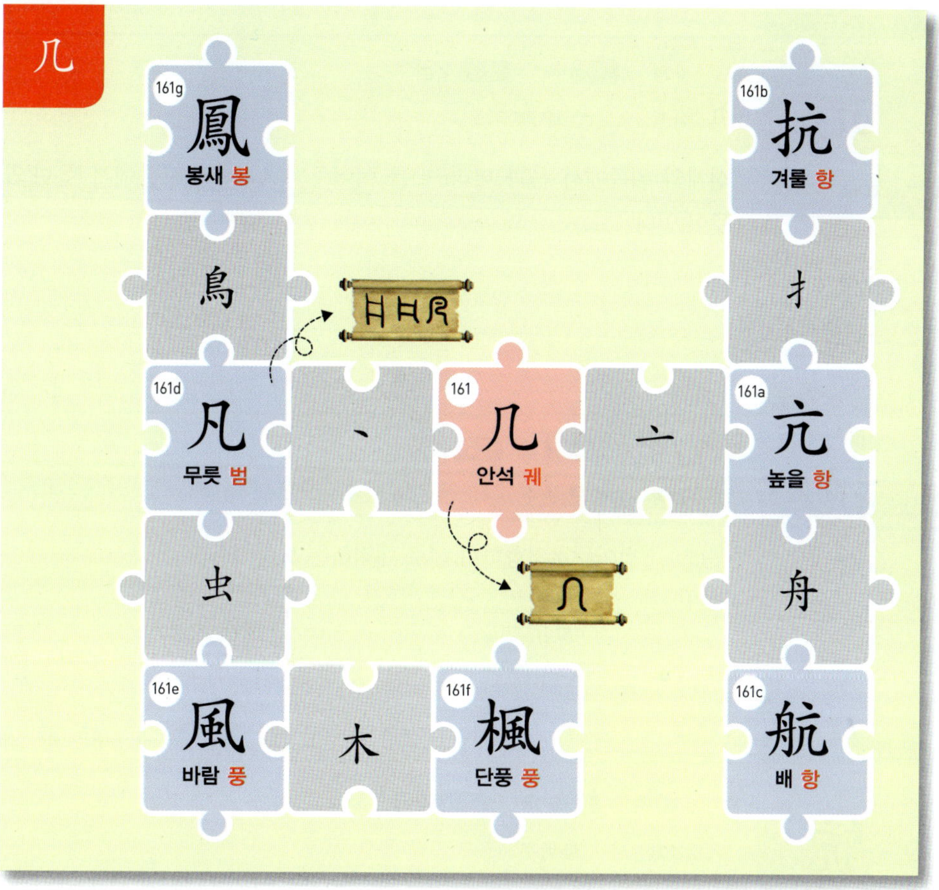

삶 | 필수품(의식주) | 식

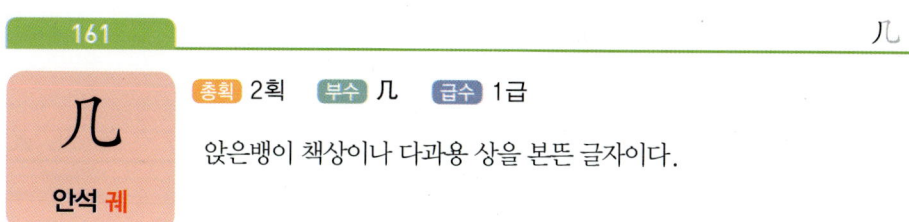

161

几 안석 궤

총획 2획　**부수** 几　**급수** 1급

앉은뱅이 책상이나 다과용 상을 본뜬 글자이다.

161a

亢 亢 亢 亢

亢 높을 **항**

- 총획 4획
- 부수 亠
- 급수 2급

几 안석 궤 + 亠 돼지해머리 두

신체의 위쪽에서 몸과 머리(亠)를 이어주는(几) 목의 모습에서 '높다'의 뜻이 있다.

☐ 亢進 항진

161b

抗 抗 抗 抗 抗 抗 抗

抗 겨룰 **항**

- 총획 7획
- 부수 扌
- 급수 4급

亢 높을 항 + 扌 손 수

목(亢)을 잡아(扌) 저항하며 서로 대적하는 모습이다.

☐ 抗命 항명　☐ 反抗 반항　☐ 抵抗 저항

161c

航 航 航 航 航 航 航 航 航

航 배 **항**

- 총획 10획
- 부수 舟
- 급수 4급

亢 높을 항 + 舟 배 주

배(舟)를 타고 건너는(亢) 모습이다.

▌ 높을 항(亢) 자가 뜻하는 목이 몸과 머리를 연결해 주는 모습에서 '건너다'로 풀이하였다.

☐ 航海 항해　☐ 運航 운항　☐ 缺航 결항

161d

凡 凡 凡

凡 무릇 **범**

- 총획 3획
- 부수 几
- 급수 3급

几 안석 궤 + 丶 점 주

사방천지 어디에나 있는 바람(丶)을 받아 나아가는 돛(几)의 모습에서 '평범하다, 무릇, 모든'의 뜻을 가진다.

☐ 平凡 평범　☐ 非凡 비범　☐ 出凡 출범

161e

風 風 風 凰 凰 凰 凰 風 風

風
바람 풍

- 총획 9획
- 부수 風
- 급수 6급

凡 무릇 범 + 虫 벌레 충

바람(凡)을 몰고 오는 상서로운 동물인 봉황(鳳)을 벌레 충(虫)으로 대신한 글자로 여겨진다.

☐ 風力 풍력 　　☐ 無風 무풍 　　☐ 風前燈火 풍전등화

161f

楓 楓 楓 楓 楓 楓 楓 楓 楓 楓 楓 楓 楓

楓
단풍 풍

- 총획 13획
- 부수 木
- 급수 3급

風 바람 풍 + 木 나무 목

나무(木)에 바람(風)이 든 것을 '단풍'이라 하였다.

☐ 楓嶽山 풍악산 　　☐ 丹楓 단풍 　　☐ 霜楓 상풍

161g

鳳 鳳 鳳 鳳 鳳 鳳 鳳 鳳 鳳 鳳 鳳 鳳

鳳
봉새 봉

- 총획 14획
- 부수 鳥
- 급수 3급

凡 무릇 범 + 鳥 새 조

바람(凡)을 일으키며 나타난다는 상서롭고 신비로운 상상의 새(鳥)를 뜻한다.

☐ 鳳凰 봉황

鼎(1)

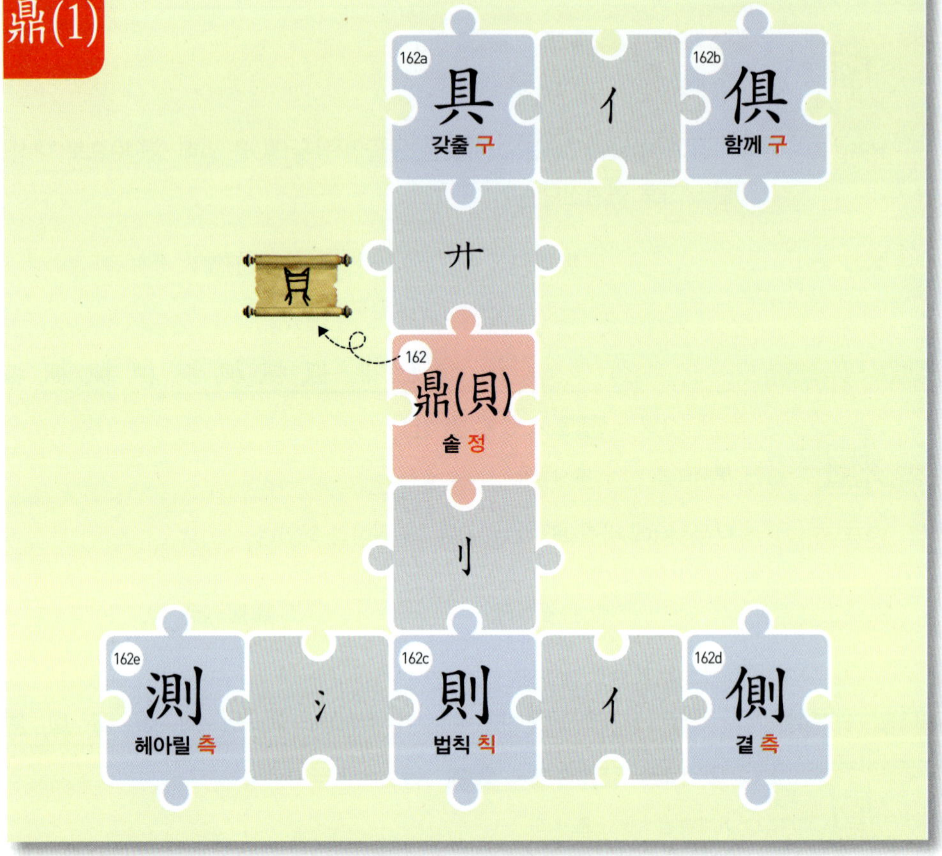

	162a 具 갖출 구		162b 俱 함께 구
	廾		
貝	162 鼎(貝) 솥 정		
	刂		
162e 測 헤아릴 측	氵	162c 則 법칙 칙	亻	162d 側 곁 측

162

솥 정

鼎 鼎 鼎 鼎 鼎 鼎 鼎 鼎 鼎

총획 13획　**부수** 鼎　**급수** 2급

발이 여러 개 달린 제사용 솥의 모습을 본뜬 글자이다. 단독 사용할 때는 솥 정(鼎)의 꼴을 쓰지만 타 글자와 함께 사용할 때는 글자꼴이 복잡하여 조개 패(貝) 자를 빌어서 사용하는 경우가 흔하다.

162

貝
조개 패

貝 貝 貝 貝 貝 貝 貝

총획 7획　**부수** 貝　**급수** 3급

솥 정(鼎) 자가 복잡하여 대부분의 경우 조개 패(貝) 자의 꼴로 줄여서 사용하기도 한다.

삶 | 필수품(의식주) | 식

162a

具具具具具具具具

具
갖출 **구**

| 총획 8획 | 부수 八 | 급수 5급 | 貝 조개 패 + 廾 받들 공 |

솥(貝=鼎)을 두 손으로 들고(廾) 제사 준비를 갖추는 모습이다.

☐ 具色 구색   ☐ 玩具 완구   ☐ 道具 도구

162b

俱俱俱俱俱俱俱俱俱

俱
함께 **구**

| 총획 10획 | 부수 亻 | 급수 3급 | 具 갖출구 + 亻 사람인 |

잔치나 제사(具), 축제를 함께 즐기는 사람(亻)을 가리킨다.

☐ 俱備 구비   ☐ 俱樂部 구락부

162c

則則則則則則則則則

則
법칙 **칙**

| 총획 9획 | 부수 刂 | 급수 5급 | 貝 조개 패 + 刂 칼도 |

솥(貝=鼎)처럼 생긴 청동기에 지켜야 할 말을 새겨(刂) 넣은 모습이다.

☐ 法則 법칙   ☐ 原則 원칙   ☐ 反則 반칙

162d

側側側側側側側側側側

側
곁 **측**

| 총획 11획 | 부수 亻 | 급수 3급 | 則 법칙칙 + 亻 사람인 |

임금으로부터 하사받은 솥(貝=鼎) 또는 제구를 곁에 두는 신하(亻)를 가리킨다.

☐ 側近 측근   ☐ 側面 측면   ☐ 兩側 양측

162e

測測測測測測測測測測測

測
헤아릴 **측**

| 총획 12획 | 부수 氵 | 급수 4급 | 則 법칙칙 + 氵 물수 |

물(氵) 깊이를 재서 기록(則)하는 모습에서 '헤아리다'의 뜻이 있다.

☐ 測量 측량   ☐ 測定 측정   ☐ 觀測 관측

鼎(2)

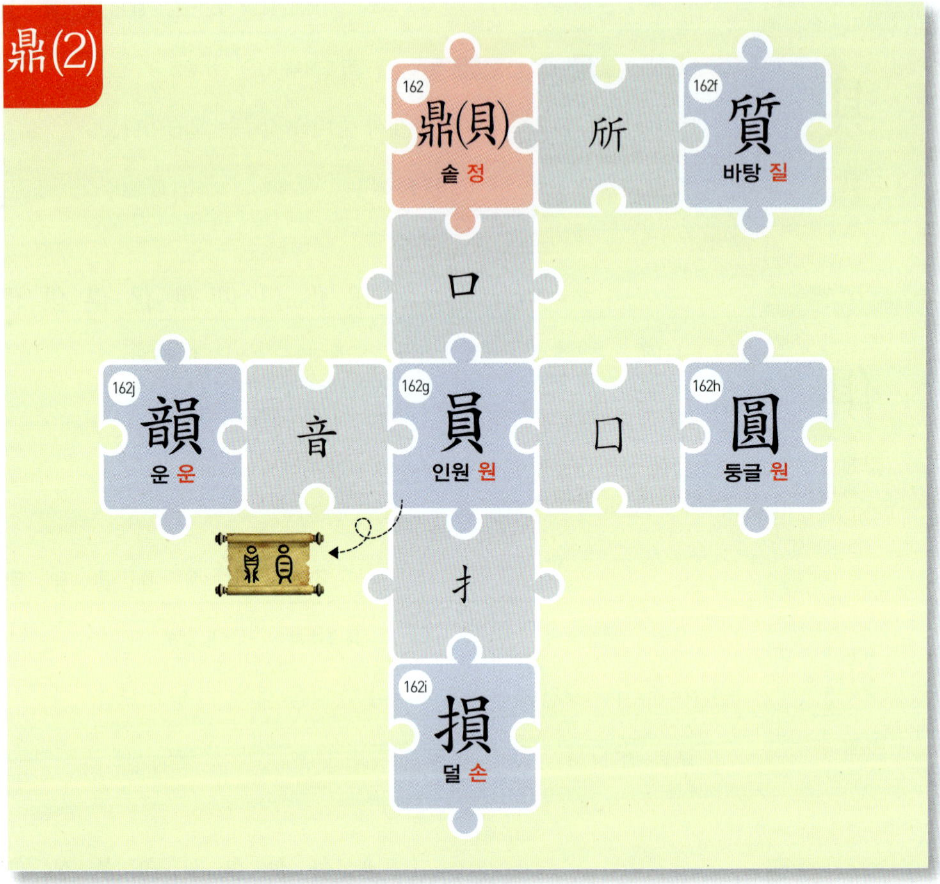

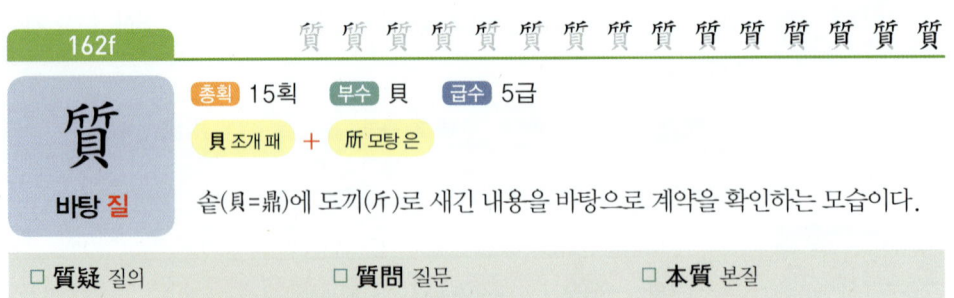

162
鼎(貝)
솥 정
所
162f
質
바탕 질
口
162j
韻
운 운
音
162g
員
인원 원
囗
162h
圓
둥글 원
扌
162i
損
덜 손

162f

質 質 質 質 質 質 質 質 質 質 質 質 質 質 質

質
바탕 질

총획 15획　부수 貝　급수 5급

貝 조개 패 + 所 모탕 은

솥(貝=鼎)에 도끼(斤)로 새긴 내용을 바탕으로 계약을 확인하는 모습이다.

□ **質疑** 질의	□ **質問** 질문	□ **本質** 본질

삶 | 필수품(의식주) | 식

162g

員 인원 원

員員員員員員員員員員

| 총획 10획 | 부수 口 | 급수 4급 |

貝 조개 패 + 口 입구

솥(貝=鼎)의 주둥이(口)가 둥근 모습이었으나 사람을 세는 단위인 '인원, 수효'의 뜻으로 쓰인다.

□ 員內 원내   □ 議員 의원   □ 職員 직원

162h

圓 둥글 원

圓圓圓圓圓圓圓圓圓圓圓

| 총획 13획 | 부수 口 | 급수 4급 |

員 인원 원 + 口 나라 국, 에워쌀 위

원(員) 자에 성 주위를 둘러싼 성벽을 본뜬 글자(口)를 더해 '둥글다'는 의미를 강조한 글자이다.

□ 圓滑 원활   □ 圓滿 원만   □ 一圓 일원

162i

損 덜 손

損損損損損損損損損損

| 총획 13획 | 부수 扌 | 급수 4급 |

員 인원 원 + 扌 손 수

왕이 바뀌어 관리(員)들이 버려지는(扌) 모습을 가리킨다.
▮ 임금으로부터 솥(貝=鼎)을 하사받은 사람(員)은 관리들이었을 것이다.

□ 損害 손해   □ 損傷 손상   □ 破損 파손

162j

韻 운 운

韻韻韻韻韻韻韻韻韻韻韻韻韻韻

| 총획 19획 | 부수 音 | 급수 3급 |

員 인원 원 + 音 소리 음

종(員)을 쳐서 소리(音)가 울려 퍼지는 모습에서 목소리의 고른 울림인 '운'을 가리킨다.

□ 韻律 운율   □ 韻致 운치   □ 餘韻 여운

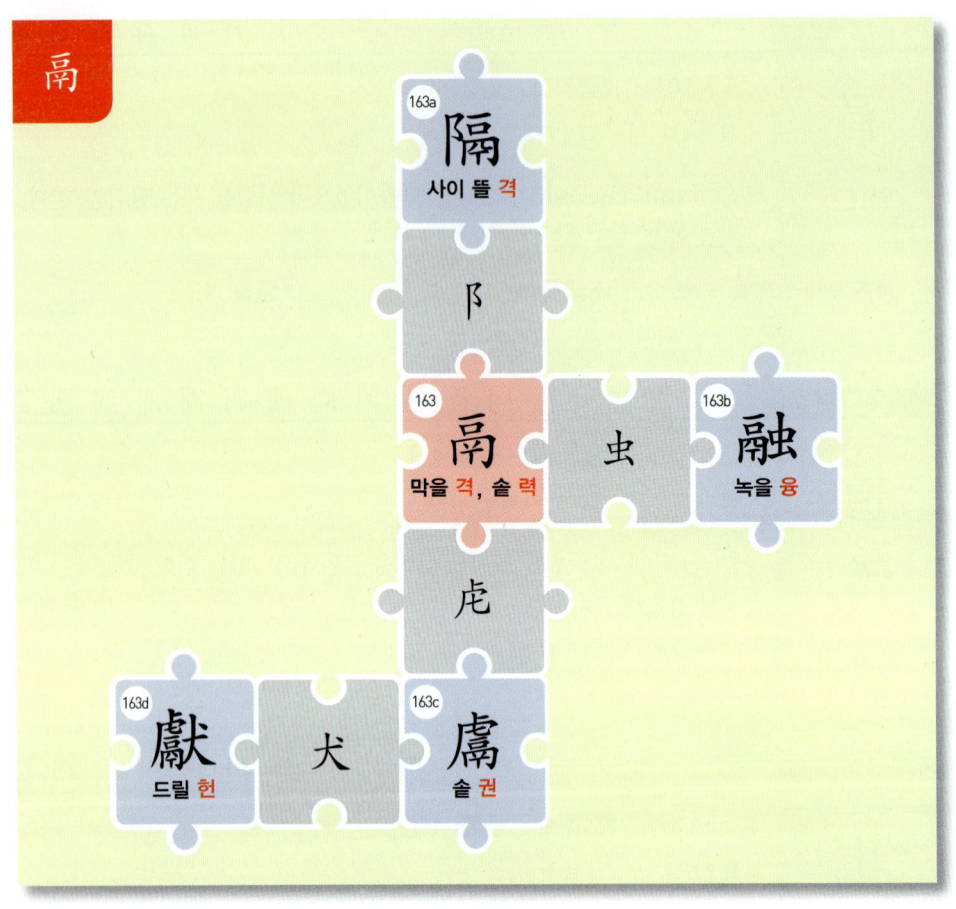

鬲

총획 10획　**부수** 鬲　**급수** 특급

음식을 만드는 발이 셋 달린 솥이나 화로를 본뜬 글자이다. 틈새를 메우는 모습에서 '막다'의 뜻도 가진다.

막을 격, 솥 력

163a

隔 隔 隔 隔 隔 隔 隔 隔 隔 隔

隔
사이 뜰 **격**

- 총획 13획
- 부수 阝
- 급수 3급

鬲 막을 격, 솥 력 + 阝 언덕 부

언덕(阝)으로 가로막혀(鬲) '사이가 뜨다, 막다'의 뜻을 가진다.

□ 隔離 격리   □ 隔週 격주   □ 間隔 간격

163b

融 融 融 融 融 融 融 融 融 融 融 融

融
녹을 **융**

- 총획 16획
- 부수 虫
- 급수 2급

鬲 막을 격, 솥 력 + 虫 벌레 충

솥(鬲)에 삶아지자 벌레(虫) 모양으로 녹아 흐트러지는 모습이다.

□ 融合 융합   □ 融資 융자   □ 金融 금융

163c

鬳 鬳 鬳 鬳 鬳 鬳 鬳 鬳 鬳 鬳 鬳 鬳

鬳
솥 **권**

- 총획 16획
- 부수 鬲
- 급수 확장한자

鬲 막을 격, 솥 력 + 虍 호피 무늬 호

호랑이(虍) 모양이나 문양을 새긴 솥(鬲)을 본뜬 글자이다.

163d

獻 獻 獻 獻 獻 獻 獻 獻 獻 獻 獻 獻 獻

獻
드릴 **헌**

- 총획 20획
- 부수 犬
- 급수 3급

鬳 솥 권 + 犬 개 견

솥(鬳)에 개(犬)를 삶아 제물로 바치는 모습이다.

□ 獻金 헌금   □ 獻納 헌납   □ 獻呈 헌정

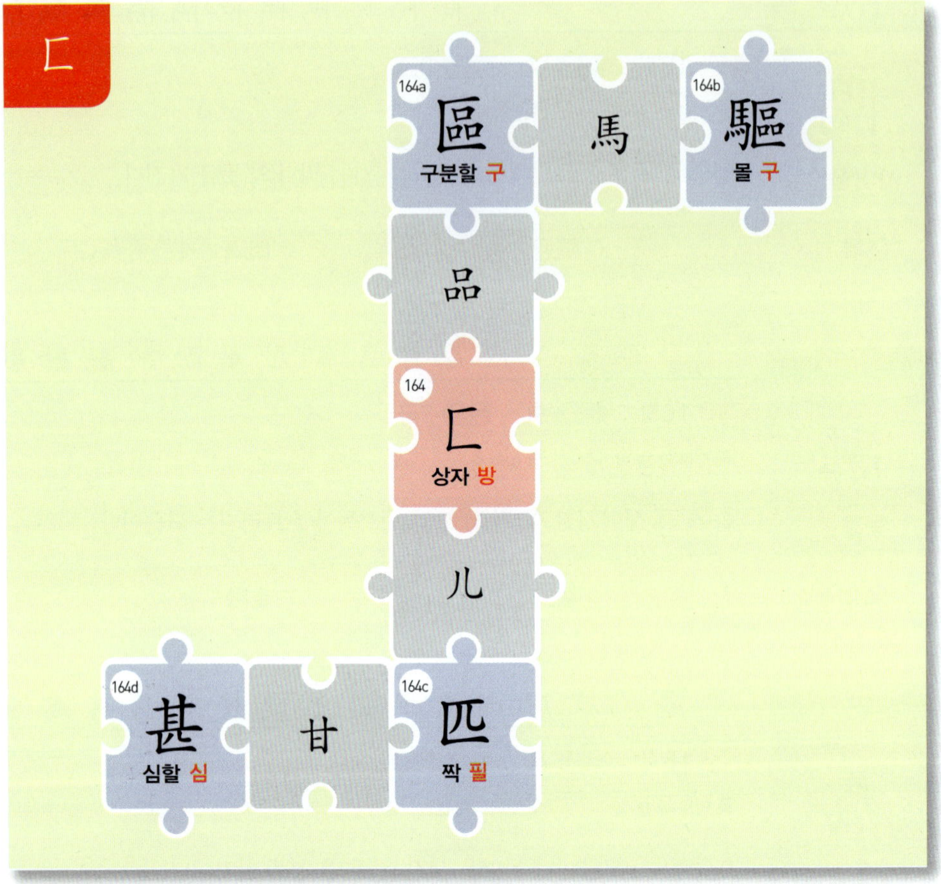

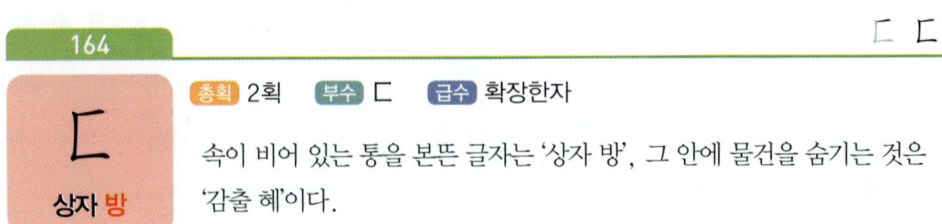

164

匚 匚

匚
상자 **방**

총획 2획　부수 匚　급수 확장한자

속이 비어 있는 통을 본뜬 글자는 '상자 방', 그 안에 물건을 숨기는 것은 '감출 혜'이다.

삶 | 필수품(의식주) | 식

164a

區區區區區區區區區區區

區
구분할 **구**

- 총획 11획
- 부수 匸
- 급수 6급

匸 상자 방, 감출 혜 + 品 물건 품

물건(品)을 구분하여 상자(匸)에 분류해 놓은 모습이다.

□ 區分 구분　　□ 區域 구역　　□ 區別 구별

164b

驅驅驅驅驅驅驅驅驅驅驅驅驅驅驅

驅
몰 **구**

- 총획 21획
- 부수 馬
- 급수 3급

區 구분할 구 + 馬 말 마

말(馬)이 발을 모아(區) 뛰는 모습이다.

□ 驅使 구사　　□ 驅迫 구박　　□ 驅蟲 구충

164c

匹匹匹匹

匹
짝 **필**

- 총획 4획
- 부수 匸
- 급수 3급

匸 상자 방, 감출 혜 + 儿 어진 사람 인

꽃가마(匸)를 탄 신부(儿)의 모습이다.

□ 匹馬 필마　　□ 匹夫匹婦 필부필부　　□ 天生配匹 천생배필

164d

甚甚甚甚甚甚甚甚甚

甚
심할 **심**

- 총획 9획
- 부수 甘
- 급수 3급

匹 짝 필 + 甘 달 감

화덕(匹) 위의 옹기(甘)가 열기로 심하게 달아오른 모습이다.

□ 甚難 심난　　□ 甚至於 심지어　　□ 極甚 극심

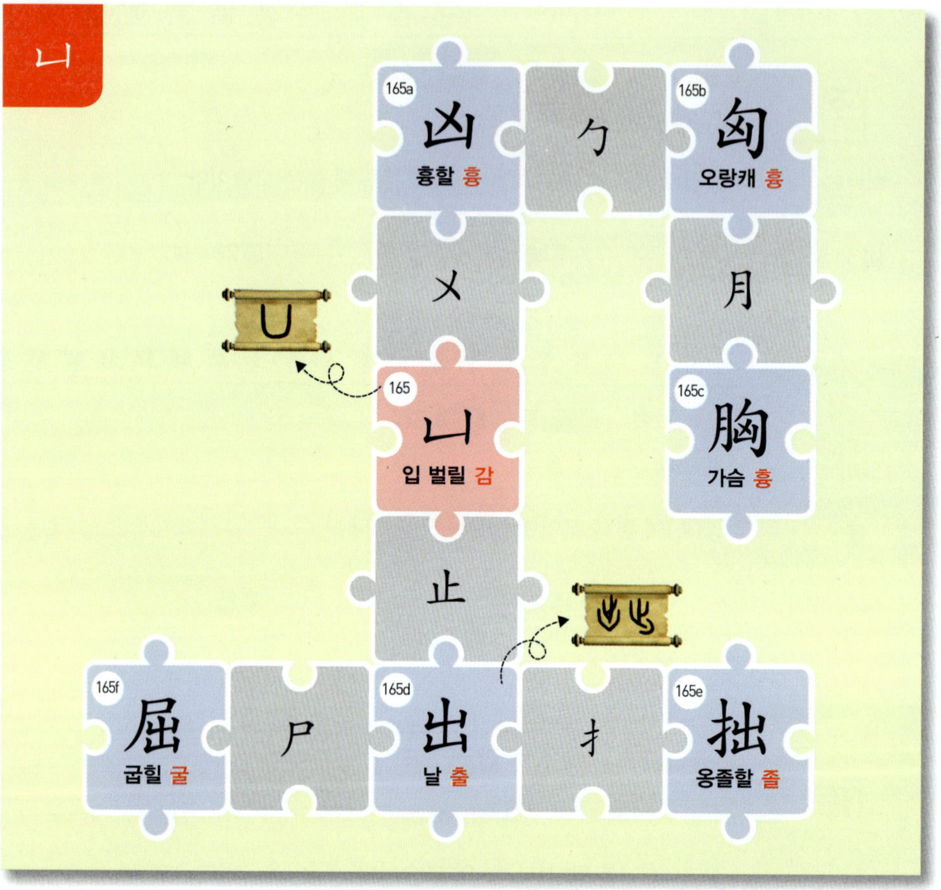

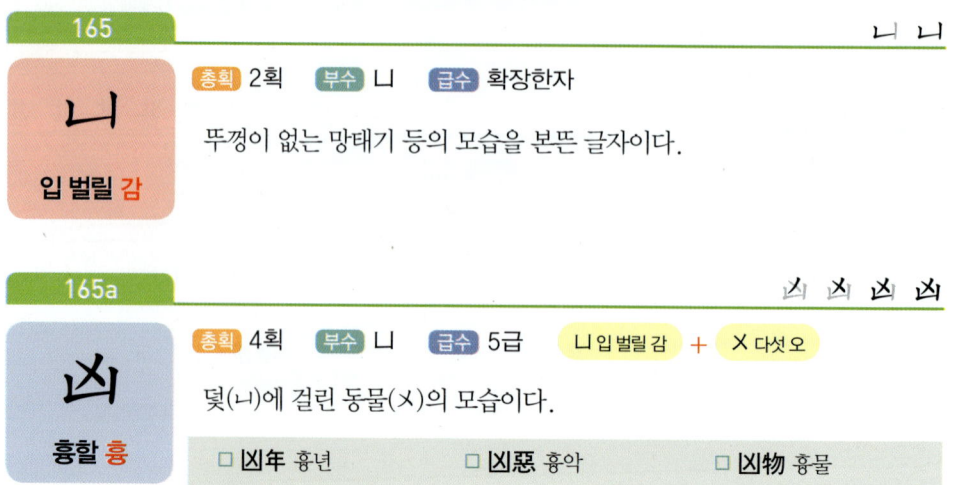

165

165 凵 입 벌릴 감

凵 凵

총획 2획 부수 凵 급수 확장한자

뚜껑이 없는 망태기 등의 모습을 본뜬 글자이다.

165a 凶 흉할 흉

凶 凶 凶 凶

총획 4획 부수 凵 급수 5급 凵 입 벌릴 감 + 乂 다섯 오

덫(凵)에 걸린 동물(乂)의 모습이다.

□ 凶年 흉년 □ 凶惡 흉악 □ 凶物 흉물

삶 | 필수품(의식주) | 식

165b

匈 匈 匈 匈 匈 匈

匈 오랑캐 흉

- 총획 6획 부수 勹 급수 2급
- 凶 흉할 흉 + 勹 쌀포

가슴(勹)에 흉한(凶) 문신을 새긴 오랑캐 무리를 본뜬 글자이다.

□ 匈奴 흉노

165c

胸 胸 胸 胸 胸 胸 胸 胸 胸

胸 가슴 흉

- 총획 10획 부수 月 급수 3급
- 匈 오랑캐 흉 + 月 육달월

문신이 새겨진(凶) 부위를 가리키기 위해 신체를 뜻하는 달 월(月=肉) 자를 더했다.

□ 胸部 흉부 □ 胸像 흉상 □ 胸襟 흉금

165d

出 出 出 出 出

出 날 출

- 총획 5획 부수 凵 급수 7급
- 凵 입 벌릴 감 + 止 그칠/발 지

움막(凵)에서 나가는 발걸음(止)을 본뜬 글자이다.

□ 出發 출발 □ 出血 출혈 □ 外出 외출

165e

拙 拙 拙 拙 拙 拙 拙 拙

拙 옹졸할 졸

- 총획 8획 부수 扌 급수 3급
- 出 날 출 + 扌 손 수

손사래(扌) 치며 꽁지가 빠져라 달아나는(出) 모습이다.

□ 拙戰 졸전 □ 拙作 졸작 □ 稚拙 치졸

165f

屈 屈 屈 屈 屈 屈 屈 屈

屈 굽힐 굴

- 총획 8획 부수 尸 급수 4급
- 出 날 출 + 尸 주검 시

몸을 숙이고(尸) 궁궐이나 관가를 드나드는(出) 모습이다.

□ 屈伏 굴복 □ 屈曲 굴곡 □ 卑屈 비굴

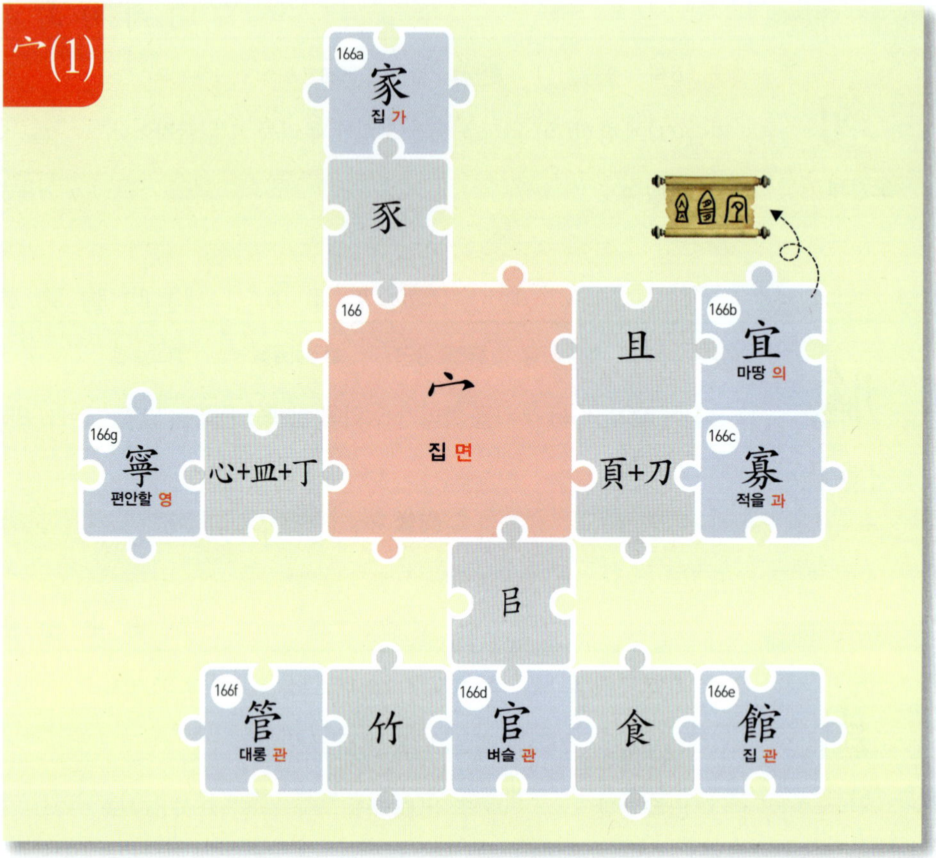

삶 | 필수품(의식주) | 주

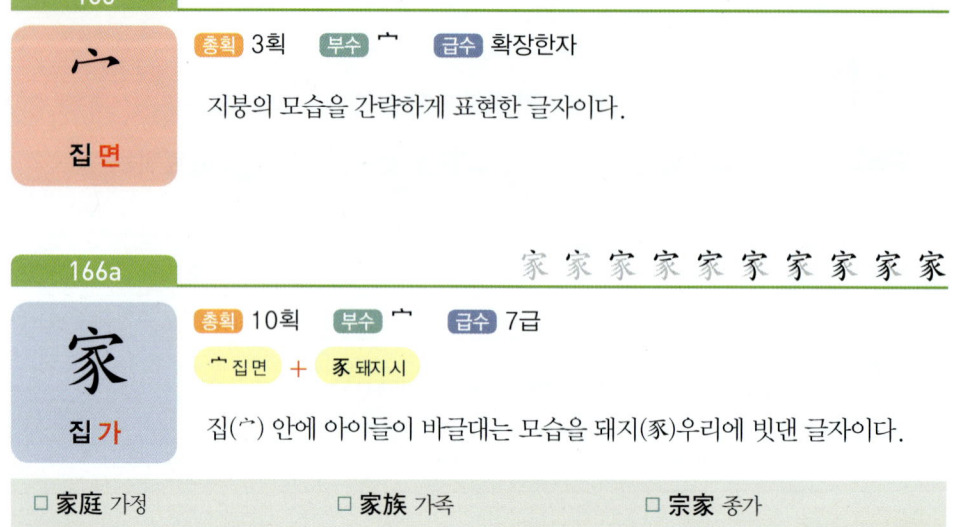

166

宀 집 면

- 총획 3획
- 부수 宀
- 급수 확장한자

지붕의 모습을 간략하게 표현한 글자이다.

166a

家 집 가

- 총획 10획
- 부수 宀
- 급수 7급

宀 집면 + 豕 돼지 시

집(宀) 안에 아이들이 바글대는 모습을 돼지(豕)우리에 빗댄 글자이다.

□ 家庭 가정　　□ 家族 가족　　□ 宗家 종가

166b 宜 마땅 의

- 총획 8획
- 부수 宀
- 급수 3급

宀 집 면 + 且 또 차

조상(宀)에게 제사(且)를 지내는 것은 후손들이 해야 할 마땅한 일이다.

또 차(且) 자는 고기를 썰어 쌓아둔 도마의 모습을 본뜬 글자이다. 분명 조상에게 바칠 제물인 고기를 썰어서 놓아둔 모습일 것이므로 또 차(且) 자를 '제사'로 해석하였다.

- □ 宜當 의당
- □ 便宜 편의
- □ 時宜適切 시의적절

166c 寡 적을 과

- 총획 14획
- 부수 宀
- 급수 3급

宀 집 면 + 頁 머리 혈 + 刀 칼 도

머리카락(頁)을 자르지도(刀) 않고 집(宀)에만 머무르는 과부는 의지할 사람이 없다는 데서 '적다'의 뜻이 있다.

- □ 寡婦 과부
- □ 寡少 과소
- □ 寡默 과묵

166d 官 벼슬 관

- 총획 8획
- 부수 宀
- 급수 4급

宀 집 면 + 㠯=𠂤 써 이

제물(𠂤→㠯=肉)을 모셔둔 집(宀)은 지위가 높은 사람의 집이므로 '벼슬'을 뜻한다.

- □ 官吏 관리
- □ 官廳 관청
- □ 長官 장관

166e 館 집 관

- 총획 17획
- 부수 食
- 급수 3급

官 벼슬 관 + 食 밥 식

관리(官)를 먹여(食) 주고 재워 주던 건물을 가리킨다.

- □ 公館 공관
- □ 大使館 대사관
- □ 圖書館 도서관

166f

管管管管管管管管管管管管

管
대롱 관

- 총획 14획
- 부수 竹
- 급수 4급

官 벼슬 관 + 竹 대죽

벼슬(官)을 내리는 날을 축하하기 위해 대나무(竹)로 만든 피리를 연주하는 모습이다.

☐ 管轄 관할   ☐ 管制塔 관제탑   ☐ 主管 주관

166g

寧寧寧寧寧寧寧寧寧寧寧寧寧寧

寧
편안할 영

- 총획 14획
- 부수 宀
- 급수 3급

宀 집 면 + 心 마음 심 + 皿 그릇 명 + 丁 고무래 정

제사 음식(皿)을 차려(丁) 놓고 가족(宀)들 모두가 한마음(心)으로 평안을 비는 모습이다.

☐ 安寧 안녕   ☐ 壽福康寧 수복강녕

삶 | 필수품(의식주) | 주

宀(2)

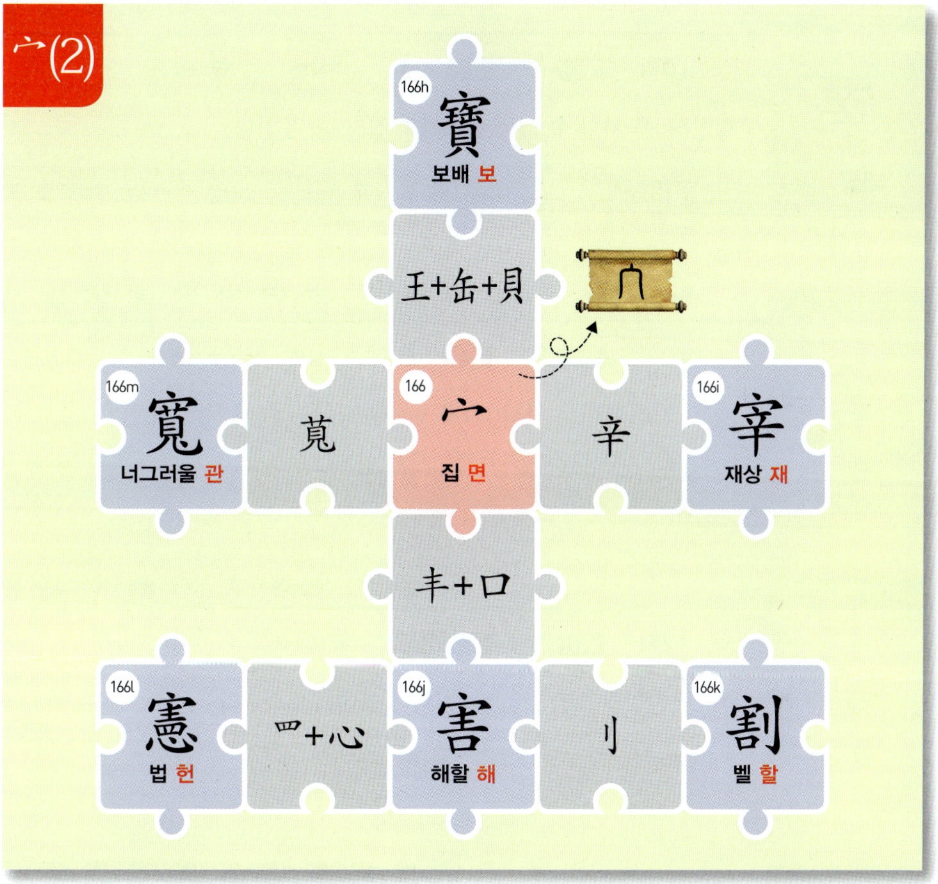

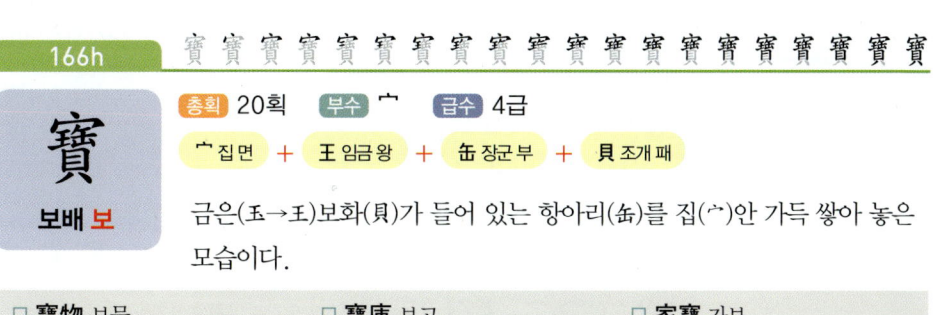

166h 寶 보배 보

- 총획: 20획
- 부수: 宀
- 급수: 4급

宀 집면 + 王 임금왕 + 缶 장군부 + 貝 조개패

금은(玉→王)보화(貝)가 들어 있는 항아리(缶)를 집(宀)안 가득 쌓아 놓은 모습이다.

□ 寶物 보물   □ 寶庫 보고   □ 家寶 가보

166i

宰 재상 재

宰宰宰宰宰宰宰宰宰宰

- 총획 10획
- 부수 宀
- 급수 3급
- 宀 집면 + 辛 매울 신

형벌(辛)을 가할 수 있는 세도가의 집(宀)을 뜻한다.

- □ 宰相 재상
- □ 主宰 주재

166j

害 해할 해

害害害害害害害害害害

- 총획 10획
- 부수 宀
- 급수 5급
- 宀 집면 + 丰 예쁠 봉 + 口 입구

창고(宀)에 쌓아둔 곡식(口)에 웃자란 싹(丰→丰)이 몸에 해롭다.

- □ 害惡 해악
- □ 損害 손해
- □ 被害 피해

166k

割 벨 할

割割割割割割割割割割割割

- 총획 12획
- 부수 刂
- 급수 3급
- 害 해할 해 + 刂 칼 도

해로운(害) 것을 칼(刂)로 베거나 잘라내는 모습이다.

- □ 割賦 할부
- □ 割腹 할복
- □ 割禮 할례

166l

憲 법 헌

憲憲憲憲憲憲憲憲憲憲憲憲憲憲

- 총획 16획
- 부수 心
- 급수 4급
- 害 해할 해 + 罒 그물 망 + 心 마음 심

해로운(害) 일을 하지 못하도록 눈(罒→目)과 마음(心)으로 감시하는 법을 뜻한다.

- □ 憲法 헌법
- □ 立憲 입헌
- □ 改憲 개헌

166m

寬 너그러울 관

寬寬寬寬寬寬寬寬寬寬寬寬寬

- 총획 15획
- 부수 宀
- 급수 3급
- 宀 집면 + 莧 뿔이 가는 산양 환

길 잃은 동물(莧)을 집(宀)으로 맞아들여 돌봐주는 너그러움을 가리킨다.

- □ 寬大 관대
- □ 寬容 관용

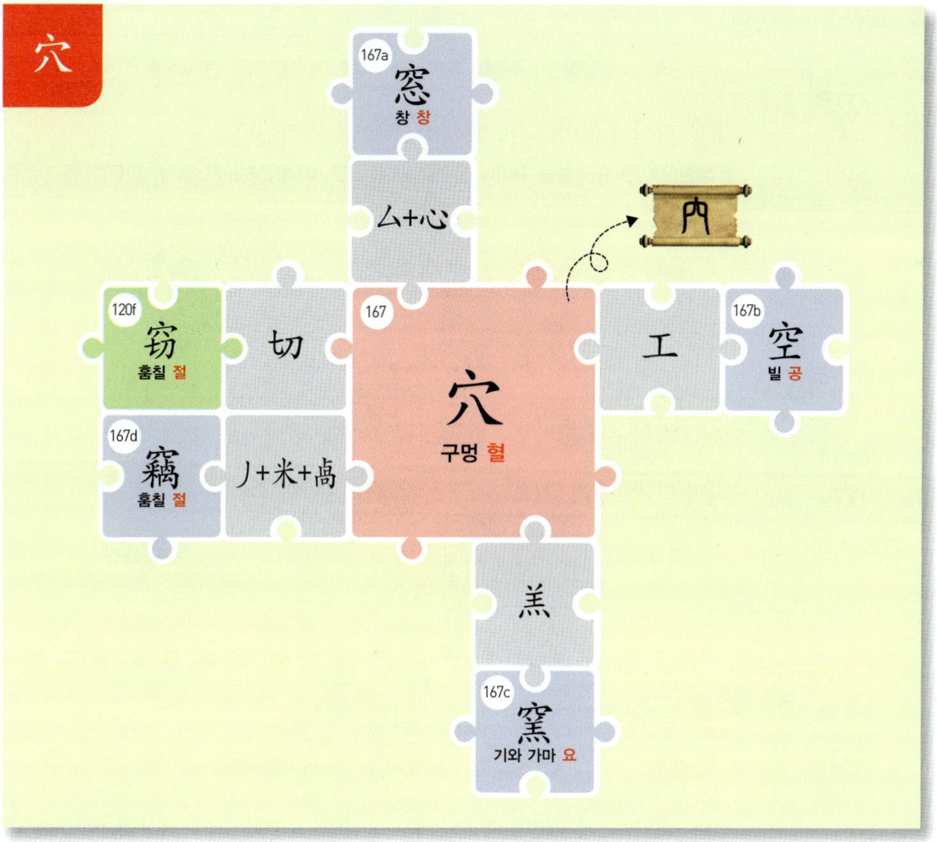

삶 | 필수품(의식주) | 주

穴

| 167a 窓 창창 |
| ム+心 |

| 120f 竊 훔칠절 | 切 | 167 穴 구멍혈 | 工 | 167b 空 빌공 |

| 167d 竊 훔칠절 | 丿+米+卨 |

羔

167c 窯 기와가마요

內

167

167

穴 穴 穴 穴 穴

穴 구멍 **혈**

총획 5획   부수 穴   급수 3급

동굴이나 움막(宀)의 입구(八)를 본뜬 모습이다.

☐ 穴居 혈거   ☐ 氣穴 기혈

167a

窓 창 **창**

총획 11획   부수 穴   급수 6급   穴 구멍혈 + ム 사사사 + 心 마음심

사람의 마음(心)과 굴(穴)의 출입구(ム)를 '창'에 빗댄 글자이다.

☐ 窓門 창문   ☐ 窓口 창구   ☐ 同窓 동창

517

167b

空空空空空空空空

空
빌 공

총획 8획　부수 穴　급수 7급　穴 구멍 혈 ＋ 工 장인 공

땅을 파거나 뚫어(工)서 생긴 공간(穴)을 가리킨다.

장인 공(工) 자는 홈을 파거나 물건을 만드는 도구이기도 하므로 '뚫다, 만들다' 등으로 풀이하였다.

- 空間 공간
- 空氣 공기
- 蒼空 창공

167c

窯窯窯窯窯窯窯窯窯窯窯窯窯窯

窯
기와 가마 요

총획 15획　부수 穴　급수 1급　穴 구멍 혈 ＋ 羔 새끼 양 고

가마(穴)에 새끼 양(羔)을 굽듯 기와를 굽는 모습이다.

- 窯業 요업
- 窯址 요지(가마터)
- 陶窯 도요

167d

竊竊竊竊竊竊竊竊竊竊竊竊竊竊竊竊竊

竊
훔칠 절

총획 22획　부수 穴　급수 3급

穴 구멍 혈 ＋ 丿 삐침 별 ＋ 米 쌀 미 ＋ 卨 사람 이름 설

쥐와 같은 설치류들이 동굴(穴)이 상징하는 창고 등에 저장된 곡물(米)을 갉아먹거나(丿) 훔쳐 가는 모습에서 만들어진 글자이다.

분별할 변(釆) 자는 농경지에 찍혀 있는 동물의 발자국이다. 농작물을 훔쳐 먹기 위해 들어온 동물들의 발자국을 보고 범인을 알아낼 수 있다 하여 '분별하다'의 뜻을 갖게 된 글자이다. 따라서 훔칠 절(竊) 자도 몰래 곡식 창고에 들어가 곡식을 훔쳐 먹거나 훔쳐가는 쥐를 묘사하는 글자로 적절하다.

- 竊盜 절도
- 剽竊 표절

120f

窃窃窃窃窃窃窃窃窃

窃
훔칠 절

총획 9획　부수 穴　급수 훔칠 절(竊)의 속자(俗字)

穴 구멍 혈 ＋ 切 끊을 절

훔칠 절(竊) 자가 복잡하므로 획을 줄여 만든 글자이다.

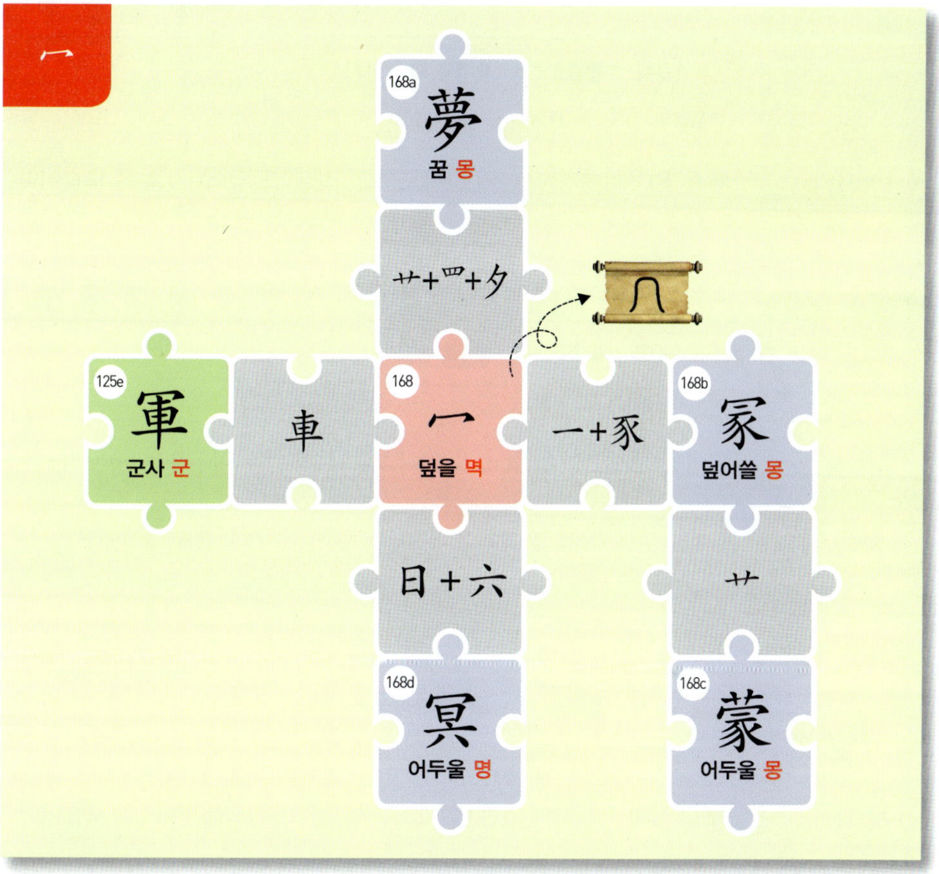

삶 | 필수품(의식주) | 주

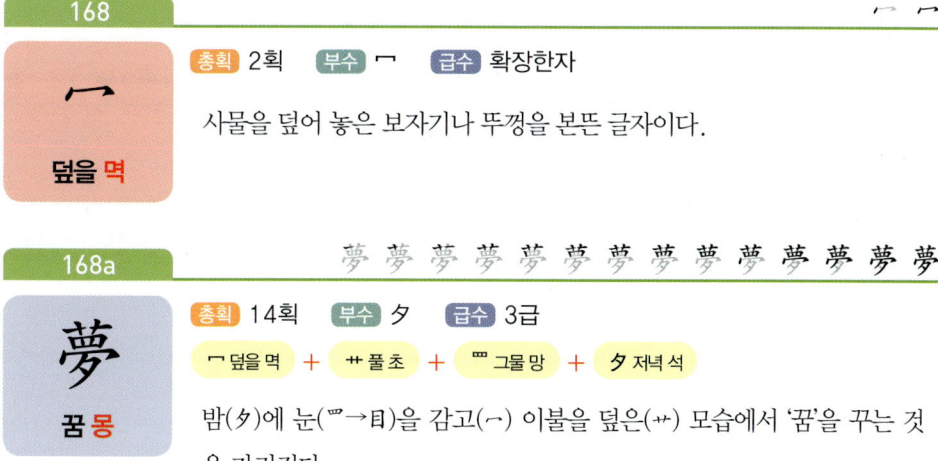

168

冖 덮을 멱

- 총획 2획
- 부수 冖
- 급수 확장한자

사물을 덮어 놓은 보자기나 뚜껑을 본뜬 글자이다.

168a

夢 꿈 몽

夢 夢 夢 夢 夢 夢 夢 夢 夢 夢 夢

- 총획 14획
- 부수 夕
- 급수 3급

冖 덮을 멱 + 艹 풀초 + 罒 그물 망 + 夕 저녁 석

밤(夕)에 눈(罒→目)을 감고(冖) 이불을 덮은(艹) 모습에서 '꿈'을 꾸는 것을 가리킨다.

☐ 惡夢 악몽   ☐ 吉夢 길몽   ☐ 解夢 해몽

168b

冢冢冢冢冢冢冢冢冢冢

冢
덮어쓸 **몽**

- 총획 10획 부수 冖 급수 확장한자
- 冖 덮을 멱 + 一 한 일 + 豕 돼지 시

돼지(豕)우리에 빛이 들지 못하도록 덮고(一) 또 덮어(冖) 놓은 모습이다.

168c

蒙蒙蒙蒙蒙蒙蒙蒙蒙蒙蒙蒙

蒙
어두울 **몽**

- 총획 14획 부수 艹 급수 3급
- 冢 덮어쓸 몽 + 艹 풀 초

덮어쓸 몽(冢) 자에 풀(艹)을 얹어 빛이 들지 않는 어두움을 나타낸다.

- □ 蒙古 몽고
- □ 啓蒙 계몽
- □ 無知蒙昧 무지몽매

168d

冥冥冥冥冥冥冥冥冥冥

冥
어두울 **명**

- 총획 10획 부수 冖 급수 3급
- 冖 덮을 멱 + 日 해 일 + 六 여섯 육

뱃속(冖)의 어둠 속에 있던 태아(日)를 두 손(六-廾)으로 받아내는 모습이다.

- □ 冥想 명상
- □ 冥福 명복
- □ 幽冥 유명

125e

軍軍軍軍軍軍軍軍軍

軍
군사 **군**

- 총획 9획 부수 車 급수 8급
- 冖 덮을 멱 + 車 수레 거/차

수레(車) 위를 덮어(冖) 씌워 물자를 나르던 마차를 본뜬 글자로 '군사'의 의미로 확대되었다.

- □ 軍人 군인
- □ 陸軍 육군
- □ 空軍 공군

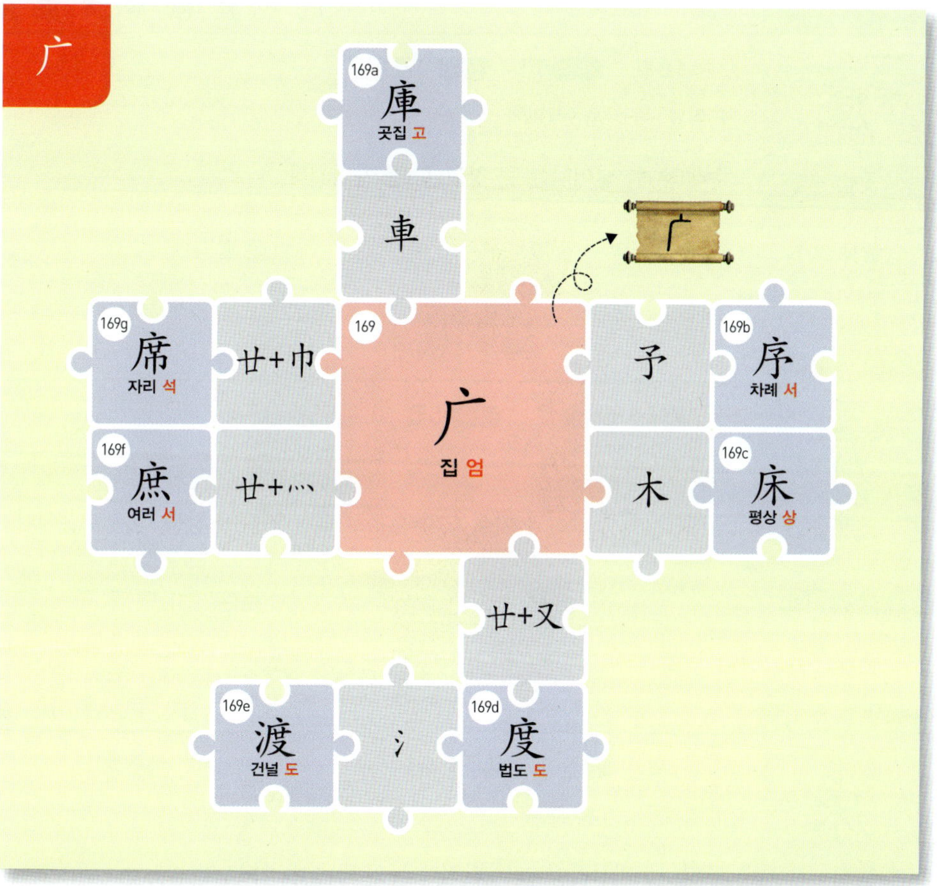

삶 | 필수품(의식주) | 주

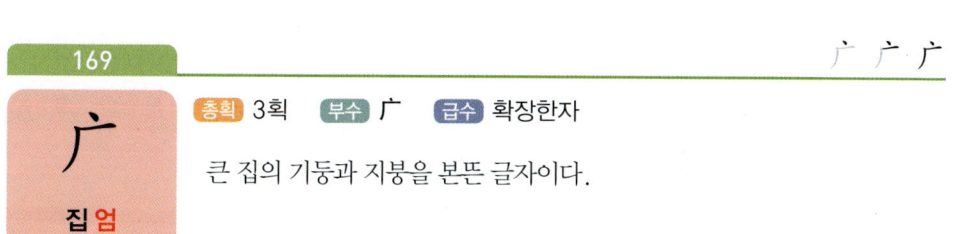

169
广
집 엄

총획 3획 부수 广 급수 확장한자

큰 집의 기둥과 지붕을 본뜬 글자이다.

广 广 广

169a

庫 庫 庫 庫 庫 庫 庫 庫 庫

庫
곳집 고

- 총획 10획
- 부수 广
- 급수 4급

广 집엄 + 車 수레 거/차

수레(車)를 넣어두는 큰 창고(广)를 가리킨다.

□ 倉庫 창고　　□ 金庫 금고　　□ 國庫 국고

169b

序 序 序 序 序 序 序

序
차례 서

- 총획 7획
- 부수 广
- 급수 5급

广 집엄 + 予 나 여

공방(广)에서 날실과 씨실을 차례대로 교차(予)하여 천을 짜는 모습이다.

□ 序列 서열　　□ 順序 순서　　□ 秩序 질서

169c

床 床 床 床 床 床 床

床
평상 상

- 총획 7획
- 부수 广
- 급수 4급

广 집엄 + 木 나무 목

조정(广) 대신들이 앉는 자리에 놓인 탁자(木)의 모습이다.

□ 兼床 겸상　　□ 冊床 책상　　□ 臨床 임상

169d

度 度 度 度 度 度 度 度

度
법도 도, 헤아릴 탁

- 총획 9획
- 부수 广
- 급수 6급

广 집엄 + 廿 스물 입 + 又 또 우

대궐(广)에서 요리(庶)할 때 부뚜막(廿) 위의 음식을 헤아려(又) 보는 모습이다.

□ 制度 제도　　□ 態度 태도　　□ 忖度 촌탁

169e

渡 渡 渡 渡 渡 渡 渡 渡 渡 渡 渡

渡
건널 **도**

- 총획 12획
- 부수 氵
- 급수 3급

度 법도 도, 헤아릴 탁 + 氵 물 수

수심(氵)을 헤아리며(度) 물을 건너는 모습이다.

- □ 渡河 도하
- □ 讓渡 양도
- □ 賣渡 매도

169f

庶 庶 庶 庶 庶 庶 庶 庶 庶 庶

庶
여러 **서**

- 총획 11획
- 부수 广
- 급수 3급

广 집 엄 + 廿 스물 입 + 灬 불 화

대궐(广)에서 솥(廿)에 불(火→灬)을 피워 요리하는 모습에서 '많다, 여럿, 천하다' 등의 뜻으로 의미가 전이되었다.

- □ 庶民 서민
- □ 庶務 서무
- □ 庶子 서자

169g

席 席 席 席 席 席 席 席 席 席

席
자리 **석**

- 총획 10획
- 부수 巾
- 급수 6급

广 집 엄 + 廿 스물 입 + 巾 수건 건

조정(广)에 비단 천(巾)으로 덮인 보좌나 방석을 가리켜서 '자리, 깔개, 좌석'의 뜻이 있다.

▍ 큰 집/집 엄(广) 자를 '궁궐, 대궐'처럼 큰 건물이나 집으로 해석하는 경우가 많다.

- □ 座席 좌석
- □ 參席 참석
- □ 首席 수석

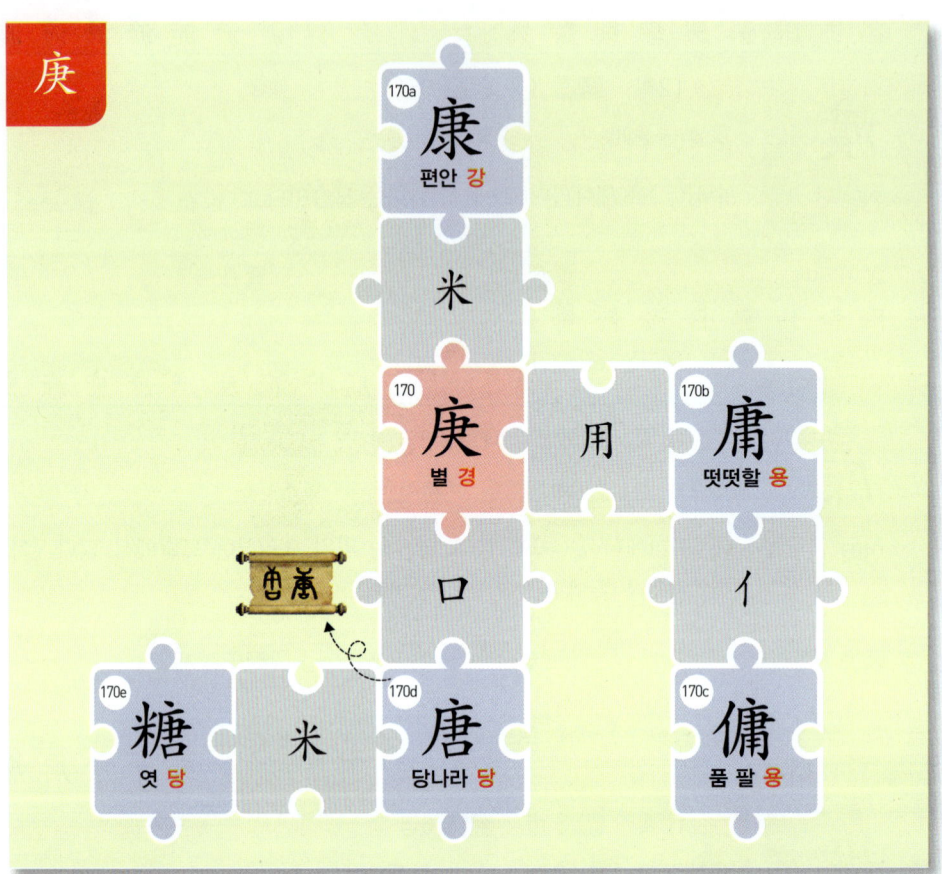

170

庚
별 경

- 총획 8획
- 부수 广
- 급수 3급

절굿공이를 들고(ヰ) 있는 모습이었으나 '별, 일곱째 천간'의 뜻으로 쓰인다.

□ 庚戌 경술

170a

康
편안 강

- 총획 11획
- 부수 广
- 급수 4급
- 庚별경 + 米쌀미

경(庚) 자에 쌀 미(米) 자를 더해 방아 찧는 모습을 강조한 글자이다. 타작 후 마음이 풀리는 데서 '편안하다'의 뜻이 있다.

□ 康健 강건   □ 健康 건강   □ 壽福康寧 수복강녕

170b

庸 庸 庸 庸 庸 庸 庸 庸 庸 庸 庸

떳떳할 용

- 총획 11획
- 부수 广
- 급수 3급

庚 별 경 + 用 쓸 용

경(庚) 자에 쓸 용(用) 자를 더해 양손(廾)으로 절구질하는 모습을 강조했으나 '떳떳하다, 쓰다, 고용하다'로 쓰이게 되었다.

- □ 中庸 중용
- □ 登庸 등용

170c

傭 傭 傭 傭 傭 傭 傭 傭 傭 傭 傭

傭
품 팔 용

- 총획 13획
- 부수 亻
- 급수 2급

庸 떳떳할 용 + 亻 사람 인

일(庸)을 시키기 위해 고용한 사람(亻)을 가리킨다.

- □ 傭兵 용병
- □ 雇傭 고용
- □ 日傭職 일용직

170d

唐 唐 唐 唐 唐 唐 唐 唐 唐 唐

唐
당나라 당

- 총획 10획
- 부수 口
- 급수 3급

庚 별 경 + 口 입 구

절구질 소리보다 더 크게 소리(口)치는 모습에서 '허풍, 큰소리'를 뜻했으나 '당나라, 당황하다'의 뜻으로 쓰인다.

- □ 唐突 당돌
- □ 唐麵 당면
- □ 荒唐 황당

170e

糖 糖 糖 糖 糖 糖 糖 糖 糖 糖 糖 糖 糖 糖

엿 당

- 총획 16획
- 부수 米
- 급수 3급

唐 당나라 당 + 米 쌀 미

쌀(米)을 빻아(唐) 삭혀 엿을 만들어 먹던 모습에서 점차 '사탕, 설탕'의 뜻으로 의미가 확대되었다.

- □ 糖分 당분
- □ 糖類 당류
- □ 砂糖 사탕

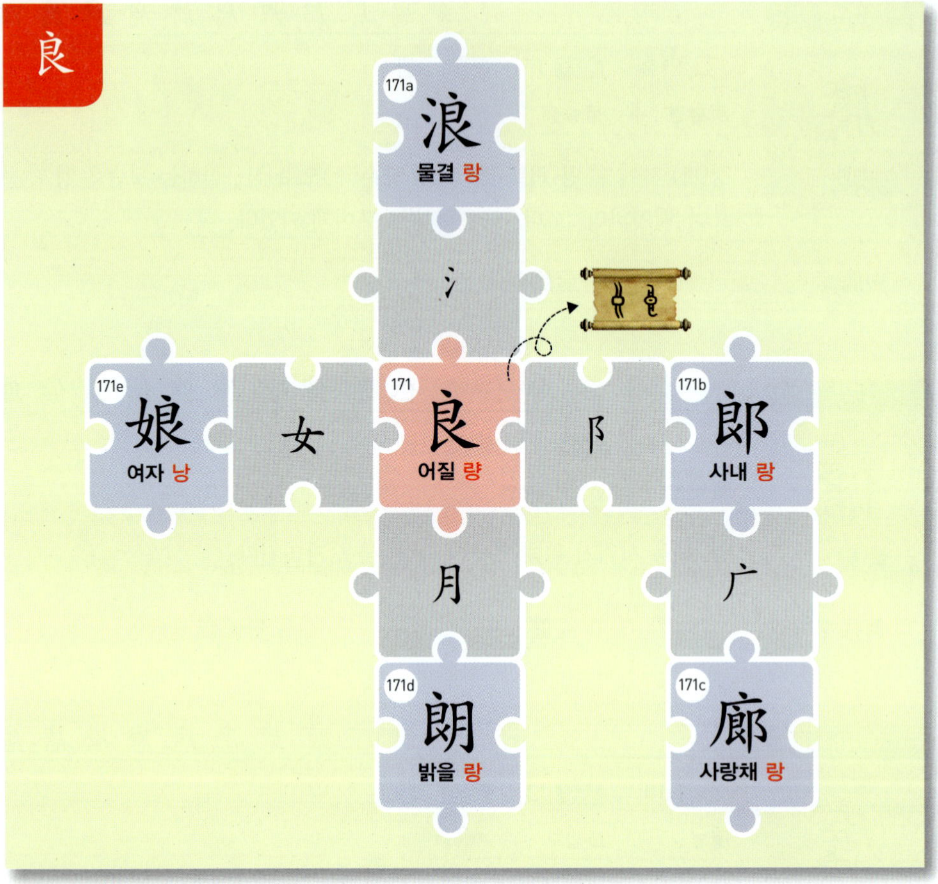

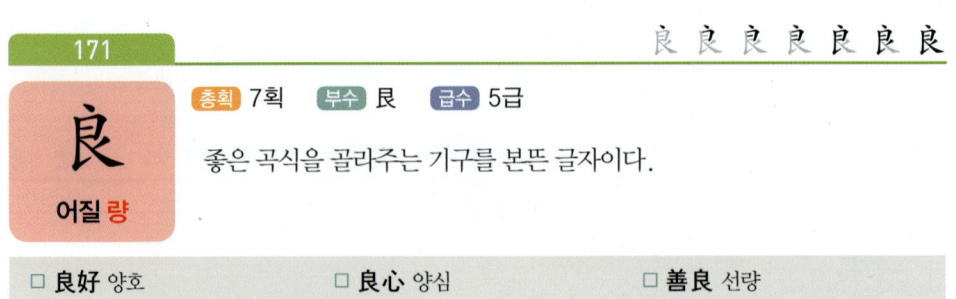

171			
良 어질 량	총획 7획 부수 艮 급수 5급		良良良良良良良
	좋은 곡식을 골라주는 기구를 본뜬 글자이다.		

□ 良好 양호 □ 良心 양심 □ 善良 선량

171a

浪
물결 **랑**

총획 10획 | 부수 氵 | 급수 3급 | 良 어질량 + 氵 물수

물(氵)을 정화하는 좋은(良) 역할을 하는 물결을 가리킨다.

- □ 風浪 풍랑
- □ 放浪 방랑
- □ 激浪 격랑

171b

郎
사내 **랑**

총획 10획 | 부수 阝 | 급수 3급 | 良 어질량 + 阝 언덕부

고을(阝=邑)의 기둥 같은 훌륭한(良) 남자를 가리킨다.

- □ 新郎 신랑
- □ 花郎 화랑

171c

廊
사랑채 **랑**

총획 13획 | 부수 广 | 급수 3급 | 郎 사내랑 + 广 집엄

주로 사내(郎)들이 머무는 한쪽 벽이 트인 건물(广)을 가리킨다.

- □ 柱廊 주랑
- □ 舍廊 사랑
- □ 行廊 행랑

171d

朗
밝을 **랑**

총획 11획 | 부수 月 | 급수 5급 | 良 어질량 + 月 달월

맑게(良) 비추는 보름달(月)이 밝다.

- □ 朗讀 낭독
- □ 朗朗 낭랑
- □ 明朗 명랑

171e

娘
여자 **낭**

총획 10획 | 부수 女 | 급수 3급 | 良 어질량 + 女 여자여

아름다운(良) 여자(女)를 가리킨다.

- □ 娘子 낭자
- □ 娘細胞 낭세포

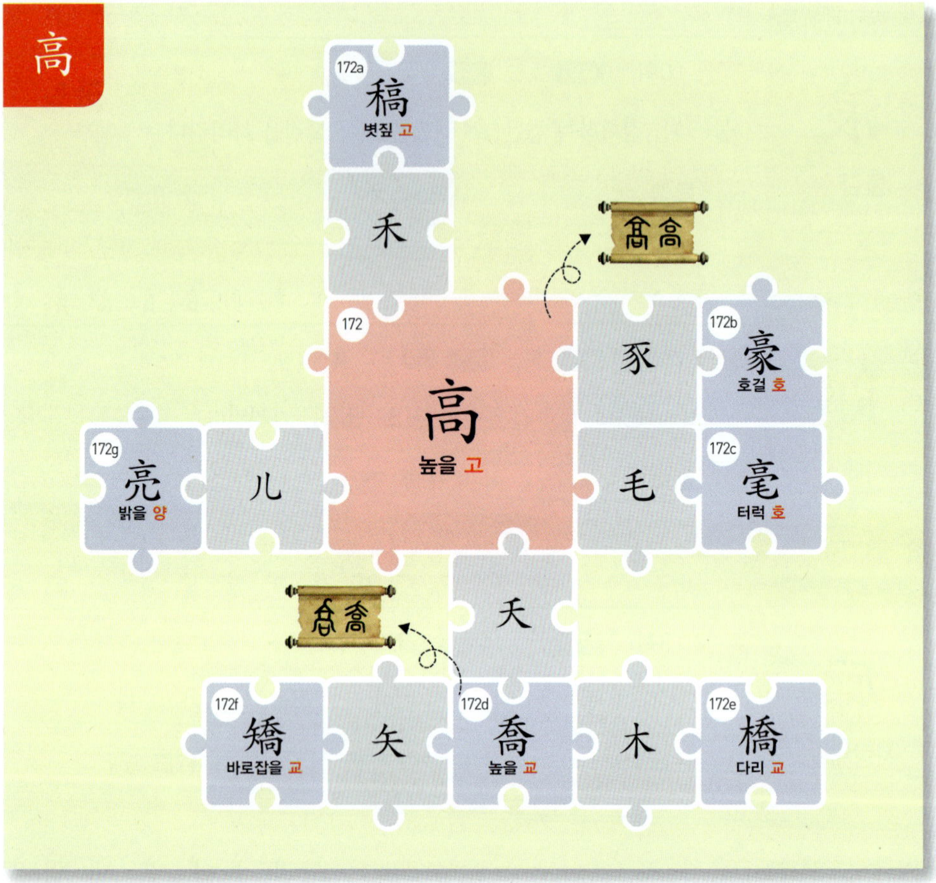

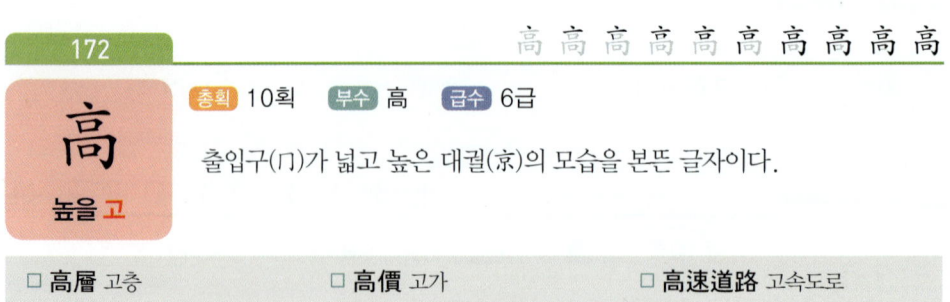

172

高 高 高 高 高 高 高 高 高 高

高
높을 고

총획 10획 부수 高 급수 6급

출입구(冂)가 넓고 높은 대궐(京)의 모습을 본뜬 글자이다.

□ **高層** 고층 □ **高價** 고가 □ **高速道路** 고속도로

삶 | 필수품(의식주) | 주

172a

稿稿稿稿稿稿稿稿稿稿稿稿稿

볏짚 고

- 총획 15획
- 부수 禾
- 급수 3급

高 높을 고 + 禾 벼 화

높이(高) 쌓아놓은 벼(禾)의 낟알을 떨어낸 줄기의 모습이다.

□ 稿料 고료   □ 草稿 초고   □ 原稿 원고

172b

豪豪豪豪豪豪豪豪豪豪豪豪豪豪

호걸 호

- 총획 14획
- 부수 豕
- 급수 3급

高 높을 고 + 豕 돼지 시

여러 무리(豕)를 휘하(冖)에 거느리고 있는 뛰어난(高) 사람을 가리킨다.

□ 豪華 호화   □ 豪雨 호우   □ 强豪 강호

172c

毫毫毫毫毫毫毫毫毫毫毫

터럭 호

- 총획 11획
- 부수 毛
- 급수 3급

高 높을 고 + 毛 털 모

길고(高) 가느다란 털(毛)을 가리킨다.

□ 秋毫 추호   □ 揮毫 휘호

172d

喬喬喬喬喬喬喬喬喬喬喬

높을 교

- 총획 12획
- 부수 口
- 급수 1급

高 높을 고 + 夭 어릴 요

지붕에서 가장 높은(高) 처마에 달린 장식(夭)의 모습이다.

172e

橋 橋 橋 橋 橋 橋 橋 橋 橋 橋 橋 橋 橋 橋 橋 橋

橋 다리 교

- 총획 16획
- 부수 木
- 급수 5급

喬 높을 교 + 木 나무 목

수면 위에 높이(喬) 세운 나무(木)의 모습에서 '다리'를 뜻한다.

□ 橋脚 교각   □ 陸橋 육교   □ 鐵橋 철교

172f

矯 矯 矯 矯 矯 矯 矯 矯 矯 矯 矯 矯 矯 矯 矯 矯 矯

矯 바로잡을 교

- 총획 17획
- 부수 矢
- 급수 3급

喬 높을 교 + 矢 화살 시

화살(矢)을 높이(喬) 쳐들고 자세를 바로잡는 모습이다.

□ 矯正 교정   □ 矯導所 교도소   □ 矯旨 교지

172g

亮 亮 亮 亮 亮 亮 亮 亮 亮

亮 밝을 양

- 총획 9획
- 부수 亠
- 급수 2급

高 높을 고 + 儿 어진 사람 인

여럿 가운데 단연 뛰어나(高) 보이는 사람(儿)을 가리킨다.

□ 諸葛亮 제갈량   □ 淸亮 청량

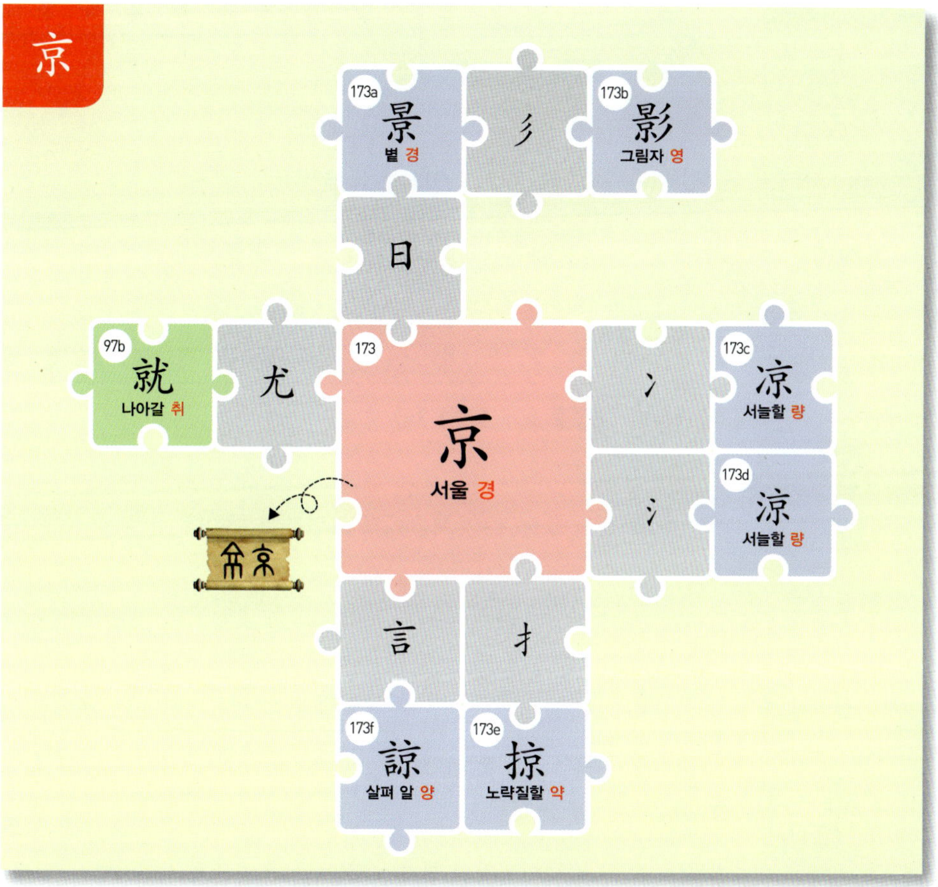

삶 | 필수품(의식주) | 주

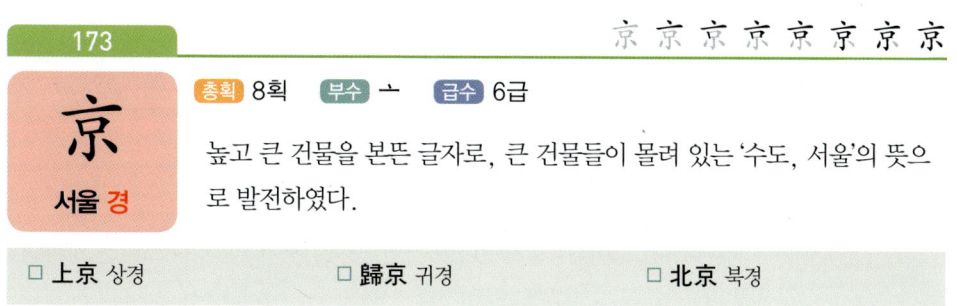

173

京 서울 경

총획 8획　**부수** 亠　**급수** 6급

京京京京京京京京

높고 큰 건물을 본뜬 글자로, 큰 건물들이 몰려 있는 '수도, 서울'의 뜻으로 발전하였다.

☐ 上京 상경　☐ 歸京 귀경　☐ 北京 북경

173a

景 볕**경**

- 총획 12획
- 부수 日
- 급수 5급
- 京 서울 경 + 日 해 일

큰 건물(京) 위로 해(日)가 솟아오른 모습이다.

- ☐ 景致 경치
- ☐ 景觀 경관
- ☐ 背景 배경

173b

影 그림자**영**

- 총획 15획
- 부수 彡
- 급수 3급
- 景 볕 경 + 彡 터럭 삼

햇살(景)로 생긴 그늘(彡)의 모습에서 '그림자'를 뜻한다.

- ☐ 影響 영향
- ☐ 陰影 음영
- ☐ 撮影 촬영

173c

凉 서늘할**량**

- 총획 10획
- 부수 冫
- 급수 특급
- 京 서울 경 + 冫 얼음 빙

건물(京) 안으로 들어서자 느껴지는 서늘한(冫) 기운을 가리킨다.

- ☐ 凄凉 처량
- ☐ 荒凉 황량
- ☐ 納凉 납량

173d

涼 서늘할**량**

- 총획 11획
- 부수 氵
- 급수 3급
- 京 서울 경 + 氵 물 수

서늘할 량(凉)이 원 글자이나 속자인 량(涼) 자가 더 자주 쓰이는 경향이 있다.

- ☐ 淸涼劑 청량제

삶 | 필수품(의식주) | 주

173e 掠 노략질할 약

- 총획 11획
- 부수 扌
- 급수 3급
- 京 서울 경 + 扌 손 수

오랑캐가 도시(京)를 불태우고 재산을 빼앗아(扌) 가는 모습이다.

☐ 掠奪 약탈

173f 諒 살펴 알 양

- 총획 15획
- 부수 言
- 급수 3급
- 京 서울 경 + 言 말씀 언

관청(京)에서 이해를 구하는 공손한 말(言)을 가리킨다.

☐ 諒知 양지   ☐ 諒解 양해

97b 就 나아갈 취

- 총획 12획
- 부수 尢
- 급수 4급
- 京 서울 경 + 尤 더욱 우

보다 좋은(尤) 곳(京)으로 나아가는 모습에서 '이루다, 성취하다, 완성하다'의 뜻도 가진다.

☐ 就業 취업   ☐ 成就 성취   ☐ 去就 거취

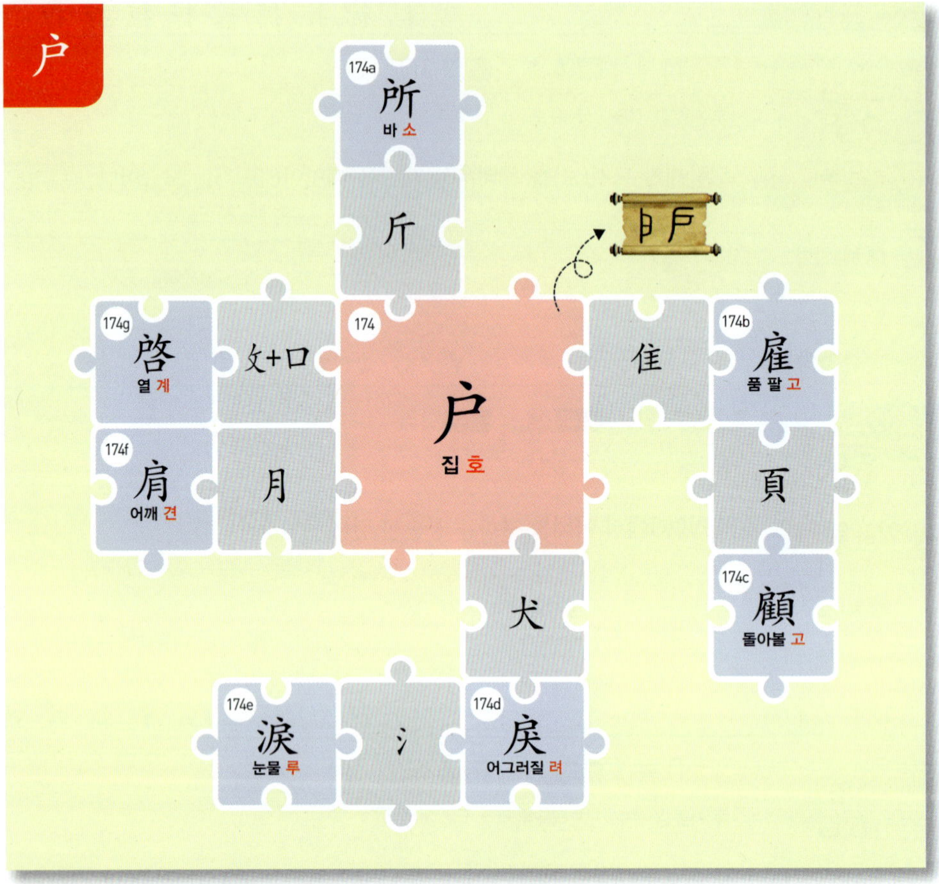

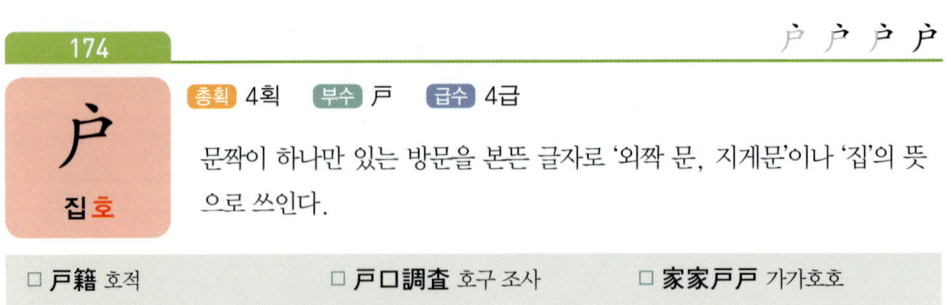

174

户 집 호

户 户 户 户

총획 4획 부수 戶 급수 4급

문짝이 하나만 있는 방문을 본뜬 글자로 '외짝 문, 지게문'이나 '집'의 뜻으로 쓰인다.

□ **戶籍** 호적　　□ **戶口調查** 호구 조사　　□ **家家戶戶** 가가호호

삶 | 필수품(의식주) | 주

174a

所 所 所 所 所 所 所 所

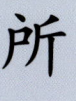
所 바 소

- 총획 8획
- 부수 戶
- 급수 7급
- 戶 집 호 + 斤 도끼 근

도구(斤)를 두는 곳(戶)에서 '장소'를 뜻하며, 도구 만드는 일의 방도나 방법에서 '바'의 의미를 가진다.

☐ 所聞 소문   ☐ 所見 소견   ☐ 名所 명소

174b

雇 雇 雇 雇 雇 雇 雇 雇 雇 雇

雇 품 팔 고

- 총획 12획
- 부수 隹
- 급수 2급
- 戶 집 호 + 隹 새 추

고용된 사람의 처지를 새장(戶)에 갇힌 새(隹)의 모습에 빗대었다.

☐ 雇傭人 고용인   ☐ 雇用主 고용주   ☐ 解雇 해고

174c

顧 顧 顧 顧 顧 顧 顧 顧 顧 顧 顧 顧 顧 顧 顧

顧 돌아볼 고

- 총획 21획
- 부수 頁
- 급수 3급
- 雇 품 팔 고 + 頁 머리 혈

일꾼(雇)을 잘 돌봐주는 주인(頁)의 모습이다.

☐ 顧客 고객   ☐ 顧問 고문   ☐ 三顧草廬 삼고초려

174d

戾 戾 戾 戾 戾 戾 戾 戾

戾 어그러질 려

- 총획 8획
- 부수 戶
- 급수 1급
- 戶 집 호 + 犬 개 견

개(犬)가 우리(戶)로 돌아가지 않으려고 으르렁대는 모습에서 '어그러지다, 사납다'의 뜻이 있다.

☐ 返戾 반려   ☐ 悖戾 패려

174e

涙 눈물 루

- 총획 11획
- 부수 氵
- 급수 3급

戾 어그러질 려 + 氵 물 수

개장(戾)으로 돌려보내진 개(犬)가 눈물(氵)을 흘리는 모습이다.

- □ 涙液 누액
- □ 血涙 혈루
- □ 催涙 최루

174f

肩 어깨 견

- 총획 8획
- 부수 月
- 급수 3급

戶 집 호 + 月 육달 월

문(戶)을 달아매는 문틀에 해당하는 신체(月=肉) 부위를 가리킨다.

- □ 肩章 견장
- □ 肩骨 견골
- □ 比肩 비견

174g

啓 열 계

- 총획 11획
- 부수 口
- 급수 3급

戶 집 호 + 攵 칠 복 + 口 입 구

말(口)로 쳐서(攵) 정신의 문(戶)을 연다는 것은 말로써 깨우친다는 뜻이다.

- □ 啓蒙 계몽
- □ 啓導 계도
- □ 啓示 계시

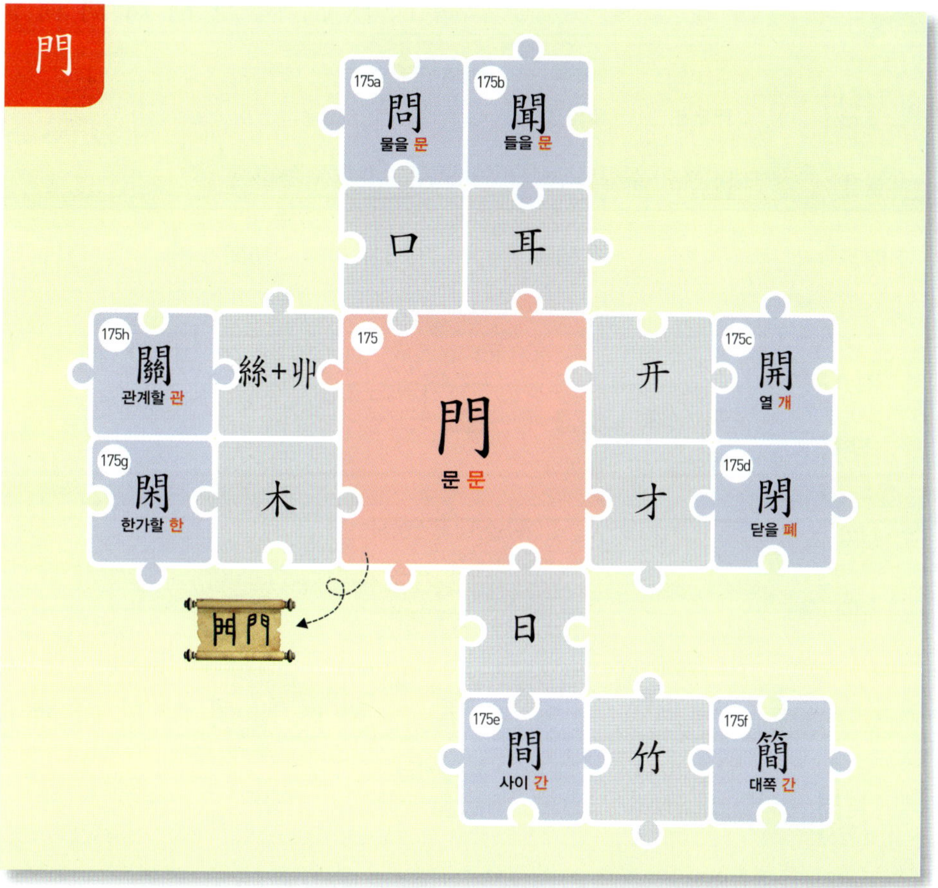

삶 | 필수품(의식주) | 주

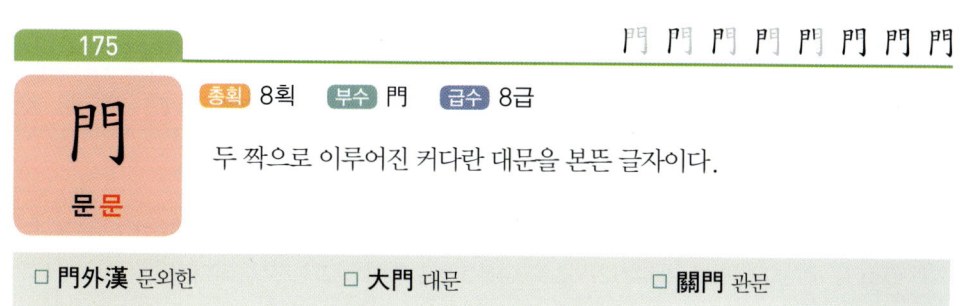

175

| 총획 8획 | 부수 門 | 급수 8급 |

門
문 문

두 짝으로 이루어진 커다란 대문을 본뜬 글자이다.

☐ 門外漢 문외한 ☐ 大門 대문 ☐ 關門 관문

175a

問 問 問 問 問 問 問 問 問 問

問
물을 문

- 총획 11획 부수 口 급수 7급
- 門 문 문 + 口 입 구

대문(門)을 열고 들어와 안부를 묻는(口) 모습이다.

☐ 問答 문답　　☐ 問題 문제　　☐ 訪問 방문

175b

聞 聞 聞 聞 聞 聞 聞 聞 聞 聞 聞 聞 聞

聞
들을 문

- 총획 14획 부수 耳 급수 6급
- 門 문 문 + 耳 귀 이

문(門)틈 사이로 귀(耳)를 대고 엿듣는 모습이다.

☐ 所聞 소문　　☐ 新聞 신문　　☐ 聽聞會 청문회

175c

開 開 開 開 開 開 開 開 開 開 開 開

開
열 개

- 총획 12획 부수 門 급수 6급
- 門 문 문 + 开 열 개

빗장(一)을 두 손(廾)으로 들어올리고 문(門)을 여는(开) 모습이다.

☐ 開閉 개폐　　☐ 開始 개시　　☐ 開放 개방

175d

閉 閉 閉 閉 閉 閉 閉 閉 閉 閉 閉

閉
닫을 폐

- 총획 11획 부수 門 급수 4급
- 門 문 문 + 才 재주 재

빗장을 가로질러놔(才) 대문(門)을 걸어 잠그는 모습이다.

☐ 閉鎖 폐쇄　　☐ 閉幕 폐막　　☐ 密閉 밀폐

175e

間間間間間間間間間間間間

間 사이 간

- 총획 12획
- 부수 門
- 급수 7급

門 문 문 + 日 해 일

빛(日)이 들어오는 문(門)틈 사이의 모습이다.

- ☐ 間隔 간격
- ☐ 瞬間 순간
- ☐ 時間 시간

175f

簡簡簡簡簡簡簡簡簡簡簡簡簡簡簡簡簡簡

簡 대쪽 간

- 총획 18획
- 부수 竹
- 급수 4급

間 사이 간 + 竹 대 죽

글을 적어 넣기 위해 얇게 쪼갠 대나무(竹)를 가리킨다.

- ☐ 簡略 간략
- ☐ 簡單 간단
- ☐ 簡素化 간소화

175g

閑閑閑閑閑閑閑閑閑閑閑閑

閑 한가할 한

- 총획 12획
- 부수 門
- 급수 4급

門 문 문 + 木 나무 목

대문(門) 앞에 나무(木)가 자랄 정도로 드나드는 손님이 없어 한가한 모습이다.

- ☐ 閑暇 한가
- ☐ 閑寂 한적
- ☐ 農閑期 농한기

175h

關關關關關關關關關關關關關關關關關

關 관계할 관

- 총획 19획
- 부수 門
- 급수 5급

門 문 문 + 絲 실 사 + 丱 쌍상투 관

문(門)을 밧줄(絲+丱)로 잠그거나 풀어서 여는 것은 타인과의 교류를 의미한 데서 '관계하다'의 뜻을 가진다.

- ☐ 關係 관계
- ☐ 關心 관심
- ☐ 無關 무관

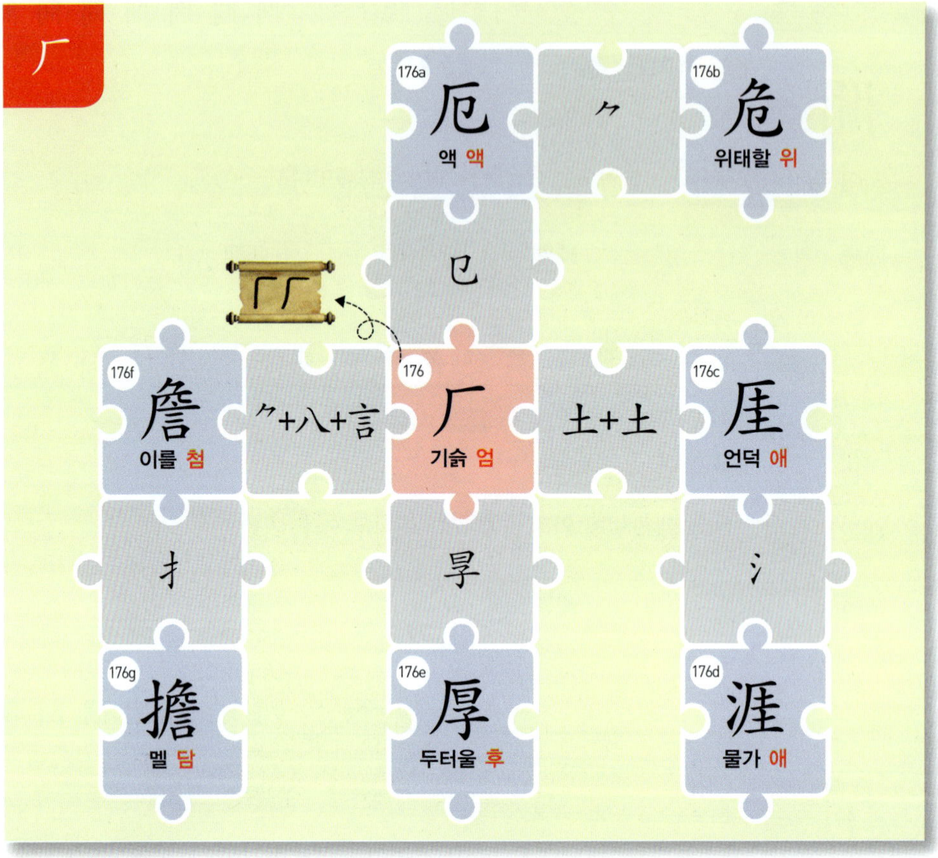

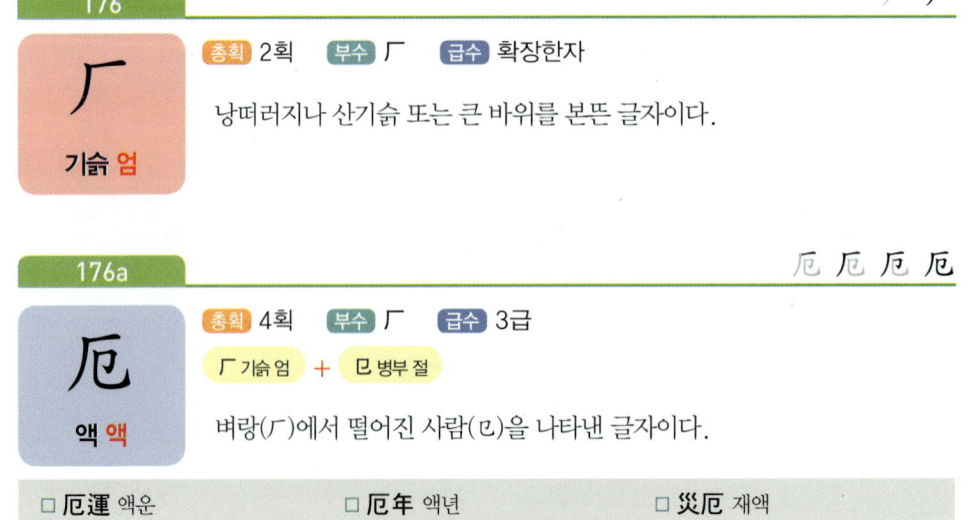

176

厂 기슭 엄

- 총획 2획
- 부수 厂
- 급수 확장한자

낭떠러지나 산기슭 또는 큰 바위를 본뜬 글자이다.

厂 厂

176a

厄 액 액

- 총획 4획
- 부수 厂
- 급수 3급

厂 기슭 엄 + 㔾 병부 절

벼랑(厂)에서 떨어진 사람(㔾)을 나타낸 글자이다.

厄 厄 厄 厄

☐ 厄運 액운　☐ 厄年 액년　☐ 災厄 재액

176b

危 危 危 危 危 危

危 위태할 위

- 총획 6획
- 부수 卩
- 급수 4급

厄 액액 + ⺈ 사람 인

벼랑(厄) 끝에 매달린 사람(⺈)의 모습이 무척 위태로워 보인다.

- □ 危殆 위태
- □ 危機 위기
- □ 安危 안위

176c

厓 厓 厓 厓 厓 厓 厓 厓

厓 언덕 애

- 총획 8획
- 부수 厂
- 급수 특급

厂 기슭 엄 + 土 흙 토 + 土 흙 토

흙무더기(圭)로 이루어진 낭떠러지(厂)를 본뜬 글자이다.

176d

涯 涯 涯 涯 涯 涯 涯 涯 涯 涯 涯

涯 물가 애

- 총획 11획
- 부수 氵
- 급수 3급

厓 언덕 애 + 氵 물 수

물(氵)과 맞닿은 언덕(厓)을 가리킨다.

- □ 生涯 생애
- □ 天涯孤兒 천애고아

176e

厚 厚 厚 厚 厚 厚 厚 厚 厚

厚 두터울 후

- 총획 9획
- 부수 厂
- 급수 4급

厂 기슭 엄 + 룩 두터울 후

언덕(厂)처럼 높게(日+子=룩=享) 쌓아올린 제물이나 제단의 모습이다.

- □ 厚待 후대
- □ 厚意 후의
- □ 厚德 후덕

176f

詹 詹 詹 詹 詹 詹 詹 詹 詹 詹 詹

詹 이를 첨

총획 13획 | 부수 言 | 급수 특급

厂 기슭 엄 + 𠂉 사람 인 + 八 여덟 팔 + 言 말씀 언

높은(厂) 데서 모두(八)에게 들리도록 말(言)하는 사람(𠂉)을 쳐다보는 모습에서 '이르다, 보다'를 뜻한다.

> 여덟 팔(八) 자는 전부, 전체, 완성을 의미하는 글자이다. 따라서 여기에서 '모두'로 풀이하였다.

176g

擔 擔 擔 擔 擔 擔 擔 擔 擔 擔 擔 擔 擔

擔 멜 담

총획 16획 | 부수 扌 | 급수 4급

詹 이를 첨 + 扌 손 수

여러 가지 물건을 살펴보고(詹) 어깨에 메는(扌) 모습이다.

☐ 擔保 담보　　☐ 分擔 분담　　☐ 負擔 부담

삶 | 필수품(의식주) | 주

阝(1)

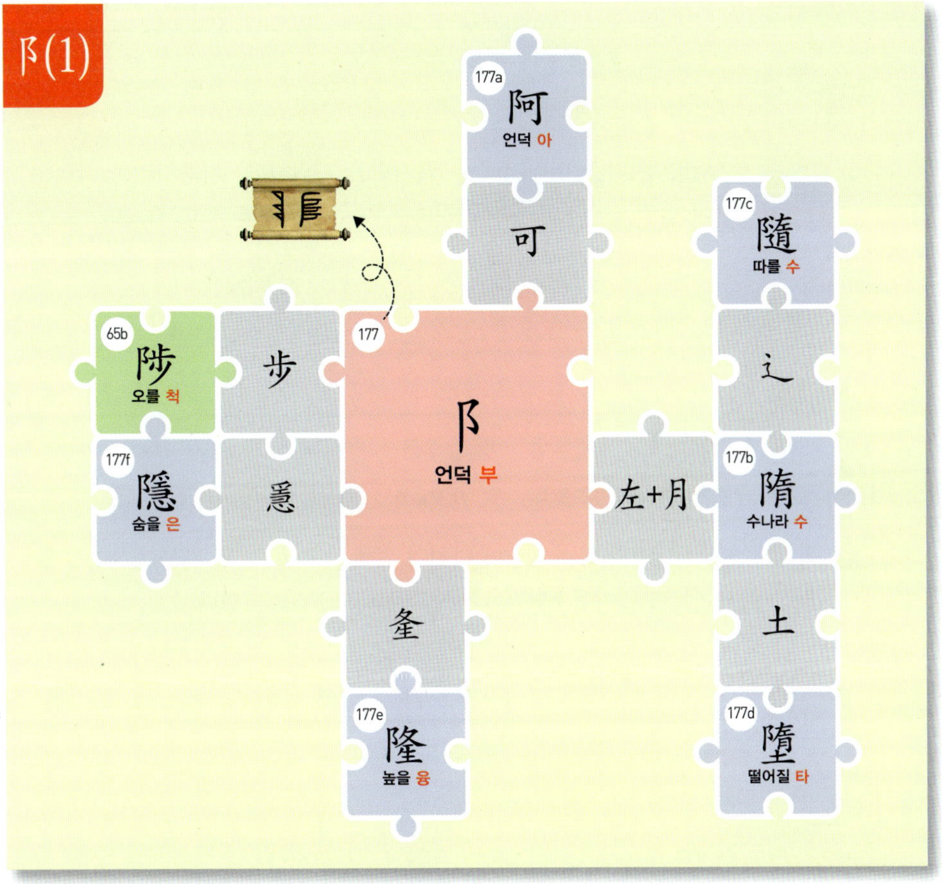

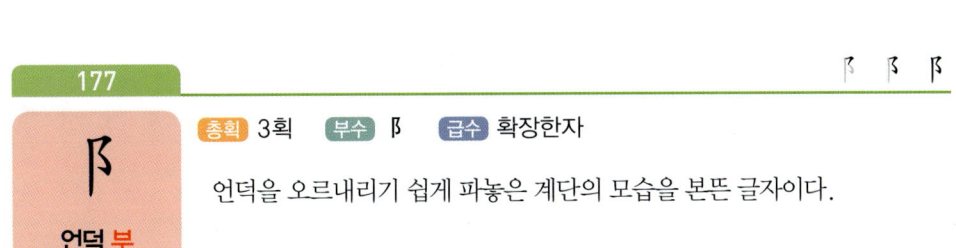

	177a 阿 언덕 아	
65b 陟 오를 척	步	177c 隨 따를 수
177 阝 언덕 부	之	
177f 隱 숨을 은	悥	左+月 · 177b 隋 수나라 수
	夆	土
	177e 隆 높을 융	177d 墮 떨어질 타

177

177 阝 언덕 부

- 총획 3획
- 부수 阝
- 급수 확장한자

언덕을 오르내리기 쉽게 파놓은 계단의 모습을 본뜬 글자이다.

177a

阿阿阿阿阿阿阿阿

阿
언덕 **아**

총획 8획 | 부수 阝 | 급수 3급
阝 언덕부 + 可 옳을 가

언덕(阝)이나 낭떠러지 같은 끝자락을 가리킨다. 가장자리를 긁어준다 하여 '알랑거리다'의 뜻도 가진다.

☐ 阿附 아부 ☐ 阿諂 아첨 ☐ 阿房宮 아방궁

177b

隋隋隋隋隋隋隋隋隋隋

隋
수나라 **수**

총획 12획 | 부수 阝 | 급수 2급
阝 언덕부 + 左 왼좌 + 月 육달월

언덕(阝)이 뜻하는 제단에 바치기 위해 들고(左) 가던 제물(月=肉)을 떨어뜨리는 모습이었으나 '수나라'를 뜻하는 글자로 쓰인다.

177c

隨隨隨隨隨隨隨隨隨隨隨隨隨隨

隨
따를 **수**

총획 16획 | 부수 阝 | 급수 3급
隋 수나라 수 + 辶 쉬엄쉬엄 갈 착

무리를 따라 제사(隋) 지내러 가는(辶) 모습이다.

☐ 隨行 수행 ☐ 隨伴 수반 ☐ 隨筆 수필

177d

墮墮墮墮墮墮墮墮墮墮墮墮

墮
떨어질 **타**

총획 15획 | 부수 土 | 급수 3급
隋 수나라 수 + 土 흙 토

타(隋) 자가 수나라 수(隋)로 쓰이자 흙 토(土) 자를 더해 땅으로 '떨어졌다'는 것을 강조했다.

☐ 墮落 타락

177e

隆隆隆隆隆隆隆隆隆隆隆

높을 융

- 총획 12획
- 부수 阝
- 급수 3급
- 阝 언덕 부 + 夆 솟아날 융

지진이나 화산 등과 같은 지각 활동으로 사람이 걸어서(夂) 올라가야 할 정도로 '갑자기 생겨난(生) 둔덕(一)이나 높은 언덕(阝)'을 가리키는 글자이다. 여기에서 '높다, 높이다, 크다'의 뜻이 파생되었다.

| 옛 그림은 언덕(阝)과 두 발(夂+夂=舛), 날 생(生) 자가 합쳐진 글자임을 보여준다.

□ 隆起 융기   □ 隆盛 융성   □ 隆崇 융숭

177f

隱隱隱隱隱隱隱隱隱隱隱隱

숨을 은

- 총획 17획
- 부수 阝
- 급수 4급
- 阝 언덕 부 + 㥯 삼갈 은

두 손(爫+彐)으로 가슴(心)에 무엇인가(工)를 꼭 껴안고 있는 모습(㥯)에 사물을 숨기기 좋은 언덕(阝=阜)을 더하여 '숨다'를 뜻하는 글자가 되었다.

□ 隱蔽 은폐   □ 隱密 은밀   □ 隱匿 은닉

65b

陟陟陟陟陟陟陟陟陟

오를 척

- 총획 10획
- 부수 阝
- 급수 2급
- 阝 언덕 부 + 步 걸음 보

언덕(阝)을 걸어서(步) 올라가는 모습이다.

□ 三陟 삼척   □ 進陟 진척

阝(2)

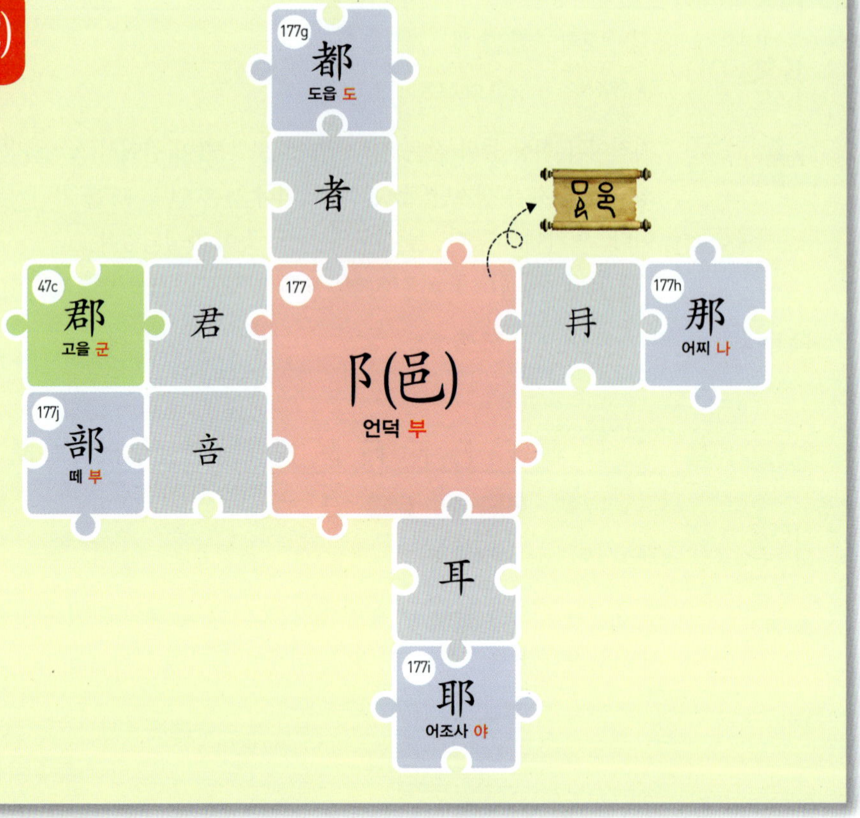

177

阝(邑)
언덕 부

| 총획 | 3획 | 부수 | 阝 | 급수 | 7급 |

고을 읍(邑) 자가 다른 한자와 결합하면 언덕 부(阝)의 형태로 한자 오른쪽에 붙는다.

177g

都
도읍 도

| 총획 | 12획 | 부수 | 阝 | 급수 | 5급 |

阝 언덕부 + 者 놈자

집집마다 굴뚝에서 연기(者)가 올라가는 마을(邑=阝)의 풍경을 본뜬 글자이다.
| 놈 자(者) 자가 요리하는 모습에서 따온 글자이므로 '연기'의 뜻으로 풀이하였다.

- 都邑 도읍
- 都城 도성
- 都市 도시

삶 | 필수품(의식주) | 주

177h

那 那 那 那 那 那 那

那
어찌 **나**

총획 7획 | 부수 阝 | 급수 3급
阝 언덕 부 + 冄 나아갈 염

마을(阝=邑)에 흉년이 들어 어찌하면 좋겠는가 하여 '어찌, 어떠한가, 어느' 등의 뜻이 있다.

☐ 那落 나락 ☐ 刹那 찰나 ☐ 東支那海 동지나해

177i

耶 耶 耶 耶 耶 耶 耶 耶 耶

耶
어조사 **야**

총획 9획 | 부수 耳 | 급수 3급
阝 언덕 부 + 耳 귀 이

귀 이(耳) 자와 고을 읍(邑=阝) 자를 합쳐서 지명을 나타내는 글자였으나 지금은 의문, 반어의 어조사로 쓰인다.

☐ 有耶無耶 유야무야

177j

部 部 部 部 部 部 部 部 部 部

部
떼 **부**

총획 11획 | 부수 阝 | 급수 6급
阝 언덕 부 + 咅 침 부

마을(邑→阝)이 커지자(咅) 새로 관리를 임명하여 다스리게 하는 모습이다.

☐ 部署 부서 ☐ 部分 부분 ☐ 幹部 간부

47c

郡 郡 郡 郡 郡 郡 郡 郡

郡
고을 **군**

총획 10획 | 부수 阝 | 급수 6급
阝 언덕 부 + 君 임금 군

임금(君)을 뜻하는 글자에 고을 읍(阝=邑) 자를 더하여 다스림을 받는 마을을 뜻한다.

☐ 郡民 군민 ☐ 郡守 군수 ☐ 郡廳 군청

178				冂 冂
冂 멀경	총획 2획 부수 冂 급수 특급			

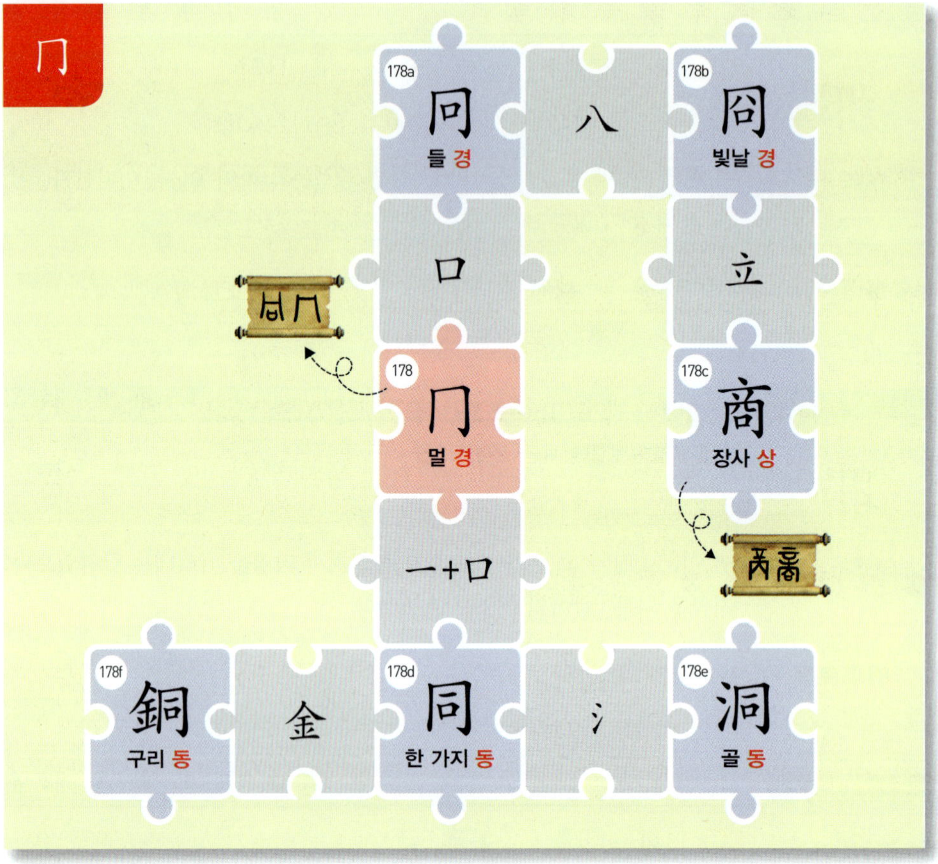

닫힌 문의 모습에서 사람들과 단절되어 아주 멀리 떨어진 곳을 가리킨다.

178a				冋 冋 冋 冋 冋
冋 들경	총획 5획 부수 冂 급수 확장한자			
	冂멀경 + 口입구			

주거지(口)에서 멀리(冂) 떨어진 '들, 들판'을 뜻하는 글자이다.

삶 | 필수품(의식주) | 주

178b

冏 빛날 **경**

총획 7획 부수 冂 급수 특급 冋 들경 + 八 여덟 팔

창문(冂)이나 출입구(八)로 빛(口)이 들어오는 모습이다.

178c

商 장사 **상**

총획 11획 부수 口 급수 5급 冏 빛날 경 + 立 설 립

물건을 송곳(辛→㐰)으로 찌르거나 속(內→冏)을 살펴보는 장사꾼들의 모습에서 '상의하다, 의논하다, 장사하다, 상업, 상인'을 뜻한다.

- 商人 상인
- 商業 상업
- 行商 행상

178d

同 한가지 **동**

총획 6획 부수 口 급수 7급 冂 벌 경 + 一 한 일 + 口 입 구

같은 곳(冂)에서 같은(一) 언어(口)를 쓰며 사는 사람들의 모습이다.

- 同僚 동료
- 同一 동일
- 同時 동시

178e

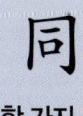
洞 골 **동**

총획 9획 부수 氵 급수 7급 同 한가지 동 + 氵 물 수

물(氵)이 모이는(同) 곳에 생겨난 마을이나 골짜기를 가리킨다.

- 洞里 동리
- 洞窟 동굴
- 洞長 동장

178f

銅 구리 **동**

총획 14획 부수 金 급수 4급 同 한가지 동 + 金 쇠 금

금(金)과 같은(同) 색깔의 금속인 '구리'를 뜻하는 글자이다.

- 銅像 동상
- 銅錢 동전
- 青銅器 청동기

向(1)

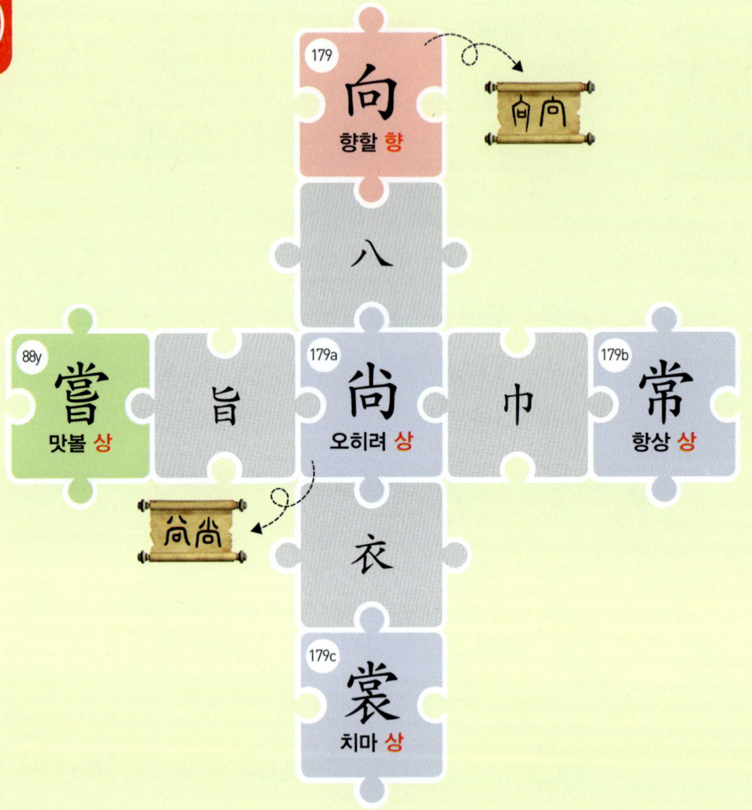

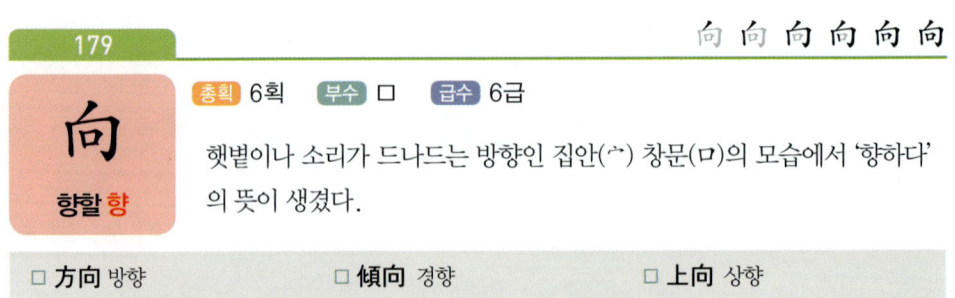

179

179

向 向 向 向 向 向

向
향할 향

총획 6획 부수 口 급수 6급

햇볕이나 소리가 드나드는 방향인 집안(宀) 창문(口)의 모습에서 '향하다'의 뜻이 생겼다.

□ 方向 방향 □ 傾向 경향 □ 上向 상향

삶 | 필수품(의식주) | 주

179a

尚 오히려 **상**

尚 尚 尚 尚 尚 尚 尚 尚

- 총획 8획
- 부수 小
- 급수 3급

向 향할 향 + 八 여덟 팔

모두(八)의 마음이 향하는(向) 신을 숭상하는 모습이 '오히려, 더욱'의 뜻으로 쓰이게 되었다.

☐ 崇尚 숭상　　☐ 時機尚早 시기상조

179b

常 항상 **상**

常 常 常 常 常 常 常 常 常 常 常

- 총획 11획
- 부수 巾
- 급수 4급

尚 오히려 상 + 巾 수건 건

높은(尚) 천(巾)이란 가슴 높이까지 추켜올려 가슴 부위에 묶어 고정하던 치마를 본뜬 글자였으나 여자들이 늘 치마를 입고 지낸다 하여 '항상, 늘'의 뜻으로 발전하였다.

☐ 恒常 항상　　☐ 日常 일상　　☐ 人生無常 인생무상

179c

裳 치마 **상**

裳 裳 裳 裳 裳 裳 裳 裳 裳 裳 裳 裳 裳

- 총획 14획
- 부수 衣
- 급수 3급

尚 오히려 상 + 衣 옷 의

상(常) 자가 더 이상 치마의 뜻으로 사용되지 못하자 수건 건(巾) 자 자리에 옷 의(衣) 자를 넣어 '치마'의 뜻을 되살렸다.

☐ 衣裳 의상　　☐ 靑裳 청상　　☐ 紅裳 홍상

88y

嘗 맛볼 **상**

嘗 嘗 嘗 嘗 嘗 嘗 嘗 嘗 嘗 嘗 嘗

- 총획 14획
- 부수 口
- 급수 3급

尚 오히려 상 + 旨 뜻 지

신께 바치기(尚) 전에 음식을 맛보는(旨) 모습이다.

☐ 嘗味 상미　　☐ 臥薪嘗膽 와신상담

向(2)

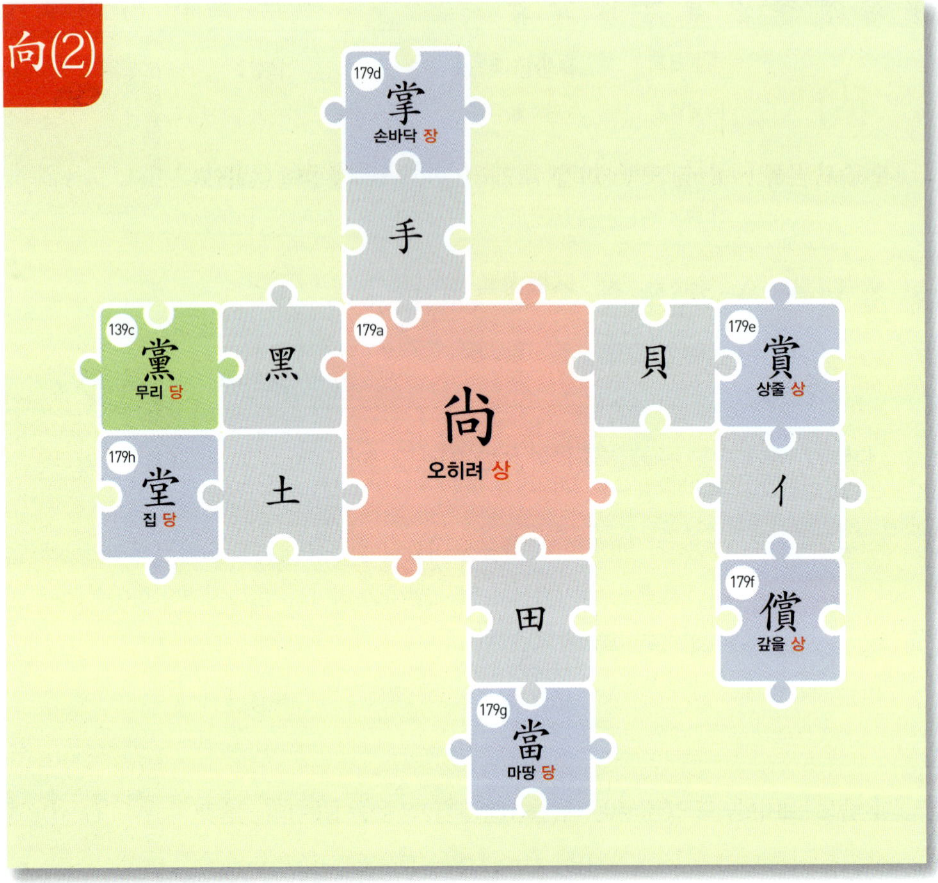

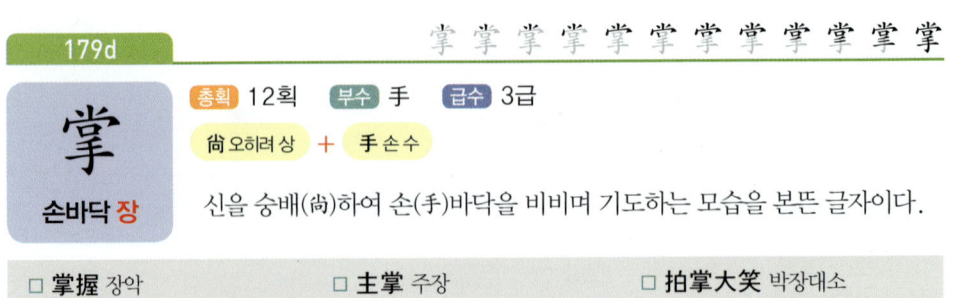

179d

掌 손바닥 장

총획 12획　부수 手　급수 3급

尙 오히려 상 ＋ 手 손 수

신을 숭배(尙)하여 손(手)바닥을 비비며 기도하는 모습을 본뜬 글자이다.

□ 掌握 장악　　□ 主掌 주장　　□ 拍掌大笑 박장대소

삶 | 필수품(의식주) | 주

179e

상줄 **상**

賞賞賞賞賞賞賞賞賞賞賞賞賞賞

- 총획 15획
- 부수 貝
- 급수 5급
- 尚 오히려 상 + 貝 조개 패

공을 세운 사람을 높이 받들어(尚) 재물(貝)로 보상하는 모습이다.

- □ 賞狀 상장
- □ 副賞 부상
- □ 優等賞 우등상

179f

갚을 **상**

償償償償償償償償償償償償償償

- 총획 17획
- 부수 亻
- 급수 3급
- 賞 상줄 상 + 亻 사람 인

마땅히 받아야 할 사람(亻)에게 상(賞)을 되돌려주는 모습이다.

- □ 報償 보상
- □ 賠償 배상
- □ 無償 무상

179g

마땅 **당**

當當當當當當當當當當當當

- 총획 13획
- 부수 田
- 급수 5급
- 尚 오히려 상 + 田 밭 전

농경지(田)를 신(尚)처럼 여기는 것은 당연한 일이었다.

- □ 當然 당연
- □ 妥當 타당
- □ 不當 부당

179h

집 **당**

堂堂堂堂堂堂堂堂堂堂

- 총획 11획
- 부수 土
- 급수 6급
- 尚 오히려 상 + 土 흙 토

땅(土)을 다져 신(尚)을 모시는 사당을 짓는 모습이다.

- □ 堂堂 당당
- □ 明堂 명당
- □ 講堂 강당

139c

무리 **당**

黨黨黨黨黨黨黨黨黨黨黨黨黨黨黨

- 총획 20획
- 부수 黑
- 급수 4급
- 尚 오히려 상 + 黑 검을 흑

오히려(尚) 못된(黑) 행동을 일삼는 무리를 가리킨다.

- □ 黨派 당파
- □ 惡黨 악당
- □ 政黨 정당

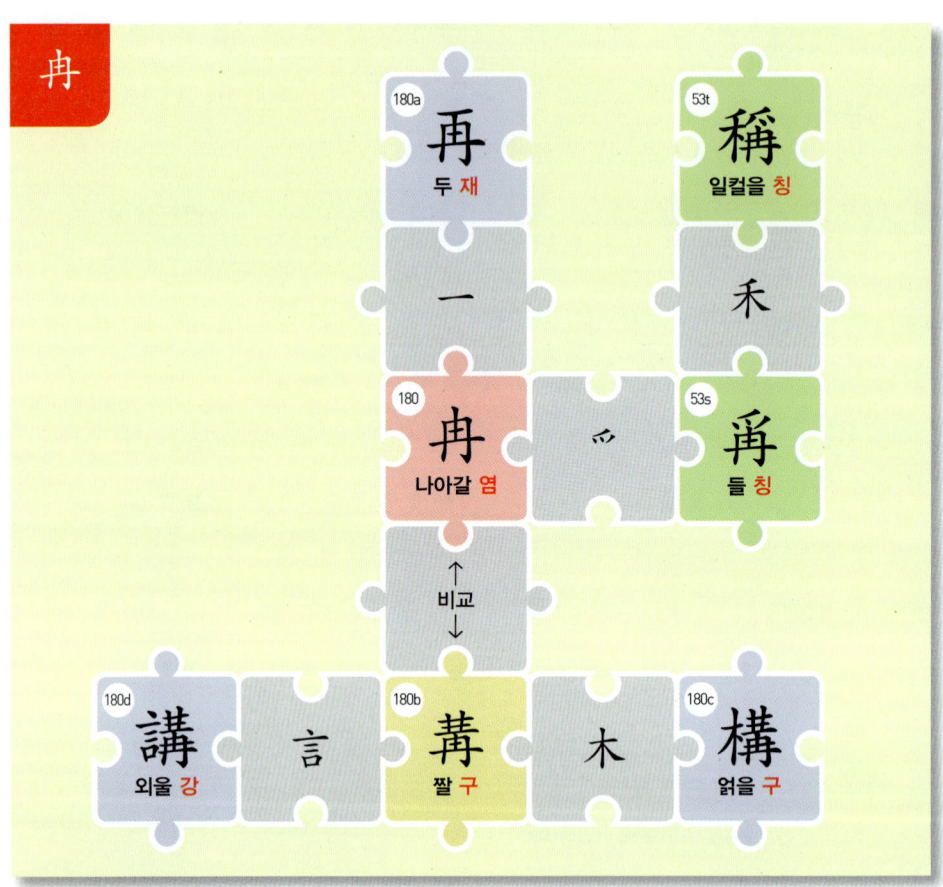

180				
冉 나아갈 염	총획 5획	부수 冂	급수 특급	冉 冄 冄 冄 冉

구레나룻이 양 갈래로 길게 늘어진 모양, 또는 엮은 생선이나 나물이 두 갈래로 갈라진 모습이다.

180a				
再 두 재	총획 6획	부수 冂	급수 5급	冉 나아갈염 + 一 한일

염(冉) 자에 한 일(一) 자를 더해 나물이나 생선꾸러미가 두 갈래로 늘어진 모습을 강조했다.

☐ 再次 재차   ☐ 再考 재고   ☐ 再開 재개

삶 | 필수품(의식주) | 주

53s 爯 들 칭

- 총획 9획
- 부수 爪
- 급수 확장한자

冉 나아갈 염 + 爫 손톱 조

무게를 달기 위해 저울의 중앙(冉)을 들어올린(爫) 모습이다.

53t 稱 일컬을 칭

- 총획 14획
- 부수 禾
- 급수 4급

爯 들 칭 + 禾 벼 화

곡식(禾)의 무게를 달아보는(爯) 모습에서 '저울'의 뜻이 나왔으며, '일컫다, 칭찬하다' 등의 뜻도 생겼다.

> 저울에 달 듯 사람의 가치를 재어 보니 '아주 뛰어난 사람이다, 과대 포장된 사람이다' 등등의 말을 하게 되어 '일컫다'의 뜻이 생겨났으며, 생각보다 더 괜찮거나 훌륭한 사람임을 알게 되었다 하여 '칭찬하다'의 뜻으로도 발전하였다.

- □ 稱讚 칭찬
- □ 名稱 명칭
- □ 對稱 대칭

180b 冓 짤 구

- 총획 10획
- 부수 冂
- 급수 확장한자

생선이나 나물을 엮어둔 모습에서 나무를 짜 맞추는 모습으로 확대된 글자이다.

180c 構 얽을 구

- 총획 14획
- 부수 木
- 급수 4급

冓 짤 구 + 木 나무 목

짤 구(冓) 자에 나무 목(木) 자를 더해 나무로 물건을 만드는 모습임을 강조했다.

- □ 構內 구내
- □ 構造 구조
- □ 虛構 허구

180d 講 외울 강

- 총획 17획
- 부수 言
- 급수 4급

冓 짤 구 + 言 말씀 언

미리 짜 맞춰(冓) 놓은 것을 외워서 말하는(言) 모습이다.

- □ 講演 강연
- □ 受講 수강
- □ 開講 개강

555

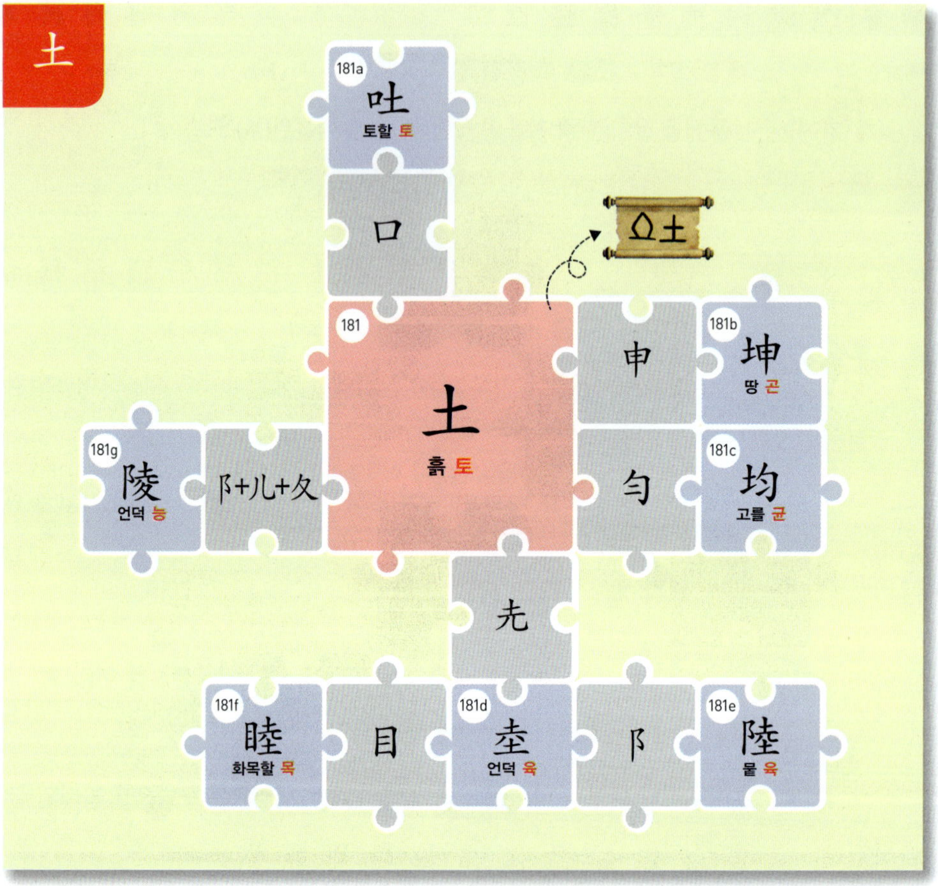

삶 | 농업 | 농경지

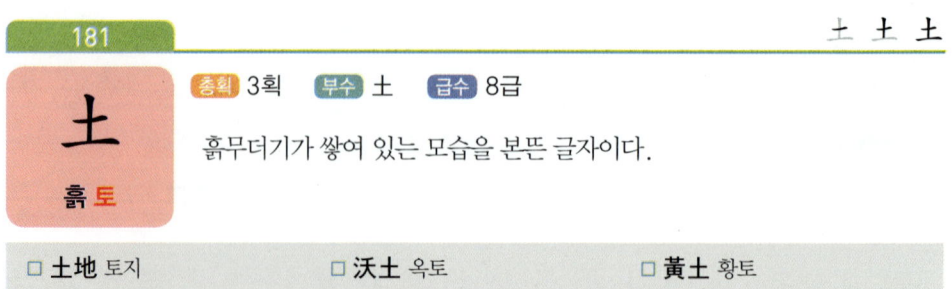

181			
土 흙 토	총획 3획 부수 土 급수 8급		土 土 土
	흙무더기가 쌓여 있는 모습을 본뜬 글자이다.		
□ 土地 토지	□ 沃土 옥토	□ 黃土 황토	

181a

吐 吐 吐 吐 吐 吐

吐
토할 토

- 총획 6획
- 부수 口
- 급수 3급

土 흙 토 + 口 입 구

음식이나 가래 등을 땅(土)에 토하거나(口) 내뱉는 모습이다.

- 吐露 토로
- 嘔吐 구토
- 實吐 실토

181b

坤 坤 坤 坤 坤 坤 坤 坤

坤
땅 곤

- 총획 8획
- 부수 土
- 급수 3급

土 흙 토 + 申 거듭 신

땅(土)으로 번개(申)가 떨어지는 모습을 본뜬 글자이다.

- 坤卦 곤괘
- 乾坤 건곤
- 乾坤一擲 건곤일척

181c

均 均 均 均 均 均 均

均
고를 균

- 총획 7획
- 부수 土
- 급수 4급

土 흙 토 + 勻 고를 균

흙(土)을 고르게 다지는(勻) 모습이다.

- 均等 균등
- 均衡 균형
- 平均 평균

181d

坴 坴 坴 坴 坴 坴 坴 坴

坴
언덕 육

- 총획 8획
- 부수 土
- 급수 확장한자

土 흙 토 + 坴 버섯 록

흙(土)이 겹겹이 쌓여져(坴) 있는 모습을 본뜬 글자이다.

181

181e

陸 陸 陸 陸 陸 陸 陸 陸 陸 陸 陸

陸
뭍 **육**

- 총획 11획
- 부수 阝
- 급수 5급

𨸏 언덕 육 + 阝 언덕 부

육(𨸏) 자에 언덕 부(阝)를 더해 흙이 겹겹이 쌓여 있는 언덕의 모습을 강조했다.

- □ 陸地 육지
- □ 上陸 상륙
- □ 大陸 대륙

181f

睦 睦 睦 睦 睦 睦 睦 睦 睦 睦 睦

睦
화목할 **목**

- 총획 13획
- 부수 目
- 급수 3급

𨸏 언덕 육 + 目 눈 목

언덕(𨸏)을 바라보며(目) 사이좋게 꼴을 뜯는 양의 모습에서 '화목하다'의 뜻이 있다.

- □ 和睦 화목
- □ 親睦會 친목회

181g

陵 陵 陵 陵 陵 陵 陵 陵 陵 陵 陵

陵
언덕 **능**

- 총획 11획
- 부수 阝
- 급수 3급

土 흙 토 + 阝 언덕 부 + 儿 어진 사람 인 + 夂 뒤져올 치

둔덕 같은 묘를 뜻하는 언덕 능(夌) 자에 언덕 부(阝) 자를 더해 의미를 강조한 글자이다.

- □ 陵遲處斬 능지처참
- □ 王陵 왕릉
- □ 丘陵 구릉

삶 | 농업 | 농경지

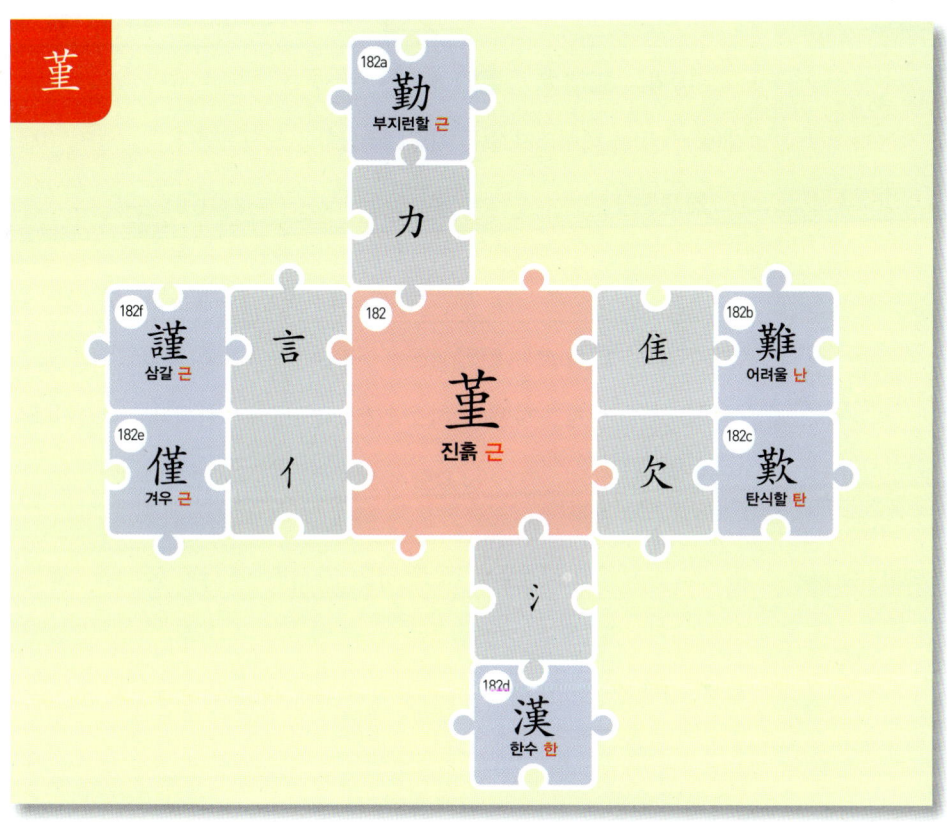

182

菫 진흙 근

총획 11획　**부수** 土　**급수** 특급

갑골문에는 심한 기근으로 땅(土)이 바싹바싹 타 들어가자 기우제를 지내며 주문을 외우고 있는 무속인의 모습이 등장하다가 금문(金文)에 와서는 최후 수단으로 그 무속인을 묶어 불에 태워 신에게 바치는 장면으로 바뀐 글자이다. 심하게 말라비틀어진 땅이나 농경지의 모습을 가리켰으므로 '진흙, 노란 진흙'의 뜻을 갖게 되었다.

182a

勤 부지런할 근

총획 13획　**부수** 力　**급수** 4급　菫진흙근 + 力힘력

굳어진 땅(菫)에 쟁기질(力)하는 모습이 부지런하다.

□ 勤務 근무　　□ 夜勤 야근　　□ 出勤 출근

182b

難
어려울 난

총획 19획　부수 隹　급수 4급　　堇 진흙 근 + 隹 새 추

새(隹)가 먹을 먹이조차 없는 기근(堇) 상황을 묘사하였다.

□ 難局 난국　　□ 難易度 난이도　　□ 困難 곤란

182c

歎
탄식할 탄

총획 15획　부수 欠　급수 4급　　堇 진흙 근 + 欠 하품 흠

어려움(堇)이 닥치자 하품(欠)하듯 입을 크게 벌리고 탄식하는 모습이다.

□ 歎息 탄식　　□ 歎聲 탄성　　□ 恨歎 한탄

182d

漢
한수 한

총획 14획　부수 氵　급수 7급　　堇 진흙 근 + 氵 물 수

황토(堇)빛 강물(氵)의 이름인 한수(漢水)를 가리켰으나 중국을 가리키는 '한나라'의 뜻으로 쓰인다.

□ 漢字 한자　　□ 漢江 한강　　□ 無賴漢 무뢰한

182e

僅
겨우 근

총획 13획　부수 亻　급수 3급　　堇 진흙 근 + 亻 사람 인

심한 기근(堇)으로 인해 초근목피로 근근이 살아가는 사람(亻)의 모습이다.

□ 僅僅 근근　　□ 僅少 근소

182f

謹
삼갈 근

총획 18획　부수 言　급수 3급　　堇 진흙 근 + 言 말씀 언

진흙 근(堇) 자는 마른 땅을 본뜬 글자로 기근을 뜻하기도 한다. 따라서 신에게 비를 내려 달라고 조심스럽게 말씀(言)을 아뢰는 모습에서 '삼가다'의 뜻이 나왔다.

□ 謹愼 근신　　□ 謹弔 근조　　□ 謹賀新年 근하신년

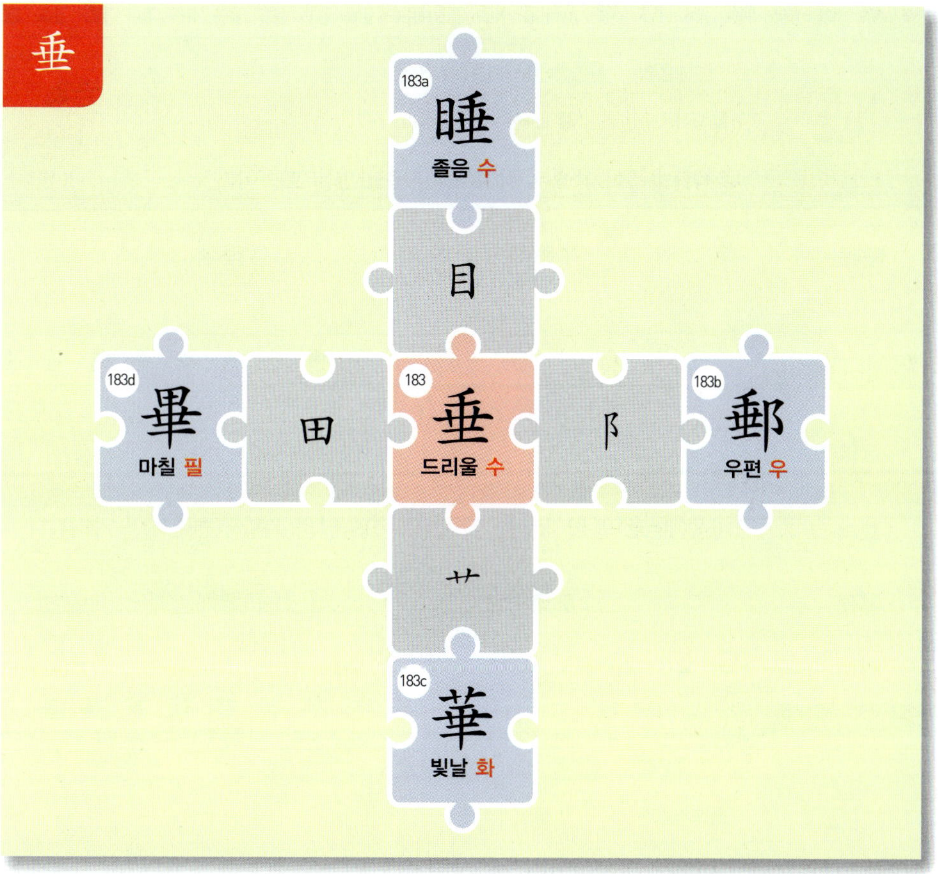

삶 | 농업 | 농경지

垂

	睡 졸음 수 (183a)		
	目		
畢 마칠 필 (183d)	田	垂 드리울 수 (183)	阝	郵 우편 우 (183b)
	艹		
	華 빛날 화 (183c)		

183

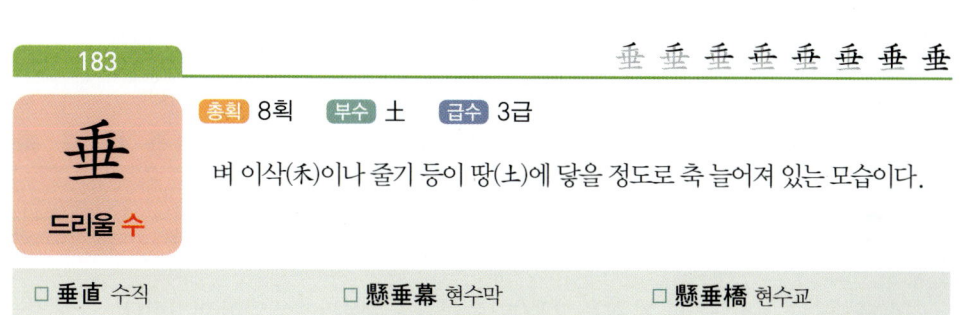

183

垂
드리울 수

총획 8획 **부수** 土 **급수** 3급

벼 이삭(禾)이나 줄기 등이 땅(土)에 닿을 정도로 축 늘어져 있는 모습이다.

□ 垂直 수직   □ 懸垂幕 현수막   □ 懸垂橋 현수교

183a

睡 睡 睡 睡 睡 睡 睡 睡 睡 睡 睡 睡

睡
졸음 **수**

- 총획 13획
- 부수 目
- 급수 3급
- 垂 드리울 수 + 目 눈 목

눈(目)꺼풀이 아래로 처지며(垂) 졸고 있는 모습이다.

☐ 睡眠 수면 ☐ 午睡 오수 ☐ 昏睡 혼수

183b

郵 郵 郵 郵 郵 郵 郵 郵 郵 郵 郵

郵
우편 **우**

- 총획 11획
- 부수 阝
- 급수 4급
- 垂 드리울 수 + 阝 언덕 부

마을(阝=邑)의 끝자락(垂)에 세워진 오늘날의 우체국(郵遞局)을 가리킨다.

☐ 郵便 우편 ☐ 郵票 우표 ☐ 郵遞局 우체국

183

183c

華 華 華 華 華 華 華 華 華 華 華

華
빛날 **화**

- 총획 12획
- 부수 艹
- 급수 4급
- 垂 드리울 수 + 艹 풀 초

꽃망울(艹)이 터지며 사방천지를 온통 붉게 물들인 초목(垂)의 아름다운 모습을 본뜬 글자이다.

☐ 華麗 화려 ☐ 華燭 화촉 ☐ 富貴榮華 부귀영화

183d

畢 畢 畢 畢 畢 畢 畢 畢 畢 畢 畢

畢
마칠 **필**

- 총획 11획
- 부수 田
- 급수 3급
- 垂 드리울 수 + 田 밭 전

삼태기나 키 같은 그물(田)로 곡식을 까불러야 작업이 마쳐진다.

☐ 未畢 미필 ☐ 檢查畢 검사필 ☐ 軍畢者 군필자

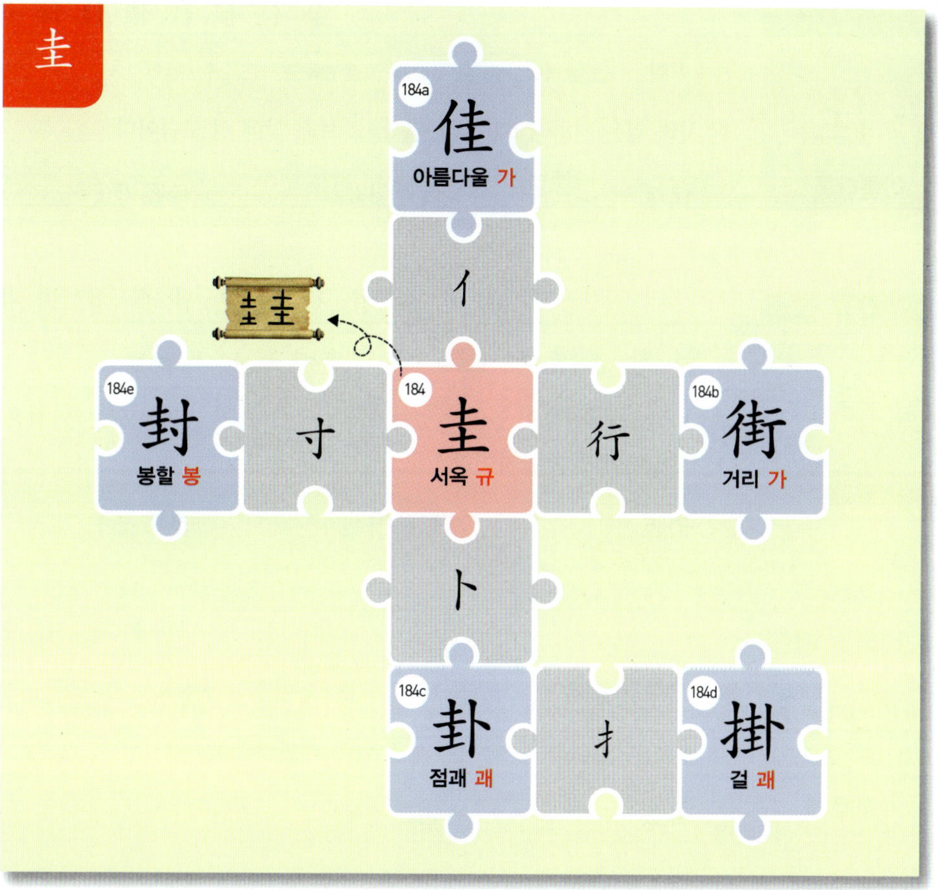

삶 | 농업 | 농경지

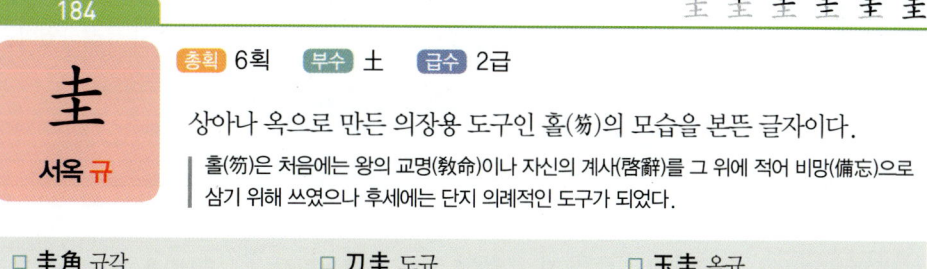

184

圭 서옥 규

- 총획 6획
- 부수 土
- 급수 2급

상아나 옥으로 만든 의장용 도구인 홀(笏)의 모습을 본뜬 글자이다.

홀(笏)은 처음에는 왕의 교명(敎命)이나 자신의 계사(啓辭)를 그 위에 적어 비망(備忘)으로 삼기 위해 쓰였으나 후세에는 단지 의례적인 도구가 되었다.

- 圭角 규각
- 刀圭 도규
- 玉圭 옥규

184a 佳 아름다울 가

佳 佳 佳 佳 佳 佳 佳

- 총획 8획 부수 亻 급수 3급   圭 서옥 규 + 亻 사람 인

잘 차려 입은 신하(亻)가 홀(圭)을 들고 보좌 앞에 선 모습이다.

- □ 佳作 가작   □ 佳景 가경   □ 佳客 가객

184b 街 거리 가

街 街 街 街 街 街 街 街 街

- 총획 12획 부수 行 급수 4급   圭 서옥 규 + 行 다닐 행

홀(圭)을 든 신하들이 늘어서 있는 모습을 건물들이 늘어서 있는 것 같은 사거리(行)에 빗댄 글자이다.

- □ 街販 가판   □ 繁華街 번화가   □ 商街 상가

184c 卦 점괘 괘

卦 卦 卦 卦 卦 卦 卦 卦

- 총획 8획 부수 卜 급수 1급   圭 서옥 규 + 卜 점 복

점괘(卜)가 그려진 홀(圭)처럼 생긴 나무 괘판(卦版)을 가리킨다.

- □ 卦版 괘판   □ 占卦 점괘

184d 掛 걸 괘

掛 掛 掛 掛 掛 掛 掛 掛 掛

- 총획 11획 부수 扌 급수 3급   卦 점괘 괘 + 扌 손 수

점괘가 새겨진 괘(卦)를 벽이나 나무에 걸어두던(扌) 모습에서 유래하였다.

- □ 掛念 괘념   □ 掛鐘時計 괘종시계

184e 封 봉할 봉

封 封 封 封 封 封 封 封

- 총획 9획 부수 寸 급수 3급   圭 서옥 규 + 寸 마디 촌

임금님으로부터 하사받은 땅(土)에 나무(木)를 심고(寸) 있는 모습이다.

- □ 封鎖 봉쇄   □ 密封 밀봉   □ 同封 동봉

田(1)

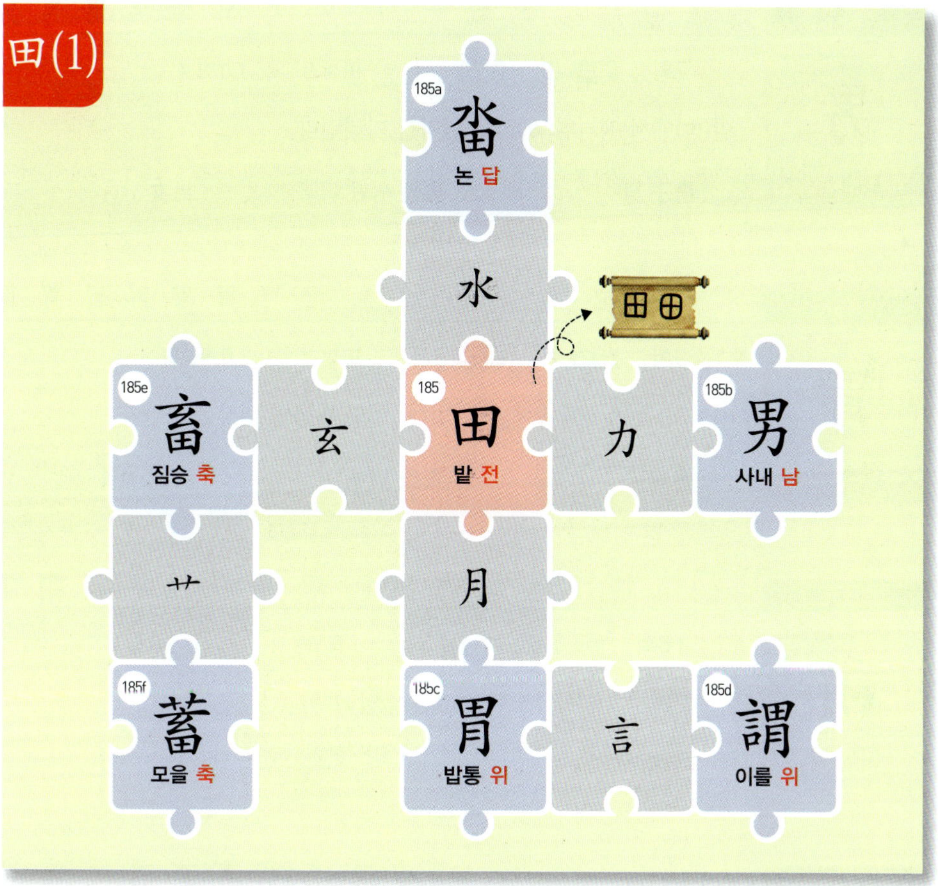

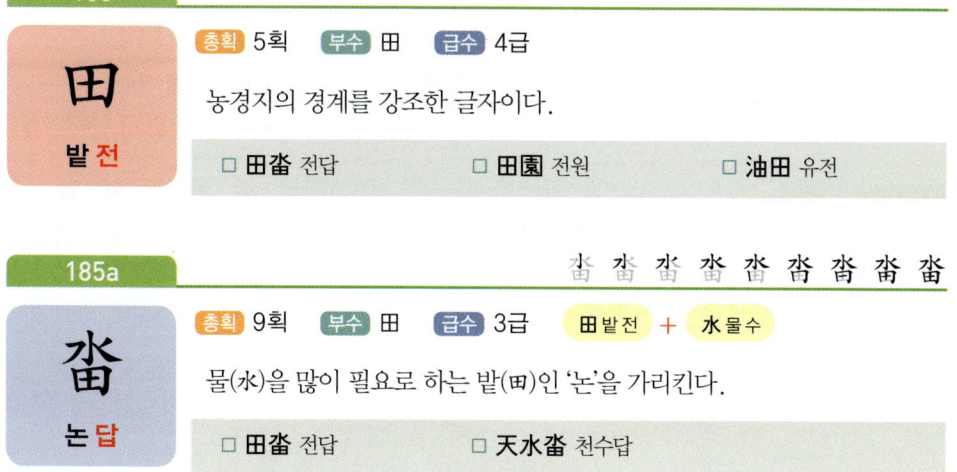

185

田
밭 전

- 총획 5획　부수 田　급수 4급
- 농경지의 경계를 강조한 글자이다.
- □ 田畓 전답　□ 田園 전원　□ 油田 유전

185a

畓
논 답

- 총획 9획　부수 田　급수 3급　田 밭 전 + 水 물 수
- 물(水)을 많이 필요로 하는 밭(田)인 '논'을 가리킨다.
- □ 田畓 전답　□ 天水畓 천수답

185b

男 사내 남

- 총획 7획
- 부수 田
- 급수 7급
- 田 밭 전 + 力 힘 력

밭(田)에서 쟁기질(力)하는 남자를 가리킨다.

- 男子 남자
- 男便 남편
- 男女 남녀

185c

胃 밥통 위

- 총획 9획
- 부수 月
- 급수 3급
- 田 밭 전 + 月 육달 월

사람의 몸(月=肉) 속에 있는 밭(田)이란 밥통인 위장을 뜻한다.

- 胃腸 위장
- 胃炎 위염
- 脾胃 비위

185d

謂 이를 위

- 총획 16획
- 부수 言
- 급수 3급
- 胃 밥통 위 + 言 말씀 언

위(胃)에서 소리(言)가 나 배고픔을 알리다.

- 所謂 소위

185e

畜 짐승 축

- 총획 10획
- 부수 田
- 급수 3급
- 田 밭 전 + 玄 검을 현

볏짚(田)을 끈(玄)으로 묶어 짐승들이 먹을 수 있도록 쌓아두다.

- 畜舍 축사
- 牧畜 목축
- 家畜 가축

185f

蓄 모을 축

- 총획 14획
- 부수 艹
- 급수 4급
- 畜 짐승 축 + 艹 풀 초

축(畜) 자에 풀 초(艹) 자를 더해 동물의 먹이인 꼴(艹)을 쌓아서 모아둔 모습임을 강조한 글자이다.

- 蓄財 축재
- 蓄積 축적
- 貯蓄 저축

삶 | 농업 | 농경지

田(2)

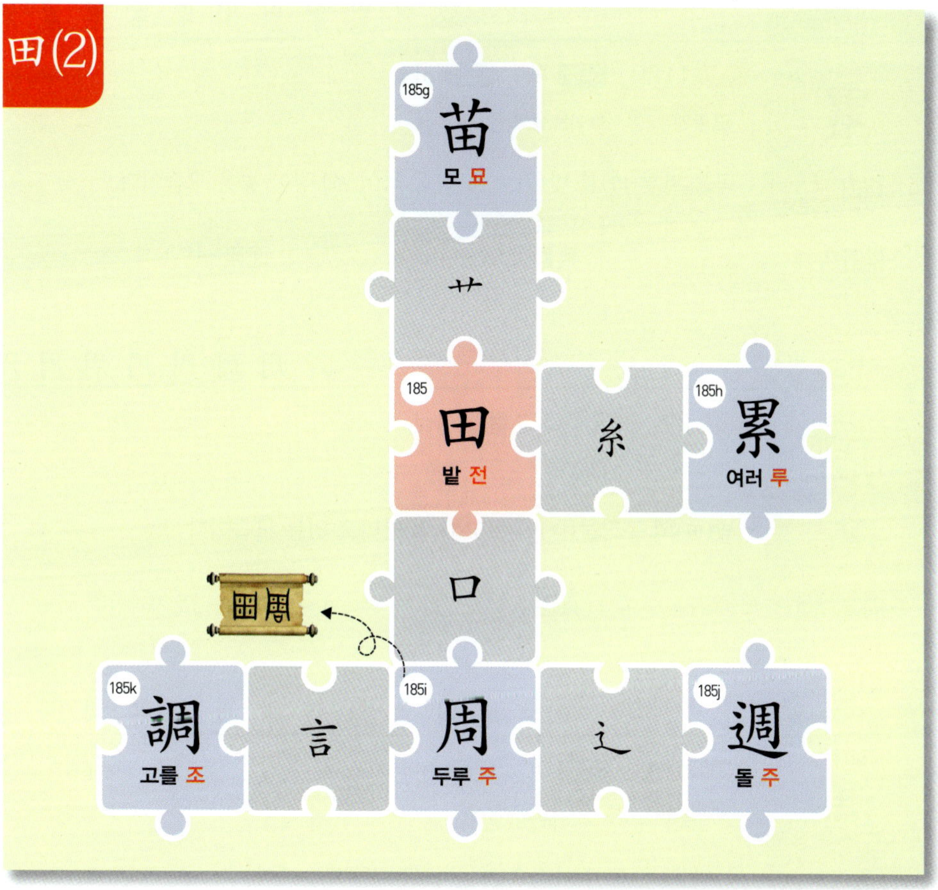

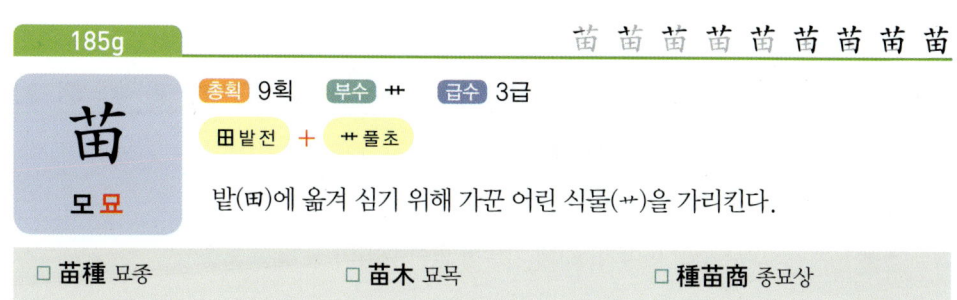

185g

苗
모 묘

苗苗苗苗苗苗苗苗苗

총획 9획　부수 艹　급수 3급

田 밭 전 ＋ 艹 풀 초

밭(田)에 옮겨 심기 위해 가꾼 어린 식물(艹)을 가리킨다.

□ 苗種 묘종　　□ 苗木 묘목　　□ 種苗商 종묘상

185h

累累累累累累累累累累累

累 여러 **루**

- 총획 11획 | 부수 糸 | 급수 3급
- 田 밭 전 + 糸 가는실 멱
- 곡물 자루(田)를 밧줄(糸)로 꽁꽁 묶어(糸) 쌓아 놓은 모습이다.

□ 累計 누계   □ 累累 누누(히)   □ 連累 연루

185i

周周周周周周周周

周 두루 **주**

- 총획 8획 | 부수 口 | 급수 4급
- 田 밭 전 + 口 입 구
- 밭(田)의 농작물(口)이 골고루 잘 자라고 있는 모습이다.

□ 周邊 주변   □ 周圍 주위   □ 世界一周 세계일주

185j

週週週週週週週週週週

週 돌 **주**

- 총획 12획 | 부수 辶 | 급수 5급
- 周 두루 주 + 辶 쉬엄쉬엄 갈 착
- 농작물(周)을 주기적으로 돌아보는(辶) 모습이다.

□ 週末 주말   □ 週期的 주기적   □ 隔週 격주

185k

調調調調調調調調調調調

調 고를 **조**

- 총획 15획 | 부수 言 | 급수 5급
- 周 두루 주 + 言 말씀 언
- 두루(周) 이야기(言)해 치우침 없이 균형이 잘 맞는 모습이다.

□ 調査 조사   □ 調整 조정   □ 調和 조화

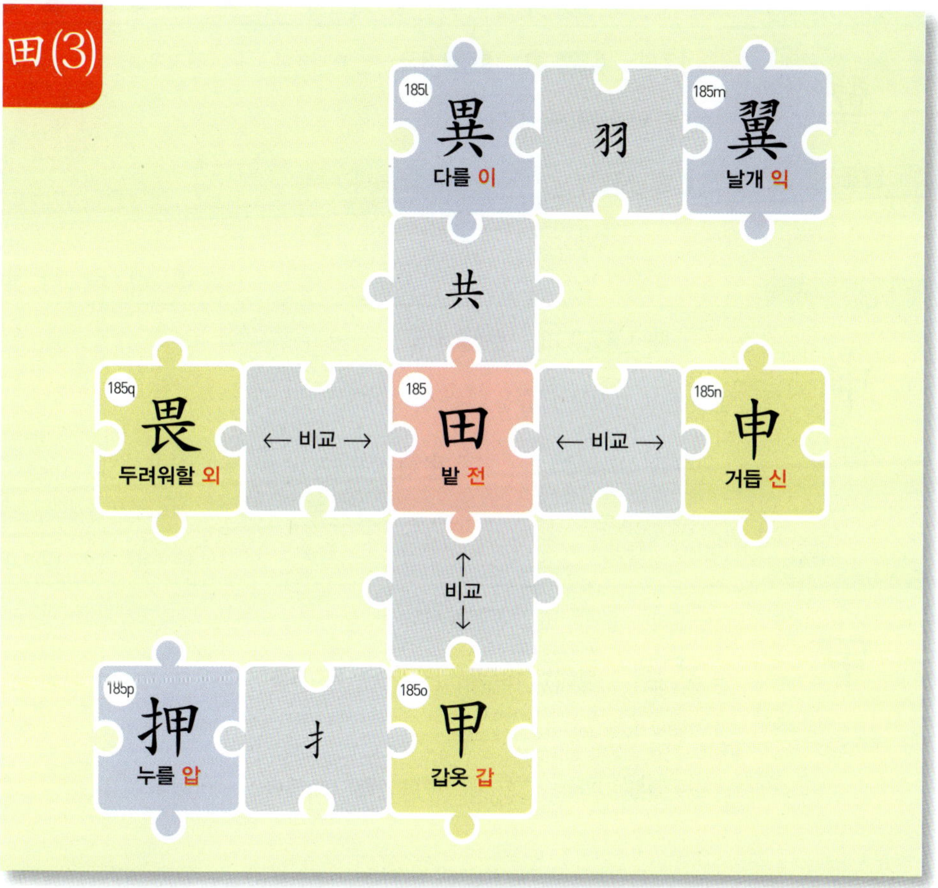

田(3)

```
                    185l            185m
                    異      羽       翼
                   다를 이          날개 익

                     共

185q          185                              185n
畏   ←비교→   田   ←비교→   申
두려워할 외    밭 전              거듭 신

                     ↑
                    비교
                     ↓

185p                185o
押        扌        甲
누를 압              갑옷 갑
```

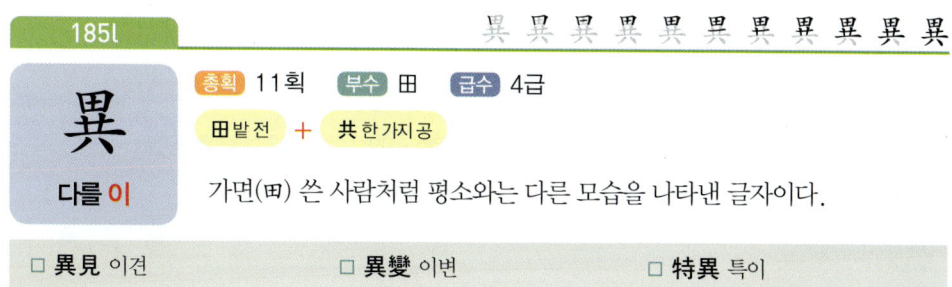

185l

異 다를 이

- 총획 11획
- 부수 田
- 급수 4급

田 밭 전 + 共 한가지 공

가면(田) 쓴 사람처럼 평소와는 다른 모습을 나타낸 글자이다.

□ 異見 이견   □ 異變 이변   □ 特異 특이

185m

翼 翼 翼 翼 翼 翼 翼 翼 翼 翼 翼 翼 翼 翼

翼 날개 익

- 총획 17획
- 부수 羽
- 급수 3급
- 異 다를 이 + 羽 깃 우

양쪽(異)의 날개(羽)를 가리킨다.

- □ 右翼 우익
- □ 左翼 좌익

185n

申 申 申 申 申

申 거듭 신

- 총획 5획
- 부수 田
- 급수 4급

번갯불이 퍼지는 모습을 본뜬 글자이다.

- □ 申告 신고
- □ 申請 신청
- □ 内申 내신

185o

甲 甲 甲 甲 甲

甲 갑옷 갑

- 총획 5획
- 부수 田
- 급수 4급

열 십(十) 자 형태의 비늘이나 가죽을 이어 붙인 갑옷의 모양을 본뜬 글자이다.

- □ 甲殼類 갑각류
- □ 甲論乙駁 갑론을박
- □ 回甲 회갑

185p

押 押 押 押 押 押 押

押 누를 압

- 총획 8획
- 부수 扌
- 급수 3급
- 甲 갑옷 갑 + 扌 손 수

갑옷(甲)을 입은 군졸들이 적을 힘으로 제압(扌)하는 모습이다.

- □ 押送 압송
- □ 押收 압수
- □ 假押留 가압류

185q

畏 畏 畏 畏 畏 畏 畏 畏

畏 두려워할 외

- 총획 9획
- 부수 田
- 급수 3급

탈(田)을 쓰고 의식을 행하는 모습에서 사람들이 느끼는 두려움을 가리킨다.

- □ 畏敬 외경
- □ 敬畏 경외

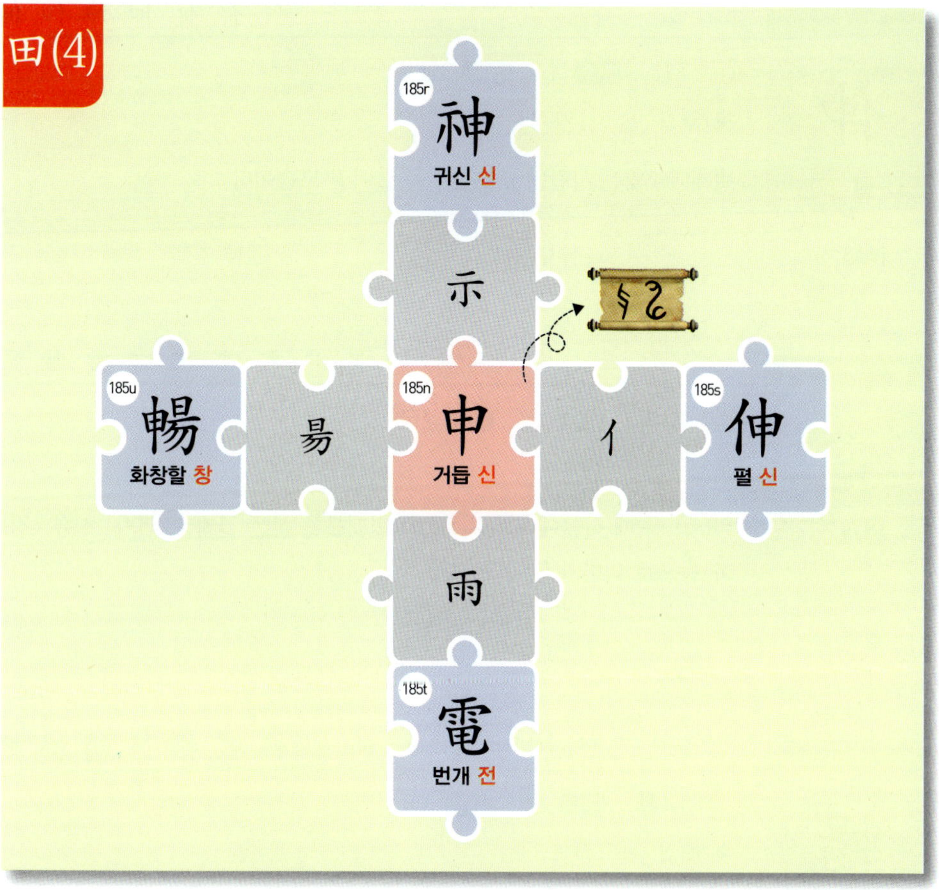
田(4)
185r
神
귀신 신
示
185u
暢
화창할 창
昜
185n
申
거듭 신
亻
185s
伸
펼 신
雨
185t
電
번개 전

185r

神 神 神 神 神 神 神 神 神 神

神
귀신 **신**

총획 10획 부수 示 급수 6급

申 거듭 신 + **示** 보일 시

번개(申)를 신(示)의 경고라고 생각한 데서 '신령, 귀신'의 뜻이 있다.

- □ **神話** 신화
- □ **鬼神** 귀신
- □ **精神** 정신

185s

伸 伸 伸 伸 伸 伸

伸
펼 **신**

- 총획 7획
- 부수 亻
- 급수 3급

申 거듭 신 + 亻 사람 인

번개(申) 맞은 사람(亻)의 몸이 축 늘어진 모습이다.

□ 伸縮 신축　　□ 伸張 신장　　□ 追伸 추신

185t

電 電 電 電 電 電 電 電 電 電 電 電 電

電
번개 **전**

- 총획 13획
- 부수 雨
- 급수 7급

申 거듭 신 + 雨 비 우

비(雨) 올 때 하늘에 펼쳐지는(申) 번갯불을 본뜬 글자로 '전기, 전류, 전화' 등으로 의미가 확대되었다.

□ 電氣 전기　　□ 電力 전력　　□ 發電 발전

185u

暢 暢 暢 暢 暢 暢 暢 暢 暢 暢 暢 暢

暢
화창할 **창**

- 총획 14획
- 부수 日
- 급수 3급

申 거듭 신 + 昜 볕 양

밝은 햇살(昜)이 번개(申)처럼 사방팔방으로 퍼지는 모습이다.

□ 暢達 창달　　□ 和暢 화창　　□ 流暢 유창

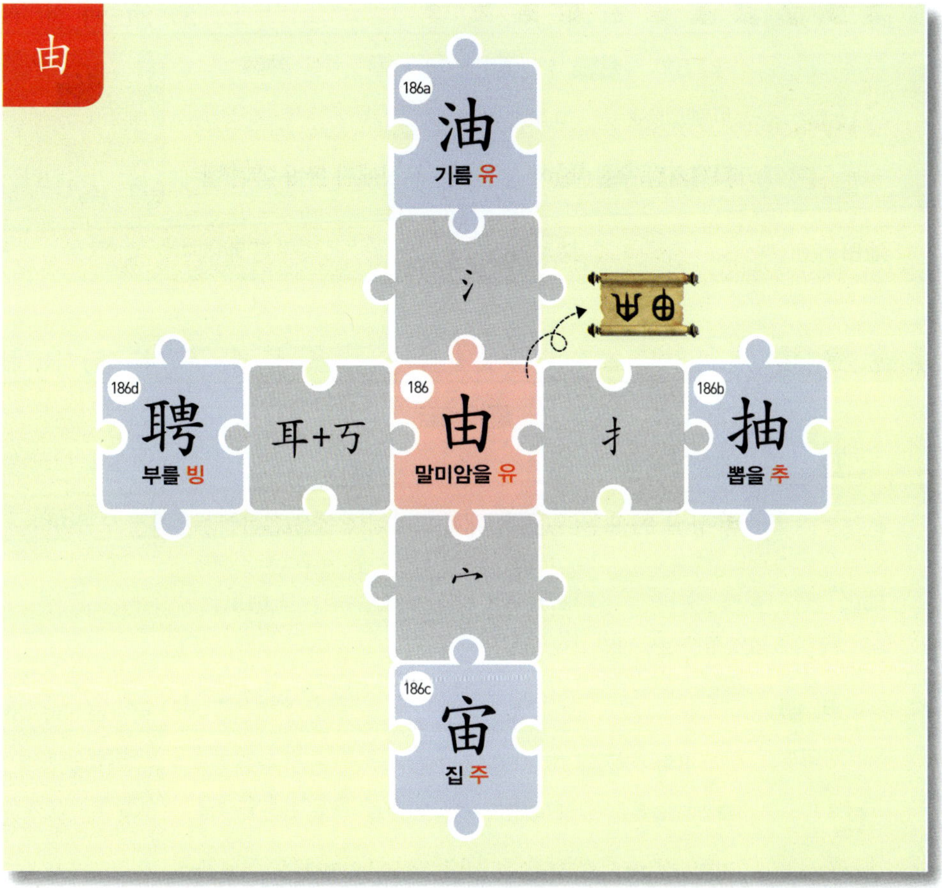

삶 | 농업 | 농경지

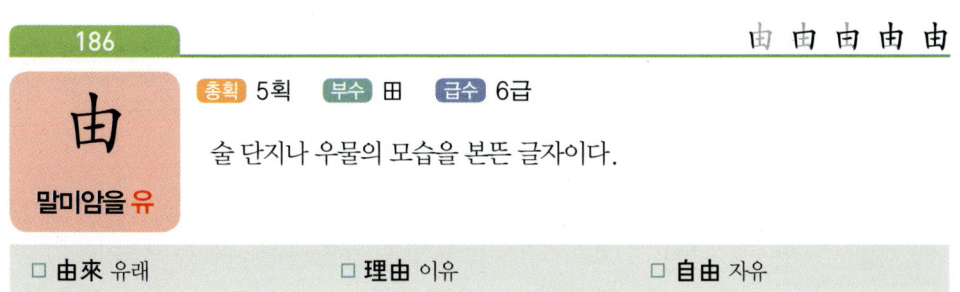

186

由 말미암을 유

| 총획 5획 | 부수 田 | 급수 6급 |

술 단지나 우물의 모습을 본뜬 글자이다.

由 由 由 由 由

☐ **由來** 유래　　☐ **理由** 이유　　☐ **自由** 자유

186a

油油油油油油油油

油
기름 유

- 총획 8획
- 부수 氵
- 급수 6급
- 由 말미암을 유 + 氵 물 수

석유처럼 우물(由)이 상징하는 유정에서 뽑아 올린 액체(氵)를 가리킨다.

- □ 油田 유전
- □ 潤滑油 윤활유
- □ 石油 석유

186b

抽抽抽抽抽抽抽抽

抽
뽑을 추

- 총획 8획
- 부수 扌
- 급수 3급
- 由 말미암을 유 + 扌 손 수

유정(油井) 또는 우물(由)에서 기름이나 물을 뽑아(扌) 올리는 모습이다.

- □ 抽出 추출
- □ 抽籤 추첨
- □ 抽象化 추상화

186c

宙宙宙宙宙宙宙宙

宙
집 주

- 총획 8획
- 부수 宀
- 급수 3급
- 由 말미암을 유 + 宀 집 면

집집(宀)마다 우물(由)이 있었기에 집을 뜻하는 글자이다.

- □ 宇宙 우주

186d

聘聘聘聘聘聘聘聘聘聘聘

聘
부를 빙

- 총획 13획
- 부수 耳
- 급수 3급
- 由 말미암을 유 + 耳 귀 이 + 丂 공교할 교

말을 타고(甹) 찾아가 안부를 듣기(耳) 위해 사람을 부르는 모습이다.

- □ 聘母 빙모
- □ 聘父 빙부
- □ 招聘 초빙

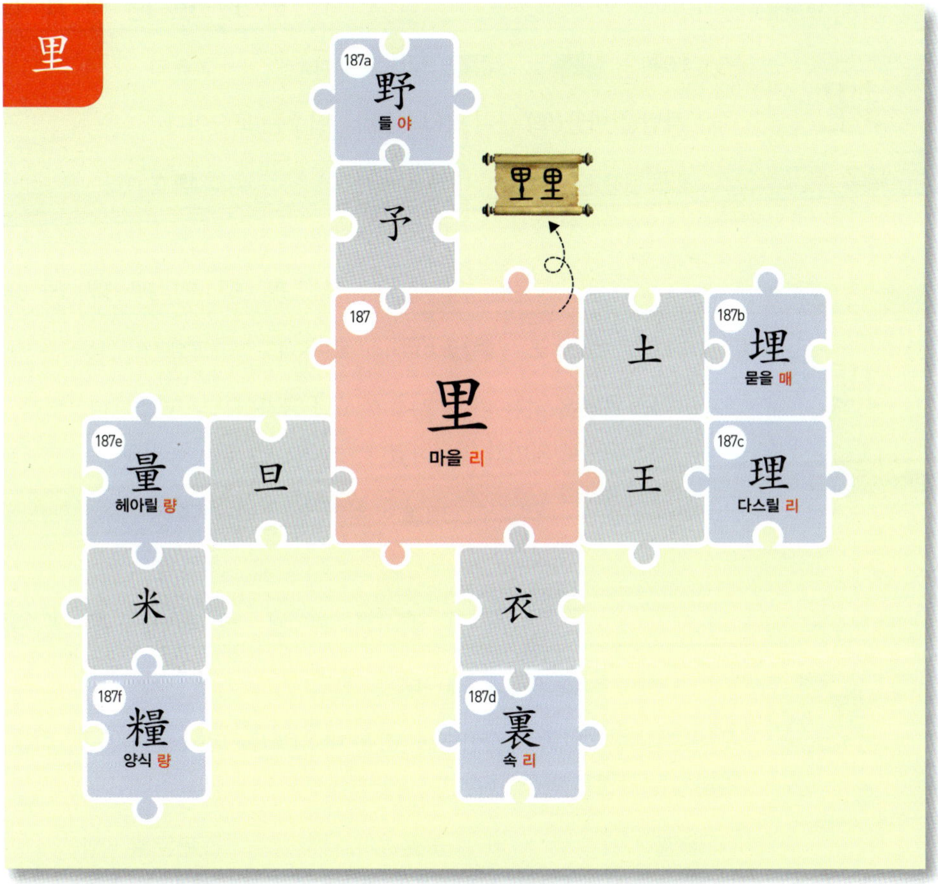

삶 | 농업 | 농경지

187				里里里里里里里
里 마을 리	총획 7획 부수 里 급수 3급			
	흙 토(土)와 밭 전(田) 자를 합쳐 마을을 뜻하는 글자이다.			
	□ 里長 이장	□ 十里 십리		□ 異域萬里 이역만리

187a				野野野野野野野野野野野
野 들 야	총획 11획 부수 里 급수 6급		里 마을리 + 予 나여	
	마을(里)에서 떨어진 들판을 가리킨다.			
	□ 野球 야구	□ 廣野 광야		□ 分野 분야

575

187b 埋 묻을 매

埋 埋 埋 埋 埋 埋 埋 埋 埋

- 총획 10획
- 부수 土
- 급수 3급
- 里 마을 리 + 土 흙 토

죽은 사람을 마을(里) 근처 땅(土)에 파묻어주는 모습이다.

- □ 埋葬 매장
- □ 埋伏 매복
- □ 埋立 매립

187c 理 다스릴 리

理 理 理 理 理 理 理 理 理

- 총획 11획
- 부수 王
- 급수 6급
- 里 마을 리 + 王 임금 왕

옥(玉→王) 가공을 하는 마을(里)을 뜻하던 글자였으나 '다스리다, 도리, 이치' 등의 뜻으로 의미가 발전하였다.

- □ 理性 이성
- □ 理論 이론
- □ 道理 도리

187d 裏 속 리

裏 裏 裏 裏 裏 裏 裏 裏 裏 裏 裏 裏

- 총획 13획
- 부수 衣
- 급수 3급
- 里 마을 리 + 衣 옷 의

옷 의(衣) 자에 안쪽 깊숙이 자리 잡은 마을(里)을 더해 옷의 안쪽, 속을 가리키는 글자를 만들었다.

- □ 裏面 이면
- □ 表裏 표리
- □ 秘密裏 비밀리

187e 量 헤아릴 량

量 量 量 量 量 量 量 量 量 量 量 量

- 총획 12획
- 부수 里
- 급수 5급
- 里 마을 리 + 旦 아침 단

저울(里) 위에 곡식(旦)을 올려놓고 무게를 헤아리다.

- □ 重量 중량
- □ 力量 역량
- □ 物量 물량

187f 糧 양식 량

糧 糧 糧 糧 糧 糧 糧 糧 糧 糧 糧 糧 糧 糧 糧

- 총획 18획
- 부수 米
- 급수 4급
- 量 헤아릴 량 + 米 쌀 미

무게를 달고 헤아리는(量) 것은 주로 쌀(米)과 같은 양식이다.

- □ 糧食 양식
- □ 糧穀 양곡
- □ 食糧 식량

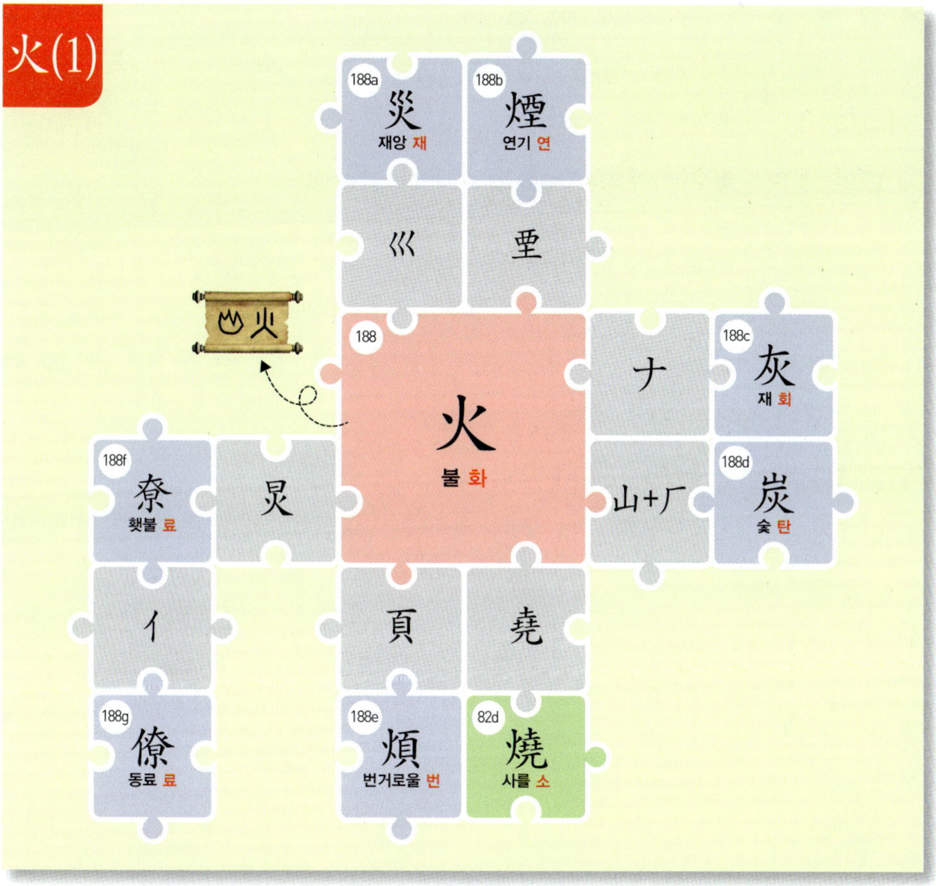

火(1)

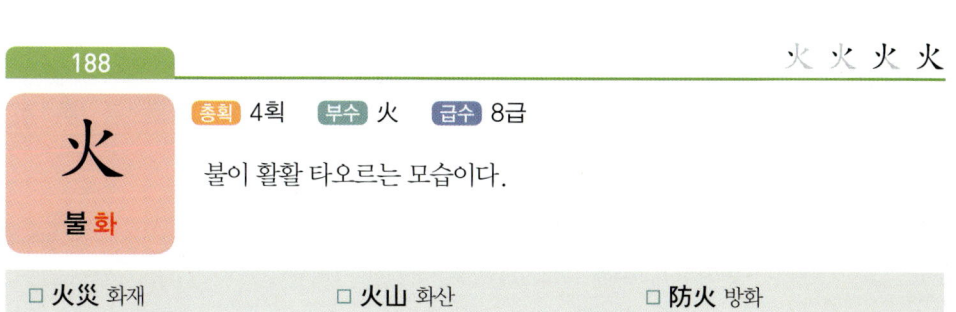

	188a 災 재앙 재	188b 煙 연기 연	
	巛	垔	
188f 尞 횃불 료	炏	188 火 불 화	ナ	188c 灰 재 회
			山+厂	188d 炭 숯 탄
188g 亻 僚 동료 료	頁	堯	
	188e 煩 번거로울 번	82d 燒 사를 소	

188

火 火 火 火

火 불 화

총획 4획　**부수** 火　**급수** 8급

불이 활활 타오르는 모습이다.

- 火災 화재
- 火山 화산
- 防火 방화

188a

災 災 災 災 災 災 災

災 재앙 재

- 총획 7획
- 부수 火
- 급수 5급

火 불 화 + 巛 내 천

홍수(巛)와 화재(火)를 합쳐 재앙을 가리킨다.

□ 災殃 재앙　　□ 人災 인재　　□ 産災 산재

188b

煙 煙 煙 煙 煙 煙 煙 煙 煙 煙

煙 연기 연

- 총획 13획
- 부수 火
- 급수 4급

火 불 화 + 垔 막을 인

아궁이에 불(火)을 지피자 굴뚝(垔)으로 연기가 새어 나가는 모습이다.

□ 煙氣 연기　　□ 禁煙 금연　　□ 吸煙 흡연

188c

灰 灰 灰 灰 灰 灰

灰 재 회

- 총획 6획
- 부수 火
- 급수 4급

火 불 화 + 屮 손 우

타고(火) 남은 숯을 건져(又=屮)내고 남은 재를 가리킨다.

□ 灰色 회색　　□ 石灰 석회

188d

炭 炭 炭 炭 炭 炭 炭 炭 炭

炭 숯 탄

- 총획 9획
- 부수 火
- 급수 5급

火 불 화 + 山 산 산 + 厂 기슭 엄

숯가마(厂) 속에 묻혀 있는 불(屮=火)을 가리킨다.

□ 炭素 탄소　　□ 炭酸 탄산　　□ 炭水化物 탄수화물

삶 | 농업 | 농경지

82d
燒 燒 燒 燒 燒 燒 燒 燒 燒 燒 燒 燒 燒 燒

燒 사를 소

- 총획 16획
- 부수 火
- 급수 3급

火 불 화 + 堯 요임금 요

토신(垚)을 굽기(火) 위해 머리(兀)에 이고 나르는 모습이다.

□ 燒失 소실   □ 燒却 소각   □ 全燒 전소

188e
煩 煩 煩 煩 煩 煩 煩 煩 煩 煩 煩

煩 번거로울 번

- 총획 13획
- 부수 火
- 급수 3급

火 불 화 + 頁 머리 혈

머리(頁)가 타(火) 들어가는 것 같은 고통과 고민을 가리킨다.

□ 煩惱 번뇌   □ 煩悶 번민   □ 煩雜 번잡

188f
尞 尞 尞 尞 尞 尞 尞 尞 尞 尞 尞

尞 횃불 료

- 총획 12획
- 부수 小
- 급수 확장한자

火 불 화 + 炅 빛날 경

빛날 경(炅) 자에 불 화(火) 자를 더해 밝은 횃불의 모습을 나타낸다.

188g
僚 僚 僚 僚 僚 僚 僚 僚 僚 僚 僚

僚 동료 료

- 총획 14획
- 부수 亻
- 급수 3급

尞 횃불 료 + 亻 사람 인

서로를 밝혀(尞)주는 사람(亻)을 가리켜 '동료'를 뜻하나 올바른 정치로 길을 밝혀주는 '벼슬아치'의 뜻도 가진다.

□ 同僚 동료   □ 閣僚 각료   □ 官僚 관료

火(2)

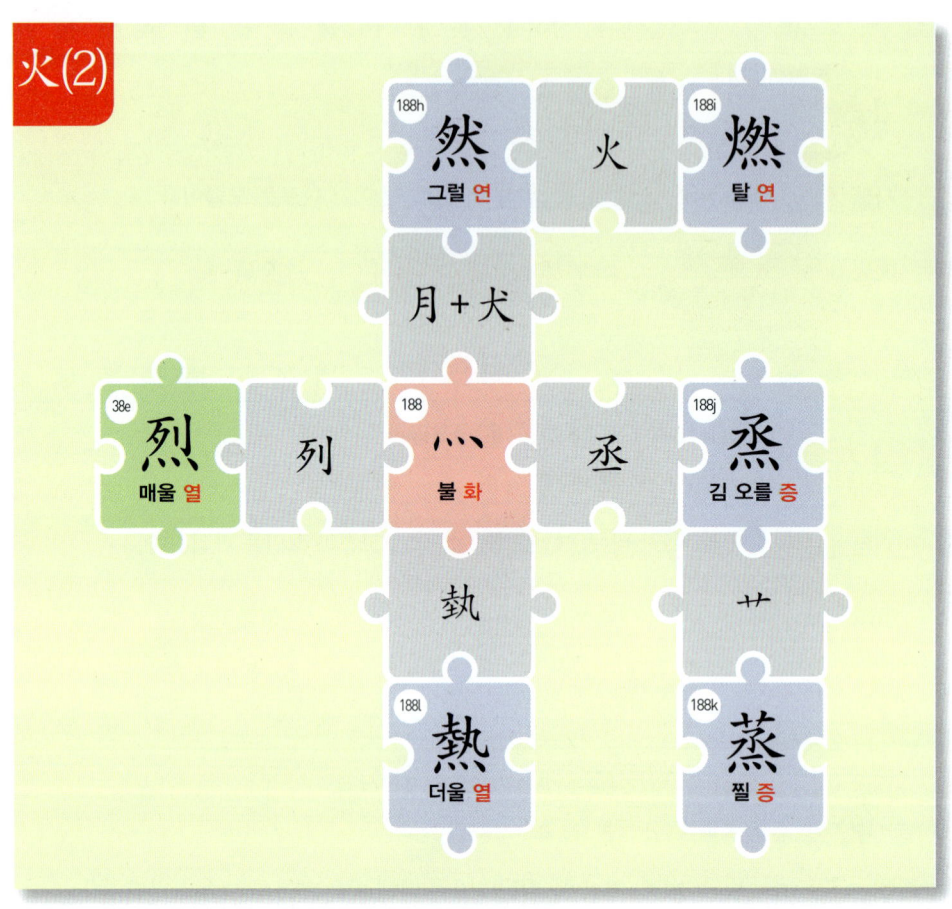

188h

然 그럴 연

然然然然然然然然然然然然

| 총획 | 12획 | 부수 | 灬 | 급수 | 7급 |

灬불화 + 月육달월 + 犬개견

개(犬)고기(月)를 불(灬)에 그슬리는 모습이었으나 '그러하다, 명백하다, 틀림없다'로 뜻이 완전히 바뀌었다.

□ 當然 당연   □ 自然 자연   □ 偶然 우연

| 삶 | 농업 | 농경지

188i

燃 燃 燃 燃 燃 燃 燃 燃 燃 燃 燃 燃 燃

탈 연

총획 16획 | 부수 火 | 급수 4급 | 然 그럴 연 + 火 불 화

연(然) 자에 불 화(火) 자를 더해 '태우다, 불타다'의 뜻을 강조했다.

☐ 燃燒 연소　　☐ 燃料 연료　　☐ 燃費 연비

188j

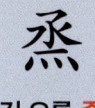

烝 烝 烝 烝 烝 烝 烝 烝 烝

김 오를 증

총획 10획 | 부수 灬 | 급수 특급 | 灬 불 화 + 丞 정승 승

포로를 고문하기 위해 끓는(灬) 물에 죄수를 넣었다 빼는(丞) 모습에서 '김 오르다, 많다'를 뜻하게 되었다.

188k

蒸 蒸 蒸 蒸 蒸 蒸 蒸 蒸 蒸 蒸 蒸 蒸

찔 증

총획 14획 | 부수 艹 | 급수 3급 | 烝 김 오를 증 + 艹 풀 초

증(烝) 자에 '채소, 음식'을 뜻하는 풀 초(艹)를 더해 음식을 삶거나 찌는 모습의 글자를 만들어냈다.

☐ 蒸氣 증기　　☐ 蒸溜 증류　　☐ 蒸發 증발

188l

熱 熱 熱 熱 熱 熱 熱 熱 熱 熱 熱 熱 熱

더울 열

총획 15획 | 부수 灬 | 급수 5급 | 灬 불 화 + 埶 재주 예

지면(埶)으로부터 올라오는 뜨거운 열기(灬)를 가리킨다.

☐ 熱氣 열기　　☐ 熱心 열심　　☐ 以熱治熱 이열치열

38e

烈 烈 烈 烈 烈 烈 烈 烈 烈

매울 열

총획 10획 | 부수 灬 | 급수 4급 | 列 벌일 열 + 灬 불 화

발라낸(列) 뼈를 세찬 불(灬)에 태워 없애 버리는 모습이다.

☐ 烈火 열화　　☐ 熾烈 치열　　☐ 先烈 선열

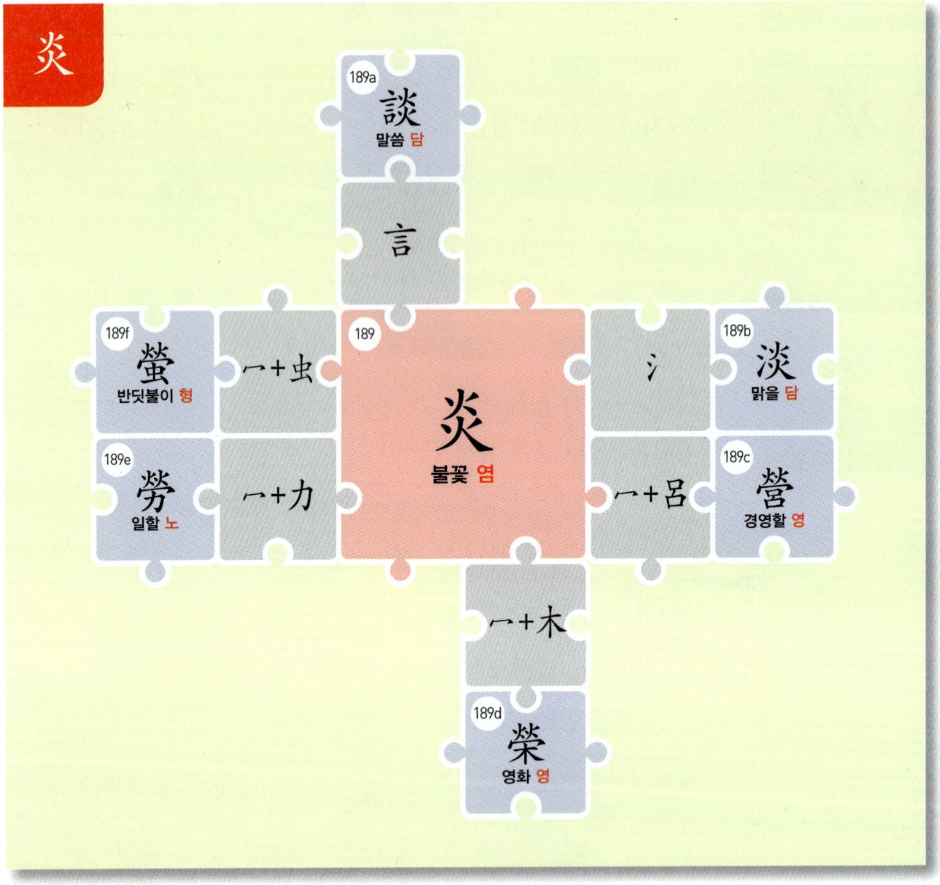

189

炎		
189	炎 炎 炎 炎 炎 炎 炎 炎	
炎 불꽃 염	총획 8획 　부수 火 　급수 3급	
	불 화(火)를 두 개 겹쳐 몹시 밝거나 완전히 태워 버리는 불꽃을 가리킨다.	
	□ 炎症 염증　　□ 肝炎 간염　　□ 肺炎 폐렴	

189a		
談 말씀 담	총획 15획　부수 言　급수 5급　炎 불꽃 염 + 言 말씀 언	
	불꽃(炎) 튀는 설전(言)을 벌이는 모습에서 '말씀'의 뜻이 있다.	
	□ 談話 담화　　□ 談笑 담소　　□ 怪談 괴담	

189b

淡 淡 淡 淡 淡 淡 淡 淡 淡 淡 淡

맑을 담

총획 11획　**부수** 氵　**급수** 3급　炎 불꽃 염 ＋ 氵 물 수

뜨거운(炎) 불로 끓여 증류해낸 맑고 깨끗한 물(氵)을 가리킨다.

- 淡水 담수
- 淡白 담백
- 冷淡 냉담

189c

營 營 營 營 營 營 營 營 營 營 營 營 營

營
경영할 영

총획 17획　**부수** 火　**급수** 4급　炎 불꽃 염 ＋ 冖 덮을 멱 ＋ 呂 성씨 려

밤늦게까지 불(炎)을 밝히고 작전 회의를 거듭하는 군영(冖+呂)의 모습에서 '꾀하다, 경영하다, 계획하다'의 뜻을 가진다.

- 陣營 진영
- 運營 운영
- 經營 경영

189d

榮 榮 榮 榮 榮 榮 榮 榮 榮 榮 榮

영화 영

총획 14획　**부수** 木　**급수** 4급　炎 불꽃 염 ＋ 冖 덮을 멱 ＋ 木 나무 목

나무(木)가 불타는(炎) 듯 꽃이 만발한 모습이다.

- 榮光 영광
- 榮譽 영예
- 繁榮 번영

189e

勞 勞 勞 勞 勞 勞 勞 勞 勞 勞 勞

勞
일할 노

총획 12획　**부수** 力　**급수** 5급　炎 불꽃 염 ＋ 冖 덮을 멱 ＋ 力 힘 력

밤늦게까지 불(炎)을 밝히고 힘써(力) 일하는 모습이다.

- 勞動 노동
- 勞使 노사
- 勤勞者 근로자

189f

螢 螢 螢 螢 螢 螢 螢 螢 螢 螢 螢 螢 螢

반딧불이 형

총획 16획　**부수** 虫　**급수** 3급　炎 불꽃 염 ＋ 冖 덮을 멱 ＋ 虫 벌레 충

불빛(炎)을 내는 곤충(虫)을 가리킨다.

- 螢光燈 형광등
- 螢雪之功 형설지공

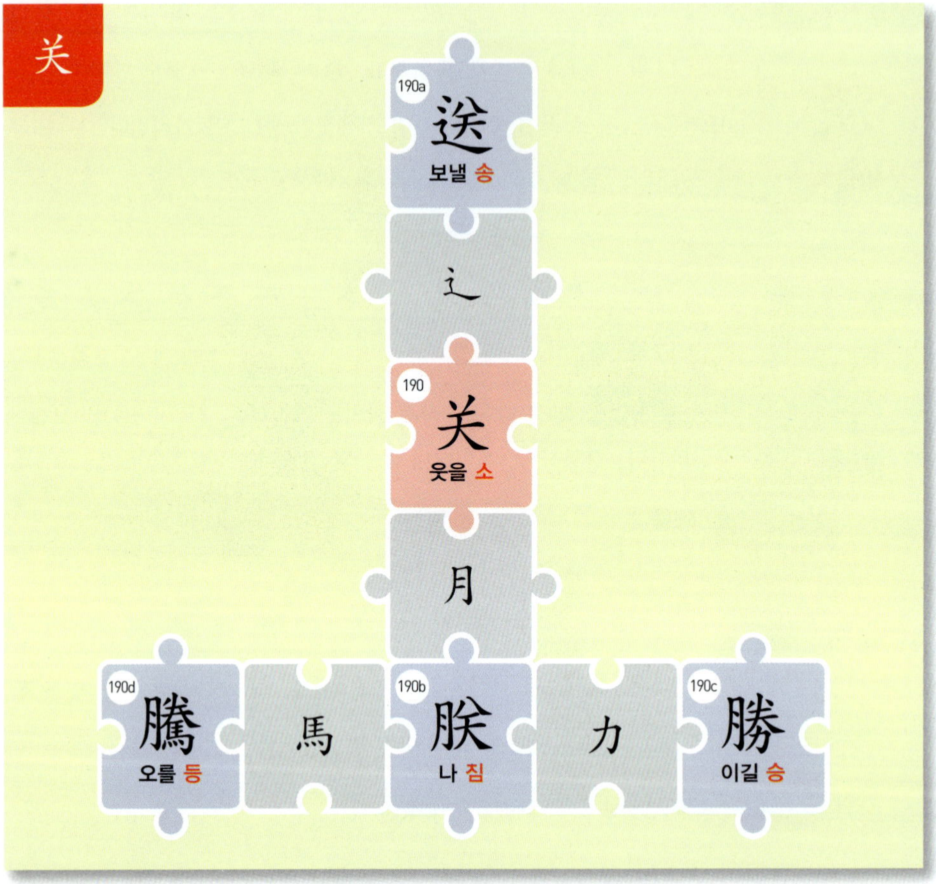
关
190a
送
보낸 송
辶
190
关
웃을 소
月
190d
騰
오를 등
馬
190b
朕
나 짐
力
190c
勝
이길 승

190

关 关 关 关 关 关

关

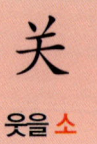

웃을 소

총획 6획 부수 八 급수 확장한자

횃불(火)을 들고(廾) 있는 모습이 주위가 밝아 보인다 하여 '꽃이 피다, 웃다'의 뜻을 갖는다.

190a

送 보낼 송

- 총획 10획
- 부수 辶
- 급수 4급
- 关 웃을 소 + 辶 쉬엄쉬엄 갈 착

횃불(火)을 들고(廾) 가는(辶) 길을 배웅해 주는 모습이다.

□ 歡送 환송　　□ 郵送 우송　　□ 配送 배송

190b

朕 나 짐

- 총획 10획
- 부수 月
- 급수 1급
- 关 웃을 소 + 月 달 월

횃불(关)을 높이 들고 뱃머리(月=舟)를 밝히는 모습이었으나 임금을 지칭하거나 조짐을 뜻하는 글자로 쓰인다.

□ 兆朕 조짐

190c

勝 이길 승

- 총획 12획
- 부수 力
- 급수 6급
- 朕 나 짐 + 力 힘 력

힘껏(力) 싸우고 돌아오는 장군이 뱃머리(月=舟)에서 횃불을 높이 쳐든(关) 모습에서 '이기다'를 뜻한다.

□ 勝利 승리　　□ 勝敗 승패　　□ 樂勝 낙승

190d

騰 오를 등

- 총획 20획
- 부수 馬
- 급수 3급
- 朕 나 짐 + 馬 말 마

말(馬)이 앞발을 높이 쳐드는(朕) 모습을 본뜬 글자이다.

□ 急騰 급등　　□ 沸騰 비등　　□ 暴騰 폭등

삶 | 농업 | 농기구

方(1)

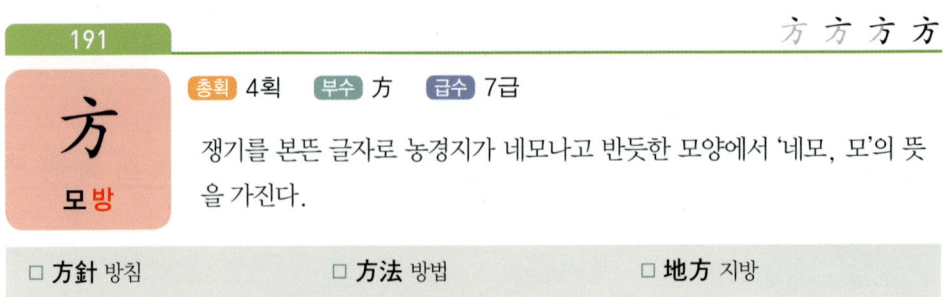

191

方方方方

方
모 방

총획 4획 부수 方 급수 7급

쟁기를 본뜬 글자로 농경지가 네모나고 반듯한 모양에서 '네모, 모'의 뜻을 가진다.

□ **方針** 방침   □ **方法** 방법   □ **地方** 지방

191a

訪 訪 訪 訪 訪 訪 訪 訪 訪 訪 訪

訪
찾을 **방**

- 총획 11획
- 부수 言
- 급수 4급
- 方 모 방 + 言 말씀 언

사방팔방(方)으로 물어(言)보며 사람을 찾다.

- ☐ 訪問 방문
- ☐ 巡訪 순방
- ☐ 禮訪 예방

191b

芳 芳 芳 芳 芳 芳 芳 芳

芳
꽃다울 **방**

- 총획 8획
- 부수 艹
- 급수 3급
- 方 모 방 + 艹 풀 초

때가 되면 풀꽃(艹)의 향기가 사방(方)으로 퍼지듯 가장 아름답고 빛나는 때를 가리킨다.

- ☐ 芳年 방년
- ☐ 芳香 방향
- ☐ 芳名錄 방명록

191c

防 防 防 防 防 防 防

防
막을 **방**

- 총획 7획
- 부수 阝
- 급수 4급
- 方 모 방 + 阝 언덕 부

강물이 사방(方)으로 넘치지 않게 막아주는 언덕(阝)의 모습이다.

- ☐ 防止 방지
- ☐ 防波堤 방파제
- ☐ 堤防 제방

191d

旁 旁 旁 旁 旁 旁 旁 旁 旁 旁

旁
곁 **방**

- 총획 10획
- 부수 方
- 급수 2급
- 方 모 방 + 立 설 립

쟁기(方)가 지나면서 양 옆으로 흙이 쌓이는(亠) 모습이다.

- ☐ 旁觀 방관
- ☐ 旁系 방계

191e 곁 방 傍

총획 12획 부수 亻 급수 3급
旁 곁 방 + 亻 사람 인

방(旁) 자에 사람 인(亻)을 더해 '곁(旁)에 서 있는 사람(亻)'의 모습을 강조한 글자이다.

- 傍證 방증
- 傍助 방조
- 傍點 방점

191f 방 방 房

총획 8획 부수 戶 급수 4급
方 모 방 + 戶 집 호

네모진(方) 쪽문(戶) 하나만 달린 작은 방을 본뜬 글자이다.

- 廚房 주방
- 暖房 난방
- 舍廊房 사랑방

191g 방해할 방 妨

총획 7획 부수 女 급수 4급
方 모 방 + 女 여자 여

사방(方)을 막고 있는 여자(女)의 모습으로 여자를 방해물로 여겼던 과거의 사상이 담긴 글자이다.

- 妨害 방해
- 妨電 방전
- 無妨 무방

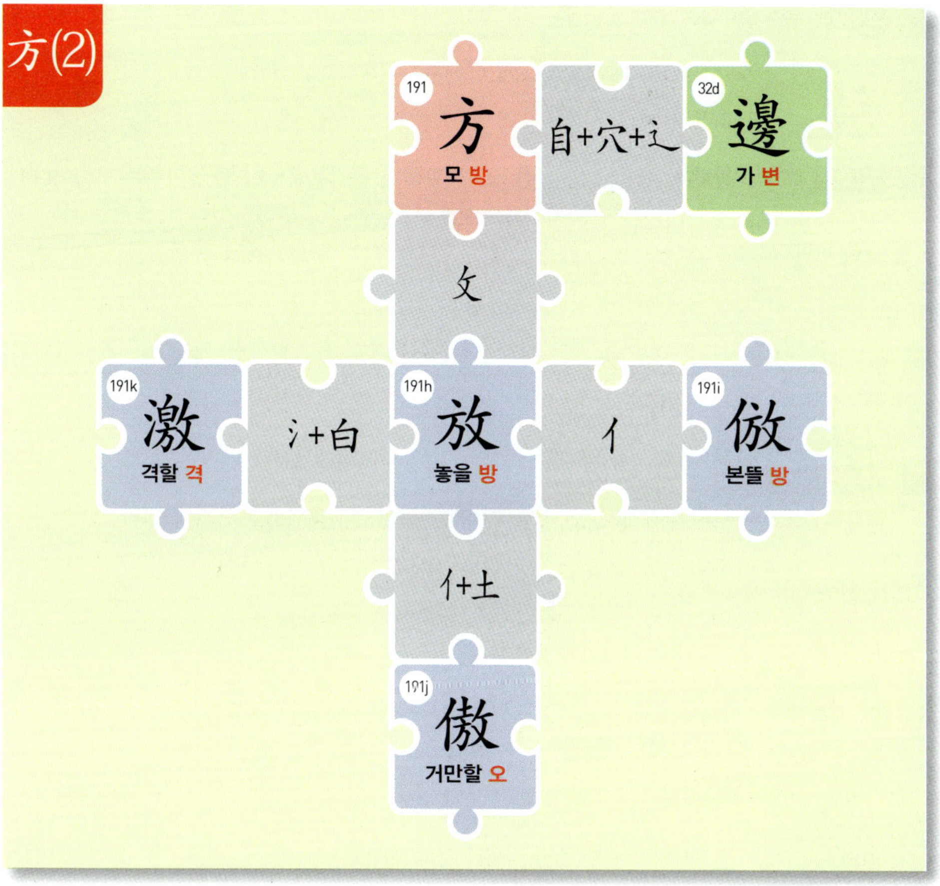

方(2)

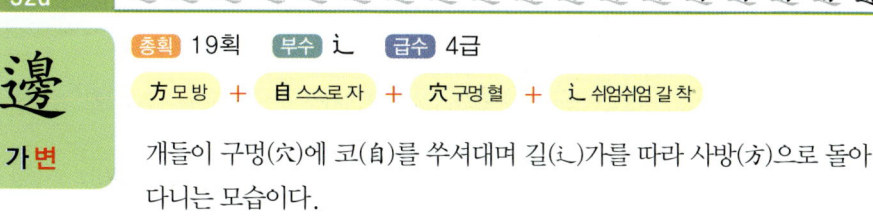

32d	邊邊邊邊邊邊邊邊邊邊邊邊邊邊
邊 가**변**	**총획** 19획　**부수** 辶　**급수** 4급 方 모방 ＋ 自 스스로 자 ＋ 穴 구멍 혈 ＋ 辶 쉬엄쉬엄 갈 착 개들이 구멍(穴)에 코(自)를 쑤셔대며 길(辶)가를 따라 사방(方)으로 돌아 다니는 모습이다.

☐ 邊方 변방　　☐ 周邊 주변　　☐ 底邊 저변

191h

放放放放放放放放

放
놓을 **방**

- 총획 8획
- 부수 攵
- 급수 6급

方 모 방 + 攵 칠 복

사방(方)이 상징하는 감옥의 죄수들을 곤장을 친(攵) 후 놓아주는 모습이다.

- □ 放免 방면
- □ 放送 방송
- □ 解放 해방

191i

倣倣倣倣倣倣倣倣倣

倣
본뜰 **방**

- 총획 10획
- 부수 亻
- 급수 3급

放 놓을 방 + 亻 사람 인

죄인들에게 곤장(放)을 쳐 다른 사람들(亻)에게 본보기가 되다.

- □ 模倣 모방

191j

傲傲傲傲傲傲傲傲傲傲

傲
거만할 **오**

- 총획 13획
- 부수 亻
- 급수 3급

放 놓을 방 + 亻 사람 인 + 土 흙 토

전문(篆文)에 따르면 방(放) 자와 출(出→土) 자, 그리고 인(亻) 자로 이루어졌음을 알려준다. 따라서 거만한 태도를 보이는 죄인이나 사람(亻)을 몽둥이로 쳐서(放) 쫓아내는(出→土) 글자임을 알 수 있다.

- □ 傲氣 오기
- □ 傲慢 오만

191k

激激激激激激激激激激激激激

激
격할 **격**

- 총획 16획
- 부수 氵
- 급수 4급

放 놓을 방 + 氵 물 수 + 白 흰 백

사방으로 튀는 흰 물보라(敫)에 물 수(氵) 자를 더해 물보라가 바위에 부딪칠 때의 격한 모습을 가리킨다.

- □ 激流 격류
- □ 激浪 격랑
- □ 過激 과격

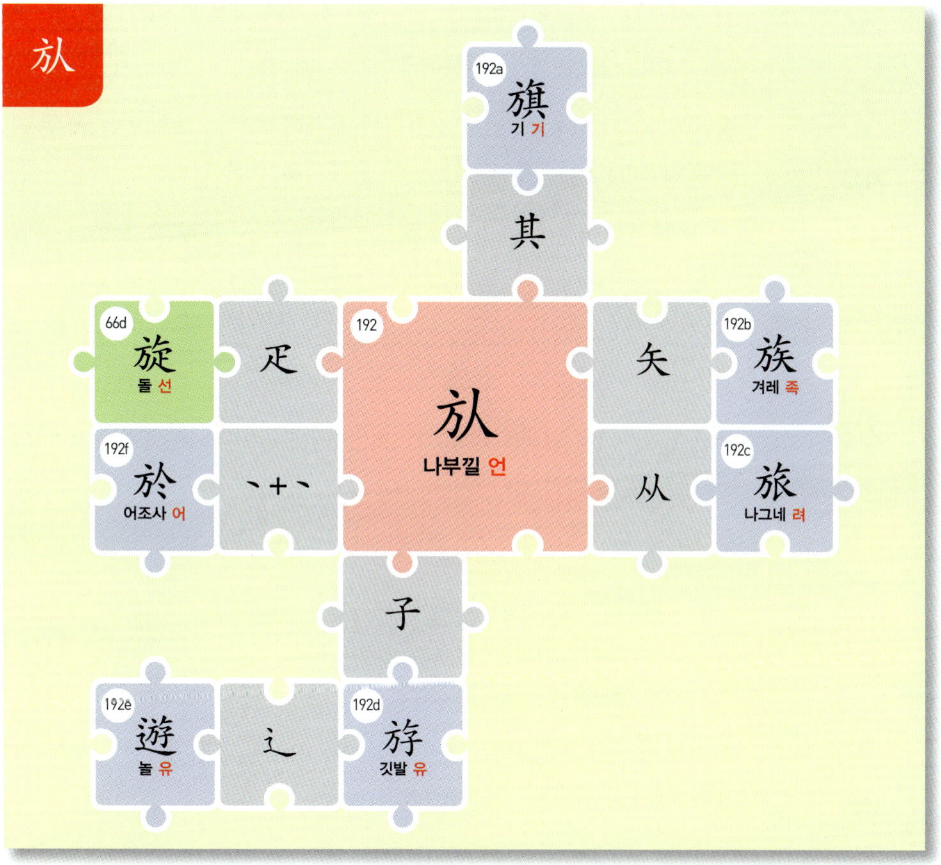

삶 | 농업 | 농기구

192 㫃 나부낄 언

총획 6획　**부수** 方　**급수** 확장한자

사방팔방(方)으로 펄럭이는(人) 깃발의 모습을 본뜬 글자이다.

192a 旗 기 기

총획 14획　**부수** 方　**급수** 7급　㫃 나부낄언 + 其그기

깃발 언(㫃) 자에 그 기(其) 자를 더해 깃발의 의미를 강조했다.

그 기(其) 자는 사각형으로 생긴 곡물을 키질하는 '키'를 본뜬 글자로, 깃발의 변이 창살 모양을 한 4각형(方) 깃발의 모습과 상당히 비슷하므로 발음뿐 아니라 의미에도 영향을 주었을 것으로 본다.

□ 旗手 기수　　□ 白旗 백기　　□ 國旗 국기

192b

族 겨레 족

族族族族族族族族族族族

총획 11획 | 부수 方 | 급수 6급 | 㫃 나부낄 언 + 矢 화살 시

깃발(㫃)과 화살(矢)을 합쳐 전쟁터에서 함께 싸우는 같은 편은 모두 친척에 해당하므로 '겨레, 친족, 무리' 등의 뜻을 가진다.

- 族閥 족벌
- 民族 민족
- 家族 가족

192c

旅 나그네 려

旅旅旅旅旅旅旅旅旅旅

총획 10획 | 부수 方 | 급수 5급 | 㫃 나부낄 언 + 从 따를 종

군인들(人+人)이 전쟁(㫃) 때문에 여기저기 떠돌아다니는 모습에서 '나그네, 군사' 등의 뜻이 있다.

- 旅行 여행
- 旅券 여권
- 旅客 여객

192d

斿 깃발 유

斿斿斿斿斿斿斿斿

총획 9획 | 부수 方 | 급수 확장한자 | 㫃 나부낄 언 + 子 아들 자

깃발(㫃)을 들고 개선하는 군인들 사이를 이리저리 뛰어다니며 노는 아이들(子)의 모습이다.

192e

遊 놀 유

遊遊遊遊遊遊遊遊遊遊遊

총획 13획 | 부수 辶 | 급수 4급 | 斿 깃발 유 + 辶 쉬엄쉬엄 갈 착

유(斿) 자에 갈 착(辶) 자를 더해 깃발 사이에서 뛰어노는 모습을 강조해 '놀다, 떠들다'의 뜻을 되살렸다.

- 遊覽船 유람선
- 遊園地 유원지
- 外遊 외유

192f

於 어조사 어

於於於於於於於於

총획 8획 | 부수 方 | 급수 3급 | 㫃 나부낄 언 + 丶 점 주 + 丶 점 주

깃발 언(㫃) 밑에 발자국을 뜻하는 점(丶)을 두 개 찍어 '가다'를 뜻했으나 지금은 어조사로만 사용된다.

- 靑出於藍 청출어람

삶 | 농업 | 농기구

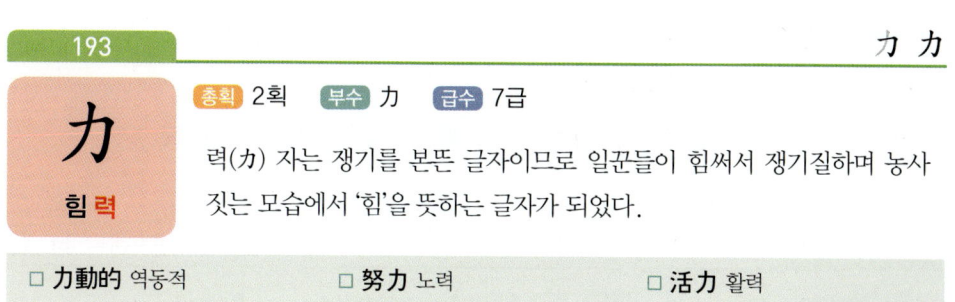

193		力 力

力
힘 력

총획 2획 **부수** 力 **급수** 7급

력(力) 자는 쟁기를 본뜬 글자이므로 일꾼들이 힘써서 쟁기질하며 농사 짓는 모습에서 '힘'을 뜻하는 글자가 되었다.

☐ 力動的 역동적 ☐ 努力 노력 ☐ 活力 활력

193a

劣劣劣劣劣劣

劣
못할 **열**

| 총획 6획 | 부수 力 | 급수 3급 | 力 힘력 + 少 적을소 |

남과 비교했을 때 힘(力)이 적은(少) 것을 뜻한다.

☐ 劣勢 열세   ☐ 卑劣 비열   ☐ 拙劣 졸렬

193b

加加加加加

加
더할 **가**

| 총획 5획 | 부수 力 | 급수 5급 | 力 힘력 + 口 입구 |

쟁기질(力)하는 농부에게 노래(口)를 불러주어 힘을 더하다.

☐ 加入 가입   ☐ 增加 증가   ☐ 參加 참가

193c

架架架架架架架架架

架
시렁 **가**

| 총획 9획 | 부수 木 | 급수 3급 | 加 더할가 + 木 나무목 |

선반처럼 물건을 올려 놓기 위해 긴 나무(木)를 걸쳐(加) 놓은 것을 가리킨다.

☐ 架橋 가교   ☐ 架空 가공   ☐ 架設 가설

193d

賀賀賀賀賀賀賀賀賀賀賀

賀
하례할 **하**

| 총획 12획 | 부수 貝 | 급수 3급 | 加 더할가 + 貝 조개패 |

돈(貝)을 더해(加) 축하의 뜻을 전하다.

☐ 賀客 하객   ☐ 賀禮 하례   ☐ 祝賀 축하

193e

肋肋肋肋肋肋

肋
갈빗대 **늑**

| 총획 6획 | 부수 月 | 급수 1급 | 力 힘력 + 月 육달월 |

쟁기(力)처럼 생긴 단단한(力) 신체(月=肉) 부위를 가리킨다.

☐ 肋骨 늑골   ☐ 肋膜 늑막   ☐ 鷄肋 계륵

삶 | 농업 | 농기구

193f

筋 筋 筋 筋 筋 筋 筋 筋 筋 筋 筋

筋
힘줄 근

- 총획 12획
- 부수 竹
- 급수 4급

肋 갈빗대 늑 + 竹 대 죽

대나무(竹) 줄기처럼 생긴 힘(力)을 쓰는 신체기관(月=肉)을 가리킨다.

- ☐ 筋肉 근육
- ☐ 筋力 근력
- ☐ 鐵筋 철근

193g

劦 劦 劦 劦 劦 劦

劦
합할 협

- 총획 6획
- 부수 力
- 급수 확장한자

力 힘 력 + 力 힘 력 + 力 힘 력

쟁기(力+力+力)를 세 개 겹쳤다는 것은 힘을 합쳐서 서로를 돕는 모습이다.

193h

脅 脅 脅 脅 脅 脅 脅 脅 脅

脅
위협할 협

- 총획 10획
- 부수 月
- 급수 3급

劦 합할 협 + 月 육달 월

신체(月=肉)를 붙들어 힘(劦)을 쓰지 못하게 하는 모습에서 '위협하다'의 뜻이 있다.

- ☐ 脅迫 협박
- ☐ 威脅 위협

193i

協 協 協 協 協 協 協 協

協
화합할 협

- 총획 8획
- 부수 十
- 급수 4급

劦 합할 협 + 十 열 십

열 십(十) 자를 넣어 모두(十)가 힘(力)을 합치며 화합하는 모습임을 강조하였다.

- ☐ 協力 협력
- ☐ 協商 협상
- ☐ 妥協 타협

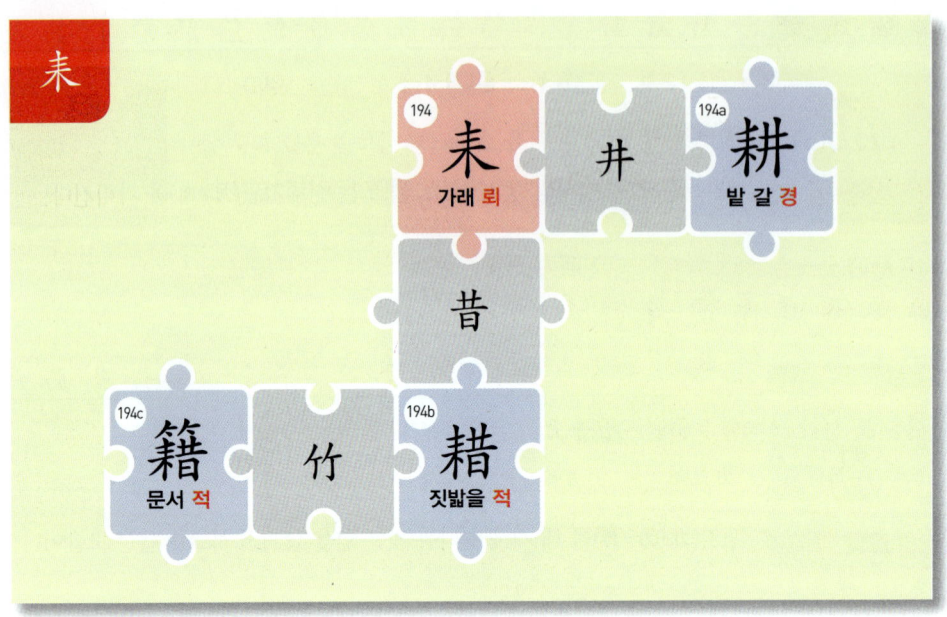

194

耒 가래 뢰

- 총획 6획
- 부수 耒
- 급수 특급

耒耒耒耒耒耒

갈고리처럼 생긴 농기구의 모습을 본뜬 글자이다.

194a

耕
밭 갈 경

- 총획 10획
- 부수 耒
- 급수 3급

耒 가래 뢰 + 井 우물 정

耕耕耕耕耕耕耕耕

가래(耒)로 이랑(井)을 내며 논밭을 가는 모습이다.

□ **耕作** 경작   □ **耕耘機** 경운기   □ **晝耕夜讀** 주경야독

194b

耤 耤 耤 耤 耤 耤 耤 耤 耤 耤 耤 耤 耤

耤
짓밟을 적

총획 14획　부수 耒　급수 3급
耒 가래 뢰 + 昔 예 석

가래(耒)로 논밭을 갈아내는 모습에서 '짓밟다, 밭을 갈다'의 뜻을 가진다.

□ 耤田 적전

194c

籍 籍 籍 籍 籍 籍 籍 籍 籍 籍 籍 籍 籍 籍 籍

籍
문서 적

총획 20획　부수 竹　급수 4급
耤 짓밟을 적 + 竹 대 죽

밭(耤)의 관리 내용을 기록한 대나무(竹)를 본뜬 글자로 '문서'에서 '서적'의 뜻으로 의미가 확대되었다.

□ 書籍 서적　　□ 戶籍 호적　　□ 國籍 국적

동물 (195~223)

자연을 구성하는 생태 피라미드의 최상위층에 속하는 인간에게 동물은 대단히 중요한 요소라고 할 수 있다.

고대인에게 가장 친숙한 **육상동물**은 가축이다. 따라서 기본 한자에도 양, 개, 돼지, 소, 말 등이 등장한다.

육지동물을 제외한 **기타 동물**에는 새, 곤충, 물고기와 관련된 한자를 다루고 있다. 또 화폐로 사용되어 인간에게 친숙한 조개가 기본 한자에서 상당히 중요한 역할을 하고 있음을 알 수 있다.

동물들의 **부산물**들도 사람의 생활에 많은 영향을 미쳤다. 여기에서는 털, 가죽, 뿔, 고기 등과 관련한 기본 한자들을 수록하였다.

자연 (195~272)

산천초목 (224~249)

자연을 구성하는 주요 요소들에는 **산**과 산에서 나오는 **광물**들이 있으며 그 광물들을 가공하기 위해서는 도구가 필요했을 것이다. 자연에는 생명의 원천이라고 할 수 있는 **물**이 있으며 생태 피라미드의 최하위층에 속하는 **풀과 나무**도 있다. 이러한 모든 요소들이 어떻게 기본 한자로서의 역할을 하는지 살펴보자.

천체 (250~257)

지구상에 존재하는 모든 생명체는 천체의 영향을 받고 있으므로, 자연이 제 역할을 하도록 돕는 천체에서 기본 한자가 생성된 것은 당연한 이치일 것이다. 여기에서는 **해와 달에서 생성된 기본 한자**들이 다른 한자들과 조립되면서 어떻게 새로운 한자와 의미를 만들어 내는지 그 배경들을 함께 살펴보자.

기타 (258~272)

기본 한자를 구성하는 마지막 단계로서 **숫자와 부호**들이 있다. 여기에서는 숫자들과 특별한 의미 없이 부호적인 개념에서 기본 글자가 된 亅, 丶, 丿자를 접하게 될 것이다. 특별한 의미가 없다고는 하나 기본 글자의 한 부분을 차지하고 있으므로 다른 한자와 조립되는 배경이나 과정을 생각하면서 살펴보자.

자연 | 동물 | 육상동물

羊(1)

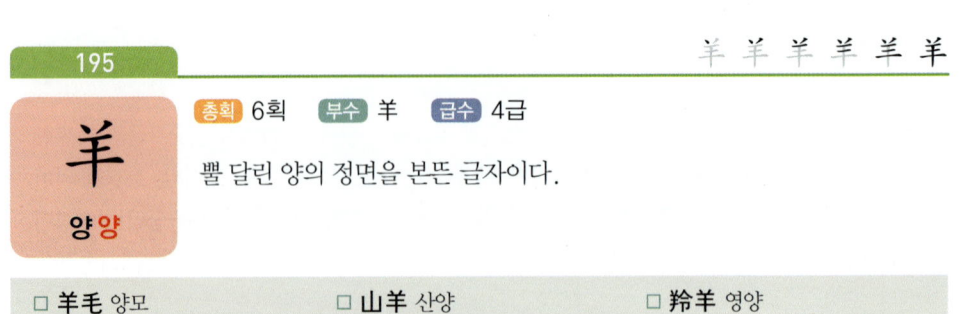

195

羊 양**양**

- 총획 6획
- 부수 羊
- 급수 4급

뿔 달린 양의 정면을 본뜬 글자이다.

□ 羊毛 양모   □ 山羊 산양   □ 羚羊 영양

195a

洋 큰 바다 **양**

- 총획 9획
- 부수 氵
- 급수 6급
- 羊 양양 + 氵 물수

양(羊)떼의 모습을 드넓은 바다(氵)에 빗댄 글자이다.

- ☐ 洋服 양복
- ☐ 洋食 양식
- ☐ 太平洋 태평양

195b

養 기를 **양**

- 총획 15획
- 부수 食
- 급수 5급
- 羊 양양 + 食 밥식

양(羊)에게 풀을 먹여(食) 기르는 모습이다.

- ☐ 養育 양육
- ☐ 敎養 교양
- ☐ 休養地 휴양지

195c

着 붙을 **착**

- 총획 12획
- 부수 目
- 급수 5급
- 羊 양양 + 目 눈목

시선(目)이 풀에 딱 붙어 있는 양(羊)의 모습이다. 양털로 옷을 지어 입은 데서 '(옷을) 입다, (머리에) 쓰다' 등의 뜻도 가진다.

- ☐ 着陸 착륙
- ☐ 着手 착수
- ☐ 到着 도착

195d

樣 모양 **양**

- 총획 15획
- 부수 木
- 급수 4급
- 羊 양양 + 木 나무목 + 永 길영

목(木)판에 양(羊)들이 다니는 초지나 물길(永) 등을 새겨 넣은 '모양'을 뜻한다.

- ☐ 樣式 양식
- ☐ 模樣 모양
- ☐ 多樣 다양

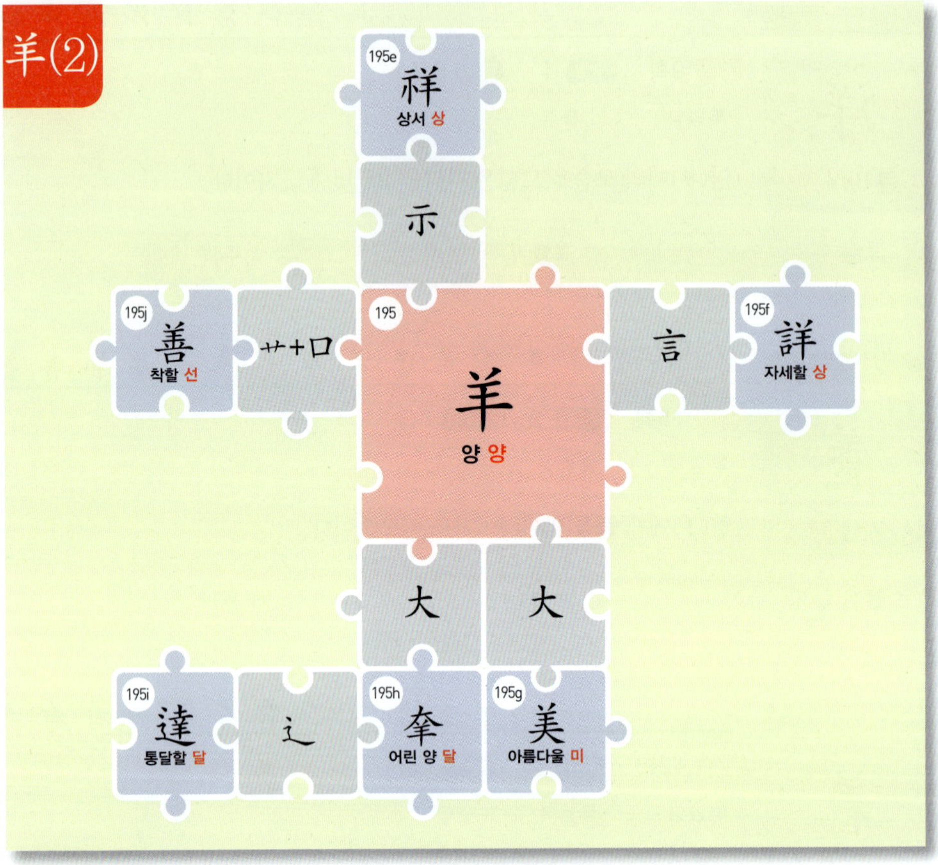

羊(2)

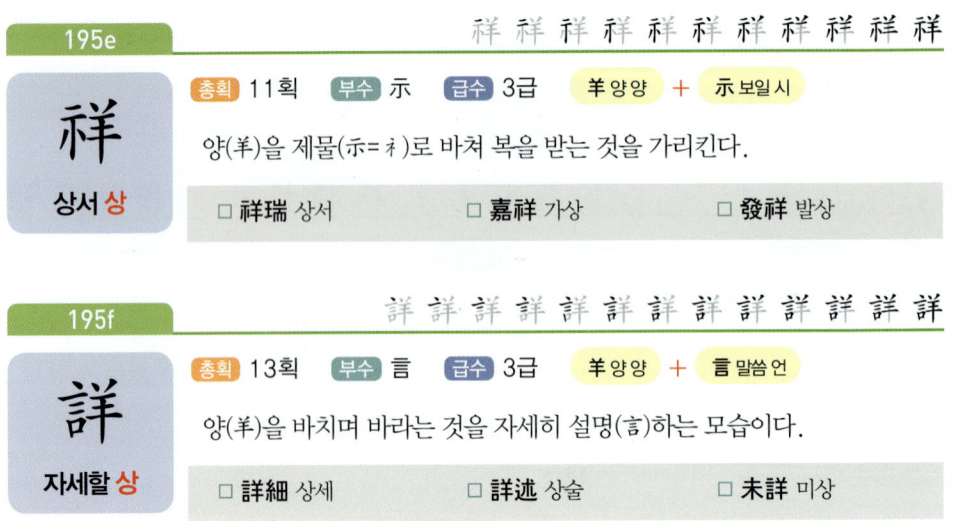

195e 祥 상서 상

- 총획 11획
- 부수 示
- 급수 3급
- 羊 양 양 + 示 보일 시

양(羊)을 제물(示=礻)로 바쳐 복을 받는 것을 가리킨다.

- □ 祥瑞 상서
- □ 嘉祥 가상
- □ 發祥 발상

195f 詳 자세할 상

- 총획 13획
- 부수 言
- 급수 3급
- 羊 양 양 + 言 말씀 언

양(羊)을 바치며 바라는 것을 자세히 설명(言)하는 모습이다.

- □ 詳細 상세
- □ 詳述 상술
- □ 未詳 미상

자연 | 동물 | 육상동물

195g

美 美 美 美 美 美 美 美 美

아름다울 미

- 총획 9획
- 부수 羊
- 급수 6급

羊 양양 + 大 큰대

살찐(大) 양(羊)의 모습이 보기 좋다 하여 '아름답다'의 뜻이 있다.

□ 美人 미인　　□ 美男 미남　　□ 美術 미술

195h

奎 奎 奎 奎 奎 奎 奎 奎 奎

어린 양 달

- 총획 9획
- 부수 羊
- 급수 확장한자

羊 양양 + 大 큰대

어린 양(羊)이 날뛰며(大) 돌아다니는 모습이다.

195i

達 達 達 達 達 達 達 達 達 達 達

통달할 달

- 총획 13획
- 부수 辶
- 급수 4급

奎 어린 양 달 + 辶 쉬엄쉬엄 갈 착

양떼 사이를 뛰어다니는(辶) 어린 양(奎)의 모습을 강조한 글자이다. 여기에서 '통달하다'의 뜻이 파생되었다.

□ 達成 달성　　□ 達觀 달관　　□ 通達 통달

195j

善 善 善 善 善 善 善 善 善 善

착할 선

- 총획 12획
- 부수 口
- 급수 5급

羊 양양 + ⺿ 풀초 + 口 입구

싸움(誩)에 끼어든 양(羊)이 악한 쪽을 들이받아 벌하는 데서 '선'의 뜻이 있으며 '착하다, 좋다, 훌륭하다' 등의 뜻이 파생되었다.

□ 善行 선행　　□ 善惡 선악　　□ 慈善 자선

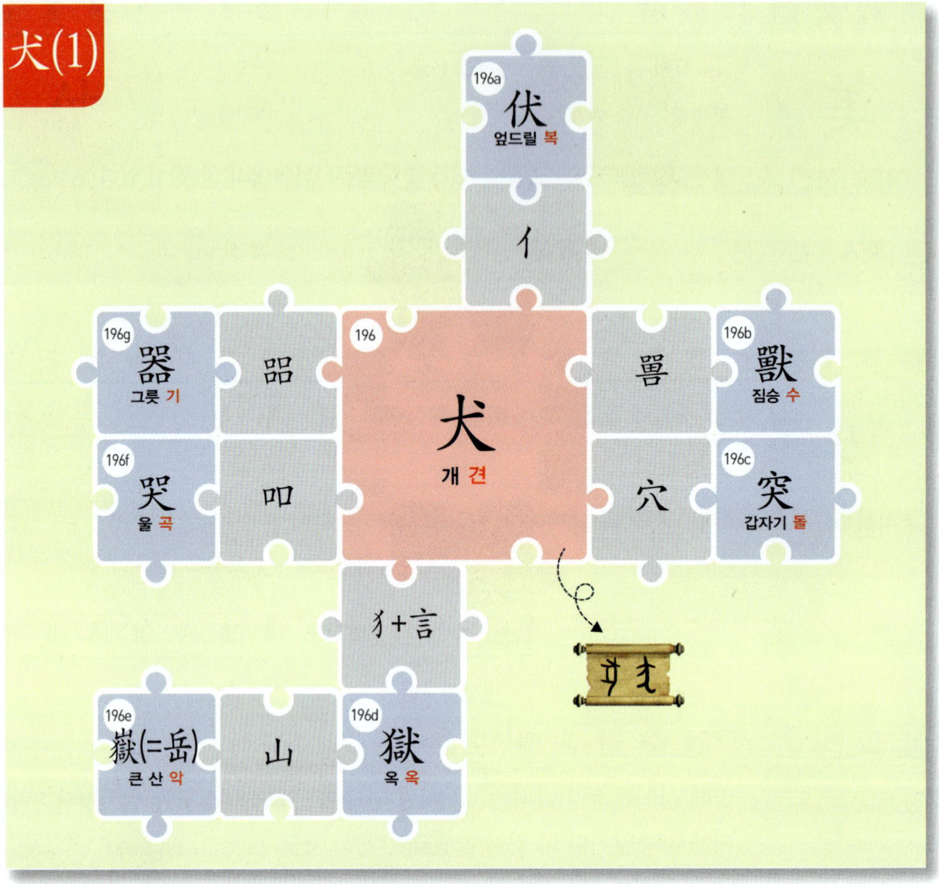

犬(1)

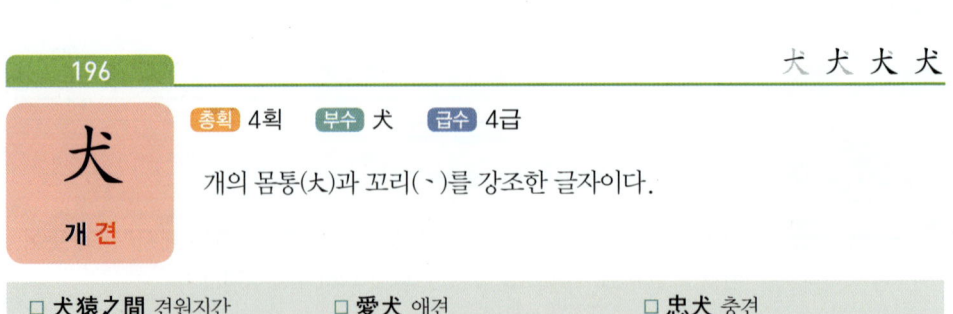

196a	伏 엎드릴 복
196g	器 그릇 기
	品
196	犬 개 견
	獸
196b	獸 짐승 수
196f	哭 울 곡
	叩
	穴
196c	突 갑자기 돌
	犭+言
196e	嶽(=岳) 큰 산 악
	山
196d	獄 옥 옥

犬 犬 犬 犬

196

犬 개 견

총획 4획 **부수** 犬 **급수** 4급

개의 몸통(大)과 꼬리(丶)를 강조한 글자이다.

□ 犬猿之間 견원지간   □ 愛犬 애견   □ 忠犬 충견

자연 | 동물 | 육상동물

196a

伏 伏 伏 伏 伏 伏

엎드릴 **복**

총획 6획　부수 亻　급수 4급
犬 개 견 ＋ 亻 사람 인

주인(亻) 앞에서 엎드리는 개(犬)를 가리킨다.

□ 伏兵 복병　　□ 伏地不動 복지부동　　□ 降伏 항복

196b

獸 獸 獸 獸 獸 獸 獸 獸 獸 獸 獸 獸 獸 獸

짐승 **수**

총획 19획　부수 犬　급수 3급
犬 개 견 ＋ 嘼 가축 축

개(犬)를 데리고 짐승(嘼)을 사냥하러 가는 모습이다.

□ 獸醫師 수의사　　□ 禽獸 금수　　□ 人面獸心 인면수심

196c

突 突 突 突 突 突 突 突 突

갑자기 **돌**

총획 9획　부수 穴　급수 3급
犬 개 견 ＋ 穴 구멍 혈

구멍(穴)에서 개(犬)가 갑자기 튀어나오다.

□ 突然 돌연　　□ 突出 돌출　　□ 衝突 충돌

196d

獄 獄 獄 獄 獄 獄 獄 獄 獄 獄 獄

옥 **옥**

총획 14획　부수 犭　급수 3급
犬 개 견 ＋ 犭 큰개견 ＋ 言 말씀 언

개(犬=犭)처럼 으르렁(狱)대는 소리(言)가 나는 감옥을 가리킨다.

□ 獄苦 옥고　　□ 監獄 감옥　　□ 地獄 지옥

196e

嶽 嶽 嶽 嶽 嶽 嶽 嶽 嶽 嶽 嶽 嶽 嶽 嶽 嶽

嶽 큰 산 악

- 총획 17획
- 부수 山
- 급수 특급
- 獄 옥 옥 + 山 산 산

감옥(獄)처럼 험한 바위투성이 산(山)을 가리킨다.

- □ 雪嶽山 설악산
- □ 楓嶽山 풍악산
- □ 山嶽 산악

196e

岳 岳 岳 岳 岳 岳 岳 岳

岳 큰 산 악

- 총획 8획
- 부수 山
- 급수 3급

큰 산 악(嶽) 자를 언덕(丘) 같은 산(山)으로 간략하게 표현한 글자이다.

- □ 山岳 산악
- □ 北岳山 북악산
- □ 雉岳山 치악산

196f

哭 哭 哭 哭 哭 哭 哭 哭 哭 哭

哭 울 곡

- 총획 10획
- 부수 口
- 급수 3급
- 犬 개 견 + 叩 부르짖을 훤

개(犬)가 길게 울부짖는(叩) 모습이다.

- □ 哭聲 곡성
- □ 哭泣 곡읍
- □ 慟哭/痛哭 통곡

196g

器 器 器 器 器 器 哭 哭 哭 器 器 器 器

器 그릇 기

- 총획 16획
- 부수 口
- 급수 4급
- 犬 개 견 + 㗊 뭇입 집

개(犬)들이 여러 개의 그릇(口=㗊)에 음식을 나눠 담아 먹는 모습이다.

- □ 食器 식기
- □ 樂器 악기
- □ 大器晚成 대기만성

자연 | 동물 | 육상동물

犬(2)

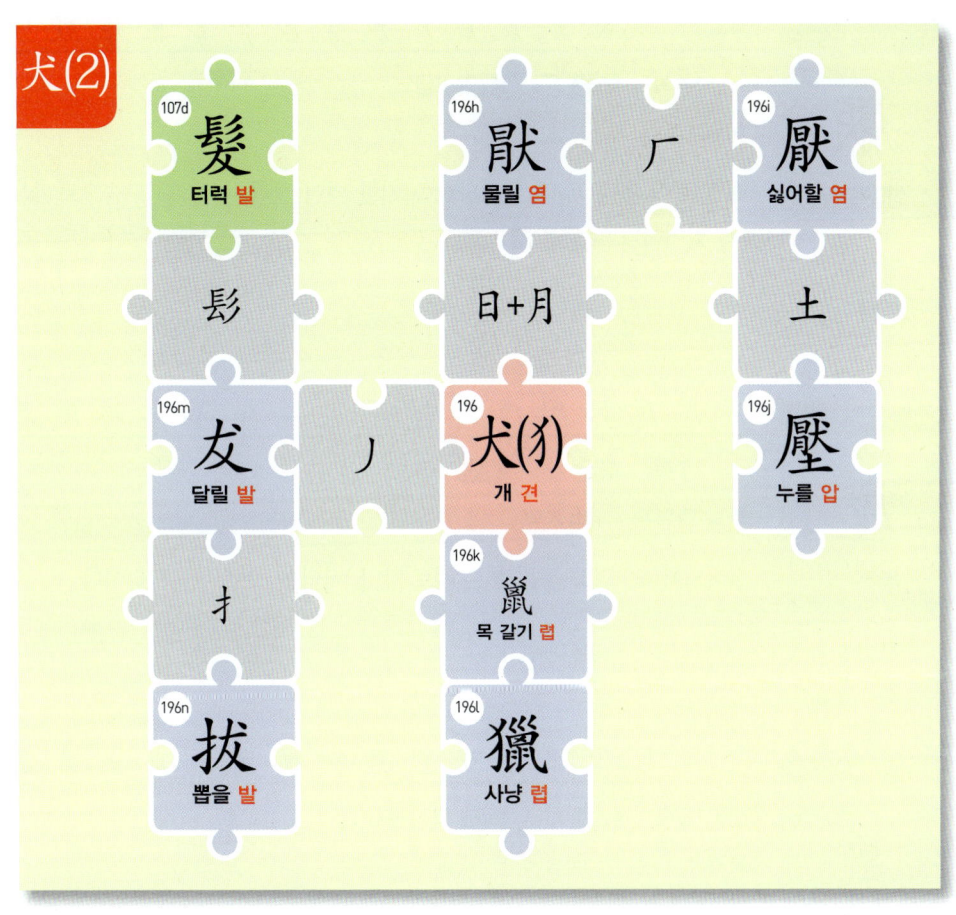

196h

厭
물릴 염

총획 12획　부수 犬　급수 확장한자

犬 개 견 ＋ 日 해 일 ＋ 月 육달 월

입(日→口) 안에 고기(月=肉)가 가득한 개(犬)의 모습으로 너무 많이 먹어 '물리다, 싫증나다'의 뜻이 있다.

196i

厭 싫어할 염

- 총획 14획
- 부수 厂
- 급수 2급

猒 물릴 염 + 厂 기슭 엄

매일 같이 언덕(厂)에서 사냥한 고기를 먹어 질려 버린(猒) 모습으로 '싫다, 싫어하다'의 뜻을 강조했다.

- □ 厭症 염증
- □ 厭世主義 염세주의

196j

壓 누를 압

- 총획 17획
- 부수 土
- 급수 4급

厭 싫어할 염 + 土 흙 토

질리도록(厭) 먹고 누워 부른 배로 땅(土)바닥을 짓누르는 모습이다.

- □ 壓力 압력
- □ 壓死 압사
- □ 抑壓 억압

196k

鬣 목 갈기 렵

- 총획 15획
- 부수 巛
- 급수 확장한자

鼠 쥐 서 + 罒 그물 망 + 巛 내 천

쥐(鼠)와 같은 동물들의 몸통(罒)에 난 긴 갈기(巛)를 강조한 글자이다.

196l

獵 사냥 렵

- 총획 18획
- 부수 犭
- 급수 3급

鬣 목 갈기 렵 + 犭 큰 개 견

사냥개(犭)로 갈기가 긴 짐승(鬣)을 사냥하는 모습이다.

- □ 獵奇的 엽기적
- □ 狩獵 수렵
- □ 涉獵 섭렵

자연 | 동물 | 육상동물

196m

友 友 友 友 友

犮 달릴 **발**

- 총획 5획
- 부수 犬
- 급수 확장한자

犬 개 견 + 丿 삐침 별

꼬랑지(丿)를 말아 넣고 도망가는 개(犬)의 모습을 본뜬 글자이다.

196n

拔 拔 拔 拔 拔 拔 拔

拔 뽑을 **발**

- 총획 8획
- 부수 扌
- 급수 3급

犮 달릴 발 + 扌 손 수

가장 잘 달리는(犮) 개를 뽑는(扌) 모습이다.

- □ 拔萃 발췌
- □ 拔擢 발탁
- □ 選拔 선발

107d

髮 髮 髮 髮 髮 髮 髮 髮 髮 髮 髮 髮

髮 터럭 **발**

- 총획 15획
- 부수 髟
- 급수 4급

犮 달릴 발 + 髟 늘어질 표

달릴(犮) 때 휘날리는 치렁치렁(髟)한 털(彡)을 가리킨다.

- □ 長髮 장발
- □ 理髮 이발
- □ 危機一髮 위기일발

豕(1)

197

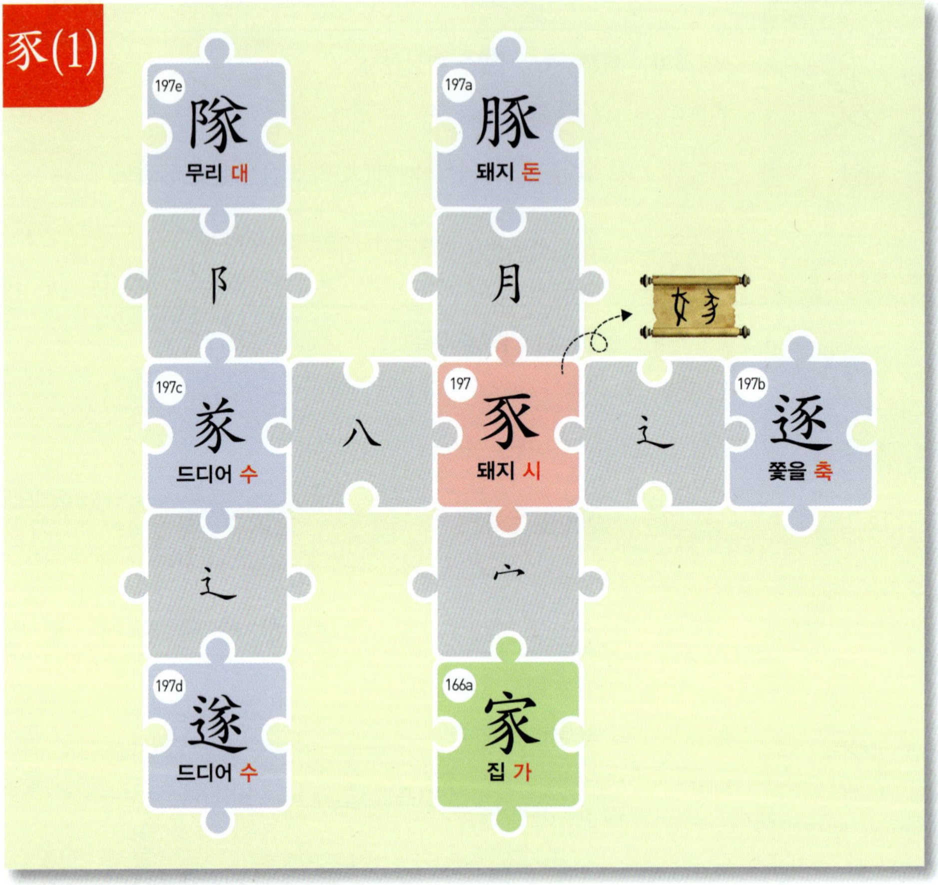

| 총획 | 7획 | 부수 | 豕 | 급수 | 특급 |

豕
돼지 시

드러누워 있는 돼지의 모습을 본뜬 글자이다.

197a

| 총획 | 11획 | 부수 | 豕 | 급수 | 3급 | 豕 돼지 시 + 月 육달 월 |

豚
돼지 돈

돼지 시(豕) 자에 고기를 뜻하는 달 월(月=肉)을 더해 의미를 강조했다.

- 豚肉 돈육
- 豚舍 돈사
- 養豚 양돈

자연 | 동물 | 육상동물

197b

逐逐逐逐逐逐逐逐逐逐逐

쫓을 축

총획 11획 **부수** 辶 **급수** 3급 豕 돼지 시 + 辶 쉬엄쉬엄 갈 착

밭을 망치는 돼지(豕)들을 쫓아버리는(辶) 모습이다.

□ 逐出 축출 □ 角逐 각축 □ 驅逐 구축

166a

家家家家家家家家家家

집 가

총획 10획 **부수** 宀 **급수** 7급 豕 돼지 시 + 宀 집 면

집(宀) 안에 아이들이 바글대는 모습을 돼지(豕)우리에 빗댄 글자이다.

□ 家庭 가정 □ 家族 가족 □ 宗家 종가

197c

㒸㒸㒸㒸㒸㒸㒸㒸㒸

드디어 수

총획 9획 **부수** 八 **급수** 확장한자 豕 돼지 시 + 八 여덟 팔

팔(八) 자는 '모두, 전부'를 뜻하므로 우리를 탈출한 모든(八) 돼지(豕)를 마침내 전부 쫓아버렸다 하여 '드디어, 마침내'를 뜻하게 되었다.

197d

遂遂遂遂遂遂遂遂遂遂遂

드디어 수

총획 13획 **부수** 辶 **급수** 3급 㒸 드디어 수 + 辶 쉬엄쉬엄 갈 착

우리를 탈출한 모든(八) 돼지(豕)를 마침내(㒸) 전부 쫓아버렸음(辶)을 뜻한다.

□ 遂行 수행 □ 完遂 완수 □ 未遂 미수

197e

隊隊隊隊隊隊隊隊隊隊隊

무리 대

총획 12획 **부수** 阝 **급수** 4급 㒸 드디어 수 + 阝 언덕 부

언덕(阝) 위로 한 무리(八)의 돼지(豕) 떼가 모인 모습이다.

□ 隊員 대원 □ 隊列 대열 □ 軍隊 군대

197f

豦 원숭이 거

총획 13획 | 부수 豕 | 급수 확장한자 | 豕 돼지 시 + 虍 호피무늬 호

호랑이(虍)와 돼지(豕)를 합쳐 원숭이를 뜻하는 글자이다.

197g

據 근거 거

총획 16획 | 부수 扌 | 급수 4급 | 豦 원숭이 거 + 扌 손 수

원숭이(豦)가 나무에 단단히 매달리듯(扌) 받침이 되는 '근거'를 뜻한다.

□ 據點 거점　　□ 證據 증거　　□ 論據 논거

자연 | 동물 | 육상동물

197h

劇 劇 劇 劇 劇 劇 劇 劇 劇 劇 劇 劇 劇 劇 劇

심할 **극**

총획 15획 　 부수 刂 　 급수 4급

豦 원숭이 거 ＋ 刂 칼 도

돼지(豕) 탈과 호랑이(虍) 탈을 쓰고 격렬히 칼(刂)싸움하는 모습에서 '심하다'의 뜻이 있다.

☐ 劇場 극장 　 ☐ 劇的 극적 　 ☐ 悲劇 비극

197i

象 象 象 象 象 象 象 象 象 象 象 象

코끼리 **상**

총획 12획 　 부수 豕 　 급수 4급

긴 코(⺈)를 가진 코끼리를 본뜬 글자이다.

돼지와 아무 연관이 없는 글자지만 코끼리 상(象) 자의 아랫부분에 돼지 시(豕) 자가 들어가 있어 돼지 시(豕)가 부수자이다. 따라서 돼지 시(豕) 자 편에서 함께 다루고 있다. 코끼리의 다리와 돼지 몸통이 비슷하여 돼지의 몸통에 긴 코를 연결하여 코끼리 상(象) 자를 만들었을 수도 있다.

☐ 象徵 상징 　 ☐ 象形 상형 　 ☐ 對象 대상

197j

像 像 像 像 像 像 像 像 像 像 像 像

모양 **상**

총획 14획 　 부수 亻 　 급수 3급

象 코끼리 상 ＋ 亻 사람 인

북방사람(亻)들이 코끼리를 상상하며 그린 그림을 본뜬 글자이다.

☐ 想像 상상 　 ☐ 銅像 동상 　 ☐ 偶像 우상

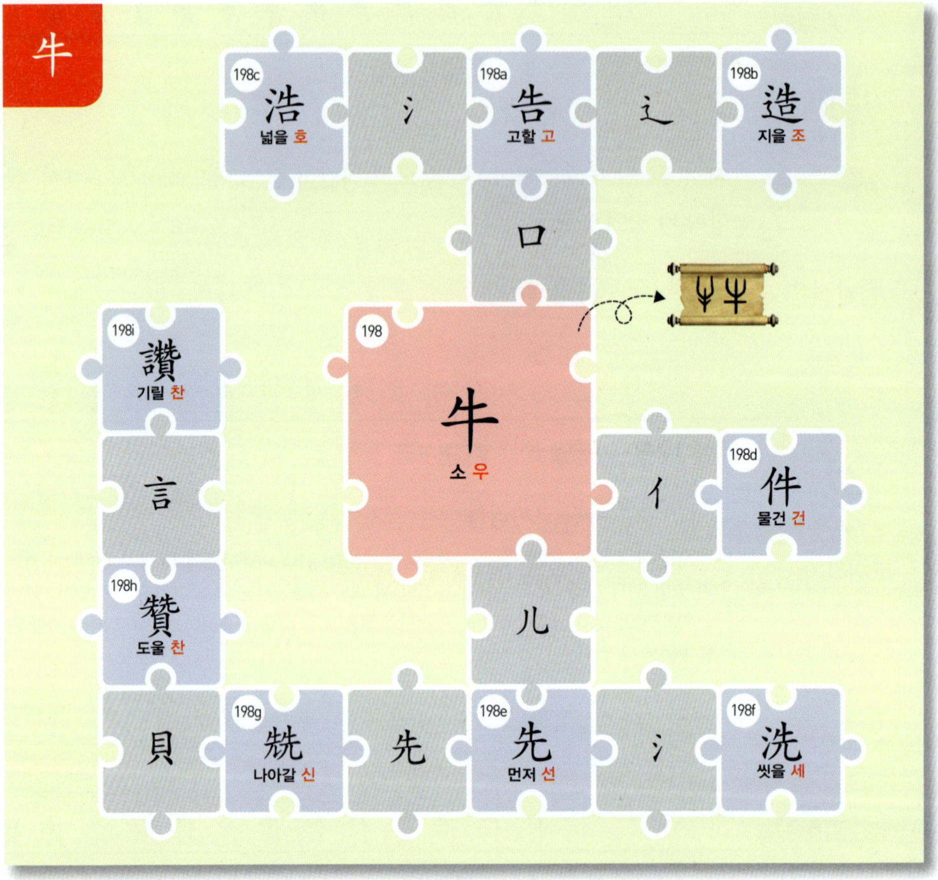

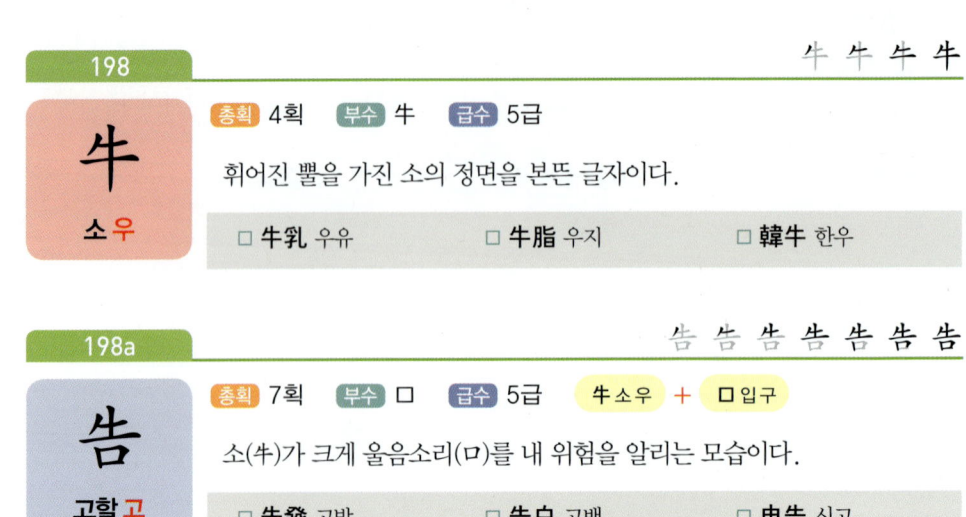

198

198 牛 소 우

牛 牛 牛 牛

총획 4획 부수 牛 급수 5급

휘어진 뿔을 가진 소의 정면을 본뜬 글자이다.

□ **牛乳** 우유	□ **牛脂** 우지	□ **韓牛** 한우

198a 告 고할 고

告 告 告 告 告 告 告

총획 7획 부수 口 급수 5급 牛 소 우 + 口 입 구

소(牛)가 크게 울음소리(口)를 내 위험을 알리는 모습이다.

□ **告發** 고발	□ **告白** 고백	□ **申告** 신고

자연 | 동물 | 육상동물

198b

造
지을 조

- 총획 11획
- 부수 辶
- 급수 4급
- 告 고할 고 + 辶 쉬엄쉬엄 갈 착

위험(告)하지 않은 안전한 길(辶)을 만드는 모습이다.

- □ 造成 조성
- □ 造作 조작
- □ 創造 창조

198c

浩
넓을 호

- 총획 10획
- 부수 氵
- 급수 3급
- 告 고할 고 + 氵 물 수

자신의 이름을 바다(氵)와 같이 널리 알려(告) 뜻을 펼치는 모습이다.

- □ 浩氣 호기
- □ 浩然之氣 호연지기

198d

件
물건 건

- 총획 6획
- 부수 亻
- 급수 5급
- 牛 소 우 + 亻 사람 인

사람(亻)이 소(牛)를 팔아 '물건'을 사는 모습 또는 소가 사람을 들이받는 사건을 가리킨다.

- □ 件數 건수
- □ 事件 사건
- □ 條件 조건

198e

先
먼저 선

- 총획 6획
- 부수 儿
- 급수 8급
- 牛 소 우 + 儿 어진 사람 인

무엇을 하든 발(㐄=止)이 먼저 나가는 사람(儿)의 모습이다.

- □ 先頭 선두
- □ 先輩 선배
- □ 率先 솔선

198f

洗 씻을 세

- 총획 9획
- 부수 氵
- 급수 5급
- 先 먼저 선 + 氵 물 수

의식에 앞서(先) 몸을 씻는(氵) 모습이다.

- □ 洗滌 세척
- □ 洗手 세수
- □ 洗濯 세탁

198g

兟 나아갈 신

- 총획 12획
- 부수 儿
- 급수 확장한자
- 先 먼저 선 + 先 먼저 선

발(先)을 두 개를 겹쳐 빨리 앞으로 나아가는 모습을 강조한 글자이다.

198h

贊 도울 찬

- 총획 19획
- 부수 貝
- 급수 3급
- 兟 나아갈 신 + 貝 조개 패

가장 먼저(兟) 금전(貝)적인 도움을 베푸는 모습이다.

- □ 贊成 찬성
- □ 贊助 찬조
- □ 協贊 협찬

198i

讚 기릴 찬

- 총획 26획
- 부수 言
- 급수 4급
- 贊 도울 찬 + 言 말씀 언

남을 도운(贊) 선행을 두고두고 이야기(言)하는 것을 가리킨다.

- □ 讚辭 찬사
- □ 稱讚 칭찬
- □ 過讚 과찬

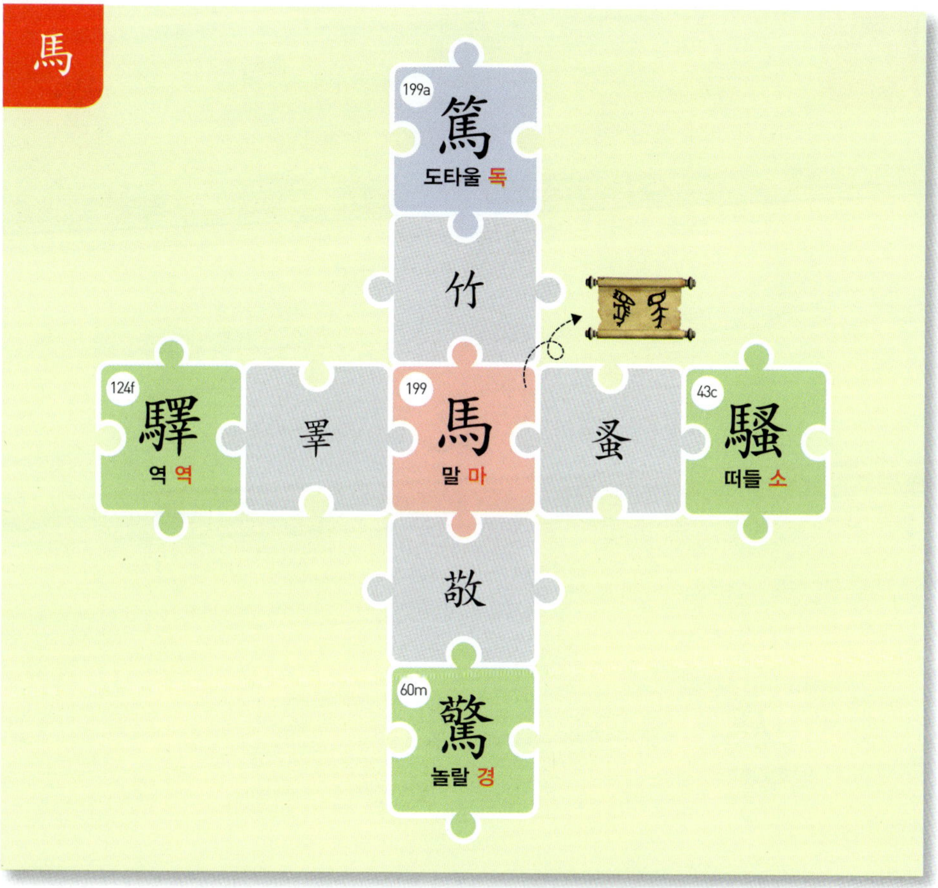

자연 | 동물 | 육상동물

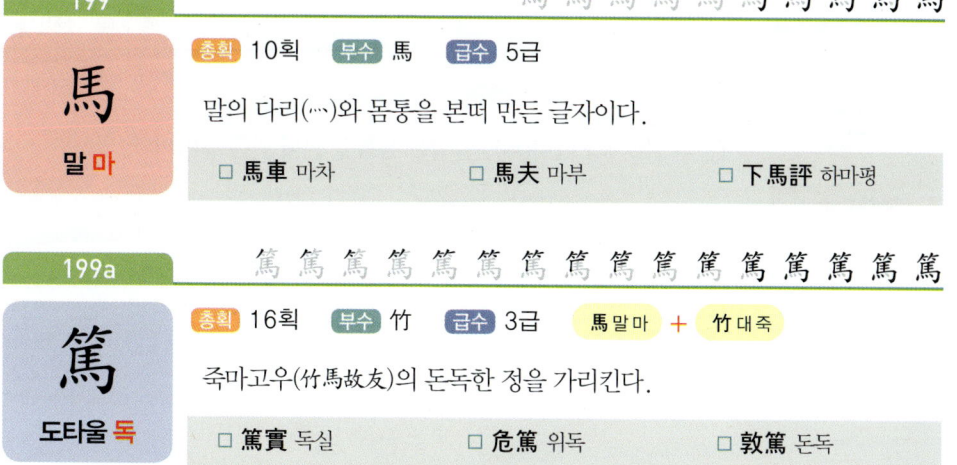

199			
馬 말 마	총획 10획 부수 馬 급수 5급		
	말의 다리(灬)와 몸통을 본떠 만든 글자이다.		
	□ 馬車 마차	□ 馬夫 마부	□ 下馬評 하마평

199a			
篤 도타울 독	총획 16획 부수 竹 급수 3급 馬 말 마 + 竹 대 죽		
	죽마고우(竹馬故友)의 돈독한 정을 가리킨다.		
	□ 篤實 독실	□ 危篤 위독	□ 敦篤 돈독

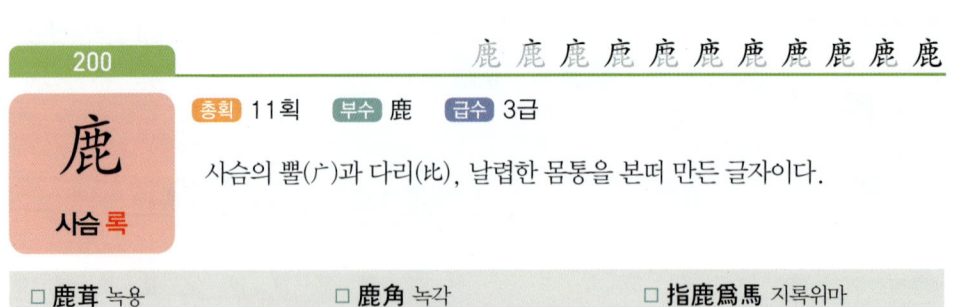

200	총획 11획 부수 鹿 급수 3급
鹿 사슴 **록**	鹿鹿鹿鹿鹿鹿鹿鹿鹿鹿鹿 사슴의 뿔(广)과 다리(比), 날렵한 몸통을 본떠 만든 글자이다.

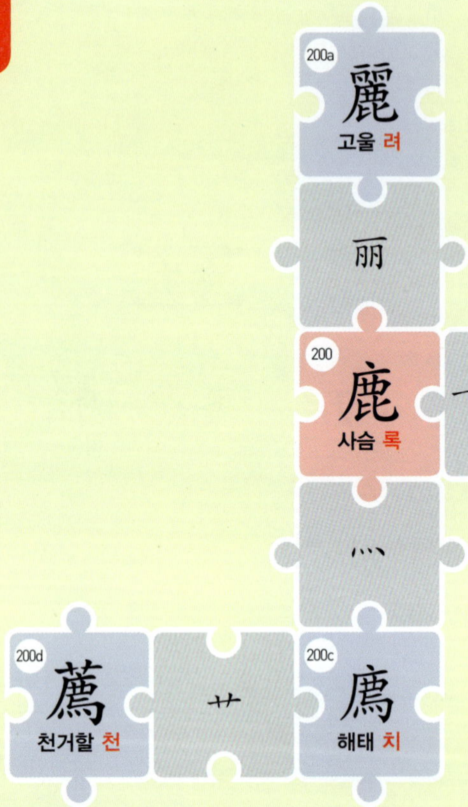

□ 鹿茸 녹용　　□ 鹿角 녹각　　□ 指鹿爲馬 지록위마

자연 | 동물 | 육상동물

200a

麗 麗 麗 麗 麗 麗 麗 麗 麗 麗 麗 麗 麗 麗 麗

麗
고울 려

- 총획 19획
- 부수 鹿
- 급수 4급

鹿 사슴 록 + 丽 고울 려

사슴(鹿)의 뿔(丽)이 '곱다, 아름답다'의 뜻을 가진다.

- □ 華麗 화려
- □ 秀麗 수려
- □ 美辭麗句 미사여구

200b

慶 慶 慶 慶 慶 慶 慶 慶 慶 慶 慶 慶 慶

慶
경사 경

- 총획 15획
- 부수 心
- 급수 4급

鹿 사슴 록 + ㄱ 구결자 야 + 心 마음 심 + 夂 뒤져올 치

사슴처럼(鹿) 뛸(夂)듯이 기뻐하는 마음(心)이다.

- □ 慶事 경사
- □ 慶祝 경축
- □ 國慶日 국경일

200c

廌 廌 廌 廌 廌 廌 廌 廌 廌 廌 廌

해태 치

- 총획 13획
- 부수 广
- 급수 확장한자

鹿 사슴 록 + 灬 불 화

선악을 가리는 영험한 상상의 동물을 가리킨다.

200d

薦 薦 薦 薦 薦 薦 薦 薦 薦 薦 薦 薦 薦 薦 薦

薦
천거할 천

- 총획 17획
- 부수 艹
- 급수 3급

廌 해태 치 + 艹 풀 초

해태(廌)에게 귀중한 풀(艹)을 바치듯 사람을 추천하는 모습이다.

- □ 薦擧 천거
- □ 推薦 추천
- □ 公薦 공천

虍(1)

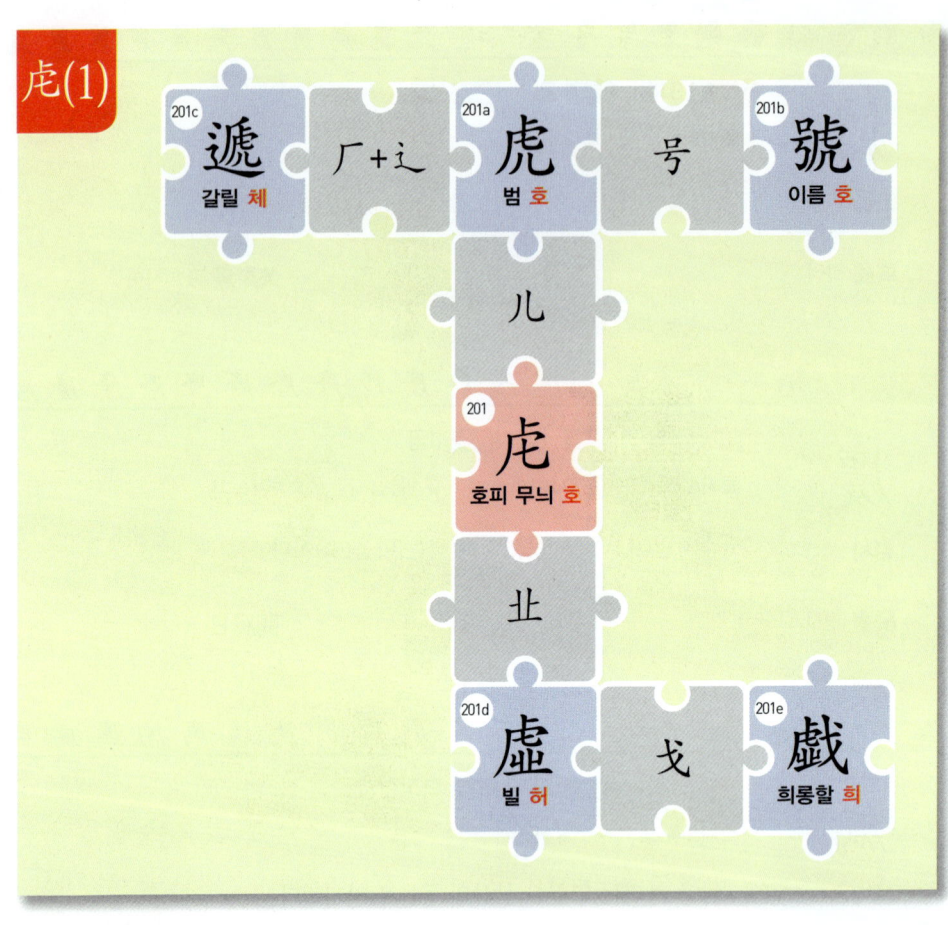

201

虍 호피 무늬 호

- 총획 6획
- 부수 虍
- 급수 확장한자

호랑이(虎)를 본뜬 글자로 오로지 부수자로만 쓰인다.

虍 虍 虍 虍 虍 虍

201a

虎 범호

- 총획 8획
- 부수 虍
- 급수 3급
- 虍 호피 무늬 호 + 儿 어진 사람 인

날렵한 다리(儿)를 가진 호랑이(虎)의 모습을 강조한 글자이다.

虎 虎 虎 虎 虎 虎 虎 虎

- □ 虎患 호환
- □ 虎視耽耽 호시탐탐
- □ 猛虎 맹호

자연 | 동물 | 육상동물

201b

이름 호

號 號 號 號 號 號 號 號 號 號 號 號 號

- 총획 13획
- 부수 虍
- 급수 6급

虎 범 호 + 号 이름 호

호랑이(虎)가 포효(号)하는 모습에서 나온 '부르짖다'의 뜻이 훗날 '이름'을 가리키게 되었다.

- □ 號令 호령
- □ 號外 호외
- □ 口號 구호

201c

갈릴 체

遞 遞 遞 遞 遞 遞 遞 遞 遞 遞 遞 遞 遞

- 총획 14획
- 부수 辶
- 급수 3급

虎 범 호 + 厂 기슭 엄 + 辶 쉬엄쉬엄 갈 착

호랑이(虎)에 쫓겨(辶) 동물들이 몸을 숨기는(厂) 모습이다.

- □ 郵遞局 우체국

201d

빌 허

虛 虛 虛 虛 虛 虛 虛 虛 虛 虛 虛

- 총획 12획
- 부수 虍
- 급수 4급

虍 호피 무늬 호 + 业 언덕 구

언덕(丘=业+一)에 나 있는 호랑이(虎)의 동굴이 비어 있는 모습이다.

- □ 虛構 허구
- □ 虛風 허풍
- □ 虛勢 허세

201e

희롱할 희

戲 戲 戲 戲 戲 戲 戲 戲 戲 戲 戲 戲

- 총획 16획
- 부수 戈
- 급수 특급

虛 빌 허 + 戈 창 과

가짜(虛) 호랑이(虎)와 싸우는(戈) 연기를 하며 노는 것에서 '희롱하다'의 의미가 생겼다.

- □ 戲曲 희곡
- □ 戲劇 희극
- □ 戲弄 희롱

虍(2)

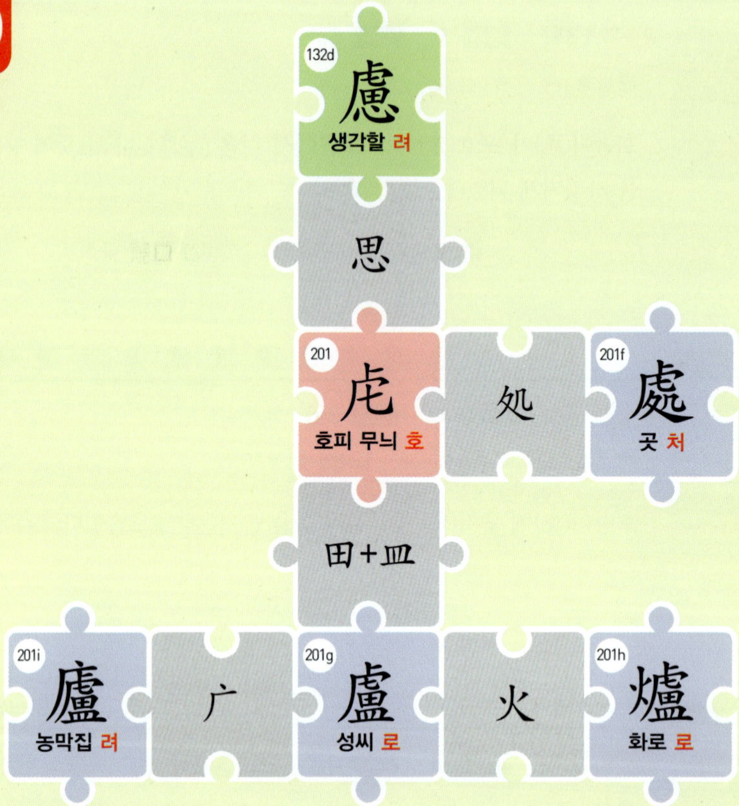

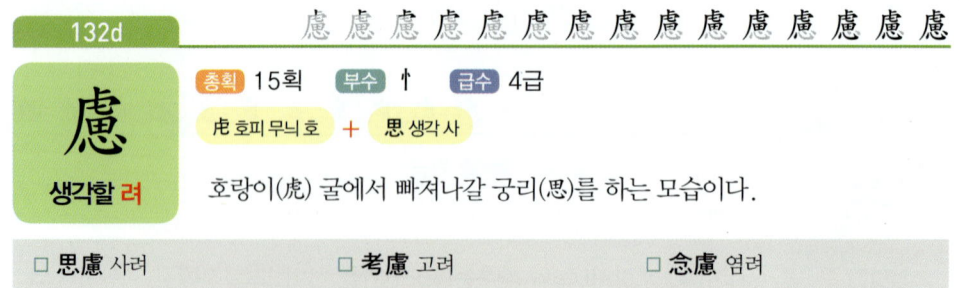

132d	慮慮慮慮慮慮慮慮慮慮慮慮

慮
생각할 려

- 총획 15획
- 부수 忄
- 급수 4급

虍 호피 무늬 호 + 思 생각 사

호랑이(虎) 굴에서 빠져나갈 궁리(思)를 하는 모습이다.

□ 思慮 사려　　□ 考慮 고려　　□ 念慮 염려

자연 | 동물 | 육상동물

201f

處處處處處處處處處處

곳 **처**

- 총획 11획
- 부수 虍
- 급수 4급

虍 호피무늬호 + 処 곳 처

권력자(虎)가 앉을 자리(処)에서 '곳, 머무르다, 살다'의 뜻이 나왔으며, 형을 집행하는 모습으로 여겨 '처형하다, 처리하다'의 뜻도 가진다.

- □ 處身 처신
- □ 處理 처리
- □ 部處 부처

201g

盧盧盧盧盧盧盧盧盧盧盧盧盧盧盧盧

성씨 **로**

- 총획 16획
- 부수 皿
- 급수 2급

虍 호피무늬호 + 田 밭 전 + 皿 그릇 명

호랑이(虍) 무늬의 제기(皿)를 가리켰으나 '성씨'의 뜻으로 쓰인다.

- □ 毘盧峯 비로봉

201h

爐爐爐爐爐爐爐爐爐爐爐爐爐爐爐爐爐爐爐爐

화로 **로**

- 총획 20획
- 부수 火
- 급수 3급

盧 성씨로 + 火 불화

불씨(火)를 담는 그릇(盧)을 가리킨다.

- □ 火爐 화로
- □ 香爐 향로
- □ 鎔鑛爐 용광로

201i

廬廬廬廬廬廬廬廬廬廬廬廬廬廬廬

廬
농막집 **려**

- 총획 19획
- 부수 广
- 급수 2급

盧 성씨로 + 广 집 엄

밥그릇(盧)만 덩그러니 놓여 있는 볼품없는 집(广)을 가리킨다.

- □ 三顧草廬 삼고초려

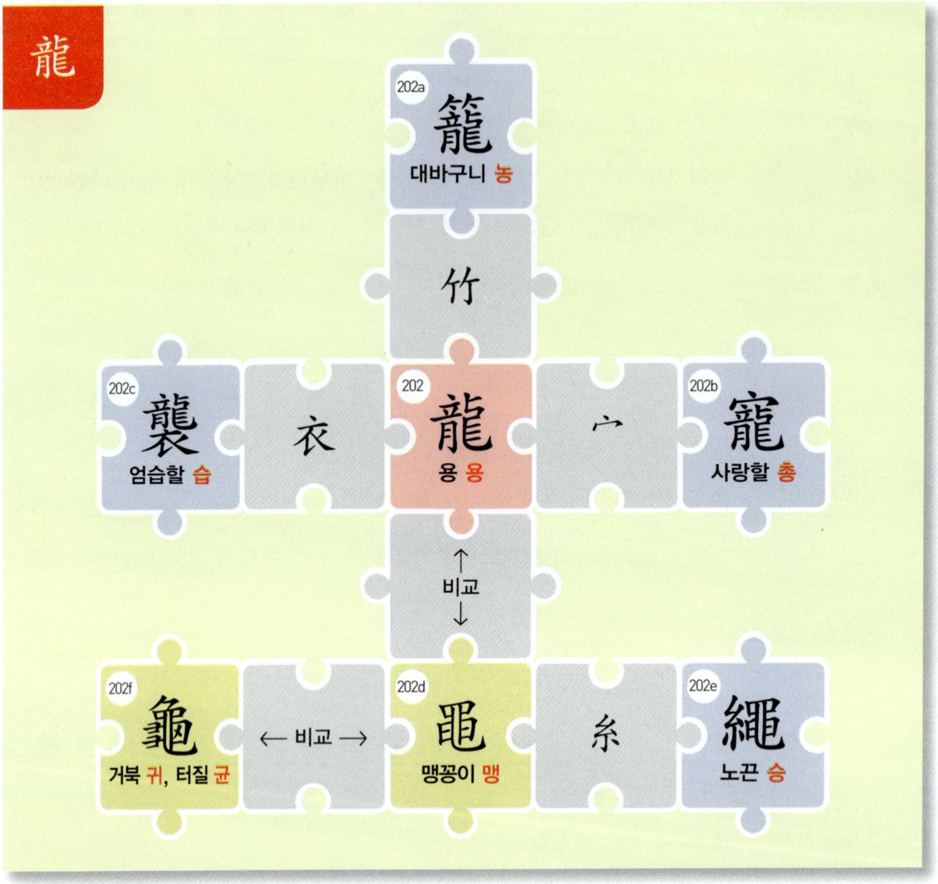

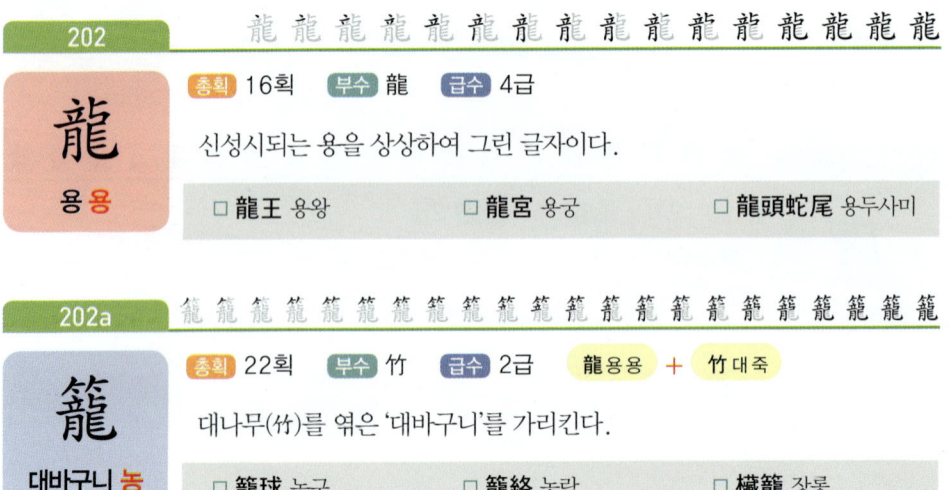

| 202 | 龍龍龍龍龍龍龍龍龍龍龍龍龍龍龍龍 |

龍
용 **용**

총획 16획 부수 龍 급수 4급

신성시되는 용을 상상하여 그린 글자이다.

□ 龍王 용왕   □ 龍宮 용궁   □ 龍頭蛇尾 용두사미

| 202a | 籠籠籠籠籠籠籠籠籠籠籠籠籠籠籠籠籠 |

籠
대바구니 **농**

총획 22획 부수 竹 급수 2급   龍 용 용 + 竹 대 죽

대나무(竹)를 엮은 '대바구니'를 가리킨다.

□ 籠球 농구   □ 籠絡 농락   □ 欌籠 장롱

자연 | 동물 | 육상동물

202b

寵寵寵寵寵寵寵寵寵寵寵寵寵寵寵

寵 사랑할 총

- 총획 19획
- 부수 宀
- 급수 1급
- 龍 용 용 + 宀 집 면

용(龍)으로부터 가호를 받는 집(宀)의 모습에서 '사랑하다'의 뜻이 있다.

- □ 寵愛 총애
- □ 寵兒 총아
- □ 恩寵 은총

202c

襲襲襲襲襲襲襲襲襲襲襲襲襲襲襲襲襲

襲 엄습할 습

- 총획 22획
- 부수 衣
- 급수 3급
- 龍 용 용 + 衣 옷 의

용(龍)이 넓게 펼쳐진 치마(衣)처럼 하늘로부터 내려오는 웅장한 모습을 상상하며 만든 글자이다.

- □ 襲擊 습격
- □ 掩襲 엄습
- □ 踏襲 답습

202d

黽黽黽黽黽黽黽黽黽黽黽黽黽

 맹꽁이 맹

- 총획 13획
- 부수 黽
- 급수 특급

생김새가 개구리와 두꺼비를 닮은 맹꽁이를 본뜬 글자이다.

202e

繩繩繩繩繩繩繩繩繩繩繩繩繩繩繩繩

繩 노끈 승

- 총획 19획
- 부수 糸
- 급수 2급
- 黽 맹꽁이 맹 + 糸 가는실 멱

맹꽁이(黽)를 잡아서 묶는 모습을 본뜬 글자로 묶는 끈(糸)을 가리킨다.

- □ 捕繩 포승
- □ 結繩 결승
- □ 縛繩 박승

202f

龜龜龜龜龜龜龜龜龜龜龜龜龜龜

 거북 귀, 터질 균

- 총획 16획
- 부수 龜
- 급수 3급

거북이의 모습을 위에서 본뜬 글자이다. 등딱지가 갈라져 있는 모습에서 '터지다, 갈라지다'의 뜻도 가진다.

- □ 龜鑑 귀감
- □ 龜甲 귀갑
- □ 龜裂 균열

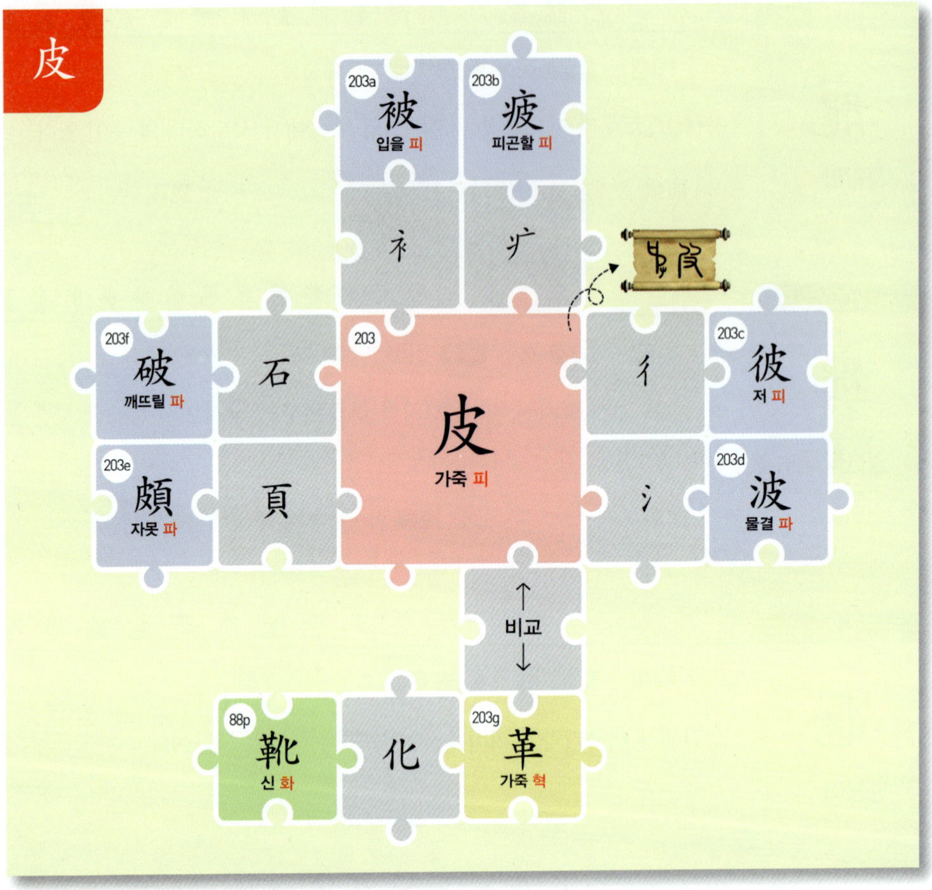

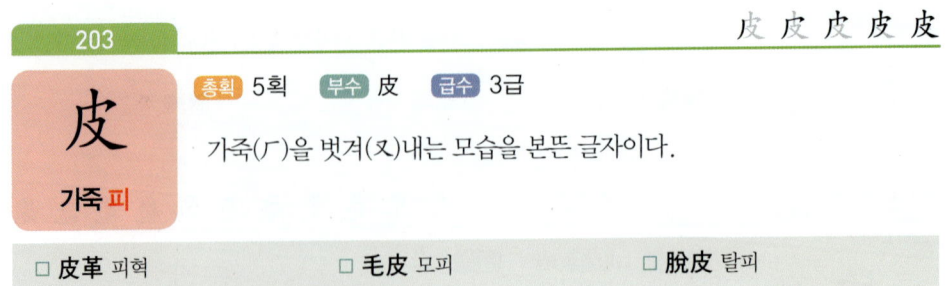

203

皮 皮 皮 皮 皮

皮 가죽 피

총획 5획 부수 皮 급수 3급

가죽(厂)을 벗겨(又)내는 모습을 본뜬 글자이다.

□ **皮革** 피혁	□ **毛皮** 모피	□ **脫皮** 탈피

자연 | 동물 | 육상동물

203a

被 입을 피

- 총획 10획
- 부수 衤
- 급수 3급

皮 가죽 피 + 衤 옷 의

가죽(皮)으로 만든 옷(衤)을 입는 모습에서 '입다, 피해를 입다' 등의 뜻이 있다.

- □ 被服 피복
- □ 被害 피해
- □ 被疑者 피의자

203b

疲 피곤할 피

- 총획 10획
- 부수 疒
- 급수 4급

皮 가죽 피 + 疒 병들어 기댈 녁

병(疒)들어서 가죽(皮)만 남은 앙상한 몰골이 피곤해 보인다.

- □ 疲勞 피로
- □ 疲困 피곤
- □ 疲弊 피폐

203c

彼 저 피

- 총획 8획
- 부수 彳
- 급수 3급

皮 가죽 피 + 彳 조금 걸을 척

길(彳) 저편을 가리키기 위한 글자이다. 가죽 피(皮)를 발음으로 쓴다.

- □ 彼此 피차
- □ 知彼知己 지피지기
- □ 此日彼日 차일피일

203d

波 물결 파

- 총획 8획
- 부수 氵
- 급수 4급

皮 가죽 피 + 氵 물 수

가죽(皮)의 일렁이는 모양과 물결(氵)치는 모양이 닮은 데서 비롯한 글자이다.

- □ 波紋 파문
- □ 波及 파급
- □ 餘波 여파

203e

頗 頗 頗 頗 頗 頗 頗 頗 頗 頗 頗 頗 頗 頗

頗 자못 파

- 총획 14획
- 부수 頁
- 급수 3급

皮 가죽 피 + 頁 머리 혈

진귀하거나 귀한 동물의 가죽(皮)을 보기 위해 머리(頁)를 상당히 많이 기울인 모양이다.

- □ 頗多 파다
- □ 偏頗 편파

203f

破 破 破 破 破 破 破 破 破 破

破 깨뜨릴 파

- 총획 10획
- 부수 石
- 급수 4급

皮 가죽 피 + 石 돌 석

가죽(皮)을 벗겨내듯 바위틈에 쐐기를 박아 깨뜨려 돌(石)을 떠내는 모습이다.

- □ 破壞 파괴
- □ 破産 파산
- □ 突破 돌파

203g

革 革 革 革 革 革 革 革 革

革 가죽 혁

- 총획 9획
- 부수 革
- 급수 4급

가죽을 벗겨내어 다듬은 다음 벽에 걸어 두던 모습이다.

- □ 革新 혁신
- □ 改革 개혁
- □ 革命 혁명

88p

靴 靴 靴 靴 靴 靴 靴 靴 靴 靴

靴 신 화

- 총획 13획
- 부수 革
- 급수 2급

革 가죽 혁 + 化 될 화

가죽(革)으로 만들어진(化) 신발을 가리킨다.

- □ 軍靴 군화
- □ 防寒靴 방한화
- □ 運動靴 운동화

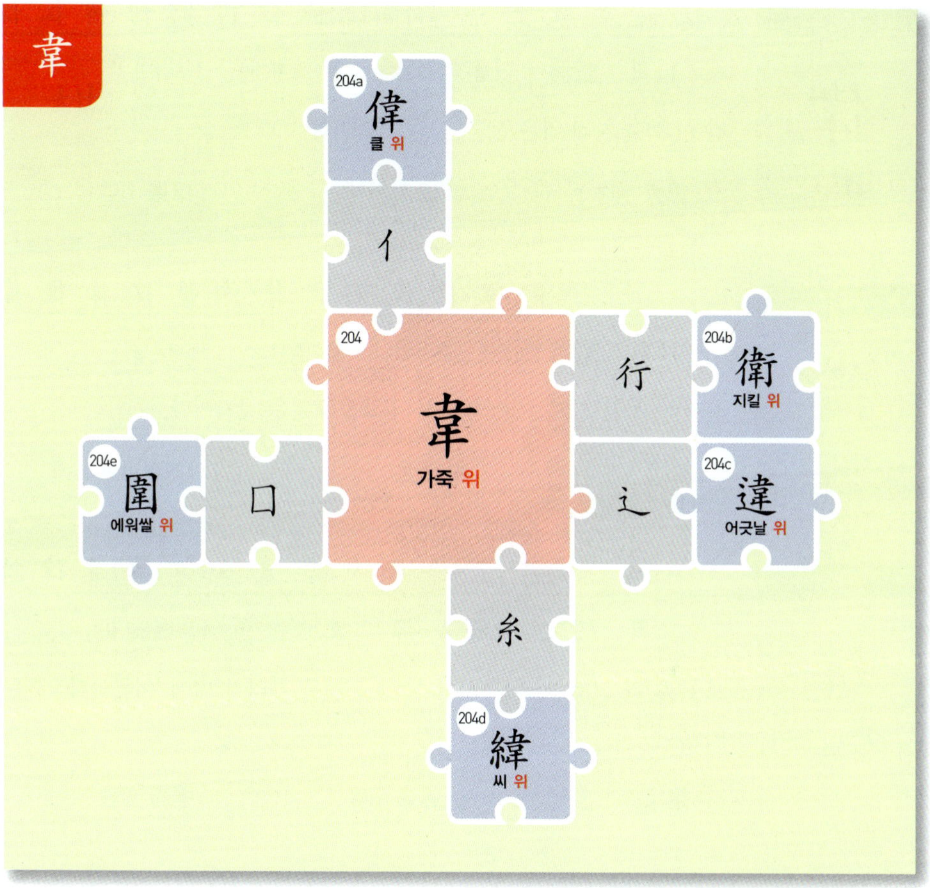

자연 | 동물 | 육상동물

韋

| 204a 偉 클 위 |
| 亻 |

| 204 韋 가죽 위 | 行 | 204b 衛 지킬 위 |
| 204e 圍 에워쌀 위 | 口 | 之 | 204c 違 어긋날 위 |

| 糸 |
| 204d 緯 씨 위 |

204

韋 가죽 위

총획 9획 **부수** 韋 **급수** 2급

군인들이 가죽으로 만든 갑옷을 입고 있는 모습이다.

옛 그림은 성을 중심으로 서로 반대편으로 향하고 있는 발을 그려서 보초 서는 장면임을 알려준다. 반대편으로 향하는 발처럼 가죽을 서로 반대편으로 잡아당겨 늘려가면서 가죽을 가공하던 모습에서 '가죽'의 뜻이 나왔다.

☐ 韋編三絕 위편삼절

204a

偉 偉 偉 偉 偉 偉 偉 偉

偉
클 위

- 총획 11획
- 부수 亻
- 급수 5급
- 韋 가죽 위 + 亻 사람 인

갑옷(韋)을 차려 입은 장군(亻)의 모습이다.

- □ 偉大 위대
- □ 偉人 위인
- □ 偉業 위업

204b

衛 衛 衛 衛 衛 衛 衛 衛 衛 衛

衛
지킬 위

- 총획 15획
- 부수 行
- 급수 4급
- 韋 가죽 위 + 行 다닐 행

사거리(行)를 지키는 군인(韋)들의 모습을 본뜬 글자이다.

- □ 衛兵 위병
- □ 衛生 위생
- □ 防衛 방위

204c

違 違 違 違 違 違 違 違 違 違

違
어긋날 위

- 총획 13획
- 부수 辶
- 급수 3급
- 韋 가죽 위 + 辶 쉬엄쉬엄 갈 착

보초(韋)가 근무 지역을 벗어나는(辶) 것을 가리켜 법에 '어긋나다'의 뜻이 있다.

- □ 違反 위반
- □ 違法 위법
- □ 違憲 위헌

204d

緯 緯 緯 緯 緯 緯 緯 緯 緯 緯

緯
씨 위

- 총획 15획
- 부수 糸
- 급수 3급
- 韋 가죽 위 + 糸 가는실 멱

보초(韋)가 순찰하듯 날실(經) 사이를 오가며(韋) 천을 짜는 씨실(糸)을 본뜬 글자이다.

- □ 緯度 위도
- □ 北緯 북위
- □ 經緯 경위

204e

圍 圍 圍 圍 圍 圍 圍 圍 圍

圍
에워쌀 위

- 총획 12획
- 부수 囗
- 급수 4급
- 韋 가죽 위 + 囗 에워쌀 위

지켜야(韋) 할 구역(囗)을 에워싸고 있는 모습이다.

- □ 範圍 범위
- □ 周圍 주위
- □ 雰圍氣 분위기

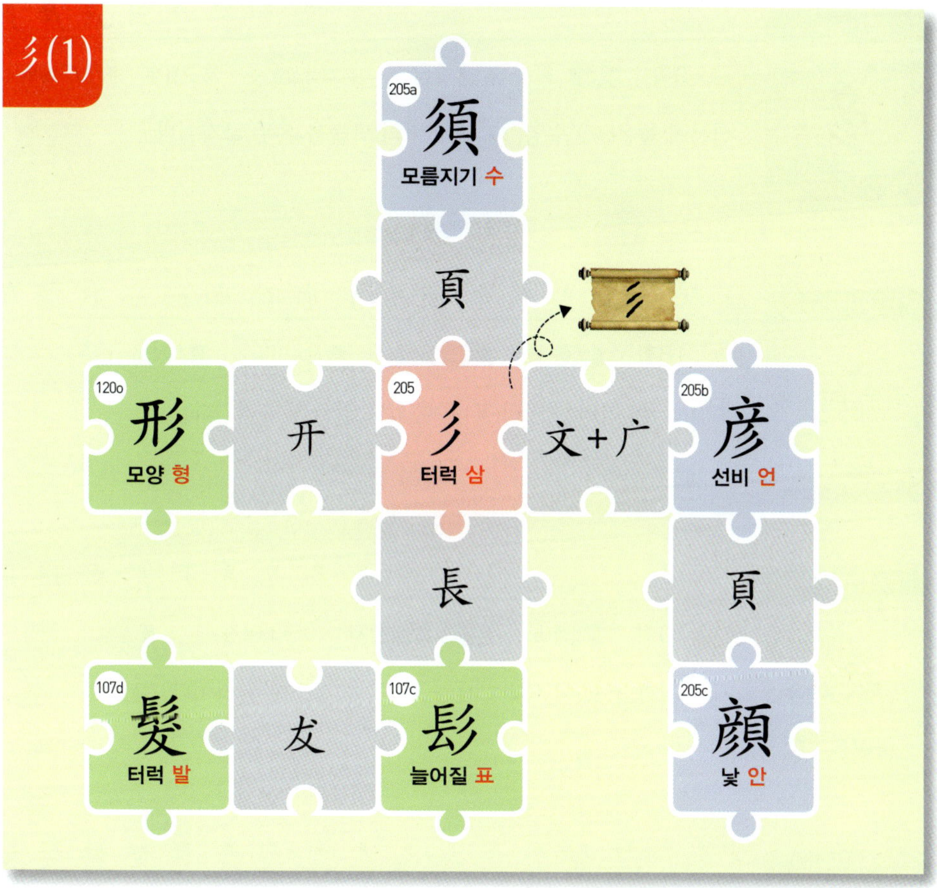

자연 | 동물 | 육상동물

彡(1)

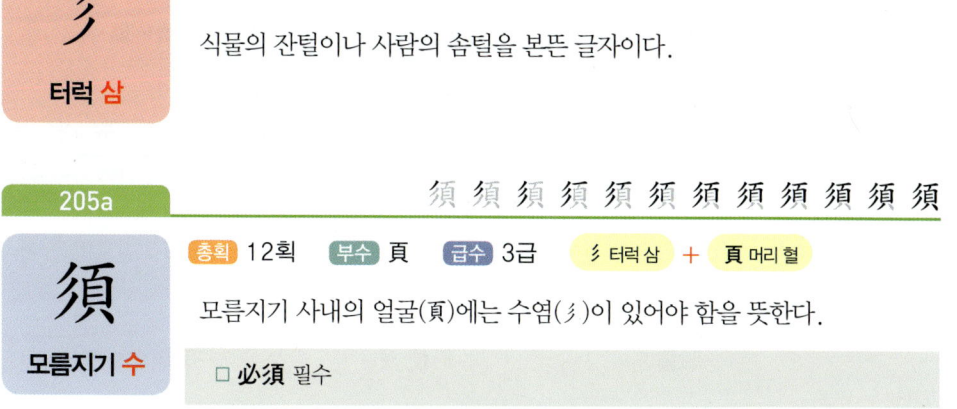

205	총획 3획 부수 彡 급수 확장한자
彡 터럭 삼	식물의 잔털이나 사람의 솜털을 본뜬 글자이다.

205a	총획 12획 부수 頁 급수 3급 彡 터럭삼 + 頁 머리 혈
須 모름지기 수	모름지기 사내의 얼굴(頁)에는 수염(彡)이 있어야 함을 뜻한다.
	□ 必須 필수

205b 彦 선비 언

彦彦彦彦彦彦彦彦

- 총획 9획
- 부수 彡
- 급수 2급
- 彡 터럭 삼 + 文 글월 문 + 广 집 엄

신분이 높은(广) 수염(彡) 난 선비의 모습을 본뜬 글자이다.

205c 顔 낯 안

顔顔顔顔顔顔顔顔顔顔顔顔顔顔

- 총획 18획
- 부수 頁
- 급수 3급
- 彦 선비 언 + 頁 머리 혈

수염(彦)이 자라는 머리(頁) 중에서도 얼굴을 가리킨다.

- □ 顔面 안면
- □ 童顔 동안
- □ 老顔 노안

107c 髟 늘어질 표

髟髟髟髟髟髟髟髟髟

- 총획 10획
- 부수 髟
- 급수 확장한자
- 彡 터럭 삼 + 長 길 장

긴 머리카락(長)이 드리워져(彡) 있음을 강조한 글자이다.

107d 髮 터럭 발

髮髮髮髮髮髮髮髮髮髮髮髮髮

- 총획 15획
- 부수 髟
- 급수 4급
- 髟 늘어질 표 + 犮 달릴 발

긴털(髟)을 휘날리며 달리는(犮) 개의 모습을 강조해 '긴털 혹은 터럭'의 뜻을 되살린 글자이다.

- □ 毛髮 모발
- □ 理髮 이발
- □ 危機一髮 위기일발

120o 形 모양 형

形形形形形形形

- 총획 7획
- 부수 彡
- 급수 6급
- 彡 터럭 삼 + 开 열 개

가마(井)에 형형색색의 술을 늘어뜨려 화려하게 장식한(彡) 겉모양을 가리킨다.

- □ 形言 형언
- □ 形便 형편
- □ 有形 유형

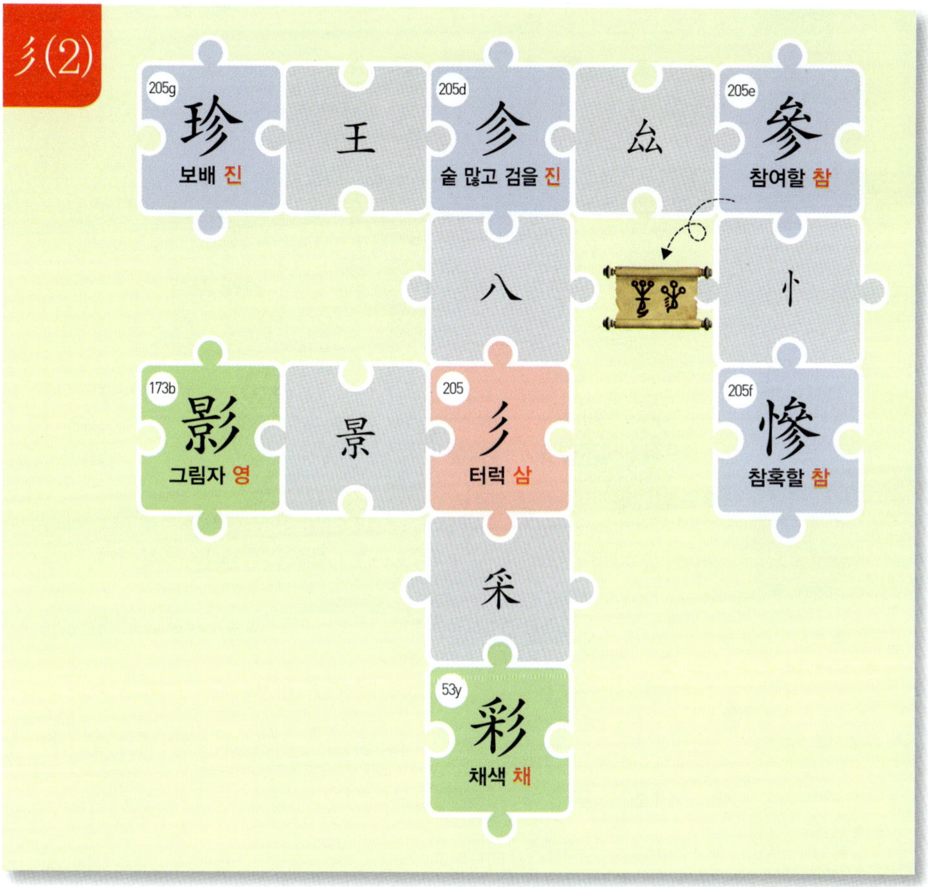
彡(2)
205g 珍 보배 진
王
205d 㐱 숱 많고 검을 진
厽
205e 參 참여할 참
八
忄
173b 影 그림자 영
景
205 彡 터럭 삼
205f 慘 참혹할 참
采
53y 彩 채색 채

205d

㐱 㐱 㐱 㐱 㐱

㐱
숱 많고 검을 **진**

총획 5획　부수 人　급수 확장한자

彡 터럭 삼 + 八 여덟 팔

털(彡)이 많은(八) 모습을 본뜬 글자이다.

205e

參 參 參 參 參 參 參 參 參 參 參

參
참여할 **참**

총획 11획　부수 厶　급수 5급　㐱 숱 많고 검을 진 + 厽 담 쌓을 루

장식(晶→厽)으로 치장(彡)한 여인(人)들이 연회에 참석하는 모습이다.

□ **參與** 참여　□ **參見** 참견　□ **同參** 동참

205f

慘 慘 慘 慘 慘 慘 慘 慘 慘 慘 慘

참혹할 **참**

- 총획 14획
- 부수 忄
- 급수 3급

參 참여할 참 + 忄 마음 심

비참한 모습에 마음(忄)이 움직여(參) 고통을 느낄 정도로 상황이 참혹함을 뜻한다.

□ 慘事 참사   □ 悲慘 비참   □ 無慘 무참

205g

珍 珍 珍 珍 珍 珍 珍 珍 珍

보배 **진**

- 총획 9획
- 부수 王
- 급수 3급

參 숱많고 검을 진 + 王 임금 왕

숱(參)을 치렁치렁하게 매단 옥(玉→王) 장식품을 본뜬 글자이다.

□ 珍珠 진주   □ 珍貴 진귀   □ 珍羞盛饌 진수성찬

53y

彩 彩 彩 彩 彩 彩 彩 彩 彩 彩 彩

채색 **채**

- 총획 11획
- 부수 彡
- 급수 3급

彡 터럭 삼 + 采 캘 채

풀잎을 따서(采) 만든 물감(彡)으로 그림을 그려 아름답게 장식(彡)하는 모습이다.

□ 彩色 채색   □ 彩度 채도   □ 水彩畵 수채화

173b

影 影 影 影 影 影 影 影 影 影 影 影

影
그림자 **영**

- 총획 15획
- 부수 彡
- 급수 3급

彡 터럭 삼 + 景 볕 경

햇살(景)로 생긴 그늘(彡)의 모습에서 '그림자'를 뜻한다.

□ 影響 영향   □ 陰影 음영   □ 撮影 촬영

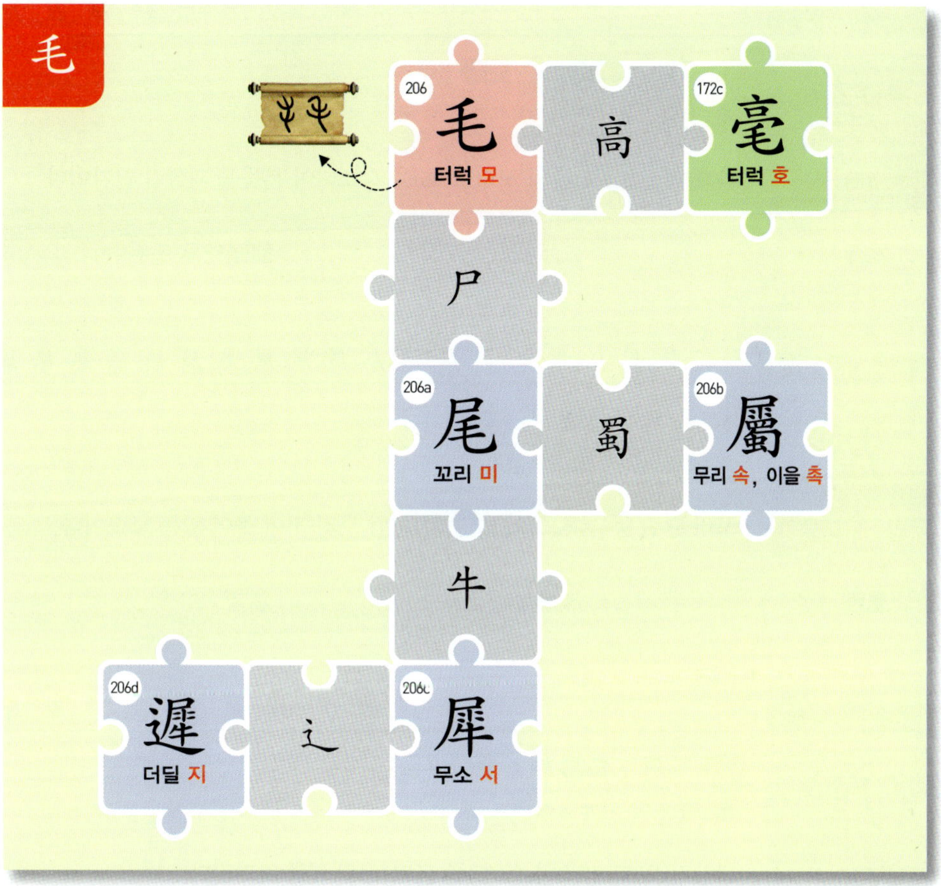

자연 | 동물 | 육상동물

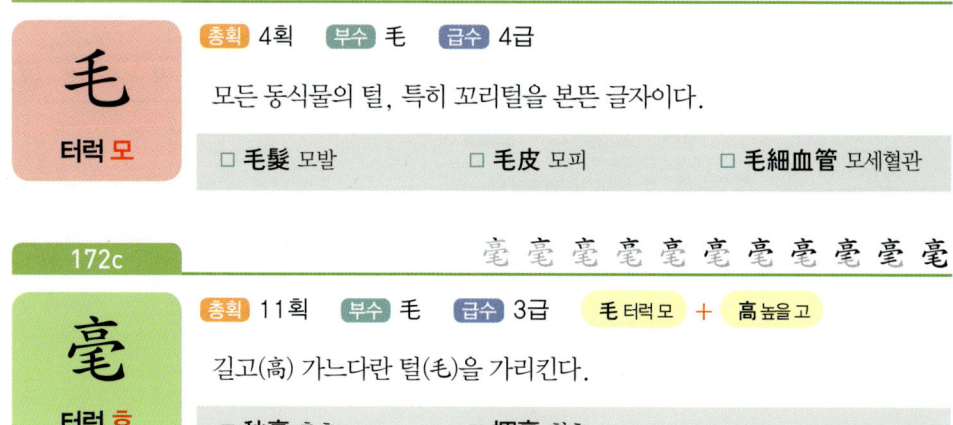

206

毛 터럭 모

- 총획 4획
- 부수 毛
- 급수 4급

毛毛毛毛

모든 동식물의 털, 특히 꼬리털을 본뜬 글자이다.

- 毛髮 모발
- 毛皮 모피
- 毛細血管 모세혈관

172c

毫 터럭 호

- 총획 11획
- 부수 毛
- 급수 3급

毫毫毫毫毫毫毫毫毫毫毫

毛 터럭모 + 高 높을고

길고(高) 가느다란 털(毛)을 가리킨다.

- 秋毫 추호
- 揮毫 휘호

635

206a

尾 꼬리 미

- 총획 7획
- 부수 尸
- 급수 3급

毛 터럭 모 + 尸 주검 시

축 늘어진(尸) 모습의 꼬리털(毛)을 강조하여 본뜻을 되살린 글자이다.

□ 尾行 미행   □ 去頭截尾 거두절미   □ 龍頭蛇尾 용두사미

206b

屬 무리 속, 이을 촉

- 총획 21획
- 부수 尸
- 급수 4급

尾 꼬리 미 + 蜀 나라 이름 촉

꼬리 달린 동물(尾)들이 벌레(蜀)처럼 무리 지어 붙어 있는 모습이다.

□ 屬性 속성   □ 無所屬 무소속   □ 屬望 촉망

206c

犀 무소 서

- 총획 12획
- 부수 牛
- 급수 1급

尾 꼬리 미 + 牛 소 우

꼬랑지(尾)가 강조된 소(牛)를 본떠 '코뿔소'를 가리킨다.

□ 犀牛 서우(코뿔소)   □ 犀角 서각(코뿔소의 뿔)

206d

遲 더딜 지

- 총획 16획
- 부수 辶
- 급수 3급

犀 무소 서 + 辶 쉬엄쉬엄 갈 착

덩치 큰 코뿔소(犀)가 둔하게 움직이는(辶) 모습이다.

□ 遲滯 지체   □ 遲延 지연   □ 遲遲不進 지지부진

자연 | 동물 | 육상동물

内(1)

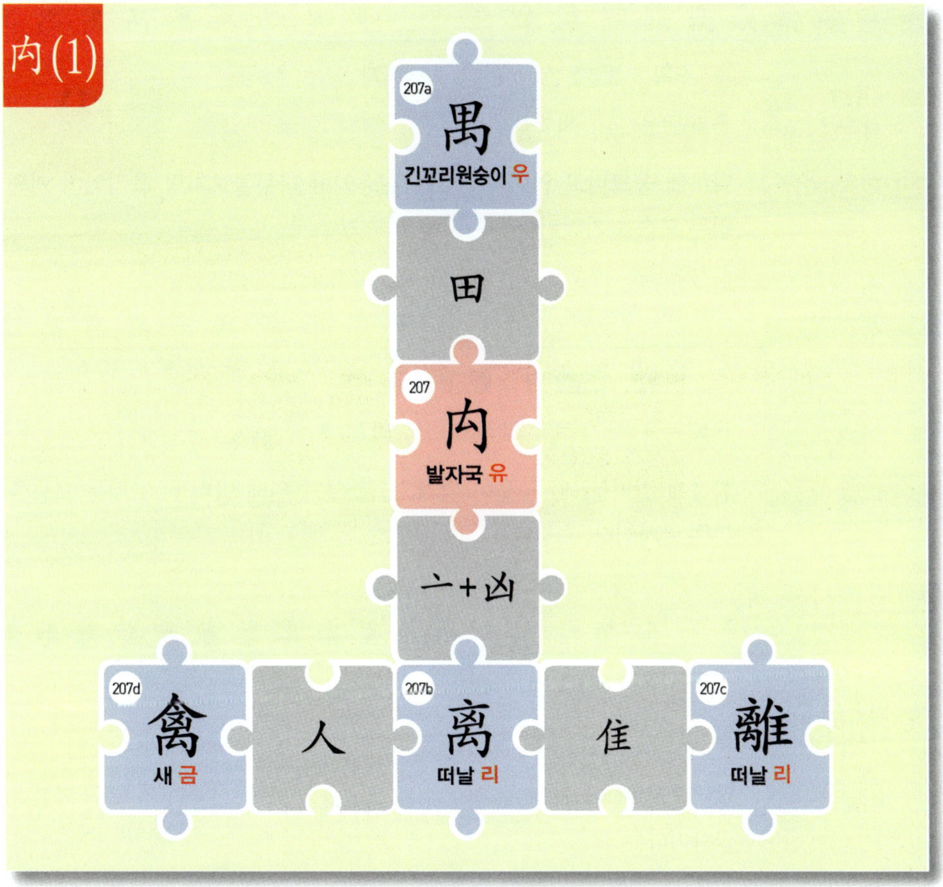

- 207a 禺 긴꼬리원숭이 우
- 田
- 207 内 발자국 유
- 冖+凶
- 207d 禽 새 금
- 人
- 207b 离 떠날 리
- 隹
- 207c 離 떠날 리

207

内
발자국 유

총획 5획　**부수** 内　**급수** 확장한자

内内内内内

나무에 꼬리를 말고 앉아 있는 모습에서 꼬리를 발만큼 중요하게 본 글자이다.

207a

禺 禺 禺 禺 禺 禺 禺 禺 禺

禺
긴꼬리원숭이 **우**

총획 9획　부수 内　급수 확장한자

内 발자국 유　+　田 밭 전

나무에 웅크리고 앉아(内) 있는 원숭이나 나무늘보처럼 움직임이 거의 없는 모습을 가리킨다.

207b

离 离 离 离 离 离 离 离 离 离 离

离
떠날 **리**

총획 11획　부수 内　급수 특급

内 발자국 유　+　亠 돼지해머리 두　+　凶 흉할 흉

함정에 걸려든(凶) 동물이 덮개(亠)를 열기 위해 발버둥(内)치는 모습을 본뜬 글자이다.

207c

離 離 離 離 離 離 離 離 離 離 離 離 離

離
떠날 **리**

총획 19획　부수 隹　급수 4급

离 떠날 리　+　隹 새 추

발버둥치는(离) 새(隹)를 놓아주는 모습을 강조해 '떠나다'의 뜻을 되살린 글자이다.

☐ 離別 이별　　☐ 離着陸 이착륙　　☐ 離合集散 이합집산

207d

禽 禽 禽 禽 禽 禽 禽 禽 禽 禽 禽

禽
새 **금**

총획 13획　부수 内　급수 3급

离 떠날 리　+　人 사람 인

올가미(人)에 걸려든 새가 발버둥(离)치는 모습이다.

☐ 禽獸 금수　　☐ 禽鳥 금조　　☐ 家禽 가금

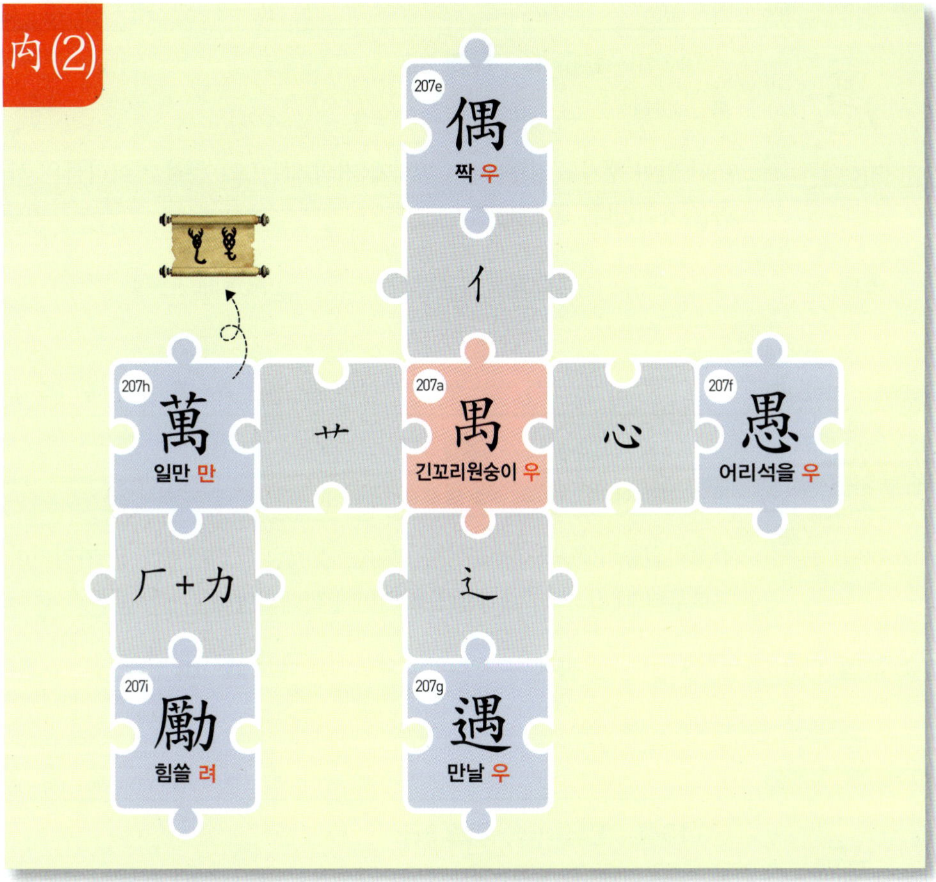

자연 | 동물 | 육상동물

内(2)

- 207e 偶 짝 우
- 207a 禺 긴꼬리원숭이 우
- 207f 愚 어리석을 우
- 207h 萬 일만 만
- 厂+力
- 207g 遇 만날 우
- 207i 勵 힘쓸 려

207

207e

偶偶偶偶偶偶偶偶偶

偶 짝 우

- 총획 11획
- 부수 亻
- 급수 3급

禺 긴꼬리원숭이 우 + 亻 사람 인

움직임이 없는(禺) 사람(亻)의 모습에서 '허수아비, 인형'을 뜻하다가 점차 '짝'의 뜻을 가지게 되었다.

☐ 偶像 우상　　☐ 偶發的 우발적　　☐ 配偶者 배우자

207f

愚愚愚愚愚愚愚愚愚愚愚愚

愚 어리석을 **우**

- 총획 13획
- 부수 心
- 급수 3급
- 禺 긴꼬리원숭이 우 + 心 마음 심

어떤 일이 생겨도 감정(心)의 변화가 거의 없는(禺) '둔하고 어리석은' 사람을 가리킨다.

☐ 愚鈍 우둔 ☐ 愚問賢答 우문현답 ☐ 萬愚節 만우절

207g

遇遇遇遇遇遇遇遇遇遇遇遇

遇 만날 **우**

- 총획 13획
- 부수 辶
- 급수 4급
- 禺 긴꼬리원숭이 우 + 辶 쉬엄쉬엄 갈 착

긴꼬리원숭이(禺)를 길(辶)에서 만나는 것처럼 극적인 만남을 가리키며 그로부터 '대접하다, 예우하다'로 의미가 확대되었다.

☐ 遭遇 조우 ☐ 境遇 경우 ☐ 千載一遇 천재일우

207h

萬萬萬萬萬萬萬萬萬萬萬萬

萬 일만 **만**

- 총획 13획
- 부수 艹
- 급수 8급
- 禺 긴꼬리원숭이 우 + 艹 풀 초

전갈(禺)의 많은 촉수(艹)와 발(內)이 강조된 모습에서 큰 숫자인 '일만'의 뜻이 생겼다.

☐ 萬歲 만세 ☐ 萬物 만물 ☐ 萬壽無疆 만수무강

207i

勵勵勵勵勵勵勵勵勵勵勵勵

勵 힘쓸 **려**

- 총획 17획
- 부수 力
- 급수 3급
- 萬 일만 만 + 厂 집 엄 + 力 힘 력

무뎌진 칼을 힘껏(力) 가는(厲) 모습에서 '힘쓰다, 애쓰다'의 뜻이 있다.

☐ 激勵 격려 ☐ 獎勵 장려 ☐ 督勵 독려

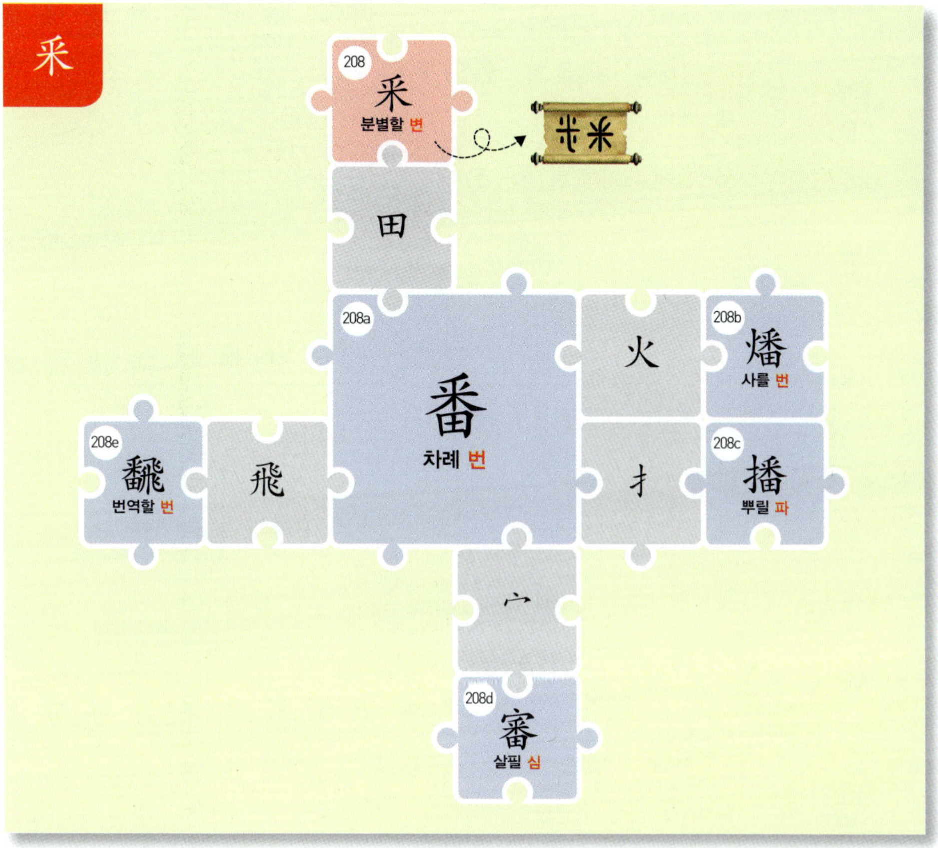

208

釆 釆 釆 釆 釆 釆 釆

釆
분별할 **변**

총획 7획 부수 釆 급수 특급

농경지에 찍힌 동물의 발자국을 살펴보는 모습이다.

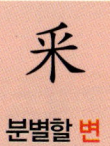

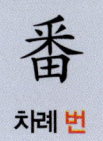

208a

番 番 番 番 番 番 番 番 番 番 番 番

番
차례 **번**

총획 12획 부수 田 급수 6급 釆 분별할 변 + 田 밭 전

범인을 찾기 위해 논밭(田)에 찍힌 발자국(釆)을 차례차례 훑어가는 모습이다.

□ **番地** 번지 □ **番號** 번호 □ **順番** 순번

208b

燔 燔 燔 燔 燔 燔 燔 燔 燔 燔 燔 燔 燔

燔
사를 번

- 총획 16획
- 부수 火
- 급수 특급

番 차례 번 + 火 불 화

불(火)에 고기를 번갈아(番) 뒤집으며 굽고 있는 모습이다.

- ☐ 燔祭 번제
- ☐ 燔鐵 번철

208c

播 播 播 播 播 播 播 播 播 播 播 播

播
뿌릴 파

- 총획 15획
- 부수 扌
- 급수 3급

番 차례 번 + 扌 손 수

농경지에 차례차례(番) 씨를 뿌리는(扌) 모습을 본뜬 글자이다.

- ☐ 播種 파종
- ☐ 直播 직파
- ☐ 傳播 전파

208d

審 審 審 審 審 審 審 審 審 審 審 審

審
살필 심

- 총획 15획
- 부수 宀
- 급수 3급

番 차례 번 + 宀 집 면

집(宀) 안에 찍힌 발자국(番)을 유심히 살펴보는 모습이다.

- ☐ 審査 심사
- ☐ 審問 심문
- ☐ 誤審 오심

208e

翻 翻 翻 翻 翻 翻 翻 翻 翻 翻 翻 翻 翻 翻

翻
번역할 번

- 총획 21획
- 부수 飛
- 급수 3급

番 차례 번 + 飛 날 비

날개(飛)를 차례로(番) 펼쳤다 뒤집듯이 말을 바꾸는 것을 가리킨다.

- ☐ 翻譯 번역
- ☐ 翻覆 번복
- ☐ 翻案 번안

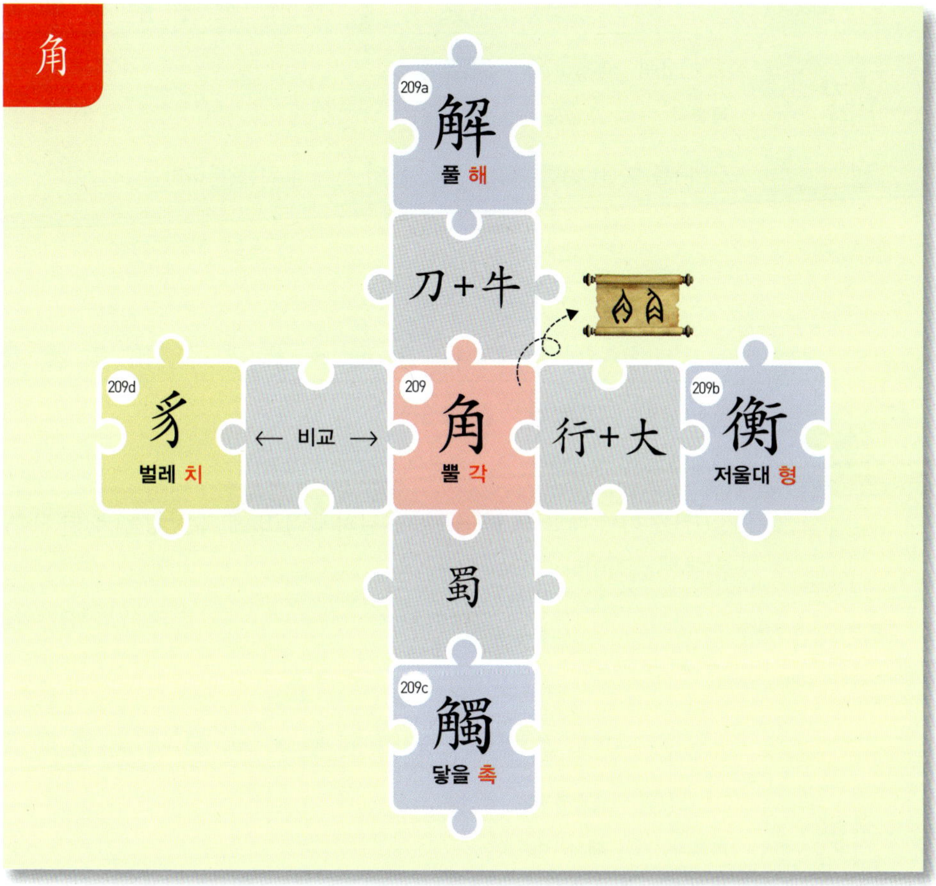

자연 | 동물 | 육상동물

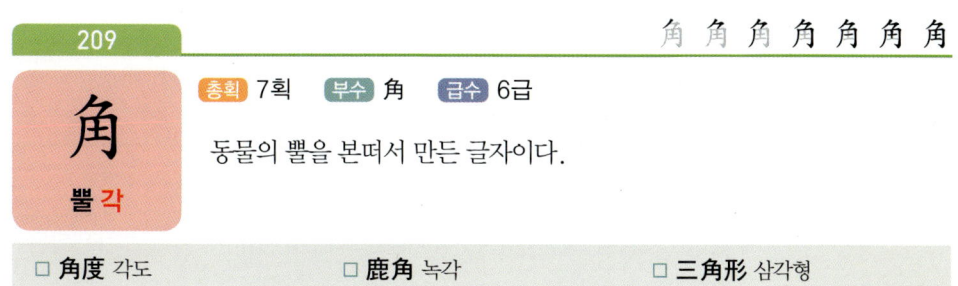

209			
角 뿔 각	총획 7획 부수 角 급수 6급		
	동물의 뿔을 본떠서 만든 글자이다.		
□ 角度 각도		□ 鹿角 녹각	□ 三角形 삼각형

209a

解解解解解解解解解解解

解 풀해

- 총획 13획
- 부수 角
- 급수 4급

角뿔각 + 刀칼도 + 牛소우

소(牛)를 도살(刀)한 다음 뿔(角) 등의 신체 부위를 분리하는 모습이다.

- □ 解剖 해부
- □ 理解 이해
- □ 誤解 오해

209b

衡衡衡衡衡衡衡衡衡衡衡衡

衡 저울대 형

- 총획 16획
- 부수 行
- 급수 3급

角뿔각 + 行다닐행 + 大큰대

길(行)을 다닐 때 소의 뿔(角) 위에 걸쳐 놓은 멍에 혹은 횡목(大)의 모습을 본뜬 글자이다.

- □ 衡平 형평
- □ 均衡 균형
- □ 銓衡 전형

209c

觸觸觸觸觸觸觸觸觸觸觸觸

觸 닿을 촉

- 총획 20획
- 부수 角
- 급수 3급

角뿔각 + 蜀나라이름촉

벌레(虫)들이 뿔(角) 같은 촉수를 갖다 대어 사물을 판단하는 모습이다.

- □ 觸感 촉감
- □ 接觸 접촉
- □ 抵觸 저촉

209d

豸豸豸豸豸豸豸

豸 벌레 치

- 총획 7획
- 부수 豸
- 급수 확장한자

개 견(犭) 자처럼 고양이 같은 짐승들을 묘사할 때 의미 요소로 사용되는 글자이다.

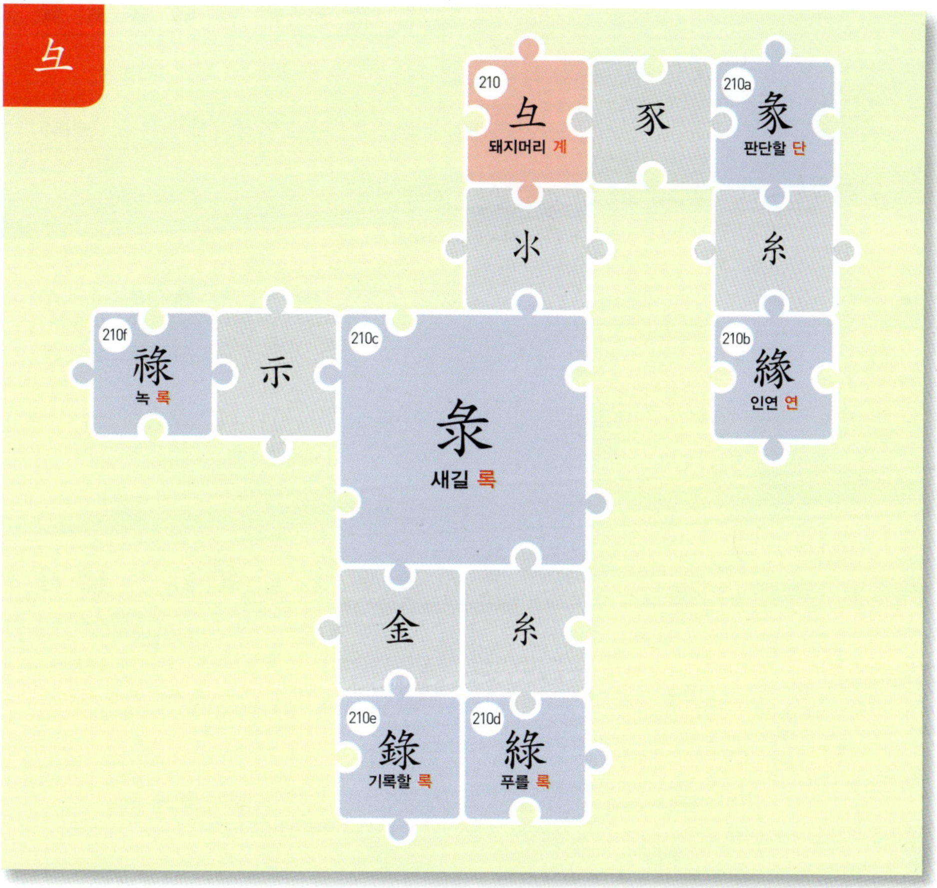

210

彑 彑 彑

彑
돼지머리 계

총획 3획 부수 彐 급수 확장한자

고슴도치나 멧돼지의 머리를 본뜬 글자이다.

210a

彖 彖 彖 彖 彖 彖 彖 彖 彖

彖
판단할 단

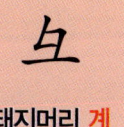

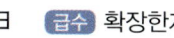

총획 9획 부수 彐 급수 특급

彑 돼지머리 계 + 豕 돼지 시

동물의 털로 만든 점치는 도구나 옷의 가장자리 장식을 본떠 만든 글자이다.

210b 緣 인연 연

- 총획 15획
- 부수 糸
- 급수 4급
- 彖 판단할 단 + 糸 가는실 멱

너풀대는 옷의 가장자리(彖)가 묶여(糸) 서로 연결되어 있는 모습이다.

- □ 血緣 혈연
- □ 因緣 인연
- □ 無緣 무연

210c 彔 새길 록

- 총획 8획
- 부수 ヨ
- 급수 특급
- 彑 돼지머리 계 + 氺 물 수

손발톱을 뾰족하게 세워(彑) 나무를 긁자 파편이 튀는 모습(氺)에서 '새기다, 나무 깎다'의 뜻이 파생되었다.

210d 綠 푸를 록

- 총획 14획
- 부수 糸
- 급수 6급
- 彔 새길 록 + 糸 가는실 멱

나무를 할퀴어서(彔) 드러난 푸른 줄기의 빛을 옷감(糸)에 물들이는 데서 '푸른' 색 물감을 가리킨다.

- □ 綠色 녹색
- □ 綠茶 녹차
- □ 草綠 초록

210e 錄 기록할 록

- 총획 16획
- 부수 金
- 급수 4급
- 彔 새길 록 + 金 쇠 금

금속판(金)을 긁어(彔) 글자를 새기는 모습이다.

- □ 錄音 녹음
- □ 記錄 기록
- □ 登錄 등록

210f 祿 녹 록

- 총획 13획
- 부수 示
- 급수 3급
- 彔 새길 록 + 示 보일 시

관으로부터 받는 일(彔)의 대가를 마치 신(示)이 내린 것처럼 생각했었다.

새길 록(彔) 자는 짐승들이 먹이를 찾기 위해 부지런히 나무를 긁어대거나 땅을 파헤치는 모습에서 '열심히 일하는 모습'으로 풀이하였고 따라서 의미에도 기여했다고 볼 수 있다.

자연 | 동물 | 어조류

隹(1)

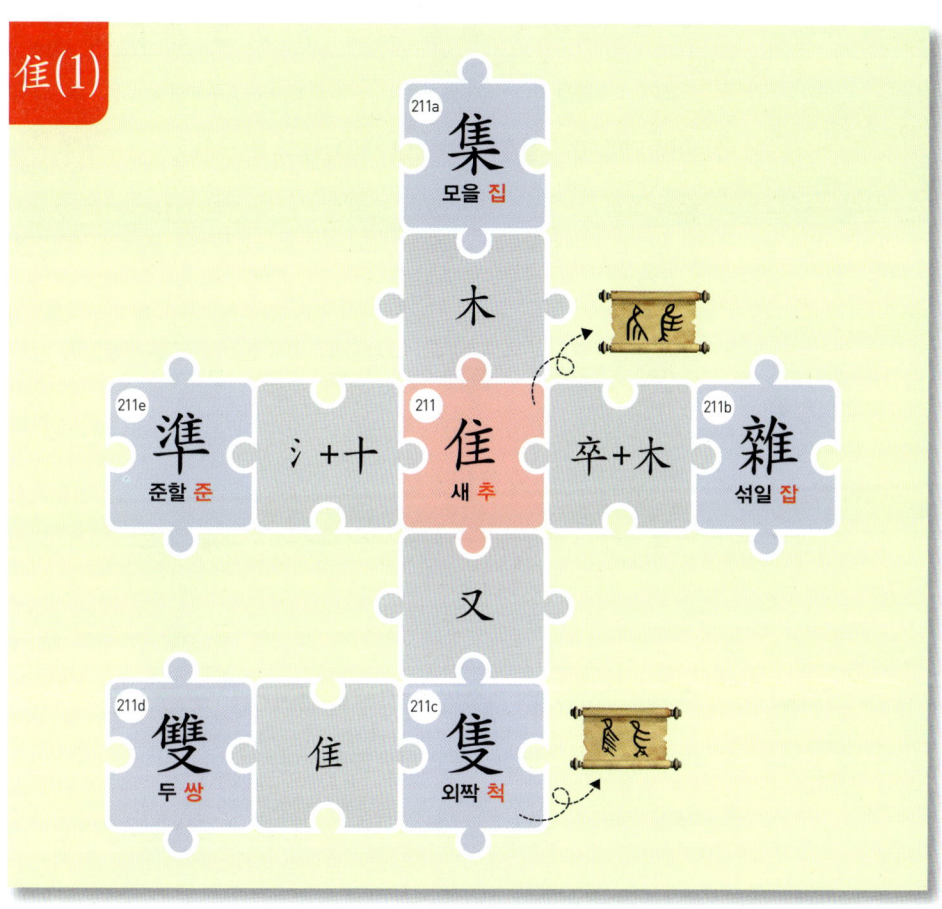

211

隹 새 추

- 총획 8획
- 부수 隹
- 급수 확장한자

꽁지가 짧고 몸체가 작은 새를 본떠 만든 글자이다.

211a

集 모을 집

- 총획 12획
- 부수 隹
- 급수 5급
- 隹 새 추 + 木 나무 목

나무(木) 위에 모여 앉는 새(隹)의 습성을 가리킨다.

- □ 集團 집단
- □ 集會 집회
- □ 召集 소집

211b

雜 雜 雜 雜 雜 雜 雜 雜 雜 雜 雜 雜 雜

雜 섞일 **잡**

총획 18획　부수 隹　급수 4급　　隹 새 추 ＋ 卒 마칠 졸 ＋ 木 나무 목

나무(木) 위에 앉은 형형색색(卒)인 새(隹)들의 모습이다.

□ 雜念 잡념　　□ 混雜 혼잡　　□ 複雜 복잡

211c

隻 隻 隻 隻 隻 隻 隻 隻 隻

隻 외짝 **척**

총획 10획　부수 隹　급수 2급　　隹 새 추 ＋ 又 또 우

새(隹) 한 마리를 들고(又) 있는 모습으로 '외짝, 하나, 새 한 마리'를 뜻하며 배를 세는 단위로 쓰인다.

□ 一隻 일척　　□ 船隻 선척(배)

211d

雙 雙 雙 雙 雙 雙 雙 雙 雙 雙 雙 雙 雙

雙 두 **쌍**

총획 18획　부수 隹　급수 3급　　隻 외짝 척 ＋ 隹 새 추

두 마리 새(雔)를 손(又)에 들고 있는 모습이다.

□ 雙璧 쌍벽　　□ 雙方 쌍방　　□ 雙曲線 쌍곡선

211e

準 準 準 準 準 準 準 準 準 準 準 準

準 준할 **준**

총획 13획　부수 氵　급수 4급　　隹 새 추 ＋ 氵 물 수 ＋ 十 열 십

매(隼)와 물(氵)이 수평(十)을 유지하는 데서 기준에 '준하다, 의거하다'를 뜻하며 '법도, 표준'을 가리킨다.

□ 準備 준비　　□ 標準 표준　　□ 水準 수준

자연 | 동물 | 어조류

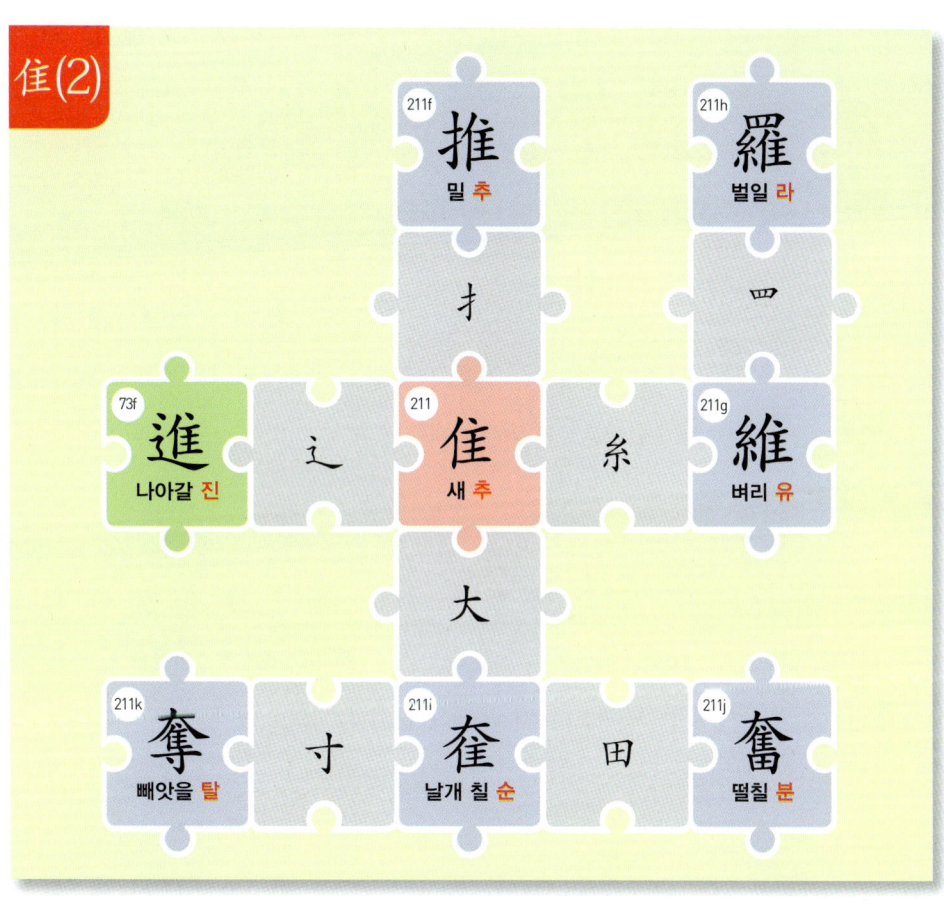

211f

推 밀 추

| 총획 11획 | 부수 扌 | 급수 3급 | 隹 새 추 + 扌 손 수 |

어미 새가 새끼 새(隹)를 둥지에서 떠나보내기 위해 떠미는(扌) 모습을 본뜬 글자이다.

☐ 推理 추리 ☐ 推進 추진 ☐ 類推 유추

211g

維 벼리 유

| 총획 14획 | 부수 糸 | 급수 3급 | 隹 새 추 + 糸 가는실 멱 |

새(隹)의 깃대처럼 코를 꿴 튼튼하고 굵은 밧줄(糸)을 가리키는 글자이다.

☐ 維持 유지 ☐ 維新 유신 ☐ 纖維 섬유

649

211h 羅 벌일 라

총획 19획 | 부수 罒 | 급수 4급 | 維 벼리 유 + 罒 그물 망

튼튼한(維) 그물(罒)을 펼쳐 새나 고기를 잡는 모습이다.

- 羅列 나열
- 網羅 망라
- 新羅 신라

211i 奞 날개 칠 순

총획 11획 | 부수 大 | 급수 확장한자 | 隹 새 추 + 大 큰 대

새(隹)가 날아오르기 위해 날개를 크게(大) 퍼덕이는 모습이다.

211j 奮 떨칠 분

총획 16획 | 부수 大 | 급수 3급 | 奞 날개 칠 순 + 田 밭 전

새(隹)가 크게(大) 날갯짓(奞)하며 밭(田) 위로 날아가는 모습이다.

- 奮鬪 분투
- 興奮 흥분
- 義奮 의분

211k 奪 빼앗을 탈

총획 14획 | 부수 大 | 급수 3급 | 奞 날개 칠 순 + 寸 마디 촌

날아오르려는(奞) 찰나에 새를 낚아채는(寸) 모습을 본뜬 글자이다.

- 奪取 탈취
- 強奪 강탈
- 掠奪 약탈

73f 進 나아갈 진

총획 12획 | 부수 辶 | 급수 4급 | 辶 쉬엄쉬엄 갈 착 + 隹 새 추

새(隹)가 항상 앞으로 날아가는(辶) 모습을 본뜬 글자이다.

- 進行 진행
- 昇進 승진
- 累進稅 누진세

자연 | 동물 | 어조류

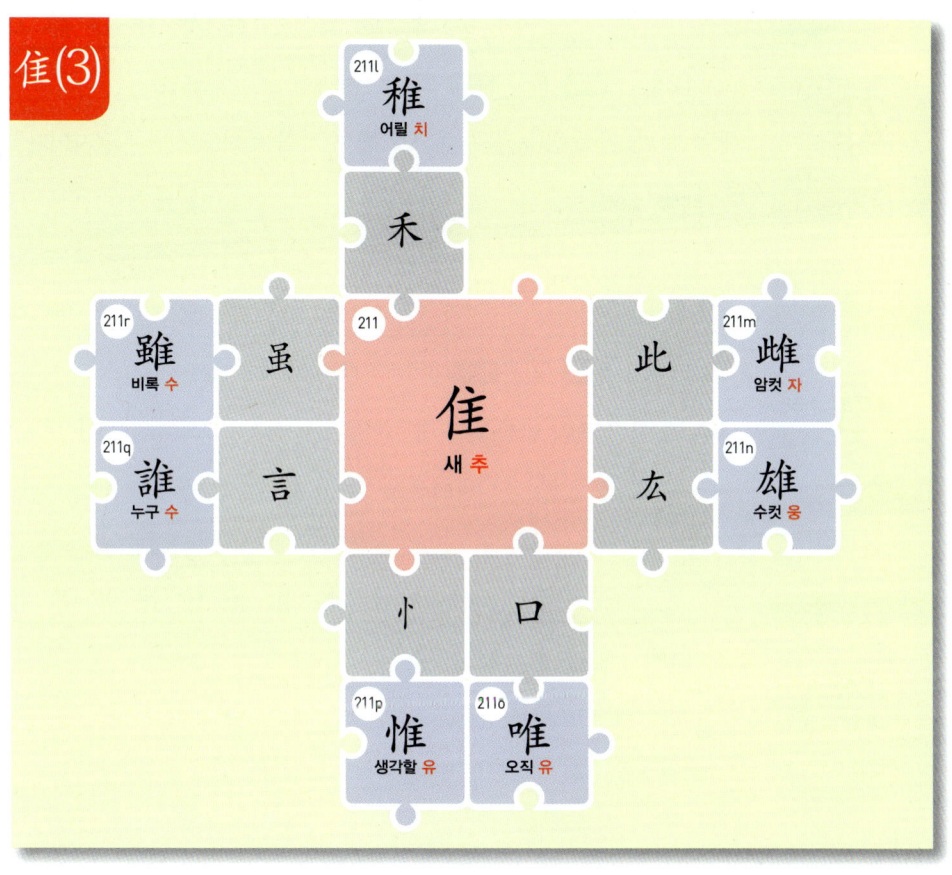

211l

稚 어릴 치

- 총획 13획
- 부수 禾
- 급수 3급
- 隹새추 + 禾벼화

아직 여물지 않은 벼(禾)이삭과 몸뚱이가 작은 새(隹)를 합쳐 '어리다'를 뜻하는 글자이다.

- □ 稚拙 치졸
- □ 稚氣 치기
- □ 幼稚 유치

211m

雌 암컷 자

- 총획 14획
- 부수 隹
- 급수 2급
- 隹새추 + 此이차

새 추(隹)에 이 차(此)를 발음으로 해 '암컷'을 뜻하도록 만든 글자이다.

- □ 雌雄 자웅
- □ 雌雄同體 자웅동체

211n

雄 수컷 웅

雄 雄 雄 雄 雄 雄 雄 雄 雄 雄

- 총획 12획
- 부수 隹
- 급수 5급
- 隹 새 추 + 厷 팔뚝 굉

새 추(隹)에 팔뚝 굉(厷)을 발음으로 해 '수컷'을 뜻하도록 만든 글자이다.

□ 雄飛 웅비   □ 雄壯 웅장   □ 英雄 영웅

211o

唯 오직 유

唯 唯 唯 唯 唯 唯 唯 唯 唯 唯

- 총획 11획
- 부수 口
- 급수 3급
- 隹 새 추 + 口 입 구

새(隹)가 부리(口)로 하는 일이 대부분인 데서 '오로지, 오직'의 뜻이 있다.

□ 唯一 유일   □ 唯物論 유물론   □ 唯心論 유심론

211p

惟 생각할 유

惟 惟 惟 惟 惟 惟 惟 惟 惟 惟

- 총획 11획
- 부수 忄
- 급수 3급
- 隹 새 추 + 忄 마음 심

아주 작은 새(隹)조차도 생각(忄)을 한다는 것을 뜻한다.

□ 思惟 사유   □ 恭惟 공유

211q

誰 누구 수

誰 誰 誰 誰 誰 誰 誰 誰 誰 誰 誰

- 총획 15획
- 부수 言
- 급수 3급
- 隹 새 추 + 言 말씀 언

어떤 새(隹)가 우는(言) 것인지 묻는 모습에서 '누구'의 뜻이 있다.

□ 誰怨誰咎 수원수구

211r

雖 비록 수

雖 雖 雖 雖 雖 雖 雖 雖 雖 雖 雖 雖

- 총획 17획
- 부수 隹
- 급수 3급
- 隹 새 추 + 虽 비록 수

비록 벌레(虫)를 먹고(口) 살아도 겉보기에 우아한 새(隹)의 모습을 가리킨다.

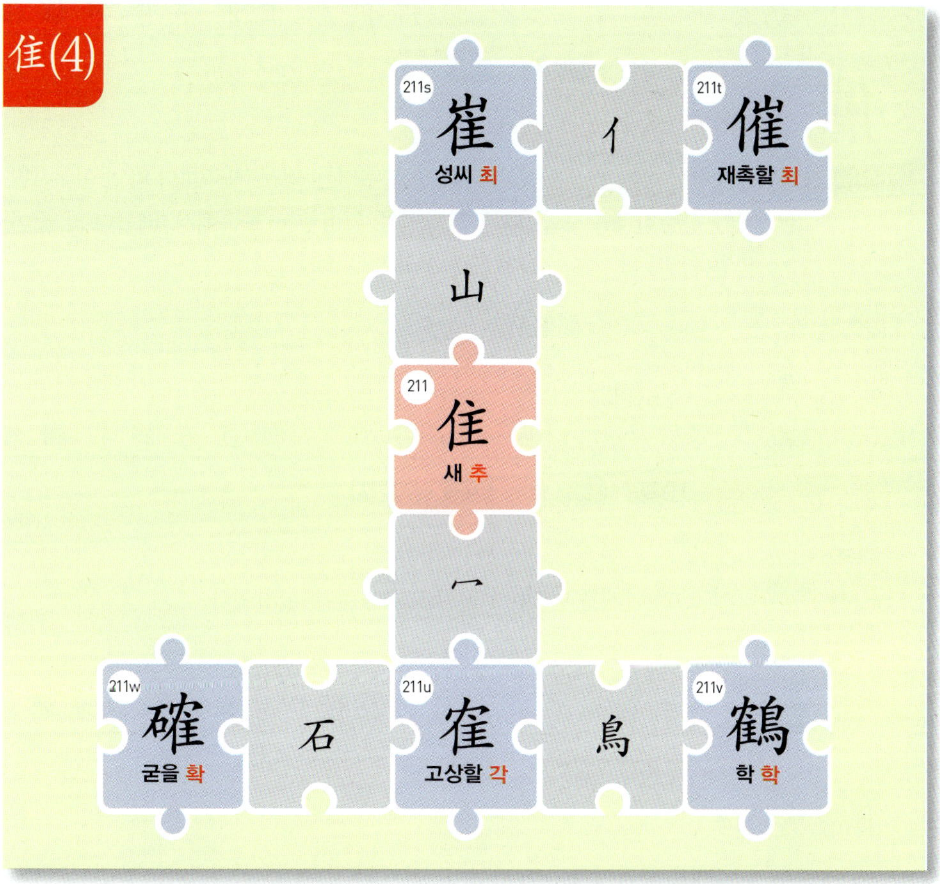

자연 | 동물 | 어조류

隹(4)

- 211s 崔 성씨 최
- 亻
- 211t 催 재촉할 최
- 山
- 211 隹 새 추
- 厂
- 211w 確 굳을 확
- 石
- 211u 崔 고상할 각
- 鳥
- 211v 鶴 학 학

211s

崔崔崔崔崔崔崔崔崔崔崔

崔
성씨 최

- 총획 11획
- 부수 山
- 급수 2급

隹새추 + 山산산

높은 산(山)봉우리 위로 날아가는 새(隹)를 본뜬 글자이다. 성씨로 쓰인다.

211t 催 재촉할 최

- 총획 13획
- 부수 亻
- 급수 3급

崔 성씨 최 + 亻 사람 인

사람(亻)을 높이(崔) 올라가라고 부추기는 데서 '재촉하다'의 뜻이, 지위가 상승한(崔) 사람(亻)에게 잔치를 열어주는 모습에서 '베풀다'의 뜻이 있다.

- □ 催告狀 최고장
- □ 開催 개최
- □ 主催 주최

211u 崔 고상할 각

- 총획 10획
- 부수 隹
- 급수 확장한자

隹 새 추 + 冖 덮을 멱

새(隹)가 날개를 한껏(冖) 펼친 모습을 본뜬 글자이다.

211v 鶴 학 학

- 총획 21획
- 부수 鳥
- 급수 3급

崔 고상할 각 + 鳥 새 조

날개를 펄럭이며 높이 나는 고상한(崔) 새(鳥)를 가리킨다.

- □ 鶴首苦待 학수고대

211w 確 굳을 확

- 총획 15획
- 부수 石
- 급수 4급

崔 고상할 각 + 石 돌 석

돌(石) 같은 무거운 것을 매달아 날아갈(崔) 수 없게 만든 모습에서 '굳다'의 뜻이 있다.

- □ 確固 확고
- □ 確信 확신
- □ 確率 확률

자연 | 동물 | 어조류

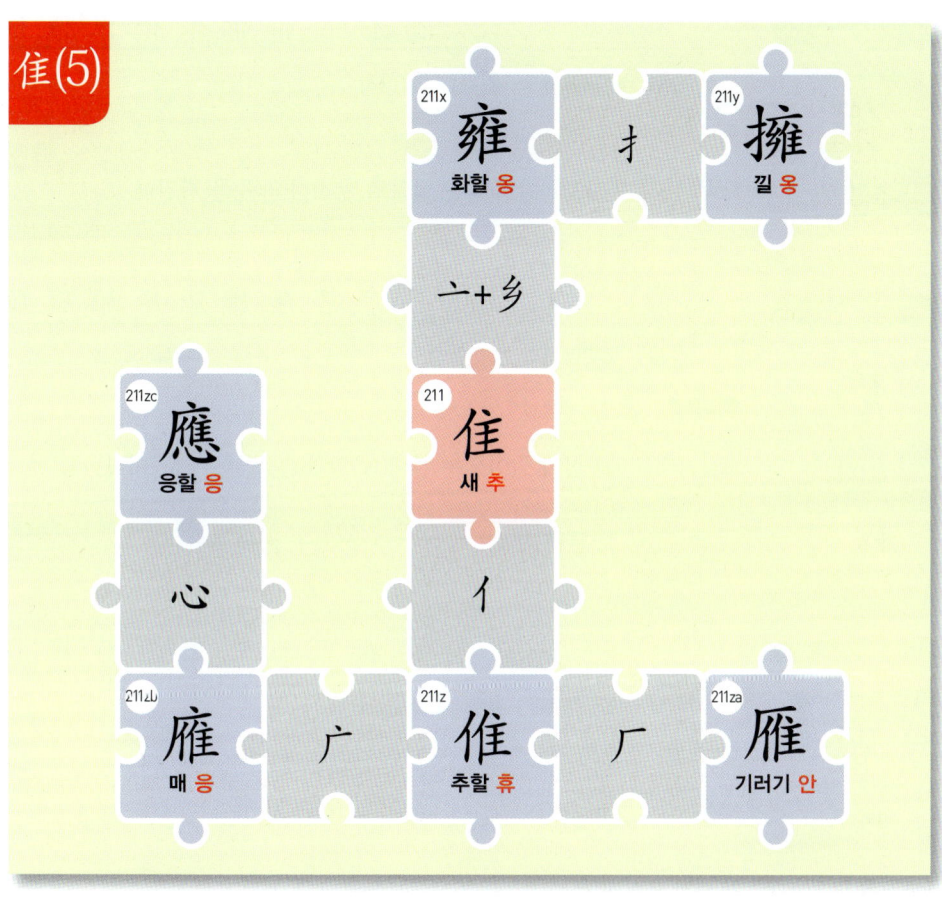

211x

雍
화할 옹

| 총획 | 13획 | 부수 | 隹 | 급수 | 2급 | 隹 새 추 | + | 亠 돼지해머리 두 | + | 彡 시골 향 |

철새(隹)를 반겨주는 고향(彡) 사람(亠)들의 모습에서 느껴지는 포근함을 뜻한다.

211y

擁
낄 옹

| 총획 | 16획 | 부수 | 扌 | 급수 | 3급 | 雍 화할 옹 | + | 扌 손 수 |

양팔(扌)로 감싸(雍) 안은 모습을 강조한 글자이다.

☐ 擁護 옹호   ☐ 擁立 옹립   ☐ 抱擁 포옹

211

655

211z

催 추할 휴

- 총획 10획
- 부수 亻
- 급수 확장한자
- 隹 새 추 + 亻 사람 인

사람(亻)과 새(隹)를 합쳐 놓은 글자로 '추하다'의 뜻을 가진다.

211za

雁 기러기 안

- 총획 12획
- 부수 隹
- 급수 3급
- 催 추할 휴 + 厂 기슭 엄

보금자리(厂)를 찾아 돌아오는 철새(隹)의 모습을 본뜬 글자이다.

□ 雁札 안찰　　□ 雁鴨池 안압지　　□ 鴻雁 홍안

211zb

鷹 매 응

- 총획 13획
- 부수 隹
- 급수 확장한자
- 催 추할 휴 + 广 집 엄

가슴(广)을 쪼아대는 새(隹)의 모습으로 '매'를 가리킨다.

211zc

應 응할 응

- 총획 17획
- 부수 心
- 급수 4급
- 鷹 매 응 + 心 마음 심

매(鷹)가 훈련된 대로 반응(心)하는 모습이다.

□ 應答 응답　　□ 應酬/應手 응수　　□ 反應 반응

자연 | 동물 | 어조류

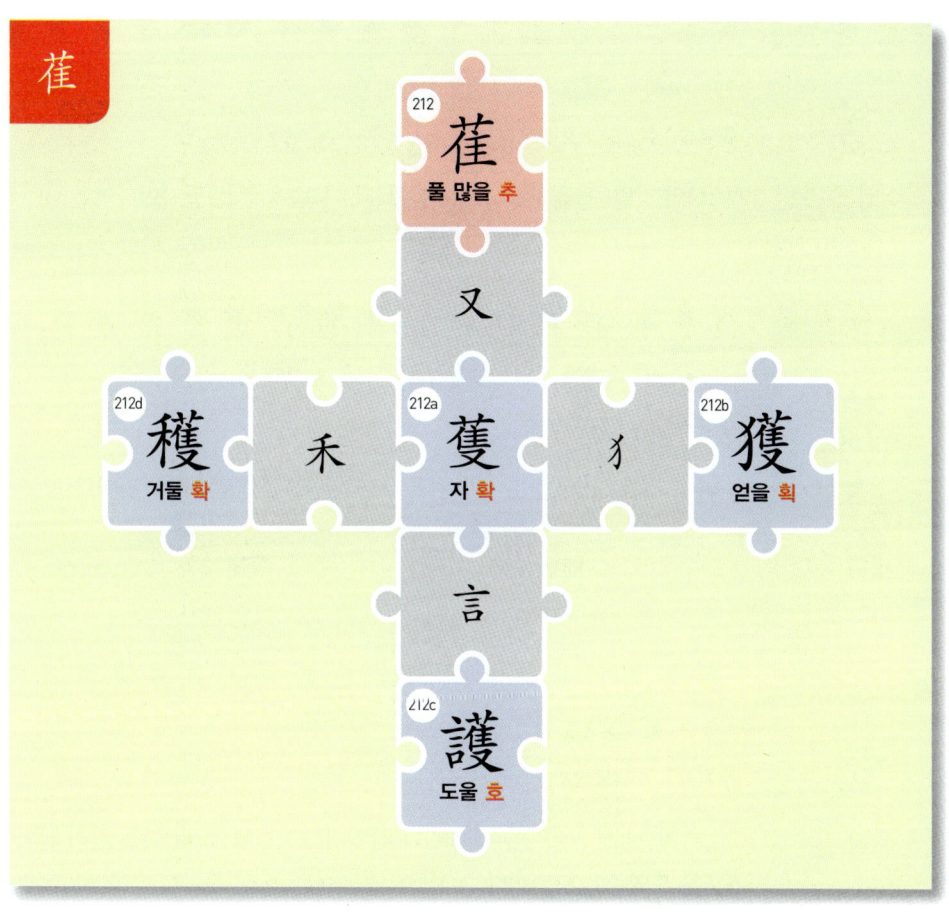

212

萑萑萑萑萑萑萑萑萑萑萑萑

萑
풀 많을 추

총획 12획 부수 艹 급수 특급

새(隹)의 깃털처럼 무성히 자란 수풀(艹)의 모습을 본뜬 글자이다.

212a

蒦 蒦 蒦 蒦 蒦 蒦 蒦 蒦 蒦 蒦 蒦 蒦

蒦 자확

- 총획 14획
- 부수 ⺿
- 급수 확장한자
- 雈 풀많을추 + 又 또우

새(隹)의 깃털(⺿)을 손(又)으로 잡아채는 모습을 본뜬 글자이다.

212b

獲 獲 獲 獲 獲 獲 獲 獲 獲 獲 獲 獲 獲

獲 얻을 획

- 총획 17획
- 부수 犭
- 급수 3급
- 蒦 자확 + 犭 큰개견

사냥개(犭)가 새(隹)를 잡아채는(蒦) 모습임을 더 분명히 한 글자이다.

- □ 獲得 획득
- □ 捕獲 포획
- □ 鹵獲 노획

212c

護 護 護 護 護 護 護 護 護 護 護 護 護 護 護

護 도울 호

- 총획 21획
- 부수 言
- 급수 4급
- 蒦 자확 + 言 말씀언

나뭇가지(⺿)에 앉아 있는 새(隹)가 잡히기(蒦) 전에 소리(言)를 질러 날아가도록 도와주는 모습이다.

- □ 護衛 호위
- □ 護身術 호신술
- □ 保護 보호

212d

穫 穫 穫 穫 穫 穫 穫 穫 穫 穫 穫 穫 穫

穫 거둘 확

- 총획 19획
- 부수 禾
- 급수 3급
- 蒦 자확 + 禾 벼화

새를 잡아채듯(蒦) 벼(禾)를 움켜쥐어(又) 수확하는 모습이다.

- □ 收穫 수확

자연 | 동물 | 어조류

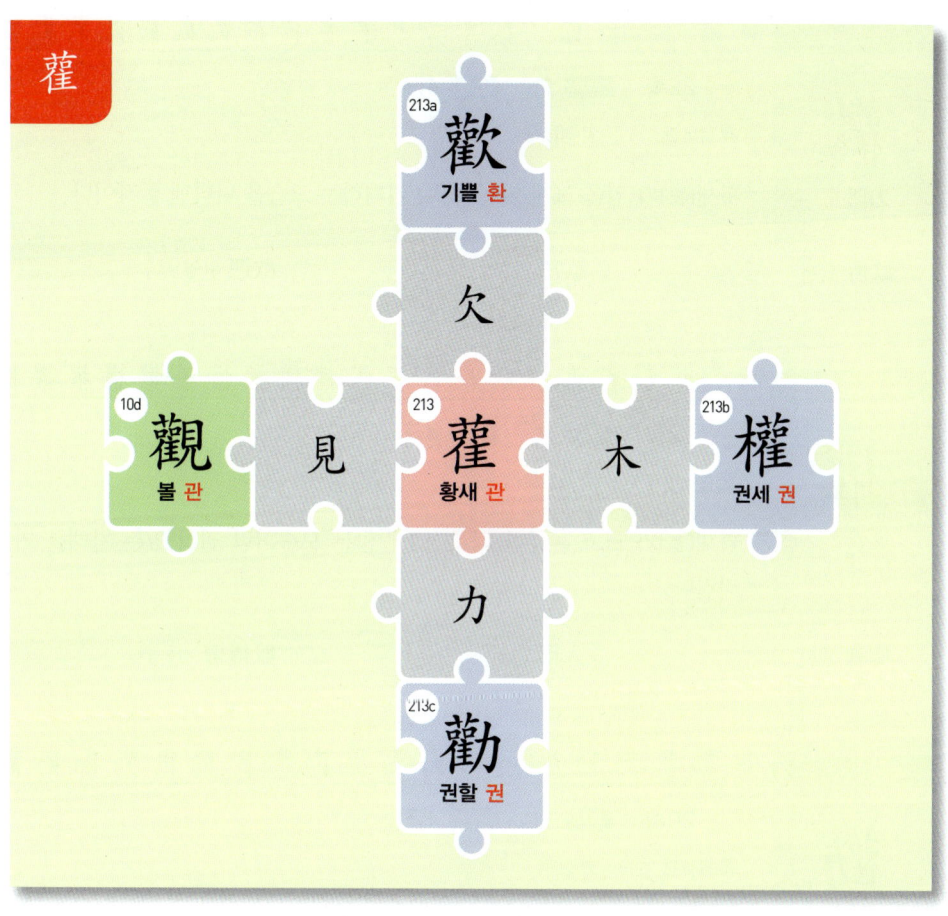

| 213 | 雚雚雚雚雚雚雚雚雚雚雚雚雚雚雚 |

雚
황새 관

총획 18획　부수 隹　급수 확장한자

부리부리한 눈을 가진 '황새'를 뜻하는 글자이다.

213a

歡 기쁠 환

歡歡歡歡歡歡歡歡歡歡歡歡歡歡歡歡

- 총획 22획
- 부수 欠
- 급수 4급

雚 황새 관 + 欠 하품 흠

황새(雚)가 입을 크게 벌리며(欠) 기뻐하는 모습을 나타낸 글자이다.

- □ 歡待 환대
- □ 歡呼 환호
- □ 歡迎 환영

213b

權 권세 권

權權權權權權權權權權權權權權權權

- 총획 22획
- 부수 木
- 급수 4급

雚 황새 관 + 木 나무 목

황새(雚)가 크고 튼튼한 나무(木)에 앉는 모습처럼 권위 있는 자태를 가리킨다.

- □ 權利 권리
- □ 人權 인권
- □ 旣得權 기득권

213c

勸 권할 권

勸勸勸勸勸勸勸勸勸勸勸勸勸勸

- 총획 20획
- 부수 力
- 급수 4급

雚 황새 관 + 力 힘 력

높은 자(雚)가 힘(力)써 가르치는 모습에서 '권하다'의 뜻이 있다.

- □ 勸奬 권장
- □ 勸告 권고
- □ 勸誘 권유

10d

觀 볼 관

觀觀觀觀觀觀觀觀觀觀觀觀觀觀觀觀觀觀

- 총획 25획
- 부수 見
- 급수 5급

雚 황새 관 + 見 볼 견

목을 길게 빼고 주위를 둘러보는(見) 황새(雚)의 모습을 본뜬 글자이다.

- □ 觀客 관객
- □ 觀覽 관람
- □ 傍觀 방관

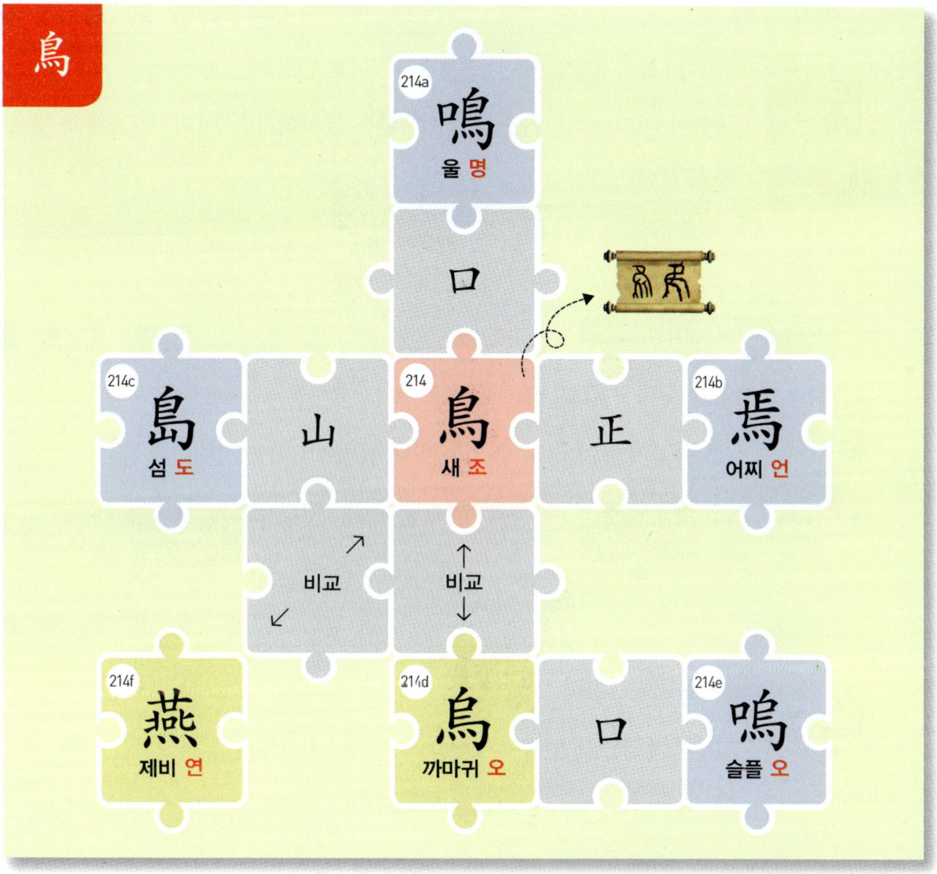

자연 | 동물 | 어조류

鳥

```
          214a
          鳴
          울 명
           │
           口
    214c         214          214b
    島    山    鳥    正    焉
    섬 도        새 조        어찌 언
         ↗    ↑
        비교  비교
         ↙
    214f         214d         214e
    燕         烏    口    嗚
    제비 연    까마귀 오    슬플 오
```

214

214	
鳥 새 조	**총획** 11획　**부수** 鳥　**급수** 4급
	새의 긴 부리(白)와 긴 발(灬)을 강조한 글자이다.
	□ 鳥類 조류　□ 吉鳥 길조　□ 一石二鳥 일석이조

214a	
鳴 울 명	**총획** 14획　**부수** 鳥　**급수** 4급　鳥 새조 + 口 입구
	큰 새(鳥)가 입(口)을 벌려 소리를 지르거나 우는 모습을 본뜬 글자이다.
	□ 共鳴 공명　□ 悲鳴 비명　□ 自鳴鐘 자명종

214b

焉 焉 焉 焉 焉 焉 焉 焉 焉 焉 焉

焉 어찌 언

- 총획 11획
- 부수 ⺣
- 급수 3급
- 鳥 새 조 + 正 바를 정

독특한 머리(正)를 가진 새(鳥)를 본뜬 글자이지만 '어찌, 어떻게'의 뜻으로 쓰인다.

- □ 焉敢生心 언감생심

214c

島 島 島 島 島 島 島 島 島 島

島 섬 도

- 총획 10획
- 부수 山
- 급수 5급
- 鳥 새 조 + 山 산 산

새(鳥)들이 날아서 갈 수 있는 바다 위의 산(山)을 가리킨다.

- □ 獨島 독도
- □ 半島 반도
- □ 無人島 무인도

214d

烏 烏 烏 烏 烏 烏 烏 烏 烏 烏

烏 까마귀 오

- 총획 10획
- 부수 ⺣
- 급수 3급

눈(一)이 보이지 않을 정도로 검은 새(鳥)를 표현한 글자이다.

- □ 烏鵲橋 오작교
- □ 烏飛梨落 오비이락

214e

嗚 嗚 嗚 嗚 嗚 嗚 嗚 嗚 嗚 嗚 嗚 嗚

嗚 슬플 오

- 총획 13획
- 부수 口
- 급수 3급
- 烏 까마귀 오 + 口 입 구

까마귀(烏)가 입(口)을 벌려 소리를 내는 모습을 '슬퍼서 흐느껴 운다'고 보았다.

- □ 嗚咽 오열
- □ 嗚呼痛哉 오호통재

214f

燕 燕 燕 燕 燕 燕 燕 燕 燕 燕 燕 燕 燕

燕 제비 연

- 총획 16획
- 부수 ⺣
- 급수 3급

머리(廿), 몸통(口)과 날렵한 양 날개(北), 꼬리(⺣)를 강조한 글자로 '제비'를 가리킨다.

- □ 燕雀 연작
- □ 燕尾服 연미복
- □ 燕山君 연산군

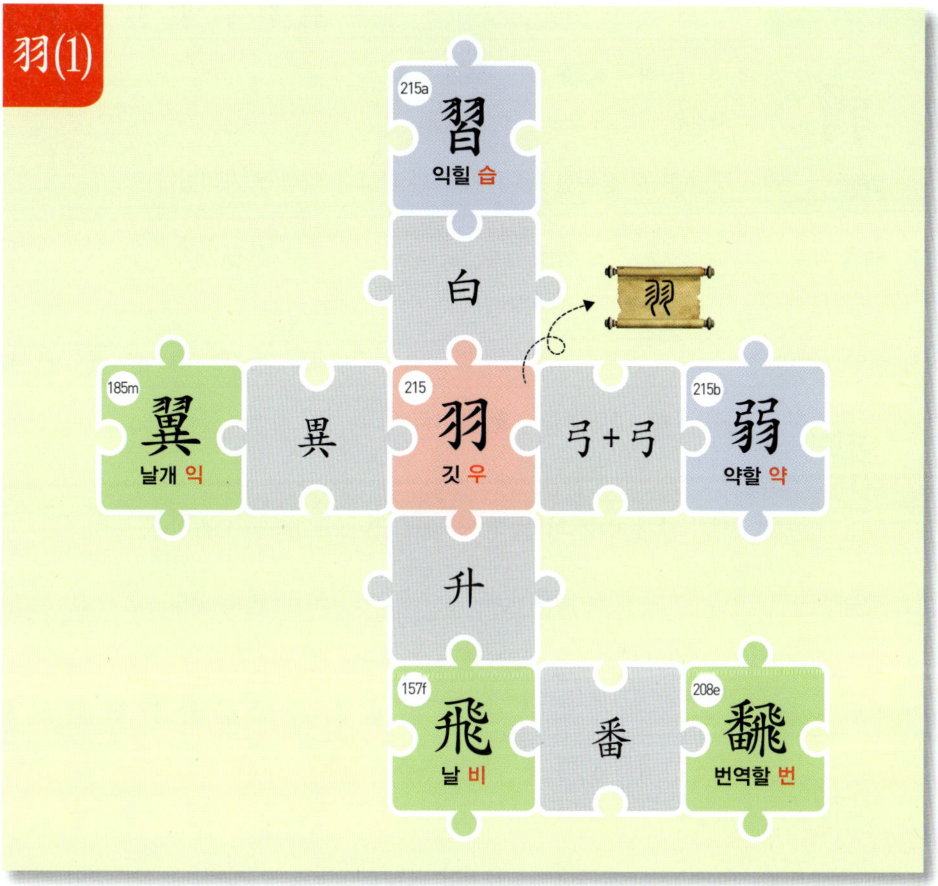

자연 | 동물 | 어조류

羽(1)

215
羽 깃 우

총획 6획　**부수** 羽　**급수** 3급

새가 양 날갯죽지를 잔뜩 치켜 올린 모습을 본뜬 글자이다.

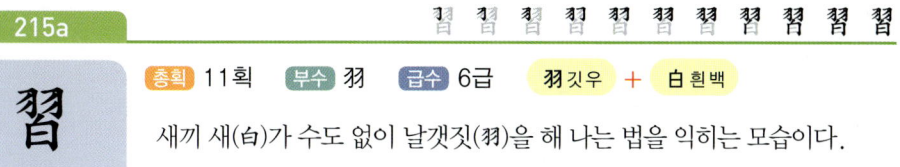

215a
習 익힐 습

총획 11획　**부수** 羽　**급수** 6급　　羽 깃우 ＋ 白 흰백

새끼 새(白)가 수도 없이 날갯짓(羽)을 해 나는 법을 익히는 모습이다.

□ 習慣 습관　　□ 習得 습득　　□ 練習 연습

215b

弱 약할 약

| 총획 | 10획 | 부수 | 弓 | 급수 | 6급 |

羽 깃우 + 弓 활궁 + 弓 활궁

깃털(羽)로 장식한 활(弓)이 진짜 활보다 '약함'을 가리킨다.

- 弱骨 약골
- 弱體 약체
- 軟弱 연약

157f

飛 날 비

| 총획 | 9획 | 부수 | 飛 | 급수 | 4급 |

羽 깃우 + 升 되승

새가 날개(羽)를 퍼덕이며 하늘로 날아오르는(升) 모습이다.

- 飛翔 비상
- 飛行 비행
- 雄飛 웅비

208e

飜 번역할 번

| 총획 | 21획 | 부수 | 飛 | 급수 | 3급 |

飛 날비 + 番 차례번

날개(飛)를 차례로(番) 펼쳤다 뒤집듯이 말을 바꾸는 것을 가리킨다.

- 飜譯 번역
- 飜覆 번복
- 飜案 번안

185m

翼 날개 익

| 총획 | 17획 | 부수 | 羽 | 급수 | 3급 |

羽 깃우 + 異 다를 이

양쪽(異)의 날개(羽)를 가리킨다.

- 右翼 우익
- 左翼 좌익

215

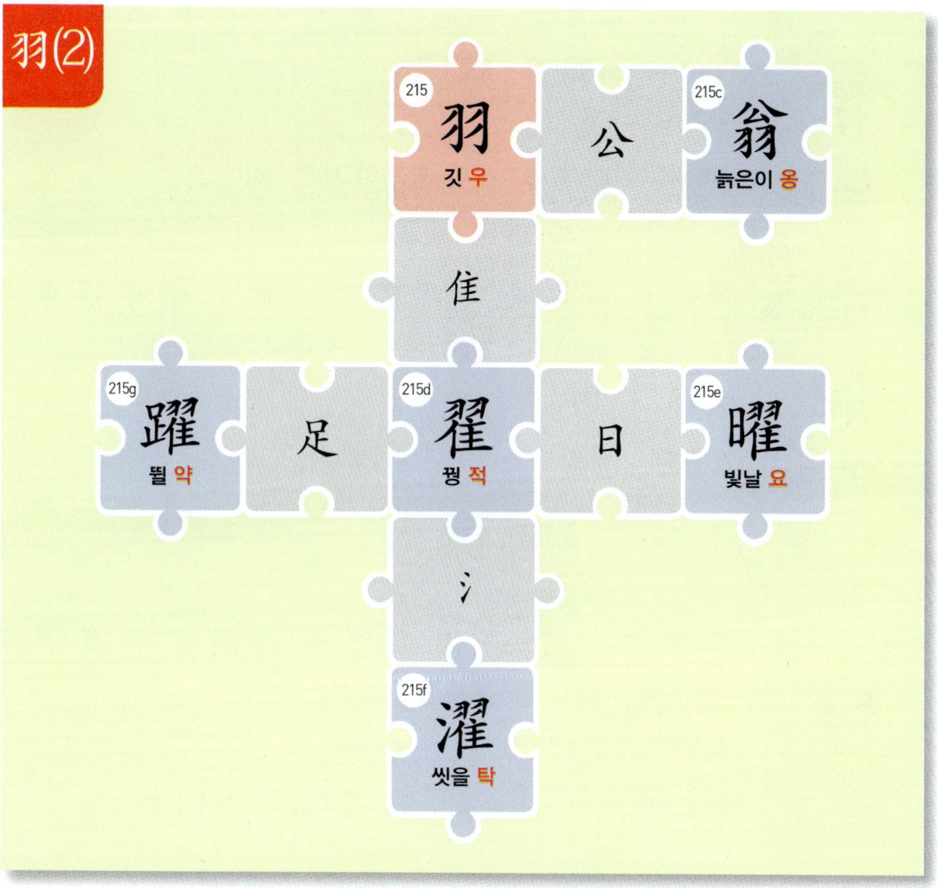

자연 | 동물 | 어조류

羽(2)

- 215 羽 깃 우
- 公
- 215c 翁 늙은이 옹
- 佳
- 215g 躍 뛸 약
- 足
- 215d 翟 꿩 적
- 日
- 215e 曜 빛날 요
- 氵
- 215f 濯 씻을 탁

215c

翁 늙은이 옹

총획 10획　부수 羽　급수 3급

羽 깃 우 + 公 공평할 공

갓 태어난(公) 어린 새의 하얀 깃털(羽)에서 백발노인을 연상한 글자이다.

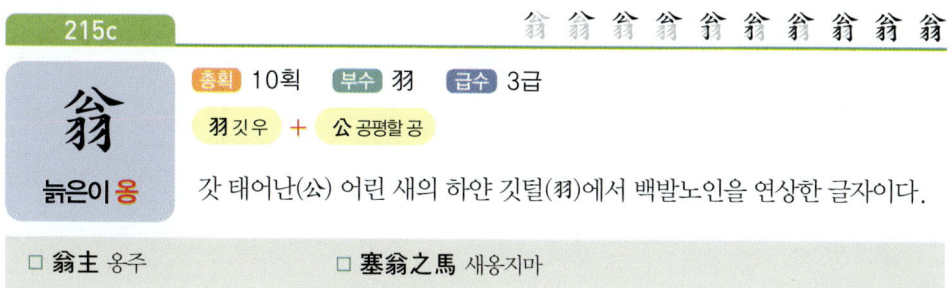

□ 翁主 옹주　　□ 塞翁之馬 새옹지마

215d

翟 翟 翟 翟 翟 翟 翟 翟 翟 翟

翟
꿩 **적**

- 총획 14획
- 부수 羽
- 급수 특급
- 羽 깃 우 + 隹 새 추

깃털(羽)이 멋지고 꽁지가 긴 새(隹)인 '꿩'을 뜻한다.

215e

曜 曜 曜 曜 曜 曜 曜 曜 曜 曜 曜 曜

曜
빛날 **요**

- 총획 18획
- 부수 日
- 급수 5급
- 翟 꿩 적 + 日 해 일

꿩(翟)의 날개(羽)가 햇살(日)을 받아 빛나는 모습이다.

- ☐ 曜日 요일
- ☐ 月曜日 월요일
- ☐ 土曜日 토요일

215f

濯 濯 濯 濯 濯 濯 濯 濯 濯 濯 濯 濯 濯

濯
씻을 **탁**

- 총획 17획
- 부수 氵
- 급수 3급
- 翟 꿩 적 + 氵 물 수

꿩(翟)이 깃털(羽)에 묻은 물기(氵)를 털어내는 모습이다.

- ☐ 濯足 탁족
- ☐ 洗濯 세탁
- ☐ 洗濯機 세탁기

215g

躍 躍 躍 躍 躍 躍 躍 躍 躍 躍 躍 躍 躍

躍
뛸 **약**

- 총획 21획
- 부수 足
- 급수 3급
- 翟 꿩 적 + 足 발 족

꿩(翟)이 날아오르기 위해 앞으로 뛰어가는(足) 모습을 본뜬 글자이다.

- ☐ 躍進 약진
- ☐ 跳躍 도약
- ☐ 飛躍 비약

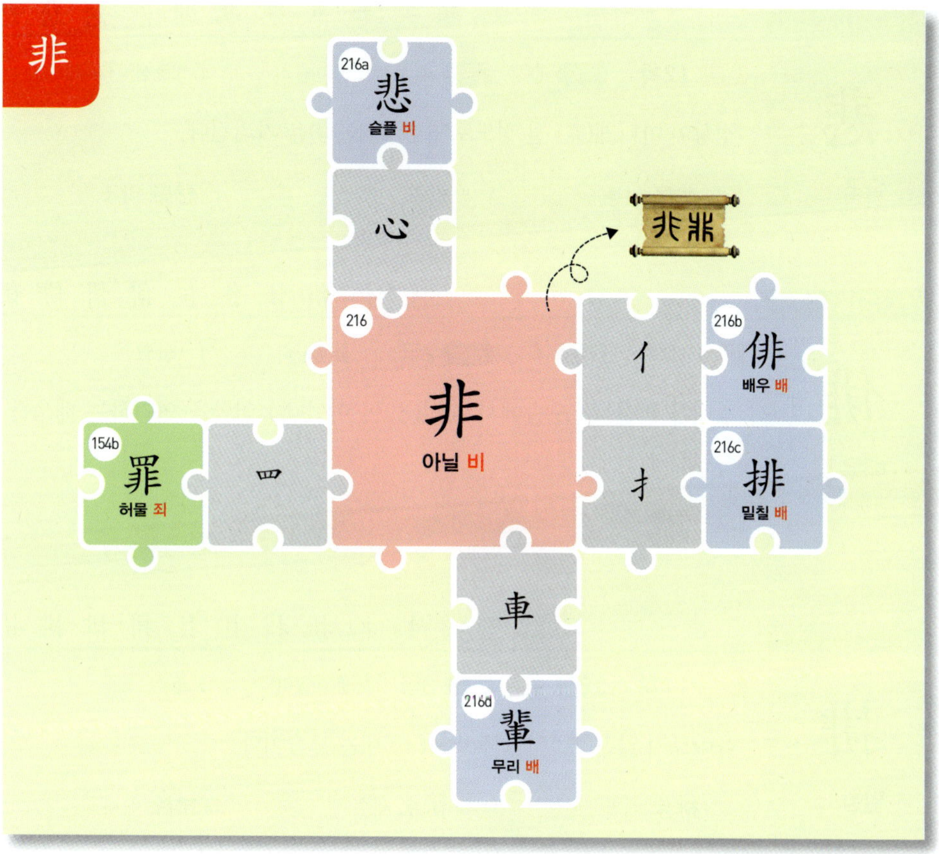

자연 | 동물 | 어조류

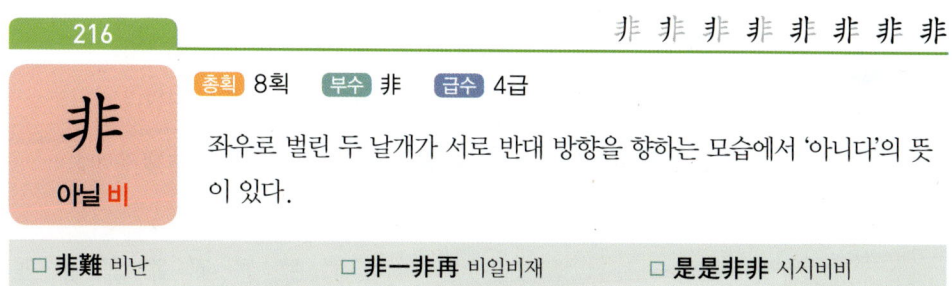

216
非 아닐 비

총획 8획 부수 非 급수 4급

非 非 非 非 非 非 非 非

좌우로 벌린 두 날개가 서로 반대 방향을 향하는 모습에서 '아니다'의 뜻이 있다.

□ 非難 비난 □ 非一非再 비일비재 □ 是是非非 시시비비

216a

悲 슬플 비

| 총획 | 12획 | 부수 | 心 | 급수 | 4급 | 非 아닐 비 + 心 마음 심 |

정상이 아니게(非) 될 정도로 슬픈 마음(心)을 가리킨다.

- 悲痛 비통
- 悲哀 비애
- 悲劇 비극

216b

俳 배우 배

| 총획 | 10획 | 부수 | 亻 | 급수 | 2급 | 非 아닐 비 + 亻 사람 인 |

광대가 탈을 쓴 모습에서 자신(亻)이 아닌(非) 역할을 연기하는 배우를 가리킨다.

- 俳優 배우

216c

排 밀칠 배

| 총획 | 11획 | 부수 | 扌 | 급수 | 3급 | 非 아닐 비 + 扌 손 수 |

올바르지 않은(非) 사람을 밀쳐(扌) 내는 모습이다.

- 排斥 배척
- 排水 배수
- 排除 배제

216d

輩 무리 배

| 총획 | 15획 | 부수 | 車 | 급수 | 3급 | 非 아닐 비 + 車 수레 거/차 |

수레들(車)이 나란히 서 있는(非) 모습에서 '무리'의 뜻이 나왔다.

- 先輩 선배
- 後輩 후배
- 同年輩 동년배

154b

罪 허물 죄

| 총획 | 13획 | 부수 | 罒 | 급수 | 5급 | 非 아닐 비 + 罒 그물 망 |

옳지 않은(非) 일을 저질러 감옥(罒)에 가는 모습에서 '죄, 허물'을 뜻한다.

- 罪目 죄목
- 罪人 죄인
- 犯罪 범죄

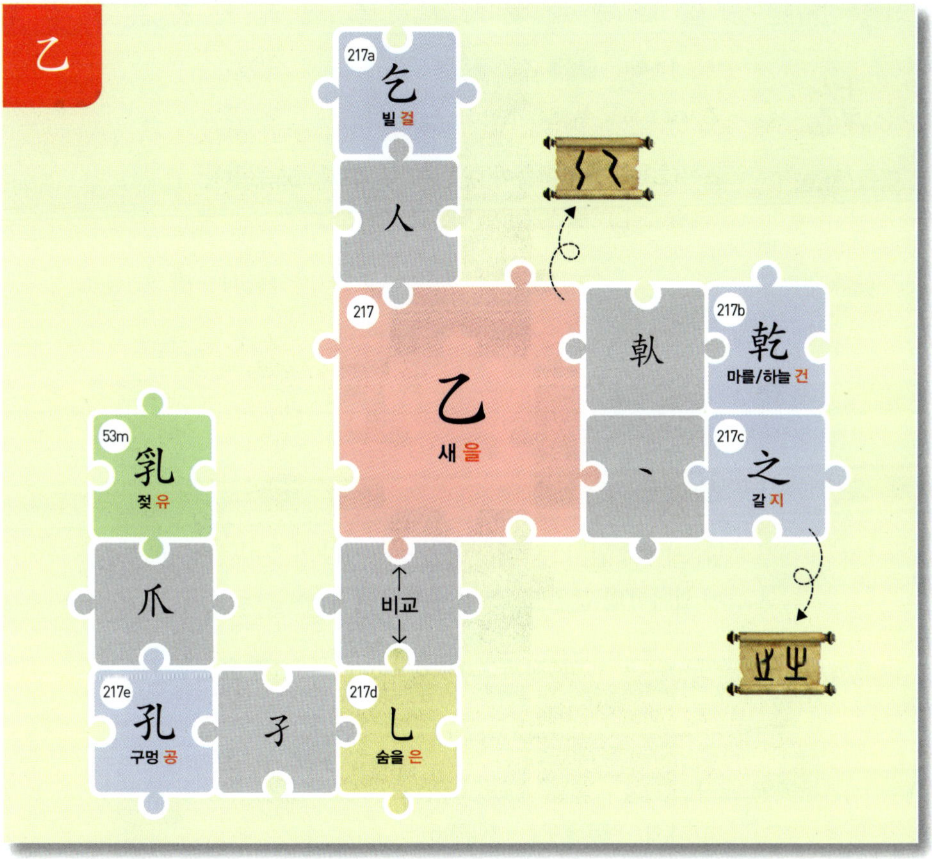

자연 | 동물 | 어조류

乙

```
        217a 乞 빌 걸
             ㅅ
    53m 乳 젖 유        217 乙 새 을        217b 乾 마를/하늘 건
        爪              ↑비교↓              217c 之 갈 지
    217e 孔 구멍 공    子    217d ㄴ 숨을 은
```

217 乙 새 을

총획 1획   부수 乙   급수 3급

움츠린 새의 모습을 본뜬 글자이다.

- 乙巳條約 을사조약
- 甲男乙女 갑남을녀

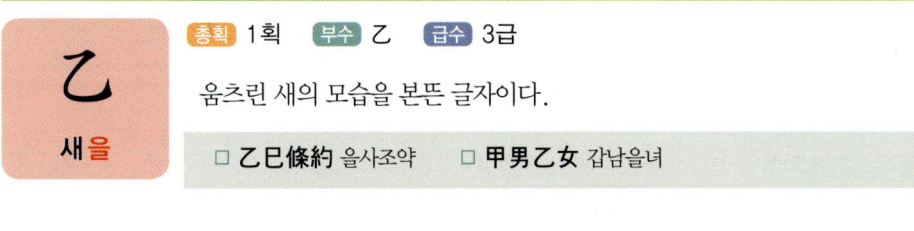

217a 乞 빌 걸

총획 3획   부수 乙   급수 3급   乙 새 을 + ㅅ 사람 인

사람(ㅅ=人)이 굽실거리는(乙) 모습을 본뜬 글자이다.

- 乞人 걸인
- 乞食 걸식
- 哀乞伏乞 애걸복걸

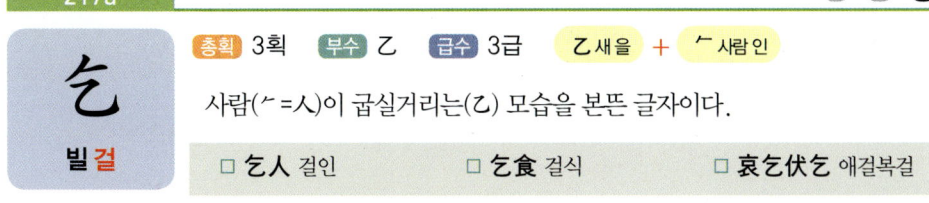

217b

乾乾乾乾乾乾乾乾乾乾

乾
마를/하늘 건

총획 11획 부수 乙 급수 3급

乙 새을 + 倝 햇빛 비칠 간

초목(乙)에 맺힌 이슬이 햇빛(倝)에 마르는 모습이다.

| 새 을(乙=乚) 자를 초목이 자라나는 모양으로 보았다.

☐ 乾燥 건조　　☐ 乾草 건초　　☐ 乾坤一擲 건곤일척

217c

之之之之

之
갈 지

총획 4획 부수 丿 급수 3급

乙 새을 + 丶 점주

땅(一)에서 발(止)을 떼는 모습에서 '가다'의 뜻이었으나, '~의, ~에, ~에 있어서'와 같은 조사로 사용된다.

☐ 易地思之 역지사지　　☐ 結者解之 결자해지　　☐ 左之右之 좌지우지

217d

乚

乚
숨을 은

총획 1획 부수 乙 급수 6급

자형(字形)의 분류를 위해 사용하는 숨을 은(乚) 자는 새 을(乙)과 같은 글자이다.

| 숨을 은(乚) 자는 특별히 정해진 뜻이 없으므로 상황에 따라 해석이 달라질 수 있으나, 대체적으로 몸을 동그랗게 말고 있는 여인네의 뜻으로 자주 사용된다.

217e

孔孔孔孔

孔
구멍 공

총획 4획 부수 子 급수 4급

乚 숨을 은 + 子 외로울 혈

아이(子)가 어머니(乚)의 젖을 빠는 모습으로 젖이 나오는 '구멍'을 뜻한다.

☐ 孔子 공자　　☐ 毛孔 모공　　☐ 骨多孔症 골다공증

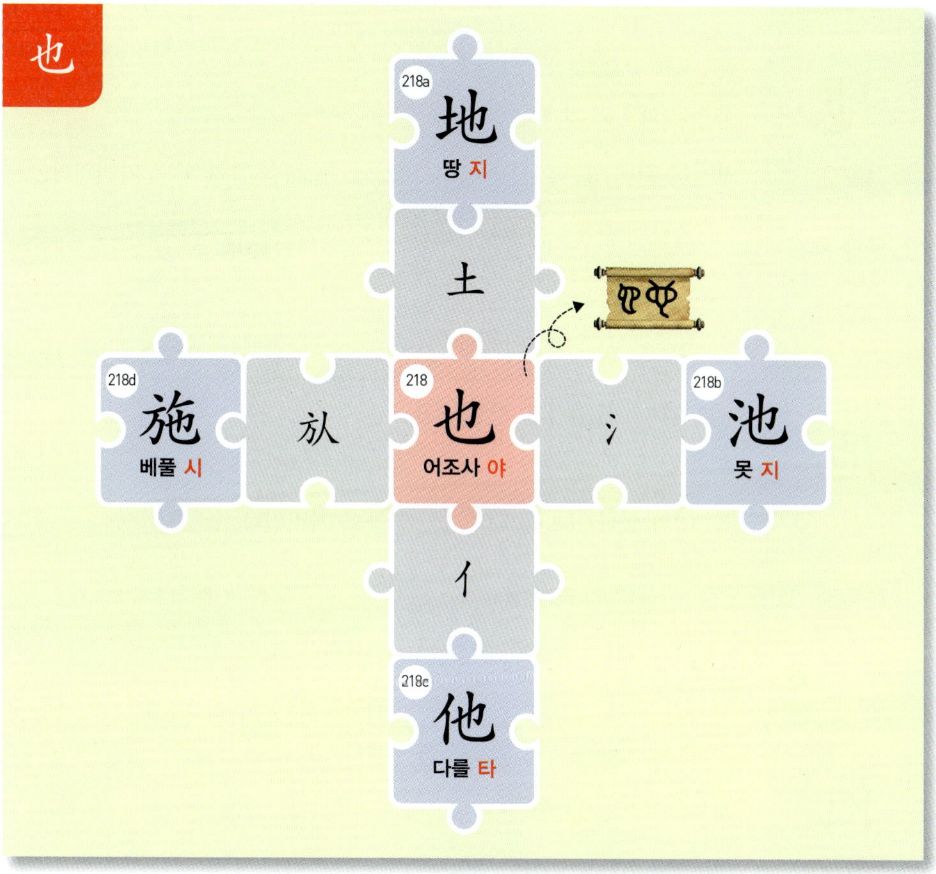

자연 | 동물 | 어조류

```
                    218a
                    地
                    땅 지
                     土
    218d      218         218b
    施   㐌   也   氵   池
    베풀 시      어조사 야      못 지
                     亻
                    218e
                    他
                    다를 타
```

218

也
어조사 **야**

총획 3획   부수 乙   급수 3급

여성 생식기를 본뜬 글자로 여겨지나 지금은 어조사의 뜻으로만 쓰인다.

671

218a

地 땅 지

- 총획 6획
- 부수 土
- 급수 7급

也 어조사 야 + 土 흙 토

생산과 관련 있는 여성의 생식기(也)와 흙(土)을 합쳐 '땅'을 가리킨다.

地地地地地地

☐ 地球 지구　　☐ 天地 천지　　☐ 陸地 육지

218b

池 못 지

- 총획 6획
- 부수 氵
- 급수 3급

也 어조사 야 + 氵 물 수

물(氵)과 생식기(也)를 합쳐 '못, 연못'을 가리킨다.

池池池池池池

☐ 乾電池 건전지　　☐ 天池 천지　　☐ 貯水池 저수지

218c

他 다를 타

- 총획 5획
- 부수 亻
- 급수 5급

也 어조사 야 + 亻 사람 인

사람(亻)마다 생식기(也) 모양은 다를 수 있다.

他他他他他

☐ 他人 타인　　☐ 利他的 이타적　　☐ 排他的 배타적

218d

施 베풀 시

- 총획 9획
- 부수 方
- 급수 4급

也 어조사 야 + 㫃 나부낄 언

깃발(㫃)과 여성의 생식기(也)는 전쟁터의 위안부를 연상케 한다. 완전 남성 위주의 글자임을 알 수 있다.

施施施施施施施施施

☐ 施設 시설　　☐ 實施 실시　　☐ 施行令 시행령

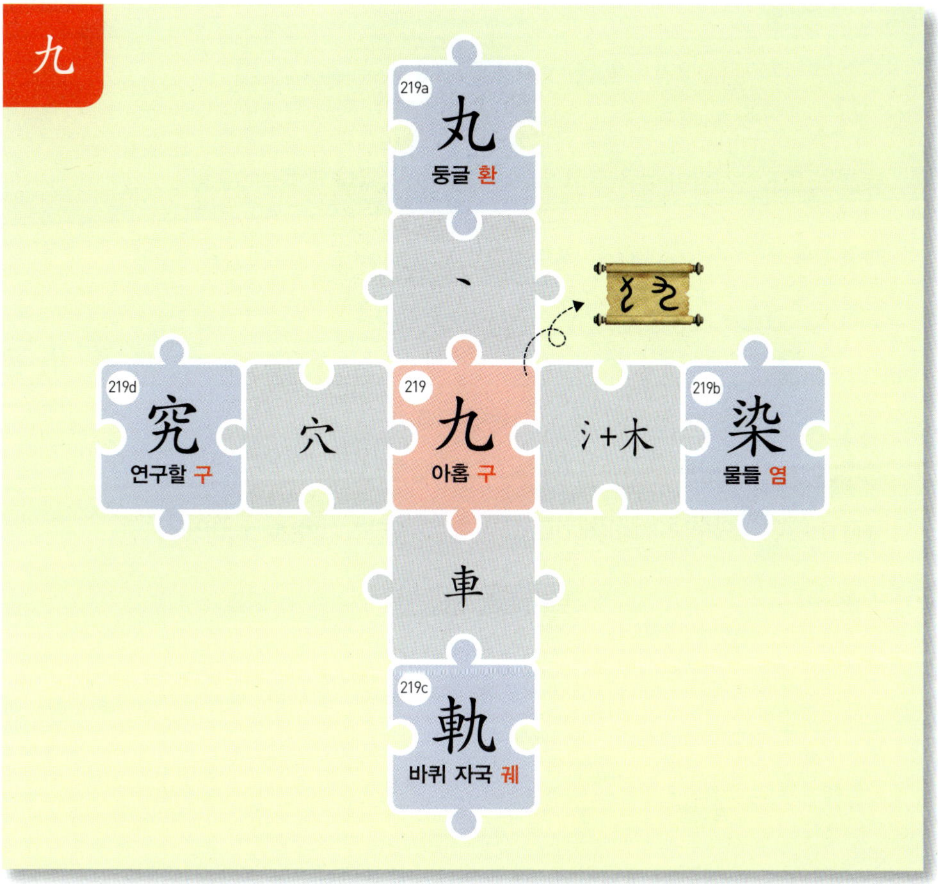

자연 | 동물 | 어조류

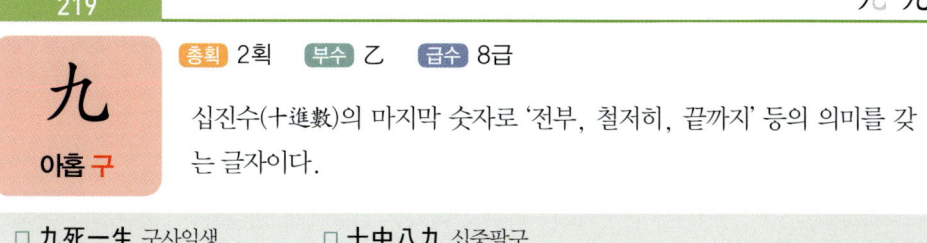

219

九 아홉 구

총획 2획　**부수** 乙　**급수** 8급

십진수(十進數)의 마지막 숫자로 '전부, 철저히, 끝까지' 등의 의미를 갖는 글자이다.

- 九死一生 구사일생
- 十中八九 십중팔구

219a

丸 둥글 환

九 九 丸

| 총획 | 3획 | 부수 | 丶 | 급수 | 3급 |

九 아홉 구 + 丶 점 주

사람이 몸을 말고 있는 모습에서 '둥글다'의 뜻이 있다.

☐ 丸藥 환약   ☐ 彈丸 탄환   ☐ 淸心丸 청심환

219b

染 물들 염

染 染 染 染 染 染 染 染 染

| 총획 | 9획 | 부수 | 木 | 급수 | 3급 |

九 아홉 구 + 氵 물 수 + 木 나무 목

나무(木)에서 채취한 염색액(氵)으로 완전히(九) 물들이다.

☐ 染色 염색   ☐ 汚染 오염   ☐ 傳染 전염

219c

軌 바퀴 자국 궤

軌 軌 軌 軌 軌 軌 軌 軌 軌

| 총획 | 9획 | 부수 | 車 | 급수 | 3급 |

九 아홉 구 + 車 수레 거/차

차(車)가 수없이(九) 다녀 생겨난 바퀴 자국이나 길을 가리킨다.

☐ 軌道 궤도   ☐ 廣軌 광궤   ☐ 挾軌 협궤

219d

究 연구할 구

究 究 究 究 究 究 究

| 총획 | 7획 | 부수 | 穴 | 급수 | 4급 |

九 아홉 구 + 穴 구멍 혈

굴(穴)을 끝까지(九) 파고 들어가는 모습에서 '연구하다, 궁구하다' 등의 뜻이 있다.

☐ 究明 구명   ☐ 探究 탐구   ☐ 硏究 연구

자연 | 동물 | 어조류

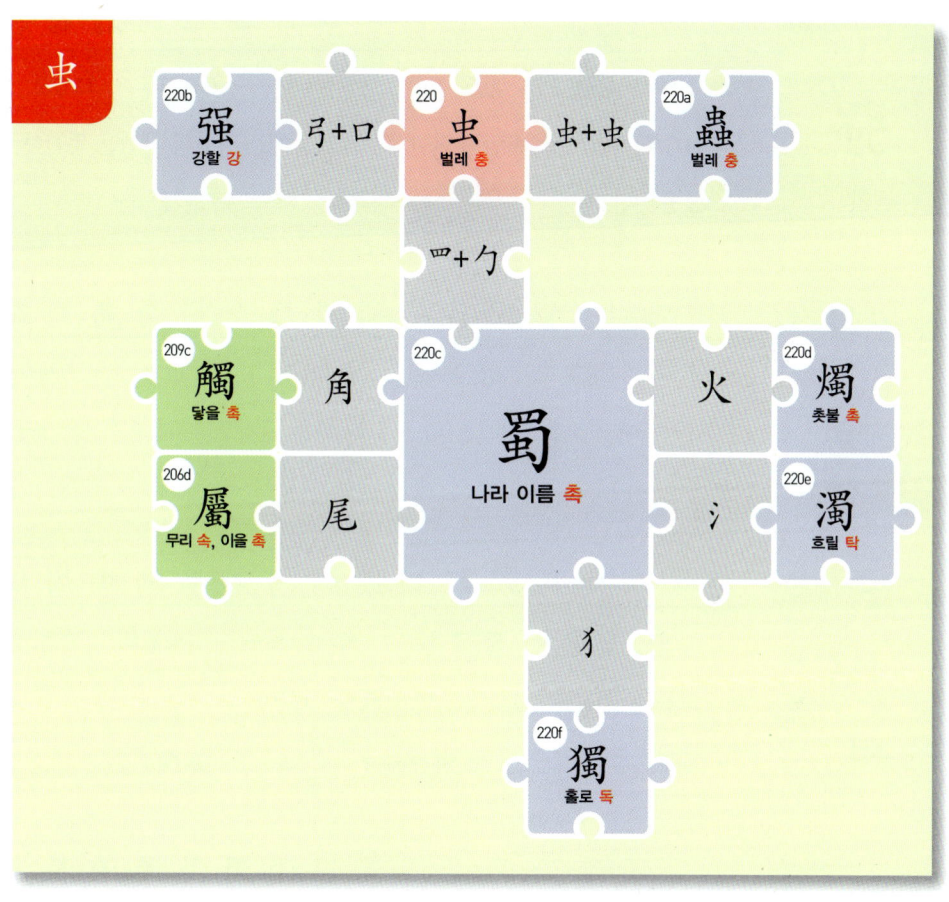

220

虫虫虫虫虫虫

虫
벌레 충

- 총획 6획 부수 虫 급수 특급

구불구불하게 생긴 벌레의 모습을 본뜬 글자이다.

220a

蟲蟲蟲蟲蟲蟲蟲蟲蟲蟲蟲蟲蟲

蟲
벌레 충

- 총획 18획 부수 虫 급수 3급   虫 벌레 충 + 虫 벌레 충 + 虫 벌레 충

우글우글 몰려 있는 벌레(虫)들을 가리킨다.

- ☐ 蟲齒 충치
- ☐ 害蟲 해충
- ☐ 昆蟲 곤충

220b

強強強強強強強強強強強強

強 강할 강

| 총획 | 12획 | 부수 | 弓 | 급수 | 6급 | 虫 벌레 충 + 弓 활 궁 + 口 입 구 |

둥근(口) 딱정벌레(虫)처럼 단단한 활(弓)의 몸체는 강함과 굳셈을 뜻한다.

- 強力 강력
- 強弱 강약
- 最強 최강

220c

蜀蜀蜀蜀蜀蜀蜀蜀蜀蜀蜀蜀

蜀 나라 이름 촉

| 총획 | 13획 | 부수 | 虫 | 급수 | 2급 | 虫 벌레 충 + 罒 그물 망 + 勹 쌀 포 |

눈(目→罒)이 강조된 벌레(虫)의 모습을 본뜬 글자로 '나라 이름'을 가리킨다.

220d

燭燭燭燭燭燭燭燭燭燭燭燭

燭 촛불 촉

| 총획 | 17획 | 부수 | 火 | 급수 | 3급 | 蜀 나라 이름 촉 + 火 불 화 |

타오르는 불꽃(火)이 꿈틀대는 벌레(蜀)를 닮았다.

- 燭臺 촛대
- 燭光 촉광
- 華燭 화촉

220e

濁濁濁濁濁濁濁濁濁濁濁濁

濁 흐릴 탁

| 총획 | 16획 | 부수 | 氵 | 급수 | 3급 | 蜀 나라 이름 촉 + 氵 물 수 |

도랑물(氵)에 벌레(蜀)가 득실대어 혼탁한 모습이다.

- 濁酒 탁주
- 濁流 탁류
- 混濁 혼탁

220f

獨獨獨獨獨獨獨獨獨獨獨獨

獨 홀로 독

| 총획 | 16획 | 부수 | 犭 | 급수 | 5급 | 蜀 나라 이름 촉 + 犭 큰 개 견 |

개(犭)들이나 벌레(蜀)는 무리 지어 있지만 늘 홀로 행동한다.

- 獨立 독립
- 獨裁 독재
- 孤獨 고독

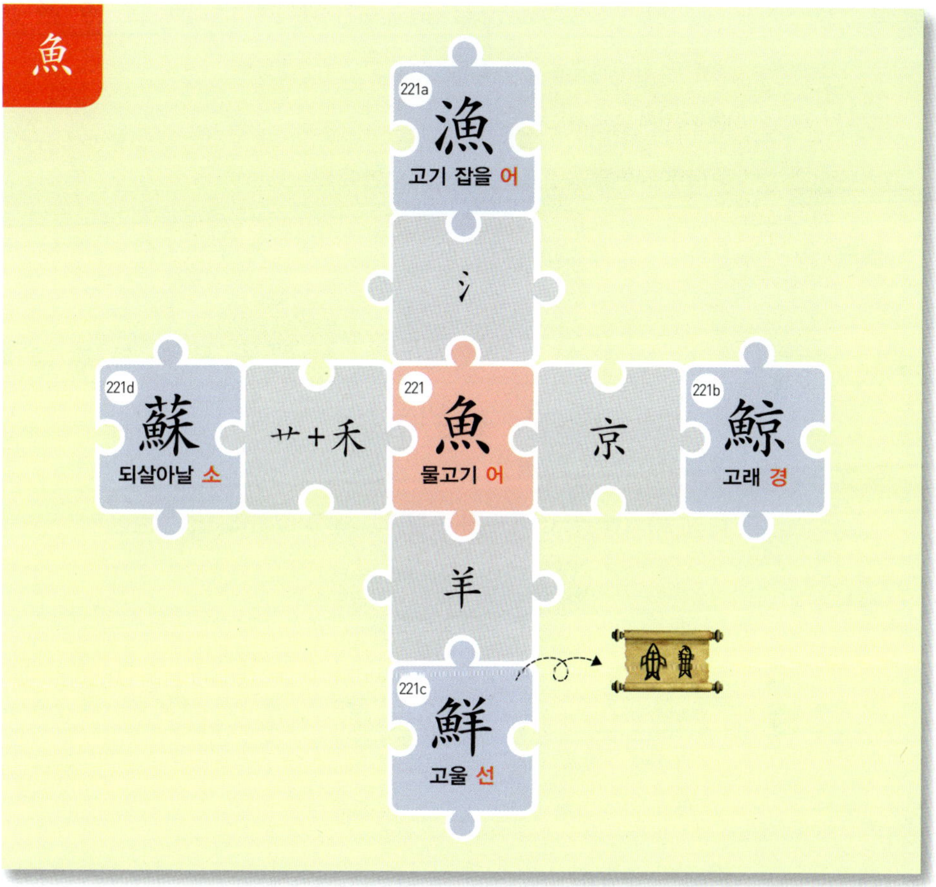

魚
221a
漁
고기 잡을 어
氵
221d
蘇
되살아날 소
艹+禾
221
魚
물고기 어
京
221b
鯨
고래 경
羊
221c
鮮
고울 선

221

魚 魚 魚 魚 魚 魚 魚 魚 魚 魚 魚

魚
물고기 **어**

총획 11획 부수 魚 급수 5급

머리, 지느러미, 꼬리 등을 강조하여 물고기를 뜻하는 글자이다.

□ **魚類** 어류	□ **魚族** 어족	□ **人魚** 인어

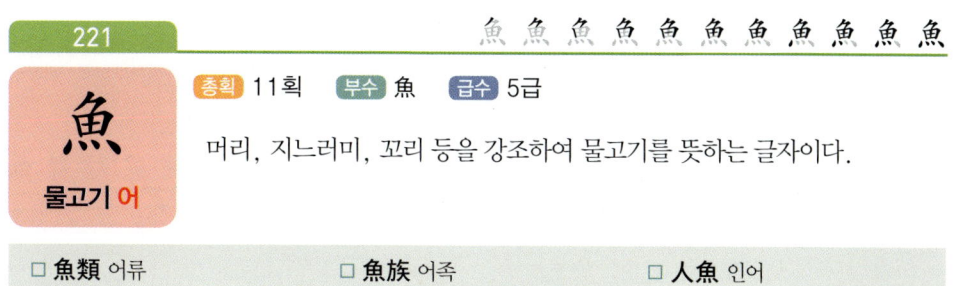

221a

漁漁漁漁漁漁漁漁漁漁漁漁

漁 고기 잡을 **어**

- 총획 14획
- 부수 氵
- 급수 5급
- 魚 물고기 어 + 氵 물 수

강(氵)에서 물고기(魚)를 잡는 모습이다.

□ 漁夫 어부　　□ 漁船 어선　　□ 漁村 어촌

221b

鯨鯨鯨鯨鯨鯨鯨鯨鯨鯨鯨鯨鯨鯨

鯨 고래 **경**

- 총획 19획
- 부수 魚
- 급수 1급
- 魚 물고기 어 + 京 서울 경

대궐(京)처럼 큰 고기(魚)를 가리켜 '고래'를 뜻한다.

□ 捕鯨 포경　　□ 捕鯨船 포경선

221c

鮮鮮鮮鮮鮮鮮鮮鮮鮮鮮鮮鮮鮮

鮮 고울 **선**

- 총획 17획
- 부수 魚
- 급수 3급
- 魚 물고기 어 + 羊 양 양

갓 잡아 올린 물고기(魚)의 껍질과, 막 도살한 양(羊)고기의 살과 흐르는 피가 투명하고 선명한 모습에서 '곱다, 선명하다'를 뜻하게 되었으며 '생선'의 뜻도 생겼다.

□ 鮮明 선명　　□ 生鮮 생선　　□ 新鮮 신선

221d

蘇蘇蘇蘇蘇蘇蘇蘇蘇蘇蘇蘇蘇蘇

蘇 되살아날 **소**

- 총획 20획
- 부수 艹
- 급수 3급
- 魚 물고기 어 + 艹 풀 초 + 禾 벼 화

약초(艹)와 고기(魚), 밥(禾)을 챙겨 먹고 건강을 회복하는 모습이다.

□ 蘇生 소생　　□ 蘇東坡 소동파

자연 | 동물 | 어조류

貝(1)

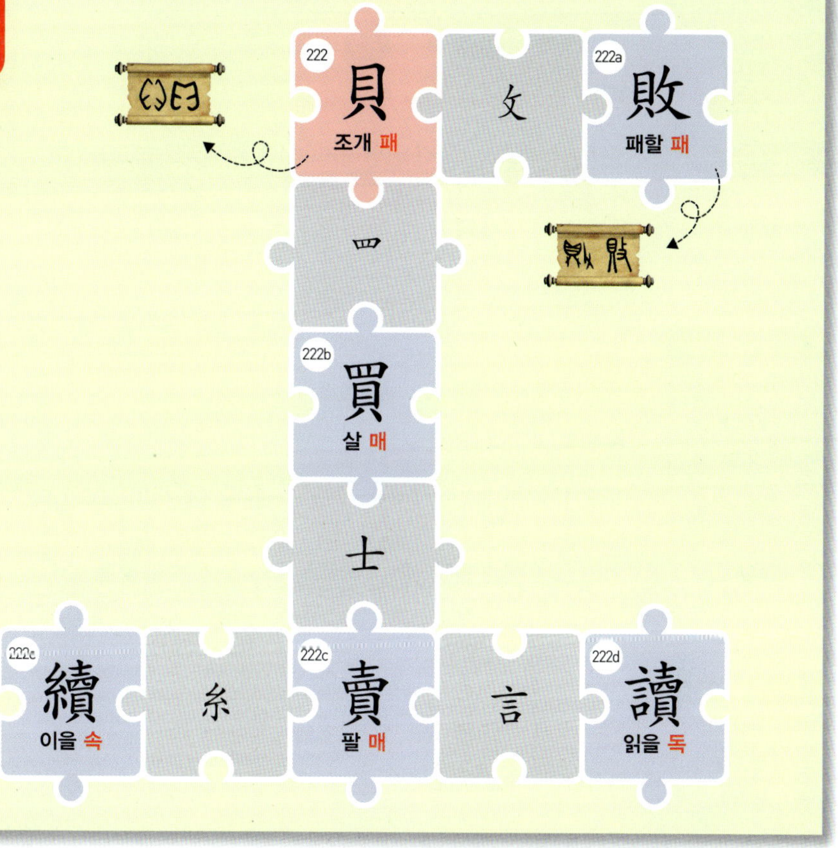

	222 貝 조개 패	攵	**222a 敗** 패할 패
	罒		
	222b 買 살 매		
	士		
222c 續 이을 속	糸	**222c 賣** 팔 매	言	**222d 讀** 읽을 독

222

貝 조개 패

貝貝貝貝貝貝貝

총획 7획　**부수** 貝　**급수** 3급

화폐로 사용되던 조개의 모습을 본떠 만든 글자이다.

☐ 貝物 패물　　☐ 魚貝類 어패류　　☐ 貝殼 패각

222a

敗 패할 패

敗敗敗敗敗敗敗敗敗敗敗

총획 11획　**부수** 攵　**급수** 5급　　貝 조개패 ＋ 攵 칠복

귀중품(貝)을 때려(攵) 부숴 못 쓰게 만드는 모습에서 '지다, 패하다, 물리치다, 이기다'의 뜻이 생겼다.

☐ 敗北 패배　　☐ 勝敗 승패　　☐ 失敗 실패

222b

買買買買買買買買買買買買買

買
살 매

- 총획 12획
- 부수 貝
- 급수 5급
- 貝 조개 패 + 罒 그물 망

돈(貝)을 주고 산 물건을 망태기(罒)에 주워 담는 모습이다.

□ 買收 매수　　□ 買入 매입　　□ 賣買 매매

222c

賣賣賣賣賣賣賣賣賣賣賣賣賣

賣
팔 매

- 총획 15획
- 부수 貝
- 급수 5급
- 買 살 매 + 士 선비 사

망태기(罒)의 물건을 돈(貝)을 받고 내주는(士→出) 모습이다.

□ 賣却 매각　　□ 賣渡 매도　　□ 都賣商 도매상

222d

讀讀讀讀讀讀讀讀讀讀讀讀讀讀讀讀

讀
읽을 독

- 총획 22획
- 부수 言
- 급수 6급
- 賣 팔 매 + 言 말씀 언

물건을 팔듯(賣) 크게 소리(言)내어 읽는 모습이다.

□ 讀書 독서　　□ 讀者 독자　　□ 朗讀 낭독

222e

續續續續續續續續續續續續續續續

續
이을 속

- 총획 21획
- 부수 糸
- 급수 4급
- 賣 팔 매 + 糸 가는 실 멱

실(糸)과 사고파는(賣) 일을 합쳐 계속해서 이어진다는 속성을 강조한 글자이다.

□ 續開 속개　　□ 連續 연속　　□ 相續 상속

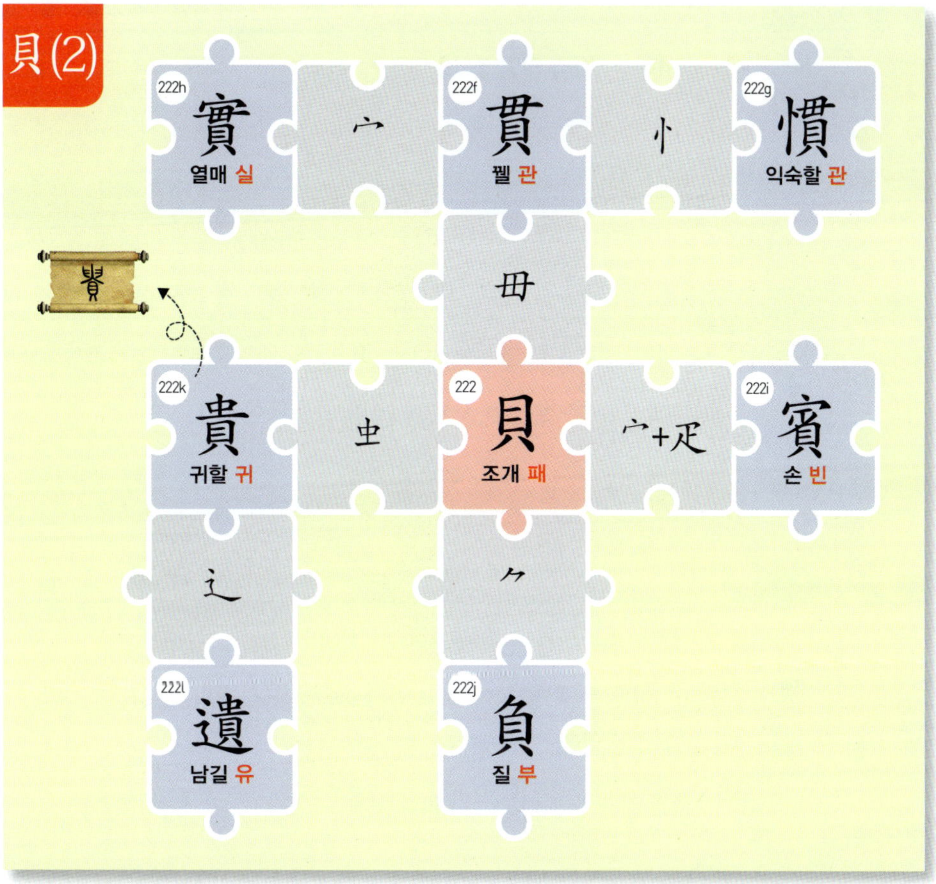

자연 | 동물 | 어조류

貝(2)

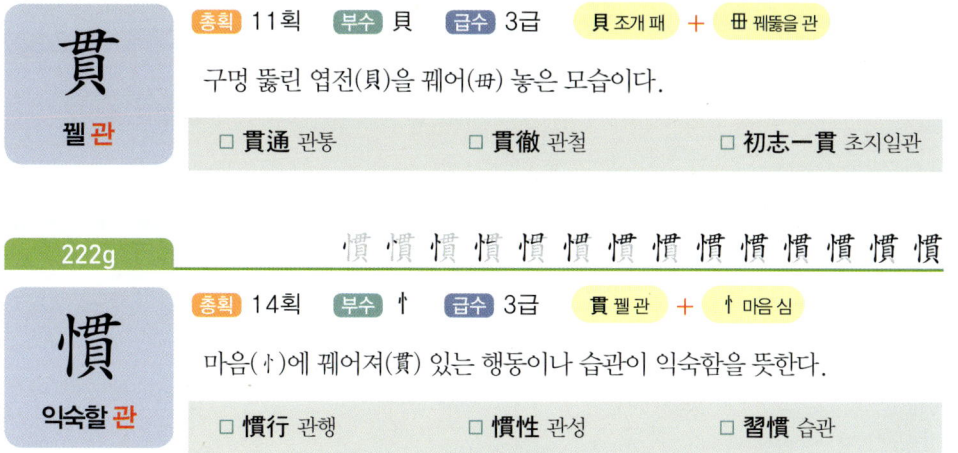

222f	貫貝貫貫貫貫貫貫貫貫

貫
꿸 관

- 총획 11획 부수 貝 급수 3급 貝 조개 패 + 毌 꿰뚫을 관
- 구멍 뚫린 엽전(貝)을 꿰어(毌) 놓은 모습이다.
  - □ 貫通 관통   □ 貫徹 관철   □ 初志一貫 초지일관

222g	慣慣慣慣慣慣慣慣慣慣慣

慣
익숙할 관

- 총획 14획 부수 忄 급수 3급 貫 꿸 관 + 忄 마음 심
- 마음(忄)에 꿰어져(貫) 있는 행동이나 습관이 익숙함을 뜻한다.
  - □ 慣行 관행   □ 慣性 관성   □ 習慣 습관

681

222h

實
열매 실

實實實實實實實實實實實實實實

| 총획 | 14획 | 부수 | 宀 | 급수 | 5급 | 貫 꿸 관 + 宀 집 면 |

집(宀) 안에 쌓아두거나 꿰어(貫)둔 열매나 곡식을 가리킨다.

- 實績 실적
- 事實 사실
- 結實 결실

222i

賓
손 빈

賓賓賓賓賓賓賓賓賓賓賓賓賓賓

| 총획 | 14획 | 부수 | 貝 | 급수 | 3급 | 貝 조개 패 + 宀 집 면 + 疋 짝필/발 소 |

집(宀)에 오는(疋) 손님을 보물(貝)처럼 귀하게 여기다.

- 貴賓 귀빈
- 來賓 내빈
- 迎賓館 영빈관

222j

負
질 부

負負負負負負負負負

| 총획 | 9획 | 부수 | 貝 | 급수 | 4급 | 貝 조개 패 + 亻 사람 인 |

사람(亻)이 금품(貝)을 등에 지고 있는 모습이지만 사실은 돈(貝)이 사람(亻)을 짓누르고 있다.

- 負擔 부담
- 負債 부채
- 抱負 포부

222k

貴
귀할 귀

貴貴貴貴貴貴貴貴貴貴貴

| 총획 | 12획 | 부수 | 貝 | 급수 | 5급 | 貝 조개 패 + 虫 (양손으로 잡고 있는 모습) |

양손(臼→虫)으로 꽉 붙든 재물(貝)처럼 귀한 것을 가리킨다.

- 貴賤 귀천
- 高貴 고귀
- 富貴 부귀

222l

遺
남길 유

遺遺遺遺遺遺遺遺遺遺遺遺遺

| 총획 | 16획 | 부수 | 辶 | 급수 | 4급 | 貴 귀할 귀 + 辶 쉬엄쉬엄 갈 착 |

귀한(貴) 것을 남겨두고 가는(辶) 모습이다.

- 遺産 유산
- 遺言 유언
- 遺憾 유감

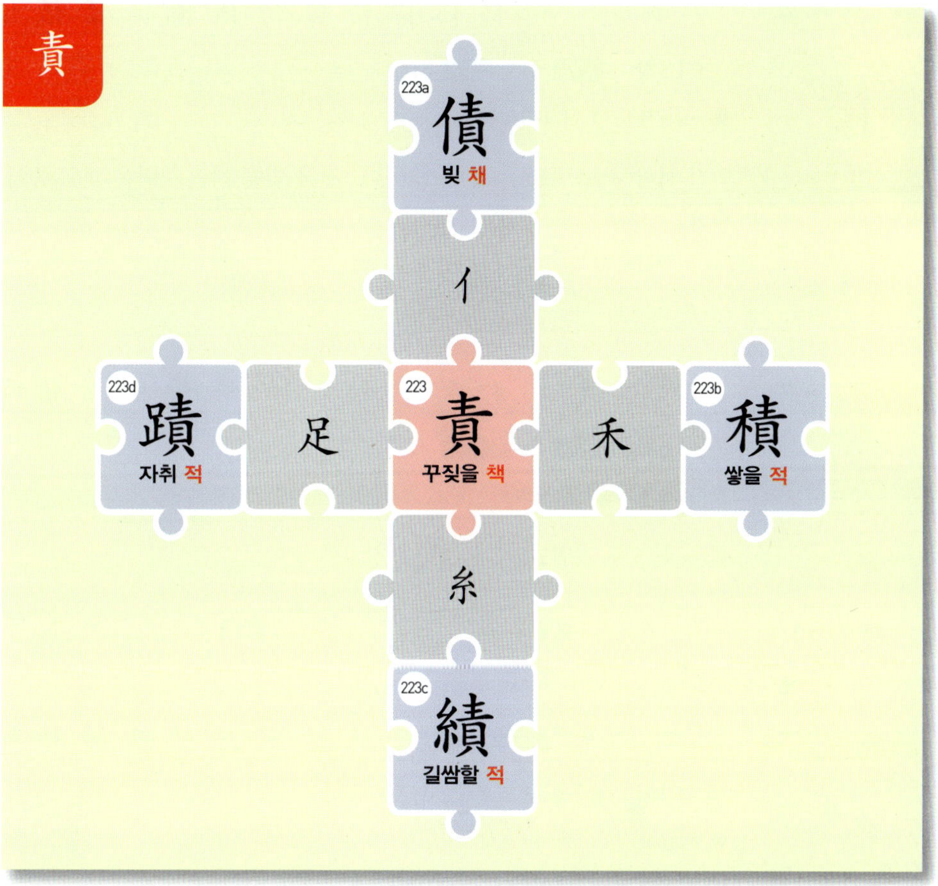

자연 | 동물 | 어조류

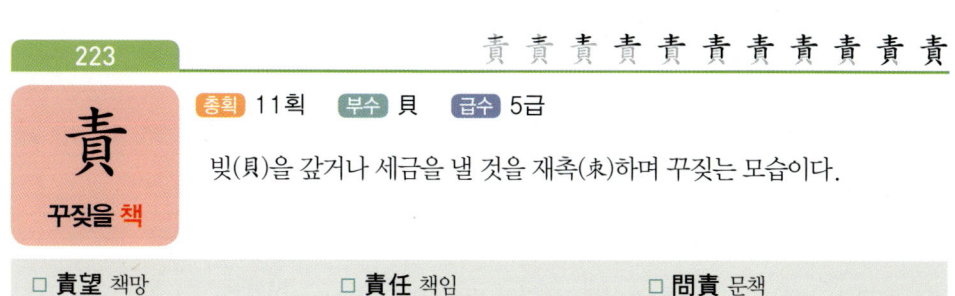

223

責 꾸짖을 **책**

- 총획 11획
- 부수 貝
- 급수 5급

빚(貝)을 갚거나 세금을 낼 것을 재촉(束)하며 꾸짖는 모습이다.

□ **責望** 책망   □ **責任** 책임   □ **問責** 문책

223a

債 債 債 債 債 債 債 債 債 債 債

債 빚 채

- 총획 13획
- 부수 亻
- 급수 3급
- 責 꾸짖을 책 + 亻 사람 인

빚진 사람(亻)을 꾸짖는(責) 모습이다. 결국 빚을 지면 사람은 빚의 종이 된다.

- ☐ 債務 채무
- ☐ 債權者 채권자
- ☐ 私債 사채

223b

積 積 積 積 積 積 積 積 積 積 積 積 積

積 쌓을 적

- 총획 16획
- 부수 禾
- 급수 4급
- 責 꾸짖을 책 + 禾 벼 화

세금(責)으로 거둬들인 곡식(禾)을 창고에 쌓아둔 모습이다.

- ☐ 積立 적립
- ☐ 累積 누적
- ☐ 蓄積 축적

223c

績 績 績 績 績 績 績 績 績 績 績 績 績 績

績 길쌈할 적

- 총획 17획
- 부수 糸
- 급수 4급
- 責 꾸짖을 책 + 糸 가는 실 멱

세금(責)으로 바치기 위해 옷감(糸)을 짜던 모습이다.

- ☐ 紡績 방적
- ☐ 業績 업적
- ☐ 功績 공적

223d

蹟 蹟 蹟 蹟 蹟 蹟 蹟 蹟 蹟 蹟 蹟 蹟 蹟 蹟 蹟

蹟 자취 적

- 총획 18획
- 부수 足
- 급수 3급
- 責 꾸짖을 책 + 足 발 족

지금까지 걸어(足)오면서 쌓인(責) 기록이나 역사의 발자취(足)를 가리킨다.

- ☐ 史蹟 사적
- ☐ 古蹟 고적
- ☐ 遺蹟 유적

자연 | 산천초목 | 산

224

谷 골 곡

총획 7획　**부수** 谷　**급수** 3급

아래로 내려올수록 점점 넓어(八)지는 계곡 입구(口)를 본뜬 글자이다.

- 溪谷 계곡
- 峽谷 협곡
- 深山幽谷 심산유곡

224a

浴 목욕할 욕

총획 10획　**부수** 氵　**급수** 5급　谷 골 곡 + 氵 물 수

계곡(谷)물(氵)에서 몸을 감는 모습이다.

- 浴室 욕실
- 沐浴 목욕
- 森林浴 삼림욕

224b

넉넉할 유

裕裕裕裕裕裕裕裕裕裕裕

- 총획 12획
- 부수 衤
- 급수 3급
- 谷 골 곡 + 衤 옷 의

치마(衤)와 계곡(谷)이 아래로 내려갈수록 넓어지는 모습에서 '넉넉하다, 여유롭다'의 뜻이 있다.

- □ 裕福 유복
- □ 富裕 부유
- □ 餘裕 여유

224c

하고자 할 욕

欲欲欲欲欲欲欲欲欲欲

- 총획 11획
- 부수 欠
- 급수 3급
- 谷 골 곡 + 欠 하품 흠

모든 것을 삼켜버리는 계곡(谷)이나 입을 크게 벌린 모양(欠)에서 재물을 탐하는 모습이다.

- □ 欲求 욕구
- □ 欲心 욕심
- □ 意欲 의욕

224d

욕심 욕

慾慾慾慾慾慾慾慾慾慾慾

- 총획 15획
- 부수 心
- 급수 3급
- 欲 하고자 할 욕 + 心 마음 심

재물을 탐하는 글자(欲)에 마음(心)을 더해 그 의미를 강조했다.

- □ 慾望 욕망
- □ 過慾 과욕
- □ 禁慾 금욕

224e

풍속 속

俗俗俗俗俗俗俗俗俗

- 총획 9획
- 부수 亻
- 급수 4급
- 谷 골 곡 + 亻 사람 인

사람(亻)들이 주로 모여 살던 골짜기(谷)의 마을마다 다른 풍속이나 관습들을 가리킨다.

- □ 俗世 속세
- □ 俗物 속물
- □ 風俗 풍속

224f

얼굴 용

容容容容容容容容容容

- 총획 10획
- 부수 宀
- 급수 4급
- 谷 골 곡 + 宀 집 면

골짜기(谷)에 수많은 집(宀)을 담고 있는 마을의 모습에서 수많은 표정을 담는 '얼굴'을 뜻한다.

- □ 容貌 용모
- □ 美容 미용
- □ 收容 수용

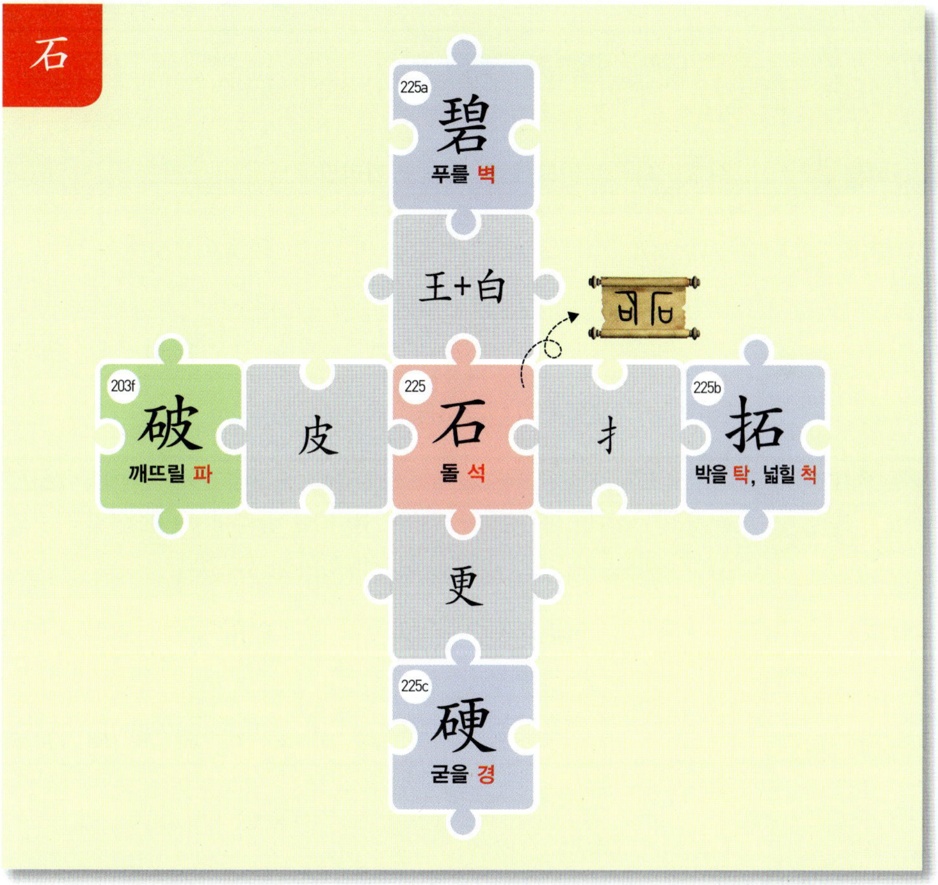

자연 | 산천초목 | 산

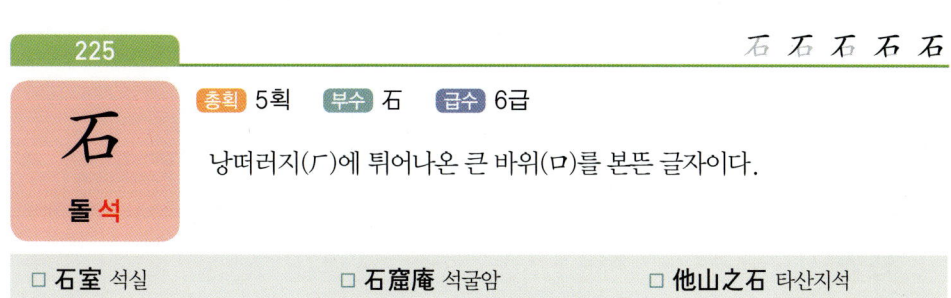

225

石
돌 석

총획 5획　**부수** 石　**급수** 6급

낭떠러지(厂)에 튀어나온 큰 바위(口)를 본뜬 글자이다.

□ 石室 석실　　□ 石窟庵 석굴암　　□ 他山之石 타산지석

225a

碧 푸를 벽

- 총획 14획
- 부수 石
- 급수 3급
- 石 돌 석 + 王 임금 왕 + 白 흰 백

옥(玉→王)석의 맑고 푸른 빛(白)을 가리킨다.

- □ 碧海 벽해
- □ 碧空 벽공
- □ 碧溪水 벽계수

225b

拓 박을 탁, 넓힐 척

- 총획 8획
- 부수 扌
- 급수 3급
- 石 돌 석 + 扌 손 수

돌(石)에 글씨를 새기는(扌) 모습과 돌(石)을 골라내(扌) 밭을 일구는 모습에서 '박다, 새기다, 넓히다, 줍다'의 뜻이 파생되었다.

- □ 拓本 탁본
- □ 魚拓 어탁
- □ 開拓 개척

225c

硬 굳을 경

- 총획 12획
- 부수 石
- 급수 3급
- 石 돌 석 + 更 고칠 경, 다시 갱

단단하게 굳은 돌(石)을 종(석경)으로 쓴 것에서 '굳다, 단단하다'의 뜻을 갖게 되었다.

- □ 硬直 경직
- □ 硬便 경변
- □ 動脈硬化 동맥경화

203f

破 깨뜨릴 파

- 총획 10획
- 부수 石
- 급수 4급
- 石 돌 석 + 皮 가죽 피

가죽(皮)을 벗겨내듯 바위틈에 쐐기를 박아 깨뜨려 돌(石)을 떠내는 모습이다.

- □ 破壞 파괴
- □ 破産 파산
- □ 突破 돌파

자연 | 산천초목 | 산

金

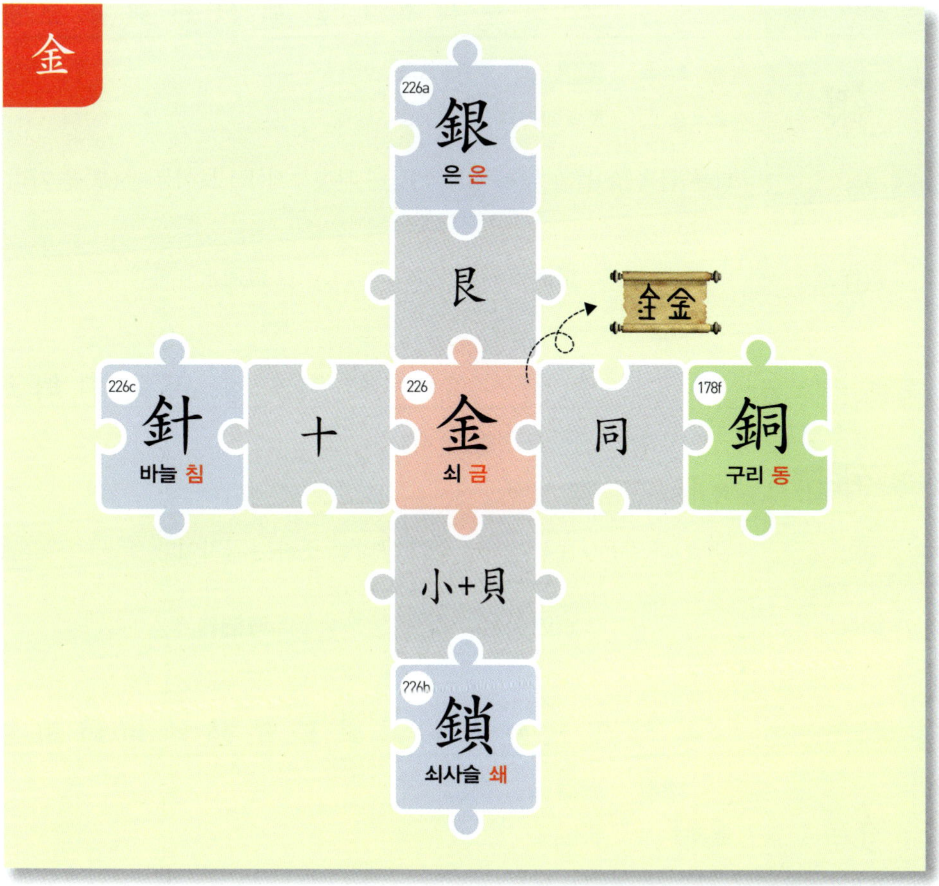

| 226a 銀 은 은 |
| 艮 |
| 226c 針 바늘 침 | 十 | 226 金 쇠 금 | 同 | 178f 銅 구리 동 |
| 小+貝 |
| 226h 鎖 쇠사슬 쇄 |

全金

226

金 金 金 金 全 金 金 金

쇠 금

총획 8획   **부수** 金   **급수** 8급

거푸집(스)에 쇳(土)물을 붓는 모습을 본뜬 글자이다. 훗날 성씨 '김'의 뜻으로도 쓰이게 되었다.

▎흙(土) 속에 금속 물질이 묻혀 있는 데서 '쇠, 금속'으로 풀이하였다.

☐ 金銀 금은   ☐ 資金 자금   ☐ 未收金 미수금

226a

銀 銀 銀 銀 銀 銀 銀 銀 銀 銀 銀 銀 銀

銀
은 은

- 총획 14획
- 부수 金
- 급수 6급
- 金 쇠금 + 艮 괘이름간

다른 금속(金)들과 달리 희고 깨끗해 뚜렷하게(艮) 보이는 은(銀)을 가리킨다.

- □ 銀行 은행
- □ 銀貨 은화
- □ 銀河水 은하수

178f

銅 銅 銅 銅 銅 銅 銅 銅 銅 銅 銅 銅 銅

銅
구리 동

- 총획 14획
- 부수 金
- 급수 4급
- 金 쇠금 + 同 한가지동

금(金)과 같은(同) 색깔의 금속인 '구리'를 뜻하는 글자이다.

- □ 銅像 동상
- □ 銅錢 동전
- □ 青銅器 청동기

226b

鎖 鎖 鎖 鎖 鎖 鎖 鎖 鎖 鎖 鎖 鎖 鎖 鎖 鎖

鎖
쇠사슬 쇄

- 총획 18획
- 부수 金
- 급수 3급
- 金 쇠금 + 小 작을소 + 貝 조개패

자잘한(小+貝) 금속(金)을 이어 만든 쇠사슬을 가리킨다.

- □ 鎖國 쇄국
- □ 閉鎖 폐쇄
- □ 封鎖 봉쇄

226c

針 針 針 針 針 針 針 針 針 針

針
바늘 침

- 총획 10획
- 부수 金
- 급수 4급
- 金 쇠금 + 十 열십

옷을 꿰매는 쇠(金)로 만든 바늘(十)을 가리킨다.

- □ 針葉樹 침엽수
- □ 指針 지침
- □ 方針 방침

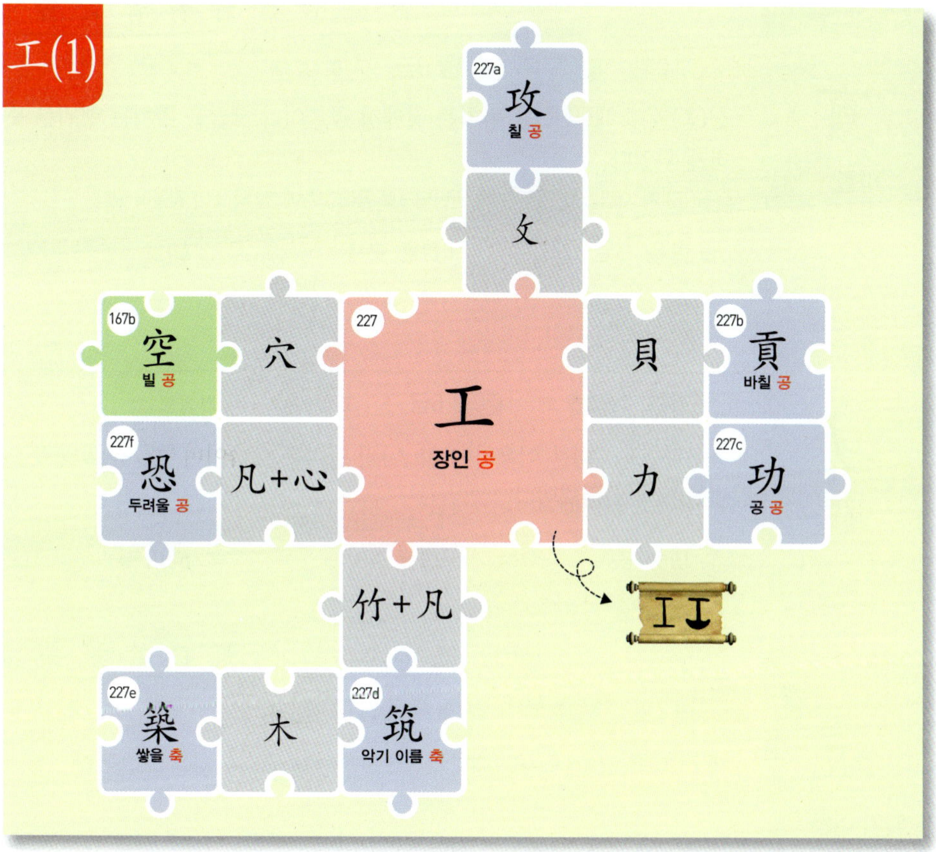

자연 | 산천초목 | 산

工(1)

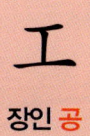

| 227a 攻 칠공 |
| 攵 |
167b 空 빌공	穴	227 工 장인공	貝 칠	227b 貢 바칠공
227f 恐 두려울공	凡+心		力	227c 功 공공
		竹+凡		ㅛㄱ
227e 築 쌓을축	木	227d 筑 악기이름축

工 工 工

227

工 장인 공

총획 3획 　부수 工 　급수 7급

공구나 도구의 모양을 본뜬 글자로 '일이나 작업'과 관련된 뜻을 가지며 제구(祭具) 또는 무구(巫具)로도 의미가 확대되었다.

□ 工具 공구　　□ 工事 공사　　□ 加工 가공

227a

攻 攻 攻 攻 攻 攻 攻

攻 칠 공

총획 7획 　부수 攵 　급수 4급 　　工 장인공 ＋ 攵 칠복

도구(工)로 자재를 두들기거나 내려치는(攵) 모습에서 '치다, 때리다'의 뜻이 있다.

□ 攻擊 공격　　□ 攻防 공방　　□ 專攻 전공

691

227b 貢 바칠 공

貢 貢 貢 貢 貢 貢 貢 貢 貢 貢

- 총획 10획 부수 貝 급수 3급 工 장인공 + 貝 조개패

신(工)에게 제물(貝)을 바치는 것에서 공물이나 세금을 바치는 행위를 뜻하게 되었다.

▎공(工) 자 자체가 제구(祭具)와 관련되므로 공(工) 자에 '신'의 뜻이 깃들어 있다.

- □ 貢物 공물
- □ 貢獻 공헌
- □ 朝貢 조공

227c 功 공 공

功 功 功 功 功

- 총획 5획 부수 力 급수 6급 工 장인공 + 力 힘력

공구나 도구(工)를 이용하여 힘(力)써 일하는 모습이며 '공, 공로'의 뜻으로 의미가 확대되었다.

- □ 功勞 공로
- □ 功績 공적
- □ 成功 성공

227d 筑 악기 이름 축

筑 筑 筑 筑 筑 筑 筑 筑 筑 筑 筑 筑

- 총획 12획 부수 竹 급수 특급 工 장인공 + 竹 대죽 + 凡 무릇범

제구(工)를 잡고(凡=丮) 대나무(竹)를 흔들면서 나아가는 모습이다.

227e 築 쌓을 축

築 築 築 築 築 築 築 築 築 築 築 築 築 築

- 총획 16획 부수 竹 급수 4급 筑 악기 이름 축 + 木 나무목

두려움(恐)을 떨치기 위해 말뚝(竹+木)을 박아(凡=丮) 제단을 쌓는 모습이다.

- □ 新築 신축
- □ 建築 건축
- □ 構築 구축

227f 恐 두려울 공

恐 恐 恐 恐 恐 恐 恐 恐 恐

- 총획 10획 부수 心 급수 3급 工 장인공 + 凡 무릇범 + 心 마음심

무구(工)를 잡고(凡=丮) 신을 맞이할 때 드는 두려운 마음(心)을 가리킨다.

- □ 恐怖 공포
- □ 恐慌 공황
- □ 恐喝 공갈

자연 | 산천초목 | 산

工(2)

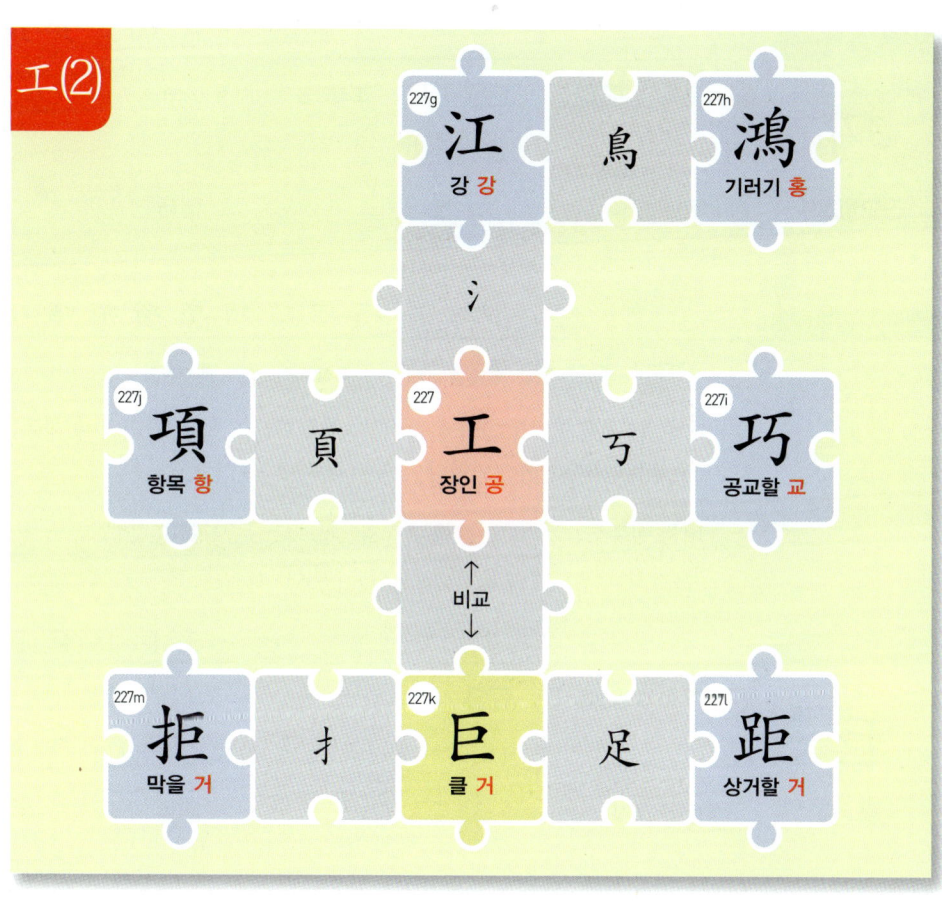

227g

江 강 **강**

| 총획 6획 | 부수 氵 | 급수 7급 | 工 장인공 + 氵 물수 |

강(氵)을 뜻하는 글자를 만들기 위해 장인 공(工)을 발음으로 썼다.

□ 江山 강산　　□ 江邊 강변　　□ 漢江 한강

227h

鴻 기러기 **홍**

| 총획 17획 | 부수 鳥 | 급수 3급 | 江 강강 + 鳥 새조 |

강(江)이나 물가에 사는 새(鳥)인 큰 기러기를 가리킨다.

□ 鴻雁 홍안

227i

巧 巧 巧 巧 巧

巧
공교할 **교**

총획 5획 | 부수 工 | 급수 3급 | 工 장인공 + 丂 공교할교

장인(工)의 공교한 솜씨를 가리킨다.

- 巧妙 교묘
- 技巧 기교
- 精巧 정교

227j

項 項 項 項 項 項 項 項 項 項

項
항목 **항**

총획 12획 | 부수 頁 | 급수 3급 | 工 장인공 + 頁 머리 혈

머리 혈(頁) 자에 망치(工)의 손잡이를 더해 사람의 목을 가리키며 '항목'의 뜻으로도 의미가 확대되었다.

- 項目 항목
- 條項 조항
- 問項 문항

227k

巨 巨 巨 巨 巨

巨
클 **거**

총획 5획 | 부수 工 | 급수 4급

손잡이(ㄈ)가 달린 도구(工)인 큰 곱자의 모습을 본뜬 글자이다.

- 巨匠 거장
- 巨木 거목
- 巨星 거성

227l

距 距 距 距 距 距 距 距 距 距

距
상거할 **거**

총획 12획 | 부수 足 | 급수 3급 | 巨 클거 + 足 발족

떨어져 있는 발자국(足) 사이를 재는(巨) 모습이다. 서로 거리를 둔 데서 접근을 '막다'의 뜻도 가진다.

- 距離 거리
- 等距離 등거리

227m

拒 拒 拒 拒 拒 拒 拒

拒
막을 **거**

총획 8획 | 부수 扌 | 급수 4급 | 巨 클거 + 扌 손수

자(巨)로 재어 기준에 미달한 것을 배척(扌)하는 모습이다.

- 拒否 거부
- 拒絕 거절
- 拒逆 거역

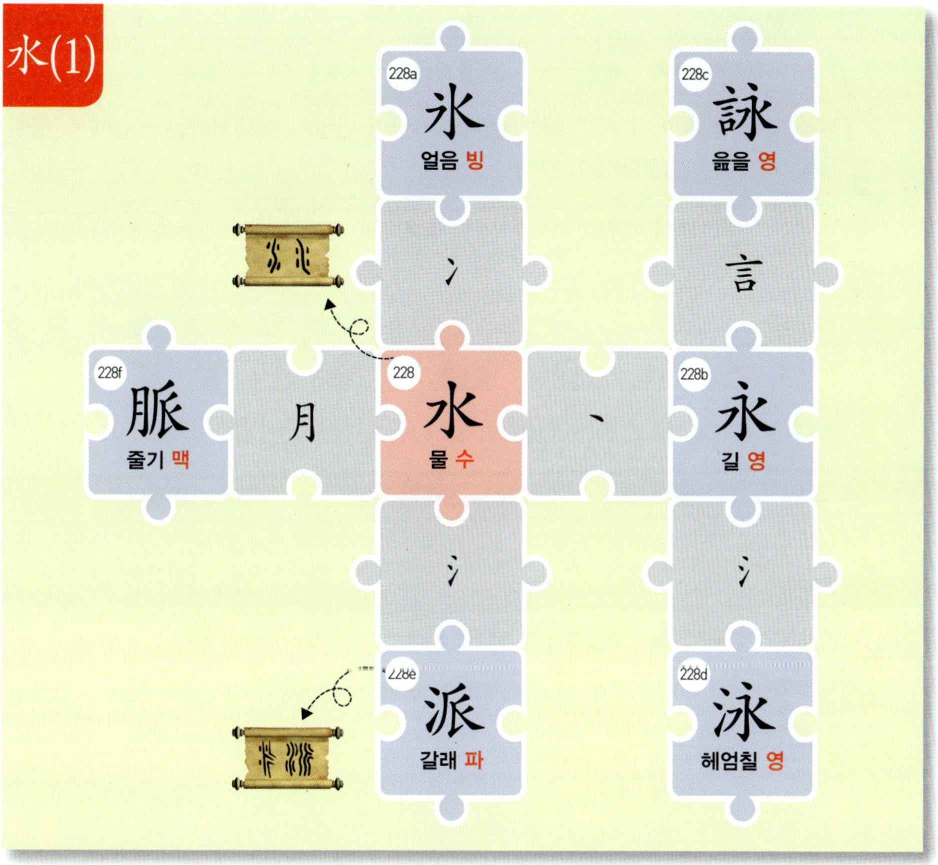

자연 | 산천초목 | 천

228

水 물수

| 총획 4획 | 부수 水 | 급수 8급 |

구불구불 흐르는 시냇물의 모습을 간략하게 표현한 글자이다.

- 水質 수질
- 水位 수위
- 洪水 홍수

228a

氷 얼음빙

| 총획 5획 | 부수 水 | 급수 5급 | 水 물수 + 冫 얼음빙 |

강(水)물에 떠내려가는 얼음(冫)덩어리의 모습을 본뜬 글자이다.

- 氷河 빙하
- 氷水 빙수
- 氷山 빙산

228b

永 길영

- 총획 5획
- 부수 水
- 급수 6급
- 水 물수 + ﹨ 점주

강(水)에서 헤엄치는 사람(人→﹨)이 한없이 떠내려가는 모습에서 '영원히, 길다'의 뜻이 있다.

- □ 永遠 영원
- □ 永久 영구
- □ 永生 영생

228c

詠 읊을 영

- 총획 12획
- 부수 言
- 급수 3급
- 永 길영 + 言 말씀언

길게(永) 흐르는 강물처럼 말(言)을 길게 늘이며 읊는 모습이다.

- □ 詠歌 영가
- □ 詠歎 영탄
- □ 吟詠 음영

228d

泳 헤엄칠 영

- 총획 8획
- 부수 氵
- 급수 3급
- 永 길영 + 氵 물수

길 영(永) 자에 물 수(氵) 자를 추가하여 강에서 헤엄치는 모습을 강조한 글자이다.

- □ 泳法 영법
- □ 水泳 수영
- □ 背泳 배영

228e

派 갈래 파

- 총획 9획
- 부수 氵
- 급수 4급
- 𠂢 (지류가 갈라지는 모습) + 氵 물수

큰 물(氵)줄기에서 갈라져 생긴 작은 강들의 모습을 본뜬 글자이다.

본류에서 지류가 나가거나 합쳐지는 모습을 본뜬 글자이므로 강물을 본뜬 물 수(水) 자와 연관이 있다.

- □ 派兵 파병
- □ 派閥 파벌
- □ 派遣 파견

228f

脈 줄기 맥

- 총획 10획
- 부수 月
- 급수 4급
- 𠂢 (지류가 갈라지는 모습) + 月 육달월

몸(月) 속 물길(永)인 혈관이 뛰는 모습에서 '맥, 맥박'의 뜻이, 여러 갈래로 갈라져 있는 모습에서 '줄기' 등의 뜻도 파생되었다.

- □ 脈搏 맥박
- □ 脈絡 맥락
- □ 山脈 산맥

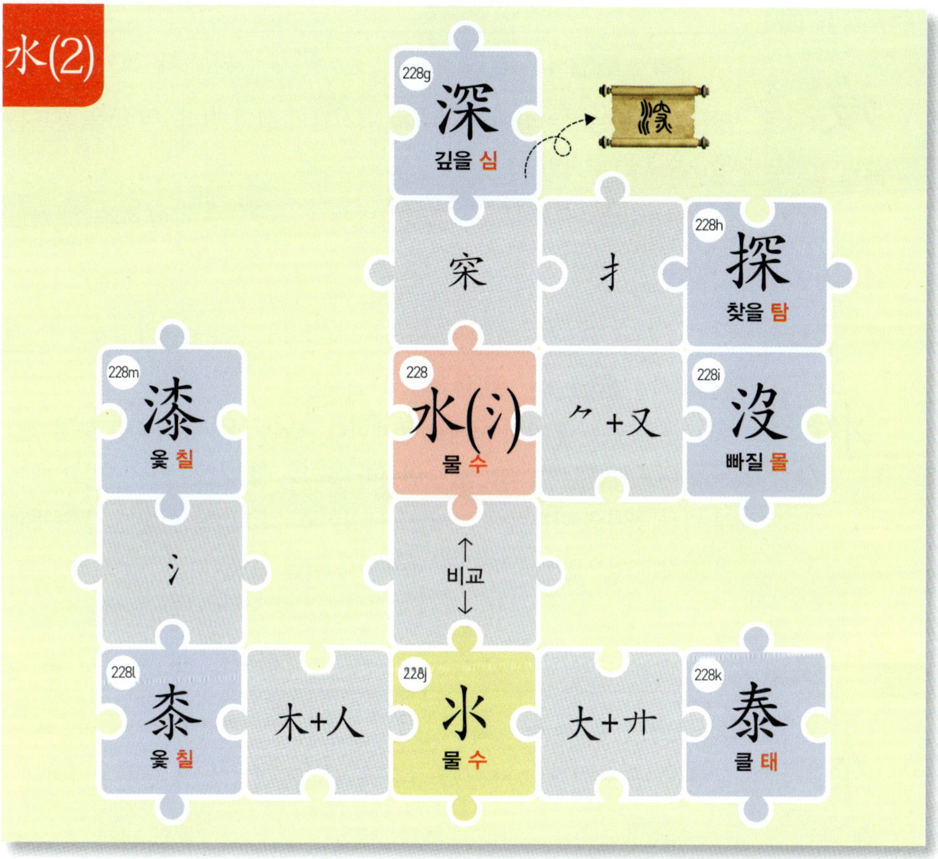
水(2)
228g
深
깊을 심
罙
扌
228h
探
찾을 탐
228m
漆
옻 칠
228
水(氵)
물 수
⺈+又
228i
沒
빠질 몰
氵
↑
비교
↓
228l
桼
옻 칠
木+人
228j
氺
물 수
大+廾
228k
泰
클 태

228

228g

深 深 深 深 深 深 深 深 深 深 深

深
깊을 심

총획 11획　부수 氵　급수 4급　氵 물수 + 罙 깊을 삼

물(氵)이 고여 있는 동굴(穴) 속에 횃불(火→木)을 비춰 그 깊이를 보는 모습이다.

□ **深海** 심해　□ **深層** 심층　□ **水深** 수심

228h

探 探 探 探 探 探 探 探 探 探 探

探
찾을 탐

총획 11획　부수 扌　급수 3급　罙 깊을 삼 + 扌 손수

손(扌)에 횃불(火→木)을 들고 굴(穴) 속을 비춰 보는 모습이다.

□ **探索** 탐색　□ **探究** 탐구　□ **偵探** 정탐

228i 沒 빠질 몰

沒 沒 沒 沒 沒 沒 沒

총획 7획 **부수** 氵 **급수** 3급 氵물수 + ⌒=回(회전하는 물) + 又 또 우

빙글빙글 도는(⌒=回) 물(氵)에 빠진 사람이 살려 달라 손(又)을 흔드는 모습을 본뜬 글자이다.

- 沒頭 몰두
- 沒入 몰입
- 日沒 일몰

228j 氺 물 수

氺 氺 氺 氺 氺

총획 5획 **부수** 氺 **급수** 3급

물 수(水) 자는 세 가지 형태로 존재한다. 단독 사용이 가능한 물 수(水) 자가 대표적인 글자이고, 삼수변이라 불리는 물 수(氵) 자, 그리고 대부분 다른 글자의 아랫쪽에 와서 사용되는 물 수(氺) 자, 이렇게 같은 뜻과 음을 갖고 있으면서도 모양은 서로 다름을 알 수 있다.

228k 泰 클 태

泰 泰 泰 泰 泰 泰 泰 泰 泰 泰

총획 10획 **부수** 氺 **급수** 3급 氺물수 + 大큰대 + 廾받들공

두 손(廾)을 높이 들고 세찬 강물(氺)을 건너는 장정(大)을 본뜬 글자이다.

- 泰國 태국
- 泰陵 태릉
- 泰然 태연

228l 桼 옻 칠

桼 桼 桼 桼 桼 桼 桼 桼 桼 桼

총획 11획 **부수** 木 **급수** 확장한자 氺물수 + 木나무목 + 人사람인

옻나무(木)의 진액(氺)을 염료로 사용하여 가구나 그릇 등에 칠을 하는 모습이다.

228m 漆 옻 칠

漆 漆 漆 漆 漆 漆 漆 漆 漆 漆 漆 漆 漆

총획 14획 **부수** 氵 **급수** 3급 桼옻칠 + 氵물수

칠(桼) 자에 물 수(氵) 자를 더해 옻칠하는 장면임을 강조했다. 옻칠 후 검은빛으로 윤이 나는 모습에서 '검다'의 뜻도 파생되었다.

- 漆板 칠판
- 漆黑 칠흑
- 漆器 칠기

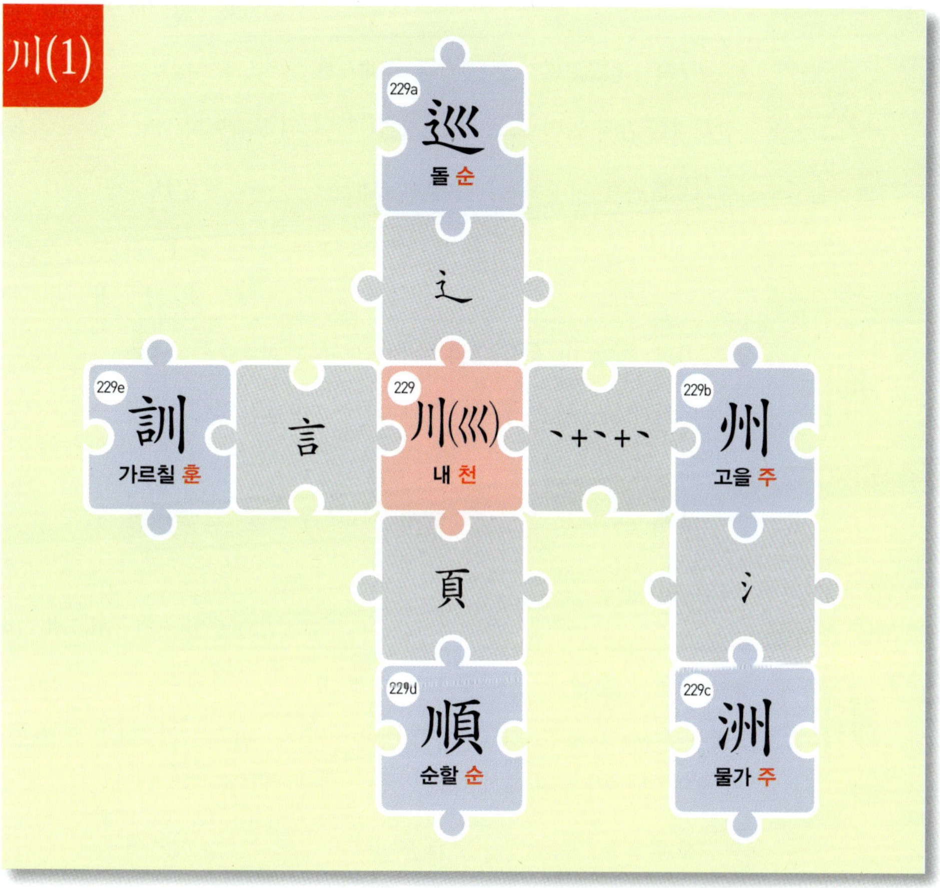

자연 | 산천초목 | 천

川(1)

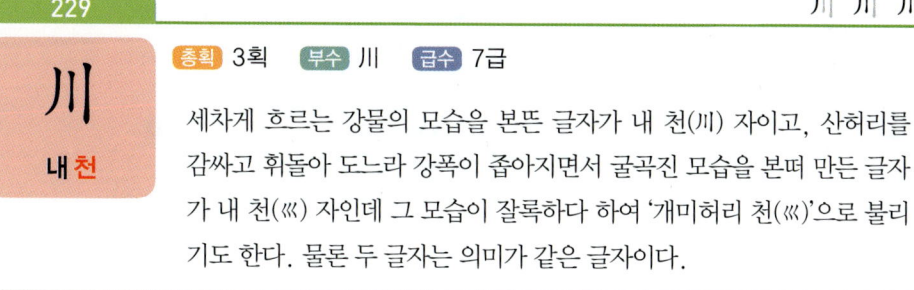

		229a 巡 돌 순		
		辶		
229e 訓 가르칠 훈	言	229 川(巛) 내 천	ヽ一ヽ一ヽ	229b 州 고을 주
		頁		氵
		229d 順 순할 순		229c 洲 물가 주

229

川 川 川

229

川
내 천

총획 3획   **부수** 川   **급수** 7급

세차게 흐르는 강물의 모습을 본뜬 글자가 내 천(川) 자이고, 산허리를 감싸고 휘돌아 도느라 강폭이 좁아지면서 굴곡진 모습을 본떠 만든 글자가 내 천(巛) 자인데 그 모습이 잘록하다 하여 '개미허리 천(巛)'으로 불리기도 한다. 물론 두 글자는 의미가 같은 글자이다.

☐ 山川 산천   ☐ 河川 하천   ☐ 淸溪川 청계천

699

229a

巡 巡 巡 巡 巡 巡 巡

巡 돌 순

- 총획 7획
- 부수 巛
- 급수 3급
- 川 내 천 + 辶 쉬엄쉬엄 갈 착

산허리를 감싸 돌며 흐르는(辶) 강물(川=巛)의 모습이다.

- □ 巡廻 순회
- □ 巡察 순찰
- □ 巡訪 순방

229b

州 州 州 州 州 州

州 고을 주

- 총획 6획
- 부수 川
- 급수 5급
- 川 내 천 + 丶 점 주 + 丶 점 주 + 丶 점 주

강(川)물이 운반해 온 흙이나 모래(丶丶丶)가 쌓인 땅에 마을을 이룬 모습이다.

- □ 慶州 경주
- □ 全州 전주
- □ 濟州道 제주도

229c

洲 洲 洲 洲 洲 洲 洲 洲 洲

洲 물가 주

- 총획 9획
- 부수 氵
- 급수 3급
- 州 고을 주 + 氵 물 수

고을 주(州) 자에 물 수(氵) 자를 더하여 '물가, 섬, 모래톱'의 뜻을 강조했으며 그 땅이 커진 데서 '대륙'의 뜻도 파생되었다.

- □ 濠洲 호주
- □ 滿洲 만주
- □ 六大洲 6대주

229d

順 順 順 順 順 順 順 順 順

順 순할 순

- 총획 12획
- 부수 頁
- 급수 5급
- 川 내 천 + 頁 머리 혈

우두머리(頁)의 말을 순순히 따르는(川) 모습이다.

- □ 順從 순종
- □ 順位 순위
- □ 手順 수순

229e

訓 訓 訓 訓 訓 訓 訓 訓

訓 가르칠 훈

- 총획 10획
- 부수 言
- 급수 6급
- 川 내 천 + 言 말씀 언

물 흐르듯(川) 순리에 맞게 말(言)을 해 가르치다.

- □ 訓練 훈련
- □ 訓戒 훈계
- □ 訓手 훈수

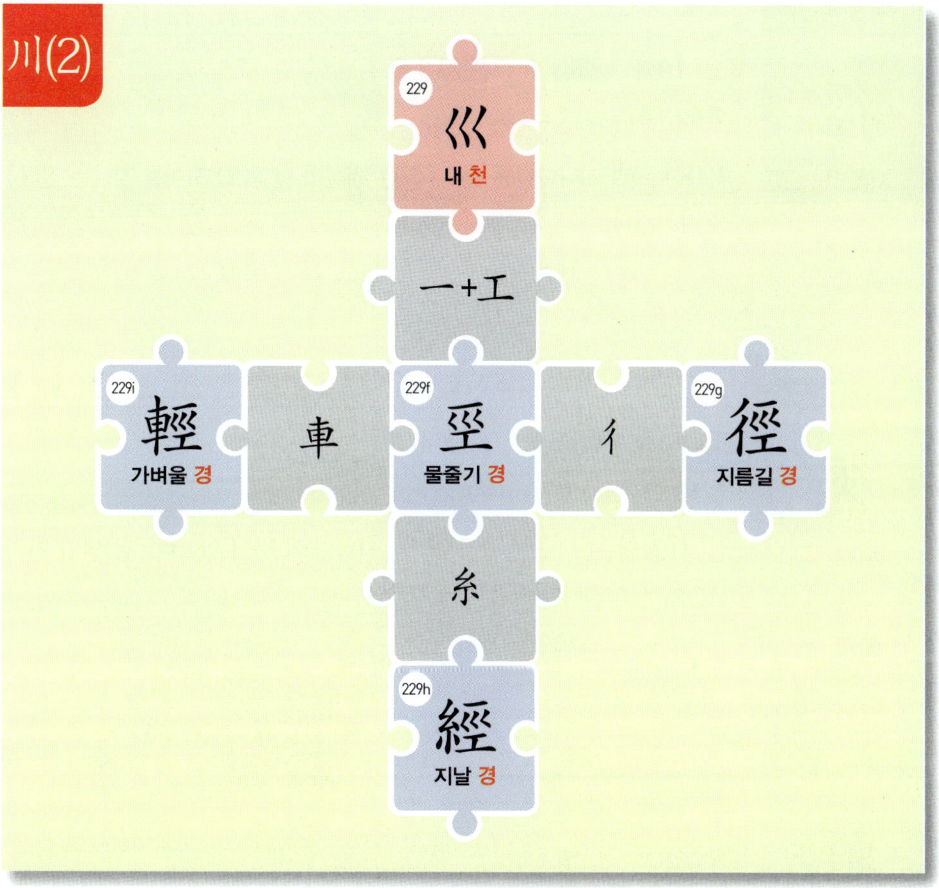

川(2)

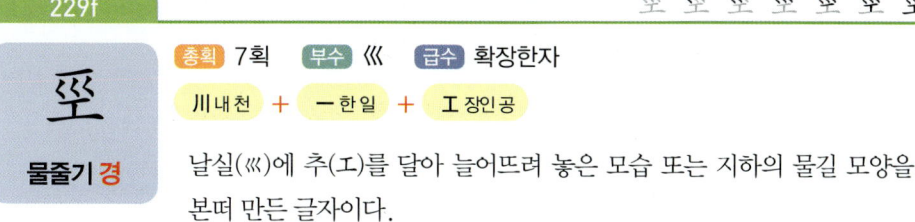

229f

巠 물줄기 경

총획 7획 | 부수 巛 | 급수 확장한자

川 내 천 + 一 한 일 + 工 장인 공

날실(巛)에 추(工)를 달아 늘어뜨려 놓은 모습 또는 지하의 물길 모양을 본떠 만든 글자이다.

229g

徑 지름길 경

총획 10획 | 부수 彳 | 급수 3급
巠 물줄기 경 + 彳 조금 걸을 척

지하수(巠)가 지나다니는 길(彳) 또는 씨실이 날실(巠) 사이를 지나는 길(彳)을 가리킨다.

☐ 直徑 직경　　☐ 捷徑 첩경　　☐ 半徑 반경

229h

經 지날 경

총획 13획 | 부수 糸 | 급수 4급
巠 물줄기 경 + 糸 가는실 멱

실(巠)을 엮는(糸) 모습에서 '날실, 지나다'의 뜻이 있으며, 잘 엮인 천의 모습에서 '다스리다'의 뜻이 생겨났다.

☐ 經營 경영　　☐ 經濟 경제　　☐ 神經 신경

229i

輕 가벼울 경

총획 14획 | 부수 車 | 급수 5급
巠 물줄기 경 + 車 수레 거/차

수레(車)처럼 날렵한 베틀(巠)의 움직임에서 '가볍다'의 뜻이 있다.

☐ 輕快 경쾌　　☐ 輕傷 경상　　☐ 輕視 경시

자연 | 산천초목 | 천

230

气 기운 기

총획 4획 부수 气 급수 확장한자

하늘에 구름이 피어오르는 모습이다.

气气气气

230a

汽 물 끓는 김 기

총획 7획 부수 氵 급수 5급

气 기운 기 + 氵 물 수

물(氵)이 기체(气)로 변하여 올라가는 증기를 가리킨다.

汽汽汽汽汽汽汽

☐ 汽車 기차   ☐ 汽笛 기적   ☐ 汽筒 기통

230b

氣 기운 기

총획 10획 부수 气 급수 7급

气 기운 기 + 米 쌀 미

밥(米)할 때 나오는 뜨거운 김(气)이 올라오는 모습에서 '기운'의 뜻을 갖게 되었다.

氣氣氣氣氣氣氣氣氣氣

☐ 氣勢 기세   ☐ 景氣 경기   ☐ 雰圍氣 분위기

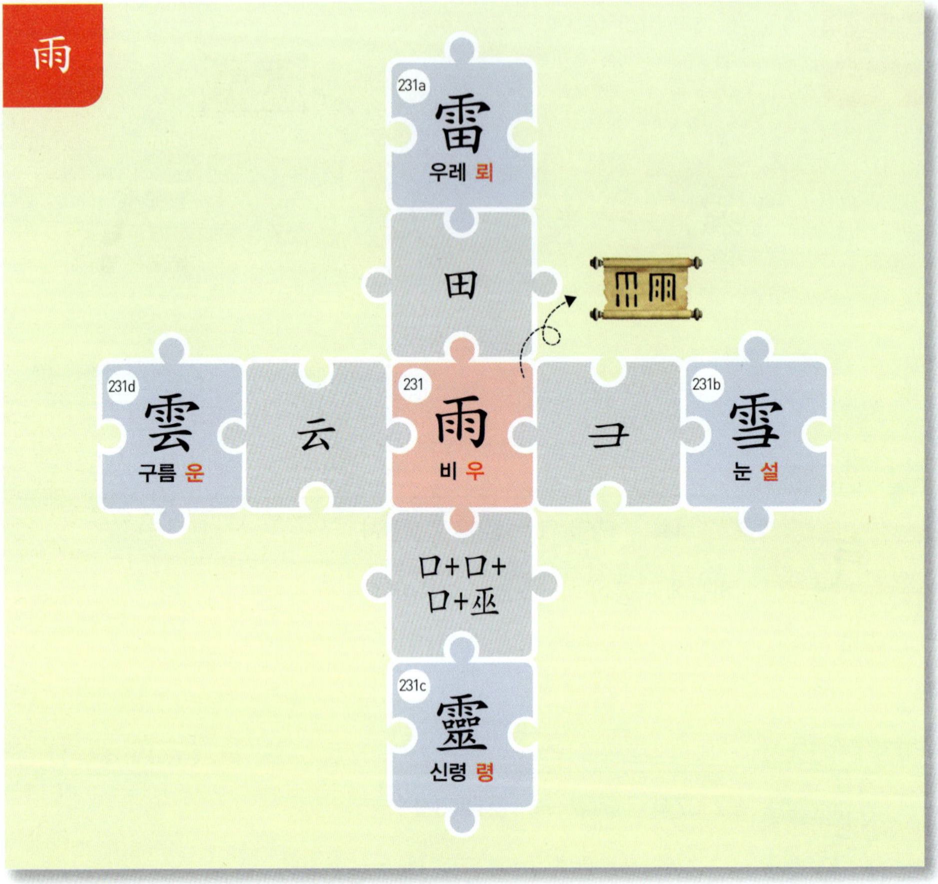

雨

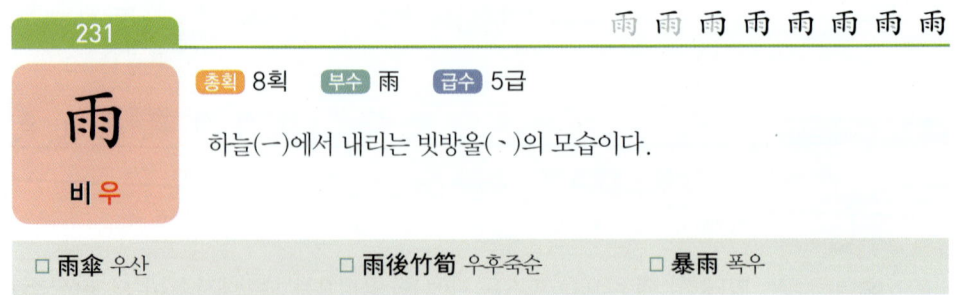

231
雨 비 우

총획 8획 부수 雨 급수 5급

하늘(一)에서 내리는 빗방울(丶)의 모습이다.

□ 雨傘 우산   □ 雨後竹筍 우후죽순   □ 暴雨 폭우

자연 | 산천초목 | 천

231a

雷雷雷雷雷雷雷雷雷雷雷雷雷

雷 우레 뢰

- 총획 13획
- 부수 雨
- 급수 3급

雨 비 우 + 田 밭 전

비(雨) 오는 날 들판(田)에 떨어지는 번개(申)와 함께 들리는 천둥소리를 가리킨다.

☐ 雷聲 뇌성 ☐ 雷管 뇌관 ☐ 附和雷同 부화뇌동

231b

雪雪雪雪雪雪雪雪雪雪雪

雪 눈 설

- 총획 11획
- 부수 雨
- 급수 6급

雨 비 우 + 彐 손 계

손(彐)으로 만져지는 고체의 비(雨)를 뜻한다.

☐ 雪景 설경 ☐ 雪上加霜 설상가상 ☐ 暴雪 폭설

231c

靈靈靈靈靈靈靈靈靈靈靈靈靈靈靈靈

靈 신령 령

- 총획 24획
- 부수 雨
- 급수 3급

雨 비 우 + 口 입 구 + 口 입 구 + 口 입 구 + 巫 무당 무

무당(巫)이 비(雨)를 내려 달라고 신께 비는(口口口) 모습이다.

☐ 靈魂 영혼 ☐ 妄靈 망령 ☐ 幽靈 유령

231d

雲雲雲雲雲雲雲雲雲雲雲雲

雲 구름 운

- 총획 12획
- 부수 雨
- 급수 5급

雨 비 우 + 云 이를 운

구름(云)에 달린 비(雨)가 떨어지거나 내리는 모습을 강조한 글자이다.

☐ 雲霧 운무 ☐ 雲集 운집 ☐ 星雲 성운

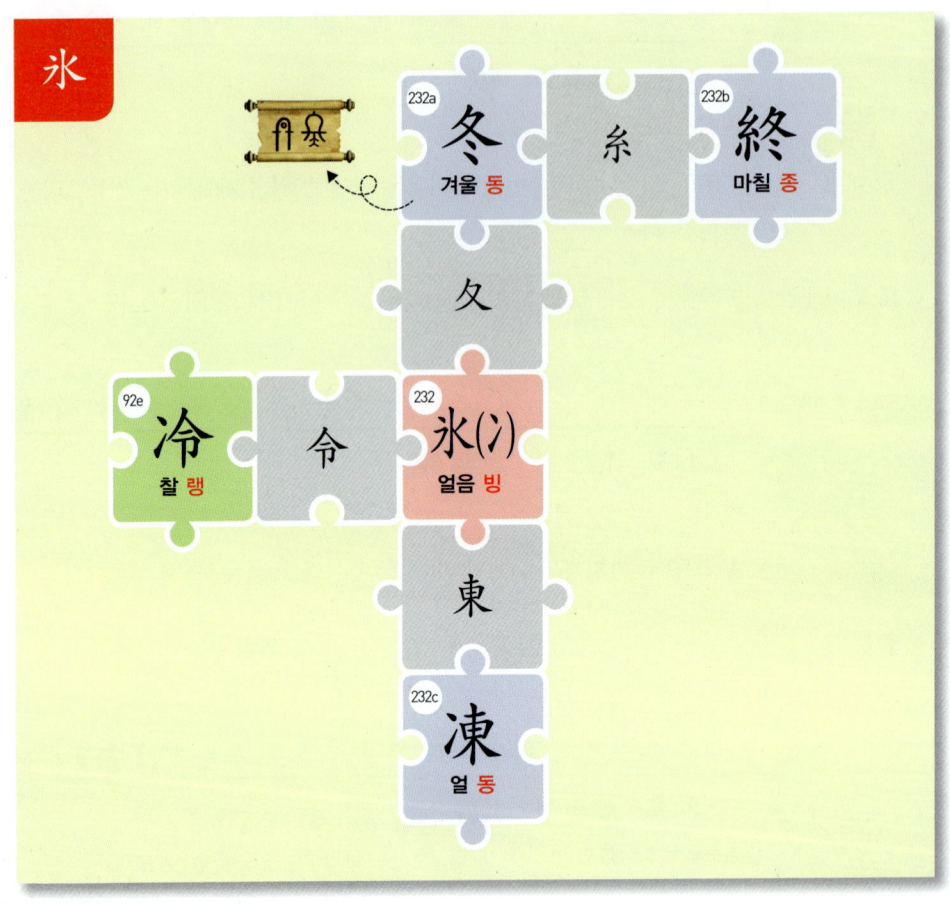

氷 氷 氷 氷 氷

232

氷
얼음 빙

총획 5획　**부수** 水　**급수** 5급

얼음덩어리를 강조한 모습으로 단독 사용할 때는 빙(氷) 자를 사용하고 타 글자와 합칠 경우는 대부분 빙(冫) 자를 사용한다.

자연 | 산천초목 | 천

232a

冬冬冬冬冬

겨울 **동**

총획 5획 **부수** 冫 **급수** 7급

冫 얼음 빙 + 夂 뒤져올 치

뒤처져 오는(夂) 계절인 겨울의 찬(冫)바람에 마지막 잎새마저 떨어져 앙상해진 겨울 풍경이다.

☐ 冬季 동계 ☐ 冬至 동지 ☐ 立冬 입동

232b

終 終 終 終 終 終 終 終 終 終 終

마칠 **종**

총획 11획 **부수** 糸 **급수** 5급

冬 겨울 동 + 糸 가는실 멱

실(糸)의 끄트머리와 계절의 끝인 겨울(冬)을 합쳐 '마치다, 끝내다'를 뜻한다.

☐ 終了 종료 ☐ 終結 종결 ☐ 最終 최종

232c

凍 凍 凍 凍 凍 凍 凍 凍 凍 凍

얼 **동**

총획 10획 **부수** 冫 **급수** 3급

冫 얼음 빙 + 東 동녘 동

묶여 있는 자루(東)처럼 얼어서(冫) 한 덩어리가 된 모습이다.

☐ 凍結 동결 ☐ 解凍 해동 ☐ 冷凍 냉동

92e

冷 冷 冷 冷 冷 冷 冷

찰 **랭**

총획 7획 **부수** 冫 **급수** 5급

冫 얼음 빙 + 令 하여금 령

얼음(冫)처럼 차가운 명령(令)을 뜻한다.

☐ 冷凍 냉동 ☐ 冷藏庫 냉장고 ☐ 急冷 급랭

자연 | 산천초목 | 초

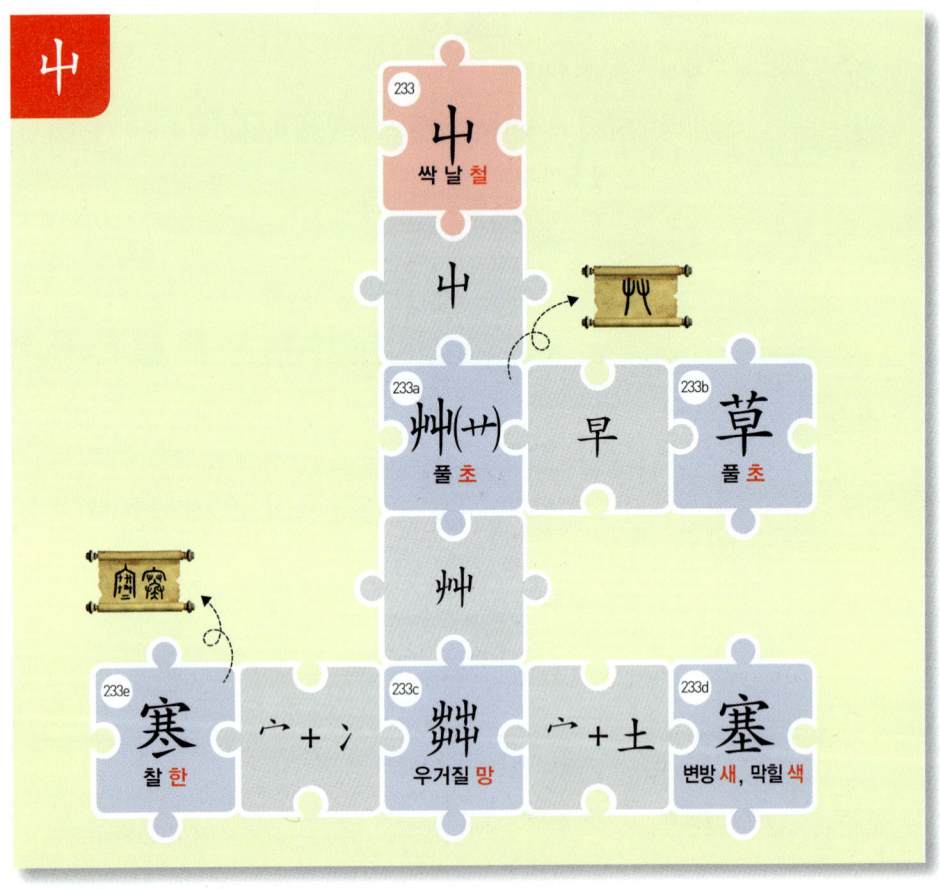

233

총획 3획　**부수** 屮　**급수** 확장한자

屮 싹 날 철

대지를 뚫고 올라온 싹의 모습을 본뜬 글자이다.

233a

총획 6획　**부수** 艸　**급수** 확장한자

艸 풀 초

屮싹날철 + 屮싹날철

대지를 뚫고 올라온 싹들이 모여(艸) 있는 모습이다. 艹는 초(艸) 자가 다른 글자의 일부로 사용될 때의 모양이다.

233b

草草草草草草草草草

草
풀 초

- 총획 10획
- 부수 艹
- 급수 7급

艹 풀 초 + 早 이를 조

이른 새벽(早) 이슬 맺힌 풀(艸/艹)의 모습을 강조한 글자이다.

☐ 草木 초목　　☐ 草原 초원　　☐ 雜草 잡초

233c

艸艸艸艸艸艸艸艸艸艸

艸
우거질 망

- 총획 12획
- 부수 艸
- 급수 확장한자

艸 풀 초 + 艸 풀 초

싹 날 철(屮) 자 네 개를 겹쳐 수풀이 우거진 모습을 묘사하였다.

233d

塞塞塞塞塞塞塞塞塞塞塞塞

塞
변방 새, 막힐 색

- 총획 13획
- 부수 土
- 급수 3급

艸 우거질 망 + 宀 집 면 + 土 흙 토

변방 토성(宀)의 틈새(艸)를 흙(土)으로 틀어막는 모습이다.

☐ 要塞 요새　　☐ 語塞 어색　　☐ 窮塞 궁색

233e

寒寒寒寒寒寒寒寒寒寒寒

寒
찰 한

- 총획 12획
- 부수 宀
- 급수 5급

艸 우거질 망 + 宀 집 면 + 冫 얼음 빙

집(宀) 안에 풀(艸)을 깔고 누워 추위(冫)에 떠는 모습이다.

☐ 寒氣 한기　　☐ 寒冷 한랭　　☐ 大寒 대한

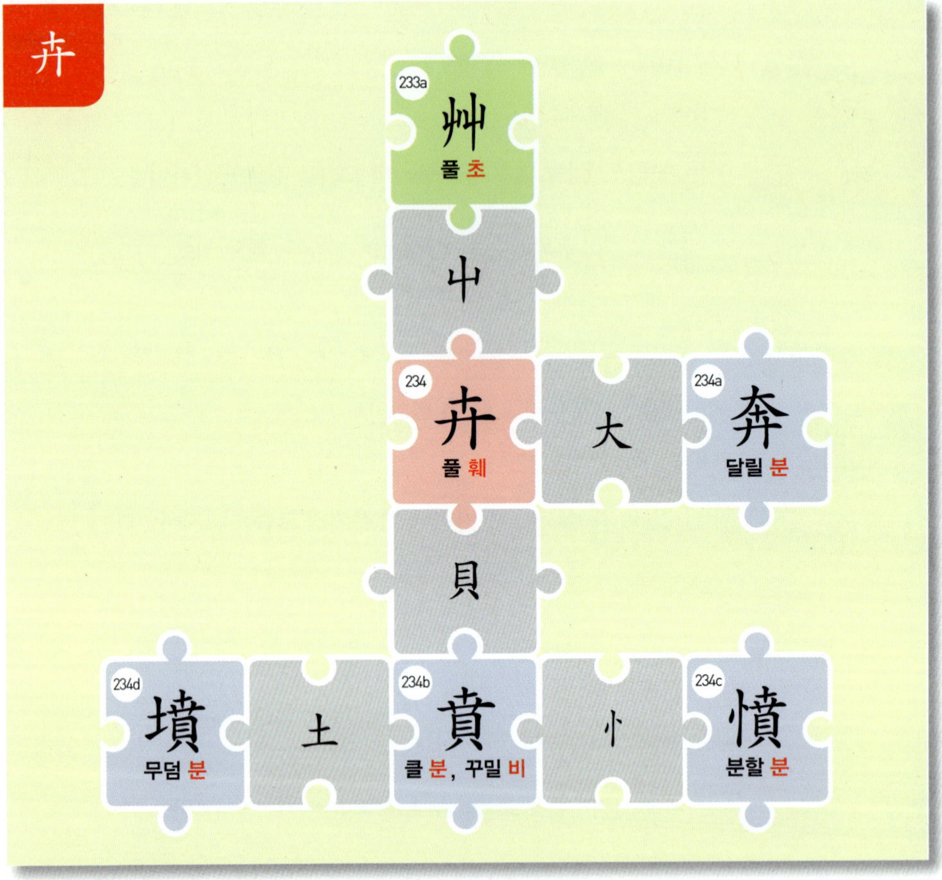

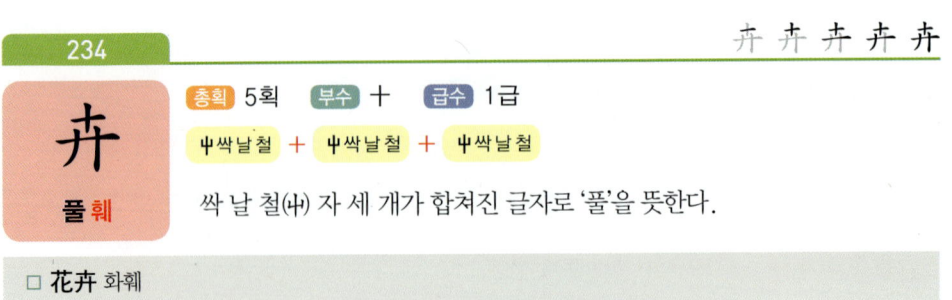

234

234

卉 卉 卉 卉 卉

卉

풀 훼

총획 5획 부수 十 급수 1급

屮싹날철 + 屮싹날철 + 屮싹날철

싹 날 철(屮) 자 세 개가 합쳐진 글자로 '풀'을 뜻한다.

□ 花卉 화훼

자연 | 산천초목 | 초

234a

奔 奔 奔 奔 奔 奔 奔 奔

奔
달릴 분

- 총획 8획
- 부수 大
- 급수 3급

卉 풀 훼 + 大 큰 대

팔을 크게(大) 휘저으며 발(卉→㐺)이 안 보일 정도로 달리는 모습이다.

- □ 奔走 분주
- □ 狂奔 광분
- □ 東奔西走 동분서주

234b

賁 賁 賁 賁 賁 賁 賁 賁 賁 賁 賁

賁
클 분, 꾸밀 비

- 총획 12획
- 부수 貝
- 급수 특급

卉 풀 훼 + 貝 조개 패

싹튼(卉) 것처럼 둥글게 쌓인 조개(貝) 무덤의 모습에서 '크다, 꾸미다'의 뜻이 있다.

234c

憤 憤 憤 憤 憤 憤 憤 憤 憤 憤 憤 憤 憤

憤
분할 분

- 총획 15획
- 부수 忄
- 급수 4급

賁 클 분, 꾸밀 비 + 忄 마음 심

솟구쳐(賁) 오르는 참을 수 없는 감정(忄)을 가리킨다.

- □ 憤慨 분개
- □ 公憤 공분
- □ 激憤 격분

234d

墳 墳 墳 墳 墳 墳 墳 墳 墳 墳 墳 墳

墳
무덤 분

- 총획 15획
- 부수 土
- 급수 3급

賁 클 분, 꾸밀 비 + 土 흙 토

흙(土)을 돋우어(賁) 무덤을 만드는 모습이다.

- □ 墳墓 분묘
- □ 封墳 봉분
- □ 古墳 고분

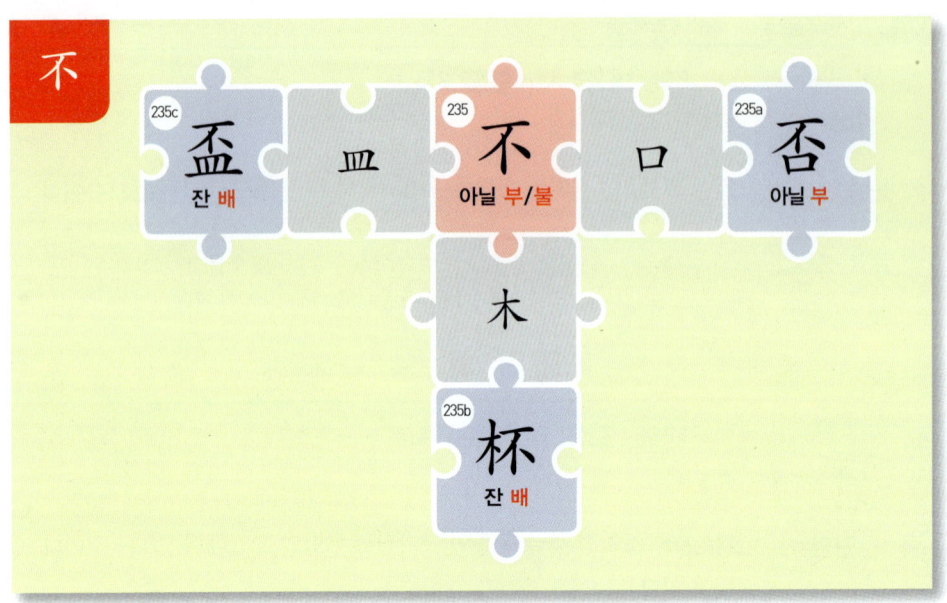

235

不 아닐 부/불

총획 4획 부수 一 급수 7급

뿌리의 모습을 본뜬 글자로 아직 땅 속을 뚫고 나오지 못한 데서 부정이나 금지의 의미를 가진다.

□ 不足 부족   □ 不安 불안   □ 不能 불능

235a

否 아닐 부

총획 7획 부수 口 급수 4급

不 아닐 부/불 + 口 입구

아닐 부(不) 자에 입 구(口) 자를 더해 '아니다, 부정하다, 막히다'의 의미를 갖는 글자이다.

□ 否認 부인   □ 否定 부정   □ 拒否 거부

자연 | 산천초목 | 초

235b

잔**배**

杯杯杯杯杯杯杯杯

총획 8획　부수 木　급수 3급

不아닐 부/불　+　木 나무 목

나무(木)로 만든 술잔을 가리키기 위해 아닐 부(不)를 발음으로 쓴 글자이다.

☐ 乾杯 건배　　☐ 毒杯 독배　　☐ 祝杯 축배

235c

잔**배**

盃盃盃盃盃盃盃盃盃

총획 9획　부수 皿　급수 특급

不아닐 부/불　+　皿 그릇 명

청동기로 만든 술잔(皿)을 가리키기 위해 아닐 부(不)를 발음으로 쓴 글자이다.

☐ 毒盃 독배　　☐ 優勝盃 우승배

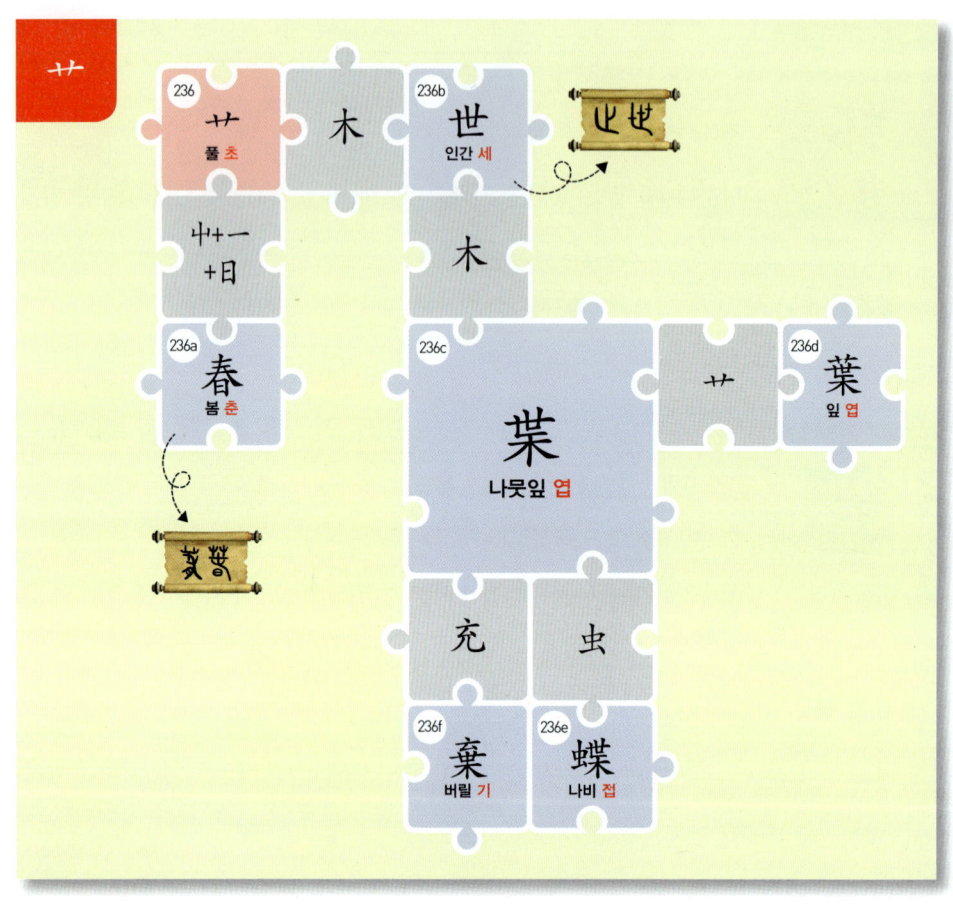

236

| ㅗㅗ | 총획 4획 | 부수 ㅗㅗ | 급수 5급 |

풀초

ㅗㅗ 자는 풀 초(艸) 자를 타 글자와 합칠 때 글자의 모양을 위해 그 꼴을 줄인 형태이므로 풀 초(艸) 자와 같은 글자이다.

236a

春 春 春 春 春 春 春 春

春

봄춘

총획 9획 부수 日 급수 7급 ㅗㅗ 풀초 + 屮 싹날철 + 一 한일 + 日 해일

식물(ㅗㅗ)들이 대지(一)를 뚫고(屮) 나오는 따스한(日) 계절인 봄의 모습이다.

□ 春分 춘분   □ 靑春 청춘   □ 立春 입춘

자연 | 산천초목 | 초

236b 世 인간 세

世世世世世

총획 5획　**부수** 一　**급수** 7급　　艹 풀초 ＋ 木 나무목

싹(艹)이 이제 막 세상으로 나온 모습에서 '인간, 세상, 세대' 등의 뜻이 있다.

- □ 世上 세상
- □ 世界 세계
- □ 出世 출세

236c 枼 나뭇잎 엽

枼枼枼枼枼枼枼枼

총획 9획　**부수** 木　**급수** 확장한자　　世 인간세 ＋ 木 나무목

나무(木)에서 돋아나는 새싹(世)을 본뜬 글자이다.

236d 葉 잎 엽

葉葉葉葉葉葉葉葉葉葉葉葉

총획 13획　**부수** 艹　**급수** 5급　　枼 나뭇잎엽 ＋ 艹 풀초

나뭇잎/잎사귀 엽(枼) 자에 풀 초(艹) 자를 더해 '잎'의 의미로 널리 쓰이는 글자이다.

- □ 葉書 엽서
- □ 落葉 낙엽
- □ 金枝玉葉 금지옥엽

236e 蝶 나비 접

蝶蝶蝶蝶蝶蝶蝶蝶蝶蝶蝶蝶

총획 15획　**부수** 虫　**급수** 3급　　枼 나뭇잎엽 ＋ 虫 벌레충

나뭇잎(枼)을 먹고 자라는 곤충(虫)인 나비를 가리킨다.

- □ 蝶泳 접영
- □ 蜂蝶 봉접
- □ 胡蝶 호접

236f 棄 버릴 기

棄棄棄棄棄棄棄棄棄棄棄

총획 12획　**부수** 木　**급수** 3급　　枼 나뭇잎엽 ＋ 充 채울충

점점 자라(充) 마침내 어미 품을 떠나는(枼) 모습에서 '버리다'를 뜻하게 되었다.

- □ 棄却 기각
- □ 棄權 기권
- □ 抛棄 포기

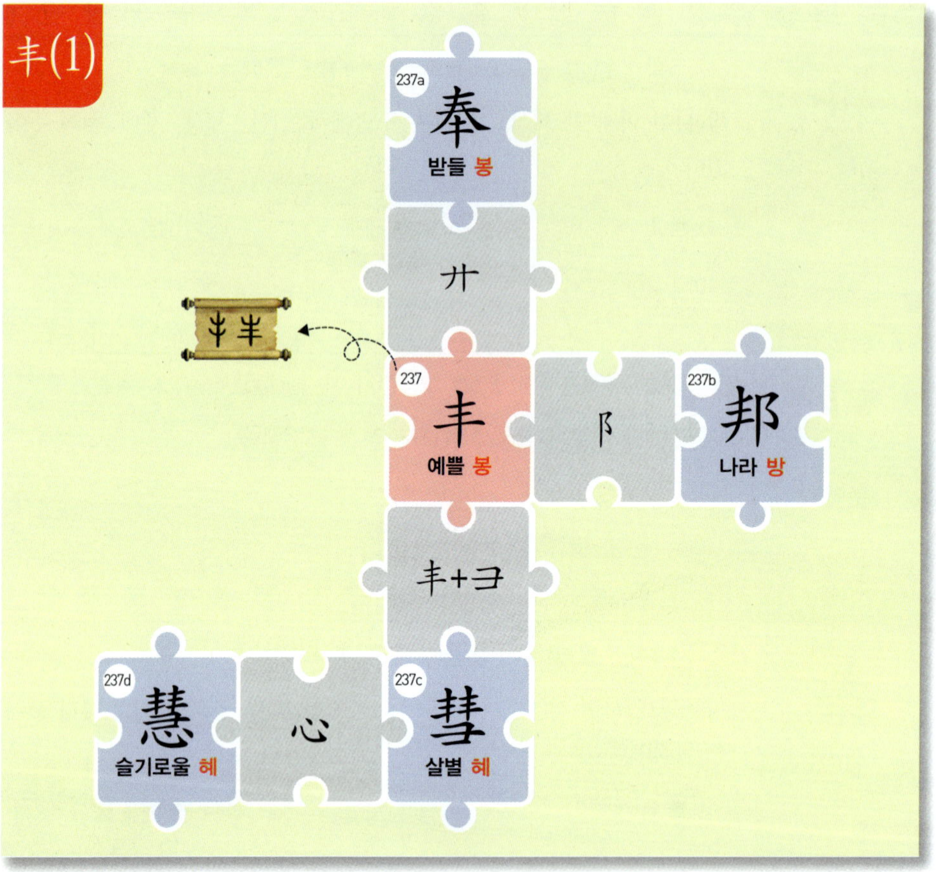

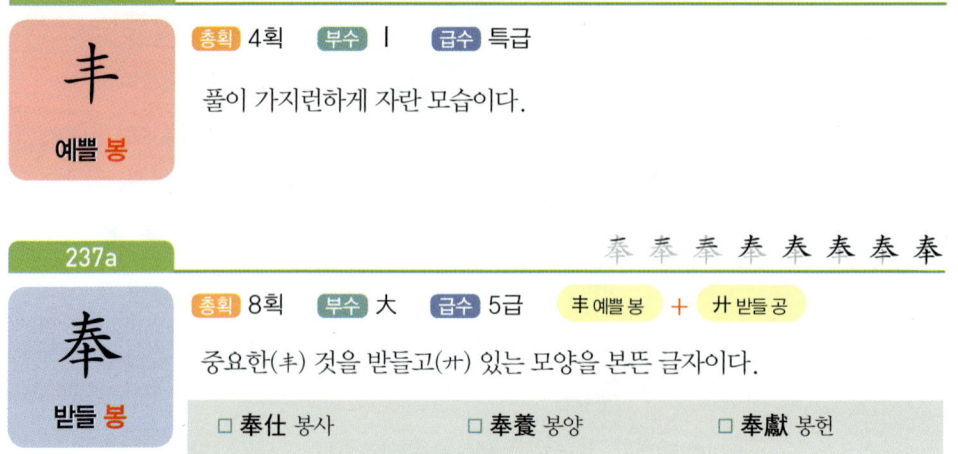

237

237

丰 丰 丰 丰

丰
예쁠 봉

총획 4획 부수 丨 급수 특급

풀이 가지런하게 자란 모습이다.

237a

奉 奉 奉 奉 奉 奉 奉 奉

奉
받들 봉

총획 8획 부수 大 급수 5급 丰 예쁠 봉 + 廾 받들 공

중요한(丰) 것을 받들고(廾) 있는 모양을 본뜬 글자이다.

□ **奉仕** 봉사 □ **奉養** 봉양 □ **奉獻** 봉헌

자연 | 산천초목 | 초

237b

邦 邦 邦 邦 邦 邦 邦

邦
나라 **방**

총획 7획　부수 阝　급수 3급
丰 예쁠 봉 ＋ 阝 언덕 부

비옥한(丰) 땅에 마을(邑→阝)이 모여 이루어진 '나라'를 뜻한다.

☐ 友邦 우방　　☐ 聯邦 연방　　☐ 異邦人 이방인

237c

彗 彗 彗 彗 彗 彗 彗 彗 彗 彗

彗
살별 **혜**

총획 11획　부수 彐　급수 1급
丰 예쁠 봉 ＋ 丰 예쁠 봉 ＋ 彐 손 계

빗자루(丰)를 잡고(彐) 있는 모습으로 빗자루 자국이 혜성의 흔적과 비슷해 '살별'의 뜻도 가진다.

☐ 彗星 혜성　　☐ 彗掃 혜소

237d

慧 慧 慧 慧 慧 慧 慧 慧 慧 慧 慧 慧

慧
슬기로울 **혜**

총획 15획　부수 心　급수 3급
彗 살별 혜 ＋ 心 마음 심

마음(心)에 남는(彗) 말과 행동을 가리킨다.

☐ 慧眼 혜안　　☐ 智慧/知慧 지혜

丰(2)

```
        逢
       만날 봉
        
        之
        
峯   山   夆   虫   蜂
봉우리 봉    끌 봉      벌 봉

        山
        
        峰
       봉우리 봉
```

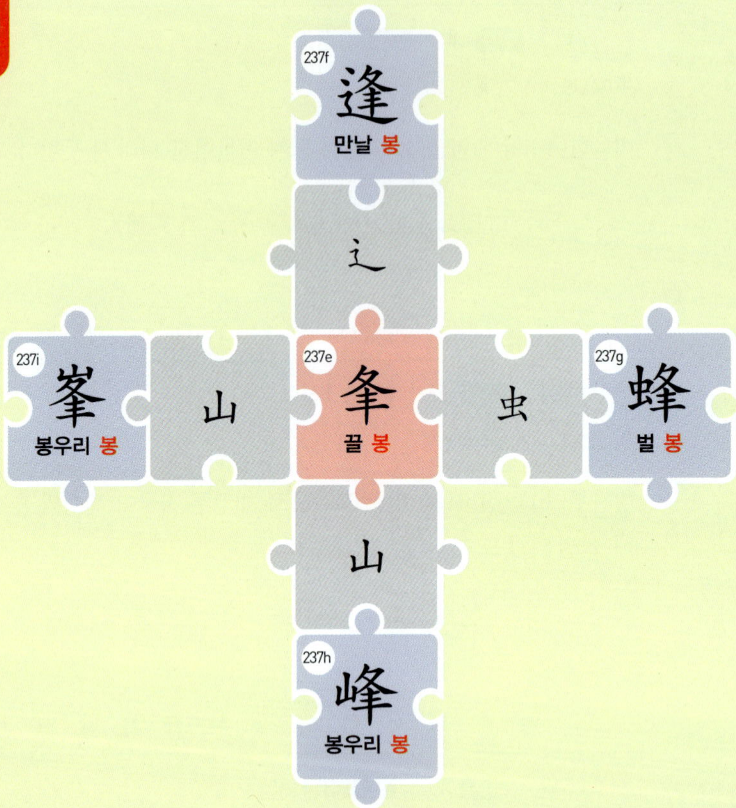

237e

夆 끌 봉

총획 7획 | 부수 夂 | 급수 확장한자

丰 예쁠 봉 + 夂 뒤져올 치

아름다운 꽃밭(丰)은 사람의 발길(夂)을 끌어당긴다.

夆 夆 夆 夆 夆 夆 夆

자연 | 산천초목 | 초

237f

逢逢逢逢逢逢逢逢逢

逢
만날 **봉**

총획 11획 부수 辶 급수 3급
夆 끌 봉 + 辶 쉬엄쉬엄 갈 착

발걸음에 이끌려(夆) 누군가를 만나러 가는(辶) 모습임을 강조해 널리 쓰이는 글자이다.

☐ 逢着 봉착   ☐ 逢變 봉변   ☐ 相逢 상봉

237g

蜂蜂蜂蜂蜂蜂蜂蜂蜂蜂蜂蜂

蜂
벌 **봉**

총획 13획 부수 虫 급수 3급
夆 끌 봉 + 虫 벌레 충

꽃밭(丰)으로 이끌리는(夆) 곤충(虫)인 '벌'을 가리킨다.

☐ 蜂起 봉기   ☐ 蜂針 봉침   ☐ 養蜂 양봉

237h

峰峰峰峰峰峰峰峰峰

峰
봉우리 **봉**

총획 10획 부수 山 급수 특급
夆 끌 봉 + 山 산 산

사람의 시선을 잡아끄는(夆) 산(山)봉우리를 가리킨다.

☐ 孤峰 고봉   ☐ 巨峰 거봉   ☐ 最高峰 최고봉

237i

峯峯峯峯峯峯峯峯峯峯

峯
봉우리 **봉**

총획 10획 부수 山 급수 3급
夆 끌 봉 + 山 산 산

사람의 발걸음이나 시선을 잡아끄는(夆) 산(山)봉우리를 가리킨다.

☐ 毘盧峯 비로봉   ☐ 天皇峯 천황봉

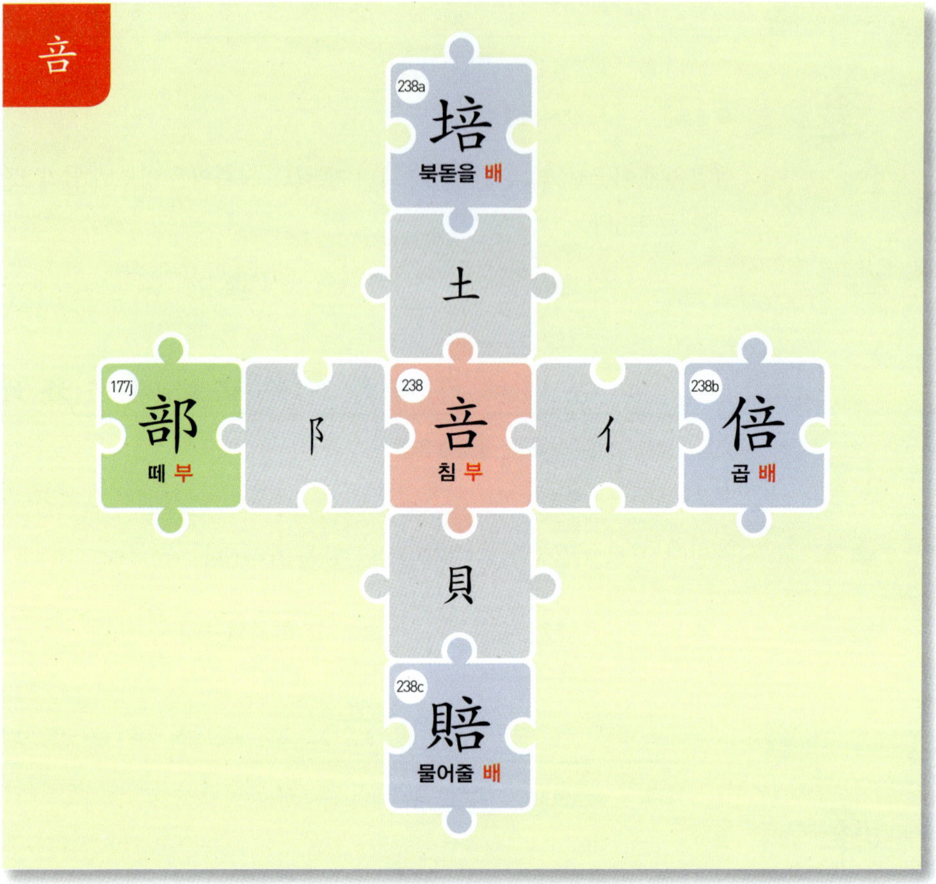

音

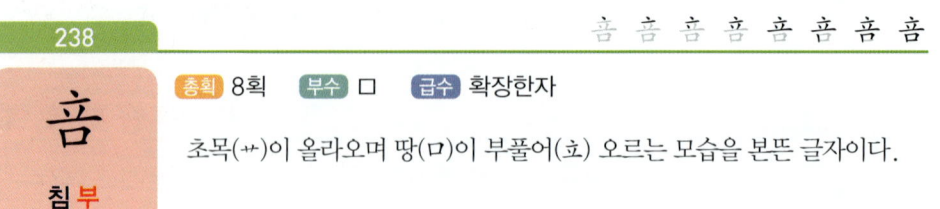

238

音
침**부**

총획 8획 부수 口 급수 확장한자

초목(卝)이 올라오며 땅(口)이 부풀어(ㅎ) 오르는 모습을 본뜬 글자이다.

자연 | 산천초목 | 초

238a

培培培培培培培培培

培 북돋을 배

- 총획 11획
- 부수 土
- 급수 3급
- 音침부 + 土흙토

나무의 뿌리 둘레를 흙(土)으로 도탑게(咅) 하는 모습이다.

□ 培養 배양   □ 培根 배근   □ 栽培 재배

238b

倍倍倍倍倍倍倍倍

倍 곱 배

- 총획 10획
- 부수 亻
- 급수 5급
- 音침부 + 亻사람 인

사람(亻)의 수가 배로 늘어나거나(咅) 점점 증가하다.

□ 倍加 배가   □ 倍數 배수   □ 倍率 배율

238c

賠賠賠賠賠賠賠賠賠賠

賠 물어줄 배

- 총획 15획
- 부수 貝
- 급수 2급
- 音침부 + 貝조개 패

금전(貝)상의 손해보다 곱절(咅) 물어주다.

□ 賠償 배상   □ 賠償金 배상금   □ 損害賠償 손해배상

177j

部部部部部部部部部部部

部 떼 부

- 총획 11획
- 부수 阝
- 급수 6급
- 音침부 + 阝언덕 부

마을(邑→阝)이 커지자(咅) 새로 관리를 임명하여 다스리게 하는 모습이다.

□ 部署 부서   □ 部分 부분   □ 幹部 간부

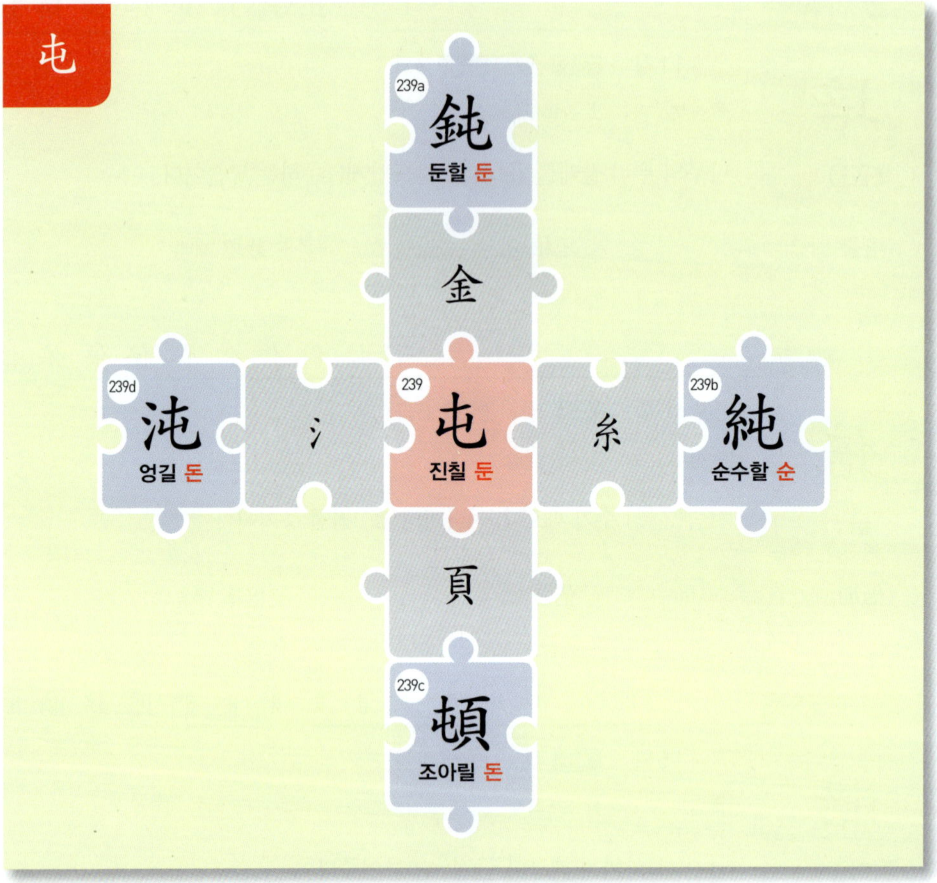

屯

	239a 鈍 둔할 둔		
	金		
239d 沌 엉길 돈	氵	239 屯 진칠 둔	糸	239b 純 순수할 순
	頁		
	239c 頓 조아릴 돈		

239

屯 屯 屯 屯

屯
진칠 둔

총획 4획   부수 屮   급수 3급

말뚝을 뿌리(屮) 깊게 박아 막사를 세워(丿) 진을 친 모습이다.

☐ 屯田 둔전   ☐ 駐屯 주둔   ☐ 雲屯 운둔

자연 | 산천초목 | 초

239a

鈍鈍鈍鈍鈍鈍鈍鈍鈍鈍鈍鈍

鈍 둔할 **둔**

- 총획 12획
- 부수 金
- 급수 3급

屯 진칠둔 + 金 쇠금

진(屯)을 치기 위해 사용하던 쇠(金) 말뚝의 끝이 무뎌진 모습이다.

☐ 鈍感 둔감 ☐ 鈍化 둔화 ☐ 愚鈍 우둔

239b

純純純純純純純純純純

純 순수할 **순**

- 총획 10획
- 부수 糸
- 급수 4급

屯 진칠둔 + 糸 가는실멱

막사(屯)의 천막(糸)은 무늬 없이 단순한 모양인 데서 '순수하다'의 뜻이 있다.

☐ 純綿 순면 ☐ 純粹 순수 ☐ 單純 단순

239c

頓頓頓頓頓頓頓頓頓頓頓頓

頓 조아릴 **돈**

- 총획 13획
- 부수 頁
- 급수 2급

屯 진칠둔 + 頁 머리혈

막사(屯)를 찾아온 높은 사람(頁) 앞에 머리(頁)를 조아리는 모습이다.

☐ 整頓 정돈 ☐ 査頓 사돈 ☐ 斗頓 두둔

239d

沌沌沌沌沌沌沌

沌 엉길 **돈**

- 총획 7획
- 부수 氵
- 급수 1급

屯 진칠둔 + 氵 물수

어두운 물(氵) 속에 진(屯)을 치니 모든 것이 엉키고 혼탁해지다.

☐ 混沌 혼돈

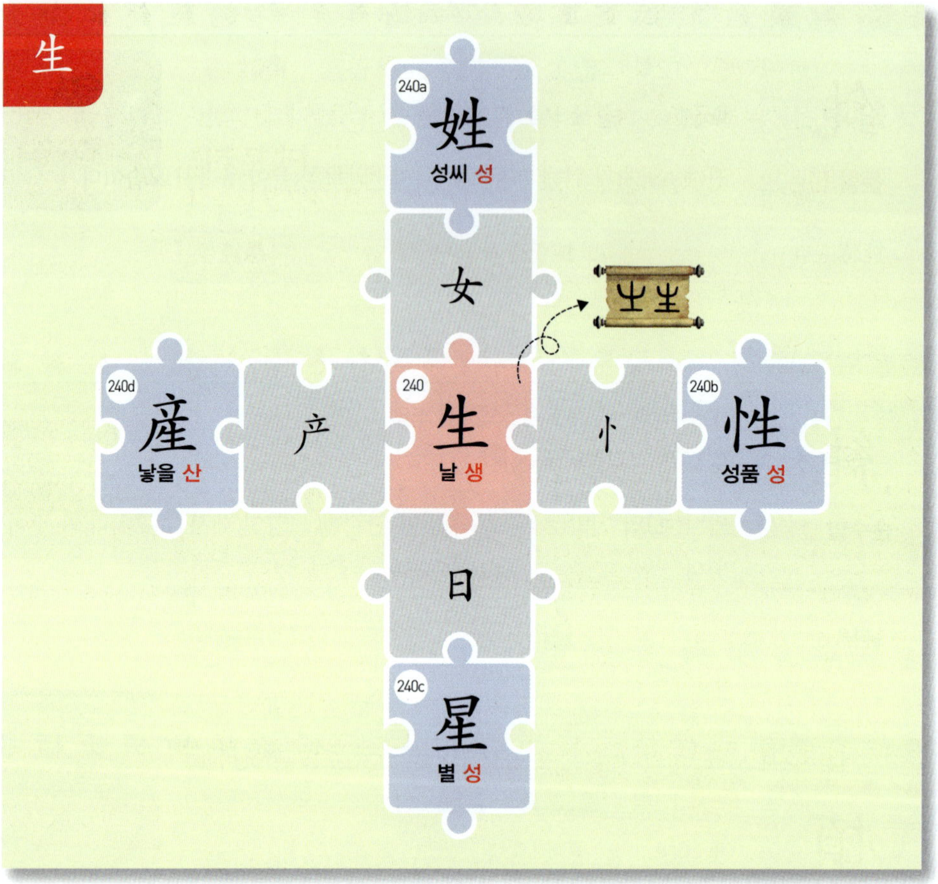

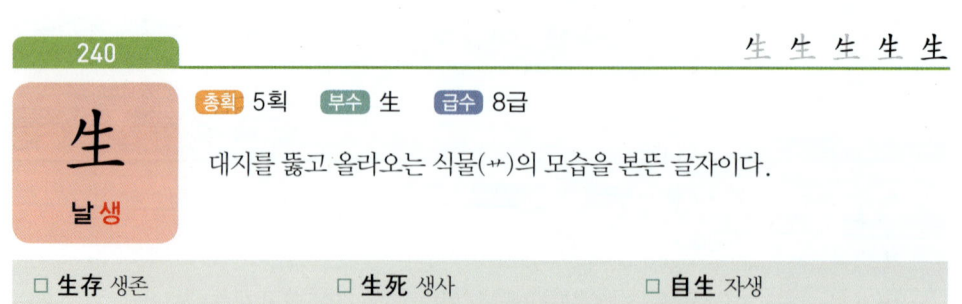

240			生生生生生

生
날 생

총획 5획　부수 生　급수 8급

대지를 뚫고 올라오는 식물(艸)의 모습을 본뜬 글자이다.

□ **生存** 생존　　　□ **生死** 생사　　　□ **自生** 자생

자연 | 산천초목 | 초

240a 姓 성씨 성

姓 姓 姓 姓 姓 姓 姓

- 총획 8획
- 부수 女
- 급수 7급

生 날 생 + 女 여자 여

어머니(女)로부터 태어나(生) 갖게 되는 '성, 성씨'를 가리킨다.

- □ 姓氏 성씨
- □ 姓名 성명
- □ 同姓 동성

240b 性 성품 성

性 性 性 性 性 性 性 性

- 총획 8획
- 부수 忄
- 급수 5급

生 날 생 + 忄 마음 심

마음(忄)에서 우러나오는(生) 성품을 뜻한다.

- □ 性品 성품
- □ 天性 천성
- □ 個性 개성

240c 星 별 성

星 星 星 星 星 星 星 星

- 총획 9획
- 부수 日
- 급수 4급

生 날 생 + 日 해 일

밤하늘에 생기는(生) 해(日)처럼 밝은 '별'을 가리킨다.

- □ 星雲 성운
- □ 金星 금성
- □ 惑星 혹성

240d 産 낳을 산

産 産 産 産 産 産 産 産 産

- 총획 11획
- 부수 生
- 급수 5급

生 날 생 + 产 낳을 산

생명(生)이 태어나는(产) 모습이다.

- □ 産業 산업
- □ 生産 생산
- □ 出産 출산

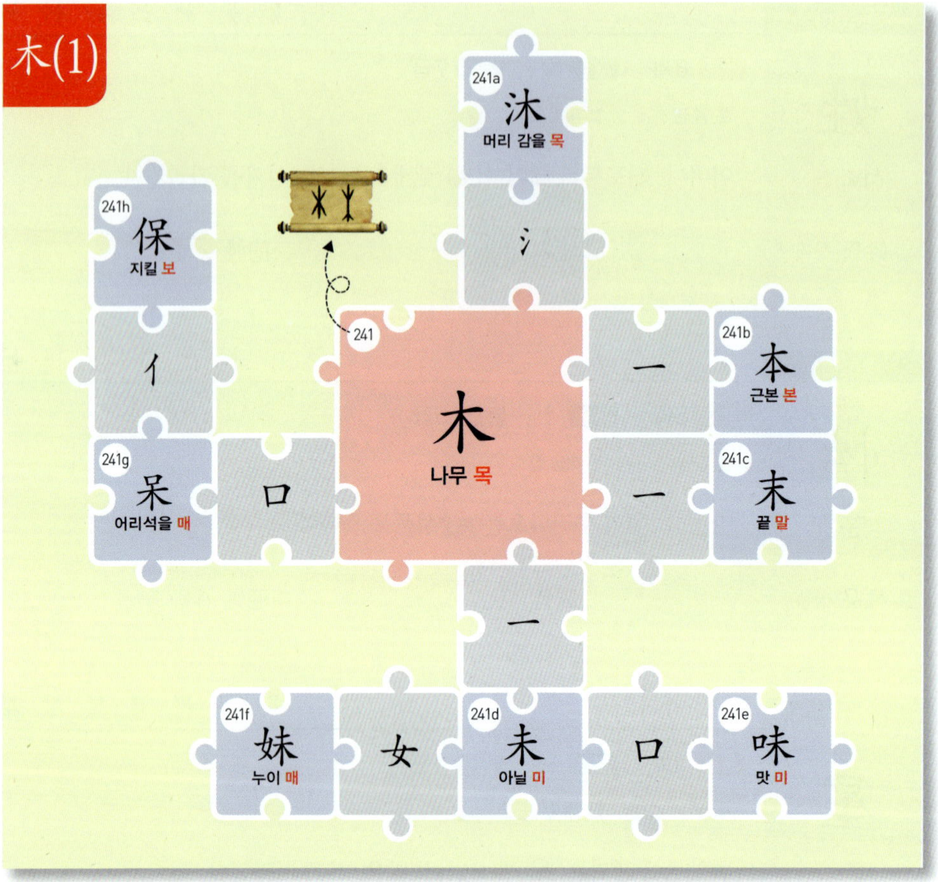

자연 | 산천초목 | 목

木(1)

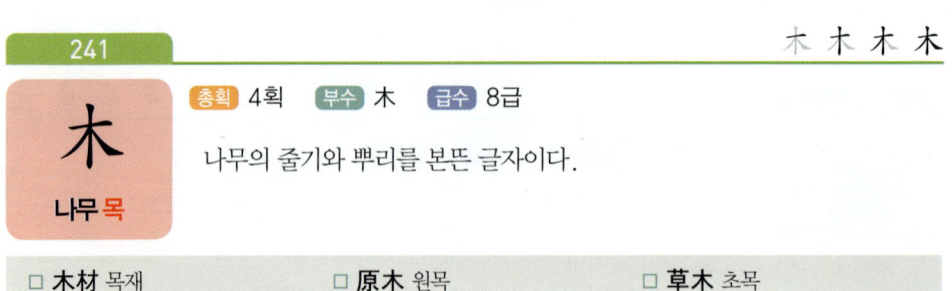

241

木 나무 목

- 총획 4획
- 부수 木
- 급수 8급

나무의 줄기와 뿌리를 본뜬 글자이다.

木木木木

□ 木材 목재   □ 原木 원목   □ 草木 초목

241a

沐沐沐沐沐沐沐

沐
머리 감을 **목**

- 총획 7획
- 부수 氵
- 급수 2급
- 木 나무 목 + 氵 물 수

나무(木)의 가지처럼 늘어진 머리카락을 물(氵)에 씻는 모습이다.

☐ 沐浴 목욕

241b

本 本 本 本 本

本
근본 **본**

- 총획 5획
- 부수 木
- 급수 6급
- 木 나무 목 + 一 한 일

나무(木)의 아랫부분(一)인 뿌리를 가리켜 '근본'을 뜻한다.

☐ 本質 본질   ☐ 根本 근본   ☐ 資本 자본

241c

末 末 末 末 末

末
끝 **말**

- 총획 5획
- 부수 木
- 급수 5급
- 木 나무 목 + 一 한 일

나무(木)의 끝(一)을 가리키는 글자이다.

☐ 末端 말단   ☐ 末期 말기   ☐ 終末 종말

241d

未 未 未 未 未

아닐 **미**

- 총획 5획
- 부수 木
- 급수 4급
- 木 나무 목 + 一 한 일

나무(木)의 윗부분(一)에 새순이 자라 아직 다 자라지 않은 모습을 가리킨다.

☐ 未來 미래   ☐ 未決 미결   ☐ 未滿 미만

241e

味 맛 미

- 총획 8획
- 부수 口
- 급수 4급
- 未 아닐 미 + 口 입구

혀 끝(未)으로 맛(口)을 보는 것을 가리킨다.

- 味覺 미각
- 趣味 취미
- 意味 의미

241f

妹 누이 매

- 총획 8획
- 부수 女
- 급수 4급
- 未 아닐 미 + 女 여자 여

갓 자란 가지(未)처럼 가장 늦게 태어난 여자(女) 형제를 뜻한다.

- 妹兄 매형
- 姉妹 자매
- 男妹 남매

241g

呆 어리석을 매

- 총획 7획
- 부수 口
- 급수 1급
- 木 나무 목 + 口 입구

돌봄이 필요한 모습을 본뜬 글자이다.

- 癡呆 치매

241h

保 지킬 보

- 총획 9획
- 부수 亻
- 급수 4급
- 呆 어리석을 매 + 亻 사람 인

보호자(亻)가 아이나 노인(呆)을 돌보며 지키는 모습이다.

- 保護 보호
- 保險 보험
- 安保 안보

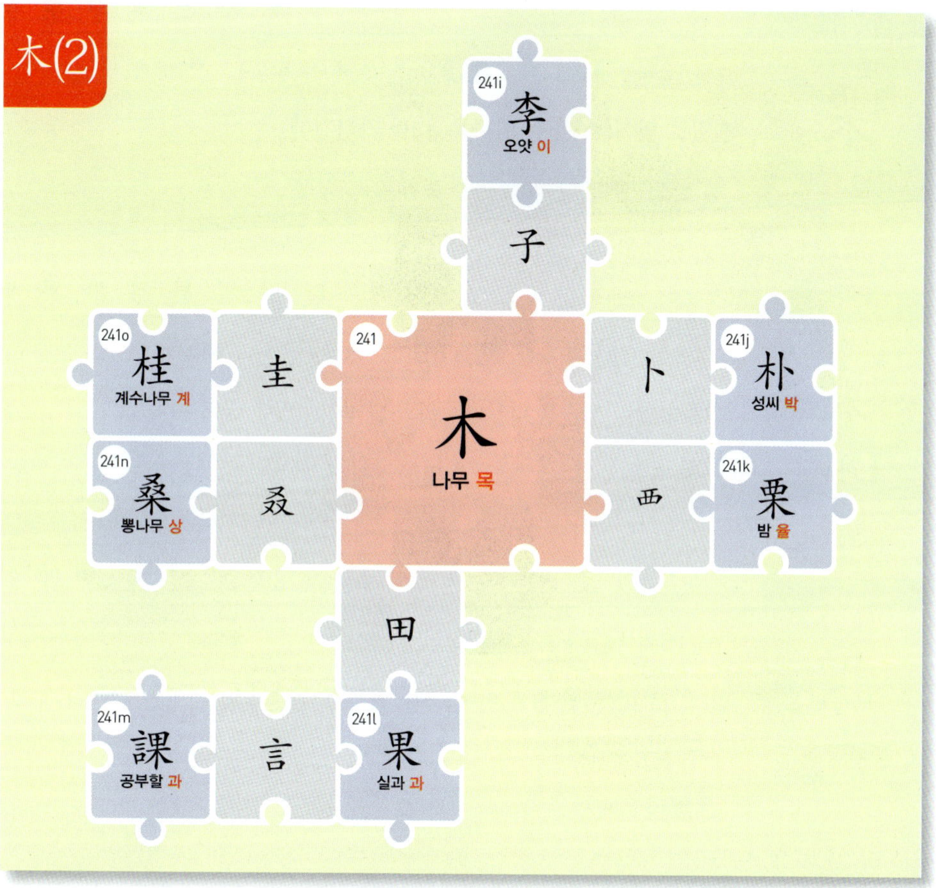

자연 | 산천초목 | 목

木(2)

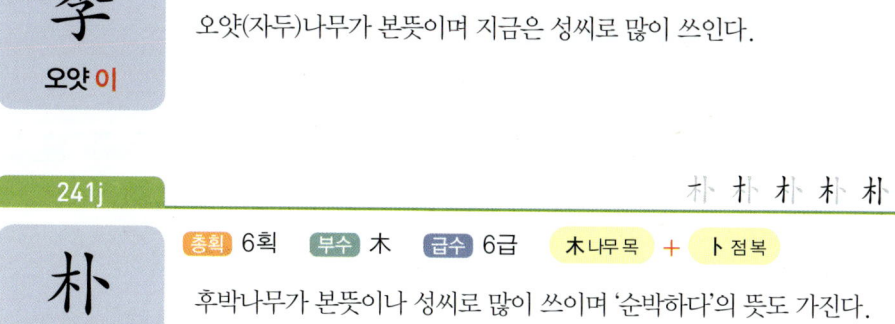

241i

李 오얏 이

- 총획 7획
- 부수 木
- 급수 6급
- 木 나무 목 + 子 아들 자

오얏(자두)나무가 본뜻이며 지금은 성씨로 많이 쓰인다.

241j

朴 성씨 박

- 총획 6획
- 부수 木
- 급수 6급
- 木 나무 목 + 卜 점 복

후박나무가 본뜻이나 성씨로 많이 쓰이며 '순박하다'의 뜻도 가진다.

- □ 素朴 소박
- □ 純朴 순박
- □ 厚朴 후박

241k

栗栗栗栗栗栗栗栗栗栗

栗 밤 율

- 총획 10획
- 부수 木
- 급수 3급
- 木 나무 목 + 覀 덮을 아

껍질로 덮여(覀) 있는 밤나무(木)를 가리킨다.

- □ 生栗 생률
- □ 栗谷 율곡

241l

果果果果果果果果

果 실과 과

- 총획 8획
- 부수 木
- 급수 6급
- 木 나무 목 + 田 밭 전

열매가 열린 모습을 나무(木) 위의 밭(田)에 빗댄 글자이다.

- □ 果實 과실
- □ 果敢 과감
- □ 結果 결과

241m

課課課課課課課課課課課課課

課 공부할 과

- 총획 15획
- 부수 言
- 급수 4급
- 果 실과 과 + 言 말씀 언

말(言)로 따는 열매(果)인 세금을 거두기 위한 과정에서 '공부하다'의 뜻이 파생되었다.

- □ 課稅 과세
- □ 附課 부과
- □ 放課 방과

241n

桑桑桑桑桑桑桑桑桑

桑 뽕나무 상

- 총획 10획
- 부수 木
- 급수 3급
- 木 나무 목 + 叒 땅이름 약

많은 열매(叒)를 맺는 뽕나무(木)를 가리킨다.

- □ 桑田碧海 상전벽해

241o

桂桂桂桂桂桂桂桂桂

桂 계수나무 계

- 총획 10획
- 부수 木
- 급수 3급
- 木 나무 목 + 圭 서옥 규

나무 목(木)과 서옥/홀 규(圭)를 합쳐 '계수나무'를 가리킨다.

- □ 桂樹 계수(나무)
- □ 桂林 계림
- □ 月桂冠 월계관

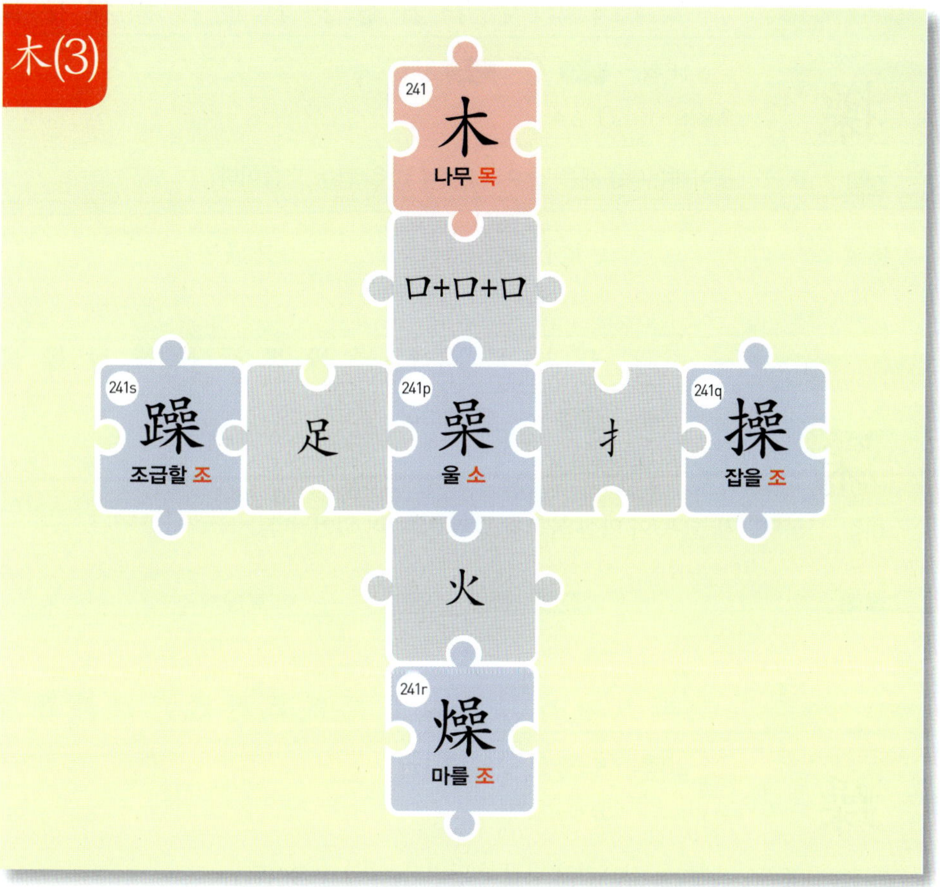

자연 | 산천초목 | 목

木(3)

- 241 木 나무 목
- 口+口+口
- 241s 躁 조급할 조
- 足
- 241p 喿 울 소
- 扌
- 241q 操 잡을 조
- 火
- 241r 燥 마를 조

241p

喿 울 소

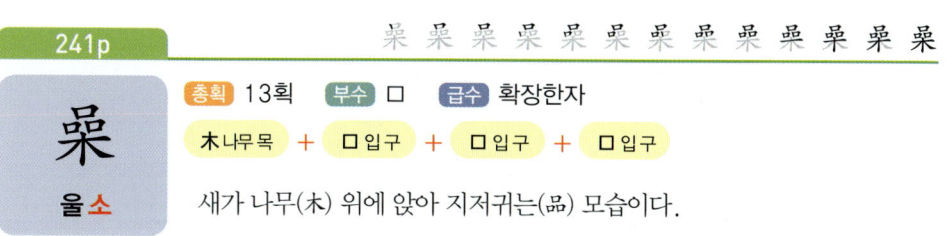

- 총획 13획
- 부수 口
- 급수 확장한자

木 나무목 + 口 입구 + 口 입구 + 口 입구

새가 나무(木) 위에 앉아 지저귀는(品) 모습이다.

241q

操 操 操 操 操 操 操 操 操 操 操 操 操 操

操
잡을 조

- 총획 16획　부수 扌　급수 5급
- 喿울소 ＋ 扌손수

울어대는(喿) 새를 잡으려고 손(扌)을 뻗는 모습이다.

□ 操縱 조종　　□ 操心 조심　　□ 志操 지조

241r

燥 燥 燥 燥 燥 燥 燥 燥 燥 燥 燥 燥 燥 燥

燥
마를 조

- 총획 17획　부수 火　급수 3급
- 喿울소 ＋ 火불화

새들(喿)이 마실 물조차 말라(火)버려 없어지다.

□ 燥渴 조갈　　□ 乾燥 건조　　□ 焦燥 초조

241s

躁 躁 躁 躁 躁 躁 躁 躁 躁 躁 躁 躁 躁 躁

躁
조급할 조

- 총획 20획　부수 足　급수 1급
- 喿울소 ＋ 足발족

새(喿)를 잡으려고 다급히 달려가는(足) 모습이다.

□ 躁急 조급　　□ 躁急症 조급증

자연 | 산천초목 | 목

木(4)

- 66f 礎 주춧돌 초
- 石
- 66e 楚 초나라 초
- 疋
- 241 木 나무 목
- 木
- 241t 林 수풀 림
- 示
- 木
- 241u 禁 금할 금
- 241v 森 나무 빽빽할 삼
- 广
- 241x 磨 갈 마
- 石
- 241w 麻 삼 마

241

241t

林 수풀 림

林林林林林林林林

- 총획 8획
- 부수 木
- 급수 7급
- 木 나무 목 + 木 나무 목

나무(木)가 아주 많은 수풀을 뜻하는 글자이다.

- □ 林野 임야
- □ 森林 삼림
- □ 熱帶林 열대림

241u

禁 금할 금

禁禁禁禁禁禁禁禁禁禁禁禁

- 총획 13획
- 부수 示
- 급수 4급
- 林 수풀 림 + 示 보일 시

제사(示)를 올리는 숲(林)으로 들어오는 것을 금하다.

- □ 禁忌 금기

241v

森 森 森 森 森 森 森 森 森 森 森 森

森 나무 빽빽할 **삼**

- 총획 12획
- 부수 木
- 급수 3급
- 林 수풀 림 + 木 나무 목

나무(木)가 빽빽이 들어찬 숲을 뜻하는 글자이다.

- 森林 삼림
- 森嚴 삼엄
- 森羅萬象 삼라만상

241w

麻 麻 麻 麻 麻 麻 麻 麻 麻 麻 麻

麻 삼 **마**

- 총획 11획
- 부수 麻
- 급수 3급
- 林 수풀 림 + 广 집 엄

바위(厂) 위에 삼 줄기(林)와 껍질을 널어 놓고 말리는 모습이다.
| 금문(金文)의 그림은 집 엄(广) 자가 아닌 기슭 엄(厂) 자임을 알려준다.

- 麻衣 마의
- 亞麻 아마
- 大麻草 대마초

241x

磨 磨 磨 磨 磨 磨 磨 磨 磨 磨 磨 磨

磨 갈 **마**

- 총획 16획
- 부수 石
- 급수 3급
- 麻 삼 마 + 石 돌 석

맷돌(石)에 날을 가는 모습으로 삼 마(麻)를 발음으로 썼다.

- 磨耗 마모
- 硏磨 연마
- 琢磨 탁마

66e

楚 楚 楚 楚 楚 楚 楚 楚 楚 楚 楚 楚

楚 초나라 **초**

- 총획 13획
- 부수 木
- 급수 2급
- 林 수풀 림 + 疋 짝 필·발 소

금지된 숲(林) 속으로 들어온(疋) 사람을 회초리로 징벌하는 모습에서 훗날 '초나라'를 뜻하게 되었다.

- 四面楚歌 사면초가
- 苦楚 고초
- 淸楚 청초

66f

礎 礎 礎 礎 礎 礎 礎 礎 礎 礎 礎 礎 礎

礎 주춧돌 **초**

- 총획 18획
- 부수 石
- 급수 3급
- 楚 초나라 초 + 石 돌 석

기둥을 받치던 주춧돌(石)을 가리키기 위해 초(楚)를 발음으로 쓴 글자이다.

- 礎石 초석
- 基礎 기초
- 柱礎 주초

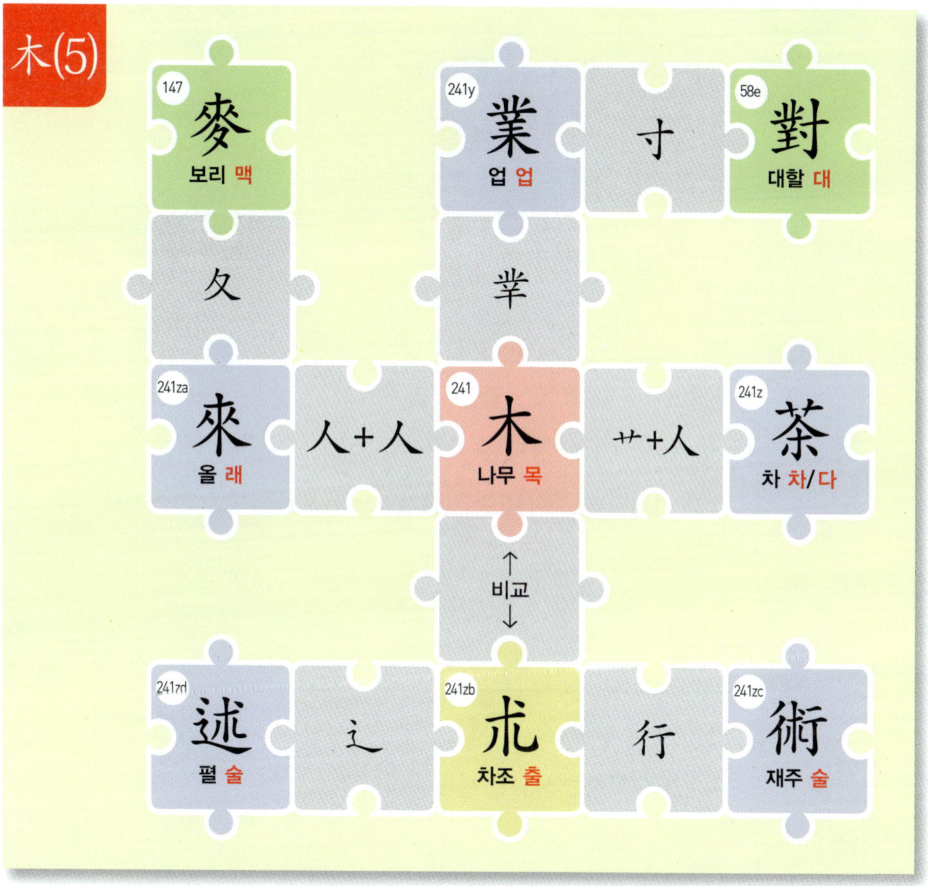

자연 | 산천초목 | 목

木(5)

147 麥 보리 맥		241y 業 업 업	寸	58e 對 대할 대
	夂	坐		
241za 來 올 래	人+人	241 木 나무 목	艹+人	241z 茶 차 차/다
		↑비교↓		
241가 述 펼 술	之	241zb 朮 차조 출	行	241zc 術 재주 술

241y

業
업 업

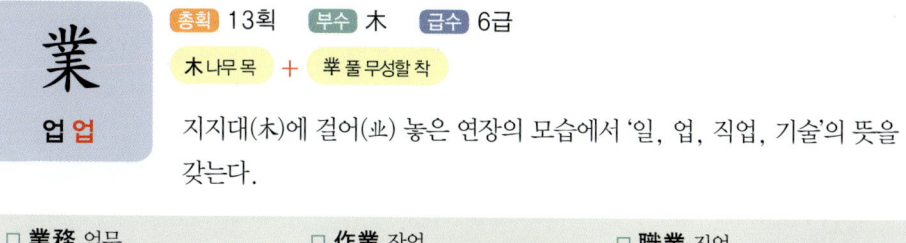

총획 13획　부수 木　급수 6급

木 나무 목 + 丵 풀 무성할 착

지지대(木)에 걸어(业) 놓은 연장의 모습에서 '일, 업, 직업, 기술'의 뜻을 갖는다.

□ 業務 업무　　□ 作業 작업　　□ 職業 직업

241z

茶 차차/다

- 총획 10획
- 부수 艹
- 급수 3급

木 나무 목 + 艹 풀 초 + 人 사람 인

나무(木)를 덮고(人) 있는 녹차 잎(艹)의 모습이다.

- □ 綠茶 녹차
- □ 紅茶 홍차
- □ 茶飯事 다반사

241za

來 올 래

- 총획 8획
- 부수 人
- 급수 7급

木 나무 목 + 人 사람 인 + 人 사람 인

본래 보리나 밀 이삭을 본뜬 글자였으나 '오다'의 뜻으로 가차되었다.

- □ 來日 내일
- □ 未來 미래
- □ 由來 유래

241zb

朮 차조 출

- 총획 5획
- 부수 木
- 급수 특급

차조를 수확하는 모습을 본뜬 글자이다.

241zc

術 재주 술

- 총획 11획
- 부수 行
- 급수 6급

朮 차조 출 + 行 다닐 행

차조(朮) 밭에 사거리(行)를 만들어 일하기 편하게 해 놓은 모습이다.

241zd

述 펼 술

- 총획 9획
- 부수 辶
- 급수 3급

朮 차조 출 + 辶 쉬엄쉬엄 갈 착

차조(朮) 밭에 새로운 길(辶)을 만들거나 넓히는 모습이다.

- □ 陳述 진술

자연 | 산천초목 | 목

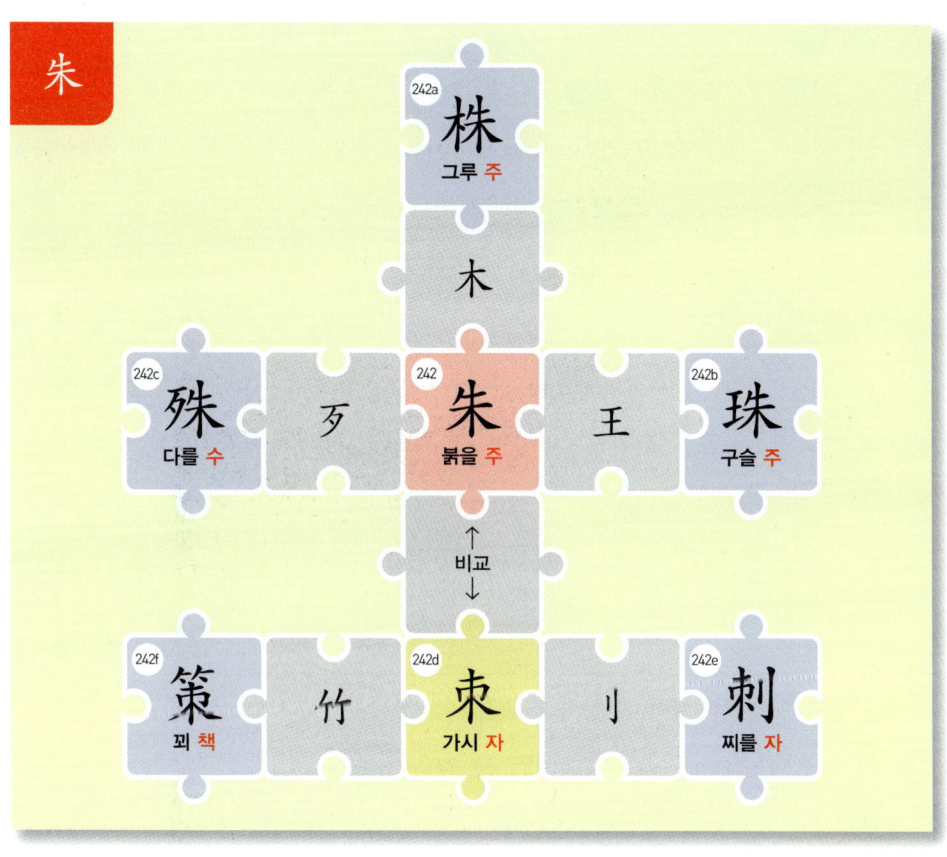

242

朱 붉을 주

총획 6획　부수 木　급수 4급

나무(木)의 흠집(丿)에서 즙이 흐르는 모습에서 붉은 피가 흐르는 상처를 연상한 글자이다.

- □ 朱木 주목
- □ 印朱 인주
- □ 紫朱 자주

242a

株 그루 주

총획 10획　부수 木　급수 3급　　朱 붉을 주 + 木 나무 목

나무(木)에 흠집(朱)을 내어 표시한 모습을 강조해 나무를 세는 단위를 가리킨다.

- □ 株式 주식
- □ 株價 주가
- □ 株主 주주

242b 珠 구슬 주

珠 珠 珠 珠 珠 珠 珠 珠 珠 珠

총획 10획 부수 王 급수 3급 朱 붉을 주 + 王 임금 왕

붉은(朱) 구슬(玉→王)을 뜻하다가 일반적인 구슬을 뜻하게 된 글자이다.

□ 珠玉 주옥 □ 念珠 염주 □ 珍珠 진주

242c 殊 다를 수

殊 殊 殊 殊 殊 殊 殊 殊 殊

총획 10획 부수 歹 급수 3급 朱 붉을 주 + 歹 살 바른 뼈 알

붉을 주(朱) 자가 상징하는 적을 많이 죽여(歹) 남다른 공을 세웠음을 가리킨다.

□ 殊勳 수훈 □ 殊常 수상 □ 特殊 특수

242d 朿 가시 자

朿 朿 朿 朿 朿 朿

총획 6획 부수 木 급수 확장한자

나무(木)에 달린 가시(冖)를 본뜬 글자이다.

242e 刺 찌를 자

刺 刺 刺 刺 刺 刺 刺 刺

총획 8획 부수 刂 급수 3급 朿 가시 자 + 刂 칼 도

가시(朿)와 칼(刂)처럼 날카로운 것으로 찌르는 모습이다.

□ 刺繡 자수 □ 刺戟 자극 □ 諷刺 풍자

242f 策 꾀 책

策 策 策 策 策 策 策 策 策 策 策 策

총획 12획 부수 竹 급수 3급 朿 가시 자 + 竹 대 죽

대나무(竹)로 만든 회초리(朿)로 채찍질하는 모습이다.

□ 策略 책략 □ 上策 상책 □ 術策 술책

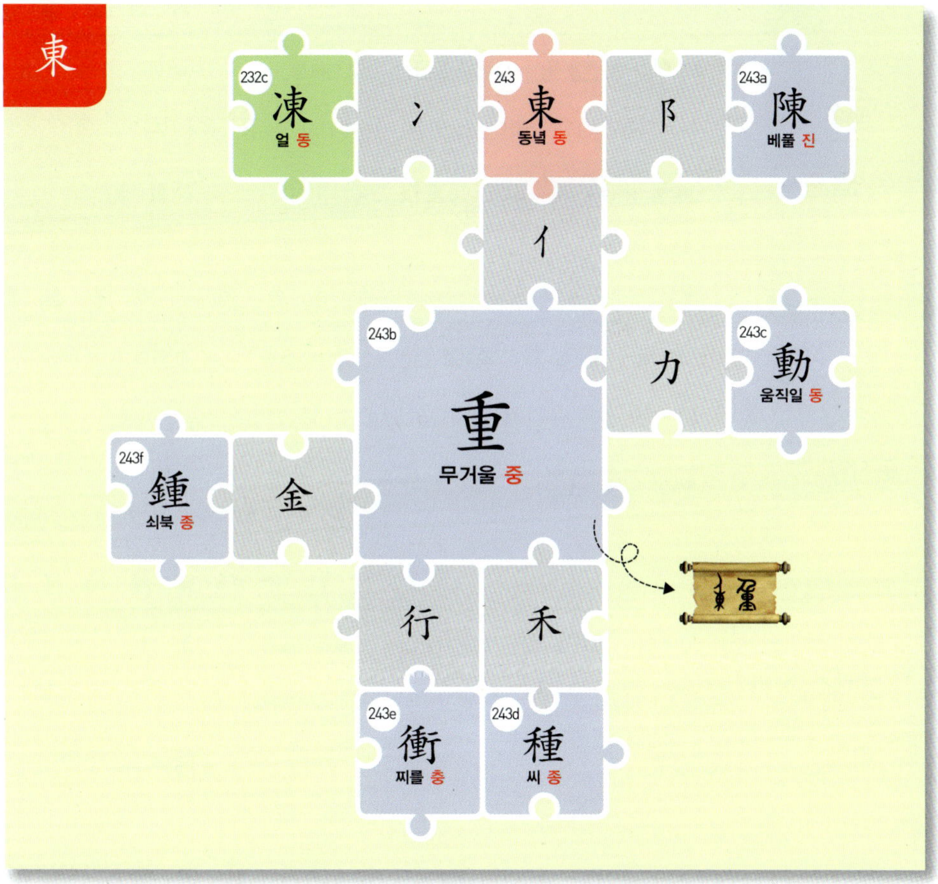

자연 | 산천초목 | 목

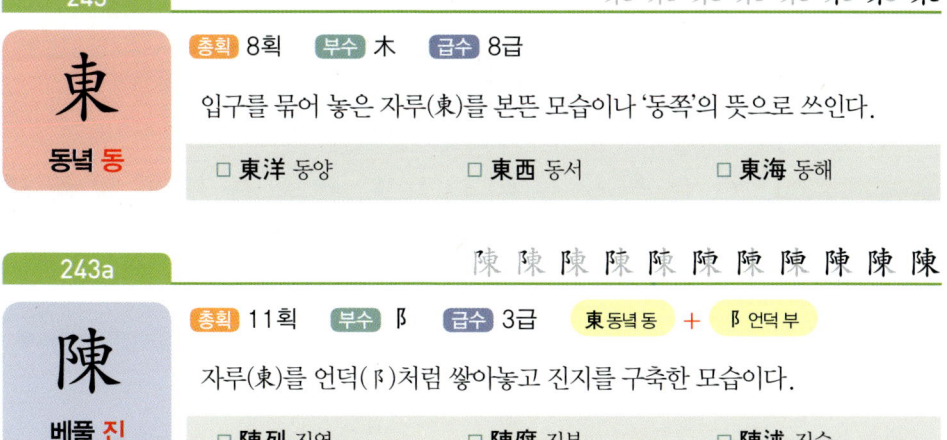

243			
東 동녘 동	총획 8획 부수 木 급수 8급		
	입구를 묶어 놓은 자루(東)를 본뜬 모습이나 '동쪽'의 뜻으로 쓰인다.		
	□ 東洋 동양	□ 東西 동서	□ 東海 동해

243a			
陳 베풀 진	총획 11획 부수 阝 급수 3급 東 동녘 동 + 阝 언덕 부		
	자루(東)를 언덕(阝)처럼 쌓아놓고 진지를 구축한 모습이다.		
	□ 陳列 진열	□ 陳腐 진부	□ 陳述 진술

243b 重 무거울 중

- 총획 9획 | 부수 里 | 급수 7급 | 東 동녘 동 + 亻 사람 인

무거운 자루(東)를 둘러메고 있는 사람(亻)을 본뜬 글자이다.

- 重量 중량
- 重複 중복
- 體重 체중

243c 動 움직일 동

- 총획 11획 | 부수 力 | 급수 7급 | 重 무거울 중 + 力 힘 력

무거운(重) 것을 옮기기 위해 힘(力) 쓰는 모습이다.

- 動物 동물
- 動作 동작
- 活動 활동

243d 種 씨 종

- 총획 14획 | 부수 禾 | 급수 5급 | 重 무거울 중 + 禾 벼 화

종자(禾) 자루(重)를 등에 메고 파종하는 모습이다.

- 種子 종자
- 種類 종류
- 播種 파종

243e 衝 찌를 충

- 총획 15획 | 부수 行 | 급수 3급 | 重 무거울 중 + 行 다닐 행

둔탁한(重) 소리를 내면서 사거리(行)에서 서로 충돌하는 모습이다.

- 衝突 충돌
- 衝動 충동
- 折衝 절충

243f 鍾 쇠북 종

- 총획 17획 | 부수 金 | 급수 4급 | 重 무거울 중 + 金 쇠 금

쇠(金)로 만든 크고 무거운(重) 종을 가리킨다.

무거울 중(重) 자가 들어간 종(鍾) 자는 4급 글자이고 아이 동(童) 자가 들어간 종(鐘)은 특급 글자이다.

- 鍾路 종로

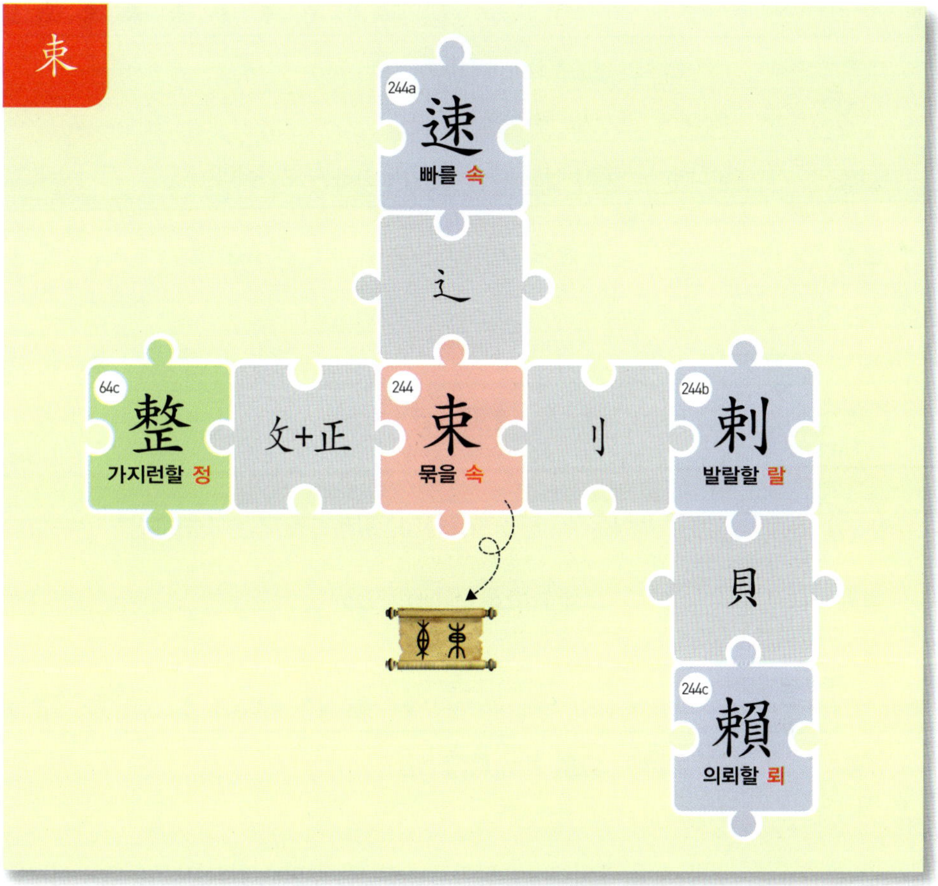

자연 | 산천초목 | 목

束

244a 速 빠를 속

辶

64c 整 가지런할 정

攵+正

244 束 묶을 속

刂

244b 剌 발랄할 랄

貝

244c 賴 의뢰할 뢰

244

束 束 束 束 束 束 束

244

束
묶을 속

총획 7획 부수 木 급수 5급

나무(木)를 한 꾸러미(口)씩 묶는 모습이다.

☐ 束縛 속박   ☐ 結束 결속   ☐ 約束 약속

244a

速速速速速速速速速速

速
빠를 속

- 총획 11획
- 부수 辶
- 급수 6급

束 묶을 속 + 辶 쉬엄쉬엄 갈 착

하나로 묶어(束) 쉽고 빠르게 운반(辶)하는 모습이다.

- □ 速度 속도
- □ 速報 속보
- □ 迅速 신속

244b

剌剌剌剌剌剌剌剌剌

剌
발랄할 랄

- 총획 9획
- 부수 刂
- 급수 1급

束 묶을 속 + 刂 칼 도

짐승을 묶어둔(束) 끈을 자르자(刂) 펄쩍펄쩍 뛰는 모습이다.

- □ 潑剌 발랄
- □ 生氣潑剌 생기발랄

244c

賴賴賴賴賴賴賴賴賴賴賴賴賴

賴
의뢰할 뢰

- 총획 16획
- 부수 貝
- 급수 3급

剌 발랄할 랄 + 貝 조개 패

결박(束)을 풀어(刀=刂)달라고 돈(貝)을 주며 부탁하는 모습으로 진정으로 어려울 땐 돈이 의지가 됨을 알려준다. 아울러 이 글자를 통해 옛날에도 '뇌물'이 통했음을 알 수 있다.

- □ 信賴 신뢰
- □ 依賴 의뢰
- □ 無賴漢 무뢰한

64c

整整整整整整整整整整整整整整

整
가지런할 정

- 총획 16획
- 부수 攵
- 급수 4급

束 묶을 속 + 攵 칠 복 + 正 바를 정

나무를 묶어(束)두고 끝을 쳐내(攵) 바르게(正) 다듬는 모습이다.

- □ 整理 정리
- □ 整備 정비
- □ 調整 조정

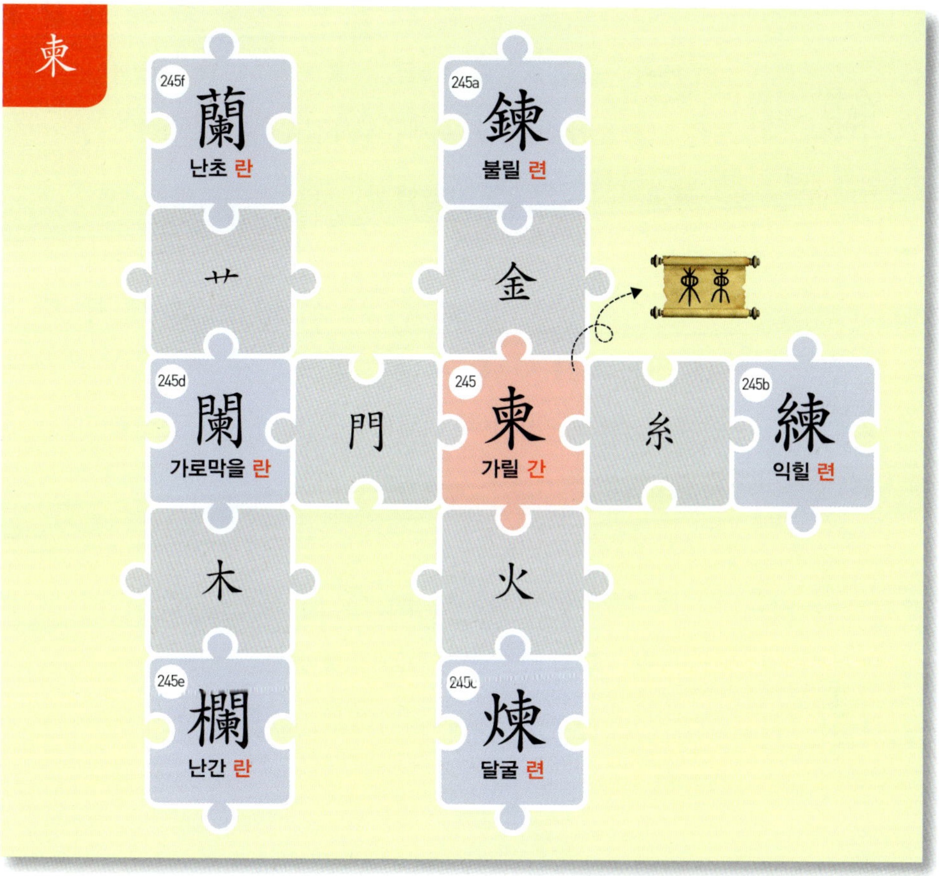

자연 | 산천초목 | 목

柬

245f 蘭 난초 란
245a 鍊 불릴 련
艹
金
245d 闌 가로막을 란
門
245 柬 가릴 간
糸
245b 練 익힐 련
木
火
245e 欄 난간 란
245c 煉 달굴 련

245

245

柬 가릴 간

총획 9획 부수 木 급수 특급

쓸 만한 것(丶丶)을 추려서 자루(東)에 넣고 있는 모습이다.

□ 書柬 서간   □ 發柬 발간

245a

鍊 불릴 련

총획 17획 부수 金 급수 3급   柬 가릴 간 + 金 쇠금

달군 쇠(金)를 거듭 두들겨 불순물을 가려내는(柬) 모습이다.

□ 製鍊 제련   □ 鍛鍊 단련   □ 老鍊 노련

245b

練練練練練練練練練練練練練

練
익힐 련

- 총획 15획
- 부수 糸
- 급수 5급
- 柬 가릴 간 + 糸 가는실 멱

좋은 실(糸)을 가려내기(柬) 위해 수없이 물레질하는 모습이다.

☐ 練習 연습　　☐ 練修 연수　　☐ 熟練 숙련

245c

煉煉煉煉煉煉煉煉煉煉煉煉

煉
달굴 련

- 총획 13획
- 부수 火
- 급수 2급
- 柬 가릴 간 + 火 불 화

순수한 금속을 가려내기(柬) 위해 광석을 불(火)에 달구는 모습이다.

☐ 煉乳 연유　　☐ 煉炭 연탄

245d

闌闌闌闌闌闌闌闌闌闌闌闌闌闌闌

闌
가로막을 란

- 총획 17획
- 부수 門
- 급수 특급
- 柬 가릴 간 + 門 문 문

출입문(門)을 가로막고 출입자를 가려내는(柬) 모습이다.

☐ 闌入 난입

245e

欄欄欄欄欄欄欄欄欄欄欄欄欄欄欄

欄
난간 란

- 총획 21획
- 부수 木
- 급수 3급
- 闌 가로막을 란 + 木 나무 목

나무(木) 막대 등으로 가로막아(闌) 놓은 모습이다.

☐ 欄干 난간　　☐ 空欄 공란

245f

蘭蘭蘭蘭蘭蘭蘭蘭蘭蘭蘭蘭蘭蘭蘭蘭

蘭
난초 란

- 총획 21획
- 부수 ⺿
- 급수 3급
- 闌 가로막을 란 + ⺿ 풀 초

사람들의 발걸음을 가로막는(闌) 아름다운 풀(⺿)인 '난초'를 가리킨다.

☐ 蘭草 난초　　☐ 蘭交 난교

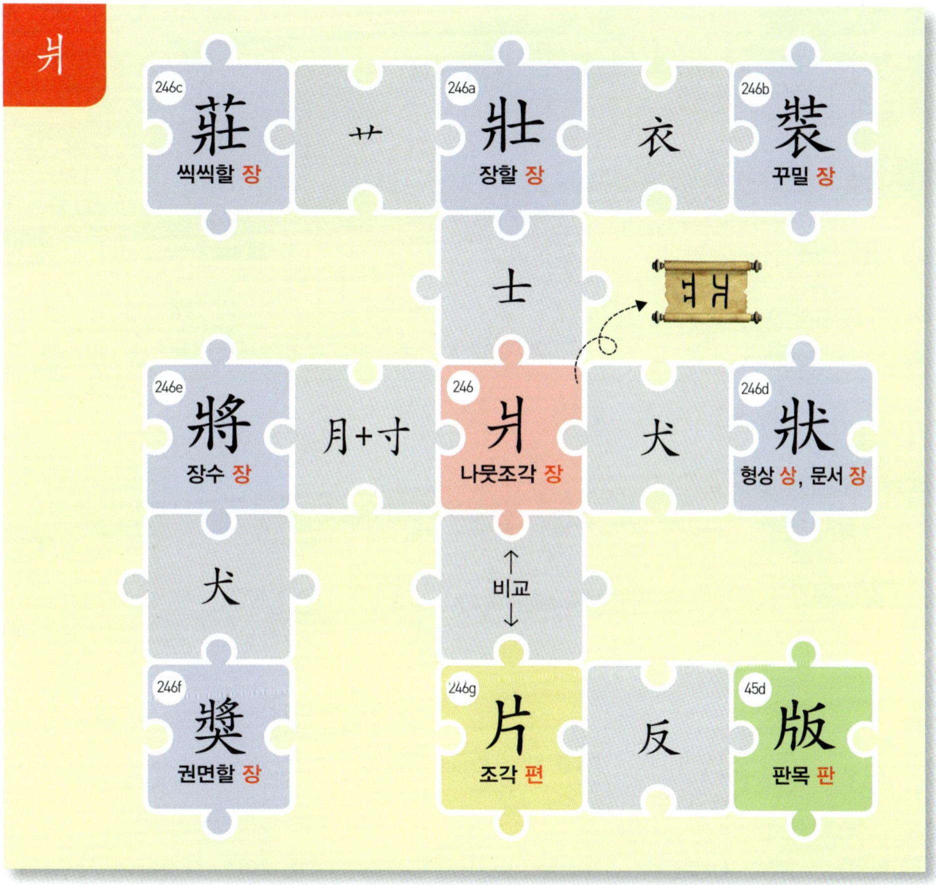

자연 | 산천초목 | 목

爿

| 246c 莊 씩씩할 장 | 艹 | 246a 壯 장할 장 | 衣 | 246b 裝 꾸밀 장 |

士

246e 將 장수 장 | 月+寸 | 246 爿 나뭇조각 장 | 犬 | 246d 狀 형상 상, 문서 장

犬 | | ↑비교↓ | |

246f 獎 권면할 장 | | 246g 片 조각 편 | 反 | 45d 版 판목 판

246

爿
나뭇조각 장

총획 4획　**부수** 爿　**급수** 확장한자

갈라진 통나무(木)의 왼쪽을 가리키는 글자이다.

246a

壯 壯 壯 壯 壯 壯 壯

壯
장할 **장**

총획 7획 | 부수 士 | 급수 4급
爿 나뭇조각 장 + 士 선비 사

장정이 도끼(士)로 통나무를 조각(爿)내는 모습이다.

☐ 壯丁 장정   ☐ 壯年 장년   ☐ 雄壯 웅장

246b

裝 裝 裝 裝 裝 裝 裝 裝 裝 裝 裝 裝

裝
꾸밀 **장**

총획 13획 | 부수 衣 | 급수 4급
壯 장할 장 + 衣 옷 의

장정(壯)들이 화려한 옷(衣)으로 치장한 모습이다.

☐ 裝飾 장식   ☐ 裝備 장비   ☐ 包裝 포장

246c

莊 莊 莊 莊 莊 莊 莊 莊 莊 莊

莊
씩씩할 **장**

총획 11획 | 부수 艹 | 급수 3급
壯 장할 장 + 艹 풀 초

힘이 넘치는 장정(壯)처럼 풀(艹)이 무성하게 자라는 모습이다.

☐ 莊子 장자   ☐ 莊重 장중   ☐ 別莊 별장

246d

狀 狀 狀 狀 狀 狀 狀 狀

狀
형상 **상**, 문서 **장**

총획 8획 | 부수 犬 | 급수 4급
爿 나뭇조각 장 + 犬 개 견

나뭇조각(爿)에 개(犬)나 다른 동물의 형상을 새겨 문자로 쓰던 모습이다.

☐ 狀況 상황   ☐ 現狀 현상   ☐ 令狀 영장

자연 | 산천초목 | 목

246e

將 將 將 將 將 將 將 將 將 將

將
장수 장

- 총획 11획
- 부수 寸
- 급수 4급

爿 나뭇조각 장 + 月 육달 월 + 寸 마디 촌

제단(爿) 위에 제물(月)을 올려 놓는(寸) 장군의 모습이다. 승리를 기원하는 모습에서 '장차'의 뜻도 있다.

☐ 將校 장교   ☐ 主將 주장   ☐ 將來 장래

246f

獎 獎 獎 獎 獎 獎 獎 獎 獎 獎 獎 獎

獎
권면할 장

- 총획 15획
- 부수 犬
- 급수 4급

將 장수 장 + 犬 개 견

제사(將)에 쓴 고기(犬)를 먹도록 권하는 모습이다.

☐ 獎勵 장려   ☐ 獎學金 장학금   ☐ 勸獎 권장

246g

片 片 片 片

片
조각 편

- 총획 4획
- 부수 片
- 급수 3급

갈라진 통나무(木)의 오른편을 가리키는 글자이다.

☐ 片肉 편육   ☐ 片道 편도   ☐ 破片 파편

45d

版 版 版 版 版 版 版 版

版
판목 판

- 총획 8획
- 부수 片
- 급수 3급

片 조각 편 + 反 돌이킬 반

반으로 가른 나뭇조각(片)의 평평한 뒷면(反)에 글을 적거나 새기는 모습이다.

☐ 版畵 판화   ☐ 出版 출판   ☐ 絶版 절판

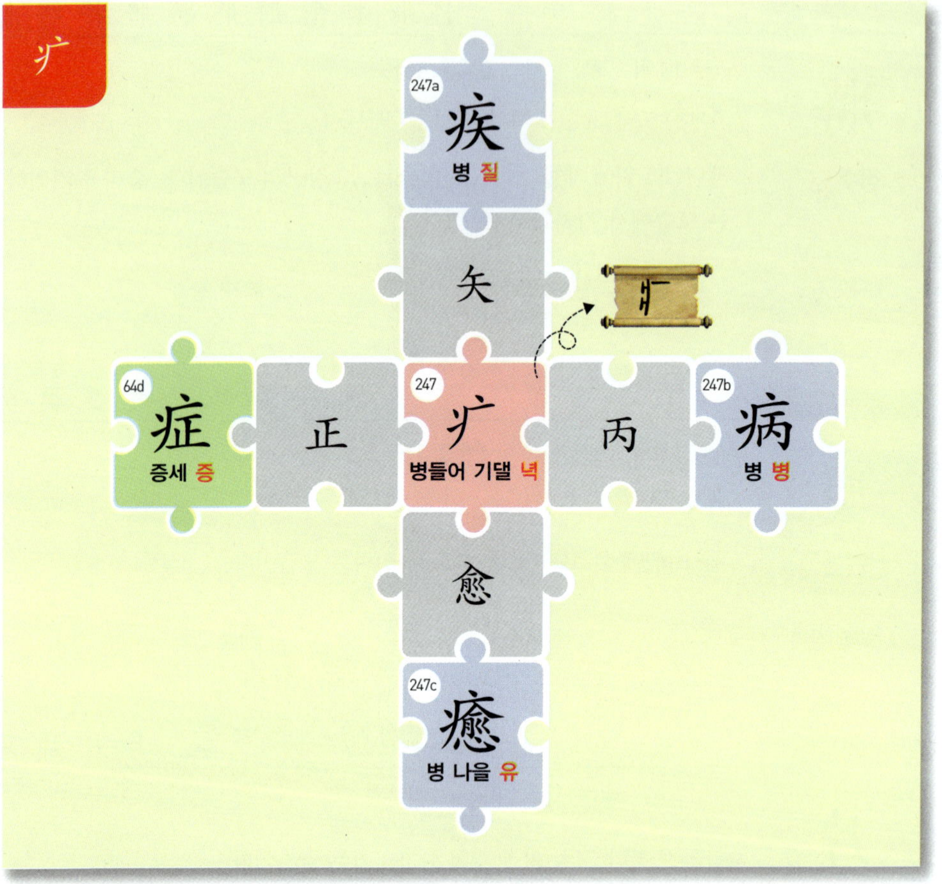

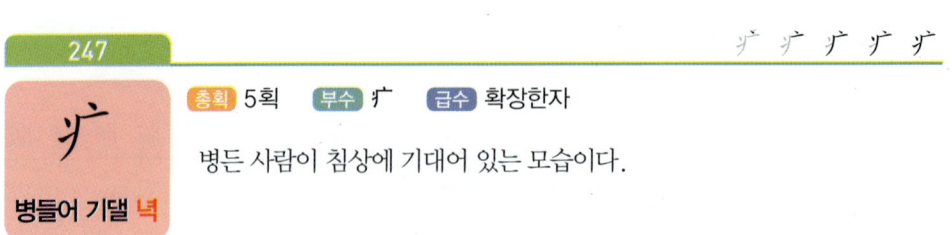

247	총획 5획　부수 疒　급수 확장한자
疒 병들어 기댈 녁	병든 사람이 침상에 기대어 있는 모습이다.

자연 | 산천초목 | 목

247a

疾 疾 疾 疾 疾 疾 疾 疾 疾 疾

疾
병**질**

- 총획 10획
- 부수 疒
- 급수 3급

疒 병들어 기댈 녁 + 矢 화살 시

화살(矢)을 맞아 병든(疒) 모습이다. 치료를 위해 이송하는 모습에서 '빨리, 급히, 신속하게'의 뜻도 가진다.

□ 疾病 질병   □ 疾患 질환   □ 疾走 질주

247b

病 病 病 病 病 病 病 病 病 病

病
병**병**

- 총획 10획
- 부수 疒
- 급수 6급

疒 병들어 기댈 녁 + 丙 남녘 병

병들어 침상(丙) 위에 누워 있는 모습(疒)으로 '질병, 병'의 뜻을 갖는다.

□ 病院 병원   □ 病菌 병균   □ 疾病 질병

247c

癒 癒 癒 癒 癒 癒 癒 癒 癒 癒 癒 癒 癒 癒 癒 癒

癒
병 나을 **유**

- 총획 18획
- 부수 疒
- 급수 1급

疒 병들어 기댈 녁 + 愈 나을 유

몸과 마음이 점점 좋아져(愈) 마침내 병상(疒)에서 일어나는 모습이다.

□ 癒着 유착   □ 治癒 치유   □ 快癒 쾌유

64d

症 症 症 症 症 症 症 症 症 症

症
증세 **증**

- 총획 10획
- 부수 疒
- 급수 3급

疒 병들어 기댈 녁 + 正 바를 정

병(疒)든 환자(疒)의 몸 상태가 바르지(正) 않다.

□ 症勢 증세   □ 症狀 증상   □ 後遺症 후유증

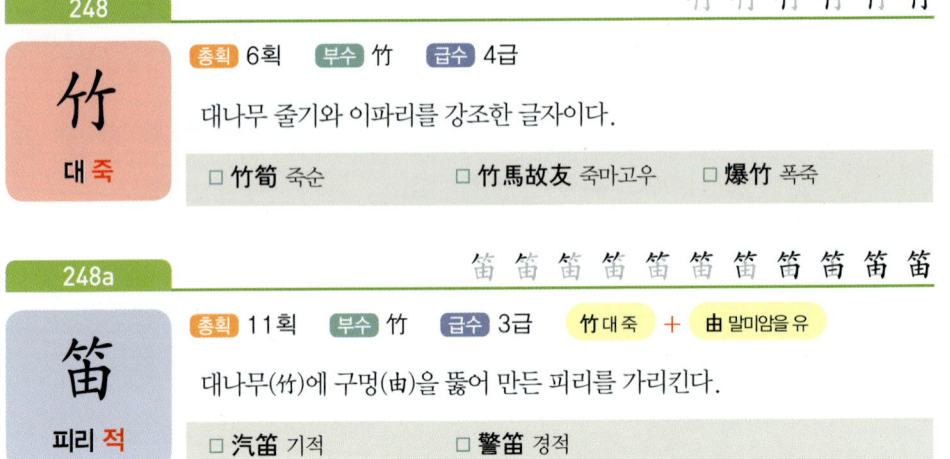

竹

248

248

竹 竹 竹 竹 竹 竹

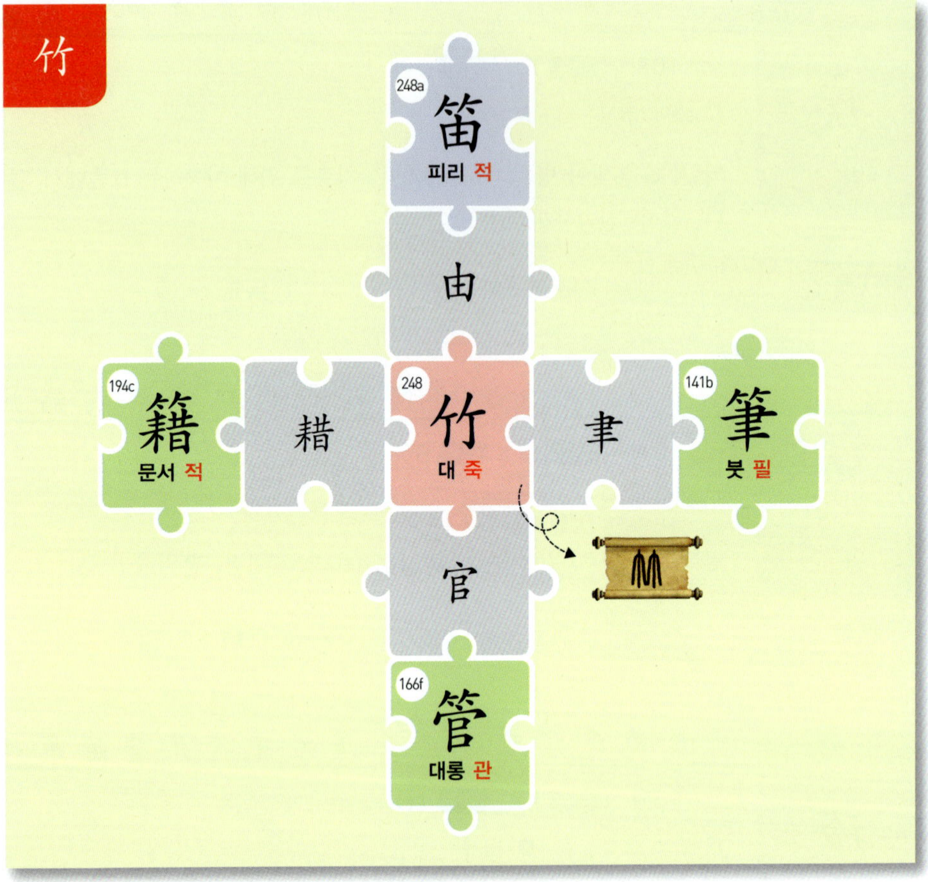

竹
대 죽

총획 6획 부수 竹 급수 4급

대나무 줄기와 이파리를 강조한 글자이다.

□ **竹筍** 죽순 □ **竹馬故友** 죽마고우 □ **爆竹** 폭죽

248a

笛 笛 笛 笛 笛 笛 笛 笛 笛 笛 笛

笛
피리 적

총획 11획 부수 竹 급수 3급 竹 대 죽 + 由 말미암을 유

대나무(竹)에 구멍(由)을 뚫어 만든 피리를 가리킨다.

□ **汽笛** 기적 □ **警笛** 경적

자연 | 산천초목 | 목

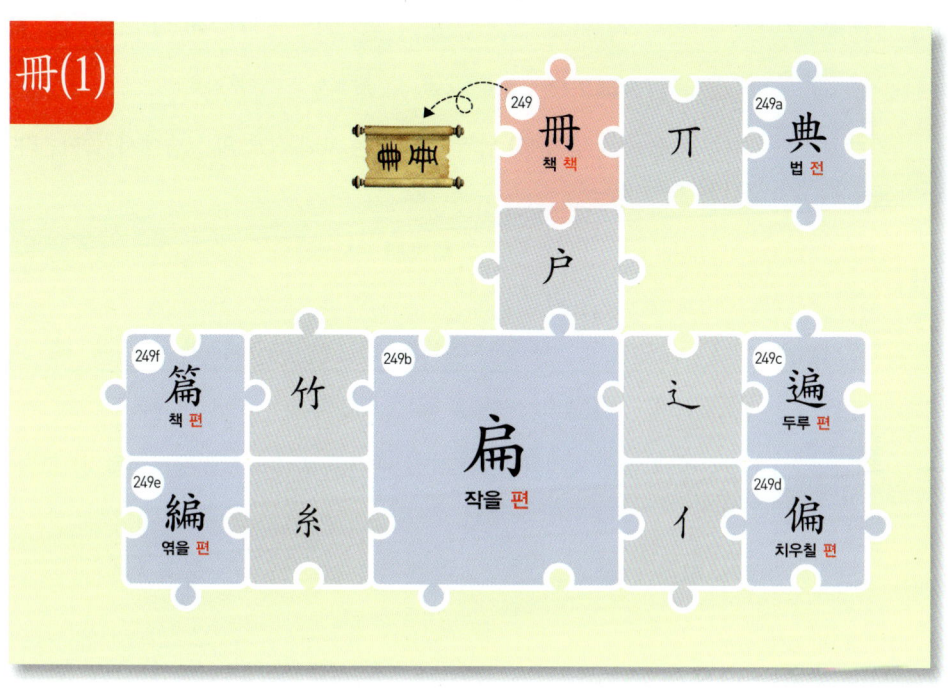

249

冊
책 **책**

- 총획 5획
- 부수 冂
- 급수 4급

대나무(竹) 조각을 묶어(一) 책으로 엮어 놓은 모습이다.

冊冊冊冊冊

☐ 冊房 책방　　☐ 冊床 책상　　☐ 別冊 별책

249a

典
법 **전**

- 총획 8획
- 부수 八
- 급수 4급

冊 책 책 + 丌 책상 기

책(冊)을 탁자(丌) 위에 귀히 올려 놓은 모습에서 중요한 '법, 본'의 뜻이 있다.

典典典典典典典典

☐ 典刑 전형　　☐ 法典 법전　　☐ 辭典 사전

249b

扁 작을 편

扁扁扁扁扁扁扁扁

- 총획 9획
- 부수 戶
- 급수 2급
- 冊 책 책 + 戶 집 호

나무를 촘촘히 엮어(冊) 납작하게 만든 사립문(戶)의 모습에서 '좁다, 작다'의 뜻이 있다.

□ 扁平 편평   □ 扁桃腺 편도선

249c

遍 두루 편

遍遍遍遍遍遍遍遍遍遍遍

- 총획 13획
- 부수 辶
- 급수 3급
- 扁 작을 편 + 辶 쉬엄쉬엄 갈 착

납작하게 엮은 싸리나무(扁)로 집 주위를 빙 둘러(辶) 울타리를 친 모습이다.

□ 遍在 편재   □ 遍歷 편력   □ 普遍 보편

249d

偏 치우칠 편

偏偏偏偏偏偏偏偏偏

- 총획 11획
- 부수 亻
- 급수 3급
- 扁 작을 편 + 亻 사람 인

한쪽에만 달려 있는 문짝(扁)처럼 한쪽으로 치우친 사람(亻)의 행동을 가리킨다.

□ 偏見 편견   □ 偏頗 편파   □ 偏向 편향

249e

編 엮을 편

編編編編編編編編編編編編編編

- 총획 15획
- 부수 糸
- 급수 3급
- 扁 작을 편 + 糸 가는 실 멱

글을 기록한 대나무 조각(扁)을 모아 끈(糸)으로 엮는 모습이다.

□ 編輯 편집   □ 編成 편성   □ 改編 개편

249f

篇 책 편

篇篇篇篇篇篇篇篇篇篇篇篇

- 총획 15획
- 부수 竹
- 급수 4급
- 扁 작을 편 + 竹 대 죽

대나무(竹)를 납작하게(扁) 만들어 엮은 책을 가리킨다.

□ 詩篇 시편   □ 玉篇 옥편   □ 千篇一律 천편일률

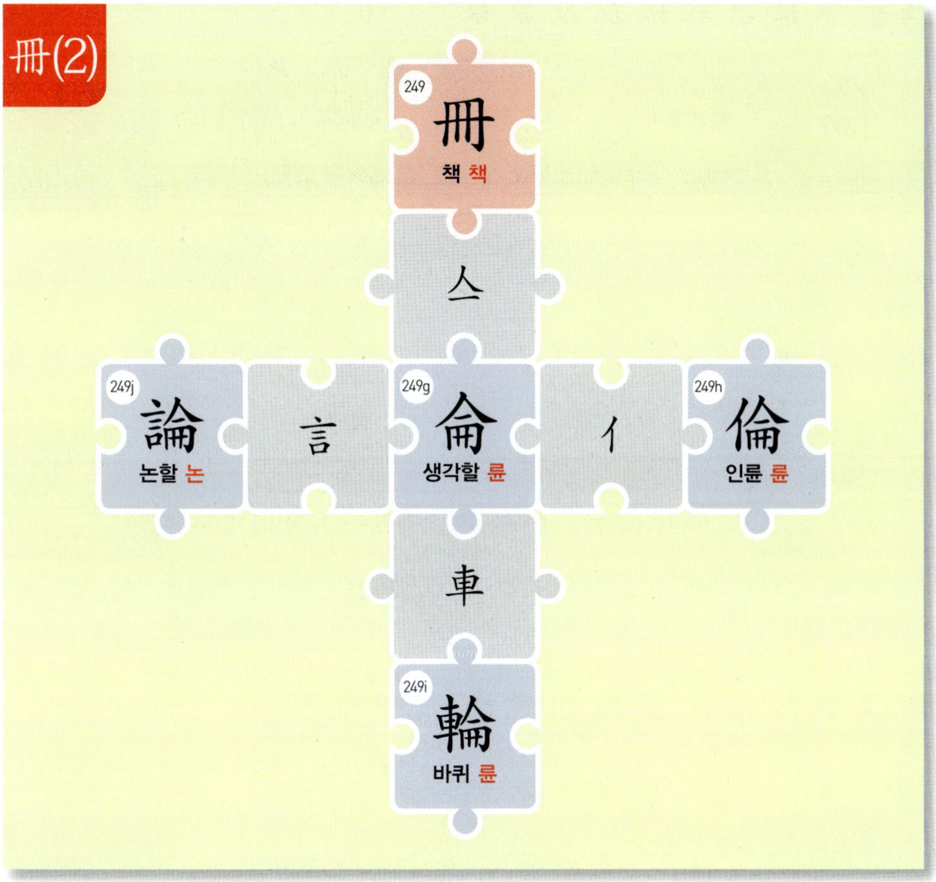

자연 | 산천초목 | 목

冊(2)

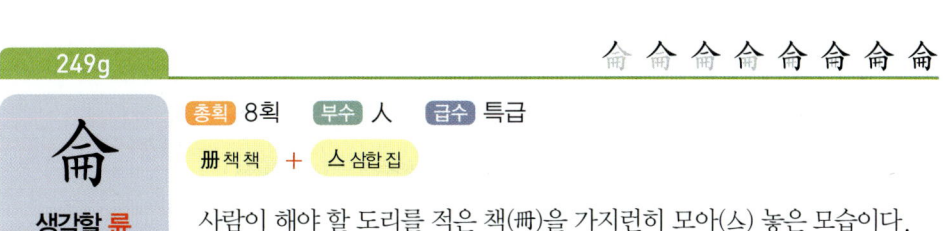

249g

侖 생각할 륜

- 총획 8획
- 부수 人
- 급수 특급

冊 책 책 + 스 삼합 집

사람이 해야 할 도리를 적은 책(冊)을 가지런히 모아(스) 놓은 모습이다.

侖 侖 侖 侖 侖 侖 侖 侖

249h

倫 인륜 륜

| 총획 | 10획 | 부수 | 亻 | 급수 | 3급 |

侖 생각할 륜 + 亻 사람 인

사람(亻)이 마땅히 따라야 할 도리(侖)를 뜻한다.

☐ 倫理 윤리　　☐ 人倫 인륜　　☐ 天倫 천륜

249i

輪 바퀴 륜

| 총획 | 15획 | 부수 | 車 | 급수 | 4급 |

侖 생각할 륜 + 車 수레 거/차

두루마리(侖)가 수레(車)바퀴처럼 둥글다(侖) 하여 '바퀴'를 뜻하는 글자이다.

☐ 輪回 윤회　　☐ 年輪 연륜　　☐ 徑輪 경륜

249j

論 논할 논

| 총획 | 15획 | 부수 | 言 | 급수 | 4급 |

侖 생각할 륜 + 言 말씀 언

'논한다'는 것은 깊이 생각하고(侖) 말(言)하는 것을 뜻한다.

☐ 論理 논리　　☐ 論爭 논쟁　　☐ 結論 결론

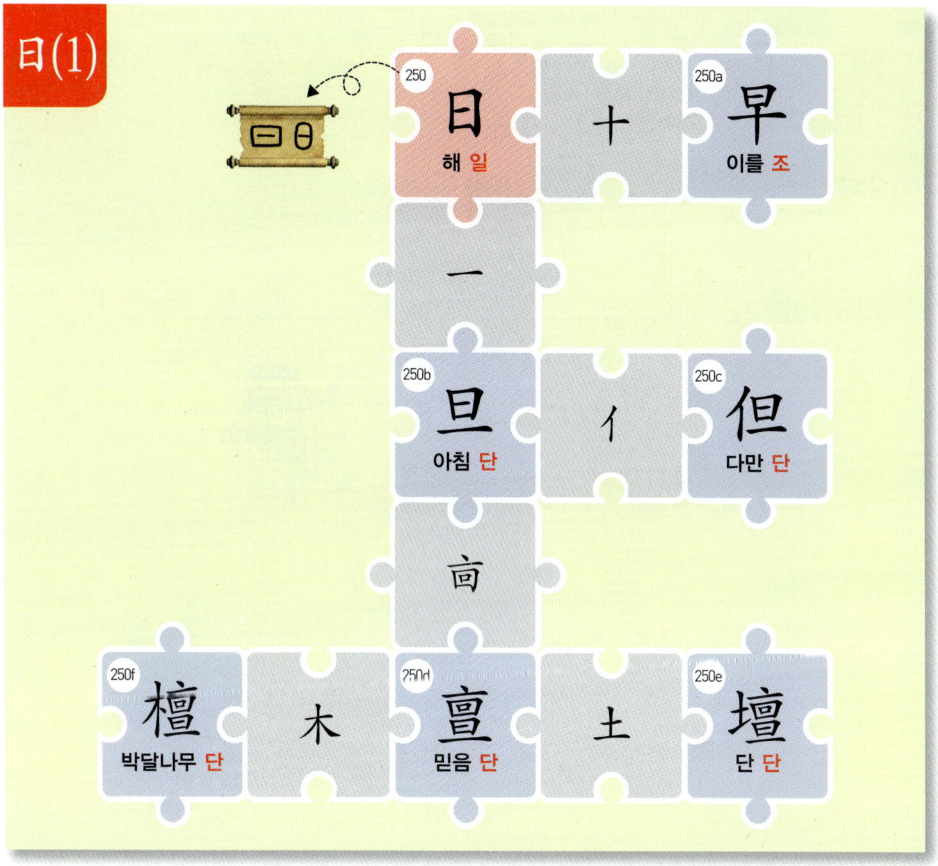

자연 | 천체 | 일월성신

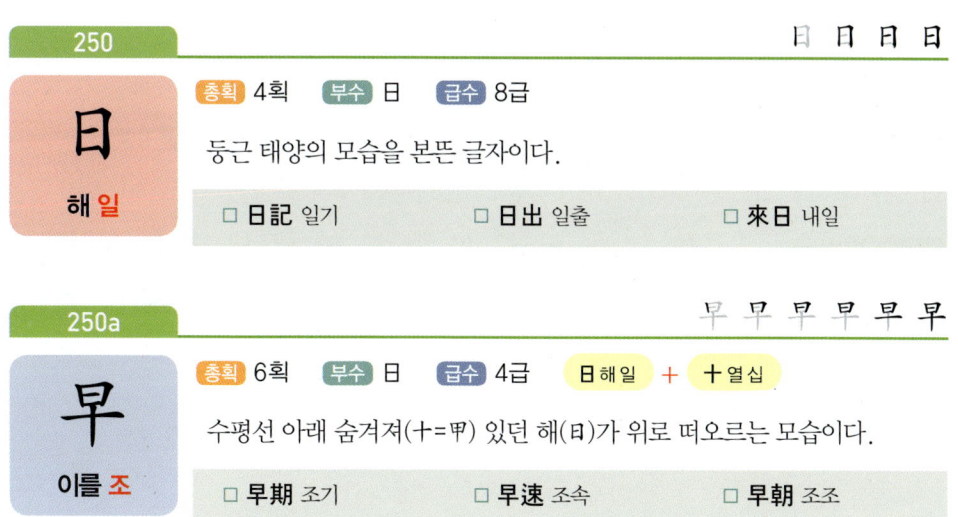

250

日 해 일

- 총획 4획 부수 日 급수 8급

둥근 태양의 모습을 본뜬 글자이다.

- 日記 일기
- 日出 일출
- 來日 내일

250a

早 이를 조

- 총획 6획 부수 日 급수 4급 日 해일 + 十 열십

수평선 아래 숨겨져(十=甲) 있던 해(日)가 위로 떠오르는 모습이다.

- 早期 조기
- 早速 조속
- 早朝 조조

250b

旦 旦 旦 旦 旦

旦 아침 단

- 총획 5획
- 부수 日
- 급수 3급
- 日 해일 + 一 한일

수평선(一) 위로 아침 해(日)가 밝게 떠오르는 모습이다.

- □ 元旦 원단
- □ 一旦 일단

250c

但 但 但 但 但 但

但 다만 단

- 총획 7획
- 부수 亻
- 급수 3급
- 旦 아침단 + 亻 사람인

해(旦)를 바라만 보는 사람(亻)들의 모습에서 '다만, 오직' 등의 뜻이 있다.

- □ 但只 단지
- □ 但書 단서
- □ 非但 비단

250d

亶 亶 亶 亶 亶 亶 亶 亶 亶 亶 亶

亶 믿음 단

- 총획 13획
- 부수 亠
- 급수 특급
- 旦 아침단 + 㐭 곳집름

해가 떠오르듯이(旦) 쌓여가는 곡식 창고(㐭)의 모습이다.

- □ 杏亶 행단

250e

壇 壇 壇 壇 壇 壇 壇 壇 壇 壇 壇

壇 단 단

- 총획 16획
- 부수 土
- 급수 5급
- 亶 믿음단 + 土 흙토

흙(土)을 쌓아(亶) 올려 만든 제단(祭壇)을 가리킨다.

- □ 壇上 단상
- □ 講壇 강단
- □ 祭壇 제단

250f

檀 檀 檀 檀 檀 檀 檀 檀 檀 檀 檀 檀

檀 박달나무 단

- 총획 17획
- 부수 木
- 급수 4급
- 亶 믿음단 + 木 나무목

제단(亶)과 같은 가구를 만들던 단단한 나무(木)를 가리킨다.

- □ 檀君 단군
- □ 檀紀 단기
- □ 檀像 단상

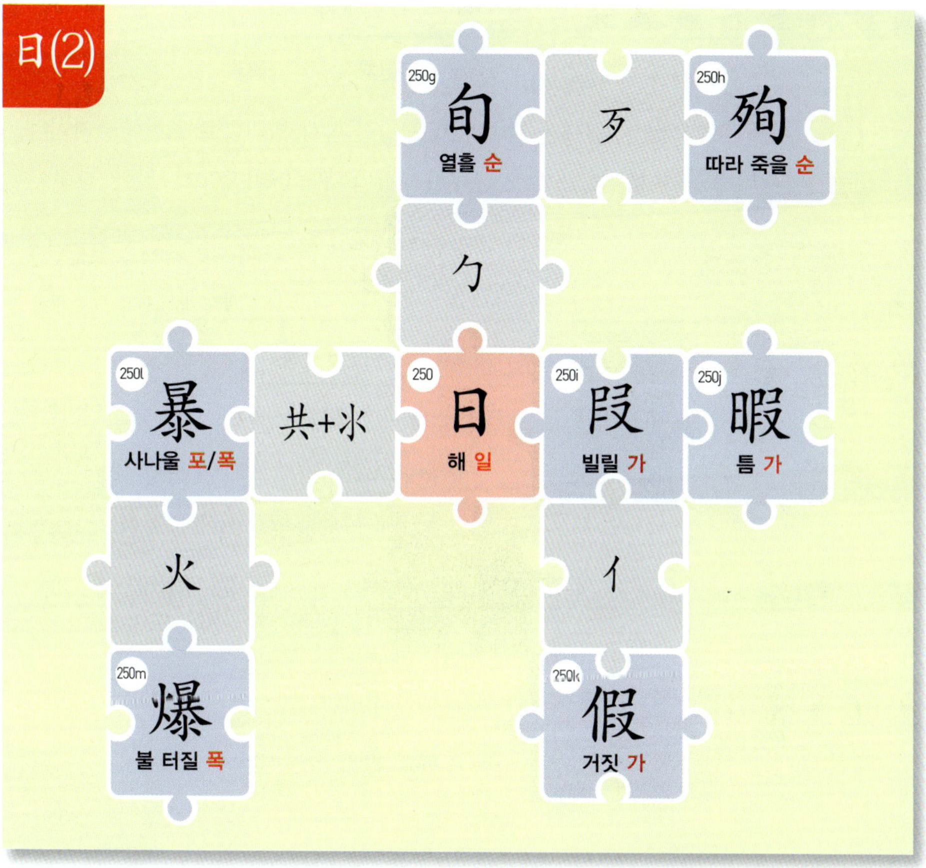

자연 | 천체 | 일월성신

日(2)

250g 旬 열흘 순	歹	250h 殉 따라 죽을 순
250l 暴 사나울 포/폭	共+氺	250 日 해 일	250i 叚 빌릴 가	250j 暇 틈 가
火		亻
250m 爆 불 터질 폭		250k 假 거짓 가

250g

旬旬旬旬旬旬

旬 열흘 순

- 총획 6획
- 부수 日
- 급수 3급
- 日 해 일 + 勹 쌀 포

열흘 단위로 날(日)을 포장(勹)하다.

- ☐ 初旬 초순
- ☐ 中旬 중순
- ☐ 八旬 팔순

250h

殉殉殉殉殉殉殉殉殉

殉 따라 죽을 순

- 총획 10획
- 부수 歹
- 급수 3급
- 旬 열흘 순 + 歹 살 바른 뼈 알

죽은 배우자를 따라 열흘(旬)만에, 즉 얼마 후에 따라 죽는(歹) 것을 가리킨다.

- ☐ 殉職 순직
- ☐ 殉國 순국
- ☐ 殉敎 순교

250i

叚 빌릴 가

총획 9획 | 부수 又 | 급수 확장한자

叚 叚 叚 叚 叚 叚 叚 叚 叚

자연에서 귀금속을 캐내는(又) 모습을 잠시 '빌리다'로 표현한 글자이다.

250j

暇 틈 가

총획 13획 | 부수 日 | 급수 4급 | 日 해 일 + 叚 빌릴 가

暇 暇 暇 暇 暇 暇 暇 暇 暇 暇

잠시 해(日)를 빌려(叚) 왔다는 것은 쉴 시간을 마련했다는 것을 의미한다.

- 休暇 휴가
- 餘暇 여가
- 閑暇 한가

250k

假 거짓 가

총획 11획 | 부수 亻 | 급수 4급 | 叚 빌릴 가 + 亻 사람 인

假 假 假 假 假 假 假 假 假

귀금속(叚)으로 치장한 모습(亻)은 꾸며낸 모습이므로 '거짓'의 뜻이 있다.

- 假定 가정
- 假面 가면
- 假稱 가칭

250l

暴 사나울 포/폭

총획 15획 | 부수 日 | 급수 4급 | 日 해 일 + 共 한가지 공 + 氺 물 수

暴 暴 暴 暴 暴 暴 暴 暴 暴 暴 暴 暴

햇빛(日)이 사납게 쏟아지는 한낮에 벼(米→卄)를 두 손(卄)으로 내다(出→氺) 말리는 모습이다.

- 暴虐 포학
- 橫暴 횡포
- 亂暴 난폭

250m

爆 불 터질 폭

총획 19획 | 부수 火 | 급수 4급 | 暴 사나울 포/폭 + 火 불 화

爆 爆 爆 爆 爆 爆 爆 爆 爆 爆 爆 爆

사나운(暴) 불(火)꽃이 터져 오르는 모습이다.

- 爆發 폭발
- 爆竹 폭죽
- 原爆 원폭

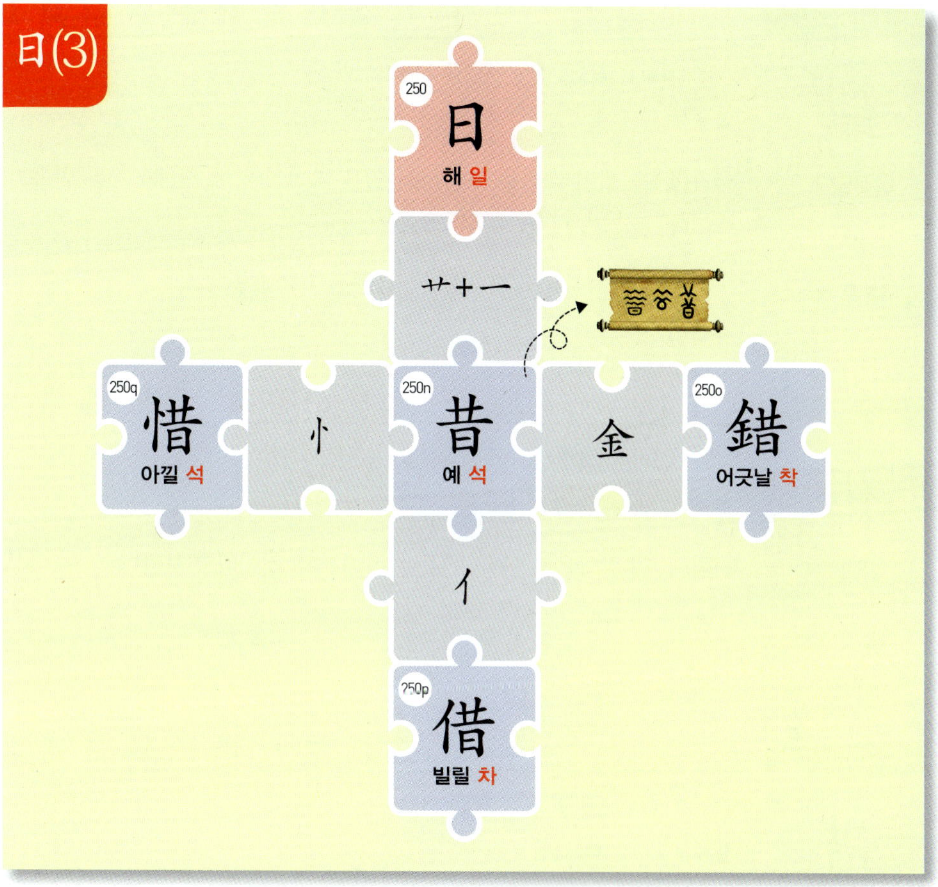

자연 | 천체 | 일월성신

日(3)

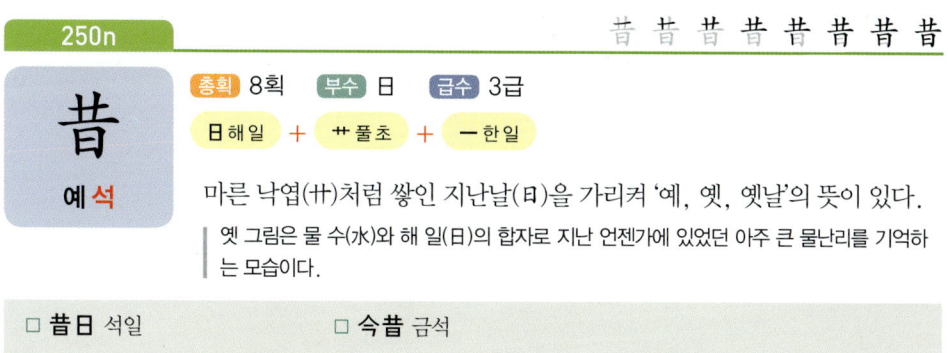

250n

昔
예석

- 총획 8획
- 부수 日
- 급수 3급

日 해일 + 艹 풀초 + 一 한일

마른 낙엽(艹)처럼 쌓인 지난날(日)을 가리켜 '예, 옛, 옛날'의 뜻이 있다.

> 옛 그림은 물 수(水)와 해 일(日)의 합자로 지난 언젠가에 있었던 아주 큰 물난리를 기억하는 모습이다.

□ 昔日 석일   □ 今昔 금석

250o

錯錯錯錯錯錯錯錯錯錯錯錯

錯
어긋날 **착**

- 총획 16획
- 부수 金
- 급수 3급
- 昔 예석 + 金 쇠금

금속(金)을 섞어 표면을 도금하는 일을 가리키며 예 석(昔) 자는 발음기호이다.

☐ 錯覺 착각　　☐ 錯亂 착란　　☐ 錯視 착시

250p

借借借借借借借借借

借
빌릴 **차**

- 총획 10획
- 부수 亻
- 급수 3급
- 昔 예석 + 亻 사람인

사람(亻)이 살아온 지난날(昔)들은 신께 빌린 것이라고 보았다.

☐ 借入 차입　　☐ 借名 차명　　☐ 賃借 임차

250q

惜惜惜惜惜惜惜惜惜惜

惜
아낄 **석**

- 총획 11획
- 부수 忄
- 급수 3급
- 昔 예석 + 忄 마음심

지난날(昔)을 그리워하거나 아쉬워하는 마음(忄)을 가리킨다.

☐ 惜別 석별　　☐ 惜敗 석패　　☐ 哀惜 애석

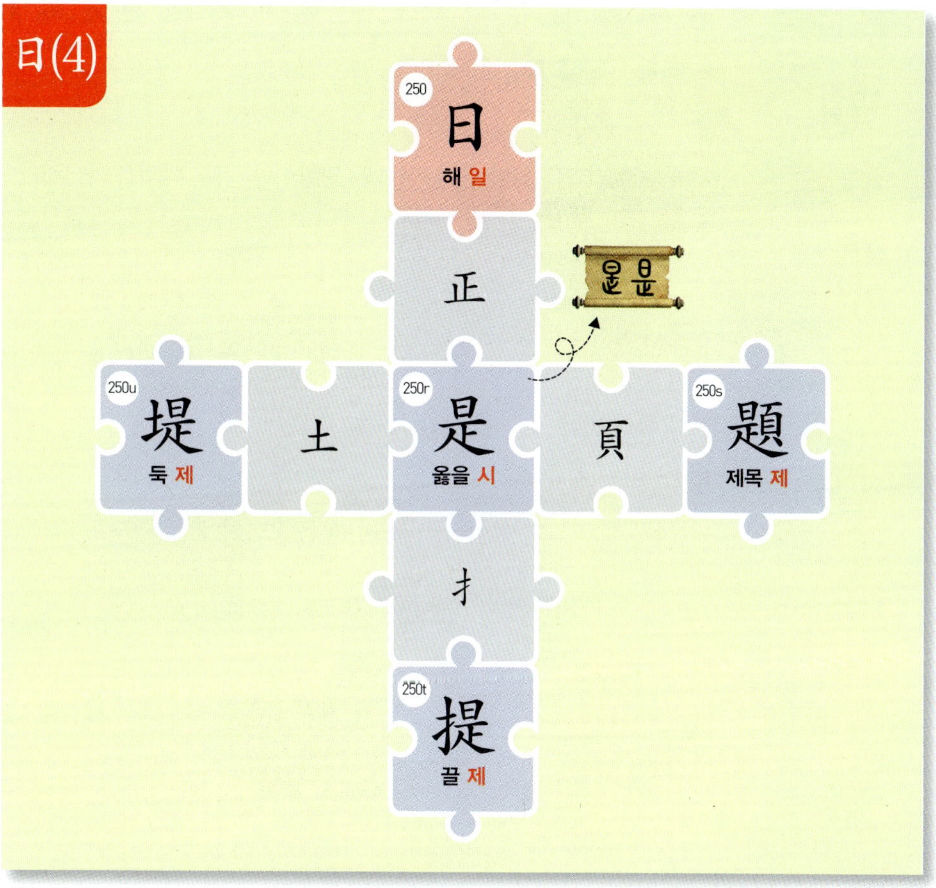

자연 | 천체 | 일월성신

日(4)

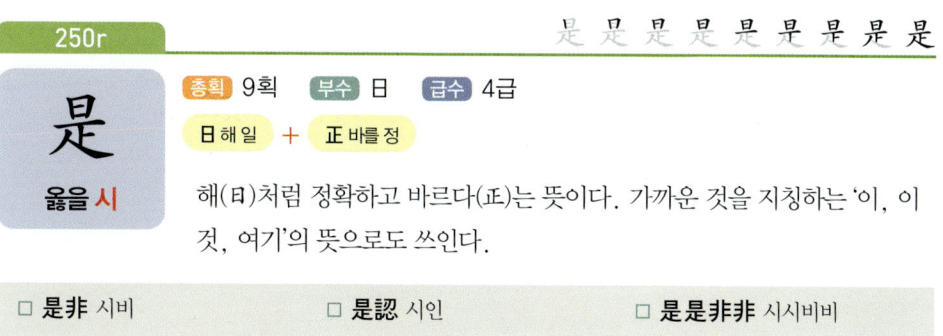

250

250r

是
옳을 시

- 총획 9획
- 부수 日
- 급수 4급

日 해 일 + 正 바를 정

해(日)처럼 정확하고 바르다(正)는 뜻이다. 가까운 것을 지칭하는 '이, 이것, 여기'의 뜻으로도 쓰인다.

是 是 是 是 是 是 是 是

□ 是非 시비   □ 是認 시인   □ 是是非非 시시비비

761

250s

題 題 題 題 題 題 題 題 題 題 題 題 題 題 題 題

題
제목 제

- 총획 18획
- 부수 頁
- 급수 6급

是 옳을 시 + 頁 머리 혈

우두머리(頁)가 인도해야 할 올바른(是) 방향이나 목표, 목적을 가리킨다.

□ 題目 제목   □ 表題 표제   □ 命題 명제

250t

提 提 提 提 提 提 提 提 提 提 提

提
끌 제

- 총획 12획
- 부수 扌
- 급수 4급

是 옳을 시 + 扌 손 수

올바른(是) 방향으로 사람들을 인도(扌)하는 모습이다.

□ 提案 제안   □ 提示 제시   □ 前提 전제

250u

堤 堤 堤 堤 堤 堤 堤 堤 堤 堤 堤

堤
둑 제

- 총획 12획
- 부수 土
- 급수 3급

是 옳을 시 + 土 흙 토

안전을 위해 마을 둘레에 흙(土)으로 둑을 쌓는 행위는 옳은(是) 일이다.

□ 堤防 제방   □ 防波堤 방파제   □ 防潮堤 방조제

자연 | 천체 | 일월성신

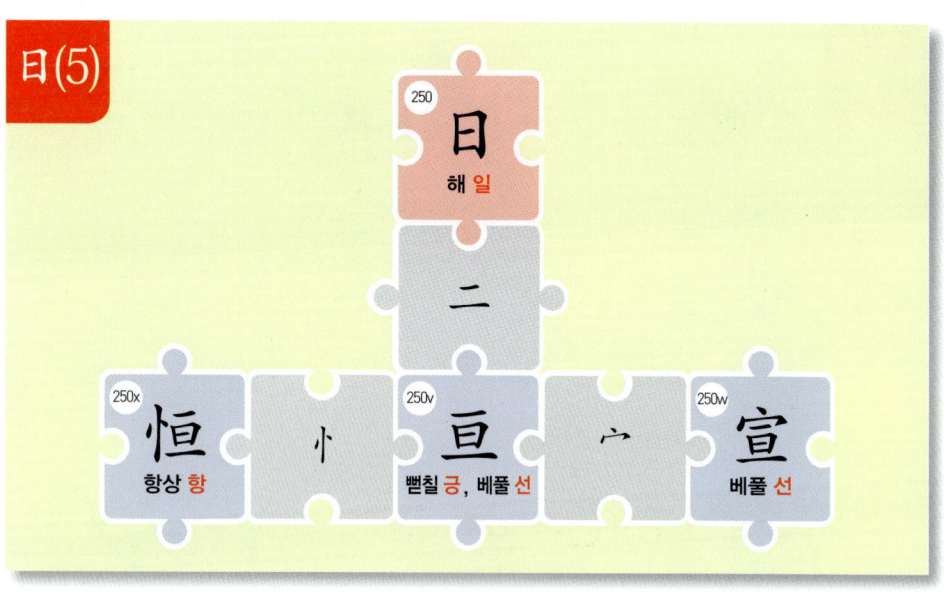

250v

亘
뻗칠 긍, 베풀 선

亘亘亘亘亘亘

총획 6획　**부수** 二　**급수** 1급　　日 해 일　＋　二 두 이

담벼락을 따라 같은 무늬가 이어져 있거나 펼쳐져 있는 모습을 본뜬 글자이다.

250w

宣
베풀 선

宣宣宣宣宣宣宣宣宣

총획 9획　**부수** 宀　**급수** 4급　　亘 뻗칠 긍, 베풀 선　＋　宀 집 면

부잣집(宀)에서 이웃에게 음식을 나눠 주는(亘) 모습이다.

□ 宣布 선포　　　□ 宣傳 선전　　　□ 宣言 선언

250x

恒
항상 항

恒恒恒恒恒恒恒恒恒

총획 9획　**부수** 忄　**급수** 3급　　亘 뻗칠 긍, 베풀 선　＋　忄 마음 심

감사의 마음을 끊임없이(亘) 기억하며 마음(忄)에 품고 있는 모습이다.

□ 恒常 항상　　　□ 恒久的 항구적　　　□ 恒常性 항상성

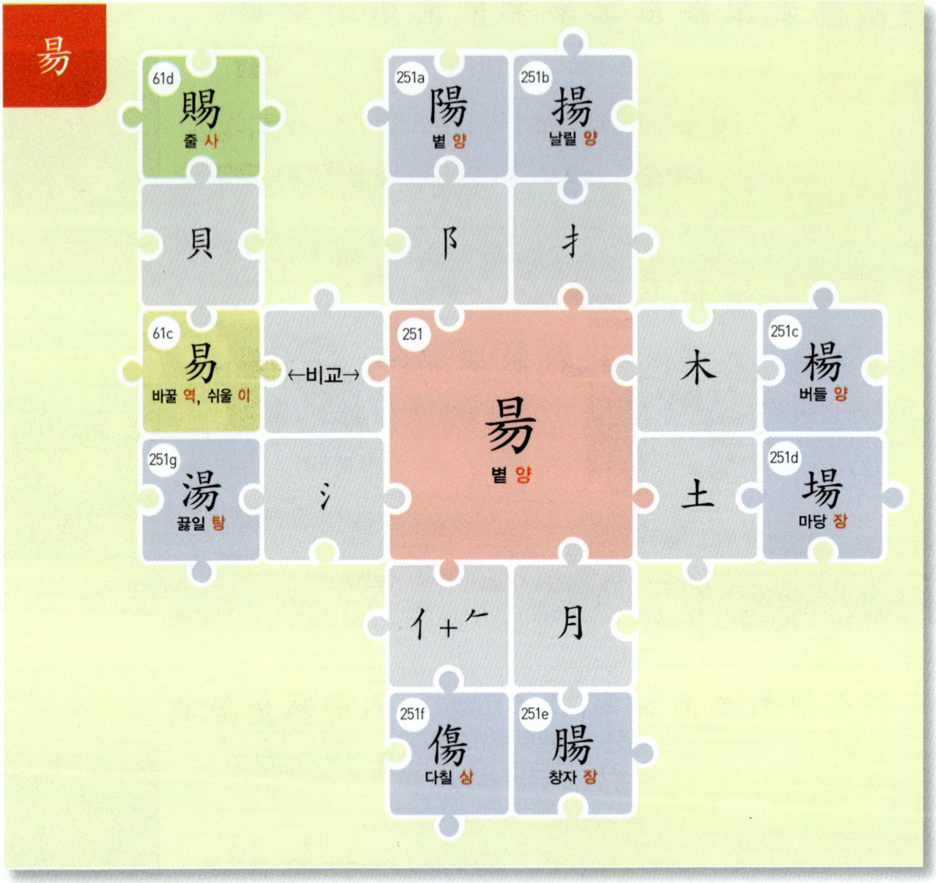

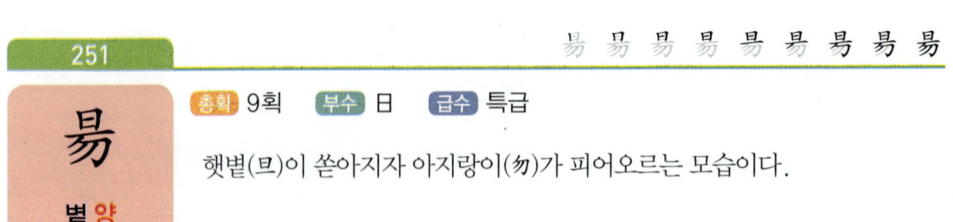

251

昜 昜 昜 昜 昜 昜 昜 昜 昜

昜
볕 양

총획 9획 부수 日 급수 특급

햇볕(旦)이 쏟아지자 아지랑이(勿)가 피어오르는 모습이다.

자연 | 천체 | 일월성신

251a

陽 陽 陽 陽 陽 陽 陽 陽 陽 陽 陽 陽

陽
볕**양**

- 총획 12획
- 부수 阝
- 급수 6급

昜 볕 양 + 阝 언덕 부

언덕(阝) 위로 해(昜)가 떠오르는 모습을 강조해 널리 쓰이는 글자이다.

□ 陽地 양지   □ 陽傘 양산   □ 太陽 태양

251b

揚 揚 揚 揚 揚 揚 揚 揚 揚 揚 揚 揚

揚
날릴**양**

- 총획 12획
- 부수 扌
- 급수 3급

昜 볕 양 + 扌 손 수

해(昜)처럼 중요한 물건이나 사람을 떠받들어(扌) 올리는 모습이다.

□ 讚揚 찬양   □ 揭揚 게양   □ 浮揚 부양

251c

楊 楊 楊 楊 楊 楊 楊 楊 楊 楊 楊 楊

楊
버들**양**

- 총획 13획
- 부수 木
- 급수 3급

昜 볕 양 + 木 나무 목

해가 떠오르면(昜) 축 늘어지는 나무(木)를 가리킨다.

□ 楊子 양자(양성자)   □ 楊貴妃 양귀비   □ 垂楊 수양(버들)

251d

場 場 場 場 場 場 場 場 場 場 場 場

場
마당**장**

- 총획 12획
- 부수 土
- 급수 7급

昜 볕 양 + 土 흙 토

햇살(昜)이 쏟아지는 너른 마당(土)을 본뜬 글자이다.

□ 場所 장소   □ 場面 장면   □ 立場 입장

251e

腸 腸 腸 腸 腸 腸 腸 腸 腸 腸 腸 腸

腸 창자 장

- 총획 13획
- 부수 月
- 급수 4급
- 昜 볕 양 + 月 육달 월

밑에서 위로 올라오는(昜) 신체(月=肉) 부위인 창자를 뜻하는 글자이다.

- □ 大腸 대장
- □ 小腸 소장
- □ 胃腸 위장

251f

傷 傷 傷 傷 傷 傷 傷 傷 傷 傷 傷 傷

傷 다칠 상

- 총획 13획
- 부수 亻
- 급수 4급
- 昜 볕 양 + 亻 사람 인 + 宀 (지붕)

집(宀→亠)에서 치료받는 부상당한 사람(亻)의 상처 부위가 부풀어(昜) 오르는 모습이다.

- □ 傷處 상처
- □ 傷害 상해
- □ 輕傷 경상

251g

湯 湯 湯 湯 湯 湯 湯 湯 湯 湯 湯

湯 끓일 탕

- 총획 12획
- 부수 氵
- 급수 3급
- 昜 볕 양 + 氵 물 수

뜨거운 열기(昜)로 물(氵)을 끓이다.

- □ 冷湯 냉탕
- □ 溫湯 온탕
- □ 再湯 재탕

61c

昜 昜 昜 昜 昜 昜 昜 昜

昜 바꿀 역, 쉬울 이

- 총획 8획
- 부수 日
- 급수 4급
- 日 해 일 + 勿 말 물

해(日)가 없어지면(勿) 순식간에 낮과 밤이 바뀌는 모습에서 '쉽다'의 뜻도 가진다.

- □ 交易 교역
- □ 容易 용이
- □ 難易度 난이도

61d

賜 賜 賜 賜 賜 賜 賜 賜 賜 賜 賜 賜

賜 줄 사

- 총획 15획
- 부수 貝
- 급수 3급
- 昜 바꿀 역, 쉬울 이 + 貝 조개 패

공을 세운 신하에게 상(貝)을 내려주는 일은 쉬운(昜) 일이다.

- □ 賜藥 사약
- □ 下賜 하사
- □ 膳賜 선사

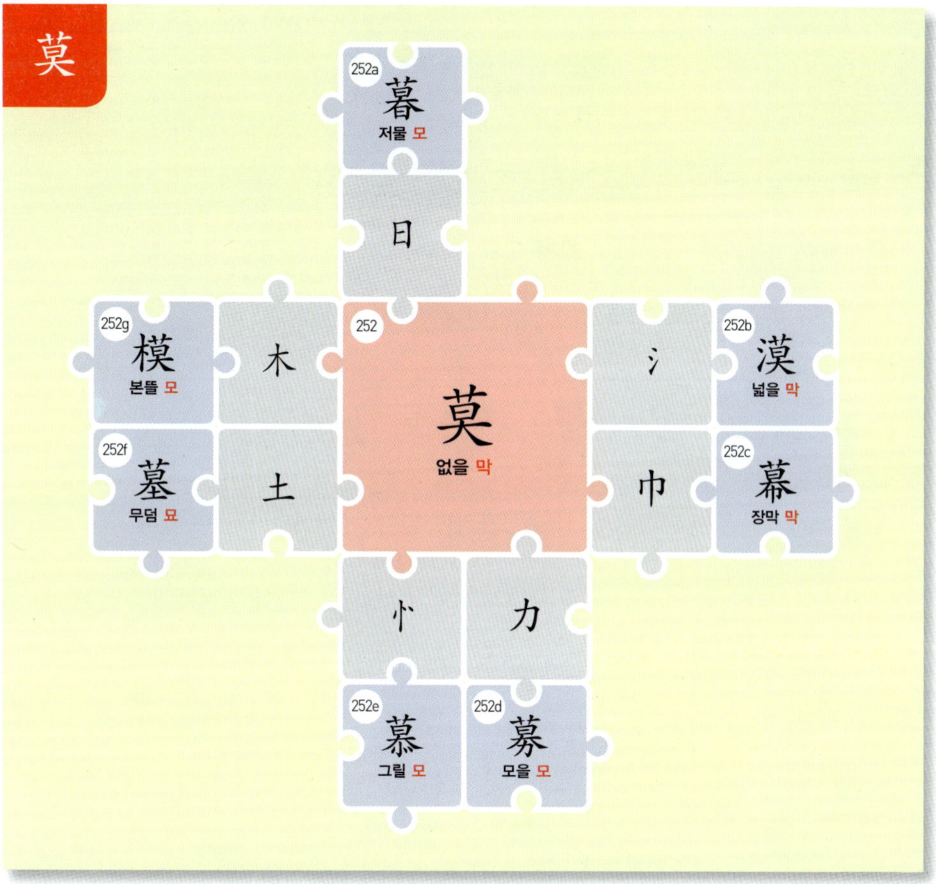

자연 | 천체 | 일월성신

莫

- 252a 暮 저물 모
- 日
- 252g 模 본뜰 모
- 木
- 252 莫 없을 막
- 氵
- 252b 漠 넓을 막
- 252f 墓 무덤 묘
- 土
- 巾
- 252c 幕 장막 막
- 忄
- 力
- 252e 慕 그릴 모
- 252d 募 모을 모

252

252

莫 없을 막

莫莫莫莫莫莫莫莫莫莫莫

총획 11획　부수 艹　급수 3급

숲(艹+大→艹) 사이로 들어간 해(日)가 완전히 저무는 모습이었으나 '없다, 말다'의 의미로 쓰이게 되었다.

□ 莫強 막강　　□ 莫論 막론　　□ 莫大 막대

252a

暮 저물 모

暮 暮 暮 暮 暮 暮 暮 暮 暮 暮 暮 暮 暮 暮

- 총획 15획
- 부수 日
- 급수 3급
- 莫 없을 막 + 日 해 일

해(日)가 저물어(莫) 날이 어두워지는 모습을 강조하였다.

□ 暮色蒼然 모색창연　　□ 歲暮 세모　　□ 朝三暮四 조삼모사

252b

漠 넓을 막

漠 漠 漠 漠 漠 漠 漠 漠 漠 漠 漠 漠 漠 漠

- 총획 14획
- 부수 氵
- 급수 3급
- 莫 없을 막 + 氵 물 수

물(氵) 없는(莫) 사막을 가리켜 '넓다, 광막하다'의 뜻이 있다.

□ 漠然 막연　　□ 漠漠 막막　　□ 索漠 삭막

252c

幕 장막 막

幕 幕 幕 幕 幕 幕 幕 幕 幕 幕 幕 幕 幕 幕

- 총획 14획
- 부수 巾
- 급수 3급
- 莫 없을 막 + 巾 수건 건

청중으로부터 보이지 않게(莫) 무대를 가리는 천(巾)을 가리킨다.

□ 幕間 막간　　□ 幕後 막후　　□ 帳幕 장막

252d

募 모을 모

募 募 募 募 募 募 募 募 募 募 募 募 募 募

- 총획 14획
- 부수 力
- 급수 3급
- 莫 없을 막 + 力 힘 력

가진 것이 없으므로(莫) 온 힘(力)을 다해 긁어모으는 모습이다.

□ 募集 모집　　□ 募金 모금　　□ 公募 공모

자연 | 천체 | 일월성신

252e

慕慕慕慕慕慕慕慕慕慕慕慕慕慕慕

慕 그릴 모

- 총획 15획
- 부수 忄
- 급수 3급

莫 없을 막 + 忄 마음 심

곁에 없는(莫) 사람을 그리워하는 마음(忄)을 가리킨다.

- ☐ 思慕 사모
- ☐ 戀慕 연모
- ☐ 追慕 추모

252f

墓墓墓墓墓墓墓墓墓墓墓墓墓墓

墓 무덤 묘

- 총획 14획
- 부수 土
- 급수 4급

莫 없을 막 + 土 흙 토

죽은(莫) 사람을 덮는 흙(土)무더기를 가리킨다.

- ☐ 墓域 묘역
- ☐ 墓碑 묘비
- ☐ 省墓 성묘

252g

模模模模模模模模模模模模模模模

模 본뜰 모

- 총획 15획
- 부수 木
- 급수 4급

莫 없을 막 + 木 나무 목

죽은 사람이나 코끼리와 같이 주변에 없는(莫) 사물을 나무(木)로 깎거나 조각하여 만든 모형을 가리킨다.

- ☐ 模型 모형
- ☐ 模唱 모창
- ☐ 模倣 모방

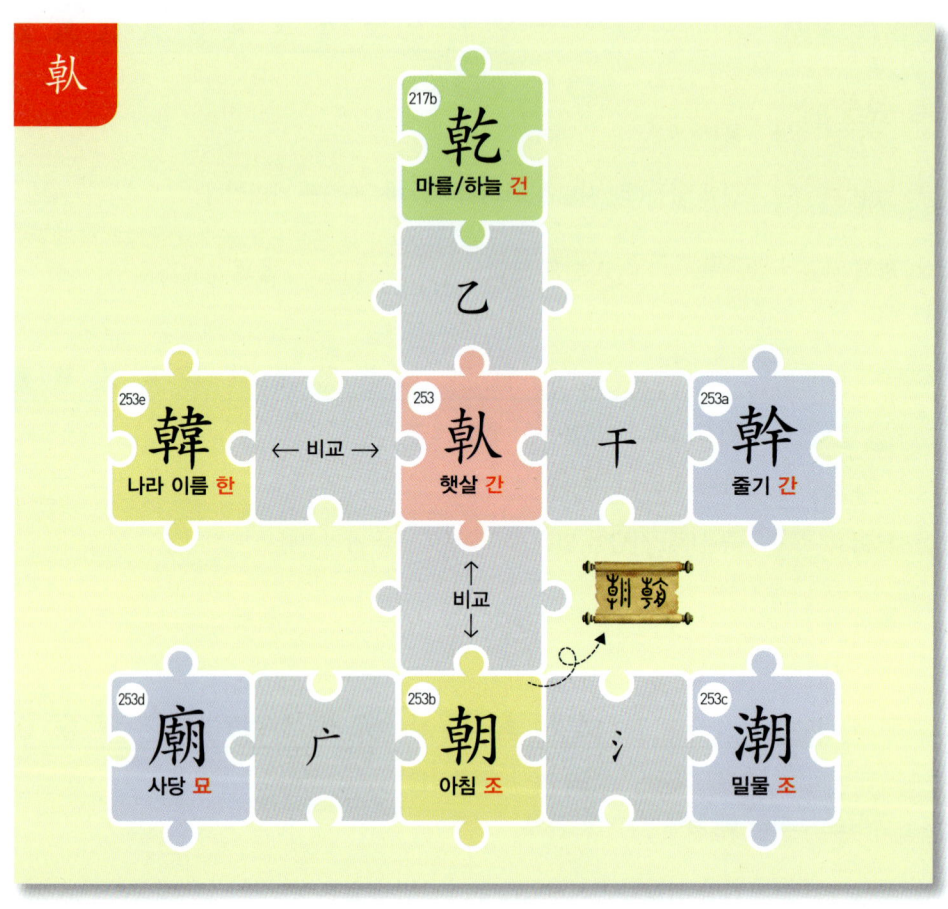

253

倝
햇살 간

총획 10획　부수 人　급수 확장한자

초목(艹/艸) 사이로 햇살(日)이 비치는(人) 모습이다.

253a

幹
줄기 간

총획 13획　부수 干　급수 3급　　倝 햇살 간 ＋ 干 방패 간

햇살이 가장 많이 비치는(倝) 나무(干→木)의 몸통을 뜻하는 글자이다.

□ 幹部 간부　　□ 幹線 간선　　□ 根幹 근간

자연 | 천체 | 일월성신

253b

朝 朝 朝 朝 朝 朝 朝 朝 朝 朝 朝 朝

朝
아침 조

- 총획 12획
- 부수 月
- 급수 6급

숲속(艹)으로 해(日)가 떠올랐지만 여전히 반대편 하늘에 달(月)의 형체가 남아 있는 시간대인 이른 아침을 가리킨다.

☐ 朝刊 조간　　☐ 朝夕 조석　　☐ 朝三暮四 조삼모사

253c

潮 潮 潮 潮 潮 潮 潮 潮 潮 潮 潮 潮 潮 潮 潮

潮
밀물 조

- 총획 15획
- 부수 氵
- 급수 4급
- 朝아침조 + 氵물수

아침(朝)에 밀려들어왔다 나가는 바닷물(氵)을 가리킨다.

☐ 潮水 조수　　☐ 潮流 조류　　☐ 風潮 풍조

253d

廟 廟 廟 廟 廟 廟 廟 廟 廟 廟 廟 廟

廟
사당 묘

- 총획 15획
- 부수 广
- 급수 3급
- 朝아침조 + 广집엄

아침(朝)마다 들러야 하는 조상들의 위패(位牌)를 모셔두는 집(广)을 가리킨다.

☐ 宗廟社稷 종묘사직　　☐ 家廟 가묘

253e

韓 韓 韓 韓 韓 韓 韓 韓 韓 韓 韓 韓 韓

韓
나라 이름 한

- 총획 17획
- 부수 韋
- 급수 8급

새벽(倝)부터 보초(韋)를 서는 모습이었으나 '나라 이름, 한국' 등의 뜻으로 쓰인다.

☐ 韓國 한국　　☐ 韓半島 한반도　　☐ 大韓民國 대한민국

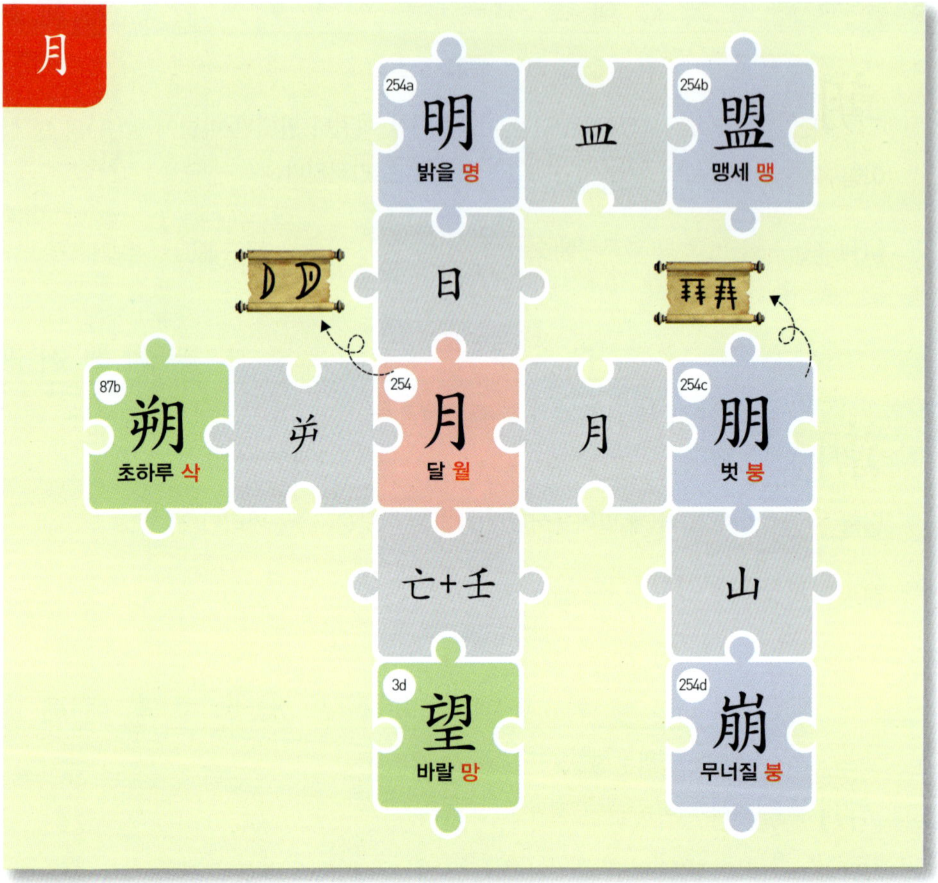

月
254a
明
밝을 명
皿
254b
盟
맹세 맹
日
87b
朔
초하루 삭
屰
254
月
달 월
月
254c
朋
벗 붕
亡+壬
山
3d
望
바랄 망
254d
崩
무너질 붕

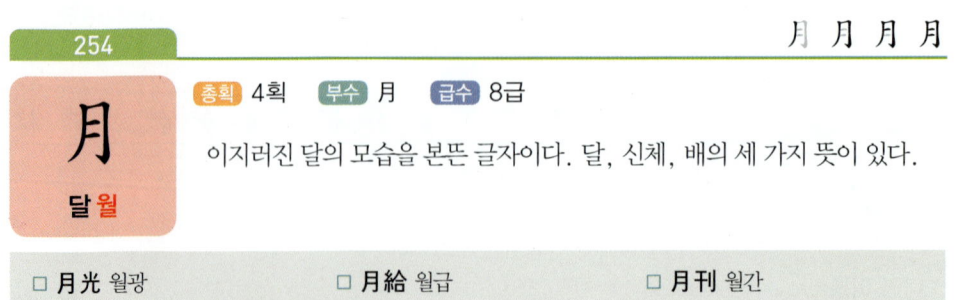

254

254

月 月 月 月

月
달 월

총획 4획 부수 月 급수 8급

이지러진 달의 모습을 본뜬 글자이다. 달, 신체, 배의 세 가지 뜻이 있다.

□ **月光** 월광 □ **月給** 월급 □ **月刊** 월간

자연 | 천체 | 일월성신

254a

明 明 明 明 明 明 明 明

明
밝을 **명**

- 총획 8획
- 부수 日
- 급수 6급

月 달 월 + 日 해 일

달(月)빛이 환하게(日) 비추는 모습이다.

☐ 明示 명시　　☐ 明暗 명암　　☐ 說明 설명

254b

盟 盟 盟 盟 盟 盟 盟 盟 盟 盟 盟 盟 盟

盟
맹세 **맹**

- 총획 13획
- 부수 皿
- 급수 3급

明 밝을 명 + 皿 그릇 명

달빛(明) 아래 피를 나눠 마시며(皿) 맹세하는 모습이다.

☐ 盟誓 맹서　　☐ 同盟 동맹　　☐ 血盟 혈맹

254c

朋 朋 朋 朋 朋 朋 朋 朋

朋
벗 **붕**

- 총획 8획
- 부수 月
- 급수 3급

月 달 월 + 月 달 월

조개(月)나 생선 등을 두 줄로 묶어 놓은 모습에서 '벗'의 뜻이 있다.

| 달 월(月)과는 아무 관련이 없는 글자이다.

☐ 朋友 붕우　　☐ 朋友有信 붕우유신

254d

崩 崩 崩 崩 崩 崩 崩 崩 崩 崩 崩

崩
무너질 **붕**

- 총획 11획
- 부수 山
- 급수 3급

朋 벗 붕 + 山 산 산

절대 무너질 수 없다고 여기는 산(山)이나 친구(朋)와의 우정도 무너져 내릴 때가 있다.

☐ 崩壞 붕괴　　☐ 崩落 붕락

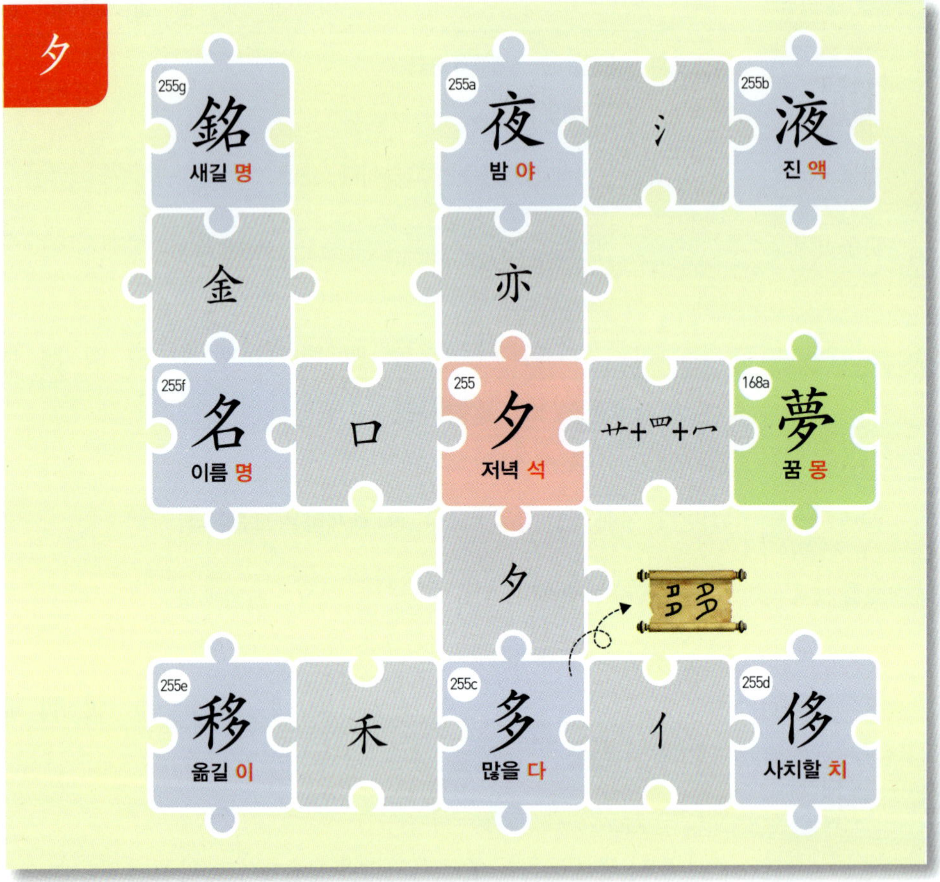

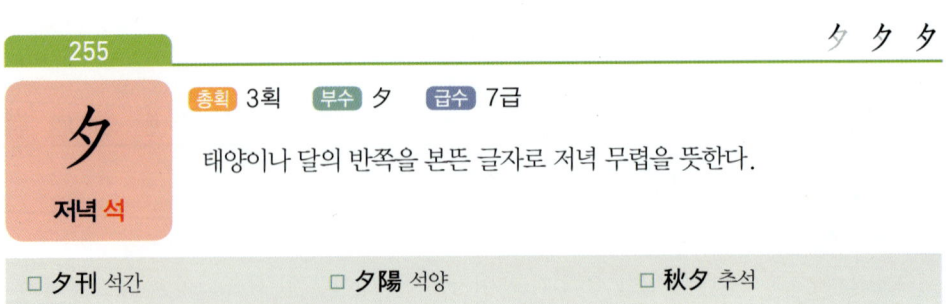

255

255

夕 夕 夕

夕
저녁 석

총획 3획 부수 夕 급수 7급

태양이나 달의 반쪽을 본뜬 글자로 저녁 무렵을 뜻한다.

- □ **夕刊** 석간
- □ **夕陽** 석양
- □ **秋夕** 추석

자연 | 천체 | 일월성신

255a

夜夜夜夜夜夜夜夜

밤 야

- 총획 8획
- 부수 夕
- 급수 6급

夕 저녁 석 + 亦 또 역

또 역(亦) 자와 저녁 석(夕) 자를 합하여 '밤'을 뜻하는 글자를 만들었다.

- □ 夜光 야광
- □ 深夜 심야
- □ 夜行性 야행성

255b

液液液液液液液液液液液

진 액

- 총획 11획
- 부수 氵
- 급수 4급

夜 밤 야 + 氵 물 수

밤(夜)에 자면서 흘리는 땀(氵)을 가리키는 글자이다.

- □ 液晶 액정
- □ 樹液 수액
- □ 血液 혈액

168a

夢夢夢夢夢夢夢夢夢夢夢

꿈 몽

- 총획 14획
- 부수 夕
- 급수 3급

夕 저녁 석 + 艹 풀 초 + 罒 그물 망 + 冖 덮을 멱

밤(夕)에 눈(目→罒)을 감고(冖) 이불을 덮은(艹) 모습에서 '꿈'을 꾸는 것을 가리킨다.

- □ 夢想 몽상
- □ 解夢 해몽
- □ 吉夢 길몽

255c

多多多多多多

많을 다

- 총획 6획
- 부수 夕
- 급수 6급

夕 저녁 석 + 夕 저녁 석

고깃(夕)덩어리를 포개어(夕) 놓은 모습이다.

저녁 석(夕) 자의 옛 글자는 고기에 해당하는 옛 글자와 비슷하다. 따라서 석(夕) 자를 '고깃덩어리'로 풀이하였다.

- □ 多量 다량
- □ 多數 다수
- □ 多才多能 다재다능

255

255d

侈 侈 侈 侈 侈 侈 侈

侈 사치할 치

- 총획 8획
- 부수 亻
- 급수 1급

多 많을 다 + 亻 사람 인

너무 많은(多) 것을 차지한 사람(亻)의 모습에서 '사치하다'의 뜻이 있다.

- □ 侈心 치심
- □ 奢侈 사치
- □ 外侈 외치

255e

移 移 移 移 移 移 移 移 移 移

移 옮길 이

- 총획 11획
- 부수 禾
- 급수 4급

多 많을 다 + 禾 벼 화

포개 놓은(多) 볏단(禾)을 옮겨 쌓다.

- □ 移動 이동
- □ 推移 추이
- □ 轉移 전이

255f

名 名 名 名 名 名

名 이름 명

- 총획 6획
- 부수 口
- 급수 7급

夕 저녁 석 + 口 입 구

어둠(夕) 속에서 서로를 분별하기 위해 부르던(口) 이름을 가리킨다.

- □ 名銜 명함
- □ 有名 유명
- □ 匿名 익명

255g

銘 銘 銘 銘 銘 銘 銘 銘 銘 銘 銘 銘

銘 새길 명

- 총획 14획
- 부수 金
- 급수 3급

名 이름 명 + 金 쇠 금

금속(金)에 이름(名) 등을 새겨 넣던 모습이다.

- □ 銘心 명심
- □ 感銘 감명
- □ 座右銘 좌우명

자연 | 천체 | 일월성신

256

辰 별 진, 때 신

총획 7획　부수 辰　급수 3급

'조개'를 본뜬 글자였으나 '별, 때' 등의 뜻으로 쓰인다. 신(辰)과 진(辰) 두 가지로 발음된다.

- □ 辰時 진시
- □ 壬辰倭亂 임진왜란
- □ 日月星辰 일월성신

256a

振 떨칠 진

총획 10획　부수 扌　급수 3급

辰 별 진 때 신 ＋ 扌 손 수

조개(辰)에 물린 손(扌)을 마구 흔들어대는 모습이다.

- □ 振興 진흥
- □ 振作 진작
- □ 不振 부진

777

256b

震 우레 진

- 총획 15획
- 부수 雨
- 급수 3급
- 辰 별진때신 + 雨 비우

특히 비(雨) 올 때 천지를 울리게(辰) 하는 우레나 천둥을 가리키는 글자이다.

- 震動 진동
- 地震 지진
- 餘震 여진

256c

農 농사 농

- 총획 13획
- 부수 辰
- 급수 7급
- 辰 별진때신 + 曲 굽을 곡

큰 조개(辰)를 낫으로 써서 곡식(曲)을 수확하는 모습이다.

- 農村 농촌
- 農事 농사
- 農民 농민

256d

辱 욕될 욕

- 총획 10획
- 부수 辰
- 급수 3급
- 辰 별진때신 + 寸 마디 촌

조갯살(辰)처럼 생긴 혀를 잡아 빼(寸) 치욕을 주는 모습이다.

- 辱說 욕설
- 屈辱 굴욕
- 恥辱 치욕

256e

脣 입술 순

- 총획 11획
- 부수 月
- 급수 3급
- 辰 별진때신 + 月 육달월

조개(辰)에 신체를 뜻하는 글자(月=肉)를 합쳐서 '입술'을 뜻한다. 조갯살이 마치 혀와 비슷하여 조개를 본뜬 신(辰) 자를 입술을 뜻하는 글자를 만드는 데 이용하였다.

- 脣音 순음
- 脣齒音 순치음

256f

晨 새벽 신

- 총획 11획
- 부수 日
- 급수 3급
- 辰 별진때신 + 日 해일

농사(辰)일을 하러 나가는 해(日)도 뜨지 않은 이른 새벽을 가리킨다.

- 晨星 신성

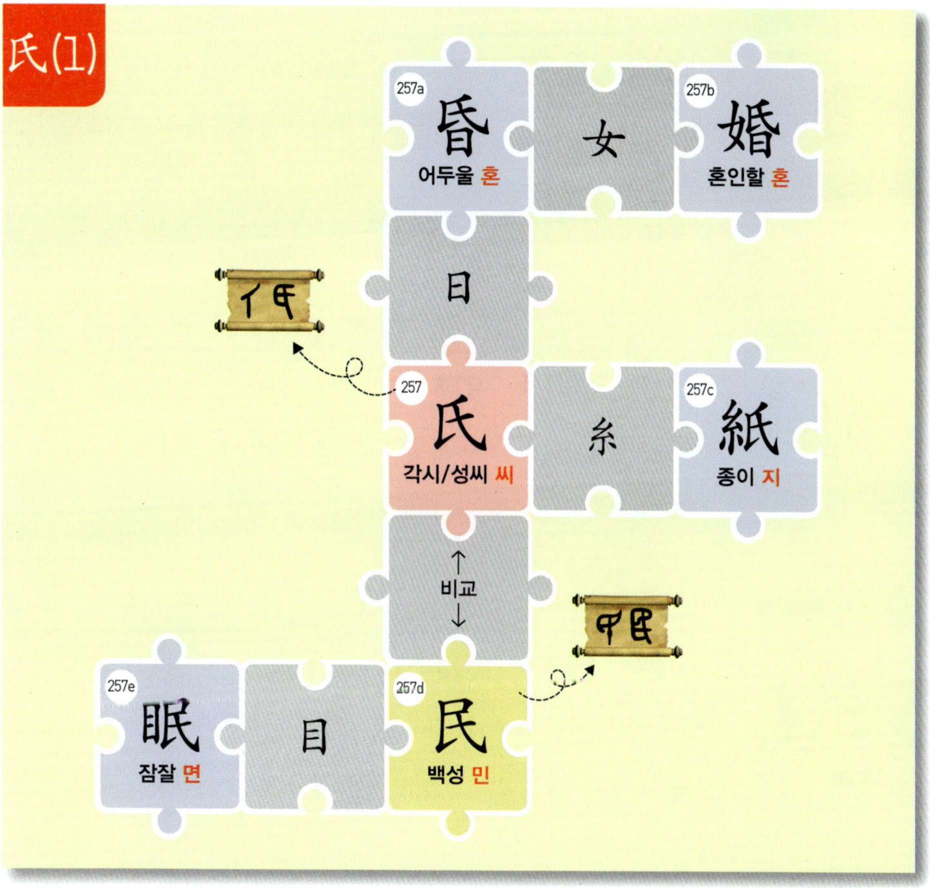

자연 | 천체 | 일월성신

氏(1)

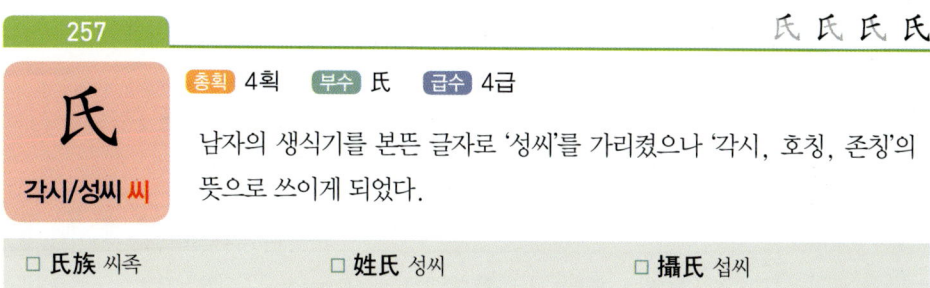

257

氏
각시/성씨 씨

총획 4획　**부수** 氏　**급수** 4급

氏氏氏氏

남자의 생식기를 본뜬 글자로 '성씨'를 가리켰으나 '각시, 호칭, 존칭'의 뜻으로 쓰이게 되었다.

- 氏族 씨족
- 姓氏 성씨
- 攝氏 섭씨

257a

昏 어두울 혼

昏 昏 昏 昏 昏 昏 昏 昏

총획 8획 **부수** 日 **급수** 3급   氏 각시/성씨 씨 + 日 해 일

사람(人→氏)의 발밑에 해(日)를 그려 놓아 해가 저무는 모습을 표현한 글자이다.

- 昏迷 혼미
- 昏睡 혼수
- 昏絕 혼절

257b

婚 혼인할 혼

婚 婚 婚 婚 婚 婚 婚 婚 婚

총획 11획 **부수** 女 **급수** 4급   昏 어두울 혼 + 女 여자 여

어두워질(昏) 무렵 신부(女)를 맞아들이던 모습이다.

- 婚禮 혼례
- 婚姻 혼인
- 結婚 결혼

257c

紙 종이 지

紙 紙 紙 紙 紙 紙 紙 紙 紙

총획 10획 **부수** 糸 **급수** 7급   氏 각시/성씨 씨 + 糸 가는 실 멱

종이의 근본(氏)은 실(糸)인 데서 '종이'의 뜻을 갖게 되었다.

- 紙幣 지폐
- 紙面 지면
- 休紙 휴지

257d

民 백성 민

民 民 民 民 民

총획 5획 **부수** 氏 **급수** 8급

칼(氏)로 눈(目)을 찔린 포로를 뜻하다 백성의 뜻으로 의미가 발전한 글자이다.

- 民生 민생
- 國民 국민
- 住民 주민

257e

眠 잠잘 면

眠 眠 眠 眠 眠 眠 眠 眠 眠

총획 10획 **부수** 目 **급수** 3급   民 백성 민 + 目 눈 목

잠자는 모습을 눈(目)이 찔려(民) 아무것도 보이지(目) 않는 모습에 빗댄 글자이다.

- 睡眠 수면
- 永眠 영면
- 熟眠 숙면

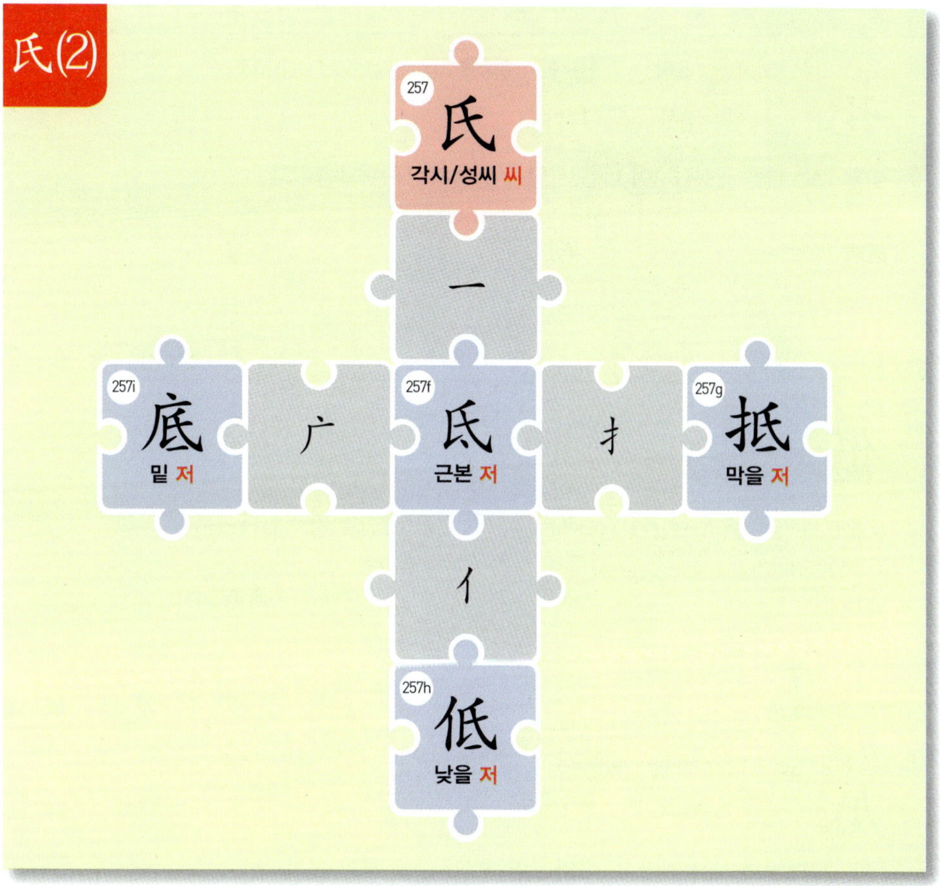

자연 | 천체 | 일월성신

氏(2)

- 257 氏 각시/성씨 씨
- 一
- 257i 底 밑 저
- 广
- 257f 氐 근본 저
- 扌
- 257g 抵 막을 저
- 亻
- 257h 低 낮을 저

257

257f

氐 근본 저

총획 5획 **부수** 氏 **급수** 특급

氏 각시/성씨 씨 + 一 한 일

남자의 생식기(氏) 부분(一)을 강조하여 '낮다, 바닥, 바탕'의 뜻이며 '근본'의 뜻으로 발전하였다.

257g

抵 抵 抵 抵 抵 抵 抵 抵

抵 막을 저

- 총획 8획
- 부수 扌
- 급수 3급
- 氏 근본 저 + 扌 손 수

근본(氏)이 나쁜 사람을 밀쳐(扌)내는 모습이다.

☐ 抵觸 저촉 ☐ 抵抗 저항 ☐ 抵當 저당

257h

低 低 低 低 低 低 低

低 낮을 저

- 총획 7획
- 부수 亻
- 급수 4급
- 氏 근본 저 + 亻 사람 인

바닥(氏)에 있는 사람(亻)의 낮은 지위를 가리킨다.

☐ 低俗 저속 ☐ 低下 저하 ☐ 最低 최저

257i

底 底 底 底 底 底 底 底

底 밑 저

- 총획 8획
- 부수 广
- 급수 4급
- 氏 근본 저 + 广 집 엄

지하 저장고(广)의 낮은 부분(氏)을 본뜬 글자이다.

☐ 底力 저력 ☐ 底邊 저변 ☐ 底意 저의

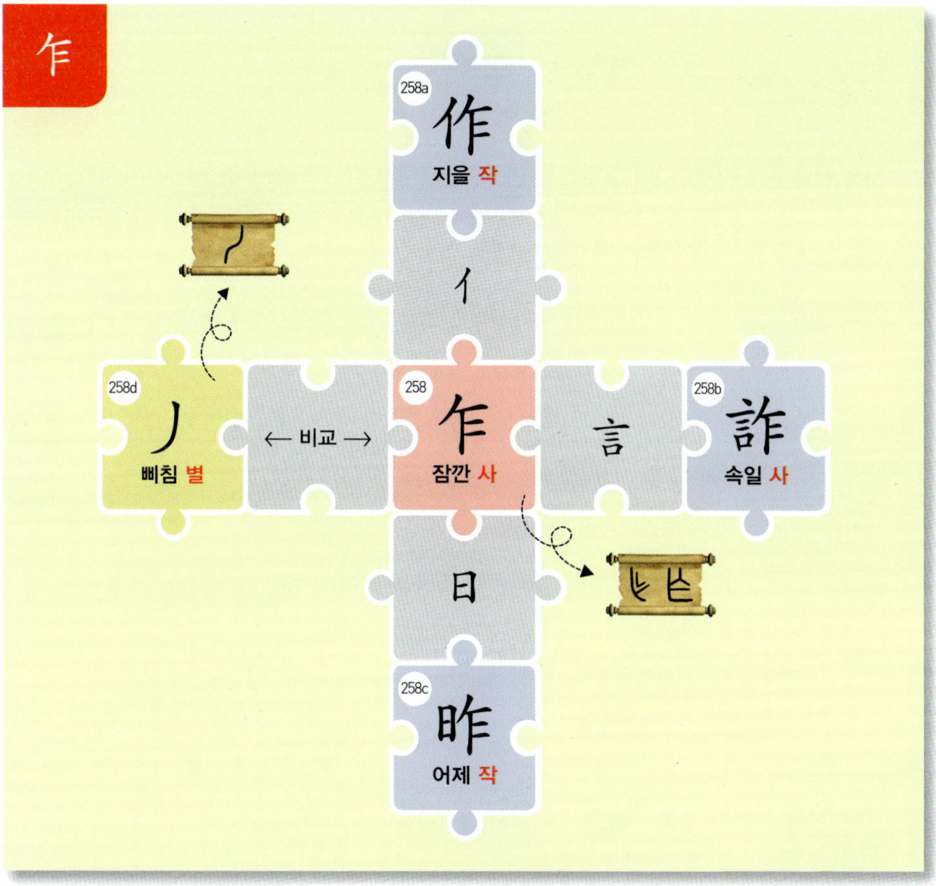

자연 | 기타 | 부호

乍

258a 作 지을 작
258 乍 잠깐 사
258b 詐 속일 사
258c 昨 어제 작
258d 丿 삐침 별

← 비교 →

258	
乍 잠깐 사	총획 5획　부수 丿　급수 특급

순식간에 조각품을 만드는 모습에서 '잠깐, 갑자기, 만들다'의 뜻이 있다.

잠깐 사(乍) 자의 금문이나 전문은 갑자기 쓰러져 죽은 사람의 모습, 또는 죽은 사람 위에 엎드려 통곡하는 모습으로도 여겨진다. 따라서 인생이란 참으로 '순간적'인 것이라 하여 '잠깐, 갑자기' 등의 뜻이 생겨났을 것이다.

258a 作 지을 작

- 총획 7획
- 부수 亻
- 급수 6급
- 乍 잠깐 사 + 亻 사람 인

사람(亻)이 조각품을 만들어(乍)내고 있는 모습을 강조한 글자이다.
금문이나 전문의 그림은 순식간에 사람이 죽은 모습과도 연관이 있으므로 죽음이나 끝에 이르렀다는 의미도 갖게 되었다.

- 作品 작품
- 作心三日 작심삼일
- 製作 제작

258b 詐 속일 사

- 총획 12획
- 부수 言
- 급수 3급
- 乍 잠깐 사 + 言 말씀 언

갑자기(乍) 지어낸 말(言)이란 남을 속이기 위한 거짓말을 뜻한다.

- 詐欺 사기
- 詐取 사취
- 詐稱 사칭

258c 昨 어제 작

- 총획 9획
- 부수 日
- 급수 6급
- 乍 잠깐 사 + 日 해 일

잠깐(乍) 사이에 지나간 세월이나 날(日)을 뜻한다.

- 昨年 작년
- 昨今 작금
- 昨日 작일

258d 丿 삐침 별

- 총획 1획
- 부수 丿
- 급수 확장한자

오른쪽에서 왼쪽으로 사선(斜線)을 그어 놓은 글자이다.

자연 | 기타 | 부호

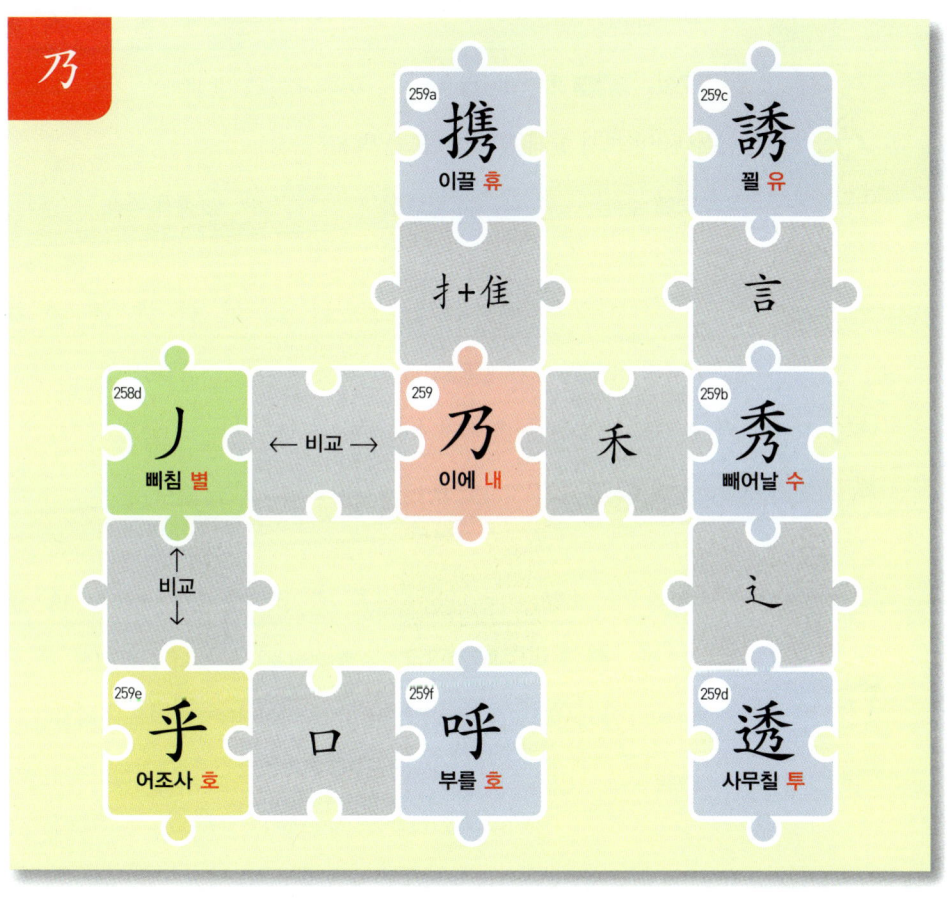

259

乃 이에 내

- 총획 2획
- 부수 丿
- 급수 3급

아이를 밴 모습에서 사람의 일생이 시작된다 하여 '이에, 곧, 비로소' 등의 뜻이 있다.

- □ 乃至 내지
- □ 終乃 종내

259a

携 이끌 휴

- 총획 13획
- 부수 扌
- 급수 3급
- 乃 이에 내 + 扌 손 수 + 隹 새 추

갓 태어난(乃) 자식(隹)을 끌어당겨(扌) 감싸 안은 모습이다.

- □ 携帶 휴대
- □ 提携 제휴

259b

秀 秀 秀 秀 秀 秀 秀

秀 빼어날 수

- 총획 7획 부수 禾 급수 4급
- 乃 이에 내 + 禾 벼 화

이삭(禾)이 보기 좋게 자란(乃) 모습이다.

- 秀麗 수려
- 秀才 수재
- 秀作 수작

259c

誘 誘 誘 誘 誘 誘 誘 誘 誘 誘 誘

誘 꾈 유

- 총획 14획 부수 言 급수 3급
- 秀 빼어날 수 + 言 말씀 언

빼어난(秀) 말(言)로 남을 꾀거나 유혹하는 모습이다.

- 誘惑 유혹
- 誘拐 유괴
- 誘引 유인

259d

透 透 透 透 透 透 透 透 透 透

透 사무칠 투

- 총획 11획 부수 辶 급수 3급
- 秀 빼어날 수 + 辶 쉬엄쉬엄 갈 착

가 보지(辶) 않고서도 모든 것을 꿰뚫어 보는 뛰어난(秀) 능력을 가리킨다.

- 透視 투시
- 透過 투과
- 浸透 침투

259e

乎 乎 乎 乎 乎

乎 어조사 호

- 총획 5획 부수 丿 급수 3급

누군가를 부르고(丿) 있는 모습이었으나 '어조사'로 쓰인다.

- 斷乎 단호
- 不亦說乎 불역열호

259f

呼 呼 呼 呼 呼 呼 呼 呼

呼 부를 호

- 총획 8획 부수 口 급수 4급
- 乎 어조사 호 + 口 입 구

소리쳐(口) 부르는(乎) 모습을 강조한 글자이다.

- 呼名 호명
- 呼訴 호소
- 呼出 호출

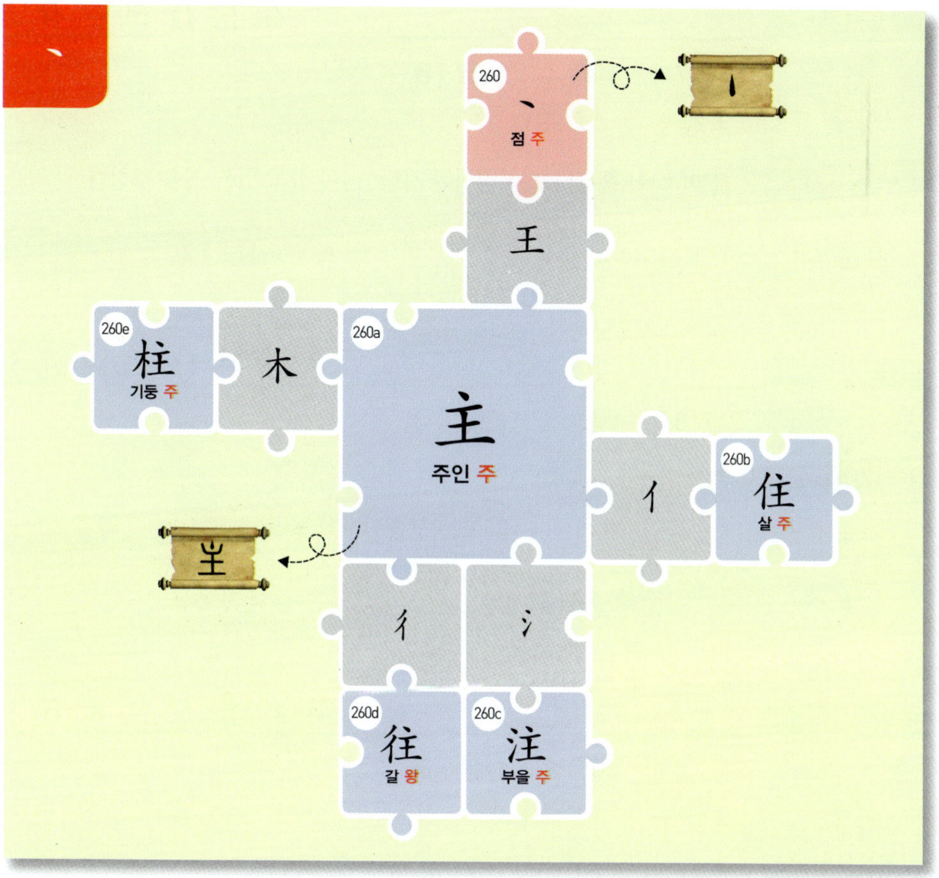

자연 | 기타 | 부호

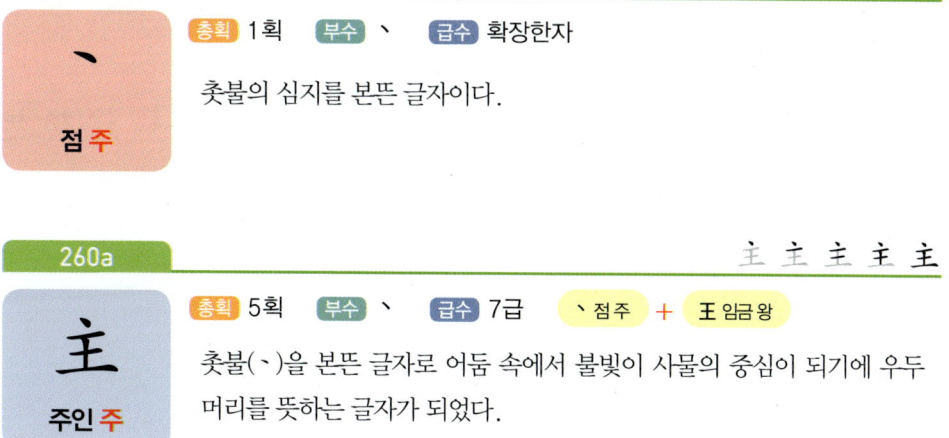

260

丶
점 주

총획 1획 **부수** 丶 **급수** 확장한자

촛불의 심지를 본뜬 글자이다.

260a

主
주인 주

총획 5획 **부수** 丶 **급수** 7급 丶 점주 + 王 임금 왕

촛불(丶)을 본뜬 글자로 어둠 속에서 불빛이 사물의 중심이 되기에 우두머리를 뜻하는 글자가 되었다.

□ 主人 주인   □ 主題 주제   □ 主觀 주관

260b

住 住 住 住 住 住 住

住 살주

- 총획 7획
- 부수 亻
- 급수 7급

主 주인 주 + 亻 사람 인

불빛(主)이 흘러나오는 집이란 사람(亻)이 살고 있는 집을 뜻한다.

- □ 住居 주거
- □ 住宅 주택
- □ 住所 주소

260c

注 注 注 注 注 注 注 注

注 부을 주

- 총획 8획
- 부수 氵
- 급수 6급

主 주인 주 + 氵 물 수

호롱불(主)에 기름(氵)을 붓는 모습이다.

- □ 注意 주의
- □ 注射 주사
- □ 注入 주입

260d

往 往 往 往 往 往 往 往

往 갈 왕

- 총획 8획
- 부수 彳
- 급수 4급

主 주인 주 + 彳 조금 걸을 척

호롱불(主)을 비추며 밤길(彳)을 가는 모습이다.

- □ 往復 왕복
- □ 往來 왕래
- □ 右往左往 우왕좌왕

260e

柱 柱 柱 柱 柱 柱 柱 柱 柱

柱 기둥 주

- 총획 9획
- 부수 木
- 급수 3급

主 주인 주 + 木 나무 목

건물(主)을 지탱하는 나무(木) 기둥을 가리킨다.

- □ 柱礎石 주초석(주춧돌)
- □ 支柱 지주
- □ 電信柱 전신주

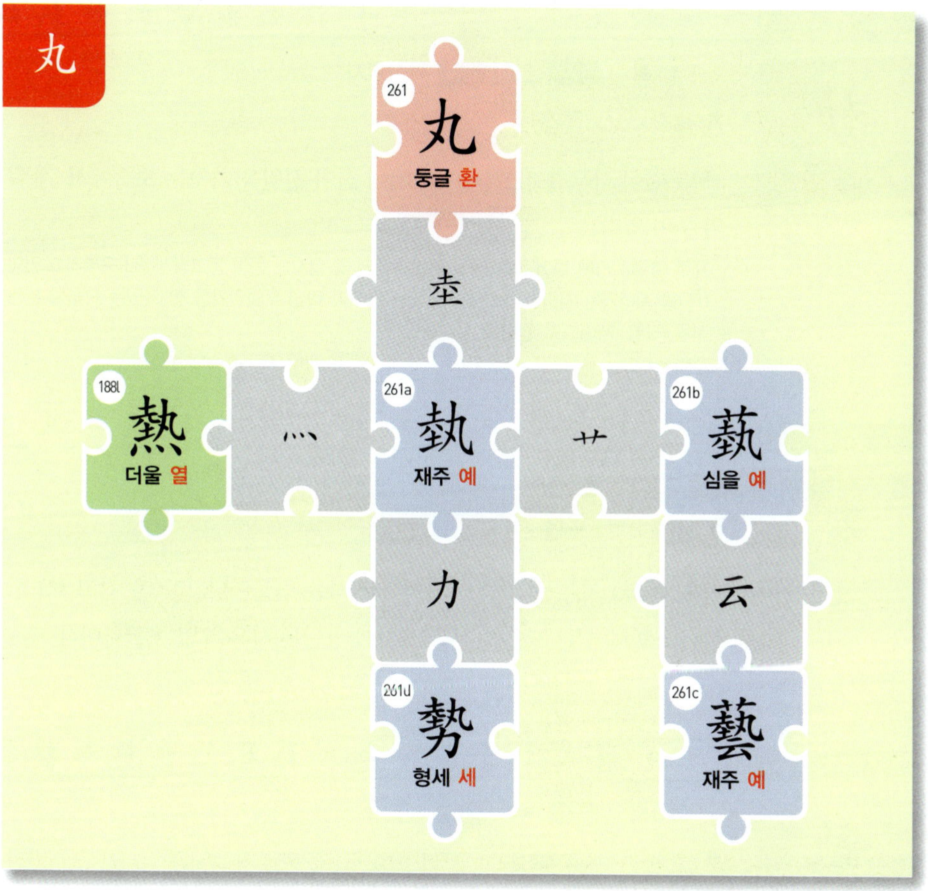

자연 | 기타 | 부호

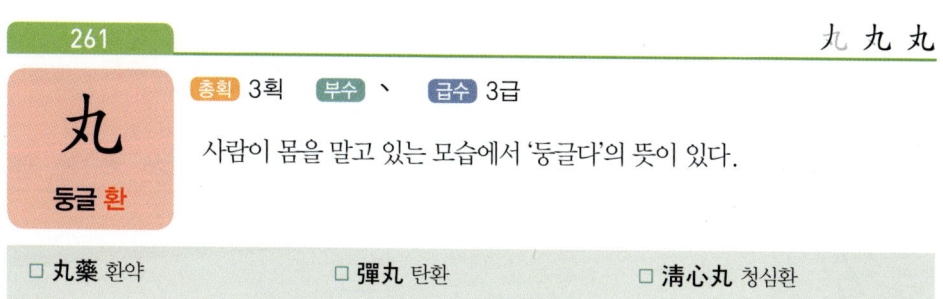

261

丸 둥글 환

총획 3획　부수 丶　급수 3급

사람이 몸을 말고 있는 모습에서 '둥글다'의 뜻이 있다.

九 九 丸

☐ 丸藥 환약　　☐ 彈丸 탄환　　☐ 淸心丸 청심환

261a

埶 재주 예

- 총획 11획
- 부수 土
- 급수 확장한자
- 丸 둥글 환 + 坴 언덕 륙

사람(人)이 나무를 잡고(丸) 땅(坴)에 심어 정원을 가꾸는 모습에서 '재주'의 뜻이 있다.

> 재주 예(埶) 자에 들어 있는 둥글 환(丸) 자의 옛 글자는 몸을 동그랗게(九) 구부리고 언덕(厂)을 지나가는 사람(丶)의 모습을 본뜬 글자가 아닌 무엇인가를 잡고 있는 모습을 본뜬 잡을 극(丮) 자이므로 '잡다'로 풀이하였다.

261b

蓺 심을 예

- 총획 15획
- 부수 艹
- 급수 확장한자
- 埶 재주 예 + 艹 풀 초

심을 예(蓺) 자는 풀 초(艹) 자가 상징하는 식물이나 묘목을 잡고(埶) 정원이나 밭에 심는 모습을 본뜬 글자이나 단독 사용은 없는 글자이다.

261c

藝 재주 예

- 총획 19획
- 부수 艹
- 급수 4급
- 蓺 심을 예 + 云 이를 운

꽃이나 풀(艹) 등을 심어 정원을 가꾸는(埶) 모습을 강조해 만든 널리 쓰이는 글자이다.

- ☐ 藝能 예능
- ☐ 藝術 예술
- ☐ 園藝 원예

261d

勢 형세 세

- 총획 13획
- 부수 力
- 급수 4급
- 埶 재주 예 + 力 힘 력

땅 속 깊이 심겨진(埶) 작물의 뿌리가 힘(力)차게 뻗어가는 모습이다.

- ☐ 勢力 세력
- ☐ 氣勢 기세
- ☐ 權勢 권세

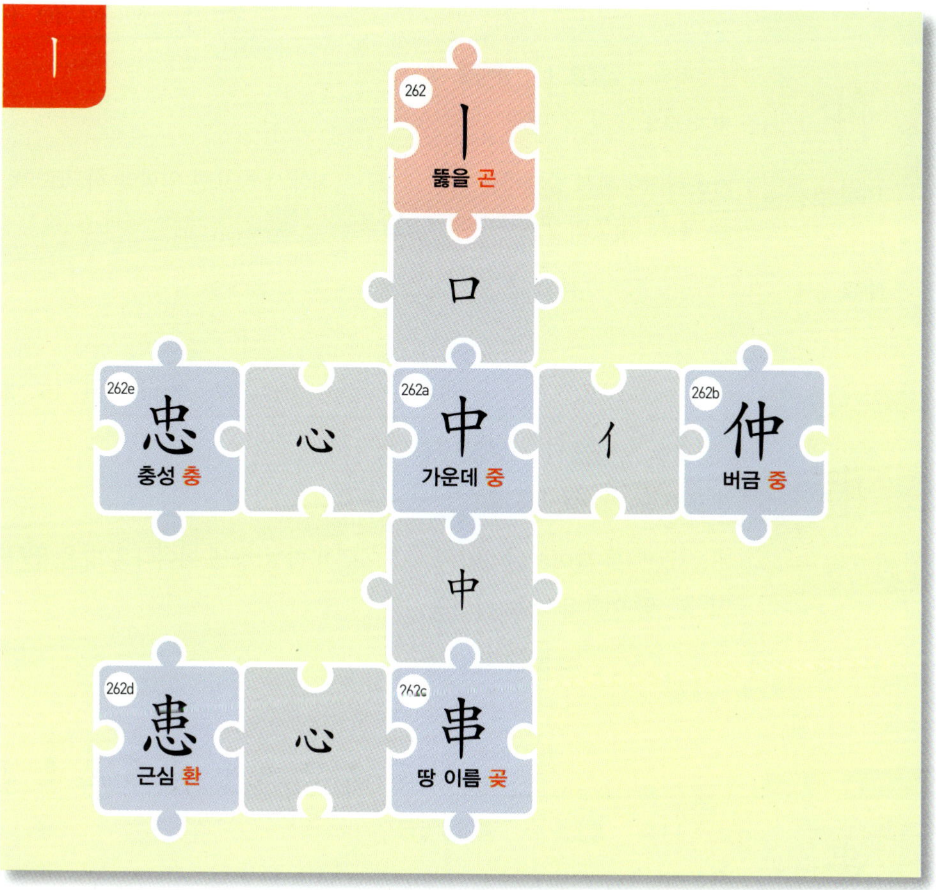

자연 | 기타 | 부호

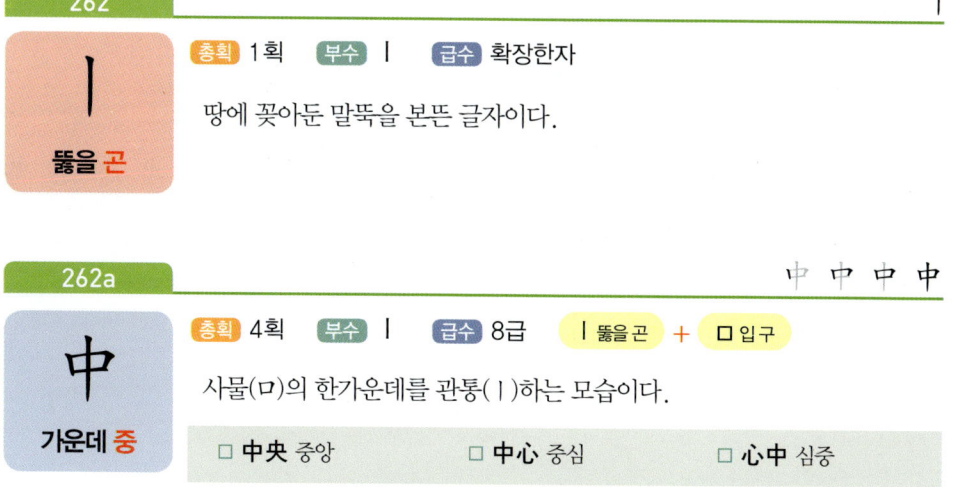

262

| 丨 뚫을 곤

총획 1획　**부수** 丨　**급수** 확장한자

땅에 꽂아둔 말뚝을 본뜬 글자이다.

262a

中 中 中 中

中 가운데 중

총획 4획　**부수** 丨　**급수** 8급　丨 뚫을 곤 + 口 입구

사물(口)의 한가운데를 관통(丨)하는 모습이다.

□ 中央 중앙　　□ 中心 중심　　□ 心中 심중

262b

仲 仲 仲 仲 仲

仲 버금 중

- 총획 6획
- 부수 亻
- 급수 3급

中 가운데 중 + 亻 사람 인

가운데(中) 서서 중재하는 사람(亻)도 거래에서 중요한 역할을 하므로 '버금, 둘째'의 뜻이 있다.

- □ 仲媒 중매
- □ 仲裁 중재
- □ 仲介人 중개인

262c

串 串 串 串 串 串

串 땅 이름 곶

- 총획 7획
- 부수 丨
- 급수 2급

中 가운데 중 + 中 가운데 중

가운데(中)를 뚫어서(丨) 엮은 모습으로 바다를 향해 튀어나온 땅을 뜻하여 '곶, 땅 이름'의 뜻도 가진다.

- □ 長山串 장산곶
- □ 月串洞 월곶동

262d

患 患 患 患 患 患 患 患 患 患

患 근심 환

- 총획 11획
- 부수 心
- 급수 5급

串 땅 이름 곶 + 心 마음 심

깊이(串) 걱정되는 마음(心)을 가리킨다.

- □ 患部 환부
- □ 患亂 환란
- □ 疾患 질환

262e

忠 忠 忠 忠 忠 忠 忠

忠 충성 충

- 총획 8획
- 부수 心
- 급수 4급

中 가운데 중 + 心 마음 심

마음(心) 한가운데(中)서 샘솟는 충성심을 가리킨다.

- □ 忠心 충심
- □ 忠臣 충신
- □ 不忠 불충

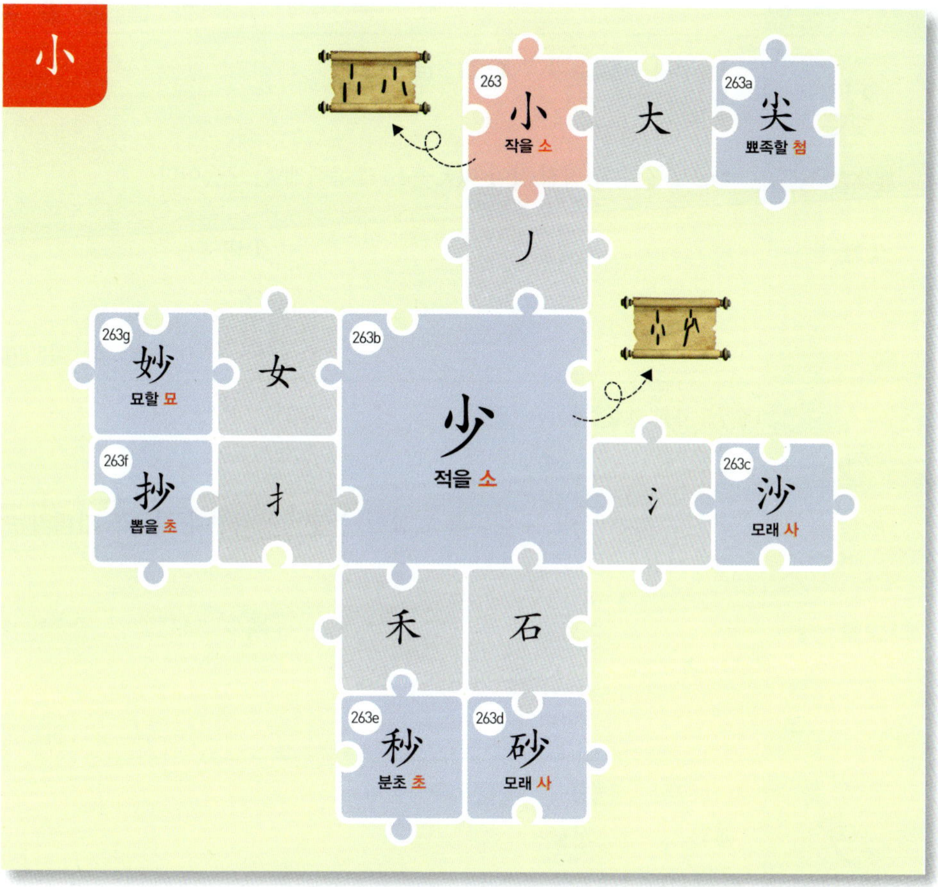

자연 | 기타 | 부호

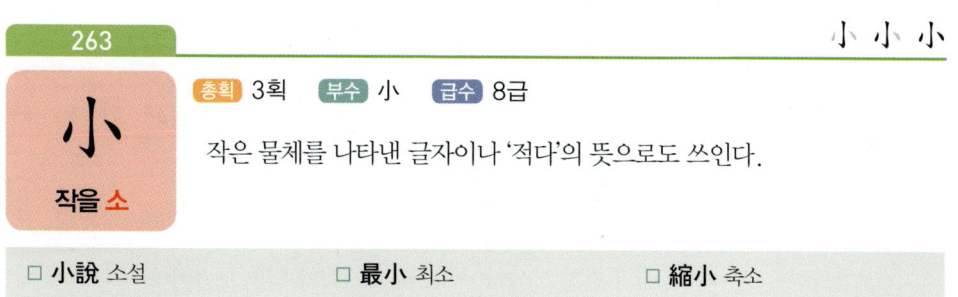

小 小 小

263

小 작을 소

총획 3획　부수 小　급수 8급

작은 물체를 나타낸 글자이나 '적다'의 뜻으로도 쓰인다.

☐ 小說 소설　　☐ 最小 최소　　☐ 縮小 축소

263a

尖 뾰족할 **첨**

尖 尖 尖 尖 尖 尖

- 총획 6획
- 부수 小
- 급수 3급

小 작을소 + 大 큰대

끝으로 갈수록 점점 작아져(大→小) 뾰족하게 된 모습이다.

☐ 尖端 첨단　　☐ 尖銳 첨예　　☐ 尖塔 첨탑

263b

少 적을 **소**

少 少 少 少

- 총획 4획
- 부수 小
- 급수 7급

小 작을소 + 丿 삐침별

작을 소(小)에 점(丿) 하나를 덧붙여 수량이나 나이가 적음을 가리키는 글자이다.

☐ 少量 소량　　☐ 少額 소액　　☐ 減少 감소

263c

沙 모래 **사**

沙 沙 沙 沙 沙 沙 沙

- 총획 7획
- 부수 氵
- 급수 확장한자

少 적을소 + 氵 물수

물(氵)이 적은(少) 사막의 모습에서 모래의 뜻으로 의미가 확대되었다.

☐ 沙漠 사막　　☐ 沙丘 사구　　☐ 沙器 사기

263d

砂 모래 **사**

砂 砂 砂 砂 砂 砂 砂 砂 砂

- 총획 9획
- 부수 石
- 급수 특급

少 적을소 + 石 돌석

큰 바위(石)가 점점 작아져(少) 모래 알갱이가 되는 모습이다.

☐ 砂漠 사막　　☐ 砂丘 사구　　☐ 黃砂 황사

263e

분초 초

- 총획 9획 | 부수 禾 | 급수 3급
- 少 적을 소 + 禾 벼 화

벼(禾)의 끄트머리(少)를 본떴으나 초침을 뜻하는 글자가 되었다.

- 秒針 초침
- 秒速 초속
- 秒時計 초시계

263f

뽑을 초

- 총획 7획 | 부수 扌 | 급수 3급
- 少 적을 소 + 扌 손 수

필요한 부분(少)만을 뽑아서(扌) 옮기는 것을 가리킨다.

- 抄本 초본
- 抄出 초출
- 抄寫 초사

263g

묘할 묘

- 총획 7획 | 부수 女 | 급수 4급
- 少 적을 소 + 女 여자 여

알려진 것이 적은(少) 여자(女)의 묘한 매력을 가리킨다.

- 妙齡 묘령
- 妙味 묘미
- 微妙 미묘

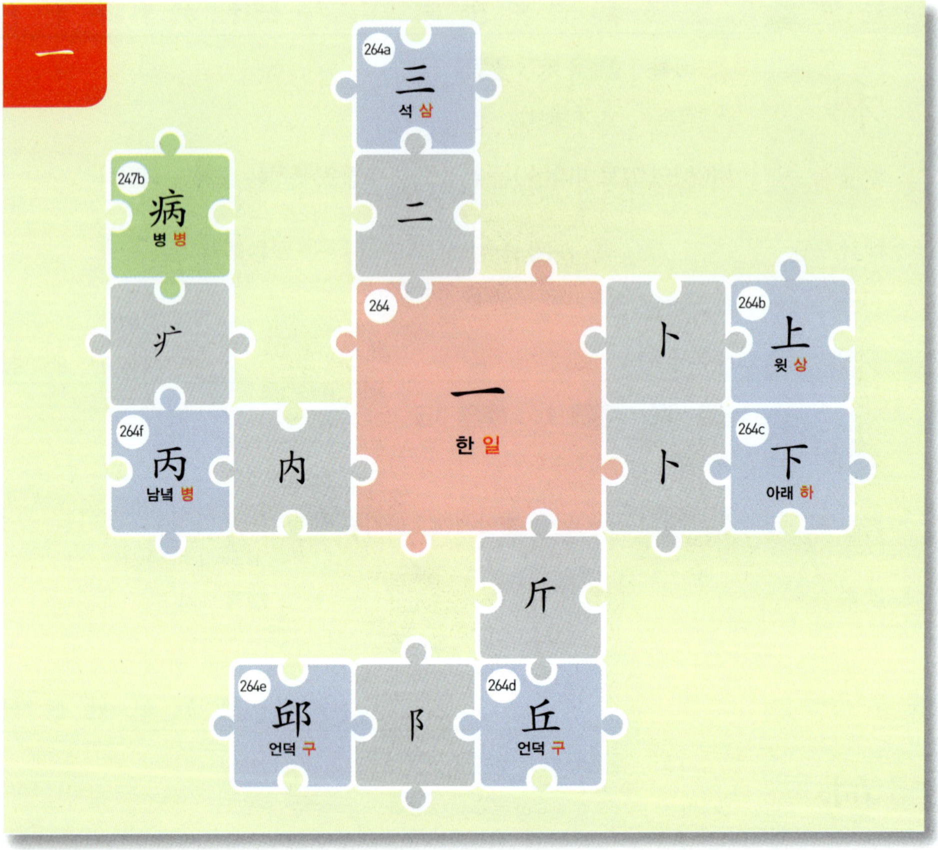

자연 | 기타 | 숫자

264 一

총획 1획　**부수** 一　**급수** 8급

한 일

옆으로 선(一)을 하나만 그어 놓은 모습이다.

□ 一國 일국　□ 一念 일념　□ 統一 통일

264a 三

총획 3획　**부수** 一　**급수** 8급　一 한일 + 二 두이

석 삼

선을 옆으로 세 개 그어 놓은 글자이다.

□ 三寸 삼촌　□ 三國志 삼국지　□ 三一節 삼일절

264b 上 윗 상

- 총획 3획 | 부수 一 | 급수 7급 | 一 한일 + 卜 점복
- 탁자(一) 위에 사물이 놓여 있는 모습에서 '위, 위쪽'의 뜻을 갖는다.
  - 上下 상하
  - 上昇 상승
  - 引上 인상

264c 下 아래 하

- 총획 3획 | 부수 一 | 급수 7급 | 一 한일 + 卜 점복
- 탁자(一) 아래 물건이 있는 모습에서 '아래, 밑, 아래쪽' 등의 의미를 갖는다.
  - 下降 하강
  - 下落 하락
  - 以下 이하

264d 丘 언덕 구

- 총획 5획 | 부수 一 | 급수 3급 | 一 한일 + 斤 도끼근
- 높은 곳(一)에 등을 맞대고 선 두 사람(北)의 모습이 마치 언덕처럼 보인다.
  - 丘陵 구릉
  - 丘冢 구총
  - 砂丘 사구

264e 邱 언덕 구

- 총획 8획 | 부수 阝 | 급수 8급 | 丘 언덕구 + 阝 언덕부
- 언덕(丘)이 특징인 동네(阝=邑)를 가리킨다.
  - 大邱 대구

264f 남녘 병

- 총획 5획 | 부수 一 | 급수 3급 | 一 한일 + 內 안내
- 탁자나 틀 모양이었으나 지금은 '남녘, 자루, 셋째 천간'의 뜻으로 쓰인다.
  - 丙子胡亂 병자호란
  - 丙寅洋擾 병인양요

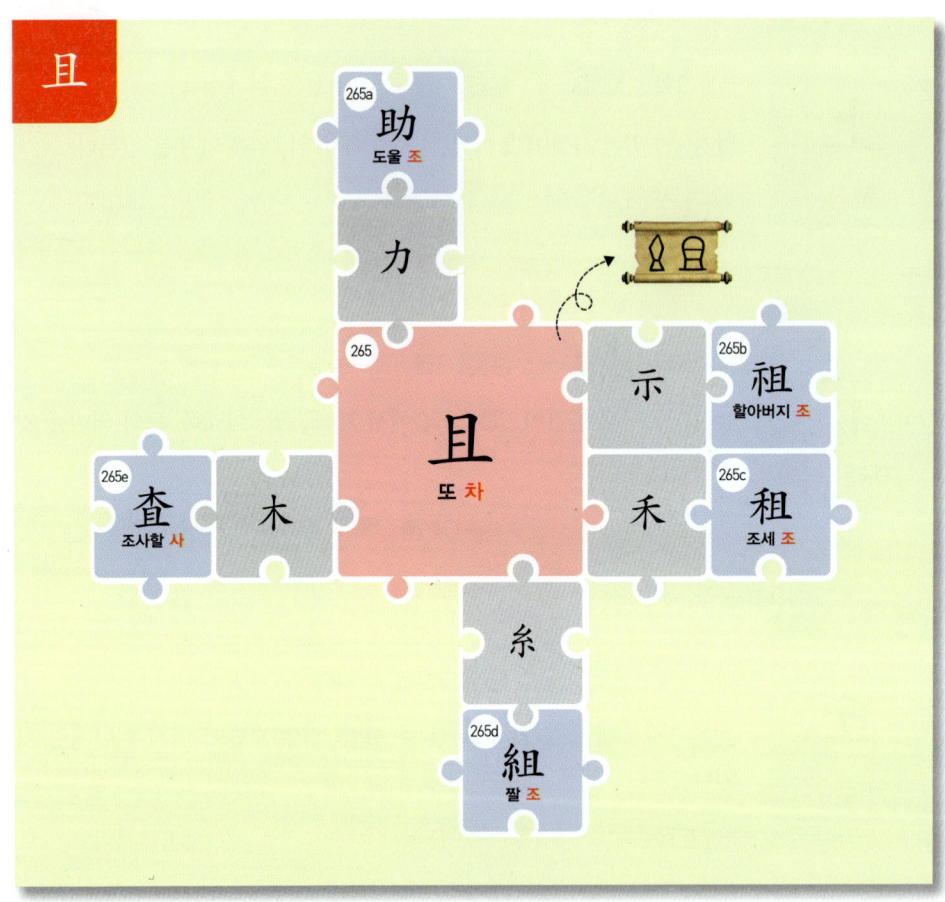

265

且 또 차, 도마 조

총획 5획 부수 一 급수 3급

음식을 써는 '도마'의 모습을 본떠서 만든 글자이다. 또 차(且) 자의 부수가 한 일(一) 자여서 한 일(一) 편에서 다루게 되었을 뿐 한 일(一) 자와는 아무런 연관이 없는 글자이다.

- 且置 차치
- 苟且 구차

자연 | 기타 | 숫자

265a

助助助助助助助

助
도울 조

- 총획 7획
- 부수 力
- 급수 4급
- 且 또 차, 도마 조 + 力 힘 력

조상(且)의 도움(力)을 원하는 모습을 본뜬 글자이다.

- ☐ 助手 조수
- ☐ 助言 조언
- ☐ 補助 보조

265b

祖祖祖祖祖祖祖祖祖

祖
할아버지 조

- 총획 10획
- 부수 示
- 급수 7급
- 且 또 차, 도마 조 + 示 보일 시

제사상(示)에 올려 놓은 위패(且)의 모습을 본뜬 글자이다.

- ☐ 祖上 조상
- ☐ 祖國 조국
- ☐ 先祖 선조

265c

租租租租租租租租租

租
조세 조

- 총획 10획
- 부수 禾
- 급수 3급
- 且 또 차, 도마 조 + 禾 벼 화

조상(且)이나 신에게 바치던 곡물(禾)에서 세금으로 의미가 발전되었다.

- ☐ 租稅 조세
- ☐ 十日租 십일조

265d

組組組組組組組組組

組
짤 조

- 총획 11획
- 부수 糸
- 급수 4급
- 且 또 차, 도마 조 + 糸 실 사

천(糸)을 짜는 모습이다. 도마 조(且)를 발음으로 쓴다.

- ☐ 組織 조직
- ☐ 組立 조립
- ☐ 勞組 노조

265e

查查查查查查查查查

查
조사할 사

- 총획 9획
- 부수 木
- 급수 5급
- 且 또 차, 도마 조 + 木 나무 목

나무(木) 위패(且)가 잘 만들어졌는지 살펴보는 모습이다.

- ☐ 査察 사찰
- ☐ 調査 조사
- ☐ 檢査 검사

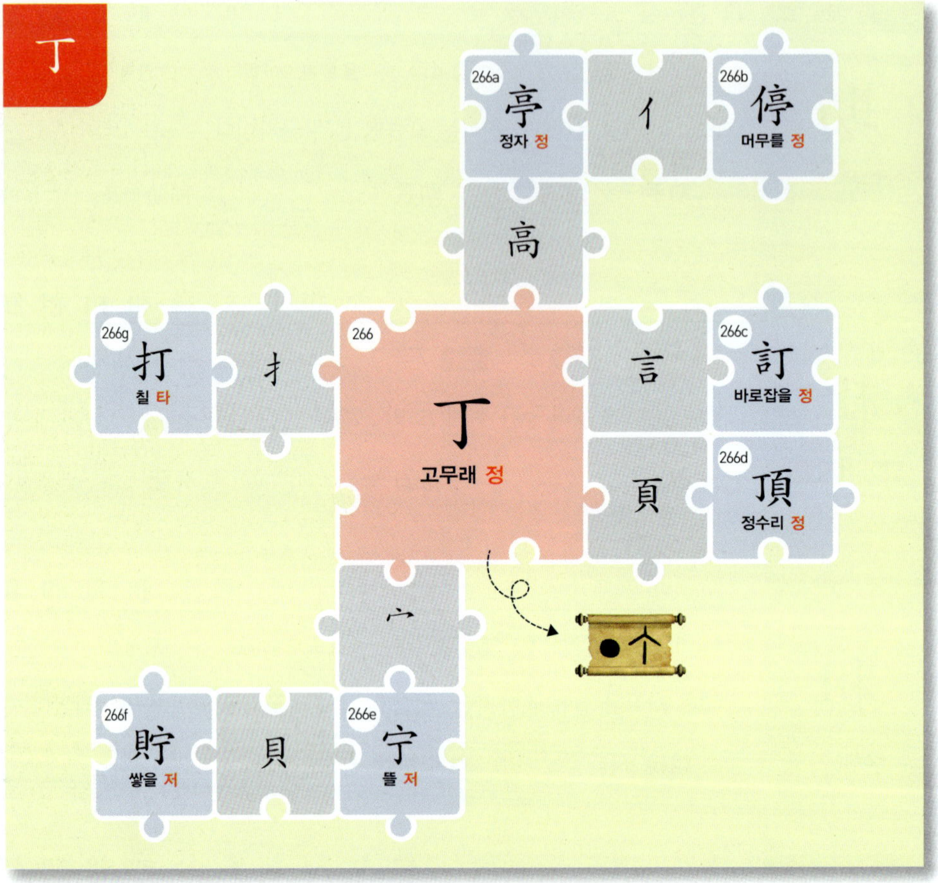

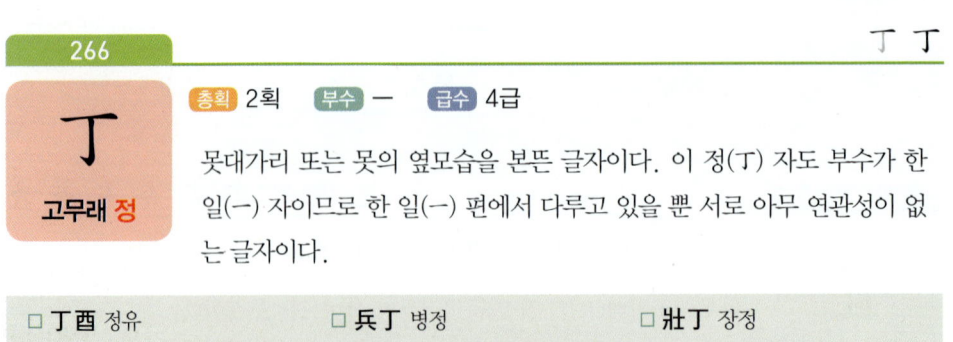

| 266 | 丁丁 |

丁 고무래 정

총획 2획　부수 一　급수 4급

못대가리 또는 못의 옆모습을 본뜬 글자이다. 이 정(丁) 자도 부수가 한 일(一) 자이므로 한 일(一) 편에서 다루고 있을 뿐 서로 아무 연관성이 없는 글자이다.

□ 丁酉 정유　　□ 兵丁 병정　　□ 壯丁 장정

자연 | 기타 | 숫자

266a

亭 亭 亭 亭 亭 亭 亭 亭 亭

정자 정

- 총획 9획
- 부수 亠
- 급수 3급

丁 고무래 정 + 高 높을 고

누각처럼 생긴 큰(高) 건물을 본뜬 글자로 고무래 정(丁) 자가 발음 역할을 한다.

□ 亭子 정자　　□ 鮑石亭 포석정　　□ 老人亭 노인정

266b

停 停 停 停 停 停 停 停 停

머무를 정

- 총획 11획
- 부수 亻
- 급수 5급

亭 정자 정 + 亻 사람 인

정자(亭)에 사람(亻)이 머물거나 쉬는 모습이다.

□ 停車 정차　　□ 停年 정년　　□ 停止 정지

266c

訂 訂 訂 訂 訂 訂 訂 訂 訂

바로잡을 정

- 총획 9획
- 부수 言
- 급수 3급

丁 고무래 정 + 言 말씀 언

말(言)을 바로잡아 다시 박는(丁) 모습이다.

□ 訂正 정정　　□ 改訂 개정　　□ 修訂 수정

266d

頂 頂 頂 頂 頂 頂 頂 頂 頂

정수리 정

- 총획 11획
- 부수 頁
- 급수 3급

丁 고무래 정 + 頁 머리 혈

머리(頁) 꼭대기와 못대가리(丁)를 합쳐 '정수리'를 가리킨다.

□ 頂上 정상　　□ 頂点 정점　　□ 絶頂 절정

266e

宁 宁 宁 宁 宁

宁
뜰 **저**

총획 5획　부수 宀　급수 확장한자

丁 고무래 정　+　宀 집 면

귀한 것을 집(宀) 안 깊숙이 못(丁)을 박아 숨겨둔 모습이다.

266f

貯 貯 貯 貯 貯 貯 貯 貯 貯 貯

貯
쌓을 **저**

총획 12획　부수 貝　급수 5급

宁 뜰 저　+　貝 조개 패

집(宀) 안 깊숙이 못(丁) 박아 둔 재물(貝)을 강조한 글자이다.

- ☐ **貯蓄** 저축
- ☐ **貯藏** 저장
- ☐ **貯水池** 저수지

266g

打 打 打 打 打

打
칠 **타**

총획 5획　부수 扌　급수 5급

丁 고무래 정　+　扌 손 수

못(丁)을 망치로 두들겨(扌) 박는 모습이다.

- ☐ **打者** 타자
- ☐ **打擊** 타격
- ☐ **代打** 대타

자연 | 기타 | 숫자

二 (1)

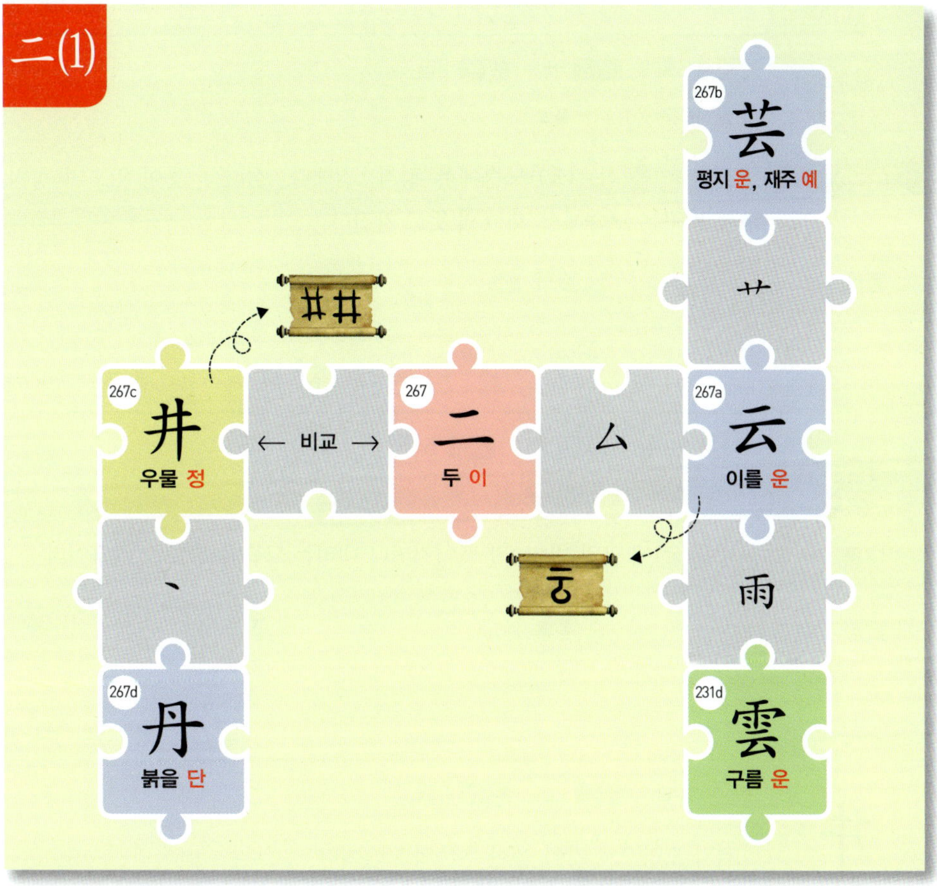

267 二 두이

| 총획 | 2획 | 부수 | 二 | 급수 | 8급 |

옆으로 선을 두 개(二) 그어 만든 글자이다.

- 二層 이층
- 二重 이중
- 身土不二 신토불이

267a 云 이를 운

| 총획 | 4획 | 부수 | 二 | 급수 | 3급 | 二 두 이 + 厶 사사 사

하늘(二)에 매달려(厶) 있는 구름의 모습을 본뜬 글자이다.

- 云云 운운

267b

芸芸芸芸芸芸芸芸

芸
평지 운, 재주 예

- 총획 8획
- 부수 ⺿
- 급수 2급

云 이를 운 + ⺿ 풀 초

식물(⺿)을 심는(云) 모습에서 '평지, 김매다, 심다'의 뜻이 있으며 정원을 가꾸는 모습에서 '재주'의 뜻도 가진다.

☐ 芸閣 운각 ☐ 芸草 운초

231d

雲雲雲雲雲雲雲雲雲雲雲雲

雲
구름 운

- 총획 12획
- 부수 雨
- 급수 5급

云 이를 운 + 雨 비 우

구름(云)에 달린 비(雨)가 떨어지거나 내리는 모습을 강조한 글자이다.

☐ 雲霧 운무 ☐ 雲集 운집 ☐ 星雲 성운

267c

井井井井

井
우물 정

- 총획 4획
- 부수 二
- 급수 3급

격자 모양으로 쌓아 올린 우물의 모습이다.

☐ 井田法 정전법 ☐ 管井 관정 ☐ 天井 천정

267d

丹丹丹丹

丹
붉을 단

- 총획 4획
- 부수 丶
- 급수 3급

井 우물 정 + 丶 점 주

광구(井)에서 채굴한 광석이 붉은빛(丶)을 발하는 모습이다.

☐ 丹靑 단청 ☐ 丹脣 단순

자연 | 기타 | 숫자

二(2)

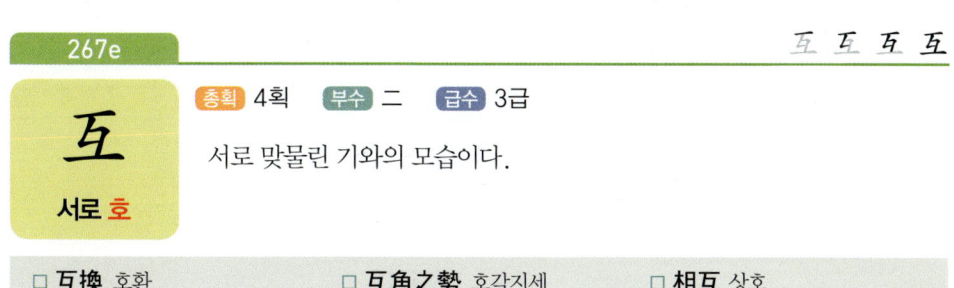

267e

互 서로 호

총획 4획　부수 二　급수 3급

서로 맞물린 기와의 모습이다.

互 互 互 互

□ 互換 호환　　□ 互角之勢 호각지세　　□ 相互 상호

267f

瓦 瓦 瓦 瓦 瓦

瓦
기와 **와**

- 총획 5획
- 부수 瓦
- 급수 3급

瓦 서로호 + ㇔ 점주

기와(瓦)가 서로 맞물린 부분을 표시(㇔)해 강조한 글자이다.

☐ 瓦解 와해　　☐ 靑瓦臺 청와대　　☐ 煉瓦 연와

267g

亞 亞 亞 亞 亞 亞 亞 亞

亞
버금 **아**

- 총획 8획
- 부수 二
- 급수 3급

임금의 무덤 모습을 본뜬 글자로 무덤의 위용이 궁궐에 버금간다 하여 '버금, 다음'의 뜻이 있다.

☐ 亞流 아류　　☐ 亞鉛 아연　　☐ 東南亞 동남아

267h

惡 惡 惡 惡 惡 惡 惡 惡 惡 惡 惡

惡
악할 **악**, 미워할 **오**

- 총획 12획
- 부수 心
- 급수 5급

亞 버금아 + 心 마음심

스스로를 신이나 왕에 버금(亞)간다고 여기는 마음(心)이다.

☐ 惡德 악덕　　☐ 善惡 선악　　☐ 嫌惡 혐오

267i

五 五 五 五

五
다섯 **오**

- 총획 4획
- 부수 二
- 급수 8급

두 이(二) 자 사이에 선(乂)을 그어 '5, 다섯'을 나타내는 글자이다.

☐ 五色 오색　　☐ 五感 오감　　☐ 五輪 오륜

자연 | 기타 | 숫자

267j

吾吾吾吾吾吾吾

吾
나 오

- 총획 7획
- 부수 口
- 급수 3급

五 다섯 오 + 口 입구

신이나 조상(五)에게 복을 비는(口) 나 자신의 모습이다.

다섯 오(五) 자가 정확하게 '제단'을 본뜬 글자로 보이지는 않지만 후대로 오면서 그렇게 굳어져 제단과 연결되는 '신과 조상'으로 풀이하기도 한다.

☐ 吾等 오등(우리)

267k

悟悟悟悟悟悟悟悟悟

悟
깨달을 오

- 총획 10획
- 부수 忄
- 급수 3급

吾 나 오 + 忄 마음 심

조상이나 신을 섬기며(吾) 깨달은 마음(忄)가짐을 가리킨다.

☐ 覺悟 각오   ☐ 孫悟空 손오공   ☐ 大悟覺醒 대오각성

267l

語語語語語語語語語語語語

語
말씀 어

- 총획 14획
- 부수 言
- 급수 7급

吾 나 오 + 言 말씀 언

신에게 요청하는(吾) 말(言)을 가리켜 '말, 언어, 말씀'의 뜻을 가진다.

☐ 語學 어학   ☐ 語源 어원   ☐ 國語 국어

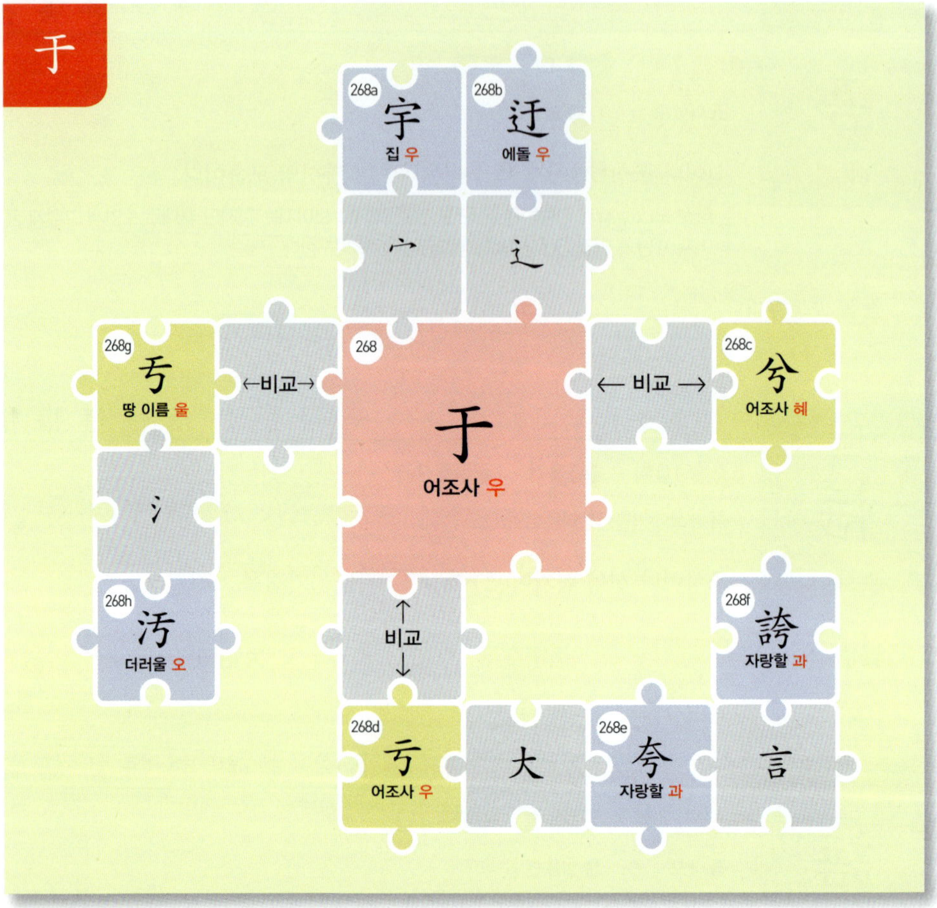

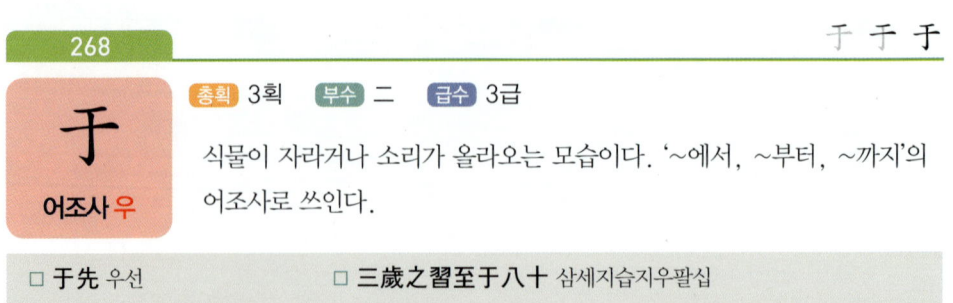

268			
于 어조사 우	총획 3획　부수 二　급수 3급		于 于 于
	식물이 자라거나 소리가 올라오는 모습이다. '~에서, ~부터, ~까지'의 어조사로 쓰인다.		

☐ 于先 우선　　　☐ 三歲之習至于八十 삼세지습지우팔십

자연 | 기타 | 숫자

268a

宇宇宇宇宇宇

宇
집 우

- 총획 6획
- 부수 宀
- 급수 3급

于 어조사 우 + 宀 집 면

모든 것들이 자라는(于) 공간(宀)을 가리킨다.

☐ 宇宙 우주　　　☐ 宇宙船 우주선

268b

迂迂迂迂迂迂迂

迂
에돌 우

- 총획 7획
- 부수 辶
- 급수 1급

于 어조사 우 + 辶 쉬엄쉬엄 갈 착

멀리 돌아오는(辶) 모습을 가리키며 어조사 우(于)를 발음으로 쓴다.

☐ 迂回 우회　　　☐ 迂餘曲折 우여곡절

268c

兮兮兮兮

兮
어조사 혜

- 총획 4획
- 부수 八
- 급수 3급

소리(丂)가 튀어나오는(八) 모습이다.

268d

丂丂丂

丂
어조사 우

- 총획 3획
- 부수 二
- 급수 확장한자

어조사 우(于) 자와 같은 어원을 가진 글자이다.

268e

夸夸夸夸夸夸

夸
자랑할 과

- 총획 6획
- 부수 大
- 급수 특급

丂 어조사 우 + 大 큰 대

입을 크게(大) 벌려(丂) 과장되게 말하는 모습이다.

268f

誇誇誇誇誇誇誇誇誇誇

誇
자랑할 **과**

총획 13획   부수 言   급수 3급

夸 자랑할 과 + 言 말씀 언

자랑할 과(夸) 자에 말씀 언(言) 자를 더해 '자랑하다'의 뜻으로 널리 쓰이는 글자이다.

☐ 誇示 과시   ☐ 誇張 과장   ☐ 誇大妄想 과대망상

268g

夸夸夸

夸
땅 이름 **울**

총획 3획   부수 二   급수 특급

어조사 우(亐) 자와 어원이 거의 같은 글자이다.

268h

汚汚汚汚汚汚

汚
더러울 **오**

총획 6획   부수 氵   급수 3급

夸 땅이름 울 + 氵 물 수

웅덩이(夸)에 고여 있는 흙탕물(氵)을 가리킨다.

☐ 汚染 오염   ☐ 汚名 오명   ☐ 汚物 오물

268

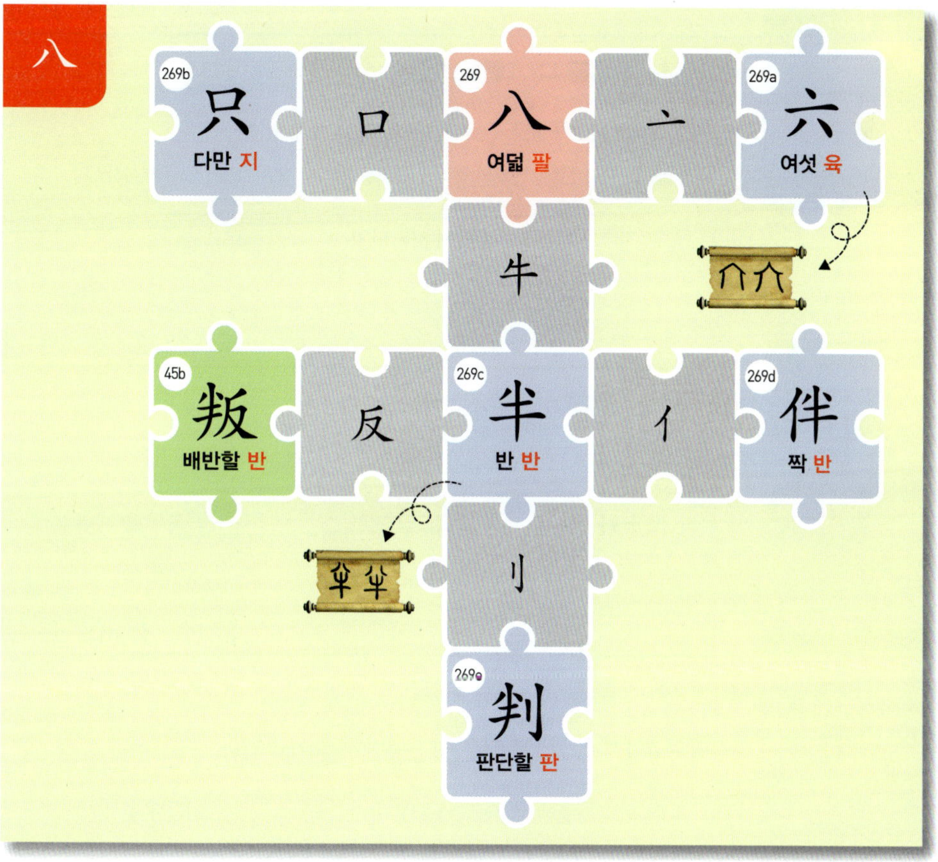

자연 | 기타 | 숫자

269

八 여덟 팔	총획 2획 · 부수 八 · 급수 8급
	사물을 절반으로 나눈 모습을 본뜬 글자이다.
	□ 八月 팔월　　□ 八等身 팔등신　　□ 八方美人 팔방미인

269a

六 六 六 六

六 여섯 육	총획 4획 · 부수 八 · 급수 8급 · 八 여덟 팔 + 亠 돼지해머리 두
	동굴의 천정(宀→亠)과 입구(八)를 본떠 만든 글자이나 숫자 6과 여섯의 뜻으로 쓰인다.
	□ 六十 육십　　□ 六甲 육갑　　□ 六書 육서

269b

只 只 只 只 只

只 다만 지

- 총획 5획
- 부수 口
- 급수 3급
- 八 여덟 팔 + 口 입 구

단지 입(口)으로만 모든(八) 것을 하려는 모습이다.

여덟 팔(八) 자가 전체, 전부의 뜻이 있으므로 여기서 '모두, 모든'으로 해석하였다.

- 只今 지금
- 但只 단지

269c

半 半 半 半 半

半 반 반

- 총획 5획
- 부수 十
- 급수 6급
- 八 여덟 팔 + 牛 소 우

소(牛)를 절반(八)으로 가른 모습이다.

- 半信半疑 반신반의
- 折半 절반
- 過半數 과반수

269d

伴 伴 伴 伴 伴 伴 伴

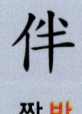
伴 짝 반

- 총획 7획
- 부수 亻
- 급수 3급
- 半 반 반 + 亻사람 인

사람(亻)의 반쪽(半)인 배우자나 동반자를 가리킨다.

- 伴侶 반려
- 隨伴 수반
- 同伴者 동반자

269e

判 判 判 判 判 判 判

判 판단할 판

- 총획 7획
- 부수 刂
- 급수 4급
- 半 반 반 + 刂칼 도

반(半)으로 갈라(刂) 속을 들여다보고 판단하는 모습이다.

- 判別 판별
- 審判 심판
- 裁判 재판

45b

叛 叛 叛 叛 叛 叛 叛 叛

叛 배반할 반

- 총획 9획
- 부수 又
- 급수 3급
- 半 반 반 + 反 돌이킬 반

마음의 반(半)이 반대편(反)으로 돌아선 모습에서 '배반하다'를 뜻한다.

- 叛逆 반역
- 背叛 배반
- 離叛 이반

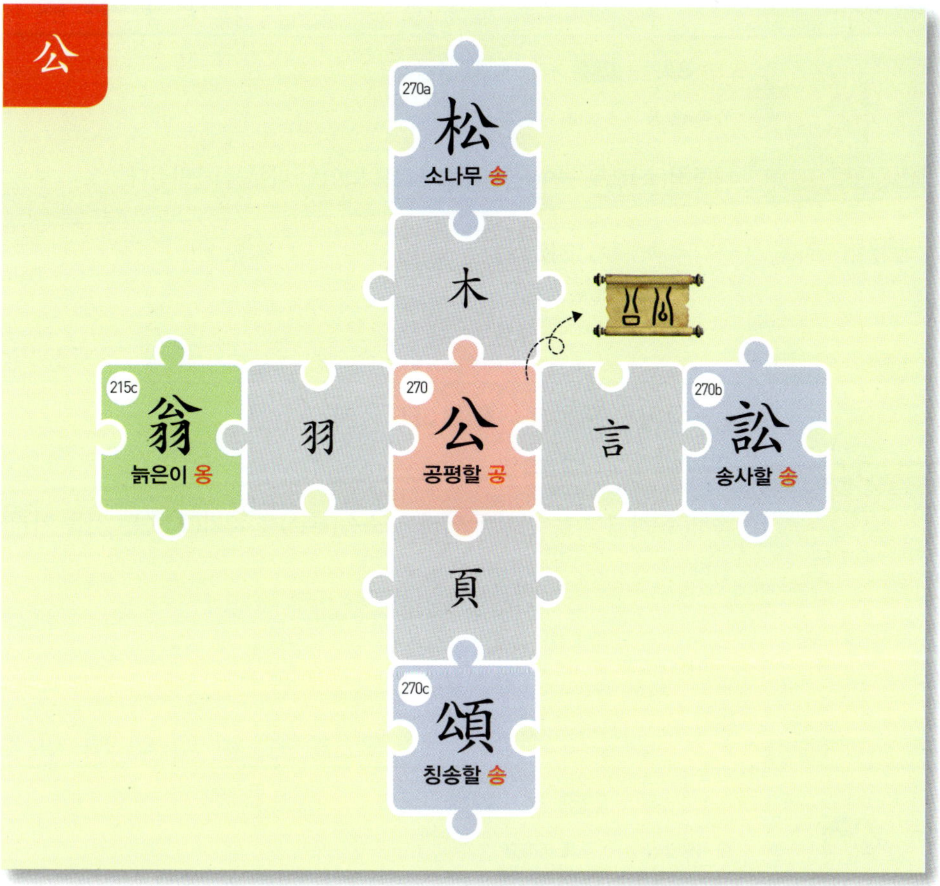

자연 | 기타 | 숫자

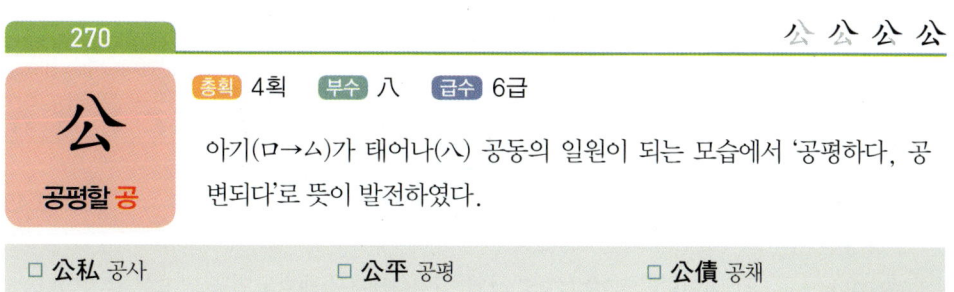

270

公 公 公 公

270			
公 공평할 공	총획 4획　부수 八　급수 6급		
	아기(ㅁ→ㅅ)가 태어나(八) 공동의 일원이 되는 모습에서 '공평하다, 공변되다'로 뜻이 발전하였다.		
☐ 公私 공사	☐ 公平 공평		☐ 公債 공채

270a

松 松 松 松 松 松 松 松

松 소나무 송

- 총획 8획
- 부수 木
- 급수 4급
- 公 공평할 공 + 木 나무 목

대중적(公)으로 높이 평가되는 나무(木)인 소나무를 가리킨다.

- ☐ 松栮 송이
- ☐ 海松 해송
- ☐ 赤松 적송

270b

訟 訟 訟 訟 訟 訟 訟 訟 訟 訟

訟 송사할 송

- 총획 11획
- 부수 言
- 급수 3급
- 公 공평할 공 + 言 말씀 언

공평(公)하게 일을 처리해 달라고 소송(訴訟)을 제기(言)하는 것을 가리킨다.

- ☐ 訟事 송사
- ☐ 訴訟 소송

270c

頌 頌 頌 頌 頌 頌 頌 頌 頌 頌

頌 칭송할 송

- 총획 13획
- 부수 頁
- 급수 4급
- 公 공평할 공 + 頁 머리 혈

공평(公)하게 일을 처리하는 우두머리(頁)가 칭송 받는 것을 가리킨다.

- ☐ 頌德碑 송덕비
- ☐ 讚頌 찬송
- ☐ 稱頌 칭송

215c

翁 翁 翁 翁 翁 翁 翁 翁 翁 翁

翁 늙은이 옹

- 총획 10획
- 부수 羽
- 급수 3급
- 公 공평할 공 + 羽 깃 우

갓 태어난(公) 어린 새의 하얀 깃털(羽)에서 백발노인을 연상한 글자이다.

- ☐ 翁主 옹주
- ☐ 塞翁之馬 새옹지마

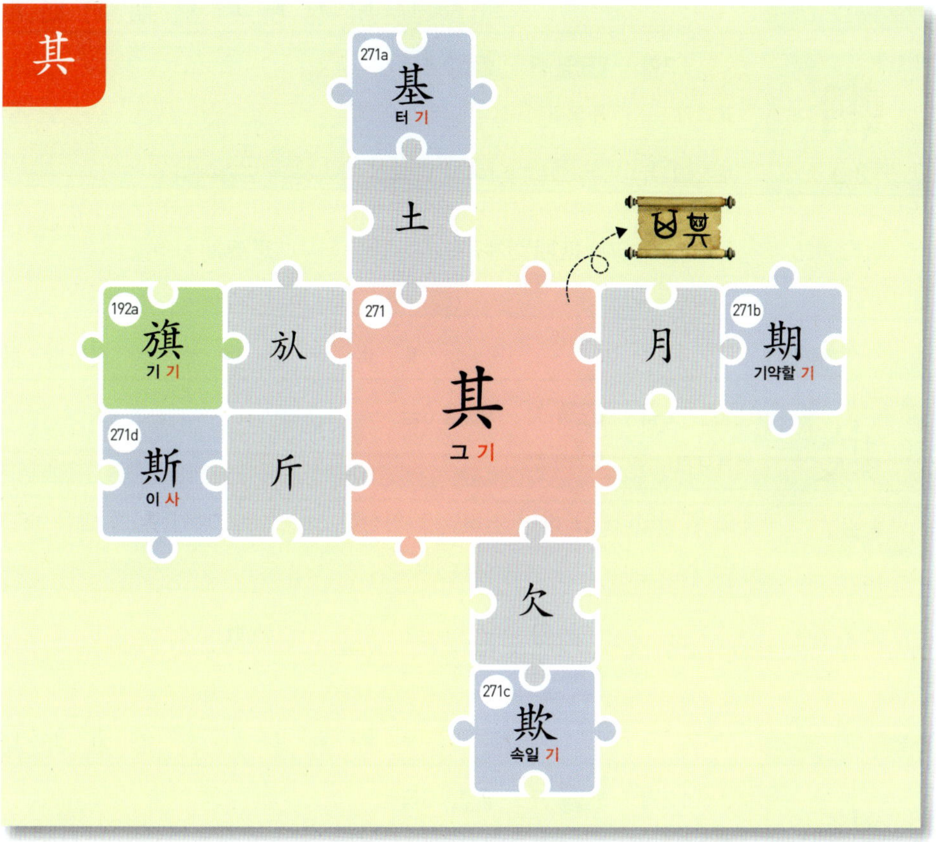
其
271a
基
터 기
土
192a
旗
기 기
㫃
271
其
그 기
月
271b
期
기약할 기
271d
斯
이 사
斤
欠
271c
欺
속일 기

271

271

其 其 其 其 其 其 其 其

其
그 기

총획 8획　부수 八　급수 3급

곡식을 추리는 도구를 본뜬 글자로 본뜻은 '키'이나 지시대명사인 '그'의 뜻으로 쓰인다.

□ **其他** 기타　□ **其實** 기실(사실)

271a

基 基 基 基 基 基 基 基 基 基 基

基
터 기

총획 11획　부수 土　급수 5급　其 그 기 + 土 흙 토

키질(其)하듯 수없이 땅(土)을 두들겨 기초를 확실하게 다지는 모습이다.

□ **基礎** 기초　□ **基盤** 기반　□ **基本** 기본

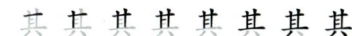

271b

期 期 期 期 期 期 期 期 期 期 期 期

期
기약할 기

- 총획 12획
- 부수 月
- 급수 5급

其 그 기 + 月 달 월

보름달(月) 뜨는 그(其)날에 만나기로 약속하는 모습이다.

- □ 期約 기약
- □ 延期 연기
- □ 思春期 사춘기

271c

欺 欺 欺 欺 欺 欺 欺 欺 欺 欺 欺 欺

欺
속일 기

- 총획 12획
- 부수 欠
- 급수 3급

其 그 기 + 欠 하품 흠

입만 열었다(欠) 하면 거짓말을 일삼는 모습으로 그 기(其)를 발음으로 쓴다.

- □ 欺瞞 기만
- □ 欺罔 기망
- □ 詐欺 사기

271d

斯 斯 斯 斯 斯 斯 斯 斯 斯 斯 斯 斯

斯
이 사

- 총획 12획
- 부수 斤
- 급수 3급

其 그 기 + 斤 도끼 근

그 기(其) 자에 도끼 근(斤) 자를 더하여 만든 글자이다.

- □ 斯文亂賊 사문난적

192a

旗 旗 旗 旗 旗 旗 旗 旗 旗 旗 旗 旗

旗
기 기

- 총획 14획
- 부수 方
- 급수 7급

其 그 기 + 㫃 나부낄 언

깃발 언(㫃) 자에 그 기(其) 자를 더해 깃발의 의미를 강조했다.

- □ 旗手 기수
- □ 白旗 백기
- □ 國旗 국기

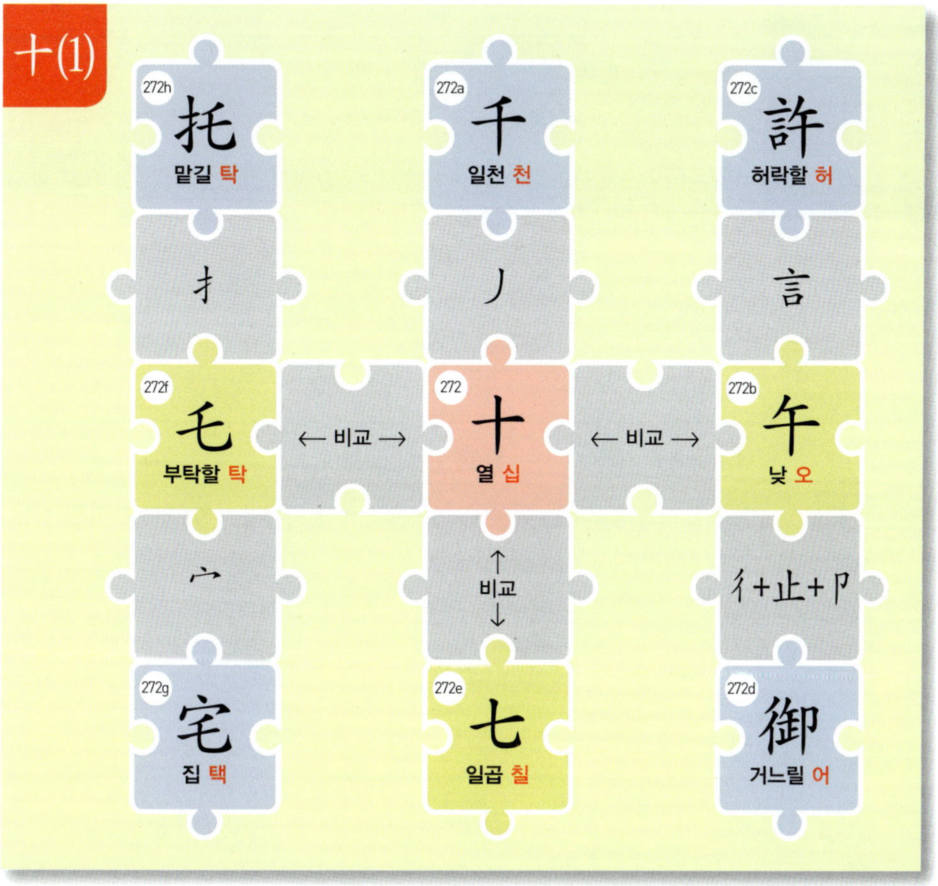

자연 | 기타 | 숫자

十(1)

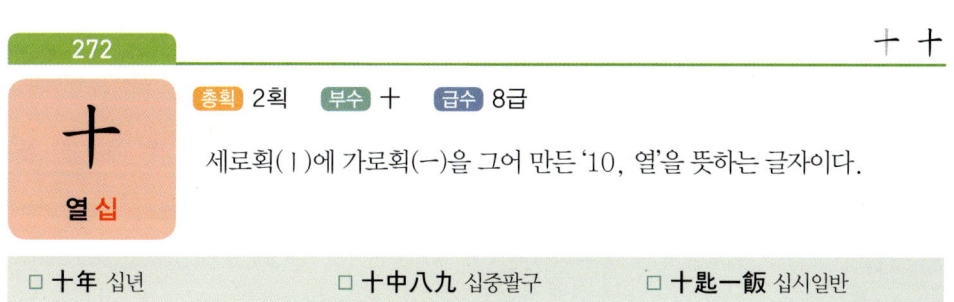

272				十 十
十 열십	총획 2획 　부수 十　급수 8급			
	세로획(丨)에 가로획(一)을 그어 만든 '10, 열'을 뜻하는 글자이다.			

□ 十年 십년　　　□ 十中八九 십중팔구　　　□ 十匙一飯 십시일반

272a

千 千 千

千
일천 **천**

- 총획 3획
- 부수 十
- 급수 7급

十 열 십 + 丿 삐침 별

많은(十) 포로(丿)들을 묶어(丿) 놓은 모습에서 큰 숫자인 '일천'으로 발전한 글자이다.

☐ 千萬 천만　　☐ 千字文 천자문　　☐ 千軍萬馬 천군만마

272b

午 午 午 午

午
낮 **오**

- 총획 4획
- 부수 十
- 급수 7급

수직으로 움직이는 절굿공이를 본떠 해가 지면에서 수직으로 떠있는 '낮'을 가리킨다.

☐ 午後 오후　　☐ 午前 오전　　☐ 正午 정오

272c

許 許 許 許 許 許 許 許 許

許
허락할 **허**

- 총획 11획
- 부수 言
- 급수 5급

午 낮 오 + 言 말씀 언

절구질(午)처럼 반복적으로 요청(言)하여 허락(許諾)을 받아내는 모습이다.

☐ 許可 허가　　☐ 不許 불허　　☐ 免許 면허

272d

御 御 御 御 御 御 御 御 御

御
거느릴 **어**

- 총획 11획
- 부수 彳
- 급수 3급

午 낮 오 + 彳 조금 걸을 척 + 止 그칠 지 + 卩 병부 절

임금이 신하들을 거느리고 신(午)에게 간청하러(卩) 길(彳)을 나서는(止) 모습이다.

☐ 御醫 어의　　☐ 御命 어명　　☐ 制御 제어

272

자연 | 기타 | 숫자

272e
七 七

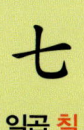
七 일곱 **칠**

- 총획 2획
- 부수 一
- 급수 8급

열 십(十) 자의 가로획(一)이 'ㄴ'자로 꺾인 모습으로 숫자 '7, 일곱'을 가리킨다.

☐ 七旬 칠순　　☐ 七去之惡 칠거지악　　☐ 七顚八起 칠전팔기

272f
乇 乇 乇

乇 부탁할 **탁**

- 총획 3획
- 부수 丿
- 급수 확장한자

몸을 숙여 부탁하는 모습이다.

272g
宅 宅 宅 宅 宅 宅

宅 집 **택**

- 총획 6획
- 부수 宀
- 급수 5급

乇 부탁할 탁 + 宀 집 면

사람이 머무는 곳(宀)을 뜻하는 글자이다.

☐ 邸宅 저택　　☐ 家宅搜査 가택수사

272h
托 托 托 托 托 托

托 맡길 **탁**

- 총획 6획
- 부수 扌
- 급수 3급

乇 부탁할 탁 + 扌 손 수

신에게 모든 것을 맡기겠다고 두 손(扌) 모아 부탁(乇)하는 모습이다.

☐ 托鉢 탁발　　☐ 托鉢僧 탁발승　　☐ 無依無托 무의무탁

十(2)

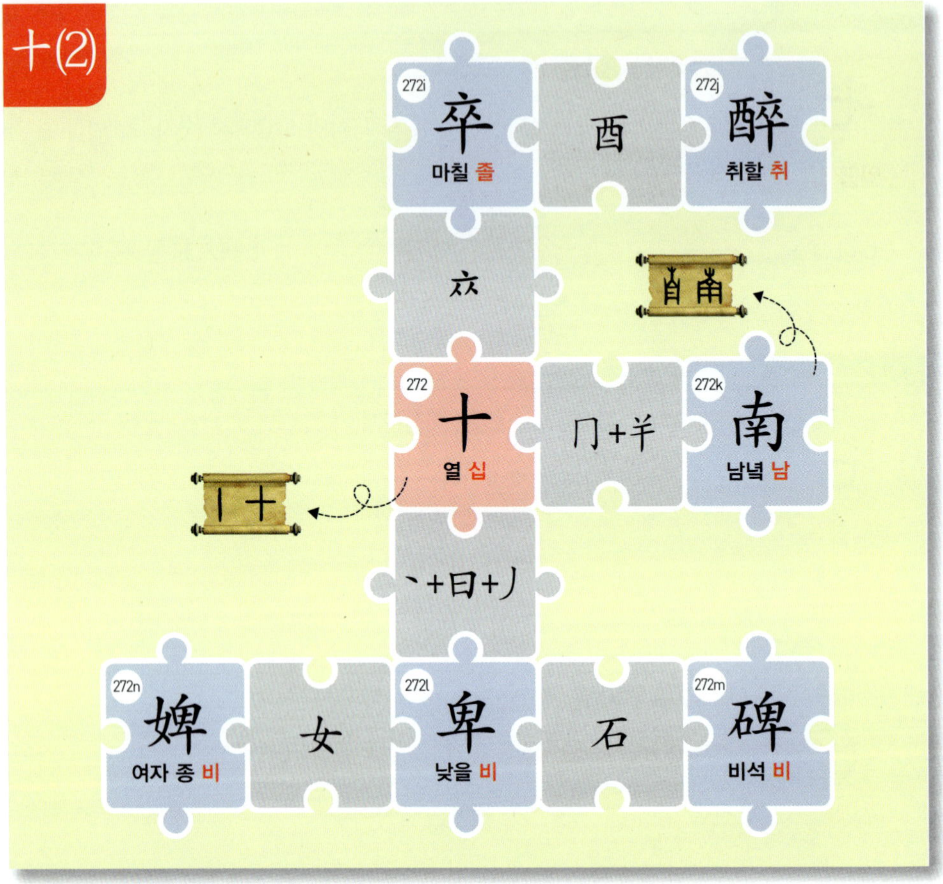

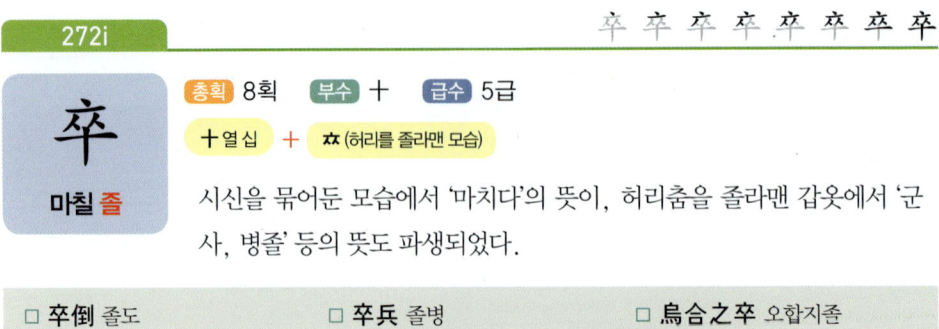

272

272i

卒 卒 卒 卒 卒 卒 卒 卒

卒
마칠 **졸**

총획 8획 부수 十 급수 5급

十 열 십 + 亣 (허리를 졸라맨 모습)

시신을 묶어둔 모습에서 '마치다'의 뜻이, 허리춤을 졸라맨 갑옷에서 '군사, 병졸' 등의 뜻도 파생되었다.

□ **卒倒** 졸도 □ **卒兵** 졸병 □ **烏合之卒** 오합지졸

자연 | 기타 | 숫자

272j

醉 취할 취

醉 醉 醉 醉 醉 醉 醉 醉 醉 醉 醉 醉

- 총획 15획
- 부수 酉
- 급수 3급
- 卒 마칠 졸 + 酉 닭 유

군사(卒)들이 승리를 축하하며 술(酉)을 마시고 취한 모습이다.

☐ 醉客 취객　☐ 痲醉 마취　☐ 滿醉 만취

272k

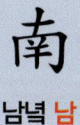
南 남녘 남

南 南 南 南 南 南 南 南 南

- 총획 9획
- 부수 十
- 급수 8급
- 十 열 십 + 𢆉 (악기 모양)

十 자 모양의 걸개장식이 달린 중국 남방 지역에서 쓰였던 악기의 모습(𢆉)에서 남쪽의 뜻을 갖게 되었다.

☐ 南北 남북　☐ 南海 남해　☐ 南西風 남서풍

272l

卑 낮을 비

卑 卑 卑 卑 卑 卑 卑 卑

- 총획 8획
- 부수 十
- 급수 3급
- 十 열 십 + 丶 점 주 + 日 가로 왈 + 丿 삐침 별

술을 퍼내는 모습을 본뜬 글자로 신분이 낮은 사람이 하는 일이라 하여 '낮다, 천하다'를 뜻한다.

☐ 卑賤 비천　☐ 卑劣 비열　☐ 男尊女卑 남존여비

272m

碑 비석 비

碑 碑 碑 碑 碑 碑 碑 碑 碑 碑 碑

- 총획 13획
- 부수 石
- 급수 4급
- 卑 낮을 비 + 石 돌 석

무덤 앞에 낮게(卑) 세워 놓은 비석(石)을 가리킨다.

☐ 碑石 비석　☐ 碑文 비문　☐ 記念碑 기념비

272n

婢 여자종 비

婢 婢 婢 婢 婢 婢 婢 婢

- 총획 11획
- 부수 女
- 급수 3급
- 卑 낮을 비 + 女 여자 여

신분이 낮은(卑) 여자(女) 종을 가리키는 글자이다.

☐ 奴婢 노비　☐ 官婢 관비

색인

총획순 색인

한자음 색인

부수자 색인

총획순 색인

1획		
	丨	155
	乙	217
	乚	217d
	丿	258d
	丶	260
	丨	262
	一	264

2획		
	亠	1
	又	43
	ナ	46
	勹	60
	入	76
	人	77
	儿	80
	匕	88
	卩	90
	厶	101
	刀	120
	卜	128
	了	155a
	几	161
	匚	164
	凵	165
	冖	168
	厂	176
	门	178
	力	193
	九	219
	乃	259
	丁	266
	二	267

	八	269
	十	272
	七	272e

3획		
	亡	3
	口	14
	人	17
	己	35
	已	35h
	才	42c
	叉	43a
	彐	47
	丈	48d
	井	56
	寸	58
	勺	60r
	夂	70
	夊	70c
	久	70d
	彳	72
	廴	73
	辶	73e
	兀	82
	尸	93
	大	94
	丸	97
	巳	99
	子	103
	孑	103e
	女	104
	士	108
	弓	110

	弋	113
	刃	121
	干	123
	口	130
	巾	135
	幺	143
	凡	161d
	宀	166
	广	169
	阝	177
	土	181
	彡	205
	互	210
	乞	217a
	也	218
	丸	219a
	工	227
	川	229
	中	233
	夕	255
	丸	261
	小	263
	三	264a
	上	264b
	下	264c
	于	268
	亏	268d
	夸	268g
	千	272a
	毛	272f

4획		
	今	18

	日	22
	欠	27
	牙	31
	心	36
	歹	38
	手	42
	及	43f
	反	45
	友	46a
	尹	47a
	丑	47e
	支	51
	攵	52
	爪	53
	勿	61
	止	63
	內	76a
	介	77c
	仁	77k
	化	77l
	元	82a
	允	83
	比	88a
	化	88n
	卬	90a
	尺	93b
	天	94a
	夫	94b
	太	94d
	犬	94e/196
	夭	95

夬	96d	毛	206	召	21	玉	109e
尤	97a	之	217c	甘	29	弗	110d
尢	97c	孔	217e	必	36g	弘	110h
无	98	水	228	右	46b	矢	111
旡	98f	气	230	左	46f	失	111a
巴	100	不	235	史	48	代	113a
毋	105i	卅	236	付	58g	戊	117
屰	106	丰	237	包	60c	戌	117f
壬	108h	屯	239	句	60g	矛	118
王	109	木	241	勾	60n	斥	122c
弔	110c	爿	246	正	64	刊	123b
引	110i	片	246g	疋	66	平	123f
戈	114	日	250	氶	68	合	126
殳	119	月	254	立	74	示	127
分	120a	氏	257	以	77a	外	128b
切	120e	中	262a	仙	77j	占	128d
办	121c	少	263b	兄	80e/81	四	130a
斤	122	云	267a	它	88j	囚	130c
市	135h	井	267c	北	88r	市	135d
文	140	丹	267d	印	90e	布	135e
予	155b	互	267e	犯	90h	白	136
斗	157	五	267i	卯	91	幼	143a
升	157d	兮	268c	夗	91e	玄	144
亢	161a	六	269a	令	92	禾	145
匹	164c	公	270	尼	93d	瓜	147c
凶	165a	午	272b	央	96	皿	150
戶	174	**5획** 目	8	台	101c	罒/网	154
厄	176a	叫	14b	去	102	用	158
火	188	可	14c/15	奴	104g	出	165d
方	191	司	15g	母	105	穴	167
牛	198	古	19	仕	108a	冋	178a

825

冉	180	乎	259e	吏	48a	成	117b
田	185	主	260a	收	52b	戍	117h
申	185n	丘	264d	臼	55	刌	120g
甲	185o	丙	264f	共	57	刑	120n
由	186	且	265	守	58c	汗	123c
加	193b	宁	266e	寺	58k	开	123h
友	196m	打	266g	此	63a	舟	126b
皮	203	瓦	267f	企	63c	兆	129
叅	205d	只	269b	舛	69	因	130d
肉	207	半	269c	行	72c	回	131
他	218c	**6획**		全	76c	囟	132
石	225	交	1a	休	77i	衣	133
功	227c	亥	2	光	80b	百	136j
巧	227i	妄	3a	充	84	亦	139d
巨	227k	忙	3e	䒑	87	聿	141
氷	228a	耳	7	旨	88v	糸	142
永	228b	艮	11	仰	90b	年	145s
氺	228j	臣	12	夷	94l	米	146
氷	232	各	16	色	100d	血	150c
冬	232a	合	17a	字	103a	缶	153
卉	234	曲	22h	好	104b	臼	156
世	236b	舌	26	如	104e	襾	160
生	240	次	27c	汝	104j	西	160e
本	241b	自	32	安	104k	匈	165b
末	241c	而	33	老	106a	危	176b
未	241d	妃	35f	考	106b	同	178d
朮	241zb	凸	37	吉	108d	向	179
疒	247	死	38a	任	108i	再	180a
冊	249	列	38c	至	112	吐	181a
旦	250b	肉	39	式	113c	圭	184
民	257d	有	39c	戌	114c	灰	188c
氏	257f	自	41	戎	114g	关	190
午	258	在	42d	伐	114i	㐺	192
		存	42e				

총획순 색인

劣	193a	**7획**		村	58a	却	102a
肋	193e	忘	3b	足	62	努	104h
劦	193g	芒	3f	步	65	每	105b
耒	194	亨	4e	走	67	孝	106c
羊	195	見	10	廷	73a	志	108f
伏	196a	何	15e	延	73c	呈	108m
件	198d	含	18a	位	74a	狂	109a
先	198e	吟	18b	似	77b	弟	110a
虍	201	克	19g	坐	77e	佛	110e
羽	215	言	25	皃	80c	戒	114a
地	218a	吹	27a	余	79	我	115
池	218b	次	27d	兌	81c	投	119a
虫	220	辛	30	完	82g	役	119c
江	227g	邪	31c	夋	83a	別	120m
巡	229a	身	34	免	85	形	120o
州	229b	呂	34c	批	88g	忍	121a
艸	233a	改	35d	皀	89	近	122a
朴	241j	忌	35e	抑	90c	折	122e
朱	242	肖	40	卵	91d	肝	123a
束	242d	材	42g	冷	92e	旱	123d
竹	248	吸	43i	尿	93a	車	125
早	250a	佑	46c	局	93c	社	127e
旬	250g	佐	46g	扶	94c	困	130b
亘	250v	君	47b	吳	94i	囱	132e
多	255c	更	48e	妖	95a	初	133b
名	255f	求	50c	沃	95b	希	135f
仲	262b	技	51b	快	96e	伯	136f
尖	263a	岐	51c	決	96h	赤	139f
宇	268a	攻	52a	沈	97d	系	142k
夸	268e	攸	52g	把	100a	利	145a
汚	268h	忩	52f	邑	100c	豆	148
宅	272g	孚	53k	私	101a	酉	151
托	272h	妥	53n	矣	101b	甬	158b
		兵	56a				

827

甫	159	李	241i	舍	26c	的	60u
抗	161b	束	244	妾	30c	忽	61b
貝	162/222	壯	246a	芽	31a	易	61c
序	169b	但	250c	怪	36d	物	61e
床	169c	辰	256	忝	36e	武	63d
良	171	低	257h	宓	36j	征	64a
那	177h	作	258a	例	38d	定	64e
囧	178b	秀	259b	肯	39a	泣	74b
均	181c	住	260b	承	42a	拉	74c
男	185b	串	262c	叔	44	兩	76g
伸	185s	沙	263c	返	45a	亞	77g
里	187	抄	263f	版	45d	兒	80a
災	188a	妙	263g	板	45e	況	81a
防	191c	助	265a	使	48b	育	84a
妨	191g	吾	267j	事	48c	兔	85d
豕	197	迂	268b	帚	49	昆	88h
告	198a	伴	269d	隷	50	花	88q
尾	206a	判	269e	枝	51a	乖	88t
采	208	**8획**		牧	52c	迎	90d
角	209	刻	2c	受	53a	服	90g
豸	209d	盲	3c	爭	53c	命	92a
究	219d	享	4	乳	53m	泥	93e
谷	224	取	7b	采	53w	居	93i
攻	227a	直	9	卷	56e	奈	94h
沒	228i	臥	12d	券	56f	枕	97e
至	229f	臤	12g	供	57a	祀	99a
汽	230a	奇	15a	府	58h	肥	100b
否	235a	河	15d	附	58j	治	101e
邦	237b	念	18d	侍	58m	始	101f
夆	237e	姑	19b	匊	60a	法	102c
沌	239d	固	19e	抱	60d	孟	103b
沐	241a	招	21d	狗	60h	孤	103f
呆	241g	杳	22b	拘	60i	姉	104c
		昌	22d				

총획순 색인

妻	104d	匋	153a	放	191h	明	254a
長	107	罔	154d	於	192f	朋	254c
拂	110f	岡	154e	協	193i	夜	255a
知	111d	㐭	156d	岳	196e	侈	255d
到	112a	昇	157e	拔	196n	昏	257a
或	114j	具	162a	虎	201a	抵	257g
戔	116	拙	165e	彼	203c	底	257i
刷	120l	屈	165f	波	203d	呼	259f
析	122b	宜	166b	彔	210c	注	260c
岸	123e	官	166d	佳	211	往	260d
幷	123j	空	167b	非	216	忠	262e
幸	124	庚	170	拓	225b	邱	264e
沿	126a	京	173	金	226	芸	267b
宗	127a	所	174a	拒	227m	亞	267g
祈	127c	戾	174d	泳	228d	松	270a
卓	128c	肩	174f	雨	231	其	271
店	128e	門	175	奔	234a	卒	272i
㐬	131b	厓	176c	杯	235b	卑	272l
依	133a	阿	177a	奉	237a	**9획**	
表	133c	尙	179a	音	238	郊	1d
帛	135a	坤	181b	姓	240a	首	5
制	135j	坴	181d	性	240b	頁	6
迫	136g	垂	183	呹	241e	面	6d
泊	136h	隹	184a	妹	241f	眉	8a
拍	136i	卦	184c	果	241l	看	8b
靑	137	周	185i	林	241t	相	8c
糾	142i	押	185p	來	241za	省	8i
弦	144a	油	186a	刺	242e	盾	8j
困	145g	抽	186b	東	243	限	11b
和	145j	宙	186c	狀	246d	恨	11d
秉	145k	炎	189	典	249a	品	14a
委	145r	芳	191b	侖	249g	客	16c
季	145q	房	191f	昔	250n	洛	16h
						拾	17b

枯	19a	待	58n	映	96c	肺	135i
苦	19c	持	58r	殆	101d	泉	136a
故	19d	胞	60e	胎	101g	律	141a
胡	19h	苟	60j	怠	101h	建	141g
帝	20e	曷	60o	姦	104a	津	141i
昭	21b	約	60t	怒	104i	紅	142g
冒	22f	易	61a/251	毒	105a	係	142l
音	24	促	62a	侮	105h	幽	143b
信	25a	前	63f	者	106d	香	145p
計	25b	政	64b	皇	109d	秋	145t
活	26a	歪	64f	侯	111f	迷	146f
姿	27g	赴	67b	姪	112d	㞢	149
食	28	癸	68d	屋	112f	酋	151c
某	29b	降	69g	室	112g	冨	152
耐	33a	後	70b	哉	114n	科	157a
峀	33b	复	71	茂	117a	飛	157f
侶	34d	衍	72d	威	117i	勇	158c
紀	35c	俞	76d	咸	117k	要	160c
祕	36i	界	77d	柔	118a	風	161e
咼	37c	冠	82f	疫	119d	則	162c
削	40c	俊	83c	段	119i	甚	164d
帥	41b	勉	85a	窃	120f	度	169d
拜	42b	皆	88b	契	120h	亮	172g
急	43g	背	88s	軍	125e	厚	176e
叛	45b	指	88w	祝	127d	耶	177i
若	46d	即	89a	貞	128a	洞	178e
便	48f	柳	91c	点	128f	封	184e
侵	49d	怨	91f	逃	129b	畚	185a
甬	53s	屍	93f	挑	129c	胃	185c
爰	54	奐	94f	姻	130e	苗	185g
昇	55c	奏	95d	廻	131a	畏	185q
洪	57c	殃	96a	思	132c	炭	188d
巷	57d	英	96b	哀	133k	送	190a

총획순 색인

㐌	192d	宣	250w	骨	37a	納	76b
架	193c	恒	250x	烈	38e	座	77f
洋	195a	昨	258c	哨	40a	涂	79c
美	195g	柱	260e	消	40b	除	79f
奎	195h	砂	263d	追	41a	徐	79g
突	196c	秒	263e	師	41c	悅	81c
豖	197c	査	265e	財	42f	院	82h
洗	198f	亭	266a	蚤	43b	唆	83b
革	203g	訂	266c	叟	43d	流	84d
韋	204	南	272k	級	43h	挽	85b
彦	205b	**10획** 校	1b	差	46h	鬼	86
珍	205g	效	1e	郡	47c	逆	87a
禹	207a	核	2b	浸	49e	朔	87b
象	210a	荒	3g	修	52j	欮	87c
施	218d	茫	3h	奚	53f	能	88d
染	219b	恥	7a	浮	53l	乘	88u
軌	219c	眲	8f	㫃	53u	脂	88x
負	222j	値	9b	拳	56c	眞	88z
俗	224e	退	11c	恭	57b	卿	89c
派	228e	根	11e	討	58b	留	91a
洲	229c	哥	14d	時	58l	展	93g
盃	235c	格	16b	特	58o	娛	94k
春	236a	倉	17d	砲	60f	笑	95c
枼	236c	個	19f	酌	60s	缺	96f
星	240c	恣	27f	捉	62b	盍	102d
保	241h	臭	32b	症	64d	孫	103d
述	241zd	息	32c	涉	65a	恕	104f
重	243b	射	34a	陟	65b	案	104l
刺	244b	宮	34e	徒	67a	宴	104m
柬	245	起	35b	桀	69a	海	105d
扁	249b	記	35d	夏	70a	悔	105g
叚	250i	配	35g	庭	73b	髟	107c
是	250r	秘	36h	竝	75	躬	110j

秩	111b	豈	148a	朕	190b	峰	237h
候	111g	益	150b	旁	191d	峯	237i
倒	112b	酒	151a	傲	191i	倍	238b
致	112c	徭	153c	旅	192c	純	239b
栽	114r	剛	154h	脅	193h	栗	241k
城	117c	料	157b	耕	194a	桑	241n
務	118b	通	158f	哭	196f	桂	241o
般	119e	捕	159a	逐	197b	茶	241z
殺	119h	浦	159b	浩	198c	株	242a
殷	119j	專	159c	馬	199	珠	242b
粉	120b	航	161c	被	203a	殊	242c
紛	120c	俱	162b	疲	203b	疾	247a
班	120k	員	162g	破	203f	病	247b
哲	122f	鬲	163	隻	211c	倫	249h
逝	122h	胸	165c	雀	211u	殉	250h
倂	123l	家	166a	倠	211z	借	250p
軒	125a	宰	166i	島	214c	軏	253
連	125c	害	166j	烏	214d	振	256a
陣	125i	豕	168b	弱	215b	辱	256d
桃	129d	冥	168d	翁	215c	紙	257c
恩	130f	庫	169a	俳	216b	眠	257e
衰	133h	席	169g	浴	224a	祖	265b
袁	134	唐	170d	容	224f	租	265c
原	136c	浪	171a	針	226c	悟	267k
紋	140a	郎	171b	貢	227b	**11획** 望	3d
紊	140b	娘	171e	恐	227f	孰	4b
書	141c	高	172	脈	228f	郭	4d
紙	142e	凉	173c	泰	228k	曼	8l
素	142f	蚩	180b	訓	229e	規	10b
索	142m	畜	185e	徑	229g	現	10c
玆	144c	神	185r	氣	230b	眼	11a
秫	145c	埋	187b	凍	232c	堅	12i
兼	145l	烝	188j	草	233b	寄	15c

총획순 색인

荷	15f	符	58i	軟	125b	毫	172c
略	16d	專	59	斬	125m	涼	173d
貪	18c	旋	66d	船	126c	掠	173e
陰	18f	從	72a	崇	127b	涙	174e
商	20	進	73f	票	127f	啓	174g
紹	21a	途	79b	尉	127i	問	175a
唱	22e	敍	79e	晶	131c	閉	175d
章	24e	脫	81e	恩	132f	涯	176d
竟	24g	晩	85c	帶	135l	都	177g
捨	26d	混	88i	宿	136k	部	177j
飢	28a	蛇	88k	淸	137b	商	178c
紺	29a	貨	88o	情	137d	常	179b
接	30d	頃	88l	寅	138e	堂	179h
添	36f	訣	96g	晝	141d	陸	181e
密	36k	旣	98a	健	141h	陵	181g
祭	39d	脚	102b	細	142j	菫	182
淑	44a	猛	103c	絃	144b	郵	183b
寂	44b	妻	104n	率	144f	華	183c
戚	44d	梅	105c	牽	144g	畢	183d
販	45c	敏	105e	梨	145b	掛	184d
掃	49a	帳	107a	麥	147	累	185h
婦	49b	張	107b	鹵	150e	異	185l
球	50d	第	110b	副	152c	野	187a
救	50e	械	114b	陶	153b	理	187c
敎	52e	國	114k	陷	156e	淡	189b
條	52h	域	114m	斜	157c	訪	191a
悠	52i	淺	116c	側	162d	族	192b
授	53b	設	119b	區	164a	祥	195e
淨	53d	貧	120d	窓	167a	豚	197a
淫	53j	梁	121d	庶	169f	象	197i
探	53x	硏	123i	康	170a	造	198b
彩	53y	屛	123k	庸	170b	鹿	200
得	58f	執	124b	朗	171d	處	201f

偉	204a	莊	246c	創	17f	普	75a
參	205e	將	246e	給	17h	稅	81h
离	207b	笛	248a	琴	18e	堯	82b
偶	207e	偏	249d	湖	19i	統	84c
推	211f	假	250k	超	21e	逸	85e
奞	211i	惜	250q	替	22a	厥	87d
唯	211o	莫	252	帽	22g	階	88c
惟	211p	崩	254d	曾	23	貿	91b
崔	211s	液	255b	盜	27e	換	94g
鳥	214	移	255e	媒	29d	就	97b
焉	214b	脣	256e	雅	31b	慨	98c
習	215a	晨	256f	逮	50a	曁	98d
排	216c	婚	257b	散	52d	巽	99b
乾	217b	透	259d	敝	52k	絕	100e
魚	221	埶	261a	敢	52s	結	108e
敗	222a	患	262d	爲	53o	程	108n
貫	222f	組	265d	榮	53z	閏	109b
責	223	停	266b	援	54a	費	110g
欲	224c	頂	266d	港	57e	短	111c
深	228g	訟	270b	尋	58d	智	111e
探	228h	基	271a	等	58p	貸	113b
冞	228l	許	272c	惠	59d	幾	114d
雪	231b	御	272d	菊	60b	惑	114l
終	232b	婢	272n	渴	60p	裁	114q
彗	237c	**12획** 敦	4a	紫	63b	戠	114s
逢	237f	最	7c	疏	66c	殘	116a
培	238a	循	8k	登	68a	盛	117d
産	240d	植	9a	發	68e	越	117g
麻	241w	悥(悥)	9c	傑	69b	減	117l
術	241zc	視	10a	無	69c	殼	119l
陳	243a	詞	15h	舜	69e	絜	120i
動	243c	絡	16g	復	71a	訴	122d
速	244a	答	17c	童	74d	評	123g

총획순 색인

報	124a	博	159e	圍	204e	朝	253b
運	125f	鼎	162	須	205a	詐	258b
揮	125g	測	162e	犀	206c	貯	266f
單	125q	割	166k	番	208a	惡	267h
惱	132b	渡	169e	集	211a	期	271b
裂	133d	喬	172d	雄	211n	欺	271c
補	133i	景	173a	雁	211za	斯	271d
喪	133j	雇	174b	寉	212	**13획** 較	1c
稀	135g	開	175c	悲	216a	該	2a
晴	137a	閑	175g	強	220b	道	5a
黃	138	間	175e	買	222b	聖	7h
黑	139	隋	177b	貴	222k	想	8d
閔	140c	隆	177e	裕	224b	置	9g
筆	141b	掌	179d	硬	225c	狼	11f
畫	141e	街	184b	筑	227d	路	16e
絲	142a	週	185j	項	227j	落	16i
麻	145d	量	187e	距	227l	塔	17g
菌	145h	寮	188f	詠	228c	照	21c
黍	145i	然	188h	順	229d	會	23f
粧	146a	勞	189e	雲	231d	意	24a
粟	146b	勝	190c	舜	233c	暗	24d
舜	146c	傍	191e	寒	233e	話	26b
凱	148b	傲	191j	貰	234b	飮	27b
喜	149a	遊	192e	棄	236f	資	27h
尌	149b	賀	193d	鈍	239a	飯	28c
衆	150d	筋	193f	森	241v	新	30a
猶	151d	着	195c	策	242f	辟	30h
尊	151e	善	195j	提	250t	愛	36a
幅	152b	猷	196h	堤	250u	過	37d
富	152d	遂	197d	陽	251a	葬	38b
烏	156a	隊	197e	揚	251b	搜	43e
備	158a	甤	198g	場	251d	督	44c
痛	158e	虛	201d	湯	251g	群	47d

鼓	51d	誠	117e	損	162i	雁	211zb
微	52p	滅	117j	隔	163a	鳴	214e
溪	53g	感	117m	傭	170c	蜀	220c
亂	53q	睪	124c	廊	171c	債	223a
暖	54b	鉛	126d	詹	176f	經	229h
煖	54c	跳	129a	當	179g	雷	231a
詩	58q	嗇	131e	睦	181f	塞	233d
傳	59b	腦	132a	勤	182a	葉	236d
敬	60k	園	134a	僅	182e	蜂	237g
歲	65c	遠	134b	睡	183a	頓	239c
楚	66e	睘	134c	電	185t	槀	241p
腹	71d	源	136d	聘	186d	禁	241u
愈	76e	跡	139e	裏	187d	業	241y
極	77h	肅	141k	煙	188b	煉	245c
僉	78	絹	142d	煩	188e	裝	246b
塗	79d	慈	144e	詳	195f	遍	249c
頑	82e	嫌	145n	達	195i	亶	250d
塊	86b	廉	145o	虜	197f	暇	250j
愧	86c	愁	145u	像	197j	楊	251c
傾	88m	豊	148c	廌	200c	腸	251e
靴	88p	溫	150a	號	201b	傷	251f
愼	88za	酬	151b	罪	202d	募	252d
節	89b	福	152a	違	204c	幹	253a
鄕	89d	遙	153d	禽	207d	盟	254b
零	92b	搖	153f	愚	207f	農	256c
殿	93h	署	154a	遇	207g	携	259a
著	106g	罪	154b	萬	207h	勢	261d
暑	106h	預	155c	解	209a	誇	268f
賃	108j	毁	156f	祿	210f	頌	270c
試	113d	賈	160a	準	211e	碑	272m
賊	114h	腰	160d	稚	211l	**14획** 慢	8m
載	114o	楓	161f	催	211t	漫	8n
義	115b	圓	162h	雍	211x	臧	12a

총획순 색인

監	12f/13a	誕	73d	齊	147a	鳴	214a
緊	12h	詰	75c	罰	154c	翟	215e
歌	14e	滿	76h	綱	154f	漁	221a
閣	16a	貌	80d	誦	158d	慣	222g
蒼	17e	說	81d	鳳	161g	實	222h
摘	20a	銃	84b	寡	166c	賓	222i
滴	20c	魂	86a	管	166f	碧	225a
僧	23d	態	88f	寧	166g	銀	226a
障	24f	嘗	88y	夢	168a	漆	228m
境	24i	領	92c	蒙	168c	輕	229i
節	28b	漏	93j	豪	172b	種	243d
飽	28d	誤	94j	聞	175b	漢	252b
辡	30e	蓋	102e	銅	178f	幕	252c
鼻	32a	屢	104o	裳	179c	墓	252f
端	33c	壽	108b	構	180c	銘	255g
需	33d	誌	108g	漢	182d	誘	259c
蜜	36l	臺	112e	蓄	185f	語	267l
禍	37e	認	121b	暢	185u	**15획**	
腐	39b	誓	122g	僚	188g	熟	4c
際	39e	穀	125j	蒸	188k	趣	7d
察	39f	漸	125p	榮	189d	德	9f
趙	40d	漂	127h	旗	192a	賢	12j
遣	41d	圖	131d	耤	194b	適	20b
寢	49f	綿	135b	獄	196d	敵	20d
僑	53p	製	135k	厭	196i	締	20f
稱	53t	滯	135m	遞	201c	踏	22c
與	55f	精	137e	頗	203e	增	23a
算	56b	演	138f	慘	205f	憎	23c
對	58e	劃	141f	綠	210d	層	23e
團	59c	盡	141j	維	211g	億	24c
疑	66a	遜	142n	奪	211k	齒	31d
舞	69d	監	143e	雌	211m	憂	36b
複	71e	磁	144d	雙	212a	弊	52l
						幣	52m

837

徹	52o	暫	125n	劇	197h	藝	261b	
徵	52q	慙	125o	慶	200b	醉	272j	
稻	53v	彈	125t	衛	204b	**16획** 骸	2d	
緩	54d	標	127g	緯	204d	導	5b	
遷	56d	慰	127j	播	208c	縣	5c	
賜	61d	慮	132d	審	208d	頭	6c	
踐	62c	線	136b	緣	210b	憶	24b	
賦	63e	請	137c	誰	211q	諮	27i	
廢	68f	廣	138b	確	211w	謀	29c	
履	71c	墨	139a	輩	216d	親	30b	
儉	78d	憫	140d	賣	222c	辨	30f	
劍	78e	樂	143c	遺	222l	壁	30j	
閱	81f	隣	146d	慾	224d	儒	33e	
銳	81g	憐	146e	憤	234c	諾	46e	
罷	88e	遵	151f	墳	234d	蔽	52n	
範	90f	豫	155d	蝶	236e	靜	53e	
槪	98b	寫	156b	慧	237d	學	55a	
潛	98e	價	160b	賠	238c	興	55d	
樓	104p	質	162f	課	241m	謁	60q	
數	104q	寬	166m	衝	243e	整	64c	
緖	106f	窯	167c	練	245b	頻	65d	
髮	107d	稿	172a	獎	246f	凝	66b	
潤	109c	影	173b	編	249e	燈	68b	
窮	110k	諒	173f	篇	249f	輸	76f	
幾	114f	墮	177d	輪	249i	險	78c	
儀	115c	賞	179e	論	249j	餘	79a	
賤	116d	歎	182c	暴	250l	曉	82c	
盤	119f	調	185k	暮	252a	燒	82d	
穀	119k	熱	188l	慕	252e	蔬	84e	
潔	120j	談	189a	模	252g	選	99c	
樑	121e	養	195b	潮	253c	諸	106e	
蓮	125d	樣	195d	廟	253d	機	114f	
輝	125h	鬧	196k	震	256b	餓	115a	

총획순 색인

錢	116b	龜	202f	繁	105f	燥	241r
擇	124g	遲	206d	聲	119m	鍾	243f
澤	124h	燔	208b	擊	125k	鍊	245a
戰	125r	衡	209b	禪	125s	蘭	245d
墻	131g	錄	210e	點	128g	檀	250f
裏	133e	奮	211j	薔	131f	韓	253e
還	134e	擁	211y	聰	132g	**18획**	
錦	135c	燕	214f	襄	133l	額	6b
橫	138a	濁	220e	環	134d	聶	7e
默	139b	獨	220f	縮	136l	瞿	8g
曆	145e	積	223b	濕	142b	藏	12b
歷	145f	築	227e	總	142h	藍	13d
樹	149c	操	241q	謙	145m	騎	15b
鋼	154e	磨	241x	濟	147b	邊	32d
融	163b	賴	244c	謠	153e	歸	49c
膺	163c	壇	250c	薄	159f	爵	53i
館	166e	錯	250o	矯	172f	擧	55g
憲	166l	**17획**		隱	177f	轉	59a
糖	170e	聯	7g	償	179f	礎	66f
橋	172e	霜	8e	講	180d	覆	71b
擔	176g	懇	11g	翼	185m	闕	87e
隨	177c	臨	12e	嶽	196e	鎭	88zb
謂	185d	濫	13b	壓	196j	職	114t
燃	188i	避	30i	薦	200d	織	114v
營	189c	謝	34b	勵	207i	醫	119g
螢	189f	優	36c	雖	211r	擴	138c
激	191k	隸	50b	應	211zc	斷	143g
器	196g	輿	55e	獲	212b	禮	148d
據	197g	瞬	69f	濯	215g	舊	156c
篤	199a	縱	72b	燭	220d	簡	175f
戱	201e	檢	78a	鮮	221c	謹	182f
盧	201g	駿	83d	績	223c	糧	187f
龍	202	醜	86d	鴻	227h	獵	196l
		嶺	92d			顔	205c

839

총획순 색인

	雜 211b		寵 202b		覽 13c		鑛 138d
	雙 211d		繩 202e		露 16f		顯 142c
	藋 213		離 207c		辯 30g	24획	讓 133n
	曜 215f		羅 211h		鷄 53h		鹽 150f
	蟲 220a		穫 212d		譽 55h		靈 231c
	蹟 223d		鯨 221b		響 89e	25획	廳 9e
	鎖 226b		爆 250m		鐵 114p		觀 10d
	癒 247c		藝 261c		驅 164b	26획	讚 198i
	題 250s	20획	懸 5d		顧 174c		
19획	類 6a		騷 43c		屬 206b		
	贈 23b		嚴 52t		飜 208e		
	鏡 24h		覺 55b		鶴 211v		
	戀 25c		警 60l		護 212c		
	懲 52r		鐘 74e		躍 215h		
	辭 53r		競 75d		續 222e		
	證 68c		議 115d		欄 245e		
	譜 75b		譯 124d		蘭 245f		
	識 114u		釋 124e	22획	聽 9d		
	霧 118c		壤 133m		臟 12c		
	繫 125l		黨 139c		鑑 13a		
	懷 133f		繼 143f		鑄 108c		
	壞 133g		鬪 149d		竊 167d		
	願 136e		獻 163d		籠 202a		
	繡 141l		寶 166h		襲 202c		
	藥 143d		騰 190d		歡 213a		
	簿 159d		籍 194c		權 213b		
	韻 162j		爐 201h		讀 222d		
	關 175h		觸 209c	23획	變 25d		
	難 182b		勸 213c		戀 25e		
	獸 196b		蘇 221d		體 37b		
	贊 198h		躁 241s		驚 60m		
	麗 200a	21획	攝 7f		驗 78b		
	盧 201i		懼 8h		驛 124f		

한자음 색인

가	可	14c/15		柬	245		開	175c		开	123h		硬	225c
	哥	14d		靫	253	갱	更	48e		絹	142d		巠	229f
	歌	14e		幹	253a	객	客	16c		牽	144g		徑	229g
	價	160b	갈	曷	60o	거	擧	55g		肩	174f		經	229h
	家	166a		渴	60p		居	93i		犬	196		輕	229i
	佳	184a		刧	120g		去	102	결	缺	96f	계	計	25b
	街	184b	감	監	12f/13		車	125		訣	96g		彐	47
	加	193b		鑑	13a		處	197f		決	96h		溪	53g
	架	193c		甘	29		據	197g		結	108e		鷄	53h
	叚	250i		紺	29a		巨	227k		潔	120j		癸	68d
	暇	250j		敢	52s		距	227l	겸	兼	145l		界	77d
	假	250k		減	117l		拒	227m		謙	145m		階	88c
각	刻	2c		感	117m	건	巾	135	경	竟	24g		戒	114a
	各	16		凵	165		建	141g		鏡	24h		械	114b
	閣	16a	갑	甲	185o		健	141h		境	24i		刧	120g
	覺	55b	강	降	69g		件	198d		更	48e		契	120h
	却	102a		岡	154e		乾	217b		敬	60k		繫	125l
	脚	102b		綱	154f	걸	桀	69a		警	60l		系	142k
	殼	119j		鋼	154g		傑	69b		驚	60m		係	142l
	殳	119l		剛	154h		乞	217a		競	75d		罽	143e
	角	209		康	170a	검	檢	78a		頃	88l		繼	143f
	雀	211u		講	180d		儉	78d		傾	88m		季	145q
간	看	8b		强	220b		劍	78e		卿	89c		啓	174g
	艮	11		江	227g	격	格	16b		罒	134c		与	210
	懇	11g	개	個	19f		毂	125j		庚	170		桂	241o
	狠	11f		勹	60n		擊	125k		京	173	고	古	19
	臤	12g		介	77c		鬲	163		景	173a		枯	19a
	姦	104a		皆	88b		隔	163a		冂	178		姑	19b
	干	123		概	98b		激	191k		冋	178a		苦	19c
	肝	123a		慨	98c	견	見	10		囧	178b		故	19d
	刊	123b		蓋	102e		堅	12i		耕	194a		固	19e
	間	175e		豈	148a		遣	41d		慶	200b		鼓	51d
	簡	175f		凱	148b		犬	94e		鯨	221b		孤	103f

841

	賈	160a	瓜	147c	郊	1d	口	130	龜	202f
	庫	169a	科	157a	教	52e	군 君	47b	극 克	19g
	高	172	寡	166c	喬	172d	郡	47c	亟	77g
	稿	172a	果	241l	橋	172e	群	47d	極	77h
	雇	174b	課	241m	矯	172f	軍	125e	劇	197h
	顧	174c	夸	268e	巧	227i	굴 屈	165f	근 根	11e
	告	198a	誇	268f	구 玊	8g	궁 宮	34e	斤	122
곡	曲	22h	곽 郭	4d	瞿	8h	弓	110	近	122a
	穀	119k	관 觀	10d	懼	8i	躬	110j	堇	182
	哭	196f	冠	82f	口	14	窮	110k	勤	182a
	谷	224	官	166d	求	50c	권 拳	56c	僅	182e
곤	昆	88h	館	166e	球	50d	卷	56e	謹	182f
	困	130b	管	166f	救	50e	券	56f	筋	193f
	坤	181b	寬	166m	句	60g	厬	163c	금 今	18
	ǀ	262	關	175h	狗	60h	權	213b	琴	18e
골	骨	37a	藿	213	拘	60i	勸	213c	錦	135c
공	攻	52a	貫	222f	苟	60j	궐 欮	87c	禽	207d
	廾	56	慣	222g	久	70d	厥	87d	金	226
	共	57	광 光	80b	臼	156	闕	87e	禁	241u
	供	57a	狂	109a	舊	156c	ǀ	155	급 給	17h
	恭	57b	廣	138b	具	162a	궤 几	161	及	43f
	空	167b	鑛	138d	俱	162b	軌	219c	急	43g
	孔	217e	괘 咼	37c	區	164a	귀 歸	49c	級	43h
	工	227	卦	184c	驅	164b	鬼	86	皀	89
	攻	227a	掛	184d	冓	180b	龜	202f	긍 肯	39a
	貢	227b	괴 怪	36d	構	180c	貴	222k	亘	250v
	功	227c	塊	86b	九	219	규 規	10b	기 奇	15a
	恐	227f	愧	86c	究	219d	叫	14b	騎	15b
	公	270	乖	88t	丘	264d	糾	142i	寄	15c
곶	串	262c	壞	133g	邱	264e	圭	184	飢	28a
과	冎	37	교 交	1a	국 菊	60b	균 囷	145g	己	35
	過	37d	校	1b	局	93c	菌	145h	起	35b
	戈	114	較	1c	國	114k	均	181c	紀	35c

한자음 색인

	記	35d	내	耐	33a		旦	250b		徒	67a		冬	232a
	忌	35e		內	76a		但	250c		途	79b		凍	232c
	技	51b		奈	94h		亶	250d		涂	79c		東	243
	岐	51c		乃	259		壇	250e		塗	79d		動	243c
	企	63c	녀	女	104		檀	250f		到	112a	두	頭	6c
	旡	98		广	247		丹	267d		倒	112b		豆	148
	旣	98a	년	年	145s	달	奎	195h		刀	120		豈	148a
	幾	114d	념	念	18d		達	195i		跳	129a		斗	157
	機	114e	녕	寧	166g	담	擔	176g		逃	129b	둔	屯	239
	畿	114f	노	奴	104g		淡	189b		挑	129c		鈍	239a
	祈	127c		努	104h	답	答	17c		桃	129d	득	得	58f
	豈	148a		怒	104i		畓	22b		圖	131d	등	等	58p
	旗	192a	농	籠	202a		踏	22c		稻	53v		登	68a
	器	196g		農	256c		畓	185a		匋	153a		燈	68b
	气	230	뇌	腦	132a	당	黨	139c		陶	153b		騰	190d
	汽	230a		惱	132b		唐	170d		度	169d	라	羅	211h
	氣	230b	뇨	尿	93a		糖	170e		渡	169e	락	絡	16g
	棄	236f	누	漏	93j		當	179g		都	177g		洛	16h
	其	271	늑	肋	193e		堂	179h		島	214c		落	16i
	基	271a	능	能	88d	대	對	58e	독	督	44c		諾	46e
	期	271b		陵	181g		待	58n		毒	105a		樂	143c
	欺	271c	니	尼	93d		大	94		篤	199a	란	亂	53q
긴	緊	12h		泥	93e		臺	112e		獨	220f		卵	91d
길	吉	108d	다	茶	241z		代	113a		讀	222d		蘭	245d
나	那	177h		多	255c		貸	113b	돈	敦	4a		欄	245e
난	暖	54b	단	耑	33b		帶	135l		豚	197a		蘭	245f
	煖	54c		端	33c		隊	197e		頓	239c	랄	剌	244b
	難	182b		團	59c	덕	悳	9c		沌	239d	람	濫	13b
남	男	185c		短	111c		德	9f	돌	突	196c		覽	13c
	南	272k		段	119i	도	道	5a	동	童	74d		藍	13d
납	拉	74c		單	125q		導	5b		同	178d	랍	拉	74c
	納	76b		斷	143g		盜	27e		洞	178e	랑	浪	171a
낭	娘	171e		彖	210a		稻	53v		銅	178f		娘	171e

843

	郎	171b		戀	25e	론	論	249j		利	145a		茫	3h
	廊	171c		連	125c	롱	籠	202a		梨	145b		罒/网	154
	朗	171d		憐	146e	뢰	耒	194		里	187		罔	154a
	亮	172g		鍊	245a		雷	231a		理	187c		羋	233c
	諒	173f		練	245b		賴	244c		裏	187d	매	媒	29d
래	來	241za		煉	245c	료	了	155a		离	207b		每	105b
랭	冷	92e	렬	列	38c		料	157b		離	207c		梅	105c
략	略	16d		烈	38e		寮	188f		李	241i		埋	187b
	掠	173e		裂	133d		僚	188g	린	潾	146c		買	222b
량	兩	76g		劣	193a	룡	龍	202		隣	146d		賣	222c
	梁	121d	렴	廉	145o	루	漏	93j	림	臨	12e		妹	241f
	樑	121e	렵	鼠	196k		婁	104n		林	241t		呆	241g
	良	171		獵	196l		屢	104o	립	立	74	맥	麥	147
	凉	173c	령	令	92		樓	104p	마	馬	199		脈	228f
	涼	173d		零	92b		淚	174e		麻	241w	맹	盲	3c
	量	187e		領	92c		累	185h		磨	241x		孟	103b
	糧	187f		嶺	92d	류	類	6a	막	莫	252		猛	103c
려	呂	34c		靈	231c		流	84d		漠	252b		罠	202d
	侶	34d	례	例	38d		留	91a		幕	252c		盟	254b
	慮	132d		隸	50b		柳	91c	만	曼	8l	멱	糸	142
	戾	174d		禮	148d	륙	陸	181e		慢	8m		冖	168
	旅	192c	로	路	16e		六	269a		漫	8n	면	面	6d
	麗	200a		露	16f	륜	侖	249g		滿	76h		免	85
	麗	200a		步	106		倫	249h		挽	85b		勉	85a
	廬	201i		老	106a		輪	249i		晚	85c		綿	135b
	勵	207i		鹵	150e	률	律	141f		萬	207h		宀	166
력	秝	145c		盧	201g		率	144f	말	末	241c		眠	257e
	厤	145d		爐	201h		栗	241k	망	亡	3	멸	滅	117j
	曆	145e	록	鹿	200	륭	隆	177e		妄	3a	명	命	92a
	歷	145f		彔	210c	륵	肋	193e		忘	3b		皿	150
	力	193		綠	210d	름	靣	131b		望	3d		冥	168d
련	聯	7g		錄	210e	릉	陵	181i		忙	3e		鳴	214a
	縊	25c		祿	210f	리	履	71g		芒	3f		明	254a

한자음 색인

	明	254a	舞	69d	拍	136i	背	88s	별	別	120m
	名	255f	貿	91b	博	159e	俳	216b		丿	258d
	銘	255g	无	98f	薄	159f	排	216c	병	兵	56a
모	冒	22f	母	105i	朴	241j	輩	216d		竝	75
	帽	22g	戊	117	반	飯	28c	杯	235b		并	123j
	某	29b	茂	117a		反	45	盃	235c		屛	123k
	謀	29c	務	118b		返	45a	培	238a		倂	123l
	皃	80c	霧	118c		叛	45b	倍	238b		秉	145k
	貌	80d	묵	墨	139a	般	119e	賠	238c		病	247b
	母	105		默	139b	盤	119f	백	帛	135a		丙	264f
	侮	105h	문	文	140	班	120k		白	136	보	步	65
	矛	118		紋	140a	半	269c		伯	136f		普	75a
	毛	206		紊	140b	伴	269d		百	136j		譜	75b
	暮	252a		問	175a	발	癶	68	번	繁	105f		報	124a
	募	252d		聞	175b		發	68e		煩	188e		補	133i
	慕	252e	물	勿	61		髮	107d		番	208a		甫	159
	模	252g		物	61e		犮	196m		燔	208b		寶	166h
목	目	8	미	眉	8a		拔	196n		飜	208e		保	241h
	牧	52c		微	52p	방	匚	164	벌	伐	114i	복	宓	36j
	睦	181f		米	146		方	191		罰	154c		夊	52
	木	241		迷	146f		訪	191a	범	範	90f		复	71
	沐	241a		美	195g		芳	191b		犯	90h		復	71a
몰	沒	228i		尾	206a		防	191c		凡	161d		覆	71b
몽	夢	168a		未	241d		旁	191d	법	法	102c		腹	71d
	冢	168b		味	241e		傍	191e	벽	壁	30j		複	71e
	蒙	168c	민	敏	105e		房	191f		碧	225a		服	90g
묘	卯	91		閔	140c		妨	191g	변	變	25d		卜	128
	苗	185g		憫	140d		放	191h		卞	30e		畐	152
	墓	252f		民	257d		倣	191i		辨	30f		福	152a
	廟	253d	밀	密	36k		邦	237b		辯	30g		伏	196a
	妙	263g		蜜	36l	배	配	35g		邊	32d	본	本	241b
무	武	63d	박	迫	136g		拜	42b		便	48f	봉	鳳	161g
	無	69c		泊	136h		北	88r		采	208		封	184e

845

	奉	237a		奮	211j	빙	聘	186d	詐	258b	새	塞	233d
	夆	237e		奔	234a		氷	228a/232	沙	263c	색	色	100d
	逢	237f		賁	234b	사	司	15g	砂	263d		嗇	131e
	蜂	237g		憤	234c		詞	15h	查	265e		索	142m
	峰	237h		墳	234d		舍	26c	斯	271d		塞	233d
	峯	237i	불	弗	110d		捨	26d	삭	削	40c	생	生	240
부	腐	39b		佛	110e		邪	31c		朔	87b	서	敍	79e
	婦	49b		拂	110f		射	34a	산	散	52d		徐	79g
	孚	53k		市	135h		謝	34b		算	56b		恕	104f
	浮	53l		不	235		死	38a		産	240d		緖	106f
	付	58g	붕	朋	254c		師	41c	살	殺	119h		暑	106h
	府	58h		崩	254d		史	48	삼	彡	205		誓	122g
	符	58i	비	鼻	32a		使	48b		森	241v		逝	122h
	附	58j		妃	35f		事	48c		三	264a		書	141c
	賦	63e		秘	36h		辭	53r	상	相	8c		黍	145i
	赴	67b		祕	36i		寺	58k		想	8d		署	154a
	夫	94b		匕	88		賜	61d		霜	8e		西	160e
	扶	94c		比	88a		似	77b		嘗	88y		序	169b
	副	152c		批	88g		唆	83b		喪	133j		庶	169f
	富	152d		肥	100b		蛇	88k		床	169c		犀	206c
	缶	153		費	110g		巳	99		商	178c	석	析	122b
	專	159c		啚	131c		祀	99a		尙	179a		釋	124e
	簿	159d		飛	157f		厶	101		常	179b		舃	156a
	阝(邑)	177		備	158a		私	101a		裳	179c		席	169g
	部	177j		非	216		士	108		賞	179e		石	225
	負	222j		悲	216a		仕	108a		償	179f		昔	250n
	不	235		賁	234b		社	127e		祥	195e		惜	250q
	否	235a		卑	272l		四	130a		詳	195f		夕	255
	音	238		碑	272m		思	132c		象	197i	선	旋	66d
북	北	88r		婢	272n		絲	142a		像	197j		仙	77j
분	分	120a	빈	頻	65d		寫	156b		桑	241n		選	99c
	粉	120b		貧	120d		斜	157c		傷	251f		禪	125s
	紛	120c		賓	222i		午	258		上	264b		船	126c

한자음 색인

	船	126c		昭	21b		鎖	226b		誰	211q		乘	88u
	線	136b		消	40b	쇠	夊	70c		雖	211r		升	157d
	善	195j		騷	43c		衰	133h		水	228		昇	157e
	先	198e		掃	49a	수	首	5		氺	228j		勝	190c
	鮮	221c		疏	66c		需	33d		殊	242c		繩	202e
	宣	250w		燒	82d		帥	41b		秀	259b	시	視	10a
	亘	250v		蔬	84e		手	42	숙	熟	4c		時	58l
설	舌	26		笑	95c		叟	43d		孰	4b		侍	58m
	說	81d		訴	122d		搜	43e		叔	44		詩	58q
	設	119b		素	142f		收	52b		淑	44a		尸	93
	雪	231b		所	174a		叅	52f		宿	136k		屍	93f
섭	聶	7e		笑	190		修	52j		肅	141k		始	101f
	攝	7f		蘇	221d		受	53a	순	盾	8j		矢	111
	涉	65a		枭	241p		授	53b		循	8k		試	113d
성	聖	7h		小	263		守	58c		舜	69e		戠	114s
	省	8f		少	263b		輸	76f		瞬	69f		示	127
	成	117b	속	粟	146b		數	104q		奞	211i		市	135d
	城	117c		屬	206b		壽	108b		巡	229a		豕	197
	盛	117d		續	222e		戍	114c		順	229d		施	218d
	誠	117e		俗	224e		受	119		純	239b		是	250r
	聲	119m		束	244		囚	130c		旬	250g	식	植	9a
	姓	240a		速	244a		繡	141l		殉	250h		食	28
	性	240b	손	巽	99b		愁	145u		脣	256e		飾	28b
	星	240c		孫	103d		樹	149c	술	戌	117h		息	32c
세	歲	65c		損	162i		酬	151b		術	241zc		式	113c
	說	81d	솔	率	144f		隋	177b		述	241zd		識	114u
	稅	81h	송	誦	158d		隨	177c	숭	崇	127b	신	臣	12
	細	142j		送	190a		垂	183	습	拾	17b		信	25a
	洗	198f		松	270a		睡	183a		濕	142b		辛	30
	世	236b		訟	270b		獸	196b		襲	202c		新	30a
	勢	261d		頌	270c		豕	197c		習	215a		身	34
소	召	21	쇄	殺	119h		遂	197d	승	僧	23d		愼	88za
	紹	21a		刷	120l		須	205a		承	42a		囟	132

847

	神	185r		顔	205c		諒	173f		予	155b		閱	81f
	伸	185s		雁	211za		羊	195	역	易	61c		裂	133d
	兟	198g	알	歹	38		洋	195a		並	87		熱	188l
	辰	256		謁	60q		養	195b		逆	87a		劣	193a
	晨	256f	암	暗	24d		樣	195d		域	114m	염	念	18d
실	失	111a	압	押	185p		易	251		役	119c		鹽	150f
	室	112g		壓	196j		陽	251a		疫	119d		冉	180
	實	222h	앙	印	90a		揚	251b		睪	124c		炎	189
심	心	36		仰	90b		楊	251c		譯	124d		猒	196h
	尋	58d		央	96	어	於	192f		驛	124f		厭	196i
	甚	164d		殃	96a		魚	221		亦	139d		染	219b
	審	208d	애	愛	36a		漁	221a	연	聯	7g	엽	葉	236c
	深	228g		哀	133k		語	267l		次	27d		葉	236d
십	十	272		厓	176c		御	272d		衍	72g	영	迎	90d
쌍	雙	211d		涯	176d	억	憶	24b		延	73c		零	92b
씨	氏	257		額	6b		億	24c		宴	104m		英	96b
아	牙	31		厄	176a		抑	90c		研	123i		映	96c
	芽	31a		液	255b	언	言	25		軟	125b		寧	166g
	雅	31b	야	耶	177i		訊	192		蓮	125d		影	173b
	兒	80a		野	187a		彦	205b		合	126		營	189c
	我	115		也	218		焉	214b		沿	126a		榮	189d
	餓	115a		夜	255a	엄	嚴	52t		鉛	126d		永	228b
	襾	160	약	若	46d		广	169		演	138f		詠	228c
	阿	177a		約	60t		厂	176		年	145s		泳	228d
	亞	267g		藥	143d	업	業	241y		煙	188b	예	例	38d
악	樂	143c		掠	173e	여	舁	55c		然	188h		譽	55h
	嶽	196e		弱	215b		興	55e		燃	188i		銳	81g
	岳	196e		躍	215g		與	55f		緣	210b		預	155c
	惡	267h	양	易	61a		余	79		燕	214f		豫	155d
안	眼	11a		襄	133l		餘	79a	열	列	38c		埶	261a
	安	104k		壤	133m		女	104		烈	38e		藝	261b
	案	104l		讓	133n		如	104e		悅	81c		藝	261c
	岸	123e		亮	172g		汝	104j		說	81d		芸	267b

한자음 색인

	芸 267b		畏 185q		尤 97a		圓 162h		酉 151
오	吳 94i	요	窅 53u		郵 183b	월	戉 117f		猶 151d
	誤 94j		堯 82b		牛 198		越 117g		違 204c
	娛 94k		夭 95		禺 207a		月 254		緯 204d
	傲 191j		尿 93a		偶 207e	위	爲 53o		圍 204e
	烏 214d		妖 95a		愚 207f		僞 53p		由 186
	嗚 214e		幺 143		遇 207g		位 74a		油 186a
	惡 267h		樂 143c		羽 215		威 117i		斿 192d
	五 267i		䍃 153c		雨 231		尉 127i		遊 192e
	吾 267j		遙 153d		于 268		慰 127j		肉 207
	悟 267k		謠 153e		宇 268a		囗 130		維 211g
	汚 268h		搖 153f		迂 268b		委 145r		唯 211o
	午 272b		要 160c		亏 268d		危 176b		惟 211p
옥	沃 95b		腰 160d	운	運 125f		胃 185c		遺 222l
	玉 109e		窯 167c		韻 162j		謂 185d		裕 224b
	屋 112f		曜 215e		雲 231d		韋 204		癒 247c
	獄 196d	욕	浴 224a		云 267a		偉 204a		誘 259c
온	溫 150a		欲 224c		芸 267b		衛 204b	육	肉 39
올	兀 82		慾 224d	울	亐 268g		違 204c		育 84a
옹	雍 211x		辱 256d	웅	雄 211n		緯 204d		坴 181d
	擁 211y	용	用 158	원	爰 54		圍 204e		陸 181e
	翁 215c		甬 158b		援 54a	유	儒 33e		六 269a
와	臥 12d		勇 158c		元 82a		有 39c	윤	尹 47a
	瓦 267f		庸 170b		院 82h		攸 52g		允 83
완	緩 54d		傭 170c		夗 91e		悠 52i		閏 109b
	頑 82e		龍 202		怨 91f		乳 53m		潤 109c
	完 82g		容 224f		袁 134		俞 76d	율	聿 141
왈	曰 22	우	憂 36b		園 134a		愈 76e		率 144f
왕	尢 97		優 36c		遠 134b		留 91a		栗 241k
	王 109		又 43		原 136c		柳 91c	융	戎 114g
	往 260d		友 46a		源 136d		柔 118a		融 163b
왜	歪 64f		右 46b		願 136e		幼 143a		隆 177e
외	外 128b		佑 46c		員 162g		幽 143b	은	恩 130f

849

음	吟	18b		益	150b		慈	144e		狀	246d		赤	139f
	陰	18f		翼	185m		雌	211m		將	246e		耤	194b
	音	24	인	㐄	73		束	242d		獎	246f		籍	194c
	飮	27b		人	77		刺	242e		場	251d		翟	215d
	淫	53j		仁	77k	작	爵	53i		腸	251e		積	223b
읍	泣	74b		儿	80		勺	60r	재	才	42c		績	223c
	邑	100c		印	90e		酌	60s		在	42d		蹟	223d
응	凝	66b		引	110i		烏	156a		財	42f		笛	248a
	雁	211zb		刃	121		作	258a		材	42g	전	專	59
	應	211zc		忍	121a		昨	258c		哉	114n		轉	59a
의	意	24a		認	121b	잔	㦮	116		載	114o		傳	59b
	疑	66a		因	130d		殘	116a		裁	114q		前	63f
	矣	101b		姻	130e	잠	潛	98e		栽	114r		全	76c
	義	115b		寅	138e		暫	125n		宰	166i		展	93g
	儀	115c	일	逸	85e	잡	雜	211b		再	180a		殿	93h
	議	115d		日	250	장	臧	12a		災	188a		錢	116b
	醫	119g		一	264		藏	12b	쟁	爭	53c		戰	125r
	衣	133	임	臨	12e		臟	12c	저	著	106g		田	185
	依	133a		壬	108h		章	24e		氐	257f		電	185t
	宜	166b		任	108i		障	24f		抵	257g		典	249a
이	耳	7		賃	108j		葬	38b		低	257h	절	節	89b
	而	33	입	入	76		丈	48d		底	257i		卩	90
	已	35h	자	恣	27f		長	107		宁	266e		絶	100e
	目	41		姿	27g		帳	107a		貯	266f		切	120e
	易	61c		資	27h		張	107b	적	商	20		窃	120f
	履	71c		諮	27i		薔	131f		摘	20a		折	122e
	以	77a		自	32		墻	131g		適	20b		竊	167d
	夷	94l		子	103		粧	146a		滴	20c	점	漸	125p
	異	185l		字	103a		掌	179d		敵	20d		占	128d
	李	241i		姉	104c		爿	246		寂	44b		店	128e
	移	255e		者	106d		壯	246a		的	60u		点	128f
	二	267		玆	114c		裝	246b		賊	114h		點	128g
익	弋	113		磁	144d		莊	246c		跡	139e	접	接	30d

850

한자음 색인

	店	128e		制	135j		卒	272i		柱	260e		遲	206d
	点	128f		製	135k	종	從	72a	죽	竹	248		之	217c
	點	128g		齊	147a		縱	72b	준	夋	83a		地	218a
접	接	30d		濟	147b		鐘	74e		俊	83c		池	218b
	蝶	236e		題	250s		宗	127a		駿	83d		紙	257c
정	淨	53d		提	250t		終	232b		遵	151f		只	269b
	靜	53e		堤	250u		種	243d		準	211e	직	直	9
	正	64	조	照	21c		鍾	243f	중	衆	150d		職	114t
	征	64a		趙	40d	좌	左	46f		重	243b		織	114v
	政	64b		蚤	43b		佐	46g		中	262a	진	進	73f
	整	64c		條	52h		坐	77e		仲	262b		眞	88z
	定	64e		爪	53		座	77f	즉	卽	89a		鎭	88zb
	廷	73a		弔	110c	죄	罪	154b	증	曾	23		陣	125i
	庭	73b		兆	129	주	走	67		增	23a		津	141i
	呈	108k		調	185k		奏	95d		贈	23b		盡	141j
	程	108l		造	198b		鑄	100c		憎	23c		㐱	205d
	貞	128a		鳥	214		舟	126b		症	64d		珍	205g
	情	137d		操	241q		晝	141d		證	68c		陳	243a
	精	137e		燥	241r		壴	149		烝	188j		辰	256
	鼎	162		躁	241s		尌	149b		蒸	188k		振	256a
	丁	266		早	250a		酒	151a	지	支	51		震	256b
	亭	266a		朝	253b		周	185i		枝	51a	질	秩	111b
	停	266b		潮	253c		週	185j		持	58r		姪	112d
	訂	266c		且	265		宙	186c		止	63		質	162f
	頂	266d		助	265a		州	229b		旨	88v		疾	247a
	井	267c		祖	265b		洲	229c		指	88w	짐	朕	190b
제	帝	20e		租	265c		朱	242		脂	88x	집	人	17
	祭	39d		組	265d		株	242a		志	108f		執	124b
	際	39e	족	足	62		珠	242b		誌	108g		集	211a
	除	79f		族	192b		丶	260		知	111d	징	徵	52q
	諸	106e	존	存	42e		主	260a		智	111e		懲	52r
	弟	110a		尊	151e		住	260b		至	112	차	次	27c
	第	110b	졸	拙	165e		注	260c		紙	142e		叉	43a

851

	借	250p		陟	65b		體	37b		醜	86d		値	9b
	且	265		彳	72		逮	50a		秋	145t		置	9g
착	捉	62b		尺	93b		滯	135m		酋	151c		齒	31d
	着	195c		斥	122c		遞	201c		抽	186b		夊	70
	錯	250o		隻	211c	초	招	21d		隹	211		治	101e
찬	贊	198h		拓	225b		超	21e		推	211f		致	112c
	讚	198i	천	遷	56d		肖	40		崔	212		薦	200c
찰	察	39f		踐	62c		哨	40a	축	丑	47e		豸	209d
참	晉	98d		舛	69		楚	66e		祝	127d		稚	211l
	斬	125m		天	94a		礎	66f		縮	136l		侈	255d
	慙	125o		淺	116c		初	133b		畜	185e	칙	則	162c
	參	205e		賤	116d		艹	233a		蓄	185f	친	親	30b
	慘	205f		薦	200d		草	233b		逐	197b	칠	柒	228l
창	倉	17d		川	229		米	236		筑	227d		漆	228m
	蒼	17e		千	272a		秒	263e		築	227e		七	272e
	創	17f	철	徹	52o		抄	263f	춘	春	236a	침	侵	49d
	昌	22d		鐵	114p	촉	促	62a	출	出	165d		浸	49e
	唱	22e		哲	122f		屬	206b		朮	241zb		寢	49f
	办	121c		中	233		觸	209c	충	充	84		沈	97d
	囱	132e	첨	僉	36e		蜀	220c		虫	220		枕	97e
	窓	167a		添	36f		燭	220d		蟲	220a		針	226c
	暢	185u		僉	78	촌	寸	58		衝	243e	칭	再	53s
채	采	53w		詹	176f		村	58a		忠	262e		稱	53t
	採	53x		尖	263a	총	銃	84b	취	取	7b	쾌	夬	96d
	彩	53y	첩	妾	30c		恩	132f		趣	7d		快	96e
	菜	53z	청	聽	9d		聰	132g		吹	27a	타	妥	53n
	債	223a		廳	9e		總	142h		臭	32b		它	88j
책	責	223		靑	137		寵	202b		就	97b		墮	177d
	策	242f		晴	137a	최	最	7c		醉	272j		他	218c
	冊	249		淸	137b		崔	211s	측	側	162d		打	266g
처	妻	104d		請	137c		催	211t		測	162e	탁	卓	128c
	處	201f	체	締	20f	추	追	41a	층	層	23e		度	169d
척	戚	44d		替	22a		帚	49	치	恥	7a		濯	215f

한자음 색인

	濁	220e	투	投	119a		肺	135i		匹	164c	해	亥	2
	拓	225b		鬪	149d		閉	175d		畢	183d		該	2a
	毛	272f		透	259d	포	飽	28d	하	河	15d		骸	2d
	托	272h	특	特	58o		勹	60		何	15e		奚	53f
탄	誕	73d	파	罷	88e		包	60c		荷	15f		海	105d
	彈	125t		巴	100		抱	60d		夏	70a		害	166j
	歎	182c		把	100a		胞	60e		賀	193d		解	209a
	炭	188d		波	203d		砲	60f		下	264c	행	行	72c
탈	脫	81e		頗	203e		布	135e	학	學	55a		幸	124
	奪	211k		破	203f		捕	159a		鶴	211v	향	享	4
탐	貪	18c		播	208c		浦	159b	한	限	11b		鄕	89d
	探	228h		派	228e		暴	250l		恨	11d		響	89e
탑	塔	17g	판	販	45c		幅	152b		汗	123c		香	145p
탕	湯	251g		版	45d	폭	暴	250l		旱	123d		向	179
태	兌	81b		板	45e		爆	250m		閑	175g	허	虛	201d
	態	88f		判	269e	표	彡	107c		漢	182d		許	272c
	太	94d	팔	八	269		票	127f		寒	233e	헌	軒	125a
	台	101c	패	貝	162/222		標	127g		韓	253e		獻	163d
	殆	101d		敗	222a		漂	127h	할	割	166k		憲	166l
	胎	101g	편	便	48f		表	133c	함	含	18a	험	險	78c
	怠	101h		片	246g	품	品	14a		咸	117k	혁	革	203g
	泰	228k		扁	249b	풍	豊	148c		凾	156d	현	縣	5c
택	擇	124g		遍	249c		風	161e		陷	156e		懸	5d
	澤	124h		偏	249d		楓	161f	합	合	17a		現	10c
	宅	272g		編	249e	피	辟	30h		盍	102d		賢	12j
토	討	58b		篇	249f		避	30i	항	巷	57d		顯	142c
	兎	85d	평	平	123f		皮	203		港	57e		玄	144
	土	181		評	123g		被	203a		降	69g		弦	144a
	吐	181a	폐	敝	52k		疲	203b		亢	161a		絃	144b
통	統	84c		弊	52l		彼	203c		抗	161b	혈	頁	6
	痛	158e		幣	52m	필	必	36g		航	161c		子	103e
	通	158f		蔽	52n		疋	66		項	227j		絜	120i
퇴	退	11c		廢	68f		筆	141b		恒	250x		血	150c

853

한자음 색인

	穴	167		昏	257a		黃	138	희	希	135f
혐	嫌	145n		婚	257b	회	會	23f		稀	135g
협	劦	193g	홀	忽	61b		悔	105g		喜	149a
	脅	193h	홍	洪	57c		回	131		戲	201e
	協	193i		弘	110h		廻	131a			
형	亨	4e		紅	142g		褱	133e			
	兄	80e		鴻	227h		懷	133f			
	刑	120n	화	話	26b		灰	188c			
	形	120o		禍	37e	획	劃	141f			
	螢	189f		化	77l/88n		獲	212b			
	衡	209b		貨	88o	횡	橫	138a			
혜	惠	59d		靴	88p	효	效	1e			
	彗	237c		花	88q		曉	82c			
	慧	237d		畫	141e		孝	106c			
	兮	268c		禾	145	후	後	70b			
호	胡	19h		和	145j		侯	111f			
	湖	19i		華	183c		候	111g			
	好	104b		火	188		厚	176e			
	豪	172b	확	擴	138c	훈	訓	229e			
	毫	172c		確	211w	훼	毀	156f			
	戶	174		蒦	212a		卉	234			
	浩	198c		穫	212d	휘	揮	125g			
	虍	201	환	奐	94f		輝	125h			
	虎	201a		換	94g	휴	休	77i			
	號	201b		環	134d		隹	211z			
	護	212c		還	134e		携	259a			
	乎	259e		歡	213a	흉	凶	165a			
	呼	259f		丸	219a/261		匈	165b			
	互	267e		患	262d		胸	165c			
혹	或	114j	활	活	26a	흑	黑	139			
	惑	114l	황	荒	3g	흠	欠	27			
혼	魂	86a		況	81a	흡	吸	43i			
	混	88i		皇	109d	흥	興	55d			

부수자 색인

1획
一		264
丨		262
丶		260
丿		258d
乙(乚)		217
亅		155

2획
二		267
亠		1
人(亻)		77
儿		80
入		76
八		269
冂		178
冖		168
冫		228
几		161
凵		165
刀(刂)		120
力		193
勹		60
匕		88
匚		164
匸		164
十		272
卜		128
卩		90
厂		176
厶		101
又		43

3획
口		14
囗		130
土		181
士		108
夂		70
夊		70c
夕		255
大		94
女		104
子		103
宀		166
寸		58
小		263
尢(尣)		97
尸		93
屮		233
山		메산
川(巛)		229
工		227
己		35
巾		135
干		123
幺		143
广		169
廴		73
廾		56
弋		113
弓		110
彐		47
彡		205
彳		72

4획
心(忄,㣺)		36
戈		114
戶		174
手(扌)		42
支		51
攴(攵)		52
文		140
斗		157d
斤		122
方		191
无		98f
日		250
曰		22
月		254
木		241
欠		27
止		63
歹(歺)		38
殳		119
毋		105i
比		88a
毛		206
氏		257
气		230
水(氵,氺)		228
火(灬)		188
爪(爫)		53
父		아비 부
爻		점괘 효
爿		246
片		246g
牙		31
牛		198
犬(犭)		94e/196

5획
玄		144
玉(王)		109e
瓜		147c
瓦		267f
甘		29
生		240
用		158
田		185
疋		66
疒		247
癶		68
白		136
皮		203
皿		150
目		8
矛		118
矢		111
石		225
示(礻)		127
禸		207
禾		145
穴		167
立		74

6획
竹		248
米		146
糸		142
缶		153
网(罒,罓)		154
羊		195
羽		215
老(耂)		106a
而		33
耒		194
耳		7
聿		141
肉(月)		39
臣		12
自		32

855

부수자 색인

	至	112		里	187	麥	147
	臼	55	8획	金	226	麻	241w
	舌	26		長(镸)	107	12획 黃	138
	舛	69		門	175	黍	145i
	舟	126b		阜(阝)	177	黑	139
	艮	11		隶	50	黹	바느질할 치
	色	100d		隹	211	13획 黽	202d
	艸(艹)	233a		雨	231	鼎	162
	虍	201a		靑	137	鼓	51d
	虫	220		非	216	鼠	쥐 서
	血	150c	9획	面	6	14획 鼻	32a
	行	72c		革	203g	齊	147a
	衣(衤)	133		韋	204	15획 齒	31d
	襾	160		韭	부추 구	16획 龍	용 룡
7획	見	10		音	24	龜	202f
	角	209		頁	6	17획 龠	피리 약
	言	25		風	161e		
	谷	224		飛	157f		
	豆	148		食	28		
	豕	197		首	5		
	豸	209d		香	145p		
	貝	162/222	10획	馬	199		
	赤	139f		骨	37a		
	走	67		高	172		
	足	62		髟	107c		
	身	34		鬥	149d		
	車	125		鬯	술 창		
	辛	30		鬲	163		
	辰	256		鬼	86		
	辵(辶)	73e	11획	魚	221		
	邑(阝)	177		鳥	214		
	酉	151		鹵	150e		
	釆	53w		鹿	200